의미로 분류한
한국어·중국어 학습사전

<의미로 분류한 한국어·중국어 학습사전>은 한국문화사 사전개발비의 보조를 받아 개발되었음.

편집: 박상길
삽화: 임은희 · 명유경
표지 디자인: 명유경

의미로 분류한
한국어·중국어 학습사전

신현숙

임동석

| 意义分类
韩国语·中国语 学习辞典
申铉淑·林东锡 | 意義分類
韓國語·中國語 學習辭典
申鉉淑·林東錫 |

한국문화사

申鉉淑	祥明大學校 國語敎育科 敎授
	文學博士 (建國大學校 大學院)
	著書: <意味分析의 方法과 實際> 外 多數
	論文: '韓國語 語彙敎育과 意味辭典' 外 多數
林東錫	建國大學校 中語中文學科 敎授
	文學博士 (國立臺灣師範大學)
	著書: <中國學術綱論> 外 多數
	論文: '漢語零聲母' 外 多數

連絡處	110-743 서울 종로구 홍지동 7번지
	상명대학교 국어교육과 신현숙 교수 연구실
	電話: (02)2287-5093 (연구실)
	電送: (02)395-4564 (연구실)
	電子郵便: hssh@pine.sangmyung.ac.kr

板權	2000年 8月 5日 出版 印刷
	2000年 8月 10日 初版 發行
	發行人: 金珍洙
	發行處: 한국문화사
	133-112 서울시 성동구 성수 1가 2동 13-156
	전화: (02)464-7708, 3409-4488 전송: (02)499-0846
	전자우편: munhwasa@hanmail.net, HK77@hitel.net
	등록번호 제2-1276호
	값40,000원
	ISBN 89-7735-740-3

머리말

최근에 한국어를 배우고자 하는 외국인이 점차 늘어나면서 한국어 학습자를 위한 적절한 사전이 필요하다는 생각이 들었다. 예컨대 어떤 사전은 모국어화자도 이해하기 어려운 정보를 담고 있고, 어떤 사전은 한국어 학습자에게는 필요 없는 정보가 지나치게 많이 들어 있다. 따라서 한국어 학습자를 위한 사전, 특히 의미에 초점을 두는 사전 개발에 관심을 갖고 이 작업을 시작하게 되었다. 그 과정에서 한국어를 배우는 중국어 사용자 (간체 사용자, 번체 사용자)가 쓸 수 있는 사전 개발에도 관심을 갖게 되었다. 그러나 이와 같은 사전이 한국에서는 아직 개발되지 않았기 때문에 단어 선정에서부터 의미 범주 설정, 나아가 의미를 기술하는 데까지 개척하는 어려움이 있었다.

<의미로 분류한 한국어·중국어 학습사전>에서는 현재 한국어 사용자가 일상생활에서 쓰고 있는 14,000여 단어를 43개의 의미 범주로 묶어 간체와 번체로 뜻을 풀이하였다. 그 이유는 한국어를 배우는 학습자, 또 한국어를 가르치는 교육자에게 한국어에 대한 정보를 좀더 효과적으로 제공하기 위함이다. 예를 들면 [교육]과 관련되는 모든 단어를 한 범주 속에서 교수-학습한다면 빠른 시간에 보다 많은 어휘 정보, 특히 의미 정보를 찾을 수 있을 것이다. 곧, {유치원/ 초등학교/ 중학교/ 고등학교/ 대학교/ 대학원}을 한 범주 속에서 찾아 배운다면 각 단어의 의미 특징을 쉽게 인지할 수 있기 때문에 효과적이다.

사전이라는 특수성 때문에 우리는 수정과 교정 작업을 위하여 꼬박 1년을 보냈다. 그러나 우리가 미처 고치지 못하거나 고쳐야 할 정보는 아직도 여기저기 남아 있을 것으로 생각한다. 그렇지만 독자 여러분의 아낌없는 꾸지람과 지도를 계속 받는다면 우리가 개척하는 이 작업은 더욱더 값지고 큰 열매를 거둘 수 있을 것이라고 믿는다.

끝으로, 열심히 교정을 봐 주신 장영희 선생님과 이 작업에 참여하신 모든 분들, 한국문화사 김진수 사장님과 편집부 여러분께 깊은 감사의 뜻을 전한다.

2000년 2월 2일
신 현 숙

前　言

近来学习韩国语的外国人日益增多．因此，我们觉得有必要为学习韩国语的外国人编写一本载有适当信息的词典．为了避免有的词典里载着连使用母语的人也难以理解的信息问题及对学习韩国语的外国人来说没必要的信息过多的问题，我们在编写本词典时把焦点放在词的意义上．由于韩国目前尚无按词义分类的词典，所以在词的选定，意义分类以及词语解释等方面都遇到了很多困难．

<意义分类—现代韩国语⇒中国语学习词典>是把我们在日常生活中经常使用的词，按意义分类进行编写的．这是为了给学习韩国语的人或教韩国语的教育者提供更加有效的信息．比如说，与<教育>相关的词，能在一个意义范畴里找到，并在短时间内学到更多的相关联的词汇和词意．也就是说幼儿园，小学，初中，高中，大学，研究生院等词汇能在同一个意义范畴里学到，并会更加容易掌握每个词汇的意义特征，提高学习的效率．

由於词典的特殊性，我们的修正和校正工作整整花费了一年时间，但是错误之处在所难免，希望大家多提宝贵意见，以便于我们不断改进．

最后，向为词典的出版做出辛勤工作的研究人员及所有参与人员表示衷心感谢．如果没有韩国文化社社长金珍洙先生和编辑部的支持，笔者整理准备了15年的手稿也许仍留在我的抽匣里．

近來學習韓國語的外國人日益增多．因此，我們覺得有必要爲學習韓國語的外國人編寫一本載有適當信息的詞典．爲了避免有的詞典裏載着連使用母語的人也難以理解的信息問題及對學習韓國語的外國人來說沒必要的信息過多的問題，我們在編寫本詞典時把焦點放在詞的意義上．由於韓國目前尚無按詞義分類的詞典，所以在詞的選定，意義分類以及詞語解釋等方面都遇到了很多困難．

<意義分類—現代韓國語⇒中國語學習詞典>是把我們在日常生活中經常使用的詞，按意義分類進行編寫的．這是爲了給學習韓國語的人或教韓國語的教育者提供更加有效的信息．比如說，與<教育>相關的詞，能在一個意義範疇裏找到，並在短時間內學到更多的相關聯的詞彙和詞意．也就是說幼兒園，小學，初中，高中，大學，研究生院等詞彙能在同一個意義範疇裏學到，並會更加容易掌握每個詞彙的意義特徵，提高學習的效率．

由於詞典的特殊性，我們的修正和校正工作整整花費了一年時間，但是錯誤之處在所難免，希望大家多提寶貴意見，以便於我們不斷改進．

最後，向爲詞典的出版做出辛勤工作的研究人員及所有參與人員表示衷心感謝．如果沒有韓國文化社社長金珍洙先生和編輯部的支持，筆者整理準備了15年的手稿也許仍留在我的抽匣裏．

2000年 2月 2日

申　鉉　淑

일 러 두 기

1. 어휘 선정

1) 가능하면 자주 쓰이는 단어를 표제어로 삼는다.
2) 새로운 단어도 한국어 사회에서 널리 쓰이면 표제어로 삼는다.
3) 외국어라고 생각하는 것은 표제어로 삼지 않는다.
4) 단어에 초점을 두어 구절이나 문장은 표제어로 삼지 않는다.

2. 분류 기준

1) 한국어 사용자가 인지하는 의미를 분류 기준으로 삼는다.
2) 의미를 기준으로 모은 어휘는 [사람]과 가까운 것부터 제시한다.
3) 각 장에서 제시한 [상태와 정도]·[동작]을 가리키는 어휘는 42장과 43장에서 다시 묶어서 제시한다.

3. 부호

― (붙임표)	접사·조사·어미의 앞 뒤에	보동	보조동사
↔	반의어	보형	보조형용사
· (가운데점)	대등한 내용일 때	부	부사
' ' (따옴표)	인용하거나 강조할 때	수	수사
감	감탄사	의	의존명사
관	관형사	접	접사
대	대명사	조	조사
동	동사	형	형용사
명	명사		

4. 부록

1) 한국어 기능어는 한국어 학습자를 위하여 한국어로 풀이하고 설명한다.
2) 한국어 기능어는 실제로 쓰인 자료와 함께 제시한다.
3) 학습자의 편의를 위하여 가나다 차례로 배열한 찾아보기를 둔다.

使 用 说 明

1. 词汇选定

1) 尽可能把常用词作为条目，同时照顾了韩国语学习者的需要.
2) 固有词，汉字词，外来词同时作为词汇条目，但把认为是外来语词的排除在外. 比如，像'버스(公共汽车)'之类的词，找不到可替代的词，并且已经成为韩国固有的表现形式. 因此，把它作为词汇条目. 但是像'와이프(夫人)'之类的词没有作为词汇条目
3) 在现有词典里没有作为词汇条目，但把现实生活中广泛使用的新词列入词汇条目.
4) 这个词典是以词汇为中心，因此没有考虑短句和长句.

2. 分类标准

1) 本词典是按意义分类的，没有细分词汇场，大体上以'가나다'为顺序排列，容易查找.
2) 总体上看，排列顺序是以人为先，然后逐次排列其它类词汇.
3) 与<动作>和<状态>相关的词不仅在各词汇场中作了处理，固此，按意义分类也可以查找，而且又另设<动作>和<状态>类，固此，也可在此查找到.

使 用 說 明

1. 詞彙選定

1) 盡可能把常用詞作爲條目，同時照顧了韓國語學習者的需要.
2) 固有詞，漢字詞，外來詞同時作爲詞彙條目，但把認爲是外來語詞的排除在外. 比如，像'버스(公共汽車)'之類的詞，找不到可替代的詞，並且已經成爲韓國固有的表現形式. 因此，把它作詞彙條目. 但是像'와이프(夫人)'之類的詞沒有作爲詞彙條目
3) 在現有詞典裏沒有作爲詞彙條目，但把現實生活中廣泛使用的新詞列入詞彙條目.
4) 這個詞典是以詞彙爲中心，因此沒有考慮短句和長句.

2. 分類標準

1) 本詞典是按意義分類的，沒有細分詞彙場，大體上以'가나다'爲順序排列，容易查找.
2) 總體上看，排列順序是以人爲先，然後逐次排列其它類詞彙.
3) 與<動作>和<狀態>相關的詞不僅在各詞彙場中作了處理，固此，按意義分類也可以查找，而且又另設<動作>和<狀態>類，固此，也可在此查找到.

3. 符号

— (连接号) 在接词、助词、词尾的前后使用
↔ 反义词
· (间隔号) 表示对等内容之间的分界
' ' (单引号) 引用或强调的情况时使用

감	感叹词
관	区别词
대	代词
동	动词
명	名词
보동	补助动词
보형	补助形容词
부	副词
수	数词
의	依赖名词
접	接词
조	助词
형	形容词

4. 附录

1) 考虑韩语学习者，韩语机能语习以韩语加以解释·说明
2) 韩语机能语与实际上使用之资料-并列出，以利参照。
3) 为学习者之便，以가나다顺序排列，便於查询

3. 符號

— (連接號) 在接詞、助詞、詞尾的前後使用
↔ 反義詞
· (間隔號) 表示對等內容之間的分界
' ' (單引號) 引用或強調的情況時使用

감	感嘆詞
관	區別詞
대	代詞
동	動詞
명	名詞
보동	補助動詞
보형	補助形容詞
부	副詞
수	數詞
의	依賴名詞
접	接詞
조	助詞
형	形容詞

4. 附錄

1) 考慮韓語學習者，韓語機能語習以韓語加以解釋·說明
2) 韓語機能語與實際上使用之資料-併列出，以利參照。
3) 爲學習者之便，以가나다順序排列，便於查詢

차 례

順序

1. 인간과 인간관계 (人与人际关系) — 1
2. 가족과 친인척 (家族关系) — 10
3. 성과 결혼 (性与婚姻) — 19
4. 신체와 생리작용 (身体与生理现象) — 25
5. 병과 치료 (疾病与治疗) — 37
6. 삶과 죽음 (生与死) — 49
7. 감각과 감각기관 (感觉与感觉器官) — 57
8. 생각과 감정 (思想与感情) — 65
9. 성격과 태도 (性格, 个性) — 81
10. 의생활 (衣) — 93
11. 식생활 (食) — 110
12. 주생활 (住) — 139
13. 말과 글 (文字, 语言) — 163
14. 언론과 출판 (言论, 出版) — 185
15. 정보와 통신 (情报, 通讯) — 193
16. 교육 (教育) — 199
17. 과학과 학문 (科学, 学问) — 214
18. 종교와 믿음 (宗教, 信仰) — 226
19. 문명과 문화 (文明与文化) — 239
20. 예술 (艺术) — 243
21. 취미 (爱好) — 265
22. 놀이와 게임 (游戏) — 271
23. 운동 (运动) — 277
24. 나라 이름 (国名) — 285

順序

1. 인간과 인간관계 (人與人際關係) — 1
2. 가족과 친인척 (家族關係) — 10
3. 성과 결혼 (性與婚姻) — 19
4. 신체와 생리작용 (身體與生理現象) — 25
5. 병과 치료 (疾病與治療) — 37
6. 삶과 죽음 (生與死) — 49
7. 감각과 감각기관 (感覺與感覺器官) — 57
8. 생각과 감정 (思想與感情) — 65
9. 성격과 태도 (性格, 個性) — 81
10. 의생활 (衣) — 93
11. 식생활 (食) — 110
12. 주생활 (住) — 139
13. 말과 글 (文字, 語言) — 163
14. 언론과 출판 (言論, 出版) — 185
15. 정보와 통신 (情報, 通訊) — 193
16. 교육 (教育) — 199
17. 과학과 학문 (科學, 學問) — 214
18. 종교와 믿음 (宗教, 信仰) — 226
19. 문명과 문화 (文明與文化) — 239
20. 예술 (藝術) — 243
21. 취미 (愛好) — 265
22. 놀이와 게임 (游戲) — 271
23. 운동 (運動) — 277
24. 나라 이름 (國名) — 285

25	국가와 정치 (国家与政治)	290	25	국가와 정치 (國家與政治)	290
26	법과 질서 (法，秩序)	308	26	법과 질서 (法，秩序)	308
27	국방 (国防)	318	27	국방 (國防)	318
28	사회와 사회활동 (社会与社会活动)	329	28	사회와 사회활동 (社會與社會活動)	329
29	경제와 경제활동 (经济与经济活动)	338	29	경제와 경제활동 (經濟與經濟活動)	338
30	직업과 직장 (职业，工作单位)	362	30	직업과 직장 (職業，工作單位)	362
31	산업 (产业)	374	31	산업 (產業)	374
32	연료와 에너지 (燃料，能量)	392	32	연료와 에너지 (燃料，能量)	392
33	도로와 교통 (道路，交通)	396	33	도로와 교통 (道路，交通)	396
34	자연현상 (自然现象)	405	34	자연현상 (自然現象)	405
35	동물 (动物)	415	35	동물 (動物)	415
36	식물 (植物)	432	36	식물 (植物)	432
37	모양 (模样)	445	37	모양 (模樣)	445
38	빛과 색채 (光，色彩)	453	38	빛과 색채 (光，色彩)	453
39	수와 수량 (数，数量)	460	39	수와 수량 (數，數量)	460
40	시간 (时间)	472	40	시간 (時間)	472
41	공간과 우주 (空间，宇宙)	485	41	공간과 우주 (空間，宇宙)	485
42	상태와 정도 (状态，程度)	502	42	상태와 정도 (狀態，程度)	502
43	동작 (动作)	518	43	동작 (動作)	518

부록: 기능어

- ▶ 지시어　559
- ▶ 접속어　568
- ▶ 조　사　571
- ▶ 어　미　578

찾아보기: 가나다 차례　589

1. 인간과 인간관계

人与人际关系 / 人與人際關係

가난뱅이 명 穷人, 穷光蛋
가장 (家長) 명 家长
가정주부 (家庭主婦) 명 家庭主妇
각시 명 新娘
갓난아기 명 婴儿, 婴孩, 娃娃
개구쟁이 명 调皮鬼, 淘气鬼
개척자 (開拓者) 명 拓荒者, 开创者
거인 (巨人) 명 巨人
거짓말쟁이 명 说谎者, 骗子, 撒谎者
겁쟁이 명 胆小鬼
게으름뱅이 명 懒惰鬼, 懒人
겨레 명 同族, 民族
계집 명 丫头, 女人
계집애 명 女孩, 丫头
고아 (孤兒) 명 孤儿
곰보 명 麻子, 麻脸
곱추 명 佝偻, 罗锅
공경하다 (恭敬—) 동 恭敬
공주 (公主) 명 公主
공처가 (恐妻家) 명 怕老婆的男人, 妻管严
과부 (寡婦) 명 寡妇
괴짜 명 怪人, 怪家伙
괴한 (怪漢) 명 怪家伙, 行迹可疑的家伙

가난뱅이 명 窮人, 窮光蛋
가장 (家長) 명 家長
가정주부 (家庭主婦) 명 家庭主婦
각시 명 新娘
갓난아기 명 嬰兒, 嬰孩, 娃娃
개구쟁이 명 調皮鬼, 淘氣鬼
개척자 (開拓者) 명 拓荒者, 開創者
거인 (巨人) 명 巨人
거짓말쟁이 명 說謊者, 騙子, 撒謊者
겁쟁이 명 胆小鬼
게으름뱅이 명 懶惰鬼, 懶人
겨레 명 同族, 民族
계집 명 丫頭, 女人
계집애 명 女孩, 丫頭
고아 (孤兒) 명 孤兒
곰보 명 麻子, 麻臉
곱추 명 佝僂, 羅鍋
공경하다 (恭敬—) 동 恭敬
공주 (公主) 명 公主
공처가 (恐妻家) 명 怕老婆的男人, 妻管嚴
과부 (寡婦) 명 寡婦
괴짜 명 怪人, 怪傢伙
괴한 (怪漢) 명 怪傢伙, 行蹟可疑的傢伙

남자	남성	소년	총각	남자친구	신랑	신사	아저씨	할아버지
여자	여성	소녀	처녀	여자친구	신부	숙녀	아주머니	할머니

구경꾼 명 观众, 看热闹的
구두쇠 명 吝啬鬼
군 (君) 의 君
귀공자 (貴公子) 명 贵公子, 纨裤公子
귀머거리 명 聋子
귀부인 (貴婦人) 명 贵妇人, 少奶奶
기형아 (畸形兒) 명 畸形儿
깍쟁이 명 吝啬鬼
꼬마 명 小孩, 小鬼
나그네 명 旅人, 客人, 游子
난쟁이 명 矮子, 侏儒
남 명 别人, 他人, 人家
남녀 (男女) 명 男女
남녀노소 (男女老少) 명 男女老少, 男女老幼
남성 (男性) 명 男性
남자 (男子) 명 男子
남자친구 (男子親舊) 명 男朋友
남학생 (男學生) 명 男学生, 男同学
녀석 명 家伙, 小子
노약자 (老弱者) 명 老弱者
노인 (老人) 명 老人, 老
노파 (老婆) 명 老婆
놈 명 家伙, 混蛋
농아 (聾兒) 명 聋子
느림보 명 慢吞吞的人, 慢腾腾的人, 慢手慢脚的人
늙은이 명 老人, 老年人
—님 접 ① 附在人名后的敬语
　　　② 用于人称后, 表尊称
달인 (達人) 명 名人
당사자 (當事者) 명 当事者
대장부 (大丈夫) 명 男子汉, 大丈夫
독불장군 (獨不將軍) 명 一意孤行, 固执己见的人
독신 (獨身) 명 单身, 独身

구경꾼 명 觀衆, 看熱鬧的
구두쇠 명 吝嗇鬼
군 (君) 의 君
귀공자 (貴公子) 명 貴公子, 紈褲公子
귀머거리 명 聾子
귀부인 (貴婦人) 명 貴婦人, 少奶奶
기형아 (畸形兒) 명 畸形兒
깍쟁이 명 吝嗇鬼
꼬마 명 小孩, 小鬼
나그네 명 旅人, 客人, 游子
난쟁이 명 矮子, 侏儒
남 명 別人, 他人, 人家
남녀 (男女) 명 男女
남녀노소 (男女老少) 명 男女老少, 男女老幼
남성 (男性) 명 男性
남자 (男子) 명 男子
남자친구 (男子親舊) 명 男朋友
남학생 (男學生) 명 男學生, 男同學
녀석 명 傢伙, 小子
노약자 (老弱者) 명 老弱者
노인 (老人) 명 老人, 老
노파 (老婆) 명 老婆
놈 명 傢伙, 混蛋
농아 (聾兒) 명 聾子
느림보 명 慢吞吞的人, 慢騰騰的人, 慢手慢脚的人
늙은이 명 老人, 老年人
—님 접 ① 附在人名後的敬語
　　　② 用于人稱後, 表尊稱
달인 (達人) 명 名人
당사자 (當事者) 명 當事者
대장부 (大丈夫) 명 男子漢, 大丈夫
독불장군 (獨不將軍) 명 一意孤行, 固執己見的人
독신 (獨身) 명 單身, 獨身

동급생 (同級生) 명 同年纪, 同岁
동기 (同期) 명 同期, 同班
동기동창 (同期同窓) 명 同班同学, 同窗
동기생 (同期生) 명 同期, 同班
동년배 (同年輩) 명 平辈, 同辈
동료 (同僚) 명 同事
동문 (同門) 명 校友
동반자 (同伴者) 명 伴侣, 同伴
동창 (同窓) 명 同学
동창생 (同窓生) 명 同学
동포 (同胞) 명 同胞
동호인 (同好人) 명 有相同爱好的人
두목 (頭目) 명 头目, 头子
둔재 (鈍才) 명 蠢材, 蠢人
또래 명 同辈
뚱보 명 胖子
뜨내기 명 流浪子, 漂泊者
말썽꾸러기 명 ① 爱惹事生非的人
　　② 淘气包子
망나니 명 ① 流氓, 无赖 ② 刀斧手
맹인 (盲人) 명 盲人, 瞎子
멋쟁이 명 爱打扮的人, 赶时髦的人
멍청이 명 呆子, 傻子
못난이 명 没出息的人, 不争气的人
무법자 (無法者) 명 无法无天的人
미개인 (未開人) 명 未开化的人, 野蛮人
미남 (美男) 명 美男子
미녀 (美女) 명 美女
미망인 (未亡人) 명 未亡人, 寡妇
미성년자 (未成年者) 명 未成年者
미인 (美人) 명 美人, 美女
민간인 (民間人) 명 老百姓
민족 (民族) 명 民族
바보 명 傻瓜, 傻子, 呆子
반항아 (反抗兒) 명 反抗者
배신자 (背信者) 명 背信弃义的人, 叛徒

동급생 (同級生) 명 同年紀, 同歲
동기 (同期) 명 同期, 同班
동기동창 (同期同窓) 명 同班同學, 同窗
동기생 (同期生) 명 同期, 同班
동년배 (同年輩) 명 平輩, 同輩
동료 (同僚) 명 同事
동문 (同門) 명 校友
동반자 (同伴者) 명 伴侶, 同伴
동창 (同窓) 명 同學
동창생 (同窓生) 명 同學
동포 (同胞) 명 同胞
동호인 (同好人) 명 有相同愛好的人
두목 (頭目) 명 頭目, 頭子
둔재 (鈍才) 명 蠢材, 蠢人
또래 명 同輩
뚱보 명 胖子
뜨내기 명 流浪子, 漂泊者
말썽꾸러기 명 ① 愛惹事生非的人
　　② 淘氣包子
망나니 명 ① 流氓, 無賴 ② 刀斧手
맹인 (盲人) 명 盲人, 瞎子
멋쟁이 명 愛打扮的人, 趕時髦的人
멍청이 명 呆子, 傻子
못난이 명 沒出息的人, 不爭氣的人
무법자 (無法者) 명 無法無天的人
미개인 (未開人) 명 未開化的人, 野蠻人
미남 (美男) 명 美男子
미녀 (美女) 명 美女
미망인 (未亡人) 명 未亡人, 寡婦
미성년자 (未成年者) 명 未成年者
미인 (美人) 명 美人, 美女
민간인 (民間人) 명 老百姓
민족 (民族) 명 民族
바보 명 傻瓜, 傻子, 呆子
반항아 (反抗兒) 명 反抗者
배신자 (背信者) 명 背信棄義的人, 叛徒

아담 (Adam) 명 亚当
아동 (兒童) 명 儿童
아랫사람 명 晚辈
아씨 명 小姐, 少奶奶
아이 명 小孩, 孩子
아저씨 명 叔叔
아주머니 명 嫂子, 大嫂
아줌마 명 大婶
아편쟁이 (阿片―) 명 鸦片鬼, 大烟鬼
악당 (惡黨) 명 恶霸, 恶棍, 歹徒
악동 (惡童) 명 恶童, 坏孩子
악질 (惡質) 명 ① 恶性, 恶劣 ② 恶霸, 恶棍
안주인 명 女主人
앉은뱅이 명 瘫子
알부자 (―富者) 명 富翁, 富人
애늙은이 명 少年老成的人
애송이 명 带稚气的人, 毛孩子
애인 (愛人) 명 爱人, 恋人, 情人
애주가 (愛酒家) 명 爱喝酒的人
애처가 (愛妻家) 명 爱妻的丈夫, 老婆至上者
야만인 (野蠻人) 명 野蛮人, 未开化的人
양 (孃) 의 小姐
어르신 명 长辈
어른 명 大人, 成人
어린이 명 小孩, 儿童
억만장자 (億萬長者) 명 百万富翁
여걸 (女傑) 명 女杰, 女中豪杰
여류작가 (女流作家) 명 女作家
여사 (女士) 명 女士
여성 (女性) 명 女性
여인 (女人) 명 女人
여자 (女子) 명 女子
여자친구 (女子親舊) 명 女朋友
여장부 (女丈夫) 명 女中豪杰

아담 (Adam) 명 亞當
아동 (兒童) 명 兒童
아랫사람 명 晚輩
아씨 명 小姐, 少奶奶
아이 명 小孩, 孩子
아저씨 명 叔叔
아주머니 명 嫂子, 大嫂
아줌마 명 大嬸
아편쟁이 (阿片―) 명 鴉片鬼, 大烟鬼
악당 (惡黨) 명 惡霸, 惡棍, 歹徒
악동 (惡童) 명 惡童, 壞孩子
악질 (惡質) 명 ① 惡性, 惡劣 ② 惡霸, 惡棍
안주인 명 女主人
앉은뱅이 명 癱子
알부자 (―富者) 명 富翁, 富人
애늙은이 명 少年老成的人
애송이 명 帶稚氣的人, 毛孩子
애인 (愛人) 명 愛人, 戀人, 情人
애주가 (愛酒家) 명 愛喝酒的人
애처가 (愛妻家) 명 愛妻的丈夫, 老婆至上者
야만인 (野蠻人) 명 野蠻人, 未開化的人
양 (孃) 의 小姐
어르신 명 長輩
어른 명 大人, 成人
어린이 명 小孩, 兒童
억만장자 (億萬長者) 명 百萬富翁
여걸 (女傑) 명 女傑, 女中豪傑
여류작가 (女流作家) 명 女作家
여사 (女士) 명 女士
여성 (女性) 명 女性
여인 (女人) 명 女人
여자 (女子) 명 女子
여자친구 (女子親舊) 명 女朋友
여장부 (女丈夫) 명 女中豪傑

여학생 (女學生) 몡 女学生
연인 (戀人) 몡 恋人, 爱人, 情人
영감 (令監) 몡 老人, 老头
영부인 (令夫人) 몡 夫人
영아 (嬰兒) 몡 幼儿
영재 (英才) 몡 英才
오른손잡이 몡 右撇子
오줌싸개 몡 尿床的孩子, 尿裤子的孩子
왕녀 (王女) 몡 公主
왕비 (王妃) 몡 王妃
왕자 (王子) 몡 王子
외톨이 몡 孤家寡人, 孑然一身
왼손잡이 몡 左撇子
욕심쟁이 (慾心一) 몡 贪心鬼, 贪婪的人
욕쟁이 (辱一) 몡 好骂的人
울보 몡 爱哭的孩子, 爱哭鬼
웃어른 몡 长辈, 尊长
원수 (怨讐) 몡 仇人
원시인 (原始人) 몡 原始人
원주민 (原住民) 몡 原住民
위인 (偉人) 몡 伟人
윗사람 몡 长辈
유망주 (有望株) 몡 有希望的人, 有前途的人
유명인 (有名人) 몡 名人
유명인사 (有名人士) 몡 有名人士
유목민 (遊牧民) 몡 游牧民
유복자 (遺腹子) 몡 遗腹子
유아¹ (乳兒) 몡 婴儿, 乳儿
유아² (幼兒) 몡 幼儿
의뢰인 (依賴人) 몡 委托者
이방인 (異邦人) 몡 它国人, 别国人
이브 (Eve) 몡 夏娃
이웃 몡 邻居
이웃사촌 (一四寸) 몡 邻居如亲戚
이재민 (罹災民) 몡 灾民

여학생 (女學生) 몡 女學生
연인 (戀人) 몡 戀人, 愛人, 情人
영감 (令監) 몡 老人, 老頭
영부인 (令夫人) 몡 夫人
영아 (嬰兒) 몡 幼兒
영재 (英才) 몡 英才
오른손잡이 몡 右撇子
오줌싸개 몡 尿床的孩子, 尿褲子的孩子
왕녀 (王女) 몡 公主
왕비 (王妃) 몡 王妃
왕자 (王子) 몡 王子
외톨이 몡 孤家寡人, 孑然一身
왼손잡이 몡 左撇子
욕심쟁이 (慾心一) 몡 貪心鬼, 貪婪的人
욕쟁이 (辱一) 몡 好罵的人
울보 몡 愛哭的孩子, 愛哭鬼
웃어른 몡 長輩, 尊長
원수 (怨讐) 몡 仇人
원시인 (原始人) 몡 原始人
원주민 (原住民) 몡 原住民
위인 (偉人) 몡 偉人
윗사람 몡 長輩
유망주 (有望株) 몡 有希望的人, 有前途的人
유명인 (有名人) 몡 名人
유명인사 (有名人士) 몡 有名人士
유목민 (遊牧民) 몡 遊牧民
유복자 (遺腹子) 몡 遺腹子
유아¹ (乳兒) 몡 嬰兒, 乳兒
유아² (幼兒) 몡 幼兒
의뢰인 (依賴人) 몡 委托者
이방인 (異邦人) 몡 它國人, 別國人
이브 (Eve) 몡 夏娃
이웃 몡 鄰居
이웃사촌 (一四寸) 몡 鄰居如親戚
이재민 (罹災民) 몡 災民

인간 (人間) 몡 人
인류 (人類) 몡 人类
인사하다 (人事―) 몡 寒宣, 打招呼, 问候
인재 (人才) 몡 人才
인조인간 (人造人間) 몡 人造的假人
인종 (人種) 몡 人种
임 몡 郎君, 娘子
잠꾸러기 몡 瞌睡虫
장난꾸러기 몡 淘气鬼, 捣蛋鬼
장년 (長年) 몡 壮年
장님 몡 盲人
장본인 (張本人) 몡 罪魁祸首, 肇事者
장애인 (障碍人) 몡 残疾人
장정 (壯丁) 몡 壯丁, 壯男
저능아 (低能兒) 몡 低能儿
절름발이 몡 瘸子, 跛子
젊은이 몡 年轻人
정박아 (精薄兒) 몡 低能儿
정부¹ (情婦) 몡 情妇
정부² (情夫) 몡 情夫
정상인 (正常人) 몡 正常人
정신병자 (精神病者) 몡 精神病患者
제자 (弟子) 몡 弟子, 学生
주동자 (主動者) 몡 主动者, 主谋
주부 (主婦) 몡 主妇, 家庭主妇
죽마고우 (竹馬故友) 몡 青梅竹马
중년 (中年) 몡 中年
지체부자유자 (肢體不自由子) 몡 残疾人
직장동료 (職場同僚) 몡 同事
직장상사 (職場上司) 몡 上司
책벌레 (冊―) 몡 书虫, 书呆子
처녀 (處女) 몡 姑娘, 闺女, 处女
천재 (天才) 몡 天才
철인¹ (鐵人) 몡 铁人

인간 (人間) 몡 人
인류 (人類) 몡 人類
인사하다 (人事―) 몡 寒宣, 打招呼, 問候
인재 (人才) 몡 人才
인조인간 (人造人間) 몡 人造的假人
인종 (人種) 몡 人種
임 몡 郎君, 娘子
잠꾸러기 몡 瞌睡虫
장난꾸러기 몡 淘氣鬼, 搗蛋鬼
장년 (長年) 몡 壯年
장님 몡 盲人
장본인 (張本人) 몡 罪魁禍首, 肇事者
장애인 (障碍人) 몡 殘疾人
장정 (壯丁) 몡 壯丁, 壯男
저능아 (低能兒) 몡 低能兒
절름발이 몡 瘸子, 跛子
젊은이 몡 年輕人
정박아 (精薄兒) 몡 低能兒
정부¹ (情婦) 몡 情婦
정부² (情夫) 몡 情夫
정상인 (正常人) 몡 正常人
정신병자 (精神病者) 몡 精神病患者
제자 (弟子) 몡 弟子, 學生
주동자 (主動者) 몡 主动者, 主謀
주부 (主婦) 몡 主婦, 家庭主婦
죽마고우 (竹馬故友) 몡 青梅竹馬
중년 (中年) 몡 中年
지체부자유자 (肢體不自由子) 몡 殘疾人
직장동료 (職場同僚) 몡 同事
직장상사 (職場上司) 몡 公司
책벌레 (冊―) 몡 書虫, 書呆子
처녀 (處女) 몡 姑娘, 閨女, 處女
천재 (天才) 몡 天才
철인¹ (鐵人) 몡 鐵人

철인² (哲人) 몡 哲人, 哲学家
청년 (靑年) 몡 青年, 年轻人
청소년 (靑少年) 몡 青少年
초보자 (初步者) 몡 生手
촌놈 (村―) 몡 乡下人, 乡下佬
촌뜨기 (村―) 몡 乡下人, 土包子
총각 (總角) 몡 单身汉, 小伙子, 未婚的 成年男子
추남 (醜男) 몡 丑男
추녀 (醜女) 몡 丑女
친구 (親舊) 몡 朋友, 好友
키다리 몡 高个子
태아 (胎兒) 몡 胎儿
털보 몡 毛多的人, 大胡子
토착민 (土着民) 몡 本地人, 当地人
팔방미인 (八方美人) 몡 ① 多才多艺的人 ② 八面玲珑的人 ③ 容貌出众的人
폭군 (暴君) 몡 暴君
행운아 (幸運兒) 몡 幸运人
허풍쟁이 (虛風―) 몡 吹牛大王, 牛皮大王
현대인 (現代人) 몡 现代人
혼자 몡 自个儿, 自己
홀몸 몡 单身
홀아비 몡 鳏夫, 鳏棍儿(光棍儿), 寡夫
홀쭉이 몡 干瘦的人
황인종 (黃人種) 몡 黄种人
후계자 (後繼者) 몡 后继者
후배 (後背) 몡 晚辈, 下届的同学
후보자 (候補者) 몡 候补人, 候选人
흑인종 (黑人種) 몡 黑人

철인² (哲人) 몡 哲人, 哲學家
청년 (靑年) 몡 青年, 年輕人
청소년 (靑少年) 몡 青少年
초보자 (初步者) 몡 生手
촌놈 (村―) 몡 鄉下人, 鄉下佬
촌뜨기 (村―) 몡 鄉下人, 土包子
총각 (總角) 몡 單身漢, 小伙子, 未婚的 成年男子
추남 (醜男) 몡 醜男
추녀 (醜女) 몡 醜女
친구 (親舊) 몡 朋友, 好友
키다리 몡 高个子
태아 (胎兒) 몡 胎兒
털보 몡 毛多的人, 大鬍子
토착민 (土着民) 몡 本地人, 當地人
팔방미인 (八方美人) 몡 ① 多才多藝的人 ② 八面玲瓏的人 ③ 容貌出衆的人
폭군 (暴君) 몡 暴君
행운아 (幸運兒) 몡 幸運人
허풍쟁이 (虛風―) 몡 吹牛大王, 牛皮大王
현대인 (現代人) 몡 現代人
혼자 몡 自個兒, 自己
홀몸 몡 單身
홀아비 몡 鰥夫, 鰥棍兒(光棍兒), 寡夫
홀쭉이 몡 乾瘦的人
황인종 (黃人種) 몡 黃種人
후계자 (後繼者) 몡 後繼者
후배 (後背) 몡 晚輩, 下屆的同學
후보자 (候補者) 몡 候補人, 候選人
흑인종 (黑人種) 몡 黑人

2. 가족과 친인척

家族关系	家族關係

가문 (家門) 몡 家世, 家门	가문 (家門) 몡 家世, 家門
가부장제 (家父長制) 몡 父权制	가부장제 (家父長制) 몡 父權制
가정 (家庭) 몡 家庭	가정 (家庭) 몡 家庭
가정환경 (家庭環境) 몡 家庭环境	가정환경 (家庭環境) 몡 家庭環境
가족 (家族) 몡 家族	가족 (家族) 몡 家族
가족계획 (家族計劃) 몡 家庭计划, 生育计划	가족계획 (家族計劃) 몡 家庭計劃, 生育計劃
가족관계 (家族關係) 몡 家族关系	가족관계 (家族關係) 몡 家族關係
가족제도 (家族制度) 몡 家族制度	가족제도 (家族制度) 몡 家族制度
결손가정 (缺損家庭) 몡 破碎家庭	결손가정 (缺損家庭) 몡 破碎家庭
결혼 (結婚) 몡 结婚	결혼 (結婚) 몡 結婚
겹사돈 (—查頓) 몡 亲上加亲	겹사돈 (—查頓) 몡 親上加親
계모 (繼母) 몡 继母	계모 (繼母) 몡 繼母
계부 (繼父) 몡 继父	계부 (繼父) 몡 繼父
고모 (姑母) 몡 姑母, 姑姑, 姑妈	고모 (姑母) 몡 姑母, 姑姑, 姑媽
고모부 (姑母夫) 몡 姑丈, 姑父	고모부 (姑母夫) 몡 姑丈, 姑父
고부 (姑婦) 몡 婆媳	고부 (姑婦) 몡 婆媳
고조할머니 (高祖—) 몡 高祖母	고조할머니 (高祖—) 몡 高祖母
고조할아버지 (高祖—) 몡 高祖父	고조할아버지 (高祖—) 몡 高祖父
고종사촌 (姑從四寸) 몡 堂兄弟, 堂姊妹	고종사촌 (姑從四寸) 몡 堂兄弟, 堂姊妹
남동생 (男—) 몡 弟弟	남동생 (男—) 몡 弟弟
남매 (男妹) 몡 兄妹	남매 (男妹) 몡 兄妹
남편 (男便) 몡 丈夫	남편 (男便) 몡 丈夫
누나 몡 姐姐	누나 몡 姐姐
누님 몡 姐姐	누님 몡 姐姐
누이 몡 姐姐	누이 몡 姐姐
누이동생 몡 妹妹	누이동생 몡 妹妹
당숙 (堂叔) 몡 堂叔	당숙 (堂叔) 몡 堂叔
대 (代) 몡 代, 世	대 (代) 몡 代, 世

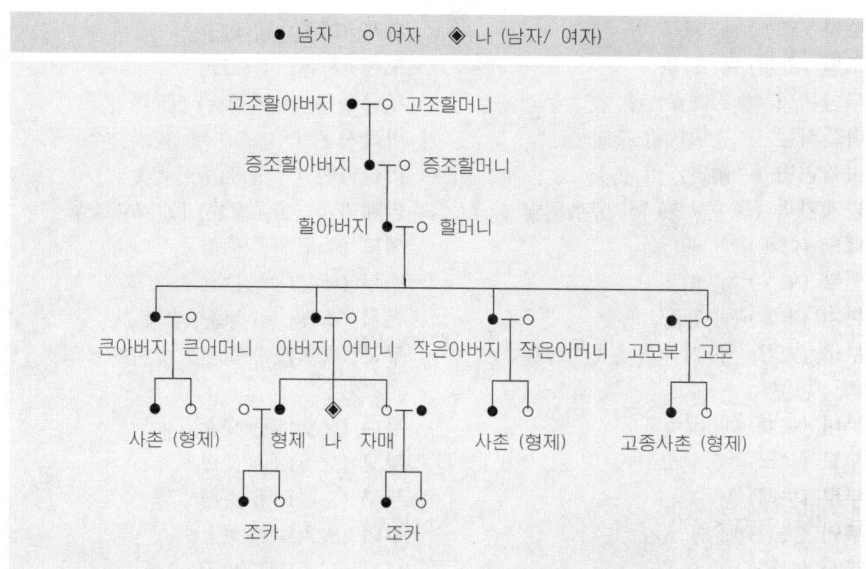

대가족 (大家族) 명 大家族
데릴사위 명 入贅的女婿
도련님 명 嫂子对小叔的尊称
동기 (同氣) 명 亲兄弟姐妹
동생 (同生) 명 弟, 妹
동서 (同壻) 명 (女) 妯娌, (男) 连襟(儿)
따님 명 女儿 (对对方的敬称)
딸 명 女儿
마누라 명 老婆, 内人, 妻子
막내 명 老末, 老小
맏딸 명 长女
맏아들 명 长子, 长男
맏이 명 老大
매부 (妹夫) 명 妹夫, 姐夫
매제 (妹弟) 명 妹夫
매형 (妹兄) 명 姐夫
며느리 명 儿媳妇
모녀 (母女) 명 母女
모성애 (母性愛) 명 母性愛, 母爱

대가족 (大家族) 명 大家族
데릴사위 명 入贅的女婿
도련님 명 嫂子對小叔的尊稱
동기 (同氣) 명 親兄弟姐妹
동생 (同生) 명 弟, 妹
동서 (同壻) 명 (女) 妯娌, (男) 連襟(儿)
따님 명 女兒 (對對方的敬稱)
딸 명 女兒
마누라 명 老婆, 内人, 妻子
막내 명 老末, 老小
맏딸 명 長女
맏아들 명 長子, 長男
맏이 명 老大
매부 (妹夫) 명 妹夫, 姐夫
매제 (妹弟) 명 妹夫
매형 (妹兄) 명 姐夫
며느리 명 兒媳婦
모녀 (母女) 명 母女
모성애 (母性愛) 명 母性愛, 母愛

모자 (母子) 명 母子
모친 (母親) 명 母亲
무남독녀 (無男獨女) 명 独生女
바깥사돈 (—查頓) 명 亲家公
바깥양반 (—兩班) 명 丈夫
방계가족 (傍系家族) 명 旁系家族
백모 (伯母) 명 伯母
백부 (伯父) 명 伯父
본처 (本妻) 명 原配, 前妻
부군 (夫君) 명 对他人丈夫的尊称 '先生'
부녀 (父女) 명 父女
부모 (父母) 명 父母
부부 (夫婦) 명 夫妇
부인 (夫人) 명 夫人
부자 (父子) 명 父子
부친 (父親) 명 父亲
불효자 (不孝子) 명 不孝子
사돈 (查頓) 명 亲家
사돈어른 (查頓—) 명 亲家大人
사돈처녀 (查頓處女) 명 亲家中还未婚的姐妹
사돈총각 (查頓總角) 명 亲家中还未婚的成年男子
사위 명 女婿
사촌 (四寸) 명 堂兄弟姊妹
삼촌 (三寸) 명 叔父, 叔叔
새아버지 명 继父
새어머니 명 继母

모자 (母子) 명 母子
모친 (母親) 명 母親
무남독녀 (無男獨女) 명 獨生女
바깥사돈 (—查頓) 명 親家公
바깥양반 (—兩班) 명 丈夫
방계가족 (傍系家族) 명 旁系家族
백모 (伯母) 명 伯母
백부 (伯父) 명 伯父
본처 (本妻) 명 原配, 前妻
부군 (夫君) 명 對他人丈夫的尊稱 '先生'
부녀 (父女) 명 父女
부모 (父母) 명 父母
부부 (夫婦) 명 夫婦
부인 (夫人) 명 夫人
부자 (父子) 명 父子
부친 (父親) 명 父親
불효자 (不孝子) 명 不孝子
사돈 (查頓) 명 親家
사돈어른 (查頓—) 명 親家大人
사돈처녀 (查頓處女) 명 親家中還未婚的姐妹
사돈총각 (查頓總角) 명 親家中還未婚的成年男子
사위 명 女婿
사촌 (四寸) 명 堂兄弟姊妹
삼촌 (三寸) 명 叔父, 叔叔
새아버지 명 繼父
새어머니 명 繼母

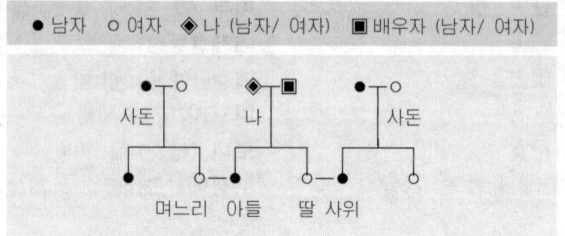

새언니 몡 嫂嫂
생모 (生母) 몡 生母
생부 (生父) 몡 生父
생질 (甥姪) 몡 侄子, 侄女
서방 (書房) 몡 丈夫的卑称
서방님 (書房—) 몡 ① 丈夫的敬称
  ② 对结婚的小叔的称号
손녀 (孫女) 몡 孙女
손부 (孫婦) 몡 孙媳妇
손자 (孫子) 몡 孙子
손주 (孫—) 몡 孙子
수양딸 (收養—) 몡 养女
수양아들 (收養—) 몡 养子
숙모 (叔母) 몡 叔母, 婶婶
숙부 (叔父) 몡 叔父, 叔叔
시누이 (媤—) 몡 大姑子, 小姑子
시댁 (媤宅) 몡 婆家
시동생 (媤—) 몡 小叔子
시부모 (媤父母) 몡 公婆
시아버지 (媤—) 몡 公公
시아주버니 (媤—) 몡 大伯子, 大伯哥
시어머니 (媤—) 몡 婆婆
시집 (媤—) 몡 婆家
식구 (食口) 몡 家人
아내 몡 妻子
아드님 몡 儿子 (尊称)
아들 몡 儿子
아버님 몡 父亲 (尊称)
아버지 몡 父亲, 爸爸

새언니 몡 嫂嫂
생모 (生母) 몡 生母
생부 (生父) 몡 生父
생질 (甥姪) 몡 姪子, 姪女
서방 (書房) 몡 丈夫的卑稱
서방님 (書房—) 몡 ① 丈夫的敬稱
  ② 對結婚的小叔的稱號
손녀 (孫女) 몡 孫女
손부 (孫婦) 몡 孫媳婦
손자 (孫子) 몡 孫子
손주 (孫—) 몡 孫子
수양딸 (收養—) 몡 養女
수양아들 (收養—) 몡 養子
숙모 (叔母) 몡 叔母, 嬸嬸
숙부 (叔父) 몡 叔父, 叔叔
시누이 (媤—) 몡 大姑子, 小姑子
시댁 (媤宅) 몡 婆家
시동생 (媤—) 몡 小叔子
시부모 (媤父母) 몡 公婆
시아버지 (媤—) 몡 公公
시아주버니 (媤—) 몡 大伯子, 大伯哥
시어머니 (媤—) 몡 婆婆
시집 (媤—) 몡 婆家
식구 (食口) 몡 家人
아내 몡 妻子
아드님 몡 兒子 (尊稱)
아들 몡 兒子
아버님 몡 父親 (尊稱)
아버지 몡 父親, 爸爸

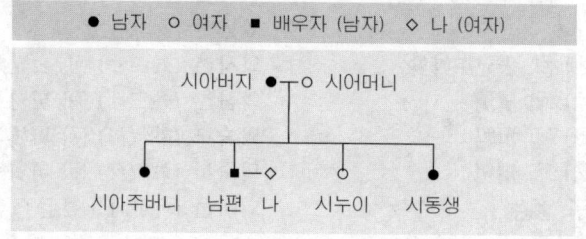

아범 명 父亲 (卑称)　　　　　　아범 명 父親 (卑稱)
아비 명 父亲 (卑称)　　　　　　아비 명 父親 (卑稱)
아빠 명 爸爸　　　　　　　　　아빠 명 爸爸
아우 명 弟弟, 妹妹　　　　　　아우 명 弟弟, 妹妹
아저씨 명 叔叔　　　　　　　　아저씨 명 叔叔
아주머니 명 嫂嫂, 嫂子　　　　아주머니 명 嫂嫂, 嫂子
아주버니 명 大伯子　　　　　　아주버니 명 大伯子
아주버님 명 大伯子 (尊称)　　　아주버님 명 大伯子 (尊稱)
안사돈 (—查頓) 명 亲家母　　　안사돈 (—查頓) 명 親家母
안사람 명 內人, 妻子　　　　　안사람 명 內人, 妻子
양녀 (養女) 명 养女　　　　　　양녀 (養女) 명 養女
양부모 (養父母) 명 养父母　　　양부모 (養父母) 명 養父母
양아들 (養—) 명 养子　　　　　양아들 (養—) 명 養子
양아버지 (養—) 명 养父　　　　양아버지 (養—) 명 養父
양어머니 (養—) 명 养母　　　　양어머니 (養—) 명 養母
양자 (養子) 명 养子　　　　　　양자 (養子) 명 養子
어머니 명 母亲　　　　　　　　어머니 명 母親
어머님 명 母亲 (敬称)　　　　　어머님 명 母親 (敬稱)
어멈 명 妈妈 (卑称)　　　　　　어멈 명 媽媽 (卑稱)
어미 명 妈妈 (卑称)　　　　　　어미 명 媽媽 (卑稱)
언니 명 姐姐　　　　　　　　　언니 명 姐姐
엄마 명 妈　　　　　　　　　　엄마 명 媽
여동생 (女同生) 명 妹妹　　　　여동생 (女同生) 명 妹妹
여편네 (女便—) 명 內人 (卑称)　여편네 (女便—) 명 內人 (卑稱)
오누이 명 兄妹, 姐弟　　　　　오누이 명 兄妹, 姐弟
오라버니 명 哥哥 (敬称)　　　　오라버니 명 哥哥 (敬稱)
오빠 명 哥哥　　　　　　　　　오빠 명 哥哥
올케 명 嫂嫂, 弟媳　　　　　　올케 명 嫂嫂, 弟媳
외가 (外家) 명 外婆家　　　　　외가 (外家) 명 外婆家
외가집 (外家—) 명 外婆家　　　외가집 (外家—) 명 外婆家
외동딸 명 独生女　　　　　　　외동딸 명 獨生女
외사촌 (外四寸) 명 表兄弟姊妹　외사촌 (外四寸) 명 表兄弟姊妹
외삼촌 (外三寸) 명 舅舅　　　　외삼촌 (外三寸) 명 舅舅
외숙모 (外叔母) 명 舅妈　　　　외숙모 (外叔母) 명 舅媽
외숙부 (外叔父) 명 舅舅　　　　외숙부 (外叔父) 명 舅舅
외아들 명 独子, 独生子　　　　외아들 명 獨子, 獨生子

외할머니 (外—) 명 外婆
외할아버지 (外—) 명 外公
의붓아버지 (義父—) 명 继父
의붓어머니 (義父—) 명 继母
의붓자식 (義父子息) 명 再婚女人或男人领来的子女
의붓형제 (義父兄弟) 명 由于父母再婚所形成的兄弟姐妹
의형제 (義兄弟) 명 結拜兄弟, 拜把兄弟
이모 (姨母) 명 姨妈, 阿姨, 姨
이모부 (姨母夫) 명 姨丈, 姨夫
이복형제 (異腹兄弟) 명 同父异母兄弟
이산가족 (離散家族) 명 离散家族
이종사촌 (姨從四寸) 명 姨表兄弟, 姨表姊妹
인척 (姻戚) 명 姻亲
입양아 (入養兒) 명 收养的子女
입양하다 (入養—) 동 收养
자녀 (子女) 명 子女
자당 (慈堂) 명 令慈, 令堂
자매 (姉妹) 명 姉妹
자손 (子孫) 명 子孙, 后代
자식 (子息) 명 子女, 儿女
자형 (姉兄) 명 姐夫
작은아버지 명 叔叔, 叔父
작은어머니 명 婶婶, 叔母

외할머니 (外—) 명 外婆
외할아버지 (外—) 명 外公
의붓아버지 (義父—) 명 繼父
의붓어머니 (義父—) 명 繼母
의붓자식 (義父子息) 명 再婚女人或男人來的子女
의붓형제 (義父兄弟) 명 由于父母再婚所形成的兄弟姐妹
의형제 (義兄弟) 명 結拜兄弟, 拜把兄弟
이모 (姨母) 명 姨媽, 阿姨, 姨
이모부 (姨母夫) 명 姨丈, 姨夫
이복형제 (異腹兄弟) 명 同父異母兄弟
이산가족 (離散家族) 명 離散家族
이종사촌 (姨從四寸) 명 姨表兄弟, 姨表姊妹
인척 (姻戚) 명 姻親
입양아 (入養兒) 명 收養的子女
입양하다 (入養—) 동 收養
자녀 (子女) 명 子女
자당 (慈堂) 명 令慈, 令堂
자매 (姉妹) 명 姉妹
자손 (子孫) 명 子孫, 後代
자식 (子息) 명 子女, 兒女
자형 (姉兄) 명 姐夫
작은아버지 명 叔叔, 叔父
작은어머니 명 嬸嬸, 叔母

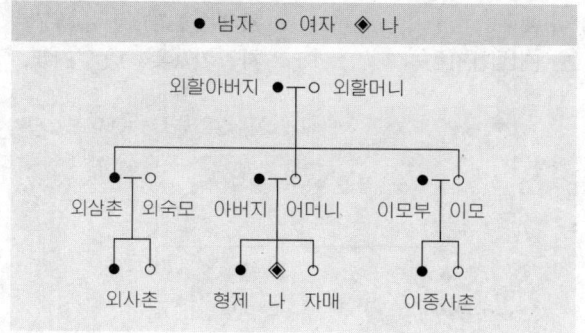

작은집 [명] 叔父家, 叔叔家
장남 (長男) [명] 长男, 长子
장녀 (長女) [명] 长女
장모 (丈母) [명] 丈母娘, 岳母
장인 (丈人) [명] 丈人, 岳父
전처 (前妻) [명] 前妻, 前室
정실 (正室) [명] 原配, 正室
제부 (弟夫) [명] 妹夫
제수 (弟嫂) [명] 弟媳, 弟妹
조강지처 (糟糠之妻) [명] 糟糠之妻
조부모 (祖父母) [명] 祖父母
조상 (祖上) [명] 祖先, 祖上, 祖宗
조카 [명] 侄子, 侄女
족보 (族譜) [명] 族谱
종가집 (宗家—) [명] 宗主家, 宗家
종친회 (宗親會) [명] 宗家会
증손녀 (曾孫女) [명] 曾孙女
증손자 (曾孫子) [명] 曾孙子
증조할머니 (曾祖—) [명] 曾祖母
증조할아버지 (曾祖—) [명] 曾祖父
직계가족 (直系家族) [명] 直系家族
질녀 (姪女) [명] 侄女
질부 (姪婦) [명] 侄媳妇
집사람 [명] 太太, 内人, 妻子
집안 [명] 家, 家庭
처가 (妻家) [명] 丈人家, 岳母家
처남 (妻男) [명] 内兄, 内弟
처제 (妻弟) [명] 小姨子
처조카 (妻—) [명] 内侄, 内侄女

작은집 [명] 叔父家, 叔叔家
장남 (長男) [명] 長男, 長子
장녀 (長女) [명] 長女
장모 (丈母) [명] 丈母娘, 岳母
장인 (丈人) [명] 丈人, 岳父
전처 (前妻) [명] 前妻, 前室
정실 (正室) [명] 原配, 正室
제부 (弟夫) [명] 妹夫
제수 (弟嫂) [명] 弟媳, 弟妹
조강지처 (糟糠之妻) [명] 糟糠之妻
조부모 (祖父母) [명] 祖父母
조상 (祖上) [명] 祖先, 祖上, 祖宗
조카 [명] 姪子, 姪女
족보 (族譜) [명] 族譜
종가집 (宗家—) [명] 宗主家, 宗家
종친회 (宗親會) [명] 宗家會
증손녀 (曾孫女) [명] 曾孫女
증손자 (曾孫子) [명] 曾孫子
증조할머니 (曾祖—) [명] 曾祖母
증조할아버지 (曾祖—) [명] 曾祖父
직계가족 (直系家族) [명] 直系家族
질녀 (姪女) [명] 姪女
질부 (姪婦) [명] 姪媳婦
집사람 [명] 太太, 內人, 妻子
집안 [명] 家, 家庭
처가 (妻家) [명] 丈人家, 岳母家
처남 (妻男) [명] 內兄, 內弟
처제 (妻弟) [명] 小姨子
처조카 (妻—) [명] 內姪, 內姪女

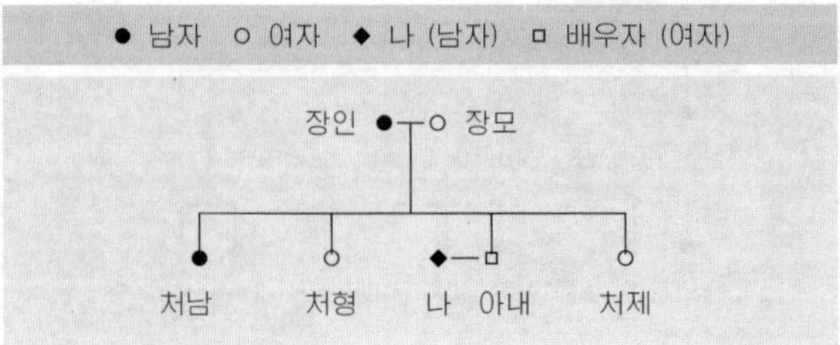

처형 (妻兄) 몡 大姨子
첩 (妾) 몡 妾
촌수 (寸數) 몡 辈分, 輩數
춘부장 (春府丈) 몡 令尊
친인척 (親姻戚) 몡 亲戚和姻戚
친자 (親子) 몡 亲生儿子
친정 (親庭) 몡 娘家
친정아버지 (親庭—) 몡 (出嫁女儿的)父亲, 娘家父
친정어머니 (親庭—) 몡 (出嫁女儿的)母亲, 娘家母
친족 (親族) 몡 亲戚, 亲属
친족관계 (親族關係) 몡 亲戚关系
친지 (親知) 몡 好友
친척 (親戚) 몡 亲戚
친할머니 (親—) 몡 祖母, 奶奶
친할아버지 (親—) 몡 祖父
큰아버지 몡 伯父
큰어머니 몡 伯母
큰집 몡 伯父家
핏줄 몡 血缘
할머니 몡 祖母, 奶奶
할아버지 몡 祖父, 爷爷
항렬 (←行列) 몡 辈份
핵가족 (核家族) 몡 小家族
현모양처 (賢母良妻) 몡 贤妻良母
혈연 (血緣) 몡 血缘
혈연관계 (血緣關係) 몡 血缘关系
형 (兄) 몡 兄, 哥哥
형님 (兄—) 몡 哥哥 (尊称)
형부 (兄夫) 몡 姐夫
형수 (兄嫂) 몡 嫂嫂, 嫂子
형제 (兄弟) 몡 兄弟
혼인 (婚姻) 몡 婚姻, 结婚
홀어머니 몡 寡母
효녀 (孝女) 몡 孝女

처형 (妻兄) 몡 大姨子
첩 (妾) 몡 妾
촌수 (寸數) 몡 輩分, 輩數
춘부장 (春府丈) 몡 令尊
친인척 (親姻戚) 몡 親戚和姻戚
친자 (親子) 몡 親生兒子
친정 (親庭) 몡 娘家
친정아버지 (親庭—) 몡 (出嫁女兒的)父親, 娘家父
친정어머니 (親庭—) 몡 (出嫁女兒的)母親, 娘家母
친족 (親族) 몡 親戚, 親屬
친족관계 (親族關係) 몡 親戚關係
친지 (親知) 몡 好友
친척 (親戚) 몡 親戚
친할머니 (親—) 몡 祖母, 奶奶
친할아버지 (親—) 몡 祖父
큰아버지 몡 伯父
큰어머니 몡 伯母
큰집 몡 伯父家
핏줄 몡 血緣
할머니 몡 祖母, 奶奶
할아버지 몡 祖父, 爺爺
항렬 (←行列) 몡 輩份
핵가족 (核家族) 몡 小家族
현모양처 (賢母良妻) 몡 賢妻良母
혈연 (血緣) 몡 血緣
혈연관계 (血緣關係) 몡 血緣關係
형 (兄) 몡 兄, 哥哥
형님 (兄—) 몡 哥哥 (尊稱)
형부 (兄夫) 몡 姐夫
형수 (兄嫂) 몡 嫂嫂, 嫂子
형제 (兄弟) 몡 兄弟
혼인 (婚姻) 몡 婚姻, 结婚
홀어머니 몡 寡母
효녀 (孝女) 몡 孝女

효도 (孝道) 몡 孝道
효부 (孝婦) 몡 孝順的媳妇
효자 (孝子) 몡 孝子
후손 (後孫) 몡 子孙, 后代
후실 (後室) 몡 后室, 后妻
후처 (後妻) 몡 后妻

효도 (孝道) 몡 孝道
효부 (孝婦) 몡 孝順的媳婦
효자 (孝子) 몡 孝子
후손 (後孫) 몡 子孫, 後代
후실 (後室) 몡 後室, 後妻
후처 (後妻) 몡 後妻

3. 성과 결혼
性与结婚　　　性與結婚

간음 (姦淫) 명 奸淫
간통 (姦通) 명 通奸
간통죄 (姦通罪) 명 奸淫罪
강간 (强姦) 명 强奸
개가 (改嫁) 명 改嫁
결혼 (結婚) 명 结婚
결혼기념일 (結婚記念日) 명 结婚记念日
결혼반지 (結婚斑指) 명 结婚戒指
결혼상담소 (結婚相談所) 명 婚姻介紹所
결혼서약 (結婚誓約) 명 结婚誓约
결혼식 (結婚式) 명 结婚典礼
결혼식장 (結婚式場) 명 结婚礼堂
결혼하다 (結婚—) 동 结婚
결혼행진곡 (結婚行進曲) 명 结婚进行曲
과부 (寡婦) 명 寡妇
궁합 (宮合) 명 因缘
금실 (←琴瑟) 명 琴瑟, 唯夫妻恩爱
금혼식 (金婚式) 명 金婚
기혼자 (旣婚者) 명 已婚者
난산 (難産) 명 难产
난자 (卵子) 명 卵子
낳다 동 生, 生下, 生育
노처녀 (老處女) 명 老处女

간음 (姦淫) 명 姦淫
간통 (姦通) 명 通姦
간통죄 (姦通罪) 명 姦淫罪
강간 (强姦) 명 强姦
개가 (改嫁) 명 改嫁
결혼 (結婚) 명 結婚
결혼기념일 (結婚記念日) 명 結婚記念日
결혼반지 (結婚斑指) 명 結婚戒指
결혼상담소 (結婚相談所) 명 婚姻介紹所
결혼서약 (結婚誓約) 명 結婚誓約
결혼식 (結婚式) 명 結婚典禮
결혼식장 (結婚式場) 명 結婚禮堂
결혼하다 (結婚—) 동 結婚
결혼행진곡 (結婚行進曲) 명 結婚進行曲
과부 (寡婦) 명 寡婦
궁합 (宮合) 명 因緣
금실 (←琴瑟) 명 琴瑟, 唯夫妻恩愛
금혼식 (金婚式) 명 金婚
기혼자 (旣婚者) 명 已婚者
난산 (難産) 명 難産
난자 (卵子) 명 卵子
낳다 동 生, 生下, 生育
노처녀 (老處女) 명 老處女

결혼하다	
장가가다 (남자)	시집가다 (여자)
신랑	신부
남편	아내
바깥양반	안사람

노총각 (老總角) 명 老单身汉
동성 (同性) 명 同性
동성연애 (同性戀愛) 명 同性恋
동성연애자 (同性戀愛者) 명 同性恋者
동침하다 (同寢—) 동 同眠, 同床
득남하다 (得男—) 동 得男, 生儿子
들러리 명 伴郎, 伴娘
맞선 명 相亲
매춘 (賣春) 명 卖淫
매춘부 (賣春婦) 명 卖淫妇, 娼妇
면사포 (面紗布) 명 面纱, 头纱
몸풀다 동 分娩, 生产, 生孩子
무통분만 (無痛分娩) 명 无痛分娩
미숙아 (未熟兒) 명 早产儿
미혼 (未婚) 명 未婚
미혼모 (未婚母) 명 未婚妈妈
밀월여행 (蜜月旅行) 명 蜜月旅行
바람둥이 명 爱情不专一的人, 花花公子
바람피우다 동 花心, 爱情不专一
배우자 명 配偶
백년해로 (百年偕老) 명 白头偕老
별거 (別居) 명 分居
보지 명 阴部
부부 (夫婦) 명 夫妇
부부관계 (夫婦關係) 명 夫妇关系
부부생활 (夫婦生活) 명 夫妇生活
부부싸움 (夫婦—) 명 夫妇间吵架, 夫妻吵架
부조 (扶助) 명 ① 资助, 捐助 ② 赙仪, 赙金 ③ 帮助, 扶助
부조금 (扶助金) 명 ① 份子钱 ② 赙钱, 赙仪 ③ 补助金
부케 (bouquet) 명 新娘捧花
분가 (分家) 명 分家
분만 (分娩) 명 分娩
분만실 (分娩室) 명 分娩室

노총각 (老總角) 명 老單身漢
동성 (同性) 명 同性
동성연애 (同性戀愛) 명 同性戀
동성연애자 (同性戀愛者) 명 同性戀者
동침하다 (同寢—) 동 同眠, 同床
득남하다 (得男—) 동 得男, 生兒子
들러리 명 伴郎, 伴娘
맞선 명 相親
매춘 (賣春) 명 賣淫
매춘부 (賣春婦) 명 賣淫婦, 娼婦
면사포 (面紗布) 명 面紗, 頭紗
몸풀다 동 分娩, 生産, 生孩子
무통분만 (無痛分娩) 명 無痛分娩
미숙아 (未熟兒) 명 早産兒
미혼 (未婚) 명 未婚
미혼모 (未婚母) 명 未婚媽媽
밀월여행 (蜜月旅行) 명 蜜月旅行
바람둥이 명 愛情不專一的人, 花花公子
바람피우다 동 花心, 愛情不專一
배우자 명 配偶
백년해로 (百年偕老) 명 白頭偕老
별거 (別居) 명 分居
보지 명 陰部
부부 (夫婦) 명 夫婦
부부관계 (夫婦關係) 명 夫婦關係
부부생활 (夫婦生活) 명 夫婦生活
부부싸움 (夫婦—) 명 夫婦間吵架, 夫妻吵架
부조 (扶助) 명 ① 資助, 捐助 ② 賻儀, 賻金 ③ 幫助, 扶助
부조금 (扶助金) 명 ① 份子錢 ② 賻錢, 賻儀 ③ 補助金
부케 (bouquet) 명 新娘捧花
분가 (分家) 명 分家
분만 (分娩) 명 分娩
분만실 (分娩室) 명 分娩室

분만하다 (分娩—) 동 分娩
불륜 (不倫) 명 男女间超出伦理的行为
사랑 명 爱
사랑하다 동 爱, 爱护
사산 (死産) 명 死产
사정 (射精) 명 射精
사정하다 (射精—) 동 射精
산달 (産—) 명 临月儿, 足月
생리 (生理) 명 ① 生理 ② 月经
생식 (生殖) 명 生殖
생식기 (生殖器) 명 生殖器
선 명 相亲
성 (性) 명 性别
성교 (性交) 명 性交
성관계 (性關係) 명 性关系
성교하다 (性交—) 동 性交
성기 (性器) 명 性器官
성생활 (性生活) 명 性生活
성욕 (性慾) 명 性欲
성차별 (性差別) 명 男性女性差别待遇
성추행 (性醜行) 명 性暴力
성폭력 (性暴力) 명 性暴力
성폭행 (性暴行) 명 性暴力
성혼선언 (成婚宣言) 명 宣告结婚
성희롱 (性戱弄) 명 性骚扰
수정 (受精) 명 受精
순결 (純潔) 명 ① 纯洁 ② 无性关系
순산 (順産) 명 順产
숫처녀 (—處女) 명 处女
숫총각 (—總角) 명 处男
시댁 (媤宅) 명 婆家 (敬称)
시집 (媤—) 명 婆家
시집가다 (媤—) 동 结婚
시집살이 (媤—) 명 ① 做媳妇 ② 受累
신랑 (新郞) 명 新郞
신방 (新房) 명 新房, 洞房

분만하다 (分娩—) 동 分娩
불륜 (不倫) 명 男女間超出倫理的行爲
사랑 명 愛
사랑하다 동 愛, 愛護
사산 (死産) 명 死産
사정 (射精) 명 射精
사정하다 (射精—) 동 射精
산달 (産—) 명 臨月兒, 足月
생리 (生理) 명 ① 生理 ② 月經
생식 (生殖) 명 生殖
생식기 (生殖器) 명 生殖器
선 명 相親
성 (性) 명 性別
성교 (性交) 명 性交
성관계 (性關係) 명 性關係
성교하다 (性交—) 동 性交
성기 (性器) 명 性器官
성생활 (性生活) 명 性生活
성욕 (性慾) 명 性慾
성차별 (性差別) 명 男性女性差別待遇
성추행 (性醜行) 명 性暴力
성폭력 (性暴力) 명 性暴力
성폭행 (性暴行) 명 性暴力
성혼선언 (成婚宣言) 명 宣告結婚
성희롱 (性戱弄) 명 性騷擾
수정 (受精) 명 受精
순결 (純潔) 명 ① 純潔 ② 無性關係
순산 (順産) 명 順産
숫처녀 (—處女) 명 處女
숫총각 (—總角) 명 處男
시댁 (媤宅) 명 婆家 (敬稱)
시집 (媤—) 명 婆家
시집가다 (媤—) 동 結婚
시집살이 (媤—) 명 ① 做媳婦 ② 受累
신랑 (新郞) 명 新郞
신방 (新房) 명 新房, 洞房

신부 (新婦) 명 新娘
신생아 (新生兒) 명 新生儿
신생아실 (新生兒室) 명 新生儿室
신접살림 (新接—) 명 新生活, 新居
신혼 (新婚) 명 新婚
신혼부부 (新婚夫婦) 명 新婚夫妇
신혼여행 (新婚旅行) 명 蜜月旅行
아가씨 명 小姐
애무 (愛撫) 명 爱抚
애무하다 (愛撫—) 동 爱抚
애정 (愛情) 명 爱情
약혼 (約婚) 명 订婚
약혼녀 (約婚女) 명 未婚妻
약혼반지 (約婚斑指) 명 订婚戒指
약혼식 (約婚式) 명 订婚仪式
양수 (羊水) 명 羊水
연분 (緣分) 명 缘分
연애결혼 (戀愛結婚) 명 恋爱结婚
연애하다 (戀愛—) 동 恋爱
예단 (禮緞) 명 嫁妆, 聘礼
예물 (禮物) 명 聘礼
예식장 (禮式場) 명 结婚礼堂
오르가즘 (orgasm) 명 高潮
월경 (月經) 명 月经
웨딩드레스 (wedding dress) 명
　　新娘礼服
유도분만 (誘導分娩) 명 引产
유부남 (有婦男) 명 已婚男, 有妇之男
유부녀 (有夫女) 명 已婚男, 有夫之女
은혼식 (銀婚式) 명 银婚式
음경 (陰莖) 명 阴茎
이성 (異性) 명 异性
이성관 (異性觀) 명 异性观
이성교제 (異性交際) 명 异性交际
이혼 (離婚) 명 离婚
인공분만 (人工分娩) 명 人工分娩

신부 (新婦) 명 新娘
신생아 (新生兒) 명 新生兒
신생아실 (新生兒室) 명 新生兒室
신접살림 (新接—) 명 新生活, 新居
신혼 (新婚) 명 新婚
신혼부부 (新婚夫婦) 명 新婚夫婦
신혼여행 (新婚旅行) 명 蜜月旅行
아가씨 명 小姐
애무 (愛撫) 명 愛撫
애무하다 (愛撫—) 동 愛撫
애정 (愛情) 명 愛情
약혼 (約婚) 명 訂婚
약혼녀 (約婚女) 명 未婚妻
약혼반지 (約婚斑指) 명 訂婚戒指
약혼식 (約婚式) 명 訂婚儀式
양수 (羊水) 명 羊水
연분 (緣分) 명 緣分
연애결혼 (戀愛結婚) 명 戀愛結婚
연애하다 (戀愛—) 동 戀愛
예단 (禮緞) 명 嫁妝, 聘禮
예물 (禮物) 명 聘禮
예식장 (禮式場) 명 結婚禮堂
오르가즘 (orgasm) 명 高潮
월경 (月經) 명 月經
웨딩드레스 (wedding dress) 명
　　新娘禮服
유도분만 (誘導分娩) 명 引産
유부남 (有婦男) 명 已婚男, 有婦之男
유부녀 (有夫女) 명 已婚男, 有夫之女
은혼식 (銀婚式) 명 銀婚式
음경 (陰莖) 명 陰莖
이성 (異性) 명 異性
이성관 (異性觀) 명 異性觀
이성교제 (異性交際) 명 異性交際
이혼 (離婚) 명 離婚
인공분만 (人工分娩) 명 人工分娩

인공수정 (人工受精) 명 人工受精
일부다처제 (一夫多妻制) 명 一夫多妻制
일부일처제 (一夫一妻制) 명 一夫一妻制
일처다부제 (一妻多夫制) 명 一妻多夫制
임산부 (姙産婦) 명 孕妇
임신 (姙娠) 명 怀孕
임신하다 (姙娠—) 동 怀孕
입덧 명 害喜, 闹喜, 有喜
잉꼬부부 (—夫婦) 명 鸳鸯夫妇
잉태 (孕胎) 명 妊娠, 怀胎
자궁 (子宮) 명 子宮
자연분만 (自然分娩) 명 自然分娩, 自然生产
장가가다 (杖家—) 동 结婚 (男人)
재혼 (再婚) 명 再婚
전통혼례 (傳統婚禮) 명 传统婚礼
정자 (精子) 명 精子
제왕절개수술 (帝王切開手術) 명 剖腹产术
주례 (主禮) 명 主婚
주례사 (主禮辭) 명 主婚人的结婚贺词
중매 (中媒) 명 说媒, 红娘
중매결혼 (中媒結婚) 명 相亲结婚
중매쟁이 (中媒—) 명 媒婆, 媒人, 红娘
중성 (中性) 명 中性
질 (膣) 명 阴道
짝사랑 명 暗恋, 单相思
창녀 (娼女) 명 娼女, 娼妇
처가살이 (妻家—) 명 入赘

인공수정 (人工受精) 명 人工受精
일부다처제 (一夫多妻制) 명 一夫多妻制
일부일처제 (一夫一妻制) 명 一夫一妻制
일처다부제 (一妻多夫制) 명 一妻多夫制
임산부 (姙産婦) 명 孕婦
임신 (姙娠) 명 懷孕
임신하다 (姙娠—) 동 懷孕
입덧 명 害喜, 鬧喜, 有喜
잉꼬부부 (—夫婦) 명 鴛鴦夫婦
잉태 (孕胎) 명 姙娠, 懷胎
자궁 (子宮) 명 子宮
자연분만 (自然分娩) 명 自然分娩, 自然生産
장가가다 (杖家—) 동 結婚 (男人)
재혼 (再婚) 명 再婚
전통혼례 (傳統婚禮) 명 傳統婚禮
정자 (精子) 명 精子
제왕절개수술 (帝王切開手術) 명 剖腹産術
주례 (主禮) 명 主婚
주례사 (主禮辭) 명 主婚人的結婚賀詞
중매 (中媒) 명 說媒, 紅娘
중매결혼 (中媒結婚) 명 相親結婚
중매쟁이 (中媒—) 명 媒婆, 媒人, 紅娘
중성 (中性) 명 中性
질 (膣) 명 陰道
짝사랑 명 暗戀, 單相思
창녀 (娼女) 명 娼女, 娼婦
처가살이 (妻家—) 명 入贅

〈전통혼례〉

처녀 (處女) 몡 处女
첫날밤 몡 初夜, 洞房花烛之夜
첫사랑 몡 初恋
청첩장 (請牒狀) 몡 喜帖
청혼하다 (請婚—) 동 求婚
체위 (體位) 몡 体位
초혼 (初婚) 몡 第一次結婚
총각 (總角) 몡 单身汉
출산 (出産) 몡 分娩, 生产, 生下
출산하다 (出産—) 동 生产, 生下
키스 (kiss) 몡 接吻
키스하다 (kiss—) 동 接吻
태기 (胎氣) 몡 妊娠反应
태아 (胎兒) 몡 胎儿
탯줄 (胎—) 몡 脐带
폐백 (幣帛) 몡 聘礼
포옹하다 (抱擁—) 동 拥抱
피로연 (披露宴) 몡 喜宴, 结婚请客
피임 (避姙) 몡 避孕
피임약 (避姙藥) 몡 避孕药
하객 (賀客) 몡 结婚来道贺的客人
해산 (解産) 몡 分娩, 生产
해산하다 (解産—) 동 分娩, 生产
혼담 (婚談) 몡 提亲
혼수 (婚需) 몡 婚礼用品或费用
혼인 (婚姻) 몡 婚姻, 结婚, 婚嫁
혼인신고 (婚姻申告) 몡 結婚登記
홀아비 몡 鳏夫, 光棍儿 (鳏棍儿)
화혼 (華婚) 몡 华婚

처녀 (處女) 몡 處女
첫날밤 몡 初夜, 洞房花燭之夜
첫사랑 몡 初戀
청첩장 (請牒狀) 몡 喜帖
청혼하다 (請婚—) 동 求婚
체위 (體位) 몡 體位
초혼 (初婚) 몡 第一次結婚
총각 (總角) 몡 單身漢
출산 (出産) 몡 分娩, 生産, 生下
출산하다 (出産—) 동 生産, 生下
키스 (kiss) 몡 接吻
키스하다 (kiss—) 동 接吻
태기 (胎氣) 몡 姙娠反應
태아 (胎兒) 몡 胎兒
탯줄 (胎—) 몡 臍帶
폐백 (幣帛) 몡 聘禮
포옹하다 (抱擁—) 동 擁抱
피로연 (披露宴) 몡 喜宴, 結婚請客
피임 (避姙) 몡 避孕
피임약 (避姙藥) 몡 避孕藥
하객 (賀客) 몡 結婚來道賀的客人
해산 (解産) 몡 分娩, 生産
해산하다 (解産—) 동 分娩, 生産
혼담 (婚談) 몡 提親
혼수 (婚需) 몡 婚禮用品或費用
혼인 (婚姻) 몡 婚姻, 結婚, 婚嫁
혼인신고 (婚姻申告) 몡 結婚登記
홀아비 몡 鰥夫, 光棍兒 (鰥棍兒)
화혼 (華婚) 몡 華婚

〈폐백〉

4. 신체와 생리작용

| 身体与生理现象 | 身體與生理現象 |

가랑이 명 裤腿
가래 명 痰
가리마 명 发缝, 头发分线处
가마 명 头发的旋儿
가발 (假髮) 명 假发
가슴 명 胸, 胸膛, 胸部
각선미 (脚線美) 명 曲线美
간 (肝) 명 肝
간니 명 恒齿
갈비뼈 명 排骨, 肋骨
감각기관 (感覺器官) 명 感觉器官
건강하다 (健康—) 형 健康
검버섯 명 黑斑
검지 (—指) 명 食指
겨드랑이 명 腋下, 腋窝, 胳肢窝
고개 명 後头
골 (骨) 명 ① 脊骨 ② 脑袋, 头脑
골격 (骨格) 명 骨格
곱슬머리 명 鬈发
관상 (觀象) 명 看相
관자놀이 (貫子—) 명 太阳穴
관절 (關節) 명 关节
광대뼈 명 颧骨
구렛나루 명 络腮胡子
구슬땀 명 汗珠
군살 명 赘疣, 瘤
굳은살 명 茧, 老茧
궁둥이 명 臀部, 屁股
귀 명 耳朵

가랑이 명 褲腿
가래 명 痰
가리마 명 髮縫, 頭髮分線處
가마 명 頭髮的旋兒
가발 (假髮) 명 假髮
가슴 명 胸, 胸膛, 胸部
각선미 (脚線美) 명 曲線美
간 (肝) 명 肝
간니 명 恆齒
갈비뼈 명 排骨, 肋骨
감각기관 (感覺器官) 명 感覺器官
건강하다 (健康—) 형 健康
검버섯 명 黑斑
검지 (—指) 명 食指
겨드랑이 명 腋下, 腋窩, 胳肢窩
고개 명 後頭
골 (骨) 명 ① 脊骨 ② 腦袋, 頭腦
골격 (骨格) 명 骨格
곱슬머리 명 鬈髮
관상 (觀象) 명 看相
관자놀이 (貫子—) 명 太陽穴
관절 (關節) 명 關節
광대뼈 명 顴骨
구렛나루 명 絡腮鬍子
구슬땀 명 汗珠
군살 명 贅疣, 瘤
굳은살 명 茧, 老茧
궁둥이 명 臀部, 屁股
귀 명 耳朵

귀밑머리 명 鬓发, 鬓毛
귀지 명 耳垢, 耳屎
귓가 명 耳边
귓등 명 耳朵的背面
귓밥 명 耳垢, 耳屎
귓불 명 耳垂
근육 (筋肉) 명 筋肉
금발 (金髪) 명 金发
급소 (急所) 명 要害, 致命处
기지개 명 懒腰
기침 명 咳喇
길몽 (吉夢) 명 吉梦, 好梦
꼬르륵 부 咕噜噜
꿈 명 梦, 梦想
나체 (裸體) 명 裸体, 赤裸
난청 (難聽) 명 耳朵不好
날숨 명 呼气
납작코 명 塌鼻梁, 扁鼻子
낮잠 명 午睡, 午觉, 昼寝
낯 명 脸, 脸庞
내장 (內臟) 명 內脏
넓적다리 명 大腿
노폐물 (老廢物) 명 排泄物
뇌 (腦) 명 脑, 头脑, 脑袋
누다 동 ①尿, 撒 ②拉
눈 명 眼
눈곱 명 眼屎
눈꺼풀 명 眼皮, 眼脸

귀밑머리 명 鬢髮, 鬢毛
귀지 명 耳垢, 耳屎
귓가 명 耳邊
귓등 명 耳朵的背面
귓밥 명 耳垢, 耳屎
귓불 명 耳垂
근육 (筋肉) 명 筋肉
금발 (金髪) 명 金髮
급소 (急所) 명 要害, 致命處
기지개 명 懶腰
기침 명 咳喇
길몽 (吉夢) 명 吉夢, 好夢
꼬르륵 부 咕嚕嚕
꿈 명 夢, 夢想
나체 (裸體) 명 裸體, 赤裸
난청 (難聽) 명 耳朵不好
날숨 명 呼氣
납작코 명 塌鼻梁, 扁鼻子
낮잠 명 午睡, 午覺, 晝寢
낯 명 臉, 臉龐
내장 (內臟) 명 內臟
넓적다리 명 大腿
노폐물 (老廢物) 명 排泄物
뇌 (腦) 명 腦, 頭腦, 腦袋
누다 동 ①尿, 撒 ②拉
눈 명 眼
눈곱 명 眼屎
눈꺼풀 명 眼皮, 眼瞼

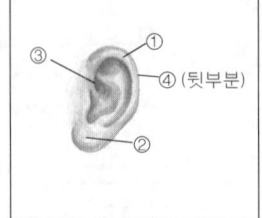

〈귀〉
① 귓바퀴
② 귓불
③ 귓구멍
④ 귓등

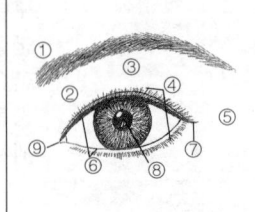

〈눈〉
① 눈썹   ② 눈꺼풀
③ 눈두덩   ④ 속눈썹
⑤ 눈가   ⑥ 눈시울
⑦ 눈꼬리   ⑧ 눈동자
⑨ 눈물샘

눈꼬리 몡 小眼角
눈동자 (一瞳子) 몡 眼珠, 瞳孔
눈두덩 몡 上眼皮, 眼泡儿
눈망울 몡 眼球, 瞳仁
눈물 몡 眼泪, 泪水
눈물샘 몡 泪腺
눈살 몡 眉间, 眉头
눈시울 몡 眼眶, 眼圈
눈썹 몡 眉毛
눈알 몡 眼珠儿
눈자위 몡 眼眶, 眼圈
눈초리 몡 眼光, 眼神
눈총 몡 斜眼
늦잠 몡 懒觉
다리 몡 腿
단발머리 (短髮一) 몡 短发, 短头发
담즙 (膽汁) 몡 胆汁
대머리 몡 禿头, 禿顶
대변 (大便) 몡 大便
대장 (大腸) 몡 大肠
덧니 몡 重牙, 老虎牙
동맥 (動脈) 몡 动脉
돼지코 몡 朝天鼻, 翘鼻
두뇌 (頭腦) 몡 头脑, 脑子
뒤통수 몡 后脑勺儿
드르렁 믑 '呼噜呼噜' 打呼声
들숨 몡 吸气
들창코 몡 翘鼻, 朝天鼻
등 몡 背, 背部, 脊背
따귀 몡 耳光
딸기코 몡 酒糟鼻
딸꾹질 몡 打嗝儿
땀 몡 汗
땀구멍 몡 汗孔, 毛孔
때 몡 垢, 污垢, 泥, 油泥
똥 몡 大便

눈꼬리 몡 小眼角
눈동자 (一瞳子) 몡 眼珠, 瞳孔
눈두덩 몡 上眼皮, 眼泡兒
눈망울 몡 眼球, 瞳仁
눈물 몡 眼淚, 淚水
눈물샘 몡 淚腺
눈살 몡 眉間, 眉頭
눈시울 몡 眼眶, 眼圈
눈썹 몡 眉毛
눈알 몡 眼珠兒
눈자위 몡 眼眶, 眼圈
눈초리 몡 眼光, 眼神
눈총 몡 斜眼
늦잠 몡 懶覺
다리 몡 腿
단발머리 (短髮一) 몡 短髮, 短頭髮
담즙 (膽汁) 몡 膽汁
대머리 몡 禿頭, 禿頂
대변 (大便) 몡 大便
대장 (大腸) 몡 大腸
덧니 몡 重牙, 老虎牙
동맥 (動脈) 몡 動脈
돼지코 몡 朝天鼻, 翹鼻
두뇌 (頭腦) 몡 頭腦, 腦子
뒤통수 몡 后腦勺兒
드르렁 믑 '呼嚕呼嚕' 打呼聲
들숨 몡 吸氣
들창코 몡 翹鼻, 朝天鼻
등 몡 背, 背部, 脊背
따귀 몡 耳光
딸기코 몡 酒糟鼻
딸꾹질 몡 打嗝兒
땀 몡 汗
땀구멍 몡 汗孔, 毛孔
때 몡 垢, 污垢, 泥, 油泥
똥 몡 大便

똥구멍 몡 肛门　　　　　　　　　똥구멍 몡 肛門
똥배 몡 大肚子　　　　　　　　　똥배 몡 大肚子
마렵다 혱 想尿或想拉屎　　　　　마렵다 혱 想尿或想拉屎
매부리코 몡 鹰钩鼻子　　　　　　매부리코 몡 鷹鉤鼻子
맥 (脈) 몡 脉, 脉搏　　　　　　　맥 (脈) 몡 脈, 脈搏
맥박 (脈搏) 몡 脉搏　　　　　　　맥박 (脈搏) 몡 脈搏
맹장 (盲腸) 몡 盲肠　　　　　　　맹장 (盲腸) 몡 盲腸
머리 몡 头, 脑袋　　　　　　　　머리 몡 頭, 腦袋
머리카락 몡 头发　　　　　　　　머리카락 몡 頭髮
명치 몡 贲门, 心口　　　　　　　명치 몡 賁門, 心口
모공 (毛孔) 몡 毛孔　　　　　　　모공 (毛孔) 몡 毛孔
목 몡 脖子, 颈　　　　　　　　　목 몡 脖子, 頸
목덜미 몡 后头, 脖颈子　　　　　　목덜미 몡 后頭, 脖頸子
목젖 몡 小舌, 悬雍垂　　　　　　　목젖 몡 小舌, 懸雍垂
몸 몡 身体, 身躯　　　　　　　　　몸 몡 身體, 身軀
몸매 몡 身材, 体态　　　　　　　　몸매 몡 身材, 體態
몸무게 몡 体重　　　　　　　　　　몸무게 몡 體重
몸집 몡 身材, 体态　　　　　　　　몸집 몡 身材, 體態
몸통 몡 躯体, 身躯　　　　　　　　몸통 몡 軀體, 身軀
몽고반점 (蒙古斑點) 몡 蒙古斑点　　몽고반점 (蒙古斑點) 몡 蒙古斑點
무릎 몡 膝, 膝盖　　　　　　　　　무릎 몡 膝, 膝蓋
물렁뼈 몡 软骨　　　　　　　　　　물렁뼈 몡 軟骨
박동 (搏動) 몡 搏动, 跳动　　　　　박동 (搏動) 몡 搏動, 跳動
반점 (斑點) 몡 斑点　　　　　　　　반점 (斑點) 몡 斑點
발 몡 足, 脚　　　　　　　　　　　발 몡 足, 脚
발가락 몡 脚趾　　　　　　　　　　발가락 몡 脚趾
발꿈치 몡 脚后跟　　　　　　　　　발꿈치 몡 脚後跟
발등 몡 脚背　　　　　　　　　　　발등 몡 脚背
발목 몡 脚踝, 脚脖子　　　　　　　　발목 몡 脚踝, 脚脖子

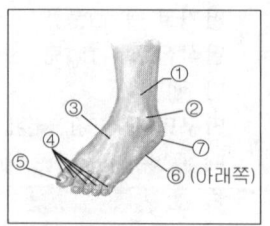

〈발〉
① 발목　② 복사뼈
③ 발등　④ 발가락
⑤ 발톱　⑥ 발바닥
⑦ 발꿈치

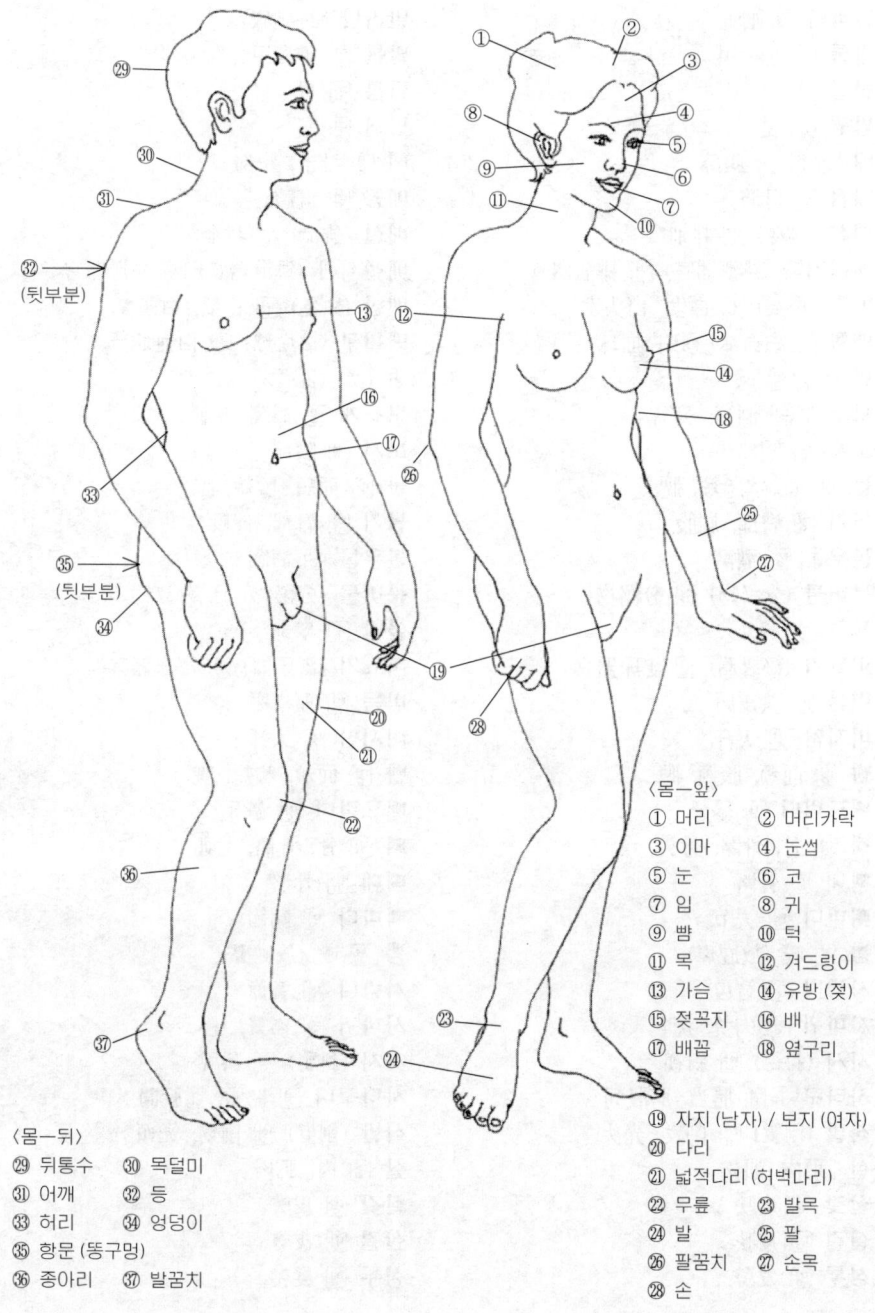

〈몸―앞〉
① 머리　② 머리카락
③ 이마　④ 눈썹
⑤ 눈　⑥ 코
⑦ 입　⑧ 귀
⑨ 뺨　⑩ 턱
⑪ 목　⑫ 겨드랑이
⑬ 가슴　⑭ 유방 (젖)
⑮ 젖꼭지　⑯ 배
⑰ 배꼽　⑱ 옆구리
⑲ 자지 (남자) / 보지 (여자)
⑳ 다리
㉑ 넓적다리 (허벅다리)
㉒ 무릎　㉓ 발목
㉔ 발　㉕ 팔
㉖ 팔꿈치　㉗ 손목
㉘ 손

〈몸―뒤〉
㉙ 뒤통수　㉚ 목덜미
㉛ 어깨　㉜ 등
㉝ 허리　㉞ 엉덩이
㉟ 항문 (똥구멍)
㊱ 종아리　㊲ 발꿈치

발바닥 ⓜ 脚底
발톱 ⓜ 脚指甲
밥통 ⓜ 胃
방귀 ⓜ 屁
배 ⓜ 肚子, 腹部
배꼽 ⓜ 肚脐
배설 (排泄) ⓜ 排泄
배설기관 (排泄器官) ⓜ 排泄器官
백발 (白髮) ⓜ 白发, 白头发
백혈구 (白血球) ⓜ 白血球
변 (便) ⓜ 屎
보조개 ⓜ 酒窝, 笑窝
보지 ⓜ 阴部
볼 ⓜ 面颊, 脸颊, 腮
볼기 ⓜ 臀部, 屁股
볼우물 ⓜ 酒窝
분비물 (分泌物) ⓜ 分泌物
불알 ⓜ 睾丸
비뇨기 (泌尿器) ⓜ 泌尿器官
비듬 ⓜ 头皮屑
비지땀 ⓜ 大汗
뺨 ⓜ 面颊, 脸颊, 腮
뻐드렁니 ⓜ 暴牙
뼈 ⓜ 骨, 骨骼, 骨头
뼈대 ⓜ 骨骼
뼈마디 ⓜ 关节
뽕 ⓕ 噗 (放屁声)
사랑니 ⓜ 智齿
사마귀 ⓜ 肉赘, 疣
사시 (斜視) ⓜ 斜视
사타구니 ⓜ 胯当, 胯股间
삭발 (削髮) ⓜ 削发, 光头
살 ⓜ 肉, 肌肉
살갗 ⓜ 皮肤
살결 ⓜ 皮肤
상투 ⓜ 发髻

발바닥 ⓜ 脚底
발톱 ⓜ 脚指甲
밥통 ⓜ 胃
방귀 ⓜ 屁
배 ⓜ 肚子, 腹部
배꼽 ⓜ 肚臍
배설 (排泄) ⓜ 排泄
배설기관 (排泄器官) ⓜ 排泄器官
백발 (白髮) ⓜ 白髮, 白頭髮
백혈구 (白血球) ⓜ 白血球
변 (便) ⓜ 屎
보조개 ⓜ 酒窩, 笑窩
보지 ⓜ 陰部
볼 ⓜ 面頰, 臉頰, 腮
볼기 ⓜ 臀部, 屁股
볼우물 ⓜ 酒窩
분비물 (分泌物) ⓜ 分泌物
불알 ⓜ 睾丸
비뇨기 (泌尿器) ⓜ 泌尿器官
비듬 ⓜ 頭皮屑
비지땀 ⓜ 大汗
뺨 ⓜ 面頰, 臉頰, 腮
뻐드렁니 ⓜ 暴牙
뼈 ⓜ 骨, 骨骼, 骨頭
뼈대 ⓜ 骨骼
뼈마디 ⓜ 關節
뽕 ⓕ 噗 (放屁聲)
사랑니 ⓜ 智齒
사마귀 ⓜ 肉贅, 疣
사시 (斜視) ⓜ 斜視
사타구니 ⓜ 胯當, 胯股間
삭발 (削髮) ⓜ 削髮, 光頭
살 ⓜ 肉, 肌肉
살갗 ⓜ 皮膚
살결 ⓜ 皮膚
상투 ⓜ 髮髻

새끼손가락 명 小指
생리 (生理) 명 ① 生理 ② 月经
생머리 (生一) 명 直发
생식기 (生殖器) 명 生殖器官
선잠 명 没有睡熟的觉
성기 (性器) 명 性器官
성대 (聲帶) 명 声带
소름 명 鸡皮疙瘩
소변 (小便) 명 小便
소장 (小肠) 명 小肠
소화기 (消化器) 명 消化器官
속눈썹 명 睫毛
손 명 手
손가락 명 手指
손금 명 手纹
손등 명 手背
손목 명 手腕
손바닥 명 手掌, 巴掌, 掌心
손톱 명 手指甲
솜털 명 绒毛, 寒毛
송곳니 명 犬齿, 犬牙, 尖牙
수면 (睡眠) 명 垂眼
수염 명 胡子, 胡须
숙면 (熟眠) 명 睡熟
숙변 (宿便) 명 肠内长时间积留的大便
순환계 (循環系) 명 循环系统
숨 명 气, 呼吸
숨구멍 명 呼吸道
숫구멍 명 顶门, 百会穴

새끼손가락 명 小指
생리 (生理) 명 ① 生理 ② 月經
생머리 (生一) 명 直髮
생식기 (生殖器) 명 生殖器官
선잠 명 沒有睡熟的覺
성기 (性器) 명 性器官
성대 (聲帶) 명 聲帶
소름 명 鷄皮疙瘩
소변 (小便) 명 小便
소장 (小肠) 명 小肠
소화기 (消化器) 명 消化器官
속눈썹 명 睫毛
손 명 手
손가락 명 手指
손금 명 手紋
손등 명 手背
손목 명 手腕
손바닥 명 手掌, 巴掌, 掌心
손톱 명 手指甲
솜털 명 絨毛, 寒毛
송곳니 명 犬齒, 犬牙, 尖牙
수면 (睡眠) 명 垂眼
수염 명 鬍子, 鬍鬚
숙면 (熟眠) 명 睡熟
숙변 (宿便) 명 腸內長時間積留的大便
순환계 (循環系) 명 循環系統
숨 명 氣, 呼吸
숨구멍 명 呼吸道
숫구멍 명 頂門, 百會穴

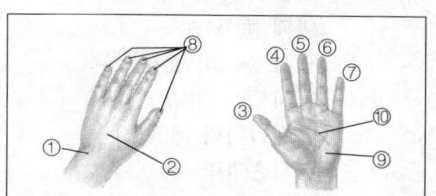

① 손목　② 손등
③ 엄지　④ 검지
⑤ 중지　⑥ 약지
⑦ 새끼손가락　⑧ 손톱
⑨ 손바닥　⑩ 손금

숱 몡 毛发的拔量, 疏密程度
시력 (視力) 몡 視力
시신경 (視神經) 몡 視神经
식도 (食道) 몡 食道
식은땀 몡 冷汗, 虛汗
신경 (神經) 몡 神经
신경계 (神經系) 몡 神经系统
신장¹ (腎臟) 몡 肾脏
신장² (身長) 몡 身高
신진대사 (新陳代謝) 몡 新陈代谢
신체 (身體) 몡 身体
심장 (心臟) 몡 心脏
심전도 (心電圖) 몡 心电图
십이지장 (十二指腸) 몡 十二指肠
싸다 동 包
쌍꺼풀 (雙一) 몡 双眼皮
쓸개 몡 胆, 胆囊
아랫배 몡 小肚子
아랫입술 몡 下唇
악몽 (惡夢) 몡 恶梦
안구 (眼球) 몡 眼球
안색 (顔色) 몡 脸色, 气色
알통 몡 筋肉突出部分, 肌肉
앞니 몡 门牙
애꾸눈 몡 独眼龙
약손가락 (藥一) 몡 无名指
약지 (藥指) 몡 无名指
약체 (弱體) 몡 虚弱的身体
약하다 (弱一) 형 弱, 虛弱
어금니 몡 臼齿
어깨 몡 肩膀
얼굴 몡 脸, 面孔
엄지 몡 大拇指
엄지발가락 몡 拇趾
엄지손가락 몡 大拇指
엉덩이 몡 屁股, 臀部

숱 몡 毛髮的拔量, 疏密程度
시력 (視力) 몡 視力
시신경 (視神經) 몡 視神經
식도 (食道) 몡 食道
식은땀 몡 冷汗, 虛汗
신경 (神經) 몡 神經
신경계 (神經系) 몡 神經系統
신장¹ (腎臟) 몡 腎臟
신장² (身長) 몡 身高
신진대사 (新陳代謝) 몡 新陳代謝
신체 (身體) 몡 身體
심장 (心臟) 몡 心臟
심전도 (心電圖) 몡 心電圖
십이지장 (十二指腸) 몡 十二指腸
싸다 동 包
쌍꺼풀 (雙一) 몡 雙眼皮
쓸개 몡 膽, 膽囊
아랫배 몡 小肚子
아랫입술 몡 下唇
악몽 (惡夢) 몡 惡夢
안구 (眼球) 몡 眼球
안색 (顔色) 몡 臉色, 氣色
알통 몡 筋肉突出部分, 肌肉
앞니 몡 門牙
애꾸눈 몡 獨眼龍
약손가락 (藥一) 몡 無名指
약지 (藥指) 몡 無名指
약체 (弱體) 몡 虛弱的身體
약하다 (弱一) 형 弱, 虛弱
어금니 몡 臼齒
어깨 몡 肩膀
얼굴 몡 臉, 面孔
엄지 몡 大拇指
엄지발가락 몡 拇趾
엄지손가락 몡 大拇指
엉덩이 몡 屁股, 臀部

여드름 몡 面疱, 青春痘
염통 몡 心, 心脏
영구치 (永久齒) 몡 恒齿, 恒牙
옆구리 몡 肋下
오금 몡 腿窝, 膝窝
오줌 몡 尿, 小便
옥니 몡 內倒牙, 贼牙
요도 (尿道) 몡 尿道
원시 (遠視) 몡 远视
월경 (月經) 몡 月经
위 (胃) 몡 胃
위산 (胃酸) 몡 胃酸
위장 (胃腸) 몡 胃肠
윗배 몡 上腹
윗입술 몡 上唇
유방 (乳房) 몡 乳房
유전자 (遺傳子) 몡 遗传基因
유치 (乳齒) 몡 乳牙
육체 (肉體) 몡 肉体, 身体
은발 (銀髮) 몡 白头发
음경 (陰莖) 몡 阴茎
이 몡 牙, 牙齿
이마 몡 额头
이빨 몡 牙, 牙齿
인공호흡 (人工呼吸) 몡 人工呼吸
인대 (靭帶) 몡 韧带
인상 (人相) 몡 长相
입 몡 嘴, 嘴巴
입술 몡 嘴唇

여드름 몡 面疱, 青春痘
염통 몡 心, 心臟
영구치 (永久齒) 몡 恒齒, 恒牙
옆구리 몡 肋下
오금 몡 腿窩, 膝窩
오줌 몡 尿, 小便
옥니 몡 內倒牙, 賊牙
요도 (尿道) 몡 尿道
원시 (遠視) 몡 遠視
월경 (月經) 몡 月經
위 (胃) 몡 胃
위산 (胃酸) 몡 胃酸
위장 (胃腸) 몡 胃腸
윗배 몡 上腹
윗입술 몡 上唇
유방 (乳房) 몡 乳房
유전자 (遺傳子) 몡 遺傳基因
유치 (乳齒) 몡 乳牙
육체 (肉體) 몡 肉體, 身體
은발 (銀髮) 몡 白頭髮
음경 (陰莖) 몡 陰莖
이 몡 牙, 牙齒
이마 몡 額頭
이빨 몡 牙, 牙齒
인공호흡 (人工呼吸) 몡 人工呼吸
인대 (靭帶) 몡 靭帶
인상 (人相) 몡 長相
입 몡 嘴, 嘴巴
입술 몡 嘴唇

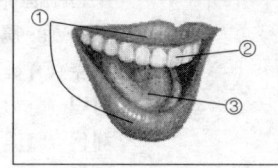

〈입〉
① 입술 ② 이 ③ 혀

입천장 명 上腭, 上颚, 口盖　　　입천장 명 上腭, 上顎, 口蓋
잇몸 명 牙龈　　　　　　　　　잇몸 명 牙齦
자궁 (子宮) 명 子宫　　　　　　자궁 (子宮) 명 子宮
자지 명 阴茎　　　　　　　　　자지 명 陰莖
작은창자 명 小肠　　　　　　　작은창자 명 小腸
잠 명 觉　　　　　　　　　　　잠 명 覺
장기 (臟器) 명 内脏　　　　　　장기 (臟器) 명 內臟
장지 (長指) 명 中指　　　　　　장지 (長指) 명 中指
재채기 명 喷嚏　　　　　　　　재채기 명 噴嚏
적혈구 (赤血球) 명 红血球　　　적혈구 (赤血球) 명 紅血球
점 (點) 명 斑点　　　　　　　　점 (點) 명 斑點
정강이 명 小腿　　　　　　　　정강이 명 小腿
정맥 (靜脈) 명 静脉　　　　　　정맥 (靜脈) 명 靜脈
정수리 명 头顶, 顶门　　　　　 정수리 명 頭頂, 頂門
젖 명 ① 乳房 ② 奶　　　　　　 젖 명 ① 乳房 ② 奶
젖가슴 명 前胸　　　　　　　　젖가슴 명 前胸
젖니 명 乳齿　　　　　　　　　젖니 명 乳齒
종아리 명 小腿　　　　　　　　종아리 명 小腿
주걱턱 명 撅下巴　　　　　　　주걱턱 명 撅下巴
주근깨 명 雀斑　　　　　　　　주근깨 명 雀斑
주름살 명 皱纹　　　　　　　　주름살 명 皺紋
주먹 명 拳头　　　　　　　　　주먹 명 拳頭
주먹코 명 大鼻子　　　　　　　주먹코 명 大鼻子
중지 (中指) 명 中指　　　　　　중지 (中指) 명 中指
지리다 동 ① 拉拉(尿, 屎) ② 臊　지리다 동 ① 拉拉(尿, 屎) ② 臊
지문 (指紋) 명 指纹　　　　　　지문 (指紋) 명 指紋
진땀 명 急汗, 大汗　　　　　　 진땀 명 急汗, 大汗
집게손가락 명 食指　　　　　　집게손가락 명 食指
짱구 명 大脑勺　　　　　　　　짱구 명 大腦勺
쭈글쭈글 부 皱巴巴　　　　　　쭈글쭈글 부 皺巴巴
창자 명 肠子　　　　　　　　　창자 명 腸子
척추 (脊椎) 명 脊椎　　　　　　척추 (脊椎) 명 脊椎
청력 (聽力) 명 听力　　　　　　청력 (聽力) 명 聽力
체온 (體溫) 명 体温　　　　　　체온 (體溫) 명 體溫
체중 (體重) 명 体重　　　　　　체중 (體重) 명 體重
체중계 (體重計) 명 体重机　　　체중계 (體重計) 명 體重機

체질 (體質) 명 体质
체취 (體臭) 명 ① 体臭, 汗臭 ② 气味, 气息
체형 (體形) 명 体形
치아 (齒牙) 명 牙齿
침 명 口水, 唾液
침샘 명 唾线
코 명 鼻, 鼻子
코딱지 명 鼻屎
코털 명 鼻毛
콧구멍 명 鼻孔
콧날 명 鼻梁
콧등 명 鼻梁
콧물 명 鼻水, 鼻涕
콧수염 명 胡子, 髭
콩팥 명 肾脏
큰창자 명 大肠
키 명 身高
태몽 (胎夢) 명 胎梦
턱 명 下巴, 颚
턱수염 명 小羊胡子
털 명 毛
토실토실 부 胖乎乎貌
트림 명 饱嗝
튼튼하다 형 结实 健壮, 健康
틀니 명 假牙
티눈 명 鸡眼
파마머리 (←permanent—) 명 烫发
팔 명 胳臂, 胳膊

체질 (體質) 명 體質
체취 (體臭) 명 ① 體臭, 汗臭 ② 氣味, 氣息
체형 (體形) 명 體形
치아 (齒牙) 명 牙齒
침 명 口水, 唾液
침샘 명 唾線
코 명 鼻, 鼻子
코딱지 명 鼻屎
코털 명 鼻毛
콧구멍 명 鼻孔
콧날 명 鼻樑
콧등 명 鼻樑
콧물 명 鼻水, 鼻涕
콧수염 명 鬍子, 髭
콩팥 명 腎臟
큰창자 명 大腸
키 명 身高
태몽 (胎夢) 명 胎夢
턱 명 下巴, 顎
턱수염 명 小羊鬍子
털 명 毛
토실토실 부 胖乎乎貌
트림 명 飽嗝
튼튼하다 형 結實 健壯, 健康
틀니 명 假牙
티눈 명 鷄眼
파마머리 (←permanent—) 명 燙髮
팔 명 胳臂, 胳膊

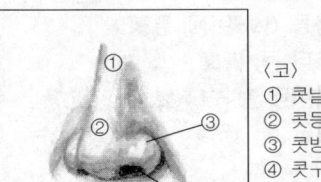

〈코〉
① 콧날
② 콧등
③ 콧방울
④ 콧구멍

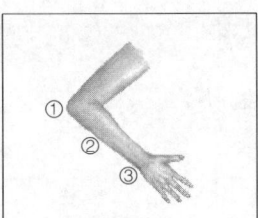

〈팔〉
① 팔꿈치
② 팔뚝
③ 팔목

팔꿈치 몡 手肘
팔등신 (八等身) 몡 八等身
팔뚝 몡 小胳臂, 前臂
팔목 몡 手腕
폐 (肺) 몡 肺
폐활량 (肺活量) 몡 肺活量
포동포동 뮈 胖乎乎
피 몡 血, 血液
피부 (皮膚) 몡 皮肤
핏줄 몡 血管
하품 몡 呵欠
항문 (肛門) 몡 肛门
해골 (骸骨) 몡 骨骸
해몽 (解夢) 몡 解梦
허리 몡 腰
허벅다리 몡 大腿
허벅지 몡 大腿內側
허우대 몡 身材, 个头
허파 몡 肺
혀 몡 舌, 舌头
혈관 (血管) 몡 血管
혈기 (血氣) 몡 血气
혈색 (血色) 몡 血色, 脸色, 气色
혈압 (血壓) 몡 血压
혈액 (血液) 몡 血液, 血
혈액순환 (血液循環) 몡 血液循环
혈액형 (血液型) 몡 血型
호흡 (呼吸) 몡 呼吸
호흡기관 (呼吸器官) 몡 呼吸器官
혹 몡 瘤
흉몽 (凶夢) 몡 恶梦
흉터 몡 伤痕
흰머리 몡 白头发
힘줄 몡 筋腿

팔꿈치 몡 手肘
팔등신 (八等身) 몡 八等身
팔뚝 몡 小胳臂, 前臂
팔목 몡 手腕
폐 (肺) 몡 肺
폐활량 (肺活量) 몡 肺活量
포동포동 뮈 胖乎乎
피 몡 血, 血液
피부 (皮膚) 몡 皮膚
핏줄 몡 血管
하품 몡 呵欠
항문 (肛門) 몡 肛門
해골 (骸骨) 몡 骨骸
해몽 (解夢) 몡 解夢
허리 몡 腰
허벅다리 몡 大腿
허벅지 몡 大腿內側
허우대 몡 身材, 个頭
허파 몡 肺
혀 몡 舌, 舌頭
혈관 (血管) 몡 血管
혈기 (血氣) 몡 血氣
혈색 (血色) 몡 血色, 臉色, 氣色
혈압 (血壓) 몡 血壓
혈액 (血液) 몡 血液, 血
혈액순환 (血液循環) 몡 血液循環
혈액형 (血液型) 몡 血型
호흡 (呼吸) 몡 呼吸
호흡기관 (呼吸器官) 몡 呼吸器官
혹 몡 瘤
흉몽 (凶夢) 몡 惡夢
흉터 몡 傷痕
흰머리 몡 白頭髮
힘줄 몡 筋腿

5. 병과 치료

| 疾病与治疗 | 疾病與治療 |

가려움증 (一症) 몡 发痒病
가루약 (一藥) 몡 药粉
가슴앓이 몡 ① 脑痛 ② 心病
간경화증 (肝硬化症) 몡 肝硬化
간디스토마 (肝distoma) 몡 肝蛭, 肝吸虫
간병인 (看病人) 몡 看护人
간병하다 (看病—) 동 看护
간암 (肝癌) 몡 肝癌
간염 (肝炎) 몡 肝炎
간질 (癎疾) 몡 癫痫, 羊癫疯
간호사 (看護士) 몡 护士
감기 (感氣) 몡 感冒
감기약 (感氣藥) 몡 感冒药
감염 (感染) 몡 感染
개인병원 (個人病院) 몡 私人医院, 私立医院
건강 (健康) 몡 健康
건망증 (健忘症) 몡 健忘症
검진하다 (檢診—) 동 检查
결막염 (結膜炎) 몡 结膜炎
결핵 (結核) 몡 结核
경련 (痙攣) 몡 痉挛, 抽筋
경상 (輕傷) 몡 轻伤
고름 몡 脓, 脓水
고열 (高熱) 몡 高烧
고통 (苦痛) 몡 痛苦
고혈압 (高血壓) 몡 高血压
골다공증 (骨多孔症) 몡 骨多孔症

가려움증 (一症) 몡 發痒病
가루약 (一藥) 몡 藥粉
가슴앓이 몡 ① 腦痛 ② 心病
간경화증 (肝硬化症) 몡 肝硬化
간디스토마 (肝distoma) 몡 肝蛭, 肝吸蟲
간병인 (看病人) 몡 看護人
간병하다 (看病—) 동 看護
간암 (肝癌) 몡 肝癌
간염 (肝炎) 몡 肝炎
간질 (癎疾) 몡 癲癇, 羊癲瘋
간호사 (看護士) 몡 護士
감기 (感氣) 몡 感冒
감기약 (感氣藥) 몡 感冒藥
감염 (感染) 몡 感染
개인병원 (個人病院) 몡 私人醫院, 私立醫院
건강 (健康) 몡 健康
건망증 (健忘症) 몡 健忘症
검진하다 (檢診—) 동 檢查
결막염 (結膜炎) 몡 結膜炎
결핵 (結核) 몡 結核
경련 (痙攣) 몡 痙攣, 抽筋
경상 (輕傷) 몡 輕傷
고름 몡 膿, 膿水
고열 (高熱) 몡 高燒
고통 (苦痛) 몡 痛苦
고혈압 (高血壓) 몡 高血壓
골다공증 (骨多孔症) 몡 骨多孔症

골병 (一病) 몡 积劳成疾
골수암 (骨髓癌) 몡 骨髓癌
골절 (骨折) 몡 骨折
골절상 (骨折傷) 몡 骨折伤
곪다 동 化脓
과대망상증 (誇大妄想症) 몡 妄想, 空想
과로 (過勞) 몡 疲劳过度, 积劳
관절염 (關節炎) 몡 关节炎
구급약 (救急藥) 몡 救急药
구급차 (救急車) 몡 救护车
구충제 (驅蟲劑) 몡 驱虫药, 杀虫药
구토 (嘔吐) 몡 呕吐
귓병 (一病) 몡 耳疾
근시 (近視) 몡 近视
근육통 (筋肉痛) 몡 肌肉痛
급체 (急滯) 몡 急性消化不良
기관지염 (氣管支炎) 몡 支气管炎
기절 (氣絶) 몡 晕倒, 昏倒
기침 몡 咳嗽
꾀병 (一病) 몡 装病
끙끙 튀 哎哟, 嗯嗯, 呻吟声
나병 (癩病) 몡 癩病, 麻疯病
난소염 (卵巢炎) 몡 卵巢炎
난시 (亂視) 몡 乱视
난청 (難聽) 몡 耳背
난치병 (難治病) 몡 疑难症
낫다 동 病好, 痊愈
내과 (內科) 몡 內科
내복약 (內服藥) 몡 內服药
노망 (老妄) 몡 老人 痴呆
노안 (老眼) 몡 老眼
녹내장 (綠內障) 몡 绿內障
뇌성마비 (腦性麻痺) 몡 脑性麻痹
뇌염 (腦炎) 몡 脑炎
뇌졸중 (腦卒中) 몡 脑中风
뇌진탕 (腦震蕩) 몡 脑震荡

골병 (一病) 몡 積勞成疾
골수암 (骨髓癌) 몡 骨髓癌
골절 (骨折) 몡 骨折
골절상 (骨折傷) 몡 骨折傷
곪다 동 化膿
과대망상증 (誇大妄想症) 몡 妄想, 空想
과로 (過勞) 몡 疲勞過度, 積勞
관절염 (關節炎) 몡 關節炎
구급약 (救急藥) 몡 救急藥
구급차 (救急車) 몡 救護車
구충제 (驅蟲劑) 몡 驅蟲藥, 殺蟲藥
구토 (嘔吐) 몡 嘔吐
귓병 (一病) 몡 耳疾
근시 (近視) 몡 近視
근육통 (筋肉痛) 몡 肌肉痛
급체 (急滯) 몡 急性消化不良
기관지염 (氣管支炎) 몡 支氣管炎
기절 (氣絶) 몡 暈倒, 昏倒
기침 몡 咳嗽
꾀병 (一病) 몡 裝病
끙끙 튀 哎哟, 嗯嗯, 呻吟聲
나병 (癩病) 몡 癩病, 麻癩病
난소염 (卵巢炎) 몡 卵巢炎
난시 (亂視) 몡 亂視
난청 (難聽) 몡 耳背
난치병 (難治病) 몡 疑難症
낫다 동 病好, 痊癒
내과 (內科) 몡 內科
내복약 (內服藥) 몡 內服藥
노망 (老妄) 몡 老人 痴呆
노안 (老眼) 몡 老眼
녹내장 (綠內障) 몡 綠內障
뇌성마비 (腦性麻痺) 몡 腦性麻痺
뇌염 (腦炎) 몡 腦炎
뇌졸중 (腦卒中) 몡 腦中風
뇌진탕 (腦震蕩) 몡 腦震蕩

뇌출혈 (腦出血) 몡 脑出血
눈병 (一病) 몡 眼疾
다래끼 몡 麦粒肿
당뇨병 (糖尿病) 몡 糖尿病
독감 (毒感) 몡 重感冒, 病毒性感冒
돌림병 (一病) 몡 流行病, 传染病
동맥경화증 (動脈硬化症) 몡 动脉硬化症
동상 (凍傷) 몡 冻伤
두드러기 몡 疹, 风疹
두통 (頭痛) 몡 头痛
디스크 (disk) 몡 骨质增生
딱지 몡 痂
땀띠 몡 痱子
뜸 몡 灸
류머티즘 (rheumatism) 몡 风湿症
마비 (痲痹) 몡 麻痹
마취 (痲醉) 몡 麻醉
마취제 (痲醉劑) 몡 麻醉剂
마취하다 (痲醉—) 동 麻醉
말라리아 (malaria) 몡 疟疾
매독 (梅毒) 몡 梅毒
멀미 몡 晕, 晕车
멍 몡 淤青, 青肿
멍울 몡 淋巴线
면역 (免疫) 몡 免疫
목발 (木一) 몡 拐杖
몸살 몡 病毒
몽유병 (夢遊病) 몡 梦游症, 液游症
무좀 몡 香港脚, 汗脚
문둥병 (一病) 몡 癞病, 麻疯病
문병 (問病) 몡 探病
물리치료 (物理治療) 몡 物理治疗
물리치료사 (物理治療士) 몡 物理治疗师
물약 (一藥) 몡 药水
물집 몡 水泡
반신불수 (半身不隨) 몡 半身不遂

뇌출혈 (腦出血) 몡 腦出血
눈병 (一病) 몡 眼疾
다래끼 몡 麥粒腫
당뇨병 (糖尿病) 몡 糖尿病
독감 (毒感) 몡 重感冒, 病毒性感冒
돌림병 (一病) 몡 流行病, 傳染病
동맥경화증 (動脈硬化症) 몡 動脈硬化症
동상 (凍傷) 몡 凍傷
두드러기 몡 疹, 風疹
두통 (頭痛) 몡 頭痛
디스크 (disk) 몡 骨質增生
딱지 몡 痂
땀띠 몡 痱子
뜸 몡 灸
류머티즘 (rheumatism) 몡 風濕症
마비 (痲痹) 몡 痲痹
마취 (痲醉) 몡 痲醉
마취제 (痲醉劑) 몡 痲醉劑
마취하다 (痲醉—) 동 痲醉
말라리아 (malaria) 몡 瘧疾
매독 (梅毒) 몡 梅毒
멀미 몡 暈, 暈車
멍 몡 淤青, 青腫
멍울 몡 淋巴線
면역 (免疫) 몡 免疫
목발 (木一) 몡 拐杖
몸살 몡 病毒
몽유병 (夢遊病) 몡 夢游症, 液游症
무좀 몡 香港脚, 汗脚
문둥병 (一病) 몡 癩病, 痲瘋病
문병 (問病) 몡 探病
물리치료 (物理治療) 몡 物理治療
물리치료사 (物理治療士) 몡 物理治療師
물약 (一藥) 몡 藥水
물집 몡 水泡
반신불수 (半身不隨) 몡 半身不遂

반창고 (絆瘡膏) 몡 胶布, 橡皮膏
발작 (發作) 몡 发作
발진 (發疹) 몡 丘疹, 疱疹
방사선과 (放射線科) 몡 放射线科
방사선치료 (放射線治療) 몡 放射线治疗
배탈 (一頉) 몡 泻肚子, 拉肚子
백내장 (白內障) 몡 白內障
백일해 (百日咳) 몡 百日咳
백혈병 (白血病) 몡 白血病
버짐 몡 癬
변비 (便秘) 몡 便秘
병 (病) 몡 病
병균 (病菌) 몡 病菌
병동 (病棟) 몡 病房
병문안 (病問安) 몡 探病
병실 (病室) 몡 病房
병약하다 (病弱一) 혱 病弱, 多病
병원 (病院) 몡 医院
병원균 (病原菌) 몡 病菌
병치레 (病一) 몡 生病
보약 (補藥) 몡 补药
복용하다 (服用一) 동 服用
복통 (服痛) 몡 腹痛
볼거리 몡 痄腮
부상 (負傷) 몡 受伤
부스럼 몡 疮
부작용 (副作用) 몡 副作用
부황 (浮黃) 몡 浮肿
불면증 (不眠症) 몡 失眠症
불치병 (不治病) 몡 不治之病, 绝病
붕대 (繃帶) 몡 绷带
비뇨기과 (泌尿器科) 몡 泌尿科

반창고 (絆瘡膏) 몡 膠布, 橡皮膏
발작 (發作) 몡 發作
발진 (發疹) 몡 丘疹, 疱疹
방사선과 (放射線科) 몡 放射線科
방사선치료 (放射線治療) 몡 放射線治療
배탈 (一頉) 몡 瀉肚子, 拉肚子
백내장 (白內障) 몡 白內障
백일해 (百日咳) 몡 百日咳
백혈병 (白血病) 몡 白血病
버짐 몡 癬
변비 (便秘) 몡 便秘
병 (病) 몡 病
병균 (病菌) 몡 病菌
병동 (病棟) 몡 病房
병문안 (病問安) 몡 探病
병실 (病室) 몡 病房
병약하다 (病弱一) 혱 病弱, 多病
병원 (病院) 몡 醫院
병원균 (病原菌) 몡 病菌
병치레 (病一) 몡 生病
보약 (補藥) 몡 補藥
복용하다 (服用一) 동 服用
복통 (腹痛) 몡 腹痛
볼거리 몡 痄腮
부상 (負傷) 몡 受傷
부스럼 몡 瘡
부작용 (副作用) 몡 副作用
부황 (浮黃) 몡 浮腫
불면증 (不眠症) 몡 失眠症
불치병 (不治病) 몡 不治之病, 絕病
붕대 (繃帶) 몡 繃帶
비뇨기과 (泌尿器科) 몡 泌尿科

병원의 분야	내과, 방사선과, 비뇨기과, 산부인과, 성형외과, 소아과, 신경과, 안과, 외과, 이비인후과, 정신과, 정형외과, 치과, 피부과, 흉부외과 …

비만 (肥滿) 명 肥胖
빈혈 (貧血) 명 貧血
삐다 동 脫臼
사상자 (死傷者) 명 死傷者
산부인과 (産婦人科) 명 妇产科
살균 (殺菌) 명 杀菌
상사병 (相思病) 명 相思病
상처 (傷處) 명 伤口, 仓伤
색맹 (色盲) 명 色盲
생리통 (生理痛) 명 生理痛
설사 (泄瀉) 명 腹泻, 拉肚子
성병 (性病) 명 性病
성인병 (成人病) 명 成人病
성형외과 (成形外科) 명 整形外科
세균 (細菌) 명 细菌
소독 (消毒) 명 消毒
소독약 (消毒藥) 명 消毒药
소아과 (小兒科) 명 小儿科
소아마비 (小兒痲痺) 명 小儿痲痹
소화불량 (消化不良) 명 消化不良
소화제 (消化劑) 명 消化剂
수간호사 (首看護士) 명 护士长
수두 (水痘) 명 水痘
수면제 (睡眠劑) 명 安眠药
수술 (手術) 명 手术, 开刀
수술실 (手術室) 명 手术室, 开刀室
수술하다 (手術—) 동 手术, 开刀
수포 (水疱) 명 水疱
수혈 (輸血) 명 输血
숙환 (宿患) 명 指久病不起
스트레스 (stress) 명 压力
습진 (濕疹) 명 湿疹
식곤증 (食困症) 명 食后困觉症
식염수 (食鹽水) 명 食盐水
식중독 (食中毒) 명 食物中毒
신경쇠약 (神經衰弱) 명 神经衰弱

비만 (肥滿) 명 肥胖
빈혈 (貧血) 명 貧血
삐다 동 脫臼
사상자 (死傷者) 명 死傷者
산부인과 (産婦人科) 명 婦産科
살균 (殺菌) 명 殺菌
상사병 (相思病) 명 相思病
상처 (傷處) 명 傷口, 倉傷
색맹 (色盲) 명 色盲
생리통 (生理痛) 명 生理痛
설사 (泄瀉) 명 腹瀉, 拉肚子
성병 (性病) 명 性病
성인병 (成人病) 명 成人病
성형외과 (成形外科) 명 整形外科
세균 (細菌) 명 細菌
소독 (消毒) 명 消毒
소독약 (消毒藥) 명 消毒藥
소아과 (小兒科) 명 小兒科
소아마비 (小兒痲痺) 명 小兒痲痹
소화불량 (消化不良) 명 消化不良
소화제 (消化劑) 명 消化劑
수간호사 (首看護士) 명 護士長
수두 (水痘) 명 水痘
수면제 (睡眠劑) 명 安眠藥
수술 (手術) 명 手術, 開刀
수술실 (手術室) 명 手術室, 開刀室
수술하다 (手術—) 동 手術, 開刀
수포 (水疱) 명 水疱
수혈 (輸血) 명 輸血
숙환 (宿患) 명 指久病不起
스트레스 (stress) 명 壓力
습진 (濕疹) 명 濕疹
식곤증 (食困症) 명 食后困覺症
식염수 (食鹽水) 명 食鹽水
식중독 (食中毒) 명 食物中毒
신경쇠약 (神經衰弱) 명 神經衰弱

신경통 (神經痛) 몡 神经痛　　신경통 (神經痛) 몡 神經痛
신장염 (腎臟炎) 몡 肾脏炎　　신장염 (腎臟炎) 몡 腎臟炎
신장이식 (腎臟移植) 몡 肾脏移植　　신장이식 (腎臟移植) 몡 腎臟移植
실신 (失身) 몡 晕倒　　실신 (失身) 몡 暈倒
심근경색 (心根梗塞) 몡 心肌梗塞　　심근경색 (心根梗塞) 몡 心肌梗塞
심장마비 (心臟痲痺) 몡 心脏麻痹　　심장마비 (心臟痲痺) 몡 心臟痲痺
심장병 (心臟病) 몡 心脏病　　심장병 (心臟病) 몡 心臟病
심장이식 (心臟移植) 몡 心脏移植　　심장이식 (心臟移植) 몡 心臟移植
십이지궤양 (十二指腸潰瘍) 몡　　십이지궤양 (十二指腸潰瘍) 몡
　十二指肠溃疡　　　　　　　　　　十二指腸潰瘍
쑤시다 동 刺痛, 酸痛　　쑤시다 동 刺痛, 酸痛
쓰리다 형 酸痛　　쓰리다 형 酸痛
아물다 동 愈合　　아물다 동 癒合
아편 (阿片·鴉片) 몡 鸦片, 大麻　　아편 (阿片·鴉片) 몡 鴉片, 大麻
아프다 형 痛, 疼　　아프다 형 痛, 疼
아픔 몡 痛, 疼痛　　아픔 몡 痛, 疼痛
안약 (眼藥) 몡 眼药水　　안약 (眼藥) 몡 眼藥水
알레르기 (allergy) 몡 过敏　　알레르기 (allergy) 몡 過敏
알약 (一藥) 몡 药丸　　알약 (一藥) 몡 藥丸
앓다 동 生(病)　　앓다 동 生(病)
암 (癌) 몡 癌　　암 (癌) 몡 癌
야맹증 (夜盲症) 몡 夜盲症　　야맹증 (夜盲症) 몡 夜盲症
약 (藥) 몡 药　　약 (藥) 몡 藥
약국 (藥局) 몡 ① 药局 ② 药店　　약국 (藥局) 몡 ① 藥局 ② 藥店
약물중독 (藥物中毒) 몡 药物中毒　　약물중독 (藥物中毒) 몡 藥物中毒
약방 (藥房) 몡 药店, 药铺　　약방 (藥房) 몡 藥店, 藥鋪
약사 (藥師) 몡 药剂师　　약사 (藥師) 몡 藥劑師
약시 (弱視) 몡 弱视　　약시 (弱視) 몡 弱視
약재 (藥材) 몡 药材　　약재 (藥材) 몡 藥材
약초 (藥草) 몡 药草　　약초 (藥草) 몡 藥草

약	기능	-제	구충제, 수면제, 영양제, 지사제, 진정제, 진통제, 촉진제, 치료제, 항생제, 항암제, 해독제, 해열제, 환각제 …
		-약	감기약, 구급약, 내복약, 보약, 소독약, 안약, 양약, 외용약, 주사약, 한약 …
	모양		가루약, 물약, 알약, 연고 …

약효 (藥效) 몡 药效
양약 (洋藥) 몡 西药
어지럼증 (一症) 몡 眩晕症
엄살 몡 (病痛或困难时) 故意装得严重, 装假
에이즈 (AIDS) 몡 爱滋病
여드름 몡 面泡, 青春痘
연고 (軟膏) 몡 软膏, 药膏
염증 (炎症) 몡 炎症, 炎
영양실조 (營養失調) 몡 营养不良
영양제 (營養劑) 몡 营养剂
예방주사 (豫防注射) 몡 豫防接种
예방하다 (豫防—) 동 豫防
완치 (完治) 몡 痊愈
왕진 (往診) 몡 指医生访问就诊
외과 (外科) 몡 外科
요도염 (尿道炎) 몡 尿道炎
요양원 (療養院) 몡 疗养院
요양하다 (療養—) 동 疗养
요통 (腰痛) 몡 腰痛
우울증 (憂鬱症) 몡 忧郁症
원시 (遠視) 몡 远视
위경련 (胃痙攣) 몡 胃痉挛
위궤양 (胃潰瘍) 몡 胃溃疡
위암 (胃癌) 몡 胃癌
위염 (胃炎) 몡 胃炎
위통 (胃痛) 몡 胃痛
유방암 (乳房癌) 몡 乳腺癌, 乳房癌
유전병 (遺傳病) 몡 遗传病
유행병 (流行病) 몡 流行病
유행성출혈열 (流行性出血熱) 몡 流行性出血热
응급실 (應急室) 몡 急诊室
응급환자 (應急患者) 몡 急诊病患者
의료보험 (醫療保險) 몡 医疗保险
의료보험증 (醫療保險證) 몡 医疗保险卡

약효 (藥效) 몡 藥效
양약 (洋藥) 몡 西藥
어지럼증 (一症) 몡 眩暈症
엄살 몡 (病痛或困難時) 故意裝得嚴重, 裝假
에이즈 (AIDS) 몡 愛滋病
여드름 몡 面泡, 青春痘
연고 (軟膏) 몡 軟膏, 藥膏
염증 (炎症) 몡 炎症, 炎
영양실조 (營養失調) 몡 營養不良
영양제 (營養劑) 몡 營養劑
예방주사 (豫防注射) 몡 豫防接種
예방하다 (豫防—) 동 豫防
완치 (完治) 몡 痊癒
왕진 (往診) 몡 指醫生訪問就診
외과 (外科) 몡 外科
요도염 (尿道炎) 몡 尿道炎
요양원 (療養院) 몡 療養院
요양하다 (療養—) 동 療養
요통 (腰痛) 몡 腰痛
우울증 (憂鬱症) 몡 憂鬱症
원시 (遠視) 몡 遠視
위경련 (胃痙攣) 몡 胃痙攣
위궤양 (胃潰瘍) 몡 胃潰瘍
위암 (胃癌) 몡 胃癌
위염 (胃炎) 몡 胃炎
위통 (胃痛) 몡 胃痛
유방암 (乳房癌) 몡 乳腺癌, 乳房癌
유전병 (遺傳病) 몡 遺傳病
유행병 (流行病) 몡 流行病
유행성출혈열 (流行性出血熱) 몡 流行性出血熱
응급실 (應急室) 몡 急診室
응급환자 (應急患者) 몡 急診病患者
의료보험 (醫療保險) 몡 醫療保險
의료보험증 (醫療保險證) 몡 醫療保險卡

의료원 (醫療院) 명 医院
의료진 (醫療陣) 명 医生队伍, 医疗阵
의부증 (疑夫症) 명 疑夫症
의사 (醫師) 명 医师, 医生
의약품 (醫藥品) 명 医药品
의원 (醫院) 명 医院
의처증 (疑妻症) 명 疑妻症
이명증 (耳鳴症) 명 耳鸣
이비인후과 (耳鼻咽喉科) 명 耳鼻喉科
이식수술 (移植手術) 명 移植手术
인공심장 (人工心臟) 명 人工心脏
일사병 (日射病) 명 中暑
임질 (淋疾) 명 淋病
입병 (一病) 명 口疾, 口腔病
입원 (入院) 명 入院, 住院
입원실 (入院室) 명 病房
입원하다 (入院—) 동 入院, 住院
자궁암 (子宮癌) 명 子宮癌
자폐증 (自閉症) 명 自闭症
잔병치레 (—病—) 명 指小病不断的事
장기 (臟器) 명 內脏
장염 (腸炎) 명 肠炎
장티푸스 (肠typhus) 명 癨乱
저리다 형 麻
저혈압 (低血壓) 명 低血压
전염 (傳染) 명 传染
전염병 (傳染病) 명 传染病
전치 (全治) 명 痊愈, 完全治好
절다 동 跛
정박아 (精薄兒) 명 低能儿
정신과 (精神科) 명 精神科
정신박약아 (精神薄弱兒) 명 弱智儿
정신병 (精神病) 명 精神病
정신병자 (精神病者) 명 精神病患
정형외과 (整形外科) 명 整形外科
제약회사 (製藥會社) 명 制药公司

의료원 (醫療院) 명 醫院
의료진 (醫療陣) 명 醫生隊伍, 醫療陣
의부증 (疑夫症) 명 疑夫症
의사 (醫師) 명 醫師, 醫生
의약품 (醫藥品) 명 醫藥品
의원 (醫院) 명 醫院
의처증 (疑妻症) 명 疑妻症
이명증 (耳鳴症) 명 耳鳴
이비인후과 (耳鼻咽喉科) 명 耳鼻喉科
이식수술 (移植手術) 명 移植手術
인공심장 (人工心臟) 명 人工心臟
일사병 (日射病) 명 中暑
임질 (淋疾) 명 淋病
입병 (一病) 명 口疾, 口腔病
입원 (入院) 명 入院, 住院
입원실 (入院室) 명 病房
입원하다 (入院—) 동 入院, 住院
자궁암 (子宮癌) 명 子宮癌
자폐증 (自閉症) 명 自閉症
잔병치레 (—病—) 명 指小病不斷的事
장기 (臟器) 명 內臟
장염 (腸炎) 명 腸炎
장티푸스 (腸typhus) 명 癨亂
저리다 형 麻
저혈압 (低血壓) 명 低血壓
전염 (傳染) 명 傳染
전염병 (傳染病) 명 傳染病
전치 (全治) 명 痊癒, 完全治好
절다 동 跛
정박아 (精薄兒) 명 低能兒
정신과 (精神科) 명 精神科
정신박약아 (精神薄弱兒) 명 弱智兒
정신병 (精神病) 명 精神病
정신병자 (精神病者) 명 精神病患
정형외과 (整形外科) 명 整形外科
제약회사 (製藥會社) 명 製藥公司

조제실 (調劑室) 명 药剂室
조제하다 (調劑―) 동 调药
졸도 (卒倒) 명 昏倒, 晕倒
종기 (腫氣) 명 脓疮, 脓肿
종합병원 (綜合病院) 명 综合医院
주사기 (注射器) 명 注射器
주사놓다 (注射―) 동 注射, 打针
주사맞다 (注射―) 동 注射, 打针
주사약 (注射藥) 명 注射药, 针药
중독 (中毒) 명 中毒
중상 (重傷) 명 重伤
중이염 (中耳炎) 명 中耳炎
중태 (重態) 명 危险状态, 重态
중환자 (重患者) 명 重患者
중환자실 (重患者室) 명 重患者室
증상 (症狀) 명 症状
증세 (症勢) 명 症候, 症状
지병 (持病) 명 痼病
지사제 (止瀉劑) 명 止泻药
진단서 (診斷書) 명 诊断书
진료하다 (診療―) 동 诊疗
진물 명 浓水
진정제 (鎭靜劑) 명 镇静剂
진찰실 (診察室) 명 诊疗室
진찰하다 (診察―) 동 诊断, 诊察
진통 (鎭痛) 명 镇痛
진통제 (鎭痛劑) 명 镇痛剂, 镇痛药
진폐증 (塵肺症) 명 尘肺症
질병 (疾病) 명 疾病
질환 (疾患) 명 疾病
찜질 명 敷(冷敷, 热敷)
찰과상 (擦過傷) 명 擦伤
처방 (處方) 명 处方, 配方
처방전 (處方箋) 명 处方笺
처방하다 (處方―) 동 开处方
천식 (喘息) 명 哮喘

조제실 (調劑室) 명 藥劑室
조제하다 (調劑―) 동 調藥
졸도 (卒倒) 명 昏倒, 暈倒
종기 (腫氣) 명 膿瘡, 膿腫
종합병원 (綜合病院) 명 綜合醫院
주사기 (注射器) 명 注射器
주사놓다 (注射―) 동 注射, 打針
주사맞다 (注射―) 동 注射, 打針
주사약 (注射藥) 명 注射藥, 針藥
중독 (中毒) 명 中毒
중상 (重傷) 명 重傷
중이염 (中耳炎) 명 中耳炎
중태 (重態) 명 危險狀態, 重態
중환자 (重患者) 명 重患者
중환자실 (重患者室) 명 重患者室
증상 (症狀) 명 症狀
증세 (症勢) 명 症候, 症狀
지병 (持病) 명 痼病
지사제 (止瀉劑) 명 止瀉藥
진단서 (診斷書) 명 診斷書
진료하다 (診療―) 동 診療
진물 명 濃水
진정제 (鎭靜劑) 명 鎭靜劑
진찰실 (診察室) 명 診療室
진찰하다 (診察―) 동 診斷, 診察
진통 (鎭痛) 명 鎭痛
진통제 (鎭痛劑) 명 鎭痛劑, 鎭痛藥
진폐증 (塵肺症) 명 塵肺症
질병 (疾病) 명 疾病
질환 (疾患) 명 疾病
찜질 명 敷(冷敷, 熱敷)
찰과상 (擦過傷) 명 擦傷
처방 (處方) 명 處方, 配方
처방전 (處方箋) 명 處方箋
처방하다 (處方―) 동 開處方
천식 (喘息) 명 哮喘

천연두 (天然痘) 몡 痘疮
청심환 (淸心丸) 몡 淸心丸
청진기 (聽診器) 몡 听诊器
체증 (滯症) 몡 消化不良症
체하다 (滯—) 동 消化不良
촉진제 (促進劑) 몡 催速剂, 催化剂
축농증 (蓄膿症) 몡 鼻窦炎
춘곤증 (春困症) 몡 春困症
충치 (蟲齒) 몡 虫牙
치과 (齒科) 몡 牙科
치료제 (治療劑) 몡 治疗剂
치료하다 (治療—) 동 治疗
치루 (痔漏) 몡 痔漏, 漏疮
치매 (癡呆) 몡 痴呆
치질 (痔疾) 몡 痔疮
치통 (齒痛) 몡 牙痛
침 (針) 몡 针灸
콜레라 (cholera) 몡 霍乱
콜록콜록 閂 喀儿喀儿 (有病而发出的咳嗽声)
타박상 (打撲傷) 몡 打伤, 殴伤
탈골 (脫骨) 몡 脫臼
탈모증 (脫毛症) 몡 脱毛症
탈진 (脫盡) 몡 非常衰弱的样子
토하다 (吐—) 동 吐
통증 (痛症) 몡 疼痛
퇴원하다 (退院—) 동 出院
투병 (鬪病) 몡 与疾病奋斗, 治病
투약하다 (投藥—) 동 用药
파상풍 (破傷風) 몡 破伤风
패혈증 (敗血症) 몡 败血症
편도선염 (扁桃腺炎) 몡 扁桃腺炎
편두통 (偏頭痛) 몡 偏头痛
폐결핵 (肺結核) 몡 肺结核
폐렴 (肺炎) 몡 肺炎
폐암 (肺癌) 몡 肺癌

천연두 (天然痘) 몡 痘瘡
청심환 (淸心丸) 몡 淸心丸
청진기 (聽診器) 몡 聽診器
체증 (滯症) 몡 消化不良症
체하다 (滯—) 동 消化不良
촉진제 (促進劑) 몡 催速劑, 催化劑
축농증 (蓄膿症) 몡 鼻竇炎
춘곤증 (春困症) 몡 春睏症
충치 (蟲齒) 몡 蟲牙
치과 (齒科) 몡 牙科
치료제 (治療劑) 몡 治療劑
치료하다 (治療—) 동 治療
치루 (痔漏) 몡 痔漏, 漏瘡
치매 (癡呆) 몡 癡呆
치질 (痔疾) 몡 痔瘡
치통 (齒痛) 몡 牙痛
침 (針) 몡 針灸
콜레라 (cholera) 몡 霍亂
콜록콜록 閂 喀兒喀兒 (有病而發出的咳嗽聲)
타박상 (打撲傷) 몡 打傷, 毆傷
탈골 (脫骨) 몡 脫臼
탈모증 (脫毛症) 몡 脫毛症
탈진 (脫盡) 몡 非常衰弱的樣子
토하다 (吐—) 동 吐
통증 (痛症) 몡 疼痛
퇴원하다 (退院—) 동 出院
투병 (鬪病) 몡 與疾病奮鬪, 治病
투약하다 (投藥—) 동 用藥
파상풍 (破傷風) 몡 破傷風
패혈증 (敗血症) 몡 敗血症
편도선염 (扁桃腺炎) 몡 扁桃腺炎
편두통 (偏頭痛) 몡 偏頭痛
폐결핵 (肺結核) 몡 肺結核
폐렴 (肺炎) 몡 肺炎
폐암 (肺癌) 몡 肺癌

포진 (疱疹) 몡 疱疹
풍진 (風疹) 몡 风疹, 麻疹
풍토병 (風土病) 몡 风土病, 地方病
피곤 (疲困) 몡 疲倦
피로 (疲勞) 몡 疲劳
피부과 (皮膚科) 몡 皮肤科
피부병 (皮膚病) 몡 皮肤病
피부암 (皮膚癌) 몡 皮肤癌
피부염 (皮膚炎) 몡 皮肤炎
학질 (瘧疾) 몡 疟疾
한방 (韓方) 몡 中医, 汉医
한약 (韓藥) 몡 中药, 汉药, 韩药
한약방 (韓藥房) 몡 中药店, 韩药店
한의사 (韓醫師) 몡 中医师, 韩医师
한의원 (韓醫院) 몡 中医院, 韩医院
항생제 (抗生劑) 몡 抗菌剂, 抗生剂
항암제 (抗癌劑) 몡 抗癌剂
해독제 (解毒劑) 몡 解毒剂, 解毒药
해열제 (解熱劑) 몡 解热剂, 退烧剂
향수병 (鄕愁病) 몡 乡愁
현기증 (眩氣症) 몡 晕眩, 头昏眼花
혈압 (血壓) 몡 血压
혈압계 (血壓計) 몡 血压计
협심증 (狹心症) 몡 狭心症, 心绞痛
혓바늘 몡 舌乳头炎, 羊梅舌
혹 몡 瘤
혼수상태 (昏睡狀態) 몡 昏睡, 昏迷
홍역 (紅疫) 몡 麻疹
화농 (化膿) 몡 化脓
화병 (火病) 몡 指由於生气而得的病
화상 (火傷) 몡 火伤, 烫伤, 烧伤
화학치료 (化學治療) 몡 化学治疗
환각제 (幻覺劑) 몡 迷幻药
환자 (患者) 몡 病人, 病患
회복실 (回復室) 몡 恢复室
회복하다 (回復—) 동 恢复, 复元

포진 (疱疹) 몡 疱疹
풍진 (風疹) 몡 風疹, 痲疹
풍토병 (風土病) 몡 風土病, 地方病
피곤 (疲困) 몡 疲倦
피로 (疲勞) 몡 疲勞
피부과 (皮膚科) 몡 皮膚科
피부병 (皮膚病) 몡 皮膚病
피부암 (皮膚癌) 몡 皮膚癌
피부염 (皮膚炎) 몡 皮膚炎
학질 (瘧疾) 몡 瘧疾
한방 (韓方) 몡 中醫, 漢醫
한약 (韓藥) 몡 中藥, 漢藥, 韓藥
한약방 (韓藥房) 몡 中藥店, 韓藥店
한의사 (韓醫師) 몡 中醫師, 韓醫師
한의원 (韓醫院) 몡 中醫院, 韓醫院
항생제 (抗生劑) 몡 抗菌劑, 抗生劑
항암제 (抗癌劑) 몡 抗癌劑
해독제 (解毒劑) 몡 解毒劑, 解毒藥
해열제 (解熱劑) 몡 解熱劑, 退燒劑
향수병 (鄕愁病) 몡 鄕愁
현기증 (眩氣症) 몡 暈眩, 頭昏眼花
혈압 (血壓) 몡 血壓
혈압계 (血壓計) 몡 血壓計
협심증 (狹心症) 몡 狹心症, 心絞痛
혓바늘 몡 舌乳頭炎, 羊梅舌
혹 몡 瘤
혼수상태 (昏睡狀態) 몡 昏睡, 昏迷
홍역 (紅疫) 몡 痲疹
화농 (化膿) 몡 化膿
화병 (火病) 몡 指由于生氣而得的病
화상 (火傷) 몡 火傷, 燙傷, 燒傷
화학치료 (化學治療) 몡 化學治療
환각제 (幻覺劑) 몡 迷幻藥
환자 (患者) 몡 病人, 病患
회복실 (回復室) 몡 恢復室
회복하다 (回復—) 동 恢復, 復元

회진 (回診) 몡 巡诊
후유증 (後遺症) 몡 后遗症
후천성면역결핍증 (後天性免疫缺乏症)
　　몡 爱滋病
흉부외과 (胸部外科) 몡 胸外科
흉터 몡 (難看的) 伤痕, 疤痕
흑사병 (黑死病) 몡 黑死病

회진 (回診) 몡 巡診
후유증 (後遺症) 몡 後遺症
후천성면역결핍증 (後天性免疫缺乏症)
　　몡 愛滋病
흉부외과 (胸部外科) 몡 胸外科
흉터 몡 (難看的) 傷痕, 疤痕
흑사병 (黑死病) 몡 黑死病

6. 삶과 죽음

| 生与死 | 生與死 |

감옥살이 (監獄—) 명 监狱生活, 狱中生活, 坐牢
객사 (客死) 명 客死, 死在他乡
갱년기 (更年期) 명 更年期
고인 (故人) 명 死者, 已亡故的人
고인돌 명 石棚, 巨石坟, 支石墓
고향 (故鄕) 명 故乡
고희 (古稀) 명 古稀, 七十岁
곡 (哭) 명 哭丧, 号哭
공동묘지 (共同墓地) 명 公共墓地, 公墓
과부 (寡婦) 명 寡妇, 孀妇
관 (棺) 명 棺材, 柩
관혼상제 (冠婚喪祭) 명 婚丧事, 红白喜事
교사 (絞死) 명 绞死
교살 (絞殺) 명 勒死
급사 (急死) 명 暴毙, 突然死亡
기일 (忌日) 명 忌日
나이 명 年龄, 年纪, 年岁
납골당 (納骨堂) 명 灵骨塔
넋 명 魂, 灵魂, 魂魄
노년기 (老年期) 명 老年期
뇌사 (腦死) 명 脑死

감옥살이 (監獄—) 명 監獄生活, 獄中生活, 坐牢
객사 (客死) 명 客死, 死在他鄉
갱년기 (更年期) 명 更年期
고인 (故人) 명 死者, 已亡故的人
고인돌 명 石棚, 巨石墳, 支石墓
고향 (故鄕) 명 故鄉
고희 (古稀) 명 古稀, 七十歲
곡 (哭) 명 哭喪, 號哭
공동묘지 (共同墓地) 명 公共墓地, 公墓
과부 (寡婦) 명 寡婦, 孀婦
관 (棺) 명 棺材, 柩
관혼상제 (冠婚喪祭) 명 婚喪事, 紅白喜事
교사 (絞死) 명 絞死
교살 (絞殺) 명 勒死
급사 (急死) 명 暴斃, 突然死亡
기일 (忌日) 명 忌日
나이 명 年齡, 年紀, 年歲
납골당 (納骨堂) 명 靈骨塔
넋 명 魂, 靈魂, 魂魄
노년기 (老年期) 명 老年期
뇌사 (腦死) 명 腦死

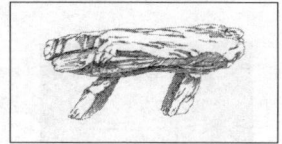

〈고인돌〉

대 (代) 몡 代, 世
더부살이 몡 佣人, 佣工
독살 (毒殺) 몡 毒死
돌 몡 周岁
돌아가시다 동 逝世, 已故 (敬语)
돌연사 (突然死) 몡 突然死亡
동사 (凍死) 몡 冻死
두건 (頭巾) 몡 孝巾
띠 몡 生肖, 属相
만장 (輓章) 몡 挽联
매장 (埋葬) 몡 埋葬, 捹埋
매장하다 (埋葬—) 동 埋葬, 捹埋
명 (命) 몡 命, 寿命
명복 (冥福) 몡 冥福
목숨 몡 命, 生命, 性命
묘 (墓) 몡 墓, 坟
묘지 (墓地) 몡 墓地, 坟墓
무덤 몡 坟, 坟墓
무생물 (無生物) 몡 无生物
묻다 동 埋, 埋葬
미망인 (未亡人) 몡 未亡人, 寡妇
미생물 (微生物) 몡 微生物
발인 (發靷) 몡 出殡
변사체 (變死體) 몡 橫死的尸体, 死于非命的尸体
변성기 (變聲期) 몡 变声期
별세 (別世) 몡 逝世, 去世
별세하다 (別世—) 동 逝世, 去世
병사 (病死) 몡 病卒, 病故, 病死

대 (代) 몡 代, 世
더부살이 몡 傭人, 傭工
독살 (毒殺) 몡 毒死
돌 몡 週歲
돌아가시다 동 逝世, 已故 (敬語)
돌연사 (突然死) 몡 突然死亡
동사 (凍死) 몡 凍死
두건 (頭巾) 몡 孝巾
띠 몡 生肖, 屬相
만장 (輓章) 몡 輓聯
매장 (埋葬) 몡 埋葬, 捹埋
매장하다 (埋葬—) 동 埋葬, 捹埋
명 (命) 몡 命, 壽命
명복 (冥福) 몡 冥福
목숨 몡 命, 生命, 性命
묘 (墓) 몡 墓, 墳
묘지 (墓地) 몡 墓地, 墳墓
무덤 몡 墳, 墳墓
무생물 (無生物) 몡 無生物
묻다 동 埋, 埋葬
미망인 (未亡人) 몡 未亡人, 寡婦
미생물 (微生物) 몡 微生物
발인 (發靷) 몡 出殯
변사체 (變死體) 몡 橫死的屍體, 死於非命的屍體
변성기 (變聲期) 몡 變聲期
별세 (別世) 몡 逝世, 去世
별세하다 (別世—) 동 逝世, 去世
병사 (病死) 몡 病卒, 病故, 病死

〈무덤〉

부검 (剖檢) 몡 验尸
부고 (訃告) 몡 讣告, 讣文
부음 (訃音) 몡 讣告
부의 (賻儀) 몡 賻仪
비문 (碑文) 몡 碑文
비석 (碑石) 몡 碑石, 碑
빈소 (殯所) 몡 灵堂
사망 (死亡) 몡 死亡, 死, 故
사망률 (死亡率) 몡 死亡率
사망하다 (死亡—) 동 死亡, 死, 去世
사생활 (私生活) 몡 私生活
사십구재 (四十九齋) 몡 四十九日祭
사주 (四柱) 몡 生辰八字
사주팔자 (四柱八字) 몡 生辰八字, 命
사체 (死體) 몡 尸体
사춘기 (思春期) 몡 青春期, 思春期
사형 (死刑) 몡 死刑
사형당하다 (死刑—) 동 判死刑
사형수 (死刑囚) 몡 死囚
사형시키다 (死刑—) 동 处死刑
사형장 (死刑場) 몡 刑场
산소 (山所) 몡 坟, 坟墓, 墓地
살 의 岁
살다 동 活
살림살이 몡 生活, 家計
살인 (殺人) 몡 杀人
살인범 (殺人犯) 몡 杀人犯
살해되다 (殺害—) 동 遭杀害
살해하다 (殺害—) 동 杀害, 杀死
삶 몡 生活, 生存, 活
삼우제 (三虞祭) 몡 三虞祭
삼일장 (三日葬) 몡 三日葬
상 (喪) 몡 丧事
상가 (喪家) 몡 丧家
상복 (喪服) 몡 丧服
상석 (床石) 몡 石头香案, 石头供桌

부검 (剖檢) 몡 驗屍
부고 (訃告) 몡 訃告, 訃文
부음 (訃音) 몡 訃告
부의 (賻儀) 몡 賻儀
비문 (碑文) 몡 碑文
비석 (碑石) 몡 碑石, 碑
빈소 (殯所) 몡 靈堂
사망 (死亡) 몡 死亡, 死, 故
사망률 (死亡率) 몡 死亡率
사망하다 (死亡—) 동 死亡, 死, 去世
사생활 (私生活) 몡 私生活
사십구재 (四十九齋) 몡 四十九日祭
사주 (四柱) 몡 生辰八字
사주팔자 (四柱八字) 몡 生辰八字, 命
사체 (死體) 몡 屍體
사춘기 (思春期) 몡 青春期, 思春期
사형 (死刑) 몡 死刑
사형당하다 (死刑—) 동 判死刑
사형수 (死刑囚) 몡 死囚
사형시키다 (死刑—) 동 處死刑
사형장 (死刑場) 몡 刑場
산소 (山所) 몡 墳, 墳墓, 墓地
살 의 歲
살다 동 活
살림살이 몡 生活, 家計
살인 (殺人) 몡 殺人
살인범 (殺人犯) 몡 殺人犯
살해되다 (殺害—) 동 遭殺害
살해하다 (殺害—) 동 殺害, 殺死
삶 몡 生活, 生存, 活
삼우제 (三虞祭) 몡 三虞祭
삼일장 (三日葬) 몡 三日葬
상 (喪) 몡 喪事
상가 (喪家) 몡 喪家
상복 (喪服) 몡 喪服
상석 (床石) 몡 石頭香案, 石頭供桌

상여 (喪輿) 몡 丧车, 灵车
상장¹ (喪杖) 몡 哭丧棒
상장² (喪章) 몡 黑纱
상제 (喪制) 몡 居丧的人
상주 (喪主) 몡 丧主, 祭主
생기 (生氣) 몡 生气, 朝气, 生机
생년월일 (生年月日) 몡 生年月日
생로병사 (生老病死) 몡 生老病死
생명 (生命) 몡 生命, 命, 性命
생명력 (生命力) 몡 生命力
생물 (生物) 몡 生物
생신 (生辰) 몡 生辰, 生日
생애 (生涯) 몡 生涯, 生平, 一生
생일 (生日) 몡 生日
생존 (生存) 몡 生存
생활 (生活) 몡 生活
생활환경 (生活環境) 몡 生活环境
서거 (逝去) 몡 逝世, 去世
서거하다 (逝去—) 동 逝世, 去世
선산 (先山) 몡 祖坟
성년 (成年) 몡 成年
성년식 (成年式) 몡 成年礼
성묘 (省墓) 몡 省墓, 扫墓, 上坟
세 (歲) 의 岁
세대 (世代) 몡 世代, 一代
세상살이 (世上—) 몡 社会生活, 营生
셋방살이 (貰房—) 몡 租房过日
소년기 (少年期) 몡 少年期
소복 (素服) 몡 素服
송장 몡 尸体, 尸首
수의 (壽衣) 몡 寿衣
순교하다 (殉敎—) 동 殉教
순국하다 (殉國—) 동 殉国

상여 (喪輿) 몡 喪車, 靈車
상장¹ (喪杖) 몡 哭喪棒
상장² (喪章) 몡 黑紗
상제 (喪制) 몡 居喪的人
상주 (喪主) 몡 喪主, 祭主
생기 (生氣) 몡 生氣, 朝氣, 生機
생년월일 (生年月日) 몡 生年月日
생로병사 (生老病死) 몡 生老病死
생명 (生命) 몡 生命, 命, 性命
생명력 (生命力) 몡 生命力
생물 (生物) 몡 生物
생신 (生辰) 몡 生辰, 生日
생애 (生涯) 몡 生涯, 生平, 一生
생일 (生日) 몡 生日
생존 (生存) 몡 生存
생활 (生活) 몡 生活
생활환경 (生活環境) 몡 生活環境
서거 (逝去) 몡 逝世, 去世
서거하다 (逝去—) 동 逝世, 去世
선산 (先山) 몡 祖墳
성년 (成年) 몡 成年
성년식 (成年式) 몡 成年禮
성묘 (省墓) 몡 省墓, 掃墓, 上墳
세 (歲) 의 歲
세대 (世代) 몡 世代, 一代
세상살이 (世上—) 몡 社會生活, 營生
셋방살이 (貰房—) 몡 租房過日
소년기 (少年期) 몡 少年期
소복 (素服) 몡 素服
송장 몡 屍體, 屍首
수의 (壽衣) 몡 壽衣
순교하다 (殉敎—) 동 殉敎
순국하다 (殉國—) 동 殉國

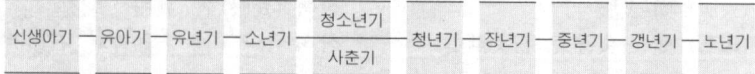

순직하다 (殉職—) 동 殉职　　　　순직하다 (殉職—) 동 殉職
숨지다 동 断气, 死亡　　　　　　숨지다 동 斷氣, 死亡
시집살이 (媳—) 명 作媳妇　　　시집살이 (媳—) 명 作媳婦
시체 (屍體) 명 尸体　　　　　　시체 (屍體) 명 屍體
식생활 (食生活) 명 饮食生活　　식생활 (食生活) 명 飲食生活
신생아기 (新生兒期) 명 新生儿期　신생아기 (新生兒期) 명 新生兒期
신주 (神主) 명 神主, 灵牌, 牌位　신주 (神主) 명 神主, 靈牌, 牌位
아사 (餓死) 명 饿死　　　　　　아사 (餓死) 명 餓死
안락사 (安樂死) 명 安乐死　　　안락사 (安樂死) 명 安樂死
암매장 (暗埋葬) 명 偷偷埋葬　　암매장 (暗埋葬) 명 偸偸埋葬
암매장하다 (暗埋葬—) 동 偷偷埋葬　암매장하다 (暗埋葬—) 동 偸偸埋葬
암살 (暗殺) 명 暗杀　　　　　　암살 (暗殺) 명 暗殺
압사 (壓死) 명 压死　　　　　　압사 (壓死) 명 壓死
연령 (年齡) 명 年龄　　　　　　연령 (年齡) 명 年齡
연세 (年歲) 명 年纪, 贵庚　　　연세 (年歲) 명 年紀, 貴庚
연옥 (煉獄) 명 炼狱　　　　　　연옥 (煉獄) 명 煉獄
염 (殮) 명 裝殮　　　　　　　　염 (殮) 명 裝殮
영결식 (永訣式) 명 灵别仪式　　영결식 (永訣式) 명 靈別儀式
영구차 (靈柩車) 명 灵车　　　　영구차 (靈柩車) 명 靈車
영안실 (靈安室) 명 灵堂　　　　영안실 (靈安室) 명 靈堂
영혼 (靈魂) 명 灵魂, 魂　　　　영혼 (靈魂) 명 靈魂, 魂
오일장 (五日葬) 명 五日葬　　　오일장 (五日葬) 명 五日葬
요절 (夭折) 명 夭折　　　　　　요절 (夭折) 명 夭折
운명 (運命) 명 命运　　　　　　운명 (運命) 명 命運
운명하시다 (殞命—) 동 死亡 (敬语)　운명하시다 (殞命—) 동 死亡 (敬語)
위령제 (慰靈祭) 명 祭祀, 上香　위령제 (慰靈祭) 명 祭祀, 上香
위패 (位牌) 명 灵牌, 牌位　　　위패 (位牌) 명 靈牌, 牌位
유가족 (遺家族) 명 遺族, 遺属　유가족 (遺家族) 명 遺族, 遺屬
유골 (遺骨) 명 遺骨　　　　　　유골 (遺骨) 명 遺骨
유년기 (幼年期) 명 幼年期　　　유년기 (幼年期) 명 幼年期
유물 (遺物) 명 遺物　　　　　　유물 (遺物) 명 遺物
유산 (遺産) 명 遺产　　　　　　유산 (遺産) 명 遺産
유서 (遺書) 명 遺书　　　　　　유서 (遺書) 명 遺書
유아기[1] (幼兒期) 명 幼儿期　　유아기[1] (幼兒期) 명 幼兒期
유아기[2] (乳兒期) 명 哺乳期　　유아기[2] (乳兒期) 명 哺乳期
유언 (遺言) 명 遺言, 遺嘱　　　유언 (遺言) 명 遺言, 遺囑

유품 (遺品) 몡 遗物
유해 (遺骸) 몡 遺骸
윤회 (輪回) 몡 轮回
의문사 (疑問死) 몡 原因不明的死亡
의생활 (衣生活) 몡 服裝, 服饰生活
이승 몡 現世, 尘世
익사 (溺死) 몡 溺死
인생 (人生) 몡 人生
인생살이 (人生—) 몡 人的生活
임종하다 (臨終—) 동 临终
입관 (入棺) 몡 入殓
자살 (自殺) 몡 自杀
자살하다 (自殺—) 동 自杀
장년기 (壯年期) 몡 壯年期
장례 (葬禮) 몡 葬礼
장례식 (葬禮式) 몡 葬礼, 出殡
장사 (葬事) 몡 葬礼
장송곡 (葬送曲) 몡 送葬曲
장의사 (葬儀社) 몡 殡仪馆
장의차 (葬儀車) 몡 殡仪车, 殡车
장지 (葬地) 몡 葬地
저승 몡 黄泉, 九天之下, 阴间, 阴曹
저승사자 (—使者) 몡 阴曹派来的小鬼
적령기 (適齡期) 몡 适当的年龄,
　　适合的年龄
전사 (戰死) 몡 战死
전생 (前生) 몡 前生
제사 (祭祀) 몡 祭祀
제주 (祭主) 몡 祭主
조문객 (弔問客) 몡 吊唁的客人
조물주 (造物主) 몡 造物主
조상 (祖上) 몡 祖先, 祖宗
조위금 (弔慰金) 몡 尊仪
조의금 (弔意金) 몡 尊仪
주검 몡 尸体, 遗体
주생활 (住生活) 몡 居住生活

유품 (遺品) 몡 遺物
유해 (遺骸) 몡 遺骸
윤회 (輪回) 몡 輪回
의문사 (疑問死) 몡 原因不明的死亡
의생활 (衣生活) 몡 服裝, 服飾生活
이승 몡 現世, 塵世
익사 (溺死) 몡 溺死
인생 (人生) 몡 人生
인생살이 (人生—) 몡 人的生活
임종하다 (臨終—) 동 臨終
입관 (入棺) 몡 入殮
자살 (自殺) 몡 自殺
자살하다 (自殺—) 동 自殺
장년기 (壯年期) 몡 壯年期
장례 (葬禮) 몡 葬禮
장례식 (葬禮式) 몡 葬禮, 出殯
장사 (葬事) 몡 葬禮
장송곡 (葬送曲) 몡 送葬曲
장의사 (葬儀社) 몡 殯儀館
장의차 (葬儀車) 몡 殯儀車, 殯車
장지 (葬地) 몡 葬地
저승 몡 黃泉, 九天之下, 陰間, 陰曹
저승사자 (—使者) 몡 陰曹派來的小鬼
적령기 (適齡期) 몡 適當的年齡,
　　適合的年齡
전사 (戰死) 몡 戰死
전생 (前生) 몡 前生
제사 (祭祀) 몡 祭祀
제주 (祭主) 몡 祭主
조문객 (弔問客) 몡 弔唁的客人
조물주 (造物主) 몡 造物主
조상 (祖上) 몡 祖先, 祖宗
조위금 (弔慰金) 몡 尊儀
조의금 (弔意金) 몡 尊儀
주검 몡 屍體, 遺體
주생활 (住生活) 몡 居住生活

죽다 동 死, 亡, 故
죽음 명 死亡
죽이다 동 杀死, 杀害
중년기 (中年期) 명 中年时期
즉사 (卽死) 명 当场死亡
지방 (紙榜) 명 纸牌位
지석묘 (支石墓) 명 石棚, 巨石坟, 支石墓
지옥 (地獄) 명 地獄
진갑 (進甲) 명 六十二岁
진혼곡 (鎭魂曲) 명 哀乐
진화론 (進化論) 명 进化论
질식사 (窒息死) 명 窒息而死
차례 (茶禮) 명 祭礼, 祭祀
창조론 (創造論) 명 創造论
창조주 (創造主) 명 創造主
처가살이 (妻家一) 명 在岳母家生活, 住在丈人家
처형 (處刑) 명 处刑
천당 (天堂) 명 天堂
청소년기 (靑少年期) 명 青少年时期
청춘 (靑春) 명 青春
초상 (初喪) 명 初丧
초상집 (初喪一) 명 丧家
총살 (銃殺) 명 枪杀
추도식 (追悼式) 명 追悼仪式
춘추 (春秋) 명 年纪, 贵庚
출산 (出産) 명 生育
출생 (出生) 명 出生
출생율 (出生率) 명 出生率, 人口生产率

죽다 동 死, 亡, 故
죽음 명 死亡
죽이다 동 杀死, 杀害
중년기 (中年期) 명 中年時期
즉사 (卽死) 명 当场死亡
지방 (紙榜) 명 紙牌位
지석묘 (支石墓) 명 石棚, 巨石墳, 支石墓
지옥 (地獄) 명 地獄
진갑 (進甲) 명 六十二歲
진혼곡 (鎭魂曲) 명 哀樂
진화론 (進化論) 명 進化論
질식사 (窒息死) 명 窒息而死
차례 (茶禮) 명 祭禮, 祭祀
창조론 (創造論) 명 創造論
창조주 (創造主) 명 創造主
처가살이 (妻家一) 명 在岳母家生活, 住在丈人家
처형 (處刑) 명 處刑
천당 (天堂) 명 天堂
청소년기 (靑少年期) 명 青少年時期
청춘 (靑春) 명 青春
초상 (初喪) 명 初喪
초상집 (初喪一) 명 喪家
총살 (銃殺) 명 槍殺
추도식 (追悼式) 명 追悼儀式
춘추 (春秋) 명 年紀, 貴庚
출산 (出産) 명 生育
출생 (出生) 명 出生
출생율 (出生率) 명 出生率, 人口生産率

죽다	관련명사	[죽임]	살해, 살인, 교살, 독살, 암살, 자살, 총살 …
		[죽음]	객사, 교사, 돌연사, 동사, 병사, 안락사, 압사, 의문사, 익사, 전사, 즉사, 질식사, 순국, 순교, 순직 …
	관련동사	[죽다]	사망하다, 숨지다, 별세하다, 서거하다, 운명하다, 타계하다, 돌아가시다 …

칠순 (七旬) 몡 七旬, 七十岁
타계 (他界) 몡 死亡 (敬语)
타계하다 (他界―) 동 死亡 (敬语)
타살 (他殺) 몡 他杀
타향살이 (他鄕―) 몡 客居
탄생 (誕生) 몡 诞生
탈상 (脫喪) 몡 解丧
태생 (胎生) 몡 出生, 胎生
토정비결 (土亭秘訣) 몡 土亭秘诀 (算一
 年运气的书)
팔순 (八旬) 몡 八旬, 八十岁
평생 (平生) 몡 平生, 生平, 终身,
 一辈子
피난살이 (避難―) 몡 避难生活
피살 (被殺) 몡 被杀
피살되다 (被殺―) 동 被杀
하관 (下棺) 몡 下棺
하늘나라 몡 天堂
하루살이 몡 过一天算一天, 得过且过
합장 (合葬) 몡 合葬
향년 (享年) 몡 享年
호상 (好喪) 몡 喜丧
혼 (魂) 몡 魂, 灵魂
혼백 (魂魄) 몡 魂魄
화장 (火葬) 몡 火葬, 火化
화장터 (火葬―) 몡 火葬场
화장하다 (火葬―) 동 火葬, 火化
환갑 (還甲) 몡 花甲, 六十寿辰
황혼기 (黃昏期) 몡 晚年, 黄昏期
회갑 (回甲) 몡 花甲, 六十岁

칠순 (七旬) 몡 七旬, 七十歲
타계 (他界) 몡 死亡 (敬語)
타계하다 (他界―) 동 死亡 (敬語)
타살 (他殺) 몡 他殺
타향살이 (他鄕―) 몡 客居
탄생 (誕生) 몡 誕生
탈상 (脫喪) 몡 解喪
태생 (胎生) 몡 出生, 胎生
토정비결 (土亭秘訣) 몡 土亭秘訣 (算一
 年運氣的書)
팔순 (八旬) 몡 八旬, 八十歲
평생 (平生) 몡 平生, 生平, 終身,
 一輩子
피난살이 (避難―) 몡 避難生活
피살 (被殺) 몡 被殺
피살되다 (被殺―) 동 被殺
하관 (下棺) 몡 下棺
하늘나라 몡 天堂
하루살이 몡 過一天算一天, 得過且過
합장 (合葬) 몡 合葬
향년 (享年) 몡 享年
호상 (好喪) 몡 喜喪
혼 (魂) 몡 魂, 靈魂
혼백 (魂魄) 몡 魂魄
화장 (火葬) 몡 火葬, 火化
화장터 (火葬―) 몡 火葬場
화장하다 (火葬―) 동 火葬, 火化
환갑 (還甲) 몡 花甲, 六十壽辰
황혼기 (黃昏期) 몡 晚年, 黃昏期
회갑 (回甲) 몡 花甲, 六十歲

7. 감각과 감각기관

| 感觉与感觉器官 | 感覺與感覺器官 |

가렵다 ⟨형⟩ 痒
각막 (角膜) ⟨명⟩ 角膜
간 ⟨명⟩ 咸淡
간간하다 ⟨형⟩ 稍咸
간보다 ⟨동⟩ 品咂
간지럽다 ⟨형⟩ 痒
감각 (感覺) ⟨명⟩ 感觉
감각기관 (感覺器官) ⟨명⟩ 感觉器官
감지하다 (感知—) ⟨동⟩ 感觉
감촉 (感觸) ⟨명⟩ 感觉
거칠거칠 ⟨부⟩ 粗糙
거칠다 ⟨형⟩ 粗糙
경청하다 (敬聽—) ⟨동⟩ 敬听
고막 (鼓膜) ⟨명⟩ 鼓膜
고소하다 ⟨형⟩ 香
고요하다 ⟨형⟩ 安静
고통 (苦痛) ⟨명⟩ 痛苦
고통스럽다 (苦痛—) ⟨형⟩ 痛苦
공감각 (共感覺) ⟨명⟩ 共感
공명 (共鳴) ⟨명⟩ 共鸣, 共振
관찰하다 (觀察—) ⟨동⟩ 观察
구리다 ⟨형⟩ 臭
구린내 ⟨명⟩ 臭味
구수하다 ⟨형⟩ 香
귀 ⟨명⟩ 耳
귀머거리 ⟨명⟩ 聋子
귀먹다 ⟨동⟩ 耳聋
귀청 ⟨명⟩ 鼓膜, 耳膜
귓바퀴 ⟨명⟩ 耳轮, 耳廓

가렵다 ⟨형⟩ 痒, 癢
각막 (角膜) ⟨명⟩ 角膜
간 ⟨명⟩ 咸淡
간간하다 ⟨형⟩ 稍鹹
간보다 ⟨동⟩ 品嚐
간지럽다 ⟨형⟩ 痒, 癢
감각 (感覺) ⟨명⟩ 感覺
감각기관 (感覺器官) ⟨명⟩ 感覺器官
감지하다 (感知—) ⟨동⟩ 感覺
감촉 (感觸) ⟨명⟩ 感覺
거칠거칠 ⟨부⟩ 粗糙
거칠다 ⟨형⟩ 粗糙
경청하다 (敬聽—) ⟨동⟩ 敬聽
고막 (鼓膜) ⟨명⟩ 鼓膜
고소하다 ⟨형⟩ 香
고요하다 ⟨형⟩ 安靜
고통 (苦痛) ⟨명⟩ 痛苦
고통스럽다 (苦痛—) ⟨형⟩ 痛苦
공감각 (共感覺) ⟨명⟩ 共感
공명 (共鳴) ⟨명⟩ 共鳴, 共振
관찰하다 (觀察—) ⟨동⟩ 觀察
구리다 ⟨형⟩ 臭
구린내 ⟨명⟩ 臭味
구수하다 ⟨형⟩ 香
귀 ⟨명⟩ 耳
귀머거리 ⟨명⟩ 聾子
귀먹다 ⟨동⟩ 耳聾
귀청 ⟨명⟩ 鼓膜, 耳膜
귓바퀴 ⟨명⟩ 耳輪, 耳廓

귓속말 명 耳语
근시 (近視) 명 近视
깔깔하다 형 不光滑
껄끄럽다 형 粗糙不滑
꿰뚫어보다 동 看透, 看视
끈적끈적하다 형 粘
낭랑하다 (朗朗—) 형 朗朗
내다보다 동 往外看
냄새 명 味
냄새나다 동 有味
냄새제거제 (—除去劑) 명 去味剂,
　除味剂
노려보다 동 注视, 盯, 怒视
노린내 명 膻
노안 (老眼) 명 老眼
녹내장 (綠內障) 명 绿内障
농아 (聾啞) 명 聋哑
누린내 명 膻
눅눅하다 형 潮
눈 명 眼睛
눈길 명 视线
눈깔 명 眼睛 (貶义)
눈동자 (—瞳子) 명 黑眼球
눈매 명 眼形
눈멀다 동 瞎眼
눈병 (—病) 명 眼病
눈썰미 명 目
눈알 명 眼球
눈여겨보다 동 注视
눈초리 명 眼角
눈총 명 斜眼
눈치 명 眼力
느끼다 동 感觉
느끼하다 형 腻
느낌 명 感觉
단내 명 煳味

귓속말 명 耳語
근시 (近視) 명 近視
깔깔하다 형 不光滑
껄끄럽다 형 粗糙不滑
꿰뚫어보다 동 看透, 看视
끈적끈적하다 형 粘
낭랑하다 (朗朗—) 형 朗朗
내다보다 동 往外看
냄새 명 味
냄새나다 동 有味
냄새제거제 (—除去劑) 명 去味劑,
　除味劑
노려보다 동 注視, 盯, 怒視
노린내 명 膻
노안 (老眼) 명 老眼
녹내장 (綠內障) 명 綠內障
농아 (聾啞) 명 聾啞
누린내 명 膻
눅눅하다 형 潮
눈 명 眼睛
눈길 명 視線
눈깔 명 眼睛 (貶义)
눈동자 (—瞳子) 명 黑眼球
눈매 명 眼形
눈멀다 동 瞎眼
눈병 (—病) 명 眼病
눈썰미 명 目
눈알 명 眼球
눈여겨보다 동 注視
눈초리 명 眼角
눈총 명 斜眼
눈치 명 眼力
느끼다 동 感覺
느끼하다 형 腻
느낌 명 感覺
단내 명 煳味

단단하다 〈형〉 硬
단맛 〈명〉 甜味
달다 〈형〉 甜
달착지근하다 〈형〉 甜
달콤하다 〈형〉 ① 甜, 甜味儿
　　② 非常好吃的样子
더듬다 〈동〉 摸
덥다 〈형〉 热
도청기 (盜聽器) 〈명〉 窃听器
도청하다 (盜聽—) 〈동〉 窃听
돋보기 〈명〉 花镜
듣다 〈동〉 听
들리다 〈동〉 听见
따갑다 〈형〉 烫
따끔하다 〈형〉 针扎儿似的痛
따뜻하다 〈형〉 热呼, 暖呼
딱딱하다 〈형〉 硬
떫다 〈형〉 涩
뜨겁다 〈형〉 烫
마렵다 〈형〉 拉, 撒, 尿
만지다 〈동〉 摸
말랑말랑 〈부〉 软呼呼
맛 〈명〉 味道
맛보다 〈동〉 尝
맛없다 〈형〉 不好吃
맛있다 〈형〉 好吃
망막 (網膜) 〈명〉 视网膜
맡다 〈동〉 闻
매끄럽다 〈형〉 光滑
매끈매끈 〈부〉 光滑
매끈하다 〈형〉 光滑
매만지다 〈동〉 整修
매콤하다 〈형〉 辣呼呼
맵다 〈형〉 辣
맹인 (盲人) 〈명〉 盲人
맹인안내견 (盲人案內犬) 〈명〉 盲人引路犬

단단하다 〈형〉 硬
단맛 〈명〉 甛味
달다 〈형〉 甛
달착지근하다 〈형〉 甛
달콤하다 〈형〉 ① 甛, 甛味兒
　　② 非常好吃的樣子
더듬다 〈동〉 摸
덥다 〈형〉 熱
도청기 (盜聽器) 〈명〉 竊聽器
도청하다 (盜聽—) 〈동〉 竊聽
돋보기 〈명〉 花鏡
듣다 〈동〉 聽
들리다 〈동〉 聽見
따갑다 〈형〉 燙
따끔하다 〈형〉 針扎兒似的痛
따뜻하다 〈형〉 熱呼, 暖呼
딱딱하다 〈형〉 硬
떫다 〈형〉 澁
뜨겁다 〈형〉 燙
마렵다 〈형〉 拉, 撒, 尿
만지다 〈동〉 摸
말랑말랑 〈부〉 軟呼呼
맛 〈명〉 味道
맛보다 〈동〉 嘗
맛없다 〈형〉 不好吃
맛있다 〈형〉 好吃
망막 (網膜) 〈명〉 視網膜
맡다 〈동〉 聞
매끄럽다 〈형〉 光滑
매끈매끈 〈부〉 光滑
매끈하다 〈형〉 光滑
매만지다 〈동〉 整修
매콤하다 〈형〉 辣呼呼
맵다 〈형〉 辣
맹인 (盲人) 〈명〉 盲人
맹인안내견 (盲人案內犬) 〈명〉 盲人引路犬

멍멍하다 [형] 发愣, 茫然
메스껍다 [형] 恶心
목격하다 (目擊—) [동] 目击, 见证
목마르다 [형] 渴
무감각 (無感覺) [명] 无感觉
무르다 [형] 软, 烂
물렁물렁하다 [형] 烂呼呼, 软呼呼
물렁하다 [형] 软, 烂
물컹하다 [형] 熟透了, 很烂的样子
미각 (味覺) [명] 味觉
미끄럽다 [형] 光滑
미끈미끈 [부] 光滑
미끈하다 [형] 光滑
미끌미끌 [부] 光滑
미식가 (美食家) [명] 美食家
미지근하다 [형] 稍热
바라보다 [동] 看, 望
반들반들하다 [형] 光滑
반반하다 [형] 平坦
밝다 [형] 听觉好, 视力好
밥맛 [명] 胃口, 口胃
방향제 (芳香劑) [명] 芳香剂
백내장 (白內障) [명] 白内障
보다 [동] 看
보들보들하다 [형] 软呼呼
보송보송하다 [형] 松软, 茸茸
보청기 (補聽器) [명] 助听器
본능 (本能) [명] 本能
봉사 (奉事) [명] 盲人
부드럽다 [형] 软呼呼
비리다 [형] 腥
비린내 [명] 腥味
비위 (脾胃) [명] 口味儿
삐근하다 [형] 腿脚疲劳的样子
사시 (斜視) [명] 斜视
살펴보다 [동] 察看, 观察, 审视

멍멍하다 [형] 發愣, 茫然
메스껍다 [형] 惡心
목격하다 (目擊—) [동] 目擊, 見證
목마르다 [형] 渴
무감각 (無感覺) [명] 無感覺
무르다 [형] 軟, 爛
물렁물렁하다 [형] 爛呼呼, 軟呼呼
물렁하다 [형] 軟, 爛
물컹하다 [형] 熟透了, 很爛的樣子
미각 (味覺) [명] 味覺
미끄럽다 [형] 光滑
미끈미끈 [부] 光滑
미끈하다 [형] 光滑
미끌미끌 [부] 光滑
미식가 (美食家) [명] 美食家
미지근하다 [형] 稍熱
바라보다 [동] 看, 望
반들반들하다 [형] 光滑
반반하다 [형] 平坦
밝다 [형] 聽覺好, 視力好
밥맛 [명] 胃口, 口胃
방향제 (芳香劑) [명] 芳香劑
백내장 (白內障) [명] 白內障
보다 [동] 看
보들보들하다 [형] 軟呼呼
보송보송하다 [형] 鬆軟, 茸茸
보청기 (補聽器) [명] 助聽器
본능 (本能) [명] 本能
봉사 (奉事) [명] 盲人
부드럽다 [형] 軟呼呼
비리다 [형] 腥
비린내 [명] 腥味
비위 (脾胃) [명] 口味兒
삐근하다 [형] 腿脚疲勞的樣子
사시 (斜視) [명] 斜視
살펴보다 [동] 察看, 觀察, 審視

새콤달콤하다 형 酸甜
새콤하다 형 稍酸
색맹 (色盲) 명 色盲
소경 명 盲人
소란스럽다 (騷亂—) 형 骚乱
소리 명 声音
소음 (消音) 명 噪音
손 명 手
솔깃하다 형 感兴趣, 倾听, 悦耳
쉰내 명 发酵味
시각 (視覺) 명 视觉
시금털털하다 형 又酸又涩
시끄럽다 형 吵
시다 형 酸
시력 (視力) 명 视力
시선 (視線) 명 视线
시신경 (視神經) 명 视神经
시야 (視野) 명 视野
시원하다 형 凉爽, 凉快
시청하다 (視聽—) 동 视听
시큼하다 형 稍酸
심심하다 형 淡
싱겁다 형 淡
싸늘하다 형 稍凉
쌀쌀하다 형 (不亲切)冷淡
쌉쌀하다 형 稍发苦或发涩
쏘아보다 동 狠狠盯住
쓰다 형 苦
쓰다듬다 동 抚摸(摩)
씁쓸하다 형 稍苦
악취 (惡臭) 명 恶臭
안경 (眼鏡) 명 眼镜
안과 (眼科) 명 眼科
안구 (眼球) 명 眼球
안압 (眼壓) 명 眼压
안약 (眼藥) 명 眼药

새콤달콤하다 형 酸䤈
새콤하다 형 稍酸
색맹 (色盲) 명 色盲
소경 명 盲人
소란스럽다 (騷亂—) 형 騷亂
소리 명 聲音
소음 (消音) 명 噪音
손 명 手
솔깃하다 형 感興趣, 傾聽, 悅耳
쉰내 명 發酵味
시각 (視覺) 명 視覺
시금털털하다 형 又酸又澁
시끄럽다 형 吵
시다 형 酸
시력 (視力) 명 視力
시선 (視線) 명 視線
시신경 (視神經) 명 視神經
시야 (視野) 명 視野
시원하다 형 凉爽, 凉快
시청하다 (視聽—) 동 視聽
시큼하다 형 稍酸
심심하다 형 淡
싱겁다 형 淡
싸늘하다 형 稍凉
쌀쌀하다 형 (不親切)冷淡
쌉쌀하다 형 稍發苦或發澁
쏘아보다 동 狠狠盯住
쓰다 형 苦
쓰다듬다 동 撫摸(摩)
씁쓸하다 형 稍苦
악취 (惡臭) 명 惡臭
안경 (眼鏡) 명 眼鏡
안과 (眼科) 명 眼科
안구 (眼球) 명 眼球
안압 (眼壓) 명 眼壓
안약 (眼藥) 명 眼藥

안질 (眼疾) 몡 眼疾, 眼痛
야들야들 뛰 細嫩
야맹증 (夜盲症) 몡 夜盲症
약시 (弱視) 몡 弱視
어둡다 혱 黑, 暗, 黑暗, 阴沉, 听觉差
어루만지다 동 抚摸
얼큰하다 혱 稍辣, 辣呼呼
오감 (五感) 몡 五感, 五种感觉
올록볼록 뛰 凹凸不平的样子
요란하다 (搖亂, 擾亂一) 혱 又吵又乱
우렁차다 혱 宏亮
울퉁불퉁 뛰 突起不平
원시 (遠視) 몡 远视(眼)
육감 (六感) 몡 第六感觉
음향 (音響) 몡 音响
음향기기 (音響器機) 몡 音响机器
응시하다 (凝視一) 동 凝视
이비인후과 (耳鼻咽喉科) 몡 耳鼻咽喉科
입맛 몡 口味儿, 喟口
장님 몡 盲人
적막하다 (寂寞一) 혱 寂寞
점자 (點字) 몡 盲文
조용하다 혱 静, 安静
주목하다 (注目一) 동 注目, 重视
주시하다 (注視一) 동 注视
지린내 몡 臊味
지켜보다 동 观注, 注视
직감 (直感) 몡 直觉
직관 (直觀) 몡 直观
짜다 혱 咸
짭잘하다 혱 咸
째려보다 동 注视, 怒视, 窃视, 斜视
쫄깃쫄깃하다 혱 粘, 韧, 筋道
차갑다 혱 凉
착각하다 (錯覺一) 동 错觉
착시 (錯視) 몡 认错

안질 (眼疾) 몡 眼疾, 眼痛
야들야들 뛰 細嫩
야맹증 (夜盲症) 몡 夜盲症
약시 (弱視) 몡 弱視
어둡다 혱 黑, 暗, 黑暗, 陰沉, 聽覺差
어루만지다 동 撫摸
얼큰하다 혱 稍辣, 辣呼呼
오감 (五感) 몡 五感, 五種感覺
올록볼록 뛰 凹凸不平的樣子
요란하다 (搖亂, 擾亂一) 혱 又吵又亂
우렁차다 혱 宏亮
울퉁불퉁 뛰 突起不平
원시 (遠視) 몡 遠視(眼)
육감 (六感) 몡 第六感覺
음향 (音響) 몡 音響
음향기기 (音響器機) 몡 音響機器
응시하다 (凝視一) 동 凝視
이비인후과 (耳鼻咽喉科) 몡 耳鼻咽喉科
입맛 몡 口味兒, 喟口
장님 몡 盲人
적막하다 (寂寞一) 혱 寂寞
점자 (點字) 몡 盲文
조용하다 혱 靜, 安靜
주목하다 (注目一) 동 注目, 重視
주시하다 (注視一) 동 注視
지린내 몡 臊味
지켜보다 동 觀注, 注視
직감 (直感) 몡 直覺
직관 (直觀) 몡 直觀
짜다 혱 鹹
짭잘하다 혱 鹹
째려보다 동 注視, 怒視, 竊視, 斜視
쫄깃쫄깃하다 혱 粘, 韌, 筋道
차갑다 혱 凉
착각하다 (錯覺一) 동 錯覺
착시 (錯視) 몡 認錯

천리안 (千里眼) 몡 千里眼
청각 (聽覺) 몡 听觉
청각장애인 (聽覺障礙人) 몡
　　听觉障碍人, 聋子
청력 (聽力) 몡 听力
청신경 (聽神經) 몡 听觉神经
청음 (聽音) 몡 清音
청취 (聽取) 몡 听, 收听
청취하다 (聽取—) 동 听取, 听
체취 (體臭) 몡 体臭
쳐다보다 동 看, 瞧
촉각 (觸覺) 몡 感觉
촉감 (觸感) 몡 触觉
촉촉하다 형 湿润
축축하다 형 湿润
출출하다 형 开始发饿的感觉
춥다 형 冷
침침하다 (沈沈—) 형 昏暗, 眼花
칼칼하다 형 喝
코 몡 鼻子
탄내 몡 煳味
탈취제 (脫臭劑) 몡 去味剂, 除味剂
통찰하다 (洞察—) 동 洞察
푸석푸석 부 肿胖的样子, 浮肿的样子
푹신푹신 부 有弹性
푹신하다 형 有弹性
향긋하다 형 香味
향기 (香氣) 몡 香气, 香味
향기롭다 (香氣—) 형 香气, 香味
향내 (香—) 몡 香味
향수 (香水) 몡 香水
혀 몡 舌
혀끝 몡 舌尖
혀뿌리 몡 舌根
혓바닥 몡 舌面
확성기 (擴聲器) 몡 扩音器

천리안 (千里眼) 몡 千里眼
청각 (聽覺) 몡 聽覺
청각장애인 (聽覺障礙人) 몡
　　聽覺障礙人, 聾子
청력 (聽力) 몡 聽力
청신경 (聽神經) 몡 聽覺神經
청음 (聽音) 몡 清音
청취 (聽取) 몡 聽, 收聽
청취하다 (聽取—) 동 聽取, 聽
체취 (體臭) 몡 體臭
쳐다보다 동 看, 瞧
촉각 (觸覺) 몡 感覺
촉감 (觸感) 몡 觸覺
촉촉하다 형 濕潤
축축하다 형 濕潤
출출하다 형 開始發餓的感覺
춥다 형 冷
침침하다 (沈沈—) 형 昏暗, 眼花
칼칼하다 형 喝
코 몡 鼻子
탄내 몡 煳味
탈취제 (脫臭劑) 몡 去味劑, 除味劑
통찰하다 (洞察—) 동 洞察
푸석푸석 부 腫胖的樣子, 浮腫的樣子
푹신푹신 부 有彈性
푹신하다 형 有彈性
향긋하다 형 香味
향기 (香氣) 몡 香氣, 香味
향기롭다 (香氣—) 형 香氣, 香味
향내 (香—) 몡 香味
향수 (香水) 몡 香水
혀 몡 舌
혀끝 몡 舌尖
혀뿌리 몡 舌根
혓바닥 몡 舌面
확성기 (擴聲器) 몡 擴音器

환각 (幻覺) 명 幻觉　　　　　　환각 (幻覺) 명 幻覺
환청 (幻聽) 명 幻听　　　　　　환청 (幻聽) 명 幻聽
후각 (嗅覺) 명 嗅觉　　　　　　후각 (嗅覺) 명 嗅覺
훑어보다 동 打量, 端祥, 流览　　훑어보다 동 打量, 端祥, 流覽
흐물흐물 부 软呼呼, 烂透的样子　흐물흐물 부 軟呼呼, 爛透的樣子
흘겨보다 동 怒目, 斜视　　　　　흘겨보다 동 怒目, 斜視

감각	다섯 가지 감각				
	시각	청각	후각	미각	촉각
감각대상	모양	소리	냄새	맛	촉감/감촉
감각동사	보다 관찰하다 꿰뚫어보다 내다보다 노려보다 눈여겨보다 바라보다 살펴보다 지켜보다 째려보다 쳐다보다 훑어보다 흘겨보다 :	듣다 경청하다 도청하다 청취하다 :	맡다 맡아보다 :	맛보다 간보다 :	만지다 더듬다 매만지다 쓰다듬다 어루만지다
관련단어	밝다 어둡다 침침하다 :	고요하다 낭랑하다 멍멍하다 산란하다 소란스럽다 시끄럽다 우렁차다 적막하다 조용하다 :	구리다 퀴퀴하다 향긋하다 향기롭다 구린내 누린내 단내 비린내 쉰내 악취 탄내 체취 향기 향내 : 고소하다 구수하다 비리다	느끼하다 달다 떫다 맵다 시다 싱겁다 쓰다 짜다 :	가렵다 간지럽다 거칠다 끈끈하다 눅눅하다 단단하다 매끄럽다 무르다 물렁하다 미끄럽다 부드럽다 차갑다 축축하다 푹신하다

8. 생각과 감정

思想与感情　　　思想與感情

가다듬다 동 贯注, 倾注, 集中, 振作
가련하다 (可憐—) 형 可怜
가슴앓이 명 心痛
가엾다 형 可怜
가증스럽다 (可憎—) 형 ① 可恨 ② 憎恨
가치관 (價値觀) 명 价值观
각성하다 (覺醒—) 동 觉醒
각오하다 (覺悟—) 동 觉悟
간주하다 (看做—) 동 看做, 认为
갈등 (葛藤) 명 纠葛, 纠纷, 矛盾冲突
갈망하다 (渴望—) 동 渴望
감격하다 (感激—) 동 感激
감동 (感動) 명 感动
감동적이다 (感動的—) 형 感动
감동하다 (感動—) 동 感动
감사하다 (感謝—) 동 感谢
감성 (感性) 명 感性
감성지수 (感性指數) 명 感性指数
감수성 (感受性) 명 感性
감정 (感情) 명 感情
감지덕지 (感之德之) 부 感激不尽
감질나다 (疳疾—) 동 由于对事物或事情不满而感到不舒服
갑갑하다 형 心理感到闷
강박관념 (强迫觀念) 명 心情不快或不安的感觉
객관성 (客觀性) 명 客观性
거북하다 형 ① 行动不自由
② 不好意思

좋은 감정		나쁜 감정								
스스로 느끼는 감정	다른 사람에 대한 감정	스스로 느끼는 감정								다른 사람에 대한 감정
		화	슬픔	겁	창피함	아쉬움	불쾌함	불편함	지루함	
감격하다 감동하다 기쁘다 뿌듯하다 상쾌하다 신나다 유쾌하다 재미있다 좋다 즐겁다 편안하다 편하다 행복하다 홀가분하다 후련하다 흐뭇하다 흥겹다	감사하다 고맙다 반갑다 사랑하다 사모하다 :	노엽다 노하다 분노하다 분하다 성나다 약오르다 억울하다 열받다 원통하다 화나다 :	비참하다 비통하다 서글프다 서럽다 슬프다 애달프다 애통하다 우울하다 침울하다 :	겁나다 두렵다 무섭다 :	겸연쩍다 무안하다 부끄럽다 수줍다 수치스럽다 창피하다 :	감질나다 서운하다 섭섭하다 아쉽다 안타깝다 허무하다 허전하다 허탈하다 :	넌더리나다 불쾌하다 속상하다 실망하다 언짢다 짜증나다 :	거북하다 난감하다 난처하다 답답하다 불안하다 심란하다 :	지긋지긋하다 따분하다 심심하다 지겹다 지루하다 :	고깝다 미안하다 미워하다 비치다 시기하다 시샘하다 싫어하다 원망하다 죄송하다 증오하다 질리다 질투하다

걱정 _명 担心
걱정거리 _명 操心事
걱정하다 _동 担心, 操心
겁 (怯) _명 担怯, 怕
겁나다 (怯—) _동 害怕
겁내다 (怯—) _동 怕
결심하다 (決心—) _동 决心
결정하다 (決定—) _동 决定
겸연쩍다 (慊然—) _형 不好意思
경각심 (警覺心) _명 警觉
경계하다 (警戒—) _동 警戒
경이롭다 (驚異—) _형 惊异
경험 (經驗) _명 经验
고뇌 (苦惱) _명 苦恼
고대하다 (苦待—) _동 等待好久, 苦苦等待
고독하다 (孤獨—) _형 孤独
고려하다 (考慮—) _동 考虑
고마워하다 _동 感谢
고맙다 _형 谢谢, 感谢
고민 (苦悶) _명 苦闷, 苦恼

걱정 _명 擔心
걱정거리 _명 操心事
걱정하다 _동 擔心, 操心
겁 (怯) _명 擔怯, 怕
겁나다 (怯—) _동 害怕
겁내다 (怯—) _동 怕
결심하다 (決心—) _동 決心
결정하다 (決定—) _동 決定
겸연쩍다 (慊然—) _형 不好意思
경각심 (警覺心) _명 警覺
경계하다 (警戒—) _동 警戒
경이롭다 (驚異—) _형 驚異
경험 (經驗) _명 經驗
고뇌 (苦惱) _명 苦惱
고대하다 (苦待—) _동 等待好久, 苦苦等待
고독하다 (孤獨—) _형 孤獨
고려하다 (考慮—) _동 考慮
고마워하다 _동 感謝
고맙다 _형 謝謝, 感謝
고민 (苦悶) _명 苦悶, 苦惱

고민하다 (苦悶—) 동 苦闷, 苦恼
고정관념 (固定觀念) 명 固定观念
곤란하다 (困難—) 형 困难
골치아프다 형 头痛, 伤脑筋
공감대 (共感帶) 명 共鸣
공감하다 (共感—) 동 同感
공경하다 (恭敬—) 동 恭敬
공포 (恐怖) 명 恐怖
관념 (觀念) 명 观念
관심 (關心) 명 关心
괘씸하다 형 可恶
괴로움 명 难受
괴로워하다 동 ① 痛苦
　② 很难受的样子
괴롭다 형 难受
구별하다 (區別—) 동 区别
구상하다 (構想—) 동 构想
궁금증 (—症) 명 发闷, 纳闷, 焦急
궁금하다 형 ① 惦念, 纳闷, 着急
　② 有点儿馋
궁리하다 (窮理—) 동 深思
권태 (倦怠) 명 疲倦, 倦怠
귀찮다 형 讨厌, 厌烦, 麻烦
그리움 명 想念, 思念
그리워하다 동 想念, 思念
그립다 형 怀念
근심 명 操心, 担心
근심하다 동 操心
긍지 (矜持) 명 自信心
기대하다 (期待—) 동 期待
기분 (氣分) 명 气分
기뻐하다 동 高兴
기쁘다 형 高兴
기쁨 명 快乐
기억 (記憶) 명 记忆
기억력 (記憶力) 명 记忆力

고민하다 (苦悶—) 동 苦悶, 苦惱
고정관념 (固定觀念) 명 固定觀念
곤란하다 (困難—) 형 困難
골치아프다 형 頭痛, 傷腦筋
공감대 (共感帶) 명 共鳴
공감하다 (共感—) 동 同感
공경하다 (恭敬—) 동 恭敬
공포 (恐怖) 명 恐怖
관념 (觀念) 명 觀念
관심 (關心) 명 關心
괘씸하다 형 可惡
괴로움 명 難受
괴로워하다 동 ① 痛苦
　② 很難受的樣子
괴롭다 형 難受
구별하다 (區別—) 동 區別
구상하다 (構想—) 동 構想
궁금증 (—症) 명 發悶, 納悶, 焦急
궁금하다 형 ① 惦念, 納悶, 着急
　② 有點兒饞
궁리하다 (窮理—) 동 深思
권태 (倦怠) 명 疲倦, 倦怠
귀찮다 형 討厭, 厭煩, 麻煩
그리움 명 想念, 思念
그리워하다 동 想念, 思念
그립다 형 懷念
근심 명 操心, 擔心
근심하다 동 操心
긍지 (矜持) 명 自信心
기대하다 (期待—) 동 期待
기분 (氣分) 명 氣分
기뻐하다 동 高興
기쁘다 형 高興
기쁨 명 快樂
기억 (記憶) 명 記憶
기억력 (記憶力) 명 記憶力

기억하다 (記憶—) 동 记忆
긴장 (緊張) 명 紧张
긴장하다 (緊張—) 동 紧张
까먹다 동 忘, 忘记
깜짝 부 突然惊吓的样子
깨닫다 동 醒悟
꺼리다 동 忌讳, 顾忌
꺼림직하다 형 恶心, 不舒服的样子
꾀 명 计谋
꿈꾸다 동 梦想
꿍꿍이 명 心眼儿, 闷葫芦里的药
끔찍하다 형 可怕, 惨不忍睹
나쁘다 형 不好, 坏
난감하다 (難堪—) 형 难堪
난처하다 (難處—) 형 难办
납득하다 (納得—) 동 理解
낭만 (浪漫) 명 浪漫
낯설다 형 生疏, 面生
내키다 동 从内心想这么作
냉정하다 (冷情—) 형 冷静
냉철하다 (冷徹—) 형 冷酷
넋 명 魂
넌더리나다 동 非常厌烦
노발대발 (怒發大發) 부 大发雷霆
노심초사 (勞心焦思) 명 操心
노여움 (怒—) 명 愤怒, 气愤
노여워하다 (怒—) 동 生气, 恼怒
노엽다 (怒—) 형 生气
노하다 (怒—) 동 发怒
놀라다 동 吓了一跳
놀라움 명 惊人的, 惊异
놀랍다 형 吓了一跳
뉘우치다 동 醒悟, 恢悟, 认识到自己的
　　错误, 省悟
느끼다 동 认识到, 感觉到
느낌 명 感觉

기억하다 (記憶—) 동 記憶
긴장 (緊張) 명 緊張
긴장하다 (緊張—) 동 緊張
까먹다 동 忘, 忘記
깜짝 부 突然驚嚇的樣子
깨닫다 동 醒悟
꺼리다 동 忌諱, 顧忌
꺼림직하다 형 惡心, 不舒服的樣子
꾀 명 計謀
꿈꾸다 동 夢想
꿍꿍이 명 心眼兒, 悶葫蘆裏的藥
끔찍하다 형 可怕, 慘不忍睹
나쁘다 형 不好, 壞
난감하다 (難堪—) 형 難堪
난처하다 (難處—) 형 難辦
납득하다 (納得—) 동 理解
낭만 (浪漫) 명 浪漫
낯설다 형 生疏, 面生
내키다 동 從內心想這麽作
냉정하다 (冷情—) 형 冷靜
냉철하다 (冷徹—) 형 冷酷
넋 명 魂
넌더리나다 동 非常厭煩
노발대발 (怒發大發) 부 大發雷霆
노심초사 (勞心焦思) 명 操心
노여움 (怒—) 명 憤怒, 氣憤
노여워하다 (怒—) 동 生氣, 惱怒
노엽다 (怒—) 형 生氣
노하다 (怒—) 동 發怒
놀라다 동 嚇了一跳
놀라움 명 驚人的, 驚異
놀랍다 형 嚇了一跳
뉘우치다 동 醒悟, 恢悟, 認識到自己的
　　錯誤, 省悟
느끼다 동 認識到, 感覺到
느낌 명 感覺

다정하다 (多情―) 형 亲切
다짐 명 决心
다짐하다 동 决心
단념하다 (斷念―) 동 死心
단정하다 (斷定―) 동 断定
담담하다 (淡淡―) 형 淡淡
답답하다 형 闷
당기다 동 拉
당연하다 (當然―) 형 当然
당황하다 (唐慌― · 唐惶―) 동 惊慌, 慌怅
대견스럽다 형 感到自豪, 感到骄傲
독단 (獨斷) 명 独断, 独裁
독선 (獨善) 명 独善其身
동정하다 (同情―) 동 同情
동하다 (動―) 동 动心
두근거리다 동 心里嘣嘣直跳
두근대다 동 心里嘣嘣直跳
두려움 명 害怕
두려워하다 동 害怕
두렵다 형 怕
둔하다 (鈍―) 형 笨, 笨重
뒤숭숭하다 형 心乱
따분하다 형 心烦
딱하다 형 上看去很可怜
떨리다 동 颤动, 发抖
뜨끔하다 형 针扎似的痛
마음 명 心
마음졸이다 동 担心
막막하다 (漠漠―) 형 渺茫, 茫茫
막연하다 (漠然― · 邈然―) 형 渺茫, 茫茫
만만하다 형 信心十足的样子
만족스럽다 (滿足―) 형 满足
만족하다 (滿足―) 동 满足
망각하다 (忘却―) 동 忘记

다정하다 (多情―) 형 親切
다짐 명 決心
다짐하다 동 決心
단념하다 (斷念―) 동 死心
단정하다 (斷定―) 동 斷定
담담하다 (淡淡―) 형 淡淡
답답하다 형 悶
당기다 동 拉
당연하다 (當然―) 형 當然
당황하다 (唐慌― · 唐惶―) 동 驚慌, 慌悵
대견스럽다 형 感到自豪, 感到驕傲
독단 (獨斷) 명 獨斷, 獨裁
독선 (獨善) 명 獨善其身
동정하다 (同情―) 동 同情
동하다 (動―) 동 動心
두근거리다 동 心裏嘣嘣直跳
두근대다 동 心裏嘣嘣直跳
두려움 명 害怕
두려워하다 동 害怕
두렵다 형 怕
둔하다 (鈍―) 형 笨, 笨重
뒤숭숭하다 형 心亂
따분하다 형 心煩
딱하다 형 上看去很可憐
떨리다 동 顫動, 發抖
뜨끔하다 형 針扎似的痛
마음 명 心
마음졸이다 동 擔心
막막하다 (漠漠―) 형 渺茫, 茫茫
막연하다 (漠然― · 邈然―) 형 渺茫, 茫茫
만만하다 형 信心十足的樣子
만족스럽다 (滿足―) 형 滿足
만족하다 (滿足―) 동 滿足
망각하다 (忘却―) 동 忘記

맹세 (←盟誓) 몡 决心, 发誓
맹세하다 (←盟誓—) 동 发誓
면목 (面目) 몡 面子
모르다 동 不知道, 不理解
몰두하다 (沒頭—) 동 专心致志
몰상식 (沒常識) 몡 没常识
몰상식하다 (沒常識—) 형 不文明
몰지각하다 (沒知覺—) 형 无知觉
못마땅하다 형 看不惯, 不满意, 不恰当
무디다 형 反应慢, 钝, 没有感觉
무서움 몡 害怕
무서워하다 동 害怕
무섭다 형 害怕
무시하다 (無視—) 동 瞧不起, 无视
무식하다 (無識—) 형 没有知识
무심결 (無心—) 몡 无心无意之中, 不知不觉的
무안하다 (無顔—) 형 难为情, 惭愧, 不好意思
무의식 (無意識) 몡 无意识
무표정 (無表情) 몡 无表情
묵념하다 (默念—) 동 沉思
미덥다 형 可信任
미련 (未練) 몡 留恋, 依恋, 舍不得, 舍不得留恋
미소 (微笑) 몡 微笑
미안하다 (未安—) 형 对不起, 抱歉, 不好意思
미움 몡 厌恶, 憎恶
미워하다 동 憎恨, 仇恨
민망하다 (憫惘—) 형 令人不安, 令人过意不去
믿다 동 相信, 信任
믿음 몡 信念, 信仰
바라다 동 ① 希望, 盼望, 愿望, 期望, 祈求 ② 仰赖

맹세 (←盟誓) 몡 决心, 發誓
맹세하다 (←盟誓—) 동 發誓
면목 (面目) 몡 面子
모르다 동 不知道, 不理解
몰두하다 (沒頭—) 동 專心致志
몰상식 (沒常識) 몡 沒常識
몰상식하다 (沒常識—) 형 不文明
몰지각하다 (沒知覺—) 형 無知覺
못마땅하다 형 看不慣, 不滿意, 不恰當
무디다 형 反應慢, 鈍, 沒有感覺
무서움 몡 害怕
무서워하다 동 害怕
무섭다 형 害怕
무시하다 (無視—) 동 瞧不起, 無視
무식하다 (無識—) 형 沒有知識
무심결 (無心—) 몡 無心無意之中, 不知不覺的
무안하다 (無顔—) 형 難爲情, 慚愧, 不好意思
무의식 (無意識) 몡 無意識
무표정 (無表情) 몡 無表情
묵념하다 (默念—) 동 沉思
미덥다 형 可信任
미련 (未練) 몡 留戀, 依戀, 捨不得, 捨不得留戀
미소 (微笑) 몡 微笑
미안하다 (未安—) 형 對不起, 抱歉, 不好意思
미움 몡 厭惡, 憎惡
미워하다 동 憎恨, 仇恨
민망하다 (憫惘—) 형 令人不安, 令人過意不去
믿다 동 相信, 信任
믿음 몡 信念, 信仰
바라다 동 ① 希望, 盼望, 願望, 期望, 祈求 ② 仰賴

박식하다 (博識—) 형 博学, 博识, 知识渊博
반가움 명 高兴
반갑다 형 高兴
반기다 동 高兴地迎接, 高兴地欢迎
반색 명 非常高兴的样子
반성하다 (反省—) 동 反省
반하다 동 ① 入迷, 着迷 ② 相反, 反之
배신감 (背信感) 명 被背心弃义的感觉
변심 (變心) 명 变心
복수심 (復讐心) 명 报仇, 报复
부끄러움 명 害羞, 害臊, 惭愧
부끄럽다 형 害羞, 害臊, 惭愧
부럽다 형 羨慕
부르르 부 哆嗦, 呼呼地, 咕嘟咕嘟, 气冲冲地
부아 명 生气, 怒气
분 (忿, 憤) 명 愤怒
분간하다 (分揀—) 동 分类
분노 (忿怒, 憤怒) 명 愤怒
분노하다 (忿怒—·憤怒—) 동 愤怒
분별력 (分別力) 명 辨别能力
분별하다 (分別—) 동 区别
분석하다 (分析—) 동 分析
분하다 (忿—·憤—) 형 气愤
불만 (不滿) 명 不满
불쌍하다 형 可怜
불안 (不安) 명 不安
불안하다 (不安—) 형 不安
불쾌감 (不快感) 명 不快的感觉, 感觉不舒服
불쾌하다 (不快—) 형 不快
불평 (不平) 명 不平, 不满, 抱怨
불행 (不幸) 명 不幸
불행하다 (不幸—) 형 不幸
비관하다 (悲觀—) 동 悲观

비애 (悲哀) 몡 悲哀
비웃다 동 讥笑, 嘲笑
비참하다 (悲慘—) 혱 悲慘
비통하다 (悲痛—) 혱 悲痛
비판력 (批判力) 몡 判断能力
비판하다 (批判—) 동 批判
비평하다 (批評—) 동 批评
비합리 (非合理) 몡 非合理, 不合理
뿌듯하다 혱 作好事而觉得充实
사고 (思考) 몡 思考
사고력 (思考力) 몡 思考能力
사고하다 (思考—) 동 思考
사랑 몡 爱
사랑스럽다 혱 可爱
사랑하다 동 爱, 相爱
사려깊다 (思慮—) 혱 深思熟虑
사리분별하다 (事理分別—) 동 事理分明
사리판단하다 (事理判斷—) 동 判断
사모하다 (思慕—) 동 思慕, 爱慕, 依恋, 怀恋
사무치다 동 渗透
사색하다 (思索—) 동 思索, 深思
상상력 (想像力) 몡 想像力
상상하다 (想像—) 동 想像
상식 (常識) 몡 常识
상쾌하다 (爽快—) 혱 爽快
샘 몡 嫉妒
샘내다 동 嫉妒, 妒忌
생각 몡 想法
생각하다 동 想
서글프다 혱 凄凉, 悲伤, 惆怅
서글픔 몡 惆怅, 凄凉的心
서러움 몡 悲伤, 悲惨, 难受的心情
서럽다 혱 悲伤, 悲惨, 难受的心情
서운하다 혱 遗憾, 舍不得, 依依不舍
설레다 동 激动

비애 (悲哀) 몡 悲哀
비웃다 동 譏笑, 嘲笑
비참하다 (悲慘—) 혱 悲慘
비통하다 (悲痛—) 혱 悲痛
비판력 (批判力) 몡 判斷能力
비판하다 (批判—) 동 批判
비평하다 (批評—) 동 批評
비합리 (非合理) 몡 非合理, 不合理
뿌듯하다 혱 作好事而覺得充實
사고 (思考) 몡 思考
사고력 (思考力) 몡 思考能力
사고하다 (思考—) 동 思考
사랑 몡 愛
사랑스럽다 혱 可愛
사랑하다 동 愛, 相愛
사려깊다 (思慮—) 혱 深思熟慮
사리분별하다 (事理分別—) 동 事理分明
사리판단하다 (事理判斷—) 동 判斷
사모하다 (思慕—) 동 思慕, 愛慕, 依戀, 懷戀
사무치다 동 滲透
사색하다 (思索—) 동 思索, 深思
상상력 (想像力) 몡 想像力
상상하다 (想像—) 동 想像
상식 (常識) 몡 常識
상쾌하다 (爽快—) 혱 爽快
샘 몡 嫉妒
샘내다 동 嫉妒, 妒忌
생각 몡 想法
생각하다 동 想
서글프다 혱 凄凉, 悲傷, 惆悵
서글픔 몡 惆悵, 凄凉的心
서러움 몡 悲傷, 悲慘, 難受的心情
서럽다 혱 悲傷, 悲慘, 難受的心情
서운하다 혱 遺憾, 捨不得, 依依不捨
설레다 동 激動

설움 명 悲伤, 悲哀
섭섭하다 형 遗憾, 舍不得, 依依不舍
성가시다 형 令人讨厌, 不耐烦
성나다 동 生气
세계관 (世界觀) 명 世界观
소감 (所感) 명 感受
소름끼치다 동 起鸡皮疙瘩
속다 동 被骗, 受骗, 上当
속상하다 동 伤心
속셈 명 想法
송구스럽다 (悚懼—) 형 惶恐不安, 难为情, 负疚
수줍다 형 不好意思, 害羞, 害臊
수치스럽다 (羞恥—) 형 羞恥, 可耻
슬기 명 智慧
슬기롭다 형 有智慧
슬퍼하다 동 伤心
슬프다 형 伤心
슬픔 명 悲哀, 哀痛
습득하다 (習得—) 동 学习
시기 (猜忌) 명 嫉妒, 妒忌
시기하다 (猜忌—) 동 嫉妒, 妒忌
시름 명 担心, 担忧
시샘 명 嫉妒
시원섭섭하다 형 又高兴又难舍的样子
시큰둥하다 형 不高兴的样子
신 명 兴奋
신경쓰다 (神經—) 동 费心, 用心
신경질 (神經質) 명 神经质
신나다 동 兴奋
신바람 명 兴奋的样子
실감나다 (實感—) 동 感到
실망하다 (失望—) 동 失望
싫다 형 不喜欢
싫어하다 동 不喜欢, 讨厌
싫증나다 동 讨厌, 烦

설움 명 悲傷, 悲哀
섭섭하다 형 遺憾, 捨不得, 依依不捨
성가시다 형 令人討厭, 不耐煩
성나다 동 生氣
세계관 (世界觀) 명 世界觀
소감 (所感) 명 感受
소름끼치다 동 起鷄皮疙瘩
속다 동 被騙, 受騙, 上當
속상하다 동 傷心
속셈 명 想法
송구스럽다 (悚懼—) 형 惶恐不安, 難爲情, 負疚
수줍다 형 不好意思, 害羞, 害臊
수치스럽다 (羞恥—) 형 羞恥, 可恥
슬기 명 智慧
슬기롭다 형 有智慧
슬퍼하다 동 傷心
슬프다 형 傷心
슬픔 명 悲哀, 哀痛
습득하다 (習得—) 동 學習
시기 (猜忌) 명 嫉妒, 妒忌
시기하다 (猜忌—) 동 嫉妒, 妒忌
시름 명 擔心, 擔憂
시샘 명 嫉妒
시원섭섭하다 형 又高興又難捨的樣子
시큰둥하다 형 不高興的樣子
신 명 興奮
신경쓰다 (神經—) 동 費心, 用心
신경질 (神經質) 명 神經質
신나다 동 興奮
신바람 명 興奮的樣子
실감나다 (實感—) 동 感到
실망하다 (失望—) 동 失望
싫다 형 不喜歡
싫어하다 동 不喜歡, 討厭
싫증나다 동 討厭, 煩

심란하다 (心亂―) 형 心烦, 心乱
심리 (心理) 명 心理
심사숙고하다 (深思熟考―) 동 深思熟虑
심술 (心術) 명 坏心眼儿
심심하다 형 ① 无聊, 闲着没事
　　② 淡 (味道)
심정 (心情) 명 心情
심통 (心―) 명 黑心肠, 坏心肠
(―고)싶다 보형 想―
(―고)싶어하다 보동 想
쑥스럽다 형 不好意思, 害羞
쓸쓸하다 형 孤独, 凄凉
아끼다 동 ① 省, 节约, 节省
　　② 爱护, 珍惜
아니꼽다 형 令人作呕, 讨厌, 不顺眼
아쉽다 형 可惜, 依依不舍
아찔하다 형 ① 昏眩, 晕 ② 高耸入云
악감정 (惡感情) 명 恶意, 恶感
안심하다 (安心―) 동 安心
안타깝다 형 ① 心焦, 焦急
　　② 难受, 难过
알다 동 懂, 知道
암기하다 (暗記―) 동 背诵
애달프다 형 悲痛, 悲惨
애석하다 (哀惜―) 형 婉惜, 珍惜, 爱惜
애절하다 (哀絶―) 형 哀求
애정 (愛情) 명 爱情
애증 (愛憎) 명 爱憎
애지중지하다 (愛之重之―) 동 爱惜
애처롭다 형 可怜, 怜悯
애타다 동 焦急, 焦躁
애통하다 (哀痛―) 형 悲痛
약오르다 동 冒火, 生气
양심 (良心) 명 良心
어리둥절하다 형 迷糊, 迷茫
어림짐작하다 (―斟酌―) 동 斟酌, 估计

심란하다 (心亂―) 형 心煩, 心亂
심리 (心理) 명 心理
심사숙고하다 (深思熟考―) 동 深思熟慮
심술 (心術) 명 壞心眼兒
심심하다 형 ① 無聊, 閑着沒事
　　② 淡 (味道)
심정 (心情) 명 心情
심통 (心―) 명 黑心腸, 壞心腸
(―고)싶다 보형 想―
(―고)싶어하다 보동 想
쑥스럽다 형 不好意思, 害羞
쓸쓸하다 형 孤獨, 凄凉
아끼다 동 ① 省, 節約, 節省
　　② 愛護, 珍惜
아니꼽다 형 令人作嘔, 討厭, 不順眼
아쉽다 형 可惜, 依依不捨
아찔하다 형 ① 昏眩, 暈 ② 高聳入雲
악감정 (惡感情) 명 惡意, 惡感
안심하다 (安心―) 동 安心
안타깝다 형 ① 心焦, 焦急
　　② 難受, 難過
알다 동 懂, 知道
암기하다 (暗記―) 동 背誦
애달프다 형 悲痛, 悲慘
애석하다 (哀惜―) 형 婉惜, 珍惜, 愛惜
애절하다 (哀絶―) 형 哀求
애정 (愛情) 명 愛情
애증 (愛憎) 명 愛憎
애지중지하다 (愛之重之―) 동 愛惜
애처롭다 형 可憐, 憐憫
애타다 동 焦急, 焦躁
애통하다 (哀痛―) 형 哀痛
약오르다 동 冒火, 生氣
양심 (良心) 명 良心
어리둥절하다 형 迷糊, 迷茫
어림짐작하다 (―斟酌―) 동 斟酌, 估計

어색하다 [형] 不自然, 难为情
억울하다 (抑鬱—) [형] 委曲, 冤枉
언짢다 [형] 不高兴, 不痛快, 不愉快
얼 [명] 魂
얼떨결에 [부] 模模糊糊, 头昏脑胀
얼떨떨하다 [형] ① 感到莫名其妙 ② 不知所措
업신여기다 [동] 瞧不起, 欺负
여기다 [동] 认为, 以为
역정 (逆情) [명] 脾气
연상 (聯想) [명] 联想
연상하다 (聯想—) [동] 联想
열등감 (劣等感) [명] 自悲感
열받다 (熱—) [동] 非常生气
열정 (熱情) [명] 热情, 热心
염려하다 (念慮—) [동] 挂念
염치 (廉恥) [명] 廉耻
예견하다 (豫見—) [동] 预见
예측하다 (豫測—) [동] 预测
오기 (傲氣) [명] 傲气, 骄气
오만하다 (傲慢—) [형] 傲慢
오판하다 (誤判—) [동] 误判, 错误地判断
오해하다 (誤解—) [동] 误解
외롭다 [형] 孤独
외우다 [동] 背诵
욕구 (欲求 · 慾求) [명] 欲望
욕심 (慾心) [명] 贪心
용서하다 (容恕—) [동] 宽容
우러르다 [동] ① 仰望, 瞻仰 ② 敬仰, 景仰
우려하다 (憂慮—) [동] 忧虑
우울증 (憂鬱症) [명] 忧郁症
우울하다 (憂鬱—) [형] 忧郁
우월감 (優越感) [명] 优越感
울다 [동] 哭
울음 [명] 哭声

어색하다 [형] 不自然, 難爲情
억울하다 (抑鬱—) [형] 委曲, 冤枉
언짢다 [형] 不高興, 不痛快, 不愉快
얼 [명] 魂
얼떨결에 [부] 模模糊糊, 頭昏腦脹
얼떨떨하다 [형] ① 感到莫名其妙 ② 不知所措
업신여기다 [동] 瞧不起, 欺負
여기다 [동] 認爲, 以爲
역정 (逆情) [명] 脾氣
연상 (聯想) [명] 聯想
연상하다 (聯想—) [동] 聯想
열등감 (劣等感) [명] 自悲感
열받다 (熱—) [동] 非常生氣
열정 (熱情) [명] 熱情, 熱心
염려하다 (念慮—) [동] 掛念
염치 (廉恥) [명] 廉耻
예견하다 (豫見—) [동] 預見
예측하다 (豫測—) [동] 預測
오기 (傲氣) [명] 傲氣, 驕氣
오만하다 (傲慢—) [형] 傲慢
오판하다 (誤判—) [동] 誤判, 錯誤地判斷
오해하다 (誤解—) [동] 誤解
외롭다 [형] 孤獨
외우다 [동] 背誦
욕구 (欲求 · 慾求) [명] 欲望
욕심 (慾心) [명] 貪心
용서하다 (容恕—) [동] 寬容
우러르다 [동] ① 仰望, 瞻仰 ② 敬仰, 景仰
우려하다 (憂慮—) [동] 憂慮
우울증 (憂鬱症) [명] 憂鬱症
우울하다 (憂鬱—) [형] 憂鬱
우월감 (優越感) [명] 優越感
울다 [동] 哭
울음 [명] 哭聲

울화통 (鬱火―) 몡 郁火
웃다 동 笑
웃음 몡 笑
원망 (怨望) 몡 怨言
원망하다 (怨望―) 동 怨言, 抱怨
원통하다 (冤痛―) 형 悲痛, 悲憤, 冤枉
원하다 (願―) 동 ① 希望 ② 愿意
유식하다 (有識―) 형 有知识, 博学, 有学问
유추 (類推) 몡 类推
유추하다 (類推―) 동 类推
유쾌하다 (愉快―) 형 愉快
의구심 (疑懼心) 몡 疑惧心
의문 (疑問) 몡 疑问
의심 (疑心) 몡 疑心
의심하다 (疑心―) 동 怀疑
의욕 (意慾) 몡 欲望, 意欲, 希求
이성 (理性) 몡 理性
이해하다 (理解―) 동 理解
인상깊다 (印象―) 형 印象深刻
인상적이다 (印象的―) 형 很深的印象
인식하다 (認識―) 동 认识
인지하다 (認知―) 동 办可
일편단심 (一片丹心) 몡 一片丹心
잊다 동 忘
자격지심 (自激之心) 몡 内疚, 自惭
자긍심 (自矜心) 몡 自豪
자랑하다 동 炫耀, 夸耀
자만심 (自慢心) 몡 骄傲
자부심 (自負心) 몡 自负心
자신감 (自信感) 몡 自信心
자존심 (自尊心) 몡 自尊心
작정하다 (作定―) 동 决定, 打算
재미 몡 趣味
재미없다 형 没有意思
재미있다 형 有意思, 好玩儿

울화통 (鬱火―) 몡 鬱火
웃다 동 笑
웃음 몡 笑
원망 (怨望) 몡 怨言
원망하다 (怨望―) 동 怨言, 抱怨
원통하다 (冤痛―) 형 悲痛, 悲憤, 冤枉
원하다 (願―) 동 ① 希望 ② 願意
유식하다 (有識―) 형 有知識, 博學, 有學問
유추 (類推) 몡 類推
유추하다 (類推―) 동 類推
유쾌하다 (愉快―) 형 愉快
의구심 (疑懼心) 몡 疑懼心
의문 (疑問) 몡 疑問
의심 (疑心) 몡 疑心
의심하다 (疑心―) 동 懷疑
의욕 (意慾) 몡 欲望, 意欲, 希求
이성 (理性) 몡 理性
이해하다 (理解―) 동 理解
인상깊다 (印象―) 형 印象深刻
인상적이다 (印象的―) 형 很深的印象
인식하다 (認識―) 동 認識
인지하다 (認知―) 동 辦認
일편단심 (一片丹心) 몡 一片丹心
잊다 동 忘
자격지심 (自激之心) 몡 內疚, 自慚
자긍심 (自矜心) 몡 自豪
자랑하다 동 炫耀, 誇耀
자만심 (自慢心) 몡 驕傲
자부심 (自負心) 몡 自負心
자신감 (自信感) 몡 自信心
자존심 (自尊心) 몡 自尊心
작정하다 (作定―) 동 決定, 打算
재미 몡 趣味
재미없다 형 沒有意思
재미있다 형 有意思, 好玩兒

절망 (絶望) 명 绝望, 无望
절망감 (絶望感) 명 绝望之感
정 (情) 명 情
정감 (情感) 명 情感
정겹다 (情—) 형 深情的, 多情的
정들다 (情—) 동 有感情, 产生感情
정떨어지다 (情—) 동 伤感情, 恶心
정신 (精神) 명 精神
정신력 (精神力) 명 自控能力, 控制能力
정의감 (正義感) 명 正义感
조바심 명 焦虑, 焦心
조소하다 (嘲笑—) 동 嘲笑
좋다 형 高兴, 好
좋아하다 동 喜欢, 高兴的感觉
죄송하다 (罪悚—) 형 抱歉, 过意不去, 羞愧
죄책감 (罪責感) 명 罪责感, 负罪感
주관성 (主觀性) 명 主观性
즐거움 명 快乐
즐겁다 형 高兴
즐기다 동 ①爱好, 喜欢, 喜爱 ②快乐, 快活
증오 (憎惡) 명 憎恶
증오하다 (憎惡—) 동 憎恶
지각하다 (知覺—) 동 知觉
지겹다 형 漫长而令人厌倦
지긋지긋하다 형 令人厌烦, 令人厌恶
지능 (知能) 명 知能
지능지수 (知能指數) 명 智商
지루하다 형 厌烦, 漫长, 沉长
지혜 (智慧) 명 智慧
지혜롭다 (智慧—) 형 智慧
진땀나다 (津—) 동 ①急得令人发汗 ②大汗
진심 (眞心) 명 真心
진절머리나다 동 ①打寒噤, 打冷噤

절망 (絶望) 명 絶望, 無望
절망감 (絶望感) 명 絶望之感
정 (情) 명 情
정감 (情感) 명 情感
정겹다 (情—) 형 深情的, 多情的
정들다 (情—) 동 有感情, 產生感情
정떨어지다 (情—) 동 傷感情, 惡心
정신 (精神) 명 精神
정신력 (精神力) 명 自控能力, 控制能力
정의감 (正義感) 명 正義感
조바심 명 焦慮, 焦心
조소하다 (嘲笑—) 동 嘲笑
좋다 형 高興, 好
좋아하다 동 喜歡, 高興的感覺
죄송하다 (罪悚—) 형 抱歉, 過意不去, 羞愧
죄책감 (罪責感) 명 罪責感, 負罪感
주관성 (主觀性) 명 主觀性
즐거움 명 快樂
즐겁다 형 高興
즐기다 동 ①愛好, 喜歡, 喜愛 ②快樂, 快活
증오 (憎惡) 명 憎惡
증오하다 (憎惡—) 동 憎惡
지각하다 (知覺—) 동 知覺
지겹다 형 漫長而令人厭倦
지긋지긋하다 형 令人厭煩, 令人厭惡
지능 (知能) 명 知能
지능지수 (知能指數) 명 智商
지루하다 형 厭煩, 漫長, 沉長
지혜 (智慧) 명 智慧
지혜롭다 (智慧—) 형 智慧
진땀나다 (津—) 동 ①急得令人發汗 ②大汗
진심 (眞心) 명 眞心
진절머리나다 동 ①打寒噤, 打冷噤

② 厌恶, 讨厌
진정하다 (鎭靜—) 동 镇静, 安静
질겁 (—怯) 명 大吃一惊, 大惊失色
질리다 동 腻, 伤 (吃伤了)
질투 (嫉妬) 명 嫉妒
질투하다 (嫉妬—) 동 嫉妒
짐작하다 동 估计, 想
집중력 (集中力) 명 集中力
집중하다 (集中—) 동 集中
짜증나다 동 讨厌
짝사랑 명 单相思
착각하다 (錯覺—) 동 错觉
참회하다 (懺悔—) 동 惭悔
창의력 (創意力) 명 创造力, 创造能力
창피하다 (猖披—) 형 不好意思
책임감 (責任感) 명 责任感
처량하다 (凄凉—) 형 凄凉
처절하다 (悽絶—) 형 极为凄凉
철들다 동 懂事儿
체념하다 (諦念—) 동 断念, 死心
초조하다 (焦燥—) 형 焦燥不安, 焦急不安, 烦燥不安
추론 (推論) 명 推论
추론하다 (推論—) 동 推论
추리 (推理) 명 推理
추리하다 (推理—) 동 推理
추억 (追憶) 명 回忆, 回想
추정 (推定) 명 推断
추측 (推測) 명 推测
추측하다 (推測—) 동 推测
침울하다 (沈鬱—) 형 沉郁, 忧郁
쾌감 (快感) 명 快感
탐내다 (貪—) 동 贪心
판단 (判斷) 명 判断
판단력 (判斷力) 명 判断能力
판단하다 (判斷—) 동 判断

② 厭惡, 討厭
진정하다 (鎭靜—) 동 鎭靜, 安靜
질겁 (—怯) 명 大吃一驚, 大驚失色
질리다 동 膩, 傷 (吃傷了)
질투 (嫉妬) 명 嫉妒
질투하다 (嫉妬—) 동 嫉妒
짐작하다 동 估計, 想
집중력 (集中力) 명 集中力
집중하다 (集中—) 동 集中
짜증나다 동 討厭
짝사랑 명 單相思
착각하다 (錯覺—) 동 錯覺
참회하다 (懺悔—) 동 慚悔
창의력 (創意力) 명 創造力, 創造能力
창피하다 (猖披—) 형 不好意思
책임감 (責任感) 명 責任感
처량하다 (凄凉—) 형 凄凉
처절하다 (悽絶—) 형 極爲凄凉
철들다 동 懂事兒
체념하다 (諦念—) 동 斷念, 死心
초조하다 (焦燥—) 형 焦燥不安, 焦急不安, 煩燥不安
추론 (推論) 명 推論
추론하다 (推論—) 동 推論
추리 (推理) 명 推理
추리하다 (推理—) 동 推理
추억 (追憶) 명 回憶, 回想
추정 (推定) 명 推斷
추측 (推測) 명 推測
추측하다 (推測—) 동 推測
침울하다 (沈鬱—) 형 沉鬱, 憂鬱
쾌감 (快感) 명 快感
탐내다 (貪—) 동 貪心
판단 (判斷) 명 判斷
판단력 (判斷力) 명 判斷能力
판단하다 (判斷—) 동 判斷

판별하다 (判別—) 동 判明
편견 (偏見) 명 偏见
편안하다 (便安—) 형 平安, 舒服
편애하다 (偏愛—) 동 偏爱, 溺爱
편하다 (便—) 형 ① 舒服, 舒适 ② 方便, 便利
평가하다 (平價—) 동 评价
평온하다 (平穩—) 형 平稳, 安定
학수고대하다 (鶴首苦待—) 동 渴望, 翘首以待
학습하다 (學習—) 동 学习
한 (恨) 명 恨
합리적 (合理的) 명관 合理的
해박하다 (該博—) 형 渊博
행복 (幸福) 명 幸福
행복하다 (幸福—) 형 幸福
허무하다 (虛無—) 형 空虚
허영심 (虛榮心) 명 虛荣心
허전하다 (虛傳—) 형 空虚
허탈하다 (虛脫—) 형 感到空虚
헤아리다 동 数, 懂得
혐오감 (嫌惡感) 명 憎恶
혐오하다 (嫌惡—) 동 憎恶
호감 (好感) 명 好感
호기심 (好奇心) 명 好奇心
혼동하다 (混同—) 동 混淆
홀가분하다 형 轻松的感觉, 轻松
화 (火) 명 脾气
화나다 (火—) 동 发脾气, 生气
화내다 (火—) 동 生气, 发火
화목하다 (和睦—) 형 和睦
환상 (幻想) 명 幻想
환호하다 (歡呼—) 동 欢呼
황당 (荒唐) 명 荒唐
황당하다 (荒唐—) 형 荒唐
회상하다 (回想—) 동 回想

후련하다 휑 舒畅, 畅快
후회 (後悔) 몡 后悔
후회하다 (後悔—) 동 后悔
흐뭇하다 휑 满意, 满足
흡족하다 (洽足—) 휑 ① 足够 ② 满足, 满意
흥 (興) 몡 兴趣
흥겹다 (興—) 휑 兴致勃勃, 兴高彩烈
흥미 (興味) 몡 兴趣
흥미롭다 (興味—) 휑 感兴趣
흥분하다 (興奮—) 동 兴奋
희노애락 (喜怒哀樂) 몡 喜怒哀乐
희망 (希望) 몡 希望
희망하다 (希望—) 동 希望, 期望

후련하다 휑 舒暢, 暢快
후회 (後悔) 몡 後悔
후회하다 (後悔—) 동 後悔
흐뭇하다 휑 滿意, 滿足
흡족하다 (洽足—) 휑 ① 足够 ② 滿足, 滿意
흥 (興) 몡 興趣
흥겹다 (興—) 휑 興致勃勃, 興高彩烈
흥미 (興味) 몡 興趣
흥미롭다 (興味—) 휑 感興趣
흥분하다 (興奮—) 동 興奮
희노애락 (喜怒哀樂) 몡 喜怒哀樂
희망 (希望) 몡 希望
희망하다 (希望—) 동 希望, 期望

9. 성격과 태도

性格, 个性 / 性格, 個性

가식적이다 (假飾的—) 형 虚情假意	가식적이다 (假飾的—) 형 虛情假意
가치관 (價値觀) 명 价值观	가치관 (價値觀) 명 價値觀
가혹하다 (苛酷—) 형 苛酷, 残酷, 严酷	가혹하다 (苛酷—) 형 苛酷, 殘酷, 嚴酷
간곡하다 (懇曲) 형 恳切, 诚恳, 诚挚	간곡하다 (懇曲) 형 懇切, 誠懇, 誠摯
간사하다 (奸邪—) 형 奸诈, 狡猾, 奸险	간사하다 (奸邪—) 형 奸詐, 狡猾, 奸險
강박관념 (强迫觀念) 명 压抑感	강박관념 (强迫觀念) 명 壓抑感
개성 (個性) 명 个性	개성 (個性) 명 個性
거드름피우다 동 傲慢骄傲, 趾高气扬, 得意扬扬	거드름피우다 동 傲慢驕傲, 趾高氣揚, 得意揚揚
거만하다 (倨慢—) 형 傲慢	거만하다 (倨慢—) 형 傲慢
거칠다 형 粗	거칠다 형 粗
건방지다 형 傲慢	건방지다 형 傲慢
게으르다 형 懒, 懒惰, 懒怠	게으르다 형 懶, 懶惰, 懶怠
결벽증 (潔癖症) 명 洁癖症	결벽증 (潔癖症) 명 潔癖症
겸손하다 (謙遜—) 형 谦虚	겸손하다 (謙遜—) 형 謙虛
경거망동하다 (輕擧妄動—) 동 轻举妄动	경거망동하다 (輕擧妄動—) 동 輕擧妄動
경멸하다 (輕蔑—) 동 轻蔑	경멸하다 (輕蔑—) 동 輕蔑
경솔하다 (輕率—) 형 轻率	경솔하다 (輕率—) 형 輕率
경의 (敬意) 명 敬意	경의 (敬意) 명 敬意
고루하다 (固陋—) 형 顽固守旧	고루하다 (固陋—) 형 頑固守舊
고분고분하다 형 順从, 老老实实, 必恭必敬	고분고분하다 형 順從, 老老實實, 必恭必敬
고집 (固執) 명 固执	고집 (固執) 명 固執
고집부리다 (固執—) 동 固执	고집부리다 (固執—) 동 固執
고집세다 (固執—) 형 固执	고집세다 (固執—) 형 固執

성격과 태도												
	나쁘다	못되다	악하다	모나다	불친절하다	교만하다	무례하다	게으르다	비겁하다	불공평하다	비굴하다	나태하다	까불다	소극적이다	부정적이다	비관적이다
	좋다	착하다	선하다	원만하다	친절하다	겸손하다	공손하다	부지런하다	용감하다	공평하다	당당하다	근면하다	점잖다	적극적이다	긍정적이다	낙관적이다

고집스럽다 (固執一) 〔형〕 固执
곧다 〔형〕 正直, 直
공경하다 (恭敬一) 〔동〕 恭敬
공명정대하다 (公明正大一) 〔형〕 光明正大
공손하다 (恭遜一) 〔형〕 恭恭敬敬, 毕恭毕敬
공정하다 (公正一) 〔형〕 公正
공평하다 (公平一) 〔형〕 公平
과묵하다 (寡默一) 〔형〕 寡言
관대하다 (寬大一) 〔형〕 寬大
관용 (寬容) 〔명〕 宽容
괘씸하다 〔형〕 可恶, 可恨
괴팍하다 〔형〕 怪脾, 个性强
교만하다 (驕慢一) 〔형〕 骄傲
교양 (教養) 〔명〕 教养
교활하다 (狡猾一) 〔형〕 狡猾
구박하다 (驅迫一) 〔동〕 迫害, 期负
구차하다 (苟且一) 〔형〕 ① 贫穷, 贫苦 ② 丢面子, 丢脸
굳세다 〔형〕 坚强, 顽强
굼뜨다 〔형〕 慢性子, 行动慢
귀염성 (一性) 〔명〕 可爱
귀엽다 〔형〕 可爱
극복하다 (克復一) 〔동〕 克复
극성맞다 (極盛一) 〔형〕 过分
극진하다 (極盡一) 〔형〕 非常关心, 真挚, 真诚
근면성 (勤勉性) 〔명〕 勤勉, 勤快
근면하다 (勤勉一) 〔형〕 勤勉, 勤劳
급하다 (急一) 〔형〕 急
긍정적이다 (肯定的一) 〔형〕 肯定
기만하다 (欺瞞一) 〔동〕 欺骗, 欺满
기죽다 (氣一) 〔동〕 泄气, 垂头丧气
까다롭다 〔형〕 性格特或者愿意找别人的毛病
까불다 〔동〕 ① 得意扬扬, 趾高气扬

고집스럽다 (固執一) 〔형〕 固執
곧다 〔형〕 正直, 直
공경하다 (恭敬一) 〔동〕 恭敬
공명정대하다 (公明正大一) 〔형〕 光明正大
공손하다 (恭遜一) 〔형〕 恭恭敬敬, 畢恭畢敬
공정하다 (公正一) 〔형〕 公正
공평하다 (公平一) 〔형〕 公平
과묵하다 (寡默一) 〔형〕 寡言
관대하다 (寬大一) 〔형〕 寬大
관용 (寬容) 〔명〕 寬容
괘씸하다 〔형〕 可惡, 可恨
괴팍하다 〔형〕 怪脾, 個性強
교만하다 (驕慢一) 〔형〕 驕傲
교양 (教養) 〔명〕 教養
교활하다 (狡猾一) 〔형〕 狡猾
구박하다 (驅迫一) 〔동〕 迫害, 期負
구차하다 (苟且一) 〔형〕 ① 貧窮, 貧苦 ② 丟面子, 丟脸
굳세다 〔형〕 堅強, 頑強
굼뜨다 〔형〕 慢性子, 行動慢
귀염성 (一性) 〔명〕 可愛
귀엽다 〔형〕 可愛
극복하다 (克復一) 〔동〕 克復
극성맞다 (極盛一) 〔형〕 過分
극진하다 (極盡一) 〔형〕 非常關心, 眞摯, 眞誠
근면성 (勤勉性) 〔명〕 勤勉, 勤快
근면하다 (勤勉一) 〔형〕 勤勉, 勤勞
급하다 (急一) 〔형〕 急
긍정적이다 (肯定的一) 〔형〕 肯定
기만하다 (欺瞞一) 〔동〕 欺騙, 欺滿
기죽다 (氣一) 〔동〕 泄氣, 垂頭喪氣
까다롭다 〔형〕 性格特或者愿意找別人的毛病
까불다 〔동〕 ① 得意揚揚, 趾高氣揚

② 调皮, 淘气
깍듯하다 [형] 恭敬
깍쟁이 [명] 吝嗇
깐깐하다 [형] 过于仔细
깔끔하다 [형] 利索, 利落, 干净
깔보다 [동] 瞧不起
꺼리다 [동] ① 忌讳, 顾忌 ② (內心)苛责, 內疚
꼼꼼하다 [형] 仔细
꿋꿋하다 [형] 坚强, 坚硬, 挺拔
끈기 (一氣) [명] 耐力, 忍劲儿, 忍劲, 耐性
끈질기다 [형] 耐力, 忍劲儿
나쁘다 [형] 性格不好, 态度不好
나약하다 (懦弱—) [형] 软弱
나태하다 (懶怠—) [형] 懶怠
낙관적이다 (樂觀的—) [형] 乐观
낙천적이다 (樂天的—) [형] 乐天
난폭하다 (亂暴—) [형] 行动粗暴
날뛰다 [동] ① 猖狂 ② 横行霸道
날렵하다 [형] 敏捷
날카롭다 [형] 敏感
남자답다 (男子—) [형] 象男子汉
내성적이다 (內省的—) [형] 內向
냉담하다 (冷淡—) [형] 冷淡
냉대하다 (冷待—) [형] 冷淡
냉정하다 (冷情—) [형] 冷淡, 冷静
냉혹하다 (冷酷—) [형] 冷酷
너그럽다 [형] 宽厚, 宽容, 宽大
넉살좋다 [형] 不害羞脸皮厚, 不要脸
노력하다 (努力—) [동] 努力
눈치 [명] 眼力见儿
느긋하다 [형] 心有余的样子
늠름하다 (凜凜—) [형] 堂堂正正, 正正当当
다정하다 (多情—) [형] 亲切, 亲热, 情深
단호하다 (斷乎—) [형] 坚决

② 調皮, 淘氣
깍듯하다 [형] 恭敬
깍쟁이 [명] 吝嗇
깐깐하다 [형] 過於仔細
깔끔하다 [형] 利索, 利落, 乾淨
깔보다 [동] 瞧不起
꺼리다 [동] ① 忌諱, 顧忌 ② (內心)苛責, 內疚
꼼꼼하다 [형] 仔細
꿋꿋하다 [형] 堅強, 堅硬, 挺拔
끈기 (一氣) [명] 耐力, 忍勁兒, 忍勁, 耐性
끈질기다 [형] 耐力, 忍勁兒
나쁘다 [형] 性格不好, 態度不好
나약하다 (懦弱—) [형] 軟弱
나태하다 (懶怠—) [형] 懶怠
낙관적이다 (樂觀的—) [형] 樂觀
낙천적이다 (樂天的—) [형] 樂天
난폭하다 (亂暴—) [형] 行動粗暴
날뛰다 [동] ① 猖狂 ② 横行霸道
날렵하다 [형] 敏捷
날카롭다 [형] 敏感
남자답다 (男子—) [형] 像男子漢
내성적이다 (內省的—) [형] 內向
냉담하다 (冷淡—) [형] 冷淡
냉대하다 (冷待—) [동] 冷淡
냉정하다 (冷情—) [형] 冷淡, 冷靜
냉혹하다 (冷酷—) [형] 冷酷
너그럽다 [형] 寬厚, 寬容, 寬大
넉살좋다 [형] 不害羞臉皮厚, 不要臉
노력하다 (努力—) [동] 努力
눈치 [명] 眼力見兒
느긋하다 [형] 心有餘的樣子
늠름하다 (凜凜—) [형] 堂堂正正, 正正當當
다정하다 (多情—) [형] 親切, 親熱, 情深
단호하다 (斷乎—) [형] 堅決

담담하다 (淡淡―) 형 ①(水)清彻 ②明亮 ③(饮食)清淡
담백하다 (淡白―) 형 淡白
당당하다 (堂堂―) 형 堂堂, 堂堂正正
대담하다 (大膽―) 형 大胆
대들다 동 ①頂撞 ②扑
대범하다 (大汎―) 형 泰然自若, 从容, 不动声色
대접하다 (待接―) 형 接待
덕 (德) 명 德
덕망 (德望) 명 德望
덤벙거리다 동 马虎
도도하다 형 高傲
도리 (道理) 명 道理
독하다 (毒―) 형 毒
됨됨이 명 做人的样子, 品德, 品行
드세다 형 争强好胜
들뜨다 동 心浮, 浮动
따뜻하다 형 温暖
똑똑하다 형 聪明, 颖慧, 聪颖
똘똘하다 형 灵敏
마음가짐 명 心地, 心眼儿
마음보 명 心地, 心眼儿
마음씀씀이 명 费心, 担心, 慷慨, 大方
마음씨 명 心地, 心意, 心眼儿
만용 (蠻勇) 명 野蛮
망설이다 동 犹豫不决, 犹豫不定
매력 (魅力) 명 魅力
맹하다 형 象水对水的样子
멋적다 형 没意思, 无聊, 乏味
멍청하다 형 笨蛋
면목 (面目) 명 面子
멸시하다 (蔑視―) 동 轻蔑, 轻视
명랑하다 (明朗―) 형 明朗
명쾌하다 (明快―) 형 明朗
모나다 형 很有个性

담담하다 (淡淡―) 형 ①(水)清徹 ②明亮 ③(飲食)清淡
담백하다 (淡白―) 형 淡白
당당하다 (堂堂―) 형 堂堂, 堂堂正正
대담하다 (大膽―) 형 大膽
대들다 동 ①頂撞 ②扑
대범하다 (大汎―) 형 泰然自若, 從容, 不動聲色
대접하다 (待接―) 형 接待
덕 (德) 명 德
덕망 (德望) 명 德望
덤벙거리다 동 馬虎
도도하다 형 高傲
도리 (道理) 명 道理
독하다 (毒―) 형 毒
됨됨이 명 做人的樣子, 品德, 品行
드세다 형 爭强好勝
들뜨다 동 心浮, 浮動
따뜻하다 형 溫暖
똑똑하다 형 聰明, 穎慧, 聰穎
똘똘하다 형 靈敏
마음가짐 명 心地, 心眼兒
마음보 명 心地, 心眼兒
마음씀씀이 명 費心, 擔心, 慷慨, 大方
마음씨 명 心地, 心意, 心眼兒
만용 (蠻勇) 명 野蠻
망설이다 동 猶豫不決, 猶豫不定
매력 (魅力) 명 魅力
맹하다 형 象水對水的樣子
멋적다 형 沒意思, 無聊, 乏味
멍청하다 형 笨蛋
면목 (面目) 명 面子
멸시하다 (蔑視―) 동 輕蔑, 輕視
명랑하다 (明朗―) 형 明朗
명쾌하다 (明快―) 형 明朗
모나다 형 很有個性

모순되다 동 矛盾
모시다 동 供, 供奉, 供养
모욕하다 (侮辱—) 동 污辱
모질다 형 ① 残忍, 残酷 ② 坚强
　　③厉害
몸가짐 명 ① 举止, 容止, 仪表 ② 衣冠,
　　服饰
못되다 형 坏, 厉害
못쓰다 동 无用的人或东西
무던하다 형 宽厚, 善良, 老实
무디다 형 钝, 迟钝
무뚝뚝하다 형 少言寡语
무례하다 (無禮—) 형 无礼
무모하다 (無謀—) 형 盲目, 轻率
무섭다 형 ① 害怕, 可怕 ② 惊人的
　　③厉害
무시하다 (無視—) 동 无视, 瞧不起
미덕 (美德) 명 美德
미련하다 형 愚蠢, 愚笨
밉살맞다 형 讨厌, 可恶
바르다 형 正直, 正确, 符合道理
박하다 (薄—) 형 薄情, 寡情寡义
반항하다 (反抗—) 동 反抗
발랄하다 (潑剌—) 형 活泼
밝다 형 开朗
방정맞다 형 ① 倒霉, 晦气 ② 轻浮
방정하다 (方正—) 형 正直
배반하다 (背反—) 동 背叛
배신하다 (背信—) 동 背信弃义, 背叛
배짱 명 胆量, 胆子
버릇 명 习惯
버릇없다 형 没有教养, 没有礼貌
변덕스럽다 (變德—) 형 变化无常,
　　反复无常
변함없다 형 一贯不变, 一贯性
별나다 (別—) 형 个性特, 性格特别

모순되다 동 矛盾
모시다 동 供, 供奉, 供養
모욕하다 (侮辱—) 동 污辱
모질다 형 ① 殘忍, 殘酷 ② 堅强
　　③厲害
몸가짐 명 ① 擧止, 容止, 儀表 ② 衣冠,
　　服飾
못되다 형 壞, 厲害
못쓰다 동 無用的人或東西
무던하다 형 寬厚, 善良, 老實
무디다 형 鈍, 遲鈍
무뚝뚝하다 형 少言寡語
무례하다 (無禮—) 형 無禮
무모하다 (無謀—) 형 盲目, 輕率
무섭다 형 ① 害怕, 可怕 ② 驚人的
　　③厲害
무시하다 (無視—) 동 無視, 瞧不起
미덕 (美德) 명 美德
미련하다 형 愚蠢, 愚笨
밉살맞다 형 討厭, 可惡
바르다 형 正直, 正確, 符合道理
박하다 (薄—) 형 薄情, 寡情寡義
반항하다 (反抗—) 동 反抗
발랄하다 (潑剌—) 형 活潑
밝다 형 開朗
방정맞다 형 ① 倒霉, 晦氣 ② 輕浮
방정하다 (方正—) 형 正直
배반하다 (背反—) 동 背叛
배신하다 (背信—) 동 背信棄義, 背叛
배짱 명 膽量, 膽子
버릇 명 習慣
버릇없다 형 沒有敎養, 沒有禮貌
변덕스럽다 (變德—) 형 變化無常,
　　反復無常
변함없다 형 一貫不變, 一貫性
별나다 (別—) 형 個性特, 性格特別

본성 (本性) 몡 本性
부당하다 (不當—) 혱 不妥当, 不正当, 不合理
부드럽다 혱 溫柔, 柔和, 細膩, 細嫩
부정적이다 (否定的—) 혱 否定
부지런하다 혱 勤勉
불공평하다 (不公平—) 혱 不公平
불손하다 (不遜—) 혱 不谦逊, 傲慢, 傲慢的态度
불친절하다 (不親切—) 혱 不亲切
붙임성 (—性) 몡 善于交际的性格
비겁하다 (卑怯—) 혱 卑鄙
비관적이다 (悲觀的—) 혱 悲观
비굴하다 (卑屈—) 혱 卑贱
비난하다 (非難—) 동 非难
비방하다 (誹謗—) 동 诽谤
비열하다 (卑劣—) 혱 卑劣
비판적이다 (批判的—) 혱 批判
뽐내다 동 骄傲, 得意扬扬
사교성 (社交性) 몡 社交性
사납다 혱 厉害(利害)
사회성 (社會性) 몡 社会性
상냥하다 혱 和蔼, 和气
새침데기 몡 装蒜的人
새침하다 혱 ① 装蒜 ② 不高兴
선하다 (善—) 혱 善良
선행 (善行) 몡 善良的行为
섬세하다 (纖細—) 혱 细致, 仔细
성격 (性格) 몡 性格
성깔 (性—) 몡 脾气, 性子
성미 (性味) 몡 性情, 脾气, 性格, 禀性
성실하다 (誠實—) 혱 诚实
성의 (誠意) 몡 诚意
성질 (性質) 몡 性质
성품 (性品) 몡 品质
세계관 (世界觀) 몡 世界观

본성 (本性) 몡 本性
부당하다 (不當—) 혱 不妥當, 不正當, 不合理
부드럽다 혱 溫柔, 柔和, 細膩, 細嫩
부정적이다 (否定的—) 혱 否定
부지런하다 혱 勤勉
불공평하다 (不公平—) 혱 不公平
불손하다 (不遜—) 혱 不謙遜, 傲慢, 傲慢的態度
불친절하다 (不親切—) 혱 不親切
붙임성 (—性) 몡 善於交際的性格
비겁하다 (卑怯—) 혱 卑鄙
비관적이다 (悲觀的—) 혱 悲觀
비굴하다 (卑屈—) 혱 卑賤
비난하다 (非難—) 동 非難
비방하다 (誹謗—) 동 誹謗
비열하다 (卑劣—) 혱 卑劣
비판적이다 (批判的—) 혱 批判
뽐내다 동 驕傲, 得意揚揚
사교성 (社交性) 몡 社交性
사납다 혱 廣害(利害)
사회성 (社會性) 몡 社會性
상냥하다 혱 和藹, 和氣
새침데기 몡 裝蒜的人
새침하다 혱 ① 裝蒜 ② 不高興
선하다 (善—) 혱 善良
선행 (善行) 몡 善良的行爲
섬세하다 (纖細—) 혱 細致, 仔細
성격 (性格) 몡 性格
성깔 (性—) 몡 脾氣, 性子
성미 (性味) 몡 性情, 脾氣, 性格, 稟性
성실하다 (誠實—) 혱 誠實
성의 (誠意) 몡 誠意
성질 (性質) 몡 性質
성품 (性品) 몡 品質
세계관 (世界觀) 몡 世界觀

소극적이다 (消極的一) 〖형〗 消极
소심하다 (小心一) 〖형〗 小心
소질 (素質) 〖명〗 素质
소탈하다 (疎脱一·疏脱一) 〖형〗 潇洒, 洒脱
소홀하다 (疏忽一) 〖형〗 疏忽
속이다 〖동〗 骗, 欺骗
솔직하다 (率直一) 〖형〗 直率, 坦率
솜씨 〖명〗 手艺, 才干, 本领, 本事
순박하다 (淳朴一·醇朴一·淳樸一) 〖형〗 纯朴, 淳朴
순수하다 (純粹一) 〖형〗 单纯, 纯洁
순진하다 (純眞一) 〖형〗 纯真
순하다 (順一) 〖형〗 温顺
슬기 〖명〗 智慧, 机智
슬기롭다 〖형〗 ① 有智慧 ② 机智, 聪慧
습관 (習慣) 〖명〗 习惯
시건방지다 〖형〗 过分傲慢, 自高自大
시무룩하다 〖형〗 不高兴
신경질적이다 (神經質的一) 〖형〗 神经质
신중하다 (愼重一) 〖형〗 慎重
심보 (心一) 〖명〗 心
심술 (心術) 〖명〗 坏心眼
심술부리다 (心術一) 〖동〗 使坏心
싱겁다 〖형〗 ① 无聊 ② 味淡
쌀쌀맞다 〖형〗 冷淡, 冷冰冰
씩씩하다 〖형〗 生气勃勃, 雄纠纠, 有力
아부하다 (阿附一) 〖동〗 拍马屁, 献媚
악독하다 (惡毒一) 〖형〗 恶毒
악하다 (惡一) 〖형〗 恶
안심하다 (安心一) 〖동〗 安心
알뜰하다 〖형〗 ① 精心, 细心 ② 体贴入微, 无微不至
앙큼하다 〖형〗 别有用心
앙탈부리다 〖동〗 抵赖, 耍赖
야무지다 〖형〗 ① 精明强干 ② 结实

얄밉다 [형] 讨厌, 可憎

얌전하다 [형] 文静, 斯文, 老实, 温顺, 安详

얌체 [명] 脸面, 羞耻

양순하다 (良順—) [형] 温顺, 善良

얕보다 [동] 轻视, 小看

어리석다 [형] 愚蠢, 愚笨

어질다 [형] 仁慈, 善良

억세다 [형] 坚硬, 坚决, 强硬

억지부리다 [동] 固执, 倔强

얼빠지다 [동] ① 心禅恍惚 ② 糊涂

엄격하다 (嚴格—) [형] 严格

엄살부리다 [동] 故意装得严重

엄하다 (嚴—) [형] 严格

업신여기다 [동] 瞧不起, 小看

엉거주춤하다 [동] ① 犹豫 ② 踌躇

엉큼하다 [형] 别有用心, 心怀叵测

여자답다 (女子—) [형] 具有女人的特性, 象女人

염치 (廉恥) [명] 廉耻

염치없다 (廉恥—) [형] 廉耻

예민하다 (銳敏—) [형] 敏锐

예의 (禮儀) [명] 礼仪

예의범절 (禮儀凡節) [명] 礼节规矩, 礼义规矩

예절 (禮節) [명] 礼节

오만하다 (傲慢—) [형] 傲慢

온순하다 (溫順—) [형] 温顺

온유하다 (溫柔—) [형] 温柔

온화하다 (溫和—) [형] 温和

올바르다 [형] 正直

완강하다 (頑强—) [형] 顽强

완고하다 (頑固—) [형] 顽固

외유내강 (外柔內剛) [명] 外柔内刚

외향적이다 (外向的—) [형] 外向

요사스럽다 (妖邪—) [형] 妖雅, 妖里妖气

얄밉다 [형] 討厭, 可憎

얌전하다 [형] 文靜, 斯文, 老實, 溫順, 安詳

얌체 [명] 臉面, 羞耻

양순하다 (良順—) [형] 溫順, 善良

얕보다 [동] 輕視, 小看

어리석다 [형] 愚蠢, 愚笨

어질다 [형] 仁慈, 善良

억세다 [형] 堅硬, 堅決, 强硬

억지부리다 [동] 固執, 倔强

얼빠지다 [동] ① 心禪恍惚 ② 糊塗

엄격하다 (嚴格—) [형] 嚴格

엄살부리다 [동] 故意裝得嚴重

엄하다 (嚴—) [형] 嚴格

업신여기다 [동] 瞧不起, 小看

엉거주춤하다 [동] ① 猶豫 ② 躊躇

엉큼하다 [형] 別有用心, 心懷叵測

여자답다 (女子—) [형] 具有女人的特性, 象女人

염치 (廉恥) [명] 廉耻

염치없다 (廉恥—) [형] 廉耻

예민하다 (銳敏—) [형] 敏銳

예의 (禮儀) [명] 禮儀

예의범절 (禮儀凡節) [명] 禮節規矩, 禮義規矩

예절 (禮節) [명] 禮節

오만하다 (傲慢—) [형] 傲慢

온순하다 (溫順—) [형] 溫順

온유하다 (溫柔—) [형] 溫柔

온화하다 (溫和—) [형] 溫和

올바르다 [형] 正直

완강하다 (頑强—) [형] 頑强

완고하다 (頑固—) [형] 頑固

외유내강 (外柔內剛) [명] 外柔內剛

외향적이다 (外向的—) [형] 外向

요사스럽다 (妖邪—) [형] 妖雅, 妖裏妖氣

욕하다 (辱―) 동 骂
용감하다 (勇敢―) 형 勇敢
용기 (勇氣) 명 勇气
우기다 동 强
우유부단하다 (優柔不斷―) 형 忧柔寡断
우쭐대다 동 扬扬得意, 得意扬扬
원만하다 (圓滿―) 형 圆满
융통성 (融通性) 명 灵活性, 伸缩性
음란하다 (淫亂―) 형 淫乱
음탕하다 (淫蕩―) 형 淫荡
음흉하다 (陰凶―) 형 凶恶
응용력 (應用力) 명 应用能力
의기양양하다 (意氣揚揚―) 형 得意扬扬
의젓하다 형 稳重, 庄重
의지력 (意志力) 명 意志
이해력 (理解力) 명 理解能力
인간미 (人間味) 명 ① 人味儿, 人情味
　② 人性
인간성 (人間性) 명 人性, 人情
인간적이다 (人間的―) 형 很有人情味
인격 (人格) 명 人格
인내 (忍耐) 명 忍耐
인내력 (忍耐力) 명 忍耐性
인내심 (忍耐心) 명 耐心
인사성 (人事性) 명 礼节, 礼貌
인색하다 (吝嗇―) 형 吝嗇
인생관 (人生觀) 명 人生观
인성 (人性) 명 人性
인심 (人心) 명 人心
인정 (人情) 명 人情
인품 (人品) 명 人品
일편단심 (一片丹心) 명 一片丹心
임기응변 (臨機應變) 명 随机应变
자격지심 (自激之心) 명 ① 內疚
　② 自卑感
자긍심 (自矜心) 명 自豪感

욕하다 (辱―) 동 罵
용감하다 (勇敢―) 형 勇敢
용기 (勇氣) 명 勇氣
우기다 동 强
우유부단하다 (優柔不斷―) 형 憂柔寡斷
우쭐대다 동 揚揚得意, 得意揚揚
원만하다 (圓滿―) 형 圓滿
융통성 (融通性) 명 靈活性, 伸縮性
음란하다 (淫亂―) 형 淫亂
음탕하다 (淫蕩―) 형 淫蕩
음흉하다 (陰凶―) 형 凶惡
응용력 (應用力) 명 應用能力
의기양양하다 (意氣揚揚―) 형 得意揚揚
의젓하다 형 穩重, 莊重
의지력 (意志力) 명 意志
이해력 (理解力) 명 理解能力
인간미 (人間味) 명 ① 人味兒, 人情味
　② 人性
인간성 (人間性) 명 人性, 人情
인간적이다 (人間的―) 형 很有人情味
인격 (人格) 명 人格
인내 (忍耐) 명 忍耐
인내력 (忍耐力) 명 忍耐性
인내심 (忍耐心) 명 耐心
인사성 (人事性) 명 禮節, 禮貌
인색하다 (吝嗇―) 형 吝嗇
인생관 (人生觀) 명 人生觀
인성 (人性) 명 人性
인심 (人心) 명 人心
인정 (人情) 명 人情
인품 (人品) 명 人品
일편단심 (一片丹心) 명 一片丹心
임기응변 (臨機應變) 명 隨機應變
자격지심 (自激之心) 명 ① 內疚
　② 自卑感
자긍심 (自矜心) 명 自豪感

자랑하다 동 夸耀, 炫耀
자부심 (自負心) 명 自豪感, 自信心
자세 (藉勢) 명 ① 姿势, 姿态 ② 态度
자신감 (自信感) 명 自信感
자존심 (自尊心) 명 自尊心
재주 명 才能, 技艺
재치 (才致) 명 才气, 才华
적극적이다 (積極的一) 형 积极
적성 (適性) 명 适合
절약하다 (節約一) 동 节约
점잖다 형 不俗气, 持重, 端重
접대하다 (接對一) 동 接待
정 (情) 명 情
정겹다 (情一) 형 多情的, 可爱的
정답다 (情一) 형 亲切, 亲密, 多情
정성 (精誠) 명 诚心, 真诚
정열적이다 (情熱的一) 형 热情
정의감 (正義感) 명 正义感
정의롭다 (正義一) 형 正义
정직하다 (正直一) 형 正直
정확성 (正確性) 명 正确性
조급하다 (躁急一) 형 焦急
조심성 (操心性) 명 小心
존경하다 (尊敬一) 동 尊敬
존중하다 (尊重一) 동 尊重
좋다 형 性格好, 好
주눅들다 동 脸皮薄, 没有生气
주책맞다 형 没有主见的
지구력 (持久力) 명 耐力
지도력 (指導力) 명 指導能力
지독하다 (至毒一) 형 毒, 非常毒
지혜 (知慧) 명 智慧
지혜롭다 (知慧一) 형 智慧, 机智
진솔하다 (眞率一) 형 直率, 担率
진실성 (眞實性) 명 真实性
진실하다 (眞實一) 형 诚实

자랑하다 동 誇耀, 炫耀
자부심 (自負心) 명 自豪感, 自信心
자세 (藉勢) 명 ① 姿勢, 姿態 ② 態度
자신감 (自信感) 명 自信感
자존심 (自尊心) 명 自尊心
재주 명 才能, 技藝
재치 (才致) 명 才氣, 才華
적극적이다 (積極的一) 형 積極
적성 (適性) 명 適合
절약하다 (節約一) 동 節約
점잖다 형 不俗氣, 持重, 端重
접대하다 (接對一) 동 接待
정 (情) 명 情
정겹다 (情一) 형 多情的, 可愛的
정답다 (情一) 형 親切, 親密, 多情
정성 (精誠) 명 誠心, 眞誠
정열적이다 (情熱的一) 형 熱情
정의감 (正義感) 명 正義感
정의롭다 (正義一) 형 正義
정직하다 (正直一) 형 正直
정확성 (正確性) 명 正確性
조급하다 (躁急一) 형 焦急
조심성 (操心性) 명 小心
존경하다 (尊敬一) 동 尊敬
존중하다 (尊重一) 동 尊重
좋다 형 性格好, 好
주눅들다 동 臉皮薄, 沒有生氣
주책맞다 형 沒有主見的
지구력 (持久力) 명 耐力
지도력 (指導力) 명 指導能力
지독하다 (至毒一) 형 毒, 非常毒
지혜 (知慧) 명 智慧
지혜롭다 (知慧一) 형 智慧, 機智
진솔하다 (眞率一) 형 直率, 擔率
진실성 (眞實性) 명 眞實性
진실하다 (眞實一) 형 誠實

진지하다 (眞摯—) 휑 真挚
집중력 (集中力) 명 集中力
쩔쩔매다 동 ① 手足无措, 惊惶失措 ②(忙) 得不可开交 ③ 唯唯诺诺
쩨쩨하다 휑 ① 小心眼儿 ② 吝啬
차갑다 휑 冷淡
차분하다 휑 文静
착실하다 (着實—) 휑 诚实, 踏实
착하다 휑 善良
참을성 (—性) 명 耐性
참하다 휑 性格仔细又文静, 纯真
창의력 (創意力) 명 创新能力, 创造力
책임감 (責任感) 명 责任感
처신 (處身) 명 立身处世
천성 (天性) 명 天性
철없다 휑 不懂事
철저하다 (徹底—) 휑 彻底
청렴결백하다 (淸廉潔白—) 휑 清正廉洁
청승떨다 동 倒霉, 晦气
청승맞다 휑 ① 倒霉, 晦气 ② 怪声怪气, 凄惨
체면 (體面) 명 体面
체신 (體身) 명 立身处世
추진력 (推進力) 명 推动力
충실하다 (忠實—) 휑 忠实
치밀하다 (緻密—) 휑 细致
친절하다 (親切—) 휑 亲切
침착성 (沈着性) 명 沉着
침착하다 (沈着—) 휑 沉着
칭찬하다 (稱讚—) 동 称赞
콧대높다 휑 高傲的样子
쾌활하다 (快活—) 휑 快活
태도 (態度) 명 态度
태만하다 (怠慢—) 휑 怠慢
통찰력 (洞察力) 명 观察力
퉁명스럽다 휑 气鼓鼓的

진지하다 (眞摯—) 휑 眞摯
집중력 (集中力) 명 集中力
쩔쩔매다 동 ① 手足無措, 驚惶失措 ②(忙) 得不可開交 ③ 唯唯諾諾
쩨쩨하다 휑 ① 小心眼兒 ② 吝嗇
차갑다 휑 冷淡
차분하다 휑 文靜
착실하다 (着實—) 휑 誠實, 踏實
착하다 휑 善良
참을성 (—性) 명 耐性
참하다 휑 性格仔細又文靜, 純眞
창의력 (創意力) 명 創新能力, 創造力
책임감 (責任感) 명 責任感
처신 (處身) 명 立身處世
천성 (天性) 명 天性
철없다 휑 不懂事
철저하다 (徹底—) 휑 徹底
청렴결백하다 (淸廉潔白—) 휑 淸正廉潔
청승떨다 동 倒霉, 晦氣
청승맞다 휑 ① 倒霉, 晦氣 ② 怪聲怪氣, 凄慘
체면 (體面) 명 體面
체신 (體身) 명 立身處世
추진력 (推進力) 명 推動力
충실하다 (忠實—) 휑 忠實
치밀하다 (緻密—) 휑 細致
친절하다 (親切—) 휑 親切
침착성 (沈着性) 명 沉着
침착하다 (沈着—) 휑 沉着
칭찬하다 (稱讚—) 동 稱讚
콧대높다 휑 高傲的樣子
쾌활하다 (快活—) 휑 快活
태도 (態度) 명 態度
태만하다 (怠慢—) 휑 怠慢
통찰력 (洞察力) 명 觀察力
퉁명스럽다 휑 氣鼓鼓的

트집잡다 동 固意找毛病
틀리다 동 错
티내다 동 故意显出来
파렴치하다 (破廉恥—) 형 脸皮厚
판단력 (判斷力) 명 判断能力
편애하다 (偏愛—) 동 偏爱
편협하다 (偏狹—) 형 狭窄
포악하다 (暴惡—) 형 暴恶
포용력 (包容力) 명 包容, 包涵
푸대접하다 (—待接—) 동 冷待,
　白眼相待
품성 (品性) 명 品质, 品德
품위 (品位) 명 品格
학대하다 (虐待—) 동 虐待
한결같다 형 一致
해이하다 (解弛—) 형 松驰, 放松
행동거지 (行動擧止) 명 行动举止, 举止
행동양식 (行動樣式) 명 习惯行动
헐뜯다 동 中伤, 诽谤
헤프다 형 飞, 大手大脚
화끈하다 형 热烘烘, 热呼呼, 火辣辣
확고하다 (確固—) 형 巩固
활달하다 (豁達—) 형 豁达
활발하다 (活潑—) 형 活泼
후덕하다 (厚德—) 형 厚道
흉보다 동 取笑
흠잡다 (欠—) 동 找缺点, 挑毛病
희롱하다 (戲弄—) 동 戏弄, 玩弄

트집잡다 동 固意找毛病
틀리다 동 錯
티내다 동 故意顯出來
파렴치하다 (破廉恥—) 형 臉皮厚
판단력 (判斷力) 명 判斷能力
편애하다 (偏愛—) 동 偏愛
편협하다 (偏狹—) 형 狹窄
포악하다 (暴惡—) 형 暴惡
포용력 (包容力) 명 包容, 包涵
푸대접하다 (—待接—) 동 冷待,
　白眼相待
품성 (品性) 명 品質, 品德
품위 (品位) 명 品格
학대하다 (虐待—) 동 虐待
한결같다 형 一致
해이하다 (解弛—) 형 鬆馳, 放鬆
행동거지 (行動擧止) 명 行動擧止, 擧止
행동양식 (行動樣式) 명 習慣行動
헐뜯다 동 中傷, 誹謗
헤프다 형 飛, 大手大脚
화끈하다 형 熱烘烘, 熱呼呼, 火辣辣
확고하다 (確固—) 형 鞏固
활달하다 (豁達—) 형 豁達
활발하다 (活潑—) 형 活潑
후덕하다 (厚德—) 형 厚道
흉보다 동 取笑
흠잡다 (欠—) 동 找缺點, 挑毛病
희롱하다 (戲弄—) 동 戲弄, 玩弄

10. 의생활

| 衣 | 衣 |

가락지 명 戒指, 指环
가면 (假面) 명 假面, 假面具
가발 (假髮) 명 假发
가방 명 提包, 皮包
가운 (gown) 명 长上衣, 长袍
가죽 명 皮
가죽장갑 명 皮手套
갈아입다 동 换
감다1 동 洗(身体, 头发)
감다2 동 绕
감치다 동 锁, 缭
갑옷 (甲—) 명 披甲, 铠甲
갓 명 纱帽, 乌纱帽
개량한복 (改良韓服) 명 改良韩服
거울 명 镜子
건조기 (乾燥機) 명 烘干机, 干燥器
걷다 동 收
걸다 동 挂
걸치다 동 穿, 披, 搭
겉감 명 面料
겉옷 명 外衣
고름 명 衣服的飘带

가락지 명 戒指, 指環
가면 (假面) 명 假面, 假面具
가발 (假髮) 명 假髮
가방 명 提包, 皮包
가운 (gown) 명 長上衣, 長袍
가죽 명 皮
가죽장갑 명 皮手套
갈아입다 동 換
감다1 동 洗(身體, 頭髮)
감다2 동 繞
감치다 동 鎖, 繚
갑옷 (甲—) 명 披甲, 鎧甲
갓 명 紗帽, 烏紗帽
개량한복 (改良韓服) 명 改良韓服
거울 명 鏡子
건조기 (乾燥機) 명 烘乾機, 干燥器
걷다 동 收
걸다 동 掛
걸치다 동 穿, 披, 搭
겉감 명 面料
겉옷 명 外衣
고름 명 衣服的飄帶

〈가락지〉

〈갓〉

〈개량한복〉

옷	입다	벗다
단추	채우다	끄르다
	잠그다	
윗옷·망토	걸치다	벗다
모자	쓰다	벗다
안경		
머리띠	하다	풀다
머리끈	묶다	풀다
머리핀	꽂다	빼다
비녀		
옷핀		
넥타이핀		
귀고리	하다	빼다
목걸이		
팔찌		
목도리	두르다	풀다
반지	끼다	빼다
장갑		
시계	차다	풀다
머리끈	매다	풀다
넥타이		끄르다
허리띠		
벨트		
양말	신다	벗다
신발		

분류		현대 의복	한국 전통 의복	
겉옷 (웃옷)	외투	가운 망토 바바리 코트 모피코트	평복	예복
			두루마기	원삼 활옷
	윗도리 (상의)	남방셔츠 러닝셔츠 배꼽티 블라우스 셔츠 스웨터 와이셔츠 재킷 점퍼 조끼 티셔츠	마고자 색동저고리 저고리 적삼	
	아랫도리 (하의)	골반바지 멜빵바지 면바지 모직바지 반바지 쫄바지 청바지 치마바지 칠부바지	바지	
		스커트 주름치마	치마	
속옷 내복 내의	윗도리 (상의)	러닝셔츠 브래지어	속저고리	
	아랫도리 (하의)	팬티 속치마 속바지	속치마 속바지	

고무신 몡 胶鞋
고무장갑 (一掌匣) 몡 橡皮手套
곤지 몡 吉祥痣 (韩国传统婚礼, 点在新娘额间的红点)
교복 (校服) 몡 校服
구김 몡 皱纹, 皱褶

고무신 몡 膠鞋
고무장갑 (一掌匣) 몡 橡皮手套
곤지 몡 吉祥痣 (韓國傳統婚禮, 點在新娘額間的紅點)
교복 (校服) 몡 校服
구김 몡 皺紋, 皺褶

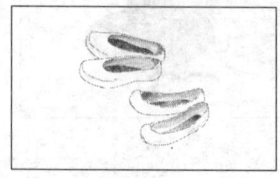

〈고무신〉

구김가다 동 皱纹, 皱褶	구김가다 동 皺紋, 皺褶
구두 명 皮鞋	구두 명 皮鞋
구명조끼 (救命—) 명 救生坎肩儿, 救生衣	구명조끼 (救命—) 명 救生坎肩兒, 救生衣
구슬 명 玉, 珠玉, 珍珠	구슬 명 玉, 珠玉, 珍珠
구질구질 부 污秽, 脏乱	구질구질 부 污穢, 髒亂
군복 (軍服) 명 军服, 军装	군복 (軍服) 명 軍服, 軍裝
권투장갑 (拳鬪掌匣) 명 拳击手套	권투장갑 (拳鬪掌匣) 명 拳擊手套
귀고리 명 耳环	귀고리 명 耳環
귀금속 (貴金屬) 명 贵金属	귀금속 (貴金屬) 명 貴金屬
금관 (金冠) 명 金冠	금관 (金冠) 명 金冠
기성복 (旣成服) 명 成衣	기성복 (旣成服) 명 成衣
기초화장 (基礎化粧) 명 基础化妆	기초화장 (基礎化粧) 명 基礎化妝
깁다 동 缝补	깁다 동 縫補
깃 명 领子	깃 명 領子
꽂다 동 戴, 插	꽂다 동 戴, 插
꽃신 명 花鞋	꽃신 명 花鞋
꾸미다 동 装饰, 布置	꾸미다 동 裝飾, 布置
꿰매다 동 缝补	꿰매다 동 縫補
끄르다 동 解开, 打开	끄르다 동 解開, 打開
끼다 동 戴(戒脂, 手套), 插	끼다 동 戴(戒脂, 手套), 插
나들이옷 명 外出服	나들이옷 명 外出服
나비넥타이 (—necktie) 명 胡蝶結	나비넥타이 (—necktie) 명 胡蝶結
남방셔츠 (南方shirt) 명 短袖衬衫	남방셔츠 (南方shirt) 명 短袖襯衫
남성복 (男性服) 명 男裝	남성복 (男性服) 명 男裝
내복 (內服) 명 內衣	내복 (內服) 명 內衣
내의 (內衣) 명 內衣	내의 (內衣) 명 內衣
널다 동 晾	널다 동 晾
넥타이 (necktie) 명 領帶	넥타이 (necktie) 명 領帶
넥타이핀 (necktie pin) 명 领带夹	넥타이핀 (necktie pin) 명 領帶夾

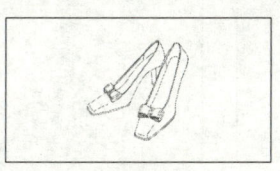

〈구두〉

〈꽃신〉

누더기 몡 破烂衣服	누더기 몡 破爛衣服
누비 몡 紆	누비 몡 紆
누비다 동 紆	누비다 동 紆
누비옷 몡 紆过的衣服	누비옷 몡 紆過的衣服
눈썹연필 (—鉛筆) 몡 眉笔	눈썹연필 (—鉛筆) 몡 眉筆
늘리다 동 衣服放大	늘리다 동 衣服放大
다듬다 동 打粉	다듬다 동 打粉
다듬이질 몡 搗衣, 搗平	다듬이질 몡 搗衣, 搗平
다리다 동 烫平, 熨平	다리다 동 燙平, 熨平
다림질 몡 熨	다림질 몡 熨
다림질하다 동 熨	다림질하다 동 熨
단 몡 貼边, 窝边儿	단 몡 貼邊, 窩邊兒
단장 (端裝) 몡 打扮	단장 (端裝) 몡 打扮
단정하다 (端整—) 형 (穿戴, 举止) 端正, 端庄, 整齐	단정하다 (端整—) 형 (穿戴, 舉止) 端正, 端莊, 整齊
단추 몡 纽扣, 扣子	단추 몡 紐扣, 扣子
단추구멍 몡 扣眼	단추구멍 몡 扣眼
달다 동 戴	달다 동 戴
댕기 몡 辫结	댕기 몡 辮結
덧버선 몡 袜套	덧버선 몡 襪套
덧신 몡 套鞋	덧신 몡 套鞋
덮다 동 盖	덮다 동 蓋
동정 몡 (韩服的) 领边, 领子	동정 몡 (韓服的) 領邊, 領子
두루마기 몡 韩服的长袍, 罩袍	두루마기 몡 韓服的長袍, 罩袍
두르다 동 围, 绕	두르다 동 圍, 繞
드라이하다 (dry—) 동 ① 干洗 ② 吹头发, 吹风	드라이하다 (dry—) 동 ① 乾洗 ② 吹頭髮, 吹風
드레스 (dress) 몡 女性礼服	드레스 (dress) 몡 女性禮服
등산모자 (登山帽子) 몡 登山帽	등산모자 (登山帽子) 몡 登山帽

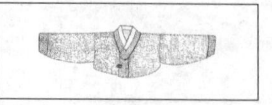

〈누비옷〉

〈다듬이질〉

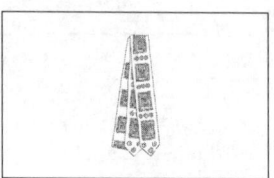

〈댕기〉

등산화 (登山靴) 명 登山鞋
땀 명 ① 汗 ② 针眼
땋다 동 编辫子
때 명 垢, 污垢, 泥垢
뜨개 명 织, 打
뜨개질 명 织活儿
뜨개질하다 동 编织
뜨다 동 编, 织, 打
런닝셔츠 (running shirt) 명 汗衫, 背心
마 (麻) 명 麻
마고자 명 韩服的马褂(没有领自及带儿)
말다 동 卷
말리다 동 晾, 干, 晒
망건 (網巾) 명 巾帻, 幪头
망토 (manteau) 명 外套斗蓬
맞다 동 舒服
맞추다 동 量身訂作
맞춤복 (一服) 명 訂作的衣服
매다 동 带, 打, 结界
매듭 명 结, 扣儿
매만지다 동 修饰
맵시 명 美姿, 漂亮的样子
머리끈 명 头绳
머리띠 명 发带
머리방 (一房) 명 里屋后面的小房间
머리핀 (一pin) 명 发夹
멋 명 风姿, 姿态, 漂亮

등산화 (登山靴) 명 登山鞋
땀 명 ① 汗 ② 針眼
땋다 동 編辮子
때 명 垢, 污垢, 泥垢
뜨개 명 織, 打
뜨개질 명 織活兒
뜨개질하다 동 編織
뜨다 동 編, 織, 打
런닝셔츠 (running shirt) 명 汗衫, 背心
마 (麻) 명 麻
마고자 명 韓服的馬褂(沒有領兒及帶兒)
말다 동 卷
말리다 동 晾, 乾, 曬
망건 (網巾) 명 巾幘, 幪頭
망토 (manteau) 명 外套斗蓬
맞다 동 舒服
맞추다 동 量身訂作
맞춤복 (一服) 명 訂作的衣服
매다 동 帶, 打, 結界
매듭 명 結, 扣兒
매만지다 동 修飾
맵시 명 美姿, 漂亮的樣子
머리끈 명 頭繩
머리띠 명 髮帶
머리방 (一房) 명 裏屋後面的小房間
머리핀 (一pin) 명 髮夾
멋 명 風姿, 姿態, 漂亮

〈두루마기〉

모자		신발		장갑	양말	장신구
전통	현대	전통	현대			
갓 샷갓 ⋮	등산모자 밀짚모자 베레모 사각모 안전모 중절모 털모자 ⋮	고무신 꽃신 나막신 짚신 ⋮	구두 등산화 방한화 부츠 숙녀화 슬리퍼 신사화 아동화 운동화 장화 털신 ⋮	가죽장갑 고무장갑 권투장갑 면장갑 벙어리장갑 스키장갑 털장갑 ⋮	덧버선 버선 스타킹 ⋮	가락지 넥타이핀 노리개 머리띠 머리핀 목걸이 반지 브로치 귀고리 팔찌 ⋮

멜빵 명 吊帯
멜빵바지 명 吊帯裤
면 (綿) 명 棉, 棉布, 棉织
면바지 (綿—) 명 绵裤
면장갑 (綿掌匣) 명 绵手套
명주 (明紬) 명 丝绸
모 (毛) 명 毛
모시 명 夏布, 苎麻布
모자 (帽子) 명 帽子
모직바지 (毛織—) 명 毛织裤子
모피 (毛皮) 명 毛皮
모피코트 (毛皮coat) 명 毛皮大衣
목걸이 명 项链
목도리 명 围巾
무늬 명 纹, 花纹
무대의상 (舞臺衣裳) 명 舞台服装
무대화장 (舞臺化粧) 명 舞台妆
묶다[1] 동 捆绑, 捆札

멜빵 명 吊帯
멜빵바지 명 吊帶褲
면 (綿) 명 棉, 棉布, 棉織
면바지 (綿—) 명 綿褲
면장갑 (綿掌匣) 명 綿手套
명주 (明紬) 명 絲綢
모 (毛) 명 毛
모시 명 夏布, 苎麻布
모자 (帽子) 명 帽子
모직바지 (毛織—) 명 毛織褲子
모피 (毛皮) 명 毛皮
모피코트 (毛皮coat) 명 毛皮大衣
목걸이 명 項鏈
목도리 명 圍巾
무늬 명 紋, 花紋
무대의상 (舞臺衣裳) 명 舞臺服裝
무대화장 (舞臺化粧) 명 舞臺妝
묶다[1] 동 梱綁, 梱札

〈목도리〉

〈밀짚모자〉

〈바늘과 바늘꽂이〉

묶다² 동 编, 捆
문신 (文身) 명 纹身
물들이다 동 染
미용실 (美容室) 명 美容室, 美容院
미장원 (美粧院) 명 美容室, 美容院
밀짚모자 (—帽子) 명 草帽
밑화장 (—化粧) 명 基础化妆
바느질 명 针线活
바르다 동 抹, 擦, 涂, 敷
바바리 (Burberry) 명 风衣
바지 명 裤子
박다 동 钉, 捶, 打
반바지 (半—) 명 短裤
반지 (斑指) 명 戒指
발가벗다 동 脱光
방탄조끼 (防弹—) 명 防弹坎肩
방한복 (防寒服) 명 御寒衣物
배꼽티 (—T) 명 超短T衫, 露肚脐的T衫
배냇저고리 명 (草生婴儿的) 无领无襟上衣
버선 명 韩服的布袜
벌 의 套
벗다 동 脱, 摘
벙어리장갑 (—掌匣) 명 二指手套
베레모 (béret帽) 명 贝雷帽
벨트 (belt) 명 皮带
변신 (變身) 명 改装, 乔装
변장 (變裝) 명 化装, 扮作
보푸라기 명 起毛头

묶다² 동 編, 捆
문신 (文身) 명 紋身
물들이다 동 染
미용실 (美容室) 명 美容室, 美容院
미장원 (美粧院) 명 美容室, 美容院
밀짚모자 (—帽子) 명 草帽
밑화장 (—化粧) 명 基礎化粧
바느질 명 針線活
바르다 동 抹, 擦, 塗, 敷
바바리 (Burberry) 명 風衣
바지 명 褲子
박다 동 釘, 捶, 打
반바지 (半—) 명 短褲
반지 (斑指) 명 戒指
발가벗다 동 脫光
방탄조끼 (防彈—) 명 防彈坎肩
방한복 (防寒服) 명 禦寒衣物
배꼽티 (—T) 명 超短T衫, 露肚臍的T衫
배냇저고리 명 (草生嬰兒的) 無領無襟上衣
버선 명 韓服的布襪
벌 의 套
벗다 동 脫, 摘
벙어리장갑 (—掌匣) 명 二指手套
베레모 (béret帽) 명 貝雷帽
벨트 (belt) 명 皮帶
변신 (變身) 명 改裝, 喬裝
변장 (變裝) 명 化裝, 扮作
보푸라기 명 起毛頭

〈반바지〉

〈반짇고리〉

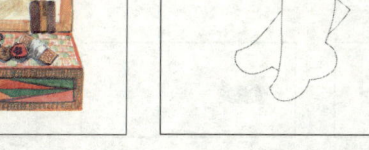
〈버선〉

옷 손질				
바느질		빨래		기타
방법	도구	방법	도구	
감치다	가위	개다	빨래비누	다듬이질
깁다	골무	걷다	빨래집게	다리다
꿰매다	뜨개바늘	널다	빨래판	다림질
누비다	바늘	말리다	빨랫줄	다림질하다
뜨개질	바늘꽂이	빨다	세제	드라이클리닝
뜨개질하다	반짇고리	빨래하다	세탁기	빨래방
뜨다	색실	세탁하다	:	빨래터
박다	실	짜다		세탁소
수놓다	재봉틀	탈수하다		:
시치다	코바늘	헹구다		
자수	털실	:		
재봉	:			
짜다				
짜깁기				
:				

복식 (服飾) 명 服饰
복장 (服裝) 명 服裝, 衣着
볼연지 명 胭紅
볼터치 명 胭脂
부츠 (boots) 명 靴子
분 (粉) 명 粉饼
분장 (扮裝) 명 裝扮, 化裝, 打扮
분첩 (粉貼) 명 粉扑
브래지어 (brassiere) 명 胸罩
브로치 (brooch) 명 胸针, 领针
블라우스 (blouse) 명 女用衬衫
비녀 명 簪子, 发簪
비누 명 肥皂, 香皂
비단 (緋緞) 명 绸缎, 绸子

복식 (服飾) 명 服飾
복장 (服裝) 명 服裝, 衣着
볼연지 명 胭紅
볼터치 명 胭脂
부츠 (boots) 명 靴子
분 (粉) 명 粉餠
분장 (扮裝) 명 裝扮, 化裝, 打扮
분첩 (粉貼) 명 粉撲
브래지어 (brassiere) 명 胸罩
브로치 (brooch) 명 胸針, 領針
블라우스 (blouse) 명 女用襯杉
비녀 명 簪子, 髮簪
비누 명 肥皂, 香皂
비단 (緋緞) 명 綢緞, 綢子

〈브로치〉

〈비녀〉

〈비옷〉

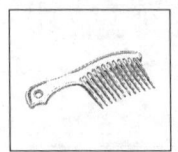
〈빗〉

비옷 명 雨衣
빗 명 梳子
빗다 동 梳
빨다 동 洗, 洗濯
빨래 명 洗衣
빨래방 (一房) 명 洗衣房
빨래집게 명 衣夹子
빨래터 명 洗衣处
빨래판 (一板) 명 洗衣板
빨래하다 동 洗衣
빨랫감 명 要洗的衣物
빨랫줄 명 晾衣绳
빼다 동 ①抽, 拨 ②去掉, 除去, 扣除
뿌리다 동 洒
사각모 (四角帽) 명 四角帽
삼베 명 麻布
삿갓 명 斗笠, 草笠, 草巾帽
상복 (喪服) 명 丧服, 孝服
상의 (上衣) 명 上衣
상투 명 发髻
색동 (色一) 명 做彩色衣袖的缎子
색동저고리 (色一) 명 (儿童穿的)彩色袖
색실 (色一) 명 色丝, 花线
색안경 (色眼鏡) 명 墨镜, 有色眼境
색조화장 (色調化粧) 명 色调化妆
설빔 명 新年穿的服装, 鞋, 帽等
섬유 (纖維) 명 纤维
세련되다 (洗練一) 형 洗练, 老练, 干净俐落
세탁 (洗濯) 명 洗衣

〈빨래집게〉

〈빨래판〉

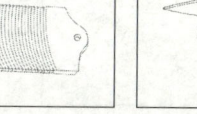
〈사각모〉

〈색동저고리〉

세탁기 (洗濯機) 명 洗衣机　　　　　　세탁기 (洗濯机) 명 洗衣机
세탁소 (洗濯所) 명 洗衣店, 干洗店　　세탁소 (洗濯所) 명 洗衣店, 乾洗店
세탁하다 (洗濯—) 동 洗, 洗濯　　　　세탁하다 (洗濯—) 동 洗, 洗濯
셔츠 (shirt) 명 衬衫　　　　　　　　셔츠 (shirt) 명 襯衫
소매 명 袖子　　　　　　　　　　　　소매 명 袖子
소복 (素服) 명 素服　　　　　　　　　소복 (素服) 명 素服
속바지 명 内裤　　　　　　　　　　　속바지 명 內褲
속옷 명 内衣　　　　　　　　　　　　속옷 명 內衣
속저고리 명 (韩服) 里边上衣　　　　　속저고리 명 (韓服) 裡邊上衣
속치마 명 内裙, 衬裙　　　　　　　　속치마 명 內裙, 襯裙
손질 명 动手修整　　　　　　　　　　손질 명 動手修整
솔기 명 衣缝　　　　　　　　　　　　솔기 명 衣縫
솜 명 棉花, 绵絮　　　　　　　　　　솜 명 棉花, 綿絮
솜바지 명 棉裤　　　　　　　　　　　솜바지 명 棉褲
숄 (shawl) 명 围巾, 披肩　　　　　　숄 (shawl) 명 圍巾, 披肩
수놓다 (繡—) 동 刺绣　　　　　　　　수놓다 (繡—) 동 刺繡
수선 (修繕) 명 修改　　　　　　　　　수선 (修繕) 명 修改
수수하다 형 普通, 平凡　　　　　　　수수하다 형 普通, 平凡
수영복 (水泳服) 명 游泳衣　　　　　　수영복 (水泳服) 명 遊泳衣
숙녀복 (淑女服) 명 淑女服裝　　　　　숙녀복 (淑女服) 명 淑女服裝
숙녀화 (淑女靴) 명 淑女鞋　　　　　　숙녀화 (淑女靴) 명 淑女鞋
스웨터 (sweater) 명 毛衣　　　　　　스웨터 (sweater) 명 毛衣
스카프 (scarf) 명 围巾, 颈巾, 披肩　스카프 (scarf) 명 圍巾, 頸巾, 披肩
스커트 (skirt) 명 裙子　　　　　　　스커트 (skirt) 명 裙子
스키장갑 (ski掌匣) 명 滑雪用手套　　스키장갑 (ski掌匣) 명 滑雪用手套
스타킹 (stockings) 명 长筒袜子, 丝袜　스타킹 (stockings) 명 長筒襪子, 絲襪
슬리퍼 (slipper) 명 拖鞋　　　　　　슬리퍼 (slipper) 명 拖鞋
승마복 (乘馬服) 명 骑马服　　　　　　승마복 (乘馬服) 명 騎馬服

  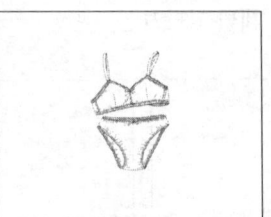

〈셔츠 (남방)〉　　　　〈남자 속옷〉　　　　〈여자 속옷〉

시치다 동 绷 (缝纫的一种)　　　　시치다 동 繃 (縫紉的一種)
신 명 鞋子, 履　　　　　　　　　신 명 鞋子, 履
신다 동 穿　　　　　　　　　　　신다 동 穿
신발 명 鞋子　　　　　　　　　　신발 명 鞋子
신사복 (紳士服) 명 绅士服　　　신사복 (紳士服) 명 紳士服
신사화 (紳士靴) 명 男鞋　　　　신사화 (紳士靴) 명 男鞋
신축성 (伸縮性) 명 伸缩性　　　신축성 (伸縮性) 명 伸縮性
실 명 线　　　　　　　　　　　　실 명 線
실내복 (室內服) 명 在家里穿的便服,　실내복 (室內服) 명 在家裡穿的便服,
　　居家服　　　　　　　　　　　　　居家服
실내화 (室內靴) 명 室內拖鞋　　실내화 (室內靴) 명 室內拖鞋
실밥 명 线头　　　　　　　　　　실밥 명 線頭
실크 (silk) 명 丝　　　　　　　　실크 (silk) 명 絲
쓰다 동 戴　　　　　　　　　　　쓰다 동 戴
아동복 (兒童服) 명 童裝　　　　아동복 (兒童服) 명 童裝
아래옷 명 下身儿, 裤子　　　　　아래옷 명 下身兒, 褲子
아랫도리 명 下身儿, 裤子　　　　아랫도리 명 下身兒, 褲子
안감 명 里子　　　　　　　　　　안감 명 里子
안경 (眼鏡) 명 眼镜　　　　　　안경 (眼鏡) 명 眼鏡
안전모 (安全帽) 명 安全帽　　　안전모 (安全帽) 명 安全帽
앞치마 명 围裙　　　　　　　　　앞치마 명 圍裙
양말 명 袜子　　　　　　　　　　양말 명 襪子
양복 (洋服) 명 西裝, 西服　　　양복 (洋服) 명 西裝, 西服
양복점 (洋服店) 명 西服店　　　양복점 (洋服店) 명 西服店
양장 (洋裝) 명 洋裝　　　　　　양장 (洋裝) 명 洋裝
양장점 (洋裝店) 명 洋裝店, 女裝店　양장점 (洋裝店) 명 洋裝店, 女裝店
양품점 (洋品店) 명 洋品店　　　양품점 (洋品店) 명 洋品店
어울리다 동 适合　　　　　　　　어울리다 동 適合

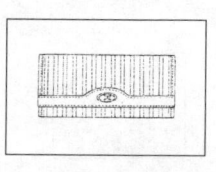
〈손지갑〉

〈앞치마〉

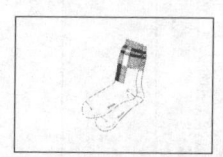
〈양말〉

얼룩 몡 斑点, 斑纹　　　　　　　　　　얼룩 몡 斑點, 斑紋
여성복 (女性服) 몡 女性服裝　　　　　여성복 (女性服) 몡 女性服裝
연미복 (燕尾服) 몡 燕尾服　　　　　　연미복 (燕尾服) 몡 燕尾服
연지 몡 胭脂　　　　　　　　　　　　연지 몡 胭脂
염색 (染色) 몡 染色　　　　　　　　　염색 (染色) 몡 染色
염색약 (染色藥) 몡 染色药, 染药水　　염색약 (染色藥) 몡 染色藥, 染藥水
염색하다 (染色—) 동 染色　　　　　　염색하다 (染色—) 동 染色
영양크림 (營養cream) 몡 营养霜　　　영양크림 (營養cream) 몡 營養霜
예복 (禮服) 몡 礼服　　　　　　　　　예복 (禮服) 몡 禮服
올리다 동 头发往上梳　　　　　　　　올리다 동 頭髮往上梳
옷 몡 衣, 衣服　　　　　　　　　　　옷 몡 衣, 衣服
옷가게 몡 衣服店, 服裝店　　　　　　옷가게 몡 衣服店, 服裝店
옷감 몡 衣料, 布料　　　　　　　　　옷감 몡 衣料, 布料
옷걸이 몡 衣架　　　　　　　　　　　옷걸이 몡 衣架
옷고름 몡 飘带　　　　　　　　　　　옷고름 몡 飄帶
옷매무새 몡 打扮, 裝束　　　　　　　옷매무새 몡 打扮, 裝束
옷솔 몡 衣刷子　　　　　　　　　　　옷솔 몡 衣刷子
옷장 (—欌) 몡 衣柜, 衣橱　　　　　　옷장 (—欌) 몡 衣柜, 衣櫥
옷차림 몡 穿戴, 穿着, 衣着　　　　　 옷차림 몡 穿戴, 穿着, 衣着
와이셔츠 (Y-shirt) 몡 (男) 衬衫　　　와이셔츠 (Y-shirt) 몡 (男) 襯衫
왕관 (王冠) 몡 王冠　　　　　　　　　왕관 (王冠) 몡 王冠
외출복 (外出服) 몡 外出时穿的衣服　 외출복 (外出服) 몡 外出時穿的衣服
외투 (外套) 몡 外套　　　　　　　　　외투 (外套) 몡 外套

옷					옷감
기능·목적	대상	시기	장소	의식	
구명조끼 군복 방탄조끼 방한복 ·비옷 수영복 승마복 우비 운동복 작업복 잠옷 체육복 :	숙녀복 신사복 아동복 유아복 임부복 :	설빔 추석빔 :	교복 나들이옷 무대의상 실내복 외출복 체육복 :	상복 소복 연미복 예복 원삼 웨딩드레스 정장 활옷 :	마 면 명주 모 모시 비단 삼베 섬유 실크 직물 천 :

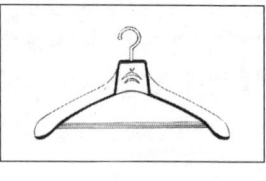

〈옷걸이〉

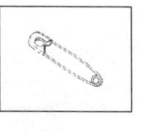

〈옷핀〉

우비 (雨備) 명 雨具
운동복 (運動服) 명 运动服
운동화 (運動靴) 명 运动鞋
웃옷 명 上衣
원삼 (圓衫) 명 圆衫
원피스 (one piece) 명 连衣裙
월계관 (月桂冠) 명 桂冠
웨딩드레스 (wedding dress) 명
　　结婚礼服
윗도리 명 上衣
윗옷 명 上衣
유아복 (乳兒服) 명 婴儿服
유연화장수 (柔軟化粧水) 명 柔软化妆水
의류 (衣類) 명 衣类
의복 (衣服) 명 衣服, 衣裳
의상 (衣裳) 명 衣服, 衣裳
의생활 (衣生活) 명 衣生活
이발소 (理髮所) 명 理发馆
이발하다 (理髮—) 동 理发
임부복 (姙婦服) 명 孕妇服装
입다 동 穿
입술연지 명 口红
자수 (刺繡) 명 刺绣
자켓 (jacket) 명 夹克
작업복 (作業服) 명 工作服
잠옷 명 睡衣
장갑 (掌匣) 명 手套

우비 (雨備) 명 雨具
운동복 (運動服) 명 運動服
운동화 (運動靴) 명 運動鞋
웃옷 명 上衣
원삼 (圓衫) 명 圓衫
원피스 (one piece) 명 連衣裙
월계관 (月桂冠) 명 桂冠
웨딩드레스 (wedding dress) 명
　　結婚禮服
윗도리 명 上衣
윗옷 명 上衣
유아복 (乳兒服) 명 嬰兒服
유연화장수 (柔軟化粧水) 명 柔軟化妝水
의류 (衣類) 명 衣類
의복 (衣服) 명 衣服, 衣裳
의상 (衣裳) 명 衣服, 衣裳
의생활 (衣生活) 명 衣生活
이발소 (理髮所) 명 理髮館
이발하다 (理髮—) 동 理髮
임부복 (姙婦服) 명 孕婦服裝
입다 동 穿
입술연지 명 口紅
자수 (刺繡) 명 刺繡
자켓 (jacket) 명 夾克
작업복 (作業服) 명 工作服
잠옷 명 睡衣
장갑 (掌匣) 명 手套

〈원삼〉

〈입술연지〉

장신구 (裝身具) 명 裝饰品
장화 (長靴) 명 靴子, 长筒靴
재다 동 量, 测量
재단 (裁斷) 명 剪裁
재단하다 (裁斷—) 동 剪裁
재봉 (裁縫) 명 缝纫
재봉틀 (裁縫—) 명 裁缝机, 缝纫机
저고리 명 上衣, 挂儿, 短袄
적삼 (—衫) 명 衬衫
점퍼 (jumper) 명 宽松外套, 夹克
정장 (正裝) 명 正裝, 正式服裝
조끼 명 背心
족두리 명 裝飾帽
주름 명 皱折, 皱纹, 褶子
주름가다 동 起皱纹
주름치마 명 百褶裙
주머니 명 口袋, 袋子
줄이다 동 裁剪, 缩小, 减少
중절모 (中折帽) 명 礼帽
지갑 (紙匣) 명 钱包, 皮夹儿(子)
지르다 동 戴
지퍼 (zipper) 명 拉链
직물 (織物) 명 纺织品, 织物, 布匹
짚신 명 草鞋, 芒鞋
짜깁기 명 补丁
짜다 동 编织
쫄바지 명 紧身裤
차다 동 戴, 佩带, 挎带
차림 명 穿戴, 裝束, 衣着, 打扮

장신구 (裝身具) 명 裝飾品
장화 (長靴) 명 靴子, 長筒靴
재다 동 量, 測量
재단 (裁斷) 명 剪裁
재단하다 (裁斷—) 동 剪裁
재봉 (裁縫) 명 縫紉
재봉틀 (裁縫—) 명 裁縫機, 縫紉機
저고리 명 上衣, 掛兒, 短襖
적삼 (—衫) 명 襯衫
점퍼 (jumper) 명 寬鬆外套, 夾克
정장 (正裝) 명 正裝, 正式服裝
조끼 명 背心
족두리 명 裝飾帽
주름 명 皺折, 皺紋, 褶子
주름가다 동 起皺紋
주름치마 명 百褶裙
주머니 명 口袋, 袋子
줄이다 동 裁剪, 縮小, 減少
중절모 (中折帽) 명 禮帽
지갑 (紙匣) 명 錢包, 皮夾兒(子)
지르다 동 戴
지퍼 (zipper) 명 拉鏈
직물 (織物) 명 紡織品, 織物, 布匹
짚신 명 草鞋, 芒鞋
짜깁기 명 補丁
짜다 동 編織
쫄바지 명 緊身褲
차다 동 戴, 佩帶, 挎帶
차림 명 穿戴, 裝束, 衣着, 打扮

 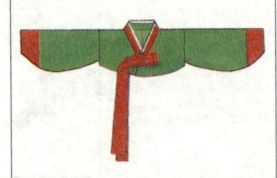  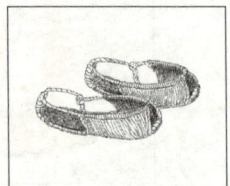

〈장화〉 〈저고리〉 〈족두리〉 〈짚신〉

차림새 명 穿戴, 打扮
착복하다 (着服—) 동 穿
착용하다 (着用—) 동 穿, 携帯
채우다 동 扣 (钮扣), 锁门
천 명 布, 布匹
청바지 (青—) 명 牛仔裤
체육복 (體育服) 명 运动服
촌스럽다 (村—) 형 土里土气, 粗俗
추석빔 명 中秋节穿的新衣
치렁치렁 부 轻轻摇摆貌
치마 명 裙子
치마바지 명 裙裤
치장하다 (治粧—) 동 打扮, 裝扮
칠부바지 (七部—) 명 七分裤
켤레 의 双
코트 (coat) 명 大衣
탈색 (脫色) 명 脱色, 掉色
탈수기 (脫水機) 명 脱水机
탈수하다 (脫水—) 동 脱水
탈의실 (脫衣室) 명 更衣室
털모자 (—帽子) 명 皮帽, 毛皮帽子
털신 명 毛皮鞋
털실 명 毛线
털옷 명 毛衣服
털장갑 (—掌匣) 명 毛线手套
투피스 (two piece) 명 套装
티셔츠 (T-shirt) 명 T恤
파자마 (pajama) 명 睡衣
팔찌 명 手环, 手链
패션 (fashion) 명 流行
팬티 (panty) 명 内裤

〈털모자〉

파마하다 (←permanent—) 동 烫发   파마하다 (←permanent—) 동 燙髮
파마머리 (←permanent—) 명 烫发   파마머리 (←permanent—) 명 燙髮
펴다 동 弄平, 展平   펴다 동 弄平, 展平
평상복 (平常服) 명 便服   평상복 (平常服) 명 便服
풀다 동 解开   풀다 동 解開
품 명 胸围   품 명 胸圍
피부관리 (皮膚管理) 명 皮肤管理   피부관리 (皮膚管理) 명 皮膚管理
피부미용 (皮膚美容) 명 皮肤美容   피부미용 (皮膚美容) 명 皮膚美容
하다 동 穿, 戴   하다 동 穿, 戴
하의 (下衣) 명 下半身衣装   하의 (下衣) 명 下半身衣装
한복 (韓服) 명 韩服   한복 (韓服) 명 韓服
핸드백 (handbag) 명 (女用) 手提包   핸드백 (handbag) 명 (女用) 手提包
행주치마 명 围裙   행주치마 명 圍裙
향수 (香水) 명 香水   향수 (香水) 명 香水
허리띠 명 皮带   허리띠 명 皮帶
헝겊 명 布鞋   헝겊 명 布鞋
호주머니 명 衣兜, 裤兜   호주머니 명 衣兜, 褲兜
홈드레스 (home dress) 명 居家服   홈드레스 (home dress) 명 居家服
화려하다 (華麗—) 형 华丽, 富丽堂皇   화려하다 (華麗—) 형 華麗, 富麗堂皇
화장 (化粧) 명 化妆   화장 (化粧) 명 化妝
화장대 (化粧臺) 명 化妆台, 梳妆台   화장대 (化粧臺) 명 化妝台, 梳妝台
화장솔 (化粧—) 명 化妆用的刷子   화장솔 (化粧—) 명 化妝用的刷子
화장솜 (化粧—) 명 化妆棉   화장솜 (化粧—) 명 化妝棉
화장수 (化粧水) 명 化妆水   화장수 (化粧水) 명 化妝水
화장술 (化粧術) 명 化妆技术   화장술 (化粧術) 명 化妝技術
화장지 (化粧紙) 명 化妆纸   화장지 (化粧紙) 명 化妝紙
화장품 (化粧品) 명 化妆品   화장품 (化粧品) 명 化妝品
화장하다 (化粧—) 동 化妆   화장하다 (化粧—) 동 化妝

〈한복〉

활옷 명 皇家礼服   활옷 명 皇家禮服

〈활옷〉

화장과 머리손질							
화장			머리손질				
화장법	화장품		머리 모양	손질 방법	머리장식		
	전통	현대			전통	현대	
기초화장 밑화장 무대화장 색조화장 :	곤지 볼연지 분 연지 입술연지 :	눈썹연필 립스틱 볼터치 영양크림 유연화장수 화장수 :	생머리 파마머리 :	드라이하다 땋다 묶다 빗다 염색하다 파마하다	댕기 비녀 족두리	머리끈 머리띠 머리핀 :	

11. 식생활

| 食 | 食 |

가공식품 (加工食品) 명 加工食品
가락국수 명 粗面条
가래떡 명 条糕
가리다 동 挑嘴, 挑口
가마솥 명 铁锅
가물치 명 乌鱼, 鲣鱼
가스렌지 (gas range) 명 瓦斯炉, 煤泛炉
가열하다 (加熱—) 동 加热
가자미 명 比目鱼
가지 명 茄子
간 (肝) 명 肝
간간하다 형 稍咸, 略咸
간맞추다 동 调剂咸淡
간보다 동 尝唔咸淡
간식 (間食) 명 零食, 零嘴
간장 (—醬) 명 酱油
갈다 동 碾
갈비 명 排骨
갈비찜 명 烧排骨, 炖排骨
갈비탕 (—湯) 명 排骨汤
갈증 (渴症) 명 口喝, 干汤, 口干
갈증나다 (渴症—) 동 口喝, 干汤, 口干

가공식품 (加工食品) 명 加工食品
가락국수 명 粗麵條
가래떡 명 條糕
가리다 동 挑嘴, 挑口
가마솥 명 鐵鍋
가물치 명 烏魚, 鰹魚
가스렌지 (gas range) 명 瓦斯爐, 煤泛爐
가열하다 (加熱—) 동 加熱
가자미 명 比目魚
가지 명 茄子
간 (肝) 명 肝
간간하다 형 稍鹹, 略鹹
간맞추다 동 調劑鹹淡
간보다 동 嘗嚐鹹淡
간식 (間食) 명 零食, 零嘴
간장 (—醬) 명 醬油
갈다 동 碾
갈비 명 排骨
갈비찜 명 燒排骨, 炖排骨
갈비탕 (—湯) 명 排骨湯
갈증 (渴症) 명 口喝, 乾湯, 口乾
갈증나다 (渴症—) 동 口喝, 乾湯, 口乾

〈가마솥〉

〈갈비찜〉

〈갈비탕〉

갈치 몡 带鱼, 刀鱼
감미료 (甘味料) 몡 调料
감자 몡 马铃, 薯
감자탕 (一湯) 몡 土豆猪骨头辣汤
감주 (甘酒) 몡 甜酒
갓 몡 雪里红
강낭콩 몡 扁豆, 四季豆
강냉이 몡 玉米
강정 몡 琥珀花生
강판 (薑板) 몡 擦菜板
개고기 몡 狗肉
개떡 몡 糖饽饽
거르다 동 滤
거품기 (一機) 몡 泡沫机
건더기 몡 汤里的东西(如菜, 肉等), 汤料
건배하다 (乾杯一) 동 干杯
건빵 (乾一) 몡 干粮, 硬面包
건어물 (乾魚物) 몡 干海鲜
건지다 동 捞
건포도 (乾葡萄) 몡 葡萄干
게 몡 蟹, 螃蟹
겨자 몡 艾菜
경단 (瓊團) 몡 汤元
계란 (鷄卵) 몡 鸡蛋
계란빵 (鷄卵一) 몡 鸡蛋甜饼
계량스푼 (計量spoon) 몡 量匙
계량컵 (計量cup) 몡 量杯
계피 (桂皮) 몡 桂皮
고구마 몡 蕃薯, 地瓜
고기 몡 肉类
고다 동 炖, 熬
고등어 (一漁) 몡 鲐巴鱼, 青花鱼
고량주 (高粱酒) 몡 高粱酒
고명 몡 浇头
고사리 몡 蕨菜

갈치 몡 帶魚, 刀魚
감미료 (甘味料) 몡 調料
감자 몡 馬鈴, 薯
감자탕 (一湯) 몡 土豆猪骨頭辣湯
감주 (甘酒) 몡 甛酒
갓 몡 雪里紅
강낭콩 몡 扁豆, 四季豆
강냉이 몡 玉米
강정 몡 琥珀花生
강판 (薑板) 몡 擦菜板
개고기 몡 狗肉
개떡 몡 糖餑餑
거르다 동 濾
거품기 (一機) 몡 泡沫機
건더기 몡 湯裏的東西(如菜, 肉等), 湯料
건배하다 (乾杯一) 동 乾杯
건빵 (乾一) 몡 乾糧, 硬麵包
건어물 (乾魚物) 몡 乾海鮮
건지다 동 撈
건포도 (乾葡萄) 몡 葡萄乾
게 몡 蟹, 螃蟹
겨자 몡 艾菜
경단 (瓊團) 몡 湯元
계란 (鷄卵) 몡 鷄蛋
계란빵 (鷄卵一) 몡 鷄蛋甛餅
계량스푼 (計量spoon) 몡 量匙
계량컵 (計量cup) 몡 量杯
계피 (桂皮) 몡 桂皮
고구마 몡 蕃薯, 地瓜
고기 몡 肉類
고다 동 燉, 熬
고등어 (一漁) 몡 鮐巴魚, 靑花魚
고량주 (高粱酒) 몡 高粱酒
고명 몡 澆頭
고사리 몡 蕨菜

고소하다 [형] 香, 香喷喷
고추 [명] 辣椒
고추냉이 [명] 韩国山辣草
고추장 (—醬) [명] 辣椒酱
고춧가루 [명] 辣椒粉
곡류 (穀類) [명] 谷类
곡식 (穀—) [명] 粮食, 谷物
골뱅이 [명] 螺
굶다 [동] 饿, 挨饿
곰국 [명] 牛骨汤
곰탕 (—湯) [명] 牛骨汤
곱창 [명] 牛的小肠
곱창전골 [명] 小牛肠荤杂烩
공기 (空器) [명] 饭碗, 小碗
곶감 [명] 柿饼, 柿干
과도 (果刀) [명] 水果刀
과식 (過食) [명] 饮食过量, 吃得过多
과음 (過飮) [명] 喝酒过量, 酗酒
과일 [명] 水果
과일쥬스 (—juice) [명] 水果汁
과자 (菓子) [명] 饼干, 点心
광어 (廣魚) [명] 广鱼
구수하다 [형] 香, 香喷喷
구이 [명] 烤肉, 烤鱼
구절판 (九折坂) [명] (韩国饭菜之一) 九折坂
국 [명] 汤
국물 [명] 汤, 菜汤
국밥 [명] 汤泡饭, 泡饭

고소하다 [형] 香, 香噴噴
고추 [명] 辣椒
고추냉이 [명] 韓國山辣草
고추장 (—醬) [명] 辣椒醬
고춧가루 [명] 辣椒粉
곡류 (穀類) [명] 穀類
곡식 (穀—) [명] 糧食, 穀物
골뱅이 [명] 螺
굶다 [동] 餓, 挨餓
곰국 [명] 牛骨湯
곰탕 (—湯) [명] 牛骨湯
곱창 [명] 牛的小腸
곱창전골 [명] 小牛腸葷雜燴
공기 (空器) [명] 飯碗, 小碗
곶감 [명] 柿餅, 柿乾
과도 (果刀) [명] 水果刀
과식 (過食) [명] 飲食過量, 吃得過多
과음 (過飮) [명] 喝酒過量, 酗酒
과일 [명] 水果
과일쥬스 (—juice) [명] 水果汁
과자 (菓子) [명] 餅乾, 點心
광어 (廣魚) [명] 廣魚
구수하다 [형] 香, 香噴噴
구이 [명] 烤肉, 烤魚
구절판 (九折坂) [명] (韓國飯菜之一) 九折坂
국 [명] 湯
국물 [명] 湯, 菜湯
국밥 [명] 湯泡飯, 泡飯

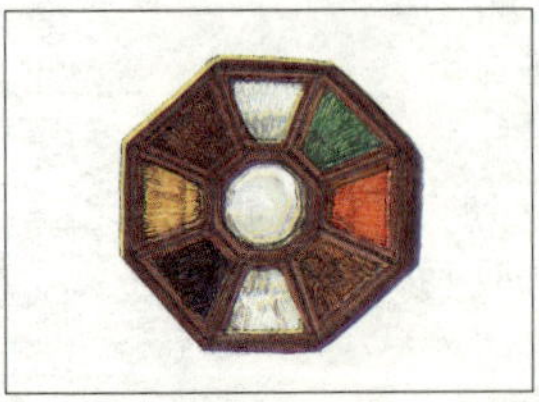
〈구절판〉

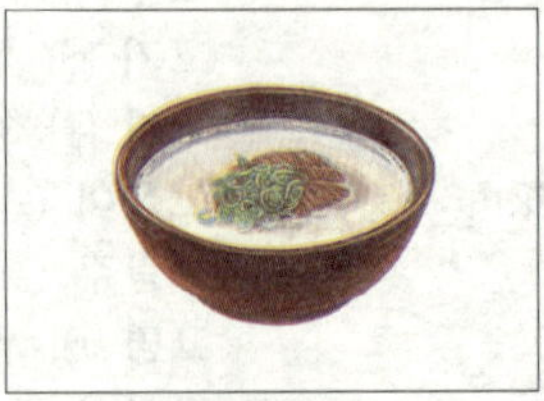
〈곰탕〉

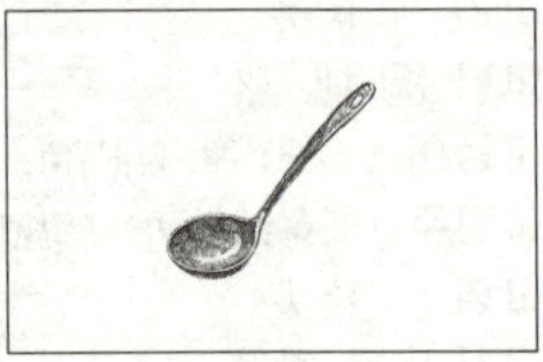
〈국자〉

그릇	음식을 만드는 그릇	가마솥, 냄비, 뚝배기, 들통, 밥솥, 솥, 시루, 압력솥, 주전자, 차주전자, 프라이팬 …
	음식을 담는 그릇	공기, 다기, 대접, 식기, 접시, 종지, 주발, 찻잔, 컵 …
	음식을 보관하는 그릇	김치통, 단지, 밥통, 보온병, 수저통, 양념통, 통 …
	음식을 나르는 그릇	쟁반, 찬합 …

국밥집 명 泡饭馆, 饭馆
국수 명 面条
국자 명 勺子, 汤勺
국화빵 (菊花—) 명 菊花饼
군것질 명 吃零食, 吃零嘴儿
군침 명 口水
군침돌다 동 垂涎, 嘴馋
굴 명 牡蛎
굴비 명 咸黄花鱼
굶다 동 挨饿
굶주리다 동 挨饿, 饥饿
굽다 동 煎
궁중요리 (宮中料理) 명 宫庭菜
귀리 명 燕麦
그릇 명 器皿, 食具
근대 명 莙蓬菜
금식 (禁食) 명 禁食
금연 (禁煙) 명 禁烟
금주 (禁酒) 명 禁酒
급식 (給食) 명 供应食物, 供饭
기름 명 油
기호식품 (嗜好食品) 명 嗜好食品
기호품 (嗜好品) 명 嗜好食品
김 명 紫菜
김밥 명 紫菜卷饭

국밥집 명 泡飯館, 飯館
국수 명 麵條
국자 명 勺子, 湯勺
국화빵 (菊花—) 명 菊花餅
군것질 명 吃零食, 吃零嘴兒
군침 명 口水
군침돌다 동 垂涎, 嘴饞
굴 명 牡蠣
굴비 명 咸黃花魚
굶다 동 挨餓
굶주리다 동 挨餓, 飢餓
굽다 동 煎
궁중요리 (宮中料理) 명 宮庭菜
귀리 명 燕麥
그릇 명 器皿, 食具
근대 명 莙蓬菜
금식 (禁食) 명 禁食
금연 (禁煙) 명 禁煙
금주 (禁酒) 명 禁酒
급식 (給食) 명 供應食物, 供飯
기름 명 油
기호식품 (嗜好食品) 명 嗜好食品
기호품 (嗜好品) 명 嗜好食品
김 명 紫菜
김밥 명 紫菜卷飯

〈그릇〉

김밥집 몡 壽司店, 紫菜包飯店
김장 몡 (過冬的) 泡菜, 腌泡菜
김장철 몡 (立冬前后) 腌泡菜的季节
김치 몡 泡菜
김치찌개 몡 泡菜汤
김치통 (—桶) 몡 泡菜桶
깍두기 몡 泡萝卜块儿咸菜
깡통따개 몡 开罐器
깨 몡 芝蔬
깨물다 동 咬
깻잎 몡 苏子叶
껌 (gum) 몡 口香糖
꼬들꼬들 부 (饭) 硬貌
꼬르륵 부 咕咕 (肚子响), 咕噜咕噜
꼬리곰탕 몡 牛尾汤
꼬치 몡 用签子穿的食物
꼴뚜기 몡 望潮, 短蛸
꽁초 (—草) 몡 烟头儿, 烟蒂
꽁치 몡 针鱼
꽃게 몡 螃蟹
꾸역꾸역 부 涌出貌, 涌进貌
꿀 몡 蜂蜜
꿀꺽 부 咕嘟咕嘟 (吞东西的声音)
꿀떡 몡 加蜂蜜做的甜糕
꿀맛이다 형 形容好吃的样子, 香甜
꿩고기 몡 山鸡肉, 野鸡肉, 雉鸡肉
끓이다 동 烧开
끼니 몡 (三餐) 饭
끼얹다 동 倒
나물 몡 山菜, 野菜

김밥집 몡 壽司店, 紫菜包飯店
김장 몡 (過冬的) 泡菜, 腌泡菜
김장철 몡 (立冬前後) 腌泡菜的季節
김치 몡 泡菜
김치찌개 몡 泡菜湯
김치통 (—桶) 몡 泡菜桶
깍두기 몡 泡蘿蔔塊兒鹹菜
깡통따개 몡 開罐器
깨 몡 芝蔬
깨물다 동 咬
깻잎 몡 蘇子葉
껌 (gum) 몡 口香糖
꼬들꼬들 부 (飯) 硬貌
꼬르륵 부 咕咕 (肚子響), 咕嚕咕嚕
꼬리곰탕 몡 牛尾湯
꼬치 몡 用簽子穿的食物
꼴뚜기 몡 望潮, 短蛸
꽁초 (—草) 몡 烟頭兒, 烟蒂
꽁치 몡 針魚
꽃게 몡 螃蟹
꾸역꾸역 부 涌出貌, 涌進貌
꿀 몡 蜂蜜
꿀꺽 부 咕嘟咕嘟 (吞東西的聲音)
꿀떡 몡 加蜂蜜做的話糕
꿀맛이다 형 形容好吃的樣子, 香話
꿩고기 몡 山鷄肉, 野鷄肉, 雉鷄肉
끓이다 동 燒開
끼니 몡 (三餐) 飯
끼얹다 동 倒
나물 몡 山菜, 野菜

〈깍두기〉

〈김치〉

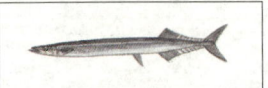
〈꽁치〉

낙지 명 魷魚
내장 (內臟) 명 內臟
냄비 명 锅子
냄비받침 명 锅子托子
냉국 (冷—) 명 冷汤
냉동하다 (冷凍—) 동 冷冻
냉면 (冷麪) 명 冷面
냉이 명 荠菜
냉차 (冷茶) 명 凉茶
냉채 (冷菜) 명 冷菜, 凉菜
냉커피 (冷coffee) 명 凉咖啡, 冰镇咖啡
냠냠 부 好吃貌
넙치 명 牙鲆, 偏口鱼
녹두 (綠豆) 명 绿豆
녹말가루 (綠末—) 명 淀粉, 麦粉
녹이다 동 化
녹차 (綠茶) 명 绿茶
누룩 명 酒母, 酒曲子
누룽지 명 锅巴
누른밥 명 锅巴饭
누린내 명 膻味
눈치밥 명 看(别人)眼色吃饭
느끼하다 형 油腻
느타리버섯 명 糙皮侧耳, 金顶侧耳
닝닝하다 형 油腻的
다과회 (茶菓會) 명 果盘
다기 (茶器) 명 茶具
다도 (茶道) 명 茶道
다듬다 동 择
다시마 명 海带, 昆布

낙지 명 魷魚
내장 (內臟) 명 內臟
냄비 명 鍋子
냄비받침 명 鍋子托子
냉국 (冷—) 명 冷湯
냉동하다 (冷凍—) 동 冷凍
냉면 (冷麪) 명 冷麵
냉이 명 薺菜
냉차 (冷茶) 명 涼茶
냉채 (冷菜) 명 冷菜, 涼菜
냉커피 (冷coffee) 명 涼咖啡, 冰鎮咖啡
냠냠 부 好吃貌
넙치 명 牙鮃, 偏口魚
녹두 (綠豆) 명 綠豆
녹말가루 (綠末—) 명 淀粉, 麥粉
녹이다 동 化
녹차 (綠茶) 명 綠茶
누룩 명 酒母, 酒曲子
누룽지 명 鍋巴
누른밥 명 鍋巴飯
누린내 명 膻味
눈치밥 명 看(別人)眼色吃飯
느끼하다 형 油膩
느타리버섯 명 糙皮側耳, 金頂側耳
닝닝하다 형 油膩的
다과회 (茶菓會) 명 果盤
다기 (茶器) 명 茶具
다도 (茶道) 명 茶道
다듬다 동 擇
다시마 명 海帶, 昆布

〈꽃게〉

〈나박김치〉

〈넙치〉

다이어트 (diet) 몡 減肥
다지다 동 搗
단내 몡 焦味
단란주점 (團欒酒店) 몡 音乐酒店
단무지 몡 日本甜萝卜
단백질 (蛋白質) 몡 蛋白质
단술 몡 甜酒
단식 (斷食) 몡 绝食
단지 몡 罐子
단팥죽 몡 甜小豆粥
달걀 몡 鸡蛋
달다 형 甜
달래 몡 山蒜
달착지근하다 형 微甜
달콤하다 형 甜, 甜蜜
닭고기 몡 鸡肉
닭똥집 몡 鸡胗
담그다 동 浸, 泡
담배 몡 烟
담백하다 (淡白—) 형 清淡
당근 몡 胡萝卜, 红萝卜
대구 몡 鳕鱼
대접 몡 大碗
대파 (大—) 몡 大蒜
대하 (大蝦) 몡 大虾
대합 (大蛤) 몡 文蛤
더덕 몡 党蔘, 沙蔘
덮밥 몡 盖饭
데치다 동 烫, 焯

다이어트 (diet) 몡 減肥
다지다 동 搗
단내 몡 焦味
단란주점 (團欒酒店) 몡 音樂酒店
단무지 몡 日本話蘿蔔
단백질 (蛋白質) 몡 蛋白質
단술 몡 話酒
단식 (斷食) 몡 絶食
단지 몡 罐子
단팥죽 몡 話小豆粥
달걀 몡 鷄蛋
달다 형 話
달래 몡 山蒜
달착지근하다 형 微話
달콤하다 형 話, 話蜜
닭고기 몡 鷄肉
닭똥집 몡 鷄胗
담그다 동 浸, 泡
담배 몡 烟
담백하다 (淡白—) 형 清淡
당근 몡 胡蘿蔔, 紅蘿蔔
대구 몡 鱈魚
대접 몡 大碗
대파 (大—) 몡 大蒜
대하 (大蝦) 몡 大蝦
대합 (大蛤) 몡 文蛤
더덕 몡 黨蔘, 沙蔘
덮밥 몡 蓋飯
데치다 동 烫, 焯

〈대구〉

〈단지〉

〈도마〉

도라지 [명] 桔梗
도마 [명] 菜板
도미 [명] 鲷鱼
도시락 [명] 盒饭, 便当
돗나물 [명] 苋菜
동동주 (—酒) [명] 清米酒
동치미 [명] 冬天泡的萝卜泡菜
동태 (凍太) [명] 冻明太鱼
돼지갈비 [명] 猪排骨
돼지고기 [명] 猪肉
되다 [형] (粥, 饭) 稠, 硬
된장 (—醬) [명] 豆瓣酱, 黄酱
된장찌개 (—醬—) [명] 豆瓣酱汤, 黄酱汤
두부 (豆腐) [명] 豆腐
두유 (豆乳) [명] 豆奶
드시다 [동] 吃的敬语
들기름 [명] 荏子油, 苏子油
들깨 [명] 荏, 荏子, 苏子
들다 [동] 吃的敬语
들이키다 [동] 痛快地喝, 畅饮
들통 [명] 提桶
등심 [명] (牛, 猪)的里肌肉
따르다 [동] 倒
땅콩 [명] 落花生, 花生
떡 [명] 糕
떡국 [명] 年糕汤, 米片片畅
떡볶이 [명] 炒年糕
떫다 [형] 涩味
뚝배기 [명] 沙锅
띄우다 [동] 发酵

도라지 [명] 桔梗
도마 [명] 菜板
도미 [명] 鯛魚
도시락 [명] 盒飯, 便當
돗나물 [명] 莧菜
동동주 (—酒) [명] 清米酒
동치미 [명] 冬天泡的蘿蔔泡菜
동태 (凍太) [명] 凍明太魚
돼지갈비 [명] 猪排骨
돼지고기 [명] 猪肉
되다 [형] (粥, 飯) 稠, 硬
된장 (—醬) [명] 豆瓣醬, 黃醬
된장찌개 (—醬—) [명] 豆瓣醬湯, 黃醬湯
두부 (豆腐) [명] 豆腐
두유 (豆乳) [명] 豆奶
드시다 [동] 吃的敬語
들기름 [명] 荏子油, 蘇子油
들깨 [명] 荏, 荏子, 蘇子
들다 [동] 吃的敬語
들이키다 [동] 痛快地喝, 暢飲
들통 [명] 提桶
등심 [명] (牛, 猪)的里肌肉
따르다 [동] 倒
땅콩 [명] 落花生, 花生
떡 [명] 糕
떡국 [명] 年糕湯, 米片片暢
떡볶이 [명] 炒年糕
떫다 [형] 澁味
뚝배기 [명] 沙鍋
띄우다 [동] 發酵

〈동치미〉

〈떡국〉

〈만두〉

뜨다 동 霉烂, 发酵
뜸들이다 동 焖 (饭)
라면 (一麵) 명 方便面
마가린 (margarine) 명 人造奶油
마늘 명 蒜头
마른반찬 (一飯饌) 명 没有汤的菜
마른안주 (一按酒) 명 干盘儿, 干酒菜
마시다 동 喝
마요네즈 (mayonnaise) 명 蛋黄酱, 撒拉
막걸리 명 韩国米酒, 马格利酒
막국수 명 手扞面条
만두 (饅頭) 명 饺子
만두국 (饅頭一) 명 饺子汤
만들다 동 作, 做
만찬 (晚餐) 명 晚饭 晚餐
말다 동 卷
맛 명 味道, 滋味, 味儿
맛나다 형 可口, 好吃, 味道好
맛보다 동 嗲味道
맛없다 형 ① 难吃, 不好吃 ② 没味道
맛있다 형 好吃
매운탕 (一湯) 명 辣汤
매콤하다 형 稍辣, 辣呼呼
맥주 (麥酒) 명 啤酒

뜨다 동 霉爛, 發酵
뜸들이다 동 燜 (飯)
라면 (一麵) 명 方便面
마가린 (margarine) 명 人造奶油
마늘 명 蒜頭
마른반찬 (一飯饌) 명 沒有湯的菜
마른안주 (一按酒) 명 乾盤兒, 乾酒菜
마시다 동 喝
마요네즈 (mayonnaise) 명 蛋黃醬, 撒拉
막걸리 명 韓國米酒, 馬格利酒
막국수 명 手擀麵條
만두 (饅頭) 명 餃子
만두국 (饅頭一) 명 餃子湯
만들다 동 作, 做
만찬 (晚餐) 명 晚飯 晚餐
말다 동 卷
맛 명 味道, 滋味, 味兒
맛나다 형 可口, 好吃, 味道好
맛보다 동 嚐味道
맛없다 형 ① 難吃, 不好吃 ② 沒味道
맛있다 형 好吃
매운탕 (一湯) 명 辣湯
매콤하다 형 稍辣, 辣呼呼
맥주 (麥酒) 명 啤酒

맛						
짠맛	단맛	신맛	쓴맛	매운맛	기타	
짜다	달다	시다	쓰다	맵다	느끼하다 담백하다 떫다 상큼하다 싱겁다	
간간하다 짭짤하다 :	달착지근하다 달콤하다 :	새콤하다 시금털털하다 시큼하다	쌉쌀하다 씁쓸하다 :	매콤하다 얼큰하다 칼칼하다 :		
		새콤달콤하다				

'먹다'	방법	긁다, 과식, 가음, 굶다, 굶주리다, 금식, 깨물다, 단식, 드시다, 들다, 들이켜다, 마시다, 빨다, 삼키다, 생식, 섭취하다, 소식, 시식하다, 식사, 식사하다, 씹다, 잡수시다, 편식, 포식, 폭식, 핥다 …
	모양	꾸역꾸역, 꿀꺽, 냠냠, 벌컥벌컥, 오물오물, 우물우물, 쩝쩝, 후루룩 …

맵다 형 辣
맷돌 명 石磨
맹물 명 白水, 清水
먹거리 명 食物
먹다 동 吃
멍게 명 海囊
메기 명 鲇鱼
메뉴 (menu) 명 菜单, 食谱
메밀 명 荞麦
메밀국수 명 荞麦面条
메주 명 豆酱饼, 酱引子
메추리알 명 鹌鹑蛋
멸치 명 鳀鱼
명태 (明太) 명 明太鱼
모유 (母乳) 명 母乳, 母奶
목마르다 형 口渴, 干渴
무 명 萝卜
무기질 (無機質) 명 无机物
무지개떡 명 彩虹糕
무치다 동 拌
무침 명 凉拌
묵 명 凉粉
문어 (文魚) 명 章鱼
물 명 水
물렁물렁 부 软, 软呼呼
물엿 명 糖稀
물컹물컹 부 软, 烂
묽다 형 稀
미꾸라지 명 泥鳅

맵다 형 辣
맷돌 명 石磨
맹물 명 白水, 清水
먹거리 명 食物
먹다 동 吃
멍게 명 海囊
메기 명 鮎魚
메뉴 (menu) 명 菜單, 食譜
메밀 명 蕎麥
메밀국수 명 蕎麥面條
메주 명 豆醬餅, 醬引子
메추리알 명 鵪鶉蛋
멸치 명 鯷魚
명태 (明太) 명 明太魚
모유 (母乳) 명 母乳, 母奶
목마르다 형 口渴, 乾渴
무 명 蘿蔔
무기질 (無機質) 명 無機物
무지개떡 명 彩虹糕
무치다 동 拌
무침 명 凉拌
묵 명 凉粉
문어 (文魚) 명 章魚
물 명 水
물렁물렁 부 軟, 軟呼呼
물엿 명 糖稀
물컹물컹 부 軟, 爛
묽다 형 稀
미꾸라지 명 泥鰍

〈무지개떡〉

〈메주〉

〈미꾸라지〉

미나리 몡 水芹, 水芹菜
미숫가루 몡 油茶
미식가 (美食家) 몡 美食家
미역 몡 裙帶菜, 海帶
미음 몡 米汤
밀 몡 小麦, 麦子
밀가루 몡 面粉
밀다 동 推, 刨
밑반찬 (一飯饌) 몡 家常菜, 家里常备的菜
바닷가재 몡 蚪蛄
바르다 동 摸
바삭바삭 뷔 沙沙地响
반주 (飯酒) 몡 (吃饭时喝的)少量的酒
반죽하다 동 和面
반찬 (飯饌) 몡 菜肴, 菜
발라내다 동 刮, 剔, 剥
발효 (醱酵) 몡 酸酵
발효시키다 (醱酵—) 동 发酵
발효식품 (醱酵食品) 몡 酸酵食品
밤참 (一站) 몡 夜餐, 夜宵
밥 몡 饭
밥맛 몡 食欲
밥상 (一床) 몡 饭桌
밥솥 몡 饭锅
밥통 (一桶) 몡 饭桶
밥풀 몡 代替浆糊用的饭粒
배고프다 형 饿
배부르다 형 饱

미나리 몡 水芹, 水芹菜
미숫가루 몡 油茶
미식가 (美食家) 몡 美食家
미역 몡 裙帶菜, 海帶
미음 몡 米湯
밀 몡 小麥, 麥子
밀가루 몡 麵粉
밀다 동 推, 刨
밑반찬 (一飯饌) 몡 家常菜, 家裏常備的菜
바닷가재 몡 蚪蛄
바르다 동 摸
바삭바삭 뷔 沙沙地響
반주 (飯酒) 몡 (吃飯時喝的)少量的酒
반죽하다 동 和麵
반찬 (飯饌) 몡 菜餚, 菜
발라내다 동 刮, 剔, 剝
발효 (醱酵) 몡 醱酵
발효시키다 (醱酵—) 동 發酵
발효식품 (醱酵食品) 몡 醱酵食品
밤참 (一站) 몡 夜餐, 夜宵
밥 몡 飯
밥맛 몡 食慾
밥상 (一床) 몡 飯桌
밥솥 몡 飯鍋
밥통 (一桶) 몡 飯桶
밥풀 몡 代替漿糊用的飯粒
배고프다 형 餓
배부르다 형 飽

밥	[재료]	감자밥, 굴밥, 무밥, 쌀밥, 콩나물밥, 콩밥 …
	[다른 음식]	쌈밥, 미역국밥, 김치볶음밥 …
	[상태]	고두밥, 눌은밥, 더운밥, 식은밥, 쉰밥 …
	[그릇/도구]	도시락밥, 솥밥, 주발밥 …
	[장소]	감옥밥, 기숙사밥, 식당밥, 절밥, 하숙밥 …등
	[시간]	새벽밥, 아침밥, 저녁밥, 점심밥 …

배추 명 白菜
배탈 명 腹痛, 服泻
배탈나다 동 服泻, 拉肚子
백반 (白飯) 명 白饭, 米饭
백설기 (白雪一) 명 大米做的蒸糕
백숙 (白熟) 명 白煮, 清炖
버무리다 동 拌
버섯 명 蘑菇
버터 (butter) 명 奶油
벌꿀 명 蜂蜜
벌컥벌컥 부 咕嘟咕嘟 (喝液体貌)
벗기다 동 剥
병따개 명 开瓶器, 瓶起子
병어 명 平鱼, 鲳鱼, 银鱼
보리 명 大麦
보리차 (一茶) 명 大麦茶
보신탕 (補身湯) 명 ① 补身汤 ② 狗肉汤
보쌈 (褓一) 명 肉片包辣白菜
보온병 (保溫瓶) 명 保溫瓶
복어 명 河豚
볶다 동 炒
볶음밥 명 炒饭
부대찌개 명 部队炖菜 (火腿豚炖菜)
부럼 명 阴历正月十五日早晨吃的栗子, 核桃, 花生
부식 (副食) 명 副食品
부엌가구 (一家具) 명 厨房具, 厨具
부엌용품 (一用品) 명 厨房用品
부엌칼 명 菜刀

배추 명 白菜
배탈 명 腹痛, 服瀉
배탈나다 동 服瀉, 拉肚子
백반 (白飯) 명 白飯, 米飯
백설기 (白雪一) 명 大米做的蒸糕
백숙 (白熟) 명 白煮, 清炖
버무리다 동 拌
버섯 명 蘑菇
버터 (butter) 명 奶油
벌꿀 명 蜂蜜
벌컥벌컥 부 咕嘟咕嘟 (喝液体貌)
벗기다 동 剥
병따개 명 開瓶器, 瓶起子
병어 명 平魚, 鯧魚, 銀魚
보리 명 大麥
보리차 (一茶) 명 大麥茶
보신탕 (補身湯) 명 ① 補身湯 ② 狗肉湯
보쌈 (褓一) 명 肉片包辣白菜
보온병 (保溫瓶) 명 保溫瓶
복어 명 河豚
볶다 동 炒
볶음밥 명 炒飯
부대찌개 명 部隊炖菜 (火腿豚炖菜)
부럼 명 陰曆正月十五日早晨吃的栗子, 核桃, 花生
부식 (副食) 명 副食品
부엌가구 (一家具) 명 廚房具, 廚具
부엌용품 (一用品) 명 廚房用品
부엌칼 명 菜刀

〈보쌈김치〉

〈복어〉

부추 명 韭菜
부치다 동 煎
부침가루 명 炸粉
부침개 명 油煎食品
부패하다 (腐敗—) 동 腐敗
북어 명 乾明太魚
분식 (粉食) 명 麵粉製食品
분식집 (粉食—) 명 小吃店
분유 (粉乳) 명 奶粉
불고기 명 烤肉
불량식품 (不良食品) 명 不良食品
불리다 동 泡
붓다 동 倒
붕어빵 명 鯽魚模樣的麵包
뷔페 (buffet) 명 自助餐
뷔페식당 (buffet食堂) 명 自助餐廳
비계 명 肥肉
비름 명 莧菜
비리다 형 腥, 腥臭
비린내 명 腥味, 腥氣
비비다 동 拌
비빔국수 명 涼拌麵, 涼麵
비빔밥 명 拌飯
비위 (脾胃) 명 脾胃
비지 명 豆腐渣, 豆渣
비타민 (vitamin) 명 維他命, 維生素
빈대떡 명 綠豆煎餅
빨다 동 吸, 吮
빵 명 麵包
빵집 명 麵包店

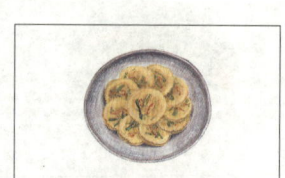

〈빈대떡〉

빻다 동 搗
빼내다 동 拔, 抽出, 吸出
뻥튀기 명 爆米花
뽑다 동 拔
사각사각 부 嘎吱嘎吱 (吃硬东西时所发生的声音)
사식 (私食) 명 自費供囚人的饮食
사이다 (cider) 명 汽水
사탕 (砂糖) 명 糖菓
삭히다 동 发酵
산삼 (山蔘) 명 山参, 野参
살코기 명 瘦肉
삶다 동 煮
삼겹살 (三一) 명 五花肉
삼계탕 (蔘鷄湯) 명 参鸡汤
삼치 명 鲅鱼, 燕鱼
삼키다 동 吞, 咽下
상추 명 莴菜, 生菜
상큼하다 형 爽口
상하다 동 坏, 腐败, 烂
새우 명 虾
새참 (一站) 명 打尖
새콤달콤 부 酸甜味
새콤하다 형 酸
생강 (生薑) 명 生姜
생강차 (生薑茶) 명 生姜茶
생맥주 (生麥酒) 명 生啤酒
생선 (生鮮) 명 海鲜
생선묵 (生鮮一) 명 鲜鱼凉粉
생선조림 (生鮮一) 명 烧鱼

빻다 동 搗
빼내다 동 拔, 抽出, 吸出
뻥튀기 명 爆米花
뽑다 동 拔
사각사각 부 嘎吱嘎吱 (吃硬東西時所發生的聲音)
사식 (私食) 명 自費供囚人的飲食
사이다 (cider) 명 汽水
사탕 (砂糖) 명 糖菓
삭히다 동 發酵
산삼 (山蔘) 명 山蔘, 野蔘
살코기 명 瘦肉
삶다 동 煮
삼겹살 (三一) 명 五花肉
삼계탕 (蔘鷄湯) 명 蔘鷄湯
삼치 명 鲅魚, 燕魚
삼키다 동 吞, 咽下
상추 명 萵菜, 生菜
상큼하다 형 爽口
상하다 동 壞, 腐敗, 爛
새우 명 蝦
새참 (一站) 명 打尖
새콤달콤 부 酸甜味
새콤하다 형 酸
생강 (生薑) 명 生薑
생강차 (生薑茶) 명 生薑茶
생맥주 (生麥酒) 명 生啤酒
생선 (生鮮) 명 海鮮
생선묵 (生鮮一) 명 鮮魚凉粉
생선조림 (生鮮一) 명 燒魚

| 아침 조식 조찬 | 새참 | 점심 중식 오찬 | 새참 | 저녁 석식 만찬 | 밤참 |

〈하루 식사〉

〈삼계탕〉

생선찌개 (生鮮—) 명 鱼汤
생선회 (生鮮膾) 명 生鱼片
생수 (生水) 명 生水
생식 (生食) 명 生食
석식 (夕食) 명 晚饭
쉬다 동 烂
선지국 명 牛血汤
설거지 명 洗碗
설렁탕 (—湯) 명 牛肉汤
설익다 동 半生不熟
설탕 명 糖
섬유질 (纖維質) 명 纤维质
섭취하다 (攝取—) 동 摄取
소금 명 盐
소꼬리 명 牛尾
소라 명 螺, 海螺
소식 (小食) 명 吃的少
소주 (燒酒) 명 烧酒
소주방 (燒酒房) 명 卖酒的酒店
소화 (消化) 명 消化
소화불량 (消化不良) 명 消化不良
소화제 (消化劑) 명 消化剂
소화하다 (消化—) 동 消化
솜사탕 (—砂糖) 명 棉花糖
송이버섯 명 松茸, 松菌
송편 (松—) 명 松饼, 松糕
솥 명 锅
쇠고기 명 牛肉
수수 명 高粱
수육 (←熟肉) 명 熟肉
수저 명 匙和筷

생선찌개 (生鮮—) 명 魚湯
생선회 (生鮮膾) 명 生魚片
생수 (生水) 명 生水
생식 (生食) 명 生食
석식 (夕食) 명 晚飯
쉬다 동 爛
선지국 명 牛血湯
설거지 명 洗碗
설렁탕 (—湯) 명 牛肉湯
설익다 동 半生不熟
설탕 명 糖
섬유질 (纖維質) 명 纖維質
섭취하다 (攝取—) 동 攝取
소금 명 鹽
소꼬리 명 牛尾
소라 명 螺, 海螺
소식 (小食) 명 吃的少
소주 (燒酒) 명 燒酒
소주방 (燒酒房) 명 賣酒的酒店
소화 (消化) 명 消化
소화불량 (消化不良) 명 消化不良
소화제 (消化劑) 명 消化劑
소화하다 (消化—) 동 消化
솜사탕 (—砂糖) 명 棉花糖
송이버섯 명 松茸, 松菌
송편 (松—) 명 松餅, 松糕
솥 명 鍋
쇠고기 명 牛肉
수수 명 高粱
수육 (←熟肉) 명 熟肉
수저 명 匙和筷

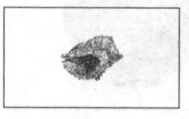

〈소라〉

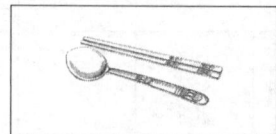

〈수저〉

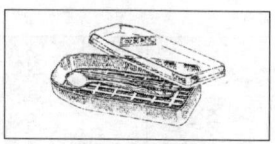

〈수저통〉

수저통 (一桶) 몡 匙筷筒	수저통 (一桶) 몡 匙筷筒
수정과 (水正果) 몡 柿饼汁	수정과 (水正果) 몡 柿餅汁
수제비 몡 面疙瘩汤	수제비 몡 麵疙瘩湯
숙성 (熟成) 몡 酸酵好的食品或菓类熟透的样子	숙성 (熟成) 몡 醱酵好的食品或菓類熟透的樣子
숙주나물 몡 绿豆芽	숙주나물 몡 綠豆芽
순대 몡 猪血灌肠, 米肠	순대 몡 猪血灌腸, 米腸
순대국 몡 猪血灌肠汤	순대국 몡 猪血灌腸湯
순두부 (一豆腐) 몡 嫩豆腐, 豆腐脑儿	순두부 (一豆腐) 몡 嫩豆腐, 豆腐腦兒
숟가락 몡 汤匙	숟가락 몡 湯匙
술 몡 酒	술 몡 酒
술떡 몡 发糕	술떡 몡 發糕
술집 몡 酒店	술집 몡 酒店
숭늉 몡 锅巴水	숭늉 몡 鍋巴水
시금치 몡 菠菜	시금치 몡 菠菜
시다 혱 酸	시다 혱 酸
시루 몡 蒸笼	시루 몡 蒸籠
시루떡 몡 蒸糕	시루떡 몡 蒸糕
시식하다 (試食—) 동 试吃	시식하다 (試食—) 동 試吃
시장 몡 ① 饿 ② 市场	시장 몡 ① 餓 ② 市場
시장기 (一氣) 몡 饿的感觉	시장기 (一氣) 몡 餓的感覺
시장하다 혱 饿	시장하다 혱 餓
시큼하다 혱 酸, 酸溜溜	시큼하다 혱 酸, 酸溜溜
식기 (食器) 몡 食器, 碗碟	식기 (食器) 몡 食器, 碗碟
식기건조기 (食器乾燥機) 몡 烘碗机	식기건조기 (食器乾燥機) 몡 烘碗機
식기건조대 (食器乾燥臺) 몡 烘碗台	식기건조대 (食器乾燥臺) 몡 烘碗臺
식기세척기 (食器洗滌機) 몡 烘碗机	식기세척기 (食器洗滌機) 몡 烘碗機
식단 (食單) 몡 菜单	식단 (食單) 몡 菜單
식당 (食堂) 몡 食堂, 餐厅	식당 (食堂) 몡 食堂, 餐廳

〈수정과〉

〈시루〉

〈시루떡〉

식도락 (食道樂) 몡 美食, 品尝
식도락가 (食道樂家) 몡 美食家
식량 (食糧) 몡 ① 粮食 ② 食量, 饭量
식료품 (食料品) 몡 食品
식빵 (食—) 몡 (不加甜味的)主食面包片
식사 (食事) 몡 饭, 餐
식사량 (食事量) 몡 食量
식사하다 (食事—) 동 吃饭, 用餐
식생활 (食生活) 몡 饮食生活
식성 (食性) 몡 胃口
식수 (食水) 몡 食用水
식욕 (食慾) 몡 食欲
식욕부진 (食慾不振) 몡 食欲不振
식용유 (食用油) 몡 食用油
식이요법 (食餌療法) 몡 食疗法
식중독 (食中毒) 몡 食物中毒
식초 (食醋) 몡 醋
식칼 (食—) 몡 菜刀
식탁 (食卓) 몡 饭桌
식탁예절 (食卓禮節) 몡 餐桌礼仪
식탐 (食貪) 몡 贪食
식품 (食品) 몡 食品
식혜 (食醯) 몡 蜜糯汁
신선하다 (新鮮—) 형 新鲜, 鲜美
심심하다 형 (味道)淡
싱겁다 형 味淡
싱싱하다 형 新鲜
쌀 몡 米
쌀가루 몡 米粉
쌀통 (—桶) 몡 米桶

식도락 (食道樂) 몡 美食, 品嘗
식도락가 (食道樂家) 몡 美食家
식량 (食糧) 몡 ① 糧食 ② 食量, 飯量
식료품 (食料品) 몡 食品
식빵 (食—) 몡 (不加甛味的)主食麵包片
식사 (食事) 몡 飯, 餐
식사량 (食事量) 몡 食量
식사하다 (食事—) 동 吃飯, 用餐
식생활 (食生活) 몡 飮食生活
식성 (食性) 몡 胃口
식수 (食水) 몡 食用水
식욕 (食慾) 몡 食慾
식욕부진 (食慾不振) 몡 食慾不振
식용유 (食用油) 몡 食用油
식이요법 (食餌療法) 몡 食療法
식중독 (食中毒) 몡 食物中毒
식초 (食醋) 몡 醋
식칼 (食—) 몡 菜刀
식탁 (食卓) 몡 飯桌
식탁예절 (食卓禮節) 몡 餐桌禮儀
식탐 (食貪) 몡 貪食
식품 (食品) 몡 食品
식혜 (食醯) 몡 蜜糯汁
신선하다 (新鮮—) 형 新鮮, 鮮美
심심하다 형 (味道)淡
싱겁다 형 味淡
싱싱하다 형 新鮮
쌀 몡 米
쌀가루 몡 米粉
쌀통 (—桶) 몡 米桶

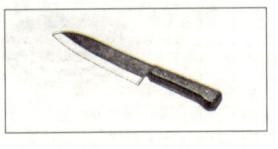

〈식칼〉

〈식혜〉

쌈 명 (用生菜, 白菜叶等包的)食物
쌈밥 명 (用生菜, 白菜叶等包的)饭团
쌈쌀하다 형 微苦
썩다 동 腐烂, 发霉
썰다 동 切
쑤다 동 熬
쑥 명 艾草
쑥갓 명 茼蒿
쓰다 형 味苦, 苦涩
씀바귀 명 苦菜
씹다 동 嚼
아욱 명 露葵
아이스크림 (ice cream) 명 冰淇淋
아침 명 早餐
안심 명 牛肋间肉
안주 (按酒) 명 下酒菜
알사탕 (一砂糖) 명 块糖儿
압력솥 (壓力一) 명 压力锅
앞치마 명 围裙
애호박 명 小南瓜, 嫩南瓜
야채 (野菜) 명 蔬菜
야채쥬스 (野菜juice) 명 蔬菜汁
약과 (藥果) 명 油蜜饼
약수 (藥水) 명 (药用)矿泉水
약식 (藥食) 명 韩式八宝饭
약주 (藥酒) 명 药酒
양고기 (羊一) 명 羊肉
양념 명 调味料, 作料
양념장 (一醬) 명 加了各种作料和食油的酱油
양념통 (一桶) 명 放调味料的桶罐

쌈 명 (用生菜, 白菜葉等包的)食物
쌈밥 명 (用生菜, 白菜葉等包的)飯團
쌈쌀하다 형 微苦
썩다 동 腐爛, 發霉
썰다 동 切
쑤다 동 熬
쑥 명 艾草
쑥갓 명 茼蒿
쓰다 형 味苦, 苦澀
씀바귀 명 苦菜
씹다 동 嚼
아욱 명 露葵
아이스크림 (ice cream) 명 冰淇淋
아침 명 早餐
안심 명 牛肋間肉
안주 (按酒) 명 下酒菜
알사탕 (一砂糖) 명 塊糖兒
압력솥 (壓力一) 명 壓力鍋
앞치마 명 圍裙
애호박 명 小南瓜, 嫩南瓜
야채 (野菜) 명 蔬菜
야채쥬스 (野菜juice) 명 蔬菜汁
약과 (藥果) 명 油蜜餅
약수 (藥水) 명 (藥用)礦泉水
약식 (藥食) 명 韓式八寶飯
약주 (藥酒) 명 藥酒
양고기 (羊一) 명 羊肉
양념 명 調味料, 作料
양념장 (一醬) 명 加了各種作料和食油的醬油
양념통 (一桶) 명 放調味料的桶罐

〈약과〉

양념하다 동 加调料, 调剂　　　　양념하다 동 加調料, 調劑
양담배 (洋—) 명 洋烟　　　　　양담배 (洋—) 명 洋烟
양배추 (洋—) 명 甘蓝, 卷心菜, 包心菜　양배추 (洋—) 명 甘藍, 捲心菜, 包心菜
양상추 (洋—) 명 洋生菜　　　　양상추 (洋—) 명 洋生菜
양송이 (洋—) 명 洋菇　　　　　양송이 (洋—) 명 洋菇
양식 (洋食) 명 西餐　　　　　　양식 (洋食) 명 西餐
양식당 (洋食堂) 명 西餐厅　　　양식당 (洋食堂) 명 西餐廳
양조장 (釀造場) 명 酿造厂　　　양조장 (釀造場) 명 釀造廠
양주 (洋酒) 명 洋酒　　　　　　양주 (洋酒) 명 洋酒
양파 (洋—) 명 洋葱　　　　　　양파 (洋—) 명 洋葱
어묵 (魚—) 명 鲜鱼凉粉　　　　어묵 (魚—) 명 鮮魚凉粉
어패류 (魚貝類) 명 鱼贝类　　　어패류 (魚貝類) 명 魚貝類
얹다 동 放　　　　　　　　　얹다 동 放
얼리다 동 冻　　　　　　　　　얼리다 동 凍
연근 (蓮根) 명 莲藕　　　　　　연근 (蓮根) 명 蓮藕
연어 명 鲑鱼, 大马哈鱼　　　　　연어 명 鮭魚, 大馬哈魚
열무 명 小萝卜　　　　　　　　열무 명 小蘿蔔
열무김치 명 小萝卜泡菜　　　　　열무김치 명 小蘿蔔泡菜
엿 명 麦芽糖　　　　　　　　　엿 명 麥芽糖
영양 (營養) 명 营养　　　　　　영양 (營養) 명 營養
영양가 (營養價) 명 营养价值　　　영양가 (營養價) 명 營養價值
영양사 (營養士) 명 营养师　　　　영양사 (營養士) 명 營養師
영양소 (營養素) 명 营养素, 养分　영양소 (營養素) 명 營養素, 養分
영지버섯 (靈芝—) 명 灵芝　　　　영지버섯 (靈芝—) 명 靈芝
오곡밥 (五穀—) 명 五谷饭　　　　오곡밥 (五穀—) 명 五穀飯
오리고기 명 鸭肉　　　　　　　　오리고기 명 鴨肉

영양소		단백질, 무기질, 비타민, 섬유질, 유산균, 지방, 칼슘 …
요리동사	일반	만들다, 요리하다, 조리하다 …
	불이 필요한 것	가열하다, 고다, 굽다, 데우다, 데치다, 뜸들이다, 볶다, 삶다, 익히다, 중탕하다, 짓다, 튀기다 …
	불이 필요하지 않은 것	무치다, 반죽하다, 버무리다, 비비다, 양념하다 …
	칼을 사용하는 것	다지다, 썰다, 채썰다, 칼질하다, 칼집내다 …
	기타	담그다 (김치・간장・된장・술 등), 빚다 (만두・떡・술 등) …

〈연어〉

〈열무김치〉

오리알 명 鴨蛋
오물오물 부 嘴動貌
오븐 (oven) 명 烤箱
오이 명 黃瓜
오이소박이 명 加馅黄瓜泡菜
오징어 명 鱿鱼
오찬 (午餐) 명 午餐
옥수수 명 玉米, 玉蜀黍
옥수수차 (—茶) 명 玉米茶
완두콩 (豌豆—) 명 豌豆
외식 (外食) 명 外出用餐
요구르트 (yogurt) 명 酸奶
요리 (料理) 명 作菜, 烹调
요리사 (料理師) 명 厨师
요리하다 (料理—) 동 做
우동 명 切面, 面条, 日本式面条
우리다 동 泡出来, 泡一泡
우물우물 부 嘴动貌
우엉 명 牛蒡
우유 (牛乳) 명 牛奶
우족탕 (牛足湯) 명 牛足汤
원두커피 (原豆coffee) 명 咖啡豆
유산균 (乳酸菌) 명 乳酸菌
유자차 (柚子茶) 명 柚子茶
유제품 (乳製品) 명 乳制品
육개장 (肉—) 명 细丝牛肉汤
육류 (肉類) 명 肉类
육수 (肉水) 명 肉汤 (浇面用的)
육포 (肉脯) 명 肉干
육회 (肉膾) 명 拌生肉

오리알 명 鴨蛋
오물오물 부 嘴動貌
오븐 (oven) 명 烤箱
오이 명 黃瓜
오이소박이 명 加餡黃瓜泡菜
오징어 명 魷魚
오찬 (午餐) 명 午餐
옥수수 명 玉米, 玉蜀黍
옥수수차 (—茶) 명 玉米茶
완두콩 (豌豆—) 명 豌豆
외식 (外食) 명 外出用餐
요구르트 (yogurt) 명 酸奶
요리 (料理) 명 作菜, 烹調
요리사 (料理師) 명 廚師
요리하다 (料理—) 동 做
우동 명 切麵, 麵條, 日本式麵條
우리다 동 泡出來, 泡一泡
우물우물 부 嘴動貌
우엉 명 牛蒡
우유 (牛乳) 명 牛奶
우족탕 (牛足湯) 명 牛足湯
원두커피 (原豆coffee) 명 咖啡豆
유산균 (乳酸菌) 명 乳酸菌
유자차 (柚子茶) 명 柚子茶
유제품 (乳製品) 명 乳製品
육개장 (肉—) 명 細絲牛肉湯
육류 (肉類) 명 肉類
육수 (肉水) 명 肉湯 (澆麵用的)
육포 (肉脯) 명 肉乾
육회 (肉膾) 명 拌生肉

〈오이소박이〉

〈육개장〉

율무 명 薏米
율무차 (一茶) 명 薏米茶
으깨다 동 压碎, 碾碎, 搗碎
음료 (飮料) 명 饮料
음료수 (飮料水) 명 饮料
음식 (飮食) 명 饮食, 食物, 饭菜
음식점 (飮食店) 명 饭馆, 饭店
음주 (飮酒) 명 饮酒
이스트 (yeast) 명 酵母
이유식 (離乳食) 명 幼儿食物
익히다 동 煮熟
인공감미료 (人工甘味料) 명 人工调味料
인삼 (人蔘) 명 人参
인삼차 (人蔘茶) 명 人参茶
인스턴트식품 (instant食品) 명 速食
인절미 명 (切成小方块)的年糕, 糯米糕
일식 (日食) 명 日本菜, 日本料理

음식의 상태	씹히는 느낌	꼬들꼬들, 물컹물컹, 물렁물렁, 바삭바삭, 사각사각, 쫀득쫀득, 쫄깃쫄깃 …
	신선도	신선하다, 싱싱하다, 부패하다, 상하다 …

음식	주식	밥	김밥, 눌은밥, 덮밥, 백반, 볶음밥, 비빔밥, 쌈밥, 약식, 오곡밥, 오므라이스, 잡곡밥, 장국밥, 주먹밥, 찬밥, 찰밥 …
		국·탕	갈비탕, 감자탕, 곰국, 곰탕, 꼬리곰탕, 냉국, 떡국, 만두국, 매운탕, 보신탕, 삼계탕, 선지국, 설렁탕, 순대국, 우족탕, 육개장, 장국, 추어탕 …
		죽	단팥죽, 잣죽, 전복죽, 팥죽, 호박죽
		국수	냉면, 라면, 막국수, 메밀국수, 비빔국수, 우동, 자장면, 짬뽕, 칼국수 …
	부식	김치	깍두기, 동치미, 열무김치, 오이소박이, 총각김치, 파김치 …
		찌개	김치찌개, 된장찌개, 부대찌개, 생선찌개 …
		전골	곱창전골, 국수전골, 버섯전골 …
	간식	떡	가래떡, 개떡, 경단, 꿀떡, 무지개떡, 백설기, 송편, 술떡, 시루떡, 인절미, 전병, 절편, 증편, 찰떡, 찹쌀떡, 호떡 …
		빵·과자	강정, 건빵, 계란빵, 국화빵, 껌, 뻥튀기, 사탕, 솜사탕, 식빵, 알사탕, 약과, 찐빵, 케이크, 풀빵, 한과 …
	음료	음료수	감주, 과일쥬스, 냉차, 냉커피, 녹차, 단술, 보리차, 사이다, 생강차, 수정과, 숭늉, 식혜, 야채쥬스, 옥수수차, 원두커피, 유자차, 율무차, 인삼차, 커피, 콜라, 홍차, 화채 …
		술	동동주, 막걸리, 소주, 인삼주, 청주, 탁주, 고량주, 맥주, 생맥주, 양주, 포도주 …

일식집 (日食一) 명 日本料理店, 日式餐厅
일품요리 (一品料理) 명 一品菜
입맛 명 食欲
입맛다시다 동 垂涎欲滴, 垂涎三尺
잉어 명 鲤鱼
자동판매기 (自動販賣機) 명 自动售货机
자반 (佐飯) 명 咸鲐巴鱼
자장면 (一醬麪) 명 韩式炸酱面
자판기 (自販機) 명 自动贩卖机
잡곡밥 (雜穀一) 명 杂粮, 粗粮
잡수시다 동 吃 (敬语)
잡채 (雜菜) 명 杂烩
잣 명 松子
잣죽 명 松子粥
장국 (醬一) 명 酱汤
장국밥 (醬一) 명 酱汤饭
장아찌 명 酱菜
장어 (長魚) 명 鳗, 鳗鱼
장조림 (醬一) 명 酱牛肉
잼 (jam) 명 果酱
쟁반 (錚盤) 명 盘, 盘子
저녁 명 晚餐, 晚饭
저미다 동 片(肉鱼), 切削成薄片
전 명 煎的食物
전골 명 荤杂烩
전병 (煎餠) 명 煎饼
전복 (全鰒) 명 鲍鱼
전분 (澱粉) 명 淀粉, 芡粉

일식집 (日食一) 명 日本料理店, 日式餐廳
일품요리 (一品料理) 명 一品菜
입맛 명 食慾
입맛다시다 동 垂涎欲滴, 垂涎三尺
잉어 명 鯉魚
자동판매기 (自動販賣機) 명 自動售貨機
자반 (佐飯) 명 咸鮐巴魚
자장면 (一醬麪) 명 韓式炸醬麵
자판기 (自販機) 명 自動販賣機
잡곡밥 (雜穀一) 명 雜糧, 粗糧
잡수시다 동 吃 (敬語)
잡채 (雜菜) 명 雜燴
잣 명 松子
잣죽 명 松子粥
장국 (醬一) 명 醬湯
장국밥 (醬一) 명 醬湯飯
장아찌 명 醬菜
장어 (長魚) 명 鰻, 鰻魚
장조림 (醬一) 명 醬牛肉
잼 (jam) 명 果醬
쟁반 (錚盤) 명 盤, 盤子
저녁 명 晚餐, 晚飯
저미다 동 片(肉魚), 切削成薄片
전 명 煎的食物
전골 명 葷雜燴
전병 (煎餠) 명 煎餠
전복 (全鰒) 명 鮑魚
전분 (澱粉) 명 澱粉, 芡粉

〈잡채〉

〈전골〉

전자렌지 (電子range) 명 电子炉, 微波炉
전채요리 (前菜料理) 명 前菜
절구 명 臼, 石臼
절이다 동 ① 蔫 ② 腌
절편 명 片糕
점심 (點心) 명 中餐, 中饭
접시 명 碟子
젓가락 명 筷子
젓갈 명 (鱼, 虾等加盐後作成的)酱
젓다 동 ① 挥动 ② 摇 ③ 搅, 搅拌
  ④ 和了
정수기 (淨水器) 명 净水机(器)
정식 (定食) 명 套餐
정어리 명 鲲鱼, 沙丁鱼
정육점 (精肉店) 명 肉店
제과점 (製菓店) 명 制菓店, 面包店
제기 (祭器) 명 祭器
제육볶음 (猪肉一) 명 炒猪肉片
조 명 小米, 粟
조개 명 贝, 蛤蜊
조기 명 黄花鱼
조리 (條理) 명 作菜, 烹调
조리기구 (調理器具) 명 做菜的用具,
  炊具

전자렌지 (電子range) 명 電子爐, 微波爐
전채요리 (前菜料理) 명 前菜
절구 명 臼, 石臼
절이다 동 ① 蔫 ② 腌
절편 명 片糕
점심 (點心) 명 中餐, 中飯
접시 명 碟子
젓가락 명 筷子
젓갈 명 (魚, 蝦等加鹽後作成的)醬
젓다 동 ① 揮動 ② 搖 ③ 攪, 攪拌
  ④ 和了
정수기 (淨水器) 명 淨水機(器)
정식 (定食) 명 套餐
정어리 명 鰮魚, 沙丁魚
정육점 (精肉店) 명 肉店
제과점 (製菓店) 명 製菓店, 面包店
제기 (祭器) 명 祭器
제육볶음 (猪肉一) 명 炒猪肉片
조 명 小米, 粟
조개 명 貝, 蛤蜊
조기 명 黃花魚
조리 (條理) 명 作菜, 烹調
조리기구 (調理器具) 명 做菜的用具,
  炊具

〈전복〉

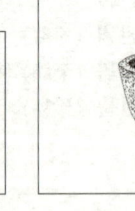
〈절구〉

〈젓갈〉

보통
싱겁다   심심하다   간간하다   짭짤하다   짜다

〈음식의 간〉

조리대 (調理臺) 명 烹调台
조리하다 (調理—) 동 做菜
조미료 (調味料) 명 调味料
조식 (朝食) 명 早餐, 早饭
졸이다 동 炖
종지 명 小碗
주걱 명 勺子, 舀子
주먹밥 명 饭团
주발 명 铜饭碗
주방 (廚房) 명 厨房
주방기구 (廚房器具) 명 厨房用品
주방용품 (廚房用品) 명 厨房用品
주식 (主食) 명 主食
주요리 (主料理) 명 主菜
주전자 (酒煎子) 명 水壶
주점 (酒店) 명 酒店
죽 명 粥, 稀饭
죽순 (竹筍) 명 竹笋
중국집 (中國—) 명 中国餐厅
중식^1 (中食) 명 中国菜
중식^2 (中食) 명 中餐, 中食, 中饭
중탕하다 (重湯—) 동 热一下, 烫第二遍, 再烫
쥐치 명 圆斑鳞鲀
쥐치포 (—脯) 명 鳞鲀脯
쥬스 (juice) 명 果汁
즙 명 蔬菜汁, 果汁, 果子露
증편 (蒸—) 명 蒸饼, 蒸糕
지방 (脂肪) 명 脂肪
지지다 동 熬, 煎

조리대 (調理臺) 명 烹調臺
조리하다 (調理—) 동 做菜
조미료 (調味料) 명 調味料
조식 (朝食) 명 早餐, 早飯
졸이다 동 炖
종지 명 小碗
주걱 명 勺子, 舀子
주먹밥 명 飯團
주발 명 銅飯碗
주방 (廚房) 명 廚房
주방기구 (廚房器具) 명 廚房用品
주방용품 (廚房用品) 명 廚房用品
주식 (主食) 명 主食
주요리 (主料理) 명 主菜
주전자 (酒煎子) 명 水壺
주점 (酒店) 명 酒店
죽 명 粥, 稀飯
죽순 (竹筍) 명 竹筍
중국집 (中國—) 명 中國餐廳
중식^1 (中食) 명 中國菜
중식^2 (中食) 명 中餐, 中食, 中飯
중탕하다 (重湯—) 동 熱一下, 燙第二遍, 再燙
쥐치 명 圓斑鱗鲀
쥐치포 (—脯) 명 鱗鲀脯
쥬스 (juice) 명 果汁
즙 명 蔬菜汁, 果汁, 果子露
증편 (蒸—) 명 蒸餅, 蒸糕
지방 (脂肪) 명 脂肪
지지다 동 熬, 煎

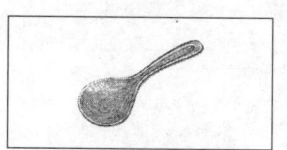
〈주걱〉

〈주전자〉

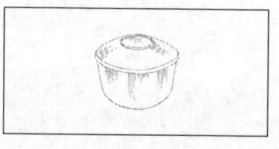
〈주발〉

질다 䂖 稀, 软
짓다 동 做
짜다 䂖 咸
짬뽕 명 杂烩面, 什锦面
짬짤하다 䂖 咸
쩝쩝 부 啧啧, 咂嘴
쪽파 명 胡葱
쫀득쫀득 부 粘, 韧
쫄깃쫄깃 부 粘, 韧
찌개 명 韩式辣汤, 炖辣汤
찌다 동 蒸
찐빵 명 馒头
찜 명 蒸
찧다 동 搗, 舂
차 (茶) 명 茶
차림표 (一標) 명 ① 菜单 ② 顺序表
차주전자 (茶酒煎子) 명 茶壶
차지다 䂖 粘
찬거리 (饌一) 명 做菜的料
찬밥 명 凉饭
찬합 (饌盒) 명 套匣, 提盒, 食盒
찰떡 명 糯米糕
찰밥 명 糯米饭
참기름 명 芝蔴油, 香油
참깨 명 芝蔴
참치 명 斯氏之线鱼
찹쌀 명 糯米
찹쌀떡 명 糯米糕

질다 䂖 稀, 軟
짓다 동 做
짜다 䂖 咸
짬뽕 명 雜燴麵, 什錦麵
짬짤하다 䂖 咸
쩝쩝 부 啧啧, 咂嘴
쪽파 명 胡葱
쫀득쫀득 부 粘, 韌
쫄깃쫄깃 부 粘, 韌
찌개 명 韓式辣湯, 炖辣湯
찌다 동 蒸
찐빵 명 饅頭
찜 명 蒸
찧다 동 搗, 舂
차 (茶) 명 茶
차림표 (一標) 명 ① 菜單 ② 順序表
차주전자 (茶酒煎子) 명 茶壺
차지다 䂖 粘
찬거리 (饌一) 명 做菜的料
찬밥 명 凉飯
찬합 (饌盒) 명 套匣, 提盒, 食盒
찰떡 명 糯米糕
찰밥 명 糯米飯
참기름 명 芝蔴油, 香油
참깨 명 芝蔴
참치 명 斯氏之線魚
찹쌀 명 糯米
찹쌀떡 명 糯米糕

〈찬합〉

찻잔 (茶盞) 몡 茶杯
채소 (菜蔬) 몡 蔬菜
채식주의자 (菜食主義者) 몡 素食主义者
채칼 몡 礤床兒
청국장 (淸麴醬) 몡 淸麴酱
청량음료 (淸凉飮料) 몡 冰镇饮料
청주 (淸酒) 몡 淸酒
체¹ (滯) 몡 噎
체² 몡 篩子
체증 (滯症) 몡 积食, 滯食
체하다 (滯—) 동 噎
총각김치 (總角—) 몡 萝卜泡菜
총각무 (總角—) 몡 韩国小罗卜
추어탕 (—湯) 몡 鰍魚湯
취 몡 马蹄菜
치즈 (cheese) 몡 干酪, 乳酪
칠면조 (七面鳥) 몡 火鸡
카페 (cafe) 몡 咖啡厅
칵테일 (cocktail) 몡 鸡尾酒
칼 몡 刀
칼국수 몡 刀切面
칼슘 (calcium) 몡 钙
칼질하다 동 切
칼집내다 동 改刀
커피 (coffee) 몡 咖啡
커피메이커 (coffee maker) 몡 咖啡壺
커피전문점 (coffee專門店) 몡 咖啡专卖店
커피포트 (coffee pot) 몡 咖啡炉

찻잔 (茶盞) 몡 茶杯
채소 (菜蔬) 몡 蔬菜
채식주의자 (菜食主義者) 몡 素食主義者
채칼 몡 礤床兒
청국장 (淸麴醬) 몡 淸麴醬
청량음료 (淸凉飮料) 몡 冰鎭飮料
청주 (淸酒) 몡 淸酒
체¹ (滯) 몡 噎
체² 몡 篩子
체증 (滯症) 몡 積食, 滯食
체하다 (滯—) 동 噎
총각김치 (總角—) 몡 蘿蔔泡菜
총각무 (總角—) 몡 韓國小羅卜
추어탕 (—湯) 몡 鰍魚湯
취 몡 馬蹄菜
치즈 (cheese) 몡 乾酪, 乳酪
칠면조 (七面鳥) 몡 火鷄
카페 (cafe) 몡 咖啡廳
칵테일 (cocktail) 몡 鷄尾酒
칼 몡 刀
칼국수 몡 刀切麵
칼슘 (calcium) 몡 钙
칼질하다 동 切
칼집내다 동 改刀
커피 (coffee) 몡 咖啡
커피메이커 (coffee maker) 몡 咖啡壺
커피전문점 (coffee專門店) 몡 咖啡專賣店
커피포트 (coffee pot) 몡 咖啡爐

〈총각김치〉

〈칼국수〉

컵 (cup) 명 杯子
컵받침 (cup—) 명 杯垫
콜라 (cola) 명 可乐
콩 명 大豆, 黄豆
콩가루 명 豆面
콩고물 명 豆面
콩기름 명 豆油
콩나물 명 豆芽儿菜, 黄豆芽
콩자반 (—佐飯) 명 酱黄豆
타다 동 焦, 糊
타조알 (駝鳥—) 명 鸵鸟蛋
탁주 (濁酒) 명 浊酒
탄산음료 (炭酸飮料) 명 炭酸饮料
탄수화물 (炭水化物) 명 碳水化合物
탕 (湯) 명 汤
탕수육 (糖水肉) 명 糖醋肉
토란 (土卵) 명 芋, 芋头
토마토 (tomato) 명 蕃茄
토마토케첩 (tomato ketchup) 명
　蕃茄酱
토막내다 동 切
통 (桶) 명 桶
통닭 명 炸全鸡
통조림 (桶—) 명 罐头
튀기다 동 炸
튀김 명 油炸食物
튀김가루 명 炸粉
튀김옷 명 挂粉
파 명 葱

컵 (cup) 명 杯子
컵받침 (cup—) 명 杯墊
콜라 (cola) 명 可樂
콩 명 大豆, 黃豆
콩가루 명 豆麵
콩고물 명 豆麵
콩기름 명 豆油
콩나물 명 豆芽兒菜, 黃豆芽
콩자반 (—佐飯) 명 醬黃豆
타다 동 焦, 糊
타조알 (駝鳥—) 명 鴕鳥蛋
탁주 (濁酒) 명 濁酒
탄산음료 (炭酸飮料) 명 炭酸飮料
탄수화물 (炭水化物) 명 碳水化合物
탕 (湯) 명 湯
탕수육 (糖水肉) 명 糖醋肉
토란 (土卵) 명 芋, 芋頭
토마토 (tomato) 명 蕃茄
토마토케첩 (tomato ketchup) 명
　蕃茄醬
토막내다 동 切
통 (桶) 명 桶
통닭 명 炸全鷄
통조림 (桶—) 명 罐頭
튀기다 동 炸
튀김 명 油炸食物
튀김가루 명 炸粉
튀김옷 명 挂粉
파 명 葱

〈콩〉

〈콩나물〉

〈팥〉

〈파김치〉

파김치 몡 葱泡菜
파래 몡 莼菜, 海青菜
팥 몡 紅豆
팥죽 몡 小豆粥
팽이버섯 몡 金针磨
편식 (偏食) 몡 偏食
편육 (片肉) 몡 肉片
포 (胞) 몡 肉脯, 肉乾
포도주 (葡萄酒) 몡 葡萄酒
포만감 (飽滿感) 몡 饱滿感
포식 (飽食) 몡 暴食
포장마차 (布帳馬車) 몡 移动饭店
포크 (fork) 몡 叉子
폭식 (暴食) 몡 暴食
표고버섯 몡 香菇
푸다 동 舀, 盛
풀빵 몡 红豆包子
풋고추 몡 青辣椒
프라이팬 (fry pan) 몡 平底锅
피우다 동 抽烟
피자 (pizza) 몡 比萨饼, 意大利馅饼
한과 (韓菓) 몡 韩菓
한식 (韓食) 몡 韩国菜
한식집 (韓食—) 몡 韩国式餐厅
한정식 (韓定食) 몡 韩国式套餐
핥다 동 舔
항아리 몡 缸
해동하다 (解凍—) 동 化
해산물 (海産物) 몡 海物
해삼 (海蔘) 몡 海参

파김치 몡 葱泡菜
파래 몡 莼菜, 海青菜
팥 몡 紅豆
팥죽 몡 小豆粥
팽이버섯 몡 金針磨
편식 (偏食) 몡 偏食
편육 (片肉) 몡 肉片
포 (胞) 몡 肉脯, 肉乾
포도주 (葡萄酒) 몡 葡萄酒
포만감 (飽滿感) 몡 飽滿感
포식 (飽食) 몡 暴食
포장마차 (布帳馬車) 몡 移動飯店
포크 (fork) 몡 義子
폭식 (暴食) 몡 暴食
표고버섯 몡 香菇
푸다 동 舀, 盛
풀빵 몡 紅豆包子
풋고추 몡 青辣椒
프라이팬 (fry pan) 몡 平底鍋
피우다 동 抽煙
피자 (pizza) 몡 比薩餅, 意大利餡餅
한과 (韓菓) 몡 韓菓
한식 (韓食) 몡 韓國菜
한식집 (韓食—) 몡 韓國式餐廳
한정식 (韓定食) 몡 韓國式套餐
핥다 동 舔
항아리 몡 缸
해동하다 (解凍—) 동 化
해산물 (海産物) 몡 海物
해삼 (海蔘) 몡 海參

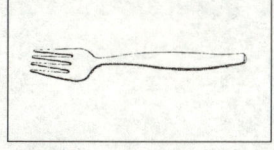

〈포크〉

〈홍합〉

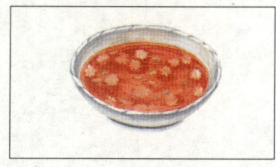

〈화채〉

해파리 명 海蜇皮
햅쌀 명 新谷, 新米
햇과일 명 当年摘的水果
향신료 (香辛料) 명 香辣作料
향어 (香魚) 명 香鱼
허기 (虛飢) 명 饿, 饥饿
허기지다 (虛飢—) 형 饥饿
헹구다 동 涮
현미 (玄米) 명 糙米, 粗米
호떡 명 饼
호박 명 南瓜
호프집 (hof—) 명 啤酒店
홍당무 (紅糖—) 명 胡萝卜
홍어 (洪魚) 명 斑鳐, 鯕鱼
홍차 (紅茶) 명 紅茶
홍합 (紅蛤) 명 红蛤
화채 (花菜) 명 拌水果片, 果汁水
화학조미료 (化學調味料) 명 化学调味料
환각제 (幻覺劑) 명 兴奋剂
회 (膾) 명 生拌(鱼, 肉)
효모 (酵母) 명 酵母
후루룩 부 呼嚕呼嚕
후식 (後食) 명 饭后甜食点
후추 (胡椒) 명 胡椒
흡연 (吸煙) 명 吸烟, 抽烟

해파리 명 海蜇皮
햅쌀 명 新穀, 新米
햇과일 명 當年摘的水果
향신료 (香辛料) 명 香辣作料
향어 (香魚) 명 香魚
허기 (虛飢) 명 餓, 飢餓
허기지다 (虛飢—) 형 飢餓
헹구다 동 涮
현미 (玄米) 명 糙米, 粗米
호떡 명 餠
호박 명 南瓜
호프집 (hof—) 명 啤酒店
홍당무 (紅糖—) 명 胡蘿蔔
홍어 (洪魚) 명 斑鱬, 鯕魚
홍차 (紅茶) 명 紅茶
홍합 (紅蛤) 명 紅蛤
화채 (花菜) 명 拌水果片, 果汁水
화학조미료 (化學調味料) 명 化學調味料
환각제 (幻覺劑) 명 興奮劑
회 (膾) 명 生拌(魚, 肉)
효모 (酵母) 명 酵母
후루룩 부 呼嚕呼嚕
후식 (後食) 명 飯後甜食點
후추 (胡椒) 명 胡椒
흡연 (吸煙) 명 吸煙, 抽煙

12. 주생활

住	住

가건물 (假建物) 몡 简易房
가게 몡 小铺, 店铺, 小卖店
가겟집 몡 店铺
가구¹ (家具) 몡 家具
가구² (家口) 몡 世代
가구디자인 (家具design) 몡 家具式样
가구배치 (家具配置) 몡 家具摆设, 家具摆放
가득 뷔 容器中东西很多的样子
가루비누 몡 洗衣粉
가리개 몡 窗帘
가마 몡 草袋子
가방 몡 兜子
가스관 (gas管) 몡 煤气管道
가습기 (加湿器) 몡 加湿器
가옥 (家屋) 몡 ① 家室 ② 屋子, 房屋
가위 몡 剪子, 剪刀
가장 (家長) 몡 家长
가전제품 (家電製品) 몡 家用电器
가정 (家庭) 몡 家庭
가정환경 (家庭環境) 몡 家庭环境
가족 (家族) 몡 家族
간판 (看板) 몡 牌子

가건물 (假建物) 몡 簡易房
가게 몡 小鋪, 店鋪, 小賣店
가겟집 몡 店鋪
가구¹ (家具) 몡 家具
가구² (家口) 몡 世代
가구디자인 (家具design) 몡 家具式樣
가구배치 (家具配置) 몡 家具擺設, 家具擺放
가득 뷔 容器中東西很多的樣子
가루비누 몡 洗衣粉
가리개 몡 窗簾
가마 몡 草袋子
가방 몡 兜子
가스관 (gas管) 몡 煤氣管道
가습기 (加濕器) 몡 加濕器
가옥 (家屋) 몡 ① 家室 ② 屋子, 房屋
가위 몡 剪子, 剪刀
가장 (家長) 몡 家長
가전제품 (家電製品) 몡 家用電器
가정 (家庭) 몡 家庭
가정환경 (家庭環境) 몡 家庭環境
가족 (家族) 몡 家族
간판 (看板) 몡 牌子

가구	부엌가구, 신혼가구, 중고가구 등	탁자	식탁, 책상 …
		의자	소파, 안락의자, 회전의자, 흔들의자 …
		장	문갑, 벽장, 붙박이장, 서랍장, 수납장, 옷장, 장롱, 장식장, 찬장, 책장 …

갑 (匣) 몡 匣子
개수대 (一臺) 몡 洗碗台
개조하다 (改造—) 동 改造
개축 (改築) 몡 改建
거실 (居室) 몡 房厅, 客厅
거울 몡 镜子
거주자 (居住者) 몡 居住者
거주지 (居住地) 몡 居住地
거주하다 (居住—) 동 居住, 住
거처 (居處) 몡 居处, 处所, 住所
건넌방 (一房) 몡 对面房间
건물 (建物) 몡 建筑物
건설 (建設) 몡 建设
건설비 (建設費) 몡 建筑费
건설업체 (建設業體) 몡 建筑公司
건설하다 (建設—) 동 建设
건전지 (乾電池) 몡 电池
건축 (建築) 몡 建筑
건축가 (建築家) 몡 建筑家
건축기사 (建築技士) 몡 建筑师
건축물 (建築物) 몡 建筑物
건축설계사 (建築設計士) 몡 建筑设计师
건축양식 (建築樣式) 몡 建筑式样
건축하다 (建築—) 동 建筑
건축현장 (建築現場) 몡 建筑工地
건평 (建坪) 몡 建筑面积
걸레 몡 麻布
게시판 (揭示板) 몡 揭示板
경로당 (敬老堂) 몡 敬老院
경보기 (警報器) 몡 警报器
경치 (景致) 몡 景致
계단 (階段) 몡 阶梯, 楼梯
고아원 (孤兒院) 몡 孤儿院
고을 몡 ① 邑 ② 郡
고장 몡 ① 地方 ② 产地 ③ 家乡, 故乡 ④ 故障

갑 (匣) 몡 匣子
개수대 (一臺) 몡 洗碗臺
개조하다 (改造—) 동 改造
개축 (改築) 몡 改建
거실 (居室) 몡 房廳, 客廳
거울 몡 鏡子
거주자 (居住者) 몡 居住者
거주지 (居住地) 몡 居住地
거주하다 (居住—) 동 居住, 住
거처 (居處) 몡 居處, 處所, 住所
건넌방 (一房) 몡 對面房間
건물 (建物) 몡 建築物
건설 (建設) 몡 建設
건설비 (建設費) 몡 建築費
건설업체 (建設業體) 몡 建築公司
건설하다 (建設—) 동 建設
건전지 (乾電池) 몡 電池
건축 (建築) 몡 建築
건축가 (建築家) 몡 建築家
건축기사 (建築技士) 몡 建築師
건축물 (建築物) 몡 建築物
건축설계사 (建築設計士) 몡 建築設計師
건축양식 (建築樣式) 몡 建築式樣
건축하다 (建築—) 동 建築
건축현장 (建築現場) 몡 建築工地
건평 (建坪) 몡 建築面積
걸레 몡 麻布
게시판 (揭示板) 몡 揭示板
경로당 (敬老堂) 몡 敬老院
경보기 (警報器) 몡 警報器
경치 (景致) 몡 景致
계단 (階段) 몡 階梯, 樓梯
고아원 (孤兒院) 몡 孤兒院
고을 몡 ① 邑 ② 郡
고장 몡 ① 地方 ② 產地 ③ 家鄉, 故鄉 ④ 故障

고층빌딩 (高層building) 몡 高层建筑, 大厦
고층아파트 (高層apartment) 몡 高楼房
고치다 동 治, 修理
고향 (故鄕) 몡 故乡
골무 몡 针箍
골방 (一房) 몡 耷旯房
곳간 (庫間) 몡 仓库
공공건물 (公共建物) 몡 公共建筑
공구 (工具) 몡 制作机器时使用的工具
공기청정기 (空氣淸淨器) 몡 空气净化器
공동주택 (共同住宅) 몡 多住户住宅
공부방 (工夫房) 몡 书房
공사 (工事) 몡 工程
공사장 (工事場) 몡 工地
공사판 (工事一) 몡 工地
공인중개사 (公認仲介士) 몡 中介所, 介绍所
공중전화 (公衆電話) 몡 公用电话
공책 (空冊) 몡 本子
과도 (果刀) 몡 水果刀
곽 몡 纸合
관 (棺) 몡 棺材, 柩
관청 (官廳) 몡 官府, 衙门, 政府部门
광 몡 仓房
광역시 (廣域市) 몡 广域市
광주리 몡 筐
교회 (敎會) 몡 教会, 教堂
구 (區) 몡 区
구두솔 몡 鞋刷子
구두약 (一藥) 몡 鞋油
구두주걱 몡 鞋撑子
구들장 몡 坑板石, 坑石
군 (郡) 몡 郡
굴뚝 몡 烟筒
궁 (宮) 몡 宮

고층빌딩 (高層building) 몡 高層建築, 大厦
고층아파트 (高層apartment) 몡 高樓房
고치다 동 治, 修理
고향 (故鄕) 몡 故鄉
골무 몡 針箍
골방 (一房) 몡 耷旯房
곳간 (庫間) 몡 倉庫
공공건물 (公共建物) 몡 公共建築
공구 (工具) 몡 製作機器時使用的工具
공기청정기 (空氣淸淨器) 몡 空氣淨化器
공동주택 (共同住宅) 몡 多住戶住宅
공부방 (工夫房) 몡 書房
공사 (工事) 몡 工程
공사장 (工事場) 몡 工地
공사판 (工事一) 몡 工地
공인중개사 (公認仲介士) 몡 中介所, 介紹所
공중전화 (公衆電話) 몡 公用電話
공책 (空冊) 몡 本子
과도 (果刀) 몡 水果刀
곽 몡 紙合
관 (棺) 몡 棺材, 柩
관청 (官廳) 몡 官府, 衙門, 政府部門
광 몡 倉房
광역시 (廣域市) 몡 廣域市
광주리 몡 筐
교회 (敎會) 몡 教會, 教堂
구 (區) 몡 區
구두솔 몡 鞋刷子
구두약 (一藥) 몡 鞋油
구두주걱 몡 鞋撑子
구들장 몡 坑板石, 坑石
군 (郡) 몡 郡
굴뚝 몡 烟筒
궁 (宮) 몡 宮

궁궐 (宮闕) 명 宮庭
궁전 (宮殿) 명 宮殿
궤 (櫃) 명 柜子
궤짝 (櫃—) 명 柜
귀이개 명 耳勺
기구 (機具) 명 家庭用工具的统称
기둥 명 柱子
기숙사 (寄宿舍) 명 宿舍
기와 명 砖瓦
기와집 명 砖瓦房
기저귀 명 尿布
기초공사 (基礎工事) 명 基础工程
깔개 명 垫子
깔대기 명 管儿
깡통 명 铁筒
깡통따개 명 起子
꽉 부 东西很满的样子
끈 명 绳
나무 명 木材
나사못 (螺絲—) 명 螺丝
난간 (欄干) 명 栏干
난로 (煖爐) 명 火炉
난방 (煖房) 명 取暖
남향 (南向) 명 朝南

궁궐 (宮闕) 명 宮庭
궁전 (宮殿) 명 宮殿
궤 (櫃) 명 櫃子
궤짝 (櫃—) 명 櫃
귀이개 명 耳勺
기구 (機具) 명 家庭用工具的統稱
기둥 명 柱子
기숙사 (寄宿舍) 명 宿舍
기와 명 磚瓦
기와집 명 磚瓦房
기저귀 명 尿布
기초공사 (基礎工事) 명 基礎工程
깔개 명 垫子
깔대기 명 管兒
깡통 명 鐵筒
깡통따개 명 起子
꽉 부 東西很滿的樣子
끈 명 繩
나무 명 木材
나사못 (螺絲—) 명 螺絲
난간 (欄干) 명 欄干
난로 (煖爐) 명 火爐
난방 (煖房) 명 取暖
남향 (南向) 명 朝南

〈궁〉
① 창경궁
② 창덕궁
③ 덕수궁
④ 경복궁

〈기와집〉

〈귀이개〉

〈나사못〉

내부공사 (內部工事) 명 内部工程
내장 (內粧) 명 内部裝潢, 内部裝修
내장재 (內裝材) 명 室内裝飾材料
냉방 (冷房) 명 冷风
냉장고 (冷藏庫) 명 冰箱
너와집 명 木板作房顶的屋子
널빤지 명 木板
넣다 동 裝, 放进
누추하다 (陋醜—) 형 简陋
다락방 (—房) 명 吊铺
다리미 명 熨斗, 电熨斗
다리미대 (—臺) 명 熨衣服的台子
다리미판 (—板) 명 熨衣架(台)
다세대주택 (多世帶住宅) 명 多住户住宅
다용도실 (多用度室) 명 多用房
단독주택 (單獨住宅) 명 独门独院的房子
단열 (斷熱) 명 绝缘
단열재 (斷熱材) 명 绝缘材料
단층집 (單層—) 명 单层房子
단칸방 명 单间
달동네 명 贫民窟
달력 (—曆) 명 日历
담 명 墙
담다 동 裝, 放入
담요 (毯—) 명 毯子
담장 (—墻) 명 墙, 围墙
대걸레 (大—) 명 拖布
대궐 (大闕) 명 王宮, 皇宮
대들보 명 桁架
대리석 (大理石) 명 大理石

내부공사 (內部工事) 명 內部工程
내장 (內粧) 명 內部裝潢, 內部裝修
내장재 (內裝材) 명 室內裝飾材料
냉방 (冷房) 명 冷風
냉장고 (冷藏庫) 명 冰箱
너와집 명 木板作房頂的屋子
널빤지 명 木板
넣다 동 裝, 放進
누추하다 (陋醜—) 형 簡陋
다락방 (—房) 명 吊鋪
다리미 명 熨斗, 電熨斗
다리미대 (—臺) 명 熨衣服的臺子
다리미판 (—板) 명 熨衣架(臺)
다세대주택 (多世帶住宅) 명 多住戶住宅
다용도실 (多用度室) 명 多用房
단독주택 (單獨住宅) 명 獨門獨院的房子
단열 (斷熱) 명 絕緣
단열재 (斷熱材) 명 絕緣材料
단층집 (單層—) 명 單層房子
단칸방 명 單間
달동네 명 貧民窟
달력 (—曆) 명 日歷
담 명 墻
담다 동 裝, 放入
담요 (毯—) 명 毯子
담장 (—墻) 명 墙, 圍墻
대걸레 (大—) 명 拖布
대궐 (大闕) 명 王宮, 皇宮
대들보 명 桁架
대리석 (大理石) 명 大理石

〈너와집〉

〈다리미〉

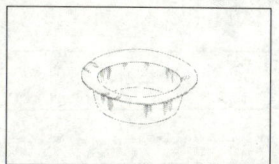
〈대야〉

대문 (大門) 뗑 大门　　　　대문 (大門) 뗑 大門
대야 뗑 盆　　　　　　　　대야 뗑 盆
대지 (垈地) 뗑 地皮　　　　대지 (垈地) 뗑 地皮
댁 뗑 贵宅　　　　　　　　댁 뗑 貴宅
덮개 뗑 盖子　　　　　　　덮개 뗑 蓋子
덮다 동 盖上, 盖　　　　　 덮다 동 蓋上, 蓋
도끼 뗑 斧子　　　　　　　도끼 뗑 斧子
도마 뗑 菜板　　　　　　　도마 뗑 菜板
도배하다 (塗褙—) 동 粘壁纸　도배하다 (塗褙—) 동 粘壁紙
도시 (都市) 뗑 都市, 城市　 도시 (都市) 뗑 都市, 城市
도시락가방 뗑 装饭合兜子　 도시락가방 뗑 裝飯合兜子
도장 (圖章) 뗑 章, 印章　　 도장 (圖章) 뗑 章, 印章
독 뗑 缸　　　　　　　　　독 뗑 缸
돗자리 뗑 凉席, 炕席　　　 돗자리 뗑 凉席, 炕席
동 (洞) 뗑 洞, 栋　　　　　동 (洞) 뗑 洞, 棟
동거하다 (同居—) 동 同居　동거하다 (同居—) 동 同居
동남향 (東南向) 뗑 朝东南　 동남향 (東南向) 뗑 朝東南
동네 뗑 村子, 村　　　　　동네 뗑 村子, 村
동선 (銅線) 뗑 铜线, 铜丝　 동선 (銅線) 뗑 銅線, 銅絲
동향 (東向) 뗑 朝东　　　　동향 (東向) 뗑 朝東
두꺼비집 뗑 保险盒　　　　두꺼비집 뗑 保險盒
둥지 뗑 巢　　　　　　　　둥지 뗑 巢
뒷문 (—門) 뗑 后门　　　　뒷문 (—門) 뗑 後門
드라이버 (driver) 뗑 螺丝刀　드라이버 (driver) 뗑 螺絲刀
드릴 (drill) 뗑 钻　　　　　드릴 (drill) 뗑 鑽
등 (燈) 뗑 灯　　　　　　　등 (燈) 뗑 燈
등기 (登記) 뗑 登记　　　　등기 (登記) 뗑 登記
등기서류 (登記書類) 뗑 房证, 土地证等类　등기서류 (登記書類) 뗑 房證, 土地證等類

〈도끼〉

〈도장과 인주〉

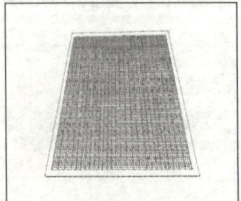

〈돗자리〉

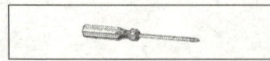

〈드라이버〉

등잔 (燈盞) 몡 ① 油灯 ② 灯盏
땔감 몡 柴火
뚜껑 몡 盖子
뜨개바늘 몡 线针
뜰 몡 院子, 院儿
라디오 (radio) 몡 收音机
리 (里) 몡 里
마개 몡 盖儿
마당 몡 院子
마루 몡 两个炕的连接板
마을 몡 村庄, 村子
막사 (幕舍) 몡 草棚
만년필 (萬年筆) 몡 钢笔
망치 몡 锤子
맨션 (mansion) 몡 大型公寓
먼지털이 몡 刷灰尘的刷子
메모지 (memo紙) 몡 记录纸
면도기 (面刀器) 몡 剃须刀
면도칼 (面刀一) 몡 刀片
모기장 (一帳) 몡 蚊帐
모래 몡 沙子
모텔 (motel) 몡 汽车旅馆
목욕탕 (沐浴湯) 몡 浴池, 洗澡堂
목재 (木材) 몡 木材
못 몡 钉子
무선전화기 (無線電話機) 몡 无线电话
무허가주택 (無許可住宅) 몡 无房照住宅
묵다 동 住
문 (門) 몡 门

〈망치〉

| 문 | 대문, 뒷문, 정문, 창, 창문, 현관문, 후문 … |

등잔 (燈盞) 몡 ① 油燈 ② 燈盞
땔감 몡 柴火
뚜껑 몡 蓋子
뜨개바늘 몡 線針
뜰 몡 院子, 院兒
라디오 (radio) 몡 收音機
리 (里) 몡 里
마개 몡 蓋兒
마당 몡 院子
마루 몡 兩個炕的連接板
마을 몡 村莊, 村子
막사 (幕舍) 몡 草棚
만년필 (萬年筆) 몡 鋼筆
망치 몡 錘子
맨션 (mansion) 몡 大型公寓
먼지털이 몡 刷灰塵的刷子
메모지 (memo紙) 몡 記錄紙
면도기 (面刀器) 몡 剃鬚刀
면도칼 (面刀一) 몡 刀片
모기장 (一帳) 몡 蚊帳
모래 몡 沙子
모텔 (motel) 몡 汽車旅館
목욕탕 (沐浴湯) 몡 浴池, 洗澡堂
목재 (木材) 몡 木材
못 몡 釘子
무선전화기 (無線電話機) 몡 無線電話
무허가주택 (無許可住宅) 몡 無房照住宅
묵다 동 住
문 (門) 몡 門

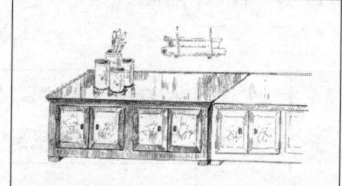
〈문갑〉

문간방 (門間房) 몡 在大门旁边的房间
문갑 (文匣) 몡 匣子
문고리 (門一) 몡 门把
문구 (文具) 몡 文具
문지방 (門一) 몡 门槛
문패 (門牌) 몡 门牌
물비누 몡 液体肥皂
믹서기 (mixer器) 몡 搅拌机, 粉碎机
민박 (民泊) 몡 ① 住民宅, 投宿民房
② 家庭旅店
민박집 (民泊一) 몡 家庭旅店
밀봉하다 (密封一) 동 密封
밀폐용기 (密閉容器) 몡 密封容器
바가지 몡 瓢
바구니 몡 筐
바늘 몡 针
바늘꽂이 몡 针线板
바닥 몡 地面
바닥재 (一材) 몡 地板革
반 (班) 몡 班
반짇고리 몡 针线筐
발 몡 帘子
밥상 (一床) 몡 饭桌子
밧줄 몡 麻绳
방 (房) 몡 房屋
방망이 몡 棒子 (韩民族在洗衣服时使用的一种小棒子)
방석 (方席) 몡 垫子
방수 (防水) 몡 防水
방음 (防音) 몡 隔音

문간방 (門間房) 몡 在大門旁邊的房間
문갑 (文匣) 몡 匣子
문고리 (門一) 몡 門把
문구 (文具) 몡 文具
문지방 (門一) 몡 門檻
문패 (門牌) 몡 門牌
물비누 몡 液體肥皂
믹서기 (mixer器) 몡 攪拌機, 粉碎機
민박 (民泊) 몡 ① 住民宅, 投宿民房
② 家庭旅店
민박집 (民泊一) 몡 家庭旅店
밀봉하다 (密封一) 동 密封
밀폐용기 (密閉容器) 몡 密封容器
바가지 몡 瓢
바구니 몡 筐
바늘 몡 針
바늘꽂이 몡 針線板
바닥 몡 地面
바닥재 (一材) 몡 地板革
반 (班) 몡 班
반짇고리 몡 針線筐
발 몡 簾子
밥상 (一床) 몡 飯桌子
밧줄 몡 麻繩
방 (房) 몡 房屋
방망이 몡 棒子 (韓民族在洗衣服時使用的一種小棒子)
방석 (方席) 몡 墊子
방수 (防水) 몡 防水
방음 (防音) 몡 隔音

방	一방 (房)	광, 부엌, 서재, 식당, 창고 …
	一실 (室)	거실, 다용도실, 보일러실, 사무실, 욕실, 응접실, 집무실, 침실, 화장실 …
	기타	건넌방, 골방, 공부방, 다락방, 문간방, 부엌방, 사랑방, 안방, 어린이방, 옆방, 온돌방, 주방

방충망 (防蟲網) 명 蚊窗
배낭 (背囊) 명 背包
배선 (配線) 명 ① 架线 ② 配电线
백열등 (白熱燈) 명 白炽灯
백화점 (百貨店) 명 百货店, 百货商店
번지 (番地) 명 相当于中国的街或号
베개 명 枕头
베란다 (veranda) 명 阳台
벽 (壁) 명 墙壁
벽걸이 (壁—) 명 壁挂
벽난로 (壁煖爐) 명 壁炉
벽돌 (甓—) 명 砖
벽돌집 (壁—) 명 砖房
벽시계 (壁時計) 명 壁钟, 挂钟
벽장 (壁欌) 명 壁橱
벽지 (壁紙) 명 墙壁纸, 壁纸
변기 (便器) 명 便器
변소 (便所) 명 厕所
별장 (別莊) 명 別墅
별채 (別—) 명 附属房
병 (瓶) 명 瓶子, 瓶
병따개 (瓶—) 명 瓶起子
병풍 (屛風) 명 屛风
보금자리 명 比喻温暖的家
보료 명 座垫
보수공사 (補修工事) 명 补修工程
보안장치 (保安裝置) 명 保安设施
보온 (保溫) 명 保温

방충망 (防蟲網) 명 蚊窗
배낭 (背囊) 명 背包
배선 (配線) 명 ① 架線 ② 配電線
백열등 (白熱燈) 명 白熾燈
백화점 (百貨店) 명 百貨店, 百貨商店
번지 (番地) 명 相當於中國的街或號
베개 명 枕頭
베란다 (veranda) 명 陽臺
벽 (壁) 명 墻壁
벽걸이 (壁—) 명 壁掛
벽난로 (壁煖爐) 명 壁爐
벽돌 (甓—) 명 磚
벽돌집 (壁—) 명 磚房
벽시계 (壁時計) 명 壁鐘, 掛鐘
벽장 (壁欌) 명 壁櫥
벽지 (壁紙) 명 墻壁紙, 壁紙
변기 (便器) 명 便器
변소 (便所) 명 厠所
별장 (別莊) 명 別墅
별채 (別—) 명 附屬房
병 (瓶) 명 瓶子, 瓶
병따개 (瓶—) 명 瓶起子
병풍 (屛風) 명 屛風
보금자리 명 比喻溫暖的家
보료 명 座墊
보수공사 (補修工事) 명 補修工程
보안장치 (保安裝置) 명 保安設施
보온 (保溫) 명 保溫

〈병풍〉

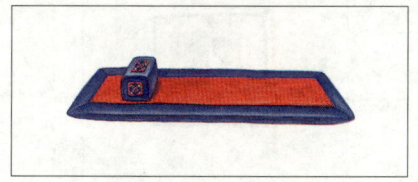
〈보료〉

보육원 (保育院) 명 孤儿院
보일러 (boiler) 명 锅炉
보일러실 (boiler室) 명 锅炉房
보자기 (褓―) 명 方布
보조가방 (補助―) 명 手提包
복덕방 (福德房) 명 房屋介绍所,
　房屋中介所
복도 (複道) 명 走廊
본채 (本―) 명 主楼, 正房, 正殿, 大殿
볼펜 (ball point pen) 명 油笔, 圆珠笔
봉지 (封紙) 명 纸袋
봉투 (封套) 명 信封
봉하다 (封―) 동 封
부대 (負袋) 명 封筒, 纸袋
부동산 (不動産) 명 不动产, 房地产
부뚜막 명 厨房台子
부수다 동 摔碎
부실공사 (不實工事) 명 劣质工程
부엌 명 厨房
부엌가구 (―家具) 명 厨房用具
부엌방 (―房) 명 房厅
부엌세간 명 厨房用具
부지 (敷地) 명 地皮
부채 명 扇子
부촌 (富村) 명 富村
북향 (北向) 명 朝北
분무기 (噴霧器) 명 噴霧器
붓다 동 倒入
붙박이장 (―欌) 명 壁柜

보육원 (保育院) 명 孤兒院
보일러 (boiler) 명 鍋爐
보일러실 (boiler室) 명 鍋爐房
보자기 (褓―) 명 方布
보조가방 (補助―) 명 手提包
복덕방 (福德房) 명 房屋介紹所,
　房屋中介所
복도 (複道) 명 走廊
본채 (本―) 명 主樓, 正房, 正殿, 大殿
볼펜 (ball point pen) 명 油筆, 圓珠筆
봉지 (封紙) 명 紙袋
봉투 (封套) 명 信封
봉하다 (封―) 동 封
부대 (負袋) 명 封筒, 紙袋
부동산 (不動産) 명 不動産, 房地産
부뚜막 명 廚房臺子
부수다 동 摔碎
부실공사 (不實工事) 명 劣質工程
부엌 명 廚房
부엌가구 (―家具) 명 廚房用具
부엌방 (―房) 명 房廳
부엌세간 명 廚房用具
부지 (敷地) 명 地皮
부채 명 扇子
부촌 (富村) 명 富村
북향 (北向) 명 朝北
분무기 (噴霧器) 명 噴霧器
붓다 동 倒入
붙박이장 (―欌) 명 壁櫃

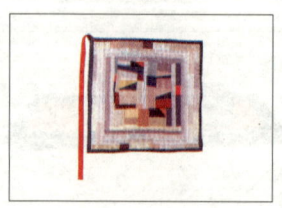

〈보자기: 조각보〉

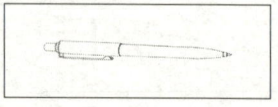

〈볼펜〉

비 명 扫把
비누 명 肥皂
비닐하우스 (vinyl house) 명 塑料大棚
비디오 (video) 명 录相机
비우다 동 空出来, 倒出来
비품 (備品) 명 备品
빈민가 (貧民街) 명 贫民街
빌딩 (building) 명 大厦
빌라 (villa) 명 別墅式住宅
빗 명 梳子
빨대 명 管儿
빨래건조대 (—乾燥臺) 명 晒衣服时使用的架子
빨래줄 명 晒衣绳
빨래집게 명 衣服夹子, 衣夹
빨래판 (—板) 명 洗衣板
삐삐 명 传呼机
사글세 (—貰) 명 付月租金的房子
사다리 명 梯子
사랑방 (舍廊房) 명 厢房
사랑채 (舍廊—) 명 厢房
사무실 (事務室) 명 办公室
사진기 (寫眞機) 명 照相机
산장 (山莊) 명 山庄
살다 동 生活, 住
살림살이 명 生活用品
살림집 명 家庭住宅
상가 (商家) 명 商店, 商业街
상수도 (上水道) 명 自来水管道
상자 (箱子) 명 箱子
상점 (商店) 명 商店
색칠하다 (色漆—) 동 涂漆
생리대 (生理帶) 명 卫生巾
생활용품 (生活用品) 명 生活用品
생활필수품 (生活必需品) 명 生活必需品
서랍 명 抽屉

비 명 掃把
비누 명 肥皂
비닐하우스 (vinyl house) 명 塑料大棚
비디오 (video) 명 錄相機
비우다 동 空出來, 倒出來
비품 (備品) 명 備品
빈민가 (貧民街) 명 貧民街
빌딩 (building) 명 大廈
빌라 (villa) 명 別墅式住宅
빗 명 梳子
빨대 명 管兒
빨래건조대 (—乾燥臺) 명 曬衣服時使用的架子
빨래줄 명 曬衣繩
빨래집게 명 衣服夾子, 衣夾
빨래판 (—板) 명 洗衣板
삐삐 명 傳呼機
사글세 (—貰) 명 付月租金的房子
사다리 명 梯子
사랑방 (舍廊房) 명 廂房
사랑채 (舍廊—) 명 廂房
사무실 (事務室) 명 辦事室
사진기 (寫眞機) 명 照相機
산장 (山莊) 명 山莊
살다 동 生活, 住
살림살이 명 生活用品
살림집 명 家庭住宅
상가 (商家) 명 商店, 商業街
상수도 (上水道) 명 自來水管道
상자 (箱子) 명 箱子
상점 (商店) 명 商店
색칠하다 (色漆—) 동 塗漆
생리대 (生理帶) 명 衛生巾
생활용품 (生活用品) 명 生活用品
생활필수품 (生活必需品) 명 生活必需品
서랍 명 抽屜

150 주생활

생활용품	가방	도시락가방, 배낭, 보조가방, 서류가방, 손가방, 손지갑, 시장가방, 신발주머니, 지갑, 책가방, 핸드백 …
	가전제품	가습기, 공기청정기, 냉장고, 다리미, 라디오, 믹서기, 비디오, 세탁기, 전축, 제습기, 청소기, 텔레비전 …
	깔개	돗자리, 방석, 보료, 양탄자, 전기장판, 화문석 …
	문구	공책, 만년필, 볼펜, 연필, 연필꽂이, 자, 지우개, 필통 …
	비누·세제	가루비누, 물비누, 빨래비누, 세숫비누, 세정제, 세척제, 표백제 …
	소품	거울, 귀이개, 달력, 면도기, 면도칼, 모기장, 병따개, 분무기, 빗, 성냥, 손톱깎이, 솔, 수건, 수세미, 액자, 열쇠, 양산, 옷솔, 옷핀, 우산, 우산꽂이, 이쑤시개, 자물쇠, 재떨이, 족집게, 지팡이, 집게, 칫솔, 파리채 …
	시계	괘종시계, 벽시계, 뻐꾸기시계, 손목시계, 자명종시계, 탁상시계 …
	연장	가위, 나사못, 도끼, 드라이버, 드릴, 망치, 못, 송곳, 압정, 장도리, 절사, 톱, 펜치 …
	조명기구	백열등, 전구, 전등, 초, 형광등 …
	청소도구	걸레, 대걸레, 먼지떨이, 비, 쓰레기통, 쓰레받기, 청소기, 총채, 휴지통 …
	침구	베개, 요, 이불, 침대보 …

서랍장 (一欌) 몡 抽屉
서류가방 (書類一) 몡 文件包
서재 (書齋) 몡 书房
서향 (西向) 몡 朝西
석재 (石材) 몡 石材, 石头材料
선반 (旋盤) 몡 吊板
설계 (設計) 몡 设计
설계도 (設計圖) 몡 设计图
설계하다 (設計一) 동 设计
성냥 몡 火柴
성당 (聖堂) 몡 圣堂
세간 몡 家庭生活用品
세대 (世帶) 몡 一代
세대주 (世帶主) 몡 户主
세면대 (洗面臺) 몡 洗脸台
세부공사 (細部工事) 몡 细部工程
세숫대야 (洗手一) 몡 洗脸盘
세우다 동 筑, 盖, 建
세입자 (貰入子) 몡 租房人
세정제 (洗淨劑) 몡 洗涤剂
세제 (洗劑) 몡 洗涤剂

서랍장 (一欌) 몡 抽屜
서류가방 (書類一) 몡 文件包
서재 (書齋) 몡 書房
서향 (西向) 몡 朝西
석재 (石材) 몡 石材, 石頭材料
선반 (旋盤) 몡 吊板
설계 (設計) 몡 設計
설계도 (設計圖) 몡 設計圖
설계하다 (設計一) 동 設計
성냥 몡 火柴
성당 (聖堂) 몡 聖堂
세간 몡 家庭生活用品
세대 (世帶) 몡 一代
세대주 (世帶主) 몡 戶主
세면대 (洗面臺) 몡 洗臉臺
세부공사 (細部工事) 몡 細部工程
세숫대야 (洗手一) 몡 洗臉盤
세우다 동 築, 蓋, 建
세입자 (貰入子) 몡 租房人
세정제 (洗淨劑) 몡 洗滌劑
세제 (洗劑) 몡 洗滌劑

세척제 (洗滌劑) 몡 洗涤剂
세탁기 (洗濯機) 몡 洗衣机
셋방 (貰房) 몡 租赁房
소지품 (所持品) 몡 携带用品
소쿠리 몡 筐
소파 (sofa) 몡 沙发
소화기 (消火器) 몡 灭火机
손가방 몡 手提包
손거울 몡 小镜子 (放在手用着的镜子)
손목시계 (一時計) 몡 手表
손수건 (一手巾) 몡 手帕, 手绢
손지갑 (一紙匣) 몡 钱包
손톱깎이 몡 指甲刀
솔 몡 刷子
송곳 몡 锥子
쇠사슬 몡 钢绳
수건 (手巾) 몡 手巾, 毛巾
수납장 (受納欌) 몡 柜子
수도¹ (首都) 몡 首都
수도² (水道) 몡 ① 自来水 ② 自来水管, 上水道
수도꼭지 (水道一) 몡 水笼头
수세미 몡 刷子
수세식 (水洗式) 몡 冲洗式, 水冲式
수화기 (受話器) 몡 话筒
숙박 (宿泊) 몡 住宿
숙박시설 (宿泊施設) 몡 宿舍设施
슈퍼마켓 (supermarket) 몡 超级市场, 超市
스패너 (spanner) 몡 扳子
승강기 (昇降機) 몡 电梯

세척제 (洗滌劑) 몡 洗滌劑
세탁기 (洗濯機) 몡 洗衣機
셋방 (貰房) 몡 租賃房
소지품 (所持品) 몡 携帶用品
소쿠리 몡 筐
소파 (sofa) 몡 沙發
소화기 (消火器) 몡 滅火機
손가방 몡 手提包
손거울 몡 小鏡子 (放在手用着的鏡子)
손목시계 (一時計) 몡 手表
손수건 (一手巾) 몡 手帕, 手絹
손지갑 (一紙匣) 몡 錢包
손톱깎이 몡 指甲刀
솔 몡 刷子
송곳 몡 錐子
쇠사슬 몡 鋼繩
수건 (手巾) 몡 手巾, 毛巾
수납장 (受納欌) 몡 櫃子
수도¹ (首都) 몡 首都
수도² (水道) 몡 ① 自來水 ② 自來水管, 上水道
수도꼭지 (水道一) 몡 水籠頭
수세미 몡 刷子
수세식 (水洗式) 몡 冲洗式, 水冲式
수화기 (受話器) 몡 話筒
숙박 (宿泊) 몡 住宿
숙박시설 (宿泊施設) 몡 宿舍設施
슈퍼마켓 (supermarket) 몡 超級市場, 超市
스패너 (spanner) 몡 扳子
승강기 (昇降機) 몡 電梯

〈손톱깎이〉

시 (市) 몡 市
시계 (時計) 몡 钟, 表
시골 몡 乡村, 农村, 乡下
시골집 몡 农村住宅
시공 (施工) 몡 施工
시멘트 (cement) 몡 石灰, 水泥
시설 (施設) 몡 设施
시설물 (施設物) 몡 设备, 设施
시장가방 (市長—) 몡 在市场买完东西後可装东西的兜子, 购物兜
시험관 (試驗管) 몡 试验管
식기건조기 (食器乾燥機) 몡 餐具乾燥机
식당 (食堂) 몡 食堂
식칼 (食—) 몡 刀, 菜刀
식탁 (食卓) 몡 餐桌
식탁보 (食卓褓) 몡 台布
신발장 (—欌) 몡 鞋柜
신발주머니 몡 裝鞋子的袋子
신방 (新房) 몡 新房
신축 (新築) 몡 新建工程, 新建筑
신혼가구 (新婚家具) 몡 新婚家具
실 몡 线
실내 (室內) 몡 室内
실내장식가 (室內裝飾家) 몡 室内裝潢師
실외 (室外) 몡 室外
쌈지 몡 烟袋
쓰레기통 (—桶) 몡 拉及桶, 拉及箱
쓰레받기 몡 撮子
아궁이 몡 灶门

시 (市) 몡 市
시계 (時計) 몡 鐘, 表
시골 몡 鄕村, 農邨, 鄕下
시골집 몡 農村住宅
시공 (施工) 몡 施工
시멘트 (cement) 몡 石灰, 水泥
시설 (施設) 몡 設施
시설물 (施設物) 몡 設備, 設施
시장가방 (市長—) 몡 在市場買完東西後可裝東西的兜子, 購物兜
시험관 (試驗管) 몡 試驗管
식기건조기 (食器乾燥機) 몡 餐具乾燥機
식당 (食堂) 몡 食堂
식칼 (食—) 몡 刀, 菜刀
식탁 (食卓) 몡 餐桌
식탁보 (食卓褓) 몡 臺布
신발장 (—欌) 몡 鞋櫃
신발주머니 몡 裝鞋子的袋子
신방 (新房) 몡 新房
신축 (新築) 몡 新建工程, 新建築
신혼가구 (新婚家具) 몡 新婚家具
실 몡 線
실내 (室內) 몡 室內
실내장식가 (室內裝飾家) 몡 室內裝潢師
실외 (室外) 몡 室外
쌈지 몡 煙袋
쓰레기통 (—桶) 몡 拉及桶, 拉及箱
쓰레받기 몡 撮子
아궁이 몡 竈門

〈아궁이〉
① 아궁이
② 부뚜막
③ 가마솥

아랫목 명 炕头儿
아파트 (apartment house) 명 楼
안락의자 (安樂椅子) 명 靠椅
안방 (一房) 명 女主人使用的屋子
안채 명 里间
압정 (押釘) 명 摁钉儿, 图钉
액자 (額子) 명 镜柜
양도세 (讓渡稅) 명 转让税
양동이 (洋一) 명 水筒
양로원 (養老院) 명 养老院
양산 (陽傘) 명 ·伞
양옥 (洋屋) 명 洋屋
양탄자 (洋一) 명 毛垫子
어린이방 (一房) 명 为小孩准备的屋子
에스컬레이터 (escalator) 명 滚梯
엘리베이터 (elevator) 명 电梯
여관 (旅館) 명 旅馆
여염집 (閭閻一) 명 平民居住区, 间阎
여인숙 (旅人宿) 명 旅店
역 (驛) 명 站
연립주택 (聯立住宅) 명 三层以下的住宅
연장 명 工具
연필 (鉛筆) 명 铅笔
연필꽂이 (鉛筆一) 명 笔筒
연하장 (年賀狀) 명 贺年卡
열쇠 명 钥匙
엽서 (葉書) 명 明信片
영세민 (零細民) 명 老百姓, 庶民

아랫목 명 炕頭兒
아파트 (apartment house) 명 樓
안락의자 (安樂椅子) 명 靠椅
안방 (一房) 명 女主人使用的屋子
안채 명 裏間
압정 (押釘) 명 摁釘兒, 圖釘
액자 (額子) 명 鏡櫃
양도세 (讓渡稅) 명 轉讓稅
양동이 (洋一) 명 水筒
양로원 (養老院) 명 養老院
양산 (陽傘) 명 傘
양옥 (洋屋) 명 洋屋
양탄자 (洋一) 명 毛墊子
어린이방 (一房) 명 爲小孩準備的屋子
에스컬레이터 (escalator) 명 滾梯
엘리베이터 (elevator) 명 電梯
여관 (旅館) 명 旅館
여염집 (閭閻一) 명 平民居住區, 閭閻
여인숙 (旅人宿) 명 旅店
역 (驛) 명 站
연립주택 (聯立住宅) 명 三層以下的住宅
연장 명 工具
연필 (鉛筆) 명 鉛筆
연필꽂이 (鉛筆一) 명 筆筒
연하장 (年賀狀) 명 賀年卡
열쇠 명 鑰匙
엽서 (葉書) 명 明信片
영세민 (零細民) 명 老百姓, 庶民

물건을 담는 그릇	현대	갑, 깡통, 대야, 밀폐용기, 병, 봉지, 봉투, 부대, 상자, 자루, 주머니, 통 …
	전통	가마니, 광주리, 궤짝, 독, 바가지, 바구니, 소쿠리, 쌈지, 양동이, 질그릇, 함, 항아리 …

〈양산〉

옆방 (一房) 몡 旁边的屋子
오두막 (一幕) 몡 趴趴房
오피스텔 (office+hotel) 몡 公寓
옥상 (屋上) 몡 屋顶
온돌 (溫突) 몡 炕, 暖炕, 火炕
온돌방 (溫突房) 몡 暖炕房, 火炕星
온수 (溫水) 몡 温水
온풍기 (溫風機) 몡 暖风机
올리다 동 上 (瓦)
옷걸이 몡 衣挂
옷솔 몡 衣服刷子
옷장 (一欌) 몡 立柜
옷핀 (—pin) 몡 别针
완공 (完工) 몡 完工
완구 (玩具) 몡 玩具
외장 (外裝) 몡 外部裝潢
외장재 (外裝材) 몡 外部裝飾材料
요 몡 褥子
욕실 (浴室) 몡 浴室
욕조 (浴槽) 몡 浴池
용기 (容器) 몡 容器
우리 몡 圈子
우산 (雨傘) 몡 雨伞
우산꽂이 (雨傘—) 몡 雨伞架
우편번호 (郵便番號) 몡 邮政编码
우편함 (郵便函) 몡 邮箱
우표 (郵票) 몡 邮票
울타리 몡 围墙
움막 (一幕) 몡 草屋
윗목 몡 炕梢儿
원두막 (園頭幕) 몡 茅棚
월세 (月貰) 몡 月租金
유리 (琉璃) 몡 玻璃
으리으리 閉 豪华而幽雅
은행 (銀行) 몡 银行
읍 (邑) 몡 邑

옆방 (一房) 몡 旁邊的屋子
오두막 (一幕) 몡 趴趴房
오피스텔 (office+hotel) 몡 公寓
옥상 (屋上) 몡 屋頂
온돌 (溫突) 몡 炕, 暖炕, 火炕
온돌방 (溫突房) 몡 暖炕房, 火炕星
온수 (溫水) 몡 溫水
온풍기 (溫風機) 몡 暖風機
올리다 동 上 (瓦)
옷걸이 몡 衣掛
옷솔 몡 衣服刷子
옷장 (一欌) 몡 立櫃
옷핀 (—pin) 몡 別針
완공 (完工) 몡 完工
완구 (玩具) 몡 玩具
외장 (外裝) 몡 外部裝潢
외장재 (外裝材) 몡 外部裝飾材料
요 몡 褥子
욕실 (浴室) 몡 浴室
욕조 (浴槽) 몡 浴池
용기 (容器) 몡 容器
우리 몡 圈子
우산 (雨傘) 몡 雨傘
우산꽂이 (雨傘—) 몡 雨傘架
우편번호 (郵便番號) 몡 郵政編碼
우편함 (郵便函) 몡 郵箱
우표 (郵票) 몡 郵票
울타리 몡 圍墻
움막 (一幕) 몡 草屋
윗목 몡 炕梢兒
원두막 (園頭幕) 몡 茅棚
월세 (月貰) 몡 月租金
유리 (琉璃) 몡 玻璃
으리으리 閉 豪華而幽雅
은행 (銀行) 몡 銀行
읍 (邑) 몡 邑

읍내 (邑內) 몡 邑內
응접세트 (應接set) 몡 会客桌椅
응접실 (應接室) 몡 接待室
의자 (椅子) 몡 椅子
이민 (移民) 몡 移民
이부자리 몡 被褥
이불 몡 被子
이사 (移徙) 몡 搬迁, 搬家
이쑤시개 몡 牙签
이웃 몡 邻居, 邻舍, 邻里
이웃집 몡 邻居, 邻里
이주 (移住) 몡 移居
이층집 (二層—) 몡 两层楼, 二层楼
인감도장 (印鑑圖章) 몡 印章
인주 (印朱) 몡 印泥
임대 (賃貸) 몡 租赁
임대료 (賃貸料) 몡 租金
임대주택 (賃貸住宅) 몡 出租的房子
자 몡 尺
자갈 몡 石子
자루 몡 袋子
자명종시계 (自鳴鐘時計) 몡 闹钟
자물쇠 몡 锁头
자취방 (自炊房) 몡 自炊自住房
자취하다 (自炊—) 동 自己住宿并自己做饭
작은방 (—房) 몡 小屋

읍내 (邑內) 몡 邑內
응접세트 (應接set) 몡 會客桌椅
응접실 (應接室) 몡 接待室
의자 (椅子) 몡 椅子
이민 (移民) 몡 移民
이부자리 몡 被褥
이불 몡 被子
이사 (移徙) 몡 搬遷, 搬家
이쑤시개 몡 牙籤
이웃 몡 鄰居, 鄰舍, 鄰里
이웃집 몡 鄰居, 鄰里
이주 (移住) 몡 移居
이층집 (二層—) 몡 兩層樓, 二層樓
인감도장 (印鑑圖章) 몡 印章
인주 (印朱) 몡 印泥
임대 (賃貸) 몡 租賃
임대료 (賃貸料) 몡 租金
임대주택 (賃貸住宅) 몡 出租的房子
자 몡 尺
자갈 몡 石子
자루 몡 袋子
자명종시계 (自鳴鐘時計) 몡 鬧鐘
자물쇠 몡 鎖頭
자취방 (自炊房) 몡 自炊自住房
자취하다 (自炊—) 동 自己住宿幷自己做飯
작은방 (—房) 몡 小屋

〈원두막〉

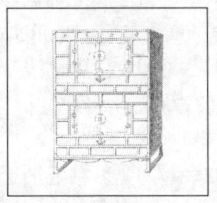

〈장롱〉

작은집 명 另立户的弟弟家
잠자리 명 睡觉的地方
장 (欌) 명 衣柜
장난감 명 玩具
장도리 명 锤子
장롱 (欌籠) 명 柜子, 立柜
장식장 (裝飾欌) 명 裝飾用品柜
장식품 (裝飾品) 명 裝飾品
장식하다 (裝飾—) 동 裝饰
장판 (壯版) 명 油纸坑
재개발 (再開發) 명 再开发
재건축 (再建築) 명 重建
재떨이 명 烟灰缸
재봉틀 (裁縫—) 명 缝纫机
재산세 (財産稅) 명 财产税
저울 명 称
저택 (邸宅) 명 建筑规模特大的房子
전광판 (電光板) 명 电光板
전구 (電球) 명 灯炮
전기장판 (電氣壯版) 명 ① 電褥子
　② 电热地板
전등 (電燈) 명 电灯
전등갓 (電燈—) 명 电灯罩, 灯伞
전망 (展望) 명 展望
전보 (電報) 명 电报
전선 (電線) 명 电线
전세 (專貰) 명 用押金顶替房租
전원주택 (田園住宅) 명 郊区住宅
전축 (電蓄) 명 组合音响
전화기 (電話機) 명 电话机
전화번호 (電話番號) 명 电话号码
전화선 (電話線) 명 电话线
절 명 庙, 寺庙
점포 (店鋪) 명 店铺
접착제 (接着劑) 명 粘着剂, 粘合剂
정문 (正門) 명 正门

작은집 명 另立戶的弟弟家
잠자리 명 睡覺的地方
장 (欌) 명 衣櫃
장난감 명 玩具
장도리 명 錘子
장롱 (欌籠) 명 櫃子, 立櫃
장식장 (裝飾欌) 명 裝飾用品櫃
장식품 (裝飾品) 명 裝飾品
장식하다 (裝飾—) 동 裝飾
장판 (壯版) 명 油紙坑
재개발 (再開發) 명 再開發
재건축 (再建築) 명 重建
재떨이 명 烟灰缸
재봉틀 (裁縫—) 명 縫紉機
재산세 (財産稅) 명 財産稅
저울 명 稱
저택 (邸宅) 명 建築規模特大的房子
전광판 (電光板) 명 電光板
전구 (電球) 명 燈炮
전기장판 (電氣壯版) 명 ① 電褥子
　② 電熱地板
전등 (電燈) 명 電燈
전등갓 (電燈—) 명 電燈罩, 燈傘
전망 (展望) 명 展望
전보 (電報) 명 電報
전선 (電線) 명 電線
전세 (專貰) 명 用押金頂替房租
전원주택 (田園住宅) 명 郊區住宅
전축 (電蓄) 명 組合音響
전화기 (電話機) 명 電話機
전화번호 (電話番號) 명 電話號碼
전화선 (電話線) 명 電話線
절 명 廟, 寺廟
점포 (店鋪) 명 店鋪
접착제 (接着劑) 명 粘着劑, 粘合劑
정문 (正門) 명 正門

정원 (庭園) 몡 庭院
정화조 (淨化槽) 몡 淨化槽
제습기 (除濕器) 몡 乾燥器
조감도 (鳥瞰圖) 몡 鳥瞰圖, 俯視圖
조리대 (調理臺) 몡 竈臺, 案板
조립주택 (組立住宅) 몡 組合住宅
조립하다 (組立—) 동 組裝
조명 (照明) 몡 照明
조명기구 (照明器具) 몡 燈具
족집게 몡 夾子
종이 몡 紙
주거 (住居) 몡 居住
주거지 (住居地) 몡 居住地
주거환경 (住居環境) 몡 居住環境
주머니 몡 褥兜兒, 上衣兜兒
주민 (住民) 몡 居民
주민등록 (住民登錄) 몡 戶口
주민등록증 (住民登錄證) 몡 居民身分證
주방 (廚房) 몡 廚房
주방용품 (廚房用品) 몡 廚房用品
주소 (住所) 몡 住所
주차장 (駐車場) 몡 停車場
주춧돌 몡 柱石
주택 (住宅) 몡 住宅
주택가 (住宅街) 몡 住宅區, 居民區
주택조합 (住宅組合) 몡 住宅合作社
준공 (竣工) 몡 竣工, 完工
준공검사 (竣工檢查) 몡 竣工檢查
줄자 몡 卷尺
중고가구 (中古家具) 몡 舊家具
중앙난방 (中央煖房) 몡 集中供熱
지갑 (紙匣) 몡 錢包
지내다 동 過, 生活
지방 (地方) 몡 地方
지붕 몡 屋頂, 房頂
지우개 몡 像皮

지팡이 몡 拐杖
지하실 (地下室) 몡 地下室
질그릇 몡 陶器, 瓷器, 瓦器
집¹ 몡 家
집² 몡 刀合, 眼镜合之类的合子
집³ 몡 房子
집게 몡 夹子
집기 (什器) 몡 家具
집무실 (執務室) 몡 办公室
집문서 (一文書) 몡 房照
집세 (一貰) 몡 房租
집어넣다 동 裝入, 放入
집주인 (一主人) 몡 房东
짓다 동 盖, 建
차고 (車庫) 몡 车库
착공 (着工) 몡 开工
찬장 (饌欌) 몡 厨房柜子
창 (窓) 몡 窗户
창고 (倉庫) 몡 仓库
창문 (窓門) 몡 ① 窗门 ② 窗户
창틀 (窓一) 몡 窗户框架
채 의 栋

지팡이 몡 拐杖
지하실 (地下室) 몡 地下室
질그릇 몡 陶器, 瓷器, 瓦器
집¹ 몡 家
집² 몡 刀合, 眼鏡合之類的合子
집³ 몡 房子
집게 몡 夾子
집기 (什器) 몡 家具
집무실 (執務室) 몡 辦公室
집문서 (一文書) 몡 房照
집세 (一貰) 몡 房租
집어넣다 동 裝入, 放入
집주인 (一主人) 몡 房東
짓다 동 蓋, 建
차고 (車庫) 몡 車庫
착공 (着工) 몡 開工
찬장 (饌欌) 몡 廚房櫃子
창 (窓) 몡 窗戶
창고 (倉庫) 몡 倉庫
창문 (窓門) 몡 ① 窗門 ② 窗戶
창틀 (窓一) 몡 窗戶框架
채 의 棟

집				
가옥, 저택, 주택 …				
양식		재료	용도	장소
한옥	양옥			
궁·궁궐	고층아파트	기와집	기숙사	산장
기와집	다세대주택	너와집	민박집	시골집
너와집	단독주택	벽돌집	별장	전원주택
초가집	맨션	초가집	살림집	:
오두막	빌라	통나무집	오피스텔	
:	아파트	판잣집	하숙집	
	연립주택	:		
	오피스텔			
	이층집			
	조립주택			

채광 (採光) 명 采光
채우다 동 裝满
책가방 (冊—) 명 书包
책꽂이 (冊—) 명 书架, 书柜
책상 (冊床) 명 写字台
책장 (冊欌) 명 书柜, 书架
처마 명 房檐, 屋檐
천막 (天幕) 명 帐幕
천장 (天障) 명 棚顶
철거하다 (撤去—) 동 拆除, 拆
철근 (鐵筋) 명 钢筋
철사 (鐵絲) 명 铁丝
청소기 (淸掃機) 명 吸尘器
청소도구 (淸掃道具) 명 清扫工具
체류하다 (滯留—) 동 停留, 滯留
체육관 (體育館) 명 体育馆
체중기 (體重機) 명 体重机
초 명 ① 蜡烛, 洋烛 ② 醋 ③ 秒 ④ 初
초가집 (草家—) 명 草屋, 草房
초인종 (招人鐘) 명 门铃
총채 명 掸子
층 (層) 명 层
층계 (層階) 명 楼梯
치약 (齒藥) 명 牙膏
칠 (漆) 명 漆
칠하다 (漆—) 동 涂漆

채광 (採光) 명 採光
채우다 동 裝滿
책가방 (冊—) 명 書包
책꽂이 (冊—) 명 書架, 書櫃
책상 (冊床) 명 寫字臺
책장 (冊欌) 명 書櫃, 書架
처마 명 房檐, 屋檐
천막 (天幕) 명 帳幕
천장 (天障) 명 棚頂
철거하다 (撤去—) 동 拆除, 拆
철근 (鐵筋) 명 鋼筋
철사 (鐵絲) 명 鐵絲
청소기 (淸掃機) 명 吸塵器
청소도구 (淸掃道具) 명 淸掃工具
체류하다 (滯留—) 동 停留, 滯留
체육관 (體育館) 명 體育館
체중기 (體重機) 명 體重機
초 명 ① 蠟燭, 洋燭 ② 醋 ③ 秒 ④ 初
초가집 (草家—) 명 草屋, 草房
초인종 (招人鐘) 명 門鈴
총채 명 撣子
층 (層) 명 層
층계 (層階) 명 樓梯
치약 (齒藥) 명 牙膏
칠 (漆) 명 漆
칠하다 (漆—) 동 塗漆

집			
[사람]	[모양]	ㄱ자집, 단층집, 단칸집, 한옥집 …	
	[재료]	기와집, 돌집, 천막집, 판잣집 …	
	[위치]	고향집, 동향집, 앞집, 첫째집 …	
	[구성원]	기생집, 사돈집, 친정집, 통장집 …	
	[사건]	빵집, 살림집, 잔칫집, 전셋집 …	
[동물]	[인위적]	개집, 비둘기집, 새집, 토끼집 …	
	[자연적]	개미집, 거미집, 제비집 …	
[무생물]	[인위적]	벼루집, 수저집, 안경집, 칼집 …	
	[자연적]	닭똥집, 모래집, 몸집, 물집 …	

〈초가집〉

침구 (寢具) 명 寢具, 床上用品
침대 (寢臺) 명 床
침대보 (寢臺褓) 명 床罩
침실 (寢室) 명 卧室
칫솔 (齒—) 명 牙刷
칼 명 刀
커튼 (curtain) 명 窗帘
컴퓨터 (computer) 명 电脑, 计算机
코바늘 명 钩针
콘크리트 (concrete) 명 混凝土
큰방 (—房) 명 大屋
큰집 명 另立户的兄弟即大哥家
타자기 (打字機) 명 打字机
탁자 (卓子) 명 桌子
탈수기 (脫水機) 명 甩干机
탑 (塔) 명 塔
터 명 宅基地, 宅地
터전 명 ① 地基, 基座 ② 根基 ③ 基础
털실 명 毛线
텔레비전 (television) 명 电视
토목공사 (土木工事) 명 土木工程
톱 명 锯
통¹ (統) 명 封
통² (桶) 명 桶
통나무집 명 圓木房子
특별시 (特別市) 명 特別市
파리채 명 蒼蝿拍子
판자집 (板子—) 명 木板房

침구 (寢具) 명 寢具, 床上用品
침대 (寢臺) 명 床
침대보 (寢臺褓) 명 床罩
침실 (寢室) 명 卧室
칫솔 (齒—) 명 牙刷
칼 명 刀
커튼 (curtain) 명 窗簾
컴퓨터 (computer) 명 電腦, 計算機
코바늘 명 鉤針
콘크리트 (concrete) 명 混凝土
큰방 (—房) 명 大屋
큰집 명 另立戶的兄弟卽大哥家
타자기 (打字機) 명 打字機
탁자 (卓子) 명 桌子
탈수기 (脫水機) 명 电乾機
탑 (塔) 명 塔
터 명 宅基地, 宅地
터전 명 ① 地基, 基座 ② 根基 ③ 基礎
털실 명 毛線
텔레비전 (television) 명 電視
토목공사 (土木工事) 명 土木工程
톱 명 鋸
통¹ (統) 명 封
통² (桶) 명 桶
통나무집 명 圓木房子
특별시 (特別市) 명 特別市
파리채 명 蒼蝿拍子
판자집 (板子—) 명 木板房

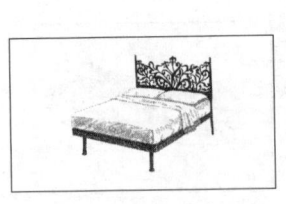
〈침대〉

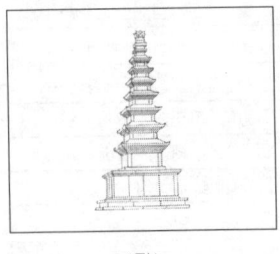
〈탑〉

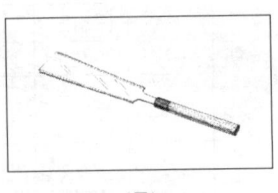
〈톱〉

판자촌 (板子村) 몡 用木板做的简易房聚居的地方
페인트 (paint) 몡 涂料
펜치 (pinchers) 몡 钳子
평 (坪) 의 坪, 1坪＝3.306㎡
평면도 (平面圖) 몡 平面图
평수 (坪數) 몡 以坪为单位论的面积
평형 (平型) 몡 平型
폐가 (廢家) 몡 旧房
표백제 (漂白劑) 몡 漂白剂
풀 몡 糨糊, 胶水
피뢰침 (避雷針) 몡 避雷针
필기구 (筆記具) 몡 笔记工具
필기도구 (筆記道具) 몡 笔记工具
하수구 (下水溝) 몡 下水沟
하수도 (下水道) 몡 下水道, 排水管道
하숙집 (下宿―) 몡 寄宿
하숙하다 (下宿―) 동 寄宿
학교 (學校) 몡 学校
한옥 (韓屋) 몡 韩式的房子
함 (函) 몡 箱子
합숙 (合宿) 몡 合住
항아리 몡 罎子
핸드백 (handbag) 몡 手提包
행정구역 (行政區域) 몡 行政区域
행주 몡 抹布
헐다 동 陈旧, 破烂, 烂
헛간 (―間) 몡 仓库
현관 (玄關) 몡 大门, 正门
형광등 (螢光燈) 몡 萤光灯, 管灯
호루라기 몡 哨子, 口哨

〈호루라기〉

호주 (戶主) 몡 户主
호출기 (呼出機) 몡 传呼机
호텔 (hotel) 몡 宾馆
호화롭다 (豪華—) 혱 豪华
화문석 (花紋席) 몡 花纹席
화장대 (化粧臺) 몡 梳妆台
화장실 (化粧室) 몡 卫生间, 洗手间
화재경보기 (火災警報器) 몡 防火警报器
환기 (換氣) 몡 通风, 换气
환풍 (換風) 몡 通风
환풍기 (換風機) 몡 通风机
회사 (會社) 몡 公司
회전의자 (回轉椅子) 몡 转椅
휘황찬란하다 (輝煌燦爛—) 혱 辉煌灿烂
휴대폰 (携帶phone) 몡 手机, 移动电话, 大哥大
휴지통 (休紙桶) 몡 纸篓
흉가 (凶家) 몡 不吉利的房子
흔들의자 (—倚子) 몡 摇椅
흙 몡 土壤, 土

호주 (戶主) 몡 戶主
호출기 (呼出機) 몡 傳呼機
호텔 (hotel) 몡 賓館
호화롭다 (豪華—) 혱 豪華
화문석 (花紋席) 몡 花紋席
화장대 (化粧臺) 몡 梳粧臺
화장실 (化粧室) 몡 衛生間, 洗手間
화재경보기 (火災警報器) 몡 防火警報器
환기 (換氣) 몡 通風, 換氣
환풍 (換風) 몡 通風
환풍기 (換風機) 몡 通風機
회사 (會社) 몡 公司
회전의자 (回轉椅子) 몡 轉椅
휘황찬란하다 (輝煌燦爛—) 혱 輝煌燦爛
휴대폰 (携帶phone) 몡 手機, 移動電話, 大哥大
휴지통 (休紙桶) 몡 紙簍
흉가 (凶家) 몡 不吉利的房子
흔들의자 (—倚子) 몡 搖椅
흙 몡 土壤, 土

13. 말과 글
文字, 语言　　　文字, 語言

가운뎃점(·) (一點) 몡 间隔号
각주 (脚注) 몡 注解
간접인용 (間接引用) 몡 间接引用
간접화법 (間接話法) 몡 间接语法
간청하다 (懇請—) 동 恳求, 恳请
감탄사 (感歎詞) 몡 感叹词
갑골문자 (甲骨文字) 몡 甲骨文
강독 (講讀) 몡 讲解
강연 (講演) 몡 演讲
강연하다 (講演—) 동 演讲
강요하다 (強要—) 동 强调
강의 (講義) 몡 讲义
강의하다 (講義—) 동 讲课
거부하다 (拒否—) 동 拒绝
거센소리 몡 送气音
거절하다 (拒絕—) 동 拒绝
거짓말 몡 谎言
건의하다 (建議—) 동 建议
격 (格) 몡 格
격려사 (激勵辭) 몡 贺辞
격려하다 (激勵—) 동 鼓励
격언 (格言) 몡 格言
격음 (激音) 몡 送气音, 有气音
결론 (結論) 몡 结论
결론짓다 (結論—) 동 结论
경고하다 (警告—) 동 警告
경어 (敬語) 몡 敬语
경음 (硬音) 몡 硬音, 挤喉音
계약하다 (契約—) 동 契约

가운뎃점(·) (一點) 몡 間隔號
각주 (脚注) 몡 注解
간접인용 (間接引用) 몡 間接引用
간접화법 (間接話法) 몡 間接語法
간청하다 (懇請—) 동 懇求, 懇請
감탄사 (感歎詞) 몡 感嘆詞
갑골문자 (甲骨文字) 몡 甲骨文
강독 (講讀) 몡 講解
강연 (講演) 몡 演講
강연하다 (講演—) 동 演講
강요하다 (強要—) 동 强調
강의 (講義) 몡 講義
강의하다 (講義—) 동 講課
거부하다 (拒否—) 동 拒絕
거센소리 몡 送氣音
거절하다 (拒絕—) 동 拒絕
거짓말 몡 謊言
건의하다 (建議—) 동 建議
격 (格) 몡 格
격려사 (激勵辭) 몡 賀辭
격려하다 (激勵—) 동 鼓勵
격언 (格言) 몡 格言
격음 (激音) 몡 送氣音, 有氣音
결론 (結論) 몡 結論
결론짓다 (結論—) 동 結論
경고하다 (警告—) 동 警告
경어 (敬語) 몡 敬語
경음 (硬音) 몡 硬音, 擠喉音
계약하다 (契約—) 동 契約

계통론 (系統論) 몡 系統论
고발하다 (告發—) 동 检举
고백 (告白) 몡 说实话, 坦白
고백하다 (告白—) 동 坦白
고사성어 (古事成語) 몡 典故, 成语
고소하다 (告訴—) 동 上诉
고유명사 (固有名詞) 몡 固有名词
고유어 (固有語) 몡 很早开始固有的语言
고자질하다 동 告密, 告状
고지하다 (告知—) 동 告诉
공갈치다 (恐喝—) 동 吓虎, 恐吓
공고 (公告) 몡 公告
공박하다 (攻駁—) 동 驳斥
공약하다 (公約—) 동 公约
공용어 (公用語) 몡 共同语
공통어 (共通語) 몡 共同语
공표하다 (公表—) 동 公布
과거 (過去) 몡 过去
과거완료 (過去完了) 몡 表示动作的完成或完了
과거형 (過去形) 몡 完成式, 过去式
관계대명사 (關係代名詞) 몡 关系代名词
관용어 (慣用語) 몡 惯用语
관형사 (冠形詞) 몡 用言词
관형어 (冠形語) 몡 用言语
교섭하다 (交涉—) 동 交涉
교열 (校閱) 몡 校阅
교정 (校正) 몡 校正
구 (句) 몡 句
구개음화 (口蓋音化) 몡 口盖音化, 腭音化
구두점 (句讀點) 몡 标点符号
구사하다 (驅使—) 동 驱使
구술하다 (口述—) 동 口述
구어 (口語) 몡 口语
구절 (句節) 몡 句子

계통론 (系統論) 몡 系統論
고발하다 (告發—) 동 檢擧
고백 (告白) 몡 說實話, 坦白
고백하다 (告白—) 동 坦白
고사성어 (古事成語) 몡 典故, 成語
고소하다 (告訴—) 동 上訴
고유명사 (固有名詞) 몡 固有名詞
고유어 (固有語) 몡 很早開始固有的語言
고자질하다 동 告密, 告狀
고지하다 (告知—) 동 告訴
공갈치다 (恐喝—) 동 嚇虎, 恐嚇
공고 (公告) 몡 公告
공박하다 (攻駁—) 동 駁斥
공약하다 (公約—) 동 公約
공용어 (公用語) 몡 共同語
공통어 (共通語) 몡 共同語
공표하다 (公表—) 동 公布
과거 (過去) 몡 過去
과거완료 (過去完了) 몡 表示動作的完成或完了
과거형 (過去形) 몡 完成式, 過去式
관계대명사 (關係代名詞) 몡 關係代名詞
관용어 (慣用語) 몡 慣用語
관형사 (冠形詞) 몡 用言詞
관형어 (冠形語) 몡 用言語
교섭하다 (交涉—) 동 交涉
교열 (校閱) 몡 校閱
교정 (校正) 몡 校正
구 (句) 몡 句
구개음화 (口蓋音化) 몡 口蓋音化, 腭音化
구두점 (句讀點) 몡 標點符號
구사하다 (驅使—) 동 驅使
구술하다 (口述—) 동 口述
구어 (口語) 몡 口語
구절 (句節) 몡 句子

국어 (國語) 몡 国语 (韩国语)	국어 (國語) 몡 國語 (韓國語)
국어순화 (國語醇化) 몡 国语标准化	국어순화 (國語醇化) 몡 國語標準化
군말 몡 废话	군말 몡 廢話
군소리 몡 ①废话 ②胡话, 梦呓	군소리 몡 ①廢話 ②胡話, 夢囈
군소리하다 동 废话, 没用的话	군소리하다 동 廢話, 沒用的話
굴곡 (屈曲) 몡 体式变化	굴곡 (屈曲) 몡 體式變化
권고하다 (勸告―) 동 劝告	권고하다 (勸告―) 동 勸告
권유하다 (勸誘―) 동 劝诱, 规劝	권유하다 (勸誘―) 동 勸誘, 規勸
권장하다 (勸獎―) 동 劝奖, 表彰	권장하다 (勸獎―) 동 勸獎, 表彰
권하다 (權―) 동 劝	권하다 (權―) 동 勸
귀띔하다 동 告知	귀띔하다 동 告知
귀머거리 몡 聋哑人	귀머거리 몡 聾啞人
귓속말 몡 耳语, 私语	귓속말 몡 耳語, 私語
규탄하다 (糾彈―) 동 谴责, 指责	규탄하다 (糾彈―) 동 譴責, 指責
그리다 동 ①画, 绘, 描 ②描写, 描绘, 刻画	그리다 동 ①畫, 繪, 描 ②描寫, 描繪, 刻畫
그리스어 (Greek語) 몡 希腊语	그리스어 (Greek語) 몡 希臘語
그림씨 몡 绘画文字	그림씨 몡 繪畫文字
글 몡 字	글 몡 字
글씨 몡 字样, 字体	글씨 몡 字樣, 字體
글씨체 (―體) 몡 字体	글씨체 (―體) 몡 字體
글자 (―字) 몡 字	글자 (―字) 몡 字
글짓기 몡 造句	글짓기 몡 造句
금지하다 (禁止―) 동 禁止	금지하다 (禁止―) 동 禁止
긋다 동 划, 画	긋다 동 劃, 畫
긍정하다 (肯定―) 동 肯定	긍정하다 (肯定―) 동 肯定
기도하다 (祈禱―) 동 祈祷	기도하다 (祈禱―) 동 祈禱
기록 (記錄) 몡 记录	기록 (記錄) 몡 記錄
기록하다 (記錄―) 동 记录	기록하다 (記錄―) 동 記錄
기본형 (基本形) 몡 基本形	기본형 (基本形) 몡 基本形
기술하다 (記述―) 동 记述, 叙述	기술하다 (記述―) 동 記述, 叙述
기약하다 (期約―) 동 约定	기약하다 (期約―) 동 約定
기원하다 (祈願―) 동 祈愿	기원하다 (祈願―) 동 祈願
기입하다 (記入―) 동 记载	기입하다 (記入―) 동 記載
기재하다 (記載―) 동 记载	기재하다 (記載―) 동 記載
꼬시다 동 引诱, 劝诱	꼬시다 동 引誘, 勸誘

꾸중 閉 责备, 谴责, 骂, 责难, 指责
꾸중하다 動 批评
꾸지람 閉 责备, 谴责, 骂, 责难, 指责
꾸짖다 動 骂
나무라다 動 骂, 批评
낙서 (落書) 閉 乱涂
난독증 (亂讀症) 閉 乱读
낭독하다 (朗讀—) 動 朗读
낭송하다 (朗誦—) 動 朗诵
낮춤말 閉 卑称, 卑语, 谦称, 谦语
낱말 閉 词
너스레 閉 说的天花乱坠
넋두리 閉 牢骚, 埋怨
노어 (露語) 閉 俄语
논박하다 (論駁—) 動 反驳
논술 (論述) 閉 论述
논의하다 (論議—) 動 议论
논쟁하다 (論爭—) 動 争论
논증하다 (論證—) 動 论证
논평하다 (論評—) 動 评论
놀리다 動 斗着玩儿
농담 (弄談) 閉 开玩笑
농담하다 (弄談—) 動 开玩笑
높임말 閉 敬语
높임법 (—法) 閉 敬语法
누설하다 (漏泄—) 動 泄漏
뉘우치다 動 觉醒, 醒悟
느낌씨 閉 把想法和感受形象地表达出来的词
느낌표(!) (—標) 閉 感叹号
능동태 (能動態) 閉 能愿动词
다그치다 動 追问, 追究
다독 (多讀) 閉 多读书
다의어 (多義語) 閉 多义词
다중언어화자 (多重言語話者) 閉 能使用多种语言的人

꾸중 閉 責備, 譴責, 罵, 責難, 指責
꾸중하다 動 批評
꾸지람 閉 責備, 譴責, 罵, 責難, 指責
꾸짖다 動 罵
나무라다 動 罵, 批評
낙서 (落書) 閉 亂涂
난독증 (亂讀症) 閉 亂讀
낭독하다 (朗讀—) 動 朗讀
낭송하다 (朗誦—) 動 朗誦
낮춤말 閉 卑稱, 卑語, 謙稱, 謙語
낱말 閉 詞
너스레 閉 說的天花亂墜
넋두리 閉 牢騷, 埋怨
노어 (露語) 閉 俄語
논박하다 (論駁—) 動 反駁
논술 (論述) 閉 論述
논의하다 (論議—) 動 議論
논쟁하다 (論爭—) 動 爭論
논증하다 (論證—) 動 論證
논평하다 (論評—) 動 評論
놀리다 動 斗着玩兒
농담 (弄談) 閉 開玩笑
농담하다 (弄談—) 動 開玩笑
높임말 閉 敬語
높임법 (—法) 閉 敬語法
누설하다 (漏泄—) 動 泄漏
뉘우치다 動 覺醒, 醒悟
느낌씨 閉 把想法和感受形象地表達出來的詞
느낌표(!) (—標) 閉 感嘆號
능동태 (能動態) 閉 能願動詞
다그치다 動 追問, 追究
다독 (多讀) 閉 多讀書
다의어 (多義語) 閉 多義詞
다중언어화자 (多重言語話者) 閉 能使用多種語言的人

다짐하다 동 决定
단락 (段落) 명 段落
단어 (單語) 명 单词
단언하다 (斷言—) 동 断言
단의어 (單義語) 명 单义词
단일어 (單一語) 명 单一词
단정하다 (斷定—) 동 断定, 判断
달래다 동 哄
담소 (談笑) 명 谈话
담소하다 (談笑—) 동 谈话
담판하다 (談判—) 동 谈判
담화 (談話) 명 谈话
답례하다 (答禮—) 동 答谢, 礼义
답변하다 (答辯—) 동 答辩
답하다 (答—) 동 回答
당부하다 (當付—) 동 吩咐
닿소리 명 辅音
대격 (對格) 명 名词, 代词成为动词对象的格
대괄호([ ]) (大括弧) 명 括弧
대꾸하다 동 ①顶嘴 ②回答, 答话
대담 (對談) 명 谈话
대담하다 (對談—) 동 对话
대답하다 (對答—) 동 回答
대들다 동 顶撞, 顶嘴
대립어 (對立語) 명 反语
대명사 (代名詞) 명 代词
대문자 (大文字) 명 大写
대변하다 (代辯—) 동 代言, 辩护
대사 (臺詞) 명 台词
대이름씨 명 代词, 代名词
대화 (對話) 명 对话
대화하다 (對話—) 동 对话
덕담 (德談) 명 拜年时所说的祝愿词
도안하다 (圖案—) 동 图案
도움말 명 帮助之话

다짐하다 동 決定
단락 (段落) 명 段落
단어 (單語) 명 單詞
단언하다 (斷言—) 동 斷言
단의어 (單義語) 명 單義詞
단일어 (單一語) 명 單一詞
단정하다 (斷定—) 동 斷定, 判斷
달래다 동 哄
담소 (談笑) 명 談話
담소하다 (談笑—) 동 談話
담판하다 (談判—) 동 談判
담화 (談話) 명 談話
답례하다 (答禮—) 동 答謝, 禮義
답변하다 (答辯—) 동 答辯
답하다 (答—) 동 回答
당부하다 (當付—) 동 吩咐
닿소리 명 輔音
대격 (對格) 명 名詞, 代詞成爲動詞對象的格
대괄호([ ]) (大括弧) 명 括弧
대꾸하다 동 ①頂嘴 ②回答, 答話
대담 (對談) 명 談話
대담하다 (對談—) 동 對話
대답하다 (對答—) 동 回答
대들다 동 頂撞, 頂嘴
대립어 (對立語) 명 反語
대명사 (代名詞) 명 代詞
대문자 (大文字) 명 大寫
대변하다 (代辯—) 동 代言, 辯護
대사 (臺詞) 명 臺詞
대이름씨 명 代詞, 代名詞
대화 (對話) 명 對話
대화하다 (對話—) 동 對話
덕담 (德談) 명 拜年時所說的祝願詞
도안하다 (圖案—) 동 圖案
도움말 명 幫助之話

독립어 (獨立語) 몡 独立语　　　　　　　독립어 (獨立語) 몡 獨立語
독백 (獨白) 몡 独白　　　　　　　　　독백 (獨白) 몡 獨白
독서 (讀書) 몡 读书　　　　　　　　　독서 (讀書) 몡 讀書
독어 (獨語) 몡 德语　　　　　　　　　독어 (獨語) 몡 德語
독자 (讀者) 몡 读者　　　　　　　　　독자 (讀者) 몡 讀者
독촉하다 (督促—) 동 督促　　　　　　독촉하다 (督促—) 동 督促
동문서답 (東問西答) 몡 答非所问　　　동문서답 (東問西答) 몡 答非所問
동사 (動詞) 몡 动词　　　　　　　　　동사 (動詞) 몡 動詞
동시통역사 (同時通譯師) 몡 翻译家　　동시통역사 (同時通譯師) 몡 飜譯家
동음어 (同音語) 몡 同音语　　　　　　동음어 (同音語) 몡 同音語
동음이의어 (同音異議語) 몡 同声异义语　동음이의어 (同音異議語) 몡 同聲異義語
동의어 (同義語) 몡 同义语　　　　　　동의어 (同義語) 몡 同義語
동의하다 (同意—) 동 同意　　　　　　동의하다 (同意—) 동 同意
되받아치다 동 ① 反问 ② 反抗, 抗拒　　되받아치다 동 ① 反問 ② 反抗, 抗拒
된소리 몡 发音比较硬的 ㄲ, ㄸ, ㅃ, ㅆ,　　된소리 몡 發音比較硬的 ㄲ, ㄸ, ㅃ, ㅆ,
　ㅉ　　　　　　　　　　　　　　　　　ㅉ
듣기 몡 听　　　　　　　　　　　　　듣기 몡 聽
듣다 동 听　　　　　　　　　　　　　듣다 동 聽
들머리 몡 前言, 序　　　　　　　　　들머리 몡 前言, 序
따지다 동 追问, 追究　　　　　　　　따지다 동 追問, 追究
때매김 몡 时制　　　　　　　　　　　때매김 몡 時制
떠들다 동 喧哗, 闹　　　　　　　　　떠들다 동 喧嘩, 鬧
뜻 몡 意思　　　　　　　　　　　　　뜻 몡 意思
띄어쓰기 몡 连写法　　　　　　　　　띄어쓰기 몡 連寫法
라틴어 (Latin語) 몡 拉丁语　　　　　라틴어 (Latin語) 몡 拉丁語
마무리 몡 结束语　　　　　　　　　　마무리 몡 結束語
마침표(.) (—標) 몡 句号　　　　　　마침표(.) (—標) 몡 句號
만담 (漫談) 몡 笑话, 象相声之类的　　만담 (漫談) 몡 笑话, 象相声之类的

'말하기' 동사										
질문	대답	칭찬	비난	허락	거절	명령	요청	약속	기원	논의	논쟁
묻다	답변하다	격려하다	꾸중하다	수락하다	거부하다	명령하다	간청하다	계약하다	기구하다	논의하다	담판하다
문의하다	답하다	자화자찬하다	꾸짖다	승인하다	거절하다	명하다	부탁하다	공약하다	기도하다	상의하다	따지다
질문하다	대꾸하다	찬양하다	나무라다	허가하다	사양하다	분부하다	신청하다	다짐하다	기원하다	심의하다	말다툼하다
캐묻다	대답하다	치하하다	불평하다	허락하다	사절하다	시키다	요구하다	맹세하다	빌다	의논하다	반박하다
⋮	응답하다	칭송하다	비꼬다	허용하다	퇴짜놓다	신청하다	요청하다	서약하다	⋮	제의하다	언쟁하다
	⋮	칭찬하다	비난하다	⋮	⋮	주문하다	청구하다	선서하다		토론하다	주장하다
		⋮	비방하다			⋮	청하다	약속하다		토의하다	⋮
			욕하다				⋮	⋮		⋮	
			질책하다								
			⋮								

말 명 语言
말걸다 동 搭话, 先跟别人说话
말꼬리 명 话尾
말다툼 명 斗嘴
말다툼하다 동 拌嘴
말대꾸 명 顶撞
말대꾸하다 동 顶嘴, 顶撞
말더듬이 명 口吃
말바꿈표(一) (一標) 명 转折号
말발 명 ① 说话的威力 ② 说话的技巧
말버릇 명 说话习惯
말솜씨 명 说话技巧
말씀 명 话 (敬语)
말씀하시다 동 说 (敬语)
말씨 명 ① 语调 ② 口音
말없앰표(…) (一標) 명 省略号
말주변 명 口才
말줄임표(……) (一標) 명 省略号
말투 (一套) 명 言语习惯
말하기 명 说话
말하다 동 说, 说话
맞장구치다 동 附合, 迎合, 一唱一和
맞춤법 (一法) 명 造句法
매김씨 명 修饰词
맹세하다 (←盟誓) 동 发誓
맺음말 명 结束语
머리말 명 前言
메모 (memo) 명 记录
면담하다 (面談一) 동 面谈
명령하다 (命令一) 동 命令
명명하다 (命名一) 동 命名为
명사 (名詞) 명 名词
명언 (名言) 명 名言
명하다 (命一) 동 命令
모국어 (母國語) 명 母语
모국어화자 (母國語話者) 명 使用母语的人

말 명 語言
말걸다 동 搭話, 先跟別人說話
말꼬리 명 話尾
말다툼 명 鬪嘴
말다툼하다 동 拌嘴
말대꾸 명 頂撞
말대꾸하다 동 頂嘴, 頂撞
말더듬이 명 口吃
말바꿈표(一) (一標) 명 轉折號
말발 명 ① 說話的威力 ② 說話的技巧
말버릇 명 說話習慣
말솜씨 명 說話技巧
말씀 명 話 (敬語)
말씀하시다 동 說 (敬語)
말씨 명 ① 語調 ② 口音
말없앰표(…) (一標) 명 省略號
말주변 명 口才
말줄임표(……) (一標) 명 省略號
말투 (一套) 명 言語習慣
말하기 명 說話
말하다 동 說, 說話
맞장구치다 동 附合, 迎合, 一唱一和
맞춤법 (一法) 명 造句法
매김씨 명 修飾詞
맹세하다 (←盟誓) 동 發誓
맺음말 명 結束語
머리말 명 前言
메모 (memo) 명 記錄
면담하다 (面談一) 동 面談
명령하다 (命令一) 동 命令
명명하다 (命名一) 동 命名爲
명사 (名詞) 명 名詞
명언 (名言) 명 名言
명하다 (命一) 동 命令
모국어 (母國語) 명 母語
모국어화자 (母國語話者) 명 使用母語的人

모독하다 (冒瀆—) 동 污辱
모음 (母音) 명 元音
모음조화 (母音調和) 명 元音和谐
목소리 명 声音
목적격 (目的格) 명 目的格
목적어 (目的語) 명 目的语
목차 (目次) 명 目录
몸짓언어 (—言語) 명 身体语
묘사하다 (描寫—) 동 描写
묵독 (默讀) 명 默读
묶음표([ ]) (—標) 명 括弧
문맹 (文盲) 명 文盲
문법 (文法) 명 语法
문법론 (文法論) 명 语法论
문법서 (文法書) 명 语法书
문서 (文書) 명 文件
문어 (文語) 명 书写体, 书写体语言
문의하다 (問議—) 동 请问, 询问
문자 (文字) 명 文字
문자언어 (文字言語) 명 书面语
문장 (文章) 명 文章
문장부호 (文章符號) 명 标点符号
문장성분 (文章成分) 명 文章成分
문책하다 (問責—) 동 追问, 追究,
　追究责任
문화어 (文化語) 명 北韩使用的共同语

모독하다 (冒瀆—) 동 污辱
모음 (母音) 명 元音
모음조화 (母音調和) 명 元音和諧
목소리 명 聲音
목적격 (目的格) 명 目的格
목적어 (目的語) 명 目的語
목차 (目次) 명 目錄
몸짓언어 (—言語) 명 身體語
묘사하다 (描寫—) 동 描寫
묵독 (默讀) 명 默讀
묶음표([ ]) (—標) 명 括弧
문맹 (文盲) 명 文盲
문법 (文法) 명 語法
문법론 (文法論) 명 語法論
문법서 (文法書) 명 語法書
문서 (文書) 명 文件
문어 (文語) 명 書寫體, 書寫體語言
문의하다 (問議—) 동 請問, 詢問
문자 (文字) 명 文字
문자언어 (文字言語) 명 書面語
문장 (文章) 명 文章
문장부호 (文章符號) 명 標點符號
문장성분 (文章成分) 명 文章成分
문책하다 (問責—) 동 追問, 追究,
　追究責任
문화어 (文化語) 명 北韓使用的共同语

문장부호					
가운뎃점	·	말줄임표	……	숨김표	×× ○○
꺾쇠표	〈 〉	묶음표	[ ]	쉼표	,
느낌표	!	물결표	~	쌍반점	;
대괄호	[ ]	물음표	?	쌍점	:
드러냄표	˙ ˙	붙임표	—	작은따옴표	' '
마침표	.	빗금	/	줄표	—
말바꿈표	—	빠짐표	□	중괄호	{ }
말없앰표	…	소괄호	( )	큰따옴표	" "

묻다 동 问
물결표(~) (一標) 명 范围号
물음표(?) (一標) 명 问号
미래 (未來) 명 未来
미래형 (未來形) 명 将来体
밀고하다 (密告—) 동 告密
반대말 (反對—) 명 反语
반론하다 (反論—) 동 反驳
반말 (半—) 명 非敬语
반문하다 (反問—) 동 反问
반박하다 (反駁—) 동 反驳
반발하다 (反撥—) 동 反抗
반성문 명 检讨书
반의어 (反義語) 명 反义语
반포하다 (頒布—) 동 颁布
반항하다 (反抗—) 동 反抗
받아쓰기 명 听写
받아쓰다 동 听写
받침 명 在一个音节中成为最后音的声母
발령하다 (發令—) 동 发调令
발설하다 (發說—) 동 泄漏
발언 (發言) 명 发言
발의하다 (發意—) 동 提义, 发起
발표 (發表) 명 发表
발표자 (發表者) 명 发表者
발표하다 (發表—) 동 发表
발화 (發話) 명 发话
밝히다 동 究明, 查明
방백 (傍白) 명 旁白
방언 (方言) 명 方言
방언론 (方言論) 명 方言论
번역 (飜譯) 명 翻译
벙어리 명 聋哑人
베끼다 동 抄袭
베트남어 (Vietnam語) 명 越南语

묻다 동 問
물결표(~) (一標) 명 範圍號
물음표(?) (一標) 명 問號
미래 (未來) 명 未來
미래형 (未來形) 명 將來體
밀고하다 (密告—) 동 告密
반대말 (反對—) 명 反語
반론하다 (反論—) 동 反駁
반말 (半—) 명 非敬語
반문하다 (反問—) 동 反問
반박하다 (反駁—) 동 反駁
반발하다 (反撥—) 동 反抗
반성문 명 檢討書
반의어 (反義語) 명 反義語
반포하다 (頒布—) 동 頒布
반항하다 (反抗—) 동 反抗
받아쓰기 명 聽寫
받아쓰다 동 聽寫
받침 명 在一個音節中成爲最後音的聲母
발령하다 (發令—) 동 發調令
발설하다 (發說—) 동 泄漏
발언 (發言) 명 發言
발의하다 (發意—) 동 提義, 發起
발표 (發表) 명 發表
발표자 (發表者) 명 發表者
발표하다 (發表—) 동 發表
발화 (發話) 명 發話
밝히다 동 究明, 查明
방백 (傍白) 명 旁白
방언 (方言) 명 方言
방언론 (方言論) 명 方言論
번역 (飜譯) 명 飜譯
벙어리 명 聾啞人
베끼다 동 抄襲
베트남어 (Vietnam語) 명 越南語

변론하다 (辯論—) 동 辩论
변명하다 (辨明—) 동 辨解
변호하다 (辯護—) 동 辩护
보고하다 (報告—) 동 报告
보도하다 (報道—) 동 报导
보어 (補語) 명 补语
보조동사 (補助動詞) 명 辅助动词
보조사 (補助詞) 명 辅助词
보조용언 (補助用言) 명 不能独立成为句子的主体, 总是伴着动词或形容词的补语
보조형용사 (補助形容詞) 명 辅助形容词
보통명사 (普通名詞) 명 一般名词
복창하다 (復唱—) 동 复述, 重说
복합어 (複合語) 명 复合词
본디말 명 土话, 本地话
본론 (本論) 명 本论
본문 (本文) 명 本文
볼멘소리 명 赌气的话, 气话
부록 (附錄) 명 附录
부르다 동 ① 叫, 唤 ② 喊, 呼
부르짖다 동 呼叫, 喊叫
부리다 동 ① 使唤 ② 卸下, 放下
부사 (副詞) 명 副词
부사어 (副詞語) 명 副词
부언하다 (附言—) 동 附言, 附带的话
부연하다 (敷衍—) 동 敷衍
부인하다 (否認—) 동 否认
부정하다 (否定—) 동 否定
부탁하다 (付託—) 동 托付, 委托
분부하다 (分付—) 동 分付
불규칙동사 (不規則動詞) 명 不规则动词
불규칙형용사 (不規則形容詞) 명 不规则形容词
불어 (佛語) 명 法语
불평하다 (不平—) 동 表示不满

변론하다 (辯論—) 동 辯論
변명하다 (辨明—) 동 辨解
변호하다 (辯護—) 동 辯護
보고하다 (報告—) 동 報告
보도하다 (報道—) 동 報導
보어 (補語) 명 補語
보조동사 (補助動詞) 명 輔助動詞
보조사 (補助詞) 명 輔助詞
보조용언 (補助用言) 명 不能獨立成爲句子的主體, 總是伴着動詞或形容詞的補語
보조형용사 (補助形容詞) 명 輔助形容詞
보통명사 (普通名詞) 명 一般名詞
복창하다 (復唱—) 동 複述, 重說
복합어 (複合語) 명 複合詞
본디말 명 土話, 本地話
본론 (本論) 명 本論
본문 (本文) 명 本文
볼멘소리 명 賭氣的話, 氣話
부록 (附錄) 명 附錄
부르다 동 ① 叫, 唤 ② 喊, 呼
부르짖다 동 呼叫, 喊叫
부리다 동 ① 使喚 ② 卸下, 放下
부사 (副詞) 명 副詞
부사어 (副詞語) 명 副詞
부언하다 (附言—) 동 附言, 附帶的話
부연하다 (敷衍—) 동 敷衍
부인하다 (否認—) 동 否認
부정하다 (否定—) 동 否定
부탁하다 (付託—) 동 托付, 委託
분부하다 (分付—) 동 分付
불규칙동사 (不規則動詞) 명 不規則動詞
불규칙형용사 (不規則形容詞) 명 不規則形容詞
불어 (佛語) 명 法語
불평하다 (不平—) 동 表示不滿

붙임표(—)(一標) 몡 连音记号
비교급 (比較級) 몡 比较
비꼬다 동 讽刺, 讥讽
비난하다 (非難—) 동 非难
비방하다 (誹謗—) 동 诽谤
비속어 (卑俗語) 몡 俗语
비슷한말 몡 同类词
비판하다 (批判—) 동 批判
비평하다 (批評—) 동 批评
빈말 몡 虚伪的话
빌다 동 求(原谅), 祈求, 乞求
빗금(／) 몡 斜线
빠짐표(□)(—標) 몡 漏码
사과하다 (謝過—) 동 道歉
사동 (使動) 몡 使动
사설 (辭說) 몡 冗长的话
사전 (事典) 몡 词典
사절하다 (謝絶—) 동 ① 谢绝 ② 推迟
사정하다 (事情—) 동 恳求, 求请
사죄하다 (謝罪—) 동 谢罪, 陪罪, 道歉
사투리 몡 方言
사회자 (司會者) 몡 主持人
삼인칭 (三人稱) 몡 第三人称
상 (相) 몡 态
상담 (相談) 몡 面谈
상소리 (常—) 몡 骂人话
상위어 (上位語) 몡 上位语
상의하다 (相議—) 동 商量
상형문자 (象形文字) 몡 象形文字
색인 (索引) 몡 索引
서론 (序論) 몡 序论
서반아어 (西班牙語) 몡 西班牙语
서법 (敍法) 몡 叙述法
서술어 (敍述語) 몡 谓语
서술하다 (敍述—) 동 陈述, 叙述
서약하다 (誓約—) 동 誓约

붙임표(—)(一標) 몡 連音記號
비교급 (比較級) 몡 比較
비꼬다 동 諷刺, 譏諷
비난하다 (非難—) 동 非難
비방하다 (誹謗—) 동 誹謗
비속어 (卑俗語) 몡 俗語
비슷한말 몡 同類詞
비판하다 (批判—) 동 批判
비평하다 (批評—) 동 批評
빈말 몡 虛僞的話
빌다 동 求(原諒), 祈求, 乞求
빗금(／) 몡 斜線
빠짐표(□)(—標) 몡 漏碼
사과하다 (謝過—) 동 道歉
사동 (使動) 몡 使動
사설 (辭說) 몡 冗長的話
사전 (事典) 몡 詞典
사절하다 (謝絶—) 동 ① 謝絕 ② 推遲
사정하다 (事情—) 동 懇求, 求請
사죄하다 (謝罪—) 동 謝罪, 陪罪, 道歉
사투리 몡 方言
사회자 (司會者) 몡 主持人
삼인칭 (三人稱) 몡 第三人稱
상 (相) 몡 態
상담 (相談) 몡 面談
상소리 (常—) 몡 罵人話
상위어 (上位語) 몡 上位語
상의하다 (相議—) 동 商量
상형문자 (象形文字) 몡 象形文字
색인 (索引) 몡 索引
서론 (序論) 몡 序論
서반아어 (西班牙語) 몡 西班牙語
서법 (敍法) 몡 敍述法
서술어 (敍述語) 몡 謂語
서술하다 (敍述—) 동 陳述, 敍述
서약하다 (誓約—) 동 誓約

서적 (書籍) 명 书籍
선고하다 (宣告—) 동 宣告
선서하다 (宣誓—) 동 宣誓
선어말어미 (先語末語尾) 명 先语末语尾
선언하다 (宣言—) 동 宣言
선포하다 (宣布—) 동 宣布
설교하다 (說教—) 동 传教
설득 (說得) 명 说服
설득하다 (說得—) 동 说服
설명 (說明) 명 说明
설명하다 (說明—) 동 说明
설형문자 (楔形文字) 명 楔形文字
셈씨 명 数量词
소개하다 (紹介—) 동 介绍
소괄호(( )) (小括弧) 명 括弧
소근거리다 동 说悄悄话, 喁喁私语, 窃窃私语, 嚷嚷
소리치다 동 喊
소문 (所聞) 명 所闻
소문내다 (所聞—) 동 消息传开, 互相传闻
소식 (消息) 명 消息
소재 (素材) 명 素材
소환하다 (召喚—) 동 传令出庭
속기 (速記) 명 速记
속담 (俗談) 명 谚语
속독 (速讀) 명 速读
속삭이다 동 喁喁私语
속어 (俗語) 명 俗语
수다 명 娴聊的话
수다떨다 동 娴聊天
수다스럽다 형 有点话多
수다쟁이 명 话多的人
수동태 (受動態) 명 被动态
수락하다 (受諾—) 동 同意
수사 (數詞) 명 数量词

서적 (書籍) 명 書籍
선고하다 (宣告—) 동 宣告
선서하다 (宣誓—) 동 宣誓
선어말어미 (先語末語尾) 명 先語末語尾
선언하다 (宣言—) 동 宣言
선포하다 (宣布—) 동 宣布
설교하다 (說教—) 동 傳敎
설득 (說得) 명 說服
설득하다 (說得—) 동 說服
설명 (說明) 명 說明
설명하다 (說明—) 동 說明
설형문자 (楔形文字) 명 楔形文字
셈씨 명 數量詞
소개하다 (紹介—) 동 介紹
소괄호(( )) (小括弧) 명 括弧
소근거리다 동 說悄悄話, 喁喁私語, 竊竊私語, 嚷嚷
소리치다 동 喊
소문 (所聞) 명 所聞
소문내다 (所聞—) 동 消息傳開, 互相傳聞
소식 (消息) 명 消息
소재 (素材) 명 素材
소환하다 (召喚—) 동 傳令出庭
속기 (速記) 명 速記
속담 (俗談) 명 諺語
속독 (速讀) 명 速讀
속삭이다 동 喁喁私語
속어 (俗語) 명 俗語
수다 명 娴聊的話
수다떨다 동 娴聊天
수다스럽다 형 有點話多
수다쟁이 명 話多的人
수동태 (受動態) 명 被動態
수락하다 (受諾—) 동 同意
수사 (數詞) 명 數量詞

수식어 (修飾語) 명 修饰语
수화 (手話) 명 手语
쉼표(,) (一標) 명 逗号
승낙하다 (承諾一) 동 承诺
승인하다 (承認一) 동 承认
시말서 명 悔过书
시비하다 (是非一) 동 非难, 惹是生非
시어 (詩語) 명 诗语
시인하다 (是認一) 동 承认
시제 (時制) 명 时制
시키다 동 使唤
신고하다 (申告一) 동 申报
신음하다 (呻吟一) 동 呻吟
신청하다 (申請一) 동 申请
실어증 (失語症) 명 失语症
실언하다 (失言一) 동 失言
실토하다 (實吐一) 동 说实话, 真心话
심문하다 (審問一) 동 审问
심의하다 (審議一) 동 审议
쌍반점(;) (雙半點) 명 分号
쌍점(:) (雙點) 명 冒号
쐐기문자 (一文字) 명 楔形文字
쑥덕공론 (一公論) 명 背後义论, 叽叽咕咕背后说的
쓰기 명 写
쓰다 동 写
아랍어 (Arab語) 명 阿拉伯语
악담 (惡談) 명 恶言
악담하다 (惡談一) 동 诅咒
안내하다 (案內一) 동 ① 向导, 引导 ② 介绍 ③ 陪同游览, 陪同参观
알리다 동 告诉
알타이어족 (Altai語族) 명 阿尔泰语系
암송하다 (暗誦一) 동 背诵
애걸하다 (哀乞一) 동 哀求
애원하다 (哀願一) 동 哀求

수식어 (修飾語) 명 修飾語
수화 (手話) 명 手語
쉼표(,) (一標) 명 逗號
승낙하다 (承諾一) 동 承諾
승인하다 (承認一) 동 承認
시말서 명 悔過書
시비하다 (是非一) 동 非難, 惹是生非
시어 (詩語) 명 詩語
시인하다 (是認一) 동 承認
시제 (時制) 명 時制
시키다 동 使喚
신고하다 (申告一) 동 申報
신음하다 (呻吟一) 동 呻吟
신청하다 (申請一) 동 申請
실어증 (失語症) 명 失語症
실언하다 (失言一) 동 失言
실토하다 (實吐一) 동 說實話, 眞心話
심문하다 (審問一) 동 審問
심의하다 (審議一) 동 審議
쌍반점(;) (雙半點) 명 分號
쌍점(:) (雙點) 명 冒號
쐐기문자 (一文字) 명 楔形文字
쑥덕공론 (一公論) 명 背後義論, 嘰嘰咕咕背後說的
쓰기 명 寫
쓰다 동 寫
아랍어 (Arab語) 명 阿拉伯語
악담 (惡談) 명 惡言
악담하다 (惡談一) 동 詛咒
안내하다 (案內一) 동 ① 嚮導, 引導 ② 介紹 ③ 陪同遊覽, 陪同參觀
알리다 동 告訴
알타이어족 (Altai語族) 명 阿爾泰語系
암송하다 (暗誦一) 동 背誦
애걸하다 (哀乞一) 동 哀求
애원하다 (哀願一) 동 哀求

야단치다 동 ①叱责, 骂 ②喧闹, 喧嚷
야유하다 (揶揄—) 동 嘲笑
약속하다 (約束—) 동 约束
애깃거리 명 话题
어간 (語幹) 명 词干
어근 (語根) 명 词根
어르다 동 逗, 哄
어말어미 (語末語尾) 명 词尾
어미 (語尾) 명 词尾
어법 (語法) 명 语法
어원 (語源) 명 语源, 词源
어절 (語節) 명 句子
어족 (語族) 명 语系
어찌씨 명 修饰用言的词
어휘 (語彙) 명 词汇
어휘론 (語彙論) 명 词汇论
어휘집 (語彙集) 명 词汇集
언급하다 (言及—) 동 谈到, 涉及
언도하다 (言渡—) 동 宣判
언약하다 (言約—) 동 口头约会
언어 (言語) 명 言语
언어교육 (言語敎育) 명 语言教育
언어능력 (言語能力) 명 语言能力, 语言能力
언어사용 (言語使用) 명 语言使用
언어사용자 (言語使用者) 명 语言使用者
언어생활 (言語生活) 명 语言生活
언어수행 (言語遂行) 명 使用语言
언어순화 (言語醇化) 명 语言标准化
언어습득 (言語習得) 명 学习语言
언어예술 (言語藝術) 명 语言艺术
언어장벽 (言語障壁) 명 语言障碍
언어장애 (言語障碍) 명 语言障碍
언어정책 (言語政策) 명 语言政策
언쟁하다 (言爭—) 동 争论
언중 (言衆) 명 大众

야단치다 동 ①叱責, 罵 ②喧鬧, 喧嚷
야유하다 (揶揄—) 동 嘲笑
약속하다 (約束—) 동 約束
애깃거리 명 話題
어간 (語幹) 명 詞幹
어근 (語根) 명 詞根
어르다 동 逗, 哄
어말어미 (語末語尾) 명 詞尾
어미 (語尾) 명 詞尾
어법 (語法) 명 語法
어원 (語源) 명 語源, 詞源
어절 (語節) 명 句子
어족 (語族) 명 語系
어찌씨 명 修飾用言的詞
어휘 (語彙) 명 詞彙
어휘론 (語彙論) 명 詞彙論
어휘집 (語彙集) 명 詞彙集
언급하다 (言及—) 동 談到, 涉及
언도하다 (言渡—) 동 宣判
언약하다 (言約—) 동 口頭約會
언어 (言語) 명 言語
언어교육 (言語敎育) 명 語言敎育
언어능력 (言語能力) 명 語言能力, 語言能力
언어사용 (言語使用) 명 語言使用
언어사용자 (言語使用者) 명 語言使用者
언어생활 (言語生活) 명 語言生活
언어수행 (言語遂行) 명 使用語言
언어순화 (言語醇化) 명 語言標準化
언어습득 (言語習得) 명 學習語言
언어예술 (言語藝術) 명 語言藝術
언어장벽 (言語障壁) 명 語言障碍
언어장애 (言語障碍) 명 語言障碍
언어정책 (言語政策) 명 語言政策
언쟁하다 (言爭—) 동 爭論
언중 (言衆) 명 大衆

얼버무리다 [동] 含糊其词
역설하다 (力說—) [동] 强调
연사 (演士) [명] 讲演者, 演说者
연설 (演說) [명] 演说
영어 (英語) [명] 英语
예고하다 (豫告—) [동] (天气) 豫报, 豫告
예보하다 (豫報—) [동] 豫报, 豫告
예삿말 [명] 也不是敬语也不是非敬语
예언하다 (豫言—) [동] 豫言
예찬하다 (禮讚—) [동] 称赞
옹알이 [명] 呀呀作语
외국어 (外國語) [명] 外国语
외래어 (外來語) [명] 外来语
외우다 [동] 背诵
외치다 [동] 喊, 呼
요구하다 (要求—) [동] 要求
요청하다 (要請—) [동] 邀请
욕 (辱) [명] 骂话, 辱话
욕설 (辱說) [명] 辱话
욕하다 [동] 骂
용언 (用言) [명] 用言
우기다 [동] 强嘴
우랄어족 (Ural語族) [명] 乌拉语系
우롱하다 (愚弄—) [동] 愚弄
우스갯소리 [명] 笑话
운소 (韻素) [명] 韵素
울부짖다 [동] ① 呼喊, 大叫, 高喊 ② 呼啸 ③ 怒吼
움직씨 [명] 表示动作的词
웅변가 (雄辯家) [명] 演说家
원급 (原級) [명] 原级
원어민 (原語民) [명] 土生土长的人
월 [명] ① 文章 ② 信函
유아어 (幼兒語) [명] 幼儿语
유언비어 (流言蜚語) [명] 流言蜚语
유의어 (類義語) [명] 同义语

얼버무리다 [동] 含糊其詞
역설하다 (力說—) [동] 强調
연사 (演士) [명] 講演者, 演說者
연설 (演說) [명] 演說
영어 (英語) [명] 英語
예고하다 (豫告—) [동] (天氣) 豫報, 豫告
예보하다 (豫報—) [동] 豫報, 豫告
예삿말 [명] 也不是敬語也不是非敬語
예언하다 (豫言—) [동] 豫言
예찬하다 (禮讚—) [동] 稱讚
옹알이 [명] 呀呀作語
외국어 (外國語) [명] 外國語
외래어 (外來語) [명] 外來語
외우다 [동] 背誦
외치다 [동] 喊, 呼
요구하다 (要求—) [동] 要求
요청하다 (要請—) [동] 邀請
욕 (辱) [명] 罵話, 辱話
욕설 (辱說) [명] 辱話
욕하다 [동] 罵
용언 (用言) [명] 用言
우기다 [동] 强嘴
우랄어족 (Ural語族) [명] 烏拉語系
우롱하다 (愚弄—) [동] 愚弄
우스갯소리 [명] 笑話
운소 (韻素) [명] 韻素
울부짖다 [동] ① 呼喊, 大叫, 高喊 ② 呼嘯 ③ 怒吼
움직씨 [명] 表示動作的詞
웅변가 (雄辯家) [명] 演說家
원급 (原級) [명] 原級
원어민 (原語民) [명] 土生土長的人
월 [명] ① 文章 ② 信函
유아어 (幼兒語) [명] 幼兒語
유언비어 (流言蜚語) [명] 流言蜚語
유의어 (類義語) [명] 同義語

유행어 (流行語) 명 流行语
으름장 명 长辈对下辈的警告或吓虎的话
은어 (隱語) 명 隐语
읊다 동 ① 朗诵 ② 作诗 ③ 吟咏, 吟唱
음독 (音讀) 명 音读
음성 (音聲) 명 声音
음성언어 (音聲言語) 명 声音语言
음성학 (音聲學) 명 语音学
음소 (音素) 명 音素
음운 (音韻) 명 音韵
음운론 (音韻論) 명 音韵论
음절 (音節) 명 音节
응답하다 (應答—) 동 对答, 回答
응하다 (應—) 동 答应, 响应
의논하다 (議論—) 동 议论
의문대명사 (疑問代名詞) 명 疑问代词
의문문 (疑問文) 명 疑问句
의미론 (意味論) 명 语义学
의사소통 (意思疏通) 명 交际, 交流, 语言交际
의성어 (擬聲語) 명 相声词
의태어 (擬態語) 명 拟态词
이력서 명 履历书
이르다 동 劝说, 劝告
이름씨 명 表示事物名词格的词
이야기 명 故事
이야기하다 동 讲故事
이인칭 (二人稱) 명 第二人称
이중언어화자 (二重言語話者) 명 使用两种语言的人
인도유럽어족 (Indo-European語族) 명 印欧语系
인사하다 (人事—) 동 行礼, 打招呼, 寒暄
인용 (引用) 명 引用

유행어 (流行語) 명 流行語
으름장 명 長輩對下輩的警告或嚇虎的話
은어 (隱語) 명 隱語
읊다 동 ① 朗誦 ② 作詩 ③ 吟咏, 吟唱
음독 (音讀) 명 音讀
음성 (音聲) 명 聲音
음성언어 (音聲言語) 명 聲音語言
음성학 (音聲學) 명 語音學
음소 (音素) 명 音素
음운 (音韻) 명 音韻
음운론 (音韻論) 명 音韻論
음절 (音節) 명 音節
응답하다 (應答—) 동 對答, 回答
응하다 (應—) 동 答應, 響應
의논하다 (議論—) 동 議論
의문대명사 (疑問代名詞) 명 疑問代詞
의문문 (疑問文) 명 疑問句
의미론 (意味論) 명 語義學
의사소통 (意思疏通) 명 交際, 交流, 語言交際
의성어 (擬聲語) 명 相聲詞
의태어 (擬態語) 명 擬態詞
이력서 명 履歷書
이르다 동 勸說, 勸告
이름씨 명 表示事物名詞格的詞
이야기 명 故事
이야기하다 동 講故事
이인칭 (二人稱) 명 第二人稱
이중언어화자 (二重言語話者) 명 使用兩種語言的人
인도유럽어족 (Indo-European語族) 명 印歐語系
인사하다 (人事—) 동 行禮, 打招呼, 寒暄
인용 (引用) 명 引用

인용하다 (引用—) 동 引用
인칭 (人稱) 명 人称
인칭대명사 (人稱代名詞) 명 人称代词
일기장 (日記帳) 명 日记本
일본어 (日本語) 명 日语
일상어 (日常語) 명 日常语
일인칭 (一人稱) 명 第一人称
일컫다 동 称做, 叫做
읽기 명 ① 看 ② 读
읽다 동 ① 看 ② 读
임자씨 명 体言
입력하다 (入力—) 동 记忆
입심 명 不停地说话
입씨름 명 打嘴仗, 争吵
자동사 (自動詞) 명 自动词
자문하다 (諮問—) 동 询问, 咨询
자백하다 (自白—) 동 坦白
자음 (子音) 명 子音
자음동화 (子音同化) 명 辅音同化
자청하다 (自請—) 동 ① 自告奋勇
　② 自称, 自居
자칭하다 (自稱—) 동 自称
자화자찬하다 (自畵自讚—) 동 自吹自
　夸, 自吹自擂
작가 (作家) 명 作家
작문 (作文) 명 作文
작은따옴표(' ') (—標) 명 单引号
잔말 명 废话
잔소리하다 동 罗嗦
잡담하다 (雜談—) 동 聊天
장담하다 (壯談—) 동 ① 说大话
　② 吹嘘
재귀대명사 (再歸代名詞) 명 反身代词
재잘거리다 동 吱吱喳喳
재촉하다 동 催促
저술하다 (著述—) 동 著作

인용하다 (引用—) 동 引用
인칭 (人稱) 명 人稱
인칭대명사 (人稱代名詞) 명 人稱代詞
일기장 (日記帳) 명 日記本
일본어 (日本語) 명 日語
일상어 (日常語) 명 日常語
일인칭 (一人稱) 명 第一人稱
일컫다 동 稱做, 叫做
읽기 명 ① 看 ② 讀
읽다 동 ① 看 ② 讀
임자씨 명 體言
입력하다 (入力—) 동 記憶
입심 명 不停地說話
입씨름 명 打嘴仗, 爭吵
자동사 (自動詞) 명 自動詞
자문하다 (諮問—) 동 詢問, 咨詢
자백하다 (自白—) 동 坦白
자음 (子音) 명 子音
자음동화 (子音同化) 명 輔音同化
자청하다 (自請—) 동 ① 自告奮勇
　② 自稱, 自居
자칭하다 (自稱—) 동 自稱
자화자찬하다 (自畵自讚—) 동 自吹自
　夸, 自吹自擂
작가 (作家) 명 作家
작문 (作文) 명 作文
작은따옴표(' ') (—標) 명 單引號
잔말 명 廢話
잔소리하다 동 羅嗦
잡담하다 (雜談—) 동 聊天
장담하다 (壯談—) 동 ① 說大話
　② 吹噓
재귀대명사 (再歸代名詞) 명 反身代詞
재잘거리다 동 吱吱喳喳
재촉하다 동 催促
저술하다 (著述—) 동 著作

저자 (著者) 몡 作者
저주하다 (詛呪—) 동 詛咒
적다 동 记录
전문용어 (專門用語) 몡 专门用语
전화걸다 (電話—) 동 打电话, 挂电话
절 (節) 몡 节
점자 (點字) 몡 盲文
접두사 (接頭辭) 몡 用于词头的接词, 前缀
접미사 (接尾辭) 몡 用于词尾的接词, 后缀
접사 (接辭) 몡 接词
접속사 (接續詞) 몡 连接词, 介词
정독 (精讀) 몡 精读
정서법 (正書法) 몡 正字法
제안하다 (提案—) 동 提议
제의하다 (提議—) 동 提议, 提出
조동사 (助動詞) 몡 助动词, 能愿动词
조롱하다 (嘲弄—) 동 嘲弄, 戏弄
조르다 동 ① 纠缠 ② 哀求
조사 (助詞) 몡 助词
조언하다 (助言—) 동 指教
존대말 몡 敬语
종성 (終聲) 몡 终声
주격 (主格) 몡 主格
주문하다 (注文—) 동 定做, 豫订
주석 (註釋·注釋) 몡 注解, 注释
주어 (主語) 몡 主语
주장하다 (主張—) 동 主张
주제 (主題) 몡 主题
준말 몡 略语
줄임말 몡 缩语
줄표 (—標) 몡 破折号
중괄호({ }) (中括弧) 몡 中括弧
중국어 (中國語) 몡 中国语, 韩语
중상모략하다 (中傷謀略—) 동 中伤毁谤

저자 (著者) 몡 作者
저주하다 (詛呪—) 동 詛咒
적다 동 記錄
전문용어 (專門用語) 몡 專門用語
전화걸다 (電話—) 동 打電話, 掛電話
절 (節) 몡 節
점자 (點字) 몡 盲文
접두사 (接頭辭) 몡 用於詞頭的接詞, 前綴
접미사 (接尾辭) 몡 用於詞尾的接詞, 後綴
접사 (接辭) 몡 接詞
접속사 (接續詞) 몡 連接詞, 介詞
정독 (精讀) 몡 精讀
정서법 (正書法) 몡 正字法
제안하다 (提案—) 동 提議
제의하다 (提議—) 동 提議, 提出
조동사 (助動詞) 몡 助動詞, 能願動詞
조롱하다 (嘲弄—) 동 嘲弄, 戲弄
조르다 동 ① 糾纏 ② 哀求
조사 (助詞) 몡 助詞
조언하다 (助言—) 동 指敎
존대말 몡 敬語
종성 (終聲) 몡 終聲
주격 (主格) 몡 主格
주문하다 (注文—) 동 定做, 豫訂
주석 (註釋·注釋) 몡 注解, 注釋
주어 (主語) 몡 主語
주장하다 (主張—) 동 主張
주제 (主題) 몡 主題
준말 몡 略語
줄임말 몡 縮語
줄표 (—標) 몡 破折號
중괄호({ }) (中括弧) 몡 中括弧
중국어 (中國語) 몡 中國語, 韓語
중상모략하다 (中傷謀略—) 동 中傷毀謗

중성 (中聲) 몡 中声　　　　　중성 (中聲) 몡 中聲
중얼거리다 동 自言自语, 喃喃自语　　중얼거리다 동 自言自語, 喃喃自語
증언 (證言) 몡 证言　　　　　증언 (證言) 몡 證言
증언하다 (證言—) 동 打证言, 做证言　증언하다 (證言—) 동 打證言, 做證言
지껄이다 동 吵闹, 喧哗, 吵嚷　　지껄이다 동 吵鬧, 喧嘩, 吵嚷
지령하다 (指令—) 동 指令　　지령하다 (指令—) 동 指令
지시대명사 (指示代名詞) 몡 指示代词　지시대명사 (指示代名詞) 몡 指示代詞
직접인용 (直接引用) 몡 直接引用　직접인용 (直接引用) 몡 直接引用
직접화법 (直接話法) 몡 直接引用　직접화법 (直接話法) 몡 直接引用
진담 (眞談) 몡 心里话　　　진담 (眞談) 몡 心裏話
진술 (眞術) 몡 阐述, 叙述　　진술 (眞術) 몡 闡述, 叙述
진술하다 (陳述—) 동 陈述　　진술하다 (陳述—) 동 陳述
진행형 (進行形) 몡 进行态　　진행형 (進行形) 몡 進行態
질문하다 (質問—) 동 质问　　질문하다 (質問—) 동 質問
질의하다 (質疑—) 동 质疑　　질의하다 (質疑—) 동 質疑
질책하다 (叱責—) 동 叱责, 谴责　　질책하다 (叱責—) 동 叱責, 譴責
집필하다 (執筆—) 동 执笔　　집필하다 (執筆—) 동 執筆
차례 (次例) 몡 顺序　　　차례 (次例) 몡 順序
차용어 (借用語) 몡 假借词　　차용어 (借用語) 몡 假借詞
찬양하다 (讚揚—) 동 赞扬　　찬양하다 (讚揚—) 동 讚揚
참견하다 (參見—) 동 参与　　참견하다 (參見—) 동 參與
참고문헌 (參考文獻) 몡 参考文献　참고문헌 (參考文獻) 몡 參考文獻
참말 몡 心理话, 实话　　참말 몡 心理話, 實話
찾아보기 몡 找　　　　찾아보기 몡 找
책 (冊) 몡 书　　　　책 (冊) 몡 書
책망하다 (責望—) 동 指责, 谴责　책망하다 (責望—) 동 指責, 譴責
책벌레 (冊—) 몡 非常喜欢读书的人　책벌레 (冊—) 몡 非常喜歡讀書的人
철자 (綴字) 몡 生字　　　철자 (綴字) 몡 生字
청각장애자 (聽覺障碍者) 몡 聋子,　　청각장애자 (聽覺障碍者) 몡 聾子,
　　聋哑人　　　　　　　　　　聾啞人
청구하다 (請求—) 동 请求　　청구하다 (請求—) 동 請求
청자 (聽者) 몡 听者　　　청자 (聽者) 몡 聽者
청중 (聽衆) 몡 听众　　　청중 (聽衆) 몡 聽衆
청하다 (請—) 동 请　　　청하다 (請—) 동 請
체언 (體言) 몡 体言　　　체언 (體言) 몡 體言
초성 (初聲) 몡 初声　　　초성 (初聲) 몡 初聲

최상급 (最上級) 몡 最上级
주궁하다 (追窮—) 동 追究
축하하다 (祝賀—) 동 祝贺
충고하다 (忠告—) 동 忠告
치하하다 (致賀—) 동 ① 祝贺 ② 称赞
칭송하다 (稱頌—) 동 称颂, 赞颂
칭찬하다 (稱讚—) 동 称赞, 赞美
캐묻다 동 盘问, 寻根, 刨根问底儿
큰따옴표 (—標) 몡 逗号
타동사 (他動詞) 몡 他动词
타이르다 동 谆谆告诫
타자치다 (打字—) 동 打字
탄원하다 (歎願—) 동 请求, 志愿
탐독 (耽讀) 몡 耽读
탓하다 동 满怨
토론하다 (討論—) 동 讨论
토박이말 몡 土话, 方言
토씨 몡 介词, 连接词之类
토의하다 (討議—) 동 讨论
통고하다 (通告—) 동 通告
통독 (通讀) 몡 通读
통보하다 (通報—) 동 通报
통사론 (統辭論) 몡 句法学
통역사 (通譯師) 몡 翻译家
통역하다 (通譯—) 동 翻译
통지하다 (通知—) 동 通知
퇴짜놓다 동 退回
투덜대다 동 嘟囔, 嘀咕
투정하다 동 挑捡, 挑刺儿
파생 (派生) 몡 派生
파생어 (派生語) 몡 派生语
판결하다 (判決—) 동 判决
평하다 (評—) 동 评论
포고하다 (布告—) 동 布告
폭로하다 (暴露—) 동 暴露
표 (表) 몡 表

최상급 (最上級) 몡 最上級
주궁하다 (追窮—) 동 追究
축하하다 (祝賀—) 동 祝賀
충고하다 (忠告—) 동 忠告
치하하다 (致賀—) 동 ① 祝賀 ② 稱讚
칭송하다 (稱頌—) 동 稱頌, 讚頌
칭찬하다 (稱讚—) 동 稱讚, 讚美
캐묻다 동 盤問, 尋根, 刨根問底兒
큰따옴표 (—標) 몡 逗號
타동사 (他動詞) 몡 他動詞
타이르다 동 諄諄告誡
타자치다 (打字—) 동 打字
탄원하다 (歎願—) 동 請求, 志願
탐독 (耽讀) 몡 耽讀
탓하다 동 滿怨
토론하다 (討論—) 동 討論
토박이말 몡 土話, 方言
토씨 몡 介詞, 連接詞之類
토의하다 (討議—) 동 討論
통고하다 (通告—) 동 通告
통독 (通讀) 몡 通讀
통보하다 (通報—) 동 通報
통사론 (統辭論) 몡 句法學
통역사 (通譯師) 몡 翻譯家
통역하다 (通譯—) 동 飜譯
통지하다 (通知—) 동 通知
퇴짜놓다 동 退回
투덜대다 동 嘟囔, 嘀咕
투정하다 동 挑撿, 挑刺兒
파생 (派生) 몡 派生
파생어 (派生語) 몡 派生語
판결하다 (判決—) 동 判決
평하다 (評—) 동 評論
포고하다 (布告—) 동 布告
폭로하다 (暴露—) 동 暴露
표 (表) 몡 表

표기법 (表記法) 명 标记法	표기법 (表記法) 명 標記法
표기하다 (表記—) 동 标记法, 拼音法	표기하다 (表記—) 동 標記法, 拼音法
표명하다 (表明—) 동 表明	표명하다 (表明—) 동 表明
표음문자 (表音文字) 명 表音文字	표음문자 (表音文字) 명 表音文字
표의문자 (表意文字) 명 表义文字	표의문자 (表意文字) 명 表義文字
표준어 (標準語) 명 标准话	표준어 (標準語) 명 標準話
풀이씨 명 用言	풀이씨 명 用言
품사 (品詞) 명 词类	품사 (品詞) 명 詞類
피동문 (被動文) 명 被动句	피동문 (被動文) 명 被動句
핀잔주다 동 讥讽, 嘲笑	핀잔주다 동 譏諷, 嘲笑
필기 (筆記) 명 笔记本	필기 (筆記) 명 筆記本
필기하다 (筆記—) 동 笔记	필기하다 (筆記—) 동 筆記
필독도서 (必讀圖書) 명 必读图书, 必读书	필독도서 (必讀圖書) 명 必讀圖書, 必讀書
필사본 (筆寫本) 명 笔记本	필사본 (筆寫本) 명 筆記本
핑계대다 동 找借口	핑계대다 동 找借口
하소연 명 倾苦, 祈告	하소연 명 傾苦, 祈告
하소연하다 동 倾吐, 诉苦	하소연하다 동 傾吐, 訴苦
하위어 (下位語) 명 下位语	하위어 (下位語) 명 下位語
학술용어 (學術用語) 명 学术用语	학술용어 (學術用語) 명 學術用語
한국어 (韓國語) 명 韩国语	한국어 (韓國語) 명 韓國語
한글 명 韩国字的简称	한글 명 韓國字的簡稱
한글날 명 创造韩国字的那一天	한글날 명 創造韓國字的那一天
한자 (漢字) 명 汉字	한자 (漢字) 명 漢字
한자어 (漢字語) 명 汉字语 (以汉字构成的语言)	한자어 (漢字語) 명 漢字語 (以漢字構成的語言)
합성어 (合成語) 명 复合词	합성어 (合成語) 명 複合詞
합의하다 (協議—) 동 协商	합의하다 (協議—) 동 協商
항변하다 (抗辯—) 동 抗辩, 抗论	항변하다 (抗辯—) 동 抗辯, 抗論
항의하다 (抗議—) 동 抗议	항의하다 (抗議—) 동 抗議
해명하다 (解明—) 동 解释	해명하다 (解明—) 동 解釋
해설 (解說) 명 解说	해설 (解說) 명 解說
해설하다 (解說—) 동 解说	해설하다 (解說—) 동 解說
허가하다 (許可—) 동 许可	허가하다 (許可—) 동 許可
허락하다 (許諾—) 동 允许	허락하다 (許諾—) 동 允許
허용하다 (許容—) 동 允许	허용하다 (許容—) 동 允許

헐뜯다 동 中伤, 诽谤
험담하다 (險談―) 동 诽谤
헛소리 명 废话, 胡话
현재 (現在) 명 現在
현재완료 (現在完了) 명 动作的完了
현재형 (現在形) 명 动作的持续,
　　动作的进行
협박하다 (脅迫―) 동 恐吓, 胁迫
협상하다 (協商―) 동 协商
협의하다 (協議―) 동 协议
형용사 (形容詞) 명 形容词
형태론 (形態論) 명 形态论, 词法
형태소 (形態素) 명 形态素, 语素
호소하다 (呼訴―) 동 呼吁
호언장담하다 (豪言壯談―) 동 豪言狀语
호출하다 (呼出―) 동 传
호통치다 동 大声斥责, 呵斥
혹평하다 (酷評―) 동 苛刻的评语和评论
혼잣말 명 自言自语
홑소리 명 不受阻碍发生的声音如之音
화법 (話法) 명 说话的方式, 会话的规则
화술 (話術) 명 说话技巧
화용론 (話用論) 명 语用论, 语用学,
　　话用论
화자 (話者) 명 讲话者
화제 (話題) 명 话题
확언하다 (確言―) 동 肯定的讲,
　　肯定的说
환담하다 (歡談―) 동 畅谈
활용 (活用) 명 活用
회담 (會談) 명 会谈
회답하다 (回答―) 동 回答
회화 (會話) 명 会话
훈계하다 (訓戒―) 동 训诫
훈민정음 (訓民正音) 명 训民正音
훈시하다 (訓示―) 동 训示, 训话, 训

헐뜯다 동 中傷, 誹謗
험담하다 (險談―) 동 誹謗
헛소리 명 廢話, 胡話
현재 (現在) 명 現在
현재완료 (現在完了) 명 動作的完了
현재형 (現在形) 명 動作的持續,
　　動作的進行
협박하다 (脅迫―) 동 恐嚇, 肋迫
협상하다 (協商―) 동 協商
협의하다 (協議―) 동 協議
형용사 (形容詞) 명 形容詞
형태론 (形態論) 명 形態論, 詞法
형태소 (形態素) 명 形態素, 語素
호소하다 (呼訴―) 동 呼吁
호언장담하다 (豪言壯談―) 동 豪言狀語
호출하다 (呼出―) 동 傳
호통치다 동 大聲斥責, 呵斥
혹평하다 (酷評―) 동 苛刻的評語和評論
혼잣말 명 自言自語
홑소리 명 不受阻礙發生的聲音如之音
화법 (話法) 명 說話的方式, 會話的規則
화술 (話術) 명 說話技巧
화용론 (話用論) 명 語用論, 語用學,
　　話用論
화자 (話者) 명 講話者
화제 (話題) 명 話題
확언하다 (確言―) 동 肯定的講,
　　肯定的說
환담하다 (歡談―) 동 暢談
활용 (活用) 명 活用
회담 (會談) 명 會談
회답하다 (回答―) 동 回答
회화 (會話) 명 會話
훈계하다 (訓戒―) 동 訓誡
훈민정음 (訓民正音) 명 訓民正音
훈시하다 (訓示―) 동 訓示, 訓話, 訓

14. 언론과 출판

言论, 出版　　　　言論, 出版

게재료 (揭載料) 명 登载费, 刊载费, 稿费
공개방송 (公開放送) 명 现场直播
방송망 (放送網) 명 广播网
연출자 (演出者) 명 演出人员
원고 (原稿) 명 ① 稿子, 稿件
　　② 草稿, 底稿
특집 (特輯) 명 特辑, 专集
프로그램 (program) 명 节目
호외 (號外) 명 号外
TV편성표 (television編成表) 명 电视节目表
가수 (歌手) 명 歌手
각본 (脚本) 명 戏本, 剧本
간행하다 (刊行—) 동 发行, 出版
감독 (監督) 명 导演
검열하다 (檢閱—) 동 检阅
게재하다 (揭載—) 동 记载, 刊载
경제면 (經濟面) 명 经济面
계간지 (季刊紙) 명 季刊
고료 (稿料) 명 稿费
공영방송 (公營放送) 명 公营广播电台, 公共团体经营的广播电视台
공저 (共著) 명 共著
광고 (廣告) 명 广告
광고면 (廣告面) 명 广告面
교열기자 (敎閱記者) 명 校阅记者
교육방송국(EBS) (敎育放送局) 명 教育广播电台

게재료 (揭載料) 명 登載費, 刊載費, 稿費
공개방송 (公開放送) 명 現場直播
방송망 (放送網) 명 廣播網
연출자 (演出者) 명 演出人員
원고 (原稿) 명 ① 稿子, 稿件
　　② 草稿, 底稿
특집 (特輯) 명 特輯, 專集
프로그램 (program) 명 節目
호외 (號外) 명 號外
TV편성표 (television編成表) 명 電視節目表
가수 (歌手) 명 歌手
각본 (脚本) 명 戲本, 劇本
간행하다 (刊行—) 동 發行, 出版
감독 (監督) 명 導演
검열하다 (檢閱—) 동 檢閱
게재하다 (揭載—) 동 記載, 刊載
경제면 (經濟面) 명 經濟面
계간지 (季刊紙) 명 季刊
고료 (稿料) 명 稿費
공영방송 (公營放送) 명 公營廣播電臺, 公共團體經營的廣播電視臺
공저 (共著) 명 共著
광고 (廣告) 명 廣告
광고면 (廣告面) 명 廣告面
교열기자 (敎閱記者) 명 校閱記者
교육방송국(EBS) (敎育放送局) 명 教育廣播電臺

교정 (校正) 몡 校正
교통방송 (交通放送) 몡 交通广播电台
구독자 (購讀者) 몡 读者
구독하다 (購讀—) 통 购买报纸或杂志读
구성작가 (構成作家) 몡 为制作节目而组成的作家
구인란 (求人欄) 몡 求人栏
구직란 (求職欄) 몡 求职栏
국영방송 (國營放送) 몡 国营广播
그림책 (—冊) 몡 画册
기독교방송 (基督敎放送) 몡 基督教广播
기사 (記事) 몡 新闻, 消息
기자 (記者) 몡 记者
난시청 (難視聽) 몡 电视收视效果不佳
날씨란 (—欄) 몡 天气栏
녹화방송 (錄畵放送) 몡 录相以后重播
녹화하다 (錄畵—) 통 录相
논설위원 (論說委員) 몡 评论员
논평 (論評) 몡 评论
뉴스 (news) 몡 新闻
다큐멘터리 (documentary) 몡 记录片
단역 (端役) 몡 配角儿
대본 (臺本) 몡 台本, 剧本
대서특필 (大書特筆) 몡 大写特写
대역 (代役) 몡 代演, 替演
대중매체 (大衆媒體) 몡 大众媒体, 大众媒介
도서상품권 (圖書商品券) 몡 图书商品券
독자 (讀者) 몡 读者
독자투고란 (讀者投稿欄) 몡 读者投稿栏
드라마 (drama) 몡 电视剧, 连续剧
라디오 (radio) 몡 收音机
만평 (漫評) 몡 漫评
만화 (漫畵) 몡 漫画
방송하다 (放送—) 통 广播

교정 (校正) 몡 校正
교통방송 (交通放送) 몡 交通廣播電臺
구독자 (購讀者) 몡 讀者
구독하다 (購讀—) 통 購買報紙或雜誌讀
구성작가 (構成作家) 몡 爲制作節目而組成的作家
구인란 (求人欄) 몡 求人欄
구직란 (求職欄) 몡 求職欄
국영방송 (國營放送) 몡 國營廣播
그림책 (—冊) 몡 畫冊
기독교방송 (基督敎放送) 몡 基督敎廣播
기사 (記事) 몡 新聞, 消息
기자 (記者) 몡 記者
난시청 (難視聽) 몡 電視收視效果不佳
날씨란 (—欄) 몡 天氣欄
녹화방송 (錄畵放送) 몡 錄相以後重播
녹화하다 (錄畵—) 통 錄相
논설위원 (論說委員) 몡 評論員
논평 (論評) 몡 評論
뉴스 (news) 몡 新聞
다큐멘터리 (documentary) 몡 記錄片
단역 (端役) 몡 配角兒
대본 (臺本) 몡 臺本, 劇本
대서특필 (大書特筆) 몡 大寫特寫
대역 (代役) 몡 代演, 替演
대중매체 (大衆媒體) 몡 大衆媒體, 大衆媒介
도서상품권 (圖書商品券) 몡 圖書商品券
독자 (讀者) 몡 讀者
독자투고란 (讀者投稿欄) 몡 讀者投稿欄
드라마 (drama) 몡 電視劇, 連續劇
라디오 (radio) 몡 收音機
만평 (漫評) 몡 漫評
만화 (漫畵) 몡 漫畫
방송하다 (放送—) 통 廣播

만화영화 (漫畫映畵) 몡 漫畫映畵,
　卡通片
머릿글 몡 前言, 序, 序言, 导言
머릿기사 (一記事) 몡 头条新闻,
　头条消息
무대 (舞臺) 몡 舞台
무용단 (舞踊團) 몡 舞蹈团
무협지 (武俠紙) 몡 武俠小说
문화면 (文化面) 몡 文化面: 报导有关文
　学, 艺术, 道德, 宗教的版面
문화방송국 (MBC) (文化放送局) 몡
　文化广播电台 (MBC)
미군방송 (AFKN) 몡 美军广播电台
민영방송 (民營放送) 몡 民营广播电台
발간하다 (發刊—) 동 刊行, 创刊, 发行
발행부수 (發行部數) 몡 发行数
발행인 (發行人) 몡 发行人
발행하다 (發行—) 동 发行, 出版
방송 (放送) 몡 广播
방송국 (放送局) 몡 广播局
방송매체 (放送媒體) 몡 广播媒体
방송사고 (放送事故) 몡 广播事故
방송심의위원회 (放送審議委員會) 몡
　广播审查委员会
방송작가 (放送作家) 몡 广播作家
방송하다 (放送—) 동 广播

만화영화 (漫畫映畵) 몡 漫畫映畵,
　卡通片
머릿글 몡 前言, 序, 序言, 導言
머릿기사 (一記事) 몡 頭條新聞,
　頭條消息
무대 (舞臺) 몡 舞臺
무용단 (舞踊團) 몡 舞蹈團
무협지 (武俠紙) 몡 武俠小說
문화면 (文化面) 몡 文化面: 報導有關文
　學, 藝術, 道德, 宗教的版面
문화방송국 (MBC) (文化放送局) 몡
　文化廣播電臺 (MBC)
미군방송 (AFKN) 몡 美軍廣播電臺
민영방송 (民營放送) 몡 民營廣播電臺
발간하다 (發刊—) 동 刊行, 創刊, 發行
발행부수 (發行部數) 몡 發行數
발행인 (發行人) 몡 發行人
발행하다 (發行—) 동 發行, 出版
방송 (放送) 몡 廣播
방송국 (放送局) 몡 廣播局
방송매체 (放送媒體) 몡 廣播媒體
방송사고 (放送事故) 몡 廣播事故
방송심의위원회 (放送審議委員會) 몡
　廣播審查委員會
방송작가 (放送作家) 몡 廣播作家
방송하다 (放送—) 동 廣播

방송		
주체	방송국	종류
공영방송	교육방송 (EBS)	공개방송
국영방송	교통방송 (TBS)	녹화방송
민영방송	기독교방송 (CBS)	생방송
중앙방송	문화방송 (MBC)	위성방송
지방방송	미군방송 (AFKN)	유선방송
⋮	불교방송 (BBS)	재방송
	서울방송 (SBS)	⋮
	평화방송 (PBS)	
	한국방송공사 (KBS)	
	⋮	

방영하다 (放映—) 동 放映
방청객 (傍聽客) 명 旁听的人
방청석 (傍聽席) 명 旁听席
방청하다 (傍聽—) 동 旁听
백과사전 (百科辭典) 명 百科辞典
보도 (報道) 명 报道
본문 (本文) 명 本文
부고란 (訃告欄) 명 讣告栏
부제 (副題) 명 副题
분장 (扮裝) 명 打扮
불교방송 (佛敎放送) 명 佛教广播
사설 (社說) 명 社论
사이비기자 (似而非記者) 명 假记者
사이비언론 (似而非言論) 명 似而非的言论
사진기자 (寫眞記者) 명 攝影记者
사회면 (社會面) 명 社会版
사회자 (司會者) 명 主持人
생방송 (生放送) 명 实况转播
생중계 (生中繼) 명 实况转播
생활면 (生活面) 명 生活版
서울방송국 (SBS) (—放送局) 명 汉城广播局
서적 (書籍) 명 书籍
서점 (書店) 명 书店
서점가 (書店街) 명 书店街
석간 (夕刊) 명 晚报
선전 (宣傳) 명 宣传
소식 (消息) 명 消息
속보 (速報) 명 快报
쇼 (show) 명 演出, 节目, 娱乐
수신료 (受信料) 명 收视费
스포츠 (sports) 명 体育运动
스포츠면 (sports面) 명 体育版
시사 (時事) 명 时事
시사지 (時事紙) 명 时事杂志: 专门记载

방영하다 (放映—) 동 放映
방청객 (傍聽客) 명 旁聽的人
방청석 (傍聽席) 명 旁聽席
방청하다 (傍聽—) 동 旁聽
백과사전 (百科辭典) 명 百科辭典
보도 (報道) 명 報道
본문 (本文) 명 本文
부고란 (訃告欄) 명 訃告欄
부제 (副題) 명 副題
분장 (扮裝) 명 打扮
불교방송 (佛敎放送) 명 佛教廣播
사설 (社說) 명 社論
사이비기자 (似而非記者) 명 假記者
사이비언론 (似而非言論) 명 似而非的言論
사진기자 (寫眞記者) 명 攝影記者
사회면 (社會面) 명 社會版
사회자 (司會者) 명 主持人
생방송 (生放送) 명 實況轉播
생중계 (生中繼) 명 實況轉播
생활면 (生活面) 명 生活版
서울방송국 (SBS) (—放送局) 명 漢城廣播局
서적 (書籍) 명 書籍
서점 (書店) 명 書店
서점가 (書店街) 명 書店街
석간 (夕刊) 명 晚報
선전 (宣傳) 명 宣傳
소식 (消息) 명 消息
속보 (速報) 명 快報
쇼 (show) 명 演出, 節目, 娛樂
수신료 (受信料) 명 收視費
스포츠 (sports) 명 體育運動
스포츠면 (sports面) 명 體育版
시사 (時事) 명 時事
시사지 (時事紙) 명 時事雜誌: 專門記載

现行政治, 经济, 社会问题的杂志
시청료 (視聽料) 몡 收视费
시청률 (視聽率) 몡 收视率
시청자 (視聽者) 몡 听众
시청하다 (視聽—) 동 收视, 收看
신문 (新聞) 몡 报纸
신문배달 (新聞配達) 몡 送报
신문사 (新聞社) 몡 报社
싣다 동 载
아나운서 (announcer) 몡 节目主持人
아역 (兒役) 몡 在电视剧中扮演小孩的人
악단 (樂團) 몡 乐团
악역 (惡役) 몡 在电视剧扮演坏角色的人
안무 (按舞) 몡 编舞
애독자 (愛讀者) 몡 热心的读者
애청자 (愛聽者) 몡 热心听众
언론 (言論) 몡 言论
언론기관 (言論機關) 몡 言论机构
언론매체 (言論媒體) 몡 言论媒体, 言论媒介
언론사 (言論社) 몡 新闻广播电台
언론의 자유 (言論— 自由) 몡 言论自由
언론인 (言論人) 몡 新闻记者, 播韵
언론중재위원회 (言論仲裁委員會) 몡 言论仲裁委员会
여성지 (女性紙) 몡 妇女杂志
연기자 (演技者) 몡 演员
연기하다 (演技—) 동 演技
연속극 (連續劇) 몡 连续剧
연예계 (演藝界) 몡 文艺界
연예면 (演藝面) 몡 报导演员生活的版面 (艺术面)
연예인 (演藝人) 몡 演员
연출 (演出) 몡 演出
연출하다 (演出—) 동 演出
영어사전 (英語辭典) 몡 英语辞典

現行政治, 經濟, 社會問題的雜誌
시청료 (視聽料) 몡 收視費
시청률 (視聽率) 몡 收視率
시청자 (視聽者) 몡 聽衆
시청하다 (視聽—) 동 收視, 收看
신문 (新聞) 몡 報紙
신문배달 (新聞配達) 몡 送報
신문사 (新聞社) 몡 報社
싣다 동 載
아나운서 (announcer) 몡 節目主持人
아역 (兒役) 몡 在電視劇中扮演小孩的人
악단 (樂團) 몡 樂團
악역 (惡役) 몡 在電視劇扮演壞角色的人
안무 (按舞) 몡 編舞
애독자 (愛讀者) 몡 熱心的讀者
애청자 (愛聽者) 몡 熱心聽衆
언론 (言論) 몡 言論
언론기관 (言論機關) 몡 言論機構
언론매체 (言論媒體) 몡 言論媒體, 言論媒介
언론사 (言論社) 몡 新聞廣播電臺
언론의 자유 (言論— 自由) 몡 言論自由
언론인 (言論人) 몡 新聞記者, 播韵
언론중재위원회 (言論仲裁委員會) 몡 言論仲裁委員會
여성지 (女性紙) 몡 婦女雜誌
연기자 (演技者) 몡 演員
연기하다 (演技—) 동 演技
연속극 (連續劇) 몡 連續劇
연예계 (演藝界) 몡 文藝界
연예면 (演藝面) 몡 報導演員生活的版面 (藝術面)
연예인 (演藝人) 몡 演員
연출 (演出) 몡 演出
연출하다 (演出—) 동 演出
영어사전 (英語辭典) 몡 英語辭典

영화 (映畵) 명 电影
옥편 (玉篇) 명 玉篇, 字典
원고료 (原稿料) 명 稿费
월간지 (月刊紙) 명 月刊
위성방송 (衛星放送) 명 卫星广播
위성중계 (衛星中繼) 명 卫星转播
유선방송 (有線放送) 명 有线广播
음악 (音樂) 명 音乐
인쇄 (印刷) 명 印刷
인쇄물 (印刷物) 명 印刷品
인쇄소 (印刷所) 명 印刷厂
인쇄하다 (印刷—) 동 印刷
일간지 (日刊紙) 명 日刊
자서전 (自敍傳) 명 自传
자유기고가 (自由寄稿家) 명 业余记者
작가 (作家) 명 作家
잡지 (雜誌) 명 杂志
잡지사 (雜誌社) 명 杂志社
재방송 (再放送) 명 重播
정기간행물 (定期刊行物) 명 定期发行刊物
정기구독 (定期購讀) 명 定期购读
정부간행물 (政府刊行物) 명 政府发行刊物
정치면 (政治面) 명 政治面
제작하다 (製作—) 동 制作
조간 (朝刊) 명 晨报, 早报
조감독 (助監督) 명 导演助理
조명 (照明) 명 照明
조연 (助演) 명 协助演出的人
조연출 (助演出) 명 副导演
조판하다 (組版—) 동 排版
주간지 (週刊誌) 명 每周发行的刊物, 周刊杂志
주간지 (週刊紙) 명 周刊
주연 (主演) 명 主人公

영화 (映畵) 명 電影
옥편 (玉篇) 명 玉篇, 字典
원고료 (原稿料) 명 稿費
월간지 (月刊紙) 명 月刊
위성방송 (衛星放送) 명 衛星廣播
위성중계 (衛星中繼) 명 衛星轉播
유선방송 (有線放送) 명 有線廣播
음악 (音樂) 명 音樂
인쇄 (印刷) 명 印刷
인쇄물 (印刷物) 명 印刷品
인쇄소 (印刷所) 명 印刷廠
인쇄하다 (印刷—) 동 印刷
일간지 (日刊紙) 명 日刊
자서전 (自敍傳) 명 自傳
자유기고가 (自由寄稿家) 명 業餘記者
작가 (作家) 명 作家
잡지 (雜誌) 명 雜誌
잡지사 (雜誌社) 명 雜誌社
재방송 (再放送) 명 重播
정기간행물 (定期刊行物) 명 定期發行刊物
정기구독 (定期購讀) 명 定期購讀
정부간행물 (政府刊行物) 명 政府發行刊物
정치면 (政治面) 명 政治面
제작하다 (製作—) 동 制作
조간 (朝刊) 명 晨報, 早報
조감독 (助監督) 명 導演助理
조명 (照明) 명 照明
조연 (助演) 명 協助演出的人
조연출 (助演出) 명 副導演
조판하다 (組版—) 동 排版
주간지 (週刊誌) 명 每周發行的刊物, 周刊雜誌
주간지 (週刊紙) 명 周刊
주연 (主演) 명 主人公

주파수 (周波數) 〔명〕 频率, 频数   주파수 (周波數) 〔명〕 頻率, 頻數
중계방송 (中繼放送) 〔명〕 实况转播   중계방송 (中繼放送) 〔명〕 實況轉播
중계하다 (中繼—) 〔동〕 转播   중계하다 (中繼—) 〔동〕 轉播
중앙방송 (中央放送) 〔명〕 中央广播   중앙방송 (中央放送) 〔명〕 中央廣播
지면 (紙面) 〔명〕 版面   지면 (紙面) 〔명〕 版面
지방방송 (地方放送) 〔명〕 地方广播   지방방송 (地方放送) 〔명〕 地方廣播
진행자 (進行者) 〔명〕 主持人, 组织者   진행자 (進行者) 〔명〕 主持人, 組織者
찍다 〔동〕 印刷   찍다 〔동〕 印刷
채널 (channel) 〔명〕 频道   채널 (channel) 〔명〕 頻道
책 (冊) 〔명〕 书   책 (冊) 〔명〕 書
책방 (冊房) 书店   책방 (冊房) 書店
청취율 (聽取率) 〔명〕 收听率   청취율 (聽取率) 〔명〕 收聽率
청취자 (聽取者) 〔명〕 听众   청취자 (聽取者) 〔명〕 聽衆
청취하다 (聽取—) 〔동〕 收听广播, 收听收音器   청취하다 (聽取—) 〔동〕 收聽廣播, 收聽收音器
촬영 (撮影) 〔명〕 撮影   촬영 (撮影) 〔명〕 撮影
출간하다 (出刊—) 〔동〕 出版   출간하다 (出刊—) 〔동〕 出版
출연료 (出演料) 〔명〕 演出费   출연료 (出演料) 〔명〕 演出費
출연자 (出演者) 〔명〕 演员   출연자 (出演者) 〔명〕 演員
출연하다 (出演—) 〔동〕 演出   출연하다 (出演—) 〔동〕 演出
출판 (出版) 〔명〕 出版   출판 (出版) 〔명〕 出版
출판사 (出版社) 〔명〕 出版社   출판사 (出版社) 〔명〕 出版社
출판하다 (出版—) 〔동〕 出版   출판하다 (出版—) 〔동〕 出版
취재기자 (取材記者) 〔명〕 采访记者   취재기자 (取材記者) 〔명〕 採訪記者
취재하다 (取材—) 〔동〕 采访   취재하다 (取材—) 〔동〕 採訪
텔레비전 (television) 〔명〕 电视   텔레비전 (television) 〔명〕 電視
통신사 (通信社) 〔명〕 通讯社   통신사 (通信社) 〔명〕 通訊社
투고하다 (投稿—) 〔동〕 投稿   투고하다 (投稿—) 〔동〕 投稿
특보 (特報) 〔명〕 特讯   특보 (特報) 〔명〕 特訊
특종기사 (特種記事) 〔명〕 特別消息   특종기사 (特種記事) 〔명〕 特別消息
특파원 (特派員) 〔명〕 特派员   특파원 (特派員) 〔명〕 特派員

출판		
신문	잡지	책·도서·서적
석간, 일간지, 조간, 주간지 …	계간지, 송년호, 시사지, 여성지, 월간지, 주간지 …	그림책, 위인전, 자서전, 저서, 전기, 회고록 …

편집기자 (編輯記者) 명 编辑记者
편집인 (編輯人) 명 编辑人
편집장 (編輯長) 명 主任编辑
편집하다 (編輯―) 동 编辑
편파보도 (偏頗報道) 명 片面的报道
평화방송 (平和放送) 명 和平广播电台
표절 (剽竊) 명 抄袭, 剽窃
표제 (標題, 表題) 명 标题
프로듀서 (producer) 명 节目编辑
한국방송공사 (KBS) (韓國放送公社) 명 韩国广播公司
합창단 (合唱團) 명 合唱团
행사란 (行事欄) 명 活动栏
화면 (畫面) 명 电视画面, 电视映像
회고록 (回顧錄) 명 回忆录
효과 (效果) 명 效果
희극인 (喜劇人) 명 喜剧演员

편집기자 (編輯記者) 명 編輯記者
편집인 (編輯人) 명 編輯人
편집장 (編輯長) 명 主任編輯
편집하다 (編輯―) 동 編輯
편파보도 (偏頗報道) 명 片面的報道
평화방송 (平和放送) 명 和平廣播電臺
표절 (剽竊) 명 抄襲, 剽竊
표제 (標題, 表題) 명 標題
프로듀서 (producer) 명 節目編輯
한국방송공사 (KBS) (韓國放送公社) 명 韓國廣播公司
합창단 (合唱團) 명 合唱團
행사란 (行事欄) 명 活動欄
화면 (畫面) 명 電視畫面, 電視映像
회고록 (回顧錄) 명 回憶錄
효과 (效果) 명 效果
희극인 (喜劇人) 명 喜劇演員

15. 정보와 통신

| 情报，通讯 | 情報，通訊 |

게시판 (揭示板) 명 宣传画栏，揭示板 　　게시판 (揭示板) 명 宣傳畫欄，揭示板
게시하다 (揭示—) 동 布告 　　　　　　게시하다 (揭示—) 동 布告
고지하다 (告知—) 동 通告，告知 　　　고지하다 (告知—) 동 通告，告知
공고하다 (公告—) 동 公告，告示 　　　공고하다 (公告—) 동 公告，告示
공중전화 (公衆電話) 명 公用电话 　　　공중전화 (公衆電話) 명 公用電話
광고 (廣告) 명 广告 　　　　　　　　　광고 (廣告) 명 廣告
광고지 (廣告紙) 명 广告单 　　　　　　광고지 (廣告紙) 명 廣告單
광섬유 (光纖維) 명 光学纤维，光纤 　　광섬유 (光纖維) 명 光學纖維，光纖
교통정보 (交通情報) 명 交通情报 　　　교통정보 (交通情報) 명 交通情報
구축하다 (構築—) 동 构筑 　　　　　　구축하다 (構築—) 동 構築
국가기밀 (國家機密) 명 国家机密 　　　국가기밀 (國家機密) 명 國家機密
국제우편 (國際郵便) 명 国际邮政 　　　국제우편 (國際郵便) 명 國際郵政
국제전화 (國際電話) 명 国际电话 　　　국제전화 (國際電話) 명 國際電話
군사우편 (軍事郵便) 명 军事邮政 　　　군사우편 (軍事郵便) 명 軍事郵政
규격봉투 (規格封套) 명 規格信封 　　　규격봉투 (規格封套) 명 規格信封
그림엽서 (—葉書) 명 美术明信片 　　　그림엽서 (—葉書) 명 美術明信片
기밀 (機密) 명 机密 　　　　　　　　　기밀 (機密) 명 機密
누설하다 (漏泄—) 동 泄，泄漏 　　　　누설하다 (漏泄—) 동 泄，泄漏
뉴스 (news) 명 新闻，消息 　　　　　　뉴스 (news) 명 新聞，消息
대중매체 (大衆媒體) 명 大众传播，
　　宣传工具，新闻工具
대중매체 (大衆媒體) 명 大衆傳播，
　　宣傳工具，新聞工具
도청 (盜聽) 명 偷听，窃听 　　　　　　도청 (盜聽) 명 偷聽，竊聽
도청기 (盜聽機) 명 窃听器 　　　　　　도청기 (盜聽機) 명 竊聽器
도청하다 (盜聽—) 동 偷听，窃听 　　　도청하다 (盜聽—) 동 偷聽，竊聽
두절 (杜絶) 명 中断，断绝 　　　　　　두절 (杜絶) 명 中斷，斷絶
등기 (登記) 명 挂号 　　　　　　　　　등기 (登記) 명 掛號
등기우편 (登記郵便) 명 挂号信 　　　　등기우편 (登記郵便) 명 掛號信
디스켓 (diskette) 명 圆盘，磁盘，软盘 　디스켓 (diskette) 명 圓盤，磁盤，軟盤
라디오 (radio) 명 收音机 　　　　　　　라디오 (radio) 명 收音機

마우스 (mouse) 몡 鼠标器, 滑鼠
무선전화기 (無線電話機) 몡 无线电话
무선통신 (無線通信) 몡 无线电通信
무선호출기 (無線呼出機) 몡 呼叫器,
　哔哔机, 呼器, 呼机, 传呼机
무전기 (無電機) 몡 无线电收发报机
발송 (發送) 몡 发送, 发出, 送出
방 (榜) 몡 榜
방송 (放送) 몡 广播, 播送
방송망 (放送網) 몡 广播网, 放送网
방송매체 (放送媒體) 몡 广播媒体
방송하다 (放送—) 동 广播, 播送
보도 (報道) 몡 报道, 报导
보통우편 (普通郵便) 몡 平信
본체 (本體) 몡 主要部分
봉인 (封印) 몡 封印, 封条
봉화 (烽火) 몡 烽火
불통 (不通) 몡 不通
비밀 (祕密·秘密) 몡 秘密
삐삐 몡 呼叫器, 哔哔机, 呼器, 呼机,
　传呼机
산업정보 (産業情報) 몡 产业情报
생방송 (生放送) 몡 实况转播
생중계 (生中繼) 몡 实况转播
선전 (宣傳) 몡 宣传
소식 (消息) 몡 消息, 声息, 音息
소식불통 (消息不通) 몡 了无音信,
　销声匿迹
소식지 (消息紙) 몡 消息栏
소식통 (消息通) 몡 消息灵通人士
소인 (消印) 몡 锁印, 注锁的印
소통 (疏通) 몡 疏通, 沟通
소포 (小包) 몡 包裹
소포우편 (小包郵便) 몡 包裹邮件
소프트웨어 (software) 몡 软件
속보 (速報) 몡 快报

마우스 (mouse) 몡 鼠標器, 滑鼠
무선전화기 (無線電話機) 몡 無線電話
무선통신 (無線通信) 몡 無線電通信
무선호출기 (無線呼出機) 몡 呼叫器,
　嗶嗶機, 呼器, 呼機, 傳呼機
무전기 (無電機) 몡 無線電收發報機
발송 (發送) 몡 發送, 發出, 送出
방 (榜) 몡 榜
방송 (放送) 몡 廣播, 播送
방송망 (放送網) 몡 廣播網, 放送網
방송매체 (放送媒體) 몡 廣播媒體
방송하다 (放送—) 동 廣播, 播送
보도 (報道) 몡 報道, 報導
보통우편 (普通郵便) 몡 平信
본체 (本體) 몡 主要部分
봉인 (封印) 몡 封印, 封條
봉화 (烽火) 몡 烽火
불통 (不通) 몡 不通
비밀 (祕密·秘密) 몡 秘密
삐삐 몡 呼叫器, 嗶嗶機, 呼器, 呼機,
　傳呼機
산업정보 (産業情報) 몡 産業情報
생방송 (生放送) 몡 實況轉播
생중계 (生中繼) 몡 實況轉播
선전 (宣傳) 몡 宣傳
소식 (消息) 몡 消息, 聲息, 音息
소식불통 (消息不通) 몡 瞭無音信,
　銷聲匿迹
소식지 (消息紙) 몡 消息欄
소식통 (消息通) 몡 消息靈通人士
소인 (消印) 몡 鎖印, 注鎖的印
소통 (疏通) 몡 疏通, 溝通
소포 (小包) 몡 包裹
소포우편 (小包郵便) 몡 包裹郵件
소프트웨어 (software) 몡 軟件
속보 (速報) 몡 快報

송금 (送金) 명 汇款, 寄钱
수화기 (受話器) 명 听筒, 耳机
시내전화 (市內電話) 명 市内电话
시외전화 (市外電話) 명 长途电话
신문 (新聞) 명 报, 报纸
안내 (案內) 명 帶路, 引导
안내인 (案內人) 명 导游, 介绍人
안내장 (案內狀) 명 通知单, 通知书
안내하다 (案內—) 동 带路, 引导
안테나 (antenna) 명 天线
알리다 동 告, 通知
언론 (言論) 명 言论
언론매체 (言論媒體) 명 言论媒体
연락 (連絡·聯絡) 명 联络, 连络
연락두절 (連絡杜絶·聯絡杜絶) 명
　失去联络
연락망 (連絡網·聯絡網) 명 联络网
연하장 (年賀狀) 명 贺年片
엽서 (葉書) 명 明信片
우체국 (郵遞局) 명 邮局
우체통 (郵遞筒) 명 邮筒, 邮箱
우편물 (郵便物) 명 邮件
우편번호 (郵便番號) 명 邮政编码
우편엽서 (郵便葉書) 명 明信片
우편집배원 (郵便集配員) 명 邮差
우편함 (郵便函) 명 邮政信箱
우표 (郵票) 명 邮票
위성방송 (衛星放送) 명 卫星广播
위성중계 (衛星中繼) 명 卫星转播
위성통신 (衛星通信) 명 卫星通信
유선방송 (有線放送) 명 有线广播
이동통신 (移動通信) 명 移动通信
이메일 (e-mail) 명 电子信箱
인공위성 (人工衛星) 명 人造卫星
인터넷 (internet) 명 国际网
일간지 (日刊紙) 명 日刊

송금 (送金) 명 匯款, 寄錢
수화기 (受話器) 명 聽筒, 耳機
시내전화 (市內電話) 명 市內電話
시외전화 (市外電話) 명 長途電話
신문 (新聞) 명 報, 報紙
안내 (案內) 명 帶路, 引導
안내인 (案內人) 명 導游, 介紹人
안내장 (案內狀) 명 通知單, 通知書
안내하다 (案內—) 동 帶路, 引導
안테나 (antenna) 명 天線
알리다 동 告, 通知
언론 (言論) 명 言論
언론매체 (言論媒體) 명 言論媒體
연락 (連絡·聯絡) 명 聯絡, 連絡
연락두절 (連絡杜絶·聯絡杜絶) 명
　失去聯絡
연락망 (連絡網·聯絡網) 명 聯絡網
연하장 (年賀狀) 명 賀年片
엽서 (葉書) 명 明信片
우체국 (郵遞局) 명 郵局
우체통 (郵遞筒) 명 郵筒, 郵箱
우편물 (郵便物) 명 郵件
우편번호 (郵便番號) 명 郵政編碼
우편엽서 (郵便葉書) 명 明信片
우편집배원 (郵便集配員) 명 郵差
우편함 (郵便函) 명 郵政信箱
우표 (郵票) 명 郵票
위성방송 (衛星放送) 명 衛星廣播
위성중계 (衛星中繼) 명 衛星轉播
위성통신 (衛星通信) 명 衛星通信
유선방송 (有線放送) 명 有線廣播
이동통신 (移動通信) 명 移動通信
이메일 (e-mail) 명 電子信箱
인공위성 (人工衛星) 명 人造衛星
인터넷 (internet) 명 國際網
일간지 (日刊紙) 명 日刊

입력 (入力) 명 输入　　　　　　　입력 (入力) 명 輸入
자판 (字板) 명 字板　　　　　　　자판 (字板) 명 字板
잡지 (雜誌) 명 杂志　　　　　　　잡지 (雜誌) 명 雜誌
장거리전화 (長距離電話) 명 长途电话　　장거리전화 (長距離電話) 명 長途電話
전단 (傳單) 명 传单　　　　　　　전단 (傳單) 명 傳單
전보 (電報) 명 电报　　　　　　　전보 (電報) 명 電報
전송¹ (傳送) 명 传送　　　　　　　전송¹ (傳送) 명 傳送
전송² (電送) 명 电传　　　　　　　전송² (電送) 명 電傳
전자우편 (電子郵便) 명 电子邮件　　　전자우편 (電子郵便) 명 電子郵便
전파 (電波) 명 传播　　　　　　　전파 (電波) 명 傳播
전하다 (傳—) 동 传达, 传递　　　　전하다 (傳—) 동 傳達, 傳遞
전화 (電話) 명 电话　　　　　　　전화 (電話) 명 電話
전화국 (電話局) 명 电话局　　　　　전화국 (電話局) 명 電話局
전화기 (電話機) 명 电话机　　　　　전화기 (電話機) 명 電話機
전화번호 (電話番號) 명 电话号码　　　전화번호 (電話番號) 명 電話號碼
전화번호부 (電話番號簿) 명 电话号码簿　전화번호부 (電話番號簿) 명 電話號碼簿
전화선 (電話線) 명 电话线　　　　　전화선 (電話線) 명 電話線
전화카드 (電話card) 명 电话卡　　　　전화카드 (電話card) 명 電話卡
전화하다 (電話—) 동 打电话　　　　전화하다 (電話—) 동 打電話
접선 (接線) 명 接头　　　　　　　접선 (接線) 명 接頭
접속 (接續) 명 连接, 接续　　　　　접속 (接續) 명 連接, 接續
정보 (情報) 명 情报, 信息　　　　　정보 (情報) 명 情報, 信息
정보검색 (情報檢索) 명 情报检索　　　정보검색 (情報檢索) 명 情報檢索
정보과학 (情報科學) 명 信息科学　　　정보과학 (情報科學) 명 信息科學
정보교환 (情報交換) 명 情报交换　　　정보교환 (情報交換) 명 情報交換
정보기관 (情報機關) 명 情报机关　　　정보기관 (情報機關) 명 情報機關
정보망 (情報網) 명 情报网　　　　　정보망 (情報網) 명 情報網
정보비 (情報費) 명 情报费用　　　　정보비 (情報費) 명 情報費用

정보·통신 수단			
과거	현재		
	정보	통신	
		전화·전송	우편
봉화, 방, 파발 …	신문, 텔레비전, 라디오, 소식지, 주간지, 게시판, 인터넷, 사보 …	전화, 팩시밀리, 컴퓨터통신, 온라인, 전보, 핸드폰, 삐삐, 무전기 …	편지, 엽서, 소포, 연하장, 보통우편, 등기우편, 국제우편, 군사우편, 항공우편 …

정보사회 (情報社會) 명 情报社会
정보산업 (情報産業) 명 信息产业
정보수집 (情報搜集) 명 情报收集
정보원 (情報員) 명 情报员
정보처리 (情報處理) 명 情报处理
정보처리사 (情報處理士) 명
　　情报处理人员
정보통 (情報通) 명 情报网
정보통신부 (情報通信部) 명
　　情报通信部门
정보화 (情報化) 명 信息化
주간지 (週刊誌) 명 周刊
중계방송 (中繼放送) 명 转播
중계하다 (中繼—) 동 中继, 转播, 传送
채널 (channel) 명 频道, 渠道
첩보 (諜報) 명 谍报
첩보망 (諜報網) 명 谍报网
첩보원 (諜報員) 명 谍报员
축전 (祝電) 명 贺电
출력 (出力) 명 打印, 押
컴퓨터 (computer) 명 电脑, 计算机
컴퓨터통신 (computer通信) 명
　　电脑通信
텔레비전 (television) 명 电视
통고하다 (通告—) 동 通知, 通告
통신 (通信) 명 通信, 通迅
통신사 (通信社) 명 通迅社
통신시설 (通信施設) 명 通迅设施
통신원 (通信員) 명 通迅员
통신위성 (通信衛星) 명 通迅卫星
통신판매 (通信販賣) 명 邮购
통화 (通話) 명 通话
통화료 (通話料) 명 通话费用
통화하다 (通話—) 동 通话
특보 (特報) 명 快报
특종 (特種) 명 特种

정보사회 (情報社會) 명 情報社會
정보산업 (情報産業) 명 信息産業
정보수집 (情報搜集) 명 情報收集
정보원 (情報員) 명 情報員
정보처리 (情報處理) 명 情報處理
정보처리사 (情報處理士) 명
　　情報處理人員
정보통 (情報通) 명 情報網
정보통신부 (情報通信部) 명
　　情報通信部門
정보화 (情報化) 명 信息化
주간지 (週刊誌) 명 周刊
중계방송 (中繼放送) 명 轉播
중계하다 (中繼—) 동 中繼, 轉播, 傳送
채널 (channel) 명 頻道, 渠道
첩보 (諜報) 명 諜報
첩보망 (諜報網) 명 諜報網
첩보원 (諜報員) 명 諜報員
축전 (祝電) 명 賀電
출력 (出力) 명 打印, 押
컴퓨터 (computer) 명 電腦, 計算機
컴퓨터통신 (computer通信) 명
　　電腦通信
텔레비전 (television) 명 電視
통고하다 (通告—) 동 通知, 通告
통신 (通信) 명 通信, 通迅
통신사 (通信社) 명 通迅社
통신시설 (通信施設) 명 通迅設施
통신원 (通信員) 명 通迅員
통신위성 (通信衛星) 명 通迅衛星
통신판매 (通信販賣) 명 郵購
통화 (通話) 명 通話
통화료 (通話料) 명 通話費用
통화하다 (通話—) 동 通話
특보 (特報) 명 快報
특종 (特種) 명 特種

팩스 (fax) 몡 传真, 传真电报
팩시밀리 (facsimile) 몡 传真, 传真电报
편지 (便紙) 몡 函件, 书函, 书信
편지봉투 (便紙封套) 몡 信封
편지지 (便紙紙) 몡 信纸
프린터 (printer) 몡 打印机
피시통신 (PC通信) 몡 电脑通信
하드웨어 (hardware) 몡 硬件, 硬体
학술정보 (學術情報) 몡 学术情报
항공우편 (航空郵便) 몡 航空信, 航空邮件
호출기 (呼出機) 몡 哔哔机, 呼器, 呼机, 传呼机
확성기 (擴聲器) 몡 扩音器, 扩声器
휴대전화 (携帶電話) 몡 大哥大, 携带电话机, 手机
휴대폰 (携帶phone) 몡 大哥大, 携带电话机, 手机

팩스 (fax) 몡 傳眞, 傳眞電報
팩시밀리 (facsimile) 몡 傳眞, 傳眞電報
편지 (便紙) 몡 函件, 書函, 書信
편지봉투 (便紙封套) 몡 信封
편지지 (便紙紙) 몡 信紙
프린터 (printer) 몡 打印機
피시통신 (PC通信) 몡 電腦通信
하드웨어 (hardware) 몡 硬件, 硬體
학술정보 (學術情報) 몡 學術情報
항공우편 (航空郵便) 몡 航空信, 航空郵件
호출기 (呼出機) 몡 嗶嗶機, 呼器, 呼機, 傳呼機
확성기 (擴聲器) 몡 擴音器, 擴聲器
휴대전화 (携帶電話) 몡 大哥大, 携帶電話機, 手機
휴대폰 (携帶phone) 몡 大哥大, 携帶電話機, 手機

16. 교육

| 教育 | 教育 |

가르치다 동 教
가정교육 (家庭教育) 명 家庭教育
가정통신문 (家庭通信文) 명 家长和老师之间的通信信件
가정학습 (家庭學習) 명 家庭学习
간호대학 (看護大學) 명 护士学校
간호사관학교 (看護士官學校) 명 护士军官学校
강당 (講堂) 명 课堂
강사 (講師) 명 ① 时间讲师 (韩国)
② 专任讲师 (中国)
강사진 (講師陣) 명 讲师队伍
강의 (講義) 명 讲义, 上课
강의계획서 (講義計劃書) 명 教学计划
강의실 (講義室) 명 教室
개강 (開講) 명 开课
개교기념일 (開校記念日) 명 建校记念日
개교하다 (開校—) 동 建校
개근상 (皆勤賞) 명 满勤奖
개인교습 (個人教習) 명 个人辅导
개학 (開學) 명 开学
객관식 (客觀式) 명 选择题
걸상 (一床) 명 櫈子, 椅子
검정고시 (檢定考試) 명 资格考试
견학 (見學) 명 实习
결석 (缺席) 명 缺席
겸임교수 (兼任教授) 명 兼任教授
경찰대학교 (警察大學校) 명 警察大学校
고등학교 (高等學校) 명 高中

가르치다 동 敎
가정교육 (家庭敎育) 명 家庭敎育
가정통신문 (家庭通信文) 명 家長和老師之間的通信信件
가정학습 (家庭學習) 명 家庭學習
간호대학 (看護大學) 명 護士學校
간호사관학교 (看護士官學校) 명 護士軍官學校
강당 (講堂) 명 課堂
강사 (講師) 명 ① 時間講師 (韓國)
② 專任講師 (中國)
강사진 (講師陣) 명 講師隊伍
강의 (講義) 명 講義, 上課
강의계획서 (講義計劃書) 명 教學計劃
강의실 (講義室) 명 教室
개강 (開講) 명 開課
개교기념일 (開校記念日) 명 建校記念日
개교하다 (開校—) 동 建校
개근상 (皆勤賞) 명 滿勤獎
개인교습 (個人敎習) 명 個人輔導
개학 (開學) 명 開學
객관식 (客觀式) 명 選擇題
걸상 (一床) 명 凳子, 椅子
검정고시 (檢定考試) 명 資格考試
견학 (見學) 명 實習
결석 (缺席) 명 缺席
겸임교수 (兼任敎授) 명 兼任敎授
경찰대학교 (警察大學校) 명 警察大學校
고등학교 (高等學校) 명 高中

고등학생 (高等學生) 몡 高中生
고시 (考試) 몡 考试
공고 (工高) 몡 技校
공교육 (公教育) 몡 国家或公共团体实施的教育
공교육비 (公教育費) 몡 为完成国家或公共团体实施的教育过程所需要的钱
공군사관학교 (空軍士官學校) 몡 空军军官学校
공립학교 (公立學校) 몡 公立学校
공부 (工夫) 몡 学习
공부하다 (工夫—) 동 学习
공업고등학교 (工業高等學校) 몡 工业技术学校 (技校)
공책 (空冊) 몡 笔记本
과외 (課外) 몡 课外
과제 (課題) 몡 课题
과제물 (課題物) 몡 课题任务
과학고등학교 (科學高等學校) 몡 科学高中
과학기술대학교 (科學技術大學校) 몡 科学技术大学
괘도 (掛圖) 몡 挂图
교감 (校監) 몡 校长
교과과정 (教科課程) 몡 教学过程
교과서 (教科書) 몡 教材, 教科书
교구 (校具) 몡 教具 (教学用具)
교단 (教壇) 몡 校坛
교무실 (教務室) 몡 教务处
교문 (校門) 몡 校门
교복 (校服) 몡 校服
교사 (教師) 몡 教师
교생 (教生) 몡 实习生
교수 (教授) 몡 教授
교수식당 (教授食堂) 몡 教授食堂
교수요목 (教授要目) 몡 教学目录,

고등학생 (高等學生) 몡 高中生
고시 (考試) 몡 考試
공고 (工高) 몡 技校
공교육 (公教育) 몡 國家或公共團體實施的教育
공교육비 (公教育費) 몡 爲完成國家或公共團體實施的教育過程所需要的錢
공군사관학교 (空軍士官學校) 몡 空軍軍官學校
공립학교 (公立學校) 몡 公立學校
공부 (工夫) 몡 學習
공부하다 (工夫—) 동 學習
공업고등학교 (工業高等學校) 몡 工業技術學校 (技校)
공책 (空冊) 몡 筆記本
과외 (課外) 몡 課外
과제 (課題) 몡 課題
과제물 (課題物) 몡 課題任務
과학고등학교 (科學高等學校) 몡 科學高中
과학기술대학교 (科學技術大學校) 몡 科學技術大學
괘도 (掛圖) 몡 掛圖
교감 (校監) 몡 校長
교과과정 (教科課程) 몡 教學過程
교과서 (教科書) 몡 教材, 教科書
교구 (校具) 몡 教具 (教學用具)
교단 (教壇) 몡 校壇
교무실 (教務室) 몡 教務處
교문 (校門) 몡 校門
교복 (校服) 몡 校服
교사 (教師) 몡 教師
교생 (教生) 몡 實習生
교수 (教授) 몡 教授
교수식당 (教授食堂) 몡 教授食堂
교수요목 (教授要目) 몡 教學目錄,

教学大纲　　　　　　　　　　　　　教學大綱
교수진 (敎授陣) 똉 教授队伍　　　　교수진 (敎授陣) 똉 敎授隊伍
교실 (敎室) 똉 教室　　　　　　　　교실 (敎室) 똉 敎室
교원 (敎員) 똉 教员　　　　　　　　교원 (敎員) 똉 敎員
교육 (敎育) 똉 教育　　　　　　　　교육 (敎育) 똉 敎育
교육감 (敎育監) 똉 负责市和道教委行政　교육감 (敎育監) 똉 負責市和道敎委行政
　　事物的公务员　　　　　　　　　　　　事物的公務員
교육공학 (敎育工學) 똉 教育技术学　　교육공학 (敎育工學) 똉 敎育技術學
교육과정 (敎育課程) 똉 教学计划　　　교육과정 (敎育課程) 똉 敎學計劃
교육기관 (敎育機關) 똉 教育机关　　　교육기관 (敎育機關) 똉 敎育機關
교육대학 (敎育大學) 똉 教育大学　　　교육대학 (敎育大學) 똉 敎育大學
교육목적 (敎育目的) 똉 教学目的　　　교육목적 (敎育目的) 똉 敎學目的
교육목표 (敎育目標) 똉 教育目标　　　교육목표 (敎育目標) 똉 敎育目標
교육방법 (敎育方法) 똉 教学方法　　　교육방법 (敎育方法) 똉 敎學方法
교육법 (敎育法) 똉 教育法　　　　　　교육법 (敎育法) 똉 敎育法
교육부 (敎育部) 똉 教育部　　　　　　교육부 (敎育部) 똉 敎育部
교육비 (敎育費) 똉 教育费　　　　　　교육비 (敎育費) 똉 敎育費
교육시설 (敎育施設) 똉 教育设施　　　교육시설 (敎育施設) 똉 敎育設施
교육실습 (敎育實習) 똉 教育实习　　　교육실습 (敎育實習) 똉 敎育實習
교육열 (敎育熱) 똉 教育热　　　　　　교육열 (敎育熱) 똉 敎育熱
교육위원회 (敎育委員會) 똉 教育委员会　교육위원회 (敎育委員會) 똉 敎育委員會
교육자 (敎育者) 똉 教育者　　　　　　교육자 (敎育者) 똉 敎育者

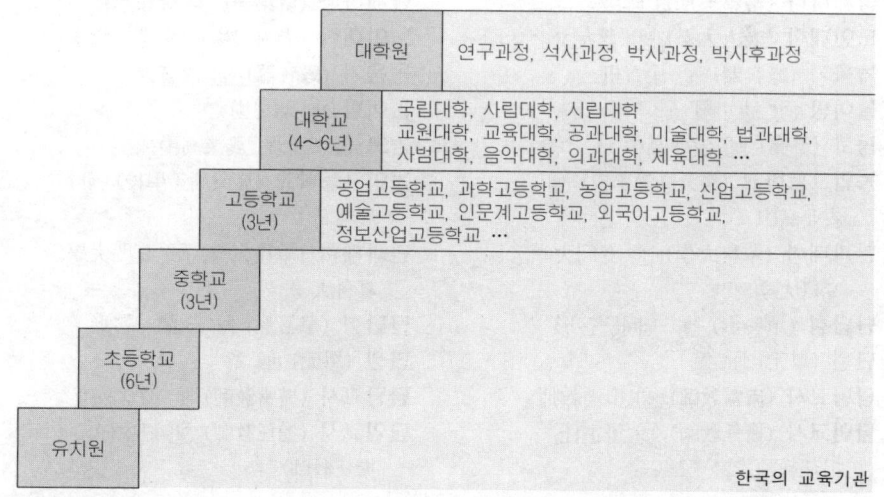

한국의 교육기관

교육적 (敎育的) 관명 敎育上
교육철학 (敎育哲學) 명 教育哲学
교육평가 (敎育評價) 명 教育评价
교육행정 (敎育行政) 명 教育行政
교장 (校長) 명 校长
교장실 (校長室) 명 校长室
교재 (敎材) 명 教材
교지 (校誌) 명 校志
교지편집실 (校誌編輯室) 명 校志编纂室
교직 (敎職) 명 教职
교직원 (敎職員) 명 教职员工
교탁 (敎卓) 명 讲桌, 讲台
교표 (校標) 명 学校标志, 校标, 校徽
교훈 (校訓) 명 校训
국립대학 (國立大學) 명 国立大学
극기훈련 (克己訓鍊) 명 集训
근신 (謹愼) 명 謹愼
급훈 (級訓) 명 班训
기성회비 (期成會費) 명 筹备会会费
기숙사 (寄宿舍) 명 宿舍
낙방하다 (落榜—) 동 落榜
낙제생 (落第生) 명 落榜生
낙제하다 (落第—) 동 降级
노인대학 (老人大學) 명 老人大学
녹음기 (錄音器) 명 录音机
놀이방 명 幼儿园
농고 (農高) 명 农业高中
농업고등학교 (農業高等學校) 명
　　农业高中
단과대학 (單科大學) 명 专门大学, 专科大学
단답형 (單答形) 명 一问一答形
단원 (單元) 명 章
담당교사 (擔當敎師) 명 担当教师
담임교사 (擔任敎師) 명 班主任,
　　担任教师

교육적 (敎育的) 관명 敎育上
교육철학 (敎育哲學) 명 敎育哲學
교육평가 (敎育評價) 명 敎育評價
교육행정 (敎育行政) 명 敎育行政
교장 (校長) 명 校長
교장실 (校長室) 명 校長室
교재 (敎材) 명 教材
교지 (校誌) 명 校誌
교지편집실 (校誌編輯室) 명 校誌編纂室
교직 (敎職) 명 敎職
교직원 (敎職員) 명 敎職員工
교탁 (敎卓) 명 講桌, 講臺
교표 (校標) 명 學校標志, 校標, 校徽
교훈 (校訓) 명 校訓
국립대학 (國立大學) 명 國立大學
극기훈련 (克己訓鍊) 명 集訓
근신 (謹愼) 명 謹愼
급훈 (級訓) 명 班訓
기성회비 (期成會費) 명 籌備會會費
기숙사 (寄宿舍) 명 宿舍
낙방하다 (落榜—) 동 落榜
낙제생 (落第生) 명 落榜生
낙제하다 (落第—) 동 降級
노인대학 (老人大學) 명 老人大學
녹음기 (錄音器) 명 錄音機
놀이방 명 幼兒園
농고 (農高) 명 農業高中
농업고등학교 (農業高等學校) 명
　　農業高中
단과대학 (單科大學) 명 專門大學,
　　專科大學
단답형 (單答形) 명 一問一答形
단원 (單元) 명 章
담당교사 (擔當敎師) 명 擔當敎師
담임교사 (擔任敎師) 명 班主任,
　　擔任敎師

답안지 (答案紙) 명 答案纸
대학교 (大學校) 명 大学校
대학본부 (大學本部) 명 大学主楼
대학생 (大學生) 명 大学生
대학원 (大學院) 명 研究生院
대학원생 (大學院生) 명 研究生
도서관 (圖書館) 명 图书馆
도서실 (圖書室) 명 阅览室
독서실 (讀書室) 명 阅览室
독학사 (獨學士) 명 自学成长的人
동아리방 (一房) 명 学生活动室
득점 (得點) 명 得分
등교하다 (登校—) 동 去学校, 上学
등록금 (登錄金) 명 学费
등록하다 (登錄—) 동 交学费
등수 (等數) 명 等次
마이크 (microphone) 명 话筒
면접 (面接) 명 面试
명예교수 (名譽敎授) 명 名誉教授
명예박사 (名譽博士) 명 名誉博士
명찰 (名札) 명 名札
모교 (母校) 명 母校
모범생 (模範生) 명 模范生
모의수업 (模擬受業) 명 模拟教学
무기정학 (無期停學) 명 无期休学,
　　　　长期休学
무용실 (舞踊室) 명 练舞室, 练工室
문제 (問題) 명 问题
문제집 (問題集) 명 问题集, 练习集
문제학생 (問題學生) 명 有问题的学生
미술대학 (美術大學) 명 美术大学
미술도구 (美術道具) 명 美术工具
미술실 (美術室) 명 美术室
박사 (博士) 명 博士
발표 (發表) 명 发表
방송대학 (放送大學) 명 广播大学

답안지 (答案紙) 명 答案紙
대학교 (大學校) 명 大學校
대학본부 (大學本部) 명 大學主樓
대학생 (大學生) 명 大學生
대학원 (大學院) 명 研究生院
대학원생 (大學院生) 명 研究生
도서관 (圖書館) 명 圖書館
도서실 (圖書室) 명 閱覽室
독서실 (讀書室) 명 閱覽室
독학사 (獨學士) 명 自學成長的人
동아리방 (一房) 명 學生活動室
득점 (得點) 명 得分
등교하다 (登校—) 동 去學校, 上學
등록금 (登錄金) 명 學費
등록하다 (登錄—) 동 交學費
등수 (等數) 명 等次
마이크 (microphone) 명 話筒
면접 (面接) 명 面試
명예교수 (名譽敎授) 명 名譽教授
명예박사 (名譽博士) 명 名譽博士
명찰 (名札) 명 名札
모교 (母校) 명 母校
모범생 (模範生) 명 模範生
모의수업 (模擬受業) 명 模擬教學
무기정학 (無期停學) 명 無期休學,
　　　　長期休學
무용실 (舞踊室) 명 練舞室, 練工室
문제 (問題) 명 問題
문제집 (問題集) 명 問題集, 練習集
문제학생 (問題學生) 명 有問題的學生
미술대학 (美術大學) 명 美術大學
미술도구 (美術道具) 명 美術工具
미술실 (美術室) 명 美術室
박사 (博士) 명 博士
발표 (發表) 명 發表
방송대학 (放送大學) 명 廣播大學

방송실 (放送室) 명 广播室
방학 (放學) 명 放学
방학식 (放學式) 명 放假仪式
배우다 동 学习, 受教育
법과대학 (法科大學) 명 政法大学
보강 (補講) 명 补课
보건소 (保健所) 명 卫生所, 保健所
보고서 (報告書) 명 报告书
보기 명 选项
보습학원 (補習學院) 명 补习学院, 补习班
보육원 (保育院) 명 孤儿院
보조교사 (補助敎師) 명 助教
보충수업 (補充授業) 명 补课
복사기 (複寫機) 명 复印机
복수전공 (複數專攻) 명 第二专业
복습 (復習) 명 复习
복습하다 (復習—) 동 复习
복학 (復學) 명 复学
복학생 (復學生) 명 复学生
본교 (本校) 명 母校, 本校
볼펜 (ball point pen) 명 圆珠笔, 油笔
봉사활동 (奉仕活動) 명 服务活动
부교수 (副敎授) 명 副教授
부전공 (副專攻) 명 第二专业
부총장 (副總長) 명 副校长
분교 (分校) 명 分校
분필 (粉筆) 명 粉笔
불량학생 (不良學生) 명 不良学生, 差生
비교육적 (非敎育的) 관명 非教育的
비디오 (video) 명 放相机
사교육 (私敎育) 명 私人教育
사교육비 (私敎育費) 명 私人教育费, 家教费
사립대학 (私立大學) 명 私立大学
사립학교 (私立學校) 명 私立学校

방송실 (放送室) 명 廣播室
방학 (放學) 명 放學
방학식 (放學式) 명 放假儀式
배우다 동 學習, 受教育
법과대학 (法科大學) 명 政法大學
보강 (補講) 명 補課
보건소 (保健所) 명 衛生所, 保健所
보고서 (報告書) 명 報告書
보기 명 選項
보습학원 (補習學院) 명 補習學院, 補習班
보육원 (保育院) 명 孤兒院
보조교사 (補助敎師) 명 助教
보충수업 (補充授業) 명 補課
복사기 (複寫機) 명 複印機
복수전공 (複數專攻) 명 第二專業
복습 (復習) 명 復習
복습하다 (復習—) 동 復習
복학 (復學) 명 復學
복학생 (復學生) 명 復學生
본교 (本校) 명 母校, 本校
볼펜 (ball point pen) 명 圓珠筆, 油筆
봉사활동 (奉仕活動) 명 服務活動
부교수 (副敎授) 명 副教授
부전공 (副專攻) 명 第二專業
부총장 (副總長) 명 副校長
분교 (分校) 명 分校
분필 (粉筆) 명 粉筆
불량학생 (不良學生) 명 不良學生, 差生
비교육적 (非敎育的) 관명 非教育的
비디오 (video) 명 放相機
사교육 (私敎育) 명 私人教育, 家教
사교육비 (私敎育費) 명 私人教育費, 家教費
사립대학 (私立大學) 명 私立大學
사립학교 (私立學校) 명 私立學校

사물함 (私物函) 명 私物箱, 私物库
사범대학 (師範大學) 명 师范大学
사서교사 (司書教師) 명 图书馆馆员
사은회 (謝恩會) 명 毕业聚会
사지선다형 (四枝選多形) 명 多项选择
사회교육 (社會教育) 명 社会教育
사회교육원 (社會教育院) 명 社会教育院
산업고등학교 (産業高等學校) 명
　产业高中
산업대학 (産業大學) 명 产业大学
상고 (商高) 명 商业高中
상급생 (上級生) 명 上年级, 上级
상담교사 (相談教師) 명 在学校专门负
　责与学生面谈的老师
상담실 (相談室) 명 信访
상아탑 (象牙塔) 명 象牙塔
상업고등학교 (商業高等學校) 명
　商业高中
상장 (賞狀) 명 奖状
새내기 명 新生
생활관 (生活館) 명 活动室, 活动馆
생활기록부 (生活記錄簿) 명 生活记录
　册, 生活记录簿
석사 (碩士) 명 硕士
석차 (席次) 명 等次, 排名
선생 (先生) 명 老师
선생님 (先生一) 명 老师, 教师
성교육 (性教育) 명 性教育
성적 (成績) 명 成绩
성적증명서 (成績證明書) 명 成绩证明书,
　成绩单
성적표 (成績表) 명 成绩单
소풍 (消風) 명 野游
수능시험 (修能試驗) 명 大学入学考试
수료증 (修了證) 명 修学证明
수석 (首席) 명 第一名

사물함 (私物函) 명 私物箱, 私物庫
사범대학 (師範大學) 명 師範大學
사서교사 (司書教師) 명 圖書館館員
사은회 (謝恩會) 명 畢業聚會
사지선다형 (四枝選多形) 명 多項選擇
사회교육 (社會教育) 명 社會教育
사회교육원 (社會教育院) 명 社會教育院
산업고등학교 (産業高等學校) 명
　産業高中
산업대학 (産業大學) 명 産業大學
상고 (商高) 명 商業高中
상급생 (上級生) 명 上年級, 上級
상담교사 (相談教師) 명 在學校專門負
　責與學生面談的老師
상담실 (相談室) 명 信訪
상아탑 (象牙塔) 명 象牙塔
상업고등학교 (商業高等學校) 명
　商業高中
상장 (賞狀) 명 獎狀
새내기 명 新生
생활관 (生活館) 명 活動室, 活動館
생활기록부 (生活記錄簿) 명 生活記錄
　册, 生活記錄簿
석사 (碩士) 명 碩士
석차 (席次) 명 等次, 排名
선생 (先生) 명 老師
선생님 (先生一) 명 老師, 教師
성교육 (性教育) 명 性教育
성적 (成績) 명 成績
성적증명서 (成績證明書) 명 成績證明書,
　成績單
성적표 (成績表) 명 成績單
소풍 (消風) 명 野游
수능시험 (修能試驗) 명 大學入學考試
수료증 (修了證) 명 修學證明
수석 (首席) 명 第一名

수업 (受業) 몡 上课, 授课
수업료 (授業料) 몡 授课费, 学费
수업시간 (授業時間) 몡 授课时间
수제자 (首弟子) 몡 (徒弟之中)最有才能
   的学生, 最优秀的学生
수학능력 (修學能力) 몡 学习能力
수학능력시험 (修學能力試驗) 몡
   社会实践能力测验
수학여행 (修學旅行) 몡 参观学习旅行
수험생 (受驗生) 몡 报考生, 应考生,
수험표 (受驗票) 몡 准考证
숙제 (宿題) 몡 作业
스승 몡 老师, 师傅
스승의 날 몡 教师节
슬라이드 (slide) 몡 幻灯机, 幻灯片
시간강사 (時間講師) 몡 时间讲师
시간표 (時間表) 몡 时间表
시립대학 (市立大學) 몡 市立大学
시청각교육 (視聽覺教育) 몡 电化教学
시청각교재 (視聽覺教材) 몡 电化教材
시청각수업 (視聽覺授業) 몡 电化教学
시청각실 (視聽覺室) 몡 电教室
시험 (試驗) 몡 考试
시험감독 (試驗監督) 몡 监考
시험감독관 (試驗監督官) 몡 监考人员
시험지 (試驗紙) 몡 考试卷
신입생 (新入生) 몡 新生
신학기 (新學期) 몡 新学期
신학대학 (神學大學) 몡 神学大学
실물화상기 (實物畵像機) 몡 实物画像机
실습 (實習) 몡 实习
실습실 (實習室) 몡 实习教室
실업학교 (實業學校) 몡 技工学校
실험 (實驗) 몡 实验
실험실 (實驗室) 몡 实验室
아동교육 (兒童敎育) 몡 儿童教育

수업 (受業) 몡 上課, 授課
수업료 (授業料) 몡 授課費, 學費
수업시간 (授業時間) 몡 授課時間
수제자 (首弟子) 몡 (徒弟之中)最有才能
   的學生, 最優秀的學生
수학능력 (修學能力) 몡 學習能力
수학능력시험 (修學能力試驗) 몡
   社會實踐能力測驗
수학여행 (修學旅行) 몡 參觀學習旅行
수험생 (受驗生) 몡 報考生, 應考生,
수험표 (受驗票) 몡 準考證
숙제 (宿題) 몡 作業
스승 몡 老師, 師傅
스승의 날 몡 教師節
슬라이드 (slide) 몡 幻燈機, 幻燈片
시간강사 (時間講師) 몡 時間講師
시간표 (時間表) 몡 時間表
시립대학 (市立大學) 몡 市立大學
시청각교육 (視聽覺教育) 몡 電化教學
시청각교재 (視聽覺教材) 몡 電化教材
시청각수업 (視聽覺授業) 몡 電化教學
시청각실 (視聽覺室) 몡 電教室
시험 (試驗) 몡 考試
시험감독 (試驗監督) 몡 監考
시험감독관 (試驗監督官) 몡 監考人員
시험지 (試驗紙) 몡 考試卷
신입생 (新入生) 몡 新生
신학기 (新學期) 몡 新學期
신학대학 (神學大學) 몡 神學大學
실물화상기 (實物畵像機) 몡 實物畵像機
실습 (實習) 몡 實習
실습실 (實習室) 몡 實習教室
실업학교 (實業學校) 몡 技工學校
실험 (實驗) 몡 實驗
실험실 (實驗室) 몡 實驗室
아동교육 (兒童敎育) 몡 兒童教育

애제자 (愛弟子) 명 得意弟子, 得意门生
액정프로젝터 (液晶projector) 명
　　液晶体项目
야간대학 (夜間大學) 명 夜大, 夜校
야외수업 (野外授業) 명 露天教学
야학 (夜學) 명 夜校, 夜大
약학대학 (藥學大學) 명 医药大学
양호교사 (養護敎師) 명 学校的保健医
양호실 (養護室) 명 卫生所, 保健所
어린이집 명 幼儿园
어학실습실 (語學實習室) 명 语言电教室
어학연수 (語學硏修) 명 语言研修
여고생 (女高生) 명 女子高中的学生
여대생 (女大生) 명 女子大学的学生
여학생 (女學生) 명 女学生
연구생 (硏究生) 명 研究生
연구소 (硏究所) 명 研究所
연구수업 (硏究授業) 명 公开教学
연구실 (硏究室) 명 研究室, 办公室
연수 (硏修) 명 研修
연수원 (硏修院) 명 研修院
연필 (鉛筆) 명 铅笔
열등생 (劣等生) 명 劣等生
영아원 (嬰兒園) 명 幼儿园捕乳班,
　　托儿所
영재교육 (英才敎育) 명 英才教育,
　　天才教育
예고 (藝高) 명 艺校
예능교육 (藝能敎育) 명 艺术教育
예술고등학교 (藝術高等學校) 명 艺校
예습 (豫習) 명 预习
예습하다 (豫習—) 동 预习
외고 (外高) 명 外国语高中
외국어고등학교 (外國語高等學校) 명
　　外国语高中
우등상 (優等賞) 명 优秀奖

애제자 (愛弟子) 명 得意弟子, 得意門生
액정프로젝터 (液晶projector) 명
　　液晶體項目
야간대학 (夜間大學) 명 夜大, 夜校
야외수업 (野外授業) 명 露天教學
야학 (夜學) 명 夜校, 夜大
약학대학 (藥學大學) 명 醫藥大學
양호교사 (養護敎師) 명 學校的保健醫
양호실 (養護室) 명 衛生所, 保健所
어린이집 명 幼兒園
어학실습실 (語學實習室) 명 語言電教室
어학연수 (語學硏修) 명 語言研修
여고생 (女高生) 명 女子高中的學生
여대생 (女大生) 명 女子大學的學生
여학생 (女學生) 명 女學生
연구생 (硏究生) 명 硏究生
연구소 (硏究所) 명 硏究所
연구수업 (硏究授業) 명 公開教學
연구실 (硏究室) 명 硏究室, 辦公室
연수 (硏修) 명 硏修
연수원 (硏修院) 명 硏修院
연필 (鉛筆) 명 鉛筆
열등생 (劣等生) 명 劣等生
영아원 (嬰兒園) 명 幼兒園捕乳班,
　　託兒所
영재교육 (英才敎育) 명 英才敎育,
　　天才敎育
예고 (藝高) 명 藝校
예능교육 (藝能敎育) 명 藝術敎育
예술고등학교 (藝術高等學校) 명 藝校
예습 (豫習) 명 預習
예습하다 (豫習—) 동 預習
외고 (外高) 명 外國語高中
외국어고등학교 (外國語高等學校) 명
　　外國語高中
우등상 (優等賞) 명 優秀獎

우등생 (優等生) 몡 优等生
운동장 (運動場) 몡 运动场
원생 (院生) 몡 所属于孤儿院的人
원장 (院長) 몡 院长
유급 (留級) 몡 留级
유기정학 (有期停學) 몡 定期修学
유아교육 (幼兒敎育) 몡 幼儿教育
유아원 (幼兒園) 몡 幼儿园
유치원 (幼稚園) 몡 幼儿园
유치원생 (幼稚園生) 몡 幼儿园学生
유학 (留學) 몡 留学
유학생 (遊學生) 몡 留学生
유학생 (留學生) 몡 留学生
육군사관학교 (陸軍士官學校) 몡
　　陆军学校
은사 (恩師) 몡 恩师
음악대학 (音樂大學) 몡 音乐大学
음악실 (音樂室) 몡 音乐教室
응시자 (應試者) 몡 应考生, 报考生
의과대학 (醫科大學) 몡 医科大学
의자 (椅子) 몡 椅子
이사장 (理事長) 몡 理事长
인문대학 (人文大學) 몡 人文大学
인솔교사 (引率敎師) 몡 领队教师,
　　带队教师
임시교사 (臨時敎師) 몡 临时教师
입시 (入試) 몡 入学考试
입시생 (入試生) 몡 应考生, 报考生
입학 (入學) 몡 入学
입학금 (入學金) 몡 入学学费
입학생 (入學生) 몡 新生
입학시험 (入學試驗) 몡 入学考试
입학식 (入學式) 몡 入学式, 入学仪式
자 몡 尺, 格尺
자습서 (自習書) 몡 自习书
자연대학 (自然大學) 몡 自然大学

우등생 (優等生) 몡 優等生
운동장 (運動場) 몡 運動場
원생 (院生) 몡 所屬於孤兒院的人
원장 (院長) 몡 院長
유급 (留級) 몡 留級
유기정학 (有期停學) 몡 定期修學
유아교육 (幼兒敎育) 몡 幼兒敎育
유아원 (幼兒園) 몡 幼兒園
유치원 (幼稚園) 몡 幼兒園
유치원생 (幼稚園生) 몡 幼兒園學生
유학 (留學) 몡 留學
유학생 (遊學生) 몡 留學生
유학생 (留學生) 몡 留學生
육군사관학교 (陸軍士官學校) 몡
　　陸軍學校
은사 (恩師) 몡 恩師
음악대학 (音樂大學) 몡 音樂大學
음악실 (音樂室) 몡 音樂教室
응시자 (應試者) 몡 應考生, 報考生
의과대학 (醫科大學) 몡 醫科大學
의자 (椅子) 몡 椅子
이사장 (理事長) 몡 理事長
인문대학 (人文大學) 몡 人文大學
인솔교사 (引率敎師) 몡 領隊教師,
　　帶隊教師
임시교사 (臨時敎師) 몡 臨時敎師
입시 (入試) 몡 入學考試
입시생 (入試生) 몡 應考生, 報考生
입학 (入學) 몡 入學
입학금 (入學金) 몡 入學學費
입학생 (入學生) 몡 新生
입학시험 (入學試驗) 몡 入學考試
입학식 (入學式) 몡 入學式, 入學儀式
자 몡 尺, 格尺
자습서 (自習書) 몡 自習書
자연대학 (自然大學) 몡 自然大學

자율학습 (自律學習) 명 自习
자퇴 (自退) 명 自退
장학관 (奬學官) 명 负责教育计划, 调查, 研究, 指导, 监督等事务的公务员
장학금 (奬學金) 명 奖学金
장학사 (奬學士) 명 负责教学内容指导和监督教师的公务员
장학생 (奬學生) 명 获得奖学金的学生
재교육 (再敎育) 명 再教育
재수생 (再修生) 명 重读生
재적 (在籍) 명 在籍
재적생 (在籍生) 명 在籍生
재학 (在學) 명 在学
재학생 (在學生) 명 在校生
재활교육 (再活敎育) 명 残疾人教育
재활학교 (再活學校) 명 残疾人学校
전공 (專攻) 명 专业
전과 (轉科) 명 转系
전담교사 (全擔敎師) 명 班主任
전문대학 (專門大學) 명 专科学校
전용강의실 (專用講義室) 명 专用教室
전인교육 (全人敎育) 명 道德修养教育
전임강사 (專任講師) 명 讲师
전학 (轉學) 명 转学
전학생 (轉學生) 명 转学来的学生
점수 (點數) 명 分数
정근상 (精勤賞) 명 勤奋奖
정보산업고등학교 (情報産業高等學校) 명 情报产业高中
정학 (停學) 명 修学
제자 (弟子) 명 弟子
제적 (除籍) 명 开除学籍
조교 (助敎) 명 助教
조교수 (助敎授) 명 助教授
조기교육 (早期敎育) 명 早期教育
조기졸업 (早期卒業) 명 提前毕业

자율학습 (自律學習) 명 自習
자퇴 (自退) 명 自退
장학관 (奬學官) 명 負責教育計劃, 調查, 研究, 指導, 監督等事務的公務員
장학금 (奬學金) 명 奬學金
장학사 (奬學士) 명 負責教學內容指導和監督教師的公務員
장학생 (奬學生) 명 獲得奬學金的學生
재교육 (再敎育) 명 再教育
재수생 (再修生) 명 重讀生
재적 (在籍) 명 在籍
재적생 (在籍生) 명 在籍生
재학 (在學) 명 在學
재학생 (在學生) 명 在校生
재활교육 (再活敎育) 명 殘疾人教育
재활학교 (再活學校) 명 殘疾人學校
전공 (專攻) 명 專業
전과 (轉科) 명 轉系
전담교사 (全擔敎師) 명 班主任
전문대학 (專門大學) 명 專科學校
전용강의실 (專用講義室) 명 專用教室
전인교육 (全人敎育) 명 道德修養教育
전임강사 (專任講師) 명 講師
전학 (轉學) 명 轉學
전학생 (轉學生) 명 轉學來的學生
점수 (點數) 명 分數
정근상 (精勤賞) 명 勤奮奬
정보산업고등학교 (情報産業高等學校) 명 情報産業高中
정학 (停學) 명 修學
제자 (弟子) 명 弟子
제적 (除籍) 명 開除學籍
조교 (助敎) 명 助敎
조교수 (助敎授) 명 助敎授
조기교육 (早期敎育) 명 早期教育
조기졸업 (早期卒業) 명 提前畢業

조퇴 (早退) 몡 早退
조회 (朝會) 몡 早会
졸업 (卒業) 몡 毕业
졸업생 (卒業生) 몡 毕业生
졸업식 (卒業式) 몡 毕业式, 毕业典礼
졸업장 (卒業狀) 몡 毕业证
졸업증명서 (卒業證明書) 몡 毕业证, 毕业证明
종강 (終講) 몡 一个学期课程讲授完毕
종례 (終禮) 몡 下课后同学在一起互相问好, 或传达一些事情而召集的会议
종업식 (終業式) 몡 放假仪式
종합대학 (綜合大學) 몡 综合大学
주관식 (主觀式) 몡 主观式
주임교사 (主任敎師) 몡 主任教师
중퇴 (中退) 몡 中途退学
중학교 (中學校) 몡 中学, 初中
중학생 (中學生) 몡 初中生
지각 (遲刻) 몡 迟到
지도교수 (指導敎授) 몡 指导教授
지우개 몡 橡皮
지진아 (遲進兒) 몡 弱智儿
지침서 (指針書) 몡 教学大纲
직업교육 (職業敎育) 몡 职业教育
진도표 (進度表) 몡 课程表
진학 (進學) 몡 升学
차석 (次席) 몡 第二名
참고서 (參考書) 몡 参考书
채점 (採點) 몡 评分, 打分数, 评卷
책 (冊) 몡 书
책가방 (冊一) 몡 书包
책꽂이 (冊一) 몡 书架
책받침 (冊一) 몡 书架
책상 (冊床) 몡 书桌, 桌子
책장 (冊欌) 몡 书柜, 书架子
청소도구 (淸掃道具) 몡 清扫工具

조퇴 (早退) 몡 早退
조회 (朝會) 몡 早會
졸업 (卒業) 몡 畢業
졸업생 (卒業生) 몡 畢業生
졸업식 (卒業式) 몡 畢業式, 畢業典禮
졸업장 (卒業狀) 몡 畢業證
졸업증명서 (卒業證明書) 몡 畢業證, 畢業證明
종강 (終講) 몡 一個學期課程講授完畢
종례 (終禮) 몡 下課後同學在一起互相問好, 或傳達一些事情而召集的會議
종업식 (終業式) 몡 放假儀式
종합대학 (綜合大學) 몡 綜合大學
주관식 (主觀式) 몡 主觀式
주임교사 (主任敎師) 몡 主任敎師
중퇴 (中退) 몡 中途退學
중학교 (中學校) 몡 中學, 初中
중학생 (中學生) 몡 初中生
지각 (遲刻) 몡 遲到
지도교수 (指導敎授) 몡 指導敎授
지우개 몡 橡皮
지진아 (遲進兒) 몡 弱智兒
지침서 (指針書) 몡 敎學大綱
직업교육 (職業敎育) 몡 職業敎育
진도표 (進度表) 몡 課程表
진학 (進學) 몡 升學
차석 (次席) 몡 第二名
참고서 (參考書) 몡 參考書
채점 (採點) 몡 評分, 打分數, 評卷
책 (冊) 몡 書
책가방 (冊一) 몡 書包
책꽂이 (冊一) 몡 書架
책받침 (冊一) 몡 書架
책상 (冊床) 몡 書桌, 桌子
책장 (冊欌) 몡 書櫃, 書架子
청소도구 (淸掃道具) 몡 淸掃工具

체벌 (體罰) 명 体罚　　　　　　　체벌 (體罰) 명 體罰
체육관 (體育館) 명 体育馆　　　　체육관 (體育館) 명 體育館
체육대학 (體育大學) 명 体育大学　체육대학 (體育大學) 명 體育大學
초등학교 (初等學校) 명 小学　　　초등학교 (初等學校) 명 小學
초등학생 (初等學生) 명 小学生　　초등학생 (初等學生) 명 小學生
총장 (總長) 명 校长 (大学)　　　　총장 (總長) 명 校長 (大學)
출석 (出席) 명 出席　　　　　　　출석 (出席) 명 出席
출석부 (出席簿) 명 点名册　　　　출석부 (出席簿) 명 點名冊
출제 (出題) 명 出題　　　　　　　출제 (出題) 명 出題
치맛바람 명 母亲对学校教育过分干涉　치맛바람 명 母親對學校教育過分干涉
　　的行为称为　　　　　　　　　　　的行爲稱爲
칠판 (漆板) 명 黑板　　　　　　　칠판 (漆板) 명 黑板
컴퓨터 (computer) 명 电脑, 计算机　컴퓨터 (computer) 명 電腦, 計算機
탁아소 (託兒所) 명 托儿所　　　　탁아소 (託兒所) 명 託兒所
탁자 (卓子) 명 桌子　　　　　　　탁자 (卓子) 명 桌子
텔레비전 (television) 명 电视　　　텔레비전 (television) 명 電視
토론 (討論) 명 讨论　　　　　　　토론 (討論) 명 討論
통학 (通學) 명 走读　　　　　　　통학 (通學) 명 走讀
통학생 (通學生) 명 通勤的学生　　통학생 (通學生) 명 通勤的學生
퇴학 (退學) 명 退学　　　　　　　퇴학 (退學) 명 退學
특강 (特講) 명 特讲　　　　　　　특강 (特講) 명 特講
특별활동 (特別活動) 명 特別活動　특별활동 (特別活動) 명 特別活動
특수교육 (特殊教育) 명 特殊教育　특수교육 (特殊教育) 명 特殊教育
특수학교 (特殊學校) 명 特殊学校　특수학교 (特殊學校) 명 特殊學校
편입 (編入) 명 插班　　　　　　　편입 (編入) 명 插班
편입생 (編入生) 명 插班生　　　　편입생 (編入生) 명 插班生
평가 (評價) 명 评价　　　　　　　평가 (評價) 명 評價
평생교육 (平生教育) 명 终身教育　평생교육 (平生教育) 명 終身教育
평생교육원 (平生教育院) 명 终身教育院　평생교육원 (平生教育院) 명 終身教育院
평점 (評點) 명 平均分数　　　　　평점 (評點) 명 平均分數
폐교 (閉校) 명 停办学校　　　　　폐교 (閉校) 명 停辦學校
필기도구 (筆記道具) 명 笔记工具　필기도구 (筆記道具) 명 筆記工具
필통 (筆筒) 명 笔筒, 铅笔匣　　　필통 (筆筒) 명 筆筒, 鉛筆匣
하급생 (下級生) 명 下年级学生　　하급생 (下級生) 명 下年級學生
학과 (學科) 명 系　　　　　　　　학과 (學科) 명 系
학과사무실 (學科事務室) 명 系办公室　학과사무실 (學科事務室) 명 系辦公室

학과장 (學科長) 몡 系主任
학교 (學校) 몡 学校
학교교육 (學校敎育) 몡 学校教育
학급 (學級) 몡 年级
학급문고 (學級文庫) 몡 学年收藏的图书
학급회의 (學級會議) 몡 班级会议
학기 (學期) 몡 学期
학년 (學年) 몡 学年
학력 (學歷) 몡 学历
학력고사 (學力考查) 몡 大学入学考试
학령기 (學齡期) 몡 学龄期
학번 (學番) 몡 学号
학벌 (學閥) 몡 ①学阀 ②母校的地位
학보 (學報) 몡 学报
학보사 (學報社) 몡 学校报社
학부 (學部) 몡 大学本科学部
학부형 (學父兄) 몡 家长
학비 (學費) 몡 学费
학사¹ (學士) 몡 学士
학사² (學事) 몡 学校教育行政工作
학사경고 (學事警告) 몡 学校的警告处分
학사일정 (學事日程) 몡 学校日程表
학생 (學生) 몡 学生
학생식당 (學生食堂) 몡 学生食堂
학생증 (學生證) 몡 学生证
학생회 (學生會) 몡 学生会
학생회관 (學生會館) 몡 学生会馆
학생회비 (學生會費) 몡 学生会会费
학생회장 (學生會長) 몡 学生会主席
학술답사 (學術踏査) 몡 学术调查
학습 (學習) 몡 学习
학습서 (學習書) 몡 参考书
학업 (學業) 몡 学业
학예회 (學藝會) 몡 学艺会
학용품 (學用品) 몡 学习用品
학원 (學院) 몡 各钟课外辅导学校

학과장 (學科長) 몡 系主任
학교 (學校) 몡 學校
학교교육 (學校敎育) 몡 學校教育
학급 (學級) 몡 年級
학급문고 (學級文庫) 몡 學年收藏的圖書
학급회의 (學級會議) 몡 班級會議
학기 (學期) 몡 學期
학년 (學年) 몡 學年
학력 (學歷) 몡 學歷
학력고사 (學力考查) 몡 大學入學考試
학령기 (學齡期) 몡 學齡期
학번 (學番) 몡 學號
학벌 (學閥) 몡 ①學閥 ②母校的地位
학보 (學報) 몡 學報
학보사 (學報社) 몡 學校報社
학부 (學部) 몡 大學本科學部
학부형 (學父兄) 몡 家長
학비 (學費) 몡 學費
학사¹ (學士) 몡 學士
학사² (學事) 몡 學校教育行政工作
학사경고 (學事警告) 몡 學校的警告處份
학사일정 (學事日程) 몡 學校日程表
학생 (學生) 몡 學生
학생식당 (學生食堂) 몡 學生食堂
학생증 (學生證) 몡 學生證
학생회 (學生會) 몡 學生會
학생회관 (學生會館) 몡 學生會館
학생회비 (學生會費) 몡 學生會會費
학생회장 (學生會長) 몡 學生會主席
학술답사 (學術踏査) 몡 學術調查
학습 (學習) 몡 學習
학습서 (學習書) 몡 參考書
학업 (學業) 몡 學業
학예회 (學藝會) 몡 學藝會
학용품 (學用品) 몡 學習用品
학원 (學院) 몡 各鐘課外輔導學校

학원생 (學院生) 몡 指在补习班学习的学生
학원폭력 (學園暴力) 몡 学校暴力
학위 (學位) 몡 学位
학위논문 (學位論文) 몡 学位论文
학위수여식 (學位授與式) 몡 学位颁发仪式, 授学位仪式
학장 (學長) 몡 大学系主任或大学所属学院长
학적 (學籍) 몡 学籍
학적부 (學籍簿) 몡 学籍管理手册
학점 (學點) 몡 学分
합격하다 (合格—) 동 合格
해군사관학교 (海軍士官學校) 몡 海军军官学校
현장학습 (現場學習) 몡 实地学习, 现场学习
환등기 (幻燈機) 몡 幻灯机
휴강 (休講) 몡 停课, 停讲
휴게실 (休憩室) 몡 休息室
휴교 (休校) 몡 学校休息日
휴학 (休學) 몡 休学
휴학생 (休學生) 몡 休学生

학원생 (學院生) 몡 指在補習班學習的學生
학원폭력 (學園暴力) 몡 學校暴力
학위 (學位) 몡 學位
학위논문 (學位論文) 몡 學位論文
학위수여식 (學位授與式) 몡 學位頒發儀式, 授學位儀式
학장 (學長) 몡 大學系主任或大學所屬學院院長
학적 (學籍) 몡 學籍
학적부 (學籍簿) 몡 學籍管理手冊
학점 (學點) 몡 學分
합격하다 (合格—) 동 合格
해군사관학교 (海軍士官學校) 몡 海軍軍官學校
현장학습 (現場學習) 몡 實地學習, 現場學習
환등기 (幻燈機) 몡 幻燈機
휴강 (休講) 몡 停課, 停講
휴게실 (休憩室) 몡 休息室
휴교 (休校) 몡 學校休息日
휴학 (休學) 몡 休學
휴학생 (休學生) 몡 休學生

〈학예회〉

〈학위수여식〉

17. 과학과 학문

科学, 学问 / 科學, 學問

한국어 (한자)	简体	繁體
가설 (假說) 명	假说	假說
가속도 (加速度) 명	加速	加速
가속도의 원리 (加速度—原理) 명	加速规律	加速規律
간주하다 (看做—) 동	看做, 认为, 当做	看做, 認爲, 當做
간호학 (看護學) 명	护士学	護士學
개념 (概念) 명	概念	概念
객관성 (客觀性) 명	客观性	客觀性
거름종이 명	马粪纸	馬糞紙
건전지 (乾電池) 명	电池	電池
건축학 (建築學) 명	建筑学	建築學
건축학자 (建築學者) 명	建筑学家	建築學家
검증 (檢證) 명	验证	驗證
검증하다 (檢證—) 동	验证	驗證
결과 (結果) 명	结果	結果
결론 (結論) 명	结论	結論
경영학 (經營學) 명	经营学	經營學
경영학자 (經營學者) 명	经营学家	經營學家
경제학 (經濟學) 명	经济学	經濟學
경제학자 (經濟學者) 명	经济学家	經濟學家
경험주의 (經驗主義) 명	经验主义	經驗主義
고고학 (考古學) 명	考古学	考古學
고고학자 (考古學者) 명	考古学家	考古學家
고전주의 (古典主義) 명	古典主义	古典主義
고체 (固體) 명	固体	固體
공동연구 (共同研究) 명	共同研究	共同硏究
공부하다 (工夫—) 동	学习	學習
공학 (工學) 명	工学	工學
공학자 (工學者) 명	工学家	工學家

과학 (科學) 몡 科学
과학기술 (科學技術) 몡 科学技术
과학실 (科學室) 몡 科学室
과학자 (科學者) 몡 科学家
관성 (慣性) 몡 惯性
관성의 법칙 (慣性—法則) 몡 惯性规律
관찰 (觀察) 몡 观察
관찰하다 (觀察—) 동 观察
관측 (觀測) 몡 观测
관측하다 (觀測—) 동 观测
교육학 (敎育學) 몡 教育学
교육학자 (敎育學者) 몡 教育学家
국문학 (國文學) 몡 国文学
국문학자 (國文學者) 몡 国文学家
국어학 (國語學) 몡 国语学
국어학자 (國語學者) 몡 国语学家
군사학 (軍事學) 몡 军事学
귀결 (歸結) 몡 归结, 结果, 结局, 归宿
귀납법 (歸納法) 몡 归纳法
규칙 (規則) 몡 规则
극성 (極性) 몡 极性
기체 (氣體) 몡 气体
기화 (氣化) 몡 气化
끓는점 (—點) 몡 沸点
나트륨 (natrium) 몡 铅
납 몡 铝
냉철하다 (冷徹—) 형 冷静
노문학 (露文學) 몡 俄国文学
노문학자 (露文學者) 몡 俄罗斯文学家
노어학 (露語學) 몡 俄语学
노어학자 (露語學者) 몡 俄语学가
녹는점 (—點) 몡 溶化点
논리 (論理) 몡 逻辑
논문 (論文) 몡 论文
논문계획서 (論文計劃書) 몡 论文计划书
논법 (論法) 몡 ① 论述方法 ② 思维法

과학 (科學) 몡 科學
과학기술 (科學技術) 몡 科學技術
과학실 (科學室) 몡 科學室
과학자 (科學者) 몡 科學家
관성 (慣性) 몡 慣性
관성의 법칙 (慣性—法則) 몡 慣性規律
관찰 (觀察) 몡 觀察
관찰하다 (觀察—) 동 觀察
관측 (觀測) 몡 觀測
관측하다 (觀測—) 동 觀測
교육학 (敎育學) 몡 敎育學
교육학자 (敎育學者) 몡 敎育學家
국문학 (國文學) 몡 國文學
국문학자 (國文學者) 몡 國文學家
국어학 (國語學) 몡 國語學
국어학자 (國語學者) 몡 國語學家
군사학 (軍事學) 몡 軍事學
귀결 (歸結) 몡 歸結, 結果, 結局, 歸宿
귀납법 (歸納法) 몡 歸納法
규칙 (規則) 몡 規則
극성 (極性) 몡 極性
기체 (氣體) 몡 氣體
기화 (氣化) 몡 氣化
끓는점 (—點) 몡 沸點
나트륨 (natrium) 몡 鉛
납 몡 鋁
냉철하다 (冷徹—) 형 冷靜
노문학 (露文學) 몡 俄國文學
노문학자 (露文學者) 몡 俄羅斯文學家
노어학 (露語學) 몡 俄語學
노어학자 (露語學者) 몡 俄語學家
녹는점 (—點) 몡 溶化點
논리 (論理) 몡 邏輯
논문 (論文) 몡 論文
논문계획서 (論文計劃書) 몡 論文計劃書
논법 (論法) 몡 ① 論述方法 ② 思維法

216 과학과 학문

농도 (濃度) 명 浓度
농학 (農學) 명 农业学
농학자 (農學者) 명 农业学家
단서 (端緖) 명 头绪
단정하다 (斷定一) 동 判断
독문학 (獨文學) 명 德国文学
독문학자 (獨文學者) 명 德国文学家
독어학 (獨語學) 명 德语学
독어학자 (獨語學者) 명 德语学家
동위원소 (同位元素) 명 同位元素
렌즈 (lens) 명 镜片, 镜头
리트머스시험지 (litmus試驗紙) 명 试纸
마그네슘 (magnesium) 명 镁
마찰 (摩擦) 명 摩擦
마찰력 (摩擦力) 명 摩擦力
만유인력의 법칙 (萬有引力一法則) 명
　　万有引力定律
망원경 (望遠鏡) 명 望远镜
목적 (目的) 명 目的
목표 (目標) 명 目标
몰두하다 (沒頭一) 동 投入, 热中于
몽골학 (蒙古學) 명 蒙古学
몽골학자 (蒙古學者) 명 蒙古学家
무역학 (貿易學) 명 贸易学
무용학 (舞踊學) 명 舞蹈学
무조건반사 (無條件反射) 명 无条件反射
문학 (文學) 명 文学
문헌정보학 (文獻情報學) 명 文献情报学
문헌정보학자 (文獻情報學者) 명
　　文献情报学家
물리학 (物理學) 명 物理学
물리학자 (物理學者) 명 物理学家
미국학 (美國學) 명 美国学
미학 (美學) 명 美学
밀도 (密度) 명 密度
반사 (反射) 명 反射

농도 (濃度) 명 濃度
농학 (農學) 명 農業學
농학자 (農學者) 명 農業學家
단서 (端緖) 명 頭緖
단정하다 (斷定一) 동 判斷
독문학 (獨文學) 명 德國文學
독문학자 (獨文學者) 명 德國文學家
독어학 (獨語學) 명 德語學
독어학자 (獨語學者) 명 德語學家
동위원소 (同位元素) 명 同位元素
렌즈 (lens) 명 鏡片, 鏡頭
리트머스시험지 (litmus試驗紙) 명 試紙
마그네슘 (magnesium) 명 鎂
마찰 (摩擦) 명 摩擦
마찰력 (摩擦力) 명 摩擦力
만유인력의 법칙 (萬有引力一法則) 명
　　萬有引力定律
망원경 (望遠鏡) 명 望遠鏡
목적 (目的) 명 目的
목표 (目標) 명 目標
몰두하다 (沒頭一) 동 投入, 熱中于
몽골학 (蒙古學) 명 蒙古學
몽골학자 (蒙古學者) 명 蒙古學家
무역학 (貿易學) 명 貿易學
무용학 (舞踊學) 명 舞蹈學
무조건반사 (無條件反射) 명 無條件反射
문학 (文學) 명 文學
문헌정보학 (文獻情報學) 명 文獻情報學
문헌정보학자 (文獻情報學者) 명
　　文獻情報學家
물리학 (物理學) 명 物理學
물리학자 (物理學者) 명 物理學家
미국학 (美國學) 명 美國學
미학 (美學) 명 美學
밀도 (密度) 명 密度
반사 (反射) 명 反射

반사경 (反射鏡) 명 反射镜
반응 (反應) 명 反应
발표요지 (發表要旨) 명 讲话纲要
방법론 (方法論) 명 方法论
방사능 (放射能) 명 放射能
방사능물질 (放射能物質) 명 放射能物质
방사선 (放射線) 명 放射线
법칙 (法則) 명 法则
법학 (法學) 명 法学
변별하다 (辨別—) 동 辨別
변증법 (辨證法) 명 辨证法
병렬 (竝列) 명 并列
본론 (本論) 명 本论, 正文, 本文
볼록렌즈 (볼록lens) 명 凸透镜
분별력 (分別力) 명 识别能力
분석하다 (分析—) 동 分析
분자 (分子) 명 分子
분해 (分解) 명 分解
분해하다 (分解—) 동 分解
불문학 (佛文學) 명 法文学
불문학자 (佛文學者) 명 法文学家
불어학 (佛語學) 명 法语学
불어학자 (佛語學者) 명 法语学家
비판력 (批判力) 명 批判能力
비판하다 (批判—) 동 批判
비평 (批評) 명 批评
비합리 (非合理) 명 不合理
빙점 (氷點) 명 冰点
사고 (思考) 명 思考
사고력 (思考力) 명 思考能力
사리 (事理) 명 是非
사색하다 (思索—) 동 思索, 思考
사학 (史學) 명 史学
사학자 (史學者) 명 史学家
사회과학 (社會科學) 명 社会科学
사회학 (社會學) 명 社会学

반사경 (反射鏡) 명 反射鏡
반응 (反應) 명 反應
발표요지 (發表要旨) 명 講話綱要
방법론 (方法論) 명 方法論
방사능 (放射能) 명 放射能
방사능물질 (放射能物質) 명 放射能物質
방사선 (放射線) 명 放射線
법칙 (法則) 명 法則
법학 (法學) 명 法學
변별하다 (辨別—) 동 辨別
변증법 (辨證法) 명 辨證法
병렬 (竝列) 명 并列
본론 (本論) 명 本論, 正文, 本文
볼록렌즈 (볼록lens) 명 凸透鏡
분별력 (分別力) 명 識別能力
분석하다 (分析—) 동 分析
분자 (分子) 명 分子
분해 (分解) 명 分解
분해하다 (分解—) 동 分解
불문학 (佛文學) 명 法文學
불문학자 (佛文學者) 명 法文學家
불어학 (佛語學) 명 法語學
불어학자 (佛語學者) 명 法語學家
비판력 (批判力) 명 批判能力
비판하다 (批判—) 동 批判
비평 (批評) 명 批評
비합리 (非合理) 명 不合理
빙점 (氷點) 명 冰點
사고 (思考) 명 思考
사고력 (思考力) 명 思考能力
사리 (事理) 명 是非
사색하다 (思索—) 동 思索, 思考
사학 (史學) 명 史學
사학자 (史學者) 명 史學家
사회과학 (社會科學) 명 社會科學
사회학 (社會學) 명 社會學

사회학자 (社會學者) 몡 社会学家	사회학자 (社會學者) 몡 社會學家
산 (酸) 몡 酸	산 (酸) 몡 酸
산성 (酸性) 몡 酸性	산성 (酸性) 몡 酸性
산소 (酸素) 몡 氧	산소 (酸素) 몡 氧
산화 (酸化) 몡 氧化	산화 (酸化) 몡 氧化
삼단논법 (三段論法) 몡 三段论	삼단논법 (三段論法) 몡 三段論
삼발이 몡 三角架	삼발이 몡 三角架
삼투압 (滲透壓) 몡 滲透压	삼투압 (滲透壓) 몡 滲透壓
상대성이론 (相對性理論) 몡 相对性理论	상대성이론 (相對性理論) 몡 相對性理論
생물학 (生物學) 몡 生物学	생물학 (生物學) 몡 生物學
생물학자 (生物學者) 몡 生物学家	생물학자 (生物學者) 몡 生物學家
서론 (序論) 몡 序论, 前言	서론 (序論) 몡 序論, 前言
서적 (書籍) 몡 书籍	서적 (書籍) 몡 書籍
세미나 (seminar) 몡 硏讨会	세미나 (seminar) 몡 硏討會
세포 (細胞) 몡 細胞	세포 (細胞) 몡 細胞
속도 (速度) 몡 速度	속도 (速度) 몡 速度
수력 (水力) 몡 水力	수력 (水力) 몡 水力
수소 (水素) 몡 氢	수소 (水素) 몡 氫
수의학 (獸醫學) 몡 兽医学	수의학 (獸醫學) 몡 獸醫學
수학 (數學) 몡 数学	수학 (數學) 몡 數學
수학자 (數學者) 몡 数学家	수학자 (數學者) 몡 數學家
순수학문 (純粹學文) 몡 纯粹学问	순수학문 (純粹學文) 몡 純粹學問
습득하다 (習得—) 동 学习	습득하다 (習得—) 동 學習
시약 (試藥) 몡 试剂	시약 (試藥) 몡 試劑
시험관 (試驗管) 몡 试验管	시험관 (試驗管) 몡 試驗管
식별하다 (識別—) 동 识别	식별하다 (識別—) 동 識別
신문방송학 (新聞放送學) 몡 新闻广播学	신문방송학 (新聞放送學) 몡 新聞廣播學
신문학 (新聞學) 몡 新闻学	신문학 (新聞學) 몡 新聞學
신학 (神學) 몡 神学	신학 (神學) 몡 神學
신학자 (神學者) 몡 神学家	신학자 (神學者) 몡 神學家
실습실 (實習室) 몡 实习室	실습실 (實習室) 몡 實習室
실용학문 (實用學文) 몡 实用学	실용학문 (實用學文) 몡 實用學
실험 (實驗) 몡 实验	실험 (實驗) 몡 實驗
실험보고서 (實驗報告書) 몡 实验报告书	실험보고서 (實驗報告書) 몡 實驗報告書
실험실 (實驗室) 몡 实验室	실험실 (實驗室) 몡 實驗室
실험하다 (實驗—) 동 实验	실험하다 (實驗—) 동 實驗

심리 (心理) 명 心理
심리학 (心理學) 명 心理学
심리학자 (心理學者) 명 心理学家
심사숙고하다 (深思熟考—) 동 深思熟虑
심포지엄 (symposium) 명 专题讨论会
아연 (亞鉛) 명 铅
알칼리성 (alkali性) 명 碱性
알콜 (alcohol) 명 酒精
알콜램프 (alcohol-lamp) 명 酒精灯
압력 (壓力) 명 压力
액체 (液體) 명 液体
액화 (液化) 명 液化
약학 (藥學) 명 医药学, 药物学
양극 (陽極) 명 两极
어는점 (—點) 명 冰点
어학 (語學) 명 语言学
언어학 (言語學) 명 语言学
언어학자 (言語學者) 명 语言学家
에너지 (energy) 명 能量
역사학 (歷史學) 명 历史学
역사학자 (歷史學者) 명 历史学家
연구 (研究) 명 研究
연구계획서 (研究計劃書) 명 研究计划
연구발표 (研究發表) 명 研究成果发表
연구비 (研究費) 명 研究费用
연구소 (研究所) 명 研究所
연구실 (研究室) 명 研究室
연구원 (研究員) 명 研究员
연구하다 (研究—) 동 研究
연구회 (研究會) 명 研讨会
연상 (聯想) 명 联想
연역법 (演繹法) 명 演绎法
열량 (熱量) 명 热量
염기성 (鹽基性) 명 盐性, 石咸性
염산 (鹽酸) 명 盐酸
염소 (鹽素) 명 氯

심리 (心理) 명 心理
심리학 (心理學) 명 心理學
심리학자 (心理學者) 명 心理學家
심사숙고하다 (深思熟考—) 동 深思熟慮
심포지엄 (symposium) 명 專題討論會
아연 (亞鉛) 명 鉛
알칼리성 (alkali性) 명 域性
알콜 (alcohol) 명 酒精
알콜램프 (alcohol-lamp) 명 酒精燈
압력 (壓力) 명 壓力
액체 (液體) 명 液體
액화 (液化) 명 液化
약학 (藥學) 명 醫藥學, 藥物學
양극 (陽極) 명 兩極
어는점 (—點) 명 冰點
어학 (語學) 명 語言學
언어학 (言語學) 명 語言學
언어학자 (言語學者) 명 語言學家
에너지 (energy) 명 能量
역사학 (歷史學) 명 歷史學
역사학자 (歷史學者) 명 歷史學家
연구 (研究) 명 研究
연구계획서 (研究計劃書) 명 研究計劃
연구발표 (研究發表) 명 研究成果發表
연구비 (研究費) 명 研究費用
연구소 (研究所) 명 研究所
연구실 (研究室) 명 研究室
연구원 (研究員) 명 研究員
연구하다 (研究—) 동 研究
연구회 (研究會) 명 研討會
연상 (聯想) 명 聯想
연역법 (演繹法) 명 演繹法
열량 (熱量) 명 熱量
염기성 (鹽基性) 명 鹽性, 石咸性
염산 (鹽酸) 명 鹽酸
염소 (鹽素) 명 氯

영문학 (英文學) 몡 英国文学　　　　　　영문학 (英文學) 몡 英國文學
영문학자 (英文學者) 몡 英国文学家　　　영문학자 (英文學者) 몡 英國文學家
영어학 (英語學) 몡 英语学　　　　　　영어학 (英語學) 몡 英語學
영어학자 (英語學者) 몡 英语学家　　　　영어학자 (英語學者) 몡 英語學家
예견하다 (豫見—) 동 豫见　　　　　　예견하다 (豫見—) 동 豫見
예측하다 (豫測—) 동 豫測　　　　　　예측하다 (豫測—) 동 豫測
오목렌즈 (—lens) 몡 凹透镜　　　　　오목렌즈 (—lens) 몡 凹透鏡
오판하다 (誤判—) 동 误判　　　　　　오판하다 (誤判—) 동 誤判
온도 (溫度) 몡 温度　　　　　　　　　온도 (溫度) 몡 溫度
용해도 (溶解度) 몡 溶解度　　　　　　용해도 (溶解度) 몡 溶解度
원리 (原理) 몡 原理　　　　　　　　　원리 (原理) 몡 原理
원소 (元素) 몡 元素　　　　　　　　　원소 (元素) 몡 元素
원소기호 (元素記號) 몡 元素符号　　　원소기호 (元素記號) 몡 元素符號
원예학 (園藝學) 몡 园艺学　　　　　　원예학 (園藝學) 몡 園藝學
원예학자 (園藝學者) 몡 园艺学家　　　　원예학자 (園藝學者) 몡 園藝學家
원자 (原子) 몡 原子　　　　　　　　　원자 (原子) 몡 原子
원자력 (原子力) 몡 原子力　　　　　　원자력 (原子力) 몡 原子力
원자로 (原子爐) 몡 原子反应堆　　　　원자로 (原子爐) 몡 原子反應堆
유추하다 (類推—) 동 类推　　　　　　유추하다 (類推—) 동 類推
유학 (儒學) 몡 儒学　　　　　　　　　유학 (儒學) 몡 儒學
유학자 (儒學者) 몡 儒学家　　　　　　유학자 (儒學者) 몡 儒學家
융해 (融解) 몡 溶解　　　　　　　　　융해 (融解) 몡 溶解
융해열 (融解熱) 몡 融解热　　　　　　융해열 (融解熱) 몡 融解熱
음극 (陰極) 몡 阴极　　　　　　　　　음극 (陰極) 몡 陰極
음악학 (音樂學) 몡 音乐学　　　　　　음악학 (音樂學) 몡 音樂學
응고점 (凝固點) 몡 凝固点　　　　　　응고점 (凝固點) 몡 凝固點
응용력 (應用力) 몡 应用能力　　　　　응용력 (應用力) 몡 應用能力
응용하다 (應用—) 동 应用　　　　　　응용하다 (應用—) 동 應用
의학 (醫學) 몡 医学　　　　　　　　　의학 (醫學) 몡 醫學
이론 (理論) 몡 理论　　　　　　　　　이론 (理論) 몡 理論
이성 (理性) 몡 理性　　　　　　　　　이성 (理性) 몡 理性
이해하다 (理解—) 동 理解　　　　　　이해하다 (理解—) 동 理解
인력 (引力) 몡 引力　　　　　　　　　인력 (引力) 몡 引力
인류학 (人類學) 몡 人类学　　　　　　인류학 (人類學) 몡 人類學
인류학자 (人類學者) 몡 人类学家　　　인류학자 (人類學者) 몡 人類學家
인문과학 (人文科學) 몡 人文科学　　　인문과학 (人文科學) 몡 人文科學

인식하다 (認識—) 동 认识
인지하다 (認知—) 동 办认
일문학 (日文學) 명 日本文学
일문학자 (日文學者) 명 日本文学家
일어학 (日語學) 명 日语学
일어학자 (日語學者) 명 日语学家
임학 (林學) 명 森林学
입증하다 (立證—) 동 证明
자극¹ (刺戟) 명 刺激
자극² (磁極) 명 磁极
자기장 (磁氣場) 명 磁场
자석 (磁石) 명 磁石
자연과학 (自然科學) 명 自然科学
작용반작용법칙 (作用反作用法則) 명
　　作用与反作用原理
작용하다 (作用—) 동 作用
저서 (著書) 명 著书
적용하다 (適用—) 동 适用
전공하다 (專攻—) 동 专业
전극 (電極) 명 电极
전기 (電氣) 명 电气
전력 (電力) 명 电力
전류 (電流) 명 电流
전압 (電壓) 명 电压
전자계산학 (電子計算學) 명
　　电子计算机学
전자관 (電子管) 명 电子管
전자석 (電子石) 명 电子石
전자파 (電磁波) 명 电磁波
전자회로 (電子回路) 명 电子回路
전제 (前提) 명 前提
전지 (電池) 명 电池
전해질 (電解質) 명 电解质
정보과학 (情報科學) 명 情报科学
정설 (定說) 명 定论
정신 (情神) 명 精神

인식하다 (認識—) 동 認識
인지하다 (認知—) 동 辨認
일문학 (日文學) 명 日本文學
일문학자 (日文學者) 명 日本文學家
일어학 (日語學) 명 日語學
일어학자 (日語學者) 명 日語學家
임학 (林學) 명 森林學
입증하다 (立證—) 동 證明
자극¹ (刺戟) 명 刺激
자극² (磁極) 명 磁極
자기장 (磁氣場) 명 磁場
자석 (磁石) 명 磁石
자연과학 (自然科學) 명 自然科學
작용반작용법칙 (作用反作用法則) 명
　　作用與反作用原理
작용하다 (作用—) 동 作用
저서 (著書) 명 著書
적용하다 (適用—) 동 適用
전공하다 (專攻—) 동 專業
전극 (電極) 명 電極
전기 (電氣) 명 電氣
전력 (電力) 명 電力
전류 (電流) 명 電流
전압 (電壓) 명 電壓
전자계산학 (電子計算學) 명
　　電子計算機學
전자관 (電子管) 명 電子管
전자석 (電子石) 명 電子石
전자파 (電磁波) 명 電磁波
전자회로 (電子回路) 명 電子回路
전제 (前提) 명 前提
전지 (電池) 명 電池
전해질 (電解質) 명 電解質
정보과학 (情報科學) 명 情報科學
정설 (定說) 명 定論
정신 (情神) 명 精神

정신력 (精神力) 명 精神力量
정전기 (靜電氣) 명 静电气
정진하다 (精進—) 동 专心致志
정치학 (政治學) 명 政治学
정치학자 (政治學者) 명 政治学家
조건반사 (條件反射) 명 条件反射
조경학 (造景學) 명 造景学
조도 (照度) 명 照度
종교학 (宗敎學) 명 宗敎学
주파수 (周波數) 명 周波数
중국문학 (中國文學) 명 中国文学
중력 (重力) 명 重力
중성 (中性) 명 中性
중성자 (中性子) 명 中性子
중어학 (中語學) 명 中语学
증명하다 (證明—) 동 证明
증발하다 (蒸發—) 동 蒸发
지각하다 (知覺—) 동 懂事, 立事
지능 (知能) 명 知能
지능지수 (知能指數) 명 知能指数
지리학 (地理學) 명 地理学
지리학자 (地理學者) 명 地理学家
지질학 (地質學) 명 地质学
지질학자 (地質學者) 명 地质学家
지혜 (知慧) 명 智慧
직렬 (直列) 명 串联
진공관 (眞空管) 명 真空管
진동 (振動) 명 振动
진리 (眞理) 명 真理
진자운동 (振子運動) 명 摇摆运动, 振子运动
질량 (質量) 명 质量
질량불변법칙 (質量不變法則) 명 质量守衡规律
질산 (窒酸) 명 硝
질소 (窒素) 명 氮

정신력 (精神力) 명 精神力量
정전기 (靜電氣) 명 靜電氣
정진하다 (精進—) 동 專心致志
정치학 (政治學) 명 政治學
정치학자 (政治學者) 명 政治學家
조건반사 (條件反射) 명 條件反射
조경학 (造景學) 명 造景學
조도 (照度) 명 照度
종교학 (宗敎學) 명 宗敎學
주파수 (周波數) 명 周波數
중국문학 (中國文學) 명 中國文學
중력 (重力) 명 重力
중성 (中性) 명 中性
중성자 (中性子) 명 中性子
중어학 (中語學) 명 中語學
증명하다 (證明—) 동 證明
증발하다 (蒸發—) 동 蒸發
지각하다 (知覺—) 동 懂事, 立事
지능 (知能) 명 知能
지능지수 (知能指數) 명 知能指數
지리학 (地理學) 명 地理學
지리학자 (地理學者) 명 地理學家
지질학 (地質學) 명 地質學
지질학자 (地質學者) 명 地質學家
지혜 (知慧) 명 智慧
직렬 (直列) 명 串聯
진공관 (眞空管) 명 眞空管
진동 (振動) 명 振動
진리 (眞理) 명 眞理
진자운동 (振子運動) 명 搖擺運動, 振子運動
질량 (質量) 명 質量
질량불변법칙 (質量不變法則) 명 質量守衡規律
질산 (窒酸) 명 硝
질소 (窒素) 명 氮

짐작하다 (斟酌—) 동 估计
집중력 (集中力) 명 集中力
참고문헌 (參考文獻) 명 參考书,
　　参考资料
창의력 (創意力) 명 创造性, 开创能力
채집 (採集) 명 采集
채취하다 (採取—) 동 开采, 挖掘
책 (冊) 명 书
천문대 (天文臺) 명 天文台
천문학 (天文學) 명 天文学
천문학자 (天文學者) 명 天文学家
철학 (哲學) 명 哲学
철학자 (哲學者) 명 哲学家
체육학 (體育學) 명 体育学
촉매 (觸媒) 명 催化剂
촉매제 (觸媒劑) 명 催化剂
추론 (推論) 명 推论
추리 (推理) 명 推理
추정 (推定) 명 推断, 推定
추측 (推測) 명 推测
축산학 (畜産學) 명 畜牧学
침전물 (沈澱物) 명 沉淀物
칼륨 (kalium) 명 钾
칼슘 (calcium) 명 钙
컴퓨터공학 (computer工學) 명
　　计算机工学, 计算机软件学
컴퓨터공학자 (computer工學者) 명
　　计算机软件学家
탄소 (炭素) 명 碳
탐구 (探究) 명 ① 寻求 ② 探究
태양열 (太陽熱) 명 太阳能
터득하다 (攄得—) 동 领会, 体会, 认识
통계학 (統計學) 명 统计学
통계학자 (統計學者) 명 统计学家
통찰력 (洞察力) 명 观察能力
판단 (判斷) 명 判断

짐작하다 (斟酌—) 동 估計
집중력 (集中力) 명 集中力
참고문헌 (參考文獻) 명 參考書,
　　參考資料
창의력 (創意力) 명 創造性, 開創能力
채집 (採集) 명 採集
채취하다 (採取—) 동 開採, 挖掘
책 (冊) 명 書
천문대 (天文臺) 명 天文臺
천문학 (天文學) 명 天文學
천문학자 (天文學者) 명 天文學家
철학 (哲學) 명 哲學
철학자 (哲學者) 명 哲學家
체육학 (體育學) 명 體育學
촉매 (觸媒) 명 催化劑
촉매제 (觸媒劑) 명 催化劑
추론 (推論) 명 推論
추리 (推理) 명 推理
추정 (推定) 명 推斷, 推定
추측 (推測) 명 推測
축산학 (畜産學) 명 畜牧學
침전물 (沈澱物) 명 沉淀物
칼륨 (kalium) 명 鉀
칼슘 (calcium) 명 鈣
컴퓨터공학 (computer工學) 명
　　計算機工學, 計算機軟件學
컴퓨터공학자 (computer工學者) 명
　　計算機軟件學家
탄소 (炭素) 명 碳
탐구 (探究) 명 ① 尋求 ② 探究
태양열 (太陽熱) 명 太陽能
터득하다 (攄得—) 동 領會, 體會, 認識
통계학 (統計學) 명 統計學
통계학자 (統計學者) 명 統計學家
통찰력 (洞察力) 명 觀察能力
판단 (判斷) 명 判斷

판단력 (判斷力) 명 判斷能力
판별 (判別) 명 判別
팽창 (膨脹) 명 膨胀
평가 (評價) 명 评价
표본 (標本) 명 标本
학계 (學界) 명 学术界
학구적 (學究的) 명 研究学问的
학구파 (學究派) 명 学派
학문 (學文) 명 学问
학문적 (學問的) 명관 学问
학설 (學說) 명 学说
학술 (學術) 명 学术
학술대회 (學術大會) 명 学术大会, 学术会议
학술원 (學術院) 명 为学问和国家的发展 成立的国家机关
학습하다 (學習—) 동 学习
학파 (學派) 명 学派
학풍 (學風) 명 学风
학회 (學會) 명 学会
한국학 (韓國學) 명 韩国文学
한문학 (漢文學) 명 汉字文学
한문학자 (漢文學者) 명 汉文学家
한의학 (漢醫學) 명 中医学
한학 (漢學) 명 汉字文学
한학자 (漢學者) 명 汉文学家
합리주의 (合理主義) 명 合理主义
핵 (核) 명 核
행정학 (行政學) 명 行政学

판단력 (判斷力) 명 判斷能力
판별 (判別) 명 判別
팽창 (膨脹) 명 膨脹
평가 (評價) 명 評價
표본 (標本) 명 標本
학계 (學界) 명 學術界
학구적 (學究的) 명 研究學問的
학구파 (學究派) 명 學派
학문 (學文) 명 學問
학문적 (學問的) 명관 學問
학설 (學說) 명 學說
학술 (學術) 명 學術
학술대회 (學術大會) 명 學術大會, 學術會議
학술원 (學術院) 명 爲學問和國家的發展 成立的國家機關
학습하다 (學習—) 동 學習
학파 (學派) 명 學派
학풍 (學風) 명 學風
학회 (學會) 명 學會
한국학 (韓國學) 명 韓國文學
한문학 (漢文學) 명 漢字文學
한문학자 (漢文學者) 명 漢文學家
한의학 (漢醫學) 명 中醫學
한학 (漢學) 명 漢字文學
한학자 (漢學者) 명 漢文學家
합리주의 (合理主義) 명 合理主義
핵 (核) 명 核
행정학 (行政學) 명 行政學

학문	인문과학	교육학, 국문학, 국어학, 노문학, 노어학, 독문학, 독어학, 문학, 불문학, 불어학, 심리학, 언어학, 역사학, 영문학, 영어학, 인류학, 일문학, 일어학, 중국문학, 중어학, 철학, 한문학 …
	사회과학	경영학, 경제학, 무역학, 문헌정보학, 법학, 사회학, 신문방송학, 정치학, 행정학 …
	자연과학	간호학, 건축학, 공학, 물리학, 생물학, 수의학, 수학, 약학, 원예학, 의학, 조경학, 지리학, 지질학, 천문학, 컴퓨터과학, 통계학, 한의학, 화학 …

헬륨 (helium) 명 氦
현미경 (顯微鏡) 명 显微镜
화력 (火力) 명 火力
화학 (化學) 명 化学
화학반응 (化學反應) 명 化学反应
화학약품 (化學藥品) 명 化学药品
황 (黃) 명 硫
황산 (黃酸) 명 硫酸
힘 명 力

헬륨 (helium) 명 氦
현미경 (顯微鏡) 명 顯微鏡
화력 (火力) 명 火力
화학 (化學) 명 化學
화학반응 (化學反應) 명 化學反應
화학약품 (化學藥品) 명 化學藥品
황 (黃) 명 硫
황산 (黃酸) 명 硫酸
힘 명 力

18. 종교와 믿음

宗教, 信仰 | 宗教, 信仰

가톨릭교 (Catholic敎) 명 天主教
감리교 (監理敎) 명 監理教
개신교 (改新敎) 명 改新教
개종하다 (改宗―) 동 改变信仰
경배하다 (敬拜―) 동 敬拜
경외 (敬畏) 명 敬畏
경외심 (敬畏心) 명 敬畏心
경외하다 (敬畏―) 동 敬畏
경전 (經典) 명 经典
계 (戒) 명 戒
고사 (告祀) 명 祭祀, 告祀
고해성사 (告解聖事) 명 告解圣事
고행 (苦行) 명 苦行
공덕 (功德) 명 功德
공양 (供養) 명 供养
공양미 (供養米) 명 供养米
공자 (孔子) 명 孔子
관상 (觀相) 명 面相
관혼상제 (冠婚喪祭) 명 冠婚喪祭
광신도 (狂信徒) 명 狂信徒, 狂教徒
교단 (敎壇) 명 讲台
교리 (敎理) 명 教理
교리문답 (敎理問答) 명 教理问答
교인 (敎人) 명 教徒
교조 (敎祖) 명 教祖
교주 (敎主) 명 教主
교파 (敎派) 명 教派
교황 (敎皇) 명 教皇
교회 (敎會) 명 教会

가톨릭교 (Catholic敎) 명 天主教
감리교 (監理敎) 명 監理敎
개신교 (改新敎) 명 改新敎
개종하다 (改宗―) 동 改變信仰
경배하다 (敬拜―) 동 敬拜
경외 (敬畏) 명 敬畏
경외심 (敬畏心) 명 敬畏心
경외하다 (敬畏―) 동 敬畏
경전 (經典) 명 經典
계 (戒) 명 戒
고사 (告祀) 명 祭祀, 告祀
고해성사 (告解聖事) 명 告解聖事
고행 (苦行) 명 苦行
공덕 (功德) 명 功德
공양 (供養) 명 供養
공양미 (供養米) 명 供養米
공자 (孔子) 명 孔子
관상 (觀相) 명 面相
관혼상제 (冠婚喪祭) 명 冠婚喪祭
광신도 (狂信徒) 명 狂信徒, 狂教徒
교단 (敎壇) 명 講台
교리 (敎理) 명 敎理
교리문답 (敎理問答) 명 敎理問答
교인 (敎人) 명 敎徒
교조 (敎祖) 명 敎祖
교주 (敎主) 명 敎主
교파 (敎派) 명 敎派
교황 (敎皇) 명 敎皇
교회 (敎會) 명 敎會

구교 (舊敎) 명 旧教　　　　　　구교 (舊敎) 명 舊敎
구세군 (救世軍) 명 救世军　　　구세군 (救世軍) 명 救世軍
구세주 (救世主) 명 救世主　　　구세주 (救世主) 명 救世主
구약 (舊約) 명 旧约　　　　　　구약 (舊約) 명 舊約
구약성서 (舊約聖書) 명 旧约圣书　구약성서 (舊約聖書) 명 舊約聖書
구원 (救援) 명 救援　　　　　　구원 (救援) 명 救援
국교 (國敎) 명 国教　　　　　　국교 (國敎) 명 國敎
굿 명 跳大神, 巫术, 巫法　　　　굿 명 跳大神, 巫術, 巫法
굿판 명 跳大神的场地　　　　　굿판 명 跳大神的場地
굿하다 동 跳大神, 巫术, 巫法　　굿하다 동 跳大神, 巫術, 巫法
권사 (勸士) 명 女权道士　　　　권사 (勸士) 명 女權道士
귀신 (鬼神) 명 鬼神　　　　　　귀신 (鬼神) 명 鬼神
귀의하다 (歸依—) 동 归依　　　귀의하다 (歸依—) 동 歸依
그리스도 (christ) 명 基督　　　그리스도 (christ) 명 基督
그리스도교 (—敎) 명 基督教　　그리스도교 (—敎) 명 基督敎
그리스정교 (Greece正教) 명　　　그리스정교 (Greece正敎) 명
　天主教的一派　　　　　　　　　　天主敎的一派
극락정토 (極樂淨土) 명 极乐净土　극락정토 (極樂淨土) 명 極樂淨土
기구 (祈求) 명 祈求　　　　　　기구 (祈求) 명 祈求
기도 (祈禱) 명 祈祷　　　　　　기도 (祈禱) 명 祈禱
기도문 (祈禱文) 명 祷告文　　　기도문 (祈禱文) 명 禱告文
기도원 (祈禱院) 명 祈祷院　　　기도원 (祈禱院) 명 祈禱院
기도하다 (祈禱—) 동 祈祷　　　기도하다 (祈禱—) 동 祈禱
기독교 (基督敎) 명 基督教　　　기독교 (基督敎) 명 基督敎
기원 (祈願) 명 祷祝　　　　　　기원 (祈願) 명 禱祝
기적 (奇蹟) 명 奇迹　　　　　　기적 (奇蹟) 명 奇迹
나무아미타불 (南無阿彌陀佛) 명　나무아미타불 (南無阿彌陀佛) 명
　南无阿弥陀佛　　　　　　　　　　南無阿彌陀佛
낙원 (樂園) 명 乐园　　　　　　낙원 (樂園) 명 樂園

〈굿〉

넋 명 魂
논어 (論語) 명 论语
다신교 (多神敎) 명 多神教
대사 (大師) 명 大师
대순진리회 명 大順真理教
대주교 (大主敎) 명 大教主
도 (道) 명 道
도교 (道敎) 명 道教
도깨비 명 鬼神的一种
독실하다 (篤實—) 형 笃实
돌부처 명 石头作的佛像
라마교 (Lama敎) 명 罗马教
마귀 (魔鬼) 명 魔鬼
마녀 (魔女) 명 魔女
마호메트교 (Mahomet敎) 명 伊斯兰教
목사 (牧師) 명 牧师
목탁 (木鐸) 명 木铎
몰몬교 (Mormon敎) 명 摩门教
무교 (無敎) 명 无教
무당 (巫堂) 명 巫婆
무속 (巫俗) 명 巫俗
무속신앙 (巫俗信仰) 명 巫术信仰
무신론 (有神論) 명 无神论
묵주 (默珠) 명 默珠
미사 (Missa) 명 弥撒
미사드리다 (Missa—) 동 弥撒
미신 (迷信) 명 迷信
민간신앙 (民間信仰) 명 民间信仰
믿다 동 信

넋 명 魂
논어 (論語) 명 論語
다신교 (多神敎) 명 多神教
대사 (大師) 명 大師
대순진리회 명 大順眞理教
대주교 (大主敎) 명 大敎主
도 (道) 명 道
도교 (道敎) 명 道敎
도깨비 명 鬼神的一種
독실하다 (篤實—) 형 篤實
돌부처 명 石頭作的佛像
라마교 (Lama敎) 명 羅馬敎
마귀 (魔鬼) 명 魔鬼
마녀 (魔女) 명 魔女
마호메트교 (Mahomet敎) 명 伊斯蘭敎
목사 (牧師) 명 牧師
목탁 (木鐸) 명 木鐸
몰몬교 (Mormon敎) 명 摩門敎
무교 (無敎) 명 無敎
무당 (巫堂) 명 巫婆
무속 (巫俗) 명 巫俗
무속신앙 (巫俗信仰) 명 巫術信仰
무신론 (有神論) 명 無神論
묵주 (默珠) 명 默珠
미사 (Missa) 명 彌撒
미사드리다 (Missa—) 동 彌撒
미신 (迷信) 명 迷信
민간신앙 (民間信仰) 명 民間信仰
믿다 동 信

〈목탁〉

〈무당〉

믿음 [명] 信仰
박수무당 (一巫堂) [명] 男巫
백일기도 (百日祈禱) [명] 百日祈祷
백팔번뇌 (百八煩惱) [명] 百八烦恼
번뇌 (煩惱) [명] 烦恼
법사 (法師) [명] 法师
보살 (菩薩) [명] 菩萨
복 (福) [명] 福
복사 (服事) [명] 服侍
복음 (福音) [명] 福音
복음서 (福音書) [명] 福音书
복음성가 (福音聖歌) [명] 福音圣歌
부목사 (副牧師) [명] 副牧师
부적 (符籍) [명] 符咒
부처 [명] 佛像
부처님 [명] 佛像的尊称
부활절 (復活節) [명] 复活节
불경 (佛經) [명] 佛经
불교 (佛敎) [명] 佛教
불도 (佛道) [명] 佛道
불법 (佛法) [명] 佛法
불사 (佛寺) [명] 佛寺
불상 (佛像) [명] 佛像
불운 (不運) [명] 没有运气
불탑 (佛塔) [명] 佛塔
불화 (佛畵) [명] 佛画
비구니 (比丘尼) [명] 比丘尼
빌다 [동] 祈祷
사교 (邪敎) [명] 邪教

믿음 [명] 信仰
박수무당 (一巫堂) [명] 男巫
백일기도 (百日祈禱) [명] 百日祈禱
백팔번뇌 (百八煩惱) [명] 百八煩惱
번뇌 (煩惱) [명] 煩惱
법사 (法師) [명] 法師
보살 (菩薩) [명] 菩薩
복 (福) [명] 福
복사 (服事) [명] 服侍
복음 (福音) [명] 福音
복음서 (福音書) [명] 福音書
복음성가 (福音聖歌) [명] 福音聖歌
부목사 (副牧師) [명] 副牧師
부적 (符籍) [명] 符咒
부처 [명] 佛像
부처님 [명] 佛像的尊稱
부활절 (復活節) [명] 復活節
불경 (佛經) [명] 佛經
불교 (佛敎) [명] 佛敎
불도 (佛道) [명] 佛道
불법 (佛法) [명] 佛法
불사 (佛寺) [명] 佛寺
불상 (佛像) [명] 佛像
불운 (不運) [명] 沒有運氣
불탑 (佛塔) [명] 佛塔
불화 (佛畵) [명] 佛畫
비구니 (比丘尼) [명] 比丘尼
빌다 [동] 祈禱
사교 (邪敎) [명] 邪敎

〈불상〉

사당 (祠堂) 몡 祠堂
사도신경 (使徒信經) 몡 使徒信经
사랑 몡 爱
사리 (舍利) 몡 舍利
사서삼경 (四書三經) 몡 四书三经
사원 (寺院) 몡 寺院
사월초파일 (四月初八日) 몡 四月初八日
사이비 (似而非) 몡 似是而非
사이비종교 (似而非宗敎) 몡 非宗教
사주 (四柱) 몡 四柱
사주팔자 (四柱八字) 몡 四柱八字, 生辰八字
사찰 (寺刹) 몡 寺刹
산신 (山神) 몡 山神
산신령 (山神靈) 몡 山神
살 (煞) 몡 鬼怪, 邪
삼강오륜 (三綱五倫) 몡 三纲五伦
서낭당 (一堂) 몡 城隍庙
서낭신 (一神) 몡 城隍神
서방정토 (西方淨土) 몡 西方净土
석가모니 (釋迦牟尼) 몡 释加牟尼
석가탄신일 (釋迦誕辰日) 몡 释加牟尼诞辰日
선교 (宣敎) 몡 传教
선교사 (宣敎師) 몡 传教士
설교하다 (說敎—) 동 说教
섬기다 동 ①拜 ②侍奉, 奉养, 侍候, 服侍 ③倾注力量

사당 (祠堂) 몡 祠堂
사도신경 (使徒信經) 몡 使徒信經
사랑 몡 愛
사리 (舍利) 몡 舍利
사서삼경 (四書三經) 몡 四書三經
사원 (寺院) 몡 寺院
사월초파일 (四月初八日) 몡 四月初八日
사이비 (似而非) 몡 似是而非
사이비종교 (似而非宗敎) 몡 非宗敎
사주 (四柱) 몡 四柱
사주팔자 (四柱八字) 몡 四柱八字, 生辰八字
사찰 (寺刹) 몡 寺刹
산신 (山神) 몡 山神
산신령 (山神靈) 몡 山神
살 (煞) 몡 鬼怪, 邪
삼강오륜 (三綱五倫) 몡 三綱五倫
서낭당 (一堂) 몡 城隍廟
서낭신 (一神) 몡 城隍神
서방정토 (西方淨土) 몡 西方淨土
석가모니 (釋迦牟尼) 몡 釋加牟尼
석가탄신일 (釋迦誕辰日) 몡 釋加牟尼誕辰日
선교 (宣敎) 몡 傳敎
선교사 (宣敎師) 몡 傳敎士
설교하다 (說敎—) 동 說敎
섬기다 동 ①拜 ②侍奉, 奉養, 侍候, 服侍 ③傾注力量

〈서낭당〉

성가 (聖歌) 뗑 圣歌　　　　　　성가 (聖歌) 뗑 聖歌
성가대 (聖歌隊) 뗑 圣歌歌唱队　　성가대 (聖歌隊) 뗑 聖歌歌唱隊
성결교 (聖潔敎) 뗑 圣洁教　　　　성결교 (聖潔敎) 뗑 聖潔敎
성경 (聖經) 뗑 圣经　　　　　　　성경 (聖經) 뗑 聖經
성공회 (聖公會) 뗑 圣公会　　　　성공회 (聖公會) 뗑 聖公會
성균관 (成均館) 뗑 成均馆　　　　성균관 (成均館) 뗑 成均館
성당 (聖堂) 뗑 圣堂　　　　　　　성당 (聖堂) 뗑 聖堂
성령 (聖靈) 뗑 圣灵　　　　　　　성령 (聖靈) 뗑 聖靈
성모 (聖母) 뗑 圣母　　　　　　　성모 (聖母) 뗑 聖母
성모님 (聖母—) 뗑 圣母 (敬语)　　성모님 (聖母—) 뗑 聖母 (敬語)
성모마리아 (聖母Maria) 뗑 圣母玛利亚　성모마리아 (聖母Maria) 뗑 聖母瑪利亞
성부 (聖父) 뗑 圣父　　　　　　　성부 (聖父) 뗑 聖父
성서 (聖書) 뗑 圣书　　　　　　　성서 (聖書) 뗑 聖書
성신 (聖神) 뗑 圣神　　　　　　　성신 (聖神) 뗑 聖神
성인 (聖人) 뗑 圣人　　　　　　　성인 (聖人) 뗑 聖人
성자¹ (聖者) 뗑 圣者　　　　　　성자¹ (聖者) 뗑 聖者
성자² (聖子) 뗑 圣子　　　　　　성자² (聖子) 뗑 聖子
성전 (聖殿) 뗑 圣殿　　　　　　　성전 (聖殿) 뗑 聖殿
성지 (聖地) 뗑 圣地　　　　　　　성지 (聖地) 뗑 聖地
성지순례 (聖地巡禮) 뗑 圣地巡礼　성지순례 (聖地巡禮) 뗑 聖地巡禮
성직자 (聖職者) 뗑 圣职　　　　　성직자 (聖職者) 뗑 聖職
성탄절 (聖誕節) 뗑 圣诞节　　　　성탄절 (聖誕節) 뗑 聖誕節
성호 (聖號) 뗑 圣号　　　　　　　성호 (聖號) 뗑 聖號
세례 (洗禮) 뗑 洗礼　　　　　　　세례 (洗禮) 뗑 洗禮
세례명 (洗禮名) 뗑 洗礼名　　　　세례명 (洗禮名) 뗑 洗禮名
세례식 (洗禮式) 뗑 洗礼仪式　　　세례식 (洗禮式) 뗑 洗禮儀式
수녀 (修女) 뗑 修女　　　　　　　수녀 (修女) 뗑 修女
수녀원 (修女院) 뗑 修女院　　　　수녀원 (修女院) 뗑 修女院
수도사 (修道士) 뗑 修道士　　　　수도사 (修道士) 뗑 修道士
수도원 (修道院) 뗑 修道院　　　　수도원 (修道院) 뗑 修道院
수도하다 (修道—) 동 修道　　　　수도하다 (修道—) 동 修道
순교자 (殉敎者) 뗑 殉教者　　　　순교자 (殉敎者) 뗑 殉敎者
숭배 (崇拜) 뗑 崇拜　　　　　　　숭배 (崇拜) 뗑 崇拜
숭배하다 (崇拜—) 동 崇拜　　　　숭배하다 (崇拜—) 동 崇拜
숭상 (崇尙—) 뗑 崇尚　　　　　　숭상 (崇尙—) 뗑 崇尙
스님 뗑 僧　　　　　　　　　　　스님 뗑 僧

승려 (僧侶) 명 僧侶
시주 (施主) 명 施主
신 (神) 명 神
신교 (新敎) 명 新教
신교도 (新敎徒) 명 新教徒
신당 (神堂) 명 神堂
신도 (信徒) 명 信徒, 教徒
신들리다 (神—) 동 中邪
신령 (神靈) 명 神灵
신령님 (神靈—) 명 神灵 (敬语)
신부 (神父) 명 神父
신성하다 (神聖—) 형 神圣
신앙 (信仰) 명 信仰
신앙고백 (信仰告白) 명 告白信仰
신앙생활 (信仰生活) 명 信仰生活
신앙심 (信仰心) 명 信仰心
신앙인 (信仰人) 명 信仰人
신약 (新約) 명 新约
신약성서 (新約聖書) 명 新约圣书
신자 (信者) 명 教徒, 信徒
신주 (神主) 명 神主
신흥종교 (新興宗敎) 명 新兴宗教
심령술 (心靈術) 명 心灵术
심령술사 (心靈術士) 명 心灵术师
심방하다 (尋訪—) 동 寻访
십일조 (十一租) 명 十一租
십자가 (十字架) 명 十字架
아멘 (Amen) 명 阿门
악마 (惡魔) 명 恶魔
안식교 (安息敎) 명 安息教
안식일교 (安息日敎) 명 安息日教
알라 (Allah) 명 安拉
액 (厄) 명 厄, 灾厄
액땜 (厄—) 명 免厄
업 (業) 명 业
업보 (業報) 명 业报

승려 (僧侶) 명 僧侶
시주 (施主) 명 施主
신 (神) 명 神
신교 (新敎) 명 新敎
신교도 (新敎徒) 명 新敎徒
신당 (神堂) 명 神堂
신도 (信徒) 명 信徒, 敎徒
신들리다 (神—) 동 中邪
신령 (神靈) 명 神靈
신령님 (神靈—) 명 神靈 (敬語)
신부 (神父) 명 神父
신성하다 (神聖—) 형 神聖
신앙 (信仰) 명 信仰
신앙고백 (信仰告白) 명 告白信仰
신앙생활 (信仰生活) 명 信仰生活
신앙심 (信仰心) 명 信仰心
신앙인 (信仰人) 명 信仰人
신약 (新約) 명 新約
신약성서 (新約聖書) 명 新約聖書
신자 (信者) 명 敎徒, 信徒
신주 (神主) 명 神主
신흥종교 (新興宗敎) 명 新興宗敎
심령술 (心靈術) 명 心靈術
심령술사 (心靈術士) 명 心靈術師
심방하다 (尋訪—) 동 尋訪
십일조 (十一租) 명 十一租
십자가 (十字架) 명 十字架
아멘 (Amen) 명 阿門
악마 (惡魔) 명 惡魔
안식교 (安息敎) 명 安息敎
안식일교 (安息日敎) 명 安息日敎
알라 (Allah) 명 安拉
액 (厄) 명 厄, 災厄
액땜 (厄—) 명 免厄
업 (業) 명 業
업보 (業報) 명 業報

여호와의 증인 (Jehovah— 证人) 명
  耶和华的证人
여호와 (Jehovah) 명 耶和华
역술가 (易術家) 명 易术家
연등행사 (燃燈行事) 명 灯笼会, 灯会
열반 (涅槃) 명 涅盘, 泥洹
염라대왕 (閻羅大王) 명 阎罗大王
염불 (念佛) 명 念佛
염주 (念珠) 명 念珠
영성체 (領聖體) 명 领圣体
영세 (領洗) 명 圣洗
영세명 (領洗名) 명 圣洗名
영혼 (靈魂) 명 灵魂
예배 (禮拜) 명 礼拜
예배당 (禮拜堂) 명 教堂
예배드리다 (禮拜—) 동 礼拜
예배보다 (禮拜—) 동 礼拜
예불하다 (禮佛—) 동 拜佛
예수교 (—教) 명 耶穌教
예수님 명 耶穌
옥황상제 (玉皇上帝) 명 玉皇上帝
우상숭배 (偶像崇拜) 명 崇拜偶像
운수 (運數) 명 运气
원불교 (圓佛教) 명 圆佛教
유교 (儒教) 명 儒教
유령 (幽靈) 명 幽灵
유림 (儒林) 명 儒林
유생 (儒生) 명 儒生
유신론 (有神論) 명 有神论

여호와의 증인 (Jehovah— 證人) 명
  耶和華的證人
여호와 (Jehovah) 명 耶和華
역술가 (易術家) 명 易術家
연등행사 (燃燈行事) 명 燈籠會, 燈會
열반 (涅槃) 명 涅槃, 泥洹
염라대왕 (閻羅大王) 명 閻羅大王
염불 (念佛) 명 念佛
염주 (念珠) 명 念珠
영성체 (領聖體) 명 領聖體
영세 (領洗) 명 聖洗
영세명 (領洗名) 명 聖洗名
영혼 (靈魂) 명 靈魂
예배 (禮拜) 명 禮拜
예배당 (禮拜堂) 명 教堂
예배드리다 (禮拜—) 동 禮拜
예배보다 (禮拜—) 동 禮拜
예불하다 (禮佛—) 동 拜佛
예수교 (—教) 명 耶穌教
예수님 명 耶穌
옥황상제 (玉皇上帝) 명 玉皇上帝
우상숭배 (偶像崇拜) 명 崇拜偶像
운수 (運數) 명 運氣
원불교 (圓佛敎) 명 圓佛敎
유교 (儒敎) 명 儒敎
유령 (幽靈) 명 幽靈
유림 (儒林) 명 儒林
유생 (儒生) 명 儒生
유신론 (有神論) 명 有神論

〈염주〉

유일신 (唯一神) 명 唯一的神
유태교 (猶太敎) 명 犹太教
유학 (儒學) 명 儒学
윤회 (輪廻) 명 轮回
은총 (恩寵) 명 宠爱
이단 (異端) 명 异端
이슬람교 (Islam敎) 명 伊斯兰教
이승 명 尘世, 现世
인연 (因緣) 명 因缘, 缘分
일신교 (一神敎) 명 一神教
입교 (入敎) 명 入教
자비 (慈悲) 명 慈悲
자연숭배 (自然崇拜) 명 崇拜自然
자연신앙 (自然神仰) 명 自然信仰
잡귀 (雜鬼) 명 杂鬼
장로 (長老) 명 长老(宗教)
장로교 (長老敎) 명 长老教
저승 명 天堂
저승사자 (一使者) 명 使者
전도 (傳道) 명 传教
전도사 (傳道師) 명 传教士
전도하다 (傳道—) 동 传教
절 명 寺庙
절대자 (絶對者) 명 客观存在
점 (占) 명 占卜
점괘 (占卦) 명 占卜
점보다 (占—) 동 占卜
점성술 (占星術) 명 占星术
점집 (占—) 명 占卜店
점치다 (占—) 동 占卜, 算卦, 算命
정통 (正統) 명 正统
제사 (祭祀) 명 祭祀
제사상 (祭祀床) 명 祭祀台
제사지내다 (祭祀—) 동 祭祀
제삿날 (祭祀日) 명 祭祀日
제주[1] (祭主) 명 祭主

유일신 (唯一神) 명 唯一的神
유태교 (猶太敎) 명 猶太敎
유학 (儒學) 명 儒學
윤회 (輪廻) 명 輪回
은총 (恩寵) 명 寵愛
이단 (異端) 명 異端
이슬람교 (Islam敎) 명 伊斯蘭敎
이승 명 塵世, 現世
인연 (因緣) 명 因緣, 緣分
일신교 (一神敎) 명 一神敎
입교 (入敎) 명 入敎
자비 (慈悲) 명 慈悲
자연숭배 (自然崇拜) 명 崇拜自然
자연신앙 (自然神仰) 명 自然信仰
잡귀 (雜鬼) 명 雜鬼
장로 (長老) 명 長老(宗敎)
장로교 (長老敎) 명 長老敎
저승 명 天堂
저승사자 (一使者) 명 使者
전도 (傳道) 명 傳敎
전도사 (傳道師) 명 傳敎士
전도하다 (傳道—) 동 傳敎
절 명 寺廟
절대자 (絶對者) 명 客觀存在
점 (占) 명 占卜
점괘 (占卦) 명 占卜
점보다 (占—) 동 占卜
점성술 (占星術) 명 占星術
점집 (占—) 명 占卜店
점치다 (占—) 동 占卜, 算卦, 算命
정통 (正統) 명 正統
제사 (祭祀) 명 祭祀
제사상 (祭祀床) 명 祭祀臺
제사지내다 (祭祀—) 동 祭祀
제삿날 (祭祀日) 명 祭祀日
제주[1] (祭主) 명 祭主

제주² (祭酒) 명 祭酒
조계종 (曹溪宗) 명 ① 高丽时期新罗的 九山禅门宗派总和 ② 太古时韩国最大的佛教宗派
조상 (祖上) 명 祖上, 祖宗
조상신 (祖上神) 명 祖神
종교 (宗敎) 명 宗敎
종교개혁 (宗敎改革) 명 宗敎改革
종교계 (宗敎界) 명 宗敎界
종교관 (宗敎觀) 명 宗敎观
종교단체 (宗敎團體) 명 宗敎团体
종교서적 (宗敎書籍) 명 宗敎书籍
종교음악 (宗敎音樂) 명 宗敎音乐
종교의식 (宗敎儀式) 명 宗敎仪式
종교인 (宗敎人) 명 宗敎徒
종교전쟁 (宗敎戰爭) 명 宗敎战争
종교철학 (宗敎哲學) 명 宗敎哲学
종교탄압 (宗敎彈壓) 명 宗敎迫害
종파 (宗派) 명 宗派
주교 (主敎) 명 主敎
주기도문 (主祈禱文) 명 主祈禱文
주님 (主一) 명 上帝
주문 (呪文) 명 咒文
주술 (呪術) 명 咒术
주지스님 (住持一) 명 住持和尚, 长老和尚
중 명 僧
중생 (衆生) 명 众生
증산교 (甑山敎) 명 甑山敎

제주² (祭酒) 명 祭酒
조계종 (曹溪宗) 명 ① 高麗時期新羅的 九山禪門宗派總和 ② 太古時韓國最大的佛敎宗派
조상 (祖上) 명 祖上, 祖宗
조상신 (祖上神) 명 祖神
종교 (宗敎) 명 宗敎
종교개혁 (宗敎改革) 명 宗敎改革
종교계 (宗敎界) 명 宗敎界
종교관 (宗敎觀) 명 宗敎觀
종교단체 (宗敎團體) 명 宗敎團體
종교서적 (宗敎書籍) 명 宗敎書籍
종교음악 (宗敎音樂) 명 宗敎音樂
종교의식 (宗敎儀式) 명 宗敎儀式
종교인 (宗敎人) 명 宗敎徒
종교전쟁 (宗敎戰爭) 명 宗敎戰爭
종교철학 (宗敎哲學) 명 宗敎哲學
종교탄압 (宗敎彈壓) 명 宗敎迫害
종파 (宗派) 명 宗派
주교 (主敎) 명 主敎
주기도문 (主祈禱文) 명 主祈禱文
주님 (主一) 명 上帝
주문 (呪文) 명 呪文
주술 (呪術) 명 呪術
주지스님 (住持一) 명 住持和尙, 長老和尙
중 명 僧
중생 (衆生) 명 衆生
증산교 (甑山敎) 명 甑山敎

〈제사상〉

지방 (紙榜) 몡 紙牌位, 紙位牌, 紙神主, 紙神位
지옥 (地獄) 몡 地獄
집사 (執事) 몡 执事
차례 (茶禮) 몡 早晨或白天的祭祀, 祭礼
차례상 (茶禮床) 몡 祭祀台, 祭礼台
차례지내다 (茶禮—) 동 祭祀, 祭礼
찬미 (讚美) 몡 赞美
찬불가 (讚佛歌) 몡 赞佛歌
찬송 (讚頌) 몡 赞颂
찬송가 (讚頌歌) 몡 赞颂歌, 赞歌
찬송하다 (讚頌—) 동 赞颂
찬양하다 (讚揚—) 동 赞扬
창조자 (創造者) 몡 创造者
천국 (天國) 몡 天国
천당 (天堂) 몡 天堂
천도교 (天道敎) 몡 天道教
천리교 (天理敎) 몡 天理教
천사 (天使) 몡 天使
천주교 (天主敎) 몡 天主教
천주님 (天主—) 몡 天主
최면 (催眠) 몡 催眠
최면술 (催眠術) 몡 催眠术
추기경 (樞機卿) 몡 紅衣主教, 枢机主教, 枢机卿
추수감사절 (秋收感謝節) 몡 秋收感恩节
축복 (祝福) 몡 祝福
출가하다 (出家—) 동 出家

지방 (紙榜) 몡 紙牌位, 紙位牌, 紙神主, 紙神位
지옥 (地獄) 몡 地獄
집사 (執事) 몡 執事
차례 (茶禮) 몡 早晨或白天的祭祀, 祭禮
차례상 (茶禮床) 몡 祭祀臺, 祭禮臺
차례지내다 (茶禮—) 동 祭祀, 祭禮
찬미 (讚美) 몡 讚美
찬불가 (讚佛歌) 몡 讚佛歌
찬송 (讚頌) 몡 讚頌
찬송가 (讚頌歌) 몡 讚頌歌, 贊歌
찬송하다 (讚頌—) 동 讚頌
찬양하다 (讚揚—) 동 讚揚
창조자 (創造者) 몡 創造者
천국 (天國) 몡 天國
천당 (天堂) 몡 天堂
천도교 (天道敎) 몡 天道敎
천리교 (天理敎) 몡 天理敎
천사 (天使) 몡 天使
천주교 (天主敎) 몡 天主敎
천주님 (天主—) 몡 天主
최면 (催眠) 몡 催眠
최면술 (催眠術) 몡 催眠術
추기경 (樞機卿) 몡 紅衣主教, 樞機主教, 樞機卿
추수감사절 (秋收感謝節) 몡 秋收感恩節
축복 (祝福) 몡 祝福
출가하다 (出家—) 동 出家

〈차례상〉

침례교 (浸禮敎) 명 浸礼教
카톨릭 (Catholic) 명 天主教
코란 (Koran, Coran) 명 可兰经
크리스마스 (Christmas) 명 圣诞节
탱화 (幀畫) 명 佛像
토정비결 (土亭秘訣) 명 土亭秘訣
통과의례 (通過儀禮) 명 通过仪式
통일교 (統一敎) 명 统一教
파계승 (破戒僧) 명 破戒僧
포교 (布敎) 명 宣教
푸닥거리 명 跳大神(迷信)
하나님 명 上帝
하느님 명 上帝
학습 (學習) 명 学习
합장하다 (合掌―) 동 合掌

침례교 (浸禮敎) 명 浸禮敎
카톨릭 (Catholic) 명 天主敎
코란 (Koran, Coran) 명 可蘭經
크리스마스 (Christmas) 명 聖誕節
탱화 (幀畫) 명 佛像
토정비결 (土亭秘訣) 명 土亭秘訣
통과의례 (通過儀禮) 명 通過儀禮
통일교 (統一敎) 명 統一敎
파계승 (破戒僧) 명 破戒僧
포교 (布敎) 명 宣敎
푸닥거리 명 跳大神(迷信)
하나님 명 上帝
하느님 명 上帝
학습 (學習) 명 學習
합장하다 (合掌―) 동 合掌

분류	대상	이념	경전	사람	장소	의식
유교	공자님 조상신	인(仁)	사서삼경 (四書三經)	유림 유생 :	서원 사당 향교 :	제사 차례 :
불교	부처님 석가모니	자비	불경	대사 법사 보살 비구니 스님 승려 중	사원 절 :	예불 염불 :
기독교	예수님 하나님	사랑	성경	권사 목사 선교사 장로 전도사 집사 :	교회 예배당 :	세례 예배 :
천주교	성모마리아 예수님 천주님	사랑	성경	교황 대주교 수녀 신부 주교 주기경 :	성당 수도원 :	고해성사 미사 세례 영세 :
민간신앙	신 자연물	복(福)		무당 박수무당	서낭당 신당	고사 굿 점

해몽 (解夢) 图 解梦
해탈 (解脫) 图 解脱
행운 (幸運) 图 幸运
향교 (鄉校) 图 乡校 (朝鲜封建时代官协的地方学校)
헌금 (獻金) 图 捐款, 献款, 捐钱
혼 (魂) 图 魂
혼령 (魂靈) 图 魂灵
혼백 (魂魄) 图 魂
회교도 (回教徒) 图 回教徒
힌두교 (Hindu敎) 图 印度教

해몽 (解夢) 图 解夢
해탈 (解脫) 图 解脫
행운 (幸運) 图 幸運
향교 (鄉校) 图 鄉校 (朝鮮封建時代官協的地方學校)
헌금 (獻金) 图 捐款, 獻款, 捐錢
혼 (魂) 图 魂
혼령 (魂靈) 图 魂靈
혼백 (魂魄) 图 魂
회교도 (回敎徒) 图 回敎徒
힌두교 (Hindu敎) 图 印度敎

19. 문명과 문화

| 文明与文化 | 文明與文化 |

개화기 (開化期) 명 开化期
개화하다 (開化—) 동 开花, 启蒙
계승하다 (繼承—) 동 继承
고대문명 (古代文明) 명 古代文明
구석기시대 (舊石器時代) 명 旧石器时代
기계문명 (機械文明) 명 机械文明
농경문화 (農耕文化) 명 农耕文化
대중문화 (大衆文化) 명 大众文化
동양문화 (東洋文化) 명 东洋文化
르네상스 (Renaissance) 명 文艺复兴
마야문명 (Maya文明) 명 玛雅文明
메소포타미아문명 (Mesopotamia文明) 명 美索不达米亚文明
무형문화재 (無形文化財) 명 无形文化遗产, 无形文化财富
문명 (文明) 명 文明
문명사 (文明史) 명 文明史
문명사회 (文明社會) 명 文明社会
문물 (文物) 명 文物
문물교류 (文物交流) 명 文物交流
문예부흥 (文藝復興) 명 文艺复兴
문호개방 (門戶開放) 명 门户开放
문화 (文化) 명 文化
문화계 (文化界) 명 文化界
문화관광부 (文化觀光部) 명 文化观光部
문화교류 (文化交流) 명 文化交流
문화권 (文化圈) 명 文化圈
문화민족 (文化民族) 명 民族文化
문화부 (文化部) 명 文化部

개화기 (開化期) 명 開化期
개화하다 (開化—) 동 開花, 啓蒙
계승하다 (繼承—) 동 繼承
고대문명 (古代文明) 명 古代文明
구석기시대 (舊石器時代) 명 舊石器時代
기계문명 (機械文明) 명 機械文明
농경문화 (農耕文化) 명 農耕文化
대중문화 (大衆文化) 명 大衆文化
동양문화 (東洋文化) 명 東洋文化
르네상스 (Renaissance) 명 文藝復興
마야문명 (Maya文明) 명 瑪雅文明
메소포타미아문명 (Mesopotamia文明) 명 美索不達米亞文明
무형문화재 (無形文化財) 명 無形文化遺産, 無形文化財富
문명 (文明) 명 文明
문명사 (文明史) 명 文明史
문명사회 (文明社會) 명 文明社會
문물 (文物) 명 文物
문물교류 (文物交流) 명 文物交流
문예부흥 (文藝復興) 명 文藝復興
문호개방 (門戶開放) 명 門戶開放
문화 (文化) 명 文化
문화계 (文化界) 명 文化界
문화관광부 (文化觀光部) 명 文化觀光部
문화교류 (文化交流) 명 文化交流
문화권 (文化圈) 명 文化圈
문화민족 (文化民族) 명 民族文化
문화부 (文化部) 명 文化部

문화비 (文化費) 圕 看电影等为文化生活
　　支出的费用
문화사 (文化史) 圕 文化史
문화생활 (文化生活) 圕 文化生活
문화수준 (文化水準) 圕 文化水平
문화시설 (文化施設) 圕 文化设施
문화예술 (文化藝術) 圕 文化艺术
문화유산 (文化遺産) 圕 文化遺产
문화융합 (文化融合) 圕 文化融合
문화인 (文化人) 圕 文化人
문화인류학 (文化人類學) 圕 文化人类学
문화재 (文化財) 圕 文物, 文化遺产,
　　文化財富
문화재관리국 (文化財管理局) 圕
　　文物管理局
문화재보호 (文化財保護) 圕 文物保护,
　　保护文化遺产, 保护文化財富
문화접변 (文化接變) 圕 和别的文化接
　　触以后所发生的文化变化, 演变文化
문화제 (文化祭) 圕 文物
문화지체 (文化遲滯) 圕 文化停滯 (文化
　　发展处于停滯状态或停滯不前)
문화창조 (文化創造) 圕 文化创造
문화행사 (文化行事) 圕 文化活动
문화혁명 (文化革命) 圕 文化革命
문화회관 (文化會館) 圕 文化馆
미개 (未開) 圕 未开化
미개인 (未開人) 圕 未开化的人, 野蛮人
미케네문명 (Mycenae文明) 圕
　　美锡尼文化
민속 (民俗) 圕 民俗
발달하다 (發達—) 图 发达
발상지 (發祥地) 圕 发祥地, 发源地
발전하다 (發展—) 图 发展
발해문화 (渤海文化) 圕 渤海文化
불교문화권 (佛敎文化圈) 圕 佛敎文化圈

문화비 (文化費) 圕 看電影等爲文化生活
　　支出的費用
문화사 (文化史) 圕 文化史
문화생활 (文化生活) 圕 文化生活
문화수준 (文化水準) 圕 文化水平
문화시설 (文化施設) 圕 文化設施
문화예술 (文化藝術) 圕 文化藝術
문화유산 (文化遺産) 圕 文化遺産
문화융합 (文化融合) 圕 文化融合
문화인 (文化人) 圕 文化人
문화인류학 (文化人類學) 圕 文化人類學
문화재 (文化財) 圕 文物, 文化遺産,
　　文化財富
문화재관리국 (文化財管理局) 圕
　　文物管理局
문화재보호 (文化財保護) 圕 文物保護,
　　保護文化遺産, 保護文化財富
문화접변 (文化接變) 圕 和別的文化接
　　觸以後所發生的文化變化, 演變文化
문화제 (文化祭) 圕 文物
문화지체 (文化遲滯) 圕 文化停滯 (文化
　　發展處於停滯狀態或停滯不前)
문화창조 (文化創造) 圕 文化創造
문화행사 (文化行事) 圕 文化活動
문화혁명 (文化革命) 圕 文化革命
문화회관 (文化會館) 圕 文化館
미개 (未開) 圕 未開化
미개인 (未開人) 圕 未開化的人, 野蠻人
미케네문명 (Mycenae文明) 圕
　　美錫尼文化
민속 (民俗) 圕 民俗
발달하다 (發達—) 图 發達
발상지 (發祥地) 圕 發祥地, 發源地
발전하다 (發展—) 图 發展
발해문화 (渤海文化) 圕 渤海文化
불교문화권 (佛敎文化圈) 圕 佛敎文化圈

비단길 몡 丝绸之路
서구문명 (西歐文明) 몡 西欧文明
서구문화 (西歐文化) 몡 西欧文化
서양문화 (西洋文化) 몡 西洋文化
선사문화 (先史文化) 몡 先史文化
선사시대 (先史時代) 몡 先史时代
선진문명 (先進文明) 몡 先进文明
세종문화회관 (世宗文化會館) 몡
　　世宗文化会馆
신석기시대 (新石器時代) 몡 新石器时代
실크로드 (Silk Road) 몡 丝绸之路
안데스문명 (Andes文明) 몡 安弟斯文明
야만 (野蠻) 몡 野蛮
야만인 (野蠻人) 몡 野蛮人
에게문명 (Aegean文明) 몡 爱琴文明
원시인 (原始人) 몡 原始人
음식문화 (飮食文化) 몡 饮食文化
이집트문명 (Egypt文明) 몡 埃及文明
인도문명 (印度文明) 몡 印度文明
인류문명 (人類文明) 몡 人类文明
인류문화 (人類文化) 몡 人类文化
잉카문명 (Inca文明) 몡 印加文明
전래문화 (傳來文化) 몡 传统文化,
　　传统风俗
전승문화 (傳承文化) 몡 继承传统文化
전승하다 (傳承—) 동 继承
전통문화 (傳統文化) 몡 传统文化
전파하다 (傳播—) 동 传播
중국문명 (中國文明) 몡 中国文明
철기시대 (鐵器時代) 몡 铁器时代
청동기시대 (靑銅器時代) 몡 青铜器时代
크레타문명 (Creta文明) 몡 克里特文明
트로이문명 (Troy文明) 몡 特洛伊文明
한글문화 (—文化) 몡 韩字文化
한자문화권 (漢字文化圈) 몡 汉字文化圈
향유하다 (享有—) 동 享有

비단길 몡 絲綢之路
서구문명 (西歐文明) 몡 西歐文明
서구문화 (西歐文化) 몡 西歐文化
서양문화 (西洋文化) 몡 西洋文化
선사문화 (先史文化) 몡 先史文化
선사시대 (先史時代) 몡 先史時代
선진문명 (先進文明) 몡 先進文明
세종문화회관 (世宗文化會館) 몡
　　世宗文化會館
신석기시대 (新石器時代) 몡 新石器時代
실크로드 (Silk Road) 몡 絲綢之路
안데스문명 (Andes文明) 몡 安弟斯文明
야만 (野蠻) 몡 野蠻
야만인 (野蠻人) 몡 野蠻人
에게문명 (Aegean文明) 몡 愛琴文明
원시인 (原始人) 몡 原始人
음식문화 (飮食文化) 몡 飮食文化
이집트문명 (Egypt文明) 몡 埃及文明
인도문명 (印度文明) 몡 印度文明
인류문명 (人類文明) 몡 人類文明
인류문화 (人類文化) 몡 人類文化
잉카문명 (Inca文明) 몡 印加文明
전래문화 (傳來文化) 몡 傳統文化,
　　傳統風俗
전승문화 (傳承文化) 몡 繼承傳統文化
전승하다 (傳承—) 동 繼承
전통문화 (傳統文化) 몡 傳統文化
전파하다 (傳播—) 동 傳播
중국문명 (中國文明) 몡 中國文明
철기시대 (鐵器時代) 몡 鐵器時代
청동기시대 (靑銅器時代) 몡 靑銅器時代
크레타문명 (Creta文明) 몡 克裏特文明
트로이문명 (Troy文明) 몡 特洛伊文明
한글문화 (—文化) 몡 韓字文化
한자문화권 (漢字文化圈) 몡 漢字文化圈
향유하다 (享有—) 동 享有

현대문명 (現代文明) 몡 現代文明　　　　**현대문명** (現代文明) 몡 現代文明
황하문명 (黃河文明) 몡 黃河文明　　　　**황하문명** (黃河文明) 몡 黃河文明

문명	시대	고대문명, 현대문명 …
	지역	마야문명, 메소포타미아문명, 미케네문명, 서구문명, 아즈텍문명, 안데스문명, 에게문명, 이집트문명, 인도문명, 잉카문명, 중국문명, 크레타문명, 트로이문명 …
문화	시대	선사문화, 전래문화, 전승문화, 전통문화 …
	지역	서구문화, 서양문화, 동양문화, 발해문화 …
	종교	불교문화, 이슬람문화 …
	유형	농경문화, 복식문화, 음식문화, 한글문화 …

20. 예술

| 艺术 | 藝術 |

가곡 (歌曲) 명 歌曲
가락 명 调, 调子, 曲调, 腔调, 腔
가면극 (假面劇) 명 假面剧
가무단 (歌舞團) 명 歌舞团
가사¹ (歌詞) 명 歌词
가사² (歌辭) 명 歌辞 (朝鲜中世期诗歌形式之一)
가수 (歌手) 명 歌手, 歌星
가야금 (伽倻琴) 명 伽倻琴
가요 (歌謠) 명 歌谣
가요계 (歌謠界) 명 歌唱界, 声乐界
가요제 (歌謠祭) 명 声乐节, 演唱节
가창력 (歌唱力) 명 唱技
각본 (脚本) 명 剧本
각색 (脚色) 명 改编
간주 (間奏) 명 間奏
감독 (監督) 명 导演
감상하다 (鑑賞―) 동 欣赏
강강수월래 (强羌水越來) 명 羌羌水越来 (妇女手拉手转圆圈唱的民谣)

가곡 (歌曲) 명 歌曲
가락 명 調, 調子, 曲調, 腔調, 腔
가면극 (假面劇) 명 假面劇
가무단 (歌舞團) 명 歌舞團
가사¹ (歌詞) 명 歌詞
가사² (歌辭) 명 歌辭 (朝鮮中世期詩歌形式之一)
가수 (歌手) 명 歌手, 歌星
가야금 (伽倻琴) 명 伽倻琴
가요 (歌謠) 명 歌謠
가요계 (歌謠界) 명 歌唱界, 聲樂界
가요제 (歌謠祭) 명 聲樂節, 演唱節
가창력 (歌唱力) 명 唱技
각본 (脚本) 명 劇本
각색 (脚色) 명 改編
간주 (間奏) 명 間奏
감독 (監督) 명 導演
감상하다 (鑑賞―) 동 欣賞
강강수월래 (强羌水越來) 명 羌羌水越來 (婦女手拉手轉圓圈唱的民謠)

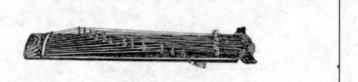

〈가야금〉

〈강강수월래〉

개봉관 (開封館) 몡 电影院
개봉박두 (開封迫頭) 몡 上映前夕
개사 (改詞) 몡 改词
객석 (客席) 몡 客人坐的地方, 客位, 客座
거문고 몡 玄鶴琴
건반악기 (鍵盤樂器) 몡 键盘乐器
건전가요 (健全歌謠) 몡 健康歌曲
걸작 (傑作) 몡 佳作, 杰作
경음악 (輕音樂) 몡 轻音乐
계몽문학 (啓蒙文學) 몡 启蒙文学
고려가요 (高麗歌謠) 몡 高丽歌谣
고전극 (古典劇) 몡 古典剧
고전무용 (古典舞踊) 몡 古典舞蹈
고전문학 (古典文學) 몡 古典文学
고전음악 (古典音樂) 몡 古典音乐
고전주의 (古典主義) 몡 古典主义
고전해학극 (古典諧謔劇) 몡 古典滑稽剧
곡조 (曲調) 몡 曲调
공간미술 (空間美術) 몡 空间艺术
공간예술 (空間藝術) 몡 空间艺术
공연 (公演) 몡 演出, 公演, 上演, 表演
공연예술 (公演藝術) 몡 演出艺术, 表演艺术
공연장 (公演場) 몡 剧场
공연하다 (公演—) 동 演出
공예 (工藝) 몡 工艺
공예품 (工藝品) 몡 工艺品
관객 (觀客) 몡 观众
관람객 (觀覽客) 몡 观众
관람료 (觀覽料) 몡 票价

개봉관 (開封館) 몡 電影院
개봉박두 (開封迫頭) 몡 上映前夕
개사 (改詞) 몡 改詞
객석 (客席) 몡 客人坐的地方, 客位, 客座
거문고 몡 玄鶴琴
건반악기 (鍵盤樂器) 몡 鍵盤樂器
건전가요 (健全歌謠) 몡 健康歌曲
걸작 (傑作) 몡 佳作, 杰作
경음악 (輕音樂) 몡 輕音樂
계몽문학 (啓蒙文學) 몡 啓蒙文學
고려가요 (高麗歌謠) 몡 高麗歌謠
고전극 (古典劇) 몡 古典劇
고전무용 (古典舞踊) 몡 古典舞蹈
고전문학 (古典文學) 몡 古典文學
고전음악 (古典音樂) 몡 古典音樂
고전주의 (古典主義) 몡 古典主義
고전해학극 (古典諧謔劇) 몡 古典滑稽劇
곡조 (曲調) 몡 曲調
공간미술 (空間美術) 몡 空間藝術
공간예술 (空間藝術) 몡 空間藝術
공연 (公演) 몡 演出, 公演, 上演, 表演
공연예술 (公演藝術) 몡 演出藝術, 表演藝術
공연장 (公演場) 몡 劇場
공연하다 (公演—) 동 演出
공예 (工藝) 몡 工藝
공예품 (工藝品) 몡 工藝品
관객 (觀客) 몡 觀衆
관람객 (觀覽客) 몡 觀衆
관람료 (觀覽料) 몡 票價

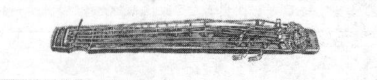

〈거문고〉

관람불가 (觀覽不可) 명 不能观赏, 不能观看
관람석 (觀覽席) 명 观众席, 座儿
관람하다 (觀覽―) 동 观看
관악기 (管樂器) 명 管乐器
관현악단 (管絃樂團) 명 管弦乐团
광고 (廣告) 명 广告
교향곡 (交響曲) 명 交响曲
교향악단 (交響樂團) 명 交响乐团
교회음악 (敎會音樂) 명 教会音乐
구도 (構圖) 명 构图
구비문학 (口碑文學) 명 口头文学, 口碑文学
국악 (國樂) 명 国乐
국악기 (國樂器) 명 国乐器
군악대 (軍樂隊) 명 军乐队
궁중무용 (宮中舞踊) 명 宮中舞蹈
그리다 동 画
그림 명 画儿
극 (劇) 명 剧
극시 (劇詩) 명 剧诗
극작가 (劇作家) 명 剧作家

관람불가 (觀覽不可) 명 不能觀賞, 不能觀看
관람석 (觀覽席) 명 觀衆席, 座兒
관람하다 (觀覽―) 동 觀看
관악기 (管樂器) 명 管樂器
관현악단 (管絃樂團) 명 管絃樂團
광고 (廣告) 명 廣告
교향곡 (交響曲) 명 交響曲
교향악단 (交響樂團) 명 交響樂團
교회음악 (敎會音樂) 명 敎會音樂
구도 (構圖) 명 構圖
구비문학 (口碑文學) 명 口頭文學, 口碑文學
국악 (國樂) 명 國樂
국악기 (國樂器) 명 國樂器
군악대 (軍樂隊) 명 軍樂隊
궁중무용 (宮中舞踊) 명 宮中舞蹈
그리다 동 畫
그림 명 畫兒
극 (劇) 명 劇
극시 (劇詩) 명 劇詩
극작가 (劇作家) 명 劇作家

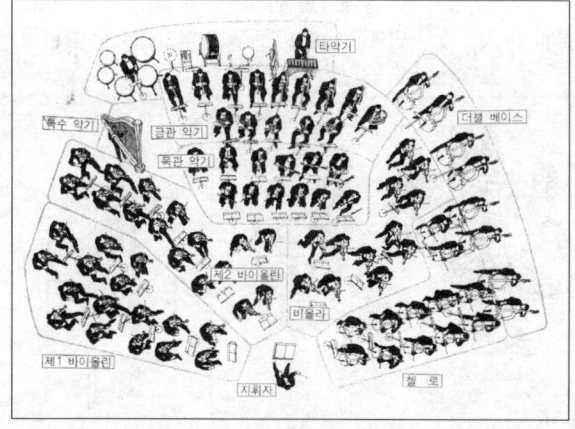

〈관현악단〉

〈궁중무용〉

극장 (劇場) 명 剧场   극장 (劇場) 명 劇場
극적 (劇的) 명 戏剧性的   극적 (劇的) 명 戲劇性的
글짓기 명 作文, 写作   글짓기 명 作文, 寫作
금관악기 (金管樂器) 명 铜管乐器, 管乐器   금관악기 (金管樂器) 명 銅管樂器, 管樂器
금속공예 (金屬工藝) 명 金属工艺   금속공예 (金屬工藝) 명 金屬工藝
기록영화 (記錄映畫) 명 纪录片   기록영화 (記錄映畫) 명 紀錄片
기악 (器樂) 명 器乐   기악 (器樂) 명 器樂
기악곡 (器樂曲) 명 器乐曲   기악곡 (器樂曲) 명 器樂曲
기악대 (器樂隊) 명 器乐队   기악대 (器樂隊) 명 器樂隊
꼭두각시춤 명 木偶戏   꼭두각시춤 명 木偶戲
꽹과리 명 锣   꽹과리 명 鑼
꾸밈음 (一音) 명 裝飾音   꾸밈음 (一音) 명 裝飾音
나팔 (喇叭) 명 喇叭   나팔 (喇叭) 명 喇叭
낭만주의 (浪漫主義) 명 浪漫主义   낭만주의 (浪漫主義) 명 浪漫主義
내림표 (一標) 명 降音符号   내림표 (一標) 명 降音符號
노래 명 歌曲   노래 명 歌曲
노천극장 (露天劇場) 명 露天剧场   노천극장 (露天劇場) 명 露天劇場
농악 (農樂) 명 农乐   농악 (農樂) 명 農樂
농악대 (農樂隊) 명 农乐队   농악대 (農樂隊) 명 農樂隊
단막극 (單幕劇) 명 独幕剧   단막극 (單幕劇) 명 獨幕劇
단소 (短簫) 명 短箫   단소 (短簫) 명 短簫
단역 (端役) 명 配角儿   단역 (端役) 명 配角兒
단음계 (短音階) 명 短音阶   단음계 (短音階) 명 短音階
단조 (短調) 명 又简单又悲哀的曲调   단조 (短調) 명 又簡單又悲哀的曲調

〈꽹과리〉

〈농악〉

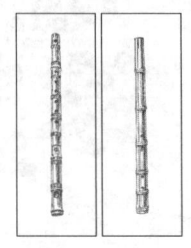
〈대금〉 〈단소〉

단편소설 (短篇小說) 명 短篇小说　　　　단편소설 (短篇小說) 명 短篇小說
대금 (大笒) 명 竹笛　　　　　　　　대금 (大笒) 명 竹笛
대본 (臺本) 명 剧本　　　　　　　　대본 (臺本) 명 劇本
대사 (臺詞) 명 台词　　　　　　　　대사 (臺詞) 명 臺詞
대역 (代役) 명 代演, 代替角色　　　　대역 (代役) 명 代演, 代替角色
대중가요 (大衆歌謠) 명 大众歌曲,　　대중가요 (大衆歌謠) 명 大衆歌曲,
　　流行歌曲　　　　　　　　　　　　　流行歌曲
대중음악 (大衆音樂) 명 大众音乐　　대중음악 (大衆音樂) 명 大衆音樂
대하소설 (大河小說) 명 历史小说集　대하소설 (大河小說) 명 歷史小說集
데뷔하다 (début—) 동 演员的首次演出　데뷔하다 (début—) 동 演員的首次演出
　　或首次露面　　　　　　　　　　　　或首次露面
도돌이표 (—標) 명 反复记号　　　　도돌이표 (—標) 명 反復記號
도예 (陶藝) 명 陶艺　　　　　　　　도예 (陶藝) 명 陶藝
도자기 (陶瓷器) 명 陶器　　　　　　도자기 (陶瓷器) 명 陶器
도화지 (圖畫紙) 명 图画纸　　　　　도화지 (圖畫紙) 명 圖畫紙
독주 (獨奏) 명 独奏　　　　　　　　독주 (獨奏) 명 獨奏
독주회 (獨奏會) 명 独奏演出　　　　독주회 (獨奏會) 명 獨奏演出
독창 (獨唱) 명 独唱　　　　　　　　독창 (獨唱) 명 獨唱
독창회 (獨唱會) 명 独唱会　　　　　독창회 (獨唱會) 명 獨唱會
독후감 (讀後感) 명 读后感　　　　　독후감 (讀後感) 명 讀後感
동기 (動機) 명 动机(音樂)　　　　　동기 (動機) 명 動機(音樂)
동상 (銅像) 명 铜像　　　　　　　　동상 (銅像) 명 銅像
동시 (童詩) 명 童诗　　　　　　　　동시 (童詩) 명 童詩
동시상영 (同時上映) 명 上映双片电影　동시상영 (同時上映) 명 上映雙片電影
동시상영관 (同時上映館) 명 上　　　동시상영관 (同時上映館) 명
　　演双片的电影院　　　　　　　　　　演雙片的電影院
동양화 (東洋畫) 명 东洋画　　　　　동양화 (東洋畫) 명 東洋畫
동양화가 (東洋畫家) 명 东洋画家　　동양화가 (東洋畫家) 명 東洋畫家
동요 (童謠) 명 儿歌, 童谣　　　　　동요 (童謠) 명 兒歌, 童謠

〈동상〉

동화 (童話) 몡 童话
되돌이표 (一標) 몡 反复符号
드라마 (drama) 몡 电视连续剧
등단하다 (登壇—) 동 登坛
등장인물 (登場人物) 몡 出场人物
등장하다 (登場—) 동 出场
디자이너 (designer) 몡 设计者
디자인하다 (design—) 동 样子
딸림음 (一音) 몡 第五音, 全阶第五音
르네상스 (Renaissance) 몡 文艺复兴,
　文艺复兴时期
리듬 (rhythm) 몡 旋律
리사이틀 (recital) 몡 独奏会或独唱会
마당극 (一劇) 몡 露天剧
마디 몡 小节
막 (幕) 몡 幕
만담가 (漫談家) 몡 相声演员
만화 (漫畵) 몡 漫画
매표소 (賣票所) 몡 卖票所, 售票处
먹 몡 墨
멜로극 (melo劇) 몡 描写男女的一种剧
명곡 (名曲) 몡 名曲
명도 (明度) 몡 亮度
명암 (明暗) 몡 ① 明暗 ② 黑白
명창 (名唱) 몡 有名的唱技
명화 (名畵) 몡 名画
모델 (model) 몡 模特儿
모음곡 (一曲) 몡 联曲
목공예 (木公藝) 몡 木工艺
목관악기 (木管樂器) 몡 木管乐器
목탄 (木炭) 몡 木炭
무대 (舞臺) 몡 舞台
무대감독 (舞臺監督) 몡 舞台监督
무대예술 (舞臺藝術) 몡 舞台艺术
무도 (舞蹈) 몡 舞蹈
무도복 (舞蹈服) 몡 舞蹈服

동화 (童話) 몡 童話
되돌이표 (一標) 몡 反復符號
드라마 (drama) 몡 電視連續劇
등단하다 (登壇—) 동 登壇
등장인물 (登場人物) 몡 出場人物
등장하다 (登場—) 동 出場
디자이너 (designer) 몡 設計者
디자인하다 (design—) 동 樣子
딸림음 (一音) 몡 第五音, 全階第五音
르네상스 (Renaissance) 몡 文藝復興,
　文藝復興時期
리듬 (rhythm) 몡 旋律
리사이틀 (recital) 몡 獨奏會或獨唱會
마당극 (一劇) 몡 露天劇
마디 몡 小節
막 (幕) 몡 幕
만담가 (漫談家) 몡 相聲演員
만화 (漫畵) 몡 漫畫
매표소 (賣票所) 몡 賣票所, 售票處
먹 몡 墨
멜로극 (melo劇) 몡 描寫男女的一種劇
명곡 (名曲) 몡 名曲
명도 (明度) 몡 亮度
명암 (明暗) 몡 ① 明暗 ② 黑白
명창 (名唱) 몡 有名的唱技
명화 (名畵) 몡 名畫
모델 (model) 몡 模特兒
모음곡 (一曲) 몡 聯曲
목공예 (木公藝) 몡 木工藝
목관악기 (木管樂器) 몡 木管樂器
목탄 (木炭) 몡 木炭
무대 (舞臺) 몡 舞臺
무대감독 (舞臺監督) 몡 舞臺監督
무대예술 (舞臺藝術) 몡 舞臺藝術
무도 (舞蹈) 몡 舞蹈
무도복 (舞蹈服) 몡 舞蹈服

무도회 (舞蹈會) 명 舞蹈会
무성영화 (無聲映畵) 명 无声电影
무언극 (無言劇) 명 哑剧
무용 (舞踊) 명 舞蹈
무용가 (舞踊家) 명 舞蹈家
무용극 (舞踊劇) 명 舞剧
무용단 (舞踊團) 명 舞蹈团
무용복 (舞踊服) 명 舞蹈服
무용수 (舞踊手) 명 舞蹈演员
무용음악 (舞踊音樂) 명 舞蹈曲
무용화 (舞踊靴) 명 舞蹈鞋
문단 (文壇) 명 文坛
문방사우 (文房四友) 명 文房四宝
문예 (文藝) 명 文艺
문예반 (文藝班) 명 文艺班
문예부흥 (文藝復興) 명 文艺复兴
문예비평 (文藝批評) 명 文艺批评
문예사조 (文藝思潮) 명 文艺思潮
문예지 (文藝誌) 명 文艺杂志
문예창작 (文藝創作) 명 文艺创作
문인 (文人) 명 文人
문체 (文體) 명 文体
문학 (文學) 명 文学
문학도 (文學徒) 명 文学徒
문학반 (文學班) 명 文学班
문학작품 (文學作品) 명 文学作品
문학평론 (文學評論) 명 文学评论
물감 명 颜料
미 (美) 명 美
미술 (美術) 명 美术

무도회 (舞蹈會) 명 舞蹈會
무성영화 (無聲映畵) 명 無聲電影
무언극 (無言劇) 명 啞劇
무용 (舞踊) 명 舞蹈
무용가 (舞踊家) 명 舞蹈家
무용극 (舞踊劇) 명 舞劇
무용단 (舞踊團) 명 舞蹈團
무용복 (舞踊服) 명 舞蹈服
무용수 (舞踊手) 명 舞蹈演員
무용음악 (舞踊音樂) 명 舞蹈曲
무용화 (舞踊靴) 명 舞蹈鞋
문단 (文壇) 명 文壇
문방사우 (文房四友) 명 文房四寶
문예 (文藝) 명 文藝
문예반 (文藝班) 명 文藝班
문예부흥 (文藝復興) 명 文藝復興
문예비평 (文藝批評) 명 文藝批評
문예사조 (文藝思潮) 명 文藝思潮
문예지 (文藝誌) 명 文藝雜誌
문예창작 (文藝創作) 명 文藝創作
문인 (文人) 명 文人
문체 (文體) 명 文體
문학 (文學) 명 文學
문학도 (文學徒) 명 文學徒
문학반 (文學班) 명 文學班
문학작품 (文學作品) 명 文學作品
문학평론 (文學評論) 명 文學評論
물감 명 顏料
미 (美) 명 美
미술 (美術) 명 美術

〈무용화〉

미술가 (美術家) 몡 美术家　　　　　　미술가 (美術家) 몡 美術家
미술관 (美術館) 몡 美术馆　　　　　　미술관 (美術館) 몡 美術館
미술사 (美術史) 몡 美术史　　　　　　미술사 (美術史) 몡 美術史
미술연필 (美術鉛筆) 몡 美术铅笔　　　미술연필 (美術鉛筆) 몡 美術鉛筆
미술작품 (美術作品) 몡 美术作品　　　미술작품 (美術作品) 몡 美術作品
미술품 (美術品) 몡 美术品　　　　　　미술품 (美術品) 몡 美術品
민담 (民譚) 몡 民俗　　　　　　　　　민담 (民譚) 몡 民俗
민속공예 (民俗工藝) 몡 民俗工艺　　　민속공예 (民俗工藝) 몡 民俗工藝
민속무용 (民俗舞踊) 몡 民俗舞蹈　　　민속무용 (民俗舞踊) 몡 民俗舞蹈
민속음악 (民俗音樂) 몡 民俗音乐　　　민속음악 (民俗音樂) 몡 民俗音樂
민요 (民謠) 몡 民歌, 民謠　　　　　　민요 (民謠) 몡 民歌, 民謠
민요가수 (民謠歌手) 몡 民歌手　　　　민요가수 (民謠歌手) 몡 民歌手
민족문학 (民族文學) 몡 民族文学　　　민족문학 (民族文學) 몡 民族文學
민화 (民畫) 몡 民画　　　　　　　　　민화 (民畫) 몡 民畫
바이올린 (violin) 몡 小提琴　　　　　바이올린 (violin) 몡 小提琴
박자 (拍子) 몡 拍子　　　　　　　　　박자 (拍子) 몡 拍子
반음 (半音) 몡 半音　　　　　　　　　반음 (半音) 몡 半音
반주 (伴奏) 몡 伴奏　　　　　　　　　반주 (伴奏) 몡 伴奏
반주자 (伴奏者) 몡 伴奏者　　　　　　반주자 (伴奏者) 몡 伴奏者
반주하다 (伴奏—) 동 伴奏　　　　　　반주하다 (伴奏—) 동 伴奏
발레 (ballet) 몡 芭蕾舞　　　　　　　발레 (ballet) 몡 芭蕾舞
발레리나 (ballerina) 몡 芭蕾舞女演员　발레리나 (ballerina) 몡 芭蕾舞女演員
발표회 (發表會) 몡 发表会　　　　　　발표회 (發表會) 몡 發表會
밤무대 (—舞臺) 몡 夜间舞台　　　　　밤무대 (—舞臺) 몡 夜間舞臺
방송인 (放送人) 몡 广播工作者　　　　방송인 (放送人) 몡 廣播工作者
방송작가 (放送作家) 몡 广播作家　　　방송작가 (放送作家) 몡 廣播作家
배역 (配役) 몡 配角, 角色　　　　　　배역 (配役) 몡 配角, 角色
배우 (俳優) 몡 演员　　　　　　　　　배우 (俳優) 몡 演員
번안소설 (翻案小說) 몡 改编小说　　　번안소설 (翻案小說) 몡 改編小說

〈발레〉

〈부채춤〉

번역 (飜譯) 명 翻译	번역 (飜譯) 명 飜譯
베이스 (bass) 명 男低音	베이스 (bass) 명 男低音
벼루 명 砚	벼루 명 硯
벽화 (壁畫) 명 壁画	벽화 (壁畫) 명 壁畫
변주곡 (變奏曲) 명 变奏曲	변주곡 (變奏曲) 명 變奏曲
병창 (竝唱) 명 弹唱, 边弹边唱	병창 (竝唱) 명 彈唱, 邊彈邊唱
부르다 동 唱	부르다 동 唱
부조 (浮彫) 명 浮雕	부조 (浮彫) 명 浮雕
부채춤 명 扇子舞	부채춤 명 扇子舞
북 명 鼓	북 명 鼓
분장 (扮裝) 명 打扮, 化装	분장 (扮裝) 명 打扮, 化裝
분장사 (扮裝師) 명 化装师	분장사 (扮裝師) 명 化裝師
분장실 (扮裝室) 명 化装室	분장실 (扮裝室) 명 化裝室
붓 (筆) 명 毛笔	붓 (筆) 명 毛筆
붓글씨 명 毛笔字	붓글씨 명 毛筆字
비극 (悲劇) 명 悲剧	비극 (悲劇) 명 悲劇
비디오 (video) 명 影象, 视频	비디오 (video) 명 影象, 視頻
비평가 (批評家) 명 批评家	비평가 (批評家) 명 批評家
빠르기표 (—標) 명 加速符号	빠르기표 (—標) 명 加速符號
사군자 (四君子) 명 四君子	사군자 (四君子) 명 四君子
사극 (史劇) 명 史剧	사극 (史劇) 명 史劇
사생화 (寫生畫) 명 写生画	사생화 (寫生畫) 명 寫生畫

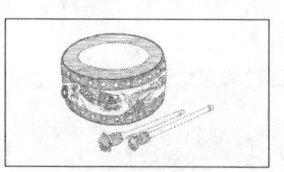

〈북〉

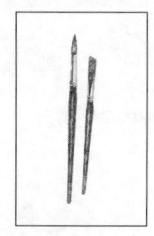

〈붓〉

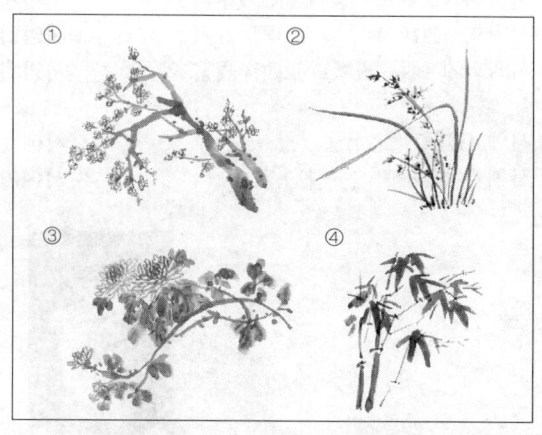

〈사군자〉
① 매화 ② 난초 ③ 국화 ④ 대나무

사실주의 (寫實主義) 몡 事实主义
사진예술 (寫眞藝術) 몡 撮影艺术
산문 (散文) 몡 散文
산문시 (散文詩) 몡 散文诗
산수화 (山水畵) 몡 山水画
산업미술 (産業美術) 몡 产业美术
산조 (散調) 몡 散调, 用长鼓伴奏的韩民族器乐独奏曲
살풀이춤 (煞一) 몡 为去邪而跳的舞
삼중창 (三重唱) 몡 三重唱
삽화 (揷畵) 몡 插图
상설무대 (常設舞臺) 몡 随时可利用的备有一切设施的舞台, 常设舞台
상영관 (上映館) 몡 电影院
상영하다 (上映—) 동 上映
색상 (色相) 몡 ① 色相 ② 色调
색상지 (色相紙) 몡 色相纸
색연필 (色鉛筆) 몡 彩色铅笔
색종이 (色—) 몡 彩色纸
색지 (色紙) 몡 色彩纸, 彩纸
색채 (色彩) 몡 色彩
색칠하다 (色漆—) 동 涂漆
서사시 (敍事詩) 몡 史诗, 叙事诗
서양화 (西洋畵) 몡 西洋画, 油画
서양화가 (西洋畵家) 몡 西洋画家, 油画家
서예 (書藝) 몡 书法
서예가 (書藝家) 몡 书法家

사실주의 (寫實主義) 몡 事實主義
사진예술 (寫眞藝術) 몡 撮影藝術
산문 (散文) 몡 散文
산문시 (散文詩) 몡 散文詩
산수화 (山水畵) 몡 山水畵
산업미술 (産業美術) 몡 産業美術
산조 (散調) 몡 散調, 用長鼓伴奏的韓民族器樂獨奏曲
살풀이춤 (煞一) 몡 爲去邪而跳的舞
삼중창 (三重唱) 몡 三重唱
삽화 (揷畵) 몡 揷圖
상설무대 (常設舞臺) 몡 隨時可利用的備有一切設施的舞臺, 常設舞臺
상영관 (上映館) 몡 電影院
상영하다 (上映—) 동 上映
색상 (色相) 몡 ① 色相 ② 色調
색상지 (色相紙) 몡 色相紙
색연필 (色鉛筆) 몡 彩色鉛筆
색종이 (色—) 몡 彩色紙
색지 (色紙) 몡 色彩紙, 彩紙
색채 (色彩) 몡 色彩
색칠하다 (色漆—) 동 涂漆
서사시 (敍事詩) 몡 史詩, 叙事詩
서양화 (西洋畵) 몡 西洋畵, 油畵
서양화가 (西洋畵家) 몡 西洋畵家, 油畵家
서예 (書藝) 몡 書法
서예가 (書藝家) 몡 書法家

〈살풀이춤〉

서정시 (敍情詩) 명 敍情诗
석고상 (石膏像) 명 石膏像
선율 (旋律) 명 旋律
설치예술 (設置藝術) 명 裝飾艺术
설화 (說話) 명 神话
성악 (聲樂) 명 声乐
성악가 (聲樂家) 명 声乐家
성악곡 (聲樂曲) 명 声乐曲, 歌唱曲
성우 (聲優) 명 配音演员
성인영화 (成人映畫) 명 成人电影
성화 (聖畫) 명 圣画
셈여림표 (一標) 명 强弱符号
소고 (小鼓) 명 小敲
소극장 (小劇場) 명 小剧场
소리 명 ① 声音 ② 调
소리꾼 명 善於唱歌的人, 善於唱民歌的人
소묘 (素描) 명 素描
소설 (小說) 명 小说
소설가 (小說家) 명 小说家
소품 (小品) 명 小品
소품실 (小品室) 명 工具室
소프라노 (soprano) 명 女高音
쇼 (show) 명 节目, 娱乐, 文艺表演
수공예 (手工藝) 명 手工艺
수묵화 (水墨畫) 명 水墨画
수예 (手藝) 명 手工
수채화 (水彩畫) 명 水彩画
수필 (隨筆) 명 随笔
수필가 (隨筆家) 명 随笔作家

서정시 (敍情詩) 명 敍情詩
석고상 (石膏像) 명 石膏像
선율 (旋律) 명 旋律
설치예술 (設置藝術) 명 裝飾藝術
설화 (說話) 명 神話
성악 (聲樂) 명 聲樂
성악가 (聲樂家) 명 聲樂家
성악곡 (聲樂曲) 명 聲樂曲, 歌唱曲
성우 (聲優) 명 配音演員
성인영화 (成人映畫) 명 成人電影
성화 (聖畫) 명 聖畫
셈여림표 (一標) 명 强弱符號
소고 (小鼓) 명 小敲
소극장 (小劇場) 명 小劇場
소리 명 ① 聲音 ② 調
소리꾼 명 善於唱歌的人, 善於唱民歌的人
소묘 (素描) 명 素描
소설 (小說) 명 小說
소설가 (小說家) 명 小說家
소품 (小品) 명 小品
소품실 (小品室) 명 工具室
소프라노 (soprano) 명 女高音
쇼 (show) 명 節目, 娛樂, 文藝表演
수공예 (手工藝) 명 手工藝
수묵화 (水墨畫) 명 水墨畫
수예 (手藝) 명 手工
수채화 (水彩畫) 명 水彩畫
수필 (隨筆) 명 隨筆
수필가 (隨筆家) 명 隨筆作家

〈소고〉

순수음악 (純粹音樂) 몡 纯粹音乐
쉼표 (一標) 몡 休止符号
스케치하다 (sketch—) 동 写生
승무 (僧舞) 몡 僧舞
시 (詩) 몡 诗
시각예술 (視覺藝術) 몡 视觉艺术
시나리오 (scenario) 몡 剧本, 剧情说明
시사회 (試寫會) 몡 电影试映会
시인 (詩人) 몡 诗人
시조 (時調) 몡 时调 (韩国古诗歌体之一)
시화전 (詩畵展) 몡 诗画展
신소설 (新小說) 몡 新小说
신인 (新人) 몡 新秀
신인가수 (新人歌手) 몡 新歌手
신인배우 (新人俳優) 몡 新演员
신춘문예 (新春文藝) 몡 新春文艺
신파극 (新派劇) 몡 新派剧
신화 (神話) 몡 神话
실내악단 (室內樂團) 몡 小乐团
실내음악 (室內音樂) 몡 室内音乐, 适合在房间演奏的音乐
실용음악 (實用音樂) 몡 实用音乐
실험극 (實驗劇) 몡 以新的演技编排的剧
십장생 (十長生) 몡 十种长生的东西 (海, 山, 水, 石, 云, 松, 不老草, 龟, 鹤, 鹿等)
아동극 (兒童劇) 몡 儿童剧
아동문학 (兒童文學) 몡 儿童文学
아동문학가 (兒童文學家) 몡 儿童文学家
아동미술 (兒童美術) 몡 儿童美术
아역 (兒役) 몡 儿童角色, 演儿童剧的人
아쟁 몡 牙筝 (韩民族乐器的一种, 弦乐器)
악곡 (樂曲) 몡 乐曲
악기 (樂器) 몡 乐器
악단 (樂團) 몡 乐团

순수음악 (純粹音樂) 몡 純粹音樂
쉼표 (一標) 몡 休止符號
스케치하다 (sketch—) 동 寫生
승무 (僧舞) 몡 僧舞
시 (詩) 몡 詩
시각예술 (視覺藝術) 몡 視覺藝術
시나리오 (scenario) 몡 劇本, 劇情說明
시사회 (試寫會) 몡 電影試映會
시인 (詩人) 몡 詩人
시조 (時調) 몡 時調 (韓國古詩歌體之一)
시화전 (詩畵展) 몡 詩畵展
신소설 (新小說) 몡 新小說
신인 (新人) 몡 新秀
신인가수 (新人歌手) 몡 新歌手
신인배우 (新人俳優) 몡 新演員
신춘문예 (新春文藝) 몡 新春文藝
신파극 (新派劇) 몡 新派劇
신화 (神話) 몡 神話
실내악단 (室內樂團) 몡 小樂團
실내음악 (室內音樂) 몡 室內音樂, 適合在房間演奏的音樂
실용음악 (實用音樂) 몡 實用音樂
실험극 (實驗劇) 몡 以新的演技編排的劇
십장생 (十長生) 몡 十種長生的東西 (海, 山, 水, 石, 雲, 松, 不老草, 龜, 鶴, 鹿等)
아동극 (兒童劇) 몡 兒童劇
아동문학 (兒童文學) 몡 兒童文學
아동문학가 (兒童文學家) 몡 兒童文學家
아동미술 (兒童美術) 몡 兒童美術
아역 (兒役) 몡 兒童角色, 演兒童劇的人
아쟁 몡 牙筝 (韓民族樂器的一種, 弦樂器)
악곡 (樂曲) 몡 樂曲
악기 (樂器) 몡 樂器
악단 (樂團) 몡 樂團

악보 (樂譜) 몡 谱子
악역 (惡役) 몡 演坏人的角色
안무 (按舞) 몡 编舞
안무가 (按舞家) 몡 编舞家
안무하다 (按舞—) 동 编舞
알토 (alto) 몡 女低音
앙코르 (encore) 몡 要求重演一次,
　　再来一个!
야외극 (野外劇) 몡 野外剧
야외극장 (野外劇場) 몡 野外剧场
야외무대 (野外舞臺) 몡 野外舞台
야외음악 (野外音樂) 몡 野外音乐
야외음악당 (野外音樂堂) 몡 野外音乐堂
양각 (陽刻) 몡 阳刻, 刻阳文
언어예술 (言語藝術) 몡 语言艺术
여배우 (女俳優) 몡 女演员
연극 (演劇) 몡 ① 话剧, 戏剧
　　② 把戏, 鬼把戏
연극론 (演劇論) 몡 剧评
연극배우 (演劇俳優) 몡 演员
연극비평 (演劇批評) 몡 剧评
연극인 (演劇人) 몡 演员
연극제 (演劇祭) 몡 戏剧节
연극평론 (演劇評論) 몡 剧评
연기자 (演技者) 몡 演员
연기하다 (演技—) 동 演技
연속극 (連續劇) 몡 连续剧
연예 (演藝) 몡 演艺, 演技
연예가 (演藝家) 몡 演艺界

악보 (樂譜) 몡 譜子
악역 (惡役) 몡 演壞人的角色
안무 (按舞) 몡 編舞
안무가 (按舞家) 몡 編舞家
안무하다 (按舞—) 동 編舞
알토 (alto) 몡 女低音
앙코르 (encore) 몡 要求重演一次,
　　再來一個!
야외극 (野外劇) 몡 野外劇
야외극장 (野外劇場) 몡 野外劇場
야외무대 (野外舞臺) 몡 野外舞臺
야외음악 (野外音樂) 몡 野外音樂
야외음악당 (野外音樂堂) 몡 野外音樂堂
양각 (陽刻) 몡 陽刻, 刻陽文
언어예술 (言語藝術) 몡 語言藝術
여배우 (女俳優) 몡 女演員
연극 (演劇) 몡 ① 話劇, 戲劇
　　② 把戲, 鬼把戲
연극론 (演劇論) 몡 劇評
연극배우 (演劇俳優) 몡 演員
연극비평 (演劇批評) 몡 劇評
연극인 (演劇人) 몡 演員
연극제 (演劇祭) 몡 戲劇節
연극평론 (演劇評論) 몡 劇評
연기자 (演技者) 몡 演員
연기하다 (演技—) 동 演技
연속극 (連續劇) 몡 連續劇
연예 (演藝) 몡 演藝, 演技
연예가 (演藝家) 몡 演藝界

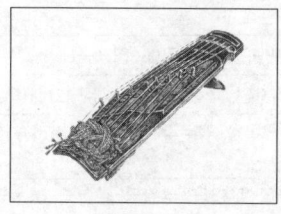

〈아쟁〉

연예계 (演藝界) 명 演艺界
연예인 (演藝人) 명 演员, 演艺人
연예지 (演藝紙) 명 演艺杂志
연주 (演奏) 명 演奏
연주자 (演奏者) 명 演奏者
연주장 (演奏場) 명 演奏场地
연주하다 (演奏—) 동 演奏
연주회 (演奏會) 명 演奏大会
연출자 (演出者) 명 演出者
염료 (染料) 명 染料
염색공예 (染色工藝) 명 染色工艺
영사기 (映寫機) 명 放映机, 放影机
영사실 (映寫室) 명 放映室, 放影室
영상 (映像) 명 影像
영화 (映畫) 명 电影
영화감독 (映畫監督) 명 导演
영화배우 (映畫排優) 명 电影演员
영화계 (映畫界) 명 电影界
영화관 (映畫館) 명 电影院

연예계 (演藝界) 명 演藝界
연예인 (演藝人) 명 演員, 演藝人
연예지 (演藝紙) 명 演藝雜誌
연주 (演奏) 명 演奏
연주자 (演奏者) 명 演奏者
연주장 (演奏場) 명 演奏場地
연주하다 (演奏—) 동 演奏
연주회 (演奏會) 명 演奏大會
연출자 (演出者) 명 演出者
염료 (染料) 명 染料
염색공예 (染色工藝) 명 染色工藝
영사기 (映寫機) 명 放映機, 放影機
영사실 (映寫室) 명 放映室, 放影室
영상 (映像) 명 影像
영화 (映畫) 명 電影
영화감독 (映畫監督) 명 導演
영화배우 (映畫排優) 명 電影演員
영화계 (映畫界) 명 電影界
영화관 (映畫館) 명 電影院

문학	고전	고려가요, 고전문학, 구비문학, 민담, 설화, 시조, 판소리문학, 한문학, 향가 …
	현대	산문	극본, 단편소설, 대본, 대하소설, 독후감, 동화, 번안소설, 수필, 시나리오, 신소설, 장편소설, 전래동화, 중편소설, 평론, 희곡 …
		운문	시, 서정시, 산문시, 서사시, 극시, 동시, 시조 …
음악	곡	고전음악, 교향곡, 교회음악, 국악, 기악, 농악, 대중음악, 모음곡, 무용음악, 민속음악, 변주곡, 산조, 성악곡, 시나위, 실내음악, 실용음악, 영화음악, 재즈, 종교음악, 즉흥곡, 창작곡, 춤곡, 행진곡 …
	노래	가곡, 가요, 건전가요, 고려가요, 국민가요, 대중가요, 동요, 민요, 유행가, 자장가, 타령, 향가 …
미술	회화	동양화, 만화, 민화, 사생화, 산수화, 삽화, 서양화, 인물화, 초상화, 추상화, 탱화, 판화 …
	조소	부조, 소조, 조각, 환조 …
공예	금속공예, 도예, 목공예, 민속공예, 수공예, 염색공예 …
디자인	멀티미디어디자인, 시각디자인, 제품디자인, 컴퓨터그래픽스, 환경디자인 …
춤	강강수월래, 고전무용, 궁중무용, 꼭두각시춤, 무용, 바라춤, 발레, 부채춤, 살풀이춤, 승무, 칼춤, 탈춤, 창작무용, 현대무용 …
연극	고전해학극, 신파극, 마당극, 무언극, 무용극, 실험극, 아동극, 야외극, 오페라, 인형극, 일인극, 판소리 …

영화상 (映畫賞) 몡 电影奖
영화음악 (映畫音樂) 몡 电影音乐
영화인 (映畫人) 몡 电影工作者
영화제 (映畫祭) 몡 电影节
영화평론가 (映畫評論家) 몡 电影评论家
예고편 (豫告篇) 몡 电影预告
예매하다 (豫買—) 동 预购
예술 (藝術) 몡 艺术
예술가 (藝術家) 몡 艺术家
예술계 (藝術界) 몡 艺术界
예술공연 (藝術公演) 몡 艺术演出
예술단체 (藝術團體) 몡 艺术团体
예술사 (藝術史) 몡 艺术史
예술성 (藝術性) 몡 艺术性
예술원 (藝術院) 몡 艺术院
예술의 전당 (藝術— 全當) 몡
　　艺术的殿堂
예술작품 (藝術作品) 몡 艺术作品
예술지상주의 (藝術至上主義) 몡 艺术至
　　上主义上主义
예술품 (藝術品) 몡 艺术品
예술혼 (藝術魂) 몡 艺术灵魂
오선지 (五線紙) 몡 五线谱
오페라 (opera) 몡 歌剧
오페라가수 (opera歌手) 몡 歌剧演员
온음 (一音) 몡 完整的一个音
올림표 (一標) 몡 升调
운문 (韻文) 몡 韵文
운율 (韻律) 몡 韵律
원근법 (遠近法) 몡 远近法
원로가수 (元老歌手) 몡 元老歌唱家,
　　元老歌手
원로배우 (元老俳優) 몡 元老演员
유미주의 (唯美主義) 몡 唯美主义
유행가 (流行歌) 몡 流行歌曲
유화 (油畫) 몡 油画

영화상 (映畫賞) 몡 電影獎
영화음악 (映畫音樂) 몡 電影音樂
영화인 (映畫人) 몡 電影工作者
영화제 (映畫祭) 몡 電影節
영화평론가 (映畫評論家) 몡 電影評論家
예고편 (豫告篇) 몡 電影預告
예매하다 (豫買—) 동 預購
예술 (藝術) 몡 藝術
예술가 (藝術家) 몡 藝術家
예술계 (藝術界) 몡 藝術界
예술공연 (藝術公演) 몡 藝術演出
예술단체 (藝術團體) 몡 藝術團體
예술사 (藝術史) 몡 藝術史
예술성 (藝術性) 몡 藝術性
예술원 (藝術院) 몡 藝術院
예술의 전당 (藝術— 全當) 몡
　　藝術的殿堂
예술작품 (藝術作品) 몡 藝術作品
예술지상주의 (藝術至上主義) 몡 藝術至
　　上主義上主義
예술품 (藝術品) 몡 藝術品
예술혼 (藝術魂) 몡 藝術靈魂
오선지 (五線紙) 몡 五線譜
오페라 (opera) 몡 歌劇
오페라가수 (opera歌手) 몡 歌劇演員
온음 (一音) 몡 完整的一個音
올림표 (一標) 몡 升調
운문 (韻文) 몡 韻文
운율 (韻律) 몡 韻律
원근법 (遠近法) 몡 遠近法
원로가수 (元老歌手) 몡 元老歌唱家,
　　元老歌手
원로배우 (元老俳優) 몡 元老演員
유미주의 (唯美主義) 몡 唯美主義
유행가 (流行歌) 몡 流行歌曲
유화 (油畫) 몡 油畫

으뜸음 (一音) 몡 第一个音, 头一个音　　으뜸음 (一音) 몡 第一個音, 頭一個音
음각 (陰刻) 몡 阴刻　　음각 (陰刻) 몡 陰刻
음계 (音階) 몡 音阶　　음계 (音階) 몡 音階
음반 (音盤) 몡 录音带　　음반 (音盤) 몡 錄音帶
음색 (音色) 몡 音色　　음색 (音色) 몡 音色
음악 (音樂) 몡 音乐　　음악 (音樂) 몡 音樂
음악가 (音樂家) 몡 音乐家　　음악가 (音樂家) 몡 音樂家
음악감상실 (音樂感想實) 몡 音乐欣赏室　　음악감상실 (音樂感想實) 몡 音樂欣賞室
음악계 (音樂界) 몡 音乐界　　음악계 (音樂界) 몡 音樂界
음악관 (音樂館) 몡 音乐馆, 音乐会馆　　음악관 (音樂館) 몡 音樂館, 音樂會館
음악당 (音樂堂) 몡 音乐大楼, 音乐殿堂　　음악당 (音樂堂) 몡 音樂大樓, 音樂殿堂
음악성 (音樂性) 몡 音乐性　　음악성 (音樂性) 몡 音樂性
음악실 (音樂室) 몡 音乐室　　음악실 (音樂室) 몡 音樂室
음악예술 (音樂藝術) 몡 音乐艺术　　음악예술 (音樂藝術) 몡 音樂藝術
음악인 (音樂人) 몡 音乐家　　음악인 (音樂人) 몡 音樂家
음악제 (音樂祭) 몡 音乐节　　음악제 (音樂祭) 몡 音樂節
음악회 (音樂會) 몡 音乐会　　음악회 (音樂會) 몡 音樂會
음자리표 (音—標) 몡 音调　　음자리표 (音—標) 몡 音調
음정 (音程) 몡 音程　　음정 (音程) 몡 音程
음표 (音標) 몡 音标　　음표 (音標) 몡 音標
음향 (音響) 몡 音响　　음향 (音響) 몡 音響
응용미술 (應用美術) 몡 应用美术　　응용미술 (應用美術) 몡 應用美術
의상 (衣裳) 몡 衣服　　의상 (衣裳) 몡 衣服
이중창 (二重唱) 몡 二重唱　　이중창 (二重唱) 몡 二重唱
인기 (人氣) 몡 受大众喜爱的人　　인기 (人氣) 몡 受大衆喜愛的人
인기가수 (人氣歌手) 몡 受欢迎的歌手　　인기가수 (人氣歌手) 몡 受歡迎的歌手
인기배우 (人氣俳優) 몡 受欢迎的演员　　인기배우 (人氣俳優) 몡 受歡迎的演員
인물화 (人物畫) 몡 人物画　　인물화 (人物畫) 몡 人物畫
인형극 (人形劇) 몡 木偶戏　　인형극 (人形劇) 몡 木偶戲
일인극 (一人劇) 몡 一人剧　　일인극 (一人劇) 몡 一人劇
잇단음표 (—音標) 몡 连音符　　잇단음표 (—音標) 몡 連音符
자막 (字幕) 몡 字幕　　자막 (字幕) 몡 字幕
자선공연 (慈善公演) 몡 义演　　자선공연 (慈善公演) 몡 義演
자장가 (—歌) 몡 睡眠曲　　자장가 (—歌) 몡 睡眠曲
작가 (作家) 몡 作家　　작가 (作家) 몡 作家
작곡 (作曲) 몡 作曲　　작곡 (作曲) 몡 作曲

작곡가 (作曲家) 몡 作曲家
작곡하다 (作曲—) 동 作曲
작사 (作詞) 몡 作词
작사하다 (作詞—) 동 作词
장구 몡 长鼓
장단 (長短) 몡 节奏
장음계 (長音階) 몡 长音阶
장인 (匠人) 몡 匠人
장인정신 (匠人精神) 몡 铁匠精神
장조 (長調) 몡 高奏
장편소설 (長篇小說) 몡 长篇小说
재즈 (jazz) 몡 二十世紀以後, 在美国南部兴起的黑人音乐
전람회 (展覽會) 몡 展览会
전래동화 (傳來童話) 몡 传下来的童话故事, 传统故事
전설 (傳說) 몡 传说
전속가수 (專屬歌手) 몡 专属於一个团体或机关的歌手
전시예술 (展示藝術) 몡 艺术展示
전시장 (展示場) 몡 展示厅, 展览厅
전시회 (展示會) 몡 展览会
전위예술 (前衛藝術) 몡 创造性艺术
전주 (前奏) 몡 前奏
전축 (電蓄) 몡 电唱机
전통가요 (傳統歌謠) 몡 传统歌谣
정 몡 凿子, 钎子, 錾子
정물 (靜物) 몡 静物
정물화 (靜物畵) 몡 静物画

작곡가 (作曲家) 몡 作曲家
작곡하다 (作曲—) 동 作曲
작사 (作詞) 몡 作詞
작사하다 (作詞—) 동 作詞
장구 몡 長鼓
장단 (長短) 몡 節奏
장음계 (長音階) 몡 長音階
장인 (匠人) 몡 匠人
장인정신 (匠人精神) 몡 鐵匠精神
장조 (長調) 몡 高奏
장편소설 (長篇小說) 몡 長篇小說
재즈 (jazz) 몡 二十世紀以後, 在美國南部興起的黑人音樂
전람회 (展覽會) 몡 展覽會
전래동화 (傳來童話) 몡 傳下來的童話故事, 傳統故事
전설 (傳說) 몡 傳說
전속가수 (專屬歌手) 몡 專屬於一個團體或機關的歌手
전시예술 (展示藝術) 몡 藝術展示
전시장 (展示場) 몡 展示廳, 展覽廳
전시회 (展示會) 몡 展覽會
전위예술 (前衛藝術) 몡 創造性藝術
전주 (前奏) 몡 前奏
전축 (電蓄) 몡 電唱機
전통가요 (傳統歌謠) 몡 傳統歌謠
정 몡 鑿子, 釬子, 塹子
정물 (靜物) 몡 靜物
정물화 (靜物畵) 몡 靜物畵

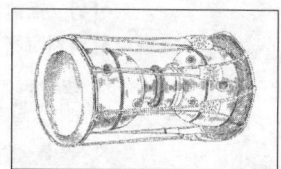

〈장구〉

정밀묘사 (精密描寫) 몡 细致描写,　　　　정밀묘사 (精密描寫) 몡 細緻描寫,
　　细节描写　　　　　　　　　　　　　細節描寫
정밀화 (精密畵) 몡 精心画的画儿　　　정밀화 (精密畵) 몡 精心畵的畵兒
제자리표 (一標) 몡 还原符号　　　　　제자리표 (一標) 몡 還原符號
제작사 (製作社) 몡 电影制片厂　　　　제작사 (製作社) 몡 電影制片廠
제작자 (製作者) 몡 制作人, 制片人　　제작자 (製作者) 몡 制作人, 製片人
조각 (彫刻) 몡 雕刻　　　　　　　　　조각 (彫刻) 몡 雕刻
조각가 (彫刻家) 몡 雕刻家　　　　　　조각가 (彫刻家) 몡 雕刻家
조각도 (彫刻刀) 몡 雕刻刀　　　　　　조각도 (彫刻刀) 몡 雕刻刀
조각칼 (彫刻一) 몡 雕刻刀　　　　　　조각칼 (彫刻一) 몡 雕刻刀
조각품 (彫刻品) 몡 雕刻品　　　　　　조각품 (彫刻品) 몡 雕刻品
조각하다 (彫刻一) 동 雕刻　　　　　　조각하다 (彫刻一) 동 雕刻
조감독 (助監督) 몡 监督助理　　　　　조감독 (助監督) 몡 監督助理
조명 (照明) 몡 照明　　　　　　　　　조명 (照明) 몡 照明
조명실 (照明室) 몡 照明室　　　　　　조명실 (照明室) 몡 照明室
조소 (彫塑) 몡 雕塑　　　　　　　　　조소 (彫塑) 몡 雕塑
조역 (助役) 몡 配角　　　　　　　　　조역 (助役) 몡 配角
조연 (助演) 몡 副主角　　　　　　　　조연 (助演) 몡 副主角
조율 (調律) 몡 调音　　　　　　　　　조율 (調律) 몡 調音
조형예술 (造形藝術) 몡 造形艺术　　　조형예술 (造形藝術) 몡 造形藝術
종교음악 (宗敎音樂) 몡 宗教音乐　　　종교음악 (宗敎音樂) 몡 宗敎音樂
종합예술 (綜合藝術) 몡 综合艺术　　　종합예술 (綜合藝術) 몡 綜合藝術
주연 (主演) 몡 主角, 主演　　　　　　주연 (主演) 몡 主角, 主演
주인공 (主人公) 몡 主角, 主人公,　　 주인공 (主人公) 몡 主角, 主人公,
　　主角儿　　　　　　　　　　　　　　　 主角兒
주제가 (主題歌) 몡 主題歌　　　　　　주제가 (主題歌) 몡 主題歌
중창 (重唱) 몡 二重唱　　　　　　　　중창 (重唱) 몡 二重唱
중창단 (重唱團) 몡 重唱团　　　　　　중창단 (重唱團) 몡 重唱團
중편소설 (中篇小說) 몡 中篇小说　　　중편소설 (中篇小說) 몡 中篇小說
즉흥곡 (卽興曲) 몡 即兴曲　　　　　　즉흥곡 (卽興曲) 몡 卽興曲
지휘 (指揮) 몡 指挥　　　　　　　　　지휘 (指揮) 몡 指揮
지휘자 (指揮者) 몡 指挥者　　　　　　지휘자 (指揮者) 몡 指揮者
징 몡 锣　　　　　　　　　　　　　　 징 몡 鑼
창 (唱) 몡 唱　　　　　　　　　　　　창 (唱) 몡 唱
창작곡 (創作曲) 몡 创作曲　　　　　　창작곡 (創作曲) 몡 創作曲
창작무용 (創作舞踊) 몡 创作舞蹈　　　창작무용 (創作舞踊) 몡 創作舞蹈

창작예술 (創作藝術) 명 创造艺术
창작품 (創作品) 명 创作品
창작하다 (創作—) 동 创作
창조하다 (創造—) 동 创作
채도 (彩度) 명 色度
청각예술 (聽覺藝術) 명 听觉艺术
청음 (聽音) 명 听音
첼로 (cello) 명 大提琴
초상화 (肖像畫) 명 肖像画
촬영하다 (撮影—) 동 撮影
추다 동 跳
추상화 (抽象化) 명 抽象画
축가 (祝歌) 명 祝愿歌
축음기 (蓄音機) 명 录音机
출연료 (出演料) 명 出场费, 演出费
출연하다 (出演—) 동 演, 出场
춤 명 舞
춤곡 (—曲) 명 舞曲
춤꾼 명 舞跳的好的人, 喜欢跳舞的人
춤동작 (—動作) 명 舞蹈动作
춤사위 명 民俗舞中的手或脚的舞蹈作
치다 동 敲
칠하다 (漆—) 동 漆, 涂漆
칼춤 명 刀舞
켜다 동 弹, 拉
콧노래 명 用鼻子哼哼歌

창작예술 (創作藝術) 명 創造藝術
창작품 (創作品) 명 創作品
창작하다 (創作—) 동 創作
창조하다 (創造—) 동 創作
채도 (彩度) 명 色度
청각예술 (聽覺藝術) 명 聽覺藝術
청음 (聽音) 명 聽音
첼로 (cello) 명 大提琴
초상화 (肖像畫) 명 肖像畫
촬영하다 (撮影—) 동 撮影
추다 동 跳
추상화 (抽象化) 명 抽象畫
축가 (祝歌) 명 祝願歌
축음기 (蓄音機) 명 錄音機
출연료 (出演料) 명 出場費, 演出費
출연하다 (出演—) 동 演, 出場
춤 명 舞
춤곡 (—曲) 명 舞曲
춤꾼 명 舞跳的好的人, 喜歡跳舞的人
춤동작 (—動作) 명 舞蹈動作
춤사위 명 民俗舞中的手或脚的舞蹈作
치다 동 敲
칠하다 (漆—) 동 漆, 塗漆
칼춤 명 刀舞
켜다 동 彈, 拉
콧노래 명 用鼻子哼哼歌

〈징〉

〈칼춤〉

크레파스 (←crayon) 명 蜡笔, 颜色粉笔
타령 (打令) 명 打令
타악기 (打樂器) 명 打乐器
탈춤 명 假面舞
탐미주의 (耽美主義) 명 唯美主义
태평소 (太平簫) 명 胡笛
탤런트 (talent) 명 演员
탱화 (幀畵) 명 挂的佛像
테너 (tenor) 명 男高音
텔레비전 (television) 명 电视
판 명 场面, 局面
판소리 명 清唱 (韩国古代曲艺的一种)
판소리문학 (—文學) 명 清唱文学
판화 (版畵) 명 版画
판화가 (版畵家) 명 版画家
편곡 (編曲) 명 编曲
편곡하다 (編曲—) 동 编曲
평론 (評論) 명 评论
평론가 (評論家) 명 评论家
표구 (表具) 명 ① 裱褙 ② 裱画
표절 (剽竊) 명 抄袭, 剽窃
풍경 (風景) 명 风景
풍경화 (風景畵) 명 风景画
풍금 (風琴) 명 手风琴
피리 명 笛子
피아노 (piano) 명 钢琴

크레파스 (←crayon) 명 蠟筆, 顔色粉筆
타령 (打令) 명 打令
타악기 (打樂器) 명 打樂器
탈춤 명 假面舞
탐미주의 (耽美主義) 명 唯美主義
태평소 (太平簫) 명 胡笛
탤런트 (talent) 명 演員
탱화 (幀畵) 명 掛的佛像
테너 (tenor) 명 男高音
텔레비전 (television) 명 電視
판 명 場面, 局面
판소리 명 淸唱 (韓國古代曲藝的一種)
판소리문학 (—文學) 명 淸唱文學
판화 (版畵) 명 版畫
판화가 (版畵家) 명 版畫家
편곡 (編曲) 명 編曲
편곡하다 (編曲—) 동 編曲
평론 (評論) 명 評論
평론가 (評論家) 명 評論家
표구 (表具) 명 ① 裱褙 ② 裱畫
표절 (剽竊) 명 抄襲, 剽竊
풍경 (風景) 명 風景
풍경화 (風景畵) 명 風景畫
풍금 (風琴) 명 手風琴
피리 명 笛子
피아노 (piano) 명 鋼琴

〈탈춤〉

한국무용 (韓國舞踊) 명 韩国舞蹈
한문학 (漢文學) 명 汉字文学
합주 (合奏) 명 合奏
합주단 (合奏團) 명 乐队
합창 (合唱) 명 合唱
합창단 (合唱團) 명 合唱团
행위예술 (行爲藝術) 명 行为艺术
행진곡 (行進曲) 명 进行曲
향가 (鄕歌) 명 乡曲
현대무용 (現代舞踊) 명 现代舞蹈
현대문학 (現代文學) 명 现代文学
현대미술 (現代美術) 명 现代美术
현대음악 (現代音樂) 명 现代音乐
현악기 (絃樂器) 명 弦乐器
협주곡 (協奏曲) 명 协奏曲
화가 (畫家) 명 画家
화랑 (畫廊) 명 画廊
화면 (畫面) 명 画面
화방 (畫房) 명 画店
화백 (畫伯) 명 画伯
화법 (畫法) 명 画法
화선지 (畫宣紙) 명 画纸
화성 (和聲) 명 和聲
화실 (畫室) 명 画室
화음 (和音) 명 和音
화판 (畫板) 명 画板
환조 (丸彫) 명 丸雕
황금분할 (黃金分割) 명 最佳分割, 最佳分辖

한국무용 (韓國舞踊) 명 韓國舞蹈
한문학 (漢文學) 명 漢字文學
합주 (合奏) 명 合奏
합주단 (合奏團) 명 樂隊
합창 (合唱) 명 合唱
합창단 (合唱團) 명 合唱團
행위예술 (行爲藝術) 명 行爲藝術
행진곡 (行進曲) 명 進行曲
향가 (鄕歌) 명 鄕曲
현대무용 (現代舞踊) 명 現代舞蹈
현대문학 (現代文學) 명 現代文學
현대미술 (現代美術) 명 現代美術
현대음악 (現代音樂) 명 現代音樂
현악기 (絃樂器) 명 弦樂器
협주곡 (協奏曲) 명 協奏曲
화가 (畫家) 명 畫家
화랑 (畫廊) 명 畫廊
화면 (畫面) 명 畫面
화방 (畫房) 명 畫店
화백 (畫伯) 명 畫伯
화법 (畫法) 명 畫法
화선지 (畫宣紙) 명 畫紙
화성 (和聲) 명 和聲
화실 (畫室) 명 畫室
화음 (和音) 명 和音
화판 (畫板) 명 畫板
환조 (丸彫) 명 丸彫
황금분할 (黃金分割) 명 最佳分割, 最佳分辖

〈현대무용〉

회화 (繪畫) 뗑 绘画
효과 (效果) 뗑 效果
흥행사 (興行師) 뗑 电影宣传员,
　拉客的人
흥행하다 (興行—) 동 宣传
희곡 (戲曲) 뗑 戏曲
희극 (喜劇) 뗑 喜剧
희극인 (喜劇人) 뗑 喜剧演员

회화 (繪畫) 뗑 繪畫
효과 (效果) 뗑 效果
흥행사 (興行師) 뗑 電影宣傳員,
　拉客的人
흥행하다 (興行—) 동 宣傳
희곡 (戲曲) 뗑 戲曲
희극 (喜劇) 뗑 喜劇
희극인 (喜劇人) 뗑 喜劇演員

21. 취미

| 爱好 | 愛好 |

가족사진 (家族寫眞) 몡 全家照, 全家福
감광지 (減光紙) 몡 相紙
강태공 (姜太公) 몡 钓鱼的人
결혼사진 (結婚寫眞) 몡 结婚照
관광 (觀光) 몡 观光旅行
관광객 (觀光客) 몡 游客, 旅客
관광국가 (觀光國家) 몡 旅游国家
관광단 (觀光團) 몡 旅行团
관광도시 (觀光都市) 몡 旅游城市
관광버스 (觀光bus) 몡 旅游车
관광부 (觀光部) 몡 旅游部
관광사업 (觀光事業) 몡 旅游事业
관광시설 (觀光施設) 몡 旅游设施
관광안내원 (觀光案內員) 몡 导游
관광업 (觀光業) 몡 旅游业
관광열차 (觀光列車) 몡 旅游列车
관광유람선 (觀光遊覽船) 몡 游船
관광자원 (觀光資源) 몡 旅游资源
관광정책 (觀光政策) 몡 旅游政策
관광지 (觀光地) 몡 旅游地
관광지도 (觀光地圖) 몡 旅游图
관광하다 (觀光—) 동 旅游观光
관광호텔 (觀光hotel) 몡 旅游宾馆
국토순례 (國土巡禮) 몡 为实践对国土的
　　爱, 徒步巡回祖国各地
그물 몡 鱼网
그물낚시 몡 撒钓鱼
기록사진 (記錄寫眞) 몡 纪录片
기차여행 (汽車旅行) 몡 火车旅行

가족사진 (家族寫眞) 몡 全家照, 全家福
감광지 (減光紙) 몡 相紙
강태공 (姜太公) 몡 釣魚的人
결혼사진 (結婚寫眞) 몡 結婚照
관광 (觀光) 몡 觀光旅行
관광객 (觀光客) 몡 游客, 旅客
관광국가 (觀光國家) 몡 旅遊國家
관광단 (觀光團) 몡 旅行團
관광도시 (觀光都市) 몡 旅遊城市
관광버스 (觀光bus) 몡 旅游車
관광부 (觀光部) 몡 旅游部
관광사업 (觀光事業) 몡 旅游事業
관광시설 (觀光施設) 몡 旅游設施
관광안내원 (觀光案內員) 몡 導游
관광업 (觀光業) 몡 旅游業
관광열차 (觀光列車) 몡 旅游列車
관광유람선 (觀光遊覽船) 몡 游船
관광자원 (觀光資源) 몡 旅游資源
관광정책 (觀光政策) 몡 旅游政策
관광지 (觀光地) 몡 旅游地
관광지도 (觀光地圖) 몡 旅游圖
관광하다 (觀光—) 동 旅游觀光
관광호텔 (觀光hotel) 몡 旅游賓館
국토순례 (國土巡禮) 몡 爲實踐對國土的
　　愛, 徒步巡回祖國各地
그물 몡 魚網
그물낚시 몡 撒釣魚
기록사진 (記錄寫眞) 몡 紀錄片
기차여행 (汽車旅行) 몡 火車旅行

나들이 몡 串门儿, 串门子	나들이 몡 串門兒, 串門子
낚다 동 钓	낚다 동 釣
낚시 몡 鱼杆	낚시 몡 魚杆
낚시꾼 몡 钓鱼人	낚시꾼 몡 釣魚人
낚시바늘 몡 鱼钩	낚시바늘 몡 魚鉤
낚시질 몡 钓鱼	낚시질 몡 釣魚
낚시터 몡 钓台, 钓鱼台, 钓鱼场	낚시터 몡 釣臺, 釣魚臺, 釣魚場
낚시하다 동 钓鱼	낚시하다 동 釣魚
낚싯대 몡 钓杆, 鱼杆, 钓鱼杆	낚싯대 몡 釣杆, 魚杆, 釣魚杆
낚싯밥 몡 ① 鱼饵 ② 诱饵	낚싯밥 몡 ① 魚餌 ② 誘餌
낚싯봉 몡 (钓鱼的)沉子, 铅坠儿	낚싯봉 몡 (釣魚的)沉子, 鉛墜兒
낚싯줄 몡 钓鱼线	낚싯줄 몡 釣魚線
노자 (路資) 몡 路费, 旅费	노자 (路資) 몡 路費, 旅費
단체사진 (團體寫眞) 몡 团体照, 集体合影	단체사진 (團體寫眞) 몡 團體照, 集體合影
단풍놀이 (丹楓—) 몡 赏红叶	단풍놀이 (丹楓—) 몡 賞紅葉
답사 (踏査) 몡 实地调查, 勘察, 考察, 参观学习	답사 (踏査) 몡 實地調査, 勘察, 考察, 參觀學習
답사하다 (踏査—) 동 实地调查, 勘察, 考察, 参观学习	답사하다 (踏査—) 동 實地調査, 勘察, 考察, 參觀學習
대어 (大漁) 몡 大鱼	대어 (大漁) 몡 大魚
도보여행 (徒步旅行) 몡 徒步旅行	도보여행 (徒步旅行) 몡 徒步旅行
독사진 (獨寫眞) 몡 单人照	독사진 (獨寫眞) 몡 單人照
돌사진 (一寫眞) 몡 周岁纪念照	돌사진 (一寫眞) 몡 周歲紀念照
동호회 (同好會) 몡 兴趣相同的人举行的聚会	동호회 (同好會) 몡 興趣相同的人擧行的聚會
등반 (登攀) 몡 攀登	등반 (登攀) 몡 攀登
등반대 (登攀隊) 몡 登山队	등반대 (登攀隊) 몡 登山隊
등반대회 (登攀大會) 몡 登山大会	등반대회 (登攀大會) 몡 登山大會
등반장비 (登攀裝備) 몡 登山装置	등반장비 (登攀裝備) 몡 登山裝置
등반하다 (登攀—) 동 攀登	등반하다 (登攀—) 동 攀登
등산 (登山) 몡 登山	등산 (登山) 몡 登山
등산가 (登山家) 몡 登山家	등산가 (登山家) 몡 登山家
등산객 (登山客) 몡 登山客	등산객 (登山客) 몡 登山客
등산모 (登山帽) 몡 登山帽	등산모 (登山帽) 몡 登山帽
등산복 (登山服) 몡 登山服	등산복 (登山服) 몡 登山服

등산양말 (登山洋襪) 명 登山袜
등산장비 (登山裝備) 명 登山裝置
등산하다 (登山—) 동 爬山, 登山
등산화 (登山靴) 명 登山鞋
등정 (登頂) 명 山頂
떡밥 명 魚餌 (一種釣魚用的飯固)
메아리 명 回音, 回声, 回响
명함판사진 (名銜判寫眞) 명 象名片大小的相片
무전여행 (無錢旅行) 명 身上分文不带路上通过自己的劳动或别人的帮助而进行的旅行
문화관광부 (文化觀光部) 명 文化观光部 (韩国的主管文化观光事业的部门)
물고기 명 鱼
미끼 명 ① 鱼饵 ② 诱饵
민물고기 명 淡水鱼
민물낚시 (民物—) 명 淡水钓鱼
밀월여행 (蜜月旅行) 명 蜜月旅行
바다낚시 명 海水钓鱼
반명함판사진 (半名銜判寫眞) 명 半个名片大的照片
밤낚시 명 夜间钓鱼
배낭여행 (背囊旅行) 명 背包旅行
백일사진 (百日寫眞) 명 百日照
벚꽃놀이 명 赏樱花
보도사진 (報道寫眞) 명 新闻照
비자 (visa) 명 签证
빙벽타기 (氷壁—) 명 爬冰山
사증 (査證) 명 签证
사진 (寫眞) 명 照片
사진관 (寫眞館) 명 照相馆, 照像馆
사진기 (寫眞機) 명 照相机
사진기자 (寫眞記者) 명 照相记者
사진사 (寫眞師) 명 照相师
사진술 (寫眞術) 명 照相技术

등산양말 (登山洋襪) 명 登山襪
등산장비 (登山裝備) 명 登山裝置
등산하다 (登山—) 동 爬山, 登山
등산화 (登山靴) 명 登山鞋
등정 (登頂) 명 山頂
떡밥 명 魚餌 (一種釣魚用的飯固)
메아리 명 回音, 回聲, 回響
명함판사진 (名銜判寫眞) 명 象名片大小的相片
무전여행 (無錢旅行) 명 身上分文不帶路上通過自己的勞動或別人的帮助而進行的旅行
문화관광부 (文化觀光部) 명 文化觀光部 (韓國的主管文化觀光事業的部門)
물고기 명 魚
미끼 명 ① 魚餌 ② 誘餌
민물고기 명 淡水魚
민물낚시 (民物—) 명 淡水釣魚
밀월여행 (蜜月旅行) 명 蜜月旅行
바다낚시 명 海水釣魚
반명함판사진 (半名銜判寫眞) 명 半個名片大的照片
밤낚시 명 夜間釣魚
배낭여행 (背囊旅行) 명 背包旅行
백일사진 (百日寫眞) 명 百日照
벚꽃놀이 명 賞櫻花
보도사진 (報道寫眞) 명 新聞照
비자 (visa) 명 簽證
빙벽타기 (氷壁—) 명 爬冰山
사증 (査證) 명 簽證
사진 (寫眞) 명 照片
사진관 (寫眞館) 명 照相館, 照像館
사진기 (寫眞機) 명 照相機
사진기자 (寫眞記者) 명 照相記者
사진사 (寫眞師) 명 照相師
사진술 (寫眞術) 명 照相技術

사진예술 (寫眞藝術) 명 照相艺术
사진작가 (寫眞作家) 명 照相作家
사진작품 (寫眞作品) 명 照相作品
사진첩 (寫眞帖) 명 相册, 影集
사진틀 (寫眞—) 명 镜框
산악인 (山嶽人) 명 喜欢登山的人
산악회 (山嶽會) 명 喜欢登山的人聚在
　一起组成的团体
산울림 명 回音, 回声, 回响
성지순례 (聖地巡禮) 명 朝拜圣地
소풍 (消風) 명 野游
수학여행 (修學旅行) 명 修业旅行
숙박료 (宿泊料) 명 宿费, 住宿费
스냅사진 (snap寫眞) 명 快照
시내관광 (市內觀光) 명 市内观光
신혼여행 (新婚旅行) 명 新婚旅行
암벽타기 (岩壁—) 명 爬岩壁
암실 (暗室) 명 暗室
야유회 (野遊會) 명 野游
양화 (陽畵) 명 (照相)正片
얼음낚시 명 冰上钓鱼
여가선용 (餘暇善用) 명 合理地利用业余
　时间
여객 (旅客) 명 旅客, 游客
여권 (旅券) 명 护照
여권사진 (旅券寫眞) 명 护照用的照片
여비 (旅費) 명 旅差费
여행가 (旅行家) 명 旅行家
여행객 (旅行客) 명 旅客
여행계획 (旅行計劃) 명 旅行计划
여행기 (旅行記) 명 旅行记
여행담 (旅行談) 명 旅行随笔
여행비 (旅行費) 명 旅行费用
여행사 (旅行社) 명 旅行社
여행자보험 (旅行者保險) 명 旅客保险
여행자수표 (旅行者手票) 명 旅行支票

사진예술 (寫眞藝術) 명 照相藝術
사진작가 (寫眞作家) 명 照相作家
사진작품 (寫眞作品) 명 照相作品
사진첩 (寫眞帖) 명 相冊, 影集
사진틀 (寫眞—) 명 鏡框
산악인 (山嶽人) 명 喜歡登山的人
산악회 (山嶽會) 명 喜歡登山的人聚在
　一起組成的團體
산울림 명 回音, 回聲, 回響
성지순례 (聖地巡禮) 명 朝拜聖地
소풍 (消風) 명 野游
수학여행 (修學旅行) 명 修業旅行
숙박료 (宿泊料) 명 宿費, 住宿費
스냅사진 (snap寫眞) 명 快照
시내관광 (市內觀光) 명 市內觀光
신혼여행 (新婚旅行) 명 新婚旅行
암벽타기 (岩壁—) 명 爬巖壁
암실 (暗室) 명 暗室
야유회 (野遊會) 명 野游
양화 (陽畵) 명 (照相)正片
얼음낚시 명 冰上釣魚
여가선용 (餘暇善用) 명 合理的利用業餘
　時間
여객 (旅客) 명 旅客, 游客
여권 (旅券) 명 護照
여권사진 (旅券寫眞) 명 護照用的照片
여비 (旅費) 명 旅差費
여행가 (旅行家) 명 旅行家
여행객 (旅行客) 명 旅客
여행계획 (旅行計劃) 명 旅行計劃
여행기 (旅行記) 명 旅行記
여행담 (旅行談) 명 旅行隨筆
여행비 (旅行費) 명 旅行費用
여행사 (旅行社) 명 旅行社
여행자보험 (旅行者保險) 명 旅客保險
여행자수표 (旅行者手票) 명 旅行支票

여행지 (旅行地) 명 旅行地, 旅游地
여행하다 (旅行—) 동 旅行, 旅游
역광 (逆光) 명 逆光
영정 (影幀) 명 灵照
예술사진 (藝術寫眞) 명 艺术照
오르다 동 爬, 登
월척 (越尺) 명 钓一尺大的鱼
유람하다 (遊覽—) 동 游览
유흥비 (遊興費) 명 游玩费
음화 (陰畫) 명 底片, 底版
인물사진 (人物寫眞) 명 人物照
인화 (印畫) 명 印相, 洗印 (照片)
인화지 (印畫紙) 명 相纸
인화하다 (印畫—) 동 ① 印相
② 洗印照片
입질 명 鱼咬动鱼饵
입질하다 동 鱼咬动了鱼饵
작품사진 (作品寫眞) 명 艺术照
잔챙이 명 众物中最小最差的
조난사고 (遭難事故) 명 遇难事故
졸업여행 (卒業旅行) 명 毕业旅行
즉석사진 (卽席寫眞) 명 快照
증명사진 (證明寫眞) 명 证明相片, 证明照片
찌 명 浮标, 浮子
찍다 동 照
촬영 (撮影) 명 撮影
촬영하다 (撮影—) 동 撮影
취미 (趣味) 명 兴趣
취미생활 (趣味生活) 명 业余生活
취미활동 (趣味活動) 명 业余活动
칼라사진 (color寫眞) 명 彩色照片, 彩色相片
타다 동 沿, 順, 沿山脊走, 順山路下
필름 (film) 명 ① 胶卷 ② 影片
하산 (下山) 명 下山

여행지 (旅行地) 명 旅行地, 旅游地
여행하다 (旅行—) 동 旅行, 旅游
역광 (逆光) 명 逆光
영정 (影幀) 명 靈照
예술사진 (藝術寫眞) 명 藝術照
오르다 동 爬, 登
월척 (越尺) 명 釣一尺大的魚
유람하다 (遊覽—) 동 遊覽
유흥비 (遊興費) 명 游玩費
음화 (陰畫) 명 底片, 底版
인물사진 (人物寫眞) 명 人物照
인화 (印畫) 명 印相, 洗印 (照片)
인화지 (印畫紙) 명 相紙
인화하다 (印畫—) 동 ① 印相
② 洗印照片
입질 명 魚咬動魚餌
입질하다 동 魚咬動了魚餌
작품사진 (作品寫眞) 명 藝術照
잔챙이 명 衆物中最小最差的
조난사고 (遭難事故) 명 遇難事故
졸업여행 (卒業旅行) 명 畢業旅行
즉석사진 (卽席寫眞) 명 快照
증명사진 (證明寫眞) 명 證明相片, 證明照片
찌 명 浮標, 浮子
찍다 동 照
촬영 (撮影) 명 撮影
촬영하다 (撮影—) 동 撮影
취미 (趣味) 명 興趣
취미생활 (趣味生活) 명 業餘生活
취미활동 (趣味活動) 명 業餘活動
칼라사진 (color寫眞) 명 彩色照片, 彩色相片
타다 동 沿, 順, 沿山脊走, 順山路下
필름 (film) 명 ① 膠卷 ② 影片
하산 (下山) 명 下山

해외관광 (海外觀光) 명 海外观光
해외여행 (海外旅行) 명 海外旅行
현상 (現像) 명 洗相, 冲胶卷
현상하다 (現像—) 동 洗相, 冲胶卷
확대사진 (擴大寫眞) 명 放相
활동사진 (活動寫眞) 명 无声电影
효도관광 (孝道觀光) 명 子女出钱让父母旅行
휴양지 (休養地) 명 休养地, 疗养区
흑백사진 (黑白寫眞) 명 黑白相片, 黑白照片

해외관광 (海外觀光) 명 海外觀光
해외여행 (海外旅行) 명 海外旅行
현상 (現像) 명 洗相, 冲膠卷
현상하다 (現像—) 동 洗相, 冲膠卷
확대사진 (擴大寫眞) 명 放相
활동사진 (活動寫眞) 명 無聲電影
효도관광 (孝道觀光) 명 子女出錢讓父母旅行
휴양지 (休養地) 명 休養地, 療養區
흑백사진 (黑白寫眞) 명 黑白相片, 黑白照片

취미					
분류	여행	낚시	사진	등산	기타
종류	기차여행 도보여행 무전여행 배낭여행 해외여행 :	그물낚시 민물낚시 바다낚시 밤낚시 얼음낚시 :	기록사진 보도사진 스냅사진 예술사진 작품사진 칼라사진 흑백사진 :	등반 등정 등반대회 암벽타기 빙벽타기	꽃꽂이 독서 바둑 영화감상 음악감상
관련 단어	관광지 사증 여비 여행객 여행사 :	그물 낚시 낚싯대 낚싯밥 낚싯줄 떡밥 미끼 :	사진기 사진술 사진첩 사진틀 필름 암실 역광 촬영 현상 인화	등산화 등산복 등산모 등산양말 등산장비 메아리 산울림 산악회 :	극장 꽃 꽃병 바둑알 바둑판 음악감상실 장기판 책 :

22. 놀이와 게임

| 游戏 | 遊戲 |

가위바위보 명 手心手背
게임 (game) 명 游戏
게임방 (game房) 명 游戏厅
게임하다 (game—) 동 玩游戏
경마 (競馬) 명 竞马, 赛马
경마장 (競馬場) 명 竞马场, 赛马场
고무줄놀이 명 跳猴皮筋儿
고싸움 명 是民间游戏的一种, 用麻绳作圆圈, 然后让人骑在上面打仗
곡마 (曲馬) 명 马戏
곡마단 (曲馬團) 명 马戏团
곡예 (曲藝) 명 杂技
곡예단 (曲藝團) 명 杂技团
곡예사 (曲藝師) 명 杂技师
곤지곤지 명 逗婴儿 (用一个手指头往另一个手心上连续作象扎的动作)
공기놀이 명 抓石子儿
공타기 명 骑球表演

가위바위보 명 手心手背
게임 (game) 명 游戲
게임방 (game房) 명 游戲廳
게임하다 (game—) 동 玩游戲
경마 (競馬) 명 競馬, 賽馬
경마장 (競馬場) 명 競馬場, 賽馬場
고무줄놀이 명 跳猴皮筋兒
고싸움 명 是民間遊戲的一種, 用麻繩作圓圈, 然後讓人騎在上面打仗
곡마 (曲馬) 명 馬戲
곡마단 (曲馬團) 명 馬戲團
곡예 (曲藝) 명 雜技
곡예단 (曲藝團) 명 雜技團
곡예사 (曲藝師) 명 雜技師
곤지곤지 명 逗嬰兒 (用一個手指頭往另一個手心上連續作象扎的動作)
공기놀이 명 抓石子兒
공타기 명 騎球表演

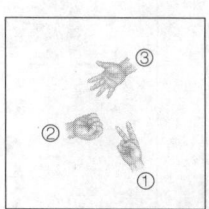

〈가위바위보〉
① 가위
② 바위
③ 보

〈공기놀이〉

〈고싸움〉

구름다리 명 天桥, 吊桥
구슬치기 명 游戏的一种
그네 명 秋千
그네뛰기 명 荡秋千, 打秋千
그네타기 명 荡秋千
기마전 (騎馬戰) 명 骑马战
꼭두각시놀음 명 ① 木偶戏
　② 傀儡把戏
끝말잇기 명 接话尾
낱말맞추기 명 猜单词, 猜词
내기 명 赌
내기하다 동 赌输赢, 比赛, 较量
널뛰기 명 跳跳板 (韩民族的一种游戏)
노름 명 赌钱, 赌博
노름꾼 명 赌鬼, 赌徒, 赌棍, 夜游子
노름하다 동 赌钱, 赌博
놀다 동 玩
놀이 명 游戏
놀이공원 (—公園) 명 游乐公园

구름다리 명 天橋, 吊橋
구슬치기 명 游戲的一種
그네 명 鞦韆
그네뛰기 명 蕩鞦韆, 打鞦韆
그네타기 명 蕩鞦韆
기마전 (騎馬戰) 명 騎馬戰
꼭두각시놀음 명 ① 木偶戲
　② 傀儡把戲
끝말잇기 명 接話尾
낱말맞추기 명 猜單詞, 猜詞
내기 명 賭
내기하다 동 賭輸贏, 比賽, 較量
널뛰기 명 跳跳板 (韓民族的一種游戲)
노름 명 賭錢, 賭博
노름꾼 명 賭鬼, 賭徒, 賭棍, 夜游子
노름하다 동 賭錢, 賭博
놀다 동 玩
놀이 명 游戲
놀이공원 (—公園) 명 游樂公園

〈널뛰기〉

〈그네뛰기〉

한국 전통 놀이	현대 놀이와 게임		
	유아	어린이·청소년	어른
고싸움	곤지곤지	가위바위보	마작
그네뛰기	도리도리	고무줄놀이	바둑
기마전	잼잼	공기놀이	불꽃놀이
꼭두각시놀음	짝짜꿍	끝말잇기	서양장기
널뛰기	⋮	낱말맞추기	장기
썰매타기		눈썰매	카드놀이
연날리기		딱지치기	투전
연싸움		딱총놀이	폭죽놀이
윷놀이		땅따먹기	화투
자치기		뚝박기	⋮
제기차기		병원놀이	
줄다리기		사방제기	
줄타기		사방치기	
쥐불놀이		소꿉놀이	
팽이치기		수건돌리기	
⋮		숨바꼭질	
		숨은그림찾기	
		스무고개	
		인형놀이	
		전쟁놀이	
		집짓기	
		⋮	

놀이동산 (一东山) 몡 游乐场, 儿童乐园
놀이터 몡 游乐场
눈싸움 몡 对眼儿
눈썰매 몡 雪橇
달맞이 몡 观月, 赏月, 迎月
닭싸움 몡 斗鸡
도리도리 몡 大人让婴儿显本事的游戏
도박 (賭博) 몡 赌博
도박사 (賭博師) 몡 赌鬼, 赌徒, 赌棍, 夜游子
도박하다 (賭博—) 동 赌博
딱지치기 몡 玩画片儿
딱총놀이 (一銃—) 몡 玩具枪
딸랑이 몡 哗啷棒, 摇铃
땅따먹기 몡 游戏的一种
마술 (魔術) 몡 魔术, 变戏法
마작 (麻雀) 몡 麻将, 麻雀
말뚝박기 몡 打庄子, 打橛子 (一种游戏)
말타기 몡 游戏的一种, 分两伙, 一伙扮马, 一伙骑马, 骑马游戏
물장구 몡 用脚打水
미끄럼 몡 打滑梯, 打雪橇, 打雪板
미끄럼틀 몡 滑板
민속놀이 (民俗—) 몡 民俗游戏, 民间游戏
바둑 몡 围棋
바람개비 몡 风车
병원놀이 몡 一种游戏, 模仿医院的医生, 护士, 病人而进行的游戏

놀이동산 (一東山) 몡 游樂場, 兒童樂園
놀이터 몡 游樂場
눈싸움 몡 對眼兒
눈썰매 몡 雪橇
달맞이 몡 觀月, 賞月, 迎月
닭싸움 몡 鬪鷄
도리도리 몡 大人讓嬰兒顯本事的游戲
도박 (賭博) 몡 賭博
도박사 (賭博師) 몡 賭鬼, 賭徒, 賭棍, 夜游子
도박하다 (賭博—) 동 賭博
딱지치기 몡 玩畫片兒
딱총놀이 (一銃—) 몡 玩具槍
딸랑이 몡 嘩啷棒, 搖鈴
땅따먹기 몡 游戲的一種
마술 (魔術) 몡 魔術, 變戲法
마작 (麻雀) 몡 麻將, 麻雀
말뚝박기 몡 打莊子, 打橛子 (一種游戲)
말타기 몡 游戲的一種, 分兩伙, 一伙扮馬, 一伙騎馬, 騎馬游戲
물장구 몡 用脚打水
미끄럼 몡 打滑梯, 打雪橇, 打雪板
미끄럼틀 몡 滑板
민속놀이 (民俗—) 몡 民俗游戲, 民間游戲
바둑 몡 圍棋
바람개비 몡 風車
병원놀이 몡 一種游戲, 模仿醫院的醫生, 護士, 病人而進行的游戲

〈말뚝박기〉

병정놀이 (兵丁—) 몡 军事游戏
보물찾기 몡 找宝游戏, 藏宝游戏
불꽃놀이 몡 放礼爆, 放花爆
사방제기 몡 四人对踢的毽子
서양장기 (西洋將棋. chess) 몡
　西洋象棋
세발자전거 (—自轉車) 몡 三轮车
소꿉놀이 몡 扮演家庭的儿戏
수건돌리기 몡 转圈丢手帕游戏
　(游戏的一种)
수수께끼 몡 猜迷藏
술래잡기 몡 捉迷藏
숨바꼭질 몡 捉迷藏
숨은그림찾기 몡 寻找藏着的影子的一种
　游戏
스무고개 몡 猜迷的一种手绪
시이소오 (seesaw) 몡 游戏的一种
썰매타기 몡 打雪橇
연날리기 (鳶—) 몡 风筝
연싸움 (鳶—) 몡 斗风筝
엿치기 몡 赌条糖
오락 (娛樂) 몡 娱乐
오락시간 (娛樂時間) 몡 娱乐时间
오락실 (娛樂室) 몡 娱乐室
완구 (玩具) 몡 玩具
요술 (妖術) 몡 魔术
유원지 (遊園地) 몡 游园地
윷 몡 掷骰
윷놀이 몡 掷骰游戏

병정놀이 (兵丁—) 몡 軍事游戲
보물찾기 몡 找寶游戲, 藏寶游戲
불꽃놀이 몡 放禮爆, 放花爆
사방제기 몡 四人對踢的毽子
서양장기 (西洋將棋. chess) 몡
　西洋象棋
세발자전거 (—自轉車) 몡 三輪車
소꿉놀이 몡 扮演家庭的兒戲
수건돌리기 몡 轉圈丟手帕游戲
　(游戲的一種)
수수께끼 몡 猜迷藏
술래잡기 몡 捉迷藏
숨바꼭질 몡 捉迷藏
숨은그림찾기 몡 尋找藏着的影子的一種
　游戲
스무고개 몡 猜迷的一種手緒
시이소오 (seesaw) 몡 游戲的一種
썰매타기 몡 打雪橇
연날리기 (鳶—) 몡 風箏
연싸움 (鳶—) 몡 鬪風箏
엿치기 몡 賭條糖
오락 (娛樂) 몡 娛樂
오락시간 (娛樂時間) 몡 娛樂時間
오락실 (娛樂室) 몡 娛樂室
완구 (玩具) 몡 玩具
요술 (妖術) 몡 魔術
유원지 (遊園地) 몡 游園地
윷 몡 擲骰
윷놀이 몡 擲骰游戲

〈윷놀이〉

〈인형〉

인형 (人形) 몡 娃娃
인형놀이 (人形—) 몡 木偶游戏,
   傀儡游戏
자전거 (自轉車) 몡 自行车
자치기 몡 打嘎 (儿童游戏的一种)
잠자리채 몡 抓蜻蜓的网
장기 (將棋) 몡 象棋, 棋
장기자랑 (長技—) 몡 特长, 表演
장난 몡 ① 顽皮, 调皮, 淘气, 闹着玩, 玩
   耍 ② 开玩笑 ③ 恶作剧, 捣乱
장난감 몡 玩具, 玩意儿
장난치다 동 玩耍, 淘气
재주넘기 (才—) 몡 翻筋头, 倒翻身
잼잼 몡 逗婴儿一会儿攥举一会儿申手的
   一种游戏
전자오락 (電子娛樂) 몡 电子游戏
전쟁놀이 (戰爭—) 몡 军事游戏,
   打仗玩儿, 战争把戏
접시돌리기 몡 飞碟, 碟舞
제기차기 몡 踢毽子
주사위 몡 色子
줄넘기 몡 跳绳
줄다리기 몡 拔河
줄타기 몡 走钢丝, 走绳
쥐불놀이 몡 放鼠火
집짓기 몡 盖房子

인형 (人形) 몡 娃娃
인형놀이 (人形—) 몡 木偶游戲,
   傀儡游戲
자전거 (自轉車) 몡 自行车
자치기 몡 打嘎 (兒童游戲的一種)
잠자리채 몡 抓蜻蜓的網
장기 (將棋) 몡 象棋, 棋
장기자랑 (長技—) 몡 特長, 表演
장난 몡 ① 頑皮, 調皮, 淘氣, 鬧着玩, 玩
   耍 ② 開玩笑 ③ 惡作劇, 搗亂
장난감 몡 玩具, 玩意兒
장난치다 동 玩耍, 淘氣
재주넘기 (才—) 몡 翻筋頭, 倒翻身
잼잼 몡 逗嬰兒一會兒攥擧一會兒申手的
   一種游戲
전자오락 (電子娛樂) 몡 電子游戲
전쟁놀이 (戰爭—) 몡 軍事游戲,
   打仗玩兒, 戰爭把戲
접시돌리기 몡 飛碟, 碟舞
제기차기 몡 踢毽子
주사위 몡 色子
줄넘기 몡 跳繩
줄다리기 몡 拔河
줄타기 몡 走鋼絲, 走繩
쥐불놀이 몡 放鼠火
집짓기 몡 蓋房子

〈제기차기〉

〈쥐불놀이〉

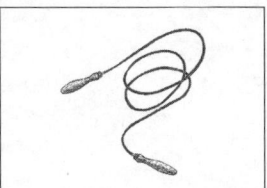
〈줄넘기〉

짝자꿍 몡 嬰儿拍手玩
철봉 (鐵棒) 몡 单扛
카드놀이 (card—) 몡 玩卡片, 玩扑克
컴퓨터오락실 (computer娛樂室) 몡
　　电脑游戏厅
투전 (鬪牋) 몡 赌钱, 赌博
팔씨름 몡 扳腕子, 比腕力, 掰腕子
팽이치기 몡 揷陀螺, 玩陀螺, 打陀螺
폭죽놀이 (爆竹—) 몡 放爆竹, 放便炮,
　　放花炮
풍선 (風船) 몡 气球
화투 (花鬪) 몡 纸牌的一种

짝자꿍 몡 嬰兒拍手玩
철봉 (鐵棒) 몡 單扛
카드놀이 (card—) 몡 玩卡片, 玩扑克
컴퓨터오락실 (computer娛樂室) 몡
　　電腦游戲廳
투전 (鬪牋) 몡 賭錢, 賭博
팔씨름 몡 扳腕子, 比腕力, 掰腕子
팽이치기 몡 揷陀螺, 玩陀螺, 打陀螺
폭죽놀이 (爆竹—) 몡 放爆竹, 放便炮,
　　放花炮
풍선 (風船) 몡 氣球
화투 (花鬪) 몡 紙牌的一種

〈팽이치기〉

〈화투〉

23. 운동

| 运动 | 運動 |

감독 (監督) 명 导演　　　　　　감독 (監督) 명 導演
개구리헤엄 명 蛙泳　　　　　　개구리헤엄 명 蛙泳
개헤엄 명 狗刨儿　　　　　　　개헤엄 명 狗刨兒
검 (劍) 명 剑　　　　　　　　　검 (劍) 명 劍
검도 (劍道) 명 剑　　　　　　　검도 (劍道) 명 劍
겨루다 동 摽劲儿　　　　　　　겨루다 동 摽勁兒
격투기 (格鬪技) 명 哉斗机　　　격투기 (格鬪技) 명 哉鬪机
경기 (競技) 명 比赛　　　　　　경기 (競技) 명 比賽
경기규칙 (競技規則) 명 竞赛规则　　경기규칙 (競技規則) 명 競賽規則
경기력 (競技力) 명 竞技能力, 竞争力量　　경기력 (競技力) 명 競技能力, 競爭力量
경기장 (競技場) 명 运动场, 体育场,　　경기장 (競技場) 명 運動場, 體育場,
　　比赛场　　　　　　　　　　　　比賽場
경기하다 (競技—) 동 比赛　　　경기하다 (競技—) 동 比賽
경보 (競步) 명 竞走　　　　　　경보 (競步) 명 競走
경주하다 (競走—) 동 赛跑　　　경주하다 (競走—) 동 賽跑
계주 (繼走) 명 接力　　　　　　계주 (繼走) 명 接力
곤봉 (棍棒) 명 棍棒体操　　　　곤봉 (棍棒) 명 棍棒體操
골대 (goal—) 명 球门　　　　　골대 (goal—) 명 球門
골프 (golf) 명 高尔夫　　　　　골프 (golf) 명 高爾夫
공 명 球　　　　　　　　　　　공 명 球
공격 (攻擊) 명 进攻　　　　　　공격 (攻擊) 명 進攻
공격수 (攻擊手) 명 进攻选手　　공격수 (攻擊手) 명 進攻選手
공던지기 명 铅球　　　　　　　공던지기 명 鉛球
구기종목 (球技種目) 명 球类项目　　구기종목 (球技種目) 명 球類項目
국가대표선수 (國家代表選手) 명 国家队　　국가대표선수 (國家代表選手) 명 國家隊
　　队员, 国家队选手, 国家代表队选手　　　隊員, 國家隊選手, 國家代表隊選手
국궁 (國弓) 명 国弓 (韩国的传统运动)　　국궁 (國弓) 명 國弓 (韓國的傳統運動)
국민체조 (國民體操) 명 全民体操　　국민체조 (國民體操) 명 全民體操
궁도 (弓道) 명 弓箭技术　　　　궁도 (弓道) 명 弓箭技術

권투 (拳鬪) 명 拳击
권투장갑 (拳鬪掌匣) 명 拳击手套
기계체조 (器械體操) 명 器械体操
기술 (技術) 명 技术
넓이뛰기 명 跳远
농구 (籠球) 명 蓝球
농구공 (籠球—) 명 蓝球
높이뛰기 명 跳高
다이빙 (diving) 명 跳水
달리기 명 跑赛
당구 (撞球) 명 台球
대표선수 (代表選手) 명 代表选手
도마 (跳馬) 명 木马, 跳马
도복 (道服) 명 武术穿的服装
등산 (登山) 명 登山
뜀틀 명 跳马
럭비 (rugby) 명 橄榄球
레슬링 (wrestling) 명 摔交(跤)
리듬체조 (rhythm體操) 명 艺术体操
마라톤 (marathon) 명 马拉松
매달리기 명 单扛
맨손체조 (—體操) 명 自由体操
멀리뛰기 명 跳远
무승부 (無勝負) 명 无胜负, 平局
물안경 (—眼鏡) 명 游泳眼镜
미식축구 (美式蹴球) 명 美式足球, 橄榄球

권투 (拳鬪) 명 拳擊
권투장갑 (拳鬪掌匣) 명 拳擊手套
기계체조 (器械體操) 명 器械體操
기술 (技術) 명 技術
넓이뛰기 명 跳遠
농구 (籠球) 명 藍球
농구공 (籠球—) 명 藍球
높이뛰기 명 跳高
다이빙 (diving) 명 跳水
달리기 명 跑賽
당구 (撞球) 명 臺球
대표선수 (代表選手) 명 代表選手
도마 (跳馬) 명 木馬, 跳馬
도복 (道服) 명 武術穿的服裝
등산 (登山) 명 登山
뜀틀 명 跳馬
럭비 (rugby) 명 橄欖球
레슬링 (wrestling) 명 摔交(跤)
리듬체조 (rhythm體操) 명 藝術體操
마라톤 (marathon) 명 馬拉松
매달리기 명 單扛
맨손체조 (—體操) 명 自由體操
멀리뛰기 명 跳遠
무승부 (無勝負) 명 無勝負, 平局
물안경 (—眼鏡) 명 游泳眼鏡
미식축구 (美式蹴球) 명 美式足球, 橄欖球

〈국궁〉

반칙 (反則) 명 犯規
방어 (防禦) 명 防守
배구 (排球) 명 排球
배구공 (排球一) 명 排球
배드민턴 (badminton) 명 羽毛球
배영 (背泳) 명 仰泳
번지점프 (bungee jump) 명 Bungee跳
볼링 (bowling) 명 保齡球
비기다 동 平, 打平
빙상경기 명 冰上运动
사격 (射擊) 명 射击
사이클 (cycling) 명 自行车比赛
사회체육 (社會體育) 명 社会体育
샅바 명 摔跤用的腿绳
생활체육 (生活體育) 명 生活体育
선발하다 (選拔一) 동 选拔
선수 (選手) 명 选手
선수교체 (選手交替) 명 替补, 换选手
선수권 (選手權) 명 优秀选手
선수단 (選手團) 명 体育代表团
선수촌 (選手村) 명 运动员村
세단뛰기 (一段一) 명 三级跳
수구 (水球) 명 水球
수비 (守備) 명 防守
수비수 (守備手) 명 防守队员
수상스키 (水上ski) 명 滑水
수영 (水泳) 명 游泳
수영모자 (水泳帽子) 명 游泳帽
수영복 (水泳服) 명 游泳衣, 游泳裤, 泳裝

반칙 (反則) 명 犯規
방어 (防禦) 명 防守
배구 (排球) 명 排球
배구공 (排球一) 명 排球
배드민턴 (badminton) 명 羽毛球
배영 (背泳) 명 仰泳
번지점프 (bungee jump) 명 Bungee跳
볼링 (bowling) 명 保齡球
비기다 동 平, 打平
빙상경기 명 冰上運動
사격 (射擊) 명 射擊
사이클 (cycling) 명 自行車比賽
사회체육 (社會體育) 명 社會體育
샅바 명 摔跤用的腿繩
생활체육 (生活體育) 명 生活體育
선발하다 (選拔一) 동 選拔
선수 (選手) 명 選手
선수교체 (選手交替) 명 替補, 換選手
선수권 (選手權) 명 優秀選手
선수단 (選手團) 명 體育代表團
선수촌 (選手村) 명 運動員村
세단뛰기 (一段一) 명 三級跳
수구 (水球) 명 水球
수비 (守備) 명 防守
수비수 (守備手) 명 防守隊員
수상스키 (水上ski) 명 滑水
수영 (水泳) 명 游泳
수영모자 (水泳帽子) 명 游泳帽
수영복 (水泳服) 명 游泳衣, 游泳褲, 泳裝

〈피겨스케이트〉

수중발레 (水中ballet) 몡 水上芭蕾
스케이트 (skate) 몡 ① 滑冰, 速滑
　② 冰刀
스키 (ski) 몡 ① 滑雪 ② 滑雪板
스포츠 (sports) 몡 体育
승리하다 (勝利—) 동 胜利, 赢
승마 (乘馬) 몡 赛马
승부 (乘負) 몡 胜负
승패 (勝敗) 몡 胜败
시합 (試合) 몡 比赛
시합하다 (試合—) 동 比赛
실내체육관 몡 室内体育馆
심판 (審判) 몡 裁判员
심판보다 (審判—) 동 裁判
씨름 몡 摔跤
아령 (啞鈴) 몡 哑铃
아시안게임 (Asian Games) 몡 亚运会
아이스하키 (ice hockey) 몡 冰球
안마 (鞍馬) 몡 鞍马
야구 (野球) 몡 棒球
야구공 (野球—) 몡 棒球
야구방망이 (野球—) 몡 棒球棍
야구장갑 (野球掌匣) 몡 棒球手套
양궁 (洋弓) 몡 弓箭, 射箭
에어로빅 (aerobic) 몡 健美操
역기 (力器) 몡 举重

수중발레 (水中ballet) 몡 水上芭蕾
스케이트 (skate) 몡 ① 滑冰, 速滑
　② 冰刀
스키 (ski) 몡 ① 滑雪 ② 滑雪板
스포츠 (sports) 몡 體育
승리하다 (勝利—) 동 勝利, 赢
승마 (乘馬) 몡 賽馬
승부 (乘負) 몡 勝負
승패 (勝敗) 몡 勝敗
시합 (試合) 몡 比賽
시합하다 (試合—) 동 比賽
실내체육관 몡 室內體育館
심판 (審判) 몡 裁判員
심판보다 (審判—) 동 裁判
씨름 몡 摔跤
아령 (啞鈴) 몡 啞鈴
아시안게임 (Asian Games) 몡 亞運會
아이스하키 (ice hockey) 몡 冰球
안마 (鞍馬) 몡 鞍馬
야구 (野球) 몡 棒球
야구공 (野球—) 몡 棒球
야구방망이 (野球—) 몡 棒球棍
야구장갑 (野球掌匣) 몡 棒球手套
양궁 (洋弓) 몡 弓箭, 射箭
에어로빅 (aerobic) 몡 健美操
역기 (力器) 몡 擧重

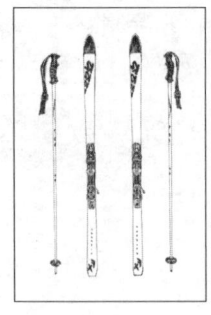
〈스키〉

〈씨름〉

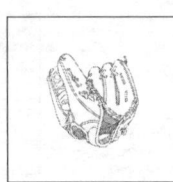
〈야구장갑〉

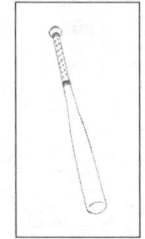
〈야구방망이〉

역도 (力道) 圕 举重
연승 (連勝) 圕 连胜
올림픽 (Olympics) 圕 奥林匹克运动会, 奥运会
요트 (yacht) 圕 快艇, 游艇
우승 (優勝) 圕 赢
운동 (運動) 圕 运动
운동감각 (運動感覺) 圕 运动知觉, 体育感觉
운동경기 (運動競技) 圕 竞技体育, 竞技运动
운동기구 (運動器具) 圕 运动器具, 运动机械
운동량 (運動量) 圕 运动量
운동모자 (運動帽子) 圕 运动帽
운동복 (運動服) 圕 运动服
운동부 (運動部) 圕 运动协会, 学校体育部
운동선수 (運動選手) 圕 运动员
운동신경 (運動神經) 圕 运动神精
운동장 (運動場) 圕 运动场
운동정신 (運動精神) 圕 体育精神

역도 (力道) 圕 擧重
연승 (連勝) 圕 連勝
올림픽 (Olympics) 圕 奧林匹克運動會, 奧運會
요트 (yacht) 圕 快艇, 游艇
우승 (優勝) 圕 贏
운동 (運動) 圕 運動
운동감각 (運動感覺) 圕 運動知覺, 體育感覺
운동경기 (運動競技) 圕 競技體育, 競技運動
운동기구 (運動器具) 圕 運動器具, 運動機械
운동량 (運動量) 圕 運動量
운동모자 (運動帽子) 圕 運動帽
운동복 (運動服) 圕 運動服
운동부 (運動部) 圕 運動協會, 學校體育部
운동선수 (運動選手) 圕 運動員
운동신경 (運動神經) 圕 運動神精
운동장 (運動場) 圕 運動場
운동정신 (運動精神) 圕 體育精神

운동				
공을 가지고 하는 운동	육상	두 사람이 겨루는 운동	체조	수영
농구 당구 럭비 배구 볼링 수구 미식축구 야구 축구 탁구 테니스 피구 핸드볼 :	높이뛰기 달리기 장대높이뛰기 마라톤 멀리뛰기 원반던지기 세단뛰기 이어달리기 창던지기 포환던지기 :	검도 권투 레슬링 씨름 유도 쿵푸 태권도 택견 펜싱 합기도 :	곤봉 뜀틀 리듬체조 평균대 평행봉 :	다이빙 배영 자유형 접영 혼영 :

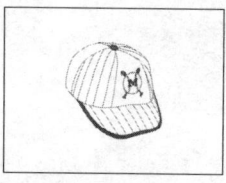

〈운동모자〉

운동종목 (運動種目) 〔명〕 运动项目　　운동종목 (運動種目) 〔명〕 運動項目
운동하다 (運動—) 〔동〕 运动　　　　운동하다 (運動—) 〔동〕 運動
운동화 (運動靴) 〔명〕 运动鞋　　　　운동화 (運動靴) 〔명〕 運動鞋
운동회 (運動會) 〔명〕 运动会　　　　운동회 (運動會) 〔명〕 運動會
원반 (原盤) 〔명〕 铁饼　　　　　　　원반 (原盤) 〔명〕 鐵餠
원정경기 (遠征競技) 〔명〕 远征比赛　원정경기 (遠征競技) 〔명〕 遠征比賽
월계관 (月桂冠) 〔명〕 桂冠　　　　　월계관 (月桂冠) 〔명〕 桂冠
월드컵 (World Cup) 〔명〕 世界杯　　월드컵 (World Cup) 〔명〕 世界杯
윗몸일으키기 〔명〕 仰卧起座　　　　윗몸일으키기 〔명〕 仰臥起座
유도 (柔道) 〔명〕 柔道　　　　　　　유도 (柔道) 〔명〕 柔道
육상경기 (陸上競技) 〔명〕 田竟比赛　육상경기 (陸上競技) 〔명〕 田竟比賽
응원가 (應援歌) 〔명〕 加油歌　　　　응원가 (應援歌) 〔명〕 加油歌
응원단 (應援團) 〔명〕 啦啦队　　　　응원단 (應援團) 〔명〕 啦啦隊
응원하다 (應援—) 〔동〕 加油　　　　응원하다 (應援—) 〔동〕 加油
이기다 〔동〕 赢　　　　　　　　　　이기다 〔동〕 赢
자유형 (自由型) 〔명〕 自由泳　　　　자유형 (自由型) 〔명〕 自由泳
자전거 (自轉車) 〔명〕 自行车　　　　자전거 (自轉車) 〔명〕 自行車
장대높이뛰기 (長—) 〔명〕 撑杆跳高　장대높이뛰기 (長—) 〔명〕 撑桿跳高
전국체전 (全國體典) 〔명〕　　　　　전국체전 (全國體典) 〔명〕
　全国体育运动会　　　　　　　　　　全國體育運動會
전지훈련 (轉地訓鍊) 〔명〕 巡回训练　전지훈련 (轉地訓鍊) 〔명〕 巡廻訓練
접영 (蝶泳) 〔명〕 蝶泳　　　　　　　접영 (蝶泳) 〔명〕 蝶泳
정구 (庭球) 〔명〕 网球　　　　　　　정구 (庭球) 〔명〕 網球
주전선수 (主戰選手) 〔명〕 主力队员　주전선수 (主戰選手) 〔명〕 主力隊員
준비운동 (準備運動) 〔명〕 准备动作　준비운동 (準備運動) 〔명〕 準備動作
줄 〔명〕 绳　　　　　　　　　　　　줄 〔명〕 繩
줄넘기 〔명〕 跳绳　　　　　　　　　줄넘기 〔명〕 跳繩
지다 〔동〕 输　　　　　　　　　　　지다 〔동〕 輸

〈유도〉

창 (槍) 몡 标枪
창던지기 (槍—) 몡 投标枪
채 몡 拍子
천하장사 (天下壯士) 몡 摔跤冠军
철봉 (鐵棒) 몡 单扛
체력 (體力) 몡 体力
체력단련 (體力鍛鍊) 몡 体力锻炼
체육 (體育) 몡 体育
체육관 (體育館) 몡 体育馆
체육복 (體育服) 몡 运动服
체육부 (體育部) 몡 学校的体育部
체육회 (體育協會) 몡 运动协会, 体育协会
체조 (體操) 몡 体操
총 (銃) 몡 枪
축구 (蹴球) 몡 足球
축구공 (蹴球—) 몡 (足球用的)球
출전선수 (出戰選手) 몡 上场队员, 主力队员
출전하다 (出戰—) 동 出战
카누 (canoe) 몡 独木舟, 皮舟
코치 (coach) 몡 教练
쿵푸 몡 武术
타자 (打者) 몡 击球手
탁구 (卓球) 몡 乒乓球
탁구공 (卓球—) 몡 乒乓球
태권도 (跆拳道) 몡 跆拳道
택견 몡 韩国传统武术的一种

창 (槍) 몡 標槍
창던지기 (槍—) 몡 投標槍
채 몡 拍子
천하장사 (天下壯士) 몡 摔跤冠軍
철봉 (鐵棒) 몡 單扛
체력 (體力) 몡 體力
체력단련 (體力鍛鍊) 몡 體力鍛鍊
체육 (體育) 몡 體育
체육관 (體育館) 몡 體育館
체육복 (體育服) 몡 運動服
체육부 (體育部) 몡 學校的體育部
체육회 (體育協會) 몡 運動協會, 體育協會
체조 (體操) 몡 體操
총 (銃) 몡 槍
축구 (蹴球) 몡 足球
축구공 (蹴球—) 몡 (足球用的)球
출전선수 (出戰選手) 몡 上場隊員, 主力隊員
출전하다 (出戰—) 동 出戰
카누 (canoe) 몡 獨木舟, 皮舟
코치 (coach) 몡 敎鍊
쿵푸 몡 武術
타자 (打者) 몡 擊球手
탁구 (卓球) 몡 乒乓球
탁구공 (卓球—) 몡 乒乓球
태권도 (跆拳道) 몡 跆拳道
택견 몡 韓國傳統武術的一種

〈축구〉

〈탁구〉

〈태권도〉

턱걸이 몡 引体向上
테니스 (tennis) 몡 网球
투수 (投手) 몡 投球手
투원반 (投圓盤) 몡 铁饼
투포환 (投砲丸) 몡 铅球
판정승 (判定勝) 몡 拳击, 国际摔交中,
　　得分多少来决定胜负
판정하다 (判定—) 동 判决, 判定
팔굽혀펴기 몡 曲臂
패하다 (敗—) 동 敗, 输
펜싱 (fencing) 몡 击剑
평균대 (平均臺) 몡 体操工具
평영 (平泳) 몡 蛙泳
평행봉 (平行棒) 몡 双扛
폐활량 (肺活量) 몡 肺活量
포수 (捕手) 몡 接球手
포환 (砲丸) 몡 铅球
포환던지기 (砲丸—) 몡 掷铅球
피구 (避球) 몡 分为两伙, 对着扔球,
　　击重多的一方胜利的一种竞赛
하키 (hockey) 몡 曲棍球
합기도 (合氣道) 몡 武术的一种
핸드볼 (handball) 몡 手球
헤엄 몡 游泳
호신술 (護身術) 몡 护身术
혼영 (混泳) 몡 混合泳
화살 몡 弓箭
활 몡 弓
후보선수 (候補選手) 몡 候补队员,
　　替补队员
훈련하다 (訓練—) 동 训练
훌라후프 (hula hoop) 몡 呼啦圈

턱걸이 몡 引體向上
테니스 (tennis) 몡 網球
투수 (投手) 몡 投球手
투원반 (投圓盤) 몡 鐵餅
투포환 (投砲丸) 몡 鉛球
판정승 (判定勝) 몡 拳擊, 國際摔交中,
　　得分多少來決定勝負
판정하다 (判定—) 동 判決, 判定
팔굽혀펴기 몡 曲臂
패하다 (敗—) 동 敗, 輸
펜싱 (fencing) 몡 擊劍
평균대 (平均臺) 몡 體操工具
평영 (平泳) 몡 蛙泳
평행봉 (平行棒) 몡 雙扛
폐활량 (肺活量) 몡 肺活量
포수 (捕手) 몡 接球手
포환 (砲丸) 몡 鉛球
포환던지기 (砲丸—) 몡 擲鉛球
피구 (避球) 몡 分爲兩伙, 對着扔球,
　　擊重多的一方勝利的一種競賽
하키 (hockey) 몡 曲棍球
합기도 (合氣道) 몡 武術的一種
핸드볼 (handball) 몡 手球
헤엄 몡 游泳
호신술 (護身術) 몡 護身術
혼영 (混泳) 몡 混合泳
화살 몡 弓箭
활 몡 弓
후보선수 (候補選手) 몡 候補隊員,
　　替補隊員
훈련하다 (訓練—) 동 訓練
훌라후프 (hula hoop) 몡 呼啦圈

24. 나라 이름

国名	國名

가나 (Ghana) 명 加纳
가봉 (Gabon Rep.) 명 加蓬
가야 (伽倻) 명 伽倻
고구려 (高句麗) 명 高句丽
고려 (高麗) 명 高丽
고조선 (古朝鮮) 명 古朝鲜
과테말라 (Guatemala) 명 危地马拉
국적 (國籍) 명 国籍
그리스 (Greece) 명 希腊
나이지리아 (Nigeria) 명 尼日利亚
남아프리카공화국 (South Africa) 명 南非
남한 (南韓) 명 韩国, 南韩
네덜란드 (Netherlands) 명 荷兰
네팔 (Nepal) 명 尼泊尔
노르웨이 (Norway) 명 挪威
뉴질랜드 (New Zealand) 명 新西兰
니콰라과 (Nicaragua) 명 尼加拉瓜
대만 (臺灣) 명 台湾
대영제국 (大英帝國) 명 英国

가나 (Ghana) 명 加納
가봉 (Gabon Rep.) 명 加蓬
가야 (伽倻) 명 伽倻
고구려 (高句麗) 명 高句麗
고려 (高麗) 명 高麗
고조선 (古朝鮮) 명 古朝鮮
과테말라 (Guatemala) 명 危地馬拉
국적 (國籍) 명 國籍
그리스 (Greece) 명 希臘
나이지리아 (Nigeria) 명 尼日利亞
남아프리카공화국 (South Africa) 명 南非
남한 (南韓) 명 韓國, 南韓
네덜란드 (Netherlands) 명 荷蘭
네팔 (Nepal) 명 尼泊爾
노르웨이 (Norway) 명 挪威
뉴질랜드 (New Zealand) 명 新西蘭
니콰라과 (Nicaragua) 명 尼加拉瓜
대만 (臺灣) 명 臺灣
대영제국 (大英帝國) 명 英國

한국의 역사적 이름			
고조선	서기전 2333 ~ 108	가야	42 ~ 6세기 중엽
삼한	서기전 3—4세기경	통일신라	676 ~ 918
부여	서기전 1세기경	발해	698 ~ 926
신라	서기전 57 ~ 935	고려	918 ~ 1392
고구려	서기전 37 ~ 668	조선	1392 ~ 1910
백제	서기전 18 ~ 660	대한민국	1948 ~ 현재
동예	1세기 초		

나라 이름

대한민국 (大韓民國) 명 大韩民国
덴마크 (Denmark) 명 丹麦
도미니카 공화국 (Dominican Rep.) 명 多米尼加
독일 (獨逸) 명 德国
동남아 (東南亞) 명 东南亚
라오스 (Laos) 명 老挝
러시아 (Russian Fed.) 명 俄罗斯
레바논 (Lebanon) 명 黎巴嫩
루마니아 (Rumania) 명 罗马尼亚
룩셈부르크 (Luxembourg) 명 卢森堡
리비아 (Libya) 명 利比亚
마카오 (Macao) 명 澳门
마한 (馬韓) 명 马韩
말레이시아 (Malaysia) 명 马来西亚
멕시코 (Mexico) 명 墨西哥
모나코 (Monaco) 명 摩纳哥
모로코 (Morocco) 명 摩洛哥
모잠비크 (Mozambique) 명 莫桑比亚
몽고 (蒙古) 명 蒙古
미국 (美國) 명 美国
미얀마 (Myanmar) 명 缅甸
미합중국 (美合衆國) 명 美利坚合众国
바레인 (Bahrein) 명 巴林
바티칸 (Vatican City) 명 梵蒂冈
발해 (渤海) 명 渤海
방글라데시 (Bangladesh) 명 孟加拉国
백제 (百濟) 명 百济
베네수엘라 (Venezuela) 명 委内瑞拉
베트남 (Vietnam) 명 越南
벨기에 (Belgium) 명 比利时
변한 (弁韓) 명 弁韩
보스니아 (Bosnia) 명 玻斯尼亚
볼리비아 (Bolivia) 명 玻利维亚
부여 (夫餘) 명 夫余
부탄 (Bhutan) 명 不旦

대한민국 (大韓民國) 명 大韓民國
덴마크 (Denmark) 명 丹麥
도미니카 공화국 (Dominican Rep.) 명 多米尼加
독일 (獨逸) 명 德國
동남아 (東南亞) 명 東南亞
라오스 (Laos) 명 老撾
러시아 (Russian Fed.) 명 俄羅斯
레바논 (Lebanon) 명 黎巴嫩
루마니아 (Rumania) 명 羅馬尼亞
룩셈부르크 (Luxembourg) 명 盧森堡
리비아 (Libya) 명 利比亞
마카오 (Macao) 명 澳門
마한 (馬韓) 명 馬韓
말레이시아 (Malaysia) 명 馬來西亞
멕시코 (Mexico) 명 墨西哥
모나코 (Monaco) 명 摩納哥
모로코 (Morocco) 명 摩洛哥
모잠비크 (Mozambique) 명 莫桑比亞
몽고 (蒙古) 명 蒙古
미국 (美國) 명 美國
미얀마 (Myanmar) 명 緬甸
미합중국 (美合衆國) 명 美利堅合衆國
바레인 (Bahrein) 명 巴林
바티칸 (Vatican City) 명 梵蒂剛
발해 (渤海) 명 渤海
방글라데시 (Bangladesh) 명 孟加拉國
백제 (百濟) 명 百濟
베네수엘라 (Venezuela) 명 委內瑞拉
베트남 (Vietnam) 명 越南
벨기에 (Belgium) 명 比利時
변한 (弁韓) 명 弁韓
보스니아 (Bosnia) 명 玻斯尼亞
볼리비아 (Bolivia) 명 玻利維亞
부여 (夫餘) 명 夫餘
부탄 (Bhutan) 명 不旦

북한 (北韓) 몡 北韩	북한 (北韓) 몡 北韓
불가리아 (Bulgaria) 몡 保加利亚	불가리아 (Bulgaria) 몡 保加利亞
불란서 (佛蘭西) 몡 法国	불란서 (佛蘭西) 몡 法國
브라질 (Brazil) 몡 巴西	브라질 (Brazil) 몡 巴西
사우디아라비아 (Saudi Arabia) 몡 沙特阿拉伯	사우디아라비아 (Saudi Arabia) 몡 沙特阿拉伯
삼한 (三韓) 몡 三韩	삼한 (三韓) 몡 三韓
소말리아 (Somalia) 몡 索马里	소말리아 (Somalia) 몡 索馬里
수단 (Sudan) 몡 苏丹	수단 (Sudan) 몡 蘇丹
스리랑카 (Sri Lanka) 몡 斯里兰卡	스리랑카 (Sri Lanka) 몡 斯里蘭卡
스웨덴 (Sweden) 몡 瑞典	스웨덴 (Sweden) 몡 瑞典
스위스 (Switzerland) 몡 瑞士	스위스 (Switzerland) 몡 瑞士
스페인 (Spain) 몡 西班牙	스페인 (Spain) 몡 西班牙
슬로바키아 (Slovakia) 몡 斯洛伐克	슬로바키아 (Slovakia) 몡 斯洛伐克
시리아 (Syria) 몡 叙利亚	시리아 (Syria) 몡 叙利亞
신라 (新羅) 몡 新罗	신라 (新羅) 몡 新羅
싱가포르 (Singapore) 몡 新加坡	싱가포르 (Singapore) 몡 新加坡
아르헨티나 (Argentina) 몡 阿根廷	아르헨티나 (Argentina) 몡 阿根廷
아메리카 (United State of America) 몡 美国	아메리카 (United State of America) 몡 美國
아시아 (Asia) 몡 亚洲	아시아 (Asia) 몡 亞洲
아이슬란드 (Iceland) 몡 冰岛	아이슬란드 (Iceland) 몡 冰島
아일랜드 (Ireland) 몡 爱尔兰	아일랜드 (Ireland) 몡 愛爾蘭
아프가니스탄 (Afghanistan) 몡 阿富汗	아프가니스탄 (Afghanistan) 몡 阿富汗
아프리카 (Africa) 몡 非洲	아프리카 (Africa) 몡 非洲
알바니아 (Albania) 몡 阿尔巴尼亚	알바니아 (Albania) 몡 阿爾巴尼亞
알제리 (Algeria) 몡 阿尔及利亚	알제리 (Algeria) 몡 阿爾及利亞
에스파냐 (Espania) 몡 西班牙	에스파냐 (Espania) 몡 西班牙
에콰도르 (Ecuador) 몡 厄瓜多尔	에콰도르 (Ecuador) 몡 厄瓜多爾
에티오피아 (Ethiopia) 몡 埃塞俄比亚	에티오피아 (Ethiopia) 몡 埃塞俄比亞
엘살바도르 (El Salvador) 몡 萨尔瓦多	엘살바도르 (El Salvador) 몡 薩爾瓦多
영국 (英國) 몡 英国	영국 (英國) 몡 英國
오세아니아 (Oceania) 몡 澳洲	오세아니아 (Oceania) 몡 澳洲
오스트레일리아 (Australia) 몡 澳大利亚	오스트레일리아 (Australia) 몡 澳大利亞
오스트리아 (Austria) 몡 奥地利	오스트리아 (Austria) 몡 奧地利

옥저 (沃沮) 몡 沃沮
온두라스 (Honduras) 몡 洪都拉斯
요르단 (Jordon) 몡 约旦
우간다 (Uganda) 몡 乌干达
우루과이 (Uruguay) 몡 乌拉圭
우리나라 몡 我国
우크라이나 (Ukraine) 몡 乌克兰
유고 (Yugo) 몡 南斯拉夫
유고슬라비아 (Yugoslavia) 몡 南斯拉夫
유라시아 (Eurasia) 몡 欧亚(大陆)
유럽 (Europe) 몡 欧洲
이라크 (Iraq) 몡 伊拉克
이란 (Iran) 몡 伊朗
이스라엘 (Israel) 몡 以色列
이집트 (Egypt) 몡 埃及
이탈리아 (Italy) 몡 意大利
이태리 (伊太利) 몡 意大利
인도 (印度) 몡 印度
인도네시아 (Indonesia) 몡 印度尼西亚
일본 (日本) 몡 日本
자메이카 (Jamaica) 몡 牙买加
잠비아 (Gambia) 몡 赞比亚
조선 (朝鮮) 몡 朝鲜
중국 (中國) 몡 中国
진한 (辰韓) 몡 辰韩
체코 (Czechoslovakia) 몡 捷克
칠레 (Chile) 몡 智利
카메룬 (Cameroon) 몡 喀麦隆
캄보디아 (Cambodia) 몡 柬埔寨
캐나다 (Canada) 몡 加拿大
케냐 (Kenya) 몡 加纳
코스타리카 (Costa Rica) 몡 哥斯达黎加
콜롬비아 (Colombia) 몡 哥伦比亚
콩고 (Congo) 몡 刚国
쿠바 (Cuba) 몡 古巴
쿠웨이트 (Kuwait) 몡 科威特

옥저 (沃沮) 몡 沃沮
온두라스 (Honduras) 몡 洪都拉斯
요르단 (Jordon) 몡 約旦
우간다 (Uganda) 몡 烏干達
우루과이 (Uruguay) 몡 烏拉圭
우리나라 몡 我國
우크라이나 (Ukraine) 몡 烏克蘭
유고 (Yugo) 몡 南斯拉夫
유고슬라비아 (Yugoslavia) 몡 南斯拉夫
유라시아 (Eurasia) 몡 歐亞(大陸)
유럽 (Europe) 몡 歐洲
이라크 (Iraq) 몡 伊拉克
이란 (Iran) 몡 伊朗
이스라엘 (Israel) 몡 以色列
이집트 (Egypt) 몡 埃及
이탈리아 (Italy) 몡 意大利
이태리 (伊太利) 몡 意大利
인도 (印度) 몡 印度
인도네시아 (Indonesia) 몡 印度尼西亞
일본 (日本) 몡 日本
자메이카 (Jamaica) 몡 牙買加
잠비아 (Gambia) 몡 贊比亞
조선 (朝鮮) 몡 朝鮮
중국 (中國) 몡 中國
진한 (辰韓) 몡 辰韓
체코 (Czechoslovakia) 몡 捷克
칠레 (Chile) 몡 智利
카메룬 (Cameroon) 몡 喀麥隆
캄보디아 (Cambodia) 몡 柬埔寨
캐나다 (Canada) 몡 加拿大
케냐 (Kenya) 몡 加納
코스타리카 (Costa Rica) 몡 哥斯達黎加
콜롬비아 (Colombia) 몡 哥倫比亞
콩고 (Congo) 몡 剛國
쿠바 (Cuba) 몡 古巴
쿠웨이트 (Kuwait) 몡 科威特

크로아티아 (Croatia) 명 克罗蒂亚
탄자니아 (Tanzania) 명 坦桑尼亚
태국 (泰國) 명 泰国
터키 (Turkey) 명 土尔其
통일신라 (統一新羅) 명 统一新罗
파나마 (Panama) 명 巴拿马
파라과이 (Paraguay) 명 巴拉圭
파키스탄 (Pakistan) 명 巴基斯坦
파푸아뉴기니 (Papua New Guinea) 명
　　巴布亚新几内亚
페루 (Peru) 명 秘鲁
포루투칼 (Portugal) 명 葡萄牙
폴란드 (Poland) 명 波兰
프랑스 (France) 명 法国
핀란드 (Finland) 명 芬兰
필리핀 (Philippines) 명 菲律宾
한국 (韓國) 명 韩国
한반도 (韓半島) 명 朝鲜半岛
헝가리 (Hungary) 명 匈亚利
호주 (濠洲) 명 澳大利亚
화란 (和蘭) 명 荷兰

크로아티아 (Croatia) 명 克羅蒂亞
탄자니아 (Tanzania) 명 坦桑尼亞
태국 (泰國) 명 泰國
터키 (Turkey) 명 土爾其
통일신라 (統一新羅) 명 統一新羅
파나마 (Panama) 명 巴拿馬
파라과이 (Paraguay) 명 巴拉圭
파키스탄 (Pakistan) 명 巴基斯坦
파푸아뉴기니 (Papua New Guinea) 명
　　巴布亞新幾內亞
페루 (Peru) 명 秘魯
포루투칼 (Portugal) 명 葡萄牙
폴란드 (Poland) 명 波蘭
프랑스 (France) 명 法國
핀란드 (Finland) 명 芬蘭
필리핀 (Philippines) 명 菲律賓
한국 (韓國) 명 韓國
한반도 (韓半島) 명 朝鮮半島
헝가리 (Hungary) 명 匈亞利
호주 (濠洲) 명 澳大利亞
화란 (和蘭) 명 荷蘭

25. 국가와 정치

| 国家与政治 | 國家與政治 |

간첩 (間諜) 명 间谍
감사원 (監査院) 명 监察院
강대국 (强大國) 명 强国
개각하다 (改閣—) 동 改组内阁
개발도상국 (開發途上國) 명 发展中国家
개천절 (開天節) 명 国庆节
개편하다 (改編—) 동 改组, 改编
개표 (開票) 명 开票
개표소 (開票所) 명 开票所
개표참관인 (開票參觀人) 명 监票人
개표하다 (開票—) 동 开票
개헌 (改憲) 명 修改宪法
건국 (建國) 명 建国
건설교통부 (建設交通部) 명 建设交通部
검찰청 (檢察廳) 명 检查院
겨레 명 同胞
경찰서 (警察署) 명 警察署
경찰청 (警察廳) 명 警察厅
경호실 (警護室) 명 警卫室
계엄 (戒嚴) 명 戒严
고국 (故國) 명 故国, 祖国
고대국가 (古代國家) 명 古国
공공기관 (公共機關) 명 公共机关
공공단체 (公共團體) 명 公共团体
공공시설 (公共施設) 명 公共设施
공권력 (公權力) 명 国家权力
공명선거 (公明選擧) 명 公开选举
공무원 (公務員) 명 公务员
공보실 (公報室) 명 公报室

간첩 (間諜) 명 間諜
감사원 (監査院) 명 監察院
강대국 (强大國) 명 强國
개각하다 (改閣—) 동 改組內閣
개발도상국 (開發途上國) 명 發展中國家
개천절 (開天節) 명 國慶節
개편하다 (改編—) 동 改組, 改編
개표 (開票) 명 開票
개표소 (開票所) 명 開票所
개표참관인 (開票參觀人) 명 監票人
개표하다 (開票—) 동 開票
개헌 (改憲) 명 修改憲法
건국 (建國) 명 建國
건설교통부 (建設交通部) 명 建設交通部
검찰청 (檢察廳) 명 檢查院
겨레 명 同胞
경찰서 (警察署) 명 警察署
경찰청 (警察廳) 명 警察廳
경호실 (警護室) 명 警衛室
계엄 (戒嚴) 명 戒嚴
고국 (故國) 명 故國, 祖國
고대국가 (古代國家) 명 古國
공공기관 (公共機關) 명 公共機關
공공단체 (公共團體) 명 公共團體
공공시설 (公共施設) 명 公共設施
공권력 (公權力) 명 國家權力
공명선거 (公明選擧) 명 公開選擧
공무원 (公務員) 명 公務員
공보실 (公報室) 명 公報室

공산주의 (共産主義) 몡 共产主义　　　공산주의 (共産主義) 몡 共産主義
공산주의국가 (共産主義國家) 몡　　　공산주의국가 (共産主義國家) 몡
　共产主义国家　　　　　　　　　　　共産主義國家
공약 (公約) 몡 公约　　　　　　　　　공약 (公約) 몡 公約
공정거래위원회 (公正去來委員會) 몡　공정거래위원회 (公正去來委員會) 몡
　公平交易委员会　　　　　　　　　　公平交易委員會
공주 (公主) 몡 公主　　　　　　　　　공주 (公主) 몡 公主
공직 (公職) 몡 公职　　　　　　　　　공직 (公職) 몡 公職
공직자 (公職者) 몡 公务员　　　　　　공직자 (公職者) 몡 公務員
공천 (公薦) 몡 推荐　　　　　　　　　공천 (公薦) 몡 推薦
공천자 (公薦者) 몡 推荐人　　　　　　공천자 (公薦者) 몡 推薦人
공천하다 (公薦—) 동 推荐　　　　　　공천하다 (公薦—) 동 推薦
공화국 (共和國) 몡 共和国　　　　　　공화국 (共和國) 몡 共和國
과학기술부 (科學技術部) 몡 科学技术部　과학기술부 (科學技術部) 몡 科學技術部
관공서 (官公署) 몡 官府　　　　　　　관공서 (官公署) 몡 官府
관세청 (關稅廳) 몡 关税厅　　　　　　관세청 (關稅廳) 몡 關稅廳
관직 (官職) 몡 官职　　　　　　　　　관직 (官職) 몡 官職
관청 (官廳) 몡 官府　　　　　　　　　관청 (官廳) 몡 官府
광복절 (光復節) 몡 光复节　　　　　　광복절 (光復節) 몡 光復節
광역시 (廣域市) 몡 广域市　　　　　　광역시 (廣域市) 몡 廣域市
교육부 (敎育部) 몡 教育部　　　　　　교육부 (敎育部) 몡 敎育部
교포 (僑胞) 몡 侨胞　　　　　　　　　교포 (僑胞) 몡 僑胞

〈대한민국 지역 구분〉

구 (區) 몡 区
구의원 (區議員) 몡 区议员
구의회 (區議會) 몡 区议会
구청 (區廳) 몡 区政府
구청장 (區廳長) 몡 区长
국가 (國家) 몡 国家
국가과학기술자문회의 (國家科學技術諮
 問會議) 몡 国家科学技术咨询会议
국가관 (國家觀) 몡 国家观
국가론 (國家論) 몡 国家论
국가명 (國家名) 몡 国家名, 国名
국가보훈처 (國家報勳處) 몡 国家报勋处
국가안전기획부 (國家安全企劃部) 몡
 国家安全企划部
국가안전보장회의 (國家安全保障會議)
 몡 国家安全保障会议
국가정보원 (國家情報院) 몡 国家情报院
국경 (國境) 몡 国境
국경선 (國境線) 몡 国境线
국경일 (國慶日) 몡 国庆节
국교 (國交) 몡 建交
국군 (國軍) 몡 国军
국권 (國權) 몡 国权
국기 (國旗) 몡 国旗
국내 (國內) 몡 国内
국내외 (國內外) 몡 国内外
국내정세 (國內政勢) 몡 国内政治形势
국내정치 (國內政治) 몡 国内政治
국력 (國力) 몡 国力
국립 (國立) 몡 国立
국무 (國務) 몡 国务
국무조정실 (國務調定室) 몡 国务调节室
국무총리 (國務總理) 몡 国务总理

구 (區) 몡 區
구의원 (區議員) 몡 區議員
구의회 (區議會) 몡 區議會
구청 (區廳) 몡 區政府
구청장 (區廳長) 몡 區長
국가 (國家) 몡 國家
국가과학기술자문회의 (國家科學技術諮
 問會議) 몡 國家科學技術諮詢會議
국가관 (國家觀) 몡 國家觀
국가론 (國家論) 몡 國家論
국가명 (國家名) 몡 國家名, 國名
국가보훈처 (國家報勳處) 몡 國家報勳處
국가안전기획부 (國家安全企劃部) 몡
 國家安全企劃部
국가안전보장회의 (國家安全保障會議)
 몡 國家安全保障會議
국가정보원 (國家情報院) 몡 國家情報院
국경 (國境) 몡 國境
국경선 (國境線) 몡 國境線
국경일 (國慶日) 몡 國慶節
국교 (國交) 몡 建交
국군 (國軍) 몡 國軍
국권 (國權) 몡 國權
국기 (國旗) 몡 國旗
국내 (國內) 몡 國內
국내외 (國內外) 몡 國內外
국내정세 (國內政勢) 몡 國內政治形勢
국내정치 (國內政治) 몡 國內政治
국력 (國力) 몡 國力
국립 (國立) 몡 國立
국무 (國務) 몡 國務
국무조정실 (國務調定室) 몡 國務調節室
국무총리 (國務總理) 몡 國務總理

국경일		
개천절(10월 3일)	광복절(8월 15일)	제헌절(7월 17일)

국무총리비서실 (國務總理秘書室) 명
    国务总理秘书室
국무회의 (國務會議) 명 国务会议
국문 (國文) 명 国文
국민 (國民) 명 国民
국민가수 (國民歌手) 명 国民歌手
국민가요 (國民歌謠) 명 国民歌谣
국민경제 (國民經濟) 명 国民经济
국민교육헌장 (國民敎育憲章) 명
    国民教育大纲
국민문화 (國民文化) 명 国民文化
국민복지 (國民福祉) 명 国民福利
국민성 (國民性) 명 国民性
국민소득 (國民所得) 명 国民所得
국민의례 (國民儀禮) 명 国民仪礼
국민의식 (國民意識) 명 国民意识
국민자본 (國民資本) 명 国民资本
국민차 (國民車) 명 国民车
국민체조 (國民體操) 명 国民体操
국민투표 (國民投票) 명 国民投票
국방 (國防) 명 国防
국방부 (國防部) 명 国防部
국법 (國法) 명 国法
국보 (國寶) 명 国宝
국사¹ (國史) 명 国史
국사² (國事) 명 国事
국산 (國産) 명 国产
국세청 (國稅廳) 명 国税厅
국수주의 (國粹主義) 명 国粹主义
국왕 (國王) 명 国王
국외 (國外) 명 国外
국외정세 (國外政勢) 명 国际政治形势
국적 (國籍) 명 国籍
국정 (國政) 명 国政
국정감사 (國政監査) 명 国家行政监察
국제기구 (國際機構) 명 国际机构

국무총리비서실 (國務總理秘書室) 명
    國務總理秘書室
국무회의 (國務會議) 명 國務會議
국문 (國文) 명 國文
국민 (國民) 명 國民
국민가수 (國民歌手) 명 國民歌手
국민가요 (國民歌謠) 명 國民歌謠
국민경제 (國民經濟) 명 國民經濟
국민교육헌장 (國民敎育憲章) 명
    國民敎育大綱
국민문화 (國民文化) 명 國民文化
국민복지 (國民福祉) 명 國民福利
국민성 (國民性) 명 國民性
국민소득 (國民所得) 명 國民所得
국민의례 (國民儀禮) 명 國民儀禮
국민의식 (國民意識) 명 國民意識
국민자본 (國民資本) 명 國民資本
국민차 (國民車) 명 國民車
국민체조 (國民體操) 명 國民體操
국민투표 (國民投票) 명 國民投票
국방 (國防) 명 國防
국방부 (國防部) 명 國防部
국법 (國法) 명 國法
국보 (國寶) 명 國寶
국사¹ (國史) 명 國史
국사² (國事) 명 國事
국산 (國産) 명 國産
국세청 (國稅廳) 명 國稅廳
국수주의 (國粹主義) 명 國粹主義
국왕 (國王) 명 國王
국외 (國外) 명 國外
국외정세 (國外政勢) 명 國際政治形勢
국적 (國籍) 명 國籍
국정 (國政) 명 國政
국정감사 (國政監査) 명 國家行政監察
국제기구 (國際機構) 명 國際機構

국제연합 (國際聯合) 몡 国际联合,
　　联合国
국제적 (國際的) 몡 国际性的
국제정세 (國際情勢) 몡 国际形势
국제정치 (國際政治) 몡 国际政治
국제화 (國際化) 몡 国际化
국토 (國土) 몡 国土
국토방위 (國土防衛) 몡 国土防卫
국호 (國號) 몡 国号
국화 (國花) 몡 国花
국회 (國會) 몡 国会
국회법 (國會法) 国会法
국회사무처 (國會事務處) 몡 国会事务处
국회안건 (國會案件) 몡 国会案件
국회의사당 (國會議事堂) 몡 国会大会堂
국회의원 (國會議員) 몡 国会议员
국회의장 (國會議長) 몡 国会议长
국회해산 (國會解散) 몡 解散国会
국회회기 (國會會期) 몡 国会会议期间
군 (軍) 몡 军队
군수 (郡守) 몡 郡守
군주 (君主) 몡 君主
군주국가 (君主國家) 몡 君主国家
군주정치 (君主政治) 몡 君主政治
군주제 (君主制) 몡 君主制
군중 (群衆) 몡 群众
군청 (郡廳) 몡 郡厅 (政府)
권력 (權力) 몡 权力
권한 (權限) 몡 权限
귀화 (歸化) 몡 归化
기권하다 (棄權—) 동 弃权
기상청 (氣象廳) 몡 气象台
기획예산위원회 (企劃豫算委員會) 몡
　　计划预算委员会
나라 몡 国家
낙선 (落選) 몡 落选

국제연합 (國際聯合) 몡 國際聯合,
　　聯合國
국제적 (國際的) 몡 國際性的
국제정세 (國際情勢) 몡 國際形勢
국제정치 (國際政治) 몡 國際政治
국제화 (國際化) 몡 國際化
국토 (國土) 몡 國土
국토방위 (國土防衛) 몡 國土防衛
국호 (國號) 몡 國號
국화 (國花) 몡 國花
국회 (國會) 몡 國會
국회법 (國會法) 國會法
국회사무처 (國會事務處) 몡 國會事務處
국회안건 (國會案件) 몡 國會案件
국회의사당 (國會議事堂) 몡 國會大會堂
국회의원 (國會議員) 몡 國會議員
국회의장 (國會議長) 몡 國會議長
국회해산 (國會解散) 몡 解散國會
국회회기 (國會會期) 몡 國會會議期間
군 (軍) 몡 軍隊
군수 (郡守) 몡 郡守
군주 (君主) 몡 君主
군주국가 (君主國家) 몡 君主國家
군주정치 (君主政治) 몡 君主政治
군주제 (君主制) 몡 君主制
군중 (群衆) 몡 群衆
군청 (郡廳) 몡 郡廳 (政府)
권력 (權力) 몡 權力
권한 (權限) 몡 權限
귀화 (歸化) 몡 歸化
기권하다 (棄權—) 동 棄權
기상청 (氣象廳) 몡 氣象臺
기획예산위원회 (企劃豫算委員會) 몡
　　計劃預算委員會
나라 몡 國家
낙선 (落選) 몡 落選

내각 (內閣) 명 内阁
내각책임제 (內閣責任制) 명 内阁责任制
내국인 (內國人) 명 本国人
노동부 (勞動部) 명 劳动部
농림부 (農林部) 명 农林部
농촌진흥청 (農村振興廳) 명 农业局
다수당 (多數黨) 명 多数党
다스리다 동 治理
단일민족 (單一民族) 명 单一民族
당권 (黨權) 명 执政
당대표 (黨代表) 명 党代表
당리당략 (黨利黨略) 명 党的利益和战略
당선 (當選) 명 当选
당선되다 (當選—) 동 当选
당선자 (當選者) 명 当选人
당원 (黨員) 명 党员
당쟁 (黨爭) 명 党派斗争
당파 (黨派) 명 党派
대권 (大權) 명 大权
대변인 (代辯人) 명 发言人
대사 (大使) 명 大使
대사관 (大使館) 명 大使馆
대선 (大選) 명 大选
대의명분 (大義名分) 명 应尽的道义和本分
대통령 (大統領) 명 总统
대통령제 (大統領制) 명 大统领制, 总统制
대통령중심제 (大統領中心制) 명 总统中心制

내각 (內閣) 명 內閣
내각책임제 (內閣責任制) 명 內閣責任制
내국인 (內國人) 명 本國人
노동부 (勞動部) 명 勞動部
농림부 (農林部) 명 農林部
농촌진흥청 (農村振興廳) 명 農業局
다수당 (多數黨) 명 多數黨
다스리다 동 治理
단일민족 (單一民族) 명 單一民族
당권 (黨權) 명 執政
당대표 (黨代表) 명 黨代表
당리당략 (黨利黨略) 명 黨的利益和戰略
당선 (當選) 명 當選
당선되다 (當選—) 동 當選
당선자 (當選者) 명 當選人
당원 (黨員) 명 黨員
당쟁 (黨爭) 명 黨派鬪爭
당파 (黨派) 명 黨派
대권 (大權) 명 大權
대변인 (代辯人) 명 發言人
대사 (大使) 명 大使
대사관 (大使館) 명 大使館
대선 (大選) 명 大選
대의명분 (大義名分) 명 應盡的道義和本分
대통령 (大統領) 명 總統
대통령제 (大統領制) 명 大統領制, 總統制
대통령중심제 (大統領中心制) 명 總統中心制

구역	행정 구역								자치 구역		
	도(道)	특별시 (特別市)	광역시 (廣域市)	시(市)	군(郡)	구(區)	읍(邑)	면(面)	동(洞)	통(統)	반(班)	리(里)
책임자	도지사	시장	시장	시장	군수	구청장	읍장	면장	동장	통장	반장	이장
관할 관청	도청	시청	시청	시청	군청	구청	읍사무소	면사무소	동사무소			

데모 (←demonstration) 명 示威
도 (道) 명 道 (韩国行政单位)
도시국가 (都市國家) 명 城市国家
도지사 (道知事) 명 负责道事务的地方长官
독재국가 (獨裁國家) 명 独裁国家
독재자 (獨裁者) 명 独裁者
독재정치 (獨裁政治) 명 独裁政治
동 (洞) 명 洞 (韩国行政单位)
동맹 (同盟) 명 同盟
동맹국 (同盟國) 명 同盟国
동사무소 (洞事務所) 명 负责洞行政事务的机关
동장 (洞長) 명 负责洞事务的负责人
동포 (同胞) 명 同胞
득표 (得票) 명 得票
득표율 (得票率) 명 得票率
득표하다 (得票—) 동 得票
리 (里) 명 里 (韩国行政单位)
만국기 (萬國旗) 명 万国旗
망국 (亡國) 명 亡国
매국노 (賣國奴) 명 卖国贼, 卖国奴
면 (面) 명 面 (韩国行政单位)
면사무소 (面事務所) 명 负责面行政事务的机关
면장 (面長) 명 负责面行政事务的负责人
모국 (母國) 명 母国
문화관광부 (文化觀光部) 명 文化观光部
문화원 (文化院) 명 文化院
문화재관리국 (文化財管理局) 명 文化局
민심 (民心) 명 民心
민족 (民族) 명 民族
민족성 (民族性) 명 民族性
민족의식 (民族意識) 명 民族意识
민족주의 (民族主義) 명 民族主义
민주국가 (民主國家) 명 民主国家

데모 (←demonstration) 명 示威
도 (道) 명 道(韓國行政單位)
도시국가 (都市國家) 명 城市國家
도지사 (道知事) 명 負責道事務的地方長官
독재국가 (獨裁國家) 명 獨裁國家
독재자 (獨裁者) 명 獨裁者
독재정치 (獨裁政治) 명 獨裁政治
동 (洞) 명 洞(韓國行政單位)
동맹 (同盟) 명 同盟
동맹국 (同盟國) 명 同盟國
동사무소 (洞事務所) 명 負責洞行政事務的機關
동장 (洞長) 명 負責洞事務的負責人
동포 (同胞) 명 同胞
득표 (得票) 명 得票
득표율 (得票率) 명 得票率
득표하다 (得票—) 동 得票
리 (里) 명 里 (韓國行政單位)
만국기 (萬國旗) 명 萬國旗
망국 (亡國) 명 亡國
매국노 (賣國奴) 명 賣國賊, 賣國奴
면 (面) 명 面 (韓國行政單位)
면사무소 (面事務所) 명 負責面行政事務的機關
면장 (面長) 명 負責面行政事務的負責人
모국 (母國) 명 母國
문화관광부 (文化觀光部) 명 文化觀光部
문화원 (文化院) 명 文化院
문화재관리국 (文化財管理局) 명 文化局
민심 (民心) 명 民心
민족 (民族) 명 民族
민족성 (民族性) 명 民族性
민족의식 (民族意識) 명 民族意識
민족주의 (民族主義) 명 民族主義
민주국가 (民主國家) 명 民主國家

민주정치 (民主政治) 몡 民主政治
민주주의 (民主主義) 몡 民主主义
민주주의국가 (民主主義國家) 몡 民主主义国家
민주평화통일자문회의 (民主平和統一政策諮問會議) 몡 民主和平统一政策咨询会议
민중 (民衆) 몡 大众
반 (班) 몡 班 (韩国行政单位)
반장 (班長) 몡 负责班行政事务的人
백성 (百姓) 몡 百姓
백악관 (白堊館) 몡 白宫
법무부 (法務部) 몡 法务部, 负责法务行政事务的机关
법제처 (法制處) 몡 法制处
법치국가 (法治國家) 몡 法治国家
벼슬 몡 官职
병무청 (兵務廳) 몡 负责征兵·军训等兵务行政的机关
보건복지부 (保健福祉部) 몡 保健福利部
보궐선거 (補闕選擧) 몡 补选
보좌관 (輔佐官) 몡 补助官, 国会议员助理
복지국가 (福祉國家) 몡 福利国家
본국 (本國) 몡 本国
봉건주의 (封建主義) 몡 封建主义
부동표 (浮動票) 몡 不定票
부재자투표 (不在者投票) 몡 军人, 海外旅行者在正式投票前通过由局进行的投票
부정선거 (不正選擧) 몡 不正当选举
부족국가 (部族國家) 몡 部族国家
부총리 (副總理) 몡 副总理
부총재 (副總裁) 몡 副总裁
부통령 (副統領) 몡 副总统
분단 (分斷) 몡 分裂

민주정치 (民主政治) 몡 民主政治
민주주의 (民主主義) 몡 民主主義
민주주의국가 (民主主義國家) 몡 民主主義國家
민주평화통일자문회의 (民主平和統一政策諮問會議) 몡 民主和平統一政策諮詢會議
민중 (民衆) 몡 大衆
반 (班) 몡 班 (韓國行政單位)
반장 (班長) 몡 負責班行政事務的人
백성 (百姓) 몡 百姓
백악관 (白堊館) 몡 白宮
법무부 (法務部) 몡 法務部, 負責法務行政事務的機關
법제처 (法制處) 몡 法制處
법치국가 (法治國家) 몡 法治國家
벼슬 몡 官職
병무청 (兵務廳) 몡 負責徵兵·軍訓等兵務行政的機關
보건복지부 (保健福祉部) 몡 保健福利部
보궐선거 (補闕選擧) 몡 補選
보좌관 (輔佐官) 몡 補助官, 國會議員助理
복지국가 (福祉國家) 몡 福利國家
본국 (本國) 몡 本國
봉건주의 (封建主義) 몡 封建主義
부동표 (浮動票) 몡 不定票
부재자투표 (不在者投票) 몡 軍人, 海外旅行者在正式投票前通過由局進行的投票
부정선거 (不正選擧) 몡 不正當選擧
부족국가 (部族國家) 몡 部族國家
부총리 (副總理) 몡 副總理
부총재 (副總裁) 몡 副總裁
부통령 (副統領) 몡 副總統
분단 (分斷) 몡 分裂

분단국가 (分斷國家) 명 分裂国家
불법체류자 (不法滯留者) 명 非法停留者
비상 (非常) 명 非常时期
비상기획위원회 (非常企劃委員會) 명
　　非常计划委员会
비서관 (秘書官) 명 秘书长
비서실 (秘書室) 명 秘书室
비자 (visa) 명 签证
뽑다 동 选, 选拔
사무관 (事務官) 명 行政5级公务员
사상범 (思想犯) 명 思想犯
사회주의 (社會主義) 명 社会主义
사회주의국가 (社會主義國家) 명
　　社会主义国家
산림청 (山林廳) 명 林业部
산업자원부 (産業資源部) 명 商业资源部
삼권분립 (三權分立) 명 三权分立
삼선 (三選) 명 被连选三次
서기관 (書記官) 명 行政4级公务员
서리 (署理) 명 代理
서민 (庶民) 명 庶民
선거 (選擧) 명 选举
선거공약 (選擧公約) 명 选举公约
선거관리위원회 (選擧管理委員會) 명
　　选举管理委员会
선거구 (選擧區) 명 选举区
선거권 (選擧權) 명 选举权
선거법 (選擧法) 명 选举法
선거운동원 (選擧運動員) 명 为某候选人
　　的选举而活动的人
선거유세 (選擧遊說) 명 选举游说,
　　选举游讲
선거일 (選擧日) 명 选举日期
선거자금 (選擧資金) 명 选举资金
선거재판 (選擧裁判) 명 选举裁判
선거전 (選擧戰) 명 选举战

분단국가 (分斷國家) 명 分裂國家
불법체류자 (不法滯留者) 명 非法停留者
비상 (非常) 명 非常時期
비상기획위원회 (非常企劃委員會) 명
　　非常計劃委員會
비서관 (秘書官) 명 秘書長
비서실 (秘書室) 명 秘書室
비자 (visa) 명 簽證
뽑다 동 選, 選拔
사무관 (事務官) 명 行政5級公務員
사상범 (思想犯) 명 思想犯
사회주의 (社會主義) 명 社會主義
사회주의국가 (社會主義國家) 명
　　社會主義國家
산림청 (山林廳) 명 林業部
산업자원부 (産業資源部) 명 商業資源部
삼권분립 (三權分立) 명 三權分立
삼선 (三選) 명 被連選三次
서기관 (書記官) 명 行政4級公務員
서리 (署理) 명 代理
서민 (庶民) 명 庶民
선거 (選擧) 명 選擧
선거공약 (選擧公約) 명 選擧公約
선거관리위원회 (選擧管理委員會) 명
　　選擧管理委員會
선거구 (選擧區) 명 選擧區
선거권 (選擧權) 명 選擧權
선거법 (選擧法) 명 選擧法
선거운동원 (選擧運動員) 명 爲某候選人
　　的選擧而活動的人
선거유세 (選擧遊說) 명 選擧遊說,
　　選擧遊講
선거일 (選擧日) 명 選擧日期
선거자금 (選擧資金) 명 選擧資金
선거재판 (選擧裁判) 명 選擧裁判
선거전 (選擧戰) 명 選擧戰

선거전략 (選擧戰略) 몡 选举战略　　선거전략 (選擧戰略) 몡 選擧戰略
선거철 (選擧—) 몡 选举季节　　선거철 (選擧—) 몡 選擧季節
선거하다 (選擧—) 동 选举　　선거하다 (選擧—) 동 選擧
선진국 (先進國) 몡 先进国, 发达国家　　선진국 (先進國) 몡 先進國, 發達國家
선출 (選出) 몡 选出　　선출 (選出) 몡 選出
선출하다 (選出—) 동 选出　　선출하다 (選出—) 동 選出
세계 (世界) 몡 世界　　세계 (世界) 몡 世界
세계인 (世界人) 몡 世界人　　세계인 (世界人) 몡 世界人
세계적 (世界的) 관몡 世界性的　　세계적 (世界的) 관몡 世界性的
세계주의 (世界主義) 몡 世界主义　　세계주의 (世界主義) 몡 世界主義
세계화 (世界化) 몡 世界化　　세계화 (世界化) 몡 世界化
세우다 동 建立　　세우다 동 建立
소방서 (消防署) 몡 消防署　　소방서 (消防署) 몡 消防署
소수당 (少數黨) 몡 少数党　　소수당 (少數黨) 몡 少數黨
속국 (屬國) 몡 附属国　　속국 (屬國) 몡 附屬國
수교하다 (修交—) 동 建交　　수교하다 (修交—) 동 建交
수도 (首都) 몡 首都　　수도 (首都) 몡 首都
수상 (首相) 몡 首相　　수상 (首相) 몡 首相
수호하다 (守護—) 동 保护　　수호하다 (守護—) 동 保護
시 (市) 몡 市　　시 (市) 몡 市
시민 (市民) 몡 市民　　시민 (市民) 몡 市民
시민권 (市民權) 몡 市民权力　　시민권 (市民權) 몡 市民權力
시위 (示威) 몡 示威　　시위 (示威) 몡 示威
시의원 (市議員) 몡 市议员　　시의원 (市議員) 몡 市議員
시의회 (市議會) 몡 市议会　　시의회 (市議會) 몡 市議會
시장 (市長) 몡 市长　　시장 (市長) 몡 市長
시청 (市廳) 몡 市政府　　시청 (市廳) 몡 市政府
식민지 (植民地) 몡 殖民地　　식민지 (植民地) 몡 殖民地
식품의약품안전청 (食品醫藥品安全廳) 몡 食品医药品安全厅　　식품의약품안전청 (食品醫藥品安全廳) 몡 食品醫藥品安全廳
심의기관 (審議機關) 몡 审查机关　　심의기관 (審議機關) 몡 審查機關
압력단체 (壓力團體) 몡 暴力集团　　압력단체 (壓力團體) 몡 暴力集團
애국 (愛國) 몡 爱国　　애국 (愛國) 몡 愛國
애국가 (愛國歌) 몡 爱国歌　　애국가 (愛國歌) 몡 愛國歌
애국심 (愛國心) 몡 爱国心　　애국심 (愛國心) 몡 愛國心
야당 (野黨) 몡 野党　　야당 (野黨) 몡 野黨

약소국 (弱小國) 명 弱小国　　　　　　　약소국 (弱小國) 명 弱小國
여권 (旅券) 명 护照　　　　　　　　　여권 (旅券) 명 護照
여당 (與黨) 명 在野党　　　　　　　　여당 (與黨) 명 在野黨
여론 (輿論) 명 舆论　　　　　　　　　여론 (輿論) 명 輿論
여성특별위원회 (女性特別委員會) 명　　여성특별위원회 (女性特別委員會) 명
　女性特別委会　　　　　　　　　　　　女性特別委會
여왕 (女王) 명 女王　　　　　　　　　여왕 (女王) 명 女王
연방국 (聯邦國) 명 联邦国　　　　　　연방국 (聯邦國) 명 聯邦國
연합국 (聯合國) 명 联合国　　　　　　연합국 (聯合國) 명 聯合國
연합하다 (聯合—) 동 联合　　　　　　연합하다 (聯合—) 동 聯合
영공 (領空) 명 領空　　　　　　　　　영공 (領空) 명 領空
영사 (領事) 명 领事　　　　　　　　　영사 (領事) 명 領事
영사관 (領事館) 명 领事馆　　　　　　영사관 (領事館) 명 領事館
영주권 (永住權) 명 永住权　　　　　　영주권 (永住權) 명 永住權
영토 (領土) 명 领土　　　　　　　　　영토 (領土) 명 領土
영해 (領海) 명 领海　　　　　　　　　영해 (領海) 명 領海
예산청 (豫算廳) 명 预算厅　　　　　　예산청 (豫算廳) 명 預算廳
왕 (王) 명 王　　　　　　　　　　　　왕 (王) 명 王
왕국 (王國) 명 王国　　　　　　　　　왕국 (王國) 명 王國
왕비 (王妃) 명 王妃　　　　　　　　　왕비 (王妃) 명 王妃
왕세자 (王世子) 명 王世子, 太子　　　왕세자 (王世子) 명 王世子, 太子
왕손 (王孫) 명 王孙　　　　　　　　　왕손 (王孫) 명 王孫
왕자 (王子) 명 王子　　　　　　　　　왕자 (王子) 명 王子
왕조 (王祖) 명 王祖　　　　　　　　　왕조 (王祖) 명 王祖
왕족 (王族) 명 王族　　　　　　　　　왕족 (王族) 명 王族
왕후 (王后) 명 王后　　　　　　　　　왕후 (王后) 명 王后
외교 (外交) 명 外交　　　　　　　　　외교 (外交) 명 外交
외교관 (外交官) 명 外交官　　　　　　외교관 (外交官) 명 外交官
외교통상부 (外交通商部) 명 外交通商部　외교통상부 (外交通商部) 명 外交通商部
외국 (外國) 명 外国　　　　　　　　　외국 (外國) 명 外國
외국인 (外國人) 명 外国人　　　　　　외국인 (外國人) 명 外國人
우리나라 명 我们国家　　　　　　　　우리나라 명 我們國家
우방 (友邦) 명 友邦　　　　　　　　　우방 (友邦) 명 友邦
우방국 (友邦國) 명 友国, 临国　　　　우방국 (友邦國) 명 友國, 臨國
우체국 (郵遞局) 명 邮局　　　　　　　우체국 (郵遞局) 명 郵局
원내총무 (院內總務) 명 国会各党派负　원내총무 (院內總務) 명 國會各黨派負

責与其他党联系业务的官员 | 責與其他黨聯系業務的官員
유권자 (有權者) 閔 有选举权的人 | 유권자 (有權者) 閔 有選舉權的人
유세 (遊說) 閔 游讲 | 유세 (遊說) 閔 游講
유세장 (遊說場) 閔 游说场地, 游讲场地 | 유세장 (遊說場) 閔 遊說場地, 遊講場地
읍 (邑) 閔 邑 (韩国行政单位) | 읍 (邑) 閔 邑 (韓國行政單位)
읍사무소 (邑事務所) 閔 邑政府 | 읍사무소 (邑事務所) 閔 邑政府
읍장 (邑長) 閔 邑长 | 읍장 (邑長) 閔 邑長
의결기관 (議決機關) 閔 决策机关 | 의결기관 (議決機關) 閔 決策機關
의석 (議席) 閔 议席 | 의석 (議席) 閔 議席
의석수 (議席數) 閔 议席数 | 의석수 (議席數) 閔 議席數
의원 (議員) 閔 议员 | 의원 (議員) 閔 議員
의원내각제 (議員內閣制) 閔 议员内阁制 | 의원내각제 (議員內閣制) 閔 議員內閣制
의회정치 (議會政治) 閔 议会政治 | 의회정치 (議會政治) 閔 議會政治
이민 (移民) 閔 移民 | 이민 (移民) 閔 移民
이민족 (異民族) 閔 不同民族 | 이민족 (異民族) 閔 不同民族
이장 (里長) 閔 里长 | 이장 (里長) 閔 里長
이중국적 (二重國籍) 閔 双重国籍 | 이중국적 (二重國籍) 閔 雙重國籍
인민 (人民) 閔 人民 | 인민 (人民) 閔 人民
인민배우 (人民俳優) 閔 人民演员 | 인민배우 (人民俳優) 閔 人民演員
임금 閔 王 | 임금 閔 王
임시국회 (臨時國會) 閔 临时国会 | 임시국회 (臨時國會) 閔 臨時國會
입국사증 (入國査證) 閔 入国许可证 | 입국사증 (入國査證) 閔 入國許可證
입법기관 (立法機關) 閔 立法机关 | 입법기관 (立法機關) 閔 立法機關
입법부 (立法部) 閔 立法部 | 입법부 (立法部) 閔 立法部
입헌군주국 (立憲君主國) 閔 立宪君主国 | 입헌군주국 (立憲君主國) 閔 立憲君主國
입헌주의 (立憲主義) 閔 立宪主義 | 입헌주의 (立憲主義) 閔 立憲主義
입후보자 (立候補者) 閔 候选人 | 입후보자 (立候補者) 閔 候選人
입후보 (立候補) 閔 候选人 | 입후보 (立候補) 閔 候選人
자문기관 (諮問機關) 閔 谘询机关 | 자문기관 (諮問機關) 閔 諮詢機關
자본주의 (資本主義) 閔 资本主义 | 자본주의 (資本主義) 閔 資本主義
자본주의국가 (資本主義國家) 閔 资本主义国家 | 자본주의국가 (資本主義國家) 閔 資本主義國家
자유주의 (自由主義) 閔 自由主义 | 자유주의 (自由主義) 閔 自由主義
자유주의국가 (自由主義國家) 閔 自由主义国家 | 자유주의국가 (自由主義國家) 閔 自由主義國家
자치령 (自治領) 閔 自治区 | 자치령 (自治領) 閔 自治區

장관 (長官) 명 长官 (行政组别的一种)
재미교포 (在美僑胞) 명 在美侨胞
재선 (再選) 명 重选
재선거 (再選擧) 명 重新选举
재일교포 (在日僑胞) 명 在日侨胞
재일동포 (在日僑胞) 명 在日同胞
재정경제부 (財政經濟部) 명 財政经济部
적국 (敵國) 명 敌对国
전국구 (全國區) 명 全国范围内
전당대회 (全黨大會) 명 全党大会
전체주의 (全體主義) 명 集体主义
전화국 (電話局) 명 电信局
정견 (政見) 명 政见
정경 (政經) 명 政治和经济
정계 (政界) 명 政界
정권 (政權) 명 政权
정권교체 (政權交替) 명 政权交替
정기국회 (定期國會) 명 定期国会
정당 (政黨) 명 政党
정보통신부 (情報通信部) 명 情报通信部
정부 (政府) 명 政府
정부종합청사 (政府綜合廳舍) 명
  政府大楼
정세 (政勢) 명 政治形势
정족수 (定足數) 명 决定表决人数
정책 (政策) 명 政策
정치 (政治) 명 政治
정치가 (政治家) 명 政治家
정치개혁 (政治改革) 명 政治改革
정치계 (政治界) 명 政治界
정치관 (政治觀) 명 政治观
정치구조 (政治構造) 명 政治结构
정치권 (政治權) 명 政治权
정치기구 (政治機構) 명 政治机构
정치노선 (政治路線) 명 政治路线
정치단체 (政治團體) 명 政治团体

장관 (長官) 명 長官 (行政組別的一種)
재미교포 (在美僑胞) 명 在美僑胞
재선 (再選) 명 重選
재선거 (再選擧) 명 重新選擧
재일교포 (在日僑胞) 명 在日僑胞
재일동포 (在日僑胞) 명 在日同胞
재정경제부 (財政經濟部) 명 財政經濟部
적국 (敵國) 명 敵對國
전국구 (全國區) 명 全國範圍內
전당대회 (全黨大會) 명 全黨大會
전체주의 (全體主義) 명 集體主義
전화국 (電話局) 명 電信局
정견 (政見) 명 政見
정경 (政經) 명 政治和經濟
정계 (政界) 명 政界
정권 (政權) 명 政權
정권교체 (政權交替) 명 政權交替
정기국회 (定期國會) 명 定期國會
정당 (政黨) 명 政黨
정보통신부 (情報通信部) 명 情報通信部
정부 (政府) 명 政府
정부종합청사 (政府綜合廳舍) 명
  政府大樓
정세 (政勢) 명 政治形勢
정족수 (定足數) 명 決定表決人數
정책 (政策) 명 政策
정치 (政治) 명 政治
정치가 (政治家) 명 政治家
정치개혁 (政治改革) 명 政治改革
정치계 (政治界) 명 政治界
정치관 (政治觀) 명 政治觀
정치구조 (政治構造) 명 政治結構
정치권 (政治權) 명 政治權
정치기구 (政治機構) 명 政治機構
정치노선 (政治路線) 명 政治路線
정치단체 (政治團體) 명 政治團體

정치도덕 (政治道德) 몡 政治道德
정치범 (政治犯) 몡 政治犯
정치비리 (政治非理) 몡 指政治上超出道理的事
정치사상 (政治思想) 몡 政治思想
정치유세 (政治遊說) 몡 政治游说, 政治游讲
정치윤리 (政治倫理) 몡 政治伦理
정치의식 (政治意識) 몡 政治意识
정치이념 (政治理念) 몡 政治理念
정치인 (政治人) 몡 从事政治的人, 政界人士
정치일정 (政治日程) 몡 政治日程
정치자금 (政治資金) 몡 政治资金
정치체제 (政治體制) 몡 政治体制
정치하다 (政治—) 통 搞政治
정치협상 (政治協商) 몡 政治协商
제국 (帝國) 몡 帝国
제국주의 (帝國主義) 몡 帝国主义
제헌절 (制憲節) 몡 制宪节
조국 (祖國) 몡 祖国
조달청 (調達廳) 몡 物资部(厅)
조선족 (朝鮮族) 몡 朝鲜族
조약 (條約) 몡 条约
족벌체제 (族閥體制) 몡 有实力的门阀领导和独占政治权力的形式
종족 (種族) 몡 种族
주권 (主權) 몡 主权
주권국가 (主權國家) 몡 主权国家
주변국 (周邊國) 몡 周边国
중립국가 (中立國家) 몡 中立国家
중소기업청 (中小企業廳) 몡 中小企业厅
중소기업특별위원회 (中小企業特別委員會) 몡 中小企业特别委员会
중앙집권제 (中央集權制) 몡 中央集权制
중진국 (中進國) 몡 发展中国家

정치도덕 (政治道德) 몡 政治道德
정치범 (政治犯) 몡 政治犯
정치비리 (政治非理) 몡 指政治上超出道理的事
정치사상 (政治思想) 몡 政治思想
정치유세 (政治遊說) 몡 政治遊說, 政治遊講
정치윤리 (政治倫理) 몡 政治倫理
정치의식 (政治意識) 몡 政治意識
정치이념 (政治理念) 몡 政治理念
정치인 (政治人) 몡 從事政治的人, 政界人士
정치일정 (政治日程) 몡 政治日程
정치자금 (政治資金) 몡 政治資金
정치체제 (政治體制) 몡 政治體制
정치하다 (政治—) 통 搞政治
정치협상 (政治協商) 몡 政治協商
제국 (帝國) 몡 帝國
제국주의 (帝國主義) 몡 帝國主義
제헌절 (制憲節) 몡 制憲節
조국 (祖國) 몡 祖國
조달청 (調達廳) 몡 物資部(廳)
조선족 (朝鮮族) 몡 朝鮮族
조약 (條約) 몡 條約
족벌체제 (族閥體制) 몡 有實力的門閥領導和獨占政治權力的形式
종족 (種族) 몡 種族
주권 (主權) 몡 主權
주권국가 (主權國家) 몡 主權國家
주변국 (周邊國) 몡 周邊國
중립국가 (中立國家) 몡 中立國家
중소기업청 (中小企業廳) 몡 中小企業廳
중소기업특별위원회 (中小企業特別委員會) 몡 中小企業特別委員會
중앙집권제 (中央集權制) 몡 中央集權制
중진국 (中進國) 몡 發展中國家

지구당 (地區黨) 명 地区党　　지구당 (地區黨) 명 地區黨
지구촌 (地球村) 명 地球村　　지구촌 (地球村) 명 地球村
지명 (指名) 명 指名　　　　　지명 (指名) 명 指名
지명하다 (指名—) 동 指名　　지명하다 (指名—) 동 指名
지방자치제 (地方自治制) 명 地方自治制　　지방자치제 (地方自治制) 명 地方自治制
지방행정 (地方行政) 명 地方行政　　지방행정 (地方行政) 명 地方行政
지배하다 (支配—) 동 支配　　지배하다 (支配—) 동 支配
지서 (支署) 명 部署　　　　　지서 (支署) 명 部署
지역구 (地域區) 명 地区范围内　　지역구 (地域區) 명 地區範圍內
지원유세 (支援遊說) 명 不是候选人的　지원유세 (支援遊說) 명 不是候選人的
　　为候选人当选进行的游讲活动　　　　爲候選人當選進行的遊講活動
지키다 동 保卫, 保护　　　　지키다 동 保衛, 保護
집권당 (執權黨) 명 执政党　　집권당 (執權黨) 명 執政黨
집권하다 (執權—) 동 执政　　집권하다 (執權—) 동 執政
찍다 동 投票　　　　　　　　찍다 동 投票
차관 (次官) 명 副部长, 行政组别的一种　차관 (次官) 명 副部長, 行政組別的一種
철도청 (鐵道廳) 명 铁道部　　철도청 (鐵道廳) 명 鐵道廳
첩보 (諜報) 명 谍报, 情报　　첩보 (諜報) 명 諜報, 情報
첩자 (諜者) 명 情报人员　　　첩자 (諜者) 명 情報人員
청문회 (聽聞會) 명 公审会, 听证会　청문회 (聽聞會) 명 公審會, 聽證會
청와대 (靑瓦臺) 명 青瓦台　　청와대 (靑瓦臺) 명 靑瓦臺
초선 (初選) 명 初选, 第一次选举　초선 (初選) 명 初選, 第一次選舉
총리 (總理) 명 总理　　　　　총리 (總理) 명 總理
총선거 (總選擧) 명 最后选举　총선거 (總選擧) 명 最后選擧
총재 (總裁) 명 总裁　　　　　총재 (總裁) 명 總裁
출마 (出馬) 명 参加竞选　　　출마 (出馬) 명 參加競選
출마자 (出馬者) 명 竞选人　　출마자 (出馬者) 명 競選人
출마하다 (出馬—) 동 参加竞选, 出马　출마하다 (出馬—) 동 參加競選, 出馬
침략하다 (侵略—) 동 侵略　　침략하다 (侵略—) 동 侵略

〈청와대〉

침범하다 (侵犯—) 통 侵犯
쿠데타 (coup d'état) 명 政治暴力
타국 (他國) 명 他国
태극기 (太極旗) 명 太极旗, 韩国国旗
통 (統) 명 统 (韩国行政单位)
통계청 (統計廳) 명 统计局
통일 (統一) 명 统一
통일국가 (統一國家) 명 统一国家
통일부 (統一部) 명 统一部
통장 (統長) 명 负责洞事务的负责人
통치국 (統治國) 명 统治国
통치자 (統治者) 명 统治者
통치하다 (統治—) 통 统治
투표 (投票) 명 投票
투표권 (投票權) 명 投票权
투표소 (投票所) 명 投票所
투표용지 (投票用紙) 명 投票用纸
투표율 (投票率) 명 投票率
투표자 (投票者) 명 投票人
투표하다 (投票—) 통 投票
투표함 (投票函) 명 投票箱
특별시 (特別市) 명 直辖市
특허청 (特許廳) 명 专利厅
파벌 (派閥) 명 派別, 各派
파출소 (派出所) 명 派出所
평민 (平民) 명 平民百姓
폭동 (暴動) 명 暴动
표밭 (票—) 명 对某候选人可能有较高投票率的地区
한민족 (韓民族) 명 韩民族

침범하다 (侵犯—) 통 侵犯
쿠데타 (coup d'état) 명 政治暴力
타국 (他國) 명 他國
태극기 (太極旗) 명 太極旗, 韓國國旗
통 (統) 명 統 (韓國行政單位)
통계청 (統計廳) 명 統計局
통일 (統一) 명 統一
통일국가 (統一國家) 명 統一國家
통일부 (統一部) 명 統一部
통장 (統長) 명 負責洞事務的負責人
통치국 (統治國) 명 統治國
통치자 (統治者) 명 統治者
통치하다 (統治—) 통 統治
투표 (投票) 명 投票
투표권 (投票權) 명 投票權
투표소 (投票所) 명 投票所
투표용지 (投票用紙) 명 投票用紙
투표율 (投票率) 명 投票率
투표자 (投票者) 명 投票人
투표하다 (投票—) 통 投票
투표함 (投票函) 명 投票箱
특별시 (特別市) 명 直轄市
특허청 (特許廳) 명 專利廳
파벌 (派閥) 명 派別, 各派
파출소 (派出所) 명 派出所
평민 (平民) 명 平民百姓
폭동 (暴動) 명 暴動
표밭 (票—) 명 對某候選人可能有較高投票率的地區
한민족 (韓民族) 명 韓民族

〈태극기〉

합중국 (合衆國) 몡 合众国
해양경찰청 (海洋警察廳) 몡 海洋警察廳
해양수산부 (海洋水産部) 몡 海洋水産部
해외 (海外) 몡 海外
행정 (行政) 몡 行政
행정가 (行政家) 몡 國家行政人員
행정고시 (行政考試) 몡 公務員考試
행정기관 (行政機關) 몡 行政機關
행정부 (行政府) 몡 行政部
행정부서 (行政部署) 몡 行政部署
행정소송 (行政訴訟) 몡 行政訴訟
행정요원 (行政要員) 몡 行政官
행정자치부 (行政自治部) 몡 行政自治部
혁명 (革命) 몡 革命
협약 (協約) 몡 協約
협정 (協定) 몡 協商, 協定
혼혈 (混血) 몡 混血
혼혈아 (混血兒) 몡 混血兒
화교 (華僑) 몡 華僑
환경부 (環境部) 몡 環保部
황제 (皇帝) 몡 皇帝
황태자 (皇太子) 몡 皇太子
황후 (皇后) 몡 皇后
회담 (會談) 몡 会谈
회의 (會議) 몡 会议
후진국 (後進國) 몡 落后国家
휴전선 (休戰線) 몡 停战线
흑색선전 (黑色宣傳) 몡 黑色宣传

합중국 (合衆國) 몡 合衆國
해양경찰청 (海洋警察廳) 몡 海洋警察廳
해양수산부 (海洋水産部) 몡 海洋水産部
해외 (海外) 몡 海外
행정 (行政) 몡 行政
행정가 (行政家) 몡 國家行政人員
행정고시 (行政考試) 몡 公務員考試
행정기관 (行政機關) 몡 行政機關
행정부 (行政府) 몡 行政部
행정부서 (行政部署) 몡 行政部署
행정소송 (行政訴訟) 몡 行政訴訟
행정요원 (行政要員) 몡 行政官
행정자치부 (行政自治部) 몡 行政自治部
혁명 (革命) 몡 革命
협약 (協約) 몡 協約
협정 (協定) 몡 協商, 協定
혼혈 (混血) 몡 混血
혼혈아 (混血兒) 몡 混血兒
화교 (華僑) 몡 華僑
환경부 (環境部) 몡 環保部
황제 (皇帝) 몡 皇帝
황태자 (皇太子) 몡 皇太子
황후 (皇后) 몡 皇后
회담 (會談) 몡 會談
회의 (會議) 몡 會議
후진국 (後進國) 몡 落后國家
휴전선 (休戰線) 몡 停戰線
흑색선전 (黑色宣傳) 몡 黑色宣傳

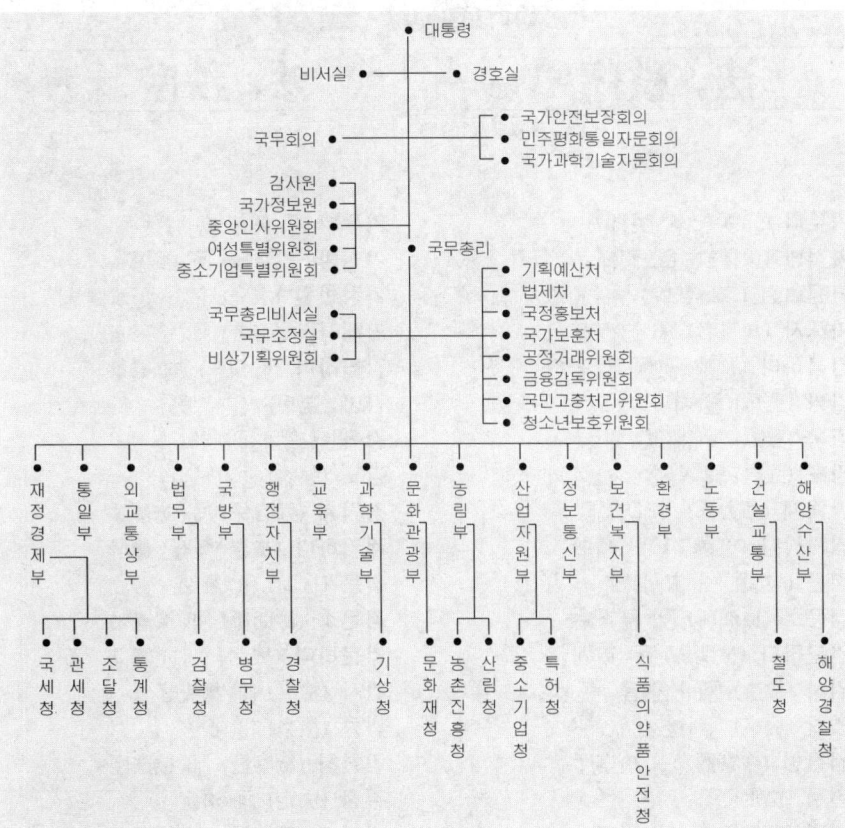

26. 법과 질서

法, 秩序	法, 秩序

가두다 동 关起来, 关押	가두다 동 關起來, 關押
가석방 (假釋放) 명 假释	가석방 (假釋放) 명 假釋
가정법원 (家庭法院) 명 家庭法院	가정법원 (家庭法院) 명 家庭法院
가해자 (加害者) 명 迫害者	가해자 (加害者) 명 迫害者
감금하다 (監禁—) 동 监禁	감금하다 (監禁—) 동 監禁
감방 (監房) 명 牢房	감방 (監房) 명 牢房
감옥 (監獄) 명 监狱	감옥 (監獄) 명 監獄
강도 (强盜) 명 强盜	강도 (强盜) 명 强盜
강력계 (强力係) 명 防暴队	강력계 (强力係) 명 防暴隊
검거하다 (檢擧—) 동 检举	검거하다 (檢擧—) 동 檢擧
검문 (檢問) 명 审问	검문 (檢問) 명 審問
검문소 (檢問所) 명 检查站	검문소 (檢問所) 명 檢查站
검문하다 (檢問—) 동 审问	검문하다 (檢問—) 동 審問
검사 (檢事) 명 检查官	검사 (檢事) 명 檢查官
검찰 (檢察) 명 检察	검찰 (檢察) 명 檢察
검찰청 (檢察廳) 명 检察厅	검찰청 (檢察廳) 명 檢察廳
결정 (決定) 명 决定	결정 (決定) 명 決定
경범죄 (輕犯罪) 명 轻犯	경범죄 (輕犯罪) 명 輕犯
경제법 (經濟法) 명 经济法	경제법 (經濟法) 명 經濟法
경찰 (警察) 명 警察	경찰 (警察) 명 警察
경찰관 (警察官) 명 警察官	경찰관 (警察官) 명 警察官
경찰대학 (警察大學) 명 警察大学	경찰대학 (警察大學) 명 警察大學
경찰력 (警察力) 명 警察力量	경찰력 (警察力) 명 警察力量
경찰서 (警察署) 명 公安厅	경찰서 (警察署) 명 公安廳
경찰청 (京察廳) 명 公安部	경찰청 (京察廳) 명 公安部
경호원 (警護員) 명 警卫员	경호원 (警護員) 명 警衛員
경호하다 (警護—) 동 警护	경호하다 (警護—) 동 警護
고등법원 (高等法院) 명 中级法院	고등법원 (高等法院) 명 中級法院
고문 (拷問) 명 顾问	고문 (拷問) 명 顧問

고발 (告發) 뎽 告狀, 揭发
고소 (告訴) 뎽 上诉
고소장 (告訴狀) 뎽 上诉书
공개수배 (公開手配) 뎽 公开通缉
공공질서 (公共秩序) 뎽 公共秩序
공범 (共犯) 뎽 共犯
공법 (公法) 뎽 公约
공소 (公訴) 뎽 起诉
공소시효 (公訴時效) 뎽 起诉期限,
  起訴时效
공익근무요원 (公益勤務要員) 뎽 从事
  公益事业人员 (服兵役的一种方式)
공판 (公判) 뎽 公审
과태료 (過怠料) 뎽 惩罚金
관습법 (慣習法) 뎽 习惯法
교도관 (矯導官) 뎽 教导官
교도소 (矯導所) 뎽 管教所
교수형 (絞首刑) 뎽 绞形
교통경찰 (交通警察) 뎽 交通警察
교통계 (交通係) 뎽 交通警察局
구금 (拘禁) 뎽 拘禁
구류 (拘留) 뎽 拘留
구속 (拘束) 뎽 拘留
구속영장 (拘束令狀) 뎽 逮捕令
구속하다 (拘束—) 동 拘留
구치소 (拘置所) 뎽 拘留所
국내법 (國內法) 뎽 国内法律
국법 (國法) 뎽 国法
국제법 (國際法) 뎽 国际法
국제변호사 (國制辯護士) 뎽 国际辩护
  士, 国际律师
규정 (規程) 뎽 規程
규칙 (規則) 뎽 規則
기각 (棄却) 뎽 否决
기소 (起訴) 뎽 起诉
깡패 뎽 强盗集团, 匪帮, 暴徒

고발 (告發) 뎽 告狀, 揭發
고소 (告訴) 뎽 上訴
고소장 (告訴狀) 뎽 上訴書
공개수배 (公開手配) 뎽 公開通緝
공공질서 (公共秩序) 뎽 公共秩序
공범 (共犯) 뎽 共犯
공법 (公法) 뎽 公約
공소 (公訴) 뎽 起訴
공소시효 (公訴時效) 뎽 起訴期限,
  起訴時效
공익근무요원 (公益勤務要員) 뎽 從事
  公益事業人員 (服兵役的一種方式)
공판 (公判) 뎽 公審
과태료 (過怠料) 뎽 懲罰金
관습법 (慣習法) 뎽 習慣法
교도관 (矯導官) 뎽 教導官
교도소 (矯導所) 뎽 管教所
교수형 (絞首刑) 뎽 絞形
교통경찰 (交通警察) 뎽 交通警察
교통계 (交通係) 뎽 交通警察局
구금 (拘禁) 뎽 拘禁
구류 (拘留) 뎽 拘留
구속 (拘束) 뎽 拘留
구속영장 (拘束令狀) 뎽 逮捕令
구속하다 (拘束—) 동 拘留
구치소 (拘置所) 뎽 拘留所
국내법 (國內法) 뎽 國內法律
국법 (國法) 뎽 國法
국제법 (國際法) 뎽 國際法
국제변호사 (國制辯護士) 뎽 國際辯護
  士, 國際律師
규정 (規程) 뎽 規程
규칙 (規則) 뎽 規則
기각 (棄却) 뎽 否決
기소 (起訴) 뎽 起訴
깡패 뎽 强盜集團, 匪幫, 暴徒

노동법 (勞動法) 몡 劳动法
누명 (陋名) 몡 遭人诬陷
단서 (端緒) 몡 头绪
단속하다 (團束—) 동 整顿
대법관 (大法官) 몡 最高法官
대법원 (大法院) 몡 最高法院
대법원장 (大法院長) 몡 最高法院院长
대통령령 (大統領令) 몡 总统令
도굴꾼 (盜掘—) 몡 盜掘
도덕 (道德) 몡 道德
도둑 몡 小偷
딱지 몡 罚单
명령 (命令) 몡 命令
목격자 (目擊者) 몡 目击者
몰수 (沒收) 몡 没收
무기수 (無期囚) 몡 无期徒刑犯
무기징역 (無期懲役) 몡 无期徒刑
무법자 (無法者) 몡 无法无天的人
무죄 (無罪) 몡 无罪
묵비권 (默秘權) 몡 保留权
미수 (未遂) 몡 未遂
민법 (民法) 몡 民法
민사소송 (民事訴訟) 몡 民事诉讼
반성문 (反省文) 몡 反省书
방범 (防犯) 몡 防犯
방범대원 (防犯隊員) 몡 防犯人员
방화범 (放火犯) 몡 放火犯
방화죄 (放火罪) 몡 放火罪
배심원 (陪審員) 몡 陪审员
벌 (罰) 몡 罪
벌금 (罰金) 몡 惩罚金
벌금형 (罰金刑) 몡 罚金刑
벌칙 (罰則) 몡 法规
범법 (犯法) 몡 犯法
범법자 (犯法者) 몡 犯法的人
범법행위 (犯法行爲) 몡 非法行为

노동법 (勞動法) 몡 勞動法
누명 (陋名) 몡 遭人誣陷
단서 (端緒) 몡 頭緒
단속하다 (團束—) 동 整頓
대법관 (大法官) 몡 最高法官
대법원 (大法院) 몡 最高法院
대법원장 (大法院長) 몡 最高法院院長
대통령령 (大統領令) 몡 總統令
도굴꾼 (盜掘—) 몡 盜掘
도덕 (道德) 몡 道德
도둑 몡 小偷
딱지 몡 罰單
명령 (命令) 몡 命令
목격자 (目擊者) 몡 目擊者
몰수 (沒收) 몡 沒收
무기수 (無期囚) 몡 無期徒刑犯
무기징역 (無期懲役) 몡 無期徒刑
무법자 (無法者) 몡 無法無天的人
무죄 (無罪) 몡 無罪
묵비권 (默秘權) 몡 保留權
미수 (未遂) 몡 未遂
민법 (民法) 몡 民法
민사소송 (民事訴訟) 몡 民事訴訟
반성문 (反省文) 몡 反省書
방범 (防犯) 몡 防犯
방범대원 (防犯隊員) 몡 防犯人員
방화범 (放火犯) 몡 放火犯
방화죄 (放火罪) 몡 放火罪
배심원 (陪審員) 몡 陪審員
벌 (罰) 몡 罪
벌금 (罰金) 몡 懲罰金
벌금형 (罰金刑) 몡 罰金刑
벌칙 (罰則) 몡 法規
범법 (犯法) 몡 犯法
범법자 (犯法者) 몡 犯法的人
범법행위 (犯法行爲) 몡 非法行爲

범인 (犯人) 명 犯人
범죄 (犯罪) 명 犯罪
범죄율 (犯罪率) 명 犯罪率
범죄자 (犯罪者) 명 罪犯
범칙 (犯則) 명 犯規
범칙금 (犯則金) 명 罰款額
법 (法) 명 法
법관 (法官) 명 法官
법규 (法規) 명 法規
법규정 (法規定) 명 法律規定
법령 (法令) 명 法令
법령집 (法令集) 명 法令滙編
법률 (法律) 명 法律
법률위반 (法律違反) 명 違反法律
법안 (法案) 명 法律草案
법원 (法院) 명 法院
법전 (法典) 명 法典
법정 (法廷) 명 法庭
법조계 (法曹界) 명 法曹界, 法律界
법조인 (法曹人) 명 法律工作者
변론 (辯論) 명 辯論
변호사 (辯護士) 명 律師, 辯护律師
변호인 (辯護人) 명 辯护人
보석 (保釋) 명 保释

범인 (犯人) 명 犯人
범죄 (犯罪) 명 犯罪
범죄율 (犯罪率) 명 犯罪率
범죄자 (犯罪者) 명 罪犯
범칙 (犯則) 명 犯規
범칙금 (犯則金) 명 罰款額
법 (法) 명 法
법관 (法官) 명 法官
법규 (法規) 명 法規
법규정 (法規定) 명 法律規定
법령 (法令) 명 法令
법령집 (法令集) 명 法令滙編
법률 (法律) 명 法律
법률위반 (法律違反) 명 違反法律
법안 (法案) 명 法律草案
법원 (法院) 명 法院
법전 (法典) 명 法典
법정 (法廷) 명 法庭
법조계 (法曹界) 명 法曹界, 法律界
법조인 (法曹人) 명 法律工作者
변론 (辯論) 명 辯論
변호사 (辯護士) 명 律師, 辯護律師
변호인 (辯護人) 명 辯護人
보석 (保釋) 명 保釋

법				
효력	종류			기관
	공법	사법	사회법	
헌법 ↑ 법률 ↑ 조례 ↑ 규칙 ↑ 명령	헌법 형법 행정법	민법 상법	경제법 노동법 사회보장법	대법원 ↑ 상고 · 재항고 ↑ 고등법원 / 지방법원 본원 합의부(항소부) ↑ 항소 · 항고 지방법원 및 지원합의부 / 지밥법원 및 지원단독판사

보석금 (保釋金) 명 保释金, 保释费
복권 (復權) 명 复权, 彩票
복역하다 (服役—) 동 服役
부도덕 (不道德) 명 不道德
부장검사 (部長檢事) 명 部长检查官
부장판사 (部長判事) 명 部长审判员
불량배 (不良輩) 명 不良分子
불법 (不法) 명 非法
불심검문 (不審檢問) 명 盘问
사건 (事件) 명 事件
사기꾼 (詐欺—) 명 欺诈人
사면 (赦免) 명 赦免
사무장 (事務長) 명 律师事务所办公室主任
사법¹ (司法) 명 司法
사법² (私法) 명 个人法, 私法
사법고시 (司法考試) 명 律师考试
사법기관 (司法機關) 명 司法机关
사법부 (司法府) 명 司法部, 法院
사법서사 (司法書士) 명 代理写法律文书的人
사상범 (思想犯) 명 政治犯
사형 (死刑) 명 死刑
사형수 (死刑囚) 명 死刑犯
사형시키다 (死刑—) 동 判死刑
사형하다 (死刑—) 동 死刑
사회법 (社會法) 명 社会法
상고 (上告) 명 上诉, 上告
상법 (商法) 명 商法
상소 (上訴) 명 上诉
상속재판 (相續裁判) 명 继承权判决
석방 (釋放) 명 释放
선거사범 (選擧事犯) 명 违犯各种选举法的人
선거소송 (選擧訴訟) 명 选举诉讼
선고 (宣告) 명 宣告

보석금 (保釋金) 명 保釋金, 保釋費
복권 (復權) 명 復權, 彩票
복역하다 (服役—) 동 服役
부도덕 (不道德) 명 不道德
부장검사 (部長檢事) 명 部長檢查官
부장판사 (部長判事) 명 部長審判員
불량배 (不良輩) 명 不良分子
불법 (不法) 명 非法
불심검문 (不審檢問) 명 盤問
사건 (事件) 명 事件
사기꾼 (詐欺—) 명 欺詐人
사면 (赦免) 명 赦免
사무장 (事務長) 명 律師事務所辦公室主任
사법¹ (司法) 명 司法
사법² (私法) 명 個人法, 私法
사법고시 (司法考試) 명 律師考試
사법기관 (司法機關) 명 司法機關
사법부 (司法府) 명 司法部, 法院
사법서사 (司法書士) 명 代理寫法律文書的人
사상범 (思想犯) 명 政治犯
사형 (死刑) 명 死刑
사형수 (死刑囚) 명 死刑犯
사형시키다 (死刑—) 동 判死刑
사형하다 (死刑—) 동 死刑
사회법 (社會法) 명 社會法
상고 (上告) 명 上訴, 上告
상법 (商法) 명 商法
상소 (上訴) 명 上訴
상속재판 (相續裁判) 명 繼承權判決
석방 (釋放) 명 釋放
선거사범 (選擧事犯) 명 違犯各種選擧法的人
선거소송 (選擧訴訟) 명 選擧訴訟
선고 (宣告) 명 宣告

선도 (先導) 몡 前导, 光导　　　　선도 (先導) 몡 前導, 光導
선례 (先例) 몡 先例　　　　　　　선례 (先例) 몡 先例
소년원 (少年院) 몡 少管所　　　　소년원 (少年院) 몡 少管所
소매치기 몡 小偷　　　　　　　　소매치기 몡 小偸
소송 (訴訟) 몡 诉讼　　　　　　　소송 (訴訟) 몡 訴訟
소송비 (訴訟費) 몡 诉讼费　　　　소송비 (訴訟費) 몡 訴訟費
소송인 (訴訟人) 몡 诉讼人　　　　소송인 (訴訟人) 몡 訴訟人
소송장 (訴訟狀) 몡 诉讼状　　　　소송장 (訴訟狀) 몡 訴訟狀
송장 (送狀) 몡 货物明细单　　　　송장 (送狀) 몡 貨物明細單
수감 (收監) 몡 监禁　　　　　　　수감 (收監) 몡 監禁
수감자 (收監者) 몡 监禁人　　　　수감자 (收監者) 몡 監禁人
수갑 (手匣) 몡 手拷　　　　　　　수갑 (手匣) 몡 手拷
수배 (手配) 몡 通缉　　　　　　　수배 (手配) 몡 通緝
수배자 (受配者) 몡 通缉犯　　　　수배자 (受配者) 몡 通緝犯
수배하다 (受配—) 동 通缉　　　　수배하다 (受配—) 동 通緝
수사 (搜査) 몡 搜查　　　　　　　수사 (搜査) 몡 搜査
수사관 (搜査官) 몡 搜儿　　　　　수사관 (搜査官) 몡 搜兒
수사기관 (搜査機關) 몡 搜查机关　수사기관 (搜査機關) 몡 搜査機關
수사대 (搜査隊) 몡 搜查队　　　　수사대 (搜査隊) 몡 搜査隊
수사본부 (搜査本部) 몡 搜查本部　수사본부 (搜査本部) 몡 搜査本部
수사하다 (搜査—) 동 搜查　　　　수사하다 (搜査—) 동 搜査
수색 (搜索) 몡 搜索　　　　　　　수색 (搜索) 몡 搜索
수색영장 (搜索令狀) 몡 搜查证　　수색영장 (搜索令狀) 몡 搜査證
수임료 (受任料) 몡 辩护费　　　　수임료 (受任料) 몡 辯護費
순경 (巡警) 몡 巡警　　　　　　　순경 (巡警) 몡 巡警
순찰대 (巡察隊) 몡 巡逻队　　　　순찰대 (巡察隊) 몡 巡邏隊
순찰차 (巡察車) 몡 警车　　　　　순찰차 (巡察車) 몡 警車
순찰하다 (巡察—) 동 巡逻　　　　순찰하다 (巡察—) 동 巡邏
승소 (勝訴) 몡 胜诉　　　　　　　승소 (勝訴) 몡 勝訴
심리 (審理) 몡 审理　　　　　　　심리 (審理) 몡 審理

〈수갑〉

심문 (審問) 명 审问　　　　　　심문 (審問) 명 審問
심사 (審査) 명 审查　　　　　　심사 (審査) 명 審查
압수 (押收) 명 没收　　　　　　압수 (押收) 명 沒收
양심 (良心) 명 良心　　　　　　양심 (良心) 명 良心
영장 (令狀) 명 判决书　　　　　영장 (令狀) 명 判決書
완전범죄 (完全犯罪) 명 完全犯罪　완전범죄 (完全犯罪) 명 完全犯罪
용의자 (容疑者) 명 可疑人, 嫌疑犯　용의자 (容疑者) 명 可疑人, 嫌疑犯
원고 (原告) 명 原告　　　　　　원고 (原告) 명 原告
위반 (違反) 명 违反　　　　　　위반 (違反) 명 違反
위법 (違法) 명 违法　　　　　　위법 (違法) 명 違法
위헌 (違憲) 명 违反宪法　　　　위헌 (違憲) 명 違反憲法
유도심문 (誘導審問) 명 诱导讯问　유도심문 (誘導審問) 명 誘導訊問
유죄 (有罪) 명 有罪　　　　　　유죄 (有罪) 명 有罪
유치장 (留置場) 명 拘留所　　　유치장 (留置場) 명 拘留所
윤리 (倫理) 명 伦理　　　　　　윤리 (倫理) 명 倫理
의무경찰 (義務警察) 명 义务警察　의무경찰 (義務警察) 명 義務警察
이의신청 (異議申請) 명 异议申请, 上诉　이의신청 (異議申請) 명 異議申請, 上訴
이혼소송 (離婚訴訟) 명 离婚诉讼　이혼소송 (離婚訴訟) 명 離婚訴訟
인권변호사 (人權辯護士) 명 人权律师　인권변호사 (人權辯護士) 명 人權律師
인륜 (人倫) 명 人伦　　　　　　인륜 (人倫) 명 人倫
일당 (一黨) 명 一帮, 一伙　　　일당 (一黨) 명 一幫, 一伙
입법부 (立法府) 명 立法部　　　입법부 (立法府) 명 立法部
입정 (入廷) 명 入庭　　　　　　입정 (入廷) 명 入庭
자격정지 (資格停止) 명 停止資格　자격정지 (資格停止) 명 停止資格
자백 (自白) 명 自白　　　　　　자백 (自白) 명 自白
잡다 동 抓, 把　　　　　　　　잡다 동 抓, 把
장물아비 (臟物—) 명 专门收购脏物的人　장물아비 (臟物—) 명 專門收購臟物的人
재범 (再犯) 명 重犯　　　　　　재범 (再犯) 명 重犯
재판 (裁判) 명 审判　　　　　　재판 (裁判) 명 審判
재판소 (裁判所) 명 审判机关　　재판소 (裁判所) 명 審判機關
재판정 (裁判廷) 명 审判厅　　　재판정 (裁判廷) 명 審判廳
적법 (適法) 명 符合法律　　　　적법 (適法) 명 符合法律
전과자 (前科者) 명 有前科的人　전과자 (前科者) 명 有前科的人
전투경찰 (戰鬪警察) 명 战斗警察,　전투경찰 (戰鬪警察) 명 戰鬪警察,
　武裝警察　　　　　　　　　　　武裝警察
정치범 (政治犯) 명 政治犯　　　정치범 (政治犯) 명 政治犯

제재 (制裁) 몡 制裁
조례 (條例) 몡 条例
좀도둑 몡 专门偷小东西的小偷
종신형 (終身刑) 몡 无期徒刑
죄 (罪) 몡 罪
죄수 (罪囚) 몡 囚犯
죄수복 (罪囚服) 몡 囚犯服
죄악 (罪惡) 몡 罪恶
죄인 (罪人) 몡 罪人
주차단속원 (駐車團束員) 몡 检查非法停车的人员或公务员
중죄 (重罪) 몡 重犯
증거 (證據) 몡 证据
증언하다 (證言—) 동 证言
증인 (證人) 몡 证人
지령 (指令) 몡 指令
지방법원 (地方法院) 몡 地方法院
지서 (支署) 몡 分署, 支署
진범 (眞犯) 몡 真正的罪犯
진술 (陳述) 몡 陈述
진술서 (陳述書) 몡 陈述书
진술하다 (陳述—) 동 陈述
진정 (陳情) 몡 陈述
진정서 (陳情書) 몡 陈情书
질서 (秩序) 몡 秩序
집행유예 (執行猶豫) 몡 缓期执行, 缓刑
징계 (懲戒) 몡 警告
징계하다 (懲戒—) 동 警告
징역 (懲役) 몡 徒刑
징역살이 (懲役—) 몡 坐牢
참고인 (參考人) 몡 參考人
처벌 (處罰) 몡 处罚
처벌하다 (處罰—) 동 处罚
처형 (處刑) 몡 处刑
처형하다 (處刑—) 동 处刑
천벌 (天罰) 몡 天罚, 天诛, 雷劈

제재 (制裁) 몡 制裁
조례 (條例) 몡 條例
좀도둑 몡 專門偷小東西的小偷
종신형 (終身刑) 몡 無期徒刑
죄 (罪) 몡 罪
죄수 (罪囚) 몡 囚犯
죄수복 (罪囚服) 몡 囚犯服
죄악 (罪惡) 몡 罪惡
죄인 (罪人) 몡 罪人
주차단속원 (駐車團束員) 몡 檢查非法停車的人員或公務員
중죄 (重罪) 몡 重犯
증거 (證據) 몡 證據
증언하다 (證言—) 동 證言
증인 (證人) 몡 證人
지령 (指令) 몡 指令
지방법원 (地方法院) 몡 地方法院
지서 (支署) 몡 分署, 支署
진범 (眞犯) 몡 眞正的罪犯
진술 (陳述) 몡 陳述
진술서 (陳述書) 몡 陳述書
진술하다 (陳述—) 동 陳述
진정 (陳情) 몡 陳述
진정서 (陳情書) 몡 陳情書
질서 (秩序) 몡 秩序
집행유예 (執行猶豫) 몡 緩期執行, 緩刑
징계 (懲戒) 몡 警告
징계하다 (懲戒—) 동 警告
징역 (懲役) 몡 徒刑
징역살이 (懲役—) 몡 坐牢
참고인 (參考人) 몡 參考人
처벌 (處罰) 몡 處罰
처벌하다 (處罰—) 동 處罰
처형 (處刑) 몡 處刑
처형하다 (處刑—) 동 處刑
천벌 (天罰) 몡 天罰, 天誅, 雷劈

청소년범죄 (靑少年犯罪) 몡 青少年犯罪
청원경찰 (請願警察) 몡 雇用警察
체포 (逮捕) 몡 逮捕
체포하다 (逮捕—) 동 逮捕
초범 (初犯) 몡 初犯
출감 (出監) 몡 出獄
출소 (出所) 몡 被释放, 出狱
출옥 (出獄) 몡 出獄
치안 (治安) 몡 治安
탄원 (歎願) 몡 请愿
탄원서 (歎願書) 몡 请愿书
탄핵 (彈劾) 몡 弹劾
탈옥 (脱獄) 몡 逃狱
탈옥수 (脱獄囚) 몡 越獄犯
퇴정 (退廷) 몡 退庭
특별사면 (特別赦免) 몡 特別赦免
특별수사대 (特別搜査隊) 몡 特別搜査队
파출소 (派出所) 몡 派出所
판결 (判決) 몡 判決
판결문 (判決文) 몡 判决书
판례 (判例) 몡 案例, 审判案例
판사 (判事) 몡 审判员
패륜아 (悖倫兒) 몡 悖伦儿
패소 (敗訴) 몡 败诉
폭력배 (暴力輩) 몡 暴徒
피고 (被告) 몡 被告
피고인 (被告人) 몡 被告人
피의자 (被疑者) 몡 被害者
피해자 (被害者) 몡 被害人
합법 (合法) 몡 合法
합헌 (合憲) 몡 符合宪法
항소 (抗訴) 몡 抗诉
행정법 (行政法) 몡 行政法
행정소송 (行政訴訟) 몡 行政诉讼
헌법 (憲法) 몡 宪法
현행범 (現行犯) 몡 现行犯

청소년범죄 (靑少年犯罪) 몡 青少年犯罪
청원경찰 (請願警察) 몡 雇用警察
체포 (逮捕) 몡 逮捕
체포하다 (逮捕—) 동 逮捕
초범 (初犯) 몡 初犯
출감 (出監) 몡 出獄
출소 (出所) 몡 被釋放, 出獄
출옥 (出獄) 몡 出獄
치안 (治安) 몡 治安
탄원 (歎願) 몡 請願
탄원서 (歎願書) 몡 請願書
탄핵 (彈劾) 몡 彈劾
탈옥 (脱獄) 몡 逃獄
탈옥수 (脱獄囚) 몡 越獄犯
퇴정 (退廷) 몡 退庭
특별사면 (特別赦免) 몡 特別赦免
특별수사대 (特別搜査隊) 몡 特別搜査隊
파출소 (派出所) 몡 派出所
판결 (判決) 몡 判決
판결문 (判決文) 몡 判決書
판례 (判例) 몡 案例, 審判案例
판사 (判事) 몡 審判員
패륜아 (悖倫兒) 몡 悖倫兒
패소 (敗訴) 몡 敗訴
폭력배 (暴力輩) 몡 暴徒
피고 (被告) 몡 被告
피고인 (被告人) 몡 被告人
피의자 (被疑者) 몡 被害者
피해자 (被害者) 몡 被害人
합법 (合法) 몡 合法
합헌 (合憲) 몡 符合憲法
항소 (抗訴) 몡 抗訴
행정법 (行政法) 몡 行政法
행정소송 (行政訴訟) 몡 行政訴訟
헌법 (憲法) 몡 憲法
현행범 (現行犯) 몡 現行犯

혐의 (嫌疑) 명 嫌疑
혐의자 (嫌疑者) 명 嫌疑犯
형구 (刑具) 명 刑具
형기 (刑期) 명 刑期
형무소 (刑務所) 명 監獄
형벌 (刑罰) 명 刑罰
형법 (刑法) 명 刑法
형사 (刑事) 명 刑事警察, 刑警
형사소송 (刑事訴訟) 명 刑事訴訟
휴정 (休廷) 명 休庭
흉악범 (凶惡犯) 명 凶犯

혐의 (嫌疑) 명 嫌疑
혐의자 (嫌疑者) 명 嫌疑犯
형구 (刑具) 명 刑具
형기 (刑期) 명 刑期
형무소 (刑務所) 명 監獄
형벌 (刑罰) 명 刑罰
형법 (刑法) 명 刑法
형사 (刑事) 명 刑事警察, 刑警
형사소송 (刑事訴訟) 명 刑事訴訟
휴정 (休廷) 명 休庭
흉악범 (凶惡犯) 명 凶犯

27. 국방

| 国防 | 國防 |

가스전 (gas戰) 명 瓦斯战
간첩 (間諜) 명 间谍, 特务
간호사관학교 (看護士官學校) 명
　　护士军官学校
간호장교 (看護將校) 명 护士军官
강적 (强敵) 명 强敌
개선 (凱旋) 명 凯旋
개선하다 (凱旋—) 동 凯旋
게릴라전 (guerilla戰) 명 游击战
격전 (激戰) 명 激战
격전지 (激戰地) 명 激烈战斗过的地方
결투 (決鬪) 명 决斗
계급 (階級) 명 阶级
계급장 (階級章) 명 军衔
공격 (攻擊) 명 攻击
공격개시 (攻擊開始) 명 开始攻击
공군 (空軍) 명 空军
공군사관학교 (空軍士官學校) 명
　　空军军官学校
공병 (工兵) 명 工兵
공수부대 (空輸部隊) 명 运输部队
공습 (攻襲) 명 空袭

가스전 (gas戰) 명 瓦斯戰
간첩 (間諜) 명 間諜, 特務
간호사관학교 (看護士官學校) 명
　　護士軍官學校
간호장교 (看護將校) 명 護士軍官
강적 (强敵) 명 强敵
개선 (凱旋) 명 凱旋
개선하다 (凱旋—) 동 凱旋
게릴라전 (guerilla戰) 명 游擊戰
격전 (激戰) 명 激戰
격전지 (激戰地) 명 激烈戰鬪過的地方
결투 (決鬪) 명 決鬪
계급 (階級) 명 階級
계급장 (階級章) 명 軍銜
공격 (攻擊) 명 攻擊
공격개시 (攻擊開始) 명 開始攻擊
공군 (空軍) 명 空軍
공군사관학교 (空軍士官學校) 명
　　空軍軍官學校
공병 (工兵) 명 工兵
공수부대 (空輸部隊) 명 運輸部隊
공습 (攻襲) 명 空襲

군인 계급													
사병				하사관			장교						
							위관			영관			장관		
이등병	일등병	상병	병장	하사	중사	상사	준위	소위	중위	대위	소령	중령	대령	준장	소장	중장	대장

〈한국의 군인 계급〉

공습하다 (攻襲—) 동 空袭
공익군무원 (公益軍務員) 명 军代表
공익근무요원 (公益勤務要員) 명
　从事公益事业的要员
국군 (國軍) 명 国军
국군병원 (國軍病院) 명 部队医院
국방 (國防) 명 国防
국방부 (國防部) 명 国防部
국방부장관 (國防部長官) 명 国防部长
국지전 (局地戰) 명 局部战争
국토방위 (國土防衛) 명 国防防卫
군가 (軍歌) 명 军歌
군기 (軍紀) 명 军纪
군대 (軍隊) 명 军队
군대행진곡 (軍隊行進曲) 명 军队进行曲
군목 (軍牧) 명 军牧, 军队牧师或神父
군무원 (軍務員) 명 指非军人从事军务的
　公务员
군번 (軍番) 명 在部队使用的对每个人的
　号
군법 (軍法) 명 军法
군법무관 (軍法務官) 명 部队法官
군법회의 (軍法會議) 명 军事法庭
군복 (軍服) 명 军服
군복무 (軍服務) 명 服役
군비제한 (軍備制限) 명 军备限制
군사¹ (軍事) 명 军事
군사² (軍士) 명 军士
군사개입 (軍事介入) 명 军事介入
군사고문단 (軍事顧問團) 명 军事顾问团
군사교육 (軍事教育) 명 军事教育
군사기밀 (軍事機密) 명 军事机密
군사기지 (軍事基地) 명 军事基地
군사도시 (軍事都市) 명 军事城市
군사동맹 (軍事同盟) 명 军事同盟
군사력 (軍事力) 명 军事力量

공습하다 (攻襲—) 동 空襲
공익군무원 (公益軍務員) 명 軍代表
공익근무요원 (公益勤務要員) 명
　從事公益事業的要員
국군 (國軍) 명 國軍
국군병원 (國軍病院) 명 部隊醫院
국방 (國防) 명 國防
국방부 (國防部) 명 國防部
국방부장관 (國防部長官) 명 國防部長
국지전 (局地戰) 명 局部戰爭
국토방위 (國土防衛) 명 國防防衛
군가 (軍歌) 명 軍歌
군기 (軍紀) 명 軍紀
군대 (軍隊) 명 軍隊
군대행진곡 (軍隊行進曲) 명 軍隊進行曲
군목 (軍牧) 명 軍牧, 軍隊牧師或神父
군무원 (軍務員) 명 指非軍人從事軍務的
　公務員
군번 (軍番) 명 在部隊使用的對每個人的
　號
군법 (軍法) 명 軍法
군법무관 (軍法務官) 명 部隊法官
군법회의 (軍法會議) 명 軍事法庭
군복 (軍服) 명 軍服
군복무 (軍服務) 명 服役
군비제한 (軍備制限) 명 軍備限制
군사¹ (軍事) 명 軍事
군사² (軍士) 명 軍士
군사개입 (軍事介入) 명 軍事介入
군사고문단 (軍事顧問團) 명 軍事顧問團
군사교육 (軍事教育) 명 軍事教育
군사기밀 (軍事機密) 명 軍事機密
군사기지 (軍事基地) 명 軍事基地
군사도시 (軍事都市) 명 軍事城市
군사동맹 (軍事同盟) 명 軍事同盟
군사력 (軍事力) 명 軍事力量

군사분계선 (軍事分界線) 몡 军事分界线　　군사분계선 (軍事分界線) 몡 軍事分界線
군사비 (軍事費) 몡 军事费用　　군사비 (軍事費) 몡 軍事費用
군사우편 (軍事郵便) 몡 军事邮件　　군사우편 (軍事郵便) 몡 軍事郵件
군사위성 (軍事衛星) 몡 军事卫星　　군사위성 (軍事衛星) 몡 軍事衛星
군사재판 (軍事裁判) 몡 军事裁判　　군사재판 (軍事裁判) 몡 軍事裁判
군사정책 (軍事政策) 몡 军事政策　　군사정책 (軍事政策) 몡 軍事政策
군사지도 (軍事地圖) 몡 军事地图　　군사지도 (軍事地圖) 몡 軍事地圖
군사지역 (軍事地域) 몡 军事地域　　군사지역 (軍事地域) 몡 軍事地域
군수뇌부 (軍首腦部) 몡 军首脑部门　　군수뇌부 (軍首腦部) 몡 軍首腦部門
군수물자 (軍需物資) 몡 军需物资　　군수물자 (軍需物資) 몡 軍需物資
군수품 (軍需品) 몡 军需物资　　군수품 (軍需品) 몡 軍需物資
군악대 (軍樂隊) 몡 军乐队　　군악대 (軍樂隊) 몡 軍樂隊
군용도로 (軍用道路) 몡 军用道路　　군용도로 (軍用道路) 몡 軍用道路
군용지 (軍用地) 몡 军用地　　군용지 (軍用地) 몡 軍用地
군용차 (軍用車) 몡 军用车　　군용차 (軍用車) 몡 軍用車
군의관 (軍醫官) 몡 军医　　군의관 (軍醫官) 몡 軍醫
군인 (軍人) 몡 军人　　군인 (軍人) 몡 軍人
군장 (軍裝) 몡 军装备　　군장 (軍裝) 몡 軍裝備
군장비 (軍裝備) 몡 军装备　　군장비 (軍裝備) 몡 軍裝備
군졸 (軍卒) 몡 兵　　군졸 (軍卒) 몡 兵
군함 (軍艦) 몡 军舰　　군함 (軍艦) 몡 軍艦
군항 (軍港) 몡 军港　　군항 (軍港) 몡 軍港
군화 (軍靴) 몡 军靴, 军鞋　　군화 (軍靴) 몡 軍靴, 軍鞋
굴복하다 (屈伏—) 동 屈服　　굴복하다 (屈伏—) 동 屈服
권총 (拳銃) 몡 手枪　　권총 (拳銃) 몡 手槍
기관총 (機關銃) 몡 机关枪　　기관총 (機關銃) 몡 機關槍
기병 (騎兵) 몡 骑兵　　기병 (騎兵) 몡 騎兵
기지 (基地) 몡 基地　　기지 (基地) 몡 基地
낙하산 (落下傘) 몡 降落伞　　낙하산 (落下傘) 몡 降落傘
내무반 (內務班) 몡 內务班　　내무반 (內務班) 몡 內務班
냉전 (冷戰) 몡 冷战　　냉전 (冷戰) 몡 冷戰
단검 (短劍) 몡 短剑　　단검 (短劍) 몡 短劍
단기사병 (短期士兵) 몡 現役军人　　단기사병 (短期士兵) 몡 現役軍人
대령 (大領) 몡 大领　　대령 (大領) 몡 大領
대위 (大尉) 몡 大尉　　대위 (大尉) 몡 大尉
대장 (大將) 몡 大将　　대장 (大將) 몡 大將

대포 (大砲) 명 大炮
돌격 (突擊) 명 突击
따발총 (一銃) 명 机关枪
매복하다 (埋伏一) 동 埋伏
무기 (武器) 명 武器
무기산업 (武器産業) 명 武器产业
무장하다 (武裝一) 동 武裝
무장해제 (武裝解除) 명 武裝 解除
물량전 (物量戰) 명 为战斗军人提供丰富的物资或军备而进行的战争
미사일 (missile) 명 导弹
민방위대 (民防衛隊) 명 民防部队
박격포 (迫擊砲) 명 迫击炮
발사하다 (發射一) 동 发射
발포하다 (發砲一) 동 开炮
방독면 (防毒面) 명 防毒面具
방아쇠 명 扳机
방어 (防禦) 명 防御
방위 (防衛) 명 防卫
방패 (防牌) 명 值牌, 挡弹牌
배수진 (背水陣) 명 背水战
병력 (兵力) 명 兵力
병무청 (兵務廳) 명 兵务厅, 负责有关兵役的行政机关
병사 (兵士) 명 士兵
병역 (兵役) 명 兵役
병영 (兵營) 명 兵营
병장 (兵長) 명 兵长
보급품 (補給品) 명 补给物资
보병 (步兵) 명 步兵
복무연한 (服務年限) 명 服役年限
복역하다 (服役一) 동 服役
부관 (副官) 명 副官
부대 (部隊) 명 部队
부상병 (負傷兵) 명 伤兵, 伤员
부하 (部下) 명 部下

대포 (大砲) 명 大炮
돌격 (突擊) 명 突擊
따발총 (一銃) 명 機關槍
매복하다 (埋伏一) 동 埋伏
무기 (武器) 명 武器
무기산업 (武器産業) 명 武器産業
무장하다 (武裝一) 동 武裝
무장해제 (武裝解除) 명 武裝 解除
물량전 (物量戰) 명 爲戰鬪軍人提供豐富的物資或軍備而進行的戰爭
미사일 (missile) 명 導彈
민방위대 (民防衛隊) 명 民防部隊
박격포 (迫擊砲) 명 迫擊炮
발사하다 (發射一) 동 發射
발포하다 (發砲一) 동 開炮
방독면 (防毒面) 명 防毒面具
방아쇠 명 扳機
방어 (防禦) 명 防禦
방위 (防衛) 명 防衛
방패 (防牌) 명 值牌, 擋彈牌
배수진 (背水陣) 명 背水戰
병력 (兵力) 명 兵力
병무청 (兵務廳) 명 兵務廳, 負責有關兵役的行政機關
병사 (兵士) 명 士兵
병역 (兵役) 명 兵役
병영 (兵營) 명 兵營
병장 (兵長) 명 兵長
보급품 (補給品) 명 補給物資
보병 (步兵) 명 步兵
복무연한 (服務年限) 명 服役年限
복역하다 (服役一) 동 服役
부관 (副官) 명 副官
부대 (部隊) 명 部隊
부상병 (負傷兵) 명 傷兵, 傷員
부하 (部下) 명 部下

분쟁 (分爭) 명 分争
불명예제대 (不名譽除隊) 명 被军事法庭
　判有罪而退出兵营的
불침번 (不寢番) 명 夜哨
비무장지대 (非武裝地帶) 명
　非军事武装区
사격 (射擊) 명 射击
사격하다 (射擊—) 동 射击
사관 (士官) 명 军官
사관생도 (士官生徒) 명 军官学校的学生
사관학교 (士官學校) 명 军官学校
사령관 (司令官) 명 司令官
사령부 (司令部) 명 司令部
사병 (士兵) 명 士兵
사수 (死守) 명 死守
상관 (上官) 명 上司
상등병 (上等兵) 명 上等兵,
　部队阶级的一种
상사¹ (上司) 명 上司
상사² (上士) 명 上士
생포하다 (生捕—) 동 活捉
생화학전 (生化學戰) 명 化学战争,
　化学战
석사장교 (碩士將校) 명 碩士將校
세계대전 (世界大戰) 명 世界大战
소령 (少領) 명 少校
소위 (少尉) 명 少尉
소장 (小將) 명 少将
손자병법 (孫子兵法) 명 孙子兵法
수류탄 (手榴彈) 명 手榴弹
수비 (守備) 명 守备, 守卫
수비군 (守備軍) 명 守备军, 守卫队
수비대 (守備隊) 명 守备部队, 守卫部队
수비망 (守備網) 명 守备部队, 守卫部队
수비하다 (守備—) 동 守备
습격 (襲擊) 명 袭击

분쟁 (分爭) 명 分爭
불명예제대 (不名譽除隊) 명 被軍事法庭
　判有罪而退出兵營的
불침번 (不寢番) 명 夜哨
비무장지대 (非武裝地帶) 명
　非軍事武裝區
사격 (射擊) 명 射擊
사격하다 (射擊—) 동 射擊
사관 (士官) 명 軍官
사관생도 (士官生徒) 명 軍官學校的學生
사관학교 (士官學校) 명 軍官學校
사령관 (司令官) 명 司令官
사령부 (司令部) 명 司令部
사병 (士兵) 명 士兵
사수 (死守) 명 死守
상관 (上官) 명 上司
상등병 (上等兵) 명 上等兵,
　部隊階級的一種
상사¹ (上司) 명 上司
상사² (上士) 명 上士
생포하다 (生捕—) 동 活捉
생화학전 (生化學戰) 명 化學戰爭,
　化學戰
석사장교 (碩士將校) 명 碩士將校
세계대전 (世界大戰) 명 世界大戰
소령 (少領) 명 少校
소위 (少尉) 명 少尉
소장 (小將) 명 少將
손자병법 (孫子兵法) 명 孫子兵法
수류탄 (手榴彈) 명 手榴彈
수비 (守備) 명 守備, 守衛
수비군 (守備軍) 명 守備軍, 守衛隊
수비대 (守備隊) 명 守備部隊, 守衛部隊
수비망 (守備網) 명 守備部隊, 守衛部隊
수비하다 (守備—) 동 守備
습격 (襲擊) 명 襲擊

승리 (勝利) 몡 胜利
승전 (勝戰) 몡 胜战
승전국 (勝戰國) 몡 胜战国, 战胜国
시한폭탄 (時限爆彈) 몡 定时炸弹
싸우다 동 战斗
싸움 몡 战斗
싸움터 몡 战争场地
쏘다 동 开(枪), 射(击)
아군 (我軍) 몡 我军
여군 (女軍) 몡 女军
영관 (領官) 몡 军官
예비군 (豫備軍) 몡 预备军
예비역 (豫備役) 몡 豫备役
요새 (要塞) 몡 要地, 要塞
용감무쌍하다 (勇敢無雙—) 혱 勇敢无敌
용맹하다 (勇猛—) 혱 勇猛
용사 (勇士) 몡 勇士
운전병 (運轉兵) 몡 部队的司机
위관 (尉官) 몡 尉官
위생병 (衛生兵) 몡 卫生兵
유격대 (遊擊隊) 몡 游击队
육군 (陸軍) 몡 陆军
육군사관학교 (陸軍士官學校) 몡
　　陆军军官学校
육탄전 (肉彈戰) 몡 把自己的身体当作
　　肉弹冲进敌军
의무병¹ (醫務兵) 몡 军医
의무병² (義務兵) 몡 义务兵
의용군 (義勇軍) 몡 义勇军
이기다 동 击退, 打退
이등병 (二等兵) 몡 二等兵,
　　部队中阶级的一种
인해전술 (人海戰術) 몡 人海战术
일등병 (一等兵) 몡 一等兵,
　　部队中阶级的一种
일선 (一線) 몡 一线

승리 (勝利) 몡 勝利
승전 (勝戰) 몡 勝戰
승전국 (勝戰國) 몡 勝戰國, 戰勝國
시한폭탄 (時限爆彈) 몡 定時炸彈
싸우다 동 戰鬪
싸움 몡 戰鬪
싸움터 몡 戰爭場地
쏘다 동 開(槍), 射(擊)
아군 (我軍) 몡 我軍
여군 (女軍) 몡 女軍
영관 (領官) 몡 軍官
예비군 (豫備軍) 몡 預備軍
예비역 (豫備役) 몡 豫備役
요새 (要塞) 몡 要地, 要塞
용감무쌍하다 (勇敢無雙—) 혱 勇敢無敵
용맹하다 (勇猛—) 혱 勇猛
용사 (勇士) 몡 勇士
운전병 (運轉兵) 몡 部隊的司機
위관 (尉官) 몡 尉官
위생병 (衛生兵) 몡 衛生兵
유격대 (遊擊隊) 몡 游擊隊
육군 (陸軍) 몡 陸軍
육군사관학교 (陸軍士官學校) 몡
　　陸軍軍官學校
육탄전 (肉彈戰) 몡 把自己的身體當作
　　肉彈冲進敵軍
의무병¹ (醫務兵) 몡 軍醫
의무병² (義務兵) 몡 義務兵
의용군 (義勇軍) 몡 義勇軍
이기다 동 擊退, 打退
이등병 (二等兵) 몡 二等兵,
　　部隊中階級的一種
인해전술 (人海戰術) 몡 人海戰術
일등병 (一等兵) 몡 一等兵,
　　部隊中階級的一種
일선 (一線) 몡 一線

입대 (入隊) 명 入队, 参军, 当兵
입대하다 (入隊—) 동 入队, 参军, 当兵
작전 (作戰) 명 作战
잠수정 (潛水艇) 명 潜水艇
잠수함 (潛水艦) 명 潜水舰
장갑차 (裝甲車) 명 裝甲车
장관 (將官) 명 高级将领
장교 (將校) 명 將校
장군 (將軍) 명 将军
장성 (將星) 명 将官
저항 (抵抗) 명 抵抗
적 (敵) 명 敌人
적군 (敵軍) 명 敌军
전략 (戰略) 명 战略
전략가 (戰略家) 명 战略家
전방 (前方) 명 前线, 前方
전범 (戰犯) 명 战犯
전사 (戰死) 명 战死
전사하다 (戰死—) 동 战死
전선 (戰線) 명 战线
전술 (戰術) 명 战术
전술가 (戰術家) 명 战术学家
전승 (戰勝) 명 战胜
전역 (轉役) 명 转业 (部队)
전우 (戰友) 명 战友
전우애 (戰友愛) 명 战友情
전장 (戰場) 명 战场
전쟁 (戰爭) 명 战争
전쟁고아 (戰爭孤兒) 명 战争遗孤
전쟁터 (戰爭—) 명 战地
전차 (戰車) 명 战车
전투 (戰鬪) 명 战斗
전투기 (戰鬪機) 명 战斗机
전투력 (戰鬪力) 명 战斗力
전투복 (戰鬪服) 명 迷彩服, 战斗服
전투부대 (戰鬪部隊) 명 战斗部队

입대 (入隊) 명 入隊, 參軍, 當兵
입대하다 (入隊—) 동 入隊, 參軍, 當兵
작전 (作戰) 명 作戰
잠수정 (潛水艇) 명 潛水艇
잠수함 (潛水艦) 명 潛水艦
장갑차 (裝甲車) 명 裝甲車
장관 (將官) 명 高級將領
장교 (將校) 명 將校
장군 (將軍) 명 將軍
장성 (將星) 명 將官
저항 (抵抗) 명 抵抗
적 (敵) 명 敵人
적군 (敵軍) 명 敵軍
전략 (戰略) 명 戰略
전략가 (戰略家) 명 戰略家
전방 (前方) 명 前線, 前方
전범 (戰犯) 명 戰犯
전사 (戰死) 명 戰死
전사하다 (戰死—) 동 戰死
전선 (戰線) 명 戰線
전술 (戰術) 명 戰術
전술가 (戰術家) 명 戰術學家
전승 (戰勝) 명 戰勝
전역 (轉役) 명 轉業 (部隊)
전우 (戰友) 명 戰友
전우애 (戰友愛) 명 戰友情
전장 (戰場) 명 戰場
전쟁 (戰爭) 명 戰爭
전쟁고아 (戰爭孤兒) 명 戰爭遺孤
전쟁터 (戰爭—) 명 戰地
전차 (戰車) 명 戰車
전투 (戰鬪) 명 戰鬪
전투기 (戰鬪機) 명 戰鬪機
전투력 (戰鬪力) 명 戰鬪力
전투복 (戰鬪服) 명 迷彩服, 戰鬪服
전투부대 (戰鬪部隊) 명 戰鬪部隊

전투적이다 (戰鬪的—) 형 战斗的
전투하다 (戰鬪—) 동 战斗
전투함 (戰鬪艦) 명 战舰
정규군 (正規軍) 명 正规军
정비병 (整備兵) 명 装备军
정찰 (偵察) 명 侦察
제대 (除隊) 명 转业
제대하다 (除隊—) 동 转业
제독 (提督) 명 提督
졸병 (卒兵) 명 士兵
주둔지 (駐屯地) 명 驻军地
준위 (准尉) 명 准尉
준장 (准將) 명 准将
중령 (中領) 명 中领
중사 (中士) 명 中士
중위 (中尉) 명 中尉
중장 (中將) 명 中将
지다 동 敗
지략 (智略) 명 战略
지뢰 (地雷) 명 地雷
지역전 (地域戰) 명 战争地带
지원군 (支援軍) 명 支援军
지원병 (支援兵) 명 支援兵
지원부대 (支援部隊) 명 支援部队
지키다 동 保卫
지휘관 (指揮官) 명 指挥官
진격 (進擊) 명 出击
진격하다 (進擊—) 동 出击
진급 (進級) 명 升级
진급하다 (進級—) 동 升级
진지 (陣地) 명 阵地
징병 (徵兵) 명 征兵
징집 (徵集) 명 征兵
징집되다 (徵集—) 동 征兵, 征集
참모총장 (參謀總長) 명 参谋长
참전 (參戰) 명 参战

전투적이다 (戰鬪的—) 형 戰鬪的
전투하다 (戰鬪—) 동 戰鬪
전투함 (戰鬪艦) 명 戰艦
정규군 (正規軍) 명 正規軍
정비병 (整備兵) 명 裝備軍
정찰 (偵察) 명 偵察
제대 (除隊) 명 轉業
제대하다 (除隊—) 동 轉業
제독 (提督) 명 提督
졸병 (卒兵) 명 士兵
주둔지 (駐屯地) 명 駐軍地
준위 (准尉) 명 准尉
준장 (准將) 명 准將
중령 (中領) 명 中領
중사 (中士) 명 中士
중위 (中尉) 명 中尉
중장 (中將) 명 中將
지다 동 敗
지략 (智略) 명 戰略
지뢰 (地雷) 명 地雷
지역전 (地域戰) 명 戰爭地帶
지원군 (支援軍) 명 支援軍
지원병 (支援兵) 명 支援兵
지원부대 (支援部隊) 명 支援部隊
지키다 동 保衛
지휘관 (指揮官) 명 指揮官
진격 (進擊) 명 出擊
진격하다 (進擊—) 동 出擊
진급 (進級) 명 升級
진급하다 (進級—) 동 升級
진지 (陣地) 명 陣地
징병 (徵兵) 명 征兵
징집 (徵集) 명 征兵
징집되다 (徵集—) 동 征兵, 征集
참모총장 (參謀總長) 명 參謀長
참전 (參戰) 명 參戰

참전용사 (參戰勇士) 몡 参战勇士
참호 (塹壕) 몡 战壕
창 (槍) 몡 枪
천하무적 (天下無敵) 몡 天下无敌
철모 (鐵帽) 몡 铁甲帽
첩보 (諜報) 몡 情报, 谍报
쳐들어가다 동 进攻
초소병 (哨所兵) 몡 哨兵
총 (銃) 몡 枪
총검 (銃劍) 몡 刀枪
총사령관 (總司令官) 몡 总司令
총알 (銃一) 몡 子弹
총알받이 (銃一) 몡 挡箭牌
최루탄 (催淚彈) 몡 催泪弹
취사병 (炊事兵) 몡 炊事兵
침공 (侵攻) 몡 侵略
침략 (侵掠) 몡 侵略
침투 (浸透) 몡 浸透敌人部队
카투사 (KATUSA) 몡 在驻韩美军部队 中服役的军人
칼 몡 刀
탄환 (彈丸) 몡 子弹
탈영 (脫營) 몡 逃出兵营
탈영하다 (脫營一) 동 逃出兵营
탈환 (奪還) 몡 夺回
탱크 (tank) 몡 坦克
통신병 (通信兵) 몡 通信兵
퇴각 (退却) 몡 后退
투쟁 (鬪爭) 몡 斗争
투항 (投降) 몡 投降
투항하다 (投降一) 동 投降

참전용사 (參戰勇士) 몡 參戰勇士
참호 (塹壕) 몡 戰壕
창 (槍) 몡 槍
천하무적 (天下無敵) 몡 天下無敵
철모 (鐵帽) 몡 鐵甲帽
첩보 (諜報) 몡 情報, 諜報
쳐들어가다 동 進攻
초소병 (哨所兵) 몡 哨兵
총 (銃) 몡 槍
총검 (銃劍) 몡 刀槍
총사령관 (總司令官) 몡 總司令
총알 (銃一) 몡 子彈
총알받이 (銃一) 몡 擋箭牌
최루탄 (催淚彈) 몡 催淚彈
취사병 (炊事兵) 몡 炊事兵
침공 (侵攻) 몡 侵略
침략 (侵掠) 몡 侵略
침투 (浸透) 몡 浸透敵人部隊
카투사 (KATUSA) 몡 在駐韓美軍部隊 中服役的軍人
칼 몡 刀
탄환 (彈丸) 몡 子彈
탈영 (脫營) 몡 逃出兵營
탈영하다 (脫營一) 동 逃出兵營
탈환 (奪還) 몡 奪回
탱크 (tank) 몡 坦克
통신병 (通信兵) 몡 通信兵
퇴각 (退却) 몡 後退
투쟁 (鬪爭) 몡 鬪爭
투항 (投降) 몡 投降
투항하다 (投降一) 동 投降

〈탱크〉

특공대 (特攻隊) 몡 特工队
특수부대 (特殊部隊) 몡 特殊部队,
　　特工队
패배 (敗北) 몡 战败
패전 (敗戰) 몡 战败
패전국 (敗戰國) 몡 战败国
패전하다 (敗戰—) 동 战败
포로 (捕虜) 몡 捕虏
포로수용소 (捕虜收容所) 몡 捕虏收容所
포병 (砲兵) 몡 炮兵
폭격 (爆擊) 몡 炮击
폭격하다 (爆擊—) 동 炮击
폭발 (爆發) 몡 暴发
폭약 (爆藥) 몡 炸药
폭탄 (爆彈) 몡 爆弹
피난민 (避難民) 몡 难民
하사 (下士) 몡 下士
하사관 (下士官) 몡 下士
하사관학교 (下士官學校) 몡 下士官学校
학군단 (學軍團) 몡 学生兵团
학도병 (學徒兵) 몡 学徒兵
학사장교 (ROTC) 몡 学士军官学校
함락 (陷落) 몡 沦陷
항복 (降伏) 몡 投降
항복하다 (降伏—) 동 投降
해군 (海軍) 몡 海军
해군사관학교 (海軍士官學校) 몡
　　海军军官学校
해병대 (海兵隊) 몡 海兵
핵무기 (核武器) 몡 核武器
핵전쟁 (核戰爭) 몡 核战争
핵폭탄 (核爆彈) 몡 核弹
행군 (行軍) 몡 行进, 行军
행군하다 (行軍—) 동 行军
행정병 (行政兵) 몡 负责军事行政事务的
　　军人

특공대 (特攻隊) 몡 特工隊
특수부대 (特殊部隊) 몡 特殊部隊,
　　特工隊
패배 (敗北) 몡 戰敗
패전 (敗戰) 몡 戰敗
패전국 (敗戰國) 몡 戰敗國
패전하다 (敗戰—) 동 戰敗
포로 (捕虜) 몡 捕虜
포로수용소 (捕虜收容所) 몡 捕虜收容所
포병 (砲兵) 몡 炮兵
폭격 (爆擊) 몡 炮擊
폭격하다 (爆擊—) 동 炮擊
폭발 (爆發) 몡 暴發
폭약 (爆藥) 몡 炸藥
폭탄 (爆彈) 몡 爆彈
피난민 (避難民) 몡 難民
하사 (下士) 몡 下士
하사관 (下士官) 몡 下士
하사관학교 (下士官學校) 몡 下士官學校
학군단 (學軍團) 몡 學生兵團
학도병 (學徒兵) 몡 學徒兵
학사장교 (ROTC) 몡 學士軍官學校
함락 (陷落) 몡 淪陷
항복 (降伏) 몡 投降
항복하다 (降伏—) 동 投降
해군 (海軍) 몡 海軍
해군사관학교 (海軍士官學校) 몡
　　海軍軍官學校
해병대 (海兵隊) 몡 海兵
핵무기 (核武器) 몡 核武器
핵전쟁 (核戰爭) 몡 核戰爭
핵폭탄 (核爆彈) 몡 核彈
행군 (行軍) 몡 行進, 行軍
행군하다 (行軍—) 동 行軍
행정병 (行政兵) 몡 負責軍事行政事務的
　　軍人

헌병 (憲兵) 명 宪兵
헌병대 (憲兵隊) 명 宪兵部队
헬기 (←helicopter机) 명 直升飞机,
直升机
현역 (現役) 명 現役
화생방전 (化生放戰) 명 化学战
화약 (火藥) 명 火药
화염방사기 (火焰放射器) 명 火枪
화포 (火砲) 명 火炮
후방 (後方) 명 后方
후퇴 (後退) 명 后退
후퇴하다 (後退—) 동 后退
훈련 (訓練) 명 训练
훈련병 (訓練兵) 명 训练兵
훈련생 (訓練生) 명 训练兵
훈련소 (訓練所) 명 训练所
훈련조교 (訓練助教) 명 训练助教
훈장 (勳章) 명 勋章
휴전 (休戰) 명 停战, 休战
휴전선 (休戰線) 명 停战线
흉기 (凶器) 명 凶器

헌병 (憲兵) 명 憲兵
헌병대 (憲兵隊) 명 憲兵部隊
헬기 (←helicopter機) 명 直升飛機,
直升機
현역 (現役) 명 現役
화생방전 (化生放戰) 명 化學戰
화약 (火藥) 명 火藥
화염방사기 (火焰放射器) 명 火槍
화포 (火砲) 명 火炮
후방 (後方) 명 後方
후퇴 (後退) 명 後退
후퇴하다 (後退—) 동 後退
훈련 (訓練) 명 訓練
훈련병 (訓練兵) 명 訓練兵
훈련생 (訓練生) 명 訓練兵
훈련소 (訓練所) 명 訓練所
훈련조교 (訓練助教) 명 訓練助教
훈장 (勳章) 명 勳章
휴전 (休戰) 명 停戰, 休戰
휴전선 (休戰線) 명 停戰線
흉기 (凶器) 명 凶器

28. 사회와 사회활동

社会与社会活动　　社會與社會活動

가구 (家口) 명 户　　　　　　　　가구 (家口) 명 戶
가명 (假名) 명 假名　　　　　　　가명 (假名) 명 假名
가부장제도 (家父長制度) 명 家长制　　가부장제도 (家父長制度) 명 家長制
가장 (家長) 명 家长　　　　　　　가장 (家長) 명 家長
가정문제 (家庭問題) 명 家庭问题　　가정문제 (家庭問題) 명 家庭問題
가족제도 (家族制度) 명 家族制度　　가족제도 (家族制度) 명 家族制度
개인 (個人) 명 个人　　　　　　　개인 (個人) 명 個人
개인주의 (個人主義) 명 个人主义　　개인주의 (個人主義) 명 個人主義
개인행동 (個人行動) 명 个人行动　　개인행동 (個人行動) 명 個人行動
개혁 (改革) 명 改革　　　　　　　개혁 (改革) 명 改革
개화 (改化) 명 开花　　　　　　　개화 (改化) 명 開花
개회식 (開會式) 명 开幕式　　　　개회식 (開會式) 명 開幕式
겨레 명 同胞　　　　　　　　　　겨레 명 同胞
경의 (敬意) 명 敬意　　　　　　　경의 (敬意) 명 敬意
경조사 (慶弔事) 명 紅白事　　　　경조사 (慶弔事) 명 紅白事
계급 (階級) 명 阶级　　　　　　　계급 (階級) 명 階級
계급사회 (階級社會) 명 阶级社会　　계급사회 (階級社會) 명 階級社會
계몽운동 (啓蒙運動) 명 启蒙运动　　계몽운동 (啓蒙運動) 명 啓蒙運動
계층 (階層) 명 阶层　　　　　　　계층 (階層) 명 階層
계층이동 (階層移動) 명 阶层移动　　계층이동 (階層移動) 명 階層移動
고소득층 (高所得層) 명 高收入层　　고소득층 (高所得層) 명 高收入層
고용인 (雇傭人) 명 雇佣人　　　　고용인 (雇傭人) 명 雇傭人
고용주 (雇用主) 명 雇主　　　　　고용주 (雇用主) 명 雇主
공경하다 (恭敬—) 동 恭敬　　　　공경하다 (恭敬—) 동 恭敬
공공사업 (公共事業) 명 公共事业　　공공사업 (公共事業) 명 公共事業
공공질서 (公共秩序) 명 公共秩序　　공공질서 (公共秩序) 명 公共秩序
공동사회 (共同社會) 명 共同社会　　공동사회 (共同社會) 명 共同社會
공동체 (共同體) 명 共同体　　　　공동체 (共同體) 명 共同體
공동체사회 (共同體社會) 명 共同体社会　　공동체사회 (共同體社會) 명 共同體社會

공동체의식 (共同體意識) 몡 共同体意识
공립 (公立) 몡 公立
공산주의 (共産主義) 몡 共产主义
공중도덕 (公衆道德) 몡 公共道德
공청회 (公聽會) 몡 公听会
관례 (慣例) 몡 慣例
관습 (慣習) 몡 惯习
교통문제 (交通問題) 몡 交通问题
구민 (區民) 몡 区民
구성원 (構成員) 몡 构成员
국립 (國立) 몡 国立
국민 (國民) 몡 国民
군민 (郡民) 몡 郡民
군중 (群衆) 몡 群众
권력 (權力) 몡 权力
권리 (權利) 몡 权利
규범 (規範) 몡 规范
규율 (規律) 몡 规律
규제 (規制) 몡 规制
기념식 (紀念式) 몡 纪念式
기념품 (紀念品) 몡 纪念品
기념하다 (紀念—) 몡 纪念
기득권층 (旣得權層) 동 已取得权利的阶层, 旣得权阶层
노인문제 (老人問題) 몡 老人门题
농경사회 (農耕社會) 몡 农耕社会, 务农社会
농민 (農民) 몡 农民
농성 (籠城) 몡 静坐示威
농어민 (農漁民) 몡 农民和渔民
농촌봉사활동 (農村奉仕活動) 몡 农忙季节学生去农村帮助农民的生活, 助农活动
다과회 (茶菓會) 몡 茶话会
단체 (團體) 몡 团体
단체생활 (團體生活) 몡 团体生活

공동체의식 (共同體意識) 몡 共同體意識
공립 (公立) 몡 公立
공산주의 (共産主義) 몡 共産主義
공중도덕 (公衆道德) 몡 公共道德
공청회 (公聽會) 몡 公聽會
관례 (慣例) 몡 慣例
관습 (慣習) 몡 慣習
교통문제 (交通問題) 몡 交通問題
구민 (區民) 몡 區民
구성원 (構成員) 몡 構成員
국립 (國立) 몡 國立
국민 (國民) 몡 國民
군민 (郡民) 몡 郡民
군중 (群衆) 몡 群衆
권력 (權力) 몡 權力
권리 (權利) 몡 權利
규범 (規範) 몡 規範
규율 (規律) 몡 規律
규제 (規制) 몡 規制
기념식 (紀念式) 몡 紀念式
기념품 (紀念品) 몡 紀念品
기념하다 (紀念—) 몡 紀念
기득권층 (旣得權層) 동 已取得權利的階層, 旣得權階層
노인문제 (老人問題) 몡 老人門題
농경사회 (農耕社會) 몡 農耕社會, 務農社會
농민 (農民) 몡 農民
농성 (籠城) 몡 靜坐示威
농어민 (農漁民) 몡 農民和漁民
농촌봉사활동 (農村奉仕活動) 몡 農忙季節學生去農村幫助農民的生活, 助農活動
다과회 (茶菓會) 몡 茶話會
단체 (團體) 몡 團體
단체생활 (團體生活) 몡 團體生活

단체의식 (團體意識) 圐 团体意识
단체장 (團體長) 圐 团长
단체행동 (團體行動) 圐 集体行动,
　团体行动
단체행동권 (團體行動權) 圐 集体行动权
대중 (大衆) 圐 大众
대표자 (代表者) 圐 代表
데모 (←demonstration) 圐 游行示威
도덕 (道德) 圐 道德
도민 (道民) 圐 道相当于中国的省,
　道民就是生活在这个道的人
도시빈민 (都市貧民) 圐 都市贫民
동맹 (同盟) 圐 同盟
동문회 (同門會) 圐 同门会 (同一个学校
　毕业的人组成的协会)
동아리 圐 同党, 同派
동창회 (同窓會) 圐 同窗会
동포 (同胞) 圐 同胞
동호회 (同好會) 圐 有相同爱好的组成的
　协会
뒤풀이 圐 总结会
망년회 (忘年會) 圐 忘年会
맞절 圐 互相行礼, 还礼
면허증 (免許證) 圐 许可证
명찰 (名札) 圐 名札
모임 圐 聚会
무질서 (無秩序) 圐 无秩序
문명사회 (文明社會) 圐 文明社会
미래사회 (未來社會) 圐 未来社会
미풍양속 (美風良俗) 圐 优良风气和优良
　习俗
민족 (民族) 圐 民族

단체의식 (團體意識) 圐 團體意識
단체장 (團體長) 圐 團長
단체행동 (團體行動) 圐 集體行動,
　團體行動
단체행동권 (團體行動權) 圐 集體行動權
대중 (大衆) 圐 大衆
대표자 (代表者) 圐 代表
데모 (←demonstration) 圐 游行示威
도덕 (道德) 圐 道德
도민 (道民) 圐 道相當於中國的省,
　道民就是生活在這個道的人
도시빈민 (都市貧民) 圐 都市貧民
동맹 (同盟) 圐 同盟
동문회 (同門會) 圐 同門會 (同一個學校
　畢業的人組成的協會)
동아리 圐 同黨, 同派
동창회 (同窓會) 圐 同窗會
동포 (同胞) 圐 同胞
동호회 (同好會) 圐 有相同愛好的組成的
　協會
뒤풀이 圐 總結會
망년회 (忘年會) 圐 忘年會
맞절 圐 互相行禮, 還禮
면허증 (免許證) 圐 許可證
명찰 (名札) 圐 名札
모임 圐 聚會
무질서 (無秩序) 圐 無秩序
문명사회 (文明社會) 圐 文明社會
미래사회 (未來社會) 圐 未來社會
미풍양속 (美風良俗) 圐 優良風氣和優良
　習俗
민족 (民族) 圐 民族

모임	누가	동문회, 동창회, 동호회, 반상회, 부녀회, 청년회, 학생회 …
	언제	송년회, 신년회, 뒤풀이 …
	왜	공청회, 박람회, 송별회, 친목회, 자치회, 집회, 학회 …

민주사회 (民主社會) 몡 民主社会
민주주의 (民主主義) 몡 民主主义
민중 (民衆) 몡 民众
박람회 (博覽會) 몡 博览会
반상회 (班常會) 몡 班会
방명록 (芳名錄) 몡 芳名录, 留言薄
방범 (防犯) 몡 防犯
법인 (法人) 몡 法人
별명 (別名) 몡 外号, 绰号
복지사회 (福祉社會) 몡 福利社会
본명 (本名) 몡 本名
봉건사회 (封建社會) 몡 封建社会
봉사활동 (奉仕活動) 몡 奉仕活动,
　　服务活动
부녀회 (婦女會) 몡 妇女会
부유층 (富裕層) 몡 富裕层
부자 (富者) 몡 富翁
부촌 (富村) 몡 富村
분야 (分野) 몡 领域, 部门
빈곤층 (貧困層) 몡 贫困阶层
빈민 (貧民) 몡 贫民
빈민가 (貧民街) 몡 贫民街
빈민사회 (貧民社會) 몡 贫民社会
빈민층 (貧民層) 몡 贫民阶层
사귀다 동 交
사랑하다 동 爱
사립 (私立) 몡 私立
사망률 (死亡率) 몡 死亡率
사회 (社會) 몡 社会
사회공동체 (社會共同體) 몡 社会共同体
사회구성원 (社會構成員) 몡 社会成员
사회구조 (社會構造) 몡 社会结构
사회규범 (社會規範) 몡 社会规范

민주사회 (民主社會) 몡 民主社會
민주주의 (民主主義) 몡 民主主義
민중 (民衆) 몡 民衆
박람회 (博覽會) 몡 博覽會
반상회 (班常會) 몡 班會
방명록 (芳名錄) 몡 芳名錄, 留言薄
방범 (防犯) 몡 防犯
법인 (法人) 몡 法人
별명 (別名) 몡 外號, 綽號
복지사회 (福祉社會) 몡 福利社會
본명 (本名) 몡 本名
봉건사회 (封建社會) 몡 封建社會
봉사활동 (奉仕活動) 몡 奉仕活動,
　　服務活動
부녀회 (婦女會) 몡 婦女會
부유층 (富裕層) 몡 富裕層
부자 (富者) 몡 富翁
부촌 (富村) 몡 富村
분야 (分野) 몡 領域, 部門
빈곤층 (貧困層) 몡 貧困階層
빈민 (貧民) 몡 貧民
빈민가 (貧民街) 몡 貧民街
빈민사회 (貧民社會) 몡 貧民社會
빈민층 (貧民層) 몡 貧民階層
사귀다 동 交
사랑하다 동 愛
사립 (私立) 몡 私立
사망률 (死亡率) 몡 死亡率
사회 (社會) 몡 社會
사회공동체 (社會共同體) 몡 社會共同體
사회구성원 (社會構成員) 몡 社會成員
사회구조 (社會構造) 몡 社會結構
사회규범 (社會規範) 몡 社會規範

사회	유형	농경사회, 문명사회, 봉건사회, 복지사회, 산업사회, 선진사회, 정보사회, 조직사회 …
	시기	미래사회, 원시사회, 전통사회, 현대사회 …

사회규약 (社會規約) 몡 社会规约
사회단체 (社會團體) 몡 社会团体
사회문제 (社會問題) 몡 社会问题
사회발전 (社會發展) 몡 社会发展
사회변동 (社會變動) 몡 社会变动
사회보장제도 (社會保障制度) 몡 社会保障制度
사회복지 (社會福祉) 몡 社会福利
사회봉사 (社會奉仕) 몡 社会服务
사회부조리 (社會不條理) 몡 不合社会条理
사회비리 (社會非理) 몡 不正之风
사회사업 (社會事業) 몡 社会事业
사회생활 (社會生活) 몡 社会生活
사회성 (社會性) 몡 社会性
사회심리 (社會心理) 몡 社会心理
사회악 (社會惡) 몡 由于社会结构的矛盾而产生的壤坏事
사회운동 (社會運動) 몡 社会运动
사회윤리 (社會倫理) 몡 社会伦理
사회정의 (社會正義) 몡 社会正义
사회제도 (社會制度) 몡 社会制度
사회조직 (社會組織) 몡 社会组织
사회주의 (社會主義) 몡 社会主义
사회질서 (社會秩序) 몡 社会秩序
사회집단 (社會集團) 몡 社会集团
사회체계 (社會體系) 몡 社会体系
사회체제 (社會體制) 몡 社会体制
사회통념 (社會通念) 몡 社会的一般认识
사회현상 (社會現象) 몡 社会现象
사회협약 (社會協約) 몡 社会协约
사회화 (社會化) 몡 社会化
사회활동 (社會活動) 몡 社会活动
산업사회 (産業社會) 몡 产业社会
상류사회 (上流社會) 몡 上流社会
상류층 (上流層) 몡 上流层

사회규약 (社會規約) 몡 社會規約
사회단체 (社會團體) 몡 社會團體
사회문제 (社會問題) 몡 社會問題
사회발전 (社會發展) 몡 社會發展
사회변동 (社會變動) 몡 社會變動
사회보장제도 (社會保障制度) 몡 社會保障制度
사회복지 (社會福祉) 몡 社會福利
사회봉사 (社會奉仕) 몡 社會服務
사회부조리 (社會不條理) 몡 不合社會條理
사회비리 (社會非理) 몡 不正之風
사회사업 (社會事業) 몡 社會事業
사회생활 (社會生活) 몡 社會生活
사회성 (社會性) 몡 社會性
사회심리 (社會心理) 몡 社會心理
사회악 (社會惡) 몡 由於社會結構的矛盾而產生的坏事
사회운동 (社會運動) 몡 社會運動
사회윤리 (社會倫理) 몡 社會倫理
사회정의 (社會正義) 몡 社會正義
사회제도 (社會制度) 몡 社會制度
사회조직 (社會組織) 몡 社會組織
사회주의 (社會主義) 몡 社會主義
사회질서 (社會秩序) 몡 社會秩序
사회집단 (社會集團) 몡 社會集團
사회체계 (社會體系) 몡 社會體系
사회체제 (社會體制) 몡 社會體制
사회통념 (社會通念) 몡 社會的一般認識
사회현상 (社會現象) 몡 社會現象
사회협약 (社會協約) 몡 社會協約
사회화 (社會化) 몡 社會化
사회활동 (社會活動) 몡 社會活動
산업사회 (産業社會) 몡 産業社會
상류사회 (上流社會) 몡 上流社會
상류층 (上流層) 몡 上流層

서명 (署名) 명 署名, 签名
서민 (庶民) 명 庶民, 市民
서민층 (庶民層) 명 市民阶层
선진사회 (先進社會) 명 先进社会
성 (姓) 명 姓
성명 (姓名) 명 姓名
성함 (姓銜) 명 姓衔
세대주 (世代主) 명 世代主
세력 (勢力) 명 势力
소외계층 (疎外階層) 명 被人疏远的阶层
송년회 (送年會) 명 辞旧迎新联欢会, 迎新年联欢会
송별회 (送別會) 명 欢送会
수단 (手段) 명 手段
시민 (市民) 명 市民
시민단체 (市民團體) 명 市民团体
시위 (示威) 명 示威
신년하례식 (新年賀禮式) 명 拜年会
신년회 (新年會) 명 新年聚会
신분 (身分) 명 身分
신분증 (身分證) 명 身份证
실명 (實名) 명 实名
아동문제 (兒童問題) 명 儿童问题
악수하다 (握手—) 동 握手
악습 (惡習) 명 恶习
안내 (案內) 명 介绍
안내문 (案內文) 명 启事, 公告, 通知
약속 (約束) 명 约定
양반 (兩班) 명 绅士
어민 (漁民) 명 渔民
여성문제 (女性問題) 명 女性问题
연수원 (研修院) 명 进修院
연하장 (年賀狀) 명 贺年状
영세민 (零細民) 명 贫困无权的百姓, 庶民
예명 (藝名) 명 艺名

서명 (署名) 명 署名, 簽名
서민 (庶民) 명 庶民, 市民
서민층 (庶民層) 명 市民階層
선진사회 (先進社會) 명 先進社會
성 (姓) 명 姓
성명 (姓名) 명 姓名
성함 (姓銜) 명 姓銜
세대주 (世代主) 명 世代主
세력 (勢力) 명 勢力
소외계층 (疎外階層) 명 被人疏遠的階層
송년회 (送年會) 명 辭舊迎新聯歡會, 迎新年聯歡會
송별회 (送別會) 명 歡送會
수단 (手段) 명 手段
시민 (市民) 명 市民
시민단체 (市民團體) 명 市民團體
시위 (示威) 명 示威
신년하례식 (新年賀禮式) 명 拜年會
신년회 (新年會) 명 新年聚會
신분 (身分) 명 身分
신분증 (身分證) 명 身份證
실명 (實名) 명 實名
아동문제 (兒童問題) 명 兒童問題
악수하다 (握手—) 동 握手
악습 (惡習) 명 惡習
안내 (案內) 명 介紹
안내문 (案內文) 명 啓事, 公告, 通知
약속 (約束) 명 約定
양반 (兩班) 명 紳士
어민 (漁民) 명 漁民
여성문제 (女性問題) 명 女性問題
연수원 (研修院) 명 進修院
연하장 (年賀狀) 명 賀年狀
영세민 (零細民) 명 貧困無權的百姓, 庶民
예명 (藝名) 명 藝名

예식 (禮式) 몡 礼仪
우두머리 몡 头目
원시사회 (原始社會) 몡 原始社会
유명인사 (有名人士) 몡 有名人士
윤리 (倫理) 몡 伦理
의무 (義務) 몡 义务
이름 몡 名子
이름표 몡 名签儿
이웃 몡 邻居
인구 (人口) 몡 人口
인구동향 (人口動向) 몡 人口动向
인구문제 (人口問題) 몡 人口问题
인구밀도 (人口密度) 몡 人口密度
인구분포 (人口分包) 몡 人口分布
인구이동 (人口移動) 몡 人口移动
인구정책 (人口政策) 몡 人口政策
인구조사 (人口調査) 몡 人口调查
인구폭발 (人口暴發) 몡 人口暴炸
인권 (人權) 몡 人权
인권선언 (人權宣言) 몡 人权宣言
인권유린 (人權蹂躪) 몡 蹂躏人权
인맥 (人脈) 몡 人际关系
인사 (人士) 몡 人士
인사하다 (人事—) 동 问好, 问安
인솔 (引率) 몡 率领
인습 (因習) 몡 习惯
자격증 (資格證) 몡 资格证书
자본주의 (資本主義) 몡 资本主义
자치단체 (自治團體) 몡 自治团体
자치활동 (自治活動) 몡 自治活动
자치회 (自治會) 몡 自治会
작명하다 (作名—) 동 作名子
잔치 몡 宴会
장본인 (張本人) 몡 元凶, 肇事人
쟁의 (爭議) 몡 争议
저명인사 (著名人士) 몡 著名人士

예식 (禮式) 몡 禮儀
우두머리 몡 頭目
원시사회 (原始社會) 몡 原始社會
유명인사 (有名人士) 몡 有名人士
윤리 (倫理) 몡 倫理
의무 (義務) 몡 義務
이름 몡 名子
이름표 몡 名簽兒
이웃 몡 鄰居
인구 (人口) 몡 人口
인구동향 (人口動向) 몡 人口動向
인구문제 (人口問題) 몡 人口問題
인구밀도 (人口密度) 몡 人口密度
인구분포 (人口分包) 몡 人口分布
인구이동 (人口移動) 몡 人口移動
인구정책 (人口政策) 몡 人口政策
인구조사 (人口調査) 몡 人口調查
인구폭발 (人口暴發) 몡 人口暴炸
인권 (人權) 몡 人權
인권선언 (人權宣言) 몡 人權宣言
인권유린 (人權蹂躪) 몡 蹂躪人權
인맥 (人脈) 몡 人際關係
인사 (人士) 몡 人士
인사하다 (人事—) 동 問好, 問安
인솔 (引率) 몡 率領
인습 (因習) 몡 習慣
자격증 (資格證) 몡 資格證書
자본주의 (資本主義) 몡 資本主義
자치단체 (自治團體) 몡 自治團體
자치활동 (自治活動) 몡 自治活動
자치회 (自治會) 몡 自治會
작명하다 (作名—) 동 作名子
잔치 몡 宴會
장본인 (張本人) 몡 元兇, 肇事人
쟁의 (爭議) 몡 爭議
저명인사 (著名人士) 몡 著名人士

저소득층 (低所得層) 몡 低收入阶层
적십자사 (赤十字社) 몡 红十字社
전통 (傳統) 몡 传统
전통사회 (傳統社會) 몡 传统社会
절친하다 (切親―) 형 亲密无间
절하다 동 磕头
정보사회 (情報社會) 몡 情报社会
정의사회 (正義社會) 몡 贫有正义的社会
제도 (制度) 몡 制度
조직 (組織) 몡 组织
조직사회 (組織社會) 몡 组织社会
주민 (住民) 몡 居民
주택문제 (住宅問題) 몡 住宅问题
중류사회 (中流社會) 몡 中流社会
중류층 (中流層) 몡 中流阶层
중산층 (中産層) 몡 中产阶层
증명서 (證明書) 몡 证明书
지도자 (指導者) 몡 指导者, 领导者
지도층 (指導層) 몡 领导阶层
지도층인사 (指導層人士) 몡 指导层人士
지방자치단체 (地方自治團體) 몡
　　地方自治团体
지배자 (支配者) 몡 领导者
지역감정 (地域感情) 몡 地区感情
지역사회 (地域社會) 몡 地域社会
질서 (秩序) 몡 秩序
집단 (集團) 몡 集团
집단생활 (集團生活) 몡 集体生活
집단의식 (集團意識) 몡 团体意识
집단이기주의 (集團利己主義) 몡
　　集团利己主義
집단행동 (集團行動) 몡 集体行动
집회 (集會) 몡 集会
책임 (責任) 몡 责任
책임자 (責任者) 몡 负责人
천민 (賤民) 몡 贱民

저소득층 (低所得層) 몡 低收入階層
적십자사 (赤十字社) 몡 紅十字社
전통 (傳統) 몡 傳統
전통사회 (傳統社會) 몡 傳統社會
절친하다 (切親―) 형 親密無間
절하다 동 磕頭
정보사회 (情報社會) 몡 情報社會
정의사회 (正義社會) 몡 貧有正義的社會
제도 (制度) 몡 制度
조직 (組織) 몡 組織
조직사회 (組織社會) 몡 組織社會
주민 (住民) 몡 居民
주택문제 (住宅問題) 몡 住宅問題
중류사회 (中流社會) 몡 中流社會
중류층 (中流層) 몡 中流階層
중산층 (中産層) 몡 中産階層
증명서 (證明書) 몡 證明書
지도자 (指導者) 몡 指導者, 領導者
지도층 (指導層) 몡 領導階層
지도층인사 (指導層人士) 몡 指導層人士
지방자치단체 (地方自治團體) 몡
　　地方自治團體
지배자 (支配者) 몡 領導者
지역감정 (地域感情) 몡 地區感情
지역사회 (地域社會) 몡 地域社會
질서 (秩序) 몡 秩序
집단 (集團) 몡 集團
집단생활 (集團生活) 몡 集體生活
집단의식 (集團意識) 몡 團體意識
집단이기주의 (集團利己主義) 몡
　　集團利己主義
집단행동 (集團行動) 몡 集體行動
집회 (集會) 몡 集會
책임 (責任) 몡 責任
책임자 (責任者) 몡 負責人
천민 (賤民) 몡 賤民

철야농성 (徹夜籠城) 몡 通宵示威
청년회 (靑年會) 몡 青年会
청소년문제 (靑少年問題) 몡 青少年问题
초대장 (招待狀) 몡 请柬
초청장 (招請狀) 몡 邀请信, 邀请状
축가 (祝歌) 몡 祝歌
축배 (祝杯) 몡 祝酒杯
축의금 (祝儀金) 몡 随礼
축제 (祝祭) 몡 庆贺
출생률 (出生率) 몡 出生率
친교 (親交) 몡 亲密
친목회 (親睦會) 몡 亲陆会
친하다 (親—) 형 亲密, 亲近
탁아문제 (託兒問題) 몡 托儿所问题
통솔 (統率) 몡 统率
특권층 (特權層) 몡 特权阶层
폐회식 (閉會式) 몡 闭幕式
폭동 (暴動) 몡 暴动
표어 (標語) 몡 标语
표창장 (表彰狀) 몡 奖状, 奖状证书
풍속 (風俗) 몡 风俗
풍습 (風習) 몡 风俗习惯
하류사회 (下流社會) 몡 下流社会
학생회 (學生會) 몡 学生会
학연 (學緣) 몡 校友之间的人际关系
학회 (學會) 몡 学会
현대사회 (現代社會) 몡 现代社会
협약 (協約) 몡 协约
협정 (協定) 몡 协定
호주 (戶主) 몡 户主
환경문제 (環境問題) 몡 环境问题
환경오염 (環境汚染) 몡 环境污染
회담 (會談) 몡 会谈
회원 (會員) 몡 会员
회의 (會議) 몡 会议
후진사회 (後進社會) 몡 落后社会

철야농성 (徹夜籠城) 몡 通宵示威
청년회 (靑年會) 몡 青年會
청소년문제 (靑少年問題) 몡 青少年問題
초대장 (招待狀) 몡 請柬
초청장 (招請狀) 몡 邀請信, 邀請狀
축가 (祝歌) 몡 祝歌
축배 (祝杯) 몡 祝酒杯
축의금 (祝儀金) 몡 隨禮
축제 (祝祭) 몡 慶賀
출생률 (出生率) 몡 出生率
친교 (親交) 몡 親密
친목회 (親睦會) 몡 親陸會
친하다 (親—) 형 親密, 親近
탁아문제 (託兒問題) 몡 託兒所問題
통솔 (統率) 몡 統率
특권층 (特權層) 몡 特權階層
폐회식 (閉會式) 몡 閉幕式
폭동 (暴動) 몡 暴動
표어 (標語) 몡 標語
표창장 (表彰狀) 몡 獎狀, 獎狀證書
풍속 (風俗) 몡 風俗
풍습 (風習) 몡 風俗習慣
하류사회 (下流社會) 몡 下流社會
학생회 (學生會) 몡 學生會
학연 (學緣) 몡 校友之間的人際關係
학회 (學會) 몡 學會
현대사회 (現代社會) 몡 現代社會
협약 (協約) 몡 協約
협정 (協定) 몡 協定
호주 (戶主) 몡 戶主
환경문제 (環境問題) 몡 環境問題
환경오염 (環境汚染) 몡 環境汚染
회담 (會談) 몡 會談
회원 (會員) 몡 會員
회의 (會議) 몡 會議
후진사회 (後進社會) 몡 落後社會

29. 경제와 경제활동

经济与经济活动　經濟與經濟活動

가게 [명] 商店, 店铺
가격 (價格) [명] 价格
가격인상 (價格引上) [명] 涨价
가격인하 (格引下) [명] 降价
가격표 (價格表) [명] 价格表
가계 (家計) [명] 记录家庭收支情况的帐簿
가계부 (家計簿) [명] 记录家庭收支情况的帐簿
가계비 (家計費) [명] 家庭生活费
가계소득 (家計所得) [명] 家庭所得, 家庭收入
가계수표 (家計手票) [명] 家庭存款人从银行开的少额现金支票.
가계지출 (家計支出) [명] 家庭支出, 生活费支出
가구점 (家具店) [명] 家具店
가난하다 [형] 贫穷, 贫困
가맹점 (加盟店) [명] 连锁店
가불하다 (假拂—) [동] 预付
가스요금 (gas料金) [명] 煤气费
가지다 [동] 抓, 带, 要
간접세 (間接稅) [명] 间接税
간판 (看板) [명] 牌子
갑근세 (甲勤稅) [명] 所得税
갑종근로소득세 (甲種勤勞所得稅) [명] 所得税

가게 [명] 商店, 店鋪
가격 (價格) [명] 價格
가격인상 (價格引上) [명] 漲價
가격인하 (格引下) [명] 降價
가격표 (價格表) [명] 價格表
가계 (家計) [명] 記錄家庭收支情況的帳簿
가계부 (家計簿) [명] 記錄家庭收支情況的帳簿
가계비 (家計費) [명] 家庭生活費
가계소득 (家計所得) [명] 家庭所得, 家庭收入
가계수표 (家計手票) [명] 家庭存款人從銀行開的少額現金支票.
가계지출 (家計支出) [명] 家庭支出, 生活費支出
가구점 (家具店) [명] 家具店
가난하다 [형] 貧窮, 貧困
가맹점 (加盟店) [명] 連鎖店
가불하다 (假拂—) [동] 預付
가스요금 (gas料金) [명] 煤氣費
가지다 [동] 抓, 帶, 要
간접세 (間接稅) [명] 間接稅
간판 (看板) [명] 牌子
갑근세 (甲勤稅) [명] 所得稅
갑종근로소득세 (甲種勤勞所得稅) [명] 所得稅

값・가격	고가, 공장도가격, 권장소비자가격, 도매가, 매매가, 분양가, 소매가, 시가, 액면가, 원가, 저가, 정가, 정찰가, 주가, 중저가, 할인가 …

값 명 价格 값 명 價格
값어치 명 实际价格, 价值, 值那个价值   값어치 명 實際價格, 價值, 值那個價值
갚다 동 还   갚다 동 還
개방경제 (開放經濟) 명 开放经济   개방경제 (開放經濟) 명 開放經濟
개시 (開市) 명 上市, 开始, 起头, 起始   개시 (開市) 명 上市, 開始, 起頭, 起始
개업 (開業) 명 开业, 开场   개업 (開業) 명 開業, 開場
개점 (開店) 명 开业, 开店, 开张   개점 (開店) 명 開業, 開店, 開張
거래 (去來) 명 卖买   거래 (去來) 명 賣買
거래처 (去來處) 명 交易所   거래처 (去來處) 명 交易所
거스름돈 명 零钱   거스름돈 명 零錢
거시경제 (巨示經濟) 명 宏观经济   거시경제 (巨示經濟) 명 宏觀經濟
거액 (巨額) 명 巨额, 巨款   거액 (巨額) 명 巨額, 巨款
검소하다 (儉素—) 형 朴素, 俭朴   검소하다 (儉素—) 형 朴素, 儉朴
격려금 (激勵金) 명 奖金, 赏金   격려금 (激勵金) 명 獎金, 賞金
견본품 (見本品) 명 样品   견본품 (見本品) 명 樣品
결산 (決算) 명 结算   결산 (決算) 명 結算
결재 (決裁) 명 结算   결재 (決裁) 명 結算
결재일 (決裁日) 명 結算日期   결재일 (決裁日) 명 結算日期
경기 (景氣) 명 景气   경기 (景氣) 명 景氣
경기변동 (景氣變動) 명 经济变化   경기변동 (景氣變動) 명 經濟變化
경매 (競賣) 명 拍卖   경매 (競賣) 명 拍賣
경매인 (競賣人) 명 拍卖人   경매인 (競賣人) 명 拍賣人
경비 (經費) 명 经费   경비 (經費) 명 經費
경상수지 (經常收支) 명 日常收支   경상수지 (經常收支) 명 日常收支
경상지출 (經常支出) 명 日常支出   경상지출 (經常支出) 명 日常支出
경영 (經營) 명 经营   경영 (經營) 명 經營
경영인 (經營人) 명 经营人   경영인 (經營人) 명 經營人
경영자 (經營者) 명 经营者   경영자 (經營者) 명 經營者
경제 (經濟) 명 经济   경제 (經濟) 명 經濟
경제계 (經濟界) 명 经济界   경제계 (經濟界) 명 經濟界
경제공황 (經濟恐慌) 명 经济危机   경제공황 (經濟恐慌) 명 經濟危機
경제권[1] (經濟權) 명 经济权   경제권[1] (經濟權) 명 經濟權

내거나 받는 돈	격려금, 계약금, 곗돈, 권리금, 급료, 급여, 기부금, 납부금, 등록금, 배당금, 벌금, 보너스, 보상금, 보조금, 보증금, 보험금, 보험료, 봉급, 봉사료, 비상금, 비자금, 사례금, 상금, 상여금, 성금, 세뱃돈, 수수료, 수업료, 수익금, 위자료, 이익금, 임대료, 자금, 자본금, 장려금, 집세, 찬조금, 축의금, 포상금, 할부금 …

경제권² (經濟圈) 몡 经济圈
경제발전 (經濟發展) 몡 经济发展
경제성 (經濟性) 몡 经济性
경제성장 (經濟成長) 몡 经济成长
경제원리 (經濟原理) 몡 经济原理
경제인 (經濟人) 몡 经济人
경제적이다 (經濟的—) 혱 经济的
경제지표 (經濟指標) 몡 经济指数
경품 (景品) 몡 赠品
경품권 (景品券) 몡 赠品券
계¹ (契) 몡 契, 会
계² (計) 몡 计
계산 (計算) 몡 计算
계산대 (計算臺) 몡 收银台, 收款台
계산서 (計算書) 몡 计算单
계산하다 (計算—) 동 计算, 算帐
계약 (契約) 몡 契约
계약금 (契約金) 몡 契约金
계좌 (計座) 몡 帐号
계획경제 (計劃經濟) 몡 计划经济
고가 (高價) 몡 高价
고가품 (高價品) 몡 高贵商品
고객 (顧客) 몡 顾客
고급품 (高級品) 몡 高级商品
고리대금업 (高利貸金業) 몡 高利贷业
고리대금업자 (高利貸金業者) 몡
　高利贷业主
고액권 (高額券) 몡 高额支票
고정환율제도 (固定換率制度) 몡
　固定换率制度
골동품 (骨董品) 몡 古董
공공요금 (公共料金) 몡 公积金
공과금 (公課金) 몡 公费
공금 (公金) 몡 公款
공급 (供給) 몡 供给
공급자 (供給者) 몡 供货人

경제권² (經濟圈) 몡 經濟圈
경제발전 (經濟發展) 몡 經濟發展
경제성 (經濟性) 몡 經濟性
경제성장 (經濟成長) 몡 經濟成長
경제원리 (經濟原理) 몡 經濟原理
경제인 (經濟人) 몡 經濟人
경제적이다 (經濟的—) 혱 經濟的
경제지표 (經濟指標) 몡 經濟指數
경품 (景品) 몡 贈品
경품권 (景品券) 몡 贈品券
계¹ (契) 몡 契, 會
계² (計) 몡 計
계산 (計算) 몡 計算
계산대 (計算臺) 몡 收銀臺, 收款臺
계산서 (計算書) 몡 計算單
계산하다 (計算—) 동 計算, 算帳
계약 (契約) 몡 契約
계약금 (契約金) 몡 契約金
계좌 (計座) 몡 帳號
계획경제 (計劃經濟) 몡 計劃經濟
고가 (高價) 몡 高價
고가품 (高價品) 몡 高貴商品
고객 (顧客) 몡 顧客
고급품 (高級品) 몡 高級商品
고리대금업 (高利貸金業) 몡 高利貸業
고리대금업자 (高利貸金業者) 몡
　高利貸業主
고액권 (高額券) 몡 高額支票
고정환율제도 (固定換率制度) 몡
　固定換率制度
골동품 (骨董品) 몡 古董
공공요금 (公共料金) 몡 公積金
공과금 (公課金) 몡 公費
공금 (公金) 몡 公款
공급 (供給) 몡 供給
공급자 (供給者) 몡 供貨人

공납금 (公納金) 몡 公纳金
공돈 (空—) 몡 ①白得的钱 ②白给的钱
공산품 (工産品) 몡 工业产品
공수표 (空手票) 몡 空头支票
공장도가격 (工場渡價格) 몡 出场价
공짜 몡 白得的东西
공채 (公債) 몡 公债
공탁금 (供託金) 몡 供托金
공탁하다 (供託—) 동 供托
과세 (課稅) 몡 定税
과소비 (過消費) 몡 超前消费
과용 (過用) 몡 超支
과태료 (過怠料) 몡 罚款金额
관리비 (管理費) 몡 管理费
관세 (關稅) 몡 关税
관세청 (關稅廳) 몡 海关
교역 (交易) 몡 交易
교육세 (敎育稅) 몡 教育税
교환 (交換) 몡 交换
구매 (購買) 몡 购买
구매자 (購買者) 몡 购买人
구매하다 (購買—) 동 购买
구멍가게 몡 小卖店
구입 (購入) 몡 购买
구입하다 (購入—) 동 购买, 购入
국가경제 (國家經濟) 몡 国家经济
국내경제 (國內經濟) 몡 国内经济
국내시장 (國內市場) 몡 国内市场
국민소득 (國民所得) 몡 国民所得
국민자본 (國民資本) 몡 国民资本
국민총생산 (國民總生産) 몡
　国民生产总值
국세 (國稅) 몡 国税
국세청 (國稅廳) 몡 国税局
국제경제 (國際經濟) 몡 国际经济
국제수지 (國際收支) 몡 国际收支

공납금 (公納金) 몡 公納金
공돈 (空—) 몡 ①白得的錢 ②白給的錢
공산품 (工産品) 몡 工業産品
공수표 (空手票) 몡 空頭支票
공장도가격 (工場渡價格) 몡 出場價
공짜 몡 白得的東西
공채 (公債) 몡 公債
공탁금 (供託金) 몡 供託金
공탁하다 (供託—) 동 供託
과세 (課稅) 몡 定稅
과소비 (過消費) 몡 超前消費
과용 (過用) 몡 超支
과태료 (過怠料) 몡 罰款金額
관리비 (管理費) 몡 管理費
관세 (關稅) 몡 關稅
관세청 (關稅廳) 몡 海關
교역 (交易) 몡 交易
교육세 (敎育稅) 몡 敎育稅
교환 (交換) 몡 交換
구매 (購買) 몡 購買
구매자 (購買者) 몡 購買人
구매하다 (購買—) 동 購買
구멍가게 몡 小賣店
구입 (購入) 몡 購買
구입하다 (購入—) 동 購買, 購入
국가경제 (國家經濟) 몡 國家經濟
국내경제 (國內經濟) 몡 國內經濟
국내시장 (國內市場) 몡 國內市場
국민소득 (國民所得) 몡 國民所得
국민자본 (國民資本) 몡 國民資本
국민총생산 (國民總生産) 몡
　國民生産總値
국세 (國稅) 몡 國稅
국세청 (國稅廳) 몡 國稅局
국제경제 (國際經濟) 몡 國際經濟
국제수지 (國際收支) 몡 國際收支

국제시장 (國際市場) 몡 国际市场
국채 (國債) 몡 国债
권리금 (權利金) 몡 除了租金以外的钱,
  如裝修费, 地点费等使用权
권장소비자가격 (勸獎消費者價格) 몡
  消费价格, 零售价
귀중품 (貴重品) 몡 贵重物品, 贵重品
규격품 (規格品) 몡 标准商品
근로소득 (勤勞所得) 몡 劳动所得
금고 (金庫) 몡 金库
금리 (金利) 몡 利息
금액 (金額) 몡 金额
금융 (金融) 몡 金融
금융가 (金融街) 몡 金融中心街
금융계 (金融界) 몡 金融界
금융기관 (金融機關) 몡 金融机关
금융시장 (金融市場) 몡 金融市场
금융실명제 (金融實名制) 몡 金融实名制
금융자산 (金融資産) 몡 金融资产
금일봉 (金一封) 몡 一封酬金
금전 (金錢) 몡 金钱
금전출납부 (金錢出納簿) 몡 出纳帐簿
금화 (金貨) 몡 金币
급료 (給料) 몡 工资, 工薪
급여 (給與) 몡 工资, 工薪
기금 (基金) 몡 基金
기념주화 (紀念鑄貨) 몡 纪念币
기부금 (寄附金) 몡 捐款
기업 (企業) 몡 企业
기업가 (企業家) 몡 企业家
기업인 (企業人) 몡 企业人
기업주 (企業主) 몡 企业主
기업체 (企業體) 몡 企业
기탁금 (寄託金) 몡 把钱托付给别人处
  理的钱
기탁하다 (寄託—) 동 寄托, 寄存, 依存

국제시장 (國際市場) 몡 國際市場
국채 (國債) 몡 國債
권리금 (權利金) 몡 除了租金以外的錢,
  如裝修費, 地點費等使用權
권장소비자가격 (勸獎消費者價格) 몡
  消費價格, 零售價
귀중품 (貴重品) 몡 貴重物品, 貴重品
규격품 (規格品) 몡 標準商品
근로소득 (勤勞所得) 몡 勞動所得
금고 (金庫) 몡 金庫
금리 (金利) 몡 利息
금액 (金額) 몡 金額
금융 (金融) 몡 金融
금융가 (金融街) 몡 金融中心街
금융계 (金融界) 몡 金融界
금융기관 (金融機關) 몡 金融機關
금융시장 (金融市場) 몡 金融市場
금융실명제 (金融實名制) 몡 金融實名制
금융자산 (金融資産) 몡 金融資産
금일봉 (金一封) 몡 一封酬金
금전 (金錢) 몡 金錢
금전출납부 (金錢出納簿) 몡 出納帳簿
금화 (金貨) 몡 金幣
급료 (給料) 몡 工資, 工薪
급여 (給與) 몡 工資, 工薪
기금 (基金) 몡 基金
기념주화 (紀念鑄貨) 몡 紀念幣
기부금 (寄附金) 몡 捐款
기업 (企業) 몡 企業
기업가 (企業家) 몡 企業家
기업인 (企業人) 몡 企業人
기업주 (企業主) 몡 企業主
기업체 (企業體) 몡 企業
기탁금 (寄託金) 몡 把錢託付給別人處
  理的錢
기탁하다 (寄託—) 동 寄託, 寄存, 依存

기호품 (嗜好品) 〔명〕 嗜好品
기획상품 (企劃商品) 〔명〕 计划商品
긴축정책 (緊縮政策) 〔명〕 节约政策, 紧缩政策
깎다 〔동〕 讲价, 讨价还价
껍데기 〔명〕 包皮, 皮
꽃시장 (―市場) 〔명〕 花市
꽃집 〔명〕 花店
꾸다 〔동〕 借, 贷
꾸어주다 〔동〕 借给
낙찰 (落札) 〔명〕 投标
난방비 (煖房費) 〔명〕 取暖费
날리다¹ 〔동〕 ① 失掉, 花光 ② 飘 ③ 使飞, 赶飞
날리다² 〔동〕 花掉, 用没
납부금 (納付金) 〔명〕 缴纳金
납부하다 (納付―) 〔동〕 缴纳, 交纳
납세 (納稅) 〔명〕 纳税
납세자 (納稅者) 〔명〕 纳税人
납입금 (納入金) 〔명〕 缴纳金
납입액 (納入額) 〔명〕 缴纳额
납품하다 (納品―) 〔동〕 交货
낭비하다 (浪費―) 〔동〕 浪费
내국세 (內國稅) 〔명〕 国内税
내려가다 〔동〕 降价了, 削价了, 掉价了
내리다 〔동〕 ① 降价, 削价 ② 下
내림세 (―勢) 〔명〕 降价的趋势
내수시장 (內需市場) 〔명〕 国内市场, 內销市场
넉넉하다 〔형〕 有余, 富余
노점 (露店) 〔명〕 摆摊
노점상 (露店商) 〔명〕 摆摊商
농산물시장 (農産物市場) 〔명〕 农副产品市场
농지세 (農地稅) 〔명〕 农地税
뇌물 (賂物) 〔명〕 行贿或受贿的钱或物

기호품 (嗜好品) 〔명〕 嗜好品
기획상품 (企劃商品) 〔명〕 計劃商品
긴축정책 (緊縮政策) 〔명〕 節約政策, 繁縮政策
깎다 〔동〕 講價, 討價還價
껍데기 〔명〕 包皮, 皮
꽃시장 (―市場) 〔명〕 花市
꽃집 〔명〕 花店
꾸다 〔동〕 借, 貸
꾸어주다 〔동〕 借給
낙찰 (落札) 〔명〕 投標
난방비 (煖房費) 〔명〕 取暖費
날리다¹ 〔동〕 ① 失掉, 花光 ② 飄 ③ 使飛, 趕飛
날리다² 〔동〕 花掉, 用沒
납부금 (納付金) 〔명〕 繳納金
납부하다 (納付―) 〔동〕 繳納, 交納
납세 (納稅) 〔명〕 納稅
납세자 (納稅者) 〔명〕 納稅人
납입금 (納入金) 〔명〕 繳納金
납입액 (納入額) 〔명〕 繳納額
납품하다 (納品―) 〔동〕 交貨
낭비하다 (浪費―) 〔동〕 浪費
내국세 (內國稅) 〔명〕 國內稅
내려가다 〔동〕 降價了, 削價了, 掉價了
내리다 〔동〕 ① 降價, 削價 ② 下
내림세 (―勢) 〔명〕 降價的趨勢
내수시장 (內需市場) 〔명〕 國內市場, 內銷市場
넉넉하다 〔형〕 有餘, 富餘
노점 (露店) 〔명〕 擺攤
노점상 (露店商) 〔명〕 擺攤商
농산물시장 (農産物市場) 〔명〕 農副産品市場
농지세 (農地稅) 〔명〕 農地稅
뇌물 (賂物) 〔명〕 行賄或受賄的錢或物

단골 몡 常客
단골손님 몡 常客, 回头客
단란주점 (團欒酒店) 몡 酒吧
달러 (dollar) 몡 美元, 美金
달러화 (dollar貨) 몡 美元, 美金
담보 (擔保) 몡 担保
당좌수표 (當座手票) 몡 現金支票
당좌예금 (當座預金) 몡 定活兩便
대금 (代金) 몡 貸款, 放款
대기업 (大企業) 몡 大企業
대리점 (代理店) 몡 代理店
대부 (貸付) 몡 貸款, 信用貸款
대부금 (貸付金) 몡 貸款額
대부하다 (貸付―) 동 貸款
대여 (貸與) 몡 貸給
대용품 (代用品) 몡 代用品
대차대조표 (貸借對照表) 몡 借贷对照表
대출 (貸出) 몡 抵押貸款
대출금 (貸出金) 몡 抵押貸款
대출하다[1] (貸出―) 동 貸出
대출하다[2] (貸出―) 동 抵押貸款
대형할인매장 (大型割引賣場) 몡
　　大型仓卖
덤 몡 饶头, 附加
덤핑판매 (dumping販賣) 몡 大消价
도깨비시장 (―市場) 몡
　　专卖进口商品的商店
도매 (都賣) 몡 批发
도매가 (都賣價) 몡 批发价
도매상 (都賣商) 몡 批发商
도매시장 (都賣市場) 몡 批发市场
도산 (倒産) 몡 破产, 倒闭
독과점 (獨寡占) 몡 独占
독점 (獨占) 몡 独占
돈 몡 钱, 货币
돈놀이 몡 高利贷

단골 몡 常客
단골손님 몡 常客, 回頭客
단란주점 (團欒酒店) 몡 酒吧
달러 (dollar) 몡 美元, 美金
달러화 (dollar貨) 몡 美元, 美金
담보 (擔保) 몡 擔保
당좌수표 (當座手票) 몡 現金支票
당좌예금 (當座預金) 몡 定活兩便
대금 (代金) 몡 貸款, 放款
대기업 (大企業) 몡 大企業
대리점 (代理店) 몡 代理店
대부 (貸付) 몡 貸款, 信用貸款
대부금 (貸付金) 몡 貸款額
대부하다 (貸付―) 동 貸款
대여 (貸與) 몡 貸給
대용품 (代用品) 몡 代用品
대차대조표 (貸借對照表) 몡 借貸對照表
대출 (貸出) 몡 抵押貸款
대출금 (貸出金) 몡 抵押貸款
대출하다[1] (貸出―) 동 貸出
대출하다[2] (貸出―) 동 抵押貸款
대형할인매장 (大型割引賣場) 몡
　　大型倉賣
덤 몡 饒頭, 附加
덤핑판매 (dumping販賣) 몡 大消價
도깨비시장 (―市場) 몡
　　專賣進口商品的商店
도매 (都賣) 몡 批發
도매가 (都賣價) 몡 批發價
도매상 (都賣商) 몡 批發商
도매시장 (都賣市場) 몡 批發市場
도산 (倒産) 몡 破産, 倒閉
독과점 (獨寡占) 몡 獨占
독점 (獨占) 몡 獨占
돈 몡 錢, 貨幣
돈놀이 몡 高利貸

한국의 돈	단위	1원	5원	10원	50원	100원	500원
	모양						
	단위	1,000원		5,000원		10,000원	
	모양						

동전 (銅錢) 명 钢鏰儿, 钢鏰子, 钢币
뒷거래 (一去來) 명 找后门
들다 동 花, 用, 需要, 费
등록금 (登錄金) 명 学费
떡값 명 只为表示谢意而给的钱或物
떡집 명 米糕店
떨이 명 一次性全部处理
떼돈 명 一夜间有了很多钱
마수걸이 명 开场, 第一场买卖
마진 (margin) 명 利润
만들다 동 制作, 生产
만물상 (萬物商) 명 杂货商
많다 형 多
맞추다 동 定货
맡기다 동 代管, 交给别人保管, 把钱或东西交给别人保管
매기다 동 定价
매도율 (賣渡率) 명 出售率
매매 (賣買) 명 卖买
매상 (賣上) 명 卖钱额
매상고 (賣上高) 명 卖钱额
매입율 (買入率) 명 买进率
매장 (賣場) 명 卖东西的场所
면세점 (免稅點) 명 免税店
면허세 (免許稅) 명 免税
명품 (名品) 명 名品

동전 (銅錢) 명 鋼鏰兒, 鋼鏰子, 鋼幣
뒷거래 (一去來) 명 找後門
들다 동 花, 用, 需要, 費
등록금 (登錄金) 명 學費
떡값 명 只爲表示謝意而給的錢或物
떡집 명 米糕店
떨이 명 一次性全部處理
떼돈 명 一夜間有了很多錢
마수걸이 명 開場, 第一場買賣
마진 (margin) 명 利潤
만들다 동 制作, 生產
만물상 (萬物商) 명 雜貨商
많다 형 多
맞추다 동 定貨
맡기다 동 代管, 交給別人保管, 把錢或東西交給別人保管
매기다 동 定價
매도율 (賣渡率) 명 出售率
매매 (賣買) 명 賣買
매상 (賣上) 명 賣錢額
매상고 (賣上高) 명 賣錢額
매입율 (買入率) 명 買進率
매장 (賣場) 명 賣東西的場所
면세점 (免稅點) 명 免稅店
면허세 (免許稅) 명 免稅
명품 (名品) 명 名品

모으다 동 攒
모조품 (模造品) 명 模造商品
목돈 명 整钱 (钱数比较多的)
무료 (無料) 명 免费
무역 (貿易) 명 贸易
무역센터 (貿易center) 명 贸易中心
무역수지 (貿易收支) 명 贸易收支
문구점 (文具店) 명 文具店
문방구 (文房具) 명 文具店
문화비 (文化費) 명 文化教育费用
물가 (物價) 명 物价
물가지수 (物價指數) 명 物价指数
물건 (物件) 명 东西
물물교환 (物物交換) 명 物物交换
물품 (物品) 명 物品
미시경제 (微示經濟) 명 微观经济
미화 (美貨) 명 美元, 美金
밑지다 동 损失, 赔
밑천 명 本钱
바가지쓰다 동 被骗, 上当
바겐세일 (bargain sale) 명 大消价, 特价
바자회 (bazaar會) 명 为筹集慈善事业资金举行的商品销售会
반품 (返品) 명 退换
방앗간 (一間) 명 磨坊
배당금 (配當金) 명 分红的金额
배상금 (賠償金) 명 赔偿金
백화점 (百貨店) 명 百货商店
버스카드 (bus card) 명 坐汽车时使用的卡
벌금 (罰金) 명 罚款的金额
벌다 동 挣, 赚
벌이 명 挣钱
법인세 (法人稅) 명 法人税
벼룩시장 (一市場) 명 跳跳市场

모으다 동 攢
모조품 (模造品) 명 模造商品
목돈 명 整錢 (錢數比較多的)
무료 (無料) 명 免費
무역 (貿易) 명 貿易
무역센터 (貿易center) 명 貿易中心
무역수지 (貿易收支) 명 貿易收支
문구점 (文具店) 명 文具店
문방구 (文房具) 명 文具店
문화비 (文化費) 명 文化教育費用
물가 (物價) 명 物價
물가지수 (物價指數) 명 物價指數
물건 (物件) 명 東西
물물교환 (物物交換) 명 物物交換
물품 (物品) 명 物品
미시경제 (微示經濟) 명 微觀經濟
미화 (美貨) 명 美元, 美金
밑지다 동 損失, 賠
밑천 명 本錢
바가지쓰다 동 被騙, 上當
바겐세일 (bargain sale) 명 大消價, 特價
바자회 (bazaar會) 명 爲籌集慈善事業資金舉行的商品銷售會
반품 (返品) 명 退換
방앗간 (一間) 명 磨坊
배당금 (配當金) 명 分紅的金額
배상금 (賠償金) 명 賠償金
백화점 (百貨店) 명 百貨商店
버스카드 (bus card) 명 坐汽車時使用的卡
벌금 (罰金) 명 罰款的金額
벌다 동 掙, 賺
벌이 명 掙錢
법인세 (法人稅) 명 法人稅
벼룩시장 (一市場) 명 跳跳市場

보관소 (保管所) 몡 保管所   보관소 (保管所) 몡 保管所
보너스 (bonus) 몡 奖金   보너스 (bonus) 몡 獎金
보따리 몡 包, 包袱, 包裹   보따리 몡 包, 包袱, 包裹
보배 몡 宝贝   보배 몡 寶貝
보험료 (保險料) 몡 保险费   보험료 (保險料) 몡 保險費
보상금¹ (報償金) 몡 赔偿金   보상금¹ (報償金) 몡 賠償金
보상금² (補償金) 몡 补偿费   보상금² (補償金) 몡 補償費
보석상 (寶石商) 몡 宝石商   보석상 (寶石商) 몡 寶石商
보수 (報酬) 몡 报酬   보수 (報酬) 몡 報酬
보조금 (補助金) 몡 补助费   보조금 (補助金) 몡 補助費
보증 (保證) 몡 保证   보증 (保證) 몡 保證
보증금 (保證金) 몡 担保额   보증금 (保證金) 몡 擔保額
보증서다 (保證—) 동 担保   보증서다 (保證—) 동 擔保
보증인 (保證人) 몡 担保人   보증인 (保證人) 몡 擔保人
보통예금 (普通預金) 몡 定活兩便貯蓄   보통예금 (普通預金) 몡 定活兩便貯蓄
보험 (保險) 몡 保险   보험 (保險) 몡 保險
보험금 (保險金) 몡 保险金   보험금 (保險金) 몡 保險金
보험료 (保險料) 몡 保险金   보험료 (保險料) 몡 保險金
보험회사 (保險會社) 몡 保险公司   보험회사 (保險會社) 몡 保險公司
복제품 (複製品) 몡 复制品   복제품 (複製品) 몡 複製品
본사 (本社) 몡 总公司, 总司   본사 (本社) 몡 總公司, 總司
본전 (本錢) 몡 本钱   본전 (本錢) 몡 本錢
본점 (本店) 몡 本店, 总店   본점 (本店) 몡 本店, 總店
봉급 (俸給) 몡 工资, 工钱, 工薪   봉급 (俸給) 몡 工資, 工錢, 工薪
봉사료 (奉仕料) 몡 服务费, 小费   봉사료 (奉仕料) 몡 服務費, 小費
부가가치 (附加價値) 몡 附加价值   부가가치 (附加價値) 몡 附加價値
부가가치세 (附加價値稅) 몡 附加税,   부가가치세 (附加價値稅) 몡 附加稅
부가세 (附加稅) 몡 附加税   부가세 (附加稅) 몡 附加稅
부과하다 (賦課—) 동 课税, 赋课   부과하다 (賦課—) 동 課稅, 賦課
부담금 (負擔金) 몡 担负的钱, 负担金   부담금 (負擔金) 몡 擔負的錢, 負擔金
부담하다 (負擔—) 동 负担   부담하다 (負擔—) 동 負擔
부도 (不渡) 몡 倒闭   부도 (不渡) 몡 倒閉
부도수표 (不渡手票) 몡 倒闭公司的支票   부도수표 (不渡手票) 몡 倒閉公司的支票
부동산중개업소 (不動産仲介業所) 몡   부동산중개업소 (不動産仲介業所) 몡
　不动产中介所   　不動産中介所
부르다 동 要价, 喊价   부르다 동 要價, 喊價

부속물 (附屬物) 명 附属物
부속품 (附屬品) 명 零件
부유하다 (富裕—) 형 富裕
부족하다 (不足—) 형 不足, 不多句
부채 (負債) 명 負債
부품 (部品) 명 部件
분양 (分讓) 명 分给, 分让, 出售一部分
분양가 (分讓價) 명 出售价
분점 (分店) 명 分店
불경기 (不景氣) 명 不景气
불입금 (拂入金) 명 交纳金, 缴纳金 (额)
불입액 (拂入額) 명 交納金, 付款額, 缴纳金
불입하다 (拂入—) 동 付款, 交付, 交纳, 缴纳
불황 (不況) 명 不景气
비과세 (非課稅) 명 不定稅
비매품 (非賣品) 명 样品
비상금 (非常金) 명 应急所准备的钱
비수기 (非需期) 명 需要量不大也就是淡季
비싸다 형 贵
비용 (費用) 명 费用
비자금 (秘資金) 명 小金库
빌려주다 동 借给
빌리다 동 借
빚 명 债
빚쟁이 명 债主
빚지다 동 欠债, 欠款
빵집 명 面包店
사다 동 买
사례금 (謝禮金) 명 随礼钱
사비 (私費) 명 自费
사업 (事業) 명 事业
사업자 (事業者) 명 干事业的人
사은품 (謝恩品) 명 在商店买东西时

부속물 (附屬物) 명 附屬物
부속품 (附屬品) 명 零件
부유하다 (富裕—) 형 富裕
부족하다 (不足—) 형 不足, 不多句
부채 (負債) 명 負債
부품 (部品) 명 部件
분양 (分讓) 명 分給, 分讓, 出售一部分
분양가 (分讓價) 명 出售價
분점 (分店) 명 分店
불경기 (不景氣) 명 不景氣
불입금 (拂入金) 명 交納金, 繳納金 (額)
불입액 (拂入額) 명 交納金, 付款額, 繳納金
불입하다 (拂入—) 동 付款, 交付, 交納, 繳納
불황 (不況) 명 不景氣
비과세 (非課稅) 명 不定稅
비매품 (非賣品) 명 樣品
비상금 (非常金) 명 應急所準備的錢
비수기 (非需期) 명 需要量不大也就是淡季
비싸다 형 貴
비용 (費用) 명 費用
비자금 (秘資金) 명 小金庫
빌려주다 동 借給
빌리다 동 借
빚 명 債
빚쟁이 명 債主
빚지다 동 欠債, 欠款
빵집 명 麵包店
사다 동 買
사례금 (謝禮金) 명 隨禮錢
사비 (私費) 명 自費
사업 (事業) 명 事業
사업자 (事業者) 명 幹事業的人
사은품 (謝恩品) 명 在商店買東西時

候, 除了买的商品以外给的纪念品　　　候, 除了買的商品以外給的紀念品
사장 (社長) 圐 经理　　　　　　　　사장 (社長) 圐 經理
사채 (私債) 圐 私债 (高利贷)　　　　사채 (私債) 圐 私債 (高利貸)
사채업자 (私債業者) 圐 私债业主 (高利　사채업자 (私債業者) 圐 私債業主 (高利
　　贷主)　　　　　　　　　　　　　　　貸主)
삯 圐 工钱　　　　　　　　　　　　삯 圐 工錢
상가 (商街) 圐 商业街　　　　　　　상가 (商街) 圐 商業街
상금 (賞金) 圐 奖金　　　　　　　　상금 (賞金) 圐 獎金
상사 (商社) 圐 商社　　　　　　　　상사 (商社) 圐 商社
상속세 (相續稅) 圐 继承财产税　　　상속세 (相續稅) 圐 繼承財產稅
상술 (商術) 圐 生意经　　　　　　　상술 (商術) 圐 生意經
상업 (商業) 圐 商业　　　　　　　　상업 (商業) 圐 商業
상업성 (商業性) 圐 商业性　　　　　상업성 (商業性) 圐 商業性
상여금 (賞與金) 圐 奖金　　　　　　상여금 (賞與金) 圐 獎金
상인 (商人) 圐 商人　　　　　　　　상인 (商人) 圐 商人
상점 (商店) 圐 商店　　　　　　　　상점 (商店) 圐 商店
상표 (商標) 圐 商标　　　　　　　　상표 (商標) 圐 商標
상품¹ (上品) 圐 优质品　　　　　　　상품¹ (上品) 圐 優質品
상품² (賞品) 圐 赏品　　　　　　　　상품² (賞品) 圐 賞品
상품³ (商品) 圐 商品　　　　　　　　상품³ (商品) 圐 商品
상품권 (商品券) 圐 商品券, 购物券　　상품권 (商品券) 圐 商品券, 購物券
새마을금고 (一金庫) 圐 地区, 工作单　새마을금고 (一金庫) 圐 地區, 工作單
　　位, 职能团体自发组织的金融机关　　　　位, 職能團體自發組織的金融機關
새벽시장 (一市場) 圐 早市　　　　　새벽시장 (一市場) 圐 早市
생산 (生産) 圐 生产　　　　　　　　생산 (生産) 圐 生産
생산구조 (生産構造) 圐 生产结构　　생산구조 (生産構造) 圐 生産結構
생산자 (生産者) 圐 生产者　　　　　생산자 (生産者) 圐 生産者
생활비 (生活費) 圐 生活费　　　　　생활비 (生活費) 圐 生活費
서점 (書店) 圐 书店　　　　　　　　서점 (書店) 圐 書店
선물 (膳物) 圐 礼物　　　　　　　　선물 (膳物) 圐 禮物
선불 (先拂) 圐 预付　　　　　　　　선불 (先拂) 圐 預付
성과급 (成果給) 圐 成果费　　　　　성과급 (成果給) 圐 成果費
성금 (誠金) 圐 捐款　　　　　　　　성금 (誠金) 圐 捐款
성수기 (盛需期) 圐 旺季　　　　　　성수기 (盛需期) 圐 旺季
세 (貰) 圐 租金　　　　　　　　　　세 (貰) 圐 租金
세계시장 (世界市場) 圐 世界市场　　세계시장 (世界市場) 圐 世界市場

세금 (稅金) 몡 税金, 税額　　　　　세금 (稅金) 몡 稅金, 稅額
세놓다 (貰―) 동 租　　　　　　　세놓다 (貰―) 동 租
세무사 (稅務士) 몡 税务员　　　　세무사 (稅務士) 몡 稅務員
세무서 (稅務署) 몡 税务局　　　　세무서 (稅務署) 몡 稅務局
세뱃돈 (歲拜―) 몡 压岁钱　　　　세뱃돈 (歲拜―) 몡 壓歲錢
세일 (sale) 몡 减价, 降价　　　　 세일 (sale) 몡 減價, 降價
세주다 (貰―) 동 租給　　　　　　세주다 (貰―) 동 租給
소득 (所得) 몡 所得, 利润　　　　소득 (所得) 몡 所得, 利潤
소득세 (所得稅) 몡 所得税　　　　소득세 (所得稅) 몡 所得稅
소매 (小賣) 몡 零售　　　　　　　소매 (小賣) 몡 零售
소매가 (小賣價) 몡 零售价　　　　소매가 (小賣價) 몡 零售價
소매상 (小賣商) 몡 零售商, 小卖店　소매상 (小賣商) 몡 零售商, 小賣店
소매시장 (小賣市場) 몡 零售市场　　소매시장 (小賣市場) 몡 零售市場
소모품 (消耗品) 몡 消耗品, 消废品　소모품 (消耗品) 몡 消耗品, 消廢品
소비 (消費) 몡 消费　　　　　　　소비 (消費) 몡 消費
소비구조 (消費構造) 몡 消费结构　　소비구조 (消費構造) 몡 消費結構
소비생활 (消費生活) 몡 消费生活　　소비생활 (消費生活) 몡 消費生活
소비자 (消費者) 몡 消费者　　　　소비자 (消費者) 몡 消費者
소비자경제 (消費者經濟) 몡 消费者经济　소비자경제 (消費者經濟) 몡 消費者經濟
소비하다 (消費―) 동 消费　　　　소비하다 (消費―) 동 消費
손님 몡 客户, 客人　　　　　　　손님 몡 客戶, 客人
손익계산서 (損益計算書) 몡 亏盈计算书　손익계산서 (損益計算書) 몡 虧盈計算書
손해 (損害) 몡 損失, 賠　　　　　손해 (損害) 몡 損失, 賠
수금 (收金) 몡 收回, 收金　　　　수금 (收金) 몡 收回, 收金
수당 (手當) 몡 津帖　　　　　　　수당 (手當) 몡 津帖
수도요금 (水道料金) 몡 水费　　　수도요금 (水道料金) 몡 水費
수산시장 (水産市場) 몡 水产市场　　수산시장 (水産市場) 몡 水産市場
수수료 (手數料) 몡 手续费　　　　수수료 (手數料) 몡 手續費
수신 (受信) 몡 收信　　　　　　　수신 (受信) 몡 收信
수업료 (授業料) 몡 学费　　　　　수업료 (授業料) 몡 學費
수요 (需要) 몡 需要　　　　　　　수요 (需要) 몡 需要
수요자 (需要者) 몡 需要者　　　　수요자 (需要者) 몡 需要者
수익 (收益) 몡 利益, 利润　　　　수익 (收益) 몡 利益, 利潤
수익금 (收益金) 몡 收益金额　　　수익금 (收益金) 몡 收益金額
수익률 (收益率) 몡 收益率　　　　수익률 (收益率) 몡 收益率
수입[1] (收入) 몡 收入　　　　　　수입[1] (收入) 몡 收入

수입² (輸入) 몡 输入, 进口
수입품 (輸入品) 몡 进口商品
수출 (輸出) 몡 出口
수출품 (輸出品) 몡 出口商品
수표 (手票) 몡 跟中国的支票差不多
술집 몡 酒店
슈퍼마켓 (supermarket) 몡 超级市场
시가 (市價) 몡 市价
시세 (市勢) 몡 供需情况
시장 (市場) 몡 市场
시장가격 (市場價格) 몡 市场价格
시장경제 (市場經濟) 몡 市场经济
시장성 (市場性) 몡 市场性
시장점유율 (市場占有率) 몡 市场占有率
시장조사 (市場調査) 몡 市场调查
식비 (食費) 몡 伙食费, 饭费
신상품 (新商品) 몡 新商品, 新产品
신용금고 (信用金庫) 몡 组织成员出资形成的金融机关
신용보증기금 (信用保證基金) 몡 信用保证基金
신용장 (信用狀) 몡 信用证
신용카드 (信用card) 몡 信用卡
신장개업 (新裝開業) 몡 新开业, 新开张
신탁 (信託) 몡 信托
실명제 (實名制) 몡 实名制
실물경제 (實物經濟) 몡 实体经济
실물자산 (實物資産) 몡 实体资产
실업 (失業) 몡 失业
실업가 (實業家) 몡 实业家
실업자 (失業者) 몡 失业者
실용품 (實用品) 몡 实用商品, 实用产品

수입² (輸入) 몡 輸入, 進口
수입품 (輸入品) 몡 進口商品
수출 (輸出) 몡 出口
수출품 (輸出品) 몡 出口商品
수표 (手票) 몡 跟中國的支票差不多
술집 몡 酒店
슈퍼마켓 (supermarket) 몡 超級市場
시가 (市價) 몡 市價
시세 (市勢) 몡 供需情况
시장 (市場) 몡 市場
시장가격 (市場價格) 몡 市場價格
시장경제 (市場經濟) 몡 市場經濟
시장성 (市場性) 몡 市場性
시장점유율 (市場占有率) 몡 市場占有率
시장조사 (市場調査) 몡 市場調查
식비 (食費) 몡 伙食費, 飯費
신상품 (新商品) 몡 新商品, 新產品
신용금고 (信用金庫) 몡 組織成員出資形成的金融機關
신용보증기금 (信用保證基金) 몡 信用保證基金
신용장 (信用狀) 몡 信用證
신용카드 (信用card) 몡 信用卡
신장개업 (新裝開業) 몡 新開業, 新開張
신탁 (信託) 몡 信托
실명제 (實名制) 몡 實名制
실물경제 (實物經濟) 몡 實體經濟
실물자산 (實物資産) 몡 實體資産
실업 (失業) 몡 失業
실업가 (實業家) 몡 實業家
실업자 (失業者) 몡 失業者
실용품 (實用品) 몡 實用商品, 實用產品

시장	금융시장, 꽃시장, 농산물시장, 벼룩시장, 새벽시장, 세계시장, 수산시장, 야시장, 인력시장 …
상점	노점, 도매상, 매점, 면세점, 백화점, 소매상, 슈퍼마켓, 편의점, 할인매장 …

싸구려 [명] 便宜东西, 便宜货
싸다 [형] 便宜
쌀집 [명] 粮店
쌈지돈 [명] 小金库
쓰다 [동] 花, 用
아끼다 [동] 爱惜, 省
알뜰살뜰 [부] 精细貌, 细心貌
알뜰하다 [형] 勤俭持家
액면가 (額面價) [명] 票面价格, 硬币面额
액수 (額數) [명] 额数
야시장 (夜市場) [명] 夜市
약국 (藥局) [명] 药局, 药店
약속어음 (約束一) [명] 预约证券
어음 [명] 有价证券
없다 [형] 没有
없애다 [동] 用没, 花没, 弄没
에누리 [명] 讨价还价, 讲价钱, 打折扣
엔 (えん) [명] 日元
엔화 (えん貨) [명] 日元
엥겔계수 (Engel係數) [명] Engel指数
여비 (旅費) [명] 旅差费
여신 (與信) [명] 给予信用, 与信
여유있다 [형] 有余(經濟, 钱)
여행자수표 (旅行者手票) [명] 旅行者支票
연금 (年金) [명] 年薪
연말정산 (年末精算) [명] 年末结算
연봉 (年俸) [명] 年薪
연체료 (延滯料) [명] 欠款
엽전 [명] 古币, 铜钱, 硬币
영수증 (領收證) [명] 发票
영업 (營業) [명] 营业
영업사원 (營業社員) [명] 营业员
영치금 (領置金) [명] 进教导所时交给教导所保管的钱
예금 (預金) [명] 存款
예금주 (預金主) [명] 存款人

싸구려 [명] 便宜東西, 便宜貨
싸다 [형] 便宜
쌀집 [명] 糧店
쌈지돈 [명] 小金庫
쓰다 [동] 花, 用
아끼다 [동] 愛惜, 省
알뜰살뜰 [부] 精細貌, 細心貌
알뜰하다 [형] 勤儉持家
액면가 (額面價) [명] 票面價格, 硬幣面額
액수 (額數) [명] 額數
야시장 (夜市場) [명] 夜市
약국 (藥局) [명] 藥局, 藥店
약속어음 (約束一) [명] 預約證券
어음 [명] 有價證券
없다 [형] 沒有
없애다 [동] 用沒, 花沒, 弄沒
에누리 [명] 討價還價, 講價錢, 打折扣
엔 (えん) [명] 日元
엔화 (えん貨) [명] 日元
엥겔계수 (Engel係數) [명] Engel指數
여비 (旅費) [명] 旅差費
여신 (與信) [명] 給予信用, 與信
여유있다 [형] 有餘(經濟, 錢)
여행자수표 (旅行者手票) [명] 旅行者支票
연금 (年金) [명] 年薪
연말정산 (年末精算) [명] 年末結算
연봉 (年俸) [명] 年薪
연체료 (延滯料) [명] 欠款
엽전 [명] 古幣, 銅錢, 硬幣
영수증 (領收證) [명] 發票
영업 (營業) [명] 營業
영업사원 (營業社員) [명] 營業員
영치금 (領置金) [명] 進教導所時交給教導所保管的錢
예금 (預金) [명] 存款
예금주 (預金主) [명] 存款人

예금하다 (預金—) 동 存款, 貯蓄
예비비 (豫備費) 명 预备费用
예산 (豫算) 명 预算
예치 (預置) 명 寄存
오르다 동 涨价
오름세 (—勢) 명 涨势, 涨价的趋势
완구점 (玩具店) 명 玩具店
완성품 (完成品) 명 成品
완제품 (完製品) 명 成品
외상 명 賖貸, 賖帐
외채 (外債) 명 公债
외판원 (外販員) 명 销售员
외화 (外貨) 명 外币, 外汇
외환 (外換) 명 外汇
외환보유고 (外換保有庫) 명 外汇库存
외환시장 (外換市場) 명 外币市场, 外汇市场
요금 (料金) 명 小费
용돈 (用—) 명 零花钱
원 (圓) 명 韩国的货币单位
원가 (原價) 명 原价
원금 (元金) 명 本钱
원료시장 (原料市場) 명 原材料市场
원화 (圓貨) 명 韩国的货币
월급 (月給) 명 工资, 月薪
월부 (月賦) 명 月缴纳
월부금 (月賦金) 명 月缴纳金
위문품 (慰問品) 명 慰问品
위약금 (違約金) 명 违约金
위자료 (慰藉料) 명 赡养费
위조지폐 (僞造紙幣) 명 假币, 伪造纸币
위탁금 (委託金) 명 委托金
위탁판매 (委託販賣) 명 委托贩卖
유가증권 (有價證券) 명 有价证券
유로화 (Euro貨) 명 欧洲使用的统一货币, 欧圆

예금하다 (預金—) 동 存款, 貯蓄
예비비 (豫備費) 명 預備費用
예산 (豫算) 명 預算
예치 (預置) 명 寄存
오르다 동 漲價
오름세 (—勢) 명 漲勢, 漲價的趨勢
완구점 (玩具店) 명 玩具店
완성품 (完成品) 명 成品
완제품 (完製品) 명 成品
외상 명 賒貸, 賒帳
외채 (外債) 명 公債
외판원 (外販員) 명 銷售員
외화 (外貨) 명 外幣, 外滙
외환 (外換) 명 外滙
외환보유고 (外換保有庫) 명 外滙庫存
외환시장 (外換市場) 명 外幣市場, 外滙市場
요금 (料金) 명 小費
용돈 (用—) 명 零花錢
원 (圓) 명 韓國的貨幣單位
원가 (原價) 명 原價
원금 (元金) 명 本錢
원료시장 (原料市場) 명 原材料市場
원화 (圓貨) 명 韓國的貨幣
월급 (月給) 명 工資, 月薪
월부 (月賦) 명 月繳納
월부금 (月賦金) 명 月繳納金
위문품 (慰問品) 명 慰問品
위약금 (違約金) 명 違約金
위자료 (慰藉料) 명 贍養費
위조지폐 (僞造紙幣) 명 假幣, 偽造紙幣
위탁금 (委託金) 명 委託金
위탁판매 (委託販賣) 명 委託販賣
유가증권 (有價證券) 명 有價證券
유로화 (Euro貨) 명 歐洲使用的統一貨幣, 歐圓

유료 (有料) 图 收费
유사품 (類似品) 图 类似商品
유통 (流通) 图 流通
유통경로 (流通經路) 图 流通渠道
유통구조 (流通構造) 图 流通结构
유통마진 (流通margin) 图 利润
유통망 (流通網) 图 流通网络
융자 (融資) 图 贷款
은행 (銀行) 图 银行
은행가 (銀行家) 图 银行家
은행대출 (銀行貸出) 图 银行贷款
은행원 (銀行員) 图 银行工作人员
은행장 (銀行長) 图 银行长
은화 (銀貨) 图 银币
음식점 (飮食店) 图 饮食店
이월 (移越) 图 转帐
이월금 (移越金) 图 结算后把盈利金转到
 下一期的金额
이윤 (利潤) 图 利润
이익 (利益) 图 利益
이익금 (利益金) 图 纯利润, 盈利额
이자 (利子) 图 利息
이자율 (利子率) 图 利息率
이체 (移替) 图 转帐
인건비 (人件費) 图 工资
인력시장 (人力市場) 图 人力市场
인상 (引上) 图 上涨
인하 (引下) 图 下降
일당 (日當) 图 一天的劳动费用
일시불 (一時拂) 图 一次性还款,
 一次性偿还
잃다[1] 图 损失
잃다[2] 图 丢失, 丢
임금 (賃金) 图 工资, 工薪
임대 (賃貸) 图 租赁
임대가 (賃貸價) 图 租赁价, 租金

유료 (有料) 图 收費
유사품 (類似品) 图 類似商品
유통 (流通) 图 流通
유통경로 (流通經路) 图 流通渠道
유통구조 (流通構造) 图 流通結構
유통마진 (流通margin) 图 利潤
유통망 (流通網) 图 流通網絡
융자 (融資) 图 貸款
은행 (銀行) 图 銀行
은행가 (銀行家) 图 銀行家
은행대출 (銀行貸出) 图 銀行貸款
은행원 (銀行員) 图 銀行工作人員
은행장 (銀行長) 图 銀行長
은화 (銀貨) 图 銀幣
음식점 (飮食店) 图 飮食店
이월 (移越) 图 轉帳
이월금 (移越金) 图 結算後把盈利金轉到
 下一期的金額
이윤 (利潤) 图 利潤
이익 (利益) 图 利益
이익금 (利益金) 图 純利潤, 盈利額
이자 (利子) 图 利息
이자율 (利子率) 图 利息率
이체 (移替) 图 轉帳
인건비 (人件費) 图 工資
인력시장 (人力市場) 图 人力市場
인상 (引上) 图 上漲
인하 (引下) 图 下降
일당 (日當) 图 一天的勞動費用
일시불 (一時拂) 图 一次性還款,
 一次性償還
잃다[1] 图 損失
잃다[2] 图 丟失, 丟
임금 (賃金) 图 工資, 工薪
임대 (賃貸) 图 租賃
임대가 (賃貸價) 图 租賃價, 租金

임대가격 (賃貸價格) 몡 租赁价
임대료 (賃貸料) 몡 租金
임대하다 (賃貸—) 동 租赁
임차료 (賃借料) 몡 租金
입금 (入金) 몡 存款
입찰 (入札) 몡 投标
있다 혱 有
자금 (資金) 몡 资金
자기앞수표 (自己—手票) 몡 现金支票
자동차세 (自動車稅) 몡 汽车税
자매품 (姉妹品) 몡 姉妹商品
자본 (資本) 몡 资本
자본가 (資本家) 몡 资本家
자본금 (資本金) 몡 底钱, 投资额
자비 (自費) 몡 自费
자선바자회 (慈善bazaar會) 몡 为慈善事业筹积资金举行的商品买卖会
자영업 (自營業) 몡 私营业
잔고 (殘高) 몡 余额, 余数
잔금 (殘金) 몡 剩余钱, 零钱
잔돈 몡 零钱
잔액 (殘額) 몡 剩钱, 零钱
잡비 (雜費) 몡 杂费
잡화상 (雜貨商) 몡 杂货店
잡화점 (雜貨店) 몡 杂货店
장 (場) 몡 市场
장려금 (奬勵金) 몡 奖金
장보기 (場—) 몡 去市场购买东西, 购物
장보다 (場—) 동 购物
장부 (帳簿) 몡 帐簿
장사 몡 卖买, 生意
장사꾼 몡 生意人, 卖买人
장사하다 동 做买卖, 做生意
장터 (場—) 몡 市场
장학금 (奬學金) 몡 奖学金
재고 (再考) 몡 库存

임대가격 (賃貸價格) 몡 租賃價
임대료 (賃貸料) 몡 租金
임대하다 (賃貸—) 동 租賃
임차료 (賃借料) 몡 租金
입금 (入金) 몡 存款
입찰 (入札) 몡 投標
있다 혱 有
자금 (資金) 몡 資金
자기앞수표 (自己—手票) 몡 現金支票
자동차세 (自動車稅) 몡 汽車稅
자매품 (姉妹品) 몡 姉妹商品
자본 (資本) 몡 資本
자본가 (資本家) 몡 資本家
자본금 (資本金) 몡 底錢, 投資額
자비 (自費) 몡 自費
자선바자회 (慈善bazaar會) 몡 爲慈善事業籌積資金擧行的商品買賣會
자영업 (自營業) 몡 私營業
잔고 (殘高) 몡 餘額, 餘數
잔금 (殘金) 몡 剩餘錢, 零錢
잔돈 몡 零錢
잔액 (殘額) 몡 剩錢, 零錢
잡비 (雜費) 몡 雜費
잡화상 (雜貨商) 몡 雜貨店
잡화점 (雜貨店) 몡 雜貨店
장 (場) 몡 市場
장려금 (奬勵金) 몡 奬金
장보기 (場—) 몡 去市場購買東西, 購物
장보다 (場—) 동 購物
장부 (帳簿) 몡 帳簿
장사 몡 賣買, 生意
장사꾼 몡 生意人, 賣買人
장사하다 동 做買賣, 做生意
장터 (場—) 몡 市場
장학금 (奬學金) 몡 奬學金
재고 (再考) 몡 庫存

재고정리 (在庫整理) 몡 处理库存
재고품 (在庫品) 몡 库存货
재래시장 (在來市場) 몡 老市场
재무 (財務) 몡 财务
재물 (財物) 몡 财物
재벌 (財閥) 몡 大财团
재산세 (財産稅) 몡 财产税
재정 (財政) 몡 财政
재화 (財貨) 몡 财货, 钱和值钱的东西
재활용품 (再活用品) 몡 废物利用品
저가 (低價) 몡 低价
저금 (貯金) 몡 贮蓄
저금하다 (貯金—) 동 存款, 贮蓄
저당 (抵當) 몡 抵押
저렴하다 (低廉—) 혱 廉价
저축 (貯蓄) 몡 贮蓄
저축하다 (貯蓄—) 동 贮蓄, 存款
적금 (積金) 몡 存款
적금하다 (積金—) 동 存款, 贮蓄
적다 혱 少
적립금 (積立金) 몡 公积金
적립하다 (積立—) 동 积蓄, 积累
적자 (赤子) 몡 赤字
전기요금 (電氣料金) 몡 电费
전당포 (典當鋪) 몡 典铺, 当铺
전화요금 (電話料金) 몡 电话费
전화카드 (電話card) 몡 电话卡
절약하다 (節約—) 동 节约
점원 (店員) 몡 店员
점포 (店鋪) 몡 店铺
정가 (定價) 몡 定价
정기예금 (定期預金) 몡 定期存款
정기적금 (定期積金) 몡 定期存款
정미소 (精米所) 몡 磨坊
정액권 (定額券) 몡 定額卡
정찰가 (正札價) 몡 标价

재고정리 (在庫整理) 몡 處理庫存
재고품 (在庫品) 몡 庫存貨
재래시장 (在來市場) 몡 老市場
재무 (財務) 몡 財務
재물 (財物) 몡 財物
재벌 (財閥) 몡 大財團
재산세 (財産稅) 몡 財產稅
재정 (財政) 몡 財政
재화 (財貨) 몡 財貨, 錢和值錢的東西
재활용품 (再活用品) 몡 廢物利用品
저가 (低價) 몡 低價
저금 (貯金) 몡 貯蓄
저금하다 (貯金—) 동 存款, 貯蓄
저당 (抵當) 몡 抵押
저렴하다 (低廉—) 혱 廉價
저축 (貯蓄) 몡 貯蓄
저축하다 (貯蓄—) 동 貯蓄, 存款
적금 (積金) 몡 存款
적금하다 (積金—) 동 存款, 貯蓄
적다 혱 少
적립금 (積立金) 몡 公積金
적립하다 (積立—) 동 積蓄, 積累
적자 (赤子) 몡 赤字
전기요금 (電氣料金) 몡 電費
전당포 (典當鋪) 몡 典舖, 當舖
전화요금 (電話料金) 몡 電話費
전화카드 (電話card) 몡 電話卡
절약하다 (節約—) 동 節約
점원 (店員) 몡 店員
점포 (店鋪) 몡 店鋪
정가 (定價) 몡 定價
정기예금 (定期預金) 몡 定期存款
정기적금 (定期積金) 몡 定期存款
정미소 (精米所) 몡 磨坊
정액권 (定額券) 몡 定額卡
정찰가 (正札價) 몡 標價

정찰제 (正札制) 몡 标价制
정치자금 (政治資金) 몡 政治资金
제과점 (製菓店) 몡 面包店
제재소 (製材所) 몡 木材厂
제조하다 (製造—) 동 制造
제품 (製品) 몡 制品
제품시장 (製品市場) 몡 产品市场
조달하다 (調達—) 동 筹措, 凑
조선소 (造船所) 몡 造船场
조세 (租稅) 몡 租税, 赋税负担, 租税法
조폐공사 (造幣公社) 몡 造币公社, 造币厂
조합 (組合) 몡 组合, 合作社
조합원 (組合員) 몡 组合成员, 合作社成员
종합금융사 (綜合金融社) 몡 综合金融社
주가 (株價) 몡 股价
주가지수 (株價指數) 몡 股价指数
주거비 (住居費) 몡 居住费
주급 (週給) 몡 以周为单位领取的工资, 周薪
주머니돈 몡 小金库
주문 (注文) 몡 定货, 购货
주문생산 (注文生産) 몡 订货生产, 预订生产
주문서 (注文書) 몡 定货单, 购货单
주문하다 (注文—) 동 定货, 购货
주민세 (住民稅) 몡 居民税
주식 (株式) 몡 股份
주식시장 (株式市場) 몡 股票市场
주유소 (注油所) 몡 加油站
주조 (鑄造) 몡 铸造
주주 (株主) 몡 股东
주화 (鑄貨) 몡 铸币
중간상인 (—商人) 몡 中间商人, 中间商
중개무역 (仲介貿易) 몡 中介贸易

정찰제 (正札制) 몡 標價制
정치자금 (政治資金) 몡 政治資金
제과점 (製菓店) 몡 麵包店
제재소 (製材所) 몡 木材廠
제조하다 (製造—) 동 製造
제품 (製品) 몡 製品
제품시장 (製品市場) 몡 産品市場
조달하다 (調達—) 동 籌措, 湊
조선소 (造船所) 몡 造船場
조세 (租稅) 몡 租稅, 賦稅負擔, 租稅法
조폐공사 (造幣公社) 몡 造幣公社, 造幣廠
조합 (組合) 몡 組合, 合作社
조합원 (組合員) 몡 組合成員, 合作社成員
종합금융사 (綜合金融社) 몡 綜合金融社
주가 (株價) 몡 股價
주가지수 (株價指數) 몡 股價指數
주거비 (住居費) 몡 居住費
주급 (週給) 몡 以周爲單位領取的工資, 周薪
주머니돈 몡 小金庫
주문 (注文) 몡 定貨, 購貨
주문생산 (注文生産) 몡 訂貨生產, 預訂生產
주문서 (注文書) 몡 定貨單, 購貨單
주문하다 (注文—) 동 定貨, 購貨
주민세 (住民稅) 몡 居民税
주식 (株式) 몡 股份
주식시장 (株式市場) 몡 股票市場
주유소 (注油所) 몡 加油站
주조 (鑄造) 몡 鑄造
주주 (株主) 몡 股東
주화 (鑄貨) 몡 鑄幣
중간상인 (—商人) 몡 中間商人, 中間商
중개무역 (仲介貿易) 몡 中介貿易

중개업자 (仲介業者) 图 中介业主
중개인 (仲介人) 图 中间人, 中间商
중고품 (中古品) 图 旧货
중소기업 (中小企業) 图 中小企业
중앙시장 (中央市場) 图 中央市场,
　　中心市场
중앙은행 (中央銀行) 图 中央银行
중저가 (中低價) 图 中间价
증권 (證券) 图 证券
증권거래소 (證券去來所) 图 证券交易所
증권시장 (證券市場) 图 证券市场
증권회사 (證券會社) 图 证券公司
증여세 (贈與稅) 图 赠与税
지급 (支給) 图 支付
지급하다 (支給—) 图 支付
지대 (地代) 图 地租
지물포 (紙物鋪) 图 壁纸店
지방세 (地方稅) 图 地方税
지불 (支拂) 图 支付
지불하다 (支拂—) 图 支付
지역시장 (地域市場) 图 地区市场
지점 (支店) 图 支店
지출 (支出) 图 支出
지출하다 (支出—) 图 支出
지폐 (紙幣) 图 纸币
직거래 (直去來) 图 直销
직불카드 (直拂card) 图 现金卡
직원 (職員) 图 职员
직장 (職場) 图 工作单位
직접세 (直接稅) 图 直接纳税
진열대 (陳列臺) 图 陈列台
진열장 (陳列欌) 图 陈列柜台
진열하다 (陳列—) 图 陈列
진품[1] (眞品) 图 真品
진품[2] (珍品) 图 珍品
집세 (—稅) 图 房租

중개업자 (仲介業者) 图 中介業主
중개인 (仲介人) 图 中間人, 中間商
중고품 (中古品) 图 舊貨
중소기업 (中小企業) 图 中小企業
중앙시장 (中央市場) 图 中央市場,
　　中心市場
중앙은행 (中央銀行) 图 中央銀行
중저가 (中低價) 图 中間價
증권 (證券) 图 證券
증권거래소 (證券去來所) 图 證券交易所
증권시장 (證券市場) 图 證券市場
증권회사 (證券會社) 图 證券公司
증여세 (贈與稅) 图 贈與稅
지급 (支給) 图 支付
지급하다 (支給—) 图 支付
지대 (地代) 图 地租
지물포 (紙物鋪) 图 壁紙店
지방세 (地方稅) 图 地方稅
지불 (支拂) 图 支付
지불하다 (支拂—) 图 支付
지역시장 (地域市場) 图 地區市場
지점 (支店) 图 支店
지출 (支出) 图 支出
지출하다 (支出—) 图 支出
지폐 (紙幣) 图 紙幣
직거래 (直去來) 图 直銷
직불카드 (直拂card) 图 現金卡
직원 (職員) 图 職員
직장 (職場) 图 工作單位
직접세 (直接稅) 图 直接納稅
진열대 (陳列臺) 图 陳列臺
진열장 (陳列欌) 图 陳列櫃臺
진열하다 (陳列—) 图 陳列
진품[1] (眞品) 图 眞品
진품[2] (珍品) 图 珍品
집세 (—稅) 图 房租

징수하다 (征收一) 동 征收
쪼들리다 동 兜里紧张, 钱紧张
찍다 동 印
차용 (借用) 명 借用, 借贷
차용증서 (借用證書) 명 借条
차용하다 (借用一) 동 借用, 借贷
찬조금 (贊助金) 명 赞助费
찻집 명 茶馆, 茶店
창구 (窗口) 명 窗口
채권 (債權) 명 ① 债券 ② 债权
채권자 (債權者) 명 债权人
채무 (債務) 명 债务
채무자 (債務者) 명 债务者
책방 (一房) 명 书房, 书店
청과시장 (青果市場) 명 水果市场
청구 (請求) 명 请求
청구서 (請求書) 명 请求书
청구하다 (請求一) 동 请求
체납하다 (滯納一) 동 滯纳
최상품 (最上品) 명 最好的商品, 最佳商品
출금 (出金) 명 取钱
출납 (出納) 명 出纳
출자 (出資) 명 出资
치다 동 就算
치르다 동 付钱
카드 (card) 명 卡
카드빚 (card一) 명 信用卡欠款
토산품 (土産品) 명 土特产
토지세 (土地稅) 명 土地税
통상 (通商) 명 通商
통신판매 (通信販賣) 명 通讯买卖
통장 (通帳) 명 存折
통화 (通貨) 명 货币
통화팽창 (通貨膨脹) 명 通货膨胀
투기 (投機) 명 投机

징수하다 (徵收一) 동 徵收
쪼들리다 동 兜里繁張, 錢繁張
찍다 동 印
차용 (借用) 명 借用, 借貸
차용증서 (借用證書) 명 借條
차용하다 (借用一) 동 借用, 借貸
찬조금 (贊助金) 명 贊助費
찻집 명 茶館, 茶店
창구 (窗口) 명 窗口
채권 (債權) 명 ① 債券 ② 債權
채권자 (債權者) 명 債權人
채무 (債務) 명 債務
채무자 (債務者) 명 債務者
책방 (一房) 명 書房, 書店
청과시장 (青果市場) 명 水果市場
청구 (請求) 명 請求
청구서 (請求書) 명 請求書
청구하다 (請求一) 동 請求
체납하다 (滯納一) 동 滯納
최상품 (最上品) 명 最好的商品, 最佳商品
출금 (出金) 명 取錢
출납 (出納) 명 出納
출자 (出資) 명 出資
치다 동 就算
치르다 동 付錢
카드 (card) 명 卡
카드빚 (card一) 명 信用卡欠款
토산품 (土産品) 명 土特産
토지세 (土地稅) 명 土地稅
통상 (通商) 명 通商
통신판매 (通信販賣) 명 通訊買賣
통장 (通帳) 명 存折
통화 (通貨) 명 貨幣
통화팽창 (通貨膨脹) 명 通貨膨脹
투기 (投機) 명 投機

투기꾼 (投機—) 몡 投机者
투자 (投資) 몡 投资
투자가 (投資家) 몡 投资家
투자신탁 (投資信託) 몡 投资信托
투자자 (投資者) 몡 投资者
특별소비세 (特別消費稅) 몡 特別消費税
특산물 (特産物) 몡 特产
판돈 몡 赌场的钱称为
판매 (販賣) 몡 贩卖
판매고 (販賣高) 몡 销售额
판매액 (販賣額) 몡 销售额
판매업자 (販賣業者) 몡 销售业主
판매원 (販賣員) 몡 销售员
판매하다 동 卖
팔다 동 卖
편의점 (便宜店) 몡 便利店
평가절상 (平價切上) 몡 价格上涨
평가절하 (平價切下) 몡 价格下降
폐점 (閉店) 몡 闭店
폐품 (廢品) 몡 废品
포상금 (襃賞金) 몡 奖金, 赏金
폭리 (暴利) 몡 暴利
푼돈 몡 零钱, 零用钱
품목 (品目) 몡 商品种类, 品种目录
품삯 몡 工钱
품질 (品質) 몡 质地, 质量
품질관리 (品質管理) 몡 质量管理
품팔이 몡 打短工, 卖零工, 做短工, 卖苦力
풍부하다 형 丰富
풍족하다 형 充足
학비 (學費) 몡 学费
학용품 (學用品) 몡 学生用品
한국은행 (韓國銀行) 몡 韩国银行
한식집 (韓食—) 몡 韩餐, 专门作传统韩式料理的餐馆

투기꾼 (投機—) 몡 投機者
투자 (投資) 몡 投資
투자가 (投資家) 몡 投資家
투자신탁 (投資信託) 몡 投資信託
투자자 (投資者) 몡 投資者
특별소비세 (特別消費稅) 몡 特別消費稅
특산물 (特産物) 몡 特産
판돈 몡 賭場的錢稱爲
판매 (販賣) 몡 販賣
판매고 (販賣高) 몡 銷售額
판매액 (販賣額) 몡 銷售額
판매업자 (販賣業者) 몡 銷售業主
판매원 (販賣員) 몡 銷售員
판매하다 동 賣
팔다 동 賣
편의점 (便宜店) 몡 便利店
평가절상 (平價切上) 몡 價格上漲
평가절하 (平價切下) 몡 價格下降
폐점 (閉店) 몡 閉店
폐품 (廢品) 몡 廢品
포상금 (襃賞金) 몡 獎金, 賞金
폭리 (暴利) 몡 暴利
푼돈 몡 零錢, 零用錢
품목 (品目) 몡 商品種類, 品種目錄
품삯 몡 工錢
품질 (品質) 몡 質地, 質量
품질관리 (品質管理) 몡 質量管理
품팔이 몡 打短工, 賣零工, 做短工, 賣苦力
풍부하다 형 豐富
풍족하다 형 充足
학비 (學費) 몡 學費
학용품 (學用品) 몡 學生用品
한국은행 (韓國銀行) 몡 韓國銀行
한식집 (韓食—) 몡 韓餐, 專門作傳統韓式料理的餐館

할부 (割賦) 명 分期付款
할부금 (割賦金) 명 分期付款
할인 (割引) 명 消价, 降价
할인가 (割引價) 명 降价额
할인매장 (割引賣場) 명 消价市场, 仓卖
할인품목 (割引品目) 명 削价商品目录
할증료 (割增料) 명 在一定的金额上再附加的钱
합계 (合計) 명 合计
허비하다 (虛費—) 동 白白花费钱
현금 (現金) 명 現金
현금지급기 (現金支給機) 명 現金支付机
현금카드 (現金card) 명 現金卡
현찰 (現札) 명 現金
호황 (好況) 명 景气
화폐 (貨幣) 명 货币
화폐가치 (貨幣價值) 명 货币价值
화훼시장 (花卉市場) 명 花卉市场
환불 (換拂) 명 退钱, 退款, 还钱
환율 (換率) 명 汇率, 比价
환전 (換錢) 명 换钱
회비 (會費) 명 会费
회사 (會社) 명 会社, 公司
회수금 (回收金) 명 回收额
회장 (會長) 명 会长, 董事长
효율적이다 (效率的—) 형 很有效率
후불 (後佛) 명 后付款, 赊帐, 赊
흑자 (黑字) 명 赢利
흠 (欠) 명 毛病, 缺陷, 欠缺
흠집 (欠—) 명 毛病, 缺陷, 欠缺
흥정 명 讨价还价
흥정하다 동 讨价还价

할부 (割賦) 명 分期付款
할부금 (割賦金) 명 分期付款
할인 (割引) 명 消價, 降價
할인가 (割引價) 명 降價額
할인매장 (割引賣場) 명 消價市場, 倉賣
할인품목 (割引品目) 명 削價商品目錄
할증료 (割增料) 명 在一定的金額上再附加的錢
합계 (合計) 명 合計
허비하다 (虛費—) 동 白白花費錢
현금 (現金) 명 現金
현금지급기 (現金支給機) 명 現金支付機
현금카드 (現金card) 명 現金卡
현찰 (現札) 명 現金
호황 (好況) 명 景氣
화폐 (貨幣) 명 貨幣
화폐가치 (貨幣價值) 명 貨幣價值
화훼시장 (花卉市場) 명 花卉市場
환불 (換拂) 명 退錢, 退款, 還錢
환율 (換率) 명 匯率, 比價
환전 (換錢) 명 換錢
회비 (會費) 명 會費
회사 (會社) 명 會社, 公司
회수금 (回收金) 명 回收額
회장 (會長) 명 會長, 董事長
효율적이다 (效率的—) 형 很有效率
후불 (後佛) 명 後付款, 賒帳, 賒
흑자 (黑字) 명 贏利
흠 (欠) 명 毛病, 缺陷, 欠缺
흠집 (欠—) 명 毛病, 缺陷, 欠缺
흥정 명 討價還價
흥정하다 동 討價還價

화폐	현금	수표
	금화, 동전, 은화, 주화, 지폐 …	가계수표, 여행자수표, 자기앞수표 …

30. 직업과 직장

| 职业，工作单位 | 職業，工作單位 |

가사 (家事) 명 家事   가사 (家事) 명 家事
가수 (歌手) 명 歌手   가수 (歌手) 명 歌手
가정부 (家政婦) 명 家庭主妇   가정부 (家政婦) 명 家庭主婦
간부사원 (幹部社員) 명 管理人员, 干部   간부사원 (幹部社員) 명 管理人員, 幹部
간호사 (看護士) 명 护士   간호사 (看護士) 명 護士
감독 (監督) 명 监督, 导演   감독 (監督) 명 監督, 導演
갑판장 (甲板長) 명 水手长   갑판장 (甲板長) 명 水手長
강사 (講師) 명 讲师   강사 (講師) 명 講師
개그맨 (gagman) 명 喜剧演员   개그맨 (gagman) 명 喜劇演員
거지 명 乞丐   거지 명 乞丐
건달 명 游手好汉, 偷懒   건달 명 游手好漢, 偷懶
건설업 (建設業) 명 建设业   건설업 (建設業) 명 建設業
건설업자 (建設業者) 명 建设业主   건설업자 (建設業者) 명 建設業主
건축가 (建築家) 명 建筑师   건축가 (建築家) 명 建築師
건축기사 (建築技士) 명 建筑技士   건축기사 (建築技士) 명 建築技士
걸인 (乞人) 명 乞丐   걸인 (乞人) 명 乞丐
검사 (劍士) 명 检察官   검사 (劍士) 명 檢察官
결근 (缺勤) 명 缺勤, 请暇   결근 (缺勤) 명 缺勤, 請暇
경력사원 (經歷社員) 명 有经历的职员   경력사원 (經歷社員) 명 有經歷的職員
경비원 (警備員) 명 警卫人员   경비원 (警備員) 명 警衛人員
경영인 (經營人) 명 经营人   경영인 (經營人) 명 經營人
경영진 (經營陣) 명 管理层   경영진 (經營陣) 명 管理層
경영하다 (經營—) 동 经营   경영하다 (經營—) 동 經營
고용 (雇用) 명 雇用   고용 (雇用) 명 雇用
고용인 (雇傭人) 명 雇工   고용인 (雇傭人) 명 雇工
고용주 (雇用主) 명 雇主   고용주 (雇用主) 명 雇主
고용하다 (雇用—) 동 雇佣   고용하다 (雇用—) 동 雇傭
고참 (古參) 명 老干部, 元老   고참 (古參) 명 老幹部, 元老
공무원 (公務員) 명 公务员   공무원 (公務員) 명 公務員

공업 (工業) 명 工业　　　　　　공업 (工業) 명 工業
공예가 (工藝家) 명 工艺专家　　공예가 (工藝家) 명 工藝專家
공원 (工員) 명 工人　　　　　　공원 (工員) 명 工人
공장장 (工場長) 명 工厂厂长　　공장장 (工場長) 명 工廠廠長
공직자 (公職者) 명 公职者　　　공직자 (公職者) 명 公職者
과학자 (科學者) 명 科学家　　　과학자 (科學者) 명 科學家
관리자 (管理者) 명 管理者　　　관리자 (管理者) 명 管理者
관리직 (管理職) 명 管理人员　　관리직 (管理職) 명 管理人員
광대 (廣大) 명 艺人, 戏子　　　광대 (廣大) 명 藝人, 戲子
광부 (鑛夫) 명 矿夫　　　　　　광부 (鑛夫) 명 鑛夫
광업 (鑛業) 명 矿业　　　　　　광업 (鑛業) 명 鑛業
교사 (敎師) 명 教师, 老师　　　교사 (敎師) 명 敎師, 老師
교수 (敎授) 명 教授　　　　　　교수 (敎授) 명 敎授
교원 (敎員) 명 教员, 教师　　　교원 (敎員) 명 敎員, 敎師
교황 (敎皇) 명 教皇　　　　　　교황 (敎皇) 명 敎皇
구두닦이 명 擦鞋匠　　　　　　구두닦이 명 擦鞋匠
구성작가 (構成作家) 명 作家, 编剧　　구성작가 (構成作家) 명 作家, 編劇
국무총리 (國務總理) 명 国务总理　　국무총리 (國務總理) 명 國務總理
국회의원 (國會議員) 명 国会议员　　국회의원 (國會議員) 명 國會議員
군수 (郡守) 명 郡守　　　　　　군수 (郡守) 명 郡守
군인 (軍人) 명 军人　　　　　　군인 (軍人) 명 軍人
극작가 (劇作家) 명 剧作家　　　극작가 (劇作家) 명 劇作家
근로자 (勤勞者) 명 劳动者, 劳动人民　　근로자 (勤勞者) 명 勞動者, 勞動人民
근무 (勤務) 명 工作, 值班, 值勤　　근무 (勤務) 명 工作, 值班, 值勤
근무자 (勤務者) 명 工作人员　　근무자 (勤務者) 명 工作人員
근무지 (勤務地) 명 工作地点　　근무지 (勤務地) 명 工作地點
근무처 (勤務處) 명 工作地点, 值班处　　근무처 (勤務處) 명 工作地點, 值班處
근무하다 (勤務—) 동 值班, 值勤　　근무하다 (勤務—) 동 值班, 值勤
금융업 (金融業) 명 金融业　　　금융업 (金融業) 명 金融業
급여 (給與) 명 支给　　　　　　급여 (給與) 명 支給
기관사 (機關士) 명 司气, 机车司机, 轮船长　　기관사 (機關士) 명 司氣, 機車司機, 輪船長
기관장 (機關長) 명 轮机长　　　기관장 (機關長) 명 輪機長
기사 (技士) 명 工程师, 技师　　기사 (技士) 명 工程師, 技師
기술직 (技術織) 명 技术性工作　　기술직 (技術織) 명 技術性工作
기업인 (企業人) 명 企业主　　　기업인 (企業人) 명 企業主

기자 (記者) 몡 记者
기장 (機長) 몡 机长
깡패 몡 流氓, 地痞
낙농업 (酪農業) 몡 酪农业
노동 (勞動) 몡 劳动
노동자 (勞動者) 몡 劳工
노숙자 (路宿者) 몡 路宿街头者, 流浪汉
농부 (農夫) 몡 农夫
농업 (農業) 몡 农业
능력 (能力) 몡 能力
능률 (能率) 몡 效率
당직 (當職) 몡 值班, 值日, 值勤
대기업 (大企業) 몡 大企业
대통령 (大統領) 몡 总统
대표 (代表) 몡 代表
대표이사 (代表理事) 몡 代表理事
도굴꾼 (盜掘—) 몡 盜墓者
도예가 (陶藝家) 몡 陶艺家
도지사 (道知事) 몡 道知事
동시통역사 (同時通譯士) 몡
　同时翻译人员
동장 (洞長) 몡 洞长
디자이너 (designer) 몡 设计师
뚜쟁이 몡 拉皮条的人, 牙婆
리포터 (reporter) 몡 采访记者, 通迅员
마담 (madam) 몡 妇人 (咖啡店, 酒店),
　老板娘
막노동 (—勞動) 몡 苦工, 劳力劳动
막노동꾼 (—勞動—) 몡 做苦工或卖苦力
　的人
막일 몡 苦工, 劳力的工作
맞벌이 몡 双职工, 双薪家庭
매니저 (manager) 몡 经理人
면장 (面長) 몡 面长
면접 (面接) 몡 面试
명예퇴직 (名譽退職) 몡 名誉退休

기자 (記者) 몡 記者
기장 (機長) 몡 機長
깡패 몡 流氓, 地痞
낙농업 (酪農業) 몡 酪農業
노동 (勞動) 몡 勞動
노동자 (勞動者) 몡 勞工
노숙자 (路宿者) 몡 路宿街頭者, 流浪漢
농부 (農夫) 몡 農夫
농업 (農業) 몡 農業
능력 (能力) 몡 能力
능률 (能率) 몡 效率
당직 (當職) 몡 值班, 值日, 值勤
대기업 (大企業) 몡 大企業
대통령 (大統領) 몡 總統
대표 (代表) 몡 代表
대표이사 (代表理事) 몡 代表理事
도굴꾼 (盜掘—) 몡 盜墓者
도예가 (陶藝家) 몡 陶藝家
도지사 (道知事) 몡 道知事
동시통역사 (同時通譯士) 몡
　同時翻譯人員
동장 (洞長) 몡 洞長
디자이너 (designer) 몡 設計師
뚜쟁이 몡 拉皮條的人, 牙婆
리포터 (reporter) 몡 採訪記者, 通迅員
마담 (madam) 몡 婦人 (咖啡店, 酒店),
　老板娘
막노동 (—勞動) 몡 苦工, 勞力勞動
막노동꾼 (—勞動—) 몡 做苦工或賣苦力
　的人
막일 몡 苦工, 勞力的工作
맞벌이 몡 雙職工, 雙薪家庭
매니저 (manager) 몡 經理人
면장 (面長) 몡 面長
면접 (面接) 몡 面試
명예퇴직 (名譽退職) 몡 名譽退休

모델 (model) 몡 模特儿
목사 (牧師) 몡 牧师
무당 (巫堂) 몡 巫婆, 巫女
무용가 (舞踊家) 몡 舞蹈家
무직 (無職) 몡 无职业
미용사 (美容師) 몡 美容师
미장이 몡 水尼匠, 瓦匠
반장 (班長) 몡 班长
반주자 (伴奏者) 몡 伴奏者
발명가 (發明家) 몡 发明家
밥줄 몡 饭碗 (比喻职业)
방송인 (放送人) 몡 播音员
방송작가 (放送作家) 몡
　广播电视剧本作家
배관공 (配管工) 몡 管道工
배달부 (配達夫) 몡 ① 邮递员
　② 传递员
배달원 (配達員) 몡 送货员
배우 (俳優) 몡 演员
백수 (白手) 몡 穷光蛋
법관 (法官) 몡 法官
변리사 (辨理士) 몡 代理人
변호사 (辯護士) 몡 律师
보너스 (bonus) 몡 奖金, 勤工奖
보모 (保姆) 몡 保姆
보일러공 (boiler工) 몡 锅炉工
복무하다 (服務—) 동 工作, 做事
복직하다 (復職—) 동 复职
본봉 (本俸) 몡 本薪
봉급 (俸給) 몡 薪水, 薪俸, 薪资
봉급쟁이 (俸給—) 몡 靠薪水过日子
부랑자 (浮浪者) 몡 无业游民
부업 (副業) 몡 副业
부하직원 (部下職員) 몡 属下职员
분장사 (扮裝師) 몡 化妆师
불량배 (不良輩) 몡 流氓集团

모델 (model) 몡 模特兒
목사 (牧師) 몡 牧師
무당 (巫堂) 몡 巫婆, 巫女
무용가 (舞踊家) 몡 舞蹈家
무직 (無職) 몡 無職業
미용사 (美容師) 몡 美容師
미장이 몡 水尼匠, 瓦匠
반장 (班長) 몡 班長
반주자 (伴奏者) 몡 伴奏者
발명가 (發明家) 몡 發明家
밥줄 몡 飯碗 (比喻職業)
방송인 (放送人) 몡 播音員
방송작가 (放送作家) 몡
　廣播電視劇本作家
배관공 (配管工) 몡 管道工
배달부 (配達夫) 몡 ① 郵遞員
　② 傳遞員
배달원 (配達員) 몡 送貨員
배우 (俳優) 몡 演員
백수 (白手) 몡 窮光蛋
법관 (法官) 몡 法官
변리사 (辨理士) 몡 代理人
변호사 (辯護士) 몡 律師
보너스 (bonus) 몡 獎金, 勤工獎
보모 (保姆) 몡 保姆
보일러공 (boiler工) 몡 鍋爐工
복무하다 (服務—) 동 工作, 做事
복직하다 (復職—) 동 復職
본봉 (本俸) 몡 本薪
봉급 (俸給) 몡 薪水, 薪俸, 薪資
봉급쟁이 (俸給—) 몡 靠薪水過日子
부랑자 (浮浪者) 몡 無業游民
부업 (副業) 몡 副業
부하직원 (部下職員) 몡 屬下職員
분장사 (扮裝師) 몡 化妝師
불량배 (不良輩) 몡 流氓集團

비구니 (比丘尼) 圀 女尼僧
비행사 (飛行士) 圀 飞行员, 飞机驾驶员
사기꾼 (詐欺―) 圀 骗子
사냥꾼 圀 猎人
사무직 (事務職) 圀 行政工作
사업 (事業) 圀 事业, 工作
사업가 (事業家) 圀 企业家, 实业家
사업자 (事業者) 圀 企业家, 实业家
사원 (社員) 圀 公司职员
사장 (社長) 圀 社长, 老板
사직서 (辭職書) 圀 辞职书
사진사 (寫眞師) 圀 摄影师
사표 (辭表) 圀 辞呈
산업 (産業) 圀 产业
상사 (上士) 圀 上司
상업 (商業) 圀 商业
상여금 (賞與金) 圀 奖金
상인 (商人) 圀 商人
생계수단 (生計手段) 圀 生活, 生计
생산직 (生産職) 圀 生产性工作
생업 (生業) 圀 职业, 生活之路
서비스업 (service業) 圀 服务业
서예가 (書藝家) 圀 书法家
선교사 (宣敎師) 圀 传教士
선생님 (先生―) 圀 教师, 老师
선원 (船員) 圀 船员
선임 (先任) 圀 前任
선장 (船長) 圀 船长
설계사 (設計士) 圀 设计师
성악가 (小說家) 圀 小说家
세무사 (稅務士) 圀 税务人员
소매치기 圀 扒手, 小偷
소설가 (小說家) 圀 小说家
수공업 (手工業) 圀 手工业
수녀 (修女) 圀 修女
수당 (手當) 圀 津贴

비구니 (比丘尼) 圀 女尼僧
비행사 (飛行士) 圀 飛行員, 飛機駕駛員
사기꾼 (詐欺―) 圀 騙子
사냥꾼 圀 獵人
사무직 (事務職) 圀 行政工作
사업 (事業) 圀 事業, 工作
사업가 (事業家) 圀 企業家, 實業家
사업자 (事業者) 圀 企業家, 實業家
사원 (社員) 圀 公司職員
사장 (社長) 圀 社長, 老板
사직서 (辭職書) 圀 辭職書
사진사 (寫眞師) 圀 攝影師
사표 (辭表) 圀 辭呈
산업 (産業) 圀 産業
상사 (上士) 圀 上司
상업 (商業) 圀 商業
상여금 (賞與金) 圀 獎金
상인 (商人) 圀 商人
생계수단 (生計手段) 圀 生活, 生計
생산직 (生産職) 圀 生産性工作
생업 (生業) 圀 職業, 生活之路
서비스업 (service業) 圀 服務業
서예가 (書藝家) 圀 書法家
선교사 (宣敎師) 圀 傳敎士
선생님 (先生―) 圀 敎師, 老師
선원 (船員) 圀 船員
선임 (先任) 圀 前任
선장 (船長) 圀 船長
설계사 (設計士) 圀 設計師
성악가 (小說家) 圀 小說家
세무사 (稅務士) 圀 稅務人員
소매치기 圀 扒手, 小偷
소설가 (小說家) 圀 小說家
수공업 (手工業) 圀 手工業
수녀 (修女) 圀 修女
수당 (手當) 圀 津貼

수산업 (水産業) 명 水产业
수상 (首相) 명 首相
수습 (修習) 명 ① 收拾 ② 处理
수위 (守衛) 명 守卫
수의사 (獸醫師) 명 兽医
수필가 (隨筆家) 명 散文作家
숙직 (宿直) 명 值宿
스님 명 (对和尚的尊称) 师父
스튜어디스 (stewardess) 명 空中小姐
승려 (僧侶) 명 僧侶
승무원 (乘務員) 명 乘务员
승진 (昇進) 명 晋升, 升职
시말서 (始末書) 명 事实经过
시인 (詩人) 명 诗人
시장 (市長) 명 市长
신문배달원 (新聞配達員) 명 送报员, 报差
신문판매원 (新聞販賣員) 명 卖报员
신부 (神父) 명 神父
신입사원 (新入社員) 명 新职员
신참 (新參) 명 新进人员, 新手
실업 (失業) 명 失业
실업가 (實業家) 명 实业家
실업자 (失業者) 명 失业者
실직 (失職) 명 失业
실직자 (失職者) 명 失业者
실직하다 (失職—) 동 失业
아나운서 (announcer) 명 播音员
안무가 (按舞家) 명 编舞家
야근 (夜勤) 명 值夜班
약사 (藥師) 명 药剂师
양봉업 (養蜂業) 명 养蜂业
양식업 (養殖業) 명 养殖业
양잠업 (養蠶業) 명 养蚕业
어부 (漁夫) 명 渔夫
어업 (漁業) 명 渔业

수산업 (水産業) 명 水產業
수상 (首相) 명 首相
수습 (修習) 명 ① 收拾 ② 處理
수위 (守衛) 명 守衛
수의사 (獸醫師) 명 獸醫
수필가 (隨筆家) 명 散文作家
숙직 (宿直) 명 值宿
스님 명 (對和尚的尊稱) 師父
스튜어디스 (stewardess) 명 空中小姐
승려 (僧侶) 명 僧侶
승무원 (乘務員) 명 乘務員
승진 (昇進) 명 晉升, 昇職
시말서 (始末書) 명 事實經過
시인 (詩人) 명 詩人
시장 (市長) 명 市長
신문배달원 (新聞配達員) 명 送報員, 報差
신문판매원 (新聞販賣員) 명 賣報員
신부 (神父) 명 神父
신입사원 (新入社員) 명 新職員
신참 (新參) 명 新進人員, 新手
실업 (失業) 명 失業
실업가 (實業家) 명 實業家
실업자 (失業者) 명 失業者
실직 (失職) 명 失業
실직자 (失職者) 명 失業者
실직하다 (失職—) 동 失業
아나운서 (announcer) 명 播音員
안무가 (按舞家) 명 編舞家
야근 (夜勤) 명 值夜班
약사 (藥師) 명 藥劑師
양봉업 (養蜂業) 명 養蜂業
양식업 (養殖業) 명 養殖業
양잠업 (養蠶業) 명 養蠶業
어부 (漁夫) 명 漁夫
어업 (漁業) 명 漁業

업무 (業務) 명 业务
연구원 (研究員) 명 研究员
연극인 (演劇人) 명 戏剧演员, 话剧演员
연금 (年金) 명 年金
연기자 (演技者) 명 表演者
연봉 (年俸) 명 年薪
연예인 (演藝人) 명 演艺人员
연주가 (演奏家) 명 演奏家
연출가 (演出家) 명 导演
영양사 (營養士) 명 营养师
영업 (營業) 명 营业
영업사원 (營業社員) 명 业务员
영업직 (營業職) 명 销售职
영업하다 (營業—) 동 营业
영화감독 (映畵監督) 명 电影导演
영화인 (映畵人) 명 电影工作人
예술가 (藝術家) 명 艺术家
예언가 (豫言家) 명 预言家
외교관 (外交官) 명 外交官
외근 (外勤) 명 外勤
외판원 (外販員) 명 外务员
요리사 (料理師) 명 厨师
용역 (用役) 명 劳务
우체부 (郵遞夫) 명 邮差
우편배달부 (郵便配達夫) 명 邮差
운동선수 (運動選手) 명 运动选手, 运动员
운영하다 (運營—) 동 营业
운전기사 (運轉技士) 명 司机
원예업 (園藝業) 명 园艺业
월급 (月給) 명 月薪
월급쟁이 (月給—) 명 薪水阶层
은행원 (銀行員) 명 银行职员
은행장 (銀行長) 명 银行长
음악가 (音樂家) 명 音乐家
읍장 (邑長) 명 邑长

업무 (業務) 명 業務
연구원 (研究員) 명 研究員
연극인 (演劇人) 명 戲劇演員, 話劇演員
연금 (年金) 명 年金
연기자 (演技者) 명 表演者
연봉 (年俸) 명 年薪
연예인 (演藝人) 명 演藝人員
연주가 (演奏家) 명 演奏家
연출가 (演出家) 명 導演
영양사 (營養士) 명 營養師
영업 (營業) 명 營業
영업사원 (營業社員) 명 業務員
영업직 (營業職) 명 銷售職
영업하다 (營業—) 동 營業
영화감독 (映畵監督) 명 電影導演
영화인 (映畵人) 명 電影工作人
예술가 (藝術家) 명 藝術家
예언가 (豫言家) 명 預言家
외교관 (外交官) 명 外交官
외근 (外勤) 명 外勤
외판원 (外販員) 명 外務員
요리사 (料理師) 명 廚師
용역 (用役) 명 勞務
우체부 (郵遞夫) 명 郵差
우편배달부 (郵便配達夫) 명 郵差
운동선수 (運動選手) 명 運動選手, 運動員
운영하다 (運營—) 동 營業
운전기사 (運轉技士) 명 司機
원예업 (園藝業) 명 園藝業
월급 (月給) 명 月薪
월급쟁이 (月給—) 명 薪水階層
은행원 (銀行員) 명 銀行職員
은행장 (銀行長) 명 銀行長
음악가 (音樂家) 명 音樂家
읍장 (邑長) 명 邑長

의사 (醫師) 명 医师, 医生
이력서 (履歷書) 명 履历表
이발사 (理髮師) 명 理发师
이사 (理事) 명 理事
인사발령 (人事發令) 명 人事调令
인사이동 (人事移動) 명 人事变动
인쇄업 (印刷業) 명 印刷业
인턴사원 (intern社員) 명 实习职员,
　　见习职员
일 명 活儿, 工作
일거리 명 事
일꾼 명 劳力
일당 (日當) 명 每日工资
일자리 명 工作
일직 (日直) 명 值日
일터 명 工作场所, 工作地点, 工作岗位
일하다 동 工作, 劳动, 干活儿
임금 (賃金) 명 进款, 收入
임시직 (臨時職) 명 临时工作
임시직원 (臨時職員) 명 临时职员,
　　临时工
임업 (林業) 명 林业
임원 (任員) 명 负责人
입사하다 (入社—) 동 上班
자영업 (自營業) 명 自营业
자유기고가 (自由寄稿家) 명 自由作家
작가 (作家) 명 作家
작곡가 (作曲家) 명 作曲家
작사가 (作詞家) 명 作词
잡역부 (雜役夫) 명 干杂活儿的杂活
장관 (長官) 명 长官, 上级
장물아비 (長物—) 명 购买脏物的人
장사꾼 명 商人, 商贩, 生意人
장의사 (葬儀社) 명 葬仪社
재단사 (裁斷師) 명 裁剪技师
재봉사 (裁縫師) 명 裁缝

의사 (醫師) 명 醫師, 醫生
이력서 (履歷書) 명 履歷表
이발사 (理髮師) 명 理髮師
이사 (理事) 명 理事
인사발령 (人事發令) 명 人事調令
인사이동 (人事移動) 명 人事變動
인쇄업 (印刷業) 명 印刷業
인턴사원 (intern社員) 명 實習職員,
　　見習職員
일 명 活兒, 工作
일거리 명 事
일꾼 명 勞力
일당 (日當) 명 每日工資
일자리 명 工作
일직 (日直) 명 值日
일터 명 工作場所, 工作地點, 工作崗位
일하다 동 工作, 勞動, 幹活兒
임금 (賃金) 명 進款, 收入
임시직 (臨時職) 명 臨時工作
임시직원 (臨時職員) 명 臨時職員,
　　臨時工
임업 (林業) 명 林業
임원 (任員) 명 負責人
입사하다 (入社—) 동 上班
자영업 (自營業) 명 自營業
자유기고가 (自由寄稿家) 명 自由作家
작가 (作家) 명 作家
작곡가 (作曲家) 명 作曲家
작사가 (作詞家) 명 作詞
잡역부 (雜役夫) 명 幹雜活兒的雜矛
장관 (長官) 명 長官, 上級
장물아비 (長物—) 명 購買臟物的人
장사꾼 명 商人, 商販, 生意人
장의사 (葬儀社) 명 葬儀社
재단사 (裁斷師) 명 裁剪技師
재봉사 (裁縫師) 명 裁縫

전기기사 (電氣技士) 몡 电气技士
전도사 (傳道師) 몡 传教师
전문가 (專門家) 몡 专家
전문직 (專門職) 몡 专门职
전업 (專業) 몡 专业
점원 (店員) 몡 店员
점쟁이 (点―) 몡 算命的人
접대부 (接待婦) 몡 女服务员, 女接待员
정년퇴임 (停年退任) 몡 退休
정원사 (庭園師) 몡 园艺家, 园丁
제조업 (製造業) 몡 制造业
조각가 (彫刻家) 몡 雕刻家
조리사 (調理師) 몡 厨师
조종사 (操縱士) 몡 驾驶员, 操纵师
조퇴 (早退) 몡 早退
좀도둑 몡 小偷
종사하다 (從事―) 동 从事
종업원 (從業員) 몡 职工, 从业员
좌천 (左遷) 몡 左迁, 降职
좌천되다 (左遷―) 동 左迁, 降职
주급 (週給) 몡 周薪
주방장 (廚房長) 몡 总厨师
주부 (主婦) 몡 主妇, 家庭主妇
주차관리인 (駐車管理人) 몡 停车管理员
중소기업 (中小企業) 몡 中小企业
중장비기사 (重裝備技士) 몡 重型设备驾驶员
지관 (地官) 몡 风水先生
지배인 (支配人) 몡 经理, 管理人
지휘관 (指揮官) 몡 指挥官
지휘자 (指揮者) 몡 指挥
직급 (職級) 몡 级别, 职等
직업 (職業) 몡 职业
직업관 (職業觀) 몡 职业观
직업병 (職業病) 몡 职业病
직업윤리 (職業倫理) 몡 职业伦理

전기기사 (電氣技士) 몡 電氣技士
전도사 (傳道師) 몡 傳敎師
전문가 (專門家) 몡 專家
전문직 (專門職) 몡 專門職
전업 (專業) 몡 專業
점원 (店員) 몡 店員
점쟁이 (点―) 몡 算命的人
접대부 (接待婦) 몡 女服務員, 女接待員
정년퇴임 (停年退任) 몡 退休
정원사 (庭園師) 몡 園藝家, 園丁
제조업 (製造業) 몡 製造業
조각가 (彫刻家) 몡 彫刻家
조리사 (調理師) 몡 廚師
조종사 (操縱士) 몡 駕駛員, 操縱師
조퇴 (早退) 몡 早退
좀도둑 몡 小偸
종사하다 (從事―) 동 從事
종업원 (從業員) 몡 職工, 從業員
좌천 (左遷) 몡 左遷, 降職
좌천되다 (左遷―) 동 左遷, 降職
주급 (週給) 몡 週薪
주방장 (廚房長) 몡 總廚師
주부 (主婦) 몡 主婦, 家庭主婦
주차관리인 (駐車管理人) 몡 停車管理員
중소기업 (中小企業) 몡 中小企業
중장비기사 (重裝備技士) 몡 重型設備駕駛員
지관 (地官) 몡 風水先生
지배인 (支配人) 몡 經理, 管理人
지휘관 (指揮官) 몡 指揮官
지휘자 (指揮者) 몡 指揮
직급 (職級) 몡 級別, 職等
직업 (職業) 몡 職業
직업관 (職業觀) 몡 職業觀
직업병 (職業病) 몡 職業病
직업윤리 (職業倫理) 몡 職業倫理

직업

교육·연구
교수
교사
교원
강사
선생님
연구원
학자
:

법
검사
법관
변호사
판사
:

생산
근로자
노동자
광부
농부
어부

믿음과 종교
목사
수녀
스님
신부
예언가
전도사
점쟁이

병과 치료
간병인
간호사
약사
의사
한의사

공직
공무원
국무총리
국회의원
군수
대통령
도지사
동장
면장
외교관
읍장
장관
총재
:

서비스
가정부
구두닦이
미용사
신문배달원
요리사
은행원
이발사
장의사
접대부
정원사
파출부
피부관리사

건설·수리
건설업자
건축가
미장이
배관공
보일러공
설계사
전기기사
중장비기사
:

관리
감독
경비원
관리자
기업인
수위
실업가
회사원
:

언론·출판
기자
리포터
방송인
방송작가
아나운서
프로듀서
편집인

교통
기관사
기관장
비행사
선원
선장
스튜어디스
승무원
운전기사
조종사
주차관리인
:

연예
가수
개그맨
모델
배우
연기자
연예인
연출가
영화감독
코메디언
탤런트
:

예술
공예가
도예가
디자이너
무용가
사진가
소설가
시인
연주가
작곡가
작가
조각가
화가

직업의식 (職業意識) 명 職業意識
직원 (職員) 명 职员
직장 (職場) 명 工作岗位, 工作地点
직장동료 (職場同僚) 명 同事
직장상사 (職場上司) 명 工作单位的上司, 上级
직장생활 (職場生活) 명 职业生活
직장인 (職場人) 명 公司职员
직종 (職種) 명 工种

직업의식 (職業意識) 명 職業意識
직원 (職員) 명 職員
직장 (職場) 명 工作崗位, 工作地點
직장동료 (職場同僚) 명 同事
직장상사 (職場上司) 명 工作單位的上司, 上級
직장생활 (職場生活) 명 職業生活
직장인 (職場人) 명 公司職員
직종 (職種) 명 工種

집배원 [명] 邮差
창녀 (娼女) [명] 娼妓, 妓女
창업 (創業) [명] 创业
채용하다 (採用—) [동] 录用, 雇用
책임자 (責任者) [명] 负责人
청소부 (淸掃夫) [명] 清洁工, 清道夫
총리 (總理) [명] 总理
총재 (總裁) [명] 总裁
촬영기사 (撮影技士) [명] 摄影师
축산업 (畜産業) [명] 畜产业
출근 (出勤) [명] 上班
출장 (出張) [명] 出差
출판인 (出版人) [명] 出版人
취직 (就職) [명] 就业, 找事
취직하다 (就職—) [동] 就业, 找事
카메라맨 (cameraman) [명] 摄影师
코미디언 (comedian) [명] 喜剧演员
태업 (怠業) [명] 台工
탤런트 (talent) [명] 演艺人员
통신사 (通信士) [명] 通讯人员
통장 (統長) [명] 统长
퇴근 (退勤) [명] 下班
퇴직 (退職) [명] 辞职, 退职
퇴직금 (退職金) [명] 退职金
퇴직하다 (退職—) [동] 退休
퇴출 (退出) [명] 退出, 被炒鱿鱼
투기꾼 (投機—) [명] 投机商
파업 (罷業) [명] 罢工
파출부 (派出婦) [명] 临时佣人
판매직 (販賣織) [명] 销售工作
판사 (判事) [명] 审判官
편집인 (編輯人) [명] 编辑
폐업 (閉業) [명] 停止
폭력배 (暴力輩) [명] 暴徒
프로듀서 (producer) [명] 制作人
피부관리사 (皮膚管理士) [명] 美容师

집배원 [명] 郵差
창녀 (娼女) [명] 娼妓, 妓女
창업 (創業) [명] 創業
채용하다 (採用—) [동] 錄用, 雇用
책임자 (責任者) [명] 負責人
청소부 (淸掃夫) [명] 淸潔工, 淸道夫
총리 (總理) [명] 總理
총재 (總裁) [명] 總裁
촬영기사 (撮影技士) [명] 攝影師
축산업 (畜産業) [명] 畜産業
출근 (出勤) [명] 上班
출장 (出張) [명] 出差
출판인 (出版人) [명] 出版人
취직 (就職) [명] 就業, 找事
취직하다 (就職—) [동] 就業, 找事
카메라맨 (cameraman) [명] 攝影師
코미디언 (comedian) [명] 喜劇演員
태업 (怠業) [명] 台工
탤런트 (talent) [명] 演藝人員
통신사 (通信士) [명] 通訊人員
통장 (統長) [명] 統長
퇴근 (退勤) [명] 下班
퇴직 (退職) [명] 辭職, 退職
퇴직금 (退職金) [명] 退職金
퇴직하다 (退職—) [동] 退休
퇴출 (退出) [명] 退出, 被炒魷魚
투기꾼 (投機—) [명] 投機商
파업 (罷業) [명] 罷工
파출부 (派出婦) [명] 臨時佣人
판매직 (販賣織) [명] 銷售工作
판사 (判事) [명] 審判官
편집인 (編輯人) [명] 編輯
폐업 (閉業) [명] 停止
폭력배 (暴力輩) [명] 暴徒
프로듀서 (producer) [명] 制作人
피부관리사 (皮膚管理士) [명] 美容師

하청업자 (下請業者) 명 接别人的活,
  从事加工业者
학생 (學生) 명 学生
학자 (學者) 명 学者
한의사 (韓醫師) 명 韩医师, 韩医生
항해사 (航海士) 명 领航员
해고하다 (解雇—) 동 解雇
행정직 (行政職) 명 行政工作
화가 (畫家) 명 画家
환경미화원 (環境美化員) 명 清洁工
회계사 (會計師) 명 会计师
회사 (會社) 명 公司
회사원 (會社員) 명 公司职员
회장 (會長) 명 会长
효율 (效率) 명 效率
후임 (後任) 명 后任, 继任者
휴가 (休暇) 명 休假
휴업 (休業) 명 停业
휴직 (休職) 명 休假, 停职休息

하청업자 (下請業者) 명 接别人的活,
  從事加工業者
학생 (學生) 명 學生
학자 (學者) 명 學者
한의사 (韓醫師) 명 韓醫師, 韓醫師
항해사 (航海士) 명 領航員
해고하다 (解雇—) 동 解雇
행정직 (行政職) 명 行政工作
화가 (畫家) 명 畫家
환경미화원 (環境美化員) 명 清潔工
회계사 (會計師) 명 會計師
회사 (會社) 명 公司
회사원 (會社員) 명 公司職員
회장 (會長) 명 會長
효율 (效率) 명 效率
후임 (後任) 명 後任, 繼任者
휴가 (休暇) 명 休假
휴업 (休業) 명 停業
휴직 (休職) 명 休假, 停職休息

31. 산업

| 产业 | 產業 |

가공업 (加工業) 명 加工业　　　　가공업 (加工業) 명 加工業
가공하다 (加工—) 동 加工　　　　가공하다 (加工—) 동 加工
가내수공업 (家內手工業) 명 家庭手工业　　가내수공업 (家內手工業) 명 家庭手工業
가동하다 (可動—) 동 启动　　　　가동하다 (可動—) 동 啓動
가래 명 铁锹, 三人锹　　　　　　가래 명 鐵鍬, 三人鍬
가마 명 草袋子, 草袋儿　　　　　가마 명 草袋子, 草袋兒
가마니 명 草袋子, 草袋儿　　　　가마니 명 草袋子, 草袋兒
가을걷이 명 秋收　　　　　　　　가을걷이 명 秋收
가축 (家畜) 명 家畜　　　　　　가축 (家畜) 명 家畜
간척지 (干拓地) 명 开垦地　　　간척지 (干拓地) 명 開墾地
갈다 동 翻土　　　　　　　　　　갈다 동 翻土
갈퀴 명 钓　　　　　　　　　　　갈퀴 명 釣
개간지 (開墾地) 명 开垦地　　　개간지 (開墾地) 명 開墾地
개간하다 (開墾—) 동 开垦　　　개간하다 (開墾—) 동 開墾
개량종 (改良種) 명 改良种　　　개량종 (改良種) 명 改良種
개량하다 (改良—) 동 改良　　　개량하다 (改良—) 동 改良
개항 (開港) 명 开港　　　　　　개항 (開港) 명 開港
갱 (坑) 명 坑　　　　　　　　　갱 (坑) 명 坑
갱도 (坑道) 명 坑道　　　　　　갱도 (坑道) 명 坑道
거두기 명 收　　　　　　　　　　거두기 명 收
거두다 동 收　　　　　　　　　　거두다 동 收
거름 명 肥料　　　　　　　　　　거름 명 肥料
거름주다 동 撒肥, 浇肥　　　　　거름주다 동 撒肥, 澆肥
건어물 (乾魚物) 명 干鱼产品　　건어물 (乾魚物) 명 干魚產品
건조시키다 (乾燥—) 동 烘干　　건조시키다 (乾燥—) 동 烘乾
건조장 (乾燥場) 명 烘干厂　　　건조장 (乾燥場) 명 烘乾廠
경운기 (耕耘機) 명 耕耘干, 耕地机　경운기 (耕耘機) 명 耕耘機, 耕地機
경작지 (耕作地) 명 耕作地　　　경작지 (耕作地) 명 耕作地
경작하다 (耕作—) 동 耕作　　　경작하다 (耕作—) 동 耕作

경지 (耕地) 몡 耕地
경지정리 (耕地整理) 몡 整理耕地,
　整理农田
고기 몡 鱼
고기잡이 몡 打鱼, 捕鱼, 捞鱼
고기잡이철 몡 打捞季节
고깃배 몡 鱼船
고랑 몡 垅沟, 沟
고랭지 (高冷地) 몡 高山地带,
　海拔1000m以上的地带
고랭지농업 (高冷地農業) 몡 高山农业,
　山区农业
곡괭이 몡 十字镐
곡물 (穀物) 몡 谷物
곡식 (穀—) 몡 谷物
공구 (工具) 몡 工具
공단 (工團) 몡 工业团地
공산품 (工産品) 몡 工厂大量生产出来的
　商品
공업 (工業) 몡 工业
공업국 (工業國) 몡 工业国
공업단지 (工業團地) 몡 工业团地
공업도시 (工業都市) 몡 工业城市
공업연료 (工業燃料) 몡 工业燃料
공업용 (工業用) 몡 工业用
공업용수 (工業用水) 몡 工业用水
공업지대 (工業地帶) 몡 工业地带
공업화 (工業化) 몡 工业化
공원 (工員) 몡 工人
공장 (工場) 몡 工厂
공장장 (工場長) 몡 厂长
공장주 (工場主) 몡 工厂主, 厂长
공장폐수 (工場廢水) 몡 工业废水
공정 (工程) 몡 工程
과수원 (果樹園) 몡 果园
과일 몡 水果

경지 (耕地) 몡 耕地
경지정리 (耕地整理) 몡 整理耕地,
　整理農田
고기 몡 魚
고기잡이 몡 打魚, 捕魚, 撈魚
고기잡이철 몡 打撈季節
고깃배 몡 魚船
고랑 몡 壟溝, 溝
고랭지 (高冷地) 몡 高山地帶,
　海拔1000m以上的地帶
고랭지농업 (高冷地農業) 몡 高山農業,
　山區農業
곡괭이 몡 十字鎬
곡물 (穀物) 몡 穀物
곡식 (穀—) 몡 穀物
공구 (工具) 몡 工具
공단 (工團) 몡 工業團地
공산품 (工産品) 몡 工廠大量生産出來的
　商品
공업 (工業) 몡 工業
공업국 (工業國) 몡 工業國
공업단지 (工業團地) 몡 工業團地
공업도시 (工業都市) 몡 工業城市
공업연료 (工業燃料) 몡 工業燃料
공업용 (工業用) 몡 工業用
공업용수 (工業用水) 몡 工業用水
공업지대 (工業地帶) 몡 工業地帶
공업화 (工業化) 몡 工業化
공원 (工員) 몡 工人
공장 (工場) 몡 工廠
공장장 (工場長) 몡 廠長
공장주 (工場主) 몡 工廠主, 廠長
공장폐수 (工場廢水) 몡 工業廢水
공정 (工程) 몡 工程
과수원 (果樹園) 몡 果園
과일 몡 水果

376 산업

관개 (灌漑) 명 灌溉
관개수 (灌漑水) 명 灌溉水
관광업 (觀光業) 명 观光旅游业
광맥 (鑛脈) 명 矿脉
광물 (鑛物) 명 矿物
광물질 (鑛物質) 명 矿物质
광부 (鑛夫) 명 矿夫
광산 (鑛山) 명 矿山
광산업 (鑛産業) 명 矿山业
광산촌 (鑛産村) 명 矿区
광석 (鑛石) 명 矿石
광업 (鑛業) 명 矿业
괭이 명 镐
교배하다 (交配—) 동 交配
구리 명 铜
구유 명 槽子
귀금속 (貴金屬) 명 贵金属
귀농 (歸農) 명 归农
귀농현상 (歸農現狀) 명 归乡务农现象
그루갈이 명 第二次耕种, 二茬, 双季
그물 명 鱼网
극장 (劇場) 명 剧场
근해어업 (近海漁業) 명 近海渔业
금 (金) 명 金
금강석 (金剛石) 명 金刚石, 钻石
금광 (金鑛) 명 金矿
금괴 (金塊) 명 金块儿
금속 (金屬) 명 金属
금융업 (金融業) 명 金融业
기간산업 (基幹産業) 명 基础产业
기계 (機械) 명 机械

관개 (灌漑) 명 灌漑
관개수 (灌漑水) 명 灌漑水
관광업 (觀光業) 명 觀光旅游業
광맥 (鑛脈) 명 礦脈
광물 (鑛物) 명 礦物
광물질 (鑛物質) 명 鑛物質
광부 (鑛夫) 명 礦夫
광산 (鑛山) 명 礦山
광산업 (鑛産業) 명 鑛山業
광산촌 (鑛産村) 명 鑛區
광석 (鑛石) 명 礦石
광업 (鑛業) 명 礦業
괭이 명 鎬
교배하다 (交配—) 동 交配
구리 명 銅
구유 명 槽子
귀금속 (貴金屬) 명 貴金屬
귀농 (歸農) 명 歸農
귀농현상 (歸農現狀) 명 歸鄕務農現象
그루갈이 명 第二次耕種, 二茬, 雙季
그물 명 魚網
극장 (劇場) 명 劇場
근해어업 (近海漁業) 명 近海漁業
금 (金) 명 金
금강석 (金剛石) 명 金剛石, 鑽石
금광 (金鑛) 명 金礦
금괴 (金塊) 명 金塊儿
금속 (金屬) 명 金屬
금융업 (金融業) 명 金融業
기간산업 (基幹産業) 명 基礎産業
기계 (機械) 명 機械

광 물	구리, 금강석, 납, 동, 망간, 사금, 석영, 석유, 석탄, 석회석, 원유, 천연가스, 철, 흑연 …
	보석	금, 백금, 수정, 자수정, 다이아몬드, 옥, 은 …

기계공업 (機械工業) 명 机械工业
기계화 (機械化) 명 机械化
기관 (汽罐) 명 气锅, 锅炉
기르다 동 养
기반시설 (基盤施設) 명 基础设施
기술 (技術) 명 技术
김매기 명 除草
김매다 동 除草
깨다 동 采掘, 开采
꼴 명 饲草, 喂料, 秣草
끌어올리다 동 拉
낙농업 (酪農業) 명 乳制品的加工业
낙농업자 (酪農業者) 명 乳制品加工业者
낚다 동 钓
낚시 명 鱼杆
낚시꾼 명 钓鱼人
낚시밥 명 鱼饵
낚시질 명 钓鱼
낚시터 명 钓台, 钓鱼台, 钓鱼场
낚시하다 동 钓
낚싯대 명 鱼杆
낚싯줄 명 钓鱼线
난류 (亂流) 명 暖流
날가리 명 谷堆, 谷垛, 垛
납 명 ① 铅锌 ② 锡镴
낫 명 镰刀
노 (櫓) 명 桨
노다지 명 丰富的矿藏, 富矿
노동자 (勞動者) 명 劳动者

기계공업 (機械工業) 명 機械工業
기계화 (機械化) 명 機械化
기관 (汽罐) 명 氣鍋, 鍋爐
기르다 동 養
기반시설 (基盤施設) 명 基礎設施
기술 (技術) 명 技術
김매기 명 除草
김매다 동 除草
깨다 동 採掘, 開採
꼴 명 飼草, 喂料, 秣草
끌어올리다 동 拉
낙농업 (酪農業) 명 乳製品的加工業
낙농업자 (酪農業者) 명 乳製品加工業者
낚다 동 釣
낚시 명 魚杆
낚시꾼 명 釣魚人
낚시밥 명 魚餌
낚시질 명 釣魚
낚시터 명 釣臺, 釣魚臺, 釣魚場
낚시하다 동 釣
낚싯대 명 魚杆
낚싯줄 명 釣魚線
난류 (亂流) 명 暖流
날가리 명 穀堆, 穀垛, 垛
납 명 ① 鉛鋅 ② 錫鑞
낫 명 鎌刀
노 (櫓) 명 槳
노다지 명 豐富的礦藏, 富礦
노동자 (勞動者) 명 勞動者

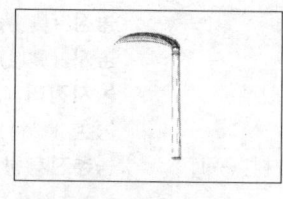

〈낫〉

노래방 (一房) 명 卡拉OK厅, 線歌房
논 명 水田
논두렁 명 田埂, 田埂子, 田畔
논둑 명 田埂
농가 (農家) 명 农家
농경지 (農耕地) 명 农田
농기계 (農機械) 명 农业机器
농기구 (農器具) 명 农具
농림부 (農林部) 명 农林部
농민 (農民) 명 农民
농번기 (農繁期) 명 农忙季节
농부 (農夫) 명 农夫
농사 (農事) 명 农活
농사꾼 (農事—) 명 农民
농사일 (農事—) 명 农事, 农活儿
농사짓다 (農事—) 동 干农活, 作农活
농사철 (農事—) 명 农忙季节
농산물 (農産物) 명 农产品
농악 (農樂) 명 农乐
농악놀이 (農樂—) 명 农乐游戏
농약 (農藥) 명 农药
농어민 (農漁民) 명 农渔民
농어촌 (農漁村) 명 农渔村
농업 (農業) 명 农业
농업국 (農業國) 명 农业国
농업용수 (農業用水) 명 农业用水
농업협동조합 (農業協同組合) 명
　　农业合作社
농원 (農園) 명 农园
농작물 (農作物) 农作物
농장 (農場) 명 农场
농지 (農地) 명 农地
농지정리 (農地整理) 명 农田改革
농촌 (農村) 명 农村
농촌진흥청 (農村振興廳) 명 农村振兴厅
　　(主管农村的行政机关)

노래방 (一房) 명 卡拉OK廳, 線歌房
논 명 水田
논두렁 명 田埂, 田埂子, 田畔
논둑 명 田埂
농가 (農家) 명 農家
농경지 (農耕地) 명 農田
농기계 (農機械) 명 農業機器
농기구 (農器具) 명 農具
농림부 (農林部) 명 農林部
농민 (農民) 명 農民
농번기 (農繁期) 명 農忙季節
농부 (農夫) 명 農夫
농사 (農事) 명 農活
농사꾼 (農事—) 명 農民
농사일 (農事—) 명 農事, 農活兒
농사짓다 (農事—) 동 幹農活, 作農活
농사철 (農事—) 명 農忙季節
농산물 (農産物) 명 農産品
농악 (農樂) 명 農樂
농악놀이 (農樂—) 명 農樂游戲
농약 (農藥) 명 農藥
농어민 (農漁民) 명 農漁民
농어촌 (農漁村) 명 農漁村
농업 (農業) 명 農業
농업국 (農業國) 명 農業國
농업용수 (農業用水) 명 農業用水
농업협동조합 (農業協同組合) 명
　　農業合作社
농원 (農園) 명 農園
농작물 (農作物) 農作物
농장 (農場) 명 農場
농지 (農地) 명 農地
농지정리 (農地整理) 명 農田改革
농촌 (農村) 명 農村
농촌진흥청 (農村振興廳) 명 農村振興廳
　　(主管農村的行政機關)

농축산물 (農畜産物) 몡 农畜产品
농토 (農土) 몡 农地, 农田
농한기 (農閑期) 몡 农闲期
농협 (農協) 몡 农业合作社的简称
누에치기 몡 养蚕
다방 (茶房) 몡 茶座
다이아몬드 (diamond) 몡 钻石
단란주점 (團欒酒店) 몡 酒店
닻 몡 锚
대량생산 (大量生産) 몡 大量生产
대어 (大魚) 몡 大鱼
대여료 (貸與料) 몡 抵押金
덕장 몡 ① 晒鱼的架子 ② 晒鱼场
도살 (屠殺) 몡 屠宰
도살장 (屠殺場) 몡 屠宰场
도정하다 (搗精—) 동 捣米, 捣粮, 碾米
동 (銅) 몡 铜
두둑 몡 土埂子
두엄 몡 堆肥, 厩肥, 圈肥, 农家肥
따다 동 掰, 摘, 采
마구간 (馬廐間) 몡 马棚
마지기 몡 相当于水田 200坪 或旱田 300坪
만들다 몡 制作
만선 (滿船) 몡 满载打捞鱼的船
만화방 (漫畫房) 몡 漫画房
말리다 동 晒干, 烘干
망 (網) 몡 网
망간 (manganese) 몡 锰
매다 동 除草
명석 몡 草席
모내기 몡 插秧
모내다 동 插秧
모이 몡 喂鸡或鸟的谷子, 饲料
모종 몡 插秧
모종삽 몡 花铲

농축산물 (農畜産物) 몡 農畜産品
농토 (農土) 몡 農地, 農田
농한기 (農閑期) 몡 農閑期
농협 (農協) 몡 農業合作社的簡稱
누에치기 몡 養蠶
다방 (茶房) 몡 茶座
다이아몬드 (diamond) 몡 鑽石
단란주점 (團欒酒店) 몡 酒店
닻 몡 錨
대량생산 (大量生産) 몡 大量生産
대어 (大魚) 몡 大魚
대여료 (貸與料) 몡 抵押金
덕장 몡 ① 曬魚的架子 ② 曬魚場
도살 (屠殺) 몡 屠宰
도살장 (屠殺場) 몡 屠宰場
도정하다 (搗精—) 동 搗米, 搗糧, 碾米
동 (銅) 몡 銅
두둑 몡 土埂子
두엄 몡 堆肥, 廐肥, 圈肥, 農家肥
따다 동 掰, 摘, 採
마구간 (馬廐間) 몡 馬棚
마지기 몡 相當於水田 200坪 或旱田 300坪
만들다 몡 制作
만선 (滿船) 몡 滿載打撈魚的船
만화방 (漫畫房) 몡 漫畫房
말리다 동 曬乾, 烘乾
망 (網) 몡 網
망간 (manganese) 몡 錳
매다 동 除草
명석 몡 草席
모내기 몡 挿秧
모내다 동 挿秧
모이 몡 喂鷄或鳥的穀子, 飼料
모종 몡 挿秧
모종삽 몡 花鏟

모텔 (motel) 명 宾馆
모판 명 秧田
목공소 (木工所) 명 木工房
목동 (牧童) 명 牧童
목욕탕 (沐浴湯) 명 浴池
목장 (牧場) 명 牧场
목초지 (牧草地) 명 草地
목축 (牧畜) 명 畜牧
목축업 (牧畜業) 명 牧畜业
못자리 명 苗床, 苗圃, 秧畦
묘목 (苗木) 명 树苗
물고기 명 鱼
물꼬 명 灌田, 灌水, 引水灌田, 水渠
물대기 명 灌田, 灌水, 引水灌田
물대다 동 灌田, 灌水, 引水灌田, 灌渠
미끼 명 鱼饵
미용사 (美容師) 명 美容师
미용업 (美容業) 명 美容业
미장원 (美粧院) 명 美容院
민물고기 명 江鱼
민물낚시 명 淡水钓鱼
밀물 명 江水
바다고기 명 海鱼
바다낚시 명 海上钓鱼
반도체 (半導體) 명 半导体
발동기 (發動機) 명 发动机
방목 (放牧) 명 放牧
방아 명 碾子, 磨, 臼
방앗간 (一間) 명 磨房, 碾房, 舂米间
밭 명 田, 农地
밭농사 (一農事) 명 种地, 种田
밭두렁 명 ① 田埂, 田坎 ② 田垒
밭둑 명 田埂
배달원 (配達員) 명 专门以送货为业的人
백금 (白金) 명 白金
뱃사람 명 鱼民

모텔 (motel) 명 賓館
모판 명 秧田
목공소 (木工所) 명 木工房
목동 (牧童) 명 牧童
목욕탕 (沐浴湯) 명 浴池
목장 (牧場) 명 牧場
목초지 (牧草地) 명 草地
목축 (牧畜) 명 畜牧
목축업 (牧畜業) 명 牧畜業
못자리 명 苗床, 苗圃, 秧畦
묘목 (苗木) 명 樹苗
물고기 명 魚
물꼬 명 灌田, 灌水, 引水灌田, 水渠
물대기 명 灌田, 灌水, 引水灌田
물대다 동 灌田, 灌水, 引水灌田, 灌渠
미끼 명 魚餌
미용사 (美容師) 명 美容師
미용업 (美容業) 명 美容業
미장원 (美粧院) 명 美容院
민물고기 명 江魚
민물낚시 명 淡水釣魚
밀물 명 江水
바다고기 명 海魚
바다낚시 명 海上釣魚
반도체 (半導體) 명 半導體
발동기 (發動機) 명 發動機
방목 (放牧) 명 放牧
방아 명 碾子, 磨, 臼
방앗간 (一間) 명 磨房, 碾房, 舂米間
밭 명 田, 農地
밭농사 (一農事) 명 種地, 種田
밭두렁 명 ① 田埂, 田坎 ② 田壘
밭둑 명 田埂
배달원 (配達員) 명 專門以送貨爲業的人
백금 (白金) 명 白金
뱃사람 명 魚民

번식 (繁殖) 몡 繁殖
번식하다 (繁殖—) 동 繁殖
베다 동 割
벼농사 (—農事) 몡 种水稻
볍씨 몡 稻种
병충해 (病蟲害) 몡 病虫害
보석 (寶石) 몡 宝石
봉사료 (奉仕料) 몡 奖金
부치다 동 耕种, 耕地, 种田
분업 (分業) 몡 分工, 社会分工
불량율 (不良率) 몡 废品率, 次品率
불량품 (不良品) 몡 废品, 次品
비닐하우스 (vinyl-house) 몡 塑料大棚, 大棚, 塑料温室
비디오가게 (video—) 몡 出租录相带的地方
비디오방 (video房) 몡 录相厅
비료 (肥料) 몡 肥料
빨래방 (—房) 몡 洗衣房, 洗衣店
뽑다 동 ① 拔, 起, 揠 ② 抽, 排, 放 ③ 伸, 伸长 ④ 提取, 摘取
뿌리다 동 撒
사금 (砂金) 몡 砂金
사료 (飼料) 몡 饲料
사용료 (使用料) 몡 租金
사육장 (飼育場) 몡 饲养场
사육지 (飼育地) 몡 养殖场
사육하다 (飼育—) 동 养殖
산업 (産業) 몡 产业
산업구조 (産業構造) 몡 产业结构, 生产结构
산업용 (産業用) 몡 工业用
산업재해 (産業災害) 몡 生产事故
산업전선 (産業戰線) 몡 生产战线
산업정책 (産業政策) 몡 产业政策
산업책 (産業策) 몡 产业政策

번식 (繁殖) 몡 繁殖
번식하다 (繁殖—) 동 繁殖
베다 동 割
벼농사 (—農事) 몡 種水稻
볍씨 몡 稻種
병충해 (病蟲害) 몡 病蟲害
보석 (寶石) 몡 寶石
봉사료 (奉仕料) 몡 獎金
부치다 동 耕種, 耕地, 種田
분업 (分業) 몡 分工, 社會分工
불량율 (不良率) 몡 廢品率, 次品率
불량품 (不良品) 몡 廢品, 次品
비닐하우스 (vinyl-house) 몡 塑料大棚, 大棚, 塑料溫室
비디오가게 (video—) 몡 出租錄相帶的地方
비디오방 (video房) 몡 錄相廳
비료 (肥料) 몡 肥料
빨래방 (—房) 몡 洗衣房, 洗衣店
뽑다 동 ① 拔, 起, 揠 ② 抽, 排, 放 ③ 伸, 伸長 ④ 提取, 摘取
뿌리다 동 撒
사금 (砂金) 몡 砂金
사료 (飼料) 몡 飼料
사용료 (使用料) 몡 租金
사육장 (飼育場) 몡 飼養場
사육지 (飼育地) 몡 養殖場
사육하다 (飼育—) 동 養殖
산업 (産業) 몡 産業
산업구조 (産業構造) 몡 産業結構, 生産結構
산업용 (産業用) 몡 工業用
산업재해 (産業災害) 몡 生産事故
산업전선 (産業戰線) 몡 生産戰線
산업정책 (産業政策) 몡 産業政策
산업책 (産業策) 몡 産業政策

산업체 (産業體) 몡 工业界
산업혁명 (産業革命) 몡 产业革命
산업화 (産業化) 몡 产业化
산지 (産地) 몡 产地
살충제 (殺蟲劑) 몡 杀虫剂
삼모작 (三毛作) 몡 三茬, 种三茬
삼차산업 (三次産業) 몡 第三产业
삽 몡 铁锹
새마을운동 (一運動) 몡 为创造更好的生活环境而进行的一种社会运动, 新生活运动, 新村运动
생산 (生産) 몡 生产
생산하다 (生産一) 동 生产
생선 (生鮮) 몡 鲜海鱼
서비스 (service) 몡 免费服务, 服务
서비스업 (service業) 몡 服务行业
석영 (石英) 몡 石英
석유 (石油) 몡 石油
석탄 (石炭) 몡 煤
석회석 (石灰石) 몡 石灰石
선장 (船長) 몡 船长
설비 (設備) 몡 设备
섬 몡 石 (量词)
세차장 (洗車場) 몡 洗车场
세탁소 (洗濯所) 몡 干洗店, 洗衣店
세탁업 (洗濯業) 몡 干洗业
소극장 (小劇場) 몡 小剧场
소작농 (小作農) 몡 佃农
소작인 (小作人) 몡 佃农
솎다 동 ① 间苗, 间 ② 抽调, 抽
솎아내다 동 间苗, 抽调
수고비 (一費) 몡 辛苦费
수공업 (手工業) 몡 手工业
수리공 (修理工) 몡 修理工
수매하다 (收買一) 동 购买
수산물 (水産物) 몡 水产物

산업체 (産業體) 몡 工業界
산업혁명 (産業革命) 몡 産業革命
산업화 (産業化) 몡 産業化
산지 (産地) 몡 産地
살충제 (殺蟲劑) 몡 殺蟲劑
삼모작 (三毛作) 몡 三茬, 種三茬
삼차산업 (三次産業) 몡 第三産業
삽 몡 鐵鍬
새마을운동 (一運動) 몡 爲創造更好的生活環境而進行的一種社會運動, 新生活運動, 新村運動
생산 (生産) 몡 生産
생산하다 (生産一) 동 生産
생선 (生鮮) 몡 鮮海魚
서비스 (service) 몡 免費服務, 服務
서비스업 (service業) 몡 服務行業
석영 (石英) 몡 石英
석유 (石油) 몡 石油
석탄 (石炭) 몡 煤
석회석 (石灰石) 몡 石灰石
선장 (船長) 몡 船長
설비 (設備) 몡 設備
섬 몡 石 (量詞)
세차장 (洗車場) 몡 洗車場
세탁소 (洗濯所) 몡 乾洗店, 洗衣店
세탁업 (洗濯業) 몡 乾洗業
소극장 (小劇場) 몡 小劇場
소작농 (小作農) 몡 佃農
소작인 (小作人) 몡 佃農
솎다 동 ① 間苗, 間 ② 抽調, 抽
솎아내다 동 間苗, 抽調
수고비 (一費) 몡 辛苦費
수공업 (手工業) 몡 手工業
수리공 (修理工) 몡 修理工
수매하다 (收買一) 동 購買
수산물 (水産物) 몡 水産物

수산시장 (水産市場) 몡 水产市场
수산업 (水産業) 몡 水产业
수산업협동조합 (水産業協同組合) 몡
　水产业协同组合
수심 (水深) 몡 水位
수온 (水溫) 몡 水温
수정 (水晶) 몡 水晶
수족관 (水族館) 몡 水族馆
수질 (水質) 몡 水质
수협 (水協) 몡 水产业协力机构的简称
수확 (收穫) 몡 收获
수확량 (收穫量) 몡 收获量
수확하다 (收穫—) 동 收获
숙련공 (熟練工) 몡 熟练工
숙박업 (宿泊業) 몡 旅馆行业
순종 (純種) 몡 纯种, 土种
시골 몡 乡村, 农村
식당 (食堂) 몡 食堂, 饭店
신토불이 (身土不二) 몡 身和土是不能为
　二, 因此鼓励利用本国农产品, 是韩
　国的基本国策
심다 동 种
썰물 몡 退潮
씨 몡 种子
씨앗 몡 种子
알곡 몡 粮食, 谷物
야근 (夜勤) 몡 夜班
양계업 (養鷄業) 몡 养鸡业
양계장 (養鷄場) 몡 养鸡场
양곡 (糧穀) 몡 粮食
양돈업 (養豚業) 몡 养猪业
양봉 (養蜂) 몡 养蜂
양봉업 (養蜂業) 몡 养蜂业
양수기 (揚水機) 몡 抽水机, 扬水机
양식 (養殖) 몡 养殖
양식업 (養殖業) 몡 养殖业

수산시장 (水産市場) 몡 水産市場
수산업 (水産業) 몡 水産業
수산업협동조합 (水産業協同組合) 몡
　水産業協同組合
수심 (水深) 몡 水位
수온 (水溫) 몡 水溫
수정 (水晶) 몡 水晶
수족관 (水族館) 몡 水族館
수질 (水質) 몡 水質
수협 (水協) 몡 水産業協力機構的簡稱
수확 (收穫) 몡 收穫
수확량 (收穫量) 몡 收穫量
수확하다 (收穫—) 동 收穫
숙련공 (熟練工) 몡 熟練工
숙박업 (宿泊業) 몡 旅館行業
순종 (純種) 몡 純種, 土種
시골 몡 鄉村, 農村
식당 (食堂) 몡 食堂, 飯店
신토불이 (身土不二) 몡 身和土是不能爲
　二, 因此鼓勵利用本國農産品, 是韓
　國的基本國策
심다 동 種
썰물 몡 退潮
씨 몡 種子
씨앗 몡 種子
알곡 몡 糧食, 穀物
야근 (夜勤) 몡 夜班
양계업 (養鷄業) 몡 養鷄業
양계장 (養鷄場) 몡 養鷄場
양곡 (糧穀) 몡 糧食
양돈업 (養豚業) 몡 養猪業
양봉 (養蜂) 몡 養蜂
양봉업 (養蜂業) 몡 養蜂業
양수기 (揚水機) 몡 抽水機, 揚水機
양식 (養殖) 몡 養殖
양식업 (養殖業) 몡 養殖業

양식장 (養殖場) 명 养殖场
양식하다 (養殖—) 동 养殖
양어장 (養魚場) 명 养鱼场
양잠업 (養蠶業) 명 养蚕业
양치기 (羊—) 명 牧民
어류 (魚類) 명 鱼类
어망 (漁網, 鱼网) 명 鱼网
어민 (漁民) 명 鱼民
어부 (漁夫) 명 鱼夫
어선 (漁船) 명 渔船
어시장 (魚市場) 명 鱼市场
어업 (漁業) 명 鱼业
어장 (漁場) 명 渔场
어촌 (漁村) 명 渔村
어패류 (魚貝類) 명 海鱼类和贝类的总称
어항¹ (魚缸) 명 鱼缸
어항² (漁港) 명 渔港
어획 (漁獲) 명 捕获的水产物
어획고 (漁獲高) 명 捕获的水产物的量
어획량 (漁獲量) 명 捕获的水产物的量
어획물 (漁獲物) 명 捕鱼量
얼레 명 绕线板, 篦子
여공 (女工) 명 女工
여관 (旅館) 명 旅馆
여물 명 饲料, 草料, 秣草
여인숙 (旅人宿) 명 小旅馆
여행사 (旅行社) 명 旅行社
여행업 (旅行業) 명 旅游业
열대어 (熱帶魚) 명 热带鱼
열매 명 果实
염전 (鹽田) 명 盐田
영농 (營農) 명 农业生产, 耕作, 经营农业
영농법 (營農法) 명 农业法
영농인 (營農人) 명 农民
영농후계자 (營農後繼者) 명 农业接班人,

양식장 (養殖場) 명 養殖場
양식하다 (養殖—) 동 養殖
양어장 (養魚場) 명 養魚場
양잠업 (養蠶業) 명 養蠶業
양치기 (羊—) 명 牧民
어류 (魚類) 명 魚類
어망 (漁網, 魚網) 명 魚網
어민 (漁民) 명 魚民
어부 (漁夫) 명 魚夫
어선 (漁船) 명 漁船
어시장 (魚市場) 명 魚市場
어업 (漁業) 명 魚業
어장 (漁場) 명 漁場
어촌 (漁村) 명 漁村
어패류 (魚貝類) 명 海魚類和貝類的總稱
어항¹ (魚缸) 명 魚缸
어항² (漁港) 명 漁港
어획 (漁獲) 명 捕獲的水產物
어획고 (漁獲高) 명 捕獲的水產物的量
어획량 (漁獲量) 명 捕獲的水產物的量
어획물 (漁獲物) 명 捕魚量
얼레 명 繞線板, 篦子
여공 (女工) 명 女工
여관 (旅館) 명 旅館
여물 명 飼料, 草料, 秣草
여인숙 (旅人宿) 명 小旅館
여행사 (旅行社) 명 旅行社
여행업 (旅行業) 명 旅游業
열대어 (熱帶魚) 명 熱帶魚
열매 명 果實
염전 (鹽田) 명 鹽田
영농 (營農) 명 農業生産, 耕作, 經營農業
영농법 (營農法) 명 農業法
영농인 (營農人) 명 農民
영농후계자 (營農後繼者) 명 農業接班人,

农业继承人　　　　　　　　　　農業繼承人
옥 (玉) 圕 玉　　　　　　　　　옥 (玉) 圕 玉
옥토 (沃土) 圕 沃土　　　　　　　옥토 (沃土) 圕 沃土
외식산업 (外食産業) 圕 餐饮业, 饮食业　　외식산업 (外食産業) 圕 餐飲業, 飮食業
외양간 (외養間) 圕 马棚或牛棚　　　외양간 (외養間) 圕 馬棚或牛棚
요식업 (料食業) 圕 饮食业, 餐饮业　　요식업 (料食業) 圕 飮食業, 餐飲業
용역 (用役) 圕 雇用人的地方或事　　용역 (用役) 圕 雇用人的地方或事
우리 圕 圈子　　　　　　　　　　우리 圕 圈子
우시장 (牛市場) 圕 牛市　　　　　우시장 (牛市場) 圕 牛市
운송업 (運送業) 圕 运输业　　　　운송업 (運送業) 圕 運輸業
운수업 (運輸業) 圕 运输行业　　　운수업 (運輸業) 圕 運輸行業
원료 (原料) 圕 原料　　　　　　　원료 (原料) 圕 原料
원양어선 (遠洋漁船) 圕 远洋渔船　원양어선 (遠洋漁船) 圕 遠洋漁船
원양어업 (遠洋漁業) 圕 远洋渔业　원양어업 (遠洋漁業) 圕 遠洋漁業
원유 (原油) 圕 原油　　　　　　　원유 (原油) 圕 原油
원자재 (原資材) 圕 原材料　　　　원자재 (原資材) 圕 原材料
월척 (越尺) 圕 钓的鱼有一尺长　　월척 (越尺) 圕 釣的魚有一尺長
유가공 (乳加工) 圕 乳品加工　　　유가공 (乳加工) 圕 乳品加工
유기농업 (有機農業) 圕 有机农业　유기농업 (有機農業) 圕 有機農業
유전 (油田) 圕 油田　　　　　　　유전 (油田) 圕 油田
유흥가 (遊興街) 圕 娱乐区　　　　유흥가 (遊興街) 圕 娛樂區
유흥업 (遊興業) 圕 娱乐行业　　　유흥업 (遊興業) 圕 娛樂行業
유흥업소 (遊興業所) 圕 娱乐业　　유흥업소 (遊興業所) 圕 娛樂業
육가공 (肉加工) 圕 肉制品加工　　육가공 (肉加工) 圕 肉製品加工
은 (銀) 圕 银　　　　　　　　　　은 (銀) 圕 銀
은광 (銀鑛) 圕 银矿　　　　　　　은광 (銀鑛) 圕 銀礦
은행 (銀行) 圕 银行　　　　　　　은행 (銀行) 圕 銀行
음식점 (飮食店) 圕 饮食店　　　　음식점 (飮食店) 圕 飮食店
이농현상 (離農現狀) 圕 离开农村的现象　이농현상 (離農現狀) 圕 離開農村的現象
이랑 圕 垄, 畦　　　　　　　　　이랑 圕 壟, 畦
이모작 (二毛作) 圕 二茬, 种二茬　이모작 (二毛作) 圕 二茬, 種二茬
이발사 (理髮師) 圕 理发师　　　　이발사 (理髮師) 圕 理髮師
이발소 (理髮所) 圕 理发店　　　　이발소 (理髮所) 圕 理髮店
이삭 圕 穗　　　　　　　　　　　이삭 圕 穗
이삿짐센터 (移徙—Center) 圕　　이삿짐센터 (移徙—Center) 圕
　搬家公司　　　　　　　　　　　搬家公司

이앙기 (移秧期) 몡 抽秧机
이앙법 (移秧法) 몡 抽秧的方法
이용료 (利用料) 몡 租金
이용업 (理容業) 몡 美容业
이차산업 (二次産業) 몡 第二产业
인건비 (人件費) 몡 劳工费
인력 (人力) 몡 人力
일구다 동 开垦
일차산업 (一次産業) 몡 第一产业
자동화 (自動化) 몡 自动化
자수정 몡 紫水晶
자영농 (自營農) 몡 自耕衣
자작농 (自作農) 몡 自耕衣
자재 (資材) 몡 材料
작두 (斫一) 몡 铡刀, 铡
작물 (作物) 몡 农作物
작살 몡 鱼叉
작업대 (作業臺) 몡 操作台
작업반장 (作業班長) 몡 生产班长
작업복 (作業服) 몡 工作服
작업시간 (作業時間) 몡 工作时间
작업실 (作業室) 몡 工作室, 操作室
작업장 (作業場) 몡 操作场, 工作场地
작황 (作況) 몡 农作情况
잠업 (蠶業) 몡 养蚕业
잡곡 (雜穀) 몡 粗粮
잡다¹ 동 抓, 屠杀
잡다² 동 捕 (鱼), 捞 (鱼)
장치 (裝置) 몡 裝置
재다 동 量 (长度, 大小, 重量, 宽度)
재배하다 (栽培—) 동 栽培
쟁기 몡 犁, 犁杖的农具
전동기 (電動機) 몡 电动机
접대부 (接待婦) 몡 接待员, 服务员
접붙이다 동 接技
정 몡 凿子, 钎子, 錾子

이앙기 (移秧期) 몡 抽秧機
이앙법 (移秧法) 몡 抽秧的方法
이용료 (利用料) 몡 租金
이용업 (理容業) 몡 美容業
이차산업 (二次産業) 몡 第二産業
인건비 (人件費) 몡 勞工費
인력 (人力) 몡 人力
일구다 동 開墾
일차산업 (一次産業) 몡 第一産業
자동화 (自動化) 몡 自動化
자수정 몡 紫水晶
자영농 (自營農) 몡 自耕農
자작농 (自作農) 몡 自耕農
자재 (資材) 몡 材料
작두 (斫一) 몡 鍘刀, 鍘
작물 (作物) 몡 農作物
작살 몡 魚叉
작업대 (作業臺) 몡 操作臺
작업반장 (作業班長) 몡 生產班長
작업복 (作業服) 몡 工作服
작업시간 (作業時間) 몡 工作時間
작업실 (作業室) 몡 工作室, 操作室
작업장 (作業場) 몡 操作場, 工作場地
작황 (作況) 몡 農作情況
잠업 (蠶業) 몡 養蠶業
잡곡 (雜穀) 몡 粗糧
잡다¹ 동 抓, 屠殺
잡다² 동 捕 (魚), 撈 (魚)
장치 (裝置) 몡 裝置
재다 동 量 (長度, 大小, 重量, 寬度)
재배하다 (栽培—) 동 栽培
쟁기 몡 犁, 犁杖的農具
전동기 (電動機) 몡 電動機
접대부 (接待婦) 몡 接待員, 服務員
접붙이다 동 接技
정 몡 鑿子, 釺子, 錾子

정미소 (精米所) 명 磨仿
정미하다 (精米―) 동 磨米
정육점 (精肉店) 명 精肉店
제작 (製作) 명 制作
제작하다 (製作―) 동 制作
조립 (組立) 명 组合
조립하다 (組立―) 동 组合
조업 (操業) 명 操作
종묘 (種苗) 명 种苗
종자 (種子) 명 种子
중장비 (重裝備) 명 重型装备, 重型配备
지게 명 背架, 背水架
지주 (地主) 명 地主
지하자원 (地下資源) 명 地下资源
직공 (職工) 명 职工
쪼다 동 击, 打, 凿
쪽정이 명 米糠
찌 명 鱼漂
찧다 동 磨, 粹
채굴하다 (採掘―) 동 采掘
채소 (菜蔬) 명 蔬菜
채취하다 (採取―) 동 开采
천연가스 (天然gas) 명 天然煤气
천연수지 (天然樹脂) 명 天然树脂
철 (鐵) 명 铁
철광 (鐵鑛) 명 铁矿
철야작업 (徹夜作業) 명 通宵作业, 通宵工作, 夜班

정미소 (精米所) 명 磨仿
정미하다 (精米―) 동 磨米
정육점 (精肉店) 명 精肉店
제작 (製作) 명 制作
제작하다 (製作―) 동 制作
조립 (組立) 명 組合
조립하다 (組立―) 동 組合
조업 (操業) 명 操作
종묘 (種苗) 명 種苗
종자 (種子) 명 種子
중장비 (重裝備) 명 重型裝備, 重型配備
지게 명 背架, 背水架
지주 (地主) 명 地主
지하자원 (地下資源) 명 地下資源
직공 (職工) 명 職工
쪼다 동 擊, 打, 鑿
쪽정이 명 米康
찌 명 魚漂
찧다 동 磨, 粹
채굴하다 (採掘―) 동 採掘
채소 (菜蔬) 명 蔬菜
채취하다 (採取―) 동 開採
천연가스 (天然gas) 명 天然煤氣
천연수지 (天然樹脂) 명 天然樹脂
철 (鐵) 명 鐵
철광 (鐵鑛) 명 鐵鑛
철야작업 (徹夜作業) 명 通宵作業, 通宵工作, 夜班

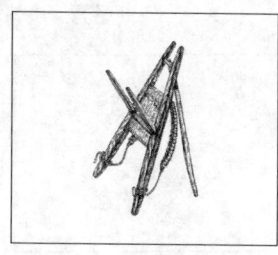

〈지게〉

청소부¹ (淸掃夫) 뗑 清扫工
청소부² (淸掃婦) 뗑 清扫工
청소업 (淸掃業) 뗑 清扫业
청정해역 (淸淨海域) 뗑 没被污染的海域
체 뗑 筛子
추곡 (秋穀) 뗑 秋粮
추곡수매 (秋穀收買) 뗑 秋粮购买
추수 (秋收) 뗑 秋收
추수하다 (秋收—) 통 秋收
축사 (畜舍) 뗑 畜牧场
축산업 (畜産業) 뗑 畜牧业
축산업자 (畜産業者) 뗑 畜牧业者
축산업협동조합 (畜産業協同組合) 뗑 畜牧业协同组合
축산폐수 (畜産廢水) 뗑 畜产废水, 畜产污水
축협 (畜協) 뗑 畜协
치다 통 ① 养, 饲养, 喂 ② 掏, 清 ③ 繁殖, 生, 孵
치어 뗑 鱼秧
캐다¹ 통 开采
캐다² 통 挖
콤바인 (combine) 뗑 脱粒机
키 뗑 舵
키우다¹ 통 培植
키우다² 통 养殖
타작 (打作) 뗑 打谷
타작하다 (打作—) 통 打谷
탄광 (炭鑛) 뗑 煤矿

청소부¹ (淸掃夫) 뗑 清掃工
청소부² (淸掃婦) 뗑 清掃工
청소업 (淸掃業) 뗑 清掃業
청정해역 (淸淨海域) 뗑 没被污染的海域
체 뗑 篩子
추곡 (秋穀) 뗑 秋粮
추곡수매 (秋穀收買) 뗑 秋糧購買
추수 (秋收) 뗑 秋收
추수하다 (秋收—) 통 秋收
축사 (畜舍) 뗑 畜牧場
축산업 (畜産業) 뗑 畜牧業
축산업자 (畜産業者) 뗑 畜牧業者
축산업협동조합 (畜産業協同組合) 뗑 畜牧業協同組合
축산폐수 (畜産廢水) 뗑 畜産廢水, 畜産污水
축협 (畜協) 뗑 畜協
치다 통 ① 養, 飼養, 喂 ② 掏, 清 ③ 繁殖, 生, 孵
치어 뗑 魚秧
캐다¹ 통 開採
캐다² 통 挖
콤바인 (combine) 뗑 脱粒機
키 뗑 舵
키우다¹ 통 培植
키우다² 통 養殖
타작 (打作) 뗑 打穀
타작하다 (打作—) 통 打谷
탄광 (炭鑛) 뗑 煤礦

〈타작〉

탄광촌 (炭鑛村) 몡 矿区 탄광촌 (炭鑛村) 몡 礦區
탄전 (炭田) 몡 煤田 탄전 (炭田) 몡 煤田
탈곡 (脫穀) 몡 脫粒 탈곡 (脫穀) 몡 脫粒
탈곡기 (脫穀機) 몡 脫谷机, 脫粒机 탈곡기 (脫穀機) 몡 脫穀機, 脫粒機
탈곡하다 (脫穀—) 동 脫谷 탈곡하다 (脫穀—) 동 脫穀
태업 (怠業) 몡 怠工 태업 (怠業) 몡 怠工
텃밭 몡 ① 宅旁地 ② 自留地 텃밭 몡 ① 宅旁地 ② 自留地
토종 (土鐘) 몡 土生土长的种子, 当地种 토종 (土鐘) 몡 土生土長的種子, 當地種
퇴비 (堆肥) 몡 积肥, 堆肥 퇴비 (堆肥) 몡 積肥, 堆肥
트랙터 (tractor) 몡 拖拉机 트랙터 (tractor) 몡 拖拉機
특송 (特送) 몡 特快传递 특송 (特送) 몡 特快傳遞
특용작물 (特用作物) 몡 特殊农作物 특용작물 (特用作物) 몡 特殊農作物
파다 동 挖 파다 동 挖
파업 (罷業) 몡 罢工 파업 (罷業) 몡 罷工
파출부 (派出婦) 몡 保母 파출부 (派出婦) 몡 保母
패류 (貝類) 몡 贝类 패류 (貝類) 몡 貝類
평 (坪) 몡 坪 평 (坪) 몡 坪
평년작 (平年作) 몡 常年收成 평년작 (平年作) 몡 常年收成
폐광 (廢鑛) 몡 废矿 폐광 (廢鑛) 몡 廢礦
폐업 (廢業) 몡 停业 폐업 (廢業) 몡 停業
포경선 (捕鯨船) 몡 捕鯨船 포경선 (捕鯨船) 몡 捕鯨船
품앗이 몡 变工, 换工 품앗이 몡 變工, 換工
품종 (品種) 몡 品种 품종 (品種) 몡 品種
품종개량 (品種改良) 몡 品种改良 품종개량 (品種改良) 몡 品種改良
품질검사 (品質檢查) 몡 质量检查 품질검사 (品質檢查) 몡 質量檢查
풍년 (豊年) 몡 丰收年 풍년 (豊年) 몡 豐收年
풍작 (豊作) 몡 丰收 풍작 (豊作) 몡 豐收
한류 (寒流) 몡 寒流 한류 (寒流) 몡 寒流

〈트랙터〉

분류	농업	수산업	축산업	광업	공업	서비스업
유형	고랭지농업 밭농사 벼농사 유기농업 :	근해어업 민물낚시 바다낚시 원양어업 양식업 :	낙농업 목축업 양계업 양돈업	광산업 :	가공업 가내수공업 기계공업 수공업 :	관광업 금융업 미용업 세탁업 숙박업 여행업 요식업 운송업 운수업 유흥업 청소업 :
사람	농민 농부 농사꾼 영농후계자 :	뱃사람 어민 어부	낙농업자 목동 :	광부	공장장 공원 수리공 직공	미용사 배달원 접대부 청소부 파출부
재료	관개수 농약 거름 비료 퇴비	낚시밥 미끼	꼴 모이 사료 여물 :		공업용수 원료 원자재 자재	
도구	가래 갈퀴 경운기 낫 양수기 이앙기 쟁기 탈곡기	고깃배 그물 낚싯대 낚싯줄 어망 어선 원양어선 포경선	구유 작두 :	곡괭이 정 :	공구 기계 기관 기반시설 발동기 전동기 중장비	
생산물	곡물 곡식 과일 농산물 양곡 작물 잡곡 채소 특용작물	건어물 수산물 어류 어획물 패류 해산물 해조류	고기 계란 우유 :	광석 광물 금속 보석 지하자원	공산품 기계	
장소	과수원 경작지 논 농경지 농토 밭 :	건조장 덕장 양초장 양어장 어장 :	마구간 목장 목초지 사육장 양계장 외양간 축사	광산 갱 금광 유전 은광 철광 탄광 탄전 :	공단 공장 공업지대	
행위	경작하다 농사짓다 :	낚다 물질하다 :	기르다 사육하다 치다	캐다 채굴하다 채취하다	생산하다 제작하다 조립하다	

〈직업과 직장〉

합성수지 (合成樹脂) 몡 合成树脂
해녀 (海女) 몡 海女
해류 (海流) 몡 海流
해산물 (海産物) 몡 海产物
해역 (海域) 몡 海域
해조류 (海藻類) 몡 海藻类
해초 (海草) 몡 海草
허수아비 몡 稻草人
호미 몡 锄头, 媷锄力, 小锄力
호텔 (hotel) 몡 宾馆
화학처리 (化學處理) 몡 化学处理
환경미화원 (環境美化員) 몡 清扫工
황금어장 (黃金漁場) 몡 黄金渔场
훑다 동 ①捋, 脱(粒) ②打量(上下打量)
휴업 (休業) 몡 休业, 暂时停业
흉년 (凶年) 몡 受灾害的年, 歉收年
흉작 (凶作) 몡 欠收
흑연 (黑鉛) 몡 黑铅

합성수지 (合成樹脂) 몡 合成樹脂
해녀 (海女) 몡 海女
해류 (海流) 몡 海流
해산물 (海産物) 몡 海産物
해역 (海域) 몡 海域
해조류 (海藻類) 몡 海藻類
해초 (海草) 몡 海草
허수아비 몡 稻草人
호미 몡 鋤頭, 媷鋤力, 小鋤力
호텔 (hotel) 몡 賓館
화학처리 (化學處理) 몡 化學處理
환경미화원 (環境美化員) 몡 清掃工
황금어장 (黃金漁場) 몡 黃金漁場
훑다 동 ①捋, 脫 (粒) ②打量(上下打量)
휴업 (休業) 몡 休業, 暫時停業
흉년 (凶年) 몡 受災害的年, 歉收年
흉작 (凶作) 몡 歉收
흑연 (黑鉛) 몡 黑鉛

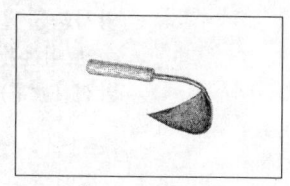

〈호미〉

32. 연료와 에너지

| 燃料, 能量 | 燃料, 能量 |

가마 명 窑
가스 (gas) 명 瓦斯, 煤气
가스레인지 (gas range) 명 煤气炉子
가열하다 (加熱—) 동 加热
건전지 (乾電池) 명 于电池, 电池
경유 (輕油) 명 轻油
고체연료 (固體燃料) 명 固体燃料
굴뚝 명 烟筒
기름 명 油, 油脂
끄다 동 灭, 关
난로 (煖爐) 명 炉子, 火炉
난방 (煖房·暖房) 명 供暖, 暖房
누전 (漏電) 명 漏电
도시가스 (都市gas) 명 都市瓦斯
동력 (動力) 명 动力
등유 (燈油) 명 灯油
때다 동 烧, 燃
땔감 명 燃料, 烧柴
땔나무 명 柴火
라이터 (lighter) 명 打火机
물 명 水
물레방아 명 水碓
바람 명 风
발전 (發電) 명 发电
발전기 (發電機) 명 发电机
방사능 (放射能) 명 放射能
방사능물질 (放射能物質) 명
　　放射性物质
방전 (放電) 명 放电

가마 명 窯
가스 (gas) 명 瓦斯, 煤氣
가스레인지 (gas range) 명 煤氣爐子
가열하다 (加熱—) 동 加熱
건전지 (乾電池) 명 乾電池, 電池
경유 (輕油) 명 輕油
고체연료 (固體燃料) 명 固體燃料
굴뚝 명 烟筒
기름 명 油, 油脂
끄다 동 滅, 關
난로 (煖爐) 명 爐子, 火爐
난방 (煖房·暖房) 명 供暖, 暖房
누전 (漏電) 명 漏電
도시가스 (都市gas) 명 都市瓦斯
동력 (動力) 명 動力
등유 (燈油) 명 燈油
때다 동 燒, 燃
땔감 명 燃料, 燒柴
땔나무 명 柴火
라이터 (lighter) 명 打火機
물 명 水
물레방아 명 水碓
바람 명 風
발전 (發電) 명 發電
발전기 (發電機) 명 發電機
방사능 (放射能) 명 放射能
방사능물질 (放射能物質) 명
　　放射性物質
방전 (放電) 명 放電

방화 (放火) 몡 放火
방화사 (防火砂) 몡 消火用沙
방화수 (防火水) 몡 消火用水
버너 (burner) 몡 喷灯, 吹灯
벽난로 (壁煖爐) 몡 壁炉
변압기 (變壓器) 몡 变压器
보일러 (boiler) 몡 锅炉
부뚜막 몡 锅台
부탄가스 (butane gas) 몡 丁烷瓦斯
불 몡 火
불길 몡 火焰, 火势
불꽃 몡 火花
불똥 몡 火花, 烛泪
불쏘시개 몡 火媒儿
불씨 몡 火种
석유 (石油) 몡 石油
석유곤로 (石油一) 몡 石油炉
석탄 (石炭) 몡 煤炭
성냥 몡 火柴
성냥개비 몡 火柴棍
소화 (消火) 몡 灭火
소화기 (消火器) 몡 灭火器
소화전 (消火栓) 몡 消防栓
수력 (水力) 몡 水力
숯 몡 木炭
아궁이 몡 灶孔, 灶门
알코올 (alcohol) 몡 酒精, 醇
알코올램프 (alcohol lamp) 몡 酒精灯
에너지 (energy) 몡 能, 能量
엘피지 (LPG) 몡 液化石油气

방화 (放火) 몡 放火
방화사 (防火砂) 몡 消火用沙
방화수 (防火水) 몡 消火用水
버너 (burner) 몡 噴燈, 吹燈
벽난로 (壁煖爐) 몡 壁爐
변압기 (變壓器) 몡 變壓器
보일러 (boiler) 몡 鍋爐
부뚜막 몡 鍋臺
부탄가스 (butane gas) 몡 丁烷瓦斯
불 몡 火
불길 몡 火焰, 火勢
불꽃 몡 火花
불똥 몡 火花, 燭淚
불쏘시개 몡 火媒兒
불씨 몡 火種
석유 (石油) 몡 石油
석유곤로 (石油一) 몡 石油爐
석탄 (石炭) 몡 煤炭
성냥 몡 火柴
성냥개비 몡 火柴棍
소화 (消火) 몡 滅火
소화기 (消火器) 몡 滅火器
소화전 (消火栓) 몡 消防栓
수력 (水力) 몡 水力
숯 몡 木炭
아궁이 몡 竈孔, 竈門
알코올 (alcohol) 몡 酒精, 醇
알코올램프 (alcohol lamp) 몡 酒精燈
에너지 (energy) 몡 能, 能量
엘피지 (LPG) 몡 液化石油氣

〈숯〉

연료 (燃料) 명 燃料
연소 (燃燒) 명 燃烧
연탄 (煉炭) 명 煤砖
열 (熱) 명 热
열량 (熱量) 명 热量
열효율 (熱效率) 명 热效率
온돌 (溫突) 명 坑, 暖坑
원동력 (原動力) 명 原动力
원유 (原油) 명 原油
원자력 (原子力) 명 原子能, 核子能
원자로 (原子爐) 명 原子反应堆
자기력 (磁氣力) 명 磁力
자력 (磁力) 명 磁力
장작 (長斫) 명 劈柴, 木柴
장작개비 (長斫―) 명 小柴棍
전기 (電氣) 명 电, 电气
전동기 (電動機) 명 电动机
전력 (電力) 명 电力
전류 (電流) 명 电流
전열기 (電熱器) 명 电热器, 加热器
전지 (電池) 명 电池
점화 (點火) 명 点火
조개탄 (―炭) 명 贝形煤球
주유소 (注油所) 명 加油站
지피다 동 生火, 烧火
진화 (鎭火) 명 镇火, 消化
질화로 (―火爐) 명 泥火盆
천연가스 (天然gas) 명 天然瓦斯, 天然煤气

연료 (燃料) 명 燃料
연소 (燃燒) 명 燃燒
연탄 (煉炭) 명 煤磚
열 (熱) 명 熱
열량 (熱量) 명 熱量
열효율 (熱效率) 명 熱效率
온돌 (溫突) 명 坑, 暖坑
원동력 (原動力) 명 原動力
원유 (原油) 명 原油
원자력 (原子力) 명 原子能, 核子能
원자로 (原子爐) 명 原子反應堆
자기력 (磁氣力) 명 磁力
자력 (磁力) 명 磁力
장작 (長斫) 명 劈柴, 木柴
장작개비 (長斫―) 명 小柴棍
전기 (電氣) 명 電, 電氣
전동기 (電動機) 명 電動機
전력 (電力) 명 電力
전류 (電流) 명 電流
전열기 (電熱器) 명 電熱器, 加熱器
전지 (電池) 명 電池
점화 (點火) 명 點火
조개탄 (―炭) 명 貝形煤球
주유소 (注油所) 명 加油站
지피다 동 生火, 燒火
진화 (鎭火) 명 鎭火, 消化
질화로 (―火爐) 명 泥火盆
천연가스 (天然gas) 명 天然瓦斯, 天然煤氣

연 료	고체	고체연료, 석탄, 숯, 연탄, 장작, 조개탄, 톱밥 …
	기체	가스, 도시가스, 천연가스 …
	액화	부탄가스, 엘엔지 (LNG), 엘피지 (LPG) …
	액체	경유, 등유, 석유, 알코올, 원유, 휘발유 …
에너지	자연에너지	바람, 수력, 풍력, 태양에너지 …
	인공에너지	건전지, 방사능, 원자력, 전기, 핵 …

충전기 (充電器) 명 充电器
충전하다 (充電—) 동 充电
켜다 동 点灯, 开灯
태양에너지 (太陽energy) 명 太阳能
태양열 (太陽熱) 명 太阳能
태양열발전 (太陽熱發電) 명 太阳能发电
태양열주택 (太陽熱住宅) 명 太阳能住宅
톱밥 명 锯末儿
폭발물 (爆發物) 명 爆炸物
폭발하다 (爆發—) 동 爆炸
풍력 (風力) 명 风力
풍로 (風爐) 명 风炉
풍차 (風車) 명 风车
피우다 동 熏, 吸(煙)
합선 (合線) 명 短路
핵 (核) 명 核
화덕 (火—) 명 火盆, 火炉
화력 (火力) 명 火力
화로 (火爐) 명 火盆, 火炉
화재 (火災) 명 火灾
휘발유 (揮發油) 명 汽油, 挥发油
힘 명 力量, 力气

충전기 (充電器) 명 充電器
충전하다 (充電—) 동 充電
켜다 동 點燈, 開燈
태양에너지 (太陽energy) 명 太陽能
태양열 (太陽熱) 명 太陽能
태양열발전 (太陽熱發電) 명 太陽能發電
태양열주택 (太陽熱住宅) 명 太陽能住宅
톱밥 명 鋸末兒
폭발물 (爆發物) 명 爆炸物
폭발하다 (爆發—) 동 爆炸
풍력 (風力) 명 風力
풍로 (風爐) 명 風爐
풍차 (風車) 명 風車
피우다 동 熏, 吸煙
합선 (合線) 명 短路
핵 (核) 명 核
화덕 (火—) 명 火盆, 火爐
화력 (火力) 명 火力
화로 (火爐) 명 火盆, 火爐
화재 (火災) 명 火災
휘발유 (揮發油) 명 汽油, 揮發油
힘 명 力量, 力氣

33. 도로와 교통

道路, 交通 | 道路, 交通

가로등 (街路燈) 명 路灯
가로수 (街路樹) 명 指路两旁的树
가마 명 轿子
가속 (加速) 명 加速
갑판 (甲板) 명 甲板
갑판장 (甲板長) 명 甲板工
개강 (開講) 명 开课
객실 (客室) 명 客室
거마비 (車馬費) 명 养车费
거북선 명 龟船, 龟甲船
건널목 명 路口, 渡口
견인차 (牽引車) 명 牵引车
경비선 (警備船) 명 警卫船
경비행기 (輕飛行機) 명 轻型飞机
경찰차 (警察車) 명 警车
고가도로 (高架道路) 명 高架道路
고깃배 명 渔船
고속도로 (高速道路) 명 高速公路
고속버스 (高速bus) 명 快车
공항 (空港) 명 机场
과속 (過速) 명 超速

가로등 (街路燈) 명 路燈
가로수 (街路樹) 명 指路兩旁的樹
가마 명 轎子
가속 (加速) 명 加速
갑판 (甲板) 명 甲板
갑판장 (甲板長) 명 甲板工
개강 (開講) 명 開課
객실 (客室) 명 客室
거마비 (車馬費) 명 養車費
거북선 명 龜船, 龜甲船
건널목 명 路口, 渡口
견인차 (牽引車) 명 牽引車
경비선 (警備船) 명 警衛船
경비행기 (輕飛行機) 명 輕型飛機
경찰차 (警察車) 명 警車
고가도로 (高架道路) 명 高架道路
고깃배 명 漁船
고속도로 (高速道路) 명 高速公路
고속버스 (高速bus) 명 快車
공항 (空港) 명 機場
과속 (過速) 명 超速

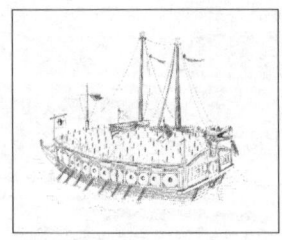

〈거북선〉

관광버스 (觀光bus) 몡 旅游汽车　　관광버스 (觀光bus) 몡 旅游汽車
관제탑 (管制塔) 몡 控制塔　　　관제탑 (管制塔) 몡 控制塔
교통 (交通) 몡 交通　　　　　　교통 (交通) 몡 交通
교통경찰 (交通警察) 몡 交通警察　교통경찰 (交通警察) 몡 交通警察
교통법규 (交通法規) 몡 交通规则　교통법규 (交通法規) 몡 交通規則
교통비 (交通費) 몡 交通费　　　 교통비 (交通費) 몡 交通費
교통사고 (交通事故) 몡 交通事故　교통사고 (交通事故) 몡 交通事故
교통수단 (交通手段) 몡 交通手段　교통수단 (交通手段) 몡 交通手段
교통지도 (交通地圖) 몡 交通地图　교통지도 (交通地圖) 몡 交通地圖
교통질서 (交通秩序) 몡 交通秩序　교통질서 (交通秩序) 몡 交通秩序
교통체증 (交通滯症) 몡 交通堵塞　교통체증 (交通滯症) 몡 交通堵塞
구급차 (救急車) 몡 救护车, 急救车　구급차 (救急車) 몡 救護車, 急救車
구명보트 (求命boat) 몡 救护艇　　구명보트 (求命boat) 몡 救護艇
구명정 (救命艇) 몡 救命艇　　　　구명정 (救命艇) 몡 救命艇
구명조끼 (救命—) 몡 救生衣　　　구명조끼 (救命—) 몡 救生衣
국도 (國道) 몡 国道　　　　　　　국도 (國道) 몡 國道
국민차 (國民車) 몡 国民车　　　　국민차 (國民車) 몡 國民車
군용기 (軍用機) 몡 军用飞机　　　군용기 (軍用機) 몡 軍用飛機
군함 (軍艦) 몡 军舰　　　　　　　군함 (軍艦) 몡 軍艦
기관사 (機關士) 몡 驾驶员　　　　기관사 (機關士) 몡 駕駛員
기관차 (機關車) 몡 火车　　　　　기관차 (機關車) 몡 火車
기구 (氣球) 몡 气球　　　　　　　기구 (氣球) 몡 氣球
기사 (技士) 몡 技师　　　　　　　기사 (技士) 몡 技師
기장 (機長) 몡 机长　　　　　　　기장 (機長) 몡 機長

길	하늘	항로
	물	선로, 수로, 항로, 해로 …
	땅	고가도로, 고속도로, 국도, 도로, 신작로, 육교, 일방통행로, 전용도로, 지하도, 징검다리, 차도, 찻길, 철길, 철도, 활주로, 횡단보도 …
교통수단	하늘	경비행기, 군용기, 기구, 비행기, 수송기, 여객선, 우주선, 전투기, 제트기, 항공기, 헬리콥터 …
	물	거북선, 경비선, 고깃배, 구명보트, 나룻배, 낚싯배, 돛단배, 뗏목, 바지선, 배, 보트, 선박, 어선, 여객선, 연락선, 요트, 운반선, 원양어선, 유람선, 유조선, 잠수함, 통통배, 함정, 항공모함, 화물선 …
	전통	가마, 수레 …
	현대	견인차, 경찰차, 고속버스, 관광버스, 구급차, 국민차, 기관차, 기차, 마을버스, 버스, 불자동차, 소방차, 승용차, 시내버스, 시외버스, 열차, 오토바이, 우등고속버스, 유조차, 자가용, 자동차, 자전거, 장갑차, 장의차, 전차, 전철, 좌석버스, 지게차, 직행버스, 차, 택시, 통근버스, 통학버스, 트럭, 화물열차, 화물차 …

기차 (汽車) 명 火车   기차 (汽車) 명 火車
기차표 (汽車票) 명 火车票   기차표 (汽車票) 명 火車票
나루 명 渡口, 渡津   나루 명 渡口, 渡津
나룻배 명 独木舟   나룻배 명 獨木舟
나침반 (羅針盤) 명 罗针盘   나침반 (羅針盤) 명 羅針盤
낙하산 (落下傘) 명 降落伞   낙하산 (落下傘) 명 降落傘
낚시배 명 钓鱼船   낚시배 명 釣魚船
날다 동 飞, 飞行   날다 동 飛, 飛行
내리다 동 下   내리다 동 下
노 (櫓) 명 橹   노 (櫓) 명 櫓
닻 명 锚   닻 명 錨
대합실 (待合室) 명 接待室   대합실 (待合室) 명 接待室
도로 (道路) 명 道路   도로 (道路) 명 道路
돛단배 명 帆船   돛단배 명 帆船
등대 명 灯塔   등대 명 燈塔
뗏목 (一木) 명 木排, 木筏   뗏목 (一木) 명 木排, 木筏
마을버스 (一bus) 명 班车   마을버스 (一bus) 명 班車
마중 명 接   마중 명 接
막히다 형 堵车, 塞车   막히다 형 堵車, 塞車
면허 (免許) 명 許可   면허 (免許) 명 許可
면허증 (免許證) 명 許可证   면허증 (免許證) 명 許可證
바지선 명 驳船   바지선 명 駁船
바퀴 명 车轮   바퀴 명 車輪
배 명 船   배 명 船
배웅 명 送   배웅 명 送
배표 (一票) 명 船票   배표 (一票) 명 船票
뱃사공 (一沙工) 명 船夫   뱃사공 (一沙工) 명 船夫
버스 (bus) 명 公共汽车   버스 (bus) 명 公共汽車
버스카드 (bus card) 명 公共汽车卡   버스카드 (bus card) 명 公共汽車卡

〈기차〉

〈나침반〉

〈버스〉

병목현상 명 瓶颈现象
보트 (boat) 명 快艇
부기장 (副機長) 명 副机长
부두 (埠頭) 명 码头
불법주차 (不法駐車) 명 非法停车
불자동차 명 消防车, 救火车
비행기 (飛行機) 명 飞机
비행기표 (飛行機票) 명 飞机标
비행사 (飛行士) 명 飞行员
비행장 (飛行場) 명 飞机场
비행하다 (飛行—) 동 飞行
뺑소니 명 逃跑
사고 (事故) 명 事故
사공 (沙工) 명 船夫
상선 (商船) 명 商船
선로 (船路) 명 船路
선박 (船舶) 명 船舶
선실 (船室) 명 船舱
선장 (船長) 명 船长
선창 (船窓) 명 ① 码头上的跳板
　　② 浮桥
소방차 (消防車) 명 消防车
속도 (速度) 명 速度
속도측정기 (速度測程器) 명
　　速度測程器, 速度器
속력 (速力) 명 速度
수레 명 畜力车
수로 (水路) 명 水路
수송기 (輸送機) 명 运输机
스튜어드 (steward) 명 空中男务员
스튜어디스 (stewardess) 명 空中小姐

병목현상 명 瓶頸現象
보트 (boat) 명 快艇
부기장 (副機長) 명 副機長
부두 (埠頭) 명 碼頭
불법주차 (不法駐車) 명 非法停车
불자동차 명 消防車, 救火車
비행기 (飛行機) 명 飛機
비행기표 (飛行機票) 명 飛機標
비행사 (飛行士) 명 飛行員
비행장 (飛行場) 명 飛機場
비행하다 (飛行—) 동 飛行
뺑소니 명 逃跑
사고 (事故) 명 事故
사공 (沙工) 명 船夫
상선 (商船) 명 商船
선로 (船路) 명 船路
선박 (船舶) 명 船舶
선실 (船室) 명 船艙
선장 (船長) 명 船長
선창 (船窓) 명 ① 碼頭上的跳板
　　② 浮橋
소방차 (消防車) 명 消防車
속도 (速度) 명 速度
속도측정기 (速度測程器) 명
　　速度測程器, 速度器
속력 (速力) 명 速度
수레 명 畜力車
수로 (水路) 명 水路
수송기 (輸送機) 명 運輸機
스튜어드 (steward) 명 空中男務員
스튜어디스 (stewardess) 명 空中小姐

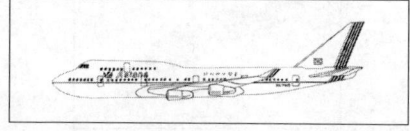

〈비행기〉

승객 (乘客) 명 乘客
승무원 (乘務員) 명 乘务员
승선하다 (乘船—) 동 乘船
승조원 (勝朝員) 명 船员
승차 (乘車) 명 乘车
승차권 (乘車券) 명 乘车券, 车票
승하차 (乘下車) 명 上下车
시내버스 (市內bus) 명 市内汽车
시외버스 (市外bus) 명 长途汽车
신작로 (新作路) 명 大路, 大马路
신호등 (信號燈) 명 信号灯
안전 (安全) 명 安全
안전띠 (安全—) 명 安全带
어선 (漁船) 명 渔船
여객 (旅客) 명 旅客
여객기 (旅客機) 명 客机
여객선 (旅客船) 명 客船
역 명 站
연락선 (聯絡船) 명 轮渡
열차 (列車) 명 列车
영업용 (營業用) 명 营业用
예매하다 동 预售
오르다 동 上
오토바이 (autobike) 명 摩托车
왕래 (往來) 명 往来, 来往
요트 (yacht) 명 快艇, 游艇
우등고속버스 (優等高速bus) 명 高级长途汽车
우주선 (宇宙船) 명 宇宙船
우회전 (右回轉) 명 右转

승객 (乘客) 명 乘客
승무원 (乘務員) 명 乘務員
승선하다 (乘船—) 동 乘船
승조원 (勝朝員) 명 船員
승차 (乘車) 명 乘車
승차권 (乘車券) 명 乘車券, 車票
승하차 (乘下車) 명 上下車
시내버스 (市內bus) 명 市內汽車
시외버스 (市外bus) 명 長途汽車
신작로 (新作路) 명 大路, 大馬路
신호등 (信號燈) 명 信號燈
안전 (安全) 명 安全
안전띠 (安全—) 명 安全帶
어선 (漁船) 명 漁船
여객 (旅客) 명 旅客
여객기 (旅客機) 명 客機
여객선 (旅客船) 명 客船
역 명 站
연락선 (聯絡船) 명 輪渡
열차 (列車) 명 列車
영업용 (營業用) 명 營業用
예매하다 동 預售
오르다 동 上
오토바이 (autobike) 명 摩托車
왕래 (往來) 명 往來, 來往
요트 (yacht) 명 快艇, 游艇
우등고속버스 (優等高速bus) 명 高級長途汽車
우주선 (宇宙船) 명 宇宙船
우회전 (右回轉) 명 右轉

〈여객선〉

운반 (運搬) 명 运输　　　　　　운반 (運搬) 명 運輸
운반비 (運搬費) 명 运输费　　　운반비 (運搬費) 명 運輸費
운반선 (運搬船) 명 货船　　　　운반선 (運搬船) 명 貨船
운송 (運送) 명 运输　　　　　　운송 (運送) 명 運輸
운송비 (運送費) 명 运输费　　　운송비 (運送費) 명 運輸費
운송수단 (運送手段) 명 运输手段　운송수단 (運送手段) 명 運輸手段
운수업 (運輸業) 명 运输行业　　운수업 (運輸業) 명 運輸行業
운임 (運賃) 명 运费　　　　　　운임 (運賃) 명 運費
운전 (運轉) 명 驾驶　　　　　　운전 (運轉) 명 駕駛
운전면허시험 (運轉免許試驗) 명　운전면허시험 (運轉免許試驗) 명
　驾驶考试　　　　　　　　　　　駕駛考試
운전면허증 (運轉免許證) 명 驾驶证　운전면허증 (運轉免許證) 명 駕駛證
운전사 (運轉士) 명 驾驶员　　　운전사 (運轉士) 명 駕駛員
운전석 (運轉席) 명 驾驶员座席　운전석 (運轉席) 명 駕駛員座席
운전하다 (運轉—) 동 驾驶　　　운전하다 (運轉—) 동 駕駛
운항하다 (運航—) 동 运航　　　운항하다 (運航—) 동 運航
운행 (運行) 명 运行　　　　　　운행 (運行) 명 運行
원양어선 (遠洋漁船) 명 远洋渔船　원양어선 (遠洋漁船) 명 遠洋漁船
유람선 (遊覽船) 명 游船　　　　유람선 (遊覽船) 명 遊船
유조선 (油槽船) 명 油船, 油轮　유조선 (油槽船) 명 油船, 油輪
육교 (陸橋) 명 桥　　　　　　　육교 (陸橋) 명 橋
음주운전 (飮酒運轉) 명 酒後驾驶　음주운전 (飮酒運轉) 명 酒後駕駛
음주측정기 (飮酒測程器) 명　　음주측정기 (飮酒測程器) 명
　酒精測試器　　　　　　　　　　酒精測試器
이동 (異動) 명 移动　　　　　　이동 (異動) 명 移動
이륙하다 (離陸—) 동 起飞　　　이륙하다 (離陸—) 동 起飛
인도 (人道) 명 人行道　　　　　인도 (人道) 명 人行道
일방통행로 (一方通行路) 명 单行道　일방통행로 (一方通行路) 명 單行道
임시열차 (臨時列車) 명 临时列车　임시열차 (臨時列車) 명 臨時列車
자가용 (自家用) 명 自用车　　　자가용 (自家用) 명 自用車
자동차 (自動車) 명 汽车　　　　자동차 (自動車) 명 汽車

〈자동차〉

자동차등록증 (自動車登錄證) 명　　　자동차등록증 (自動車登錄證) 명
　汽车注册登记证　　　　　　　　　　汽车注册登记證
자전거 (自轉車) 명 自行车　　　　　자전거 (自轉車) 명 自行車
잠수함 (潛水艦) 명 潜水舰, 潜碟　　잠수함 (潛水艦) 명 潛水艦, 潛碟
장갑차 (裝甲車) 명 装甲车　　　　　장갑차 (裝甲車) 명 裝甲車
장의차 (葬儀車) 명 殡葬车, 灵车　　장의차 (葬儀車) 명 殯葬車, 靈車
전용도로 (專用道路) 명 专用道路　　전용도로 (專用道路) 명 專用道路
전용차로 (專用車路) 명 专用车路　　전용차로 (專用車路) 명 專用車路
전용차선 (專用車線) 명 专用车线　　전용차선 (專用車線) 명 專用車線
전진 (前進) 명 前进, 往前　　　　　전진 (前進) 명 前進, 往前
전차 (電車) 명 电车　　　　　　　　전차 (電車) 명 電車
전철 (電鐵) 명 电车　　　　　　　　전철 (電鐵) 명 電車
전철표 (電鐵票) 명 电车票　　　　　전철표 (電鐵票) 명 地車票
전투기 (戰鬪機) 명 战斗机　　　　　전투기 (戰鬪機) 명 戰鬪機
접촉사고 (接觸事故) 명 相撞事故　　접촉사고 (接觸事故) 명 相撞事故
정거장 (停車場) 명 停车场　　　　　정거장 (停車場) 명 停車場
정류장 (停留場) 명 汽车站　　　　　정류장 (停留場) 명 汽車站
정비사 (整備士) 명 修理工　　　　　정비사 (整備士) 명 修理工
정액권 (定額券) 명 定額乘车券　　　정액권 (定額券) 명 定額乘車券
제트기 (jet機) 명 喷汽式飞机　　　　제트기 (jet機) 명 噴汽式飛機
좌석버스 (坐席bus) 명 坐席汽车　　좌석버스 (坐席bus) 명 坐席汽車
좌회전 (左回轉) 명 左转　　　　　　좌회전 (左回轉) 명 左轉
주차 (駐車) 명 停车　　　　　　　　주차 (駐車) 명 停車
주차관리인 (舟車管理人) 명 停车管理员　주차관리인 (舟車管理人) 명 停車管理員
주차권 (駐車券) 명 停车券　　　　　주차권 (駐車券) 명 停車券
주차기 (駐車機) 명 自动停车机　　　주차기 (駐車機) 명 自動停車機
주차장 (駐車場) 명 停车场　　　　　주차장 (駐車場) 명 停車場
지게차 명 叉车, 铲车　　　　　　　　지게차 명 叉車, 鏟車
지도 (地圖) 명 地图　　　　　　　　지도 (地圖) 명 地圖
지하도 (地下道) 명 地下道　　　　　지하도 (地下道) 명 地下道
지하철 (地下鐵) 명 地铁　　　　　　지하철 (地下鐵) 명 地鐵
직진 (直進) 명 往前开, 直行　　　　직진 (直進) 명 往前開, 直行
직행버스 (直行bus) 명 直达汽车　　직행버스 (直行bus) 명 直達汽車
질서 (秩序) 명 秩序　　　　　　　　질서 (秩序) 명 秩序
징검다리 명 蹬脚石, 迈石　　　　　　징검다리 명 蹬脚石, 邁石
차 (車) 명 车　　　　　　　　　　　차 (車) 명 車

차도 (車道) 몡 车道   차도 (車道) 몡 車道
차량 (車輛) 몡 车辆   차량 (車輛) 몡 車輛
차로 (車路) 몡 路   차로 (車路) 몡 路
차선 (車線) 몡 车线   차선 (車線) 몡 車線
차표 (車票) 몡 车票   차표 (車票) 몡 車票
착륙하다 (着陸—) 동 着陆   착륙하다 (着陸—) 동 着陸
찻길 (車—) 몡 道路   찻길 (車—) 몡 道路
철길 (鐵—) 몡 铁路   철길 (鐵—) 몡 鐵路
철도 (鐵道) 몡 铁道   철도 (鐵道) 몡 鐵道
초보운전 (初步運轉) 몡 刚开始驾驶   초보운전 (初步運轉) 몡 剛開始駕駛
타다 동 坐, 骑   타다 동 坐, 騎
탑승 (搭乘) 몡 搭乘   탑승 (搭乘) 몡 搭乘
탑승구 (搭乘口) 몡 乘机口   탑승구 (搭乘口) 몡 乘機口
탑승수속 (搭乘手續) 몡 乘机手续   탑승수속 (搭乘手續) 몡 乘機手續
택시 (taxi) 몡 出租汽车, 的士   택시 (taxi) 몡 出租汽車, 的士
터널 (tunnel) 몡 隧道   터널 (tunnel) 몡 隧道
터미널 (terminal) 몡 长途客运站   터미널 (terminal) 몡 長途客運站
통근버스 (通勤bus) 몡 通勤车   통근버스 (通勤bus) 몡 通勤車
통통배 몡 小汽船, 摩托船   통통배 몡 小汽船, 摩托船
통학버스 (通學bus) 몡 接学生的车   통학버스 (通學bus) 몡 接學生的車
통행료 (通行料) 몡 通行费   통행료 (通行料) 몡 通行費
트럭 (truck) 몡 货车   트럭 (truck) 몡 貨車
하선하다 (下船—) 동 下船   하선하다 (下船—) 동 下船
할증료 (割增料) 몡 加价费   할증료 (割增料) 몡 加價費
함정 (艦艇) 몡 舰艇   함정 (艦艇) 몡 艦艇
항공권 (航空券) 몡 飞机票   항공권 (航空券) 몡 飛機票
항공기 (航空機) 몡 飞机   항공기 (航空機) 몡 飛機
항공모함 (航空母艦) 몡 航空母舰   항공모함 (航空母艦) 몡 航空母艦
항공사 (航空社) 몡 航空公司   항공사 (航空社) 몡 航空公司
항공운항 (航空運航) 몡 航空运航   항공운항 (航空運航) 몡 航空運航

〈징검다리〉

〈택시〉

항구 (港口) 몡 港口
항로 (航路) 몡 航路, 航线
항만 (港灣) 몡 港湾
항해사 (航海士) 몡 船长
항해지도 (航海地圖) 몡 航海地图
항해하다 (航海—) 동 航海
해로 (海路) 몡 海路
해상교통 (海上交通) 몡 海上交通
헬리콥터 (helicopter) 몡 直升飞机
혼잡통행료 (混雜通行料) 몡 通行费
혼잡하다 (混雜—) 형 混乱
화물 (貨物) 몡 货物
화물선 (貨物船) 몡 货船
화물열차 (貨物列車) 몡 货车, 货物列车
화물차 (貨物車) 몡 货车
활주로 (滑走路) 몡 跑道
회수권 (回數券) 몡 回收券
회전 (回轉) 몡 回转
횡단보도 (橫斷步道) 몡 人行橫道
후진 (後進) 몡 后退

항구 (港口) 몡 港口
항로 (航路) 몡 航路, 航線
항만 (港灣) 몡 港灣
항해사 (航海士) 몡 船長
항해지도 (航海地圖) 몡 航海地圖
항해하다 (航海—) 동 航海
해로 (海路) 몡 海路
해상교통 (海上交通) 몡 海上交通
헬리콥터 (helicopter) 몡 直升飛機
혼잡통행료 (混雜通行料) 몡 通行費
혼잡하다 (混雜—) 형 混亂
화물 (貨物) 몡 貨物
화물선 (貨物船) 몡 貨船
화물열차 (貨物列車) 몡 貨車, 貨物列車
화물차 (貨物車) 몡 貨車
활주로 (滑走路) 몡 跑道
회수권 (回數券) 몡 回收券
회전 (回轉) 몡 回轉
횡단보도 (橫斷步道) 몡 人行橫道
후진 (後進) 몡 後退

34. 자연현상

| 自然现象 | 自然現象 |

가랑비 명 毛毛雨 가랑비 명 毛毛雨
가물가물 부 隐隐约约, 忽明忽暗 가물가물 부 隱隱約約, 忽明忽暗
가물다 동 于旱 가물다 동 乾旱
가뭄 명 于旱, 旱灾 가뭄 명 乾旱, 旱災
가시광선 (可視光線) 명 可视光线 가시광선 (可視光線) 명 可視光線
가을바람 명 秋风 가을바람 명 秋風
강바람 (江—) 명 江风 강바람 (江—) 명 江風
강수량 (降水量) 명 降水量 강수량 (降水量) 명 降水量
강우량 (降雨量) 명 降雨量 강우량 (降雨量) 명 降雨量
강추위 (强—) 명 严寒, 酷寒 강추위 (强—) 명 嚴寒, 酷寒
개다 동 (天氣)轉晴 개다 동 (天氣)轉晴
건조주의보 (乾燥注意報) 명 于燥注意报 건조주의보 (乾燥注意報) 명 乾燥注意報
건조하다 (乾燥—) 형 于燥 건조하다 (乾燥—) 형 乾燥
걷히다 동 消散 걷히다 동 消散
겨울바람 명 朔风, 冬风 겨울바람 명 朔風, 冬風
계절풍 (季節風) 명 季风, 季节风 계절풍 (季節風) 명 季風, 季節風
고기압 (高氣壓) 명 高气压 ↔ 低气压 고기압 (高氣壓) 명 高氣壓 ↔ 低氣壓
고드름 명 冰柱, 冰椎 고드름 명 冰柱, 冰椎
광풍 (狂風) 명 狂风 광풍 (狂風) 명 狂風
구름 명 云, 云彩 구름 명 雲, 雲彩
그림자 명 影子 그림자 명 影子
그치다 동 停, 止 그치다 동 停, 止

〈구름〉

기상 (氣象) 명 气象
기상관측 (氣象觀測) 명 气象观测
기상청 (氣象廳) 명 气象局, 气象台
기상통보 (氣象通報) 명 气象报告
기상특보 (氣象特報) 명 气象特报
기압 (氣壓) 명 气压
기압계 (氣壓計) 명 气压计
기온 (氣溫) 명 气温
기후 (氣候) 명 气候
꽃샘추위 명 春寒, 春天开花或长叶时的寒冷
끼다 동 笼罩, 弥漫
나쁘다 형 (天气) 恶劣, 不佳, 不好
난류 (暖流) 명 暖流
날 명 天气
날씨 명 天气, 气候
남풍 (南風) 명 南风
낮다 형 低
내려가다 동 下降
내리다 동 降(露), 下(雹), 下(雨, 雪)
냉기 (冷氣) 명 冷空气
노을 명 霞
녹다 동 融化, 溶化
높다 형 高

기상 (氣象) 명 氣象
기상관측 (氣象觀測) 명 氣象觀測
기상청 (氣象廳) 명 氣象局, 氣象臺
기상통보 (氣象通報) 명 氣象報告
기상특보 (氣象特報) 명 氣象特報
기압 (氣壓) 명 氣壓
기압계 (氣壓計) 명 氣壓計
기온 (氣溫) 명 氣溫
기후 (氣候) 명 氣候
꽃샘추위 명 春寒, 春天開花或長葉時的寒冷
끼다 동 籠罩, 彌漫
나쁘다 형 (天氣) 惡劣, 不佳, 不好
난류 (暖流) 명 暖流
날 명 天氣
날씨 명 天氣, 氣候
남풍 (南風) 명 南風
낮다 형 低
내려가다 동 下降
내리다 동 降(露), 下(雹), 下(雨, 雪)
냉기 (冷氣) 명 冷空氣
노을 명 霞
녹다 동 融化, 溶化
높다 형 高

〈노을〉

〈눈〉

← {매우 춥다} {춥다} {쌀쌀하다} {시원하다} 보통 {따뜻하다} {덥다} {무덥다} →

〈기온〉

높새바람 명 焚风
눅눅하다 형 湿润, 潮湿
눈 명 雪
눈꽃 명 雪花
눈발 명 雪丝
눈보라 명 暴风雪
눈사람 명 雪人
눈사태 (一沙汰) 명 雪崩
눈송이 명 雪花, 雪片
눈싸움 명 雪仗
눈썰매 명 雪橇
늦더위 명 秋老虎, 秋热
단비 명 甘雨, 甘霖
달그림자 명 月影
달무리 명 月晕
달빛 명 月光
대기오염 (大氣汚染) 명 大气污染
대설경보 (大雪警報) 명 大雪警报
대설주의보 (大雪注意報) 명 大雪注意报
대자연 (大自然) 명 大自然
더위 명 热, 暑气
덜덜 부 哆嗦
덥다 형 热, 暑热
동풍 (東風) 명 东风
두둥실 부 漂浮貌, 轻飘飘地
두리둥실 부 漂浮貌
둥실둥실 부 漂浮貌
따갑다 형 炎热
따뜻하다 형 温和, 温暖
땅거미 명 薄暮, 暮色, 傍晚
땡볕 명 烈日暴晒
떨다 동 发抖, 颤动
뜨겁다 형 炎热, 烫
뜨다 동 升 (虹)
마파람 명 南风
만년설 (萬年雪) 명 常年积雪

높새바람 명 焚風
눅눅하다 형 濕潤, 潮濕
눈 명 雪
눈꽃 명 雪花
눈발 명 雪絲
눈보라 명 暴風雪
눈사람 명 雪人
눈사태 (一沙汰) 명 雪崩
눈송이 명 雪花, 雪片
눈싸움 명 雪仗
눈썰매 명 雪橇
늦더위 명 秋老虎, 秋熱
단비 명 甘雨, 甘霖
달그림자 명 月影
달무리 명 月暈
달빛 명 月光
대기오염 (大氣汚染) 명 大氣污染
대설경보 (大雪警報) 명 大雪警報
대설주의보 (大雪注意報) 명 大雪注意報
대자연 (大自然) 명 大自然
더위 명 熱, 暑氣
덜덜 부 哆嗦
덥다 형 熱, 暑熱
동풍 (東風) 명 東風
두둥실 부 漂浮貌, 輕飄飄地
두리둥실 부 漂浮貌
둥실둥실 부 漂浮貌
따갑다 형 炎熱
따뜻하다 형 溫和, 溫暖
땅거미 명 薄暮, 暮色, 傍晚
땡볕 명 烈日暴曬
떨다 동 發抖, 顫動
뜨겁다 형 炎熱, 燙
뜨다 동 昇 (虹)
마파람 명 南風
만년설 (萬年雪) 명 常年積雪

맑다 휑 晴朗, 明亮
맺히다 동 结, 凝结
먹구름 명 乌云
먼지 명 尘, 灰尘
멎다 동 停, 止
무더위 명 炎热, 酷热
무덥다 휑 闷热, 炎热, 酷热
무역풍 (貿易風) 명 贸易风, 季节风
무지개 명 彩虹
물결 명 波浪
물안개 명 水雾, 雨雾
뭉게구름 명 云团
뭉게뭉게 튀 一团一团地, 朵朵
미지근하다 휑 温和 (水), 不冷不热
밀물 명 涨潮, 潮水
바람 명 风
발령하다 (發令—) 동 发布命令, 下令
밤안개 명 夜雾
백야 (白夜) 명 白夜
백엽상 (百葉箱) 명 百叶箱
번개 명 闪电
번쩍 튀 闪, 闪耀
범람하다 (氾濫—) 동 泛滥
벼락 명 雷
보슬보슬 튀 (雨)纷纷
보슬비 명 毛毛雨
봄바람 명 春风
북풍 (北風) 명 北风
불다 동 吹, 刮, 刮
불빛 명 灯光
불쾌지수 (不快指數) 명 不快指数, 令人不安的指数
비 명 雨, 雨水
비구름 명 乌云
비바람 명 风雨
비옷 명 雨衣

맑다 휑 晴朗, 明亮
맺히다 동 結, 凝結
먹구름 명 烏雲
먼지 명 塵, 灰塵
멎다 동 停, 止
무더위 명 炎熱, 酷熱
무덥다 휑 悶熱, 炎熱, 酷熱
무역풍 (貿易風) 명 貿易風, 季節風
무지개 명 彩虹
물결 명 波浪
물안개 명 水霧, 雨霧
뭉게구름 명 雲團
뭉게뭉게 튀 一團一團地, 朵朵
미지근하다 휑 溫和 (水), 不冷不熱
밀물 명 漲潮, 潮水
바람 명 風
발령하다 (發令—) 동 發布命令, 下令
밤안개 명 夜霧
백야 (白夜) 명 白夜
백엽상 (百葉箱) 명 百葉箱
번개 명 閃電
번쩍 튀 閃, 閃耀
범람하다 (氾濫—) 동 泛濫
벼락 명 雷
보슬보슬 튀 (雨)紛紛
보슬비 명 毛毛雨
봄바람 명 春風
북풍 (北風) 명 北風
불다 동 吹, 颳, 刮
불빛 명 燈光
불쾌지수 (不快指數) 명 不快指數, 令人不安的指數
비 명 雨, 雨水
비구름 명 烏雲
비바람 명 風雨
비옷 명 雨衣

빗방울 [명] 雨滴, 雨点儿
산들바람 [명] 微风, 轻风
산들산들 [부] (风)微微地, 轻轻地
산바람 (山—) [명] 山风
산불 (山—) [명] 山火
산사태 (山沙汰) [명] 泥石流
산성비 (酸性—) [명] 酸雨
살랑살랑 [부] (风)微微地, 轻轻地
삼복더위 (三伏—) [명] 伏热, 伏暑, 三伏
삼한사온 (三寒四溫) [명] 三寒四温
상온 (常溫) [명] 常温
새벽안개 [명] 晨雾
새털구름 [명] 卷云
샛바람 [명] 东风
생태계 (生態系) [명] 生态界
서늘하다 [형] 凉, 凉快
서리 [명] 霜
서풍 (西風) [명] 西风
설경 (雪景) [명] 雪景
섭씨 (攝氏) [명] 摄氏
성에 [명] 霜花
소나기 [명] 阵雨, 骤雨
소나기구름 [명] 积雨云
솔솔 [부] (风)微微地, 轻轻地
수심 (水深) [명] 水深
수온 (水溫) [명] 水温
수은주 (水銀柱) [명] 水银柱
수질 (水質) [명] 水质
수질오염 (水質汚染) [명] 水质污染
수해 (水害) [명] 水害, 水灾
습기 (濕氣) [명] 湿气
습도 (濕度) [명] 湿度
습도계 (濕度計) [명] 湿度计
습하다 (濕—) [형] 潮湿
시리다 [형] 冷
시원하다 [형] 凉快, 凉爽, 舒服

빗방울 [명] 雨滴, 雨點兒
산들바람 [명] 微風, 輕風
산들산들 [부] (風)微微地, 輕輕地
산바람 (山—) [명] 山風
산불 (山—) [명] 山火
산사태 (山沙汰) [명] 泥石流
산성비 (酸性—) [명] 酸雨
살랑살랑 [부] (風)微微地, 輕輕地
삼복더위 (三伏—) [명] 伏熱, 伏暑, 三伏
삼한사온 (三寒四溫) [명] 三寒四溫
상온 (常溫) [명] 常溫
새벽안개 [명] 晨霧
새털구름 [명] 卷雲
샛바람 [명] 東風
생태계 (生態系) [명] 生態界
서늘하다 [형] 凉, 凉快
서리 [명] 霜
서풍 (西風) [명] 西風
설경 (雪景) [명] 雪景
섭씨 (攝氏) [명] 攝氏
성에 [명] 霜花
소나기 [명] 陣雨, 驟雨
소나기구름 [명] 積雨雲
솔솔 [부] (風)微微地, 輕輕地
수심 (水深) [명] 水深
수온 (水溫) [명] 水溫
수은주 (水銀柱) [명] 水銀柱
수질 (水質) [명] 水質
수질오염 (水質汚染) [명] 水質汚染
수해 (水害) [명] 水害, 水災
습기 (濕氣) [명] 濕氣
습도 (濕度) [명] 濕度
습도계 (濕度計) [명] 濕度計
습하다 (濕—) [형] 潮濕
시리다 [형] 冷
시원하다 [형] 凉快, 凉爽, 舒服

실바람 몡 微风, 和风
실온 (室溫) 몡 室内溫度
싸늘하다 혱 冰凉, 凉飕飕
싸락눈 몡 霰, 雪珠
쌓이다 동 堆积
쌩쌩 뮈 飕飕, 唰唰
썰렁하다 혱 凉, 寒
썰물 몡 退潮
아지랑이 몡 河影, 游丝, 蜃
악천후 (惡天候) 몡 恶劣气候
안개 몡 雾
안개경보 (一警報) 몡 浓雾警报
안개구름 몡 云雾
안개비 몡 雾雨, 蒙蒙雨
안개주의보 (一注意報) 몡 浓雾注意报
양떼구름 몡 羊群云
얼다 동 冻, 结冰
얼음 몡 冰, 冰块
엄동설한 (嚴冬雪寒) 몡 严冬雪寒
여우비 몡 时晴时下的雨
열 (熱) 몡 热
열기 (熱氣) 몡 热气
열대야 (熱帶夜) 몡 热带夜晚
열리다 동 结(冰柱)
영상 (零上) 몡 零上
영하 (零下) 몡 零下
오다 동 下(雨, 雪)
오들오들 뮈 哆嗦地
오로라 몡 极光
오존주의보 (ozone注意報) 몡
　臭氧注意报
온기 (溫氣) 몡 热气, 暖气, 暖和
온난전선 (溫暖前線) 몡 暖锋
온도 (溫度) 몡 温度
온도계 (溫度計) 몡 温度计
올라가다 동 上升, 升高

실바람 몡 微風, 和風
실온 (室溫) 몡 室內溫度
싸늘하다 혱 冰凉, 凉颼颼
싸락눈 몡 霰, 雪珠
쌓이다 동 堆積
쌩쌩 뮈 颼颼, 唰唰
썰렁하다 혱 凉, 寒
썰물 몡 退潮
아지랑이 몡 河影, 游絲, 蜃
악천후 (惡天候) 몡 惡劣氣候
안개 몡 霧
안개경보 (一警報) 몡 濃霧警報
안개구름 몡 雲霧
안개비 몡 霧雨, 濛濛雨
안개주의보 (一注意報) 몡 濃霧注意報
양떼구름 몡 羊群雲
얼다 동 凍, 結冰
얼음 몡 冰, 冰塊
엄동설한 (嚴冬雪寒) 몡 嚴冬雪寒
여우비 몡 時晴時下的雨
열 (熱) 몡 熱
열기 (熱氣) 몡 熱氣
열대야 (熱帶夜) 몡 熱帶夜晚
열리다 동 結(冰柱)
영상 (零上) 몡 零上
영하 (零下) 몡 零下
오다 동 下(雨, 雪)
오들오들 뮈 哆嗦地
오로라 몡 極光
오존주의보 (ozone注意報) 몡
　臭氧注意報
온기 (溫氣) 몡 熱氣, 暖氣, 暖和
온난전선 (溫暖前線) 몡 暖鋒
온도 (溫度) 몡 溫度
온도계 (溫度計) 몡 溫度計
올라가다 동 上昇, 昇高

우량계 (雨量計) 명 雨量计   우량계 (雨量計) 명 雨量計
우레 명 雷   우레 명 雷
우르르쾅쾅 閉 轰隆隆   우르르쾅쾅 閉 轟隆隆
우박 (雨雹) 명 冰雹   우박 (雨雹) 명 冰雹
우비 (雨備) 명 雨具   우비 (雨備) 명 雨具
우산 (雨傘) 명 雨伞   우산 (雨傘) 명 雨傘
운량 (雲量) 명 云量   운량 (雲量) 명 雲量
월식 (月蝕) 명 月蚀   월식 (月蝕) 명 月蝕
육풍 (陸風) 명 陆风   육풍 (陸風) 명 陸風
이글이글 閉 ①(火勢)熊熊   이글이글 閉 ①(火勢)熊熊
　　②(心, 心情)热乎乎   　　②(心, 心情)熱乎乎
이슬 명 露水   이슬 명 露水
이슬비 명 毛毛雨   이슬비 명 毛毛雨
일광욕 (日光浴) 명 日光浴   일광욕 (日光浴) 명 日光浴
일교차 (日較差) 명 日温差   일교차 (日較差) 명 日溫差
일기 (日氣) 명 天气   일기 (日氣) 명 天氣
일기예보 (日氣豫報) 명 天气预报   일기예보 (日氣豫報) 명 天氣預報
일다 동 起   일다 동 起
일몰 (日沒) 명 日落   일몰 (日沒) 명 日落
일사병 (日射病) 명 日射病   일사병 (日射病) 명 日射病
일식 (日蝕) 명 日蚀   일식 (日蝕) 명 日蝕
일출 (日出) 명 日出   일출 (日出) 명 日出
자연 (自然) 명 自然   자연 (自然) 명 自然
자연과학 (自然科學) 명 自然科学   자연과학 (自然科學) 명 自然科學
자연법칙 (自然法則) 명 自然法则   자연법칙 (自然法則) 명 自然法則
자연보호 (自然保護) 명 自然保护   자연보호 (自然保護) 명 自然保護
자연숭배 (自然崇拜) 명 自然崇拜   자연숭배 (自然崇拜) 명 自然崇拜
자연식품 (自然食品) 명 自然食品   자연식품 (自然食品) 명 自然食品
자연재해 (自然災害) 명 自然灾害   자연재해 (自然災害) 명 自然災害
자연주의 (自然主義) 명 自然主义   자연주의 (自然主義) 명 自然主義
자연파괴 (自然破壞) 명 自然破坏   자연파괴 (自然破壞) 명 自然破壞

보통

⟵ {차다/ 차갑다}　　{시원하다}　　●　　{미지근하다} {따뜻하다} {따끈하다} {뜨겁다} ⟶

〈온도〉

자연현상 (自然現象) 몡 自然现象　　자연현상 (自然現象) 몡 自然現象
자연환경 (自然環境) 몡 自然环境　　자연환경 (自然環境) 몡 自然環境
자외선 (紫外線) 몡 紫外线　　　　자외선 (紫外線) 몡 紫外線
자욱하다 혱 蒙蒙, 弥漫　　　　　자욱하다 혱 濛濛, 彌漫
장마 몡 梅雨　　　　　　　　　　장마 몡 梅雨
장마전선 (―前線) 몡 梅雨前线　　장마전선 (―前線) 梅雨前線
장화 (長靴) 몡 雨鞋, 长鞾　　　　장화 (長靴) 雨鞋, 長靴
저기압 (低氣壓) 몡 低气压　　　　저기압 (低氣壓) 몡 低氣壓
저물다 동 日暮, 傍晚　　　　　　저물다 동 日暮, 傍晚
적설량 (積雪量) 몡 积雪量　　　　적설량 (積雪量) 몡 積雪量
적외선 (赤外線) 몡 红外线　　　　적외선 (赤外線) 몡 紅外線
젖다 동 湿　　　　　　　　　　　젖다 동 濕
제설기 (除雪機) 몡 除雪机　　　　제설기 (除雪機) 몡 除雪機
제설작업 (除雪作業) 몡 除雪作业　제설작업 (除雪作業) 몡 除雪作業
조류 (潮流) 몡 潮流　　　　　　　조류 (潮流) 몡 潮流
좋다 혱 (天气) 好, 晴朗　　　　　좋다 혱 (天氣) 好, 晴朗
주룩주룩 튀 哗啦哗啦, 淅沥淅沥　주룩주룩 튀 嘩啦嘩啦, 淅瀝淅瀝
지다 동 出(霞), 形成(霞)　　　　지다 동 出(霞), 形成(霞)
지열 (地熱) 몡 地热　　　　　　　지열 (地熱) 몡 地熱
지진 (地震) 몡 地震　　　　　　　지진 (地震) 몡 地震
지진대 (地震帶) 몡 地震带　　　　지진대 (地震帶) 몡 地震帶
지질 (地質) 몡 地质　　　　　　　지질 (地質) 몡 地質
직사광선 (直射光線) 몡 直射光线　직사광선 (直射光線) 몡 直射光線

☀	☁	☂	☃	≈				≡
				바람				
해	구름	비	눈	방향	세기	계절	불어오는 곳	안개
	먹구름 뭉게구름 비구름 새털구름 안개구름 양떼구름 :	가랑비 단비 보슬비 산성비 소나기 안개비 여우비 이슬비 폭우 폭풍우 :	만년설 싸락눈 진눈깨비 첫눈 폭설 함박눈 :	남풍 높새바람 동풍 마파람 무역풍 북풍 샛바람 서풍 편동풍 편서풍 하늬바람 :	광풍 산들바람 실바람 태풍 황소바람 회오리바람 :	가을바람 겨울바람 계절풍 봄바람 :	산바람 강바람 해풍 육풍 :	물안개 밤안개 새벽안개 :

진눈깨비 명 雨雪
쨍쨍 부 鏗鏘
차갑다 형 凉, 冷淡
천둥 명 雷
천재지변 (天災地變) 명 天灾地变
첫눈 명 初雪
청명하다 (淸明—) 형 淸朗
체감온도 (體感溫度) 명 体感温度
촉촉하다 형 潮湿, 湿润
추위 명 寒冷
춥다 형 冷
치다 동 打(雷)
태양광선 (太陽光線) 명 太阳光线
태양열 (太陽熱) 명 太阳热
태풍 (颱風) 명 台风
통풍 (通風) 명 通风
파도 (波濤) 명 波涛
펄펄 부 雪飘飘貌
펑펑 부 下雪纷纷貌
편동풍 (偏東風) 명 偏东风
편서풍 (偏西風) 명 偏西风
폐수 (廢水) 명 废水
폭설 (暴雪) 명 暴雪, 大雪
폭우 (暴雨) 명 暴雨
폭풍 (暴風) 명 暴风
폭풍경보 (暴風警報) 명 暴风警报
폭풍우 (暴風雨) 명 暴风雨
폭풍주의보 (暴風注意報) 명 暴风注意报
풍속 (風速) 명 风速
풍속계 (風速計) 명 风速计
풍향 (風向) 명 风向
풍향계 (風向計) 명 风向计
하늬바람 명 北西风, 西北风
한기 (寒氣) 명 寒气
한더위 명 酷暑, 酷热, 盛暑
한들한들 부 摇动, 飘动

진눈깨비 명 雨雪
쨍쨍 부 鏗鏘
차갑다 형 凉, 冷淡
천둥 명 雷
천재지변 (天災地變) 명 天災地變
첫눈 명 初雪
청명하다 (淸明—) 형 淸朗
체감온도 (體感溫度) 명 體感溫度
촉촉하다 형 潮濕, 濕潤
추위 명 寒冷
춥다 형 冷
치다 동 打(雷)
태양광선 (太陽光線) 명 太陽光線
태양열 (太陽熱) 명 太陽熱
태풍 (颱風) 명 颱風
통풍 (通風) 명 通風
파도 (波濤) 명 波濤
펄펄 부 雪飄飄貌
펑펑 부 下雪紛紛貌
편동풍 (偏東風) 명 偏東風
편서풍 (偏西風) 명 偏西風
폐수 (廢水) 명 廢水
폭설 (暴雪) 명 暴雪, 大雪
폭우 (暴雨) 명 暴雨
폭풍 (暴風) 명 暴風
폭풍경보 (暴風警報) 명 暴風警報
폭풍우 (暴風雨) 명 暴風雨
폭풍주의보 (暴風注意報) 명 暴風注意報
풍속 (風速) 명 風速
풍속계 (風速計) 명 風速計
풍향 (風向) 명 風向
풍향계 (風向計) 명 風向計
하늬바람 명 北西風, 西北風
한기 (寒氣) 명 寒氣
한더위 명 酷暑, 酷熱, 盛暑
한들한들 부 搖動, 飄動

한랭전선 (寒冷前線) 명 冷锋
한류 (寒流) 명 寒流
한파 (寒波) 명 寒流
한파주의보 (寒波注意報) 명 寒流注意报
함박눈 명 鹅毛大雪
해돋이 명 日出
해류 (海流) 명 海流
해오름 명 日出
해일 (海溢) 명
해제하다 (解除—) 동 解除 (警報)
해풍 (海風) 명 海风
햇볕 명 日光
햇빛 명 日光
햇살 명 日光
호우 (豪雨) 명 暴雨
호우경보 (豪雨警報) 명 暴雨警报
호우주의보 (豪雨注意報) 명 暴雨注意报
홍수 (洪水) 명 洪水
화산 (火山) 명 火山
화산대 (火山帶) 명 火山带
화씨 (華氏) 명 华氏
화창하다 (和暢—) 형 风和日丽, 和煦
환기 (換氣) 명 换气
환절기 (換節期) 명 变换季节的时期
활화산 (活火山) 명 活火山
황사현상 (黃砂現象) 명 黃沙现象
황소바람 명 一股冷风
황혼 (黃昏) 명 黃昏
회오리바람 명 旋风, 飙风
휴화산 (休火山) 명 休火山
흐르다 동 流
흐리다 형 阴沉, 阴, 暗淡, 模糊不清

한랭전선 (寒冷前線) 명 冷鋒
한류 (寒流) 명 寒流
한파 (寒波) 명 寒流
한파주의보 (寒波注意報) 명 寒流注意報
함박눈 명 鵝毛大雪
해돋이 명 日出
해류 (海流) 명 海流
해오름 명 日出
해일 (海溢) 명
해제하다 (解除—) 동 解除 (警報)
해풍 (海風) 명 海風
햇볕 명 日光
햇빛 명 日光
햇살 명 日光
호우 (豪雨) 명 暴雨
호우경보 (豪雨警報) 명 暴雨警報
호우주의보 (豪雨注意報) 명 暴雨注意報
홍수 (洪水) 명 洪水
화산 (火山) 명 火山
화산대 (火山帶) 명 火山帶
화씨 (華氏) 명 華氏
화창하다 (和暢—) 형 風和日麗, 和煦
환기 (換氣) 명 換氣
환절기 (換節期) 명 變換季節的時期
활화산 (活火山) 명 活火山
황사현상 (黃砂現象) 명 黃沙現象
황소바람 명 一股冷風
황혼 (黃昏) 명 黃昏
회오리바람 명 旋風, 飈風
휴화산 (休火山) 명 休火山
흐르다 동 流
흐리다 형 陰沉, 陰, 暗淡, 模糊不清

35. 동물

动物	動物

가리비	명	虾夷扇贝	가리비	명	蝦夷扇貝
가물치	명	乌鱼, 鲣鱼, 草鱼	가물치	명	鳥魚, 鰹魚, 草魚
가슴	명	胸, 胸部, 心中	가슴	명	胸, 胸部, 心中
가오리	명	黄貂鱼, 黄魟	가오리	명	黃貂魚, 黃魟
가자미	명	比目鱼	가자미	명	比目魚
가재	명	剌蛄	가재	명	剌蛄
가죽	명	皮, 皮革	가죽	명	皮, 皮革
가축	명	家畜	가축	명	家畜
갈기	명	鬃	갈기	명	鬃
갈매기	명	鸥, 海鸥	갈매기	명	鷗, 海鷗
갈치	명	带鱼	갈치	명	帶魚
강아지	명	小狗, 狗崽子	강아지	명	小狗, 狗崽子
개	명	狗	개	명	狗
개구리	명	蛙, 青蛙	개구리	명	蛙, 青蛙
개굴개굴	부	青蛙叫声, 呱呱	개굴개굴	부	青蛙叫聲, 呱呱
개똥벌레	명	萤火虫	개똥벌레	명	螢火虫
개미	명	蚂蚁	개미	명	螞蟻
거머리	명	蚂蟥	거머리	명	螞蟥
거미	명	蜘蛛	거미	명	蜘蛛

동물	내는 소리	동물	내는 소리
개	멍멍	병아리	삐악삐악
갈매기·기러기	끼룩끼룩	부엉이	부엉부엉
개구리	개굴개굴	비둘기	구구구
고양이	야옹	뻐꾸기	뻐꾹뻐꾹
까마귀	까악까악	사자·호랑이	어흥
꾀꼬리	꾀꼴꾀꼴	소·염소	음매
닭	꼬끼오·꼬꼬댁	오리·거위	꽥꽥
돼지	꿀꿀	쥐	찍찍
맹꽁이	맹꽁맹꽁	참새	짹짹

〈갈매기〉

거미줄 명 蜘蛛网　　　　　　거미줄 명 蜘蛛網
거북이 명 龟, 乌龟　　　　　거북이 명 龜, 烏龜
거위 명 鹅　　　　　　　　　거위 명 鵝
게 명 螃蟹　　　　　　　　　게 명 螃蟹
겨울잠 명 冬眠　　　　　　　겨울잠 명 冬眠
계란 (鷄卵) 명 鸡蛋　　　　　계란 (鷄卵) 명 鷄蛋
고니 명 天鹅　　　　　　　　고니 명 天鵝
고둥 명 海螺　　　　　　　　고둥 명 海螺
고등어 명 鲐鱼, 青花鱼　　　　고등어 명 鮐魚, 青花魚
고래 명 鲸鱼　　　　　　　　고래 명 鯨魚
고릴라 명 大猩猩　　　　　　고릴라 명 大猩猩
고슴도치 명 刺猬　　　　　　고슴도치 명 刺猬
고양이 명 猫　　　　　　　　고양이 명 貓
고치 명 茧　　　　　　　　　고치 명 繭
곤충 (昆蟲) 명 昆虫　　　　　곤충 (昆蟲) 명 昆蟲
곤충류 (昆蟲類) 명 昆虫类　　곤충류 (昆蟲類) 명 昆蟲類
골뱅이 명 螺　　　　　　　　골뱅이 명 螺
곰 명 熊, 狗熊　　　　　　　곰 명 熊, 狗熊
곰팡이 명 霉　　　　　　　　곰팡이 명 霉
공룡 (恐龍) 명 恐龙　　　　　공룡 (恐龍) 명 恐龍
공작 (孔雀) 명 孔雀　　　　　공작 (孔雀) 명 孔雀
관상어 (觀賞魚) 명 观赏鱼　　관상어 (觀賞魚) 명 觀賞魚
광어 (廣魚) 명 广鱼, 比目鱼的一种　광어 (廣魚) 명 廣魚, 比目魚的一種
괴물 (怪物) 명 怪兽　　　　　괴물 (怪物) 명 怪獸
교미하다 (交尾—) 동 交配　　교미하다 (交尾—) 동 交配
구관조 (九官鳥) 명 九官鸟　　구관조 (九官鳥) 명 九官鳥
구구구 부 鸽子或鸡的叫声, 咕咕　구구구 부 鴿子或鷄的叫聲, 咕咕
구더기 명 蛆　　　　　　　　구더기 명 蛆
구렁이 명 蟒蛇　　　　　　　구렁이 명 蟒蛇

〈고릴라〉

굴 몡 牡蛎 굴 몡 牡蠣
귀 몡 耳, 耳朵 귀 몡 耳, 耳朵
귀뚜라미 몡 蟋蟀 귀뚜라미 몡 蟋蟀
귀뚤귀뚤 부 唧唧, 蟋蟀叫声 귀뚤귀뚤 부 唧唧, 蟋蟀叫聲
균 (菌) 몡 菌, 细菌 균 (菌) 몡 菌, 細菌
금붕어 (金—) 몡 金鱼 금붕어 (金—) 몡 金魚
기러기 몡 雁, 大雁 기러기 몡 雁, 大雁
기르다 동 饲养, 畜养 기르다 동 飼養, 畜養
기린 (麒麟) 长颈鹿 기린 (麒麟) 몡 長頸鹿
기생충 (寄生蟲) 몡 寄生虫 기생충 (寄生蟲) 몡 寄生虫
기생하다 (寄生—) 동 寄生 기생하다 (寄生—) 동 寄生
길들이다 동 驯养, 驯服 길들이다 동 馴養, 馴服
깃털 몡 羽毛 깃털 몡 羽毛
까나리 몡 玉筋鱼 까나리 몡 玉筋魚
까마귀 몡 乌鸦 까마귀 몡 烏鴉
까악까악 부 乌鸦的叫声, 嘎嘎 까악까악 부 烏鴉的叫聲, 嘎嘎
까치 몡 喜鹊 까치 몡 喜鵲
까투리 몡 母山鸡, 雌雉 ↔ 公山鸡, 雄雉, 公野鸡 까투리 몡 母山鷄, 雌雉 ↔ 公山鷄, 雄雉, 公野鷄
깡총깡총 부 蹦跳貌 깡총깡총 부 蹦跳貌
껍데기 몡 外壳, 外皮 껍데기 몡 外殼, 外皮
껍질 몡 外皮, 表皮, 壳 껍질 몡 外皮, 表皮, 殼
꼬꼬댁 부 母鸡叫声, 咯咯 꼬꼬댁 부 母鷄叫聲, 咯咯
꼬끼오 부 公鸡叫声, 喔喔 꼬끼오 부 公鷄叫聲, 喔喔
꼬리 몡 尾, 尾巴 꼬리 몡 尾, 尾巴
꼴뚜기 몡 短蛸 꼴뚜기 몡 短蛸
꽁무니 몡 屁股, 末尾 꽁무니 몡 屁股, 末尾
꽁지 몡 (鳥)尾, 尾巴 꽁지 몡 (鳥)尾, 尾巴

〈기린〉

〈까마귀〉

〈까치〉

〈까투리〉

꽃게 몡 棱子蟹
꽃사슴 몡 斑鹿, 梅花鹿
꽥꽥 믄 鸭或鹅叫声
꾀꼬리 몡 黄莺, 黄鹂
꾀꼴꾀꼴 믄 黄莺不断的叫声, 唧哩唧哩
꿀꿀 믄 猪叫声
꿀벌 몡 蜜蜂
꿩 몡 山鸡, 野鸡, 雉
끼룩끼룩 믄 鸥或雁叫声, 嘎嘎
나방 몡 蛾
나비 몡 蝴蝶
낙지 몡 鱿鱼
낙타 (駱駝) 몡 骆驼
난생 (卵生) 몡 卵生
날개 몡 翅膀
날다 동 飞, 飞翔, 飞行
날짐승 몡 飞禽
날파리 몡 蜉蝣, 飞虫
낳다 동 生, 生产, 产(卵)
냉혈동물 (冷血動物) 몡 冷血动物
너구리 몡 狐狸
넙치 몡 偏口鱼, 牙鲆, 广鱼
노루 몡 獐子, 狍子
노새 몡 骡子
누에 몡 蚕
눈 몡 眼睛
늑대 몡 狼
다람쥐 몡 松鼠
다랑어 (—魚) 몡 金枪鱼
다리 몡 腿, 下肢

꽃게 몡 棱子蟹
꽃사슴 몡 斑鹿, 梅花鹿
꽥꽥 믄 鴨或鵝叫聲
꾀꼬리 몡 黃鶯, 黃鵬
꾀꼴꾀꼴 믄 黃鶯不斷的叫聲, 唧哩唧哩
꿀꿀 믄 豬叫聲
꿀벌 몡 蜜蜂
꿩 몡 山鷄, 野鷄, 雉
끼룩끼룩 믄 鷗或雁叫聲, 嘎嘎
나방 몡 蛾
나비 몡 蝴蝶
낙지 몡 鱿魚
낙타 (駱駝) 몡 駱駝
난생 (卵生) 몡 卵生
날개 몡 翅膀
날다 동 飛, 飛翔, 飛行
날짐승 몡 飛禽
날파리 몡 蜉蝣, 飛蟲
낳다 동 生, 生產, 產(卵)
냉혈동물 (冷血動物) 몡 冷血動物
너구리 몡 狐狸
넙치 몡 偏口魚, 牙鮃, 廣魚
노루 몡 獐子, 狍子
노새 몡 騾子
누에 몡 蠶
눈 몡 眼睛
늑대 몡 狼
다람쥐 몡 松鼠
다랑어 (—魚) 몡 金槍魚
다리 몡 腿, 下肢

〈나비〉

달걀 몡 鸡蛋
달팽이 몡 蜗牛
닭 몡 鸡
담비 몡 貂
담수어 (淡水魚) 몡 淡水鱼
당나귀 몡 驴
대가리 몡 头, 头部(贬义)
대구 몡 雪鱼
대장균 (大腸菌) 몡 大肠菌
대하 (大蝦) 몡 大虾
대합 (大蛤) 몡 大蛤
더듬이 몡 结巴, 口吃的人
도루묵 몡 锓鱼, 香鱼, 银鱼
도마뱀 몡 蜥蜴, 蜥虎, 四脚虎, 壁虎
도미 몡 鲷鱼
독 (毒) 몡 毒, 有毒
독거미 (毒—) 몡 毒蜘蛛
독사 (毒蛇) 몡 毒蛇
독수리 몡 禿鹰
돌고래 몡 海豚
동면 (冬眠) 몡 冬眠
동물 (動物) 몡 动物
동물원 (動物園) 몡 动物园
돼지 몡 猪
두견새 (杜鵑—) 몡 杜鹃鸟
두꺼비 몡 蟾蜍, 癞蛤蟆
두더지 몡 田鼠
두루미 몡 鹤, 白鹤

달걀 몡 鷄蛋
달팽이 몡 蝸牛
닭 몡 鷄
담비 몡 貂
담수어 (淡水魚) 몡 淡水魚
당나귀 몡 驢
대가리 몡 頭, 頭部(貶義)
대구 몡 雪魚
대장균 (大腸菌) 몡 大腸菌
대하 (大蝦) 몡 大蝦
대합 (大蛤) 몡 大蛤
더듬이 몡 結巴, 口吃的人
도루묵 몡 鋑魚, 香魚, 銀魚
도마뱀 몡 蜥蜴, 蜥虎, 四脚虎, 壁虎
도미 몡 鯛魚
독 (毒) 몡 毒, 有毒
독거미 (毒—) 몡 毒蜘蛛
독사 (毒蛇) 몡 毒蛇
독수리 몡 禿鷹
돌고래 몡 海豚
동면 (冬眠) 몡 冬眠
동물 (動物) 몡 動物
동물원 (動物園) 몡 動物園
돼지 몡 猪
두견새 (杜鵑—) 몡 杜鵑鳥
두꺼비 몡 蟾蜍, 癩蛤蟆
두더지 몡 田鼠
두루미 몡 鶴, 白鶴

〈달팽이〉

〈돌고래〉

〈두루미〉

뒤뚱뒤뚱 튀 左右摇晃　　　　　　　뒤뚱뒤뚱 튀 左右搖晃
들소 명 野牛　　　　　　　　　　들소 명 野牛
들쥐 명 野鼠　　　　　　　　　　들쥐 명 野鼠
들짐승 명 野兽　　　　　　　　　들짐승 명 野獸
등 명 背, 背脊　　　　　　　　　 등 명 背, 背脊
등에 명 虻, 牛虻　　　　　　　　 등에 명 虻, 牛虻
딱따구리 명 啄木鸟　　　　　　　딱따구리 명 啄木鳥
떼 명 群　　　　　　　　　　　　떼 명 群
똥개 명 土狗, 杂种狗　　　　　　 똥개 명 土狗, 雜種狗
똥파리 명 绿豆蝇, 粪蝇　　　　　 똥파리 명 綠豆蠅, 糞蠅
마디 명 关节, 节　　　　　　　　 마디 명 關節, 節
마리 의 头, 匹, 条, 口　　　　　 마리 의 頭, 匹, 條, 口
말 명 马　　　　　　　　　　　　말 명 馬
말미잘 명 海葵, 菟葵, 矾帽　　　 말미잘 명 海葵, 菟葵, 磯帽
망둥이 명 刺虾虎鱼, 望瞳鱼, 蛇鱼　망둥이 명 刺蝦虎魚, 望瞳魚, 蛇魚
망아지 명 小马　　　　　　　　　망아지 명 小馬
매 명 鹰, 苍鹰　　　　　　　　　매 명 鷹, 蒼鷹
매미 명 蝉, 知了　　　　　　　　매미 명 蟬, 知了
맴맴 튀 蝉叫声　　　　　　　　　맴맴 튀 蟬叫聲
맹꽁맹꽁 튀 狭口蛙叫声　　　　　맹꽁맹꽁 튀 狹口蛙叫聲
맹꽁이 명 狭口蛙　　　　　　　　맹꽁이 명 狹口蛙
맹수 (猛獸) 명 猛兽　　　　　　 맹수 (猛獸) 명 猛獸
머리 명 头, 头部, 脑袋　　　　　 머리 명 頭, 頭部, 腦袋
먹이 명 饲料　　　　　　　　　　먹이 명 飼料
먹이사슬 명 食物链　　　　　　　먹이사슬 명 食物鏈
멍게 명 海囊　　　　　　　　　　멍게 명 海囊
멍멍 튀 狗叫声, 汪汪　　　　　　 멍멍 튀 狗叫聲, 汪汪
메기 명 鲇鱼　　　　　　　　　　메기 명 鮎魚
메뚜기 명 蚱蜢　　　　　　　　　메뚜기 명 蚱蜢
메추리 명 鹌鹑鸟　　　　　　　　메추리 명 鵪鶉鳥

〈매미〉

〈메뚜기〉

메추리알 몡 鹌鹑蛋
멧돼지 몡 野猪
면양 (綿羊) 몡 绵羊
멸치 몡 鳀鱼
명태 (明太) 몡 明太鱼
모기 몡 蚊子, 蚊虫
모래주머니 몡 沙囊, 沙包
모이 몡 饲料
몸통 몡 躯体, 身躯
무당벌레 (巫堂—) 몡 瓢虫
무리 몡 群
무척추동물 (無脊椎動物) 몡 无脊椎动物
문어 (文魚) 몡 章鱼
물갈퀴 몡 蹼
물개 몡 海狗
물고기 몡 鱼
물방개 몡 龙虱
물소 몡 水牛
미꾸라지 몡 泥鳅, 鳅鱼, 鳛鱼
미생물 (微生物) 몡 微生物
민물고기 몡 淡水鱼
민어 (民魚) 몡 黄姑鱼
바구미 몡 豆象虫
바다가재 몡 虾蛄
바다물고기 몡 海鱼
바다사자 (—獅子) 몡 海狮
바다표범 몡 海豹
바닷가재 몡 虾蛄
바이러스 (virus) 몡 病霉
바퀴벌레 몡 蟑螂
박쥐 몡 蝙蝠

메추리알 몡 鵪鶉蛋
멧돼지 몡 野猪
면양 (綿羊) 몡 綿羊
멸치 몡 鯷魚
명태 (明太) 몡 明太魚
모기 몡 蚊子, 蚊虫
모래주머니 몡 沙囊, 沙包
모이 몡 飼料
몸통 몡 軀體, 身軀
무당벌레 (巫堂—) 몡 瓢虫
무리 몡 群
무척추동물 (無脊椎動物) 몡 無脊椎動物
문어 (文魚) 몡 章魚
물갈퀴 몡 蹼
물개 몡 海狗
물고기 몡 魚
물방개 몡 龍虱
물소 몡 水牛
미꾸라지 몡 泥鰍, 鰍魚, 鰼魚
미생물 (微生物) 몡 微生物
민물고기 몡 淡水魚
민어 (民魚) 몡 黃姑魚
바구미 몡 豆象虫
바다가재 몡 蝦蛄
바다물고기 몡 海魚
바다사자 (—獅子) 몡 海獅
바다표범 몡 海豹
바닷가재 몡 蝦蛄
바이러스 (virus) 몡 病霉
바퀴벌레 몡 蟑螂
박쥐 몡 蝙蝠

〈무당벌레〉

반달곰 명 半月熊
반디 명 萤火虫
발굽 명 蹄
방아깨비 명 大尖头蝗
방울뱀 명 响尾蛇
배다 동 怀孕, 怀胎
백곰 (白—) 명 白熊
백로 (白鷺) 명 白鹭
백사 (白蛇) 명 白蛇
백조 (白鳥) 명 天鹅
뱀 명 蛇
뱀장어 (—長魚) 명 鳝鱼, 鳗鱼
뱁새 명 鹪鹩
번데기 명 蚕蛹
번식하다 (繁殖—) 동 繁殖
벌 명 蜂
벌레 명 虫, 昆虫
범 명 虎, 老虎
베짱이 명 纺织娘, 纺纱娘
벼룩 명 跳蚤
변온동물 (變溫動物) 명 变温动物
변태 (變態) 명 变态
병아리 명 鸡雏, 鶵鸡
병어 (—魚) 명 鲳鱼, 镜鱼
보호색 (保護色) 명 保护色
복어 (—魚) 명 豚鱼, 海豚
봉황 (鳳凰) 명 凤凰
부레 명 鳔, 鱼鳔

반달곰 명 牛月熊
반디 명 螢火虫
발굽 명 蹄
방아깨비 명 大尖頭蝗
방울뱀 명 響尾蛇
배다 동 懷孕, 懷胎
백곰 (白—) 명 白熊
백로 (白鷺) 명 白鷺
백사 (白蛇) 명 白蛇
백조 (白鳥) 명 天鵝
뱀 명 蛇
뱀장어 (—長魚) 명 鱔魚, 鰻魚
뱁새 명 鷦鷯
번데기 명 蠶蛹
번식하다 (繁殖—) 동 繁殖
벌 명 蜂
벌레 명 蟲, 昆蟲
범 명 虎, 老虎
베짱이 명 紡織娘, 紡紗娘
벼룩 명 跳蚤
변온동물 (變溫動物) 명 變溫動物
변태 (變態) 명 變態
병아리 명 鷄雛, 鶵鷄
병어 (—魚) 명 鯧魚, 鏡魚
보호색 (保護色) 명 保護色
복어 (—魚) 명 豚魚, 海豚
봉황 (鳳凰) 명 鳳凰
부레 명 鰾, 魚鰾

〈백로〉

〈벌〉

〈봉황〉

부리 몡 啄, 嘴, 喙
부엉부엉 믠 猫头鹰叫声, 嗡嗡
부엉이 몡 猫头鹰
부화 (孵化) 몡 孵化
북극곰 (北極—) 몡 北极熊
불가사리 몡 海星, 海盘车
불사조 (不死鳥) 몡 不死鸟, 火凤凰
붕어 (—魚) 몡 鲋鱼, 鲫鱼
붕장어 (—魚) 몡 穴鳗
비늘 몡 鳞, 鱼鳞
비둘기 몡 鸽子
빈대 몡 臭虫
뻐꾸기 몡 布谷鸟, 拨谷鸟
뻐꾹뻐꾹 믠 布谷鸟叫声, 咕咕
뼈 몡 骨, 骨头
뿔 몡 角, 犄角
삐악삐악 믠 小鸡叫声, 吱吱
사마귀 몡 螳螂
사슴 몡 鹿, 鹿子
사육장 (飼育場) 몡 饲养场
사육하다 (飼育—) 됭 饲养
사자 (獅子) 몡 狮子
산돼지 (山—) 몡 山猪, 野猪
산양 (山羊) 몡 山羊
산짐승 (山—) 몡 野兽
산토끼 (山—) 몡 野兔
산호 (珊瑚) 몡 珊瑚
살 몡 肉, 肌肉
살모사 (殺母蛇) 몡 短尾蝮

부리 몡 啄, 嘴, 喙
부엉부엉 믠 貓頭鷹叫聲, 嗡嗡
부엉이 몡 貓頭鷹
부화 (孵化) 몡 孵化
북극곰 (北極—) 몡 北極熊
불가사리 몡 海星, 海盤車
불사조 (不死鳥) 몡 不死鳥, 火鳳凰
붕어 (—魚) 몡 鮒魚, 鯽魚
붕장어 (—魚) 몡 穴鰻
비늘 몡 鱗, 魚鱗
비둘기 몡 鴿子
빈대 몡 臭虫
뻐꾸기 몡 布穀鳥, 撥穀鳥
뻐꾹뻐꾹 믠 布穀鳥叫聲, 咕咕
뼈 몡 骨, 骨頭
뿔 몡 角, 犄角
삐악삐악 믠 小鷄叫聲, 吱吱
사마귀 몡 螳螂
사슴 몡 鹿, 鹿子
사육장 (飼育場) 몡 飼養場
사육하다 (飼育—) 됭 飼養
사자 (獅子) 몡 獅子
산돼지 (山—) 몡 山猪, 野猪
산양 (山羊) 몡 山羊
산짐승 (山—) 몡 野獸
산토끼 (山—) 몡 野兔
산호 (珊瑚) 몡 珊瑚
살 몡 肉, 肌肉
살모사 (殺母蛇) 몡 短尾蝮

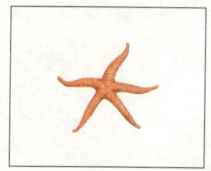
〈불가사리〉

〈붕어〉

〈사자〉

살쾡이 명 豹猫, 狸猫
삼치 명 鲅鱼
상어 명 鲨鱼
새 명 鸟
새끼 명 小畜牲
새끼치다 동 孵蛋
새알 명 鸟蛋
새우 명 虾
생선 (生鮮) 명 鲜鱼, 海鲜
생쥐 명 鼷鼠
생태계 (生態系) 명 生态界
서식지 (棲息地) 명 栖息地
서식하다 (棲息—) 동 栖息
성게 명 海胆
성충 (成蟲) 명 成虫
세균 (細菌) 명 细菌
세포 (細胞) 명 细胞
소 명 牛
소금쟁이 명 沼泽水蝇
소라 명 螺, 海螺
소쩍새 명 杜鹃鸟
솔개 명 红角鹗, 夜猫子
송사리 명 阔尾鳉鱼
송아지 명 小牛
송어 (松魚) 명 鳟鱼
송충이 (松蟲—) 명 松毛虫
수놈 명 雄, 公
수달 (水獺) 명 水獭
수컷 명 雄, 公

살쾡이 명 豹貓, 狸貓
삼치 명 鮁魚
상어 명 鯊魚
새 명 鳥
새끼 명 小畜牲
새끼치다 동 孵蛋
새알 명 鳥蛋
새우 명 蝦
생선 (生鮮) 명 鮮魚, 海鮮
생쥐 명 鼴鼠
생태계 (生態系) 명 生態界
서식지 (棲息地) 명 棲息地
서식하다 (棲息—) 동 棲息
성게 명 海胆
성충 (成蟲) 명 成蟲
세균 (細菌) 명 細菌
세포 (細胞) 명 細胞
소 명 牛
소금쟁이 명 沼澤水蠅
소라 명 螺, 海螺
소쩍새 명 杜鵑鳥
솔개 명 紅角鶚, 夜貓子
송사리 명 闊尾鱂魚
송아지 명 小牛
송어 (松魚) 명 鱒魚
송충이 (松蟲—) 명 松毛虫
수놈 명 雄, 公
수달 (水獺) 명 水獺
수컷 명 雄, 公

〈성게〉

순록 (馴鹿) 몡 驯鹿, 北极鹿	순록 (馴鹿) 몡 馴鹿, 北極鹿
순종 (純種) 몡 纯种	순종 (純種) 몡 纯种
숭어 몡 鲻鱼, 梭鱼	숭어 몡 鯔魚, 梭魚
실뱀 몡 绿瘦蛇, 黄脊游蛇	실뱀 몡 綠瘦蛇, 黃脊游蛇
십자매 (十字—) 몡 十字鹰	십자매 (十字—) 몡 十字鷹
쌀벌레 몡 米蛀虫	쌀벌레 몡 米蛀虫
쓰르라미 몡 寒蝉知了	쓰르라미 몡 寒蟬知了
아가미 몡 鳃	아가미 몡 鰓
악어 (鰐魚) 몡 鳄鱼, 鳄鱼	악어 (鰐魚) 몡 鱷魚, 鱷魚
알 몡 蛋卵	알 몡 蛋卵
암놈 몡 雌, 母	암놈 몡 雌, 母
암컷 몡 雌, 母	암컷 몡 雌, 母
애벌레 몡 幼虫	애벌레 몡 幼虫
애완동물 (愛玩動物) 몡 宠物	애완동물 (愛玩動物) 몡 寵物
앵무새 (鸚鵡—) 몡 鹦鹉	앵무새 (鸚鵡—) 몡 鸚鵡
야생동물 (野生動物) 몡 野生动物	야생동물 (野生動物) 몡 野生動物
야수 (野獸) 몡 野兽	야수 (野獸) 몡 野獸
야옹 무 猫叫声, 喵喵	야옹 무 貓叫聲, 喵喵
약육강식 (弱肉强食) 몡 弱肉强食	약육강식 (弱肉强食) 몡 弱肉强食
양 (羊) 몡 羊	양 (羊) 몡 羊
양서류 (兩棲類) 몡 两栖类	양서류 (兩棲類) 몡 兩棲類
어류 (魚類) 몡 鱼类	어류 (魚類) 몡 魚類
어미 몡 雌, 母	어미 몡 雌, 母
어흥 무 (獅, 虎) 吼啸聲	어흥 무 (獅, 虎) 吼嘯聲
얼굴 몡 脸	얼굴 몡 臉
얼룩말 몡 斑马	얼룩말 몡 斑馬

〈십자매〉

〈앵무새〉

〈얼룩말〉

어미	개	개구리	닭	말	소
새끼	강아지	올챙이	병아리	망아지	송아지

여왕벌 (女王—) 명 女王蜂
여우 명 狐狸
여치 명 纺织娘
연어 명 鲑鱼, 大马哈鱼
열대어 (熱帶魚) 명 热带鱼
염소 명 山羊
옆줄 명 斜纹, 侧纹
오리 명 鸭, 鸭子
오리알 명 鸭蛋
오징어 명 鱿鱼
올빼미 명 灰林鸮, 鸱枭, 鸱鸮
올챙이 명 蝌蚪
용 (龍) 명 龙
우렁쉥이 명 海囊
우렁이 명 田螺
우리 명 笼, 窝, 栏
울다 동 (鸟)叫, 啼, 鸣
원숭이 명 猴子
원앙 (鴛鴦) 명 鸳鸯
유산균 (乳酸菌) 명 乳酸菌
유인원 (類人猿) 명 类人猿
유전 (遺傳) 명 遗传
유전자 (遺傳子) 명 遗传基因
유충 (幼蟲) 명 幼虫
육식동물 (肉食動物) 명 食肉动物
은어 (銀魚) 명 香鱼
음매 부 (牛, 山羊) 叫声, 哞
이 명 虱子

여왕벌 (女王—) 명 女王蜂
여우 명 狐狸
여치 명 紡織娘
연어 명 鮭魚, 大馬哈魚
열대어 (熱帶魚) 명 熱帶魚
염소 명 山羊
옆줄 명 斜紋, 側紋
오리 명 鴨, 鴨子
오리알 명 鴨蛋
오징어 명 鱿魚
올빼미 명 灰林鶚, 鴟梟, 鴟鶚
올챙이 명 蝌蚪
용 (龍) 명 龍
우렁쉥이 명 海囊
우렁이 명 田螺
우리 명 籠, 窩, 欄
울다 동 (鳥)叫, 啼, 鳴
원숭이 명 猴子
원앙 (鴛鴦) 명 鴛鴦
유산균 (乳酸菌) 명 乳酸菌
유인원 (類人猿) 명 類人猿
유전 (遺傳) 명 遺傳
유전자 (遺傳子) 명 遺傳基因
유충 (幼蟲) 명 幼虫
육식동물 (肉食動物) 명 食肉動物
은어 (銀魚) 명 香魚
음매 부 (牛, 山羊) 叫聲, 哞
이 명 虱子

〈용〉

〈원숭이〉

〈원앙〉

이리 명 狼
이무기 명 大蟒蛇
인어 (人魚) 명 人鱼
일벌 명 工蜂
입 명 口, 嘴
잉꼬 명 鸳鸯
잉어 명 鲤鱼
자라 명 鳖, 鼈, 甲鱼
자연법칙 (自然法則) 명 自然法则
잠자리 명 蜻蜓
잡식동물 (雜食動物) 명 杂食动物
잡종 (雜種) 명 杂种
장구벌레 명 跟头虫
장끼 명 公山鸡, 雄雉, 公野鸡 ↔ 母山鸡, 雌雉
장수하늘소 (將帥—) 명 将帅天牛
장어 (長魚) 명 鳗鱼
재두루미 명 白枕鹤
적자생존 (適者生存) 명 适者生存
전복 (全鰒) 명 鲍鱼
정어리 명 鲲鱼, 沙丁鱼
젖소 명 乳牛
제비 명 燕子
조개 명 贝, 蛤, 蜊
조기 명 黄鱼, 黄花鱼
조랑말 명 小马, 果下马
조류 (鳥類) 명 鸟类
족제비 명 黄鼠狼, 鼬鼠

이리 명 狼
이무기 명 大蟒蛇
인어 (人魚) 명 人魚
일벌 명 工蜂
입 명 口, 嘴
잉꼬 명 鴛鴦
잉어 명 鯉魚
자라 명 鱉, 鼈, 甲魚
자연법칙 (自然法則) 명 自然法則
잠자리 명 蜻蜓
잡식동물 (雜食動物) 명 雜食動物
잡종 (雜種) 명 雜種
장구벌레 명 跟頭虫
장끼 명 公山鷄, 雄雉, 公野鷄 ↔ 母山鷄, 雌雉
장수하늘소 (將帥—) 명 將帥天牛
장어 (長魚) 명 鰻魚
재두루미 명 白枕鶴
적자생존 (適者生存) 명 適者生存
전복 (全鰒) 명 鮑魚
정어리 명 鰮魚, 沙丁魚
젖소 명 乳牛
제비 명 燕子
조개 명 貝, 蛤, 蜊
조기 명 黃魚, 黃花魚
조랑말 명 小馬, 果下馬
조류 (鳥類) 명 鳥類
족제비 명 黃鼠狼, 鼬鼠

〈인어〉

〈잉꼬〉

〈잠자리〉

〈장끼〉

〈장수하늘소〉

좀벌레 명 米虫, 蛀虫
종달새 명 雪雀
주둥이 명 嘴, 喙
죽다 동 死, 亡
죽음 명 死亡, 死
쥐 명 鼠, 老鼠
쥐치 명 鳞鲀, 圆斑鳞鲀, 丝鳍单角鲀
지네 명 蜈蚣
지느러미 명 鳍
지렁이 명 蚯, 蚓
지저귀다 동 鸣啼, 吱吱, 喳喳, (鸟)叫
진돗개 (珍島—) 명 韩国珍岛狗
진드기 명 蚜虫, 腻虫, 木虱, 牛虱, 狗虱
진딧물 명 蚜虫
진주 (眞珠) 명 真珠, 珍珠
진화론 (進化論) 명 进化论
짐승 명 禽兽, 畜牲
집게벌레 명 金秋甲
집짐승 명 家畜, 牲畜, 家禽
짖다 동 叫, 吠
짹짹 부 吱吱, 呢喃
쪼다 동 啄
찌르레기 명 白头翁
찍찍 부 老鼠叫声, 吱吱
참새 명 麻雀, 家雀
참치 명 金枪鱼
창조론 (創造論) 명 创造论
척추 (脊椎) 명 脊椎
척추동물 (脊椎動物) 명 脊椎动物

좀벌레 명 米虫, 蛀虫
종달새 명 雪雀
주둥이 명 嘴, 喙
죽다 동 死, 亡
죽음 명 死亡, 死
쥐 명 鼠, 老鼠
쥐치 명 鱗鲀, 圓斑鱗鲀, 絲鰭單角鲀
지네 명 蜈蚣
지느러미 명 鰭
지렁이 명 蚯, 蚓
지저귀다 동 鳴啼, 吱吱, 喳喳, (鳥)叫
진돗개 (珍島—) 명 韓國珍島狗
진드기 명 蚜蟲, 膩蟲, 木虱, 牛虱, 狗虱
진딧물 명 蚜虫
진주 (眞珠) 명 眞珠, 珍珠
진화론 (進化論) 명 進化論
짐승 명 禽獸, 畜牲
집게벌레 명 金秋甲
집짐승 명 家畜, 牲畜, 家禽
짖다 동 叫, 吠
짹짹 부 吱吱, 呢喃
쪼다 동 啄
찌르레기 명 白頭翁
찍찍 부 老鼠叫聲, 吱吱
참새 명 麻雀, 家雀
참치 명 金槍魚
창조론 (創造論) 명 創造論
척추 (脊椎) 명 脊椎
척추동물 (脊椎動物) 명 脊椎動物

〈젖소〉

〈제비〉

〈진돗개〉

천연기념물 (天然紀念物) 몡 天然纪念物   천연기념물 (天然紀念物) 몡 天然紀念物
천적 (天敵) 몡 天敌   천적 (天敵) 몡 天敵
철새 몡 候鸟, 信鸟, 时鸟   철새 몡 候鳥, 信鳥, 時鳥
청개구리 몡 青蛙   청개구리 몡 靑蛙
청둥오리 몡 绿头鸭   청둥오리 몡 綠頭鴨
청어 (青魚) 몡 鲱鱼, 青鱼   청어 (靑魚) 몡 鯡魚, 靑魚
초식동물 (草食動物) 몡 食草动物   초식동물 (草食動物) 몡 食草動物
치다 동 ① 繁殖, 生, 孵 ② 牧   치다 동 ① 繁殖, 生, 孵 ② 牧
칠면조 (七面鳥) 몡 火鸡   칠면조 (七面鳥) 몡 火鷄
침팬지 (chimpanzee) 몡 黑猩猩   침팬지 (chimpanzee) 몡 黑猩猩
카나리아 (canary) 몡 金丝雀   카나리아 (canary) 몡 金絲雀
코 몡 鼻子   코 몡 鼻子
코끼리 몡 大象   코끼리 몡 大象
코뿔소 몡 犀牛   코뿔소 몡 犀牛
크낙새 몡 啄木鸟   크낙새 몡 啄木鳥
키우다 동 抚养, 养育   키우다 동 撫養, 養育
타조 (駝鳥) 몡 驼鸟   타조 (駝鳥) 몡 駝鳥
타조알 (駝鳥—) 몡 驼鸟蛋   타조알 (駝鳥—) 몡 駝鳥蛋
탄생 (誕生) 몡 诞生   탄생 (誕生) 몡 誕生
태생 (胎生) 몡 胎生   태생 (胎生) 몡 胎生
태어나다 동 生, 出生   태어나다 동 生, 出生
털 몡 毛   털 몡 毛
텃새 몡 留鸟   텃새 몡 留鳥
토끼 몡 兔子   토끼 몡 兔子
토종 (土種) 몡 土种, 本地出产, 土产   토종 (土種) 몡 土種, 本地出産, 土産
파리 몡 苍蝇   파리 몡 蒼蠅
파충류 (爬蟲類) 몡 爬虫类   파충류 (爬蟲類) 몡 爬蟲類
펭귄 (penguin) 몡 企鹅   펭귄 (penguin) 몡 企鵝
포유류 (哺乳類) 몡 哺乳类   포유류 (哺乳類) 몡 哺乳類

〈참새〉

〈침팬지〉

〈코끼리〉

표범 명 豹
풍뎅이 명 金龟子
풍산개 (豐山) 명 韩国丰山狗
플랑크톤 (plankton) 명 浮游生物
피라미 명 小鲤鱼
하루살이 명 蜉游, 飞虫
하마 (河馬) 명 河马
학 (鶴) 명 鹤
항온동물 (恒溫動物) 명 恒溫动物
해달 (海獺) 명 海獺
해마 (海馬) 명 海马
해삼 (海蔘) 명 海参
해오라기 명 白鷺
해충 (害蟲) 명 害虫
해파리 명 海蜇
핵 (核) 명 核, 核心, 原子核
향어 (香魚) 명 香鱼
혀 명 舌头
호랑이 명 虎, 老虎
홍어 (洪魚) 명 鯕鱼
홍학 (紅鶴) 명 紅鶴
홍합 (紅蛤) 명 紅蛤
황새 명 鸛, 白鹳
황소 (黃一) 명 黄牛
황소개구리 명 牛蛙
훨훨 부 翩翩, 哗哗
흑염소 (黑一) 명 黑山羊
히잉 부 马叫声

표범 명 豹
풍뎅이 명 金龟子
풍산개 (豐山) 명 韓國豐山狗
플랑크톤 (plankton) 명 浮游生物
피라미 명 小鯉魚
하루살이 명 蜉游, 飛虫
하마 (河馬) 명 河馬
학 (鶴) 명 鶴
항온동물 (恒溫動物) 명 恒溫動物
해달 (海獺) 명 海獺
해마 (海馬) 명 海馬
해삼 (海蔘) 명 海蔘
해오라기 명 白鷺
해충 (害蟲) 명 害虫
해파리 명 海蜇
핵 (核) 명 核, 核心, 原子核
향어 (香魚) 명 香魚
혀 명 舌頭
호랑이 명 虎, 老虎
홍어 (洪魚) 명 鯕魚
홍학 (紅鶴) 명 紅鶴
홍합 (紅蛤) 명 紅蛤
황새 명 鸛, 白鹳
황소 (黃一) 명 黃牛
황소개구리 명 牛蛙
훨훨 부 翩翩, 嘩嘩
흑염소 (黑一) 명 黑山羊
히잉 부 馬叫聲

〈코뿔소〉

〈파리〉

〈풍뎅이〉

〈호랑이〉

포유류	개, 고래, 고양이, 곰, 기린, 낙타, 노루, 돼지, 말, 물개, 박쥐, 사슴, 사자, 소, 양, 여우, 염소, 원숭이, 쥐, 토끼, 하마 …
조류	갈매기, 거위, 공작, 까마귀, 까치, 꿩, 닭, 독수리, 두견새, 두루미, 매, 메추라기, 백로, 백조, 부엉이, 뻐꾸기, 오리, 참새, 학 …
파충류	거북이, 구렁이, 뱀, 악어, 자라 …
양서류	개구리, 두꺼비, 맹꽁이 …
어류	가자미, 갈치, 고등어, 금붕어, 멸치, 붕어, 삼치, 상어, 송어, 숭어, 연어, 임연수어, 장어, 잉어, 조기, 청어, 향어 …
조개류	가리비, 골뱅이, 굴, 대합, 소라, 우렁이, 전복, 조개, 홍합 …
곤충류	개똥벌레, 개미, 귀뚜라미, 벌, 나방, 나비, 등에, 매미, 메뚜기, 모기, 무당벌레, 방아깨비, 베짱이, 사마귀, 송충이, 잠자리, 풍뎅이, 하루살이 …

36. 식물

| 植物 | 植物 |

가꾸다 동 管理, 拾掇   가꾸다 동 管理, 拾掇
가로수 (街路樹) 명 道路兩旁的树   가로수 (街路樹) 명 道路兩旁的樹
가시 명 刺, 荆棘   가시 명 刺, 荊棘
가시나무 명 荆棘, 棘楚   가시나무 명 荊棘, 棘楚
가지¹ 명 茄子   가지¹ 명 茄子
가지² 명 树枝   가지² 명 樹枝
갈대 명 芦苇   갈대 명 蘆葦
갈래꽃 명 离瓣花   갈래꽃 명 離瓣花
감 명 柿子   감 명 柿子
감나무 명 柿子树   감나무 명 柿子樹
감자 명 土豆, 马铃薯   감자 명 土豆, 馬鈴薯
갓 명 雪里红   갓 명 雪裏紅
강낭콩 명 扁豆, 四季豆   강낭콩 명 扁豆, 四季豆
강아지풀 명 狗尾草   강아지풀 명 狗尾草
개나리 명 迎春花   개나리 명 迎春花
개화기 (開花期) 명 开花期   개화기 (開花期) 명 開花期
개화하다 (開花—) 동 开花   개화하다 (開花—) 동 開花

식물	풀	갈대, 강아지풀, 억새, 엉겅퀴, 잔디, 질경이, 토끼풀 …
	꽃	개나리, 국화, 장미, 나팔꽃, 매화, 맨드라미, 모란, 목련, 무궁화, 민들레, 백일홍, 백합, 봉숭아, 수국, 수선화, 안개꽃, 유채꽃, 진달래, 채송화, 철쭉, 할미꽃, 해바라기 …
	나무	느티나무, 단풍나무, 대나무, 떡갈나무, 미루나무, 버드나무, 사철나무, 소나무, 오동나무, 은행나무, 전나무, 참나무, 행운목, 회양목 …
	과일	감, 귤, 다래, 딸기, 머루, 모과, 배, 버찌, 복숭아, 사과, 살구, 수박, 앵두, 자두, 참외, 포도 …
	곡식	강낭콩, 귀리, 기장, 녹두, 메밀, 모, 밀, 벼, 보리, 수수, 완두콩, 조, 콩, 팥 …
	채소	가지, 감자, 고구마, 고추, 깻잎, 당근, 도라지, 무, 미나리, 배추, 상추, 시금치, 쑥갓, 양파, 오이, 파, 호박 …
	해초	김, 다시마, 미역, 톳, 파래 …

〈감〉

〈개나리〉

거두다 433

거두다 동 收割, 收获
거름 명 肥料, 堆肥
거목 (巨木) 명 合抱大树
고구마 명 蕃薯, 地瓜
고목(古木) 명 古树, 古木
고사리 명 蕨菜
고추 명 辣椒
곡식 (穀食) 명 粮食
과수원 (果樹園) 명 果园
과일 명 水果
광합성 (光合成) 명 光合成, 光合作用
구기자 (拘杞子) 명 拘杞子
국화¹ (國花) 명 国花
국화² (菊花) 명 菊花
귀리 명 燕麦, 油麦
귤 (橘) 명 橘子
그루 명 株, 茬, 次, 回
금잔화 (金盞花) 명 金盞花
기장 명 黍, 黄米
김 명 紫菜
깨 명 芝蔴
깻잎 명 苏子叶
꺾다 동 断折, 攀折
껍데기 명 外皮, 外壳
껍질 명 外皮, 表皮, 壳
꼭지 명 蒂, 柄
꽃 명 花
꽃가루 명 花粉
꽃꽂이 명 插花
꽃눈 명 花芽

거두다 동 收割, 收穫
거름 명 肥料, 堆肥
거목 (巨木) 명 合抱大樹
고구마 명 蕃薯, 地瓜
고목(古木) 명 古樹, 古木
고사리 명 蕨菜
고추 명 辣椒
곡식 (穀食) 명 糧食
과수원 (果樹園) 명 果園
과일 명 水果
광합성 (光合成) 명 光合成, 光合作用
구기자 (拘杞子) 명 拘杞子
국화¹ (國花) 명 國花
국화² (菊花) 명 菊花
귀리 명 燕麥, 油麥
귤 (橘) 명 橘子
그루 명 株, 茬, 次, 回
금잔화 (金盞花) 명 金盞花
기장 명 黍, 黄米
김 명 紫菜
깨 명 芝蔴
깻잎 명 蘇子葉
꺾다 동 斷折, 攀折
껍데기 명 外皮, 外殼
껍질 명 外皮, 表皮, 殼
꼭지 명 蒂, 柄
꽃 명 花
꽃가루 명 花粉
꽃꽂이 명 插花
꽃눈 명 花芽

〈국화〉

| 과일나무 | 감나무, 대추나무, 밤나무, 배나무, 복숭아나무, 사과나무, 살구나무, 앵두나무, 잣나무, 호두나무 … |

꽃다발 몡 花束
꽃대 몡 花梗
꽃받침 몡 花萼
꽃봉오리 몡 花苞, 蓓蕾
꽃씨 몡 花籽
꽃향기 몡 花香
꽈리 몡 酸浆果, 灯笼草
나다 동 生, 出, 发
나리 몡 百合
나무 몡 树, 树木
나뭇가지 몡 树枝
나뭇잎 몡 树叶
나이테 몡 木的年龄纹, 木圆纹
나팔꽃 (喇叭—) 몡 喇叭花, 牵牛花
낙엽 (落葉) 몡 落叶
난초 (蘭草) 몡 兰花
냉이 몡 荠菜
노송나무 (老松—) 몡 老松树
녹두 (綠豆) 몡 绿豆
논 몡 水田, 稻田
눈 몡 芽, 胚芽
느타리버섯 몡 糙皮侧耳
느티나무 몡 榉树
늦— 졉 表示 '晚'(秧)
다년생 (多年生) 몡 多年生
다래 몡 猕猴桃
다시마 몡 海带昆布
닥나무 몡 楮
단 몡 捆, 把, 束

꽃다발 몡 花束
꽃대 몡 花梗
꽃받침 몡 花萼
꽃봉오리 몡 花苞, 蓓蕾
꽃씨 몡 花籽
꽃향기 몡 花香
꽈리 몡 酸漿果, 燈籠草
나다 동 生, 出, 發
나리 몡 百合
나무 몡 樹, 樹木
나뭇가지 몡 樹枝
나뭇잎 몡 樹葉
나이테 몡 木的年齡紋, 木圓紋
나팔꽃 (喇叭—) 몡 喇叭花, 牵牛花
낙엽 (落葉) 몡 落葉
난초 (蘭草) 몡 蘭花
냉이 몡 薺菜
노송나무 (老松—) 몡 老松樹
녹두 (綠豆) 몡 綠豆
논 몡 水田, 稻田
눈 몡 芽, 胚芽
느타리버섯 몡 糙皮側耳
느티나무 몡 欅樹
늦— 졉 表示 '晚'(秧)
다년생 (多年生) 몡 多年生
다래 몡 獼猴桃
다시마 몡 海帶昆布
닥나무 몡 楮
단 몡 捆, 把, 束

〈나팔꽃〉

단풍 (丹楓) 명 丹枫, 枫叶
단풍나무 (丹楓—) 명 枫树
달래 명 小根蒜
달리아 (dahlia) 명 天竺牡丹花, 大利花
담배 명 烟, 烟草
담쟁이덩굴 명 地绵, 爬山虎
당근 명 胡萝卜
대나무 명 竹, 竹子
대마 (大麻) 명 大麻
대추나무 (大棗—) 명 枣树
더덕 명 唐参, 沙参
덩굴 명 藤蔓
도라지 명 桔梗
도라지꽃 명 桔梗花
독버섯 (毒—) 명 毒蕈, 毒蘑菇
돋다 동 发, 昌, 生, 长出
돋아나다 동 发, 昌, 生, 长出, 绽出
동백꽃 (冬柏—) 명 山茶花
동백나무 (冬柏—) 명 山茶树
두엄 명 堆肥
두해살이 명 二年生
들 명 平原, 平野
들국화 (—菊花) 명 野菊花
들꽃 명 野花
등꽃 (藤—) 명 藤
등나무 (藤—) 명 藤树
따다 동 摘, 采
딸기 명 草莓
떡갈나무 명 栎树, 橡树

단풍 (丹楓) 명 丹楓, 楓叶
단풍나무 (丹楓—) 명 楓樹
달래 명 小根蒜
달리아 (dahlia) 명 天竺牡丹花, 大利花
담배 명 煙, 煙草
담쟁이덩굴 명 地綿, 爬山虎
당근 명 胡蘿蔔
대나무 명 竹, 竹子
대마 (大麻) 명 大麻
대추나무 (大棗—) 명 棗樹
더덕 명 唐參, 沙參
덩굴 명 藤蔓
도라지 명 桔梗
도라지꽃 명 桔梗花
독버섯 (毒—) 명 毒蕈, 毒蘑菇
돋다 동 發, 昌, 生, 長出
돋아나다 동 發, 昌, 生, 長出, 綻出
동백꽃 (冬柏—) 명 山茶花
동백나무 (冬柏—) 명 山茶樹
두엄 명 堆肥
두해살이 명 二年生
들 명 平原, 平野
들국화 (—菊花) 명 野菊花
들꽃 명 野花
등꽃 (藤—) 명 藤
등나무 (藤—) 명 藤樹
따다 동 摘, 採
딸기 명 草莓
떡갈나무 명 櫟樹, 橡樹

〈단풍〉

〈딸기〉

떡잎 몡 子叶
떨기 몡 丛
라일락 (lilac) 몡 紫丁香花
마늘 몡 蒜, 大蒜
매실 (梅實) 몡 梅子
매화 (梅花) 몡 梅花
맨드라미 몡 鸡冠花
맺다 동 结
머루 몡 山葡萄, 野葡萄
메밀 몡 荞麦
메밀꽃 몡 荞麦花
멜론 (melon) 몡 哈密瓜
모 몡 稻秧
모과 (木瓜) 몡 木瓜
모종 (一種) 몡 秧苗
목단 (牧丹) 몡 牧丹
목련 (木蓮) 몡 木莲
목이버섯 (木耳—) 몡 木耳
목화 (木花) 몡 棉花
묘목 (苗木) 몡 树苗
무 몡 萝卜, 白萝卜, 青萝卜
무궁화 (無窮花) 몡 无穷花, 木槿花 (韩国的国花)
무화과 (無花果) 몡 无花果
물망초 (勿忘草) 몡 勿忘草
물이끼 몡 藓苔, 青苔
미나리 몡 水芹菜
미루나무 몡 白扬树
미역 몡 裙带菜 (海带的一种)

떡잎 몡 子葉
떨기 몡 叢
라일락 (lilac) 몡 紫丁香花
마늘 몡 蒜, 大蒜
매실 (梅實) 몡 梅子
매화 (梅花) 몡 梅花
맨드라미 몡 鷄冠花
맺다 동 結
머루 몡 山葡萄, 野葡萄
메밀 몡 蕎麥
메밀꽃 몡 蕎麥花
멜론 (melon) 몡 哈密瓜
모 몡 稻秧
모과 (木瓜) 몡 木瓜
모종 (一種) 몡 秧苗
목단 (牧丹) 몡 牧丹
목련 (木蓮) 몡 木蓮
목이버섯 (木耳—) 몡 木耳
목화 (木花) 몡 棉花
묘목 (苗木) 몡 樹苗
무 몡 蘿蔔, 白蘿蔔, 靑蘿蔔
무궁화 (無窮花) 몡 無窮花, 木槿花 (韓國的國花)
무화과 (無花果) 몡 無花果
물망초 (勿忘草) 몡 勿忘草
물이끼 몡 蘚苔, 靑苔
미나리 몡 水芹菜
미루나무 몡 白揚樹
미역 몡 裙帶菜 (海帶的一種)

〈목련〉

〈무궁화〉

민들레 명 蒲公英
밀 명 小麦, 麦子
밀감 (蜜柑) 명 蜜柑, 橘子
밀림 (密林) 명 密林
바닷말 명 海马, 海马鱼
밤나무 명 栗树
밭 명 旱田, 旱地
배 명 梨, 水梨
배나무 명 梨树
배추 명 白菜
백일홍 (百日紅) 명 百日红
백합 (百合) 명 百合
버드나무 명 柳树
버섯 명 蘑菇
버찌 명 櫻桃
벚꽃 명 櫻花
벚나무 명 櫻树
벼 명 稻子
보리 명 大麦
복숭아 명 桃, 桃子, 水蜜桃
복숭아나무 명 桃树
봉선화 (鳳仙花) 명 凤仙花
봉숭아 명 凤仙花
부추 명 韭菜
분꽃 (粉一) 명 紫茉莉
분재 (盆栽) 명 盆栽
비닐하우스 (vinyl house) 명 乙烯幕溫室, 塑料大棚, 塑料溫室

민들레 명 蒲公英
밀 명 小麥, 麥子
밀감 (蜜柑) 명 蜜柑, 橘子
밀림 (密林) 명 密林
바닷말 명 海馬, 海馬魚
밤나무 명 栗樹
밭 명 旱田, 旱地
배 명 梨, 水梨
배나무 명 梨樹
배추 명 白菜
백일홍 (百日紅) 명 百日紅
백합 (百合) 명 百合
버드나무 명 柳樹
버섯 명 蘑菇
버찌 명 櫻桃
벚꽃 명 櫻花
벚나무 명 櫻樹
벼 명 稻子
보리 명 大麥
복숭아 명 桃, 桃子, 水蜜桃
복숭아나무 명 桃樹
봉선화 (鳳仙花) 명 鳳仙花
봉숭아 명 鳳仙花
부추 명 韭菜
분꽃 (粉一) 명 紫茉莉
분재 (盆栽) 명 盆栽
비닐하우스 (vinyl house) 명 乙烯幕溫室, 塑料大棚, 塑料溫室

버섯
송이버섯
느타리버섯
목이버섯
양송이
팽이버섯
싸리버섯
영지버섯
독버섯
:

〈백합〉

〈분재〉

〈붓꽃〉

비름 몡 苋菜   비름 몡 莧菜
뽕나무 몡 桑树   뽕나무 몡 桑樹
뿌리 몡 根   뿌리 몡 根
사과 (沙果) 몡 苹果   사과 (沙果) 몡 蘋果
사과나무 (沙果—) 몡 苹果树   사과나무 (沙果—) 몡 蘋果樹
사철나무 몡 四季树   사철나무 몡 四季樹
산딸기 (山—) 몡 山草莓   산딸기 (山—) 몡 山草莓
산림 (山林) 몡 山林   산림 (山林) 몡 山林
산삼 (山蔘) 몡 山参, 野参   산삼 (山蔘) 몡 山蔘, 野蔘
살구 몡 杏仁, 杏子   살구 몡 杏仁, 杏子
살구나무 몡 杏树   살구나무 몡 杏樹
삼나무 (杉—) 몡 杉树   삼나무 (杉—) 몡 杉樹
상록수 (常綠樹) 몡 常绿树   상록수 (常綠樹) 몡 常綠樹
상추 몡 莴苣, 生菜   상추 몡 萵苣, 生菜
생강 몡 生姜   생강 몡 生薑
생화 (生花) 몡 鲜花   생화 (生花) 몡 鮮花
석류 (石榴) 몡 石榴   석류 (石榴) 몡 石榴
선인장 (仙人掌) 몡 仙人掌   선인장 (仙人掌) 몡 仙人掌
설익다 동 半生不熟   설익다 동 半生不熟
소나무 몡 松树   소나무 몡 松樹
솎다 동 间苗, 抽   솎다 동 間苗, 抽
송이 몡 朵   송이 몡 朵
송이버섯 (松栮—) 몡 松茸, 松蕈   송이버섯 (松栮—) 몡 松茸, 松蕈
수국 (水菊) 몡 绣球花   수국 (水菊) 몡 綉球花
수목원 (樹木園) 몡 树木园   수목원 (樹木園) 몡 樹木園
수박 몡 西瓜   수박 몡 西瓜
수선화 (水仙花) 몡 水仙花   수선화 (水仙花) 몡 水仙花
수세미 몡 丝瓜   수세미 몡 絲瓜
수수 몡 高粱   수수 몡 高粱

〈선인장〉

〈소나무〉

수술 명 雄蕊
수풀 명 树丛, 草丛
수확하다 (收穫—) 동 收获, 收成
숙주나물 명 绿豆芽
숲 명 树丛, 草丛
시금치 명 菠菜
시들다 동 凋谢, 枯萎
식목일 (植木日) 명 植树节
식물 (植物) 명 植物
식물원 (植物園) 명 植物园
식용식물 (食用植物) 명 食用植物
심다 동 种植, 栽种
싸리버섯 명 葡萄狀珊瑚菌
싹 명 芽, 嫩芽
싹트다 동 萌芽
쑥 명 艾草
쑥갓 명 茼苦
씀바귀 명 苦菜
씨 명 种子
씨방 (—房) 명 种子库
씨앗 명 种子
아열대림 (亞熱帶林) 명 亚热带林
아욱 명 露葵
아카시아 (acacia) 명 洋槐花
아카시아나무 (acacia—) 명 羊槐木
안개꽃 명 满天星
암술 명 雌蕊
앵두 (櫻桃) 명 櫻桃
앵두나무 (櫻桃—) 명 櫻桃树
야생화 (野生花) 명 野生
야자 (椰子) 명 椰子
야자수 (椰子樹) 명 椰子树
야채 (野菜) 명 蔬菜
약용식물 (藥用植物) 명 药用植物
약초 (藥草) 명 药草
양귀비 (楊貴妃) 명 罌粟, 罌粟花

수술 명 雄蕊
수풀 명 樹叢, 草叢
수확하다 (收穫—) 동 收穫, 收成
숙주나물 명 綠豆芽
숲 명 樹叢, 草叢
시금치 명 菠菜
시들다 동 凋謝, 枯萎
식목일 (植木日) 명 植樹節
식물 (植物) 명 植物
식물원 (植物園) 명 植物園
식용식물 (食用植物) 명 食用植物
심다 동 種植, 栽種
싸리버섯 명 葡萄狀珊瑚菌
싹 명 芽, 嫩芽
싹트다 동 萌芽
쑥 명 艾草
쑥갓 명 茼苦
씀바귀 명 苦菜
씨 명 種子
씨방 (—房) 명 種子庫
씨앗 명 種子
아열대림 (亞熱帶林) 명 亞熱帶林
아욱 명 露葵
아카시아 (acacia) 명 洋槐花
아카시아나무 (acacia—) 명 羊槐木
안개꽃 명 滿天星
암술 명 雌蕊
앵두 (櫻桃) 명 櫻桃
앵두나무 (櫻桃—) 명 櫻桃樹
야생화 (野生花) 명 野生
야자 (椰子) 명 椰子
야자수 (椰子樹) 명 椰子樹
야채 (野菜) 명 蔬菜
약용식물 (藥用植物) 명 藥用植物
약초 (藥草) 명 藥草
양귀비 (楊貴妃) 명 罌粟, 罌粟花

440 식물

양배추 (洋一) 몡 洋白菜, 甘蓝, 包心菜	양배추 (洋一) 몡 洋白菜, 甘藍, 包心菜
양상추 (洋一) 몡 洋生菜, 洋莴苣	양상추 (洋一) 몡 洋生菜, 洋萵苣
양송이 (洋松栮) 몡 洋松栮	양송이 (洋松栮) 몡 洋松栮
양파 (洋一) 몡 洋葱	양파 (洋一) 몡 洋葱
억새 몡 紫花	억새 몡 紫花
엉겅퀴 몡 蓟鱼	엉겅퀴 몡 薊魚
여러해살이 몡 多年生	여러해살이 몡 多年生
여물다 동 熟, 成熟	여물다 동 熟, 成熟
연근 (蓮根) 몡 莲藕	연근 (蓮根) 몡 蓮藕
연꽃 (蓮一) 몡 莲花	연꽃 (蓮一) 몡 蓮花
열대림 (熱帶林) 몡 热带林	열대림 (熱帶林) 몡 熱帶林
열리다 동 结(果實)	열리다 동 結(果實)
열매 몡 果实	열매 몡 果實
열무 몡 小萝卜	열무 몡 小蘿蔔
엽록소 (葉綠素) 몡 叶绿素	엽록소 (葉綠素) 몡 葉綠素
영산홍 (映山紅) 몡 映山红, 钝叶杜鹃	영산홍 (映山紅) 몡 映山紅, 鈍葉杜鵑
영지버섯 (靈芝一) 몡 灵芝	영지버섯 (靈芝一) 몡 靈芝
오동나무 (梧桐一) 몡 梧桐树	오동나무 (梧桐一) 몡 梧桐樹
오디 몡 桑椹	오디 몡 桑椹
오렌지 (orange) 몡 柳橙, 橙子	오렌지 (orange) 몡 柳橙, 橙子
오미자 (五味子) 몡 五味子	오미자 (五味子) 몡 五味子
오이 몡 黄瓜	오이 몡 黃瓜
옥수수 몡 玉米, 玉蜀黍	옥수수 몡 玉米, 玉蜀黍
온대림 (溫帶林) 몡 温带林	온대림 (溫帶林) 몡 溫帶林
온실 (溫室) 몡 温室	온실 (溫室) 몡 溫室
올— 접 早熟	올— 접 早熟
옻나무 몡 漆树	옻나무 몡 漆樹
완두콩 (豌豆一) 몡 豌豆	완두콩 (豌豆一) 몡 豌豆
우엉 몡 牛蒡	우엉 몡 牛蒡
움트다 동 发芽, 萌芽	움트다 동 發芽, 萌芽
월계수 (月桂樹) 몡 月桂树	월계수 (月桂樹) 몡 月桂樹
유자 (柚子) 몡 柚子	유자 (柚子) 몡 柚子

고유어	한해살이	두해살이	여러해살이
한자어	일년생	이년생	다년생

〈식물이 사는 기간〉

유채꽃 (油菜—) 몡 油菜花	유채꽃 (油菜—) 몡 油菜花
은방울꽃 (銀—) 몡 银铃	은방울꽃 (銀—) 몡 銀鈴
은행나무 (銀杏—) 몡 银杏树	은행나무 (銀杏—) 몡 銀杏樹
이끼 몡 蘚苔, 青苔	이끼 몡 蘚苔, 青苔
이년생 (二年生) 몡 二年生	이년생 (二年生) 몡 二年生
익다 동 熟, 成熟	익다 동 熟, 成熟
인삼 (人蔘) 몡 人参	인삼 (人蔘) 몡 人蔘
일년생 (一年生) 몡 一年生	일년생 (一年生) 몡 一年生
잎 몡 叶子, 树叶	잎 몡 葉子, 樹葉
잎사귀 몡 叶子	잎사귀 몡 葉子
잎새 몡 叶子	잎새 몡 葉子
자두 (紫桃) 몡 李子	자두 (紫桃) 몡 李子
자라다 동 成长, 生长	자라다 동 成長, 生長
작약 (芍藥) 몡 芍药	작약 (芍藥) 몡 芍藥
잔디 몡 草皮, 短草	잔디 몡 草皮, 短草
잡초 (雜草) 몡 杂草	잡초 (雜草) 몡 雜草
잣나무 몡 松树	잣나무 몡 松樹
장미 (薔薇) 몡 薔薇	장미 (薔薇) 몡 薔薇
전나무 몡 枞树	전나무 몡 樅樹
접붙이다 동 接木, 嫁接	접붙이다 동 接木, 嫁接
접시꽃 몡 蜀葵	접시꽃 몡 蜀葵
정원 (庭園) 몡 庭园	정원 (庭園) 몡 庭園
제비꽃 몡 堇菜	제비꽃 몡 堇菜
조 몡 小米, 粟	조 몡 小米, 粟
조화 (造花) 몡 造花	조화 (造花) 몡 造花
종묘 (種苗) 몡 种苗	종묘 (種苗) 몡 種苗
종자 (種子) 몡 种子	종자 (種子) 몡 種子
죽순 (竹筍) 몡 竹笋	죽순 (竹筍) 몡 竹筍
줄기 몡 茎, 梗	줄기 몡 莖, 梗

〈유채꽃〉

〈장미〉

〈제비꽃〉

지다 동 凋謝, 枯萎
지푸라기 명 稻草屑
진달래 명 杜鵑花
질경이 명 车前草
짚 명 稻草, 秸杆
찔레꽃 명 野薔薇
참나무 명 麻枞树
참외 명 香瓜
창포 (菖蒲) 명 菖蒲
채소 (菜蔬) 명 蔬菜
채송화 (菜松花) 명 草杜鹃, 半支莲
천연기념물 (天然記念物) 명
　天然紀念物
철쭉 명 山踯躅
초롱꽃 명 风铃草
총각무 (總角一) 명 小萝卜
취 명 东风菜
치자나무 (梔子一) 명 栀子树
칡 명 葛
카네이션 (carnation) 명 康乃馨
코스모스 (cosmos) 명 大波斯菊
콩 명 大豆, 黃豆
콩나물 명 黃豆芽, 豆芽儿
토끼풀 명 喵兔的草, 白车铀草,
　白三叶草
토란 (土卵) 명 芋, 芋头
통꽃 명 筒狀花
퇴비 (堆肥) 명 堆肥

지다 동 凋謝, 枯萎
지푸라기 명 稻草屑
진달래 명 杜鵑花
질경이 명 車前草
짚 명 稻草, 秸杆
찔레꽃 명 野薔薇
참나무 명 麻樅樹
참외 명 香瓜
창포 (菖蒲) 명 菖蒲
채소 (菜蔬) 명 蔬菜
채송화 (菜松花) 명 草杜鵑, 半支蓮
천연기념물 (天然記念物) 명
　天然紀念物
철쭉 명 山躑躅
초롱꽃 명 風鈴草
총각무 (總角一) 명 小蘿蔔
취 명 東風菜
치자나무 (梔子一) 명 梔子樹
칡 명 葛
카네이션 (carnation) 명 康乃馨
코스모스 (cosmos) 명 大波斯菊
콩 명 大豆, 黃豆
콩나물 명 黃豆芽, 豆芽兒
토끼풀 명 喵兔的草, 白車鈾草,
　白三葉草
토란 (土卵) 명 芋, 芋頭
통꽃 명 筒狀花
퇴비 (堆肥) 명 堆肥

〈채송화〉

〈카네이션〉

〈코스모스〉

튤립 (tulip) 명 郁金香
파 명 葱
파래 명 莼菜, 海青菜
팥 명 红豆
패다 동 出, 抽(穗)
패랭이꽃 명 石竹
팽이버섯 명 金针蘑
포기 명 根, 棵, 株
포도 (葡萄) 명 葡萄
표고버섯 명 香菇, 香蕈
푸성귀 명 蔬菜和野菜
풀 명 草
풀밭 명 草地
풋— 접 表示 '未熟, 生的'
플라타너스 (platanus) 명 梧桐
피다 동 开
한해살이 명 一年生
할미꽃 명 白头翁, 走姑草
해당화 (海棠花) 명 海棠花
해바라기 명 向日葵
햇— 접 表 '出生的, 今年的'
행운목 (幸運木) 명 幸运木
향나무 (香—) 명 桧树, 檀香
호도나무 (胡桃—) 명 胡桃树, 核桃树
호박 명 南瓜
호박꽃 명 南瓜花
홍당무 (紅糖—) 명 胡萝卜, 红萝卜
화단 (花壇) 명 花坛

튤립 (tulip) 명 鬱金香
파 명 葱
파래 명 蒓菜, 海靑菜
팥 명 紅豆
패다 동 出, 抽(穗)
패랭이꽃 명 石竹
팽이버섯 명 金針蘑
포기 명 根, 棵, 株
포도 (葡萄) 명 葡萄
표고버섯 명 香菇, 香蕈
푸성귀 명 蔬菜和野菜
풀 명 草
풀밭 명 草地
풋— 접 表示 '未熟, 生的'
플라타너스 (platanus) 명 梧桐
피다 동 開
한해살이 명 一年生
할미꽃 명 白頭翁, 走姑草
해당화 (海棠花) 명 海棠花
해바라기 명 向日葵
햇— 접 表 '出生的, 今年的'
행운목 (幸運木) 명 幸運木
향나무 (香—) 명 檜樹, 檀香
호도나무 (胡桃—) 명 胡桃樹, 核桃樹
호박 명 南瓜
호박꽃 명 南瓜花
홍당무 (紅糖—) 명 胡蘿蔔, 紅蘿蔔
화단 (花壇) 명 花壇

〈할미꽃〉

〈해바라기〉

화분 (花盆) 명 花盆
화초 (花草) 명 花草
화환 (花環) 명 花环
화훼 (花卉) 명 花卉
활짝 부 (花)盛开貌
회양목 명 茴香树
효모 (酵母) 명 酵母菌, 酵母
후추 (胡椒) 명 胡椒

화분 (花盆) 명 花盆
화초 (花草) 명 花草
화환 (花環) 명 花環
화훼 (花卉) 명 花卉
활짝 부 (花)盛開貌
회양목 명 茴香樹
효모 (酵母) 명 酵母菌, 酵母
후추 (胡椒) 명 胡椒

37. 모양

| 模样 | 模様 |

가느다랗다 [형] 细
가늘다 [형] 细
가득하다 [형] 满满
가루 [명] 粉, 粉末, 面儿, 碎末
가지가지 [명] 种种, 各种各样, 样样
가지런하다 [형] 整齐
각 (角) [명] 角
각도 (角度) [명] 角度
각도기 (角度器) [명] 量度器, 角度尺
각양각색 (各樣各色) [명] 各式各样,
　　形形色色, 五光十色, 五花八门
같다 [형] 相同, 一样, 同一
거대하다 (巨大—) [형] 巨大
고도 (高度) [명] 高度
고르다 [형] 匀称, 匀和, 均衡, 齐, 平均
고저 (高低) [명] 高低
곡선 (曲線) [명] 曲线, 曲线条
곧다 [형] 直
광대하다 (廣大—) [형] 广大
광활하다 (廣闊—) [형] 广阔
구 (球) [명] 球
구부러지다 [형] 弯曲
굵기 [명] 粗的程度
굵다 [형] 粗
굵다랗다 [형] 很粗
굵직하다 [형] 很粗, 非常粗
굽다 [형] 弯曲, 屈折
기다랗다 [형] 长
기울다 [형] 倾, 倾斜

가느다랗다 [형] 細
가늘다 [형] 細
가득하다 [형] 滿滿
가루 [명] 粉, 粉末, 面兒, 碎末
가지가지 [명] 種種, 各種各樣, 樣樣
가지런하다 [형] 整齊
각 (角) [명] 角
각도 (角度) [명] 角度
각도기 (角度器) [명] 量度器, 角度尺
각양각색 (各樣各色) [명] 各式各樣,
　　形形色色, 五光十色, 五花八門
같다 [형] 相同, 一樣, 同一
거대하다 (巨大—) [형] 巨大
고도 (高度) [명] 高度
고르다 [형] 勻稱, 勻和, 均衡, 齊, 平均
고저 (高低) [명] 高低
곡선 (曲線) [명] 曲線, 曲線條
곧다 [형] 直
광대하다 (廣大—) [형] 廣大
광활하다 (廣闊—) [형] 廣闊
구 (球) [명] 球
구부러지다 [형] 彎曲
굵기 [명] 粗的程度
굵다 [형] 粗
굵다랗다 [형] 很粗
굵직하다 [형] 很粗, 非常粗
굽다 [형] 彎曲, 屈折
기다랗다 [형] 長
기울다 [형] 傾, 傾斜

길다 〖형〗 长
길이 〖명〗 长, 长度
길쭉하다 〖형〗 比较长
깊다 〖형〗 深
깊숙하다 〖형〗 幽深, 深沉
깊이 〖명〗 深度
꼬이다 〖형〗 被搓的样子
꼭지점 (一點) 〖명〗 交点
꼴 〖명〗 样子, 态相, 面目
꽁초 〖명〗 烟头儿
나란히 〖부〗 并排
나선형 (螺旋形) 〖명〗 螺旋形
나즈막하다 〖형〗 偏低, 低一点儿
나직하다 〖형〗 偏低
날카롭다 〖형〗 锋利, 快, 锐利
납작하다 〖형〗 宽扁
낮다 〖형〗 很低, 低
너비 〖명〗 宽
널찍하다 〖형〗 比较宽, 宽
넓다 〖형〗 宽
넓다랗다 〖형〗 很宽
넓이 〖명〗 宽
넓적하다 〖형〗 宽
넓히다 〖동〗 扩大面积
넙적하다 〖형〗 扁平的样子
넙죽하다 〖형〗 扁平的样子
네모 〖명〗 四角形
네모나다 〖형〗 方
네모지다 〖형〗 方
높낮이 〖명〗 高低
높다 〖형〗 高
높다랗다 〖형〗 高, 很高
높이 〖명〗 高
눈꼽만하다 〖형〗 非常小
다각형 (多角形) 〖명〗 多角形
다르다 〖형〗 不一样, 不同

길다 〖형〗 長
길이 〖명〗 長, 長度
길쭉하다 〖형〗 比較長
깊다 〖형〗 深
깊숙하다 〖형〗 幽深, 深沉
깊이 〖명〗 深度
꼬이다 〖형〗 被搓的樣子
꼭지점 (一點) 〖명〗 交點
꼴 〖명〗 樣子, 態相, 面目
꽁초 〖명〗 烟頭兒
나란히 〖부〗 并排
나선형 (螺旋形) 〖명〗 螺旋形
나즈막하다 〖형〗 偏低, 低一點兒
나직하다 〖형〗 偏低
날카롭다 〖형〗 鋒利, 快, 銳利
납작하다 〖형〗 寬扁
낮다 〖형〗 很低, 低
너비 〖명〗 寬
널찍하다 〖형〗 比較寬, 寬
넓다 〖형〗 寬
넓다랗다 〖형〗 很寬
넓이 〖명〗 寬
넓적하다 〖형〗 寬
넓히다 〖동〗 擴大面積
넙적하다 〖형〗 扁平的樣子
넙죽하다 〖형〗 扁平的樣子
네모 〖명〗 四角形
네모나다 〖형〗 方
네모지다 〖형〗 方
높낮이 〖명〗 高低
높다 〖형〗 高
높다랗다 〖형〗 高, 很高
높이 〖명〗 高
눈꼽만하다 〖형〗 非常小
다각형 (多角形) 〖명〗 多角形
다르다 〖형〗 不一樣, 不同

다면체 (多面體) 몡 多面体						다면체 (多面體) 몡 多面體				

다면체 (多面體) 몡 多面体
달걀형 (一形) 몡 鸡蛋形, 卵形
닮다 혱 像
닮은꼴 몡 长得像
대각선 (對角線) 몡 对角线
대소 (大小) 몡 大小
대형 (大形·大型) 몡 大型
덩어리 몡 块儿
도톰하다 혱 稍厚
도형 (圖形) 몡 图形
동그라미 몡 圆, 圆圈
동그랗다 혱 圆
동글납작하다 혱 扁圆
동글동글 튀 圆圆地, 滚圆貌
동일하다 (同一—) 혱 同样
두껍다 혱 厚
두께 몡 厚度
두둑하다 혱 很厚, 厚厚的
두루뭉실하다 혱 ① 一团和气, 无原无故 ② 略圆 ③ 笼统, 模棱两可, 含含糊糊
두텁다 혱 厚
두툼하다 혱 厚
둔각 (鈍角) 몡 钝角
둥그스름하다 혱 稍圆, 略圆
둥글납작하다 혱 扁圆
둥글넓적하다 혱 圆而扁平

다면체 (多面體) 몡 多面體
달걀형 (一形) 몡 鷄蛋形, 卵形
닮다 혱 像
닮은꼴 몡 長得像
대각선 (對角線) 몡 對角線
대소 (大小) 몡 大小
대형 (大形·大型) 몡 大型
덩어리 몡 塊兒
도톰하다 혱 稍厚
도형 (圖形) 몡 圖形
동그라미 몡 圓, 圓圈
동그랗다 혱 圓
동글납작하다 혱 扁圓
동글동글 튀 圓圓地, 滾圓貌
동일하다 (同一—) 혱 同樣
두껍다 혱 厚
두께 몡 厚度
두둑하다 혱 很厚, 厚厚的
두루뭉실하다 혱 ① 一團和氣, 無原無故 ② 略圓 ③ 籠統, 模棱兩可, 含含糊糊
두텁다 혱 厚
두툼하다 혱 厚
둔각 (鈍角) 몡 鈍角
둥그스름하다 혱 稍圓, 略圓
둥글납작하다 혱 扁圓
둥글넓적하다 혱 圓而扁平

평면도형	원	타원형	삼각형	사각형	오각형	육각형	팔각형	평행사변형	마름모	사다리꼴	부채꼴
	○	⬭	△	□	⬠	⬡	⬢	▱	◇	⏢	◗

입체도형	구	사면체	육면체	팔면체	십이면체	원기둥	원뿔
	☾	△	▣	◆	⬢	⬤	▲

둥글다 [형] 圆
둥글둥글 [부] 圆圆地, 溜圆的
드넓다 [형] 非常宽, 宽阔
똑같다 [형] 一样, 完全一样
똑바르다 [형] 直
마름모 [명] 菱形
면 (面) [명] 面
면적 (面積) [명] 面积
모나다 [형] 方形
모서리 [명] 棱角, 边
모습 [명] 样子, 面貌, 模样, 姿态
모양 (模樣) [명] 模样
모양자 (模樣—) [명] 画圆板
모형 (模型) [명] 模型
무늬 [명] 纹, 花纹, 纹路
무형 (無形) [명] 无形
문형 (紋形) [명] 花纹
뭉뚝하다 [형] ① 钝秃 ② 又粗又短
밑면 (—面) [명] 底面
밑변 (—邊) [명] 底边
반듯하다 [형] 端正, 平正, 匀称
변 (邊) [명] 边
볼록하다 [형] 鼓起, 隆起, 鼓鼓囊囊
부스러기 [명] 粉碎
부채꼴 [명] 扇形
비대하다 (肥大—) [형] 肥胖
비스듬하다 [형] 傾斜, 斜歪
비슷하다 [형] 差不多, 像, 相似, 近似
비좁다 [형] 窄
빗변 (—邊) [명] 斜边
빠듯하다 [형] ① 较紧, 紧 ② 挤满
　③ 勉强, 刚够, 刚好
뾰족뾰족 [부] 尖尖状, 尖尖的样子
뾰족하다 [형] 尖
사각형 (四角形) [명] 四边形
사다리꼴 [명] 梯形

둥글다 [형] 圓
둥글둥글 [부] 圓圓地, 溜圓的
드넓다 [형] 非常寬, 寬闊
똑같다 [형] 一樣, 完全一樣
똑바르다 [형] 直
마름모 [명] 菱形
면 (面) [명] 面
면적 (面積) [명] 面積
모나다 [형] 方形
모서리 [명] 棱角, 邊
모습 [명] 樣子, 面貌, 模樣, 姿態
모양 (模樣) [명] 模樣
모양자 (模樣—) [명] 畫圓板
모형 (模型) [명] 模型
무늬 [명] 紋, 花紋, 紋路
무형 (無形) [명] 無形
문형 (紋形) [명] 花紋
뭉뚝하다 [형] ① 鈍秃 ② 又粗又短
밑면 (—面) [명] 底面
밑변 (—邊) [명] 底邊
반듯하다 [형] 端正, 平正, 勻稱
변 (邊) [명] 邊
볼록하다 [형] 鼓起, 隆起, 鼓鼓囊囊
부스러기 [명] 粉碎
부채꼴 [명] 扇形
비대하다 (肥大—) [형] 肥胖
비스듬하다 [형] 傾斜, 斜歪
비슷하다 [형] 差不多, 像, 相似, 近似
비좁다 [형] 窄
빗변 (—邊) [명] 斜邊
빠듯하다 [형] ① 較緊, 緊 ② 擠滿
　③ 勉强, 剛够, 剛好
뾰족뾰족 [부] 尖尖狀, 尖尖的樣子
뾰족하다 [형] 尖
사각형 (四角形) [명] 四邊形
사다리꼴 [명] 梯形

사선 (斜線) 몡 斜线
삼각형 (三角形) 몡 三角形
생김새 몡 长的模样, 长像
선 (線) 몡 线
선분 (線分) 몡 线段
세모 몡 三角形
세모나다 혱 ① 成三角形 ② 也用作动词
세모지다 혱 ① 成三角形 ② 也用作动词
소복하다 혱 满满
소형 (小型) 몡 小型
수북하다 혱 滿滿貌
수직 (垂直) 몡 垂直
수직선 (垂直線) 몡 垂直线
수평 (水平) 몡 水平, 水准
수평선 (水平線) 몡 水平线
수형도 (樹型圖) 몡 树形图
신장 (身長) 몡 身长
실선 (實線) 몡 实线
십이면체 (十二面體) 몡 十二面立体形
쌍곡선 (雙曲線) 몡 双曲线
쌍둥이 몡 一对双, 双胞胎, 孪生兄弟
아담하다 (雅淡, 雅澹—) 혱 雅致
앉은키 몡 坐高
얄팍하다 혱 淡薄
얇다 혱 薄
얕다 혱 浅
오똑하다 혱 凸起, 高耸, 隆起
오목하다 혱 凹陷, 凹进, 凹
오밀조밀 (奧密稠密) 튀 精细貌, 精巧的 样子

사선 (斜線) 몡 斜線
삼각형 (三角形) 몡 三角形
생김새 몡 長的模樣, 長像
선 (線) 몡 線
선분 (線分) 몡 線段
세모 몡 三角形
세모나다 혱 ① 成三角形 ② 也用作動詞
세모지다 혱 ① 成三角形 ② 也用作動詞
소복하다 혱 滿滿
소형 (小型) 몡 小型
수북하다 혱 滿滿貌
수직 (垂直) 몡 垂直
수직선 (垂直線) 몡 垂直線
수평 (水平) 몡 水平, 水準
수평선 (水平線) 몡 水平線
수형도 (樹型圖) 몡 樹形圖
신장 (身長) 몡 身長
실선 (實線) 몡 實線
십이면체 (十二面體) 몡 十二面立體形
쌍곡선 (雙曲線) 몡 雙曲線
쌍둥이 몡 一對雙, 雙胞胎, 孿生兄弟
아담하다 (雅淡, 雅澹—) 혱 雅致
앉은키 몡 坐高
얄팍하다 혱 淡薄
얇다 혱 薄
얕다 혱 淺
오똑하다 혱 凸起, 高聳, 隆起
오목하다 혱 凹陷, 凹進, 凹
오밀조밀 (奧密稠密) 튀 精細貌, 精巧的 樣子

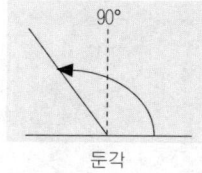
둔각

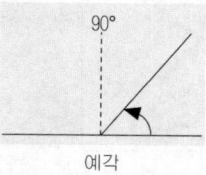
예각

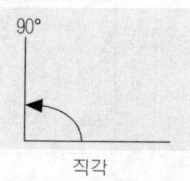
직각

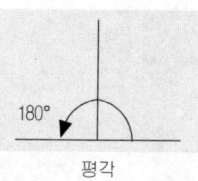
평각

올록볼록 🕛 凹凸不平的样子
올망졸망 🕛 类似的大大小小的样子
완만하다 (緩慢—) 🅗 ① 迟缓, 缓慢
　② 慢, 缓
우람하다 (愚濫—) 🅗 雄伟, 巍峨, 雄壮,
　魁梧
울퉁불퉁 🕛 高低不平的样子, 参差不齐
움푹하다 🅗 凹陷, 深陷, 窝儿
웅대하다 (雄大—) 🅗 雄伟, 宏伟
원 (圓) 🅜 圆
원뿔형 (圓—形) 🅜 圆椎形
원통형 (圓筒形) 🅜 圆筒形, 圆柱形
원형 (圓形) 🅜 圆形
유사하다 (類似—) 🅗 类似, 相似
육각형 (六角形) 🅜 六角形, 六边形
육면체 (六面體) 🅜 六面体
이등변삼각형 (二等邊三角形) 🅜
　等腰三角形
자 🅜 尺, 格尺, 圈尺
자잘하다 🅗 许多东西显得小, 小不点儿
작다 🅗 小, 少
작다리 🅜 个儿矮小的人, 矬子
잘다 🅗 ① 小, 过细 ② 过于仔细
　③ 为人小气, 不大方
잘록하다 🅗 物体某部分纤细, 中间细
장단 (長短) 🅜 长短
장방형 (長方形) 🅜 长方形
점 (點) 🅜 点
점선 (點線) 🅜 虚线, 点线
정— (正—) 🅟 词头之一, 正—

올록볼록 🕛 凹凸不平的樣子
올망졸망 🕛 類似的大大小小的樣子
완만하다 (緩慢—) 🅗 ① 遲緩, 緩慢
　② 慢, 緩
우람하다 (愚濫—) 🅗 雄偉, 巍峨, 雄壯,
　魁梧
울퉁불퉁 🕛 高低不平的樣子, 參差不齊
움푹하다 🅗 凹陷, 深陷, 窩兒
웅대하다 (雄大—) 🅗 雄偉, 宏偉
원 (圓) 🅜 圓
원뿔형 (圓—形) 🅜 圓椎形
원통형 (圓筒形) 🅜 圓筒形, 圓柱形
원형 (圓形) 🅜 圓形
유사하다 (類似—) 🅗 類似, 相似
육각형 (六角形) 🅜 六角形, 六邊形
육면체 (六面體) 🅜 六面體
이등변삼각형 (二等邊三角形) 🅜
　等腰三角形
자 🅜 尺, 格尺, 圈尺
자잘하다 🅗 許多東西顯得小, 小不點兒
작다 🅗 小, 少
작다리 🅜 個兒矮小的人, 矬子
잘다 🅗 ① 小, 過細 ② 過於仔細
　③ 爲人小氣, 不大方
잘록하다 🅗 物體某部分纖細, 中間細
장단 (長短) 🅜 長短
장방형 (長方形) 🅜 長方形
점 (點) 🅜 點
점선 (點線) 🅜 虛線, 點線
정— (正—) 🅟 詞頭之一, 正—

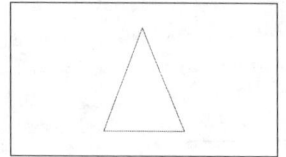

〈이등변삼각형〉

정사각형 (正四角形) 몡 正四方形, 正方形
정삼각형 (正三角形) 몡 正三角形, 等边三角形
정형 (定型) 몡 定型, 成型
조그맣다 혱 小, 少
좁다 혱 紧, 窄
좁쌀만하다 혱 象小米一样大
중형 (中形·中型) 몡 中型
직— (直—) 졉 词头之一, 直—
직각 (直角) 몡 直角
직사각형 (直四角形) 몡 长方形
직선 (直線) 몡 直线
짤막하다 혱 编短, 短一点儿
짧다 혱 短
쬐그맣다 혱 小
초대형 (超大型) 몡 特大型
축소하다 (縮小—) 동 缩小
커다랗다 혱 很大
코딱지만하다 혱 很小
콩알만하다 혱 很小
크기 몡 大小
크다 혱 大
큼직하다 혱 很大, 比较大
키 몡 个儿, 个子
키다리 몡 高个儿的人
타원 (橢圓) 몡 椭圆
타원형 (橢圓形) 몡 椭圆形
토실토실 閅 胖乎乎貌
틀 몡 框, 模型, 模式, 模套
판판하다 혱 平, 平坦
팔각형 (八角形) 몡 八角形
팔면체 (八面體) 몡 八面体
펑퍼짐하다 혱 胖呼呼貌
평 (坪) 의 一坪=3.33㎡
평각 (平角) 몡 平角

정사각형 (正四角形) 몡 正四方形, 正方形
정삼각형 (正三角形) 몡 正三角形, 等邊三角形
정형 (定型) 몡 定型, 成型
조그맣다 혱 小, 少
좁다 혱 緊, 窄
좁쌀만하다 혱 象小米一樣大
중형 (中形·中型) 몡 中型
직— (直—) 졉 詞頭之一, 直—
직각 (直角) 몡 直角
직사각형 (直四角形) 몡 長方形
직선 (直線) 몡 直線
짤막하다 혱 编短, 短一點兒
짧다 혱 短
쬐그맣다 혱 小
초대형 (超大型) 몡 特大型
축소하다 (縮小—) 동 縮小
커다랗다 혱 很大
코딱지만하다 혱 很小
콩알만하다 혱 很小
크기 몡 大小
크다 혱 大
큼직하다 혱 很大, 比較大
키 몡 個兒, 個子
키다리 몡 高個兒的人
타원 (橢圓) 몡 椭圓
타원형 (橢圓形) 몡 椭圓形
토실토실 閅 胖乎乎貌
틀 몡 框, 模型, 模式, 模套
판판하다 혱 平, 平坦
팔각형 (八角形) 몡 八角形
팔면체 (八面體) 몡 八面體
펑퍼짐하다 혱 胖呼呼貌
평 (坪) 의 一坪=3.33㎡
평각 (平角) 몡 平角

평평하다 (平平—) 형 平平的, 平坦的
평행사변형 (平行四邊形) 명 平行四边形
평행선 (平行線) 명 平行线
포동포동 부 胖乎乎
포물선 (拋物線) 명 抛物线
폭 (幅) 명 宽
푹 부 ① 深深地 ② 严实的样子
　③ (烂, 熟, 显)透的样子
합동 (合同) 명 合同
해발 (海拔) 명 海拔
협소하다 (狹小—) 형 窄, 狹窄
형 (形) 명 形狀, 形
형상 (形狀·形相) 명 形狀, 形态
형태 (形態) 명 形态, 形状
형형색색 (形形色色) 명 形形色色
확대하다 (擴大—) 동 扩大
휘다 동 弯曲
흡사하다 (恰似—) 형 类似, 相似,
　差不多

평평하다 (平平—) 형 平平的, 平坦的
평행사변형 (平行四邊形) 명 平行四邊形
평행선 (平行線) 명 平行線
포동포동 부 胖乎乎
포물선 (拋物線) 명 拋物線
폭 (幅) 명 寬
푹 부 ① 深深地 ② 嚴實的樣子
　③ (爛, 熟, 顯)透的樣子
합동 (合同) 명 合同
해발 (海拔) 명 海拔
협소하다 (狹小—) 형 窄, 狹窄
형 (形) 명 形狀, 形
형상 (形狀·形相) 명 形狀, 形態
형태 (形態) 명 形態, 形狀
형형색색 (形形色色) 명 形形色色
확대하다 (擴大—) 동 擴大
휘다 동 彎曲
흡사하다 (恰似—) 형 類似, 相似,
　差不多

분류	크기	길이	굵기	깊이	높이	두께	너비	넓이
↑	크다	길다	굵다	깊다	높다	두껍다	넓다	넓다
↓	작다	짧다	가늘다	얕다	낮다	얇다	좁다	좁다

〈사물의 모양을 가리키는 단어〉

38. 빛과 색채

光, 色彩	光, 色彩
가지각색 (一各色) 몡 各种颜色	가지각색 (一各色) 몡 各種顔色
각양각색 (各樣各色) 몡 各种颜色	각양각색 (各樣各色) 몡 各種顔色
갈색 (褐色) 몡 褐色	갈색 (褐色) 몡 褐色
감색 (紺色) 몡 天青, 藏青	감색 (紺色) 몡 天青, 藏青
거무스름하다 혱 黑乎乎	거무스름하다 혱 黑乎乎
거무죽죽하다 혱 乌黑	거무죽죽하다 혱 烏黑
거무튀튀하다 혱 又黑又脏, 黑而粗糙	거무튀튀하다 혱 又黑又臟, 黑而粗糙
검다 혱 黑	검다 혱 黑
검은색 (一色) 몡 黑颜色	검은색 (一色) 몡 黑顔色
검정 몡 黑色	검정 몡 黑色
검정색 (一色) 몡 黑颜色	검정색 (一色) 몡 黑顔色
고동색 (古銅色) 몡 古铜色, 红棕色	고동색 (古銅色) 몡 古銅色, 紅棕色
광선 (光線) 몡 光线	광선 (光線) 몡 光線
광속 (光速) 몡 光速	광속 (光速) 몡 光速
광원 (光源) 몡 光源	광원 (光源) 몡 光源
광채 (光彩) 몡 光彩, 亮光	광채 (光彩) 몡 光彩, 亮光
구리빛 몡 古铜色	구리빛 몡 古銅色
국방색 (國防色) 몡 黄绿色	국방색 (國防色) 몡 黃綠色
군청색 (群靑色) 몡 藏青色, 群青色	군청색 (群靑色) 몡 藏靑色, 群靑色
굴절 (屈折) 몡 屈折, 曲折	굴절 (屈折) 몡 屈折, 曲折
그림자 몡 影, 影子	그림자 몡 影, 影子
금빛 (金一) 몡 金色, 金光	금빛 (金一) 몡 金色, 金光
금색 (金色) 몡 金黄色	금색 (金色) 몡 金黃色
까만색 (一色) 몡 深黑色	까만색 (一色) 몡 深黑色
까망 몡 深黑色	까망 몡 深黑色

사물 이름을 따서 만든 색과 빛이름	一색	국방색, 금색, 똥색, 미색, 밤색, 병아리색, 산호색, 살색, 상아색, 쑥색, 옥색, 와인색, 은색, 재색, 쥐색, 진달래색, 풀색, 하늘색, 황토색, 회색 …
	一빛	구릿빛, 금빛, 살구빛, 앵두빛, 우유빛, 은빛, 잿빛, 쪽빛 …

까맣다 [형] 深黑
까뭇까뭇 [부] 影影綽綽貌
깜깜하다 [형] 漆黑
꽃분홍색 (一粉紅色) [명] 粉紅色
남빛 (藍一) [명] 蓝色
남색 (藍色) [명] 蓝色
노란색 (一色) [명] 黄色
노랑 [명] 黄色
노랗다 [형] 黄
녹두색 (綠豆色) [명] 绿豆色
녹색 (綠色) [명] 绿色
다채롭다 [형] 丰富多彩, 精彩
똥색 (一色) [명] 深黄色
명도 (明渡) [명] 亮度
명암 (明暗) [명] 明暗
무색 (無色) [명] 无颜色
무지개색 (一色) [명] 彩虹色
무채색 (無彩色) [명] 无彩色
미색 (米色) [명] 米色
바래다 [동] 退色, 掉色, 脱色, 褪色, 悄色
바탕색 (一色) [명] 底色
반사 (反射) [명] 反射
반짝반짝 [부] 闪, 闪耀, 一闪一闪
밝기 [명] 亮度
밝다 [형] 亮, 光明, 明亮, 明朗,
밤색 (一色) [명] 栗色
배색 (配色) [명] 配色
백색 (白色) [명] 白色
백옥같다 (白玉一) [형] 像白玉
변색되다 (變色一) [동] 变色
병아리색 (一色) [명] 黄色
보라 [명] 紫色, 紫
보색 (補色) [명] 补色, 互补色

까맣다 [형] 深黑
까뭇까뭇 [부] 影影綽綽貌
깜깜하다 [형] 漆黑
꽃분홍색 (一粉紅色) [명] 粉紅色
남빛 (藍一) [명] 藍色
남색 (藍色) [명] 藍色
노란색 (一色) [명] 黄色
노랑 [명] 黄色
노랗다 [형] 黄
녹두색 (綠豆色) [명] 綠豆色
녹색 (綠色) [명] 綠色
다채롭다 [형] 丰富多彩, 精彩
똥색 (一色) [명] 深黃色
명도 (明渡) [명] 亮度
명암 (明暗) [명] 明暗
무색 (無色) [명] 無顏色
무지개색 (一色) [명] 彩虹色
무채색 (無彩色) [명] 無彩色
미색 (米色) [명] 迷色
바래다 [동] 退色, 掉色, 脱色, 褪色, 悄色
바탕색 (一色) [명] 底色
반사 (反射) [명] 反射
반짝반짝 [부] 閃, 閃耀, 一閃一閃
밝기 [명] 亮度
밝다 [형] 亮, 光明, 明亮, 明朗,
밤색 (一色) [명] 栗色
배색 (配色) [명] 配色
백색 (白色) [명] 白色
백옥같다 (白玉一) [형] 像白玉
변색되다 (變色一) [동] 變色
병아리색 (一色) [명] 黃色
보라 [명] 紫色, 紫
보색 (補色) [명] 補色, 互補色

무지개색

| 빨강 | 주황 | 노랑 | 녹색 | 파랑 | 남색 | 보라 |

보호색 (保護色) 명 保护色
분광기 (分光器) 명 分光镜
분홍 명 粉红(色)
불그스름하다 형 淡红, 浅红
붉다 형 红, 丹, 赤, 赤色的, 红色的
붉으락푸르락 부 红一阵青一阵
비추다 동 照耀, 照射
비치다 동 ① 照, 照亮, 照射 ② 映照, 反映 ③ 透出
빛 명 光
빛깔 명 色彩
빛나다 동 闪耀, 闪烁
빨간색 (一色) 명 红色
빨강 명 红色
빨갛다 형 红, 通红
산호색 (珊瑚色) 명 珊瑚色
살구빛 명 杏色
살색 (一色) 명 肉色
삼원색 (三原色) 명 三原色
상아색 (象牙色) 명 象牙色
색 (色) 명 颜色, 色儿, 色彩
색감 (色感) 명 色感, 色觉
색깔 (色一) 명 颜色, 色儿, 色彩
색도 (色度) 명 色度
색동 (色一) 명 做色 彩衣袖的缎子
색맹 (色盲) 명 色盲
색상 (色相) 명 色相, 色调, 色样

보호색 (保護色) 명 保護色
분광기 (分光器) 명 分光鏡
분홍 명 粉紅(色)
불그스름하다 형 淡紅, 淺紅
붉다 형 紅, 丹, 赤, 赤色的, 紅色的
붉으락푸르락 부 紅一陣靑一陣
비추다 동 照耀, 照射
비치다 동 ① 照, 照亮, 照射 ② 映照, 反映 ③ 透出
빛 명 光
빛깔 명 色彩
빛나다 동 閃耀, 閃煉
빨간색 (一色) 명 紅色
빨강 명 紅色
빨갛다 형 紅, 通紅
산호색 (珊瑚色) 명 珊瑚色
살구빛 명 杏色
살색 (一色) 명 肉色
삼원색 (三原色) 명 三原色
상아색 (象牙色) 명 象牙色
색 (色) 명 顔色, 色兒, 色彩
색감 (色感) 명 色感, 色覺
색깔 (色一) 명 顔色, 色兒, 色彩
색도 (色度) 명 色度
색동 (色一) 명 做色 彩衣袖的緞子
색맹 (色盲) 명 色盲
색상 (色相) 명 色相, 色調, 色樣

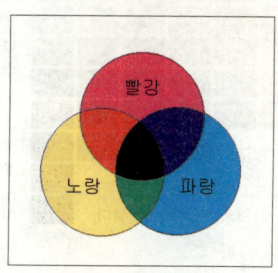

〈색의 삼원색〉

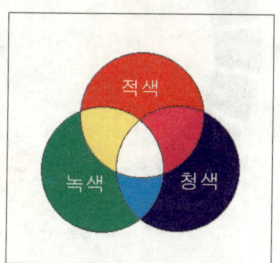

〈빛의 삼원색〉

색상지 (色相紙) 명 彩色纸
색소 (色素) 명 色素
색연필 (色鉛筆) 명 彩色铅笔
색조 (色調) 명 色调, 色彩
색종이 (色—) 명 彩纸, 花纸, 彩色纸,
　　五色纸
색지 (色紙) 명 色纸
색채 (色彩) 명 色彩
색채감각 (色彩感覺) 명 色感, 色觉
색칠 (色漆) 명 涂颜色
색칠하다 (色漆—) 동 涂颜色
선명하다 (鮮明—) 형 鲜明
선홍색 (鮮紅色) 명 鲜红色
알록달록 부 花花绿绿
암갈색 (暗褐色) 명 深褐色
앵두빛 명 樱挑色
야광 (夜光) 명 夜光
어둡다 형 黑
연— (軟—) 접 词头之一, 浅
연두색 (軟豆色) 명 浅绿色
연하다 (軟—) 형 浅

색상지 (色相紙) 명 彩色紙
색소 (色素) 명 色素
색연필 (色鉛筆) 명 彩色鉛筆
색조 (色調) 명 色調, 色彩
색종이 (色—) 명 彩紙, 花紙, 彩色紙,
　　五色紙
색지 (色紙) 명 色紙
색채 (色彩) 명 色彩
색채감각 (色彩感覺) 명 色感, 色覺
색칠 (色漆) 명 塗顏色
색칠하다 (色漆—) 동 塗顏色
선명하다 (鮮明—) 형 鮮明
선홍색 (鮮紅色) 명 鮮紅色
알록달록 부 花花綠綠
암갈색 (暗褐色) 명 深褐色
앵두빛 명 櫻挑色
야광 (夜光) 명 夜光
어둡다 형 黑
연— (軟—) 접 詞頭之一, 淺
연두색 (軟豆色) 명 淺綠色
연하다 (軟—) 형 淺

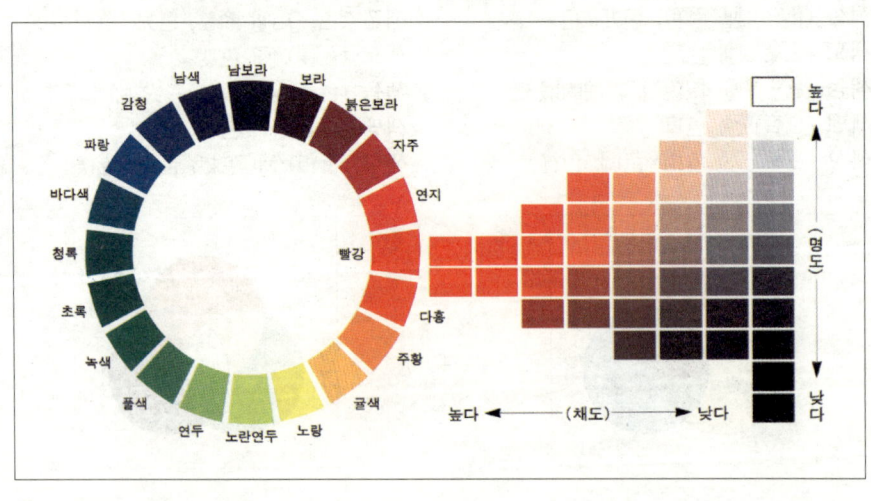

〈색환도〉

염색 (染色) 몡 染色
염색하다 (染色—) 동 染色
옅다 혱 浅
오색 (五色) 몡 五彩色
오색찬란하다 (五色燦爛—) 혱 五彩灿烂
옥색 (玉色) 몡 玉色
와인색 (wine色) 몡 深红色
우유빛 (牛乳—) 몡 乳白色
울긋불긋 부 花花绿绿
원색 (原色) 몡 原色, 本色
유채색 (有彩色) 몡 有色
은빛 (銀—) 몡 银色
은색 (銀色) 몡 银色
은은하다 (隱隱—) 혱 隐隐约约
음영 (陰影) 몡 阴影
자연색 (自然色) 몡 自然色
자주 (紫朱) 몡 紫红色
자주색 (紫朱色) 몡 紫红色
재색 (—色) 몡 灰色
잿빛 몡 灰色
조명 (照明) 몡 照明, 灯光
조명발 (照明—) 몡 照明
주홍 (朱紅) 몡 朱红色
주황 (朱黃) 몡 朱黄色
쥐색 (—色) 몡 深灰色
진— (津—) 접 词头之一, 深
진달래색 (—色) 몡 浅粉色
진하다 (津—) 혱 深
짙다 혱 深
쪽빛 몡 蓝色
착색 (着色) 몡 着色, 染色
채도 (彩度) 몡 彩度
채색 (彩色) 몡 彩色
천연색 (天然色) 몡 彩色, 五彩色
청록 (青綠) 몡 深绿色, 碧绿, 青绿色
초록 (草綠) 몡 草绿

염색 (染色) 몡 染色
염색하다 (染色—) 동 染色
옅다 혱 淺
오색 (五色) 몡 五彩色
오색찬란하다 (五色燦爛—) 혱 五彩燦爛
옥색 (玉色) 몡 玉色
와인색 (wine色) 몡 深紅色
우유빛 (牛乳—) 몡 乳白色
울긋불긋 부 花花綠綠
원색 (原色) 몡 原色, 本色
유채색 (有彩色) 몡 有色
은빛 (銀—) 몡 銀色
은색 (銀色) 몡 銀色
은은하다 (隱隱—) 혱 隱隱約約
음영 (陰影) 몡 陰影
자연색 (自然色) 몡 自然色
자주 (紫朱) 몡 紫紅色
자주색 (紫朱色) 몡 紫紅色
재색 (—色) 몡 灰色
잿빛 몡 灰色
조명 (照明) 몡 照明, 燈光
조명발 (照明—) 몡 照明
주홍 (朱紅) 몡 朱紅色
주황 (朱黃) 몡 朱黃色
쥐색 (—色) 몡 深灰色
진— (津—) 접 詞頭之一, 深
진달래색 (—色) 몡 淺粉色
진하다 (津—) 혱 深
짙다 혱 深
쪽빛 몡 藍色
착색 (着色) 몡 着色, 染色
채도 (彩度) 몡 彩度
채색 (彩色) 몡 彩色
천연색 (天然色) 몡 彩色, 五彩色
청록 (青綠) 몡 深綠色, 碧綠, 青綠色
초록 (草綠) 몡 草綠

총천연색 (總天然色) 몡 五彩缤纷　　총천연색 (總天然色) 몡 五彩繽紛
컴컴하다 혱 黑, 黑洞洞, 幽暗　　컴컴하다 혱 黑, 黑洞洞, 幽暗
탈색 (脱色) 몡 脱色　　　　　　탈색 (脫色) 몡 脫色
투명하다 혱 透明　　　　　　　투명하다 혱 透明
파란색 (一色) 몡 蓝色　　　　　파란색 (一色) 몡 藍色
파랑 몡 绿的, 蓝的　　　　　　파랑 몡 綠的, 藍的
파랗다 혱 绿, 蓝　　　　　　　파랗다 혱 綠, 藍
파릇파릇 뛴 绿蓝, 绿茸茸　　　파릇파릇 뛴 綠藍, 綠茸茸
표백하다 (漂白一) 동 漂, 漂白　표백하다 (漂白一) 동 漂, 漂白
푸르다 혱 绿, 蓝, 青, 苍翠, 郁郁苍苍,　푸르다 혱 綠, 藍, 靑, 蒼翠, 鬱鬱蒼蒼,
　　碧绿, 蔚蓝, 青葱葱　　　　　　　　碧綠, 蔚藍, 靑葱葱
푸르스름하다 혱 微微发绿 (蓝, 青)　푸르스름하다 혱 微微發綠 (藍, 靑)
하늘색 (一色) 몡 天蓝色　　　하늘색 (一色) 몡 天藍色
하얀색 (一色) 몡 白色　　　　하얀색 (一色) 몡 白色
하양 몡 白色, 白色颜料　　　　하양 몡 白色, 白色顔料
하얗다 혱 白, 雪白, 白花花　　하얗다 혱 白, 雪白, 白花花
허여멀겋다 혱 白晰, 白净　　　허여멀겋다 혱 白晰, 白淨
형광 (螢光) 몡 萤光　　　　　형광 (螢光) 몡 螢光
형광색 (螢光色) 몡 萤光色　　형광색 (螢光色) 몡 螢光色
형형색색 (形形色色) 몡 形形色色　형형색색 (形形色色) 몡 形形色色
화사하다 (華奢一) 혱 奢华　　화사하다 (華奢一) 혱 奢華
환하다 혱 亮, 明亮　　　　　　환하다 혱 亮, 明亮
황토색 (黃土色) 몡 黃土色　　황토색 (黃土色) 몡 黃土色
회색 (灰色) 몡 灰色　　　　　회색 (灰色) 몡 灰色
후광 (後光) 몡 后光　　　　　후광 (後光) 몡 後光
훤하다 혱 明, 明亮　　　　　훤하다 혱 明, 明亮
휘황찬란하다 혱 辉煌灿烂　　휘황찬란하다 혱 輝煌燦爛
흑백 (黑白) 몡 黑白, 皂白, 是非　흑백 (黑白) 몡 黑白, 皂白, 是非

하양	까망	빨강	노랑	파랑
희다	검다	붉다	노랗다	파랗다
하얗다	까맣다	빨갛다	노르스름하다	푸르다
백옥같다	거무스름하다	불그스름하다	노릇노릇	푸르스름하다
허여멀겋다	거무죽죽하다	불긋불긋	⋮	파릇파릇
희끗희끗	까뭇까뭇	⋮		⋮
⋮	⋮			

〈한국의 다섯 가지 색깔〉

흑색 (黑色) 명 黑色
희끗희끗 부 一閃一閃貌, 斑白貌
희다 형 白
흰색 (一色) 명 白色

39. 수와 수량

| 数, 数量 | 數, 數量 |

一번째 (一番) 접 第一
一째 접 第一
가감승제 (加減乘除) 명 加減乘除
가감하다 (加減—) 동 加減
가구 (家口) 의 口
가닥 의 根, 条
가로 명 橫
가마 의 袋
가산점 (加算點) 명 附加分
가지 의 ①种 ②根, 支
각도 (角度) 명 角度
각도기 (角度器) 명 角度器
갑 (匣) 의 匣 合
갑절 명 加倍
값 명 价格, 价
개 의 个
개비 의 根
개수 (個數) 명 个数
거리 (距離) 명 距离
검산하다 (檢算—) 동 检查
겹 의 层
경 (京) 주 京是兆的一万倍
계 (計) 명 总计

一번째 (一番) 접 第一
一째 접 第一
가감승제 (加減乘除) 명 加減乘除
가감하다 (加減—) 동 加減
가구 (家口) 의 口
가닥 의 根, 條
가로 명 橫
가마 의 袋
가산점 (加算點) 명 附加分
가지 의 ①種 ②根, 支
각도 (角度) 명 角度
각도기 (角度器) 명 角度器
갑 (匣) 의 匣 合
갑절 명 加倍
값 명 價格, 價
개 의 個
개비 의 根
개수 (個數) 명 個數
거리 (距離) 명 距離
검산하다 (檢算—) 동 檢查
겹 의 層
경 (京) 주 京是兆的一萬倍
계 (計) 명 總計

가감승제				
	+	더하다	더하기	덧셈
	−	빼다	빼기	뺄셈
	×	곱하다	곱하기	곱셈
	÷	나누다	나누기	나눗셈

〈기본적인 계산법〉

계량 (計量) 명 计量
계량하다 (計量—) 동 计量
계산 (計算) 명 计算
계산기 (計算器) 명 计算机
계산서 (計算書) 명 收据, 帐单
계산하다 (計算—) 동 计算
계수 (計數) 명 得数
곡 (曲) 의 曲
곱 명 乘法
곱셈 명 乘法
곱절 명 加倍
곱하기 명 乘法
곱하다 동 乘
공배수 (公倍數) 명 公倍数
공약수 (公約數) 명 公约数
공통분모 (共通分母) 명 公分母
과반수 (過半數) 명 过半数
관 (貫) 의 貫(相当于3.75公斤)
교집합 (交集合) 명 交叉集合, 交集
구 (九) 주 九(玖)
구구단 (九九段) 명 九九段, 乘法口訣
굵기 명 粗
권 (卷) 의 卷
그램 (gram) 의 克
그루 의 棵
그릇 의 碗
근 (斤) 의 斤
기수 (基數) 명 基数
기압계 (氣壓計) 명 气压计
기하 (幾何) 명 几何
길이 명 长

계량 (計量) 명 計量
계량하다 (計量—) 동 計量
계산 (計算) 명 計算
계산기 (計算器) 명 計算機
계산서 (計算書) 명 收据, 帳單
계산하다 (計算—) 동 計算
계수 (計數) 명 得數
곡 (曲) 의 曲
곱 명 乘法
곱셈 명 乘法
곱절 명 加倍
곱하기 명 乘法
곱하다 동 乘
공배수 (公倍數) 명 公倍數
공약수 (公約數) 명 公約數
공통분모 (共通分母) 명 公分母
과반수 (過半數) 명 過半數
관 (貫) 의 貫(相當於3.75公斤)
교집합 (交集合) 명 交叉集合, 交集
구 (九) 주 九(玖)
구구단 (九九段) 명 九九段, 乘法口訣
굵기 명 粗
권 (卷) 의 卷
그램 (gram) 의 克
그루 의 棵
그릇 의 碗
근 (斤) 의 斤
기수 (基數) 명 基數
기압계 (氣壓計) 명 氣壓計
기하 (幾何) 명 幾何
길이 명 長

〈계산기〉

깊이 명 深 | 깊이 명 深
꾸러미 의 一捆儿, 一套(儿) | 꾸러미 의 一捆兒, 一套(兒)
끼 의 頓 | 끼 의 頓
나누기 명 除 | 나누기 명 除
나누다 동 除 | 나누다 동 除
나눗셈 명 除 | 나눗셈 명 除
나머지 명 余数 | 나머지 명 余數
나이 명 岁数 | 나이 명 歲數
내다 동 求 | 내다 동 求
냥 의 两 | 냥 의 兩
너비 명 宽, 宽度 | 너비 명 寬, 寬度
넉 수 四 | 넉 수 四
넓이 명 宽度, 宽 | 넓이 명 寬度, 寬
네 수 四 | 네 수 四
네댓 수 四五 (个) | 네댓 수 四五 (個)
넷 수 四(肆) | 넷 수 四(肆)
넷째 수 第四, 老四 | 넷째 수 第四, 老四
놈 의 家伙 | 놈 의 家伙
높이 명 高 | 높이 명 高
눈금 명 刻度 | 눈금 명 刻度
닢 의 个 (铜钱, 钢绷) | 닢 의 個 (銅錢, 鋼繃)
다발 의 捆儿 | 다발 의 捆兒
다섯 수 五(伍) | 다섯 수 五(伍)
다섯째 수 第五, 老五 | 다섯째 수 第五, 老五
다스 (dozen) 의 沓, 打 | 다스 (dozen) 의 沓, 打
단 의 捆儿 | 단 의 捆兒
단수 (單數) 명 单数 | 단수 (單數) 명 單數
단위 (單位) 명 单位 | 단위 (單位) 명 單位
달다 동 称 | 달다 동 稱
대 (臺) 의 台 | 대 (臺) 의 臺

재는 단위	길이	자, 치, 리, 뼘, 발, 밀리미터, 센티미터, 미터, 킬로미터 …
	넓이	평, 마지기, 제곱센티미터, 제곱미터, 제곱킬로미터 …
	무게	근, 관, 냥, 돈, 그램, 킬로그램, 톤 …
	분량	섬, 홉, 줌, 움큼, 모금, 아름 …
		용기에 따라	되, 말, 봉, 봉지, 병, 상자, 술, 통, 그릇, 접시 …

대수 (大數) 몡 代数
대여섯 㑛 五六 (个)
댓 㑛 五个左右
더하기 몡 加法
더하다 동 加
덧셈 몡 加
도 (度) 의 度
도막 의 段
돈 의 称量金银单位
동 (棟) 의 栋
되 의 升
되다 동 量
두 㑛 二
두께 몡 厚, 厚度
두름 의 20条 (鱼)
두서너 㑛 二三个
둘 㑛 二, 俩
둘레 몡 围
둘째 㑛 第二, 老二
량 (輛) 의 辆
리터 (litre) 의 公升
마 (碼) 의 码
마리 의 条, 头, 只, 个
마지기 의 耕地面积单位, 水田200坪或
旱田300坪
마흔 㑛 四十
만 (萬) 㑛 万
많다 형 多
말 의 斗
면적 (面積) 몡 面积
명 (名) 의 名
모 의 块儿 (豆付)
모금 의 一口
모두 뷔 全部
모조리 뷔 全部
몫 몡 份儿

대수 (大數) 몡 代數
대여섯 㑛 五六 (個)
댓 㑛 五個左右
더하기 몡 加法
더하다 동 加
덧셈 몡 加
도 (度) 의 度
도막 의 段
돈 의 稱量金銀單位
동 (棟) 의 棟
되 의 升
되다 동 量
두 㑛 二
두께 몡 厚, 厚度
두름 의 20條 (魚)
두서너 㑛 二三個
둘 㑛 二, 俩
둘레 몡 圍
둘째 㑛 第二, 老二
량 (輛) 의 輛
리터 (litre) 의 公升
마 (碼) 의 碼
마리 의 條, 頭, 隻, 個
마지기 의 耕地面積單位, 水田200坪或
旱田300坪
마흔 㑛 四十
만 (萬) 㑛 萬
많다 형 多
말 의 斗
면적 (面積) 몡 面積
명 (名) 의 名
모 의 塊儿 (豆付)
모금 의 一口
모두 뷔 全部
모조리 뷔 全部
몫 몡 份儿

무게 명 重量
무리수 (無理數) 명 无理数
무한대 (無限大) 명 无限大
묶음 의 捆儿
미터 (meter) 의 公尺
밀리미터 (millimeter) 의 毫米
반올림 (半—) 명 四舍五入
반올림하다 (半—) 동 四舍五入
반지름 (半—) 명 半径
발 의 步
방울 의 滴
방정식 (方程式) 명 方程式
배 (倍) 명 倍
배수 (倍數) 명 倍数
백 (百) 수 百
버리다 동 舍去
번 (番) 명의 第一, 回
번호 (番號) 명 号码
벌 의 套
병 (瓶) 의 瓶
복수 (複數) 명 复数
봉 (封) 의 封
봉지 (封紙) 의 袋
부분집합 (部分集合) 명 部分集合
부피 명 包的大小
분 (分) 의 分
분 의 位
분모 (分母) 명 分母
분수 (分數) 명 分数
분자 (分子) 명 分子
비율 (比率) 명 比例
빼기 명 減法
빼다 동 減
뺄셈 명 減
뼘 의 掌
뿌리 의 根儿

무게 명 重量
무리수 (無理數) 명 無理數
무한대 (無限大) 명 無限大
묶음 의 捆兒
미터 (meter) 의 公尺
밀리미터 (millimeter) 의 毫米
반올림 (半—) 명 四捨五入
반올림하다 (半—) 동 四捨五入
반지름 (半—) 명 半徑
발 의 步
방울 의 滴
방정식 (方程式) 명 方程式
배 (倍) 명 倍
배수 (倍數) 명 倍數
백 (百) 수 百
버리다 동 捨去
번 (番) 명의 第一, 回
번호 (番號) 명 號碼
벌 의 套
병 (瓶) 의 瓶
복수 (複數) 명 複數
봉 (封) 의 封
봉지 (封紙) 의 袋
부분집합 (部分集合) 명 部分集合
부피 명 包的大小
분 (分) 의 分
분 의 位
분모 (分母) 명 分母
분수 (分數) 명 分數
분자 (分子) 명 分子
비율 (比率) 명 比例
빼기 명 減法
빼다 동 減
뺄셈 명 減
뼘 의 掌
뿌리 의 根兒

사 465

사 (四) ㊄ 四 (肆)
사람 ㊏ 人
산수 (算數) ㊅ 算数
산술 (算術) ㊅ 算术
살 ㊏ 岁
삼 (三) ㊄ 三 (叁)
상자 (箱子) ㊏ 箱子
서너 ㊄ 三四 (个)
서른 ㊄ 三十
서수 (序數) ㊅ 序数
석 ㊄ 三
섬 ㊏ 石
세 (歲) ㊏ 岁
세다 ㊇ 数
세로 ㊅ 纵
셈하다 ㊇ 数数
셋 ㊄ 三
셋째 ㊄ 第三, 老三
소수¹ (素數) ㊅ 素数
소수² (小數) ㊅ 小数
소수점 (小數點) ㊅ 小数点
손 ㊏ 双
송이 ㊏ 朵
수 (數) ㊅ 数
수두룩하다 ㊉ 多得很, 很多
수량 (數量) ㊅ 数量
수치 (數值) ㊅ 数值
술 ㊏ 匙儿
숫자 (數字) ㊅ 数字
쉰 ㊄ 五十

사 (四) ㊄ 四 (肆)
사람 ㊏ 人
산수 (算數) ㊅ 算數
산술 (算術) ㊅ 算術
살 ㊏ 歲
삼 (三) ㊄ 三 (參)
상자 (箱子) ㊏ 箱子
서너 ㊄ 三四 (個)
서른 ㊄ 三十
서수 (序數) ㊅ 序數
석 ㊄ 三
섬 ㊏ 石
세 (歲) ㊏ 歲
세다 ㊇ 數
세로 ㊅ 縱
셈하다 ㊇ 數數
셋 ㊄ 三
셋째 ㊄ 第三, 老三
소수¹ (素數) ㊅ 素數
소수² (小數) ㊅ 小數
소수점 (小數點) ㊅ 小數點
손 ㊏ 雙
송이 ㊏ 朵
수 (數) ㊅ 數
수두룩하다 ㊉ 多得很, 很多
수량 (數量) ㊅ 數量
수치 (數值) ㊅ 數值
술 ㊏ 匙兒
숫자 (數字) ㊅ 數字
쉰 ㊄ 五十

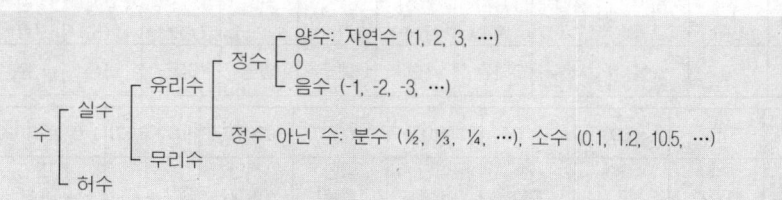

수 — 실수 — 유리수 — 정수 — 양수: 자연수 (1, 2, 3, …)
                              0
                              음수 (-1, -2, -3, …)
              무리수 — 정수 아닌 수: 분수 (½, ⅓, ¼, …), 소수 (0.1, 1.2, 10.5, …)
    허수

스물 ㊌ 二十
습도계 (濕度計) ㊔ 湿度計
실수 (實數) ㊔ 实数
십 (十) ㊌ 十
십진법 (十進法) ㊔ 十进制
쌍 ㊖ 双
아름 ㊖ 抱(一抱柴火)
아홉 ㊌ 九
아홉째 ㊌ 第九, 老九
아흔 ㊌ 九十
알 ㊖ 粒
암산 (暗算) ㊔ 暗算
약분 (約分) ㊔ 约分
약수 (約數) ㊔ 约数
양 (量) ㊔ 量
양수 (陽數) ㊔ 正数
어림잡다 ㊗ 估計, 估摸
억 (億) ㊌ 亿
여남은 ㊌ 十来 (个)
여덟 ㊌ 八
여덟째 ㊌ 第八, 老八
여든 ㊌ 八十

스물 ㊌ 二十
습도계 (濕度計) ㊔ 濕度計
실수 (實數) ㊔ 實數
십 (十) ㊌ 十
십진법 (十進法) ㊔ 十進制
쌍 ㊖ 雙
아름 ㊖ 抱(一抱柴火)
아홉 ㊌ 九
아홉째 ㊌ 第九, 老九
아흔 ㊌ 九十
알 ㊖ 粒
암산 (暗算) ㊔ 暗算
약분 (約分) ㊔ 約分
약수 (約數) ㊔ 約數
양 (量) ㊔ 量
양수 (陽數) ㊔ 正數
어림잡다 ㊗ 估計, 估摸
억 (億) ㊌ 億
여남은 ㊌ 十來 (個)
여덟 ㊌ 八
여덟째 ㊌ 第八, 老八
여든 ㊌ 八十

아라비아 숫자	1	2	3	4	5	6	7	8	9	10
한자어	일 (一)	이 (二)	삼 (三)	사 (四)	오 (五)	육 (六)	칠 (七)	팔 (八)	구 (九)	십 (十)
고유어	하나	둘	셋	넷	다섯	여섯	일곱	여덟	아홉	열
순서	첫째	둘째	셋째	넷째	다섯째	여섯째	일곱째	여덟째	아홉째	열째

아라비아 숫자	10	20	30	40	50	60	70	80	90	100
한자어	십 (十)	이십 (二十)	삼십 (三十)	사십 (四十)	오십 (五十)	육십 (六十)	칠십 (七十)	팔십 (八十)	구십 (九十)	백 (百)
고유어	열	스물	서른	마흔	쉰	예순	일흔	여든	아흔	온

아라비아 숫자	100	1,000	10,000	100,000	1,000,000	10,000,000	100,000,000	1,000,000,000,000
한자어	백 (百)	천 (千)	만 (萬)	십만 (十萬)	백만 (百萬)	천만 (千萬)	억 (億)	조 (兆)

여러 관 很多, 許多
여섯 수 六(陆)
여섯째 수 第六, 老六
연령 (年齡) 명 年龄
연배 (年輩) 명 长辈
연상 (年上) 명 年长
연세 (年歲) 명 年岁
연하 (年下) 명 年下
열 수 十(拾)
열댓 수 大概十五个
열째 수 第十
영 (零) 명 零
예닐곱 수 六七 (个)
예순 수 六十
오 (五) 수 五
온도계 (溫度計) 명 溫度計
올 의 线条儿
우량계 (雨量計) 명 雨量计
움큼 의 把 (抓一把米)
원 (圓) 의 元
원소 (元素) 명 元素
유리수 (有理數) 명 有理数
육 (六) 수 六
음수 (陰數) 명 副数
이 (二) 수 二
이진법 (二進法) 명 二进制
인분 (人分) 의 份儿
일 (一) 수 一
일곱 수 七
일곱째 수 第七, 老七
일흔 수 七十
자¹ 명 尺
자² 의 尺
자루 의 把
자연수 (自然數) 명 自然数
작다 형 小

여러 관 很多, 許多
여섯 수 六(陸)
여섯째 수 第六, 老六
연령 (年齡) 명 年齡
연배 (年輩) 명 長輩
연상 (年上) 명 年長
연세 (年歲) 명 年歲
연하 (年下) 명 年下
열 수 十(拾)
열댓 수 大概十五個
열째 수 第十
영 (零) 명 零
예닐곱 수 六七 (個)
예순 수 六十
오 (五) 수 五
온도계 (溫度計) 명 溫度計
올 의 線條兒
우량계 (雨量計) 명 雨量計
움큼 의 把 (抓一把米)
원 (圓) 의 元
원소 (元素) 명 元素
유리수 (有理數) 명 有理數
육 (六) 수 六
음수 (陰數) 명 副數
이 (二) 수 二
이진법 (二進法) 명 二進制
인분 (人分) 의 份兒
일 (一) 수 一
일곱 수 七
일곱째 수 第七, 老七
일흔 수 七十
자¹ 명 尺
자² 의 尺
자루 의 把
자연수 (自然數) 명 自然數
작다 형 小

장 (張) 몡 张
재다 동 量
저울 몡 称
적다 형 少
절대값 (絶對—) 몡 绝对值
점 (點) 몡 点儿
접 몡 辫儿, 挂儿
접시 몡 碟子
정량 (定量) 몡 定量
정수 (整數) 몡 整数
제 (劑) 몡 二十副中药为一剂
제一 관 第
제곱 몡 平方
조 (兆) 수 兆
주먹구구 (一九九) 몡 屈指計算
주산 (珠算) 몡 珠算
주판 (珠板) 몡 算盘
줄 몡 排
줄자 몡 图尺
줌 몡 把
지름 몡 直径
지수 (指數) 몡 指数
지진계 (地震計) 몡 地震仪
질 (帙) 몡 帙
질량 (質量) 몡 质量
집합 (集合) 몡 集合, 全集
짝 몡 双
짝수 (—數) 몡 双数, 偶数
쪽 몡 页
차 (差) 몡 差
채 몡 栋
척 (隻) 몡 只
천 (千) 수 千
첩 (貼) 몡 贴
첫— 관 前綴, 第一, 老一
첫째 수 第一, 老大

장 (張) 몡 張
재다 동 量
저울 몡 稱
적다 형 少
절대값 (絶對—) 몡 絕對值
점 (點) 몡 点兒
접 몡 辮兒, 掛兒
접시 몡 碟子
정량 (定量) 몡 定量
정수 (整數) 몡 整數
제 (劑) 몡 二十副中藥爲一劑
제一 관 第
제곱 몡 平方
조 (兆) 수 兆
주먹구구 (一九九) 몡 屈指計算
주산 (珠算) 몡 珠算
주판 (珠板) 몡 算盤
줄 몡 排
줄자 몡 圖尺
줌 몡 把
지름 몡 直徑
지수 (指數) 몡 指數
지진계 (地震計) 몡 地震儀
질 (帙) 몡 帙
질량 (質量) 몡 質量
집합 (集合) 몡 集合, 全集
짝 몡 雙
짝수 (—數) 몡 雙數, 偶數
쪽 몡 頁
차 (差) 몡 差
채 몡 棟
척 (隻) 몡 叟
천 (千) 수 千
첩 (貼) 몡 貼
첫— 관 前綴, 第一, 老一
첫째 수 第一, 老大

총계 (總計) 몡 总合
최소공배수 (最小公倍數) 몡 最小公倍数
최소공약수 (最小公約數) 몡 最小公约数
측량 (測量) 몡 测量
측량하다 (測量—) 동 测量
측정 (測定) 몡 测定
측정하다 (測定—) 동 测定
층 (層) 의 层
치 의 尺
칠 (七) 주 七
칸 의 间
켤레 의 双
크기 몡 大小
크다 형 大
킬로그램 (kilogram) 의 公斤
킬로미터 (kilometre) 의 公里
톤 (ton) 의 吨
톨 의 粒, 个, 颗
톳 의 100张紫菜为一包的
통 의 封
통계 (統計) 몡 统计
통분 (通分) 몡 通分
판¹ 의 局
판² (板) 의 盘
팔 (八) 주 八
편 (篇) 의 篇
평 (坪) 의 坪
평균치 (平均值) 몡 平均值
포기 의 棵
폭 (幅) 몡 幅
푼¹ 몡 百分比
푼² 의 分
풍속계 (風速計) 몡 风俗计
풍향계 (風向計) 몡 风向计
필 (疋) 의 匹
하나 주 一

총계 (總計) 몡 總合
최소공배수 (最小公倍數) 몡 最小公倍數
최소공약수 (最小公約數) 몡 最小公約數
측량 (測量) 몡 測量
측량하다 (測量—) 동 測量
측정 (測定) 몡 測定
측정하다 (測定—) 동 測定
층 (層) 의 層
치 의 尺
칠 (七) 주 七
칸 의 間
켤레 의 雙
크기 몡 大小
크다 형 大
킬로그램 (kilogram) 의 公斤
킬로미터 (kilometre) 의 公里
톤 (ton) 의 吨
톨 의 粒, 個, 顆
톳 의 100張紫菜爲一包的
통 의 封
통계 (統計) 몡 統計
통분 (通分) 몡 通分
판¹ 의 局
판² (板) 의 盤
팔 (八) 주 八
편 (篇) 의 篇
평 (坪) 의 坪
평균치 (平均值) 몡 平均值
포기 의 棵
폭 (幅) 몡 幅
푼¹ 몡 百分比
푼² 의 分
풍속계 (風速計) 몡 風俗計
풍향계 (風向計) 몡 風向計
필 (疋) 의 匹
하나 주 一

한두 ㈜ 一两个　　　　　　　　　한두 ㈜ 一兩個
할 (割) 명 成　　　　　　　　　할 (割) 명 成
합 (合) 명 合　　　　　　　　　합 (合) 명 合
합계 (合計) 명 合计　　　　　　합계 (合計) 명 合計
합산 (合算) 명 合算　　　　　　합산 (合算) 명 合算
합산하다 (合算—) 동 合算　　　합산하다 (合算—) 동 合算
합집합 (合集合) 명 合集　　　　합집합 (合集合) 명 合集
해 (垓) ㈜ 垓, 京的一万倍　　　해 (垓) ㈜ 垓, 京的一萬倍
허수 (虛數) 명 虛数　　　　　　허수 (虛數) 명 虛數
헤아리다 동 数　　　　　　　　헤아리다 동 數
홀수 (一數) 명 单数　　　　　　홀수 (一數) 명 單數
홉 의 合　　　　　　　　　　　홉 의 合
확률 (確率) 명 准确率　　　　　확률 (確率) 명 準確率

사람	높임	분	
	예사	명	
	낮춤	놈	
동물	말	필	마리
	생선	손 (두 마리)	
	조기	두름 (스무 마리)	
	오징어	축 (열 마리)	
	알	알, 꾸러미 (열 알)	
식물	과일	개, 알	
	꽃	송이	
	나무	그루	
	마늘	접 (100개)	
	밤·쌀알	톨	
	포도	송이	
	풀·채소	뿌리, 포기, 다발, 단	
사물	개수	개, 쌍 (두 개)	
	건물	동	
	노래	곡	
	담배·매	대	
	돈	원, 닢, 푼	
	두부·묵	모	
	문학작품	편	
	배	척	
	식사	끼	
	신발·양말·장갑	켤레	
	실·끈	가닥, 올	
	액체	방울	
	연필	자루, 다스 (열두 자루)	
	열차	량 (따로 떨어진 낱개)	
	옷	벌	
	옷감	마 (길이), 필 (묶음)	
	종이	장	
	집	집, 채	
	차량·악기·전자제품	대	
	책	권, 질 (여러 권)	
	편지	통	
	한약	첩, 제	
	횟수	번, 회	
	사물의 상태에 따라	길고 가는 것	가지, 가락
		넓고 평평한 것	판
		조각·부분	도막, 점, 쪽, 짝

〈한국에서 많이 쓰는 수량을 세는 단위〉

40. 시간

| 时间 | 時間 |

―경 (頃) 접 大概, 大约 　　　　―경 (頃) 접 大概, 大約
―녘 접 ―时候, ―之际 　　　　　―녘 접 ―時候, ―之際
―말 접 末 　　　　　　　　　　―말 접 末
―쯤¹ 접 前后, 左右 　　　　　　―쯤¹ 접 前後, 左右
―쯤² 접 大概, 大约 　　　　　　―쯤² 접 大槪, 大約
가끔 부 偶尔 　　　　　　　　　가끔 부 偶爾
가다 동 流逝 (时间) 　　　　　　가다 동 流逝 (時間)
가을 명 秋季, 秋天 　　　　　　 가을 명 秋季, 秋天
간격 (間隔) 명 间隔 　　　　　　간격 (間隔) 명 間隔
간혹 부 偶尔 　　　　　　　　　간혹 부 偶爾
갑자기 부 突然 　　　　　　　　갑자기 부 突然
갓 부 刚, 刚刚 　　　　　　　　갓 부 剛, 剛剛
개천절 (開天節) 명 开天节 　　　개천절 (開天節) 명 開天節
　(韩国建国纪念日) 　　　　　　　　(韓國建國紀念日)
개화기 (開化期) 명 开化时期 　　개화기 (開化期) 명 開化時期
겨를 명 余暇, 工夫, 空儿 　　　　겨를 명 余暇, 工夫, 空兒
겨우내 부 一冬 　　　　　　　　겨우내 부 一冬
겨울 명 冬天 　　　　　　　　　겨울 명 冬天
격월 (隔月) 명 隔月 　　　　　　격월 (隔月) 명 隔月
격일 (隔日) 명 隔日 　　　　　　격일 (隔日) 명 隔日
격주 (隔週) 명 隔周 　　　　　　격주 (隔週) 명 隔週
결혼기념일 (結婚記念日) 명 结婚纪念日　결혼기념일 (結婚記念日) 명 結婚紀念日
경축일 (慶祝日) 명 节日 　　　　경축일 (慶祝日) 명 節日
경칩 (驚蟄) 명 惊蛰 　　　　　　경칩 (驚蟄) 명 驚蟄
계속 부 继续 　　　　　　　　　계속 부 繼續
계절 (季節) 명 季节 　　　　　　계절 (季節) 명 季節
고대 (古代) 명 刚才, 刚刚 　　　 고대 (古代) 명 剛才, 剛剛
곡우 (穀雨) 명 谷雨 　　　　　　곡우 (穀雨) 명 穀雨
곧 부 马上, 立刻 　　　　　　　 곧 부 馬上, 立刻

곧장 ⟨부⟩ 一直, 直奔
공휴일 (公休日) ⟨명⟩ 公休日
과거 (過去) ⟨명⟩ 过去
광년 (光年) ⟨명⟩ 光年
광복절 (光復節) ⟨명⟩ 光复节, 日本投降的那一天
광속 (光速) ⟨명⟩ 光速
구정 (舊正) ⟨명⟩ 春节
국경일 (國慶日) ⟨명⟩ 国庆节
그그저께 ⟨명⟩ 大前天
그글피 ⟨명⟩ 大大后天
그때 ⟨명⟩ 那时
그때그때 ⟨부⟩ 当场, 及时
그믐 ⟨명⟩ 一个月的最后一天
그믐날 ⟨명⟩ 除夕
그저께 ⟨명⟩ 前天
그전 (— 前) ⟨명⟩ 之前
그제 ⟨명⟩ 前天
근대 (近代) ⟨명⟩ 近代
글피 ⟨명⟩ 大后天
금년 (今年) ⟨명⟩ 今年
금방 ⟨부⟩ 刚, 刚才
금번 (今番) ⟨명⟩ 这次, 这一次
금새 ⟨부⟩ 刚, 刚刚, 刚才
금요일 (金曜日) ⟨명⟩ 星期五
금일 (今日) ⟨명⟩ 今日
기간 (期間) ⟨명⟩ 期间
기념일 (記念日) ⟨명⟩ 纪念日
기원전 (紀元前) ⟨명⟩ 公元前
긴급하다 (緊急—) ⟨형⟩ 紧急
긴박하다 (緊迫—) ⟨형⟩ 紧迫
길다 ⟨형⟩ 长
길일 (吉日) ⟨명⟩ 吉日
김장철 ⟨명⟩ 立冬前后腌泡菜的季节
꼭두새벽 ⟨명⟩ 一大早, 大清早, 黎明, 破晓, 拂晓

곧장 ⟨부⟩ 一直, 直奔
공휴일 (公休日) ⟨명⟩ 公休日
과거 (過去) ⟨명⟩ 過去
광년 (光年) ⟨명⟩ 光年
광복절 (光復節) ⟨명⟩ 光復節, 日本投降的那一天
광속 (光速) ⟨명⟩ 光速
구정 (舊正) ⟨명⟩ 春節
국경일 (國慶日) ⟨명⟩ 國慶節
그그저께 ⟨명⟩ 大前天
그글피 ⟨명⟩ 大大后天
그때 ⟨명⟩ 那時
그때그때 ⟨부⟩ 當場, 及時
그믐 ⟨명⟩ 一個月的最後一天
그믐날 ⟨명⟩ 除夕
그저께 ⟨명⟩ 前天
그전 (— 前) ⟨명⟩ 之前
그제 ⟨명⟩ 前天
근대 (近代) ⟨명⟩ 近代
글피 ⟨명⟩ 大後天
금년 (今年) ⟨명⟩ 今年
금방 ⟨부⟩ 剛, 剛才
금번 (今番) ⟨명⟩ 這次, 這一次
금새 ⟨부⟩ 剛, 剛剛, 剛才
금요일 (金曜日) ⟨명⟩ 星期五
금일 (今日) ⟨명⟩ 今日
기간 (期間) ⟨명⟩ 期間
기념일 (記念日) ⟨명⟩ 紀念日
기원전 (紀元前) ⟨명⟩ 公元前
긴급하다 (緊急—) ⟨형⟩ 緊急
긴박하다 (緊迫—) ⟨형⟩ 緊迫
길다 ⟨형⟩ 長
길일 (吉日) ⟨명⟩ 吉日
김장철 ⟨명⟩ 立冬前後醃泡菜的季節
꼭두새벽 ⟨명⟩ 一大早, 大清早, 黎明, 破曉, 拂曉

끝 몡 终
나날이 円 天天, 一天比一天
나중 몡 円 以后
나흘 몡 四天, 第四天
날 몡 天
날마다 円 每天
날짜 몡 日期
낮 몡 白天
내내 円 一直, 总是
내년 (來年) 몡 来年, 明年
내달 (來―) 몡 下个月, 下月
내일 (來日) 몡 明天
내후년 (來後年) 몡 大后年
년 (年) 몡 年
녘 의 傍晚
느리다 혱 慢
늘 円 常常, 经常
늦― 접 晚― (晚稻, 晚熟)
늦게 円 晚
늦다 혱 晚
다달이 円 每月
다음 몡 以后
다음달 몡 下个月, 下月
다음번 몡 下一次, 下次
다음해 몡 第二年
단기 (檀紀) 몡 是韩国的纪元
단숨에 (單 ―) 円 一口气
단시일 (短時日) 몡 短时期, 短期內
단오날 (端午―) 몡 端午
달¹ 몡 月
달² 몡 月亮
달력 (―曆) 몡 日历, 台历
닷새 몡 五天, 第五天

끝 몡 終
나날이 円 天天, 一天比一天
나중 몡 円 以后
나흘 몡 四天, 第四天
날 몡 天
날마다 円 每天
날짜 몡 日期
낮 몡 白天
내내 円 一直, 總是
내년 (來年) 몡 來年, 明年
내달 (來―) 몡 下個月, 下月
내일 (來日) 몡 明天
내후년 (來後年) 몡 大后年
년 (年) 몡 年
녘 의 傍晚
느리다 혱 慢
늘 円 常常, 經常
늦― 접 晚― (晚稻, 晚熟)
늦게 円 晚
늦다 혱 晚
다달이 円 每月
다음 몡 以后
다음달 몡 下個月, 下月
다음번 몡 下一次, 下次
다음해 몡 第二年
단기 (檀紀) 몡 是韓國的紀元
단숨에 (單 ―) 円 一口氣
단시일 (短時日) 몡 短時期, 短期內
단오날 (端午―) 몡 端午
달¹ 몡 月
달² 몡 月亮
달력 (―曆) 몡 日歷, 臺歷
닷새 몡 五天, 第五天

	1년				
…	봄	여름	가을	겨울	…

당대 (當代) 몡 当代
당분간 (當分間) 몡뷔 暂时
당시 (當時) 몡 当时
당일 (當日) 몡 当日, 当天
당장 (當場) 몡 当场
당초 (當初) 몡 当初
대보름 몡 十五的月亮
대서 (大暑) 몡 大暑
대설 (大雪) 몡 大雪
대한 (大寒) 몡 大寒
돌 몡 周岁
동시 (同時) 몡 同时
동안 몡 期间
동지 (冬至) 몡 冬至
동짓달 (冬至─) 몡 冬至
뒤 몡 以后
때 몡 时后
때때로 뷔 偶尔
때마침 뷔 恰恰, 正好, 正巧
마지막 몡 最后
마침 뷔 正好, 正巧
마침내 뷔 终于, 最后
막 뷔 刚, 刚刚
막간 (幕間) 몡 期间
말미 (末尾) 몡 末尾
말복 (末伏) 몡 末伏
망종 (芒種) 몡 芒种
매─ (每) 졉 每
매일 몡뷔 每天
맨날 뷔 每天
먼저 뷔 首先
며칠 몡뷔 几天
명절 (名節) 몡 节日
몇─ 쥐괸 几个
모레 몡 后天
목요일 (木曜日) 몡 星期四

당대 (當代) 몡 當代
당분간 (當分間) 몡뷔 暫時
당시 (當時) 몡 當時
당일 (當日) 몡 當日, 當天
당장 (當場) 몡 當場
당초 (當初) 몡 當初
대보름 몡 十五的月亮
대서 (大暑) 몡 大暑
대설 (大雪) 몡 大雪
대한 (大寒) 몡 大寒
돌 몡 周歲
동시 (同時) 몡 同時
동안 몡 期間
동지 (冬至) 몡 冬至
동짓달 (冬至─) 몡 冬至
뒤 몡 以後
때 몡 時後
때때로 뷔 偶爾
때마침 뷔 恰恰, 正好, 正巧
마지막 몡 最后
마침 뷔 正好, 正巧
마침내 뷔 終于, 最后
막 뷔 剛, 剛剛
막간 (幕間) 몡 期間
말미 (末尾) 몡 末尾
말복 (末伏) 몡 末伏
망종 (芒種) 몡 芒種
매─ (每) 졉 每
매일 몡뷔 每天
맨날 뷔 每天
먼저 뷔 首先
며칠 몡뷔 幾天
명절 (名節) 몡 節日
몇─ 쥐괸 幾個
모레 몡 后天
목요일 (木曜日) 몡 星期四

무렵 의 时候
미래 (未來) 명 未来
미리 부 预先, 事先, 事前
바뀌다 동 变为, 发展为
바야흐로 부 正在
반나절 명 半天
밤 명 晚上
밤중 (一中) 명 半夜
방금 (方今) 부 刚, 刚刚
백로 (白露) 명 白露
백일 (白日) 명 ① 阳光, 光天化日
　② 白天 ③ 百天
벌써 부 已经
보름 명 十五那天
보름날 명 阴历十五
보릿고개 명 指阴历四五月份
봄 명 春, 春天, 春季
분 (分) 명 分
분기 (分期) 명 分期
불기 (佛紀) 명 佛纪
빠르다 형 快
빨리 부 快
사계절 (四季節) 명 四季
사시사철 (四時四一) 명 春夏秋冬
사이 명 ① 间隔, 距离
　② 中间, 当中, 之间 ③ 空闲, 闲暇
　④ (人与人之间的)關係
사흘 명 三天, 第三天
살 의 岁
삼일절 (三一節) 명 三一节 (韩国的独立
　运动纪念日)
삽시간 (霎時間) 명 一刹时, 一瞬间
상강 (霜降) 명 霜降
상순 (上旬) 명 上旬
새 명 时候
새벽 명 清早, 黎明, 拂晓

무렵 의 時候
미래 (未來) 명 未来
미리 부 預先, 事先, 事前
바뀌다 동 變爲, 發展爲
바야흐로 부 正在
반나절 명 半天
밤 명 晚上
밤중 (一中) 명 半夜
방금 (方今) 부 剛, 剛剛
백로 (白露) 명 白露
백일 (白日) 명 ① 陽光, 光天化日
　② 白天 ③ 百天
벌써 부 已經
보름 명 十五那天
보름날 명 陰曆十五
보릿고개 명 指陰曆四五月份
봄 명 春, 春天, 春季
분 (分) 명 分
분기 (分期) 명 分期
불기 (佛紀) 명 佛紀
빠르다 형 快
빨리 부 快
사계절 (四季節) 명 四季
사시사철 (四時四一) 명 春夏秋冬
사이 명 ① 間隔, 距離
　② 中間, 當中, 之間 ③ 空閑, 閑暇
　④ (人與人之間的)關係
사흘 명 三天, 第三天
살 의 歲
삼일절 (三一節) 명 三一節 (韓國的獨立
　運動紀念日)
삽시간 (霎時間) 명 一刹時, 一瞬間
상강 (霜降) 명 霜降
상순 (上旬) 명 上旬
새 명 時候
새벽 명 淸早, 黎明, 拂曉

새해 몡 新年
생일 (生日) 몡 生日
서기 (西紀) 몡 西纪 (西历)
서력기원 (西曆紀元) 몡 洋历纪元
선대 (先代) 몡 ① 先辈, 祖辈, 祖上
　② 先世
선사시대 (先史時代) 몡 先前时代
섣달 몡 阴历的最后一个月
설날 몡 大年初一
세기 (世紀) 몡 世纪
세모 (歲暮) 몡 年末, 年底, 年终
세밑 (歲一) 몡 年底, 年末
세월 (歲月) 몡 岁月
소만 (小滿) 몡 小满
소서 (小暑) 몡 小暑
소설 (小雪) 몡 小雪
소한 (小寒) 몡 小寒
수요일 (水曜日) 몡 星期三
순간 (瞬間) 몡 瞬间
순식간 (瞬息間) 몡 瞬间
스승의 날 몡 教师节, 每年的5月15日
시 (時) 몡 时
시각 (時刻) 몡 时刻
시간 (時間) 몡 时间
시기 (時期) 몡 时期
시나브로 閉 渐渐
시대 (時代) 몡 时代
시일 (時日) 몡 ① 期间 ② 期限 ③ 时间

새해 몡 新年
생일 (生日) 몡 生日
서기 (西紀) 몡 西紀 (西曆)
서력기원 (西曆紀元) 몡 洋曆紀元
선대 (先代) 몡 ① 先輩, 祖輩, 祖上
　② 先世
선사시대 (先史時代) 몡 先前時代
섣달 몡 陰曆的最後一個月
설날 몡 大年初一
세기 (世紀) 몡 世紀
세모 (歲暮) 몡 年末, 年底, 年终
세밑 (歲一) 몡 年底, 年末
세월 (歲月) 몡 歲月
소만 (小滿) 몡 小滿
소서 (小暑) 몡 小暑
소설 (小雪) 몡 小雪
소한 (小寒) 몡 小寒
수요일 (水曜日) 몡 星期三
순간 (瞬間) 몡 瞬間
순식간 (瞬息間) 몡 瞬間
스승의 날 몡 教師節, 每年的5月15日
시 (時) 몡 時
시각 (時刻) 몡 時刻
시간 (時間) 몡 時間
시기 (時期) 몡 時期
시나브로 閉 漸漸
시대 (時代) 몡 時代
시일 (時日) 몡 ① 期間 ② 期限 ③ 時間

십이지 (十二支)	동물	띠	해	십이지 (十二支)	동물	띠	해
자 (子)	쥐	쥐띠	1996	오 (午)	말	말띠	2002
축 (丑)	소	소띠	1997	미 (未)	양	양띠	2003
인 (寅)	호랑이	호랑이띠	1998	신 (申)	원숭이	원숭이띠	2004
묘 (卯)	토끼	토끼띠	1999	유 (酉)	닭	닭띠	2005
진 (辰)	용	용띠	2000	술 (戌)	개	개띠	2006
사 (巳)	뱀	뱀띠	2001	해 (亥)	돼지	돼지띠	2007

시절 (時節) 명 时节　　　　　　　시절 (時節) 명 時節
시점 (時點) 명 角度, 观点　　　　시점 (時點) 명 角度, 觀點
시초 (始初) 명 刚开始, 一开始　　시초 (始初) 명 剛開始, 一開始
식목일 (植木日) 명 植树日　　　　식목일 (植木日) 명 植樹日
신년 (新年) 명 新年　　　　　　　신년 (新年) 명 新年
신정 (新正) 명 新年初一　　　　　신정 (新正) 명 新年初一
쏜살같다 형 飞快, 飞箭般的　　　쏜살같다 형 飛快, 飛箭般的
아까 명부 刚才　　　　　　　　　아까 명부 剛才
아닌밤중 명 ① 突如其来, 突然 ② 深夜, 　아닌밤중 명 ① 突如其來, 突然 ② 深夜,
　　子夜　　　　　　　　　　　　　　　子夜
아직 부 还　　　　　　　　　　　아직 부 還
아침 명 早上　　　　　　　　　　아침 명 早上
아흐레 명 九天, 第九天　　　　　아흐레 명 九天, 第九天
앞 명 前, 前面, 以后　　　　　　앞 명 前, 前面, 以后
앞날 명 前途　　　　　　　　　　앞날 명 前途
앞서 부 以前　　　　　　　　　　앞서 부 以前
애초 명 当初　　　　　　　　　　애초 명 當初
야간 (夜間) 명 夜间　　　　　　　야간 (夜間) 명 夜間
양력 (陽曆) 명 阳历　　　　　　　양력 (陽曆) 명 陽曆
어느덧 부 不知不觉　　　　　　　어느덧 부 不知不覺
어느새 부 不知不觉　　　　　　　어느새 부 不知不覺
어린이날 명 儿童节　　　　　　　어린이날 명 兒童節
어버이날 명 父亲节, 每年的 5月 8日　어버이날 명 父親節, 每年的 5月 8日
어저께 명 昨天　　　　　　　　　어저께 명 昨天
어제 명 昨天　　　　　　　　　　어제 명 昨天
언제 명부 什么时候　　　　　　　언제 명부 什麼時候
언제나 부 一直, 总是, 什么时候都　언제나 부 一直, 總是, 什麼時候都
언제든지 부 无论什么时候　　　　언제든지 부 無論什麼時候
얼른 부 快点儿, 快快　　　　　　얼른 부 快點兒, 快快
여드레 명 八天, 第八天　　　　　여드레 명 八天, 第八天
여름 명 夏, 夏季, 夏天　　　　　여름 명 夏, 夏季, 夏天
여름내 부 一夏天　　　　　　　　여름내 부 一夏天
여태 부 一直, 到现在为止　　　　여태 부 一直, 到現在爲止
역대 (歷代) 명 历代　　　　　　　역대 (歷代) 명 歷代
연간 (年間) 명 一年之内　　　　　연간 (年間) 명 一年之內
연대 (年代) 명 年代　　　　　　　연대 (年代) 명 年代

연도 (年度) 몡 年度
연례행사 (年例行事) 몡 每年要定期举办的事
연말 (年末) 몡 年末, 年底, 年终
연말연시 (年末年始) 몡 年末年初
연중 (年中) 몡 年中
연초 (年初) 몡 年初
열흘 몡 十天, 第十天
엿새 몡 六天, 第六天
영원 (永遠) 몡 永远
영원히 뛰 永远
예전 몡 以前, 从前, 很早以前
옛날 몡 很早以前, 古时候
옛날옛적 몡 很早以前的时候
오늘 몡 今天
오전 (午前) 몡 上午
오후 (午後) 몡 下午
온종일 뛰 一整天
올해 몡 今年
왕년 (往年) 몡 往年
왕왕 (往往) 뛰 往往, 偶尔
요새 몡뛰 这两天, 这几天
요일 (曜日) 몡 星期
요즘 몡뛰 这两天, 这几天

연도 (年度) 몡 年度
연례행사 (年例行事) 몡 每年要定期舉辦的事
연말 (年末) 몡 年末, 年底, 年終
연말연시 (年末年始) 몡 年末年初
연중 (年中) 몡 年中
연초 (年初) 몡 年初
열흘 몡 十天, 第十天
엿새 몡 六天, 第六天
영원 (永遠) 몡 永遠
영원히 뛰 永遠
예전 몡 以前, 從前, 很早以前
옛날 몡 很早以前, 古時候
옛날옛적 몡 很早以前的時候
오늘 몡 今天
오전 (午前) 몡 上午
오후 (午後) 몡 下午
온종일 뛰 一整天
올해 몡 今年
왕년 (往年) 몡 往年
왕왕 (往往) 뛰 往往, 偶爾
요새 몡뛰 這兩天, 這幾天
요일 (曜日) 몡 星期
요즘 몡뛰 這兩天, 這幾天

1 년 (양력)											
일월	이월	삼월	사월	오월	유월	칠월	팔월	구월	시월	십일월	십이월

1 년 (음력)											
정월	이월	삼월	사월	오월	유월	칠월	팔월	구월	시월	동짓달	섣달

…	그그저께	그제/그저께	어제	오늘	내일	모레	글피	그글피	…
…	재작년	작년		올해	내년	후년		내후년	…

우수 (雨水) 몡 雨水
원시 (元始, 原始) 몡 原始
월 (月) 몡 月
월요일 (月曜日) 몡 星期一
유수같다 (流水—) 혱 似流水
윤년 (閏年) 몡 闰年
윤달 (閏달) 몡 闰月
윤일 (閏—) 몡 闰—
음력 (陰曆) 몡 阴历, 农历
이날이때 몡뷔 这天这时候, 到现在
이내 뷔 马上, 就
이듬해 몡 第二年
이따 뷔 过一会儿
이따가 뷔 过一会儿
이따금 뷔 偶尔
이때 몡 这时
이레 몡 七天, 第七天
이르다 혱 早
이미 뷔 已经
이번 (一番) 몡 这次, 这一次
이번달 몡 这个月, 本月
이십사절기 (二十四節氣) 몡 二十四节气
이전 (以前) 몡 以前
이제 몡뷔 现在就, 这才
이제저제 뷔 幷什么时候
이틀 몡 兩天, 第二天
인제 뷔 现在才, 现在开始

우수 (雨水) 몡 雨水
원시 (元始, 原始) 몡 原始
월 (月) 몡 月
월요일 (月曜日) 몡 星期一
유수같다 (流水—) 혱 似流水
윤년 (閏年) 몡 閏年
윤달 (閏달) 몡 閏月
윤일 (閏—) 몡 閏—
음력 (陰曆) 몡 陰曆, 農曆
이날이때 몡뷔 這天這時候, 到現在
이내 뷔 馬上, 就
이듬해 몡 第二年
이따 뷔 過一會兒
이따가 뷔 過一會兒
이따금 뷔 偶爾
이때 몡 這時
이레 몡 七天, 第七天
이르다 혱 早
이미 뷔 已經
이번 (一番) 몡 這次, 這一次
이번달 몡 這個月, 本月
이십사절기 (二十四節氣) 몡 二十四節氣
이전 (以前) 몡 以前
이제 몡뷔 現在就, 這才
이제저제 뷔 幷什么時候
이틀 몡 兩天, 第二天
인제 뷔 現在才, 現在開始

이십사절기 (1년)																							
입춘	우수	경칩	춘분	청명	곡우	입하	소만	망종	하지	소서	대서	입추	처서	백로	추분	한로	상강	입동	소설	대설	동지	소한	대한
立春	雨水	驚蟄	春分	清明	穀雨	立夏	小滿	芒種	夏至	小暑	大暑	立秋	處暑	白露	秋分	寒露	霜降	立冬	小雪	大雪	冬至	小寒	大寒

10 일									
하루	이틀	사흘	나흘	닷새	엿새	이레	여드레	아흐레	열흘

일 (日) 명 日
일간 (日刊) 명 日刊
일광절약시간 (日光節約時間: summer time) 명 夏时制
일요일 (日曜日) 명 星期日, 星期天, 礼拜天
일전 (日前) 명 以前
일찌감치 부 早一点儿
일찍 부 早一点儿
일찍이 부 早
임박하다 (臨迫—) 동 临近
입동 (立冬) 명 立冬
입추 (立秋) 명 立秋
입춘 (立春) 명 立春
입하 (立夏) 명 立夏
자꾸 부 经常, 常常
자정 (子正) 명 子正, 半夜
자주 부 一会儿
작년 (昨年) 명 去年
작은달 명 小月份
잠깐 명 부 一会儿
잠시 (暫時) 명 부 一会儿, 暂时, 临时
장차 (張次) 부 以後
재작년 (再昨年) 명 前年
저녁 명 晩上
저번 (這番) 명 上一次
전 (前) 명관 前
절기 (節氣) 명 ① 节气 ② 季节
점심 명 中午饭, 午饭
정각 (正刻) 명 正点
정오 (正午) 명 正午
정월 (正月) 명 正月
정월대보름 명 正月十五
정초 (正初) 명 正月初
제삿날 명 祭日
제헌절 (制憲節) 명 制宪节

일 (日) 명 日
일간 (日刊) 명 日刊
일광절약시간 (日光節約時間: summer time) 명 夏時制
일요일 (日曜日) 명 星期日, 星期天, 禮拜天
일전 (日前) 명 以前
일찌감치 부 早一點兒
일찍 부 早一點兒
일찍이 부 早
임박하다 (臨迫—) 동 臨近
입동 (立冬) 명 立冬
입추 (立秋) 명 立秋
입춘 (立春) 명 立春
입하 (立夏) 명 立夏
자꾸 부 經常, 常常
자정 (子正) 명 子正, 半夜
자주 부 一會兒
작년 (昨年) 명 去年
작은달 명 小月份
잠깐 명 부 一會兒
잠시 (暫時) 명 부 一會兒, 暫時, 臨時
장차 (張次) 부 以後
재작년 (再昨年) 명 前年
저녁 명 晩上
저번 (這番) 명 上一次
전 (前) 명관 前
절기 (節氣) 명 ① 節氣 ② 季節
점심 명 中午飯, 午飯
정각 (正刻) 명 正點
정오 (正午) 명 正午
정월 (正月) 명 正月
정월대보름 명 正月十五
정초 (正初) 명 正月初
제삿날 명 祭日
제헌절 (制憲節) 명 制憲節

(韩国的颁布宪法的那一天) (韓國的頒布憲法的那一天)
조금 閉 一点儿　　　　　　　　조금 閉 一點兒
조금뒤 閉 过一会儿　　　　　　조금뒤 閉 過一會兒
종일 (終日) 閉 一整天　　　　　종일 (終日) 閉閉 一整天
종종 (種種) 閉 常常, 经常　　　종종 (種種) 閉 常常, 經常
주 (週) 閉 周　　　　　　　　주 (週) 閉 周
주간 (週間) 閉 一周之间　　　　주간 (週間) 閉 一周之間
주말 (週末) 閉 周末　　　　　　주말 (週末) 閉 周末
주일¹ (週日) 閉 星期, 礼拜, 周　주일¹ (週日) 閉 星期, 禮拜, 周
주일² (主日) 閉 星期日, 星期天, 礼拜天　주일² (主日) 閉 星期日, 星期天, 禮拜天
주중 (週中) 閉 指一周中的某一天　주중 (週中) 閉 指一周中的某一天
주초 (週初) 閉 周初　　　　　　주초 (週初) 閉 周初
줄곧 閉 一直　　　　　　　　　줄곧 閉 一直
중복 (中伏) 閉 中伏　　　　　　중복 (中伏) 閉 中伏
중세 (中世) 閉 中世　　　　　　중세 (中世) 閉 中世
중순 (中旬) 閉 中旬　　　　　　중순 (中旬) 閉 中旬
즈음 閉 时候　　　　　　　　　즈음 閉 時候
즉시 (卽時) 閉閉 马上, 就, 立刻　즉시 (卽時) 閉閉 馬上, 就, 立刻
지금 (只今) 閉閉 现在　　　　　지금 (只今) 閉閉 現在
지나다 閉 过(时间)　　　　　　지나다 閉 過(時間)
지난날 閉 过去的日子　　　　　지난날 閉 過去的日子
지난달 閉 上个月　　　　　　　지난달 閉 上個月
지난번 (一番) 閉 上一次　　　　지난번 (一番) 閉 上一次
지난해 閉 去年　　　　　　　　지난해 閉 去年
진작 閉 早点儿　　　　　　　　진작 閉 早點兒
짧다 閉 短　　　　　　　　　　짧다 閉 短
짬 閉 空儿, 馀暇　　　　　　　짬 閉 空兒, 餘暇
차일피일 (此日彼日) 閉 一天拖一天, 今天拖明天　차일피일 (此日彼日) 閉 一天拖一天, 今天拖明天
찰나 (刹那) 閉 刹那　　　　　　찰나 (刹那) 閉 刹那
처서 (處暑) 閉 处暑　　　　　　처서 (處暑) 閉 處暑
처음 閉閉 第一次　　　　　　　처음 閉閉 第一次
천천히 閉 慢慢, 慢点儿　　　　　천천히 閉 慢慢, 慢點兒

일 주 일						
월요일	화요일	수요일	목요일	금요일	토요일	일요일

철 몡 季节
청명 (淸明) 몡 淸明
초 (秒) 몡 秒
초― (初―) 젭 初― (初夏, 初冬)
초복 (初伏) 몡 初伏
초순 (初旬) 몡 初旬
초저녁 (初―) 몡 傍晚
초하루 (初―) 몡 初一
촉박하다 (促迫―) 휑 紧迫
최초 (最初) 몡 最初
추분 (秋分) 몡 秋分
추석 몡 仲秋节
춘분 (春分) 몡 春分
춘하추동 (春夏秋冬) 몡 春夏秋冬
큰달 몡 大月份
태양력 (太陽曆) 몡 阳历
태음력 (太陰曆) 몡 阴历
태초 (太初) 몡 最初 (开天辟地後的第一次)
태평성대 (太平聖代) 몡 太平圣代, 太平盛世
터울 몡 差
토요일 (土曜日) 몡 星期六
틈 몡 缝, 缝隙, 间隙
평년 (平年) 몡 平年
평일 (平日) 몡 平时
풍년 (豊年) 몡 丰收年
하루 몡 一天
하루종일 몡뷔 一整天
하순 (下旬) 몡 下旬
하오 (下午) 몡 下午
하지 (夏至) 몡 夏至
한― 젭 大― (大夏天, 大冬天, 大白天)
한글날 몡 颁布训民正音的那一天
한나절 몡뷔 半天
한동안 뷔 好长时间, 一段时间

철 몡 季節
청명 (淸明) 몡 淸明
초 (秒) 몡 秒
초― (初―) 젭 初― (初夏, 初冬)
초복 (初伏) 몡 初伏
초순 (初旬) 몡 初旬
초저녁 (初―) 몡 傍晚
초하루 (初―) 몡 初一
촉박하다 (促迫―) 휑 繁迫
최초 (最初) 몡 最初
추분 (秋分) 몡 秋分
추석 몡 仲秋節
춘분 (春分) 몡 春分
춘하추동 (春夏秋冬) 몡 春夏秋冬
큰달 몡 大月份
태양력 (太陽曆) 몡 陽曆
태음력 (太陰曆) 몡 陰曆
태초 (太初) 몡 最初 (開天辟地後的第一次)
태평성대 (太平聖代) 몡 太平聖代, 太平盛世
터울 몡 差
토요일 (土曜日) 몡 星期六
틈 몡 縫, 縫隙, 間隙
평년 (平年) 몡 平年
평일 (平日) 몡 平時
풍년 (豊年) 몡 豐收年
하루 몡 一天
하루종일 몡뷔 一整天
하순 (下旬) 몡 下旬
하오 (下午) 몡 下午
하지 (夏至) 몡 夏至
한― 젭 大― (大夏天, 大冬天, 大白天)
한글날 몡 頒布訓民正音的那一天
한나절 몡뷔 半天
한동안 뷔 好長時間, 一段時間

한로 (寒露) 몡 寒露
한밤중 몡 大半夜, 深夜
한참 閂 半天
한창 몡 正当年
항상 (恒常) 閂 经常, 常常, 时常
해 몡 太阳, 光
현대 (現代) 몡 现代
현재 (現在) 몡 现在
현충일 (顯忠日) 몡 韩国的烈士纪念日
혼삿날 (婚事—) 몡 结婚那天
화요일 (火曜日) 몡 星期二
환절기 (換節期) 몡 換季期
후 (後) 몡관 后
후년 (後年) 몡 后年
후대 (後代) 后代
훗날 몡 以后
휴일 (休日) 몡 休息日
흉년 (凶年) 몡 欠收年
흐르다 동 流逝

한로 (寒露) 몡 寒露
한밤중 몡 大半夜, 深夜
한참 閂 半天
한창 몡 正當年
항상 (恒常) 閂 經常, 常常, 時常
해 몡 太陽, 光
현대 (現代) 몡 現代
현재 (現在) 몡 現在
현충일 (顯忠日) 몡 韓國的烈士紀念日
혼삿날 (婚事—) 몡 結婚那天
화요일 (火曜日) 몡 星期二
환절기 (換節期) 몡 換季期
후 (後) 몡관 後
후년 (後年) 몡 後年
후대 (後代) 後代
훗날 몡 以後
휴일 (休日) 몡 休息日
흉년 (凶年) 몡 欠收年
흐르다 동 流逝

…			하루			…
	새벽	아침	낮	저녁	밤	
			대낮·한낮		한밤중	

…	하루		…
	오전 (A.M.)	오후 (P.M.)	
	자정 0시	정오 12시	자정 0시

하루																							
0시	1시	2시	3시	4시	5시	6시	7시	8시	9시	10시	11시	12시	13시	14시	15시	16시	17시	18시	19시	20시	21시	22시	23시
자정	오전 (A.M.)											정오	오후 (P.M.)										

41. 공간과 우주
空间, 宇宙 / 空間, 宇宙

―쪽 [접] 表示方向的接尾辞
―편 [접] 一方 (东一方, 这一方)
가 [명] 边, 沿, 畔
가깝다 [형] 近
가로 [명] 纵的
가로등 (街路燈) [명] 路灯
가로수 (街路樹) [명] 行道树
가시광선 (可視光線) [명] 可见光线
가운데 [명] 中间
가장자리 [명] 边缘
간격 (間隔) [명] 間隔
간척지 (干拓地) [명] 开垦地
갓길 [명] 近路
강 (江) [명] 江, 河
강가 (江―) [명] 江边
강변 (江邊) [명] 江边
개울 [명] 小沟, 小溪
개펄 [명] 海边的泥滩
거기 [부][대] 那儿
거리¹ (street) [명] 街道
거리² (距離: distance) [명] 距离
건너편 [명] 对过儿, 对面
겉 [명] 外面, 外表
경계선 (境界線) [명] ① 界线, 境界
　② 境界线
경도 (經度) [명] 经度 ↔ 纬度
경사 (傾斜) [명] 倾斜
경사지다 (傾斜―) [동] 倾斜
곁 [명] 旁边

―쪽 [접] 表示方向的接尾辭
―편 [접] 一方 (東一方, 這一方)
가 [명] 邊, 沿, 畔
가깝다 [형] 近
가로 [명] 縱的
가로등 (街路燈) [명] 路燈
가로수 (街路樹) [명] 行道樹
가시광선 (可視光線) [명] 可見光線
가운데 [명] 中間
가장자리 [명] 邊緣
간격 (間隔) [명] 間隔
간척지 (干拓地) [명] 開墾地
갓길 [명] 近路
강 (江) [명] 江, 河
강가 (江―) [명] 江邊
강변 (江邊) [명] 江邊
개울 [명] 小溝, 小溪
개펄 [명] 海邊的泥灘
거기 [부][대] 那兒
거리¹ (street) [명] 街道
거리² (距離: distance) [명] 距離
건너편 [명] 對過兒, 對面
겉 [명] 外面, 外表
경계선 (境界線) [명] ① 界線, 境界
　② 境界線
경도 (經度) [명] 經度 ↔ 緯度
경사 (傾斜) [명] 傾斜
경사지다 (傾斜―) [동] 傾斜
곁 [명] 旁邊

계곡 (溪谷) 몡 小沟, 小溪
고가도로 (高架道路) 몡 高架路, 高架公路
고개 몡 ① 山岭, 山岗 ② 关头 ③ 头
고갯마루 몡 坡顶
고속도로 (高速道路) 몡 高速公路
고원 (高原) 몡 高原
고을 몡 邑
고장 몡 地方
고지대 (高地帶) 몡 高地带
고향 (故鄕) 몡 故乡
골 몡 ① 邑 ② 脑袋 脑浆 ③ 峡谷
골목 몡 胡同, 小巷
골짜기 몡 山谷, 峡谷
곳 몡 地方
곳곳 몡 处处
공간 (空間) 몡 空间
공기 (空氣) 몡 空气
공백 (空白) 몡 空白
공전 (公轉) 몡 公转
공중 (空中) 몡 空中
곶 몡 岬角
광년 (光年) 몡 光年
광속 (光速) 몡 光速
광야 (曠野·廣野) 몡 阔的田野
광활하다 (廣闊—) 혱 广阔
구간 (區間) 몡 区间
구릉 (丘陵) 몡 坡
구부러지다 혱동 弯曲
구비구비 뮈 弯弯曲曲
구석 몡 角落, 旮旯
구석구석 角角落落
구역 (區域) 몡 区域
국도 (國道) 몡 国道
군데 의 地方
군데군데 뮈 到处, 处处

계곡 (溪谷) 몡 小溝, 小溪
고가도로 (高架道路) 몡 高架路, 高架公路
고개 몡 ① 山嶺, 山崗 ② 關頭 ③ 頭
고갯마루 몡 坡頂
고속도로 (高速道路) 몡 高速公路
고원 (高原) 몡 高原
고을 몡 邑
고장 몡 地方
고지대 (高地帶) 몡 高地帶
고향 (故鄕) 몡 故鄉
골 몡 ① 邑 ② 腦袋 腦漿 ③ 峽谷
골목 몡 胡同; 小巷
골짜기 몡 山谷, 峽谷
곳 몡 地方
곳곳 몡 處處
공간 (空間) 몡 空間
공기 (空氣) 몡 空氣
공백 (空白) 몡 空白
공전 (公轉) 몡 公轉
공중 (空中) 몡 空中
곶 몡 岬角
광년 (光年) 몡 光年
광속 (光速) 몡 光速
광야 (曠野·廣野) 몡 闊的田野
광활하다 (廣闊—) 혱 廣闊
구간 (區間) 몡 區間
구릉 (丘陵) 몡 坡
구부러지다 혱동 彎曲
구비구비 뮈 彎彎曲曲
구석 몡 角落, 旮旯
구석구석 몡 角角落落
구역 (區域) 몡 區域
국도 (國道) 몡 國道
군데 의 地方
군데군데 뮈 到處, 處處

군도 (群島) 몡 群岛 　　　　군도 (群島) 몡 群島
굴 몡 洞, 窟, 窟洞 　　　　　굴 몡 洞, 窟, 窟洞
궤도 (軌道) 몡 轨度 　　　　궤도 (軌道) 몡 軌度
귀퉁이 몡 一角儿, 部分 　　　귀퉁이 몡 一角兒, 部分
그곳 때 那个地方 　　　　　　그곳 때 那個地方
그림자 몡 影子, 阴影 　　　　그림자 몡 影子, 陰影
그믐달 몡 除夕 　　　　　　　그믐달 몡 除夕
그쪽 몡 那边 　　　　　　　　그쪽 몡 那邊
근방 (近方) 몡 附近 　　　　근방 (近方) 몡 附近
근접하다 (近接—) 혱동 靠近, 接近　근접하다 (近接—) 혱동 靠近, 接近
근처 (近處) 몡 附近 　　　　　근처 (近處) 몡 附近
금성 (金星) 몡 金星 　　　　금성 (金星) 몡 金星
기름지다 혱 肥沃 　　　　　　기름지다 혱 肥沃
기울기 몡 倾斜度 　　　　　　기울기 몡 傾斜度
길 몡 路 　　　　　　　　　　길 몡 路
길거리 몡 大道 　　　　　　　길거리 몡 大道
길모퉁이 몡 路口 　　　　　　길모퉁이 몡 路口
길목 몡 路口 　　　　　　　　길목 몡 路口
꼬불꼬불 부 弯弯曲曲 　　　　꼬불꼬불 부 彎彎曲曲
꼭대기 몡 顶 　　　　　　　　꼭대기 몡 頂
끄트머리 몡 顶端 　　　　　　끄트머리 몡 頂端
나라 몡 国家 　　　　　　　　나라 몡 國家
나루 몡 渡口 　　　　　　　　나루 몡 渡口
나루터 몡 渡口 　　　　　　　나루터 몡 渡口
난류 (暖流) 몡 暖流 　　　　난류 (暖流) 몡 暖流
남 (南) 몡 南 　　　　　　　남 (南) 몡 南
남극 (南極) 몡 南极 　　　　남극 (南極) 몡 南極
남쪽 (南—) 몡 南边 　　　　남쪽 (南—) 몡 南邊
낭떠러지 몡 悬崖 　　　　　　낭떠러지 몡 懸崖
내 몡 小河, 小川, 溪流, 川流　　내 몡 小河, 小川, 溪流, 川流
내리막 몡 下坡 　　　　　　　내리막 몡 下坡
내부 (內部) 몡 内部 　　　　내부 (內部) 몡 內部
넓다 혱 宽 　　　　　　　　　넓다 혱 寬
논 몡 水田 　　　　　　　　　논 몡 水田
논두렁 몡 田埂 　　　　　　　논두렁 몡 田埂
논밭 몡 田 　　　　　　　　　논밭 몡 田

농촌 (農村) 몡 农村
누리 몡 宇宙, 世界, 寰宇
늪 몡 沼泽
달 몡 月, 月亮, 月球
달그림자 몡 月影
달나라 몡 月宮
달동네 몡 贫民区
달맞이 몡 赏月, 观月, 迎月
달무리 몡 月晕
달빛 몡 月光
대기 (大氣) 몡 大气, 大气层
대기권 (大氣圈) 몡 大气层
대도시 (大都市) 몡 大城市
대륙 (大陸) 몡 大陆
대륙붕 (大陸棚) 몡 大陆架
대지 (大地) 몡 大地
댐 (dam) 몡 水库
데 의 地方
도랑 몡 小水沟
도로 (道路) 몡 道路
도시 (都市) 몡 城市
도심 (都心) 몡 市中心
돌 몡 周岁
동 (東) 몡 东
동굴 몡 洞窟
동네 몡 村
동네방네 몡 全村
동산 몡 院儿, 小山, 花园
동서남북 (東西南北) 몡 东西南北
동쪽 (東一) 몡 东方, 东边, 东面
두메 몡 山沟

농촌 (農村) 몡 農村
누리 몡 宇宙, 世界, 寰宇
늪 몡 沼澤
달 몡 月, 月亮, 月球
달그림자 몡 月影
달나라 몡 月宮
달동네 몡 貧民區
달맞이 몡 賞月, 觀月, 迎月
달무리 몡 月暈
달빛 몡 月光
대기 (大氣) 몡 大氣, 大氣層
대기권 (大氣圈) 몡 大氣層
대도시 (大都市) 몡 大城市
대륙 (大陸) 몡 大陸
대륙붕 (大陸棚) 몡 大陸架
대지 (大地) 몡 大地
댐 (dam) 몡 水庫
데 의 地方
도랑 몡 小水溝
도로 (道路) 몡 道路
도시 (都市) 몡 城市
도심 (都心) 몡 市中心
돌 몡 周歲
동 (東) 몡 東
동굴 몡 洞窟
동네 몡 村
동네방네 몡 全村
동산 몡 院兒, 小山, 花園
동서남북 (東西南北) 몡 東西南北
동쪽 (東一) 몡 東方, 東邊, 東面
두메 몡 山溝

달				
초승달	반달 (상현달)	보름달	반달 (하현달)	그믐달

둑 몡 坝
둔치 몡 岸边
둘레 몡 周围
뒤 몡 后
뒷면 (一面) 몡 后面
들 몡 田野
들판 몡 田野
등지다 동 背后, 背面, 比喻两个人生气
땅 몡 地, 土地, 陆地
땅굴 (一窟) 몡 地洞
땡볕 몡 骄阳, 炎阳
떠돌이별 몡 行星
뜨다 동 升起, 上升
마을 몡 村庄, 村子
마주하다 동 对面
만 (灣) 몡 湾
맞은편 몡 对过儿, 对面
맨— 졉 是接头连接词 (空手, 最前面)
멀다 형 远
면 (面) 몡 面
면적 (面積) 몡 面积
명당 (明堂) 몡 明堂
명소 (名所) 몡 名胜古迹
명왕성 (冥王星) 몡 冥王星
모래 몡 后天
모서리 몡 角
모퉁이 몡 胡同, 小巷
목 몡 ① 要道, 关口 ② 颈, 脖子 ③ 喉咙
목동자리 (牧童一) 몡 牧童星座
목성 (木星) 몡 木星
못 몡 池塘
무인도 (無人島) 몡 无人岛
물결 몡 波浪, 水波
물고기자리 몡 双鱼座
물병자리 몡 水瓶星座

둑 몡 壩
둔치 몡 岸邊
둘레 몡 周圍
뒤 몡 後
뒷면 (一面) 몡 後面
들 몡 田野
들판 몡 田野
등지다 동 背後, 背面, 比喻兩個人生氣
땅 몡 地, 土地, 陸地
땅굴 (一窟) 몡 地洞
땡볕 몡 驕陽, 炎陽
떠돌이별 몡 行星
뜨다 동 昇起, 上昇
마을 몡 村莊, 村子
마주하다 동 對面
만 (灣) 몡 灣
맞은편 몡 對過兒, 對面
맨— 졉 是接頭連接詞 (空手, 最前面)
멀다 형 遠
면 (面) 몡 面
면적 (面積) 몡 面積
명당 (明堂) 몡 明堂
명소 (名所) 몡 名勝古迹
명왕성 (冥王星) 몡 冥王星
모래 몡 後天
모서리 몡 角
모퉁이 몡 胡同, 小巷
목 몡 ① 要道, 關口 ② 頸, 脖子 ③ 喉嚨
목동자리 (牧童一) 몡 牧童星座
목성 (木星) 몡 木星
못 몡 池塘
무인도 (無人島) 몡 無人島
물결 몡 波浪, 水波
물고기자리 몡 雙魚座
물병자리 몡 水瓶星座

뭍 명 陆地　　　　　　　　　　　　뭍 명 陸地
미리내 명 银河　　　　　　　　　　미리내 명 銀河
미확인비행물체 (未確認飛行物體) 명　　미확인비행물체 (未確認飛行物體) 명
　不明飞行物体 (UFO)　　　　　　　　不明飛行物體 (UFO)
민물 명 淡水　　　　　　　　　　　민물 명 淡水
민속촌 (民俗村) 명 民俗村　　　　　민속촌 (民俗村) 명 民俗村
밀림 (密林) 명 密林　　　　　　　　밀림 (密林) 명 密林
밀물 명 涨潮, 潮水 ↔ 退潮, 落潮　　밀물 명 漲潮, 潮水 ↔ 退潮, 落潮
밑 명 底　　　　　　　　　　　　　밑 명 底
바깥 명 外面, 外边　　　　　　　　　바깥 명 外面, 外邊
바다 명 海, 海洋　　　　　　　　　　바다 명 海, 海洋
바닥 명 地面, 地板　　　　　　　　　바닥 명 地面, 地板
바닷가 명 海边儿　　　　　　　　　　바닷가 명 海邊兒
바닷물 명 海水　　　　　　　　　　　바닷물 명 海水
바라보다 동 往, 看　　　　　　　　　바라보다 동 往, 看
바른쪽 명 右边　　　　　　　　　　　바른쪽 명 右邊
바위 명 岩石　　　　　　　　　　　　바위 명 巖石
밖 명 外　　　　　　　　　　　　　밖 명 外
반달 (半—) 명 半月　　　　　　　　반달 (半—) 명 半月
반대편 명 反面　　　　　　　　　　　반대편 명 反面
반도¹ (半途) 명 半途　　　　　　　　반도¹ (半途) 명 半途
반도² (半島) 명 半岛　　　　　　　　반도² (半島) 명 半島
반짝반짝 부 一闪一闪, 闪, 闪耀　　　반짝반짝 부 一閃一閃, 閃, 閃耀
방면 (方面) 명 方面　　　　　　　　방면 (方面) 명 方面
방방곡곡 (坊坊曲曲) 명 到处, 处处,　방방곡곡 (坊坊曲曲) 명 到處, 處處,
　各地　　　　　　　　　　　　　　　各地
방위 (方位) 명 方位　　　　　　　　방위 (方位) 명 方位
방향 (方向) 명 方向　　　　　　　　방향 (方向) 명 方向
밭 명 田地　　　　　　　　　　　　밭 명 田地

〈물병자리〉

밭두렁 명 田埂
벌판 명 田野, 原野
범람하다 (氾濫—) 동 泛濫
범위 (範圍) 명 范围
벼랑 명 悬崖, 绝壁
변두리 (邊—) 명 边儿
별 명 星, 星星
별똥별 명 流星
별자리 명 星座, 星宿
별자리점 (—占) 명 占星
볕 명 阳光
보름 명 十五日, 十五号, 望月
보름달 명 满月, 圆月
본토 (本土) 명 土生土长
부근 (附近) 명 附近
북 (北) 명 北
북극 (北極) 명 北极
북극성 (北極星) 명 北极星
북두칠성 (北斗七星) 명 北斗七星
북쪽 (北—) 명 北边
분지 (盆地) 명 盆地
불볕 명 烈日
붙박이별 명 恒星
비다 형 空
비옥하다 (肥沃—) 형 肥沃

밭두렁 명 田埂
벌판 명 田野, 原野
범람하다 (氾濫—) 동 泛濫
범위 (範圍) 명 範圍
벼랑 명 懸崖, 絶壁
변두리 (邊—) 명 邊兒
별 명 星, 星星
별똥별 명 流星
별자리 명 星座, 星宿
별자리점 (—占) 명 占星
볕 명 陽光
보름 명 十五日, 十五號, 望月
보름달 명 滿月, 圓月
본토 (本土) 명 土生土長
부근 (附近) 명 附近
북 (北) 명 北
북극 (北極) 명 北極
북극성 (北極星) 명 北極星
북두칠성 (北斗七星) 명 北斗七星
북쪽 (北—) 명 北邊
분지 (盆地) 명 盆地
불볕 명 烈日
붙박이별 명 恒星
비다 형 空
비옥하다 (肥沃—) 형 肥沃

별자리	날짜
물병자리	1월 20일 ~ 2월 18일 생
물고기자리	2월 19일 ~ 3월 20일 생
산양자리	3월 21일 ~ 4월 20일 생
황소자리	4월 21일 ~ 5월 20일 생
쌍둥이자리	5월 21일 ~ 6월 21일 생
게자리	6월 22일 ~ 7월 22일 생
사자자리	7월 23일 ~ 8월 22일 생
처녀자리	8월 23일 ~ 9월 22일 생
저울자리	9월 23일 ~ 10월 21일 생
전갈자리	10월 22일 ~ 11월 21일 생
사수자리	11월 22일 ~ 12월 21일 생
염소자리	12월 22일 ~ 1월 19일 생

비탈 명 山坡, 陡坡
비탈길 명 坡路
비행접시 (飛行—) 명 飞碟
빈공간 (—空間) 명 空地
빛 명 光, 光芒
사거리 (四—) 명 十字路
사막 명 沙漠
사방 (四方) 명 四方
사방팔방 (四方八方) 명 四面八方
사수자리 (射手—) 명 射手座
사이 명 间
사자자리 (獅子—) 명 狮子座
사차원 (四次元) 명 四维, 四元
사창가 (私娼街) 명 红灯区
산 (山) 명 山
산골 (山—) 명 ① 山谷, 山沟
　　② 穷山僻壤
산골짜기 (山—) 명 山谷, 山沟
산기슭 (山—) 명 山麓, 山脚
산꼭대기 (山—) 명 山頂
산동네 명 山庄
산등성이 (山—) 명 山脊
산림 (山林) 명 山林
산마루 (山—) 명 山脊
산맥 (山脈) 명 山脉
산모롱이 (山—) 명 山湾, 山角
산모퉁이 (山—) 명 山脚, 山角
산봉우리 (山峰—) 명 山峰
산비탈 (山—) 명 山坡
산지 (山地) 명 山地
산촌 (山村) 명 山村
산허리 (山—) 명 山脊
삼각주 (三角洲) 명 三角洲
삼거리 명 三岔路
삼차원 (三次元) 명 三维, 三元
상단 (上壇) 명 ① 上端 ② 上段

비탈 명 山坡, 陡坡
비탈길 명 坡路
비행접시 (飛行—) 명 飛碟
빈공간 (—空間) 명 空地
빛 명 光, 光芒
사거리 (四—) 명 十字路
사막 명 沙漠
사방 (四方) 명 四方
사방팔방 (四方八方) 명 四面八方
사수자리 (射手—) 명 射手座
사이 명 間
사자자리 (獅子—) 명 獅子座
사차원 (四次元) 명 四維, 四元
사창가 (私娼街) 명 紅燈區
산 (山) 명 山
산골 (山—) 명 ① 山谷, 山溝
　　② 窮山僻壤
산골짜기 (山—) 명 山谷, 山溝
산기슭 (山—) 명 山麓, 山脚
산꼭대기 (山—) 명 山頂
산동네 명 山莊
산등성이 (山—) 명 山脊
산림 (山林) 명 山林
산마루 (山—) 명 山脊
산맥 (山脈) 명 山脈
산모롱이 (山—) 명 山灣, 山角
산모퉁이 (山—) 명 山脚, 山角
산봉우리 (山峰—) 명 山峯
산비탈 (山—) 명 山坡
산지 (山地) 명 山地
산촌 (山村) 명 山村
산허리 (山—) 명 山脊
삼각주 (三角洲) 명 三角洲
삼거리 명 三岔路
삼차원 (三次元) 명 三維, 三元
상단 (上壇) 명 ① 上端 ② 上段

상현달 (上弦—) 몡 上弦月
샘 몡 泉
샘터 몡 泉
샛길 몡 小路
샛별 몡 金星
서 (西) 몡 西
서쪽 (西—) 몡 西边
섬 몡 岛
세계 (世界) 몡 世界
세계지도 (世界地圖) 몡 世界地图
세로 몡 橫的
세상 (世上) 몡 世上
소재지 (所在地) 몡 所在地
속 몡 深 (深山)
속안 몡 里边儿, 里面
수렁 몡 烂泥地
수성 (水星) 몡 水星
수평선 (水平線) 몡 水平线
숲 몡 树丛茂密
스펙트럼 (spectrum) 몡 光谱
습지 (濕地) 몡 湿地
시골 몡 山村
시공 (時空) 몡 时空
시공간 (時空間) 몡 时空
시내 (市內) 몡 市内
시냇가 몡 小溪
시냇물 몡 溪水
신작로 (新作路) 몡 新路
쌍둥이자리 몡 双子座
썰물 몡 退潮, 落潮

상현달 (上弦—) 몡 上弦月
샘 몡 泉
샘터 몡 泉
샛길 몡 小路
샛별 몡 金星
서 (西) 몡 西
서쪽 (西—) 몡 西邊
섬 몡 島
세계 (世界) 몡 世界
세계지도 (世界地圖) 몡 世界地圖
세로 몡 橫的
세상 (世上) 몡 世上
소재지 (所在地) 몡 所在地
속 몡 深 (深山)
속안 몡 裏邊兒, 裏面
수렁 몡 爛泥地
수성 (水星) 몡 水星
수평선 (水平線) 몡 水平線
숲 몡 樹叢茂密
스펙트럼 (spectrum) 몡 光譜
습지 (濕地) 몡 濕地
시골 몡 山村
시공 (時空) 몡 時空
시공간 (時空間) 몡 時空
시내 (市內) 몡 市內
시냇가 몡 小溪
시냇물 몡 溪水
신작로 (新作路) 몡 新路
쌍둥이자리 몡 雙子座
썰물 몡 退潮, 落潮

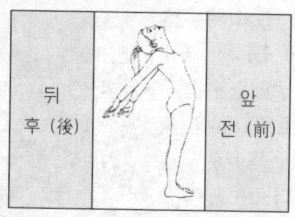

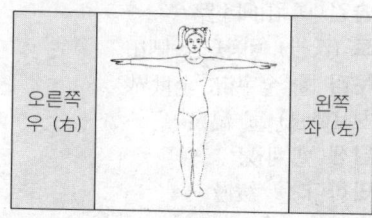

아래 명 下面, 下	아래 명 下面, 下
아래쪽 명 下面, 下边儿	아래쪽 명 下面, 下邊兒
안 명 里边儿, 里面	안 명 裏邊兒, 裏面
안팎 명 内外	안팎 명 內外
앞 명 前	앞 명 前
앞뒤 명 前後	앞뒤 명 前後
약도 (略圖) 명 略图	약도 (略圖) 명 略圖
양달 (陽一) 명 向阳地, 朝阳地	양달 (陽一) 명 向陽地, 朝陽地
양력 (陽曆) 명 阳历, 公历, 太阳历	양력 (陽曆) 명 陽曆, 公曆, 太陽曆
양산 (陽傘) 명 阳伞	양산 (陽傘) 명 陽傘
양자리 (羊一) 명 山羊座	양자리 (羊一) 명 山羊座
양지 (陽地) 명 向阳地	양지 (陽地) 명 向陽地
어귀 (於口) 명 入口, 口	어귀 (於口) 명 入口, 口
어스름 명 朦朦, 昏暗	어스름 명 朦朦, 昏暗
어촌 (漁村) 명 渔村	어촌 (漁村) 명 漁村
언덕 명 坡	언덕 명 坡
언덕길 명 坡路	언덕길 명 坡路
언저리 명 边, 周围, 周边	언저리 명 邊, 周圍, 周邊
여기 대명 这儿	여기 대명 這兒
여기저기 부 到处	여기저기 부 到處
여백 (餘白) 명 空白	여백 (餘白) 명 空白
여울 명 浅水滩, 浅滩	여울 명 淺水灘, 淺灘
여울목 명 水流湍急的滩口	여울목 명 水流湍急的灘口
연못 명 池塘	연못 명 池塘
열도 (列島) 명 群岛	열도 (列島) 명 群島
염소자리 명 牡羊座	염소자리 명 牡羊座
영역 (領域) 명 领域	영역 (領域) 명 領域
옆 명 旁边儿	옆 명 旁邊兒
오르막 명 上坡	오르막 명 上坡
오른쪽 명 右边儿	오른쪽 명 右邊兒
오솔길 명 山间小路	오솔길 명 山間小路
옥토 (沃土) 명 沃土, 肥田	옥토 (沃土) 명 沃土, 肥田
온누리 명 全宇宙, 全世界	온누리 명 全宇宙, 全世界
온천 (溫泉) 명 温泉	온천 (溫泉) 명 溫泉
옹달샘 명 小泉	옹달샘 명 小泉
완만하다 형 缓慢	완만하다 형 緩慢

외계 (外界) 명 外太空
외계인 (外界人) 명 外星人
외부 (外部) 명 外部
왼쪽 명 左边儿
우물 명 井
우주 (宇宙) 명 宇宙
우주개발 (宇宙開發) 명 宇宙开发
우주복 (宇宙服) 명 宇宙服
우주비행사 (宇宙飛行士) 명
　　宇宙飞行员, 宇航员
우주선 (宇宙船) 명 宇宙飞船, 太空船
우주여행 (宇宙旅行) 명 宇宙旅行
우주인 (宇宙人) 명 宇宙人, 太空人
우주정거장 (宇宙停車場) 명 太空站
우주탐사 (宇宙探査) 명 宇宙探查
우측 (右側) 명 右側
운석 (隕石) 명 隕石
운하 (運河) 명 运河
웅덩이 명 水沟
원산지 (原産地) 명 原产地
월식 (月蝕) 명 月蚀
위 명 上面
위도 (緯度) 명 纬度
위성 (衛星) 명 卫星
위쪽 명 上面
위치 (位置) 명 位置
위치하다 (位置—) 동 位于
유성[1] (流星) 명 流星

외계 (外界) 명 外太空
외계인 (外界人) 명 外星人
외부 (外部) 명 外部
왼쪽 명 左邊兒
우물 명 井
우주 (宇宙) 명 宇宙
우주개발 (宇宙開發) 명 宇宙開發
우주복 (宇宙服) 명 宇宙服
우주비행사 (宇宙飛行士) 명
　　宇宙飛行員, 宇航員
우주선 (宇宙船) 명 宇宙飛船, 太空船
우주여행 (宇宙旅行) 명 宇宙旅行
우주인 (宇宙人) 명 宇宙人, 太空人
우주정거장 (宇宙停車場) 명 太空站
우주탐사 (宇宙探査) 명 宇宙探查
우측 (右側) 명 右側
운석 (隕石) 명 隕石
운하 (運河) 명 運河
웅덩이 명 水溝
원산지 (原産地) 명 原産地
월식 (月蝕) 명 月蝕
위 명 上面
위도 (緯度) 명 緯度
위성 (衛星) 명 衛星
위쪽 명 上面
위치 (位置) 명 位置
위치하다 (位置—) 동 位於
유성[1] (流星) 명 流星

〈우주선〉

유성² (遊星) 명 行星
육지 (陸地) 명 陆地
은하계 (銀河系) 명 銀河系
은하수 (銀河水) 명 銀河
음력 (陰曆) 명 阴历, 农历
음지 (陰地) 명 背阳的地方
응달 명 背阳的地方
이곳 대명 这儿
이곳저곳 부 各地
이글이글 부 (火热) 熊熊, 炽热
이리저리 부 这样那样, 这里那里
이웃 명 邻居
이쪽 명 这边
이쪽저쪽 명 这边那边
이차원 (二次元) 명 二维, 二元
인공위성 (人工衛星) 명 人工卫星, 人造卫星
인근 (隣近) 명 邻近, 附近
인도 (人道) 명 人行道
인접하다 (隣接—) 형 相邻
일광욕 (日光浴) 명 日光浴
일다 동 起(波浪)
일몰 (日沒) 명 日落
일방통행로 (一方通行路) 명 单行道
일사병 (日射病) 명 中暑
일식 (日蝕) 명 日蚀
일차원 (一次元) 명 一维, 一元
일출 (日出) 명 日出
입구 (入口) 명 入口
자갈 명 小石子, 河流石
자리 명 位置
자외선 (紫外線) 명 紫外线
자전 (自轉) 명 自转
작다 형 小
작은곰자리 명 小熊座
잔잔하다 형 平静

유성² (遊星) 명 行星
육지 (陸地) 명 陸地
은하계 (銀河系) 명 銀河系
은하수 (銀河水) 명 銀河
음력 (陰曆) 명 陰曆, 農曆
음지 (陰地) 명 背陽的地方
응달 명 背陽的地方
이곳 대명 這兒
이곳저곳 부 各地
이글이글 부 (火熱) 熊熊, 熾熱
이리저리 부 這樣那樣, 這裏那裏
이웃 명 鄰居
이쪽 명 這邊
이쪽저쪽 명 這邊那邊
이차원 (二次元) 명 二維, 二元
인공위성 (人工衛星) 명 人工衛星, 人造衛星
인근 (隣近) 명 鄰近, 附近
인도 (人道) 명 人行道
인접하다 (隣接—) 형 相鄰
일광욕 (日光浴) 명 日光浴
일다 동 起(波浪)
일몰 (日沒) 명 日落
일방통행로 (一方通行路) 명 單行道
일사병 (日射病) 명 中暑
일식 (日蝕) 명 日蝕
일차원 (一次元) 명 一維, 一元
일출 (日出) 명 日出
입구 (入口) 명 入口
자갈 명 小石子, 河流石
자리 명 位置
자외선 (紫外線) 명 紫外線
자전 (自轉) 명 自轉
작다 형 小
작은곰자리 명 小熊座
잔잔하다 형 平靜

장소 ⟨명⟩ 场所, 场地
저곳 ⟨대⟩ 那儿, 那边
저기 ⟨대⟩ 那儿
저울자리 ⟨명⟩ 天秤座
저지대 (低地帶) ⟨명⟩ 地势低的地带
적도 (赤道) ⟨명⟩ 赤道
적외선 (赤外線) ⟨명⟩ 红外线
전 (前) ⟨의⟩ 前
전갈자리 ⟨명⟩ 天蝎座
전면 (前面) ⟨명⟩ 前面
전방 (前方) ⟨명⟩ 前方
전용차로 (專用車路) ⟨명⟩ 专用车道
절벽 (絶壁) ⟨명⟩ 绝壁, 峭壁
정면 (正面) ⟨명⟩ 正面
정월대보름 (正月—) ⟨명⟩ 正月十五日, 元宵
제방 (堤防) ⟨명⟩ 坝
조류 (潮流) ⟨명⟩ 潮流
좁다 ⟨형⟩ 窄
좌측 (左側) ⟨명⟩ 左側
주변 (周邊) ⟨명⟩ 周边, 周围
주위 (周圍) ⟨명⟩ 周围
중간 (中間) ⟨명⟩ 中间
중력 (重力) ⟨명⟩ 重力
중턱 (中—) ⟨명⟩ 半山腰, 中腰, 山腰
지구 (地球) ⟨명⟩ 地球
지구본 (地球本) ⟨명⟩ 地球仪
지구의 (地球儀) ⟨명⟩ 地球仪
지다 ⟨동⟩ (日, 月)落
지대 (地帶) ⟨명⟩ 地带
지도 (地圖) ⟨명⟩ 地图
지동설 (地動說) ⟨명⟩ 地动说
지름길 ⟨명⟩ 近路, 捷径
지리 (地理) ⟨명⟩ 地理
지방 (地方) ⟨명⟩ 地方
지역 (地域) ⟨명⟩ 地域

장소 ⟨명⟩ 場所, 場地
저곳 ⟨대⟩ 那兒, 那邊
저기 ⟨대⟩ 那兒
저울자리 ⟨명⟩ 天秤座
저지대 (低地帶) ⟨명⟩ 地勢低的地帶
적도 (赤道) ⟨명⟩ 赤道
적외선 (赤外線) ⟨명⟩ 紅外線
전 (前) ⟨의⟩ 前
전갈자리 ⟨명⟩ 天蝎座
전면 (前面) ⟨명⟩ 前面
전방 (前方) ⟨명⟩ 前方
전용차로 (專用車路) ⟨명⟩ 專用車道
절벽 (絶壁) ⟨명⟩ 絶壁, 峭壁
정면 (正面) ⟨명⟩ 正面
정월대보름 (正月—) ⟨명⟩ 正月十五日, 元宵
제방 (堤防) ⟨명⟩ 壩
조류 (潮流) ⟨명⟩ 潮流
좁다 ⟨형⟩ 窄
좌측 (左側) ⟨명⟩ 左側
주변 (周邊) ⟨명⟩ 周邊, 周圍
주위 (周圍) ⟨명⟩ 周圍
중간 (中間) ⟨명⟩ 中間
중력 (重力) ⟨명⟩ 重力
중턱 (中—) ⟨명⟩ 半山腰, 中腰, 山腰
지구 (地球) ⟨명⟩ 地球
지구본 (地球本) ⟨명⟩ 地球儀
지구의 (地球儀) ⟨명⟩ 地球儀
지다 ⟨동⟩ (日, 月)落
지대 (地帶) ⟨명⟩ 地帶
지도 (地圖) ⟨명⟩ 地圖
지동설 (地動說) ⟨명⟩ 地動說
지름길 ⟨명⟩ 近路, 捷徑
지리 (地理) ⟨명⟩ 地理
지방 (地方) ⟨명⟩ 地方
지역 (地域) ⟨명⟩ 地域

지진대 (地震帶) 명 地震地带 지진대 (地震帶) 명 地震地帶
지질 (地質) 명 地质 지질 (地質) 명 地質
지축 (地軸) 명 地轴 지축 (地軸) 명 地軸
지평선 (地平線) 명 地坪线 지평선 (地平線) 명 地坪線
지하도 (地下道) 명 地下道 지하도 (地下道) 명 地下道
지형 (地形) 명 地形 지형 (地形) 명 地形
지형도 (地形圖) 명 地形图 지형도 (地形圖) 명 地形圖
직사광선 (直射光線) 명 直射光线 직사광선 (直射光線) 명 直射光線
진흙 명 泥土, 泥 진흙 명 泥土, 泥
징검다리 명 迈石 징검다리 명 邁石
쨍쨍 부 (阳光) 火辣辣貌 쨍쨍 부 (陽光) 火辣辣貌
쪽 의 方向, 方, 边 쪽 의 方向, 方, 邊
차도 (車道) 명 车道 차도 (車道) 명 車道
차원 (次元) 명 角度 차원 (次元) 명 角度
찰흙 명 粘土 찰흙 명 粘土
창공 (蒼空) 명 天空, 苍天 창공 (蒼空) 명 天空, 蒼天
채우다 동 填 채우다 동 塡
처녀자리 (處女—) 명 处女座 처녀자리 (處女—) 명 處女座
천동설 (天動說) 명 天动说 천동설 (天動說) 명 天動說
천문가 (天文家) 명 天文学家 천문가 (天文家) 명 天文學家
천문대 (天文臺) 명 天文台 천문대 (天文臺) 명 天文臺
천왕성 (天王星) 명 天王星 천왕성 (天王星) 명 天王星
천지 (天地) 명 天地 천지 (天地) 명 天地
천체 (天體) 명 天体 천체 (天體) 명 天體
천체망원경 (天體望遠鏡) 명 천체망원경 (天體望遠鏡) 명
　天文望远镜 　天文望遠鏡
철도 (鐵道) 명 铁道 철도 (鐵道) 명 鐵道
청정해역 (淸淨海域) 명 没有污染的海域 청정해역 (淸淨海域) 명 沒有污染的海域

〈처녀자리〉

或为保护环境法律上限制开发的清净的海	或爲保護環境法律上限制開發的清淨的海
초승달 명 新月	초승달 명 新月
촌 (村) 명 村	촌 (村) 명 村
총총 (悤悤) 繁星闪烁貌	총총 (悤悤) 繁星閃爍貌
추석 (秋夕) 명 中秋	추석 (秋夕) 명 中秋
출구 (出口) 명 出口	출구 (出口) 명 出口
출입구 (出入口) 명 出入口	출입구 (出入口) 명 出入口
측면 (側面) 명 側面	측면 (側面) 명 側面
크다 형 大	크다 형 大
큰곰자리 명 大熊座	큰곰자리 명 大熊座
태양 (太陽) 명 太阳	태양 (太陽) 명 太陽
태양계 (太陽系) 명 太阳系	태양계 (太陽系) 명 太陽系
태양광선 (太陽光線) 명 太阳光线	태양광선 (太陽光線) 명 太陽光線
태양력 (太陽曆) 명 阳历	태양력 (太陽曆) 명 陽曆
태양에너지 (太陽energy) 명 太阳能	태양에너지 (太陽energy) 명 太陽能
태양열 (太陽熱) 명 太阳热	태양열 (太陽熱) 명 太陽熱
태양열발전 (太陽熱發電) 명 太阳能发电	태양열발전 (太陽熱發電) 명 太陽能發電
태양열주택 (太陽熱住宅) 명 太阳能住宅	태양열주택 (太陽熱住宅) 명 太陽能住宅
터 명 土皮	터 명 土皮
터널 (tunnel) 명 遂道	터널 (tunnel) 명 遂道
터전 명 自留地	터전 명 自留地
테두리 명 周围, 范围	테두리 명 周圍, 範圍
토성 (土星) 명 土星	토성 (土星) 명 土星
토양 (土壤) 명 土壤	토양 (土壤) 명 土壤
토지 (土地) 명 ① 土地 ② 土壤	토지 (土地) 명 ① 土地 ② 土壤
토질 (土質) 명 土质	토질 (土質) 명 土質
통과하다 (通過—) 동 通过	통과하다 (通過—) 동 通過
통로 (通路) 명 通路	통로 (通路) 명 通路
틈 명 縫隙, 缺口, 空闲	틈 명 縫隙, 缺口, 空閑
파도 (波濤) 명 波涛	파도 (波濤) 명 波濤
편 (便) 명 边, 方	편 (便) 명 邊, 方
평야 (平野) 명 平原, 平野	평야 (平野) 명 平原, 平野
평원 (平原) 명 平原	평원 (平原) 명 平原
평평하다 (平平—) 형 平坦, 平平的	평평하다 (平平—) 형 平坦, 平平的
폭포 (瀑布) 명 瀑布	폭포 (瀑布) 명 瀑布

표면 (表面) 명 表面
풍랑 (風浪) 명 风浪
하구 (河口) 명 入海口
하늘 명 天空, 苍天
하단 (下壇) 명 下端
하천 (河川) 명 河川
하현달 (下弦—) 명 下弦月
한가운데 명 正中间
한가위 명 中秋节
한류 (寒流) 명 寒流
한복판 명 正中间
항만 (港灣) 명 港湾
항성 (恒星) 명 恒星
해 명 日, 太阳
해돋이 명 日出
해맞이 명 看日出
해변 (海邊) 명 海边
해수욕장 (海水浴場) 명 海水浴场
해안 (海岸) 명 海岸
해오름 명 日出
해왕성 (海王星) 명 海王星
해일 (海溢) 명 海啸, 海吼
해저 (海底) 명 海底
해협 (海峽) 명 海峡
햇볕 명 阳光, 阳热
햇빛 명 阳光, 日光
햇살 명 阳光, 光芒

표면 (表面) 명 表面
풍랑 (風浪) 명 風浪
하구 (河口) 명 入海口
하늘 명 天空, 蒼天
하단 (下壇) 명 下端
하천 (河川) 명 河川
하현달 (下弦—) 명 下弦月
한가운데 명 正中間
한가위 명 中秋節
한류 (寒流) 명 寒流
한복판 명 正中間
항만 (港灣) 명 港灣
항성 (恒星) 명 恒星
해 명 日, 太陽
해돋이 명 日出
해맞이 명 看日出
해변 (海邊) 명 海邊
해수욕장 (海水浴場) 명 海水浴場
해안 (海岸) 명 海岸
해오름 명 日出
해왕성 (海王星) 명 海王星
해일 (海溢) 명 海嘯, 海吼
해저 (海底) 명 海底
해협 (海峽) 명 海峽
햇볕 명 陽光, 陽熱
햇빛 명 陽光, 日光
햇살 명 陽光, 光芒

〈폭포〉

행성 (行星) 뗑 行星
허공 (虛空) 뗑 空中
허허벌판 뗑 广阔田地, 广阔田野,
　　无边无际的田野
협곡 (峽谷) 뗑 峽谷
혜성 (彗星) 뗑 彗星
호수 (湖水) 뗑 湖水, 湖
화산 (火山) 뗑 火山
화산대 (火山帶) 뗑 火山地带
화성 (火星) 뗑 火星
활화산 (活火山) 뗑 活火山
황무지 (荒蕪地) 뗑 荒地
황소자리 뗑 金牛座
황야 (荒野) 뗑 荒野
황폐하다 (荒廢―) 혱 荒废
황혼 (黃昏) 뗑 黃昏
후 (後) 젭 后
후면 (後面) 뗑 后面
후미지다 혱 ① 幽深 ② 弯弯的山路
후방 (後方) 뗑 后方
휴화산 (休火山) 뗑 休火山
흑점 (黑點) 뗑 黑点, 黑子
흙 뗑 土, 土壤

행성 (行星) 뗑 行星
허공 (虛空) 뗑 空中
허허벌판 뗑 廣闊田地, 廣闊田野,
　　無邊無際的田野
협곡 (峽谷) 뗑 峽谷
혜성 (彗星) 뗑 彗星
호수 (湖水) 뗑 湖水, 湖
화산 (火山) 뗑 火山
화산대 (火山帶) 뗑 火山地帶
화성 (火星) 뗑 火星
활화산 (活火山) 뗑 活火山
황무지 (荒蕪地) 뗑 荒地
황소자리 뗑 金牛座
황야 (荒野) 뗑 荒野
황폐하다 (荒廢―) 혱 荒廢
황혼 (黃昏) 뗑 黃昏
후 (後) 젭 後
후면 (後面) 뗑 後面
후미지다 혱 ① 幽深 ② 彎彎的山路
후방 (後方) 뗑 後方
휴화산 (休火山) 뗑 休火山
흑점 (黑點) 뗑 黑點, 黑子
흙 뗑 土, 土壤

42. 상태와 정도

状态, 程度	狀態, 程度

가공 (架空) 몡 空中架设   가공 (架空) 몡 空中架設
가까스로 뮈 吃力地, 很废劲地   가까스로 뮈 吃力地, 很廢勁地
가난하다 혱 穷, 困难   가난하다 혱 窮, 困難
가냘프다 혱 ① 纤细, 微弱, 单薄   가냘프다 혱 ① 纖細, 微弱, 單薄
    ② 细微, 微弱   ② 細微, 微弱
가능 (可能) 몡 可能   가능 (可能) 몡 可能
가득차다 동 ① 积满 ② 满满 ③ 充满   가득차다 동 ① 積滿 ② 滿滿 ③ 充滿
가득하다 혱 ① 满 ② 满满   가득하다 혱 ① 滿 ② 滿滿
가루 몡 粉   가루 몡 粉
가물다 동 旱   가물다 동 旱
가볍다 혱 轻   가볍다 혱 輕
가뿐하다 혱 轻松   가뿐하다 혱 輕鬆
가상 (假想) 몡 假设   가상 (假想) 몡 假設
가짜 몡 假   가짜 몡 假
간결하다 (簡潔—) 혱 简洁   간결하다 (簡潔—) 혱 簡潔
간단하다 (簡單—) 혱 简单   간단하다 (簡單—) 혱 簡單
간편하다 (簡便—) 혱 简便   간편하다 (簡便—) 혱 簡便
갈기갈기 뮈 碎碎地   갈기갈기 뮈 碎碎地
강력하다 (强力—) 혱 强有力   강력하다 (强力—) 혱 强有力
강세 (强勢) 몡 ① 优势 ② 上涨趋势   강세 (强勢) 몡 ① 優勢 ② 上漲趨勢
강인하다 (强靭—) 혱 坚强   강인하다 (强靭—) 혱 堅强
강하다 (强—) 혱 强   강하다 (强—) 혱 强
강화 (强化) 몡 强化   강화 (强化) 몡 强化
같다 혱 一样, 相同   같다 혱 一樣, 相同
거세다 혱 ① 强烈 ② 倔强   거세다 혱 ① 强烈 ② 倔强

강도	높다	강하다	단단하다	질기다	딱딱하다
	낮다	약하다	무르다	연하다	물렁물렁하다

가치	긍정	진짜	진실	좋은점	장점	합격	성공	우세	맞다
	부정	가짜	거짓	나쁜점	단점	불합격	실패	열세	틀리다

거의 早 差不多
거짓 명 假
거짓되다 형 假, 脱离实际
거칠다 형 粗糙
건강하다 (健康—) 형 健康
건조하다 (乾燥—) 형 干燥
걸쭉하다 형 稠
겨우 早 好废劲, 好容易, 好不容易
견고하다 (堅固—) 형 坚固
결백하다 (潔白—) 형 洁白
결빙 (結氷) 명 结冰
결점 (缺點) 명 缺点, 不足, 短处
결함 (缺陷) 명 缺陷
경향 (傾向) 명 倾向
계속되다 (繼續—) 동 继续
고루 早 均, 平均
고소하다 형 香
고약하다 형 味道, 气味,
　　性格非常坏或不好
고체 (固體) 명 固体
곤경 (困境) 명 困境
곤란 (困難) 명 困难
곱다 형 好看, 美
과실 (過失) 명 过失
과하다 (過—) 형 过分
괜찮다 형 还可以, 可以, 还行
괴상하다 (怪常—) 형 奇怪
구불구불 早 弯弯曲曲
구불텅구불텅 早 弯弯曲曲
구수하다 형 香
구식 (舊式) 명 旧式
굳다 동 坚固
굵다 형 粗
귀먹다 형 耳聋
귀하다 형 稀少, 稀罕
규칙 (規則) 명 规则

거의 早 差不多
거짓 명 假
거짓되다 형 假, 脫離實際
거칠다 형 粗糙
건강하다 (健康—) 형 健康
건조하다 (乾燥—) 형 幹燥
걸쭉하다 형 稠
겨우 早 好廢勁, 好容易, 好不容易
견고하다 (堅固—) 형 堅固
결백하다 (潔白—) 형 潔白
결빙 (結氷) 명 結冰
결점 (缺點) 명 缺點, 不足, 短處
결함 (缺陷) 명 缺陷
경향 (傾向) 명 傾向
계속되다 (繼續—) 동 繼續
고루 早 均, 平均
고소하다 형 香
고약하다 형 味道, 氣味,
　　性格非常壞或不好
고체 (固體) 명 固體
곤경 (困境) 명 困境
곤란 (困難) 명 困難
곱다 형 好看, 美
과실 (過失) 명 過失
과하다 (過—) 형 過分
괜찮다 형 還可以, 可以, 還行
괴상하다 (怪常—) 형 奇怪
구불구불 早 彎彎曲曲
구불텅구불텅 早 彎彎曲曲
구수하다 형 香
구식 (舊式) 명 舊式
굳다 동 堅固
굵다 형 粗
귀먹다 형 耳聾
귀하다 형 稀少, 稀罕
규칙 (規則) 명 規則

균형 (均衡) 명 均衡
급변 (急變) 명 急变
기어코 부 一定要
기운없다 (氣運—) 형 无力
기운차다 (氣運—) 형 朝气蓬勃
기절하다 (氣絕—) 형 晕倒
기체 (氣體) 명 气体
기필코 (期必—) 부 一定要, 非要
기화 (氣化) 명 气化
까무러치다 형 昏倒, 昏迷
깨끗하다 형 干净
껄끄럽다 형 ① 粗糙 ② 不光滑
꼬깃꼬깃 부 捏皱, 揉皱
꼬질꼬질 부 埋汰的样子, 油脂麻花
꼭 부 一定, 非
꼴사납다 형 令人讨厌, 不受欢迎
꽁꽁 부 ① 硬邦邦 (冻貌) ② 紧紧地
꽉꽉 부 使劲儿
꽤 부 还
꾸준하다 형 坚持不懈
끈끈하다 형 粘糊糊
난국 (亂局) 명 困难的局面
날씬하다 형 苗条
낡다 형 陈旧
남루하다 형 褴褛
낫다 동 相比之下好, 比—好
너무 부 过于, 过头
넉넉하다 형 有余地
널리 부 ① 广阔 ② 广气 ③ 宽头
넘치다 동 溢出
노련하다 (老鍊—) 형 老练
녹다 동 化
뇌사상태 (腦死狀態) 명 昏迷状态
눅눅하다 형 潮湿
눈멀다 형 瞎了
느슨하다 형 松

균형 (均衡) 명 均衡
급변 (急變) 명 急變
기어코 부 一定要
기운없다 (氣運—) 형 無力
기운차다 (氣運—) 형 朝氣蓬勃
기절하다 (氣絕—) 형 暈倒
기체 (氣體) 명 氣體
기필코 (期必—) 부 一定要, 非要
기화 (氣化) 명 氣化
까무러치다 형 昏倒, 昏迷
깨끗하다 형 乾淨
껄끄럽다 형 ① 粗糙 ② 不光滑
꼬깃꼬깃 부 捏皺, 揉皺
꼬질꼬질 부 埋汰的樣子, 油脂麻花
꼭 부 一定, 非
꼴사납다 형 令人討厭, 不受歡迎
꽁꽁 부 ① 硬邦邦 (凍貌) ② 繁繁地
꽉꽉 부 使勁兒
꽤 부 還
꾸준하다 형 堅持不懈
끈끈하다 형 粘糊糊
난국 (亂局) 명 困難的局面
날씬하다 형 苗條
낡다 형 陳舊
남루하다 형 襤褸
낫다 동 相比之下好, 比—好
너무 부 過於, 過頭
넉넉하다 형 有餘地
널리 부 ① 廣闊 ② 廣氣 ③ 寬頭
넘치다 동 溢出
노련하다 (老鍊—) 형 老練
녹다 동 化
뇌사상태 (腦死狀態) 명 昏迷狀態
눅눅하다 형 潮濕
눈멀다 형 瞎了
느슨하다 형 鬆

늘씬하다	형 苗条		늘씬하다	형 苗條	
늙다	동 老		늙다	동 老	
능숙하다 (能熟—)	형 娴熟		능숙하다 (能熟—)	형 嫻熟	
다	부 都		다	부 都	
다르다	형 不一样, 不同		다르다	형 不一樣, 不同	
다만	부 只有		다만	부 只有	
닥지닥지	부 厚厚地		닥지닥지	부 厚厚地	
단단하다	형 结实		단단하다	형 結實	
단순하다 (單純—)	형 单纯		단순하다 (單純—)	형 單純	
단점 (短點)	명 缺点, 不足, 短处		단점 (短點)	명 缺點, 不足, 短處	
단조롭다	형 单调		단조롭다	형 單調	
달다	형 甜		달다	형 甜	
담백하다 (淡白—)	형 清淡		담백하다 (淡白—)	형 淸淡	
대개 (大概)	부 大概		대개 (大槪)	부 大槪	
대단하다	형 了不起		대단하다	형 了不起	
대부분 (大部分)	명 大部分		대부분 (大部分)	명 大部分	
대체적 (大體的)	명관 大体		대체적 (大體的)	명관 大體	
더럽다	형 埋汰, 脏		더럽다	형 埋汰, 臟	
덥다	형 热		덥다	형 熱	
덩어리	명 团儿		덩어리	명 團兒	
독특하다 (獨特—)	형 独特		독특하다 (獨特—)	형 獨特	
돌연변이 (突然變異)	명 突破		돌연변이 (突然變異)	명 突破	
동강이	명 断		동강이	명 斷	
되다	형 稠(粥), 硬(饭, 面)		되다	형 稠(粥), 硬(飯, 麵)	
두근거리다	형 扑通扑通		두근거리다	형 扑通扑通	
두드러지다	형 突出		두드러지다	형 突出	
둔탁하다	형 ① 钝重 ② 愚笨		둔탁하다	형 ① 鈍重 ② 愚笨	
둔하다 (鈍—)	형 愚笨		둔하다 (鈍—)	형 愚笨	
뒤죽박죽	부 ① 杂乱, 紊乱 ② 乱七八糟		뒤죽박죽	부 ① 雜亂, 紊亂 ② 亂七八糟	
드문드문	부 ① 稀疏 ② 有时, 间或		드문드문	부 ① 稀疏 ② 有時, 間或	
드물다	형 稀少, 稀罕, 稀疏		드물다	형 稀少, 稀罕, 稀疏	
드세다	형 固执		드세다	형 固執	
들쭉날쭉	부 参差不齐		들쭉날쭉	부 參差不齊	
따갑다	형 烫		따갑다	형 燙	

농도	높다	진하다	되다	탁하다
	낮다	묽다	질다	맑다

따뜻하다 휑 温暖, 温和
딱딱하다 휑 硬
똑똑하다 휑 ① 分清事理 ② 聪明
뚜렷하다 휑 鲜明
뚫리다 동 通
뚱뚱하다 휑 胖
뜨겁다 휑 烫
뜸하다 휑 过了一阵, 歇了一阵
띄엄띄엄 부 稀疏
마르다 휑 干
마취상태 (痲醉狀態) 명 麻醉状态
막히다 동 堵, 塞
만족 (滿足) 명 滿足
많다 휑 多
많이 부 多, 很多
말랑말랑 부 软乎乎
맑다 휑 清彻
맞다 동 对
매끄럽다 휑 滑
매우 부 非常
맥없다 (脈—) 휑 无力
맵다 휑 辣
먼지 명 灰尘
멀겋다 휑 非常稀
멍청하다 휑 傻, 糊涂, 愚笨
메마르다 휑 贫瘠
메스껍다 휑 恶心
명쾌하다 (明快—) 휑 明快
명확하다 (明確—) 휑 明确
모두 부 都
모르다 동 不懂, 不知道
모범 (模範) 명 模范
모자라다 동 不足, 缺, 不够, 少
모조리 부 都, 全部
몹시 부 非常
못 부 不, 不能

따뜻하다 휑 溫暖, 溫和
딱딱하다 휑 硬
똑똑하다 휑 ① 分淸事理 ② 聰明
뚜렷하다 휑 鮮明
뚫리다 동 通
뚱뚱하다 휑 胖
뜨겁다 휑 燙
뜸하다 휑 過了一陣, 歇了一陣
띄엄띄엄 부 稀疏
마르다 휑 乾
마취상태 (痲醉狀態) 명 麻醉狀態
막히다 동 堵, 塞
만족 (滿足) 명 滿足
많다 휑 多
많이 부 多, 很多
말랑말랑 부 軟乎乎
맑다 휑 淸徹
맞다 동 對
매끄럽다 휑 滑
매우 부 非常
맥없다 (脈—) 휑 無力
맵다 휑 辣
먼지 명 灰塵
멀겋다 휑 非常稀
멍청하다 휑 傻, 糊涂, 愚笨
메마르다 휑 貧瘠
메스껍다 휑 惡心
명쾌하다 (明快—) 휑 明快
명확하다 (明確—) 휑 明確
모두 부 都
모르다 동 不懂, 不知道
모범 (模範) 명 模範
모자라다 동 不足, 缺, 不够, 少
모조리 부 都, 全部
몹시 부 非常
못 부 不, 不能

못하다 [형] 相比之下不如, 没有一, 不如一
몽땅 [부] 都, 所有的
무겁다 [형] 重
무기력하다 (無氣力一) [형] 有气无力
무능하다 (無能一) [형] 无能
무럭무럭 [형] 茁壮
무력하다 (無力一) [형] 无力
무르다 [형] 软
무의미하다 (無意味一) [형] 没有意义
무익하다 (無益一) [형] 无益
무조건 (無條件) [명][부] 无条件
무척 [부] 非常
무효하다 (無效一) [형] 无效
묵다 [동] 陈旧, 旧
묵직하다 [형] 偏重, 稍重
물렁물렁 [부] 软, 暄
물컹하다 [형] 软
묽다 [형] 稀
뭉뚝하다 [형] 短粗胖, 又粗又短
뭉치다 [동] 团结, 结成一团儿
미끄럽다 [형] 滑
미달 (未達) [명] 没有达到
미만 (未滿) [명] 未满
미숙하다 (未熟一) [형] 未成熟
미치다 [동] 疯了
밀집 (密集) [명] 密集
바르다 [형] 涂抹
바보같다 [형] 像傻瓜
반드시 [부] 一定
반들반들하다 [형] 光滑
배고프다 [형] 饿
배배 [부] 捻貌, 拧貌, 搓貌
배부르다 [형] 饱

못하다 [형] 相比之下不如, 沒有一, 不如一
몽땅 [부] 都, 所有的
무겁다 [형] 重
무기력하다 (無氣力一) [형] 有氣無力
무능하다 (無能一) [형] 無能
무럭무럭 [형] 茁壯
무력하다 (無力一) [형] 無力
무르다 [형] 軟
무의미하다 (無意味一) [형] 沒有意義
무익하다 (無益一) [형] 無益
무조건 (無條件) [명][부] 無條件
무척 [부] 非常
무효하다 (無效一) [형] 無效
묵다 [동] 陳舊, 舊
묵직하다 [형] 偏重, 稍重
물렁물렁 [부] 軟, 暄
물컹하다 [형] 軟
묽다 [형] 稀
뭉뚝하다 [형] 短粗胖, 又粗又短
뭉치다 [동] 團結, 結成一團兒
미끄럽다 [형] 滑
미달 (未達) [명] 沒有達到
미만 (未滿) [명] 未滿
미숙하다 (未熟一) [형] 未成熟
미치다 [동] 瘋了
밀집 (密集) [명] 密集
바르다 [형] 涂抹
바보같다 [형] 像傻瓜
반드시 [부] 一定
반들반들하다 [형] 光滑
배고프다 [형] 餓
배배 [부] 捻貌, 擰貌, 搓貌
배부르다 [형] 飽

무게	무겁다, 묵직하다 …
	가볍다, 가뿐하다 …

번쩍번쩍 ⽤ 闪闪, 闪耀
변동 (變動) 몡 变动
변함없다 ⾏ 不变
변형 (變形) 몡 变形
변화 (變化) 몡 变化
별나다 (別―) ⾏ 特別
병들다 (病―) 동 得病
보들보들하다 ⾏ 细嫩
보송보송하다 ⾏ 毛茸茸
보통 (普通) 몡⽤ 一般
보편적 (普遍的) 몡관 普遍
복잡하다 (複雜―) ⾏ 复杂
볼품없다 ⾏ 外貌不怎样
부당하다 (不當―) ⾏ 不当, 不对
부드럽다 ⾏ 细嫩
부분적 (部分的) 몡관 部分
부조화 (不調和) 몡 不协调
부족하다 (不足―) ⾏ 不够, 不足
부쩍 ⽤ 突然
부패하다 (腐敗―) ⾏ 腐敗
분명하다 (分明―) ⾏ 分明, 清楚
분명히 (分明―) ⽤ 明确, 确实
분산 (分散) 몡 分散
불가능 (不可能) 몡 不可能
불규칙 (不規則) 몡 不规则
불균형 (不均衡) 몡 不平衡
불만족 (不滿足) 몡 不滿足
불명확하다 (不明確―) ⾏ 不明确
불분명하다 (不分明―) ⾏ 不清楚
불안정 (不安定) 몡 不安定
불안하다 (不安―) ⾏ 不安
불완전 (不完全) 몡 不完全
불일치 (不一致) 몡 不一致

번쩍번쩍 ⽤ 閃閃, 閃耀
변동 (變動) 몡 變動
변함없다 ⾏ 不變
변형 (變形) 몡 變形
변화 (變化) 몡 變化
별나다 (別―) ⾏ 特別
병들다 (病―) 동 得病
보들보들하다 ⾏ 細嫩
보송보송하다 ⾏ 毛茸茸
보통 (普通) 몡⽤ 一般
보편적 (普遍的) 몡관 普遍
복잡하다 (複雜―) ⾏ 複雜
볼품없다 ⾏ 外貌不怎樣
부당하다 (不當―) ⾏ 不當, 不對
부드럽다 ⾏ 細嫩
부분적 (部分的) 몡관 部分
부조화 (不調和) 몡 不協調
부족하다 (不足―) ⾏ 不够, 不足
부쩍 ⽤ 突然
부패하다 (腐敗―) ⾏ 腐敗
분명하다 (分明―) ⾏ 分明, 淸楚
분명히 (分明―) ⽤ 明確, 確實
분산 (分散) 몡 分散
불가능 (不可能) 몡 不可能
불규칙 (不規則) 몡 不規則
불균형 (不均衡) 몡 不平衡
불만족 (不滿足) 몡 不滿足
불명확하다 (不明確―) ⾏ 不明確
불분명하다 (不分明―) ⾏ 不淸楚
불안정 (不安定) 몡 不安定
불안하다 (不安―) ⾏ 不安
불완전 (不完全) 몡 不完全
불일치 (不一致) 몡 不一致

수량	많다	넉넉하다, 넘치다, 많다, 풍부하다, 풍족하다 …
	적다	모자라다, 부족하다, 적다 …

불편하다 (不便―) 형 不方便, 不便
불합격 (不合格) 명 不合格
불확실하다 (不確實―) 형 不确实
붐비다 동 挤
비교적 (比較的) 명관부 比较
비다 형 空
비로소 부 才
비슷하다 형 差不多
비형식 (非形式) 명 非正常形式
빈번하다 (頻繁―) 형 频繁
빡빡하다 형 ① 噎 ② 紧 ③ 涩
뻣뻣하다 형 硬, 僵硬, 生硬
빼곡하다 형 密集, 稠密
빽빽하다 형 稠密
뻣뻣하다 형 硬, 僵硬, 生硬
삐뚤삐뚤 부 ① 摇摇晃晃 ② 弯弯曲曲
사정 (事情) 명 事情
사태 (事態) 명 事态
삭다 동 糟
산뜻하다 형 新鲜
살살 부 ① 悄悄 ② 一点儿一点儿
　　　③ 咕噜咕噜
상대 (相對) 명 相对
상태 (狀態) 명 状态
상하다 (傷―) 형 受伤
상황 (狀況) 명 状况
새롭다 형 崭新
색다르다 (色―) 형 与众不同, 特别, 奇异

불편하다 (不便―) 형 不方便, 不便
불합격 (不合格) 명 不合格
불확실하다 (不確實―) 형 不確實
붐비다 동 擠
비교적 (比較的) 명관부 比較
비다 형 空
비로소 부 才
비슷하다 형 差不多
비형식 (非形式) 명 非正常形式
빈번하다 (頻繁―) 형 頻繁
빡빡하다 형 ① 噎 ② 繁 ③ 澁
뻣뻣하다 형 硬, 僵硬, 生硬
빼곡하다 형 密集, 稠密
빽빽하다 형 稠密
뻣뻣하다 형 硬, 僵硬, 生硬
삐뚤삐뚤 부 ① 搖搖晃晃 ② 彎彎曲曲
사정 (事情) 명 事情
사태 (事態) 명 事態
삭다 동 糟
산뜻하다 형 新鮮
살살 부 ① 悄悄 ② 一點兒一點兒
　　　③ 咕噜咕噜
상대 (相對) 명 相對
상태 (狀態) 명 狀態
상하다 (傷―) 형 受傷
상황 (狀況) 명 狀況
새롭다 형 崭新
색다르다 (色―) 형 與眾不同, 特別, 奇異

밀도	높다	닥지닥지, 붐비다, 빼곡하다, 빽빽하다, 오밀조밀, 우글우글, 촘촘하다 …
	낮다	느슨하다, 드문드문, 띄엄띄엄, 성글다, 얼기설기 …

빈도	높다	흔하다	빈번하다		자주
	낮다	귀하다	뜸하다		이따금

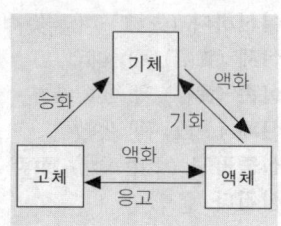

〈상태 변화〉

생소하다 (生疎—) 형 生疏
서툴다 형 不嫻熟, 生
선명하다 (鮮明—) 형 鮮明
설익다 동 夾生
섬세하다 (纖細—) 형 細致
성공 (成功) 명 成功
성글다 형 稀疏, 稀稀落落, 稀
성질 (性質) 명 性質
세다 형 强, 强烈, 猛烈
세차다 형 ①厉 害 ②强有力
속성 (屬性) 명 屬性
손쉽다 형 很容易
솔솔 부 簌簌
수직 (垂直) 명 垂直
수평 (水平) 명 水平
순결하다 (純潔—) 형 純洁
순수하다 (純粹—) 형 纯粹
순조롭다 형 順利
숭숭 (繩繩) 부 大块
쉽다 형 容易
슬기롭다 형 智慧
습하다 (濕—) 형 湿
승화 (昇華) 명 升华
시들다 동 枯萎
시원하다 형 爽
신선하다 (新鮮—) 형 新鮮
신식 (新式) 명 新式
실상 (實狀) 명 实际情况
실수 (失手) 명 失误
실신하다 (失神—) 동 失神
실제 (實際) 명 实际
실존 (實存) 명 实际存在
실패 (失敗) 명 失败
십중팔구 (十中八九) 명부 十有八九
싱겁다 형 淡
싱싱하다 형 ① 茁壯 ② 鮮艳

생소하다 (生疎—) 형 生疏
서툴다 형 不嫻熟, 生
선명하다 (鮮明—) 형 鮮明
설익다 동 夾生
섬세하다 (纖細—) 형 細致
성공 (成功) 명 成功
성글다 형 稀疏, 稀稀落落, 稀
성질 (性質) 명 性質
세다 형 强, 强烈, 猛烈
세차다 형 ①厲 害 ②强有力
속성 (屬性) 명 屬性
손쉽다 형 很容易
솔솔 부 簌簌
수직 (垂直) 명 垂直
수평 (水平) 명 水平
순결하다 (純潔—) 형 純潔
순수하다 (純粹—) 형 純粹
순조롭다 형 順利
숭숭 (繩繩) 부 大塊
쉽다 형 容易
슬기롭다 형 智慧
습하다 (濕—) 형 濕
승화 (昇華) 명 升華
시들다 동 枯萎
시원하다 형 爽
신선하다 (新鮮—) 형 新鮮
신식 (新式) 명 新式
실상 (實狀) 명 實際情況
실수 (失手) 명 失誤
실신하다 (失神—) 동 失神
실제 (實際) 명 實際
실존 (實存) 명 實際存在
실패 (失敗) 명 失敗
십중팔구 (十中八九) 명부 十有八九
싱겁다 형 淡
싱싱하다 형 ① 茁壯 ② 鮮艷

싸늘하다 형 凉
쌀쌀하다 형 凉
썩다 동 烂
쏙 부 凹或凸之貌
쏠리다 동 倾斜, 歪
쓰다 형 苦
쓰러지다 동 倒, 倒下, 躺倒
쓰리다 형 ① 火辣辣地痛, 杀得慌
　② 伤心, 痛苦 ③ 难受
쓸데없다 형 没用, 用不着
쓸모없다 형 没用, 没价值
쓸모있다 형 有用, 有价值
아롱다롱 부 ① 花花绿绿 ② 晃乎
아른아른 부 晃晃乎乎的样子
아름답다 형 美丽
아물다 동 愈合
아주 부 非常, 很
아프다 형 有病
안전하다 (安全—) 형 安全
안정 (安定) 명 安定
알다 동 知道, 懂得
알맞다 형 正合适, 恰当
액상 (液狀) 명 液体状态
액체 (液體) 명 液体
액화 (液化) 명 液化
야하다 (冶— · 野—) 형 行为或穿衣不受
　拘束, 野
약세 (弱勢) 명 弱势, 下降趋势
약점 (弱點) 명 弱点, 不足
약하다 (弱—) 형 弱
약화 (弱化) 명 减弱
양호 (良好) 명 良好
어려움 명 困难
어렵다 형 难
어수선하다 형 心乱
어슷어슷 부 歪歪地

싸늘하다 형 凉
쌀쌀하다 형 凉
썩다 동 爛
쏙 부 凹或凸之貌
쏠리다 동 傾斜, 歪
쓰다 형 苦
쓰러지다 동 倒, 倒下, 躺倒
쓰리다 형 ① 火辣辣地痛, 殺得慌
　② 傷心, 痛苦 ③ 難受
쓸데없다 형 沒用, 用不着
쓸모없다 형 沒用, 沒價值
쓸모있다 형 有用, 有價值
아롱다롱 부 ① 花花綠綠 ② 晃乎
아른아른 부 晃晃乎乎的樣子
아름답다 형 美麗
아물다 동 愈合
아주 부 非常, 很
아프다 형 有病
안전하다 (安全—) 형 安全
안정 (安定) 명 安定
알다 동 知道, 懂得
알맞다 형 正合適, 恰當
액상 (液狀) 명 液體狀態
액체 (液體) 명 液體
액화 (液化) 명 液化
야하다 (冶— · 野—) 형 行爲或穿衣不受
　拘束, 野
약세 (弱勢) 명 弱勢, 下降趨勢
약점 (弱點) 명 弱點, 不足
약하다 (弱—) 형 弱
약화 (弱化) 명 減弱
양호 (良好) 명 良好
어려움 명 困難
어렵다 형 難
어수선하다 형 心亂
어슷어슷 부 歪歪地

어지럽다 [형] 迷昏
억세다 [형] ① 强硬 ② 坚硬 ③ 强有力
얼기설기 [부] ① 纠缠在一起的样子
　　② 错综复杂的样子
얼다 [동] 冻
엄청나다 [형] 非常, 很
엉기다 [동] ① 凝结, 凝聚 ② 聚集
엉성하다 [형] 稀疏, 凋零
엉키다 [동] ① 纠缠不清 ② 凝结, 凝聚
연약하다 (軟弱—) [형] 软弱
연하다 (軟—) [형] 软
열세 (劣勢) [명] 劣势
영리하다 (怜悧—) [형] 伶俐
영원하다 (永遠—) [형] 永远
예쁘다 [형] 美丽
오글오글 [부] 皱皱瘪瘪
오래되다 [형] 很久, 好久
오로지 [부] 只有
오밀조밀 [부] ① 精细 ② 仔细
오점 (汚點) [명] 污点
오직 [부] 只有
옳다 [형] 对, 正确
옹기종기 [부] 參差不齐, 大小不一
와르르 [부] ① 哗啦啦 ② 呼噜噜
완벽하다 (完璧—) [형] ① 完璧 ② 完美
완전 (完全) [명] 完全
완전하다 (完全—) [형] 完全
왕창 [부] 大幅度
용액 (溶液) [명] 溶液
용해 (溶解) [명] 溶解
우글우글 [부] ① 人山人海 ② 蠕动
우세 (優勢) [명] 优势
우수 (優秀) [명] 优秀
우수하다 (優秀—) [형] 优秀
원숙하다 (圓熟—) [형] 成熟, 老练
원형 (原形) [명] 原形

어지럽다 [형] 迷昏
억세다 [형] ① 强硬 ② 堅硬 ③ 强有力
얼기설기 [부] ① 糾纏在一起的樣子
　　② 錯綜複雜的樣子
얼다 [동] 凍
엄청나다 [형] 非常, 很
엉기다 [동] ① 凝結, 凝聚 ② 聚集
엉성하다 [형] 稀疏, 凋零
엉키다 [동] ① 糾纏不清 ② 凝結, 凝聚
연약하다 (軟弱—) [형] 軟弱
연하다 (軟—) [형] 軟
열세 (劣勢) [명] 劣勢
영리하다 (怜悧—) [형] 伶俐
영원하다 (永遠—) [형] 永遠
예쁘다 [형] 美麗
오글오글 [부] 皺皺癟癟
오래되다 [형] 很久, 好久
오로지 [부] 只有
오밀조밀 [부] ① 精細 ② 仔細
오점 (汚點) [명] 汚點
오직 [부] 只有
옳다 [형] 對, 正確
옹기종기 [부] 參差不齊, 大小不一
와르르 [부] ① 嘩啦啦 ② 呼嚕嚕
완벽하다 (完璧—) [형] ① 完璧 ② 完美
완전 (完全) [명] 完全
완전하다 (完全—) [형] 完全
왕창 [부] 大幅度
용액 (溶液) [명] 溶液
용해 (溶解) [명] 溶解
우글우글 [부] ① 人山人海 ② 蠕動
우세 (優勢) [명] 優勢
우수 (優秀) [명] 優秀
우수하다 (優秀—) [형] 優秀
원숙하다 (圓熟—) [형] 成熟, 老練
원형 (原形) [명] 原形

위험하다 (危險—) 형 危险
유난히 부 特别
유능하다 (有能—) 형 有能力
유달리 부 特别
유력하다 (有力—) 형 有力
유별나다 (有別—) 형 特别, 特
유익하다 (有益—) 형 有益
유일하다 (唯一—) 형 唯一
유효하다 (有效—) 형 有效
육중하다 (肉重—) 형 笨重
응고 (凝固) 명 凝固
이글이글 부 ① 熊熊 ② 热呼呼
이따금 부 偶尔
이상¹ (以上) 명 以上
이상² (異狀) 명 异常
이상하다 (異常—) 형 很奇怪
이하 (以下) 명 以下
익다¹ 동 熟
익다² 형 熟悉
익숙하다 형 熟悉
인공 (人工) 명 人工
인조 (人造) 명 人造
일반적 (一般的) 명관 一般(的)
일치 (一致) 명 一致
입자 (粒子) 명 粒子
입장 (立場) 명 立场
자그마치 부 可真不少, 小点儿, 少点儿
자연 (自然) 명 自然
자욱하다 형 弥漫, 笼罩
자주 부 经常, 常常
자질 (資質) 명 实力, 素质
잔뜩 부 非常多
잘 부 好好地
잘못 명부 ① 错 ② 失误
잘하다 동 做得好
장점 (長點) 명 长处

위험하다 (危險—) 형 危險
유난히 부 特別
유능하다 (有能—) 형 有能力
유달리 부 特別
유력하다 (有力—) 형 有力
유별나다 (有別—) 형 特別, 特
유익하다 (有益—) 형 有益
유일하다 (唯一—) 형 唯一
유효하다 (有效—) 형 有效
육중하다 (肉重—) 형 笨重
응고 (凝固) 명 凝固
이글이글 부 ① 熊熊 ② 熱呼呼
이따금 부 偶爾
이상¹ (以上) 명 以上
이상² (異狀) 명 異常
이상하다 (異常—) 형 很奇怪
이하 (以下) 명 以下
익다¹ 동 熟
익다² 형 熟悉
익숙하다 형 熟悉
인공 (人工) 명 人工
인조 (人造) 명 人造
일반적 (一般的) 명관 一般(的)
일치 (一致) 명 一致
입자 (粒子) 명 粒子
입장 (立場) 명 立場
자그마치 부 可眞不少, 小點兒, 少點兒
자연 (自然) 명 自然
자욱하다 형 彌漫, 籠罩
자주 부 經常, 常常
자질 (資質) 명 實力, 素質
잔뜩 부 非常多
잘 부 好好地
잘못 명부 ① 錯 ② 失誤
잘하다 동 做得好
장점 (長點) 명 長處

적다 휑 少
적당하다 (適當—) 휑 适当
적막하다 (寂寞—) 휑 寂寞
전반적 (全般的) 명관 全面(的)
전부 (全部) 튀 全部
전적으로 (全的—) 튀 全部的
전지전능하다 (全知全能—) 휑 多才多艺
전체적 (全體的) 명관 全体的
절대 (絕對) 튀 绝对
젊다 휑 年轻
정당하다 (正當—) 휑 正当
정세 (情勢) 명 形势
정황 (情況) 명 情况
젖다 동 湿
조각 명 碎片
조금 명튀 一点儿
조밀하다 (稠密—) 휑 稠密
조용하다 휑 安静
조화 (調和) 명 ① 协调 ② 调和(颜色)
종종 튀 步法很快挪动的样子
주루룩 튀 淅沥
줄줄 튀 哗哗 (流水)
중간 (中間) 명 中间
즐비하다 (櫛比—) 휑 栉比, 鳞比
증발 (蒸發) 명 蒸发
지나치다 휑 过分, 过於
지저분하다 휑 乱七八糟, 杂乱
지치다 동 累, 筋疲力尽
지혜롭다 (智慧—) 휑 有智慧
진실 (眞實) 명 诚实
진실하다 (眞實—) 휑 诚实
진짜 (眞—) 명튀 真
진하다 (津—) 휑 浓
질기다 휑 硬
질다 휑 稀
짜다 휑 咸

적다 휑 少
적당하다 (適當—) 휑 適當
적막하다 (寂寞—) 휑 寂寞
전반적 (全般的) 명관 全面(的)
전부 (全部) 튀 全部
전적으로 (全的—) 튀 全部的
전지전능하다 (全知全能—) 휑 多才多藝
전체적 (全體的) 명관 全體的
절대 (絕對) 튀 絕對
젊다 휑 年輕
정당하다 (正當—) 휑 正當
정세 (情勢) 명 形勢
정황 (情況) 명 情況
젖다 동 濕
조각 명 碎片
조금 명튀 一點兒
조밀하다 (稠密—) 휑 稠密
조용하다 휑 安靜
조화 (調和) 명 ① 協調 ② 調和(顏色)
종종 튀 步法很快挪動的樣子
주루룩 튀 淅瀝
줄줄 튀 嘩嘩 (流水)
중간 (中間) 명 中間
즐비하다 (櫛比—) 휑 櫛比, 鱗比
증발 (蒸發) 명 蒸發
지나치다 휑 過分, 過於
지저분하다 휑 亂七八糟, 雜亂
지치다 동 累, 筋疲力盡
지혜롭다 (智慧—) 휑 有智慧
진실 (眞實) 명 誠實
진실하다 (眞實—) 휑 誠實
진짜 (眞—) 명튀 眞
진하다 (津—) 휑 濃
질기다 휑 硬
질다 휑 稀
짜다 휑 鹹

짜리몽땅하다 [형] 短粗胖
쪼글쪼글 [부] 皱皱瘪瘪
쪼들리다 [동] 由于贫穷受折磨的样子
　　(例为生活所迫), 受折磨, 受逼迫
찌꺼기 [명] 渣子
차다¹ [형] 寒, 凉
차다² [형] 满
참 [명][부] 有点
참되다 [형] 诚实
참신하다 (斬新—) [형] 崭新
처지 (處地) [명] 处境
천연 (天然) [명] 天然
철철 [부] 满满
청순하다 (淸純—) [형] 纯洁
청초하다 (淸楚—) [형] 清楚
체하다 (滯—) [동] 积食, 滞食
초과 (超過) [명] 超过
촉촉하다 [형] 湿润
촘촘하다 [형] 密密麻麻
총체적 (總體的) [명][관] 整体(的)
추세 (趨勢) [명] 趋势
추하다 (醜—) [형] 丑态
축축하다 [형] 湿润
춥다 [형] 冷
충만하다 (充滿—) [동] 充满
취하다 (醉—) [동] 醉
치렁치렁 [부] ① 溢出貌 ② 摇摆貌
친숙하다 (親熟—) [형] 亲密无间
친하다 (親—) [형] 亲近, 亲密
침침하다 (沈沈—) [형] ① 暗, 昏暗
　　② 模糊
탁하다 [형] 浓, 稠
탄탄하다 [형] 坚固, 坚实, 结实
탈바꿈 [명] 脱胎换骨
탱탱하다 [형] 皮肤有弹力的样子, 紧
토막 [명] 段

짜리몽땅하다 [형] 短粗胖
쪼글쪼글 [부] 皺皺癟癟
쪼들리다 [동] 由於貧窮受折磨的樣子
　　(例爲生活所迫), 受折磨, 受逼迫
찌꺼기 [명] 渣子
차다¹ [형] 寒, 凉
차다² [형] 滿
참 [명][부] 有點
참되다 [형] 誠實
참신하다 (斬新—) [형] 崭新
처지 (處地) [명] 處境
천연 (天然) [명] 天然
철철 [부] 滿滿
청순하다 (淸純—) [형] 純潔
청초하다 (淸楚—) [형] 清楚
체하다 (滯—) [동] 積食, 滯食
초과 (超過) [명] 超過
촉촉하다 [형] 濕潤
촘촘하다 [형] 密密麻麻
총체적 (總體的) [명][관] 整體(的)
추세 (趨勢) [명] 趨勢
추하다 (醜—) [형] 醜態
축축하다 [형] 濕潤
춥다 [형] 冷
충만하다 (充滿—) [동] 充滿
취하다 (醉—) [동] 醉
치렁치렁 [부] ① 溢出貌 ② 搖擺貌
친숙하다 (親熟—) [형] 親密無間
친하다 (親—) [형] 親近, 親密
침침하다 (沈沈—) [형] ① 暗, 昏暗
　　② 模糊
탁하다 [형] 濃, 稠
탄탄하다 [형] 堅固, 堅實, 結實
탈바꿈 [명] 脫胎換骨
탱탱하다 [형] 皮膚有彈力的樣子, 繁
토막 [명] 段

통통하다 [형] 胖乎乎
투명하다 (透明—) [형] 透明
투박하다 [형] 长得憨呼的样子
특성 (特性) [명] 特征
특수하다 (特秀—) [형] 特殊
특이하다 (特異—) [형] 特异
특질 (特質) [명] 独特的性质, 特质
특징 (特徵) [명] 特征
튼튼하다 [형] 坚固, 坚实, 结实
틀리다 [형] 错
틀림없이 [부] 没错
티끌 [명] 尘芥
팽팽하다 [형] 紧绷绷
퍽 [부] ① 还要(熟) ② 颇为, 甚为
펑퍼짐하다 [형] 宽宽的
편리하다 (便利—) [형] 方便
편하다 (便—) [형] 舒服
평균 (平均) [명] 平均
평범하다 (平凡—) [형] 平凡
평형 (平衡) [명] 平衡
포화 (飽和) [명] 饱和
표본 (標本) [명] 标本
푹신하다 [형] 软软
풍부하다 (豊富—) [형] 丰富
풍성하다 (豊盛—) [형] 丰盛
풍요롭다 (豊饒—) [형] 富有, 富绕
풍조 (風潮) [명] 潮流
풍족하다 (豊足—) [형] 丰富
하늘하늘 [부] (轻微柔软地) 摆动, 漂动
하찮다 [형] 鸡毛蒜皮的, 不足轻重
한결같이 [형] 一致
합격 (合格) [명] 合格
허구 (虛構) [명] 虚构
허기지다 (虛飢—) [형] 饥饿
허름하다 [형] 发旧
허물 [명] 把柄

통통하다 [형] 胖乎乎
투명하다 (透明—) [형] 透明
투박하다 [형] 長得憨呼的樣子
특성 (特性) [명] 特征
특수하다 (特秀—) [형] 特殊
특이하다 (特異—) [형] 特異
특질 (特質) [명] 獨特的性質, 特質
특징 (特徵) [명] 特征
튼튼하다 [형] 堅固, 堅實, 結實
틀리다 [형] 錯
틀림없이 [부] 沒錯
티끌 [명] 塵芥
팽팽하다 [형] 緊繃繃
퍽 [부] ① 還要(熟) ② 頗爲, 甚爲
펑퍼짐하다 [형] 寬寬的
편리하다 (便利—) [형] 方便
편하다 (便—) [형] 舒服
평균 (平均) [명] 平均
평범하다 (平凡—) [형] 平凡
평형 (平衡) [명] 平衡
포화 (飽和) [명] 飽和
표본 (標本) [명] 標本
푹신하다 [형] 軟軟
풍부하다 (豊富—) [형] 豐富
풍성하다 (豊盛—) [형] 豐盛
풍요롭다 (豊饒—) [형] 富有, 富繞
풍조 (風潮) [명] 潮流
풍족하다 (豊足—) [형] 豐富
하늘하늘 [부] (輕微柔軟地) 擺動, 漂動
하찮다 [형] 鷄毛蒜皮的, 不足輕重
한결같이 [형] 一致
합격 (合格) [명] 合格
허구 (虛構) [명] 虛構
허기지다 (虛飢—) [형] 饑餓
허름하다 [형] 發舊
허물 [명] 把柄

허상 (虛像) 〔명〕 假像
허술하다 〔형〕 有些破旧
허약하다 (虛弱—) 〔형〕 虛弱
허점 (虛點) 〔명〕 不充分, 缺点
헐겁다 〔형〕 松
헐렁하다 〔형〕 松, 大
헤프다 〔형〕 大手大脚, 乱花钱
현명하다 (賢明—) 〔형〕 明智, 英明
현실 (現實) 〔명〕 现实
형식 (形式) 〔명〕 形式
형편 (形便) 〔명〕 情况
형평 (衡平) 〔명〕 平衡
혼수상태 (昏睡狀態) 〔명〕 昏睡狀态
혼잡하다 (混雜—) 〔형〕 混杂
홀쭉하다 〔형〕 消瘦
확고하다 (確固—) 〔형〕 坚定不移
확실하다 (確實—) 〔형〕 确实
확실히 (確實—) 〔부〕 确实
확연하다 (確然—) 〔형〕 明确
훌륭하다 〔형〕 优秀
훨씬 〔부〕 更, 还
휑하다 〔형〕 空荡荡
흐리다 〔형〕 混浊
흔치않다 〔형〕 不多
흔하다 〔형〕 多的是, 有的是
흠뻑 〔부〕 湿透
흥건하다 〔형〕 湿漉漉, 积水
희귀하다 (稀貴—) 〔형〕 稀奇
희박하다 (稀薄—) 〔형〕 稀薄
힘들다 〔형〕 累, 难
힘없다 〔형〕 无力
힘있다 〔형〕 有力

허상 (虛像) 〔명〕 假像
허술하다 〔형〕 有些破舊
허약하다 (虛弱—) 〔형〕 虛弱
허점 (虛點) 〔명〕 不充分, 缺點
헐겁다 〔형〕 松
헐렁하다 〔형〕 鬆, 大
헤프다 〔형〕 大手大脚, 亂花錢
현명하다 (賢明—) 〔형〕 明智, 英明
현실 (現實) 〔명〕 現實
형식 (形式) 〔명〕 形式
형편 (形便) 〔명〕 情況
형평 (衡平) 〔명〕 平衡
혼수상태 (昏睡狀態) 〔명〕 昏睡狀態
혼잡하다 (混雜—) 〔형〕 混雜
홀쭉하다 〔형〕 消瘦
확고하다 (確固—) 〔형〕 堅定不移
확실하다 (確實—) 〔형〕 確實
확실히 (確實—) 〔부〕 確實
확연하다 (確然—) 〔형〕 明確
훌륭하다 〔형〕 優秀
훨씬 〔부〕 更, 還
휑하다 〔형〕 空蕩蕩
흐리다 〔형〕 混濁
흔치않다 〔형〕 不多
흔하다 〔형〕 多的是, 有的是
흠뻑 〔형〕 濕透
흥건하다 〔형〕 濕漉漉, 積水
희귀하다 (稀貴—) 〔형〕 稀奇
희박하다 (稀薄—) 〔형〕 稀薄
힘들다 〔형〕 累, 難
힘없다 〔형〕 無力
힘있다 〔형〕 有力

43. 동작

| 动作 | 動作 |

가다 동 走
가두다 동 圈, 关
가라앉다 동 沉下来, 沉
가로젓다 동 把头来回晃, 摇头晃脑
가로지르다 동 穿
가르다 동 分开
가르치다 동 教
가리다¹ 동 挑
가리다² 동 遮盖, 遮掩
가물다 동 干旱
가열하다 (加熱—) 동 加热
가지다 동 拿, 带, 携带
간맞추다 동 调剂咸淡
간보다 동 尝尝咸淡
간청하다 (懇請—) 동 恳求, 恳请
간추리다 동 弄齐, 整理
갈다¹ 동 碾
갈다² 동 换
갈라놓다 동 分开, 隔开
갈라서다 동 分开, 分手
갈라지다 동 分开, 分离
감다¹ 동 缠, 绕, 围, 绊
감다² 동 闭
감사하다 (感謝—) 동 感谢
감시하다 (監視—) 동 监视
감싸다 동 裹, 包庇, 庇护
강연하다 (講演—) 동 演讲
강요하다 (强要—) 동 强调
강의하다 (講義—) 동 讲课

가다 동 走
가두다 동 圈, 關
가라앉다 동 沉下來, 沉
가로젓다 동 把頭來回晃, 搖頭晃腦
가로지르다 동 穿
가르다 동 分開
가르치다 동 教
가리다¹ 동 挑
가리다² 동 遮蓋, 遮掩
가물다 동 幹旱
가열하다 (加熱—) 동 加熱
가지다 동 拿, 帶, 携帶
간맞추다 동 調劑鹹淡
간보다 동 嚐嚐鹹淡
간청하다 (懇請—) 동 懇求, 懇請
간추리다 동 弄齊, 整理
갈다¹ 동 碾
갈다² 동 換
갈라놓다 동 分開, 隔開
갈라서다 동 分開, 分手
갈라지다 동 分開, 分離
감다¹ 동 纏, 繞, 圍, 絆
감다² 동 閉
감사하다 (感謝—) 동 感謝
감시하다 (監視—) 동 監視
감싸다 동 裹, 包庇, 庇護
강연하다 (講演—) 동 演講
강요하다 (强要—) 동 强調
강의하다 (講義—) 동 講課

갚다 동 还　　　　　　　　　　갚다 동 還
개다¹ 동 变晴　　　　　　　　개다¹ 동 變晴
개다² 동 调匀, 和　　　　　　　개다² 동 調均, 和
개다³ 동 叠, 折叠　　　　　　　개다³ 동 疊, 折疊
개발하다 (開發—) 동 开发　　　개발하다 (開發—) 동 開發
개방하다 (開放—) 동 开放　　　개방하다 (開放—) 동 開放
개선하다 (改善—) 동 改善　　　개선하다 (改善—) 동 改善
개시하다 (開始—) 동 开始　　　개시하다 (開始—) 동 開始
개척하다 (開拓—) 동 开拓　　　개척하다 (開拓—) 동 開拓
갸웃하다 동 偏, 歪　　　　　　갸웃하다 동 偏, 歪
거느리다 동 带领　　　　　　　거느리다 동 帶領
거르다 동 滤, 过滤　　　　　　거르다 동 濾, 過濾
거부하다 (拒否—) 동 拒绝　　　거부하다 (拒否—) 동 拒絕
거스르다 동 向反方向走　　　　거스르다 동 向反方向走
거절하다 (拒絶—) 동 拒绝　　　거절하다 (拒絶—) 동 拒絕
거치다 동 经过　　　　　　　　거치다 동 經過
건너다 동 过, 穿过　　　　　　건너다 동 過, 穿過
건드리다 동 动　　　　　　　　건드리다 동 動
건설하다 (建設—) 동 建设　　　건설하다 (建設—) 동 建設
건의하다 (建議—) 동 建议　　　건의하다 (建議—) 동 建議
건지다 동 捞　　　　　　　　　건지다 동 撈
걷다 동 走　　　　　　　　　　걷다 동 走
걸다 동 挂　　　　　　　　　　걸다 동 掛
걸치다 동 挂, 披　　　　　　　걸치다 동 掛, 披
검사하다 (檢査—) 동 检查　　　검사하다 (檢査—) 동 檢查
검증하다 (檢證—) 동 验证　　　검증하다 (檢證—) 동 驗證
검침하다 (檢針—) 동 验针　　　검침하다 (檢針—) 동 驗針
검토하다 (檢討—) 동 探讨　　　검토하다 (檢討—) 동 探討
겁나다 (怯—) 동 怯, 怕　　　　겁나다 (怯—) 동 怯, 怕
게우다 동 呕吐　　　　　　　　게우다 동 嘔吐
겨누다 동 瞄准, 对准　　　　　겨누다 동 瞄準, 對準
겨루다 동 争胜负, 竞争　　　　겨루다 동 爭勝負, 競爭
격려하다 (激勵—) 동 鼓励　　　격려하다 (激勵—) 동 鼓勵
격리시키다 (隔離—) 동 隔离　　격리시키다 (隔離—) 동 隔離
겪다 동 经历　　　　　　　　　겪다 동 經歷
견주다 동 比较, 对比, 相比, 较量　견주다 동 比較, 對比, 相比, 較量

결단하다 (決斷—) 동 决定
결론짓다 (結論—) 동 结论
결박하다 (結縛—) 동 绑, 捆, 束缚
결별하다 (訣別—) 동 诀别
결석하다 (缺席—) 동 缺席
결성하다 (結成—) 동 结成
결속하다 (結束—) 동 结束
결심하다 (決心—) 동 决心
결정하다 (決定—) 동 决定
결판내다 (決判—) 동 决胜负
결합하다 (結合—) 동 结合
경고하다 (警告—) 동 警告
경영하다 (經營—) 동 经营
경유하다 (經由—) 동 路经
경청하다 (敬聽—) 동 倾听
계량하다 (計量—) 동 测量, 量, 计量
계속하다 (繼續—) 동 继续, 连续
계약하다 (契約—) 동 契约
계측하다 (計測—) 동 计算测量
계획하다 (計劃—) 동 计划
고꾸러지다 동 倒下去
고다 동 炖, 熬
고르다 동 挑
고립시키다 (孤立—) 동 孤立
고민하다 (苦悶—) 동 苦闷
고발하다 (告發—) 동 检举
고백하다 (告白—) 동 坦白
고소하다 (告訴—) 동 上诉
고안하다 (考案—) 동 设计, 发明, 创造
고자질하다 동 告密, 告状
고지하다 (告知—) 동 告诉
고치다 동 改, 修

결단하다 (決斷—) 동 決定
결론짓다 (結論—) 동 結論
결박하다 (結縛—) 동 綁, 捆, 束縛
결별하다 (訣別—) 동 訣別
결석하다 (缺席—) 동 缺席
결성하다 (結成—) 동 結成
결속하다 (結束—) 동 結束
결심하다 (決心—) 동 決心
결정하다 (決定—) 동 決定
결판내다 (決判—) 동 決勝負
결합하다 (結合—) 동 結合
경고하다 (警告—) 동 警告
경영하다 (經營—) 동 經營
경유하다 (經由—) 동 路經
경청하다 (敬聽—) 동 傾聽
계량하다 (計量—) 동 測量, 量, 計量
계속하다 (繼續—) 동 繼續, 連續
계약하다 (契約—) 동 契約
계측하다 (計測—) 동 計算測量
계획하다 (計劃—) 동 計劃
고꾸러지다 동 倒下去
고다 동 炖, 熬
고르다 동 挑
고립시키다 (孤立—) 동 孤立
고민하다 (苦悶—) 동 苦悶
고발하다 (告發—) 동 檢舉
고백하다 (告白—) 동 坦白
고소하다 (告訴—) 동 上訴
고안하다 (考案—) 동 設計, 發明, 創造
고자질하다 동 告密, 告狀
고지하다 (告知—) 동 告訴
고치다 동 改, 修

결합	결합하다	달다	만나다	매다	묶다	붙다	엮다	잇다	잠그다	합치다
분리	분리하다	떼다	헤어지다	끄르다	풀다	떨어지다	풀다	끊다	열다 풀다	나누다

골라내다 동 挑出, 挑选, 挑
곱다 동 手脚冻后不能自由活动
공갈치다 (恐喝—) 동 吓虎, 恐吓
공격하다 (攻击—) 동 攻击, 攻打, 进攻
공경하다 (恭敬—) 동 恭敬
공그르다 동 弄平
공박하다 (攻駁—) 동 驳斥
공약하다 (公約—) 동 公约
공표하다 (公表—) 동 公布
관계맺다 (關係—) 동 建立关系
관광하다 (觀光—) 동 观光
관람하다 (觀覽—) 동 观览
관찰하다 (觀察—) 동 观察
관통하다 (貫通—) 동 ① 贯通, 打通
　② 穿过
괴다¹ 동 积聚
괴다² 동 支
괴로워하다 동 孤独
교섭하다 (交涉—) 동 交涉
교제하다 (交際—) 동 交际
교체하다 (交替—) 동 交替
교환하다 (交換—) 동 交换
구경하다 동 观看, 看
구기다 동 ① 折 ② 皱, 揉皱, 捏皱
구르다 동 滚动, 滚
구부리다 동 ① 使弯曲 ② 弯
구속하다 (拘束—) 동 拘束
구술하다 (口述—) 동 口述
구타하다 동 殴打, 斗殴
군소리하다 동 废话, 没用的话
굶다 동 饿, 不吃, 没吃
굽다 동 煎, 烤
굽히다 동 弄弯
궂다 형 阴
권고하다 (勸告—) 동 劝告
권장하다 (勸獎—) 동 劝告, 奖励

골라내다 동 挑出, 挑選, 挑
곱다 동 手脚凍後不能自由活動
공갈치다 (恐喝—) 동 嚇虎, 恐嚇
공격하다 (攻擊—) 동 攻擊, 攻打, 進攻
공경하다 (恭敬—) 동 恭敬
공그르다 동 弄平
공박하다 (攻駁—) 동 駁斥
공약하다 (公約—) 동 公約
공표하다 (公表—) 동 公布
관계맺다 (關係—) 동 建立關係
관광하다 (觀光—) 동 觀光
관람하다 (觀覽—) 동 觀覽
관찰하다 (觀察—) 동 觀察
관통하다 (貫通—) 동 ① 貫通, 打通
　② 穿過
괴다¹ 동 積聚
괴다² 동 支
괴로워하다 동 孤獨
교섭하다 (交涉—) 동 交涉
교제하다 (交際—) 동 交際
교체하다 (交替—) 동 交替
교환하다 (交換—) 동 交換
구경하다 동 觀看, 看
구기다 동 ① 折 ② 皺, 揉皺, 捏皺
구르다 동 滾動, 滾
구부리다 동 ① 使彎曲 ② 彎
구속하다 (拘束—) 동 拘束
구술하다 (口述—) 동 口述
구타하다 동 毆打, 鬪毆
군소리하다 동 廢話, 沒用的話
굶다 동 餓, 不吃, 沒吃
굽다 동 煎, 烤
굽히다 동 弄彎
궂다 형 陰
권고하다 (勸告—) 동 勸告
권장하다 (勸獎—) 동 勸告, 獎勵

권하다 (權―) 동 劝
귀띔하다 동 告知, 捏醒
규명하다 (糾明―) 동 查明, 究明
규제하다 (規制―) 동 控制, 限定, 限制
규탄하다 (糾彈―) 동 谴责, 指责
그리다 동 画
그리워하다 동 想, 想念
그을다 동 晒黑
근절하다 (根絶―) 동 根绝, 根除, 消除
근접하다 (近接―) 동 靠近, 挨近
금지하다 (禁止―) 동 禁止
긋다¹ 동 (雨)停, 止(血)
긋다² 동 画
긍정하다 (肯定―) 동 肯定
기구하다 (祈求―) 동 祈求
기다리다 동 等
기대다 동 倚, 倚靠
기도하다 (祈禱―) 동 祈祷
기록하다 (記錄―) 동 记录
기뻐하다 동 高兴
기술하다 (記述―) 동 阐述, 叙述
기어가다 동 爬, 匍匐
기울다 동 倾斜, 歪斜
기원하다 (祈願―) 동 祈愿
기획하다 (企劃―) 동 计划
깁다 동 挑, 打
까다 동 扒, 剥
깎다 동 削, 脱
깔다 동 ① 铺 ② 垫
깨다¹ 동 ① 醒 ② 打碎
깨다² 동 孵
깨뜨리다 동 打破, 破
깨물다 동 咬
깨우다 동 叫醒
깨우치다 동 启发, 开导, 劝醒
꺼지다 동 灭

권하다 (權―) 동 勸
귀띔하다 동 告知, 捏醒
규명하다 (糾明―) 동 查明, 究明
규제하다 (規制―) 동 控制, 限定, 限制
규탄하다 (糾彈―) 동 譴責, 指責
그리다 동 畫
그리워하다 동 想, 想念
그을다 동 曬黑
근절하다 (根絶―) 동 根絶, 根除, 消除
근접하다 (近接―) 동 靠近, 挨近
금지하다 (禁止―) 동 禁止
긋다¹ 동 (雨)停, 止(血)
긋다² 동 畫
긍정하다 (肯定―) 동 肯定
기구하다 (祈求―) 동 祈求
기다리다 동 等
기대다 동 倚, 倚靠
기도하다 (祈禱―) 동 祈禱
기록하다 (記錄―) 동 記錄
기뻐하다 동 高興
기술하다 (記述―) 동 闡述, 叙述
기어가다 동 爬, 匍匐
기울다 동 傾斜, 歪斜
기원하다 (祈願―) 동 祈願
기획하다 (企劃―) 동 計劃
깁다 동 挑, 打
까다 동 扒, 剝
깎다 동 削, 脱
깔다 동 ① 鋪 ② 墊
깨다¹ 동 ① 醒 ② 打碎
깨다² 동 孵
깨뜨리다 동 打破, 破
깨물다 동 咬
깨우다 동 叫醒
깨우치다 동 啓發, 開導, 勸醒
꺼지다 동 滅

꺾다 동 折断
꼬다 동 辫
꼬시다 동 引诱, 劝诱
꼬이다 동 辫
꼬집다 동 掐, 揪, 拧
꼽다 동 ①屈指 ②数
꽂다¹ 동 戴
꽂다² 동 插
꾸다 동 借
꾸리다 동 ①打包, 捆 ②整理, 整顿 ③准备
꾸미다 동 装饰
꾸중하다 동 批评
꾸짖다 동 骂, 责备
꿇다 동 跪
꿈틀하다 동 蠕动
끄다¹ 동 灭
끄다² 동 闭, 关
끄덕이다 동 点头
끄르다 동 解开, 开, 打开
끄집어내다 동 掏出, 揭露
끊다 동 断, 切, 戒, 断绝
끌다 동 ①拖 ②拉 ③牵拉
끓다 동 ①开 ②沸腾
끓이다 동 烧开
끝마치다 동 结束
끼다 동 戴, 穿, 带(手套)
끼얹다 동 倒
나가다 동 走出去
나누다 동 分
나다 동 ①生, 生出 ②长 ③生长

꺾다 동 折斷
꼬다 동 辮
꼬시다 동 引誘, 勸誘
꼬이다 동 辮
꼬집다 동 掐, 揪, 擰
꼽다 동 ①屈指 ②數
꽂다¹ 동 戴
꽂다² 동 插
꾸다 동 借
꾸리다 동 ①打包, 捆 ②整理, 整頓 ③準備
꾸미다 동 裝飾
꾸중하다 동 批評
꾸짖다 동 罵, 責備
꿇다 동 跪
꿈틀하다 동 蠕動
끄다¹ 동 滅
끄다² 동 閉, 關
끄덕이다 동 點頭
끄르다 동 解開, 開, 打開
끄집어내다 동 掏出, 揭露
끊다 동 斷, 切, 戒, 斷絕
끌다 동 ①拖 ②拉 ③牽拉
끓다 동 ①開 ②沸騰
끓이다 동 燒開
끝마치다 동 結束
끼다 동 戴, 穿, 帶(手套)
끼얹다 동 倒
나가다 동 走出去
나누다 동 分
나다 동 ①生, 生出 ②長 ③生長

대상 이동		
꾸다 ↔ 갚다	넣다 · 담다 ↔ 빼다 · 쏟다	밀다 ↔ 당기다 · 끌다
사다 ↔ 팔다	주다 · 보내다 ↔ 받다 · 얻다	

나르다 동 搬运
나무라다 동 骂, 批评
나서다 동 ① 站出来 ② 出现
나아가다 동 出去
나오다 동 出来
나타나다 동 出现, 显出
낚다 동 钓
날다 동 飞
날아가다 동 飞, 飞行, 飞去, 飞过去
날조하다 (捏造一) 동 捏造
낮추다 동 降低, 削减, 减低
낳다 동 产生, 结成, 带来
내놓다 동 ① 拿出来 ② 腾 ③ 释放, 放
내다 동 分家
내려가다 동 下去
내려오다 동 下来
내리다 동 下去
내밀다 동 伸
내보내다 동 放出去, 拿出去, 送出去, 派出去
내키다 동 想通, 愿意
내세우다 동 提出, 提倡, 夸耀, 宣扬
냉동하다 (冷冻一) 동 冷冻
널다 동 晾
넓히다 동 加宽, 放宽, 扩大
넘기다 동 交给
넘다 동 跨
넘어지다 동 倒
넘보다 동 轻视, 小瞧, 小看
넣다 동 装, 放进
노려보다 동 盯
노래하다 동 ① 唱歌 ② 颂扬 ③ 咏叹
노리다 동 ① 注视, 盯 ② 怒视, 虎视

나르다 동 搬運
나무라다 동 罵, 批評
나서다 동 ① 站出來 ② 出現
나아가다 동 出去
나오다 동 出來
나타나다 동 出現, 顯出
낚다 동 釣
날다 동 飛
날아가다 동 飛, 飛行, 飛去, 飛過去
날조하다 (捏造一) 동 捏造
낮추다 동 降低, 削減, 減低
낳다 동 産生, 結成, 帶來
내놓다 동 ① 拿出來 ② 騰 ③ 釋放, 放
내다 동 分家
내려가다 동 下去
내려오다 동 下來
내리다 동 下去
내밀다 동 伸
내보내다 동 放出去, 拿出去, 送出去, 派出去
내키다 동 想通, 願意
내세우다 동 提出, 提倡, 誇耀, 宣揚
냉동하다 (冷凍一) 동 冷凍
널다 동 晾
넓히다 동 加寬, 放寬, 擴大
넘기다 동 交給
넘다 동 跨
넘어지다 동 倒
넘보다 동 輕視, 小瞧, 小看
넣다 동 裝, 放進
노려보다 동 盯
노래하다 동 ① 唱歌 ② 頌揚 ③ 詠嘆
노리다 동 ① 注視, 盯 ② 怒視, 虎視

앞으로 이동	나아가다, 전진하다, 추진하다, 행진하다 …
뒤도 이동	물러가다, 물러나다, 물러서다, 후진하다, 후퇴하다 …

노여워하다 동 生气
녹다 동 消化
녹이다 동 化
논박하다 (論駁—) 동 反驳
논의하다 (論議—) 동 议论
논쟁하다 (論爭—) 동 争论
논증하다 (論證—) 동 论证
논평하다 (論評—) 동 评论
놀다 동 玩
놀라다 동 吓了一跳, 惊吓
놀러가다 동 去玩
놀러오다 동 来玩
놀리다 동 逗着玩儿, 捉弄
농담하다 (弄談—) 동 开玩笑
높이다 동 提高, 增强, 加强
놓다 동 放
놓아주다 동 放跑, 放走
놓치다¹ 동 放掉, 丢下
놓치다² 동 失去
누다 동 拉
누르다 동 压
누비다 동 衲
누설하다 (漏泄—) 동 泄漏
눕다 동 躺
뉘우치다 동 觉醒, 醒悟
느끼다 동 觉得, 感觉到
늑장부리다 동 拖拖拉拉, 磨磨蹭蹭
늘리다 동 加长
늘어놓다 동 ① 同时铺开 ② 罗唆
　　③ 摆好
늙다 동 老
다가가다 동 走过去

노여워하다 동 生氣
녹다 동 消化
녹이다 동 化
논박하다 (論駁—) 동 反駁
논의하다 (論議—) 동 議論
논쟁하다 (論爭—) 동 爭論
논증하다 (論證—) 동 論證
논평하다 (論評—) 동 評論
놀다 동 玩
놀라다 동 嚇了一跳, 驚嚇
놀러가다 동 去玩
놀러오다 동 來玩
놀리다 동 逗着玩兒, 捉弄
농담하다 (弄談—) 동 開玩笑
높이다 동 提高, 增强, 加强
놓다 동 放
놓아주다 동 放跑, 放走
놓치다¹ 동 放掉, 丟下
놓치다² 동 失去
누다 동 拉
누르다 동 壓
누비다 동 衲
누설하다 (漏泄—) 동 泄漏
눕다 동 躺
뉘우치다 동 覺醒, 醒悟
느끼다 동 覺得, 感覺到
늑장부리다 동 拖拖拉拉, 磨磨蹭蹭
늘리다 동 加長
늘어놓다 동 ① 同時鋪開 ② 羅唆
　　③ 擺好
늙다 동 老
다가가다 동 走過去

그대로, 길게, 나란히, 모로, 몸져, 반듯이, 벌렁, 병들어, 앓아 …
눕다

다가서다 동 靠近
다가오다 동 走过来
다녀가다 동 来过, 到过
다그다 동 挪, 移
다그치다 동 追问, 追究
다니다 동 走动
다다르다 동 到达, 抵达, 达到
다듬다¹ 동 ① 修整, 打磨 ② 打扮
다듬다² 동 择
다물다 동 闭(嘴)
다스리다 동 ① 治理 ② 统治
다시다 동 咂, 仔细辨别味道
다지다 동 捣
다짐하다 동 决定
다치다 동 手伤
다투다 동 ① 打嘴仗 ② 争, 争夺
　③ 争吵, 争执
단언하다 (斷言—) 동 断言
단장하다 (丹粧—) 동 装扮, 打扮, 装饰
단절시키다 (斷絕—) 동 断绝
단절하다 (斷絕—) 동 断绝
단정하다 (斷定—) 동 断定, 判断, 肯定
단축하다 (短縮—) 동 缩短, 缩减
닫다 동 关(门), 盖(盖)
달다¹ 동 挂
달다² 동 戴
달다³ 동 烧干, 煎干
달다⁴ 동 称, 量
달라붙다 동 粘, 贴
달려가다 동 跑, 奔跑, 奔赴
달려들다 동 扑, 投入
달래다 동 哄
달리다 동 跑
달아나다 동 ① 奔驰, 飞奔
　② 逃跑, 逃走
닳다 동 磨损

다가서다 동 靠近
다가오다 동 走過來
다녀가다 동 來過, 到過
다그다 동 挪, 移
다그치다 동 追問, 追究
다니다 동 走動
다다르다 동 到達, 抵達, 達到
다듬다¹ 동 ① 修整, 打磨 ② 打扮
다듬다² 동 擇
다물다 동 閉(嘴)
다스리다 동 ① 治理 ② 統治
다시다 동 咂, 仔細辨別味道
다지다 동 搗
다짐하다 동 決定
다치다 동 手傷
다투다 동 ① 打嘴仗 ② 争, 争奪
　③ 争吵, 争執
단언하다 (斷言—) 동 斷言
단장하다 (丹粧—) 동 裝扮, 打扮, 裝飾
단절시키다 (斷絕—) 동 斷絕
단절하다 (斷絕—) 동 斷絕
단정하다 (斷定—) 동 斷定, 判斷, 肯定
단축하다 (短縮—) 동 縮短, 縮減
닫다 동 關(門), 蓋(蓋)
달다¹ 동 掛
달다² 동 戴
달다³ 동 燒幹 煎幹
달다⁴ 동 稱, 量
달라붙다 동 粘, 貼
달려가다 동 跑, 奔跑, 奔赴
달려들다 동 扑, 投入
달래다 동 哄
달리다 동 跑
달아나다 동 ① 奔馳, 飛奔
　② 逃跑, 逃走
닳다 동 磨損

담다 ⟦동⟧ 装
담소하다 (談笑―) ⟦동⟧ 谈话
담판하다 (談判―) ⟦동⟧ 谈判
답례하다 (答禮―) ⟦동⟧ 答谢, 礼仪
답변하다 (答辯―) ⟦동⟧ 答辩
답하다 (答―) ⟦동⟧ 回答
당기다 ⟦동⟧ 拉, 拽
닿다 ⟦동⟧ 相接, 接触, 触及
대꾸하다 ⟦동⟧ ① 顶嘴 ② 回答, 答话
대다 ⟦동⟧ 接触, 触动
대담하다 (對談―) ⟦동⟧ 对话
대답하다 (對答―) ⟦동⟧ 回答
대들다 ⟦동⟧ 顶撞, 顶嘴
대변하다 (代辯―) ⟦동⟧ 代言, 辩护
대응하다 (對應―) ⟦동⟧ ① 相应, 对立 ② 应付, 对付
대화하다 (對話―) ⟦동⟧ 对话
더듬다 ⟦동⟧ 摸, 摸索
더불다 ⟦동⟧ 跟, 同, 一起, 一快儿
던지다 ⟦동⟧ 扔掉, 扔
덜다 ⟦동⟧ ① 减, 减少 ② 减轻
덮다 ⟦동⟧ 盖
데다 ⟦동⟧ 烫
데리다 ⟦동⟧ 领, 带领
데치다 ⟦동⟧ 烫, 焯
도려내다 ⟦동⟧ 剜, 控, 削
도리다 ⟦동⟧ 剜, 控, 削
도망가다 ⟦동⟧ 逃跑, 逃走
도망치다 ⟦동⟧ 逃跑
도안하다 (圖案―) ⟦동⟧ 图案
도착하다 (到着―) ⟦동⟧ 到达
독촉하다 (督促―) ⟦동⟧ 督促
돋다 ⟦동⟧ 长
돌다 ⟦동⟧ ① 转, 转动 ② 周转
돌아다니다 ⟦동⟧ 跑来跑去, 转来转去
돌아보다 ⟦동⟧ 回头看, 往回看

담다 ⟦동⟧ 裝
담소하다 (談笑―) ⟦동⟧ 談話
담판하다 (談判―) ⟦동⟧ 談判
답례하다 (答禮―) ⟦동⟧ 答謝, 禮儀
답변하다 (答辯―) ⟦동⟧ 答辯
답하다 (答―) ⟦동⟧ 回答
당기다 ⟦동⟧ 拉, 拽
닿다 ⟦동⟧ 相接, 接觸, 觸及
대꾸하다 ⟦동⟧ ① 頂嘴 ② 回答, 答話
대다 ⟦동⟧ 接觸, 觸動
대담하다 (對談―) ⟦동⟧ 對話
대답하다 (對答―) ⟦동⟧ 回答
대들다 ⟦동⟧ 頂撞, 頂嘴
대변하다 (代辯―) ⟦동⟧ 代言, 辯護
대응하다 (對應―) ⟦동⟧ ① 相應, 對立 ② 應付, 對付
대화하다 (對話―) ⟦동⟧ 對話
더듬다 ⟦동⟧ 摸, 摸索
더불다 ⟦동⟧ 跟, 同, 一起, 一快儿
던지다 ⟦동⟧ 扔掉, 扔
덜다 ⟦동⟧ ① 減, 減少 ② 減輕
덮다 ⟦동⟧ 蓋
데다 ⟦동⟧ 燙
데리다 ⟦동⟧ 領, 帶領
데치다 ⟦동⟧ 燙, 焯
도려내다 ⟦동⟧ 剜, 控, 削
도리다 ⟦동⟧ 剜, 控, 削
도망가다 ⟦동⟧ 逃跑, 逃走
도망치다 ⟦동⟧ 逃跑
도안하다 (圖案―) ⟦동⟧ 圖案
도착하다 (到着―) ⟦동⟧ 到達
독촉하다 (督促―) ⟦동⟧ 督促
돋다 ⟦동⟧ 長
돌다 ⟦동⟧ ① 轉, 轉動 ② 周轉
돌아다니다 ⟦동⟧ 跑來跑去, 轉來轉去
돌아보다 ⟦동⟧ 回頭看, 往回看

돌아서다 동 转, 转向, 转身
동여매다 동 捆, 束, 缚, 系
동요하다 동 动摇
동의하다 (同意—) 동 同意
동이다 동 绕
동작 명 动作
동정하다 (同情—) 동 同情
되다 동 量(米)
되돌아가다 동 返回去, 重返
되묻다 동 再次问, 重问, 反问
되받아치다 동 ① 反问 ② 反抗, 抗拒
되새기다 동 反复咀嚼, 回味, 还味
두근거리다 동 忐忑不安,
　　　扑通扑通地心跳
두근대다 동 扑通扑通地心跳
두다 동 放, 放在
두드리다 동 敲, 敲打
두들기다 동 敲打, 乱打
두려워하다 동 害怕
두르다¹ 동 倒(油), 摸
두르다² 동 围
두리번거리다 동 东张西望
둘러보다 동 环视, 环顾
둘러앉다 동 围坐在一起
뒤따르다 동 跟着, 跟随, 追从
뒤지다 동 翻, 查
뒤집다 동 翻, 翻过来, 颠倒, 推翻
뒤쫓다 동 追, 跟着追
드나들다 동 进进出出
드러나다 동 显出
드리다 동 结, 给
듣다 동 听
들다 동 进
들락날락하다 동 进进出出
들르다 동 顺便路过
들썩이다 동 浮, 浮动, 动心, 跳动

돌아서다 동 轉, 轉向, 轉身
동여매다 동 捆, 束, 縛, 繫
동요하다 동 動搖
동의하다 (同意—) 동 同意
동이다 동 繞
동작 명 動作
동정하다 (同情—) 동 同情
되다 동 量(米)
되돌아가다 동 返回去, 重返
되묻다 동 再次問, 重問, 反問
되받아치다 동 ① 反問 ② 反抗, 抗拒
되새기다 동 反復咀嚼, 回味, 還味
두근거리다 동 忐忑不安,
　　　扑通扑通地心跳
두근대다 동 扑通扑通地心跳
두다 동 放, 放在
두드리다 동 敲, 敲打
두들기다 동 敲打, 亂打
두려워하다 동 害怕
두르다¹ 동 倒(油), 摸
두르다² 동 圍
두리번거리다 동 東張西望
둘러보다 동 環視, 環顧
둘러앉다 동 圍坐在一起
뒤따르다 동 跟着, 跟隨, 追從
뒤지다 동 翻, 查
뒤집다 동 翻, 翻過來, 顛倒, 推翻
뒤쫓다 동 追, 跟着追
드나들다 동 進進出出
드러나다 동 顯出
드리다 동 結, 給
듣다 동 聽
들다 동 進
들락날락하다 동 進進出出
들르다 동 順便路過
들썩이다 동 浮, 浮動, 動心, 跳動

들어가다 동 进去
들어오다 동 进来
들여다보다 동 窥视, 窥探
들이밀다 동 向里推, 往里送
들이받다 동 顶撞
들이켜다 동 一口气喝完
들추다 동 翻, 翻找, 翻弄
들키다 동 被发觉, 被发现
등장하다 (登場—) 동 出场
딛다 동 踩, 踏
따다 동 摘
따돌리다 동 撇开, 排挤, 排斥
따라가다 동 跟着去
따라오다 동 跟着来
따르다 동 跟
따지다 동 追问, 追究
딸다 동 辫
때다 동 烧
때리다 동 打, 揍
때우다 동 用, 充当
땡기다 동 不知不觉地心向某一事物
떠나다 동 走
떠돌다 동 漂浮, 浮浪, 浮动
떠들다 동 喧哗, 闹
떠보다 동 试探, 摸底
떨어뜨리다 동 使掉落, 使降低, 使减少
떨어지다 동 掉下来
떼다 동 分开, 隔开
뛰다 동 跳
뜨다¹ 동 霉烂, 发酵
뜨다² 동 浮, 飘
뜨다³ 동 舀, 盛, 捞

들어가다 동 進去
들어오다 동 進來
들여다보다 동 窺視, 窺探
들이밀다 동 向裏推, 往裏送
들이받다 동 頂撞
들이켜다 동 一口氣喝完
들추다 동 翻, 翻找, 翻弄
들키다 동 被發覺, 被發現
등장하다 (登場—) 동 出場
딛다 동 踩, 踏
따다 동 摘
따돌리다 동 撇開, 排擠, 排斥
따라가다 동 跟着去
따라오다 동 跟着來
따르다 동 跟
따지다 동 追問, 追究
딸다 동 辮
때다 동 燒
때리다 동 打, 揍
때우다 동 用, 充當
땡기다 동 不知不覺地心向某一事物
떠나다 동 走
떠돌다 동 漂浮, 浮浪, 浮動
떠들다 동 喧嘩, 鬧
떠보다 동 試探, 摸底
떨어뜨리다 동 使掉落, 使降低, 使減少
떨어지다 동 掉下來
떼다 동 分開, 隔開
뛰다 동 跳
뜨다¹ 동 霉爛, 發酵
뜨다² 동 浮, 飄
뜨다³ 동 舀, 盛, 撈

출발	나다, 떠나다, 이륙하다, 출발하다 …	
경유	가로지르다, 거치다, 건너다, 경유하다, 들르다, 지나다, 통과하다 …	다니다, 돌아다니다, 오락가락하다, 왕래하다, 이동하다, 출입하다 …
도착	내리다, 다다르다, 닿다, 도착하다, 들다, 착륙하다 …	

뜨다⁴ 동 睁开   뜨다⁴ 동 睜開
뜨다⁵ 동 织   뜨다⁵ 동 織
뜯다 동 撕, 扯, 剥, 拆   뜯다 동 撕, 扯, 剝, 拆
뜸들이다 동 焖(饭)   뜸들이다 동 燜(飯)
띄우다 동 发酵   띄우다 동 發酵
마르다 동 ① 剪裁 ② 切, 锯   마르다 동 ① 剪裁 ② 切, 鋸
마무리짓다 동 结束   마무리짓다 동 結束
마시다 동 喝   마시다 동 喝
마음졸이다 동 担心   마음졸이다 동 擔心
마주보다 동 对视   마주보다 동 對視
마중하다 동 接   마중하다 동 接
막다 동 堵   막다 동 堵
만나다 동 见面   만나다 동 見面
만들다 동 作, 作做   만들다 동 作, 作做
만지다 동 摸, 扶摸   만지다 동 摸, 扶摸
말걸다 동 搭话, 先跟别人说话   말걸다 동 搭話, 先跟別人說話
말기다 동 委托, 托付, 存, 寄存, 托   말기다 동 委托, 托付, 存, 寄存, 托
말다¹ 동 卷   말다¹ 동 卷
말다² 동 停, 停止, 作罢 말다² 동 停, 停止, 作罷
말다툼하다 동 拌嘴   말다툼하다 동 拌嘴
말대꾸하다 동 顶嘴, 顶撞 말대꾸하다 동 頂嘴, 頂撞
말썽부리다 동 不听话, 淘气, 惹是生非   말썽부리다 동 不聽話, 淘氣, 惹是生非
말하다 동 说   말하다 동 說
맛보다 동 嗒, 品味, 品嗒 맛보다 동 嚐, 品味, 品嚐
망보다 동 放哨   망보다 동 放哨
맞이하다 동 迎接   맞이하다 동 迎接
맞잡다 동 拉(手), 携(手) 맞잡다 동 拉(手), 携(手)
맞장구치다 동 附合, 迎合, 一唱一和   맞장구치다 동 附合, 迎合, 一唱一和
맞추다 동 定做   맞추다 동 定做
맞히다 동 投重   맞히다 동 投重
맡다 동 闻   맡다 동 聞
매다¹ 동 系   매다¹ 동 系

위로 이동	뜨다, 상승하다, 솟다, 오르다, 올라가다, 올라오다 …	오르내리다
아래로 이동	낙하하다, 내려오다, 내리다, 떨어지다, 추락하다, 침몰하다, 하강하다, 하락하다 …	오르락내리락

매다² 동 带
매다³ 동 鋤, 除(草)
매어두다 동 系
맹세하다 동 发誓
맺다 동 结
머금다 동 含
머무르다 동 停留
머뭇거리다 동 踌躇, 犹豫不决
먹다 동 吃
먹이다 동 让吃, 给吃, 喂
멈추다 동 停, 停住, 停止
멋부리다 동 打扮的漂亮, 爱打扮
멎다 동 停住, 停止
메다 동 背
메우다 동 填
면담하다 (面談─) 동 面谈
면제하다 (免除─) 동 免除
면하다¹ (面─) 동 面
면하다² (免─) 동 摆脱, 避色, 免除
명령하다 (命令─) 동 命令
명명하다 (命名─) 동 命名
명하다 (命─) 동 命令
모독하다 (冒瀆─) 동 污辱
모르다 동 不懂, 不知道
모방하다 (模倣─) 동 模仿
모색하다 (摸索─) 동 摸索
모시다 동 扶养
모이다 동 聚集, 聚合
몰다 동 ①赶, 撵 ②驱逐 ③开, 驾驶
못하다 동 不会, 不能, 不了, 不及
묘사하다 (描寫─) 동 描写
무너뜨리다 동 使倒塌
무르다¹ 동 退回, 退还
무르다² 동 稀
무서워하다 동 害怕
무시하다 동 瞧不起, 看不起

매다² 동 帶
매다³ 동 鋤, 除(草)
매어두다 동 系
맹세하다 동 發誓
맺다 동 結
머금다 동 含
머무르다 동 停留
머뭇거리다 동 躊躇, 猶豫不決
먹다 동 吃
먹이다 동 讓吃, 給吃, 喂
멈추다 동 停, 停住, 停止
멋부리다 동 打扮的漂亮, 愛打扮
멎다 동 停住, 停止
메다 동 背
메우다 동 填
면담하다 (面談─) 동 面談
면제하다 (免除─) 동 免除
면하다¹ (面─) 동 面
면하다² (免─) 동 擺脫, 避色, 免除
명령하다 (命令─) 동 命令
명명하다 (命名─) 동 命名
명하다 (命─) 동 命令
모독하다 (冒瀆─) 동 污辱
모르다 동 不懂, 不知道
모방하다 (模倣─) 동 模仿
모색하다 (摸索─) 동 摸索
모시다 동 扶養
모이다 동 聚集, 聚合
몰다 동 ①赶, 撵 ②驅逐 ③開, 駕駛
못하다 동 不會, 不能, 不了, 不及
묘사하다 (描寫─) 동 描寫
무너뜨리다 동 使倒塌
무르다¹ 동 退回, 退還
무르다² 동 稀
무서워하다 동 害怕
무시하다 동 瞧不起, 看不起

무치다 동 拌
묵다 동 ①停留, 投住, 投宿 ②陈旧
묶다 동 捆绑, 捆扎, 绑缚
문안드리다 (問安—) 동 问好, 问安
문안하다 (問安—) 동 问好, 问安
문의하다 (問議—) 동 请问, 询问
문지르다 동 按摩
문책하다 (問責—) 동 追问, 追究, 追究责任
묻다 동 问, 追问
물다 동 含
물러가다 동 退出
물러나다 동 让开, 躲开
물러서다 동 退, 后退
뭉치다 동 凝结, 凝聚
미끄러지다 동 滑, 溜
미루다 동 推迟
미워하다 동 恨, 讨厌
미치다 동 及, 到
믿다 동 相信
밀고하다 (密告—) 동 告密
밀다 동 推, 刨
바둥대다 동 手脚乱动, 脚乱动
바꾸다 동 换
바라다 동 希望
바라보다 동 ①看着, 望着 ②眺望 ③观望
바래다 동 漂白, 退色, 变色
바로잡다 동 纠正
바르다¹ 동 ①涂, 涂抹 ②裱糊
바르다² 동 摸
바치다 동 交给
박다¹ 동 相撞
박다² 동 打, 钉, 捶
반기다 동 迎接
반대하다 (反對—) 동 反动

무치다 동 拌
묵다 동 ①停留, 投住, 投宿 ②陳舊
묶다 동 捆綁, 捆扎, 綁縛
문안드리다 (問安—) 동 問好, 問安
문안하다 (問安—) 동 問好, 問安
문의하다 (問議—) 동 請問, 詢問
문지르다 동 按摩
문책하다 (問責—) 동 追問, 追究, 追究責任
묻다 동 問, 追問
물다 동 含
물러가다 동 退出
물러나다 동 讓開, 躲開
물러서다 동 退, 後退
뭉치다 동 凝結, 凝聚
미끄러지다 동 滑, 溜
미루다 동 推遲
미워하다 동 恨, 討厭
미치다 동 及, 到
믿다 동 相信
밀고하다 (密告—) 동 告密
밀다 동 推, 刨
바둥대다 동 手脚亂動, 脚亂動
바꾸다 동 換
바라다 동 希望
바라보다 동 ①看着, 望着 ②眺望 ③觀望
바래다 동 漂白, 退色, 變色
바로잡다 동 糾正
바르다¹ 동 ①涂, 涂抹 ②裱糊
바르다² 동 摸
바치다 동 交給
박다¹ 동 相撞
박다² 동 打, 釘, 捶
반기다 동 迎接
반대하다 (反對—) 동 反動

반론하다 (反論—) 동 反驳
반박하다 (反駁—) 동 反驳
반발하다 (反撥—) 동 反抗
반죽하다 동 和面
반포하다 (頒布—) 동 颁布
반하다 동 一见钟情
반항하다 (反抗—) 동 反抗
받다 동 接收, 收
발가벗다 동 脱光
발달하다 (發達—) 동 发达
발라내다 동 刮, 剔, 剥
발령하다 (發令—) 동 发调令
발명하다 (發明—) 동 发明
발버둥치다 동 挣扎
발생하다 (發生—) 동 发生
발의하다 (發意—) 동 提义, 发起
발전하다 (發展—) 동 发展
발표하다 (發表—) 동 发表
발효시키다 (醱酵—) 동 发酵
밝히다 동 究明, 查明
밟다 동 踩
방문하다 (訪問—) 동 访问
밭다 동 滤
배다 동 怀
배설하다 (排泄—) 동 排泄, 排出
배열하다 (配列—) 동 排列
배웅하다 동 送(送客)
배치하다 (配置—) 동 安排
뱉다 동 吐
버리다 동 丢掉, 扔
버무리다 동 拌
버티다 동 ① 停住, 支撑 ② 坚持
번지다 동 ① 洇, 浸 ② 传开 ③ 扩大 ④ 蔓延
벌다¹ 동 裂开, 裂缝
벌다² 동 挣, 攒

반론하다 (反論—) 동 反駁
반박하다 (反駁—) 동 反駁
반발하다 (反撥—) 동 反抗
반죽하다 동 和麵
반포하다 (頒布—) 동 頒布
반하다 동 一見鐘情
반항하다 (反抗—) 동 反抗
받다 동 接收, 收
발가벗다 동 脱光
발달하다 (發達—) 동 發達
발라내다 동 刮, 剔, 剥
발령하다 (發令—) 동 發調令
발명하다 (發明—) 동 發明
발버둥치다 동 挣扎
발생하다 (發生—) 동 發生
발의하다 (發意—) 동 提義, 發起
발전하다 (發展—) 동 發展
발표하다 (發表—) 동 發表
발효시키다 (醱酵—) 동 發酵
밝히다 동 究明, 查明
밟다 동 踩
방문하다 (訪問—) 동 訪問
밭다 동 濾
배다 동 懷
배설하다 (排泄—) 동 排泄, 排出
배열하다 (配列—) 동 排列
배웅하다 동 送(送客)
배치하다 (配置—) 동 安排
뱉다 동 吐
버리다 동 丢掉, 扔
버무리다 동 拌
버티다 동 ① 停住, 支撑 ② 堅持
번지다 동 ① 洇, 浸 ② 傳開 ③ 擴大 ④ 蔓延
벌다¹ 동 裂開, 裂縫
벌다² 동 掙, 攢

벌름거리다 [동] 一张一合, 一扇一扇, 一鼓一息
벌리다 [동] 张开
벌벌떨다 [동] 哆哆嗦嗦
법석대다 [동] 喧闹
벗기다 [동] 剥, 脱
벗다 [동] 脱, 脱落
베끼다 [동] 抄袭
베다 [동] 割, 裁, 切
베풀다 [동] 摆设, 举行, 给予, 给与
벼르다 [동] ① 作好准备等待机会 ② 打算
변론하다 (辯論—) [동] 辩论
변명하다 (辨明—) [동] 辨解
변하다 (變—) [동] 变
변형시키다 (變形—) [동] 使变形
변호하다 (辯護—) [동] 辩护
변화시키다 (變化—) [동] 使变化
변화하다 (變化—) [동] 变化
병합하다 [동] 合并
보고하다 (報告—) [동] 报告
보관하다 (保管—) [동] 保管
보내다 [동] 送
보다 [동] 看
보도하다 (報道—) [동] 报导
보류하다 (保留—) [동] 保留
보유하다 (保有—) [동] 保有, 存有
보이다 [동] 看见, 望见
보존하다 (保存—) [동] 保存
보채다 [동] 磨人, 闹, 紧催
보태다 [동] 添
보풀다 [동] 起毛, 起毛头
복사하다 (複寫—) [동] 复印

벌름거리다 [동] 一張一合, 一扇一扇, 一鼓一息
벌리다 [동] 張開
벌벌떨다 [동] 哆哆嗦嗦
법석대다 [동] 喧鬧
벗기다 [동] 剝, 脫
벗다 [동] 脫, 脫落
베끼다 [동] 抄襲
베다 [동] 割, 裁, 切
베풀다 [동] 擺設, 舉行, 給予, 給與
벼르다 [동] ① 作好準備等待機會 ② 打算
변론하다 (辯論—) [동] 辯論
변명하다 (辨明—) [동] 辨解
변하다 (變—) [동] 變
변형시키다 (變形—) [동] 使變形
변호하다 (辯護—) [동] 辯護
변화시키다 (變化—) [동] 使變化
변화하다 (變化—) [동] 變化
병합하다 [동] 合并
보고하다 (報告—) [동] 報告
보관하다 (保管—) [동] 保管
보내다 [동] 送
보다 [동] 看
보도하다 (報道—) [동] 報導
보류하다 (保留—) [동] 保留
보유하다 (保有—) [동] 保有, 存有
보이다 [동] 看見, 望見
보존하다 (保存—) [동] 保存
보채다 [동] 磨人, 鬧, 繁催
보태다 [동] 添
보풀다 [동] 起毛, 起毛頭
복사하다 (複寫—) [동] 複印

가, 누워, 돌아, 뛰어, 마주, 만나, 먹어, 써, 앉아, 자고, 해 …
보다

복창하다 (復唱―) 동 复述, 重说
볶다 동 炒
뵈다 동 拜访, 拜会, 拜见
부딪히다 동 撞, 碰
부러뜨리다 동 折断
부르다 동 ① 叫, 唤 ② 喊, 呼
부르짖다 동 呼叫, 喊叫
부리다 동 ① 使唤 ② 卸下, 放下
부서지다 동 粉碎
부수다 동 粉碎, 打碎
부언하다 (附言―) 동 附言, 附带的话
부연하다 (敷衍―) 동 敷衍
부인하다 (否認―) 동 否认
부정하다 (否定―) 동 否定
부치다¹ 동 邮, 寄
부치다² 동 煎
부치다³ 동 吃力, 费劲
부탁하다 (付託―) 동 托付, 委托
분노하다 (忿怒― · 憤怒―) 동 愤怒
분리하다 (分離―) 동 分离, 分开
분배하다 (分配―) 동 分配
분부하다 (分付―) 동 分付
분쇄하다 (粉碎―) 동 粉碎
분실하다 (紛失―) 동 丢失
분해하다 (分解―) 동 分解
붇다 동 发涨, 膨胀
불다 동 吹
불리다 동 泡
불참하다 (不參―) 동 不参加
불평하다 (不平―) 동 不平
붓다¹ 동 倒
붓다² 동 肿, 发肿
붕괴하다 (崩壞―) 동 崩坏, 崩溃
붙다 동 粘, 贴, 附着
붙들다 동 抓
붙이다 동 粘, 贴

붙잡다 〔동〕 抓住
비꼬다 〔동〕 讽刺, 讥讽
비난하다 (非難—) 〔동〕 非难
비방하다 (誹謗—) 〔동〕 诽谤
비비다 〔동〕 拌, 搓
비아냥거리다 〔동〕 讥讽, 挖苦, 嘲笑
비우다 〔동〕 空出, 腾出
비키다 〔동〕 躲开
비평하다 (批評—) 〔동〕 批评
비행하다 (飛行—) 〔동〕 飞行
빈정거리다 〔동〕 讥讽, 挖苦, 嘲笑
빌다 〔동〕 求(原谅), 祈求, 乞求, 祈祷
빌리다 〔동〕 借
빗다 〔동〕 梳
빨다 〔동〕 吸, 咂, 吮
빻다 〔동〕 舂, 捣
빼내다 〔동〕 拔, 抽出, 吸出
빼다 〔동〕 拨
빼앗다 〔동〕 抢, 夺, 抢劫, 抢掠
뺑소니치다 〔동〕 溜掉, 溜走
뻗치다 〔동〕 伸展, 打展, 伸出
뽐내다 〔동〕 卖弄, 出风头, 自吹, 神气
뽑다¹ 〔동〕 拔
뽑다² 〔동〕 除去, 拨
뿌리다 〔동〕 撒
뿜다 〔동〕 喷, 冒, 吐
삐다 〔동〕 ① 流出去 ② 渗透
삐치다 〔동〕 生气
사과하다 (謝過—) 〔동〕 道歉
사귀다 〔동〕 交
사다 〔동〕 买
사라지다 〔동〕 消失
사랑하다 〔동〕 爱
사로잡다 〔동〕 活捉, 生擒, 生捕, 生俘
사리다 〔동〕 绕
사모하다 (思慕—) 〔동〕 又尊敬又喜欢

붙잡다 〔동〕 抓住
비꼬다 〔동〕 諷刺, 譏諷
비난하다 (非難—) 〔동〕 非難
비방하다 (誹謗—) 〔동〕 誹謗
비비다 〔동〕 拌, 搓
비아냥거리다 〔동〕 譏諷, 挖苦, 嘲笑
비우다 〔동〕 空出, 騰出
비키다 〔동〕 躲開
비평하다 (批評—) 〔동〕 批評
비행하다 (飛行—) 〔동〕 飛行
빈정거리다 〔동〕 譏諷, 挖苦, 嘲笑
빌다 〔동〕 求(原諒), 祈求, 乞求, 祈禱
빌리다 〔동〕 借
빗다 〔동〕 梳
빨다 〔동〕 吸, 咂, 吮
빻다 〔동〕 舂, 搗
빼내다 〔동〕 拔, 抽出, 吸出
빼다 〔동〕 撥
빼앗다 〔동〕 搶, 奪, 搶劫, 搶掠
뺑소니치다 〔동〕 溜掉, 溜走
뻗치다 〔동〕 伸展, 打展, 伸出
뽐내다 〔동〕 賣弄, 出風頭, 自吹, 神氣
뽑다¹ 〔동〕 拔
뽑다² 〔동〕 除去, 撥
뿌리다 〔동〕 撒
뿜다 〔동〕 噴, 冒, 吐
삐다 〔동〕 ① 流出去 ② 滲透
삐치다 〔동〕 生氣
사과하다 (謝過—) 〔동〕 道歉
사귀다 〔동〕 交
사다 〔동〕 買
사라지다 〔동〕 消失
사랑하다 〔동〕 愛
사로잡다 〔동〕 活捉, 生擒, 生捕, 生俘
사리다 〔동〕 繞
사모하다 (思慕—) 〔동〕 又尊敬又喜歡

사무치다 동 恨之入骨
사양하다 (辭讓—) 동 客气, 谦让, 推辞
사용하다 동 使用
사절하다 (謝絶— · 辭絶—) 동 ① 谢绝
　② 推迟
사정하다 (事情—) 동 恳求, 求请
사죄하다 (謝罪—) 동 谢罪, 陪罪, 道歉
삭다¹ 동 烂, 糟
삭다² 동 无力的样子
삭히다¹ 동 发酵
삭히다² 동 发酵
살다 동 ① 活 ② 生活
살림하다 동 过日子
살펴보다 동 察看, 观察, 仔细观察
삶다 동 煮
삼가다 동 谨慎, 慎重, 小心
삼다¹ 동 ① 娶, 接, 收 ② 当作, 看做
삼다² 동 认为
상경하다 (上京—) 동 上京, 进京
상기하다 (想起—) 동 想起
상승하다 (上昇—) 동 上升
상실하다 (喪失—) 동 丧失
상응하다 (相應—) 동 互应, 相应
상의하다 (相議—) 동 商量
새기다 동 刻, 雕
새다 동 天亮
생기다 동 ① 生, 长 ② 发生, 产生
　③ 入手, 到手, 有
생산하다 (生産—) 동 生产
서다 동 停, 站, 立
서두르다 동 抓紧, 赶紧, 赶快
서리다 동 ① 弥漫 ② 散发 ③ 萦绕
서성거리다 동 走来走去, 徘徊,
　转来转去, 彷徨
서술하다 (敍述—) 동 叙述
서약하다 (誓約—) 동 誓约

사무치다 동 恨之入骨
사양하다 (辭讓—) 동 客氣, 謙讓, 推辭
사용하다 동 使用
사절하다 (謝絶— · 辭絶—) 동 ① 謝絶
　② 推遲
사정하다 (事情—) 동 懇求, 求請
사죄하다 (謝罪—) 동 謝罪, 陪罪, 道歉
삭다¹ 동 爛, 糟
삭다² 동 無力的樣子
삭히다¹ 동 發酵
삭히다² 동 發酵
살다 동 ① 活 ② 生活
살림하다 동 過日子
살펴보다 동 察看, 觀察, 仔細觀察
삶다 동 煮
삼가다 동 謹慎, 慎重, 小心
삼다¹ 동 ① 娶, 接, 收 ② 當作, 看做
삼다² 동 認爲
상경하다 (上京—) 동 上京, 進京
상기하다 (想起—) 동 想起
상승하다 (上昇—) 동 上升
상실하다 (喪失—) 동 喪失
상응하다 (相應—) 동 互應, 相應
상의하다 (相議—) 동 商量
새기다 동 刻, 雕
새다 동 天亮
생기다 동 ① 生, 長 ② 發生, 産生
　③ 入手, 到手, 有
생산하다 (生産—) 동 生産
서다 동 停, 站, 立
서두르다 동 抓繁, 趕繁, 趕快
서리다 동 ① 彌漫 ② 散發 ③ 縈繞
서성거리다 동 走來走去, 徘徊,
　轉來轉去, 彷徨
서술하다 (敍述—) 동 叙述
서약하다 (誓約—) 동 誓約

섞다 동 烂, 拌
선고하다 (宣告—) 동 宣告
선서하다 (宣誓—) 동 宣誓
선언하다 (宣言—) 동 宣言
선포하다 (宣布—) 동 宣布
설계하다 (設計—) 동 设计
설교하다 (說敎—) 동 传教
설득하다 (說得—) 동 说服
설립하다 (設立—) 동 设立
설명하다 (說明—) 동 说明
설치다 동 忙做, 匆忙从事, 乱, 乱穿
설치하다 (設置—) 동 设置
섬기다 동 ①拜 ②侍奉, 奉养, 扶养
성공하다 (成功—) 동 成功
성취하다 (成就—) 동 成就
세다¹ 동 发白
세다² 동 数
세우다 동 立, 筑, 盖
셈하다 동 计算, 数数
소개하다 (紹介—) 동 介绍
소근거리다 동 说悄悄话, 喁喁私语,
　　窃窃私语, 嚷嚷
소리치다 동 喊
소멸하다 (消滅—) 동 消灭
소문내다 (所聞—) 동 消息传开,
　　互相传闻
소환하다 (召喚—) 동传令出庭
속다 동 被骗, 受骗
속삭이다 동 喁喁私语
속상하다 (—傷—) 동 伤心
솎다 동 间苗
손질하다 동 修理, 整修

섞다 동 爛, 拌
선고하다 (宣告—) 동 宣告
선서하다 (宣誓—) 동 宣誓
선언하다 (宣言—) 동 宣言
선포하다 (宣布—) 동 宣布
설계하다 (設計—) 동 設計
설교하다 (說敎—) 동 傳敎
설득하다 (說得—) 동 說服
설립하다 (設立—) 동 設立
설명하다 (說明—) 동 說明
설치다 동 忙做, 匆忙從事, 亂, 亂穿
설치하다 (設置—) 동 設置
섬기다 동 ①拜 ②侍奉, 奉養, 扶養
성공하다 (成功—) 동 成功
성취하다 (成就—) 동 成就
세다¹ 동 髮白
세다² 동 數
세우다 동 立, 築, 蓋
셈하다 동 計算, 數數
소개하다 (紹介—) 동 介紹
소근거리다 동 說悄悄話, 喁喁私語,
　　竊竊私語, 嚷嚷
소리치다 동 喊
소멸하다 (消滅—) 동 消滅
소문내다 (所聞—) 동 消息傳開,
　　互相傳聞
소환하다 (召喚—) 동傳令出庭
속다 동 被騙, 受騙
속삭이다 동 喁喁私語
속상하다 (—傷—) 동 傷心
솎다 동 間苗
손질하다 동 修理, 整修

갈라, 나란히, 둘러, 멈추어, 버티고, 우뚝, 일어 …
서다

솟다 동 ① 涌出, 喷出 ② 冒出 ③ 升起
쇠다 동 过
쇠하다 (衰一) 동 衰退, 老衰
수다떨다 동 娴聊天
수락하다 (受諾一) 동 同意
수리하다 (修理一) 동 修理
수색하다 (搜索一) 동 搜索, 搜查, 侦察
수선하다 (修繕一) 동 修理
수정하다 (修訂一) 동 纠正, 修改, 修订, 修正
수행하다 (遂行一) 동 随行
숙이다 동 低头
순방하다 (巡訪一) 동 巡查
순시하다 (巡視一) 동 巡视, 视察
순찰하다 (巡察一) 동 巡逻
숨기다 동 藏起来
숨다 동 躲, 躲避, 躲藏
쉬다¹ 동 发馊, 馊
쉬다² 동 休, 休息
스미다 동 渗透
스치다 동 掠过, 擦过
승인하다 (承認一) 동 承认
시다 동 酸
시도하다 (試圖一) 동 试图, 试行, 企图
시들다 동 ① 蔫, 枯萎, 凋谢 ② 衰退
시식하다 (試食一) 동 品尝
시음하다 (試飲一) 동 试饮
시인하다 (是認一) 동 承认
시작하다 (始作一) 동 开始
시찰하다 (視察一) 동 视察
시치다 동 绷
시키다¹ 동 使唤
시키다² 동 让他人作某种事
시행하다 (施行一) 동 施行, 实施, 实行
신고하다 (申告一) 동 申报
신다 동 穿

솟다 동 ① 涌出, 噴出 ② 冒出 ③ 升起
쇠다 동 過
쇠하다 (衰一) 동 衰退, 老衰
수다떨다 동 娴聊天
수락하다 (受諾一) 동 同意
수리하다 (修理一) 동 修理
수색하다 (搜索一) 동 搜索, 搜查, 偵察
수선하다 (修繕一) 동 修理
수정하다 (修訂一) 동 糾正, 修改, 修訂, 修正
수행하다 (遂行一) 동 隨行
숙이다 동 低頭
순방하다 (巡訪一) 동 巡查
순시하다 (巡視一) 동 巡視, 視察
순찰하다 (巡察一) 동 巡邏
숨기다 동 藏起來
숨다 동 躲, 躲避, 躲藏
쉬다¹ 동 發餿, 餿
쉬다² 동 休, 休息
스미다 동 滲透
스치다 동 掠過, 擦過
승인하다 (承認一) 동 承認
시다 동 酸
시도하다 (試圖一) 동 試圖, 試行, 企圖
시들다 동 ① 蔫, 枯萎, 凋謝 ② 衰退
시식하다 (試食一) 동 品嚐
시음하다 (試飲一) 동 試飲
시인하다 (是認一) 동 承認
시작하다 (始作一) 동 開始
시찰하다 (視察一) 동 視察
시치다 동 繃
시키다¹ 동 使唤
시키다² 동 讓他人作某種事
시행하다 (施行一) 동 施行, 實施, 實行
신고하다 (申告一) 동 申報
신다 동 穿

신음하다 (呻吟—) 동 呻吟
신임하다 (信任—) 동 信任
신청하다 (申請—) 동 申请
싣다 동 裝
실룩거리다 동 抽动(筋肉)
실언하다 (失言—) 동 失言
실천하다 (實踐—) 동 实践
실토하다 (實吐—) 동 说实话, 真心话
실패하다 (失敗—) 동 失敗
실행하다 (實行—) 동 实行
싫어하다 동 不喜欢
심다 동 种
심문하다 (審問—) 동 审问
심사하다 (審査—) 동 审查
심술부리다 동 捣蛋, 使坏心
심의하다 (審議—) 동 审议
싶다 형 想, 希望
싶어하다 동 想
싸다 동 拉
싸우다 동 打仗
쌓다 동 堆, 垒
써다 동 退潮
썩다 동 烂
썰다¹ 동 锯
썰다² 동 切
쏘다 동 开(枪), 射(箭), 放(炮)
쏟다 동 倒
쏠다 동 咬
쐬다 동 受(风)
쑤다 동 熬
쓰다¹ 동 ①戴 ②用
쓰다² 동 写
쓰다듬다 동 摸
찧다 동 细捣, 精碾
씻다 동 洗
아끼다 동 节约, 勤俭节约

신음하다 (呻吟—) 동 呻吟
신임하다 (信任—) 동 信任
신청하다 (申請—) 동 申請
싣다 동 裝
실룩거리다 동 抽動(筋肉)
실언하다 (失言—) 동 失言
실천하다 (實踐—) 동 實踐
실토하다 (實吐—) 동 說實話, 眞心話
실패하다 (失敗—) 동 失敗
실행하다 (實行—) 동 實行
싫어하다 동 不喜歡
심다 동 種
심문하다 (審問—) 동 審問
심사하다 (審査—) 동 審査
심술부리다 동 搗蛋, 使壞心
심의하다 (審議—) 동 審議
싶다 형 想, 希望
싶어하다 동 想
싸다 동 拉
싸우다 동 打仗
쌓다 동 堆, 壘
써다 동 退潮
썩다 동 爛
썰다¹ 동 鋸
썰다² 동 切
쏘다 동 開(槍), 射(箭), 放(炮)
쏟다 동 倒
쏠다 동 咬
쐬다 동 受(風)
쑤다 동 熬
쓰다¹ 동 ①戴 ②用
쓰다² 동 寫
쓰다듬다 동 摸
찧다 동 細搗, 精碾
씻다 동 洗
아끼다 동 節約, 勤儉節約

악담하다 (惡談—) 동 诅咒
안내하다 (案內—) 동 ① 向导, 引导
　② 介绍 ③ 陪同游览, 陪同参观
안다 동 抱
안부묻다 동 问好, 问安
앉다 동 坐
알리다 동 告诉
암송하다 (暗誦—) 동 背诵
압박하다 동 压迫
앗다 동 抢
앞당기다 동 提前
애걸하다 (哀乞—) 동 哀求
애도하다 (哀悼—) 동 哀悼
애쓰다 동 辛苦, 吃苦
애원하다 (哀願—) 동 哀求
야단치다 동 ① 叱责, 骂 ② 喧闹, 喧嚷
야유하다 (揶揄—) 동 嘲笑
약속하다 (約束—) 동 约束
양념하다 동 加调料, 调剂
어기다 동 违
어르다 동 逗, 哄
어리다 동 花, 模模糊糊, 隐隐约约
어림잡다 동 估計
어우르다 동 交, 合
억누르다 동 抑制, 压抑
언급하다 (言及—) 동 谈到, 涉及
언도하다 (言渡—) 동 宣判
언쟁하다 (言爭—) 동 争论
얹다¹ 동 擱上
얹다² 동 放
얻다 동 要
얼다 동 冻

악담하다 (惡談—) 동 詛咒
안내하다 (案內—) 동 ① 嚮導, 引導
　② 介紹 ③ 陪同游覽, 陪同參觀
안다 동 抱
안부묻다 동 問好, 問安
앉다 동 坐
알리다 동 告訴
암송하다 (暗誦—) 동 背誦
압박하다 동 壓迫
앗다 동 搶
앞당기다 동 提前
애걸하다 (哀乞—) 동 哀求
애도하다 (哀悼—) 동 哀悼
애쓰다 동 辛苦, 吃苦
애원하다 (哀願—) 동 哀求
야단치다 동 ① 叱責, 罵 ② 喧鬧, 喧嚷
야유하다 (揶揄—) 동 嘲笑
약속하다 (約束—) 동 約束
양념하다 동 加調料, 調劑
어기다 동 違
어르다 동 逗, 哄
어리다 동 花, 模模糊糊, 隱隱約約
어림잡다 동 估計
어우르다 동 交, 合
억누르다 동 抑制, 壓抑
언급하다 (言及—) 동 談到, 涉及
언도하다 (言渡—) 동 宣判
언쟁하다 (言爭—) 동 爭論
얹다¹ 동 擱上
얹다² 동 放
얻다 동 要
얼다 동 凍

가라, 가만히, 나란히, 내려, 둘러, 마주, 모여, 일어나, 주저, 쪼그리고 …
앉다

얼리다 동 冻
얼버무리다 동 含糊其词
얽다 동 捆乱
업다 동 背
없애다 동 取消, 消灭
없어지다 동 没有了, 消失了
엉기다 동 凝结, 凝聚
엎다 동 翻, 打翻, 翻倒, 推翻
엎드리다 동 趴
엎어지다 동 往前跌倒
에다 동 割, 挖, 剜
여물다 동 饱满, 成熟
여미다 동 扣好, 整好
여의다 동 离别
여쭈다 동 禀告, 禀报, 进言
역설하다 (力說—) 동 强调
엮다 동 编, 扎
연기하다 (延期—) 동 保留
연착하다 동 迟到, 误点
열다 동 ①开 ②结
엿듣다 동 偷听
엿보다 동 偷看
예고하다 (豫告—) 동 (天气)豫报, 豫告
예방하다 (豫防—) 동 预防, 防治
예보하다 (豫報—) 동 豫报, 豫告
예언하다 (豫言—) 동 豫言
예찬하다 (禮讚—) 동 称赞
오다 동 来
오락가락하다 동 ①来来去去, 踱来踱去
    ②精神糊糊
오르내리다 동 上上下下
오르다 동 ①上, 上升 ②提高, 升高
    ③涨
오리다 동 割, 剜
올라가다 동 上去, 走上去
올라오다 동 上来, 走上来

얼리다 동 凍
얼버무리다 동 含糊其詞
얽다 동 捆亂
업다 동 背
없애다 동 取消, 消滅
없어지다 동 沒有了, 消失了
엉기다 동 凝結, 凝聚
엎다 동 翻, 打翻, 翻倒, 推翻
엎드리다 동 趴
엎어지다 동 往前跌倒
에다 동 割, 挖, 剜
여물다 동 飽滿, 成熟
여미다 동 扣好, 整好
여의다 동 離別
여쭈다 동 禀告, 禀報, 進言
역설하다 (力說—) 동 强調
엮다 동 編, 扎
연기하다 (延期—) 동 保留
연착하다 동 遲到, 誤點
열다 동 ①開 ②結
엿듣다 동 偷聽
엿보다 동 偷看
예고하다 (豫告—) 동 (天氣)豫報, 豫告
예방하다 (豫防—) 동 預防, 防治
예보하다 (豫報—) 동 豫報, 豫告
예언하다 (豫言—) 동 豫言
예찬하다 (禮讚—) 동 稱讚
오다 동 來
오락가락하다 동 ①來來去去, 踱來踱去
    ②精神糊糊
오르내리다 동 上上下下
오르다 동 ①上, 上升 ②提高, 升高
    ③漲
오리다 동 割, 剜
올라가다 동 上去, 走上去
올라오다 동 上來, 走上來

올리다 동 提, 拉, 升
옭다 동 套累, 捆
옭매다 동 系, 拴
옮기다¹ 동 搬, 移
옮기다² 동 传染
옮다¹ 동 搬, 移
옮다² 동 被传染
완료하다 (完了—) 동 完成, 完
완성하다 (完成—) 동 完成
왕래하다 (往來—) 동 往来
외치다 동 喊, 呼
요구하다 (要求—) 동 要求
요리하다 동 做(菜), 烹饪, 烹调
요청하다 (要請—) 동 邀请
욕하다 동 骂
우기다 동 强嘴
우러러보다 동 仰望, 瞻仰, 敬仰
우러르다 동 敬仰
우롱하다 (愚弄—) 동 愚弄
우리다 동 泡出来, 泡一泡
운동하다 (運動—) 동 运动
운송하다 (運送) 동 运输
운전하다 (運轉—) 동 驾驶
울다 동 哭
울먹이다 동 欲哭, 哭丧着脸
울부짖다 동 ①呼喊, 大叫, 高喊 ②呼啸 ③怒吼
움직이다 동 动
웃다 동 笑

올리다 동 提, 拉, 升
옭다 동 套累, 捆
옭매다 동 系, 拴
옮기다¹ 동 搬, 移
옮기다² 동 傳染
옮다¹ 동 搬, 移
옮다² 동 被傳染
완료하다 (完了—) 동 完成, 完
완성하다 (完成—) 동 完成
왕래하다 (往來—) 동 往來
외치다 동 喊, 呼
요구하다 (要求—) 동 要求
요리하다 동 做(菜), 烹飪, 烹調
요청하다 (要請—) 동 邀請
욕하다 동 罵
우기다 동 强嘴
우러러보다 동 仰望, 瞻仰, 敬仰
우러르다 동 敬仰
우롱하다 (愚弄—) 동 愚弄
우리다 동 泡出來, 泡一泡
운동하다 (運動—) 동 運動
운송하다 (運送) 동 運輸
운전하다 (運轉—) 동 駕駛
울다 동 哭
울먹이다 동 欲哭, 哭喪着臉
울부짖다 동 ①呼喊, 大叫, 高喊 ②呼嘯 ③怒吼
움직이다 동 動
웃다 동 笑

가다	거쳐 가다, 기어가다, 끌려가다, 나가다, 내려가다, 놀러 가다, 다가가다, 달려가다, 도망가다, 돌아가다, 두러 가다, 들어가다, 따 가다, 따라가다, 떠 가다, 뛰어가다, 만나러 가다, 먹으러 가다, 벗고 가다, 보러 가다, 사러 가다, 쉬러 가다, 신고 가다, 쓰러 가다, 올라가다, 이사가다, 입고 가다, 자러 가다, 잡아 가다, 지나가다, 집어 가다, 쫓아 가다, 타고 가다, 팔러 가다 …
오다	거쳐 오다, 기어오다, 끌려오다, 나오다, 내려오다, 놀러 오다, 다가오다, 달려오다, 도망오다, 돌아오다, 두러 오다, 들어오다, 따 오다, 따라오다, 떠 오다, 뛰어오다, 만나러 오다, 먹으러 오다, 벗고 오다, 보러 오다, 사러 오다, 쉬러 오다, 신고 오다, 쓰러 오다, 올라오다, 이사오다, 입고 오다, 자러 오다, 잡아 오다, 지나오다, 집어 오다, 쫓아 오다, 타고 오다, 팔러 오다 …

웅성거리다 동 哄哄起来, 闹闹哄哄
웅크리다 동 蜷, 蜷缩
위조하다 (僞造—) 동 伪造
유발하다 (誘發—) 동 诱发
유보하다 (留保—) 동 保留
유실하다 (流失—) 동 流失
유의하다 (留意—) 동 留意
유지하다 (維持—) 동 维持
으깨다 동 压碎, 碾碎, 捣碎
으르다 동 舂碎, 碾碎
으스러지다 동 粉碎
윽박지르다 동 吓唬, 吓呼, 威胁
읊다 동 吟咏, 吟唱
응답하다 (應答—) 동 对答, 回答
응시하다 (凝視—) 동 凝视
응하다 (應—) 동 答应, 响应
의논하다 (議論—) 동 议论
의존하다 (依存—) 동 依靠
의지하다 (依支—) 동 依赖
이기다 동 战胜, 赢
이끌다 동 拉着, 牵着
이다 동 頂
이동하다 (移動—) 동 移动
이루다 동 实现
이륙하다 (離陸—) 동 起飞, 离地
이르다[1] 동 劝说, 劝告
이르다[2] 동 到达
이별하다 (離別—) 동 离别
이사가다 동 搬家, 搬迁, 搬走
이사오다 동 搬来
이야기하다 동 讲故事
이용하다 (利用—) 동 利用
이행하다 (履行—) 동 履行
익다 동 成熟, 熟
익히다 동 煮熟
인사하다 (人事—) 동 行礼, 打招呼,

웅성거리다 동 哄哄起來, 鬧鬧哄哄
웅크리다 동 蜷, 蜷縮
위조하다 (僞造—) 동 僞造
유발하다 (誘發—) 동 誘發
유보하다 (留保—) 동 保留
유실하다 (流失—) 동 流失
유의하다 (留意—) 동 留意
유지하다 (維持—) 동 維持
으깨다 동 壓碎, 碾碎, 搗碎
으르다 동 舂碎, 碾碎
으스러지다 동 粉碎
윽박지르다 동 嚇唬, 嚇呼, 威脅
읊다 동 吟咏, 吟唱
응답하다 (應答—) 동 對答, 回答
응시하다 (凝視—) 동 凝視
응하다 (應—) 동 答應, 響應
의논하다 (議論—) 동 議論
의존하다 (依存—) 동 依靠
의지하다 (依支—) 동 依賴
이기다 동 戰勝, 贏
이끌다 동 拉着, 牽着
이다 동 頂
이동하다 (移動—) 동 移動
이루다 동 實現
이륙하다 (離陸—) 동 起飛, 離地
이르다[1] 동 勸說, 勸告
이르다[2] 동 到達
이별하다 (離別—) 동 離別
이사가다 동 搬家, 搬遷, 搬走
이사오다 동 搬來
이야기하다 동 講故事
이용하다 (利用—) 동 利用
이행하다 (履行—) 동 履行
익다 동 成熟, 熟
익히다 동 煮熟
인사하다 (人事—) 동 行禮, 打招呼,

寒暄, 问好

인솔하다 (引率—) 图 率领
일깨우다 图 提醒, 启发
일다 图 淘(米)
일어나다 图 站起来
일어서다 图 站立
일으키다 图 引起, 引致, 惹起, 造成, 掀起
일컫다 图 称做, 叫做
읽다 图 读, 念
잃다 图 丢, 丢失
잃어버리다 图 丢掉了
입다 图 穿
입장하다 (入場—) 图 入场
잇다 图 接, 衔接
잊다 图 忘
자다 图 睡觉
자라다 图 长, 成长
자랑하다 图 ① 骄傲 自豪
　② 夸耀, 炫耀
자르다 图 切断, 砍断, 截断
자문하다 询问, 咨询
자백하다 (自白—) 图 坦白
자빠지다 图 倒, 跌
자지러지다 图 畏缩, 萎缩, 枯萎
자청하다 (自請—) 图 ① 自告奋勇
　② 自称, 自居
자칭하다 (自稱—) 图 自称
자화자찬하다 (自畵自讚—) 图
　自吹自夸, 自吹自擂
작동하다 图 启动
작성하다 (作成—) 图 制定, 拟定, 拟稿
접합하다 (接合—) 图 架接
작용하다 图 启动, 开始工作
작정하다 (作定/酌定—) 图 决定
잔소리하다 图 罗嗦

寒喧, 問好

인솔하다 (引率—) 图 率領
일깨우다 图 提醒, 啓發
일다 图 淘(米)
일어나다 图 站起來
일어서다 图 站立
일으키다 图 引起, 引致, 惹起, 造成, 掀起
일컫다 图 稱做, 叫做
읽다 图 讀, 念
잃다 图 丢, 丢失
잃어버리다 图 丢掉了
입다 图 穿
입장하다 (入場—) 图 入場
잇다 图 接, 銜接
잊다 图 忘
자다 图 睡覺
자라다 图 長, 成長
자랑하다 图 ① 驕傲 自豪
　② 夸耀, 炫耀
자르다 图 切斷, 砍斷, 截斷
자문하다 詢問, 咨詢
자백하다 (自白—) 图 坦白
자빠지다 图 倒, 跌
자지러지다 图 畏縮, 萎縮, 枯萎
자청하다 (自請—) 图 ① 自告奮勇
　② 自稱, 自居
자칭하다 (自稱—) 图 自稱
자화자찬하다 (自畵自讚—) 图
　自吹自夸, 自吹自擂
작동하다 图 啓動
작성하다 (作成—) 图 制定, 擬定, 擬稿
접합하다 (接合—) 图 架接
작용하다 图 啓動, 開始工作
작정하다 (作定/酌定—) 图 決定
잔소리하다 图 羅嗦

잘못하다 동 做错, 弄不好
잠그다 동 锁
잠들다 동 睡着了
잡다 동 抓
잡담하다 (雜談—) 동 聊天
잡아내다 동 找出, 揪出来
잡아매다 동 捆
잣다 동 纺
장담하다 (壯談—) 동 ① 说大话 ② 吹嘘
장식하다 (裝飾—) 동 裝饰
잦다 동 渗透
재다 동 量, 测
재잘거리다 동 吱吱喳喳
재주부리다 동 特技表演
재촉하다 동 催促
저물다 동 晚
저미다 동 片(肉, 鱼), 切削成薄片
저주하다 (詛呪—) 동 诅咒
적다 동 记录
적발하다 (摘發—) 동 检举
전달하다 (傳達—) 동 传达
전시하다 (展示—) 동 展示
전진하다 (前進—) 동 前进
전하다 (傳—) 동 传
전화걸다 (電話—) 동 打电话, 挂电话
절다¹ 동 蔫下去
절다² 동 跛, 瘸
절단하다 (切斷—) 동 切断
절뚝거리다 동 跛脚, 一跛一跛地走
절이다 동 ① 蔫 ② 腌
접속하다 (接續—) 동 接触
접촉하다 (接觸—) 동 接触
접합하다 (接合—) 동 架接
젓다 동 ① 挥动 ② 摇 ③ 搅, 搅拌 ④ 和了

잘못하다 동 做錯, 弄不好
잠그다 동 鎖
잠들다 동 睡着了
잡다 동 抓
잡담하다 (雜談—) 동 聊天
잡아내다 동 找出, 揪出來
잡아매다 동 捆
잣다 동 紡
장담하다 (壯談—) 동 ① 說大話 ② 吹噓
장식하다 (裝飾—) 동 裝飾
잦다 동 滲透
재다 동 量, 測
재잘거리다 동 吱吱喳喳
재주부리다 동 特技表演
재촉하다 동 催促
저물다 동 晚
저미다 동 片(肉, 魚), 切削成薄片
저주하다 (詛呪—) 동 詛咒
적다 동 記錄
적발하다 (摘發—) 동 檢擧
전달하다 (傳達—) 동 傳達
전시하다 (展示—) 동 展示
전진하다 (前進—) 동 前進
전하다 (傳—) 동 傳
전화걸다 (電話—) 동 打電話, 掛電話
절다¹ 동 蔫下去
절다² 동 跛, 瘸
절단하다 (切斷—) 동 切斷
절뚝거리다 동 跛脚, 一跛一跛地走
절이다 동 ① 蔫 ② 腌
접속하다 (接續—) 동 接觸
접촉하다 (接觸—) 동 接觸
접합하다 (接合—) 동 架接
젓다 동 ① 揮動 ② 搖 ③ 攪, 攪拌 ④ 和了

정떨어지다 (情—) 동 伤感情,
　　越来越没有感情
정복하다 (征服—) 동 征服
정정하다 (訂正—) 동 修正
정지하다 (停止—) 동 停止
정하다 (定—) 동 定
젖다 동 湿
제안하다 (提案—) 동 提议
제의하다 (提議—) 동 提议, 提出
제작하다 (製作—) 동 制作
제조하다 (製造—) 동 制造
조각하다 (彫刻—) 동 雕刻
조르다 동 ① 纠缠 ② 捆紧, 勤紧, 杀紧
　　③ 哀求
조리하다 (調理—) 동 做菜
조사하다 (調查—) 동 调查
조언하다 (助言—) 동 指教
조이다 동 紧, 累
조작하다 (操作—) 동 操作
조절하다 (調節—) 동 调节
조정하다 (調整—) 동 调整
존경하다 (尊敬—) 동 尊敬
졸다 동 滲透
졸이다 동 炖
좁히다 동 弄窄, 使变窄
쫓다 동 追, 跟
좋아하다 동 喜欢
주다 동 给
주먹질하다 동 动人, 打人
주무르다 동 按摩
주문하다 (注文—) 동 定做, 预订
주시하다 (注視—) 동 注视
주의주다 (注意—) 동 注意
주의하다 (注意—) 동 注意
주장하다 (主張—) 동 主张
주저앉다 동 一屁股座到地上, 塌

정떨어지다 (情—) 동 傷感情,
　　越來越沒有感情
정복하다 (征服—) 동 征服
정정하다 (訂正—) 동 修正
정지하다 (停止—) 동 停止
정하다 (定—) 동 定
젖다 동 濕
제안하다 (提案—) 동 提議
제의하다 (提議—) 동 提議, 提出
제작하다 (製作—) 동 製作
제조하다 (製造—) 동 製造
조각하다 (彫刻—) 동 雕刻
조르다 동 ① 糾纏 ② 捆緊, 勤緊, 殺緊
　　③ 哀求
조리하다 (調理—) 동 做菜
조사하다 (調查—) 동 調查
조언하다 (助言—) 동 指教
조이다 동 繁, 累
조작하다 (操作—) 동 操作
조절하다 (調節—) 동 調節
조정하다 (調整—) 동 調整
존경하다 (尊敬—) 동 尊敬
졸다 동 滲透
졸이다 동 炖
좁히다 동 弄窄, 使變窄
쫓다 동 追, 跟
좋아하다 동 喜歡
주다 동 給
주먹질하다 동 動人, 打人
주무르다 동 按摩
주문하다 (注文—) 동 定做, 預訂
주시하다 (注視—) 동 注視
주의주다 (注意—) 동 注意
주의하다 (注意—) 동 注意
주장하다 (主張—) 동 主張
주저앉다 동 一屁股座到地上, 塌

주춤하다 图 踌躇, 犹豫不决
죽다 图 死
준비하다 (準備—) 图 准备
줄다 图 变少, 变小
줄이다 图 缩小
줍다 图 捡
중단하다 (中斷—) 图 中断, 中止
중상모략하다 (中傷謀略—) 图 中伤毁谤
중얼거리다 图 自言自语, 喃喃自语
중탕하다 (重湯—) 图 热一下
쥐다 图 抓
즐기다 图 享受
증언하다 (證言—) 图 打证言, 做证言
증오하다 (憎惡—) 图 憎恶
지껄이다 图 吵闹, 咀哗, 吵嚷
지나가다 图 经过, 过去, 路过
지나다 图 经过, 过去, 路过
지나오다 图 通过, 过来, 路过
지나치다 图 过分, 过度, 起过
지다 图 凋谢, 枯萎
지령하다 (指令—) 图 指令
지르다¹ 图 戴
지르다² 图 叫, 叫喊, 喊叫
지리다 图 屎或尿撒出一点儿来
지적하다 (指摘—) 图 指出
지지다 图 熬, 煎
지지하다 (支持—) 图 支持
지치다 图 ① 累了, 累 ② 精疲力尽
　③ 厌倦
지켜보다 图 注视
진동하다 (振動/震動—) 图 震动, 振动
진땀나다 图 冷汗, 出了一身汗
진보하다 (進步—) 图 进步
진술하다 (陳述—) 图 陈述
진열하다 (陳列—) 图 陈列
진행하다 (進行—) 图 进行

주춤하다 图 躊躇, 猶豫不決
죽다 图 死
준비하다 (準備—) 图 準備
줄다 图 變少, 變小
줄이다 图 縮小
줍다 图 撿
중단하다 (中斷—) 图 中斷, 中止
중상모략하다 (中傷謀略—) 图 中傷毀謗
중얼거리다 图 自言自語, 喃喃自語
중탕하다 (重湯—) 图 熱一下
쥐다 图 抓
즐기다 图 享受
증언하다 (證言—) 图 打證言, 做證言
증오하다 (憎惡—) 图 憎惡
지껄이다 图 吵鬧, 咀嘩, 吵嚷
지나가다 图 經過, 過去, 路過
지나다 图 經過, 過去, 路過
지나오다 图 通過, 過來, 路過
지나치다 图 過分, 過度, 起過
지다 图 凋謝, 枯萎
지령하다 (指令—) 图 指令
지르다¹ 图 戴
지르다² 图 叫, 叫喊, 喊叫
지리다 图 屎或尿撒出一點兒來
지적하다 (指摘—) 图 指出
지지다 图 熬, 煎
지지하다 (支持—) 图 支持
지치다 图 ① 累了, 累 ② 精疲力盡
　③ 厭倦
지켜보다 图 注視
진동하다 (振動/震動—) 图 震動, 振動
진땀나다 图 冷汗, 出了一身汗
진보하다 (進步—) 图 進步
진술하다 (陳述—) 图 陳述
진열하다 (陳列—) 图 陳列
진행하다 (進行—) 图 進行

진화하다 (進化―) 동 进化
질문하다 (質問―) 동 质问
질의하다 (質疑―) 동 质疑
질책하다 (叱責―) 동 叱责, 谴责
집다 동 夹, 钳
짓다¹ 동 作
짓다² 동 做
짓밟다 동 踩, 乱踩, 践踏
짓이기다 동 使劲儿和(面, 泥等)
징그다 동 补
짚다 동 拄
짜다 동 织
째다 동 挖, 凿
째려보다 동 斜视
쪼개다 동 ①掰开, 切开 ②劈开, 剖开
쪼다 동 凿, 挖, 刨
죄다 동 刺
찌그러지다 동 倾斜
찌다 동 蒸
찌르다 동 扎
찌푸리다 동 蹙眉
찍다 동 冲突
찡긋하다 동 皱(眼, 鼻)
찢다 동 撕
찧다 동 捣, 舂
차다¹ 동 戴
차다² 동 满
차다³ 동 踢
차단하다 (遮斷―) 동 切断
차리다 동 摆
차비하다 (差備―) 동 准备
착륙하다 (着陸―) 동 落地, 着陆
착복하다 (着服―) 동 穿
착수하다 (着手―) 동 着手
착용하다 (着用―) 동 穿, 带
찬양하다 (讚揚―) 동 赞扬

진화하다 (進化―) 동 進化
질문하다 (質問―) 동 質問
질의하다 (質疑―) 동 質疑
질책하다 (叱責―) 동 叱責, 譴責
집다 동 夾, 鉗
짓다¹ 동 作
짓다² 동 做
짓밟다 동 踩, 亂踩, 踐踏
짓이기다 동 使勁兒和(麵, 泥等)
징그다 동 補
짚다 동 拄
짜다 동 織
째다 동 挖, 鑿
째려보다 동 斜視
쪼개다 동 ①掰開, 切開 ②劈開, 剖開
쪼다 동 鑿, 挖, 刨
죄다 동 刺
찌그러지다 동 傾斜
찌다 동 蒸
찌르다 동 扎
찌푸리다 동 蹙眉
찍다 동 衝突
찡긋하다 동 皺(眼, 鼻)
찢다 동 撕
찧다 동 搗, 舂
차다¹ 동 戴
차다² 동 滿
차다³ 동 踢
차단하다 (遮斷―) 동 切斷
차리다 동 擺
차비하다 (差備―) 동 準備
착륙하다 (着陸―) 동 落地, 着陸
착복하다 (着服―) 동 穿
착수하다 (着手―) 동 着手
착용하다 (着用―) 동 穿, 帶
찬양하다 (讚揚―) 동 讚揚

참가하다 (參加—) 동 参加
참견하다 (參見—) 동 参与
창조하다 (創造—) 동 创造
찾아가다 동 找去, 去找
찾아오다 동 找来, 来找
채다 동 抢
채우다 동 充满, 填满
책망하다 (責望—) 동 指责, 谴责
처리하다 (處理—) 동 处理
청구하다 (請求—) 동 请求
청하다 (請—) 동 请
쳐부수다 동 摧毁, 打碎, 打垮, 打败, 击溃
추궁하다 (追窮—) 동 追究
촐랑거리다 동 轻浮, 轻率
추다 동 挑选, 跳 (舞)
추락하다 (墜落—) 동 坠落
추진하다 (推進—) 동 促进
축소하다 (縮小—) 동 缩小
축하하다 (祝賀—) 동 祝贺
출발하다 (出發—) 동 出发
출석하다 (出席—) 동 出席
출세하다 (出世—) 동 出息, 飞黄腾达
출입하다 (出入—) 동 ① 出入 ② 外出, 出去
출항하다 (出港—) 동 出港, 离港
출현하다 (出現—) 동 出现
충고하다 (忠告—) 동 忠告
충돌하다 (衝突—) 동 打
취급하다 (取扱—) 동 ① 处理, 办理 ② 对待
취재하다 (取材—) 동 取材, 采访
측량하다 (測量—) 동 测量
측정하다 (測定—) 동 ① 测定 ② 推测
치다 동 打
치르다 동 付

참가하다 (參加—) 동 參加
참견하다 (參見—) 동 參與
창조하다 (創造—) 동 創造
찾아가다 동 找去, 去找
찾아오다 동 找來, 來找
채다 동 搶
채우다 동 充滿, 填滿
책망하다 (責望—) 동 指責, 譴責
처리하다 (處理—) 동 處理
청구하다 (請求—) 동 請求
청하다 (請—) 동 請
쳐부수다 동 摧毀, 打碎, 打垮, 打敗, 擊潰
추궁하다 (追窮—) 동 追究
촐랑거리다 동 輕浮, 輕率
추다 동 挑選, 跳 (舞)
추락하다 (墜落—) 동 墜落
추진하다 (推進—) 동 促進
축소하다 (縮小—) 동 縮小
축하하다 (祝賀—) 동 祝賀
출발하다 (出發—) 동 出發
출석하다 (出席—) 동 出席
출세하다 (出世—) 동 出息, 飛黃騰達
출입하다 (出入—) 동 ① 出入 ② 外出, 出去
출항하다 (出港—) 동 出港, 離港
출현하다 (出現—) 동 出現
충고하다 (忠告—) 동 忠告
충돌하다 (衝突—) 동 打
취급하다 (取扱—) 동 ① 處理, 辦理 ② 對待
취재하다 (取材—) 동 取材, 采訪
측량하다 (測量—) 동 測量
측정하다 (測定—) 동 ① 測定 ② 推測
치다 동 打
치르다 동 付

치우다 동 搬, 移
치하하다 (致賀—) 동 ① 祝贺 ② 称赞
침몰하다 (沈沒—) 동 沉没
칭송하다 (稱頌—) 동 称颂, 赞颂
칭찬하다 (稱讚—) 동 称赞, 赞美
칼질하다 동 切
칼집내다 동 改刀
캐내다 동 开采, 采, 挖, 掘
캐다 동 挖
캐묻다 동 盘问, 寻根, 刨根问底儿
켜다¹ 동 开(灯), 打(灯)
켜다² 동 锯, 拉
킁킁거리다 동 吭吭
타다¹ 동 锯
타다² 동 晒黑
타다³ 동 乘, 坐, 骑
타이르다 동 谆谆告诫
탄원하다 (歎願—) 동 请求, 志愿
탈출하다 (脫出—) 동 脱离
탈환하다 (奪還—) 동 夺回
탐구하다 (探究—) 동 探索, 探求
탐사하다 (探查—) 동 勘探
탐색하다 (探索—) 동 探索
탑승하다 (搭乘—) 동 搭乘, 乘
탓하다 동 满怨
터뜨리다 동 打破
터지다 동 ① 破 ② 裂 ③ 爆炸
털다¹ 동 打, 脱
털다² 동 掸
토론하다 (討論—) 동 讨论
토막내다 동 切
토의하다 (討議—) 동 讨论
토하다 동 吐, 呕吐
통고하다 (通告—) 동 通告
통과하다 (通過—) 동 通过
통보하다 (通報—) 동 通报

치우다 동 搬, 移
치하하다 (致賀—) 동 ① 祝賀 ② 稱讚
침몰하다 (沈沒—) 동 沉沒
칭송하다 (稱頌—) 동 稱頌, 讚頌
칭찬하다 (稱讚—) 동 稱讚, 讚美
칼질하다 동 切
칼집내다 동 改刀
캐내다 동 開採, 採, 挖, 掘
캐다 동 挖
캐묻다 동 盤問, 尋根, 刨根問底兒
켜다¹ 동 開(灯), 打(灯)
켜다² 동 鋸, 拉
킁킁거리다 동 吭吭
타다¹ 동 鋸
타다² 동 曬黑
타다³ 동 乘, 坐, 騎
타이르다 동 諄諄告誡
탄원하다 (歎願—) 동 請求, 志願
탈출하다 (脫出—) 동 脫離
탈환하다 (奪還—) 동 奪回
탐구하다 (探究—) 동 探索, 探求
탐사하다 (探查—) 동 勘探
탐색하다 (探索—) 동 探索
탑승하다 (搭乘—) 동 搭乘, 乘
탓하다 동 滿怨
터뜨리다 동 打破
터지다 동 ① 破 ② 裂 ③ 爆炸
털다¹ 동 打, 脱
털다² 동 撣
토론하다 (討論—) 동 討論
토막내다 동 切
토의하다 (討議—) 동 討論
토하다 동 吐, 嘔吐
통고하다 (通告—) 동 通告
통과하다 (通過—) 동 通過
통보하다 (通報—) 동 通報

통솔하다 (統率—) 동 统率
통지하다 (通知—) 동 通知
통찰하다 (洞察—) 동 洞察
통합하다 (統合—) 동 合并
퇴장하다 (退場—) 동 退场
퇴짜놓다 동 退回
투덜대다 동 嘟囔, 嘀咕
튀기다¹ 동 弹, 拍
튀기다² 동 炸
튕기다 동 弹, 拔
트다 동 发(芽), 萌(芽)
파괴하다 (破壞—) 동 破坏
파다 동 挖
파멸하다 (破滅—) 동 破灭
파산하다 (破産—) 동 破产
파손하다 (破損—) 동 破损
파열하다 (破裂—) 동 破裂
판단하다 (判斷—) 동 判断
팔다 동 卖
패다¹ 동 发(芽), 萌(芽)
패다² 동 打, 揍
팽개치다 동 扔, 甩
퍼지다 동 传开
펴다 동 打开, 翻开, 铺开
퍼붓다 동 盆倒, 倾盆
폐쇄하다 (閉鎖—) 동 封锁
포개다 동 垒, 堆
포고하다 (布告—) 동 布告
폭로하다 (暴露—) 동 暴露
폭발하다 (爆發—) 동 爆发
폭파하다 (爆破—) 동 爆炸
표명하다 (表明—) 동 表明
푸다 동 舀, 盛
풀다¹ 동 解, 解开
풀다² 동 擤
품다 동 怀, 抱

통솔하다 (統率—) 동 統率
통지하다 (通知—) 동 通知
통찰하다 (洞察—) 동 洞察
통합하다 (統合—) 동 合并
퇴장하다 (退場—) 동 退場
퇴짜놓다 동 退回
투덜대다 동 嘟囔, 嘀咕
튀기다¹ 동 彈, 拍
튀기다² 동 炸
튕기다 동 彈, 拔
트다 동 發(芽), 萌(芽)
파괴하다 (破壞—) 동 破壞
파다 동 挖
파멸하다 (破滅—) 동 破滅
파산하다 (破産—) 동 破産
파손하다 (破損—) 동 破損
파열하다 (破裂—) 동 破裂
판단하다 (判斷—) 동 判斷
팔다 동 賣
패다¹ 동 發(芽), 萌(芽)
패다² 동 打, 揍
팽개치다 동 扔, 甩
퍼지다 동 傳開
펴다 동 打開, 翻開, 鋪開
퍼붓다 동 盆倒, 傾盆
폐쇄하다 (閉鎖—) 동 封鎖
포개다 동 壘, 堆
포고하다 (布告—) 동 布告
폭로하다 (暴露—) 동 暴露
폭발하다 (爆發—) 동 爆發
폭파하다 (爆破—) 동 爆炸
표명하다 (表明—) 동 表明
푸다 동 舀, 盛
풀다¹ 동 解, 解開
풀다² 동 擤
품다 동 懷, 抱

피다 동 ① 开(花) ② 长(癣) ③ 发(霉)
피하다 (避—) 동 避, 避开, 闪开, 避免, 躲避
핀잔주다 동 讥讽, 嘲笑
필기하다 (筆記—) 동 记笔记, 记录
핑계대다 동 找借口
하강하다 (下降—) 동 降落
하다 동 作, 做
하락하다 (下落—) 동 下跌, 下落
하품하다 동 呵欠
한눈팔다 동 东张西望
할퀴다 동 抓破
핥다 동 甜
합병하다 (合倂—) 동 合幷
합성하다 (合成—) 동 合成
합의하다 (協議—) 동 协商
합치다 (合—) 동 合
합하다 (合—) 동 合
항변하다 (抗辯—) 동 抗议
항의하다 (抗議—) 동 抗议
항해하다 (航海—) 동 航海
해동하다 (解凍—) 동 化, 解冻
해명하다 (解明—) 동 解释
해설하다 (解說—) 동 解说
해치다 동 害
행진하다 (行進—) 동 行进
허가하다 (許可—) 동 许可
허덕이다 동 气喘吁吁, 挣扎, 挣揣, 扎挣
허둥대다 동 慌张, 慌忙
허락하다 (許諾—) 동 允许
허물다 동 推倒, 拆
허용하다 (許容—) 동 允许
허우적대다 동 挣扎, 挣揣, 扎挣
헐다 동 (伤口)烂
헐뜯다 동 中伤, 诽谤

피다 동 ① 開(花) ② 長(癬) ③ 發(霉)
피하다 (避—) 동 避, 避開, 閃開, 避免, 躲避
핀잔주다 동 譏諷, 嘲笑
필기하다 (筆記—) 동 記筆記, 記錄
핑계대다 동 找借口
하강하다 (下降—) 동 降落
하다 동 作, 做
하락하다 (下落—) 동 下跌, 下落
하품하다 동 呵欠
한눈팔다 동 東張西望
할퀴다 동 抓破
핥다 동 甜
합병하다 (合倂—) 동 合幷
합성하다 (合成—) 동 合成
합의하다 (協議—) 동 協商
합치다 (合—) 동 合
합하다 (合—) 동 合
항변하다 (抗辯—) 동 抗議
항의하다 (抗議—) 동 抗議
항해하다 (航海—) 동 航海
해동하다 (解凍—) 동 化, 解凍
해명하다 (解明—) 동 解釋
해설하다 (解說—) 동 解說
해치다 동 害
행진하다 (行進—) 동 行進
허가하다 (許可—) 동 許可
허덕이다 동 氣喘吁吁, 挣扎, 挣揣, 扎挣
허둥대다 동 慌張, 慌忙
허락하다 (許諾—) 동 允許
허물다 동 推倒, 拆
허용하다 (許容—) 동 允許
허우적대다 동 挣扎, 挣揣, 扎挣
헐다 동 (傷口)爛
헐뜯다 동 中傷, 誹謗

휘다 동 弯曲
헤아리다 동 数
헹구다 동 涮
협박하다 (脅迫—) 동 恐吓, 胁迫
협상하다 (協商—) 동 协商
협심하다 (協心—) 동 同心协力
협의하다 (協議—) 동 协议
호다 동 绷
호소하다 (呼訴—) 동 呼吁
호언장담하다 (豪言壯談—) 동 豪言壮语
호출하다 (呼出—) 동 传呼, 打传呼
호통치다 동 大声斥责, 呵斥
혼합하다 (混合—) 동 混合
홀짝거리다 동 一小口一小口地喝
화나다 (火—) 동 火, 生气
화내다 (火—) 동 发火
확언하다 (確言—) 동 肯定的讲, 肯定的说
확장하다 (擴張—) 동 扩张
환담하다 (歡談—) 동 畅谈
환송하다 (歡送—) 동 欢送
환영하다 (歡迎—) 동 欢迎
환호하다 (歡呼—) 동 欢呼
활동하다 (活動—) 동 活动
활용하다 (活用—) 동 使用
회답하다 (回答—) 동 回答
회전하다 (回轉—) 동 回转, 旋转, 周转
후비다 동 掏, 挖, 抠
후진하다 (后進—) 동 后退
후퇴하다 (后退—) 동 后退
후회하다 (后悔—) 동 后悔
훈계하다 (訓戒—) 동 训诫
훑다 동 脱, 捋
훑어보다 동 打量
훔치다 동 偷
휘감다 동 缠, 缠绕

휘다 동 彎曲
헤아리다 동 數
헹구다 동 涮
협박하다 (脅迫—) 동 恐嚇, 脇迫
협상하다 (協商—) 동 協商
협심하다 (協心—) 동 同心協力
협의하다 (協議—) 동 協議
호다 동 繃
호소하다 (呼訴—) 동 呼吁
호언장담하다 (豪言壯談—) 동 豪言壯語
호출하다 (呼出—) 동 傳呼, 打傳呼
호통치다 동 大聲斥責, 呵斥
혼합하다 (混合—) 동 混合
홀짝거리다 동 一小口一小口地喝
화나다 (火—) 동 火, 生氣
화내다 (火—) 동 發火
확언하다 (確言—) 동 肯定的講, 肯定的說
확장하다 (擴張—) 동 擴張
환담하다 (歡談—) 동 暢談
환송하다 (歡送—) 동 歡送
환영하다 (歡迎—) 동 歡迎
환호하다 (歡呼—) 동 歡呼
활동하다 (活動—) 동 活動
활용하다 (活用—) 동 使用
회답하다 (回答—) 동 回答
회전하다 (回轉—) 동 回轉, 旋轉, 周轉
후비다 동 掏, 挖, 摳
후진하다 (後進—) 동 後退
후퇴하다 (後退—) 동 後退
후회하다 (後悔—) 동 後悔
훈계하다 (訓戒—) 동 訓誡
훑다 동 脫, 捋
훑어보다 동 打量
훔치다 동 偷
휘감다 동 纏, 纏繞

휘날리다 동 飘扬, 飘舞, 扬起
휘다 동 弯曲
휘어잡다 동 掌握, 管住, 握住
흉내내다 동 仿效, 模仿, 学
흐느끼다 동 抽泣, 呜咽
흔들다¹ 동 ① 摇动, 摆动 ② 震动
　③ 振动
흔들다² 동 晃
흘기다 동 瞟, 斜视
흘리다 동 滚, 滴, 撒, 流
흩다 동 撒, 撒布
흩어지다 동 散, 分散, 散开, 离散
힘쓰다 동 用力, 努力

휘날리다 동 飄揚, 飄舞, 揚起
휘다 동 彎曲
휘어잡다 동 掌握, 管住, 握住
흉내내다 동 仿效, 模仿, 學
흐느끼다 동 抽泣, 嗚咽
흔들다¹ 동 ① 搖動, 擺動 ② 震動
　③ 振動
흔들다² 동 晃
흘기다 동 瞟, 斜視
흘리다 동 滾, 滴, 撒, 流
흩다 동 撒, 撒布
흩어지다 동 散, 分散, 散開, 離散
힘쓰다 동 用力, 努力

부록: 기능어

이 사전에서는 한국어 어휘를 마흔 세 가지 의미범주로 분류하여 의미정보를 제공하였다. 그러나 한국어 특질에 따라서, 앞에 실은 어휘와 의미정보만으로 언어생활을 하기는 어렵다. 따라서 <부록>에서는 한국어 언어생활에 필요한 다음 네 가지 범주에 속하는 기능어에 대한 어휘정보를 좀더 명시적으로 보여주고자 한다.

▶ 지시어
한국어 사용자가 사람·사물·장소 등을 가리키거나 꾸미기 위하여 쓰는 기능어와 기능어처럼 쓰는 단어

▶ 접속어
한국어 사용자가 단어와 단어, 문장과 문장, 또는 대화와 대화 등을 이어주거나 나열하기 위하여 쓰는 기능어

▶ 조사
한국어 사용자가 문장이나 대화 속에서 함께 결합한 단어의 기능을 표시해 주거나, 의미를 첨가하기 위하여 쓰는 기능어

▶ 어미
한국어 사용자가 문장이나 대화를 이어주거나 나열하기 위하여 또는 문장이나 대화를 맺기 위하여 쓰는 기능어

▶ 지시어

지시어	의 미	쓰 임
걔	'그 아이, 그 애'의 줄임말, 주로 말을 할 때 쓰임, 말하는 사람이 듣는 사람 가까이 있는 사람을 가리키거나, 말하는 사람과 듣는 사람이 서로 알고 있거나, 대화 속에 이미 나온 사람을 가리키는 3인칭 대명사, 대상이 말하는 사람보다 어리거나 같은 또래일 경우에 쓰임	◦ 영수야, 걔 좀 만나러 가자. ◦ 어제 순이를 봤는데, 걔 멋있어졌더라.
거기	말하는 사람이 듣는 사람이 있는 장소를 가리키거나, 대화 속에 이미 나온 멀리 떨어진 장소를 가리키는 대명사	◦ 너 거기서 무얼 하고 있니? ◦ 거기 도착하면 바로 연락해.
그	말하는 사람이 듣는 사람 쪽에 가까이 있는 사람·사물을 가리키거나, 말하는 사람과 듣는 사람이 서로 알고 있거나 담화 속에 나온 사람·사물을 가리키는 관형사	◦ 그 꽃 참 예쁘구나. ◦ 그 노인 오늘도 운동하러 나오셨어.
	말하는 사람과 듣는 사람이 서로 알고 있거나 대화 속에 이미 나온 사람 (특히 남자)·사물을 가리키는 3인칭 대명사	◦ 그는 미소를 지으며 달려왔다. ◦ 그보다 좋은 일이 어디 있겠어요?
그거	'그것'의 줄임말, 주로 말을 할 때 쓰임	◦ 그거 무슨 책이니? ◦ 그거라면 나한테 맡겨.
그것	말하는 사람이 듣는 사람 가까이 있는 사물을 가리키거나, 말하는 사람과 듣는 사람이 서로 알고 있거나, 대화 속에 이미 나온 사물·일·내용을 가리키는 대명사	◦ 그것은 영국으로 수출할 컴퓨터라고 하였다. ◦ 그것이 바로 우리의 행복이 아닐까요?
그곳	말하는 사람이 듣는 사람이 있는 장소를 가리키거나, 대화에 이미 나온 멀리 떨어진 장소를 가리키는 대명사	◦ 그곳 날씨는 요즘 어떠니? ◦ 우리 내일 그곳에 가서 사진 좀 찍고 오자.
그네들	말하는 사람과 듣는 사람이 서로 알고 있거나 대화 속에 이미 나온 여러 사람을 가리키는 3인칭 대명사, 주로 글에서 쓰임	◦ 그네들의 애국심은 대단하였다. ◦ 그네들은 막 떠나려던 참이었다.

그녀	말하는 사람과 듣는 사람이 서로 알고 있거나 대화 속에 이미 나온 여자를 가리키는 3인칭 대명사, 주로 글에서 쓰임	◦ 그녀의 지극한 효성에 어머니 병환이 나으셨다. ◦ 그녀의 하루는 늘 차 한잔으로 시작된다.
그놈	'그 남자'를 낮추는 말, 말하는 사람과 듣는 사람이 서로 알고 있거나 대화 속에 이미 나온 남자를 낮추어 가리키는 3인칭 대명사	◦ 그놈은 늘 지각이야. ◦ 다시 가서 그놈을 잡아 와라.
그대	말하는 사람이 듣는 사람을 다정하게 높여 가리키는 2인칭 대명사, 주로 시나 편지에서 사랑하는 사이에 쓰임	◦ 외딴 곳에서 우는 그대는 누구인고. ◦ 그대를 언제 만날 수 있을까요?
그대들	말하는 사람이 듣는 사람 여럿을 다정하게 높여 가리키는 2인칭 대명사, 주로 글에서 쓰임	◦ 젊은이여, 그대들의 꿈을 이루라. ◦ 그대들은 이 땅의 소중한 청년들이다.
그들	'그 사람들'의 뜻으로, 주로 글에서 쓰임, 말하는 사람과 듣는 사람이 서로 알고 있거나 대화 속에 이미 나온 여러 사람을 가리키는 3인칭 대명사	◦ 농부는 고개를 돌려 그들을 바라보고 있었다. ◦ 그들이 바로 우리의 조상이다.
그러한	'그와 같은 (앞에서 얘기한 것과 같은)'의 뜻을 가지는 관형어, 주로 글에서 쓰임	◦ 이 일의 모든 책임은 나에게 있다. 우리는 그러한 자세로 이 일에 임해야 한다. ◦ 그러한 지적만 일삼고 있을 때가 아니다.
그런	'그러한'의 줄임말, '그와 같은'의 뜻을 가지는 관형어	◦ 아니요, 그런 뜻으로 말한 건 아니었어요. ◦ 그런 사람을 누가 좋아하겠어?
그렇게	'그러하게'의 줄임말, '그와 같게 (앞에서 얘기한 것과 같게)' 또는 '말하는 사람과 듣는 사람이 알고 있는 내용과 같게'의 뜻을 가지는 부사	◦ 그렇게 말씀하시니 저도 죄송하네요. ◦ 그렇게 좋은 일을 왜 아직 몰랐을까?
그리	'그 곳으로' 또는 '그쪽으로'의 뜻을 가지는 명사 또는 부사	◦ 내가 이따가 그리로 갈까? ◦ 길이 안 좋으니 그리 가지 말아요.
그분	말하는 사람과 듣는 사람이 서로 알고 있거나 대화 속에 이미 나온 사람을 높여서 가리키는 3인칭 대명사	◦ 그분은 저희 할머니이십니다. ◦ 그분은 훌륭한 예술가였어.

그애	'그 아이'의 줄임말, 말하는 사람이 듣는 사람 가까이 있는 아이를 가리키거나, 말하는 사람과 듣는 사람이 서로 알고 있거나, 대화 속에 이미 나온 사람을 가리키는 3인칭 대명사, 대상이 말하는 사람보다 어리거나 같은 또래일 때 쓰임	∘ 그애 좀 잘 보살펴 줘라. ∘ 그애는 정말 좋은 친구였다.
그이	'그 사람'의 뜻, 성인 여자가 남편을 가리키는 3인칭 대명사, 또는 어른이 자기 또래나 자기보다 나이가 적은 성인을 가리키는 말로, 말하는 사람과 듣는 사람이 서로 알고 있거나 대화 속에 이미 나온 사람을 가리키는 3인칭 대명사	∘ 우리 그이가 요즘 부쩍 피곤해 하네. ∘ 홍선생하고 같이 일했는데, 그이 보기보다 괜찮은 사람이던데.
그자 (-者)	'그 사람'을 낮추는 말, 곧 말하는 사람이 자기 또래나 자기보다 나이가 적은 성인을 낮추어 가리키는 말, 말하는 사람과 듣는 사람이 알고 있거나 대화 속에 이미 나온 사람을 가리키는 3인칭 대명사	∘ 그런 일을 벌일 사람은 그자밖에 없어. ∘ 그자 생각에는 그렇게 하면 일이 다 해결될 줄 알았겠지만 천만의 말씀.
나	말하는 사람이 자기 자신을 가리키는 1인칭 대명사, 듣는 사람이 같은 또래이거나 어린 경우에 쓰임	∘ 나도 너와 친해지고 싶어. ∘ 나의 발걸음은 한결 가벼웠다.
남	'다른 사람'을 가리키는 명사	∘ 남보다 부지런해야 잘 살 수 있다. ∘ 남을 배려하는 마음을 갖자.
너	말하는 사람이 듣는 사람을 가리키는 2인칭 대명사, 듣는 사람이 같은 또래이거나 어린 경우에 쓰임	∘ 너를 만나서 기쁘다. ∘ 너도 잘 할 수 있다.
너희	말하는 사람이 듣는 사람 여럿 (둘 이상)을 가리키는 2인칭 대명사, 듣는 사람이 어리거나 모두 같은 또래일 때 쓰임	∘ 너희도 우리와 함께 갈거니? ∘ 너희는 늘 함께 다니는구나.
누구	말하는 사람이 어떤 사람인지 모르는 사람을 가리켜 묻거나, 가리키는 사람을 정하지 않고 가리키는 대명사	∘ 죄송하지만 전화 거신 분은 누구십니까? ∘ 누구라도 가끔씩은 훌쩍 여행을 떠나고 싶을 때가 있을 것이다.

당신	'너'의 높임말, 부부 사이에서 서로를 가리키거나, 어른 사이에서 상대방을 가리키는 2인칭 대명사	◦ 여보, 당신이 사 준 책 재미있게 읽었어요. ◦ 박선생, 당신 언제 차 바꿨어?
	'자기'의 높임말, '가리키는 사람 바로 그 자신'이라는 뜻을 가지는 재귀대명사	◦ 어머니 당신은 늘 자식 걱정으로 평생을 사셨다. ◦ 그분은 당신을 언제라도 조국에 바치겠노라 다짐하셨다.
당신들	어른들 사이에서 두 사람 이상의 상대방을 가리키는 2인칭 대명사	◦ 당신들 오늘 내 덕에 잘 논 줄 알아. ◦ 당신들이 그 모양으로 처신하니 무슨 일이 되겠어?
댁 (宅)	말하는 사람이 듣는 사람을 높여 가리키는 말, 상대가 격식을 차려야 할 경우에 주로 쓰임	◦ 댁의 따님은 여전히 잘하지요? ◦ 댁이 누구시더라?
몇	얼마인지 모르는 수를 나타내는 수사 또는 관형사	◦ 이 수를 합하면 모두 몇이지? ◦ 떡을 몇 개 먹었는지 모르겠네.
무슨	말하는 사람이 사물의 내용이나 속성이 어떤 것인지 묻거나, 정확하게 모르는 대상을 가리키는 관형사	◦ 이 냄새가 무슨 냄새니? ◦ 무슨 음악인지는 몰라도 참 좋군요.
무엇	말하는 사람이 어떤 것인지 모르는 대상을 묻거나, 대상을 어느 하나로 정하지 않고 가리키는 대명사	◦ 이 문제 답은 무엇이니? ◦ 할 일이 하도 많아서 무엇을 먼저 해야 할지 모르겠네.
뭐	'무엇'의 줄임말로 주로 말을 할 때 쓰임, 말하는 사람이 어떤 것인지 모르는 대상을 묻거나, 대상을 정하지 않고 가리키는 대명사	◦ 이게 뭐니? ◦ 뭐라도 좋으니 빨리 가져오기나 해.
본인 (本人)	말하는 사람이 자기 자신을 가리키거나 '그 사람 자신'을 가리킬 때 쓰는 명사	◦ 오늘 본인은 여러분 앞에서 다음과 같은 약속을 드리고자 합니다. ◦ 잘못이 있다면 본인이 책임져야지.
스스로	'제 자신이, 제 힘으로'의 뜻으로 쓰이는 부사, 또는 '자기 자신'의 뜻으로 쓰이는 명사	◦ 스스로 알아서 할 일을 하니 참 기특하다. ◦ 살아가며 스스로를 돌아보는 시간도 가져야지.

아무	말하는 사람이 여러 사람 중에서 어느 한 사람을 정하지 않고 가리키는 대명사	◦거기 <u>아무</u>도 없어요? ◦<u>아무</u>도 찾지 않는 깊은 산 속.
아무	말하는 사람이 여러 대상 가운데 어느 하나를 확실하게 정하지 않고 가리키는 관형사	◦<u>아무</u> 곳에서나 잠을 자면 어떡하니? ◦<u>아무</u> 대책도 세우지 못했다.
애	'이 아이, 이 애'의 줄임말로 주로 말을 할 때 쓰임, 말하는 사람이 가까이에 있는 사람을 가리키거나 부르는 3인칭 대명사, 대상이 말하는 사람보다 어리거나 같은 또래일 때 쓰임	◦<u>애</u>가 내 딸아이요. ◦<u>애</u>, 너 정말 오랜만이다.
어느	말하는 사람이 여러 대상 가운데 하나를 확실하게 정하지 않은 채 묻거나 가리키는 관형사	◦<u>어느</u> 책이 더 좋을까? ◦다음 학회가 <u>어느</u> 나라에서 개최되는지 모르겠어요.
어디	말하는 사람이 모르는 장소를 묻거나 장소를 확실하게 정하지 않고 가리키는 대명사	◦할머니, <u>어디</u> 가세요? ◦<u>어디</u>선가 찬바람이 불어왔다.
어떤	말하는 사람이 여러 속성이나 성질 중에서 선택할 내용을 묻거나, 정해지지 않은 내용을 가리키는 관형사	◦그 친구는 <u>어떤</u> 사람인가? ◦<u>어떤</u> 이야기든 좋습니다.
어떻게	말하는 사람이 일을 하는 방법이나 방향을 물을 때 쓰는 부사	◦<u>어떻게</u> 그 집을 찾아가지? ◦우리 사회는 <u>어떻게</u> 될까요?
어르신	말하는 사람이 다른 사람의 아버지 또는 나이가 많은 성인 남자를 높여 가리키거나, 예의를 갖추어 어른을 부를 때 쓰는 명사	◦<u>어르신</u>께서는 안녕하신가? ◦<u>어르신</u>, 그럼 이만 가보겠습니다.
어르신네	'어르신'을 좀더 간접적으로 표현하면서 높여 부르는 명사	◦<u>어르신네</u>께서는 안에 계십니까? ◦<u>어르신네</u>, 요즘 건강은 어떠십니까?
언제	'어느 때'의 뜻으로 쓰임, 말하는 사람이 어떤 일의 때를 묻거나 때를 확실하게 정하지 않고 가리키는 부사 또는 대명사	◦너희들 <u>언제</u> 만나기로 했니? ◦우리 <u>언제</u> 영화 보러 가자. ◦우리나라의 민화가 <u>언제</u>부터 생겼는지 정확히 알 수 없다.
얼마	정하지 않았거나 모르는 수량·분량·정도 등을 가리키는 명사	◦이거 <u>얼마</u>예요? ◦우리는 한글에 대해 과연 <u>얼마</u>나 알고 있는가?

여기	말하는 사람이 자기가 있는 장소나 가까운 장소를 가리키는 대명사	○ 나는 그냥 <u>여기</u> 있을게요. ○ <u>여기</u>는 지금 비가 와요.
왜	'무슨 까닭으로'의 뜻, 어떤 행동이나 상태의 이유나 원인을 묻는 데 쓰이는 부사	○ 할머니는 <u>왜</u> 웃고 계실까? ○ <u>왜</u> 벌써 가니?
우리	말하는 사람이 주변 사람을 포함하여 자기를 가리키는 1인칭 대명사, 듣는 사람이 같은 또래나 손아랫사람인 경우에 쓰임	○ <u>우리</u> 내일 뭐 할 건지 의논하자. ○ 그러면 <u>우리</u>는 어떤 일을 맡을까?
이	말하는 사람이 자기 쪽에 가까운 사람·사물·장소 등을 가리키거나 자기가 알고 있는 일·내용 등을 가리키는 관형사	○ <u>이</u> 과자 정말 맛있다. ○ <u>이</u> 계획대로라면 지금쯤 일이 끝나 있어야 하는 거지.
	말하는 사람이 바로 앞에서 말한 일·내용 등을 가리키는 대명사	○ 그림을 <u>이</u>처럼 잘 그린 사람은 없었다. ○ 어제 거리에서 행사가 있었는데 <u>이</u>를 본 아이들은 모두 즐거워했다.
이거	'이것'의 줄임말로 주로 말을 할 때 쓰임	○ <u>이거</u> 누구 사진이니? ○ <u>이거</u> 사야지.
이것	말하는 사람이 가까운 곳에 있는 사물을 가리키거나, 자기가 알고 있는 일이나 내용 등을 가리키는 대명사	○ 아버지, <u>이것</u> 좀 잡숴 보세요. ○ 자녀와 늘 친하게 지내는 일, <u>이것</u>은 현대 가정교육에서 정말 중요한 일이다.
이곳	말하는 사람이 자기가 있는 장소를 가리키는 대명사	○ <u>이곳</u>에 오는 사람들은 꼭 여기를 들리지요. ○ <u>이곳</u> 날씨는 참 맑다.
이놈	'이 남자'를 낮추는 말, 말하는 사람이 자기와 가까이에 있는 남자를 낮추어 가리키는 3인칭 대명사	○ <u>이놈</u>을 어떻게 혼내줘야 되나? ○ <u>이놈</u> 저놈 하지 마세요.
이들	'이 사람들'의 뜻으로, 주로 글에서 쓰임, 말하는 사람이 바로 앞에서 말한 여러 사람을 가리키는 3인칭 대명사	○ 열심히 공부하는 학생들, <u>이들</u>은 나라의 미래이자 희망이다. ○ 누가 <u>이들</u>에게 돌을 던지랴.
이러한	'이와 같은' 또는 '바로 앞에 얘기한 것과 같은'의 뜻을 가지는 관형어	○ <u>이러한</u> 생각은 하지 말자. ○ 김수장의 사설시조에서 발견되는 <u>이러한</u> 세 가지 유형은 이미 널리 알려져 있다.

이런	'이러한'의 줄임말, '이와 같은'의 뜻을 가지는 관형어	◦ 둥글고 하얀 얼굴, 커다란 눈, 누가 이런 사람 못 보셨나요? ◦ 이런 일은 미리 의논하고 해야지.
이렇게	'이와 같게 (바로 앞에서 얘기한 것과 같게 또는 바로 다음에 얘기할 것과 같게 또는 지금의 상태와 같게)'의 뜻으로 쓰이는 부사어	◦ 이렇게 예쁜 가방을 어디서 샀니? ◦ 이렇게 해 보고 안 되면 다른 방법을 생각해 보자.
이리	'이곳으로' 또는 '이쪽으로'의 뜻으로 쓰이는 명사 또는 부사	◦ 이리로 곧장 가면 큰 길이 나올 거야. ◦ 이리 오시오.
이분	말하는 사람이 가까이에 있는 사람을 높여서 가리키는 3인칭 대명사	◦ 이분은 정말 훌륭한 시민이오. ◦ 이분이 제 선생님이십니다.
이이	'이 사람'의 뜻, 어른이 자기 또래나 자기보다 나이가 적은 성인을 가리키는 말로, 말하는 사람 가까이에 있는 사람을 가리키는 3인칭 대명사	◦ 이이가 왜 이러시나. ◦ 그 일이라면 이이가 전문이야.
이자 (—者)	'이 사람'을 낮추는 말, 말하는 사람이 자기 또래나 자기보다 나이가 적은 성인을 낮추어 가리키는 말로, 말하는 사람 가까이에 있는 사람을 가리키는 3인칭 대명사	◦ 이자는 사람도 아니구먼. ◦ 이자가 사람을 쳐?
임자	나이든 부부 사이에서 또는 절친한 어른들 사이에서 상대방을 가리키거나 부를 때 쓰이는 2인칭 대명사	◦ 임자도 이젠 많이 늙었구려. ◦ 임자, 내 다녀오리다.
자기 (自己)	'지시하는 사람 바로 그 자신'이란 뜻으로 쓰이는 재귀대명사	◦ 민수는 자기만 아는 얘야. ◦ 영이는 왜 그렇게 자기 동생을 미워하니?
자기자신 (自己自身)	'다른 사람이 아닌 바로 그 자신'의 뜻을 가지는 명사	◦ 사람은 자기자신의 허물을 잘 못 본다.
자네	어른이 자기 또래나 손아랫사람을 가리키는 2인칭 대명사	◦ 자네가 그 일 좀 해 주게. ◦ 자네도 많이 변했네.
자신 (自身)	'다른 사람이 아닌 그 사람'이라는 뜻을 가지는 명사	◦ 너 자신을 알라. ◦ 훈이는 자신이 가장 잘났다고 생각한다.

자체 (自體)	'스스로의 힘으로' 또는 '지시되는 대상 바로 그것'이라는 뜻으로 쓰이는 명사	○ 그 회사는 비디오를 자체 개발하였다. ○ 그것 자체가 하나의 훌륭한 대중문화이다.
쟤	'저 아이, 저 애'의 줄임말로 주로 말을 할 때 쓰임, 말하는 사람이 떨어진 거리에 있는 사람을 가리킬 때 쓰이는 3인칭 대명사, 대상이 말하는 사람보다 어리거나 같은 또래일 때 쓰임	○ 얘, 쟤 좀 봐. 참 예쁘게 생겼지? ○ 우리 쟤한테 물어 보자.
저	말하는 사람과 듣는 사람 모두에게 보이거나 들리지만 멀리 있는 사람·사물·장소·추상적인 대상을 가리키는 관형사	○ 저 사람 어디 아픈가 봐. ○ 저 꽃 참 예쁘지? ○ 저 소리가 안 들려요? ○ 저 쪽에 앉아 계셔요.
	말하는 사람이 자기를 겸손하게 낮추어 가리키는 1인칭 대명사	○ 안녕하세요? 저는 새로 들어온 김혁입니다. ○ 그럼 저는 이만 나가 보겠습니다.
저거	'저것'의 줄임말로 주로 말을 할 때 쓰임, 말하는 사람과 듣는 사람이 함께 볼 수 있는 멀리 있는 사물을 가리키는 대명사	○ 저거 좀 깨끗이 치워라. ○ 저거 한 번 먹어볼까?
저것	말하는 사람과 듣는 사람이 함께 볼 수 있는 멀리 있는 사물을 가리키는 대명사	○ 일어나서 저것 좀 보렴. ○ 저것은 연기가 아니고 수증기란다.
저곳	말하는 사람과 듣는 사람이 함께 볼 수 있는 장소를 가리키는 대명사	○ 저곳에는 누가 사나요? ○ 어디 가지 말고 저곳 그늘에서 기다려라.
저기	말하는 사람과 듣는 사람이 함께 볼 수 있는 멀리 있는 장소를 가리키는 대명사	○ 저기 화장실이 있네. ○ 저기 서 있는 사람이 누구니?
저놈	'저 남자'를 낮추는 말, 말하는 사람과 듣는 사람이 함께 볼 수 있는 멀리 있는 남자를 낮추어 가리키는 3인칭 대명사	○ 저놈 잡아라. ○ 저놈 아주 싱거운 놈이야.
저런	'저것과 같은'의 뜻으로 쓰이는 관형어	○ 저런 모양은 처음 봤다. ○ 뭐 저런 사람이 다 있니?

저렇게	'저것과 같게' 또는 '저것과 같은 방법으로'의 뜻으로 쓰이는 부사	◦ 저렇게 즐거울 수가 있을까? ◦ 쟤는 운전을 왜 저렇게 하니?
저리	'저곳으로' 또는 '저쪽으로'의 뜻으로 쓰이는 명사 또는 부사	◦ 저리로 가서 앉아 주세요. ◦ 이리 저리 다녀 봐도 집이 제일 좋다.
저분	말하는 사람과 듣는 사람이 함께 볼 수 있는 멀리 있는 사람을 높여서 가리키는 3인칭 대명사	◦ 저분이 바로 우리 할아버지셔. ◦ 저분 참 대단하신 분이야.
저애	'저 아이'의 줄임말, 말하는 사람과 듣는 사람이 함께 볼 수 있는 멀리 있는 사람을 가리키는 3인칭 대명사, 대상이 말하는 사람과 같은 또래이거나 더 어릴 때 쓰임	◦ 얼른 가서 저애 좀 도와주자. ◦ 저애 얼굴도 크다.
저이	'저 사람'의 뜻, 어른이 자기 또래나 자기보다 나이가 적은 어른을 가리키는 말로, 말하는 사람과 듣는 사람이 함께 볼 수 있는 멀리 있는 사람을 가리키는 3인칭 대명사	◦ 저이한테 물어보자. ◦ 저이가 사람은 좋은데.
저자 (一者)	'저 사람'을 낮추는 말, 말하는 사람이 자기 또래나 자기보다 나이가 적은 성인을 낮추어 가리키는 말로, 말하는 사람과 듣는 사람이 함께 볼 수 있는 멀리 있는 사람을 가리키는 3인칭 대명사	◦ 저자의 집은 아무도 모른다. ◦ 저자가 바로 도둑이다.
저희	'우리'를 낮추는 말, 말하는 사람이 자기를 포함한 여러 사람을 낮추어 겸손하게 가리키는 1인칭 대명사	◦ 늘 저희를 돌보아 주셔서 감사합니다. ◦ 저희 가족을 소개하겠습니다.
제	말하는 사람이 자기를 겸손하게 낮추어 가리키는 1인칭 대명사, '―가'와 함께 쓰여서 주격을 나타내고, 명사 앞에 쓰여서 소유격을 나타냄	◦ 이곳이 제가 다니는 학교입니다. ◦ 제 생각을 말해 볼까요?

▶ 접속어

접속어	의 미	쓰 임
게다가	앞에 말한 내용에 보태어 그보다 더 한 사실임을 나타낼 때 쓰이는 단어	◦너는 씩씩하고, 명랑하고, <u>게다가</u> 공부까지 잘 하는구나.
곧	앞에 한 말을 다시 풀이할 때 쓰이는 단어	◦어진 정치란 곧 백성을 으뜸으로 생각하는 정치를 말한다.
그래도	'그리하여도, 그렇게 하여도'의 뜻으로 쓰이는 단어	◦나는 공부를 하지 않았다. <u>그래도</u> 늘 1등만 했다.
그래서	'그리하여서, 그렇게 하여서'의 뜻으로 쓰이는 단어	◦송이는 숙제를 안 했다. <u>그래서</u> 야단을 맞았다.
그래야	'그리하여야, 그렇게 하여야'의 뜻으로 쓰이는 단어	◦감기 약 먹어. <u>그래야</u> 감기가 빨리 낫지.
그러니까	'그렇게 하니까'의 뜻으로 쓰이는 단어	◦방학 동안 집에서 잠만 잤다. <u>그러니까</u> 살이 좀 쪘다.
그러기에	'그렇기 때문에'의 뜻으로 쓰이는 단어	◦교육에서 사랑의 필요성은 아무리 강조해도 지나치지 않다. <u>그러기에</u> 진정한 교육자가 되기가 또한 어려운 것이다.
그러길래	'그러기에'의 뜻으로, 주로 말을 할 때 쓰이는 단어	◦아이: 엄마, 숙제 다 못했어요. 엄마: <u>그러길래</u> 놀기 전에 숙제부터 했어야지.
그러나	앞에 말한 내용과 상반되는 뜻을 가진 말을 연결할 때 쓰이는 단어	◦언니는 자신 있게 대답하였습니다. <u>그러나</u> 나는 고개를 숙인 채 아무 말도 못하였습니다.
그러느라고	'그렇게 하느라고'의 뜻으로 쓰이는 단어	◦어제는 친구를 만나서 신나게 놀았어요. <u>그러느라고</u> 할 일도 다 못했네요.
그러니	'그러니까'의 뜻으로, 주로 말을 할 때 쓰이는 단어	◦모두가 한 마음으로 일을 했어. <u>그러니</u> 일이 안 될 리가 있겠어?
그러니까	'그렇게 하니까'의 뜻으로, 앞에 한 말을 조건으로 삼아 다음 말이 이어짐을 나타낼 때 쓰이는 단어	◦내가 그를 미워하면 그도 나를 미워하게 마련이다. <u>그러니까</u> 내가 사랑을 받고 싶으면 내가 먼저 그 사람을 사랑해야 한다.

그러다가	'그렇게 하다가'의 뜻으로 쓰이는 단어	∘ 강아지 자꾸 못살게 굴지 마. <u>그러다가</u> 물릴 지도 몰라.
그러면	'그렇게 하면, 그렇다면'의 뜻으로, 앞에 말한 사실이 뒤에 말한 사실의 조건이나 전제가 됨을 나타낼 때 쓰이는 단어	∘ 독서를 마음의 양식이라고 한다. <u>그러면</u> 우리는 책을 통하여 무엇을 얻을 수 있을까?
그러면서	'그렇게 하면서'의 뜻으로, 함께 일어난 사실을 제시할 때 쓰이는 단어	∘ 정호는 열두 살이 되면서부터 기차에서 과일과 신문을 팔았다. <u>그러면서</u> 틈틈이 책을 읽으며 열심히 공부하였다.
그러므로	앞에 말한 내용이 뒤에 말하는 사실의 원인·조건·근거가 됨을 나타낼 때 쓰이는 단어	∘ 사람은 평등하다. <u>그러므로</u> 모든 사람을 존중해야 한다.
그런데	앞에 말한 내용과 관련시키면서 다른 방향으로 이끌어나갈 때 쓰이는 단어	∘ 이제는 돌아갈 일이 걱정이었습니다. <u>그런데</u> 바로 그때였습니다.
그럴수록	앞에 말한 사실의 정도나 강도가 더해짐을 나타낼 때 쓰이는 단어	∘ 철수: 동생이 요새 왜 자꾸 심술을 부리지? ∘ 영이: <u>그럴수록</u> 동생에게 잘 해줘라.
그럴지라도	'그렇게 할지라도'의 뜻으로, 뒤에 말할 내용이 앞에 말한 내용과 다를 때 쓰이는 단어	∘ 내가 좀 살기는 어려웠지. <u>그럴지라도</u> 네가 나를 그렇게 무시하는 게 아니지.
그럴지언정	'그렇게 할지언정'의 뜻으로 뒤에 연결하는 내용을 강조하거나 부인할 때 쓰이는 단어	∘ 어렸을 때는 배도 많이 곯았다. 그러나 <u>그럴지언정</u> 남의 것을 훔치지는 않았다.
그렇더라도	'그렇게 했다 하더라도'의 뜻으로, 뒤에 나오는 내용을 강조할 때 쓰이는 단어	∘ 요즘 무척 바빠서 만나기는 어려울 것 같애. <u>그렇더라도</u> 연락은 좀 하면서 살자.
그렇지만	앞에 말한 내용과 대립되는 내용을 이어서 말할 때 쓰이는 단어	∘ 뙤약볕 때문에 무척 더웠다. <u>그렇지만</u> 철이는 꾹 참고 계속 올라갔다.
그리고	단어·구·절·문장을 나란히 연결할 때 쓰이는 단어, 뒤에 나오는 내용을 특히 강조할 때 쓰임	∘ 현수는 연필과 공책, <u>그리고</u> 책을 들고 꽃밭으로 갔습니다. ∘ 어머니는 안타까운 마음으로 딸의 손을 잡았습니다. <u>그리고</u> 간절히 기도를 하였습니다.

그리하여	앞에 말한 내용이 뒤에 말한 내용의 원인임을 나타내거나, 앞에 말한 내용이 발전하여 다음에 말하는 내용이 되었음을 나타낼 때 쓰이는 단어, 주로 격식을 갖춘 글을 쓸 때 쓰임	◦이런 사람은 한학자라는 이름을 얻는다. 그리하여 한평생 한문으로 글자살이를 하고 산다.
더구나	'이미 있는 사실에 한층 더 나아가, 앞의 사실도 그러한데 하물며'의 뜻으로 뒤에 나오는 내용을 강조할 때 쓰이는 단어	◦퉁명스러운 말은 사람의 마음을 언짢게 한다. 더구나 욕설이나 거친 말은 감정까지 몹시 상하게 한다.
더욱이	'그러한 데다가 또한'의 뜻으로 쓰이는 단어	◦예람이는 착하다. 더욱이 얼굴도 예쁘다.
따라서	이어지는 내용을 제시할 때 쓰이는 단어	◦땅값이 올랐다. 따라서 집값도 올랐다.
또	앞에 말한 내용에 이어서 말할 때 쓰이는 단어	◦어제는 비가 오더니 오늘은 또 눈이 오네.
또는	여러 가지 이어서 제시할 때 쓰이는 단어	◦제비꽃은 '오랑캐꽃' 또는 '반지꽃'이라고도 한다.
왜냐하면	'왜 그러냐 하면'의 뜻으로, 뒤에 나오는 말이 앞에서 한 말의 이유나 원인이 됨을 나타낼 때 쓰이는 단어	◦나는 지금 기분이 너무 좋다. 왜냐하면 시험이 다 끝났기 때문이다.
즉 (卽)	'다름이 아니라, 곧'의 뜻으로 쓰이는 단어	◦언어학은 과학이다. 즉 언어에 대해 과학적으로 연구하는 학문이다.
하물며	'앞에 말한 내용을 전제로 할 때 뒤에 말하는 내용은 더 뚜렷하다'는 것을 나타낼 때 쓰이는 단어	◦어른도 하기 어려운 일인데, 하물며 열 살짜리가 그 일을 할 수 있을까?
하지만	앞에 말한 내용과 상반되는 내용을 말하거나, 앞에 말한 내용에 단서를 붙일 때 쓰이는 단어	◦시험에 합격했다. 하지만 등록하지 않았다.
한편	'앞에 진술한 것뿐 아니라 더하여'의 뜻으로 쓰이는 단어	◦중부지방은 날씨가 맑다. 한편 남부지방에는 비가 많이 온다.

▶ 조사

★ ( ) 안에 있는 것은, 생략이 가능하거나, 앞에 오는 단어의 끝소리에 따라 쓰이지 않는 것이다

조사	의 미	쓰 임
-가	(받침 없는 단어에 붙어) 결합한 단어가 문장의 주어가 됨을 나타낼 때 쓰이는 조사, '되다, 아니다' 앞에서는 문장의 보어가 됨을 나타냄	◦ 효빈이가 마당에서 공을 차며 논다. ◦ 나는 천재가 아니다.
-같이	결합한 단어가 다른 대상과 성질이나 특성 등이 다르지 않음을 나타낼 때 쓰이는 조사	◦ 얼음같이 차가운 바람이 뺨을 스칩니다. ◦ 종서는 새벽같이 일어나서 나를 깨웠다.
-(이)고	두 가지 이상의 사물이나 개념을 이어서 나타낼 때 쓰이는 조사	◦ 술이고 뭐고 다 귀찮다. ◦ 어른이고 아이고 다 모였어.
-과	(받침 있는 단어에 붙어) 둘 이상의 단어를 같은 자격으로 이어줄 때 쓰이는 조사	◦ 하늘과 땅 ◦ 동물과 식물
	(받침 있는 단어에 붙어) '함께'의 뜻으로 쓰이거나, '같다, 다르다' 앞에서 비교대상을 가리킬 때 쓰이는 조사	◦ 철수는 친구들과 여행을 떠났다. ◦ 인생은 긴 여행과 같다.
-까지	시간·공간·대상·범위에서 작용이나 영향이 다다를 수 있는 한계점을 나타낼 때 쓰이는 조사	◦ 떠나는 날까지 약속을 잘 지켜줘서 고맙다. ◦ 이 열차는 청량리에서 인천까지 운행합니다.
-깨나	어떤 대상의 정도나 사물의 양이 많은 것에 대하여 빈정거리는 투로 말할 때 쓰이는 조사	◦ 돈깨나 있는 사람이 왜 그리 인색하게 굴까? ◦ 우람이는 힘깨나 쓴다고 잘난 척 한다.
-께	'-에게'의 높임말	◦ 사랑하는 어머님께 ◦ 선생님께 인사를 드렸습니다.
-께서	'-이/-가'의 높임말	◦ 아버지께서 걱정하지 말라고 하셨어요. ◦ 이 옷은 할머니께서 사 주신 것이다.
-(이)ㄴ들	'-라 할지라도'의 뜻을 나타낼 때 쓰이는 조사	◦ 난들 뾰족한 수가 있겠니? ◦ 내 고향을 꿈엔들 잊으리오.

-(이)나	둘 이상의 대상에서 어느 하나를 선택하거나, 그 선택이 최소한의 것임을 나타낼 때 쓰이는 조사	○ 철수<u>나</u> 진아 중 한 사람만 보내자. ○ 보채지 말고 이 과일<u>이나</u> 먹어
	('-나 …나'로 쓰여) 대상을 특별히 정하지 않는다는 뜻으로 쓰이는 조사	○ 너<u>나</u> 나<u>나</u> 바쁘긴 마찬가지구나. ○ 버스<u>나</u> 지하철<u>이나</u> 되는 대로 타 보자.
-(이)나마	'부족하지만 아쉬운 대로'의 뜻으로, 결합하는 단어가 나타내는 것이 만족스럽지 않음을 나타낼 때 쓰이는 조사	○ 그<u>나마</u> 어머니가 건강하셔서 다행이다. ○ 이 집<u>이나마</u> 있어서 다행이군.
-는	(받침 없는 단어에 붙어) 결합하는 단어가 문장의 주제가 됨을 나타내거나, 다른 사실과 대조하는 뜻이 있음을 나타낼 때 쓰이는 조사	○ 지구<u>는</u> 둥글다. ○ 너만 좋은 데 가고 우리<u>는</u> 좋은 데 가면 안 되니?
-(이)니	('-니 …니'로 쓰여) 예를 들어 열거할 때 쓰이는 조사	○ 뭐<u>니</u> 뭐<u>니</u> 해도 형만한 아우 없다. ○ 팔자<u>니</u> 운명<u>이니</u> 하는 말을 믿니?
-(이)다	사람이나 사물을 지정하여 나타낼 때 쓰이는 조사	○ 우리는 멋쟁이<u>다</u>. ○ 이것은 연필<u>이다</u>.
-(에)다(가)	(부사격 조사 '-에' 뒤에 붙어) 그 뜻을 뚜렷하게 나타낼 때 쓰이는 조사	○ 차에<u>다(가)</u> 지갑을 두고 내렸어. ○ 여기(에)<u>다(가)</u> 놓고 가렴.
-대로	'-에 따라'의 뜻을 나타낼 때 쓰이는 조사	○ 약속<u>대로</u> 신발을 사 주겠다.
	'서로 구별되게 따로따로'의 뜻을 나타낼 때 쓰이는 조사	○ 장미는 장미<u>대로</u> 들꽃은 들꽃<u>대로</u> 예쁘다.
-더러	'-에게'의 뜻을 나타낼 때 쓰이는 조사. 약간 못마땅하다는 뜻으로 쓰임	○ 누가 너<u>더러</u> 그런 거 하랬니? ○ 나<u>더러</u> 반장을 하라고?
-도	같은 종류의 것을 계속해서 말하거나 첨가할 때 쓰이는 조사	○ 이제 나<u>도</u> 가고 너<u>도</u> 가야지. ○ 오라는 데<u>도</u> 없고 갈 데<u>도</u> 없다.
-(이)든(지)	대상을 가리지 않고 선택함을 나타낼 때 쓰이는 조사	○ 연필<u>이든</u> 볼펜<u>이든</u> 뭐든 줘 봐. ○ 누구<u>든지</u> 노력하면 성공할 수 있다.

조사	의미	예문
-(이)라	사람이나 사물을 지정하는 뜻을 나타낼 때 쓰이는 조사	○ 부자라 역시 다르다. ○ 가을이라 날씨가 좋다
	직접 인용함을 뜻하는 '이라고'의 줄임말	○ 노래도 못 부르면서 어떻게 가수라 할 수 있겠니?
-(이)라고	다른 사람의 말을 직접 인용하였음을 나타낼 때 쓰이는 조사	○ 독서를 '마음의 양식'이라고 합니다. ○ 그 친구가 뭐라고 하더라.
	대상을 가리킬 때 쓰이는 조사	○ 그것도 노래라고 불렀니? ○ 아들이라고 별 수 있겠어?
-(이)라도	대상을 굳이 가리지 않고 선택함을 나타낼 때 쓰이는 조사	○ 이거라도 가지고 가자. ○ 지금이라도 가보는 게 좋겠어.
-(이)라든가	사물을 선택하여 열거함을 나타낼 때 쓰이는 조사	○ 시라든가 소설이라든가 하는 분야에 관심이 있다. ○ 옷이라든가 차라든가 차림새로 보아 부자가 틀림없다.
-(이)라든지	여러 가지를 이어서 나열하거나 둘 또는 여러 가지 중에서 하나를 선택할 때 쓰이는 조사	○ 휴대폰이라든지 삐삐라든지 연락할 방법이 없어? ○ 떡이라든지 밥이라든지 말을 해.
-(이)라면	가정하는 뜻을 나타낼 때 쓰이는 '(이)라고 하면'의 줄임말	○ 이럴 때 너희들이라면 어떻게 하겠니? ○ 이 몸이 새라면 날아가리.
-(이)라야	'꼭 그 대상이어야 함'을 나타낼 때 쓰이는 조사	○ 그 일은 영숙이라야 할 수 있을 걸. ○ 그 옷에는 파란 모자라야 어울리겠어.
-(이)란	'-(이)라고 하는 것은'의 뜻으로 어떤 대상을 가리키거나 드러내고자 할 때 쓰이는 조사	○ 사랑이란 왠지 모른 척 해도 관심이 있는 게 사랑이야. ○ 사람의 마음이란 다 그런 거야.
-(이)랑	'같다' 또는 '다르다' 앞에 쓰여 다른 대상과 비교하거나 여럿을 대등한 자격으로 이어줄 때 쓰이는 조사	○ 영수는 나랑 키가 같다. ○ 밖에서 친구들이랑 공을 차다 보면 어느새 하루해가 저문다.
-(으)로	결합하는 단어가 도구·재료·수단·원인 등이 됨을 나타낼 때 쓰이는 조사	○ 그건 가위로 잘라야지. ○ 물감으로 예쁘게 색칠을 하자.

-(으)로부터	결합하는 단어가 시작점이나 출발점임을 나타낼 때 쓰이는 조사	◦ 예로부터 우리 민족은 밥을 주식으로 했다. ◦ 마음으로부터 우러나오는 자발적인 행동이 필요하다.
-(으)로서	결합하는 단어가 어떤 자격임을 나타낼 때 쓰이는 조사	◦ 나는 형으로서 동생의 좋은 거울이 되기로 다짐하였다. ◦ 나는 한국인으로서 자부심을 느낀다.
-(으)로써	결합하는 단어가 방법이나 수단임을 나타낼 때 쓰이는 조사	◦ 이 혼인서약으로써 두 사람은 부부가 되었습니다. ◦ 우리가 이 일을 추진함으로써 국제적인 위상도 높아질 것이다.
-를	(받침 없는 단어에 붙어) 그 단어가 문장에 있는 서술어의 목적어임을 나타낼 때 쓰이는 조사	◦ 나는 저녁에 칼국수를 먹었다. ◦ 우리는 함께 공놀이를 하였다.
-마냥	결합하는 단어와 비슷하거나 같음을 나타낼 때 쓰이는 조사	◦ 나는 바보마냥 웃기만 했다. ◦ 내 마음은 새털마냥 가볍기만 하다
-마는	앞에 말한 내용을 인정하면서도 뒤에서 뭔가 다른 내용을 말하기 위해 양해를 구한다는 뜻으로 쓰이는 조사	◦ 네 말도 맞다마는 어쩔 수가 없구나. ◦ 나도 가고 싶지마는 못 가.
-마다	결합하는 대상을 모두 가리킬 때 쓰이는 조사	◦ 너를 볼 때마다 네 엄마가 생각난다. ◦ 나는 아침마다 산책을 한다.
-마따나	('말'에만 붙어) '말한 대로, 말한 것과 같이'의 뜻을 나타낼 때 쓰이는 조사	◦ 네 말마따나 영이가 오늘도 소식이 없으려나 보다 ◦ 걔 말마따나 그 사람 재미있더라.
-마저	결합하는 단어가 가리키는 대상이 마지막 하나 남은 대상임을 나타낼 때 쓰이는 조사	◦ 너마저 내 말을 안 믿는구나. ◦ 막내딸마저 시집 보내고 나면 적적하시겠네요.
-만	동작이나 상태가 결합하는 단어에 한정되어 작용함을 나타낼 때 쓰이는 조사	◦ 청춘은 어디 가고 백발만 남았는가. ◦ 왜 밥은 안 먹고 물만 마시니?

-만큼	정도나 상태가 비슷하거나 그에 가까움을 나타낼 때 쓰이는 조사	◦ 나만큼 복이 많은 사람도 없는 것 같애. ◦ 장미가 사람 키만큼 자랐다
-말고	'-가 아니고', '-외에'의 뜻을 나타낼 때 쓰이는 조사	◦ 커피말고 다른 차 없니? ◦ 도서관에는 나말고 두 사람이 더 있었다.
-(이)며	('-며 …며'로 쓰여) 두 가지 이상의 대상을 열거할 때 쓰이는 조사	◦ 내가 살던 집이며 학교며 모두 그대로 남아 있었다. ◦ 눈이며 코며 예쁘지 않은 데가 없다.
-밖에	'그것 말고는, 그것 이외에'의 뜻을 나타낼 때 쓰이는 조사, 뒤에는 항상 부정의 뜻을 지닌 내용이 따름	◦ 사람이 너밖에 없니? ◦ 자리가 하나밖에 안 남았다.
-보고	(사람을 나타내는 단어에 붙어) '-에게, -더러'의 뜻을 나타낼 때 쓰이는 조사	◦ 사람들이 저보고 천재래요. ◦ 보람이가 우리보고 빨리 오라고 손짓했다.
-보다	결합하는 단어가 비교하는 기준임을 나타낼 때 쓰이는 조사	◦ 라면보다 칼국수가 더 맛있지 않니? ◦ 이젠 아빠보다 키가 더 크겠구나.
-부터	결합하는 말이 '동작이나 상태의 시작점이나 출발점임'을 나타낼 때 쓰이는 조사	◦ 그날부터 두 아이는 열심히 일을 하였다 ◦ 숙제부터 하고 놀아라.
-뿐	'오직 그 대상만'이라는 뜻을 나타낼 때 쓰이는 조사	◦ 그렇게 생각하는 사람은 나뿐이다. ◦ 머리 속에는 온통 엄마 생각뿐 다른 생각은 없다.
-(이)시여	'-이여'의 높임말	◦ 하늘이시여. ◦ 신이시여, 부디 저를 용서하소서.
-아	(받침 있는 단어에 붙어) 말하는 사람보다 어리거나 같은 또래, 또는 짐승을 부를 때 쓰이는 조사	◦ 영란아, 이리 와. ◦ 바둑아, 밥 먹어라.
-야	(받침 없는 단어에 붙어) 말하는 사람보다 어리거나 같은 또래, 또는 짐승을 부를 때 쓰이는 조사	◦ 승우야, 너 참 부지런하구나. ◦ 앵무새야, 오늘은 왜 말이 없니?

조사	설명	예문
-(이)야	앞에 결합하는 단어는 당연함을 나타낼 때 쓰이는 조사	○ 예람이야 문제 없지. ○ 달리기야 자신 있지.
-(이)야말로	'그 대상이 당연하다'는 뜻으로 쓰이는 조사	○ 대자연이야말로 인간의 영원한 보금자리이다. ○ 너야말로 나의 진정한 친구다.
-에	앞에 결합하는 단어가 행동이나 상태가 일어나는 장소임을 나타낼 때 쓰이는 조사	○ 언제 서울에 오거든 연락해라. ○ 주머니에 돈이 하나도 없었다. ○ 정배는 대학에 합격했다
-에게	앞에 결합하는 단어가 행동이나 작용의 영향을 받는 대상임을 나타낼 때 쓰이는 조사	○ 이 편지를 언니에게 전해라. ○ 나에게 소원이 있다면, 조국이 통일되는 것이다.
-에서	앞에 결합하는 단어가 행동이나 상태가 일어나는 장소임을 나타낼 때 쓰이는 조사	○ 길에서 영하를 만났다. ○ 나는 이 세상에서 오빠가 제일 좋아.
-(이)여	앞에 결합하는 단어를 감탄의 뜻을 담아 정중하게 부를 때 쓰이는 조사, 주로 시나 기도문에 쓰임	○ 소년들이여, 희망을 가져라. ○ 주여, 저를 용서하소서.
-와	(받침 없는 단어에 붙어) 둘 이상의 사물을 같은 자격으로 이어 줄 때 쓰이는 조사	○ 남자와 여자 ○ 노래와 춤
	(받침 없는 단어에 붙어) '함께'의 뜻으로 쓰이거나, '같다, 다르다' 앞에서 비교대상을 가리킬 때 쓰이는 조사	○ 나는 오늘 친구와 함께 여행을 떠난다. ○ 이론은 실제와 다르다.
-요	(종결어미·단어·구에 붙어) 말하는 사람이 듣는 사람에게 다정하게 높이는 뜻을 나타낼 때 쓰이는 조사	○ 저요, 다음 주에 결혼해요. ○ 아버지와 함께 체조를 해요.
-은	(받침 있는 단어에 붙어) 결합하는 단어가 문장의 주제가 됨을 나타내거나, 다른 사실과 대조적인 뜻이 있음을 나타낼 때 쓰이는 조사	○ 백두산은 우리나라에서 가장 높은 산이다. ○ 미역국은 싫어하지만 콩나물국은 잘 먹어요.
-을	(받침 있는 단어에 붙어) 그 말이 서술어의 목적어임을 나타낼 때 쓰이는 조사	○ 어제는 좋은 꿈을 꾸었다. ○ 운동장에서 선생님을 만났다.
-의	그 말이 다른 대상의 일부이거나 관련이 있음을 나타낼 때 쓰이는 조사	○ 하늘의 구름처럼 두둥실 떠 가리. ○ 동화 속의 나라 같지?

-이	(받침 있는 단어에 붙어) 그 말이 서술어의 주어임을 나타낼 때 쓰이는 조사, '되다, 아니다' 앞에서는 그 말이 보어임을 나타냄	○ 숲 속에 작은 연못이 있습니다. ○ 사랑은 받는 것이 아니라 주는 것이다.
-일랑	어떤 대상을 특별히 가리키거나 강조할 때 쓰이는 조사	○ 무거운 짐일랑 가져오지 마셔요. ○ 그런 걱정일랑 하지 마세요.
-조차	앞에 결합하는 단어가 마지막으로 선택할 수 있는 것임을 나타낼 때 쓰이는 조사	○ 너무 지쳐서 말하는 것조차 힘들었다. ○ 밥은커녕 죽조차 먹기 어렵다
-처럼	앞에 결합하는 단어가 가리키는 대상을 다른 대상과 견주어 거의 비슷함을 나타낼 때 쓰이는 조사	○ 우리도 개미처럼 부지런히 살자. ○ 나도 미란이처럼 예뻤으면 좋겠어.
-치고	'그 전체가 예외 없이'의 뜻을 나타낼 때 쓰이는 조사	○ 어느 부모치고 자식 못 되길 바랄까? ○ 게으른 사람치고 성공한 사람 못 봤다.
-커녕	앞에 결합하는 단어가 가리키는 대상을 부정하면서, 그보다 덜하거나 못한 것까지 부정하는 뜻을 나타낼 때 쓰이는 조사, '부정'의 뜻을 강조할 때 주로 쓰임	○ 아이들은커녕 개미새끼 한 마리 없었다. ○ 선물은커녕 인사도 제대로 못했다.
-하고	다른 대상과 함께 또는 두 가지 이상의 대상을 열거할 때 쓰이는 조사	○ 동생하고 재미있게 놀았어요. ○ 아빠하고 나하고 만든 꽃밭
-하며	('-하며 …하며'로 쓰여) 두 가지 이상의 대상을 열거할 때 쓰이는 조사	○ 오빠는 연필하며 공책하며 온 갖 것을 다 사주었다. ○ 수미는 말투하며 걸음걸이하며 꼭 어른 같다.
-한테	'-에게'의 뜻을 가지는 조사, 말을 할 때 주로 쓰임	○ 친구한테 편지를 보냈다. ○ 왜 나한테 오라고 하셨을까?
-한테서	'-에게서'의 뜻을 가지는 조사, 말을 할 때 주로 쓰임	○ 나는 아내한테서 선물을 받았다. ○ 오늘은 형님한테서 전화가 왔다.

▶ 어미

★ ( ) 안에 있는 것은 생략이 가능하거나, 앞에 오는 단어의 끝소리에 따라 쓰이지 않는 것이다.

어미	의미	쓰임
-(ㄴ)가	같은 또래나 손아랫사람에게 현재 사실에 대하여 물을 때 쓰이는 어미	◦ 만나서 즐거운 사람은 어떤 사람인가? ◦ 아버님께서는 지금 뭐하고 계신가?
-거나	두 가지 이상의 사실을 나열하거나, 여러 가지 중 어느 하나를 선택할 때 쓰이는 어미	◦ 보거나 말거나 막 떠든다. ◦ 내일은 비가 오거나 눈이 내리겠습니다.
-거니	('-거니 …거니'로 쓰여) 동작이나 상태가 되풀이됨을 나타낼 때 쓰이는 어미	◦ 주거니 받거니 하면서 잘 논다. ◦ 두 사람이 앞서거니 뒤서거니 하면서 달려간다.
-거든	같은 또래나 손아랫사람에게 앞에서 말한 내용에 대한 이유를 설명할 때 쓰이는 어미	◦ 아까 나 많이 먹었거든. ◦ 나는 바다를 좋아하거든.
	조건을 나타낼 때 쓰이는 어미	◦ 도착하거든 바로 연락해라. ◦ 비가 오거든 빨래를 걷어라.
-거라	손아랫사람에게 명령의 뜻을 나타낼 때 쓰이는 어미	◦ 아침에 일찍 일어나거라. ◦ 이제 그만 가거라.
-게	같은 또래나 손아랫사람에게 약한 명령이나 부탁을 할 때 쓰이는 어미	◦ 이것 좀 잡아 주게. ◦ 어서 집에 가 보게.
	의도나 목적을 나타낼 때 쓰이는 어미	◦ 책 좀 사게 돈 좀 주세요. ◦ 공부 좀 하게 조용히 해.
	(형용사 어간에 붙어) 다음에 오는 말을 꾸며줄 때 쓰이는 어미	◦ 그렇게 곱게 단장하고 어디 가세요? ◦ 방을 새롭게 꾸며 봅시다.
-게끔	의도나 목적을 힘주어 말할 때 쓰이는 어미	◦ 일이 되게끔 힘 좀 쓰자. ◦ 알아듣게끔 다시 얘기해 봐.
-겠-	(동사 어간에 붙어) 서술하는 행위나 상태 변화가 앞으로 또는 바로 다음에 일어날 것임을 나타낼 때 쓰이는 어미	◦ 저녁 비행기로 떠나겠어요. ◦ 다음 사람이 힘들겠네요. ◦ 해가 곧 지겠군.
-고	앞·뒤 내용을 나열하거나 연결할 때 쓰이는 어미	◦ 손뼉 치고 노래하며 즐겁게 놀았다. ◦ 아침밥을 꼭 먹고 학교에 가거라.

-고서	앞에 나오는 사실이나 사건이 뒤에 나오는 사실이나 사건보다 앞서거나 전제가 됨을 나타낼 때 쓰이는 어미	◦ 큰 가방을 들고서 여행을 떠났다. ◦ 잠자리를 손가락으로 잡고서 자세히 살펴보았다.
-고자	의도를 나타낼 때 쓰이는 어미	◦ 의논을 드리고자 왔습니다. ◦ 이 사전을 쓰고자 합니다.
-구나	놀라는 마음으로 확인할 때 쓰이는 어미	◦ 나 때문에 네가 고생이 많구나. ◦ 아파도 잘 참는구나.
-구려	감탄이나 명령을 할 때 쓰이는 어미, 같은 또래나 손아랫사람에게 주로 쓰임	◦ 저 집 참 멋있구려. ◦ 당신 마음대로 하시구려.
-군	'-구나'에 비해 단정적인 뜻을 더 강하게 나타낼 때 쓰이는 어미, '-구나'의 줄임말	◦ 음, 이 연필 참 좋군. ◦ 잘 했군, 잘 했어.
-군요	'-군'보다 높임의 뜻을 가지는 어미	◦ 영수는 또 결석을 했군요. ◦ 날씨가 참 좋군요.
-기	(용언이나 '이다'의 어간에 붙어) 용언을 명사형으로 만들 때 쓰이는 어미	◦ 한 마디로 대답하기는 어렵다. ◦ 윤희는 신문기자이기 때문에 무척 바쁘다.
-기로	목적이나 목표를 나타낼 때 쓰이는 어미	◦ 축구 선수가 되기로 마음먹었다. ◦ 그럼 이렇게 하기로 하자.
-기로서니	'아무리 …다 하더라도'를 강하게 나타낼 때 쓰이는 어미	◦ 내가 아무리 못났기로서니 그 정도쯤이야 못 해주겠니? ◦ 농담 좀 했기로서니 왜 그렇게 화를 내고 그래?
-기에	직접적인 원인이나 이유를 나타낼 때 쓰이는 어미	◦ 뭘 찾기에 그렇게 두리번거리니? ◦ 사랑하기에 떠나신다는 그 말 나는 믿을 수 없어.
-길래	직접적인 원인이나 이유를 나타낼 때 쓰이는 어미, 주로 말을 할 때 쓰임	◦ 네가 온다길래 기다리고 있었지. ◦ 아기가 울길래 우유를 주었다.
-(으)ㄴ	다음에 나오는 말을 꾸며주는 관형사형 어미	◦ 예쁜 집, 맑은 하늘. ◦ 식은 밥은 데워 먹어라.

어미	설명	예문
-ㄴ-/-는-	(동사 어간에 붙어) 서술하는 사건이나 상태가 현재 일어나는 것임을 나타낼 때 쓰이는 어미	・아이들이 개울에서 물고기를 잡<u>는</u>다. ・날이 점점 어두워진<u>다</u>.
-(으)ㄴ데	다음 말을 하기 위하여 배경을 이루는 사실을 먼저 말하고자 할 때 쓰이는 어미	・품질<u>은</u> 좋<u>은데</u> 값이 좀 비싸. ・내가 어제 집에 가<u>는데</u> 길이 많이 막히더라. ・마음씨는 착한<u>데</u> 좀 게을러.
	뜻밖에 일어난 사실에 대하여 감탄하거나 물을 때 쓰이는 어미	・잘 생겼<u>는데</u>. ・돈이 얼마나 있<u>는데</u>?
-(으)ㄴ들	'-고 할지라도'라는 뜻으로, 다음에 나오는 말을 동의하지 않을 때 쓰이는 어미	・밥을 먹<u>은들</u> 그게 살로 가겠니? ・화를 낸<u>들</u> 별 수 있어?
-(으)ㄴ지	의문과 추측을 나타낼 때 쓰이는 어미	・왜 그렇게 값이 비싼<u>지</u> 몰라. ・좋<u>은지</u> 나쁜<u>지</u> 잘 모르겠어.
-나	같은 또래나 손아랫사람에게 물을 때 쓰이는 어미	・요새 뭐하고 지내<u>나</u>? ・청소는 다 끝났<u>나</u>?
-(으)나	앞에 제시한 말과 대립하는 말을 이을 때 쓰이는 어미	・뜻은 좋<u>으나</u> 방법이 문제야. ・계획은 세우<u>나</u> 지킬 일이 걱정이네.
	('-(으)나 …(으)나'로 쓰여) 사실을 나열할 때 쓰이는 어미	・미우<u>나</u> 고우<u>나</u> 마누라가 최고지. ・길을 걸<u>으나</u> 음악을 들<u>으나</u> 오직 그 사람 생각뿐이다.
-(으)냐	같은 또래나 손아랫사람에게 물을 때 쓰이는 어미	・무슨 일이야 있겠<u>느냐</u>? ・그게 그리도 좋<u>으냐</u>? ・그것도 일이라고 하<u>냐</u>?
-너라	같은 또래나 손아랫사람에게 명령하거나 요구할 때 쓰이는 어미	・이리 오<u>너라</u>. ・저 책 좀 가져오<u>너라</u>.
-네	혼잣말로 또는 같은 또래나 손아랫사람에게 어떤 내용을 확인할 때 쓰이는 어미	・어? 비가 오<u>네</u>! ・그 일은 잘 한 것 같<u>네</u>.
-느라고	(동사 어간에 붙어) 뒤에 나오는 말의 원인이나 이유를 나타낼 때 쓰이는 어미	・영화 보<u>느라고</u> 늦게 잤지. ・자<u>느라고</u> 전화를 못 받았어.
-는	(동사 어간에 붙어) 현재를 가리키는 관형사형을 만들 때 쓰이는 어미	・지금 집에 가<u>는</u> 중이야. ・하늘에 떠 가<u>는</u> 저 구름.

어미	뜻	예
-(으)니	같은 또래나 손아랫사람에게 물을 때 쓰이는 어미	◦ 좋은 생각 없<u>니</u>? ◦ 그 집 마당이 그렇게 넓<u>으니</u>?
	앞에 나오는 내용이 뒤에 나오는 내용의 원인이나 근거, 또는 먼저 일어난 것임을 나타낼 때 쓰이는 어미	◦ 비옷을 입<u>으니</u> 덥다. ◦ 집에 와 보<u>니</u> 소포가 와 있었다.
-(으)니까	'-(으)니'의 힘줌말	◦ 야단 맞<u>으니까</u> 정신이 없다. ◦ 비가 오<u>니까</u> 부침개가 더 맛있다.
-다	사실이나 사건을 서술할 때 쓰이는 어미	◦ 하늘이 높<u>다</u>. ◦ 산새들이 노래한<u>다</u>.
	(주로 '-다 …다'로 쓰여) 서로 다른 사실이나 사건을 나열할 때 쓰이는 어미	◦ 차들이 가<u>다</u> 서<u>다</u> 한다. ◦ 많<u>다</u> 적<u>다</u> 말들이 많다.
-다(가)	상태나 동작이 다른 것으로 넘어갈 때 쓰이는 어미	◦ 밥을 급하게 먹<u>다</u> 체했어. ◦ 음악을 듣<u>다가</u> 책을 보<u>다가</u> 한가한 시간을 보냈다.
-다고	다른 사람의 말을 인용하거나, 원인이나 이유를 밝힐 때 쓰이는 어미	◦ 수미는 인호가 좋<u>다고</u> 하였다. ◦ 내가 아무리 너를 야단쳤<u>다고</u> 네가 이럴 수 있어?
-(ㄴ/는)다면	'-다고 하면'의 줄임말, 어떤 사건이나 사실 등을 가정할 때 쓰이는 어미	◦ 우리가 손을 잡는<u>다면</u> 일이 아주 잘 될거야. ◦ 네가 좋<u>다면</u> 나도 좋아.
-더-	말하는 사람이 직접 보거나, 듣거나, 경험한 것을 거리감을 두고 전할 때 쓰는 어미	◦ 그 집 자장면 맛있<u>더</u>라. ◦ 어제 집에 갔<u>더</u>니 민이가 울고 있<u>더</u>라.
-더니	말하는 사람이 거리감을 두고 앞에 나온 사실이 다음에 나오는 사실의 원인이나 이유임을 나타낼 때 쓰는 어미	◦ 날이 흐리<u>더니</u> 비가 내렸다. ◦ 그 얘기를 듣<u>더니</u> 인표가 울기 시작했다.
-더라	말하는 사람이 경험한 사실이나 새로 발견한 사실을 전하거나, 어떤 사실이나 사건에 대하여 놀랐음을 나타낼 때 쓰는 어미	◦ 그 영화 진짜 무섭<u>더라</u>. ◦ 태영이는 내일 여행 간다<u>더라</u>.
-더라도	말하는 사람이 거리감 있는 가정의 뜻을 나타낼 때 쓰는 어미	◦ 잘 못하<u>더라도</u> 너그럽게 가르쳐 주세요. ◦ 놀 때는 놀<u>더라도</u> 일할 때는 잘 하자.

-더라면	말하는 사람이 과거에 일어나지 않은 사실이나 사건을 가정하거나 희망하는 뜻을 나타낼 때 쓰는 어미	○ 내가 조금만 더 참았더라면 좋았을걸. ○ 미리 알았더라면 도와주었을텐데.
-던	말하는 사람이 과거에 일어난 동작이 완결되지 않음을 나타낼 때 쓰는 관형사형 어미	○ 하던 일을 멈추고 여기를 보세요. ○ 이 인형은 내가 어렸을 적에 가지고 놀던 것이다.
-던들	말하는 사람이 과거에 일어나지 않은 사건이나 사실을 가정하거나 후회하는 뜻을 나타낼 때 쓰는 어미	○ 내가 조금만 신경을 썼던들 그런 사고가 안 일어났을텐데. ○ 내가 알았던들 달라질 게 뭐 있었겠어?
-(어/아)도	결합하는 사실을 강조할 때 쓰이는 어미	○ 아무리 보아도 알 수가 없군. ○ 늦게 가도 할 수 없지.
-도록	결합하는 형식이 지시하는 사건이나 사실까지 도달함을 나타내거나 그렇게 되도록 이끌어가는 방향을 나타낼 때 쓰이는 어미	○ 이렇게 밤늦도록 어딜 돌아다니니? ○ 넘어지지 않도록 손잡이를 잘 잡아.
-되	대립하는 내용을 이어줄 때 쓰이는 어미	○ 함께 가되 가서는 혼자 해야한다. ○ 우물을 파되 한 우물을 파라.
-든(지)	무엇이나 가리지 않고 선택할 수 있음을 나타낼 때 쓰이는 어미	○ 나는 네가 무엇을 하든지 다 이해할 수 있어. ○ 가든지 말든지 마음대로 해. ○ 나는 무엇을 먹든 괜찮아.
-(으)ㄹ	일반적인 사실이나 추측, 미래를 나타낼 때 쓰이는 관형사형 어미	○ 갈 사람은 가고 남아 있을 사람은 이곳을 정리하자. ○ 시간을 잘 지키는 사람은 믿을 만한 사람이다.
-(으)ㄹ게	상대방에게 약속의 뜻을 나타낼 때 쓰이는 어미	○ 내일 전화로 알려 줄게. ○ 종이배는 내가 접을게.
-(으)ㄹ게요	손윗사람에게 약속의 뜻을 나타낼 때 쓰이는 어미	○ 엄마, 편지 자주 할게요. ○ 이 배추 제가 다듬을게요.
-(으)ㄹ까	의문이나 추측, 짐작을 나타낼 때 쓰이는 어미	○ 이제 슬슬 가볼까? ○ 우리 언제 이 일을 다 마칠 수 있을까?
-(으)ㄹ까요	손윗사람에게 의문이나 추측, 짐작을 나타낼 때 쓰이는 어미	○ 그럼 지금 시작할까요? ○ 점심이나 같이 먹을까요?

어미	뜻	예
-(으)ㄹ라	같은 또래나 손아랫사람에게 그리 될까 염려하는 뜻을 나타낼 때 쓰이는 어미	∘ 다칠라. 조심해라. ∘ 그렇게 꾸물거리다가 늦을라.
-(으)ㄹ락	('-(으)ㄹ락말락'으로 쓰여) 거의 이루어지거나 일어날 듯한 모양을 나타낼 때 쓰이는 어미	∘ 손이 나무 끝에 닿을락말락 하였다. ∘ 비가 올락말락 하네.
-(으)ㄹ래요	손윗사람에게 자기의 생각이나 뜻을 말하거나, 상대방의 생각이나 뜻을 물을 때 쓰이는 어미	∘ 저는 오늘 학교에 갈래요. ∘ 지금 나가실래요?
-(으)ㄹ망정	'-다 하더라도'의 뜻을 나타낼 때 쓰이는 어미	∘ 굶어 죽을망정 도둑질은 안 하겠다. ∘ 가다가 쓰러질망정 여기서 그만두지는 않겠다.
-(으)ㄹ수록	어떠한 일이 점점 더하여 감을 나타낼 때 쓰이는 어미	∘ 갈수록 태산이다. ∘ 공부는 하면 할수록 어렵다.
-(으)ㄹ지라도	다음에 나오는 말을 강조하기 위하여 앞에 나오는 내용을 가정해 볼 때 쓰이는 어미	∘ 비록 목숨이 위태로울지라도 옳은 것은 옳고 그른 것은 그르다. ∘ 천재일지라도 노력 없이 성공할 수 없다.
-(으)ㄹ지언정	앞에 나오는 말에 붙어 가정의 뜻을 나타냄으로써 다음에 나오는 말을 강조할 때 쓰이는 어미	∘ 욕을 먹을지언정 할 말은 해야겠다. ∘ 죽을지언정 이 일은 못하겠다.
-(어/아)라	(동사 어간에 붙어) 명령을 할 때, (형용사 어간에 붙어) 감탄할 때 쓰이는 어미, 같은 또래나 손아랫사람에게 주로 쓰임	∘ 어서 와서 밥 먹어라. ∘ 아, 좋아라.
-(으)라고	문장이나 대화의 내용을 간접적으로 옮길 때 쓰이는 어미	∘ 아리스토텔레스는 인간이 사회적 동물이라고 말했다.
	앞에 나오는 말이 뒤에 오는 말의 원인이나 근거가 될 때 쓰이는 어미	∘ 친구들이랑 맛있는 거 사 먹으라고 돈을 주셨다.
	다른 사람의 말을 되묻거나 반복할 때 쓰이는 어미	∘ 이걸 나 혼자 다 먹으라고?
-(으)라니	되묻거나 뜻밖의 사실에 놀랄 때 쓰이는 어미	∘ 30년 전이라니, 정말 까마득한 옛날이다. ∘ 갑자기 웃으라니 웃음이 나오니?

-라도	('-(이)다', '아니다' 어간에 붙어) 어떤 사실을 인정하거나 가정하지만, 다음에 나오는 말이 더 중요함을 나타낼 때 쓰이는 어미	◦ 구슬이 서말이<u>라도</u> 꿰어야 보배다. ◦ 너 아니<u>라도</u> 올 사람 많아.
-(으)라든가	('-(으)라든가 …(으)라든가'로 쓰여) 두 가지 중 하나를 선택하거나, 여러가지를 나열할 때 쓰이는 어미	◦ 옷이<u>라든가</u> 보석이<u>라든가</u> 하는 것에는 관심이 없다. ◦ 먹으<u>라든가</u> 말<u>라든가</u> 무슨 말이 있어야지.
-(으)라면	'-(으)라고 하면'의 줄임말, 다른 사람의 말을 간접적으로 인용할 때 쓰이는 어미	◦ 죽으<u>라면</u> 죽는 시늉이라도 한다. ◦ 가<u>라면</u> 가야지.
-(으)라면서	말하는 사람이 이미 알고 있거나 들은 사실을 확인할 때 또는 빈정거리면서 물어 볼 때 쓰이는 어미	◦ 너 학생이<u>라면서</u>? ◦ 여기에 있으<u>라면서</u>?
-라서	('-(이)다', '아니다' 어간에 붙어) 앞에 나오는 말이 다음에 나오는 말의 원인이나 근거가 됨을 나타낼 때 쓰이는 어미	◦ 출퇴근 시간이<u>라서</u> 길이 막힌다. ◦ 진짜가 아니<u>라서</u> 실망했나?
-라야	('-(이)다', '아니다' 어간에 붙어) 그 말이 다음에 나오는 말에 대한 필수 조건임을 나타낼 때 쓰이는 어미	◦ 내 것이<u>라야</u> 내 맘대로 하지. ◦ 그게 사실이 아니<u>라야</u> 안심을 하지.
-란다	('-(이)다', '아니다' 어간에 붙어) 같은 또래나 손아랫사람에게 어떤 사실을 정답게 말할 때 쓰이는 어미	◦ 이분은 엄마 친구분이시<u>란다</u>. ◦ 여기가 내가 태어난 곳이<u>란다</u>.
-(으)랍니다	(손윗사람이나 어려운 사람에게) 다른 사람의 명령을 전하거나, 어떤 사실을 간접적으로 전하는 것처럼 말할 때 쓰이는 어미	◦ 빨리 오시<u>랍니다</u>. ◦ 식후 30분에 이 약을 먹으<u>랍니다</u>. ◦ 우리 아이는 중학생이<u>랍니다</u>.
-(으)랴	'매우 그러하다'는 뜻을 나타낼 때 쓰이는 어미	◦ 오랜만에 만났으니 얼마나 좋으<u>랴</u>.
	'이 일 저 일을 두루 한다'는 뜻을 나타낼 때 쓰이는 어미	◦ 이거 하<u>랴</u> 저거 하<u>랴</u> 너무 바쁘다.
-(으)러	(동사 어간에 붙어) 동작이 가리키는 내용을 목적으로 삼을 때 쓰이는 어미	◦ 고기를 잡으<u>러</u> 바다로 갈까요? ◦ 오빠는 김을 매<u>러</u> 밭에 나갔어요.

-(으)려고	주어가 어떤 행동을 할 의도가 있거나, 어떤 일이 일어날 것임을 나타낼 때 쓰이는 어미	◦ 아기를 업으려고 하였다. ◦ 구름이 많이 끼더니 비가 오려고 한다.
-(으)려면	다음에 나오는 말의 전제나 조건을 나타낼 때 쓰이는 어미	◦ 토끼를 잡으려면 어디로 가야 할까? ◦ 어른이 되려면 한참 있어야 돼.
-(으)려무나	같은 또래나 손아랫사람에게 어떤 일을 할 수 있도록 허가해 줄 때 쓰이는 어미	◦ 어서 가서 잘못했다고 빌려무나. ◦ 정 못 믿겠으면 네가 가서 보려무나.
-(으)렴	'-려무나'의 줄임말	◦ 국수 먹고 싶으면 먹으렴. ◦ 무슨 일인지 말해 보렴.
-로구나	('-(이)다', '아니다' 어간에 붙어) 새로운 사실에 대한 놀람이나 감탄의 뜻을 나타낼 때 쓰이는 어미	◦ 꽃이 피고 새가 우니 정말 봄이로구나! ◦ 네가 새로 전학온 아이로구나!
-(으)리다	어른들이 '그러하겠다'는 뜻을 점잖게 나타낼 때 쓰는 어미	◦ 언제 한 번 들르리다. ◦ 그럼 다녀오리다.
-ㅂ니까/-습니까	손윗사람이나 어려운 사람에게 무엇에 대하여 묻거나 확인할 때 쓰이는 '아주 높임'의 뜻을 가진 어미	◦ 아주머니 집에 계십니까? ◦ 영화가 재미있습니까?
-ㅂ니다/-습니다	손윗사람이나 공식적인 상황에서 동작이나 상태를 서술할 때 쓰이는 '아주 높임'의 뜻을 가진 어미	◦ 이렇게 비싼 옷은 처음 봅니다. ◦ 저는 잘 지내고 있습니다.
-(으)ㅂ시다	어른들이 같은 또래나 손아랫사람에게 함께 하자고 요구하거나 권할 때 쓰이는 어미	◦ 잘 생각해 봅시다. ◦ 자, 들어가십시다.
-(어/아)서	앞에 나오는 내용이 다음에 나오는 내용의 원인이나 이유를 가리킬 때 쓰이는 어미	◦ 시간이 다 되어서 문을 닫았다. ◦ 눈이 녹아서 길이 지저분하다.
-(으)세	어른들이 같은 또래나 손아랫사람에게 '무엇을 함께 하자'는 뜻을 나타낼 때 쓰는 어미	◦ 그럼 같이 가 보세. ◦ 비가 오니 얼른 문을 닫으세.
-(으)세요	손윗사람에게 다정한 말투로 설명하거나 물을 때 쓰이는 어미	◦ 제 손을 꼭 잡으세요. ◦ 안녕하세요?
-(으)셔요	'-시어요'의 줄임말, 설명이나 물음을 나타낼 때 쓰이는 높임의 뜻을 가진 어미	◦ 아버지, 넥타이가 잘 어울리셔요. ◦ 여기에 주워 담으셔요.

-(으)소	감탄이나 의문의 뜻을 나타낼 때 쓰이는 옛날 말투의 어미	◦ 수고 많았<u>소</u>. ◦ 그곳 날씨는 어떻<u>소</u>?
-(으)시-	(용언이나 '-(이)다'의 어간에 붙어) 말하는 사람이 서술하는 동작이나 상태의 주체를 높이어 나타낼 때 쓰이는 어미	◦ 선생님께서 노래를 하<u>시</u>니 아이들이 모두 좋아하였다. ◦ 아버지께서 손을 잡으<u>시</u>다가 그만 두셨어요.
-(으)시오	명령의 뜻을 나타낼 때 쓰이는 딱딱한 말투의 어미	◦ 다음 문제에 답하<u>시오</u>. ◦ 설탕이 다 녹을 때까지 저으<u>시오</u>.
-(으)십시오	손윗사람이나 어려운 사람에게 부탁하거나 요구할 때 쓰이는 높임의 어미	◦ 창 쪽으로 앉으<u>십시오</u>. ◦ 너무 염려 마<u>십시오</u>.
-(으)ㅁ	용언을 명사형으로 만들 때 쓰이는 어미	◦ 해당사항 없<u>음</u>. ◦ 빨리 집에 오기 바<u>람</u>.
-(으)마	같은 또래나 손아랫사람에게 자기가 기꺼이 하겠다고 약속할 때 쓰는 어미	◦ 내일은 어린이대공원에 데리고 가<u>마</u>. ◦ 내가 풀을 뜯으<u>마</u>.
-(으)며	여러 동작을 이어서 말할 때 쓰이는 어미	◦ 언니는 나에게 웃으<u>며</u> 물었다. ◦ 오<u>며</u> 가<u>며</u> 정이 들었다.
-(으)면	다음에 나오는 말의 조건을 나타낼 때 쓰이는 어미	◦ 바둑이를 찾으<u>면</u> 빨리 연락해 줘. ◦ 한국에 가<u>면</u> 경복궁에 꼭 가 봐.
-(으)면서	함께 이루어지는 두 가지 이상의 사건이나 상태를 나타낼 때 쓰이는 어미	◦ 화학실험을 하<u>면서</u> 신문도 만들었다. ◦ 이 빵은 맛있으<u>면서</u> 영양도 만점이다.
-(으)므로	까닭이나 이유를 나타낼 때 쓰이는 어미	◦ 내일은 수돗물이 안 나오<u>므로</u> 물을 미리 받아 놓으시기 바랍니다. ◦ 사랑하였으<u>므로</u> 행복하였노라.
-았/-었-	어떤 동작과 상태가 이미 일어나, 현재와는 관련이 없음을 나타낼 때 쓰이는 어미	◦ 어제 재미있는 영화 한 편 보<u>았</u>지. ◦ 여기 놓아 둔 빵, 네가 먹<u>었</u>니?
-았었/었었-	어떤 동작과 상태가 일어나, 현재와는 전혀 관련이 없음을 나타낼 때 쓰이는 어미	◦ 이 강에는 물이 많<u>았었</u>는데…. ◦ 그때는 놀러도 참 많이 다<u>녔었</u>다.
-야	같은 또래나 손아랫사람에게 사실이나 사건을 서술하거나 물을 때 쓰이는 어미	◦ 그 말이 맞을 거<u>야</u>. ◦ 다시 해 볼 거<u>야</u>?

어미	뜻	예
-(어/아)야	앞에 나오는 내용이 뒤에 나오는 내용에 꼭 필요한 조건임을 나타낼 때 쓰이는 어미	○ 좀 쉬어야 감기가 낫지. ○ 비가 좀더 와야 곡식이 잘 자랄 텐데.
-어/아	같은 또래나 손아랫사람에게 상황에 따라 서술·물음·명령·청유·감탄의 뜻을 나타낼 때 쓰이는 어미	○ 끝났어? ○ 거기 가면 맛있는 게 많아.
	앞에 나오는 내용이 다음에 나오는 내용의 이유·근거·시간관계를 나타낼 때 쓰이는 어미	○ 차례가 되어 물을 떠 마셨습니다. ○ 얼마 가지 않아 쌀이 다 떨어졌다.
-옵-	듣는 사람에 대해 공손한 태도를 나타낼 때 쓰이는 어미, 주로 기도문에서 쓰임	○ 그 일은 사실이 아니옵니다. ○ 주님께 간절히 기도드리옵나이다.
-(어/아)요	손윗사람이나 같은 또래에게 다정하게 설명하거나 질문할 때 쓰이는 어미	○ 이 과일 좀 들어요. ○ 우리 함께 놀아요.
-자	같은 또래나 손아랫사람에게 같이 하기를 바랄 때 쓰이는 어미	○ 차 마시러 가자. ○ 우리 모두 나무를 가꾸자.
	한 동작이나 상태가 끝남과 동시에 다른 동작이나 상태가 계속 이어짐을 나타낼 때 쓰이는 어미	○ 공연이 끝나자 사람들이 모두 일어서서 박수를 쳤다. ○ 해가 지자 어둠이 깔렸다.
-자꾸나	같은 또래나 손아랫사람에게 '함께 하자'는 뜻으로 쓰이는 어미	○ 얘들아, 간식 먹자꾸나. ○ 우리 잘 해 보자꾸나.
-자마자	'바로 그 때' 또는 '곧'의 뜻으로 어떤 동작이나 상태가 계속 이어서 있음을 나타낼 때 쓰이는 어미	○ 해가 지자마자 산 속에는 칠흑 같은 어둠이 깔렸다. ○ 물건을 갖다 놓자마자 다 팔렸다.
-지	손아랫사람이나 같은 또래에게 어떤 사실을 확인하거나 부드럽게 권할 때 쓰이는 어미, 서술형·청유형·의문형에 두루 쓰임	○ 어제 경기는 한국이 이겼지. ○ 우유 많이 먹어야지. ○ 너 어제 속상했지?
	서로 다른 사실을 대조하여 나타낼 때 쓰이는 어미	○ 현재가 중요하지 과거가 중요합니까? ○ 독도는 한국 땅이지 일본 땅이 아니다.
	('않다', '못하다', '말다'와 함께) 앞의 내용을 부정할 때 쓰이는 어미	○ 나무를 꺾지 마시오. ○ 나는 그것을 믿지 않아요.

- 지요	손윗사람이나 같은 또래에게 사실을 확인하거나 친근하게 말할 때 쓰는 어미, 서술형과 의문형에 두루 쓰임	◦ 오늘은 날씨가 무척 좋<u>지요</u>? ◦ 제가 그 사실을 모를 리가 없<u>지요</u>.

찾아보기: 가나다 차례

가	591
나	606
다	610
라	616
마	616
바	622
사	631
아	643
자	658
차	669
카	674
타	674
파	677
하	679

가

가 485	가라앉다 518	가상 502
가감승제 460	가락 243	가석방 308
가감하다 460	가락국수 110	가설 214
가건물 139	가락지 93	가속 396
가게 139, 338	가랑비 405	가속도 214
가겟집 139	가랑이 25	가속도의 원리 214
가격 338	가래 25, 374	가수 185, 243, 362
가격인상 338	가래떡 110	가스 392
가격인하 338	가려움증 37	가스관 139
가격표 338	가련하다 65	가스레인지 392
가계 338	가렵다 57	가스렌지 110
가계부 338	가로 460, 485	가스요금 338
가계비 338	가로등 396, 485	가스전 318
가계소득 338	가로수 396, 432, 485	가슴 25, 415
가계수표 338	가로젓다 518	가슴앓이 37, 65
가계지출 338	가로지르다 518	가습기 139
가곡 243	가루 445, 502	가시 432
가공 502	가루비누 139	가시광선 405, 485
가공식품 110	가루약 37	가시나무 432
가공업 374	가르다 518	가식적이다 81
가공하다 374	가르치다 199, 518	가야 285
가구 139, 329, 460	가리개 139	가야금 243
가구디자인 139	가리다 110, 518	가열하다 110, 392, 518
가구배치 139	가리마 25	가엾다 65
가구점 338	가리비 415	가오리 415
가까스로 502	가마 25, 139, 374, 392, 396, 460	가옥 139
가깝다 485	가마니 374	가요 243
가꾸다 432	가마솥 110	가요계 243
가끔 472	가맹점 338	가요제 243
가나 285	가면 93	가운 93
가난뱅이 1	가면극 243	가운데 485
가난하다 338, 502	가명 329	가운뎃점 163
가내수공업 374	가무단 243	가위 139
가냘프다 502	가문 10	가위바위보 271
가느다랗다 445	가물가물 405	가을 472
가늘다 445	가물다 405, 502, 518	가을걷이 374
가능 502	가물치 110, 415	가을바람 405
가다 472, 518	가뭄 405	가자미 110, 415
가다듬다 65	가발 25, 93	가장 1, 139, 329
가닥 460	가방 93, 139	가장자리 485
가동하다 374	가볍다 502	가재 415
가두다 308, 518	가봉 285	가전제품 139
가득 139	가부장제 10	가정 10, 139
가득차다 502	가부장제도 329	가정교육 199
가득하다 445, 502	가불하다 338	가정문제 329
	가뿐하다 502	가정법원 308
	가사 243, 362	가정부 362
	가산점 460	가정주부 1

가정통신문	199	
가정학습	199	
가정환경	10, 139	
가족	10, 139	
가족계획	10	
가족관계	10	
가족사진	265	
가족제도	10, 329	
가죽	93, 415	
가죽장갑	93	
가증스럽다	65	
가지	110, 432, 460	
가지가지	445	
가지각색	453	
가지다	338, 518	
가지런하다	445	
가짜	502	
가창력	243	
가축	374, 415	
가치관	65, 81	
가톨릭교	226	
가해자	308	
가혹하다	81	
각	445	
각도	445, 460	
각도기	445, 460	
각막	57	
각본	185, 243	
각색	243	
각선미	25	
각성하다	65	
각시	1	
각양각색	445, 453	
각오하다	65	
각주	163	
간	25, 57, 110	
간간하다	57, 110	
간격	472, 485	
간결하다	502	
간경화증	37	
간곡하다	81	
간니	25	
간단하다	502	
간디스토마	37	
간맞추다	110, 518	
간병인	37	
간병하다	37	
간보다	57, 110, 518	
간부사원	362	
간사하다	81	
간식	110	
간암	37	
간염	37	
간음	19	
간장	110	
간접세	338	
간접인용	163	
간접화법	163	
간주	243	
간주하다	65, 214	
간지럽다	57	
간질	37	
간척지	374, 485	
간접	290, 318	
간청하다	163, 518	
간추리다	518	
간통	19	
간통죄	19	
간판	139, 338	
간편하다	502	
간행하다	185	
간호대학	199	
간호사	37, 362	
간호사관학교	199, 318	
간호장교	318	
간호학	214	
간혹	472	
갈기	415	
갈기갈기	502	
갈다	110, 374, 518	
갈대	432	
갈등	65	
갈라놓다	518	
갈라서다	518	
갈라지다	518	
갈래꽃	432	
갈망하다	65	
갈매기	415	
갈비	110	
갈비뼈	25	
갈비찜	110	
갈비탕	110	
갈색	453	
갈아입다	93	
갈증	110	
갈증나다	110	
갈치	111, 415	
갈퀴	374	
감	432	
감각	57	
감각기	25	
감각기관	57	
감격하다	65	
감광지	265	
감금하다	308	
감기	37	
감기약	37	
감나무	432	
감다	93, 518	
감독	185, 243, 277, 362	
감동	65	
감동적이다	65	
감동하다	65	
감리교	226	
감미료	111	
감방	308	
감사원	290	
감사하다	65, 518	
감상하다	243	
감색	453	
감성	65	
감성지수	65	
감수성	65	
감시하다	518	
감싸다	518	
감염	37	
감옥	308	
감옥살이	49	
감자	111, 432	
감자탕	111	
감정	65	
감주	111	
감지덕지	65	
감지하다	57	
감질나다	65	
감촉	57	
감치다	93	
감탄사	163	
갑	140, 460	
갑갑하다	65	
갑골문자	163	
갑근세	338	
갑옷	93	
갑자기	472	

갑절 460	개 415, 460	개조하다 140
갑종근로소득세 338	개가 19	개종하다 226
갑판 396	개각하다 290	개척자 1
갑판장 362, 396	개간지 374	개척하다 519
값 339, 460	개간하다 374	개천절 290, 472
값어치 339	개강 199, 396	개축 140
갓 93, 111, 432, 472	개고기 111	개펄 485
갓길 485	개교기념일 199	개편하다 290
갓난아기 1	개교하다 199	개표 290
강 485	개구리 415	개표소 290
강가 485	개구리헤엄 277	개표참관인 290
강간 19	개구쟁이 1	개표하다 290
강강수월래 243	개굴개굴 415	개학 199
강낭콩 111, 432	개그맨 362	개항 374
강냉이 111	개근상 199	개헌 290
강당 199	개나리 432	개헤엄 277
강대국 290	개념 214	개혁 329
강도 308	개다 405, 519	개화 329
강독 163	개떡 111	개화기 239, 432, 472
강력계 308	개똥벌레 415	개화하다 239, 432
강력하다 502	개량종 374	개회식 329
강바람 405	개량하다 374	객관성 65, 214
강박관념 65, 81	개량한복 93	객관식 199
강변 485	개미 415	객사 49
강사 199, 362	개발도상국 290	객석 244
강사진 199	개발하다 519	객실 396
강세 502	개방경제 339	갱 374
강수량 405	개방하다 519	갱년기 49
강아지 415	개봉관 244	갱도 374
강아지풀 432	개봉박두 244	갸웃하다 519
강연 163	개비 460	거기 485
강연하다 163, 518	개사 244	거느리다 519
강요하다 163, 518	개선 318	거대하다 445
강우량 405	개선하다 318, 519	거두기 374
강의 163, 199	개성 81	거두다 374, 433
강의계획서 199	개수 460	거드름피우다 81
강의실 199	개수대 140	거래 339
강의하다 163, 518	개시 339	거래처 339
강인하다 502	개시하다 519	거르다 111, 519
강적 318	개신교 226	거름 374, 433
강정 111	개업 339	거름종이 214
강추위 405	개울 485	거름주다 374
강태공 265	개인 329	거리 460, 485
강판 111	개인교습 199	거미 396
강하다 502	개인병원 37	거만하다 81
강화 502	개인주의 329	거머리 415
같다 445, 502	개인행동 329	거목 433
갚다 339, 519	개점 339	거무스름하다 453

거무죽죽하다 453
거무튀튀하다 453
거문고 244
거미 415
거미줄 416
거부하다 163, 519
거북선 396
거북이 416
거북하다 65
거세다 502
거센소리 163
거스르다 519
거스름돈 339
거시경제 339
거실 140
거액 339
거울 93, 140
거위 416
거의 503
거인 1
거절하다 163, 519
거주자 140
거주지 140
거주하다 140
거지 362
거짓 503
거짓되다 503
거짓말 163
거짓말쟁이 1
거쳐 140
거치다 519
거칠거칠 57
거칠다 57, 81, 503
거품기 111
걱정 66
걱정거리 66
걱정하다 66
건강 37
건강하다 25, 503
건국 290
건너다 519
건너편 485
건넌방 140
건널목 396
건달 362
건더기 111
건드리다 519
건망증 37

건물 140
건반악기 244
건방지다 81
건배하다 111
건빵 111
건설 140
건설교통부 290
건설비 140
건설업 362
건설업자 362
건설업체 140
건설하다 140, 519
건어물 111, 374
건의하다 163, 519
건전가요 244
건전지 140, 214, 392
건조 93
건조시키다 374
건조장 374
건조주의보 405
건조하다 405, 503
건지다 111, 519
건축 140
건축가 140, 362
건축기사 140, 362
건축물 140
건축설계사 140
건축양식 140
건축하다 140
건축학 214
건축학자 214
건축현장 140
건평 140
건포도 111
걷다 93, 519
걷히다 405
걸다 93, 519
걸레 140
걸상 199
걸인 362
걸작 244
걸쭉하다 503
걸치다 93, 519
검 277
검거하다 308
검다 453
검도 277
검문 308

검문소 308
검문하다 308
검버섯 25
검사 308, 362
검사하다 519
검산하다 460
검소하다 339
검열하다 185
검은색 453
검정 453
검정고시 199
검정색 453
검증 214
검증하다 214, 519
검지 25
검진하다 37
검찰 308
검찰청 290, 308
검침하다 519
검토하다 519
겁 66
겁나다 66, 519
겁내다 66
겁쟁이 1
겉 485
겉감 93
겉옷 93
게 111, 416
게릴라전 318
게시판 140, 193
게시하다 193
게우다 519
게으르다 81
게으름뱅이 1
게임 271
게임방 271
게임하다 271
게재료 185
게재하다 185
겨누다 519
겨드랑이 25
겨레 1, 290, 329
겨루다 277, 519
겨를 472
겨우 503
겨우내 472
겨울 472
겨울바람 405

겨울잠 416	결핵 37	경상 37
겨자 111	결혼 10, 19	경상수지 339
격 163	결혼기념일 19, 472	경상지출 339
격려금 339	결혼반지 19	경솔하다 81
격려사 163	결혼사진 265	경어 163
격려하다 163, 519	결혼상담소 19	경영 339
격리시키다 519	결혼서약 19	경영인 339, 362
격언 163	결혼식 19	경영자 339
격월 472	결혼식장 19	경영진 362
격음 163	결혼하다 19	경영하다 362, 520
격일 472	결혼행진곡 19	경영학 214
격전 318	겸손하다 81	경영학자 214
격전지 318	겸연쩍다 66	경외 226
격주 472	겸임교수 199	경외심 226
격투기 277	겹 460	경외하다 226
겪다 519	겹사돈 10	경운기 374
견고하다 503	경 460	경유 392
견본품 339	경각심 66	경유하다 520
견인차 396	경거망동하다 81	경음 163
견주다 519	경계선 485	경음악 244
견학 199	경계하다 66	경의 81, 329
결과 214	경고하다 163, 520	경이롭다 66
결근 362	경기 277, 339	경작지 374
결단하다 520	경기규칙 277	경작하다 374
결론 163, 214	경기력 277	경전 226
결론짓다 163, 520	경기변동 339	경제 339
결막염 37	경기장 277	경제계 339
결박하다 520	경기하다 277	경제공황 339
결백하다 503	경단 111	경제권 339, 340
결벽증 81	경도 485	경제면 185
결별하다 520	경력사원 362	경제발전 340
결빙 503	경련 37	경제법 308
결산 339	경로당 140	경제성 340
결석 199	경마 271	경제성장 340
결석하다 520	경마장 271	경제원리 340
결성하다 520	경매 339	경제인 340
결속하다 520	경매인 339	경제적이다 340
결손가정 10	경멸하다 81	경제지표 340
결심하다 66, 520	경배하다 226	경제학 214
결재 339	경범죄 308	경제학자 214
결재일 339	경보 277	경조사 329
결점 503	경보기 140	경주하다 277
결정 308	경비 339	경지 375
결정하다 66, 520	경비선 396	경지정리 375
결투 318	경비원 362	경찰 308
결판내다 520	경비행기 396	경찰관 308
결함 503	경사 485	경찰대학 308
결합하다 520	경사지다 485	경찰대학교 199

경찰력 308	계절 472	고래 416
경찰서 290, 308	계절풍 405	고랭지 375
경찰차 396	계좌 340	고랭지농업 375
경찰청 290, 308	계주 277	고량주 111
경청하다 57, 520	계집 1	고려 285
경축일 472	계집애 1	고려가요 244
경치 140	계측하다 520	고려하다 66
경칩 472	계층 329	고료 185
경품 340	계층이동 329	고루 503
경품권 340	계통론 164	고루하다 81
경향 503	계피 111	고르다 445, 520
경험 66	계획경제 340	고름 37, 93
경험주의 214	계획하다 520	고리대금업 340
경호실 290	고가 340	고리대금업자 340
경호원 308	고가도로 396, 486	고릴라 416
경호하다 308	고가품 340	고립시키다 520
곁 485	고개 25, 486	고마워하다 66
계 226, 340, 460	고객 340	고막 57
계간지 185	고갯마루 486	고맙다 66
계곡 486	고고학 214	고명 111
계급 318, 329	고고학자 214	고모 10
계급사회 329	고구려 285	고모부 10
계급장 318	고구마 111, 433	고목 433
계단 140	고국 290	고무신 94
계란 111, 416	고급품 340	고무장갑 94
계란빵 111	고기 111, 375	고무줄놀이 271
계량 461	고기압 405	고문 308
계량스푼 111	고기잡이 375	고민 66
계량컵 111	고기잡이철 375	고민하다 67, 520
계량하다 461, 520	고깃배 375, 396	고발 309
계모 10	고꾸러지다 520	고발하다 164, 520
계몽문학 244	고뇌 66	고백 164
계몽운동 329	고니 416	고백하다 164, 520
계부 10	고다 111, 520	고부 10
계산 340, 461	고대 472	고분고분하다 81
계산기 461	고대국가 290	고사 226
계산대 340	고대문명 239	고사리 111, 433
계산서 340, 461	고대하다 66	고사성어 164
계산하다 340, 461	고도 445	고소 309
계속 472	고독하다 66	고소득층 329
계속되다 503	고동색 453	고소장 309
계속하다 520	고등 416	고소하다 57, 112, 164, 503, 520
계수 461	고드름 405	고속도로 396, 486
계승하다 239	고등법원 308	고속버스 396
계약 340	고등어 111, 416	고슴도치 416
계약금 340	고등학교 199	고시 200
계약하다 163, 520	고등학생 200	고싸움 271
계엄 290	고량 375	고아 1

고아원 140	고치다 141, 520	골프 277
고안하다 520	고통 37, 57	곪다 38, 112
고액권 340	고통스럽다 57	곰 416
고약하다 503	고해성사 226	곰국 112
고양이 416	고행 226	곰보 1
고열 37	고향 49, 141, 486	곰탕 112
고요하다 57	고혈압 37	곰팡이 416
고용 362	고희 49	곱 461
고용인 329, 362	곡 49, 461	곱다 503, 521
고용주 329, 362	곡괭이 375	곱셈 461
고용하다 362	곡류 112	곱슬머리 25
고원 486	곡마 271	곱절 461
고유명사 164	곡마단 271	곱창 112
고유어 164	곡물 375	곱창전골 112
고을 140, 486	곡선 445	곱추 1
고인 49	곡식 112, 375, 433	곱하기 461
고인돌 49	곡예 271	곱하다 461
고자질하다 164, 520	곡예단 271	곳 486
고장 140, 486	곡예사 271	곳간 141
고저 445	곡우 472	곳곳 486
고전극 244	곡조 244	공 277
고전무용 244	곤경 503	공간 486
고전문학 244	곤란 503	공간미술 244
고전음악 244	곤란하다 67	공간예술 244
고전주의 214, 244	곤봉 277	공갈치다 164, 521
고전해학극 244	곤지 94	공감각 57
고정관념 67	곤지곤지 271	공감대 67
고정환율제도 340	곤충 416	공감하다 67
고조선 285	곤충류 416	공개방송 185
고조할머니 10	곧 472	공개수배 309
고조할아버지 10	곧다 82, 445	공격 277, 318
고종사촌 10	곧장 473	공격개시 318
고지대 486	골 25, 486	공격수 277
고지하다 164, 193, 520	골격 25	공격하다 521
고집 81	골다공증 37	공경하다 1, 67, 82, 329, 521
고집부리다 81	골대 277	공고 164, 200
고집세다 81	골동품 340	공고하다 193
고집스럽다 82	골라내다 521	공공건물 141
고참 362	골목 486	공공기관 290
고체 214, 503	골무 141	공공단체 290
고체연료 392	골방 141	공공사업 329
고추 112, 433	골뱅이 112, 416	공공시설 290
고추냉이 112	골병 38	공공요금 340
고추장 112	골수암 38	공공질서 309, 329
고춧가루 112	골절 38	공과금 340
고층빌딩 141	골절상 38	공교육 200
고층아파트 141	골짜기 486	공교육비 200
고치 416	골치아프다 67	공구 141, 375

공군 318	공수부대 318	공직 291
공군사관학교 200, 318	공수표 341	공직자 291, 363
공권력 290	공습 318	공짜 341
공그르다 521	공습하다 319	공채 341
공금 340	공약 291	공책 141, 200
공급 340	공약수 461	공처가 1
공급자 340	공약하다 164, 521	공천 291
공기 112, 486	공양 226	공천자 291
공기놀이 271	공양미 226	공천하다 291
공기청정기 141	공업 363, 375	공청회 330
공납금 341	공업고등학교 200	공타기 271
공단 375	공업국 375	공탁금 341
공덕 226	공업단지 375	공탁하다 341
공던지기 277	공업도시 375	공통분모 461
공돈 341	공업연료 375	공통어 164
공동묘지 49	공업용 375	공판 309
공동사회 329	공업용수 375	공평하다 82
공동연구 214	공업지대 375	공포 67
공동주택 141	공업화 375	공표하다 164, 521
공동체 329	공연 244	공학 214
공동체사회 329	공연예술 244	공학자 214
공동체의식 330	공연장 244	공항 396
공룡 416	공연하다 244	공화국 291
공립 330	공영방송 185	공휴일 473
공립학교 200	공예 244	곶 486
공명 57	공예가 363	곶감 112
공명선거 290	공예품 244	과거 164, 473
공명정대하다 82	공용어 164	과거완료 164
공무원 290, 362	공원 363, 375	과거형 164
공박하다 164, 521	공익군무원 319	과대망상증 38
공배수 461	공익근무요원 309, 319	과도 112, 141
공백 486	공인중개사 141	과로 38
공범 309	공자 226	과묵하다 82
공법 309	공작 416	과반수 461
공병 318	공장 375	과부 1, 19, 49
공보실 290	공장도가격 341	과세 341
공부 200	공장장 363, 375	과소비 341
공부방 141	공장주 375	과속 396
공부하다 200, 214	공장폐수 375	과수원 375, 433
공사 141	공저 185	과식 112
공사장 141	공전 486	과실 503
공사판 141	공정 375	과외 200
공산주의 291, 330	공정거래위원회 291	과용 341
공산주의국가 291	공정하다 82	과음 112
공산품 341, 375	공주 1, 291	과일 112, 375, 433
공소 309	공중 486	과일쥬스 112
공소시효 309	공중도덕 330	과자 112
공손하다 82	공중전화 141, 193	과제 200

과제물 ··· 200	관리직 ··· 363	광신도 ··· 226
과대료 ···································· 309, 341	관산 ···································· 25, 226	광야 ··· 486
과테말라 ··· 285	관상어 ··· 416	광어 ···································· 112, 416
과하다 ··· 503	관성 ··· 215	광업 ···································· 363, 376
과학 ··· 215	관성의 ··· 215	광역시 ···································· 141, 291
과학고등학교 ··· 200	관세 ··· 341	광원 ··· 453
과학기술 ··· 215	관세청 ···································· 291, 341	광주리 ··· 141
과학기술대학교 ··· 200	관습 ··· 330	광채 ··· 453
과학기술부 ··· 291	관습법 ··· 309	광풍 ··· 405
과학실 ··· 215	관심 ··· 67	광합성 ··· 433
과학자 ···································· 215, 363	관악기 ··· 245	광활하다 ···································· 445, 486
곽 ··· 141	관용 ··· 82	쾌도 ··· 200
관 ···································· 49, 141, 461	관용어 ··· 164	쾌씸하다 ···································· 67, 82
관개 ··· 376	관자놀이 ··· 25	괜찮다 ··· 503
관개수 ··· 376	관절 ··· 25	괭이 ··· 376
관객 ··· 244	관절염 ··· 38	괴다 ··· 521
관계대명사 ··· 164	관제탑 ··· 397	괴로움 ··· 67
관계맺다 ··· 521	관직 ··· 291	괴로워하다 ···································· 67, 521
관공서 ··· 291	관찰 ··· 215	괴롭다 ··· 67
관광 ··· 265	관찰하다 ···································· 57, 215, 521	괴물 ··· 416
관광객 ··· 265	관청 ···································· 141, 291	괴상하다 ··· 503
관광국가 ··· 265	관측 ··· 215	괴짜 ··· 1
관광단 ··· 265	관측하다 ··· 215	괴팍하다 ··· 82
관광도시 ··· 265	관통하다 ··· 521	괴한 ··· 1
관광버스 ···································· 265, 397	관현악단 ··· 245	교감 ··· 200
관광부 ··· 265	관형사 ··· 164	교과과정 ··· 200
관광사업 ··· 265	관형어 ··· 164	교과서 ··· 200
관광시설 ··· 265	관혼상제 ···································· 49, 226	교구 ··· 200
관광안내원 ··· 265	광 ··· 141	교단 ···································· 200, 226
관광업 ···································· 265, 376	광고 ···································· 185, 193, 245	교도관 ··· 309
관광열차 ··· 265	광고면 ··· 185	교도소 ··· 309
관광유람선 ··· 265	광고지 ··· 193	교리 ··· 226
관광자원 ··· 265	광년 ···································· 473, 486	교리문답 ··· 226
관광정책 ··· 265	광대 ··· 363	교만하다 ··· 82
관광지 ··· 265	광대뼈 ··· 25	교무실 ··· 200
관광지도 ··· 265	광대하다 ··· 445	교문 ··· 200
관광하다 ···································· 265, 521	광맥 ··· 376	교미하다 ··· 416
관광호텔 ··· 265	광물 ··· 376	교배하다 ··· 376
관념 ··· 67	광물질 ··· 376	교복 ···································· 94, 200
관대하다 ··· 82	광복절 ···································· 291, 473	교사 ···································· 49, 200, 363
관람객 ··· 244	광부 ···································· 363, 376	교살 ··· 49
관람료 ··· 244	광산 ··· 376	교생 ··· 200
관람불가 ··· 245	광산업 ··· 376	교섭하다 ···································· 164, 521
관람석 ··· 245	광산촌 ··· 376	교수 ···································· 200, 363
관람하다 ···································· 245, 521	광석 ··· 376	교수식당 ··· 200
관례 ··· 330	광선 ··· 453	교수요목 ··· 200
관리비 ··· 341	광섬유 ··· 193	교수진 ··· 201
관리자 ··· 363	광속 ···································· 453, 473, 486	교수형 ··· 309

교실 … 201	교통계 … 309	구두약 … 141
교양 … 82	교통문제 … 330	구두점 … 164
교역 … 341	교통방송 … 186	구두주걱 … 141
교열 … 164	교통법규 … 397	구들장 … 141
교열기자 … 185	교통비 … 397	구렁이 … 416
교원 … 201, 363	교통사고 … 397	구렛나루 … 25
교육 … 201	교통수단 … 397	구류 … 309
교육감 … 201	교통정보 … 193	구르다 … 521
교육공학 … 201	교통지도 … 397	구름 … 405
교육과정 … 201	교통질서 … 397	구름다리 … 272
교육기관 … 201	교통체증 … 397	구릉 … 486
교육대학 … 201	교과 … 226	구리 … 376
교육목적 … 201	교포 … 291	구리다 … 57
교육목표 … 201	교표 … 202	구리빛 … 453
교육방법 … 201	교향곡 … 245	구린내 … 57
교육방송국 … 185	교향악단 … 245	구매 … 341
교육법 … 201	교환 … 341	구매자 … 341
교육부 … 201, 291	교환하다 … 521	구매하다 … 341
교육비 … 201	교활하다 … 82	구멍가게 … 341
교육세 … 341	교황 … 226, 363	구명보트 … 397
교육시설 … 201	교회 … 141, 226	구명정 … 397
교육실습 … 201	교회음악 … 245	구명조끼 … 95, 397
교육열 … 201	교훈 … 202	구민 … 330
교육위원회 … 201	구 … 141, 164, 292, 445, 461	구박하다 … 82
교육자 … 201	구간 … 486	구별하다 … 67
교육적 … 202	구개음화 … 164	구부러지다 … 445, 486
교육철학 … 202	구경꾼 … 2	구부리다 … 521
교육평가 … 202	구경하다 … 521	구불구불 … 503
교육학 … 215	구관조 … 416	구불텅구불텅 … 503
교육학자 … 215	구교 … 227	굽이굽이 … 486
교육행정 … 202	구구구 … 416	구비문학 … 245
교인 … 226	구구단 … 461	구사하다 … 164
교장 … 202	구금 … 309	구상하다 … 67
교장실 … 202	구급약 … 38	구석 … 486
교재 … 202	구급차 … 38, 397	구석구석 … 486
교정 … 164, 186	구기다 … 521	구석기시대 … 239
교제하다 … 521	구기자 … 433	구성원 … 330
교조 … 226	구기종목 … 277	구성작가 … 186, 363
교주 … 226	구김 … 94	구세군 … 227
교지 … 202	구김갸다 … 95	구세주 … 227
교지편집실 … 202	구더기 … 416	구속 … 309
교직 … 202	구도 … 245	구속영장 … 309
교직원 … 202	구독자 … 186	구속하다 … 309, 521
교집합 … 461	구독하다 … 186	구수하다 … 57, 112, 503
교체하다 … 521	구두 … 95	구술하다 … 164, 521
교탁 … 202	구두닦이 … 363	구슬 … 95
교통 … 397	구두솔 … 141	구슬땀 … 25
교통경찰 … 309, 397	구두쇠 … 2	구슬치기 … 272

구식 503	국내 292	국수 113
구약 227	국내경제 341	국수주의 293
구약성서 227	국내법 309	국악 245
구어 164	국내시장 341	국악기 245
구역 486	국내외 292	국어 165
구원 227	국내정세 292	국어순화 165
구유 376	국내정치 292	국어학 215
구의원 292	국도 397, 486	국어학자 215
구의회 292	국력 292	국영방송 186
구이 112	국립 292, 330	국왕 293
구인란 186	국립대학 202	국외 293
구입 341	국무 292	국외정세 293
구입하다 341	국무조정실 292	국자 113
구절 164	국무총리 292, 363	국적 285, 293
구절판 112	국무총리비서실 293	국정 293
구정 473	국무회의 293	국정감사 293
구직란 186	국문 293	국제경제 341
구질구질 95	국문학 215	국제기구 293
구차하다 82	국문학자 215	국제법 309
구청 292	국물 112	국제변호사 309
구청장 292	국민 293, 330	국제수지 341
구축하다 193	국민가수 293	국제시장 342
구충제 38	국민가요 293	국제연합 294
구치소 309	국민경제 293	국제우편 193
구타하다 521	국민교육헌장 293	국제적 294
구토 38	국민문화 293	국제전화 193
국 112	국민복지 293	국제정세 294
국가 292	국민성 293	국제정치 294
국가경제 341	국민소득 293, 341	국제화 294
국가과학기술자문회의 292	국민의례 293	국지전 319
국가관 292	국민의식 293	국채 342
국가기밀 193	국민자본 293, 341	국토 294
국가대표선수 277	국민차 293, 397	국토방위 294, 319
국가론 292	국민체조 277, 293	국토순례 265
국가명 292	국민총생산 341	국호 294
국가보훈처 292	국민투표 293	국화 294, 433
국가안전기획부 292	국밥 112	국화빵 113
국가안전보장회의 292	국밥집 113	국회 294
국가정보원 292	국방 293, 319	국회법 294
국경 292	국방부 293, 319	국회사무처 294
국경선 292	국방부장관 319	국회안건 294
국경일 292, 473	국방색 453	국회의사당 294
국교 227, 292	국법 293, 309	국회의원 294, 363
국군 292, 319	국보 293	국회의장 294
국군병원 319	국사 293	국회해산 294
국궁 277	국산 293	국회회기 294
국권 292	국세 341	군 2, 141, 294
국기 292	국세청 293, 341	군가 319

군것질 … 113	군의관 … 320	궁합 … 19
군기 … 319	군인 … 320, 363	궂다 … 521
군대 … 319	군장 … 320	권 … 461
군대행진곡 … 319	군장비 … 320	권고하다 … 165, 521
군데 … 486	군졸 … 320	권력 … 294, 330
군데군데 … 486	군주 … 294	권리 … 330
군도 … 487	군주국가 … 294	권리금 … 342
군말 … 165	군주정치 … 294	권사 … 227
군목 … 319	군주제 … 294	권유하다 … 165
군무원 … 319	군중 … 294, 330	권장소비자가격 … 342
군민 … 330	군청 … 294	권장하다 … 165, 521
군번 … 319	군청색 … 453	권총 … 320
군법 … 319	군침 … 113	권태 … 67
군법무관 … 319	군침돌다 … 113	권투 … 278
군법회의 … 319	군함 … 320, 397	권투장갑 … 95, 278
군복 … 95, 319	군항 … 320	권하다 … 165, 522
군복무 … 319	군화 … 320	권한 … 294
군비제한 … 319	굳다 … 503	궤 … 142
군사 … 319	굳세다 … 82	궤도 … 487
군사개입 … 319	굳은살 … 25	궤짝 … 142
군사고문단 … 319	굴 … 113, 417, 487	귀 … 25, 57, 417
군사교육 … 319	굴곡 … 165	귀결 … 215
군사기밀 … 319	굴뚝 … 141, 392	귀고리 … 95
군사기지 … 319	굴복하다 … 320	귀공자 … 2
군사도시 … 319	굴비 … 113	귀금속 … 95, 376
군사동맹 … 319	굴절 … 453	귀납법 … 215
군사력 … 319	굵기 … 445, 461	귀농 … 376
군사분계선 … 320	굵다 … 445, 503	귀농현상 … 376
군사비 … 320	굵다랗다 … 445	귀뚜라미 … 417
군사우편 … 193, 320	굵직하다 … 445	귀뚤귀뚤 … 417
군사위성 … 320	굶다 … 113, 521	귀띔하다 … 165, 522
군사재판 … 320	굶주리다 … 113	귀리 … 113, 433
군사정책 … 320	굼뜨다 … 82	귀머거리 … 2, 57, 165
군사지도 … 320	굽다 … 113, 445, 521	귀먹다 … 57, 503
군사지역 … 320	굽히다 … 521	귀밑머리 … 26
군사학 … 215	굿 … 227	귀부인 … 2
군살 … 25	굿판 … 227	귀신 … 227
군소리 … 165	굿하다 … 227	귀염성 … 82
군소리하다 … 165, 521	궁 … 141	귀엽다 … 82
군수 … 294, 363	궁궐 … 142	귀의하다 … 227
군수뇌부 … 320	궁금증 … 67	귀이개 … 142
군수물자 … 320	궁금하다 … 67	귀중품 … 342
군수품 … 320	궁도 … 277	귀지 … 26
군악대 … 245, 320	궁둥이 … 25	귀찮다 … 67
군용기 … 397	궁리하다 … 67	귀청 … 57
군용도로 … 320	궁전 … 142	귀퉁이 … 487
군용지 … 320	궁중무용 … 245	귀하다 … 503
군용차 … 320	궁중요리 … 113	귀화 … 294

귓가 ·· 26
귓등 ·· 26
귓바퀴 ···································· 57
귓밥 ·· 26
귓병 ·· 38
귓불 ·· 26
귓속말 ····························· 58, 165
규격봉투 ····························· 193
규격품 ································· 342
규명하다 ···························· 522
규범 ······································ 330
규율 ······································ 330
규정 ······································ 309
규제 ······································ 330
규제하다 ···························· 522
규칙 ···················· 215, 309, 503
규탄하다 ····················· 165, 522
균 ··· 417
균형 ····································· 504
귤 ··· 433
그곳 ····································· 487
그그저께 ···························· 473
그글피 ································· 473
그네 ····································· 272
그네뛰기 ···························· 272
그네타기 ···························· 272
그때 ····································· 473
그때그때 ···························· 473
그램 ····································· 461
그루 ······························ 433, 461
그루갈이 ···························· 376
그릇 ······························ 113, 461
그리다 ···················· 165, 245, 522
그리스 ································· 285
그리스도 ···························· 227
그리스도교 ······················· 227
그리스어 ···························· 165
그리스정교 ······················· 227
그리움 ·································· 67
그리워하다 ················ 67, 522
그림 ····································· 245
그림씨 ································· 165
그림엽서 ···························· 193
그림자 ·················· 405, 453, 487
그림책 ································ 186
그립다 ·································· 67
그물 ····························· 265, 376
그물낚시 ···························· 265

그믐 ····································· 473
그믐날 ································· 473
그믐달 ································· 487
그을다 ································· 522
그저께 ································· 473
그전 ····································· 473
그제 ····································· 473
그쪽 ····································· 487
그치다 ································· 405
극 ··· 245
극기훈련 ···························· 202
극락정토 ···························· 227
극복하다 ······························ 82
극성 ····································· 215
극성맞다 ······························ 82
극시 ····································· 245
극작가 ························ 245, 363
극장 ····································· 246
극장 ····································· 376
극적 ····································· 246
극진하다 ······························ 82
근 ··· 461
근대 ······························ 113, 473
근로소득 ···························· 342
근로자 ································ 363
근면성 ·································· 82
근면하다 ······························ 82
근무 ····································· 363
근무자 ································ 363
근무지 ································ 363
근무처 ································ 363
근무하다 ···························· 363
근방 ····································· 487
근시 ································ 38, 58
근신 ····································· 202
근심 ······································· 67
근심하다 ······························ 67
근육 ······································· 26
근육통 ·································· 38
근절하다 ···························· 522
근접하다 ···················· 487, 522
근처 ····································· 487
근해어업 ···························· 376
글 ··· 165
글씨 ····································· 165
글씨체 ································ 165
글자 ····································· 165
글짓기 ························ 165, 246

글피 ····································· 473
금 ··· 376
금강석 ································ 376
금고 ····································· 342
금관 ······································· 95
금관악기 ···························· 246
금광 ····································· 376
금괴 ····································· 376
금년 ····································· 473
금리 ····································· 342
금발 ······································· 26
금방 ····································· 473
금번 ····································· 473
금붕어 ································ 417
금빛 ····································· 453
금새 ····································· 473
금색 ····································· 453
금성 ····································· 487
금속 ····································· 376
금속공예 ···························· 246
금식 ····································· 113
금실 ······································· 19
금액 ····································· 342
금연 ····································· 113
금요일 ································ 473
금융 ····································· 342
금융가 ································ 342
금융계 ································ 342
금융기관 ···························· 342
금융시장 ···························· 342
금융실명제 ······················· 342
금융업 ························ 363, 376
금융자산 ···························· 342
금일 ····································· 473
금일봉 ································ 342
금잔화 ································ 433
금전 ····································· 342
금전출납부 ······················· 342
금주 ····································· 113
금지하다 ···················· 165, 522
금혼식 ·································· 19
금화 ····································· 342
급료 ····································· 342
급변 ····································· 504
급사 ······································· 49
급소 ······································· 26
급식 ····································· 113
급여 ····························· 342, 363

급체 38	기름 113, 392	기와집 142
급하다 82	기름지다 487	기운없다 504
급훈 202	기린 417	기운차다 504
굿다 165, 522	기마전 272	기울기 487
긍정적이다 82	기만하다 82	기울다 445, 522
긍정하다 165, 522	기밀 193	기원 227
금지 67	기반시설 377	기원전 473
기각 309	기병 320	기원하다 165, 522
기간 473	기본형 165	기일 49
기간산업 376	기부금 342	기입하다 165
기계 376	기분 67	기자 186, 364
기계공업 377	기뻐하다 67, 522	기장 364, 397, 433
기계문명 239	기쁘다 67	기재하다 165
기계체조 278	기쁨 67	기저귀 142
기계화 377	기사 186, 363, 397	기적 227
기관 377	기상 406	기절 38
기관사 363, 397	기상관측 406	기절하다 504
기관장 363	기상청 294, 406	기죽다 82
기관지염 38	기상통보 406	기지 320
기관차 397	기상특보 406	기지개 26
기관총 320	기생충 417	기차 398
기구 142, 227, 397	기생하다 417	기차여행 265
기구하다 522	기성복 95	기차표 398
기권하다 294	기성회비 202	기체 215, 504
기금 342	기소 309	기초공사 142
기념식 330	기수 461	기초화장 95
기념일 473	기숙사 142, 202	기침 26, 38
기념주화 342	기술 278, 377	기탁금 342
기념품 330	기술직 363	기탁하다 342
기념하다 330	기술하다 165, 522	기필코 504
기다랗다 445	기악 246	기하 461
기다리다 522	기악곡 246	기형아 2
기대다 522	기악대 246	기호식품 113
기대하다 67	기압 406	기호품 113, 343
기도 227	기압계 406, 461	기혼자 19
기도문 227	기약하다 165	기화 215, 504
기도원 227	기어가다 522	기획상품 343
기도하다 165, 227, 522	기어코 504	기획예산위원회 294
기독교 227	기억 67	기획하다 522
기독교방송 186	기억력 67	기후 406
기둥 142	기억하다 68	긴급하다 473
기득권층 330	기업 342	긴박하다 473
기러기 417	기업가 342	긴장 68
기록 165	기업인 342, 363	긴장하다 68
기록사진 265	기업주 342	긴축정책 343
기록영화 246	기업체 342	긷다 522
기록하다 165, 522	기온 406	길 487
기르다 377, 417	기와 142	길거리 487

길다 446, 473	깔보다 83	꼴사납다 504
길들이다 417	깜깜하다 454	꼼꼼하다 83
길모퉁이 487	깜짝 68	꼽다 523
길목 487	깡충깡충 417	꽁꽁 504
길몽 26	깡통 142	꽁무니 417
길이 446, 461	깡통따개 114, 142	꽁지 417
길일 473	깡패 309, 364	꽁초 114, 446
길쭉하다 446	깨 114, 433	꽁치 114
김 113, 433	깨끗하다 504	꽂다 95, 523
김매기 377	깨다 377, 522	꽃 433
김매다 377	깨닫다 68	꽃가루 433
김밥 113	깨뜨리다 522	꽃게 114, 418
김밥집 114	깨물다 114, 522	꽃꽂이 433
김장 114	깨우다 522	꽃눈 433
김장철 114, 473	깨우치다 522	꽃다발 434
김치 114	깻잎 114, 433	꽃대 434
김치찌개 114	꺼리다 68, 83	꽃받침 434
김치통 114	꺼림직하다 68	꽃봉오리 434
깁다 95	꺼지다 522	꽃분홍색 454
깃 95	꺾다 433, 523	꽃사슴 418
깃털 417	껄끄럽다 58, 504	꽃샘추위 406
깊다 446	껌 114	꽃시장 343
깊숙하다 446	껍데기 343, 417, 433	꽃신 95
깊이 446, 462	껍질 417, 433	꽃씨 434
까나리 417	꼬깃꼬깃 504	꽃집 343
까다 522	꼬꼬댁 417	꽃향기 434
까다롭다 82	꼬끼오 417	꽈리 434
까마귀 417	꼬다 523	꽉 142
까만색 453	꼬들꼬들 114	꽉꽉 504
까망 453	꼬르륵 26, 114	꽤 504
까맣다 454	꼬리 417	꽥꽥 418
까먹다 68	꼬리곰탕 114	꽹과리 246
까무러치다 504	꼬마 2	꾀 68
까뭇까뭇 454	꼬불꼬불 487	꾀꼬리 418
까불다 82	꼬시다 165, 523	꾀꼴꾀꼴 418
까악까악 417	꼬이다 446, 523	꾀병 38
까치 417	꼬질꼬질 504	꾸다 343, 523
까투리 417	꼬집다 523	꾸러미 462
깍두기 114	꼬치 114	꾸리다 523
깍듯하다 83	꼭 504	꾸미다 95, 523
깍쟁이 2, 83	꼭대기 487	꾸밈음 246
깎다 343, 522	꼭두각시놀음 272	꾸어주다 343
깐깐하다 83	꼭두각시춤 246	꾸역꾸역 114
깔개 142	꼭두새벽 473	꾸준하다 504
깔깔하다 58	꼭지 433	꾸중 166
깔끔하다 83	꼭지점 446	꾸중하다 166, 523
깔다 522	꼴 377, 446	꾸지람 166
깔대기 142	꼴뚜기 114, 417	꾸짖다 166, 523

꿀 114		나팔 246
꿀꺽 114		나팔꽃 434
꿀꿀 418	## 나	나흘 474
꿀떡 114		낙관적이다 83
꿀맛이다 114	나가다 523	낙농업 364, 377
꿀벌 418	나그네 2	낙농업자 377
끓다 523	나날이 474	낙방하다 202
꿈 26	나누기 462	낙서 166
꿈꾸다 68	나누다 462, 523	낙선 294
꿈틀하다 523	나눗셈 462	낙엽 434
꿋꿋하다 83	나다 434, 523	낙원 227
꿍꿍이 68	나들이 266	낙제생 202
꿩 418	나들이옷 95	낙제하다 202
꿩고기 114	나라 294, 487	낙지 115, 418
꿰뚫어보다 58	나란히 446	낙찰 343
꿰매다 95	나루 398, 487	낙천적이다 83
끄다 392, 523	나루터 487	낙타 418
끄덕이다 523	나룻배 398	낙하산 320, 398
끄르다 95, 523	나르다 524	낚다 266, 377, 524
끄집어내다 523	나리 434	낚시 266, 377
끄트머리 487	나머지 462	낚시꾼 266, 377
끈 142	나무 142, 434	낚시바늘 266
끈기 83	나무라다 166, 524	낚시밥 377
끈끈하다 504	나무아미타불 227	낚시배 398
끈적끈적하다 58	나물 114	낚시질 266, 377
끈질기다 83	나뭇가지 434	낚시터 266, 377
끊다 523	나뭇잎 434	낚시하다 266, 377
끌다 523	나방 418	낚싯대 266, 377
끌어올리다 377	나병 38	낚싯밥 266
끓는점 215	나비 418	낚싯봉 266
끓다 523	나비넥타이 95	낚싯줄 266, 377
끓이다 114, 523	나쁘다 68, 83, 406	난간 142
끔찍하다 68	나사못 142	난감하다 68
끙끙 38	나서다 524	난국 504
끝 474	나선형 446	난독증 166
끝마치다 523	나아가다 524	난로 142, 392
끝말잇기 272	나약하다 83	난류 377, 406, 487
끼 462	나오다 524	난방 142, 392
끼니 114	나이 49, 462	난방비 343
끼다 95, 406, 523	나이지리아 285	난산 19
끼룩끼룩 418	나이테 434	난생 418
끼얹다 114, 523	나중 474	난소염 38
(—고)싶다 74	나지막하다 446	난시 38
(—고)싶어하다 74	나직하다 446	난시청 186
—경 472	나체 26	난자 19
	나침반 398	난쟁이 2
	나타나다 524	난처하다 68
	나태하다 83	난청 26, 38
	나트륨 215	

난초 ········· 434	납부하다 ········ 343	내밀다 ········ 524
난치병 ········ 38	납세 ········ 343	내보내다 ········ 524
난폭하다 ········ 83	납세자 ········ 343	내복 ········ 95
날가리 ········ 377	납입금 ········ 343	내복약 ········ 38
날 ········ 406, 474	납입액 ········ 343	내부 ········ 487
날개 ········ 418	납작코 ········ 26	내부공사 ········ 143
날다 ········ 398, 418, 524	납작하다 ········ 446	내성적이다 ········ 83
날뛰다 ········ 83	납품하다 ········ 343	내세우다 ········ 524
날렵하다 ········ 83	낫 ········ 377	내수시장 ········ 343
날리다 ········ 343	낫다 ········ 38, 504	내의 ········ 95
날마다 ········ 474	낭독하다 ········ 166	내일 ········ 474
날숨 ········ 26	낭떠러지 ········ 487	내장 ········ 26, 115, 143
날씨 ········ 406	낭랑하다 ········ 58	내장재 ········ 143
날씨란 ········ 186	낭만 ········ 68	내키다 ········ 68, 524
날씬하다 ········ 504	낭만주의 ········ 246	내후년 ········ 474
날아가다 ········ 524	낭비하다 ········ 343	냄비 ········ 115
날조하다 ········ 524	낭송하다 ········ 166	냄비받침 ········ 115
날짐승 ········ 418	낮 ········ 474	냄새 ········ 58
날짜 ········ 474	낮다 ········ 406, 446	냄새나다 ········ 58
날카롭다 ········ 83, 446	낮잠 ········ 26	냄새제거제 ········ 58
날파리 ········ 418	낮추다 ········ 524	냉국 ········ 115
낡다 ········ 504	낮춤말 ········ 166	냉기 ········ 406
남 ········ 2, 487	낯 ········ 26	냉담하다 ········ 83
남극 ········ 487	낯설다 ········ 68	냉대하다 ········ 83
남녀 ········ 2	낱말 ········ 166	냉동하다 ········ 115, 524
남녀노소 ········ 2	낱말맞추기 ········ 272	냉면 ········ 115
남동생 ········ 10	낳다 ········ 19, 418, 524	냉방 ········ 143
남루하다 ········ 504	내 ········ 487	냉이 ········ 115, 434
남매 ········ 10	내각 ········ 295	냉장고 ········ 143
남방셔츠 ········ 95	내각책임제 ········ 295	냉전 ········ 320
남빛 ········ 454	내과 ········ 38	냉정하다 ········ 68, 83
남색 ········ 454	내국세 ········ 343	냉차 ········ 115
남성 ········ 2	내국인 ········ 295	냉채 ········ 115
남성복 ········ 95	내기 ········ 272	냉철하다 ········ 68, 215
남아프리카공화국 ········ 285	내기하다 ········ 272	냉커피 ········ 115
남자 ········ 2	내내 ········ 474	냉혈동물 ········ 418
남자답다 ········ 83	내년 ········ 474	냉혹하다 ········ 83
남자친구 ········ 2	내놓다 ········ 524	냠냠 ········ 115
남쪽 ········ 487	내다 ········ 462, 524	냥 ········ 462
남편 ········ 10	내다보다 ········ 58	너구리 ········ 418
남풍 ········ 406	내달 ········ 474	너그럽다 ········ 83
남학생 ········ 2	내려가다 ········ 343, 406, 524	너무 ········ 504
남한 ········ 285	내려오다 ········ 524	너비 ········ 446, 462
남향 ········ 142	내리다 ········ 343, 398, 406, 524	너스레 ········ 166
납 ········ 215, 377	내리막 ········ 487	너와집 ········ 143
납골당 ········ 49	내림세 ········ 343	넉 ········ 462
납득하다 ········ 68	내림표 ········ 246	넉넉하다 ········ 343, 504
납부금 ········ 343	내무반 ········ 320	넉살좋다 ········ 83

넋 49, 68, 228
넋두리 166
넌더리나다 68
널다 95, 524
널뛰기 272
널리 504
널빤지 143
널찍하다 446
넓다 446, 487
널따랗다 446
넓이 446, 462
넓이뛰기 278
넓적다리 26
넓적하다 446
넓히다 446, 524
넘기다 524
넘다 524
넘보다 524
넘어지다 524
넘치다 504
넙적하다 446
넙죽하다 446
넙치 115, 418
넣다 143, 524
네 462
네댓 462
네덜란드 285
네모 446
네모나다 446
네모지다 446
네팔 285
넥타이 95
넥타이핀 95
넷 462
넷째 462
녀석 2
년 474
녘 474
노 83, 377, 398
노년기 49
노다지 377
노동 364
노동법 310
노동부 295
노동자 364, 377
노란색 454
노랑 454
노랗다 454

노래 246
노래방 378
노래하다 524
노려보다 58, 524
노력하다 83
노련하다 504
노루 418
노르웨이 285
노름 272
노름꾼 272
노름하다 272
노리다 524
노린내 58
노망 38
노문학 215
노문학자 215
노발대발 68
노새 418
노송나무 434
노숙자 364
노심초사 68
노안 38, 58
노약자 2
노어 166
노어학 215
노어학자 215
노여움 68
노여워하다 68, 525
노엽다 68
노을 406
노인 2
노인대학 202
노인문제 330
노자 266
노점 343
노점상 343
노처녀 19
노천극장 246
노총각 20
노파 2
노폐물 26
노하다 68
녹내장 38, 58
녹는점 215
녹다 406, 504, 525
녹두 115, 434
녹두색 454
녹말가루 115

녹색 454
녹음기 202
녹이다 115, 525
녹차 115
녹화방송 186
녹화하다 186
논 378, 434, 487
논두렁 378, 487
논둑 378
논리 215
논문 215
논문계획서 215
논박하다 166, 525
논밭 487
논법 215
논설위원 186
논술 166
논어 228
논의하다 166, 525
논쟁하다 166, 525
논증하다 166, 525
논평 186
논평하다 166, 525
놀다 272, 525
놀라다 68, 525
놀라움 68
놀랍다 68
놀러가다 525
놀러오다 525
놀리다 166, 525
놀이 272
놀이공원 272
놀이동산 273
놀이방 202
놀이터 273
놈 2, 462
농가 378
농경문화 239
농경사회 330
농경지 378
농고 202
농구 278
농구공 278
농기계 378
농기구 378
농담 166
농담하다 166, 525
농도 216

농림부 295, 378	놓다 525	눈물 27
농민 330	놓아주다 525	눈물샘 27
농민 378	놓치다 525	눈발 407
농번기 378	뇌 26	눈병 39, 58
농부 364, 378	뇌물 343	눈보라 407
농사 378	뇌사 49	눈사람 407
농사꾼 378	뇌사상태 504	눈사태 407
농사일 378	뇌성마비 38	눈살 27
농사짓다 378	뇌염 38	눈송이 407
농사철 378	뇌졸중 38	눈시울 27
농산물 378	뇌진탕 38	눈싸움 273, 407
농산물시장 343	뇌출혈 39	눈썰매 273, 407
농성 330	누나 10	눈썰미 58
농아 2, 58	누님 10	눈썹 27
농악 246, 378	누다 26, 525	눈썹연필 96
농악놀이 378	누더기 96	눈알 27, 58
농악대 246	누룩 115	눈여겨보다 58
농약 378	누룽지 115	눈자위 27
농어민 330, 378	누르다 525	눈초리 27, 58
농어촌 378	누른밥 115	눈총 27, 58
농업 364, 378	누리 488	눈치 58, 83
농업고등학교 202	누린내 58, 115	눈칫밥 115
농업국 378	누명 310	눕다 525
농업용수 378	누비 96	뉘우치다 68, 166, 525
농업협동조합 378	누비다 96, 525	뉴스 186, 193
농원 378	누비옷 96	뉴질랜드 285
농장 378	누설하다 166, 193, 525	느긋하다 83
농지 378	누에 418	느끼다 58, 68, 525
농지세 343	누에치기 379	느끼하다 58, 115
농지정리 378	누이 10	느낌 58, 68
농촌 378, 488	누이동생 10	느낌씨 166
농촌봉사활동 330	누전 392	느낌표 166
농촌진흥청 295, 378	누추하다 143	느리다 474
농축산물 379	눅눅하다 58, 407, 504	느림보 2
농토 379	눈 26, 58, 407, 418, 434	느슨하다 504
농학 216	눈곱 26	느타리버섯 115, 434
농학자 216	눈금 462	느티나무 434
농한기 379	눈길 58	늑대 418
농협 379	눈깔 58	늑장부리다 525
높낮이 446	눈꺼풀 26	늘 474
높다 406, 446	눈꼬리 27	늘리다 96, 525
높다랗다 446	눈꼽만하다 446	늘씬하다 505
높새바람 407	눈꽃 407	늘어놓다 525
높이 446, 462	눈동자 27, 58	늙다 505, 525
높이다 525	눈두덩 27	늙은이 2
높이뛰기 278	눈망울 27	늠름하다 83
높임말 166	눈매 58	능동태 166
높임법 166	눈멀다 58, 504	능력 364

610 찾아보기

능률	364	
능숙하다	505	
늦—	434, 474	
늦게	474	
늦다	474	
늦더위	407	
늦잠	27	
늪	488	
니콰라과	285	
닝닝하다	115	
닢	462	
—녘	472	
—님	2	

다

다	505
다가가다	525
다가서다	526
다가오다	526
다각형	446
다과회	115, 330
다그다	526
다그치다	166, 526
다기	115
다녀가다	526
다년생	434
다니다	526
다다르다	526
다달이	474
다도	115
다독	166
다듬다	96, 115, 526
다듬이질	96
다락방	143
다람쥐	418
다랑어	418
다래	434
다래끼	39
다르다	446, 505
다리	27
다리	96, 418
다리미	143
다리미대	143
다리미판	143
다림질	96

다림질하다	96
다만	505
다면체	447
다물다	526
다발	462
다방	379
다섯	462
다섯째	462
다세대주택	143
다수당	295
다스	462
다스리다	295, 526
다시마	526
다시마	115, 434
다신교	228
다용도실	143
다음	474
다음달	474
다음번	474
다음해	474
다의어	166
다이빙	278
다이아몬드	379
다이어트	116
다정하다	69, 83
다중언어화자	166
다지다	116, 526
다짐	69
다짐하다	69, 167, 526
다채롭다	454
다치다	526
다큐멘터리	186
다투다	526
닥나무	434
닥지닥지	505
단	96, 434, 462
단검	320
단골	344
단골손님	344
단과대학	202
단기	474
단기사병	320
단내	58, 116
단념하다	69
단단하다	59, 505
단답형	202
단독주택	143
단락	167

단란주점	116, 344, 379
단막극	246
단맛	59
단무지	116
단발머리	27
단백질	116
단비	407
단서	216, 310
단소	246
단속하다	310
단수	462
단순하다	505
단술	116
단숨에	474
단시일	474
단식	116
단어	167
단언하다	167, 526
단역	186, 246
단열	143
단열재	143
단오날	474
단원	202
단위	462
단음계	246
단의어	167
단일민족	295
단일어	167
단장	96
단장하다	526
단절시키다	526
단절하다	526
단점	505
단정하다	69, 96, 167, 216, 526
단조	246
단조롭다	505
단지	116
단체	330
단체사진	266
단체생활	330
단체의식	331
단체장	331
단체행동	331
단체행동권	331
단추	96
단추구멍	96
단축하다	526
단층집	143

단칸방 … 143	담보 … 344	당파 … 295
단팥죽 … 116	담비 … 419	당황하다 … 69
단편소설 … 247	담소 … 167	닻 … 379, 398
단풍 … 435	담소하다 … 167, 527	닿다 … 527
단풍나무 … 435	담수어 … 419	닿소리 … 167
단풍놀이 … 266	담요 … 143	대 … 10, 50, 462
단호하다 … 83	담임교사 … 202	대가리 … 419
닫다 … 526	담장 … 143	대가족 … 11
달 … 474, 488	담쟁이덩굴 … 435	대각선 … 447
달걀 … 116, 419	담즙 … 27	대개 … 505
달걀형 … 447	답관하다 … 167, 527	대걸레 … 143
달그림자 … 407, 488	답화 … 167	대격 … 167
달나라 … 488	답답하다 … 69	대견스럽다 … 69
달 … 59, 96, 116, 462, 505, 526	답례하다 … 167, 527	대괄호 … 167
달동네 … 143, 488	답변하다 … 167, 527	대구 … 116, 419
달라붙다 … 526	답사 … 266	대권 … 295
달래 … 116, 435	답사하다 … 266	대궐 … 143
달래다 … 167, 526	답안지 … 203	대금 … 247, 344
달러 … 344	답하다 … 167, 527	대기 … 488
달러화 … 344	닷새 … 474	대기권 … 488
달려가다 … 526	당구 … 278	대기업 … 344, 364
달려들다 … 526	당권 … 295	대기오염 … 407
달력 … 143, 474	당근 … 116, 435	대꾸하다 … 167, 527
달리기 … 278	당기다 … 527	대나무 … 435
달리다 … 526	당기다 … 69	대다 … 527
달리아 … 435	당나귀 … 419	대단하다 … 505
달맞이 … 273, 488	당뇨병 … 39	대담 … 167
달무리 … 407, 488	당당하다 … 84	대담하다 … 84, 167, 527
달빛 … 407, 488	당대 … 475	대답하다 … 167, 527
달아나다 … 526	당대표 … 295	대도시 … 488
달인 … 2	당리당략 … 295	대들다 … 84, 167, 527
달작지근하다 … 59, 116	당부하다 … 167	대들보 … 143
달콤하다 … 59, 116	당분간 … 475	대량생산 … 379
달팽이 … 419	당사자 … 2	대령 … 320
닭 … 419	당선 … 295	대륙 … 488
닭고기 … 116	당선되다 … 295	대륙붕 … 488
닭똥집 … 116	당선자 … 295	대리석 … 143
닭싸움 … 273	당숙 … 10	대리점 … 344
닮다 … 447	당시 … 475	대립어 … 167
닮은꼴 … 447	당연하다 … 69	대마 … 435
닳다 … 526	당원 … 295	대만 … 285
담 … 143	당일 … 475	대머리 … 27
담그다 … 116	당장 … 475	대명사 … 167
담다 … 143, 527	당쟁 … 295	대문 … 144
담담하다 … 69, 84	당좌수표 … 344	대문자 … 167
담당교사 … 202	당좌예금 … 344	대범하다 … 84
담배 … 116, 435	당직 … 364	대법관 … 310
담백하다 … 84, 116, 505	당초 … 475	대법원 … 310

대법원장 310
대변 27
대변인 295
대변하다 167, 527
대보름 475
대본 186, 247
대부 344
대부금 344
대부분 505
대부하다 344
대사 167, 228, 247, 295
대사관 295
대서 475
대서특필 186
대선 295
대설 475
대설경보 407
대설주의보 407
대소 447
대수 463
대순진리회 228
대야 144
대어 266, 379
대여 344
대여료 379
대여섯 463
대역 186, 247
대영제국 285
대용품 344
대위 320
대응하다 527
대의명분 295
대이름씨 167
대자연 407
대장 27, 320
대장균 419
대장부 2
대접 116
대접하다 84
대주교 228
대중 331
대중가요 247
대중매체 186, 193
대중문화 239
대중음악 247
대지 144, 488
대차대조표 344
대체적 505

대추나무 435
대출 344
대출금 344
대출하다 344
대통령 295, 364
대통령령 310
대통령제 295
대통령중심제 295
대파 116
대포 321
대표 364
대표선수 278
대표이사 364
대표자 331
대하 116, 419
대하소설 247
대학교 203
대학본부 203
대학생 203
대학원 203
대학원생 203
대한 475
대한민국 286
대합 116, 419
대합실 398
대형 447
대형할인매장 344
대화 167
대화하다 167, 527
댁 144
댐 488
댓 463
댕기 96
더덕 116, 435
더듬다 59, 527
더듬이 419
더럽다 505
더부살이 50
더불다 527
더위 407
더하기 463
더하다 463
덕 84
덕담 167
덕망 84
덕장 379
던지다 527
덜다 527

덜덜 407
덤 344
덤벙거리다 84
덤핑판매 344
덥다 59, 407, 505
덧니 27
덧버선 96
덧셈 463
덧신 96
덩굴 435
덩어리 447, 505
덮개 144
덮다 96, 144, 527
덮밥 116
데 488
데다 527
데리다 527
데릴사위 11
데모 296, 331
데뷔하다 247
데치다 116, 527
덴마크 286
도 228, 296, 463
도교 228
도굴꾼 310
도굴꾼 364
도깨비 228
도깨비시장 344
도끼 144
도덕 310, 331
도도하다 84
도돌이표 247
도둑 310
도라지 117, 435
도라지꽃 435
도랑 488
도려내다 527
도련님 11
도로 398, 488
도루묵 419
도리 84
도리다 527
도리도리 273
도마 117, 144, 278
도마뱀 419
도막 463
도망가다 527
도망치다 527

도매 344	독문학자 216	돌연변이 505
도매가 344	독백 168	돌연사 50
도매상 344	독버섯 435	돗나물 117
도매시장 344	독불장군 2	돗자리 144
도미 117, 419	독사 419	동 144, 296, 379, 463, 488
도미니카 286	독사진 266	동강이 505
도민 331	독살 50	동거하다 144
도박 273	독서 168	동굴 488
도박사 273	독서실 203	동그라미 447
도박하다 273	독선 69	동그랗다 447
도배하다 144	독수리 419	동글납작하다 447
도보여행 266	독신 2	동글동글 447
도복 278	독실하다 228	동급생 3
도산 344	독어 168	동기 3, 11, 247
도살 379	독어학 216	동기동창 3
도살장 379	독어학자 216	동기생 3
도서관 203	독일 286	동남아 286
도서상품권 186	독자 168, 186	동남향 144
도서실 203	독자투고란 186	동네 144, 488
도시 144, 488	독재국가 296	동네방네 488
도시가스 392	독재자 296	동년배 3
도시국가 296	독재정치 296	동동주 117
도시락 117	독점 344	동력 392
도시락가방 144	독주 247	동료 3
도시빈민 331	독주회 247	동맥 27
도심 488	독창 247	동맥경화증 39
도안하다 167, 527	독창회 247	동맹 296, 331
도예 247	독촉하다 168, 527	동맹국 296
도예가 364	독특하다 505	동면 419
도움말 167	독하다 84	동문 3
도자기 247	독학사 203	동문서답 168
도장 144	독후감 247	동문회 331
도정하다 379	돈 344, 463	동물 419
도지사 296, 364	돈놀이 344	동물원 419
도착하다 527	돌다 435, 527	동반자 3
도청 193	돌보기 59	동백꽃 435
도청기 59, 193	돌아나다 435	동백나무 435
도청하다 59, 193	돌 50, 475, 488	동사 50, 168
도톰하다 447	돌격 321	동사무소 296
도형 447	돌고래 419	동산 488
도화지 247	돌다 527	동상 39, 247
독 144, 419	돌림병 39	동생 11
독감 39	돌부처 228	동서 11
독거미 419	돌사진 266	동서남북 488
독과점 344	돌아가시다 50	동선 144
독단 69	돌아다니다 527	동성 20
독립어 168	돌아보다 527	동성연애 20
독문학 216	돌아서다 528	동성연애자 20

동시 ······················· 247, 475
동시상영 ····························· 247
동시상영관 ··························· 247
동시통역사 ··············· 168, 364
동아리 ································· 331
동아리방 ····························· 203
동안 ··································· 475
동양문화 ····························· 239
동양화 ································ 247
동양화가 ····························· 247
동여매다 ····························· 528
동요 ··································· 247
동요하다 ····························· 528
동위원소 ····························· 216
동음어 ································ 168
동음이의어 ························· 168
동의어 ································ 168
동의하다 ··················· 168, 528
동이다 ································ 528
동일하다 ····························· 447
동작 ··································· 528
동장 ························· 296, 364
동전 ··································· 345
동정 ····································· 96
동정하다 ··················· 69, 528
동지 ··································· 475
동짓달 ································ 475
동쪽 ··································· 488
동창 ····································· 3
동창생 ································· 3
동창회 ································ 331
동치미 ································ 117
동침하다 ······························ 20
동태 ··································· 117
동포 ······················· 3, 296, 331
동풍 ··································· 407
동하다 ································· 69
동향 ··································· 144
동호인 ································· 3
동호회 ······················· 266, 331
동화 ··································· 248
돛단배 ································ 398
돼지 ··································· 419
돼지갈비 ····························· 117
돼지고기 ····························· 117
돼지코 ································· 27
되 ······································ 463
되다 ················ 117, 463, 505, 528

되돌아가다 ························· 528
되돌이표 ····························· 248
되묻다 ································ 528
되받아치다 ················ 168, 528
되새기다 ····························· 528
된소리 ································ 168
된장 ··································· 117
된장찌개 ····························· 117
됨됨이 ································· 84
두 ······································ 463
두건 ····································· 50
두견새 ································ 419
두근거리다 ············· 69, 505, 528
두근대다 ····················· 69, 528
두꺼비 ································ 419
두꺼비집 ····························· 144
두껍다 ································ 447
두께 ························· 447, 463
두뇌 ····································· 27
두다 ··································· 528
두더지 ································ 419
두둑 ··································· 379
두둑하다 ····························· 447
두둥실 ································ 407
두드러기 ······························ 39
두드러지다 ······················· 505
두드리다 ····························· 528
두들기다 ····························· 528
두려움 ································· 69
두려워하다 ·················· 69, 528
두렵다 ································· 69
두루마기 ····························· 96
두루뭉실하다 ····················· 447
두루미 ································ 419
두르다 ························ 96, 528
두름 ··································· 463
두리둥실 ····························· 407
두리번거리다 ····················· 528
두메 ··································· 488
두목 ····································· 3
두부 ··································· 117
두서너 ································ 463
두엄 ························· 379, 435
두유 ··································· 117
두절 ··································· 193
두텁다 ································ 447
두통 ····································· 39
두툼하다 ····························· 447

두해살이 ····························· 435
둑 ······································ 489
둔각 ··································· 447
둔재 ····································· 3
둔치 ··································· 489
둔탁하다 ····························· 505
둔하다 ························· 69, 505
둘 ······································ 463
둘러보다 ····························· 528
둘러앉다 ····························· 528
둘레 ························· 463, 489
둘째 ··································· 463
둥그스름하다 ····················· 447
둥글납작하다 ····················· 447
둥글넓적하다 ····················· 447
둥글다 ································ 448
둥글둥글 ····························· 448
둥실둥실 ····························· 407
둥지 ··································· 144
뒤 ····························· 475, 489
뒤따르다 ····························· 528
뒤뚱뒤뚱 ····························· 420
뒤숭숭하다 ·························· 69
뒤죽박죽 ····························· 505
뒤지다 ································ 528
뒤집다 ································ 528
뒤쫓다 ································ 528
뒤통수 ································· 27
뒤풀이 ································ 331
뒷거래 ································ 345
뒷면 ··································· 489
뒷문 ··································· 144
드나들다 ····························· 528
드넓다 ································ 448
드라마 ······················ 186, 248
드라이버 ····························· 144
드라이하다 ·························· 96
드러나다 ····························· 528
드레스 ································· 96
드르렁 ································· 27
드리다 ································ 528
드릴 ··································· 144
드문드문 ····························· 505
드물다 ································ 505
드세다 ························· 84, 505
드시다 ································ 117
득남하다 ····························· 20
득점 ··································· 203

득표 296	등반대회 266	딸 11
득표율 296	등반장비 266	딸기 435
득표하다 296	등반하다 266	딸기코 27
듣기 168	등산 266, 278	딸꾹질 27
듣다 59, 168, 528	등산가 266	딸랑이 273
들 435, 489	등산객 266	딸림음 248
들국화 435	등산모 266	땀 27, 97
들기름 117	등산모자 96	땀구멍 27
들깨 117	등산복 266	땀띠 39
들꽃 435	등산양말 267	땅 489
들다 117, 345, 528	등산장비 267	땅거미 407
들뜨다 84	등산하다 267	땅굴 489
들락날락하다 528	등산화 97, 267	땅따먹기 273
들러리 20	등수 203	땅콩 117
들르다 528	등심 117	땋다 97, 529
들리다 59	등에 420	때 27, 97, 475
들머리 168	등유 392	때다 392, 529
들소 420	등잔 145	때때로 475
들숨 27	등장인물 248	때리다 529
들썩이다 528	등장하다 248, 529	때마침 475
들어가다 529	등정 267	때매김 168
들어오다 529	등지다 489	때우다 529
들여다보다 529	디스켓 193	땔감 145, 392
들이밀다 529	디스크 39	땔나무 392
들이받다 529	디자이너 248, 364	땡기다 529
들이켜다 529	디자인하다 248	땡볕 407, 489
들이키다 117	딛다 529	떠나다 529
들쥐 420	따갑다 407, 505	떠돌다 529
들짐승 420	따갑다 59	떠돌이별 489
들쭉날쭉 505	따귀 27	떠들다 168, 529
들창코 27	따끔하다 59	떠보다 529
들추다 529	따님 11	떡 117
들키다 529	따다 379, 435, 529	떡갈나무 435
들통 117	따돌리다 529	떡값 345
들판 489	따뜻하다 407, 506	떡국 117
등 27, 144, 420	따뜻하다 59, 84	떡밥 267
등교하다 203	따라가다 529	떡볶이 117
등기 144, 193	따라오다 529	떡잎 436
등기서류 144	따르다 117, 529	떡집 345
등기우편 193	따발총 321	떨기 436
등꽃 435	따분하다 69	떨다 407
등나무 435	따지다 168, 529	떨리다 69
등단하다 248	딱따구리 420	떨어뜨리다 529
등대 398	딱딱하다 59, 506	떨어지다 529
등록금 203, 345	딱지 39, 310	떨이 345
등록하다 203	딱지치기 273	떫다 59, 117
등반 266	딱총놀이 273	떼 420
등반대 266	딱하다 69	떼다 529

떼돈	345
뗏목	398
또래	3
똑같다	448
똑똑하다	84, 506
똑바르다	448
똘똘하다	84
똥	27
똥개	420
똥구멍	28
똥배	28
똥색	454
똥파리	420
뚜껑	145
뚜렷하다	506
뚜쟁이	364
뚝배기	117
뚫리다	506
뚱뚱하다	506
뚱보	3
뛰다	529
뛰우다	117
뜀틀	278
뜨개	97
뜨개바늘	145
뜨개질	97
뜨개질하다	97
뜨겁다	59, 407, 506
뜨끔하다	69
뜨내기	3
뜨다	97, 118, 407, 489, 529, 530
뜯다	530
뜰	145
뜸	39
뜸들이다	118, 530
뜸하다	506
뜻	168
띄어쓰기	168
띄엄띄엄	506
띄우다	530
띠	50

라

라디오	145, 186, 193
라마교	228
라면	118
라오스	286
라이터	392
라일락	436
라틴어	168
량	463
러시아	286
럭비	278
러닝셔츠	97
레바논	286
레슬링	278
렌즈	216
루마니아	286
룩셈부르크	286
류머티즘	39
르네상스	239, 248
리	145, 296
리듬	248
리듬체조	278
리비아	286
리사이틀	248
리터	463
리트머스시험지	216
리포터	364

마

마	97, 463
마가린	118
마개	145
마고자	97
마구간	379
마귀	228
마그네슘	216
마녀	228
마누라	11
마늘	118, 436
마담	364
마당	145
마당극	248
마디	248, 420
마라톤	278
마렵다	28, 59
마루	145
마르다	506, 530
마른반찬	118
마른안주	118
마름모	448
마리	420, 463
마무리	168
마무리짓다	530
마비	39
마수걸이	345
마술	273
마시다	118, 530
마야문명	239
마요네즈	118
마우스	194
마을	145, 489
마을버스	398
마음	69
마음가짐	84
마음보	84
마음씀씀이	84
마음씨	84
마음졸이다	69, 530
마이크	203
마작	273
마주보다	530
마주하다	489
마중	398
마중하다	530
마지기	379, 463
마지막	475
마진	345
마찰	216
마찰력	216
마취	39
마취상태	506
마취제	39
마취하다	39
마침	475
마침내	475
마침표	168
마카오	286
마파람	407
마한	286
마호메트교	228
마흔	463
막	248, 475
막간	475
막걸리	118
막국수	118
막내	11

막노동 364	말라리아 39	맞은편 489
막노동꾼 364	말랑말랑 59, 506	맞이하다 530
막다 530	말레이시아 286	맞잡다 530
막막하다 69	말리다 97, 379	맞장구치다 169, 530
막사 145	말미 475	맞절 331
막연하다 69	말미잘 420	맞추다 97, 345, 530
막일 364	말바꿈표 169	맞춤법 169
막히다 398, 506	말발 169	맞춤복 97
만 463, 489	말버릇 169	맞히다 530
만국기 296	말복 475	맡기다 345, 530
만나다 530	말솜씨 169	맡다 59, 530
만년설 407	말썽꾸러기 3	매 420
만년필 145	말썽부리다 530	매— 475
만담 168	말씀 169	매국노 296
만담가 248	말씀하시다 169	매기다 345
만두 118	말씨 169	매김씨 169
만둣국 118	말없앰표 169	매끄럽다 59, 506
만들다 118, 345, 379, 530	말주변 169	매끈매끈 59
만만하다 69	말줄임표 169	매끈하다 59
만물상 345	말타기 273	매니저 364
만선 379	말투 169	매다 97, 379, 530, 531
만용 84	말하기 169	매달리기 278
만유인력의 법칙 216	말하다 169, 530	매도율 345
만장 50	맑다 408, 506	매독 39
만족 506	맛 59, 118	매듭 97
만족스럽다 69	맛나다 118	매력 84
만족하다 69	맛보다 59, 118, 530	매만지다 59, 97
만지다 59, 530	맛없다 59, 118	매매 345
만찬 118	맛있다 59, 118	매미 420
만평 186	망 379	매복하다 321
만화 186, 248	망각하다 69	매부 11
만화방 379	망간 379	매부리코 28
만화영화 187	망건 97	매상 345
많다 345, 463, 506	망국 296	매상고 345
많이 506	망나니 3	매실 436
맏딸 11	망년회 331	매어두다 531
맏아들 11	망둥이 420	매우 506
맏이 11	망막 59	매운탕 118
말 169, 420, 463	망보다 530	매일 475
말결다 169, 530	망설이다 84	매입율 345
말꼬리 169	망아지 420	매장 50, 345
말다 97, 118, 530	망원경 216	매장하다 50
말다툼 169	망종 475	매제 11
말다툼하다 169, 530	망치 145	매춘 20
말대꾸 169	망토 97	매춘부 20
말대꾸하다 169, 530	맞다 97, 506	매콤하다 59, 118
말더듬이 169	맞벌이 364	매표소 248
말뚝박기 273	맞선 20	매형 11

매화 436	먼지 408, 506	면도칼 145
맥 28	먼지털이 145	면목 70, 84
맥박 28	멀겋다 506	면바지 98
맥없다 506	멀다 489	면사무소 296
맥주 118	멀리뛰기 278	면사포 20
맨— 489	멀미 39	면세점 345
맨날 475	멈추다 531	면양 421
맨드라미 436	멋 97	면역 39
맨션 145	멋부리다 531	면장 296, 364
맨손체조 278	멋쟁이 3	면장갑 98
맴맴 420	멋쩍다 84	면적 448, 463, 489
맵다 59, 119, 506	멍 39	면접 203, 364
맵시 97	멍게 119, 420	면제하다 531
맷돌 118, 119	멍멍 420	면하다 531
맹꽁맹꽁 420	멍멍하다 60	면허 398
맹꽁이 420	멍석 379	면허세 345
맹물 119	멍울 39	면허증 331, 398
맹세 70	멍청이 3	멸시하다 84
맹세하다 70, 169, 531	멍청하다 84, 506	멸치 119, 421
맹수 420	멎다 408, 531	명 50, 463
맹인 3, 59	메기 119, 420	명곡 248
맹인안내견 59	메뉴 119	명당 489
맹장 28	메다 531	명도 248, 454
맹하다 84	메뚜기 420	명랑하다 84
맺다 436, 531	메마르다 506	명령 310
맺음말 169	메모 169	명령하다 169, 531
맺히다 408	메모지 145	명명하다 169, 531
머금다 531	메밀 119, 436	명복 50
머루 436	메밀국수 119	명사 169
머리 28, 420	메밀꽃 436	명소 489
머리끈 97	메소포타미아문명 239	명암 248, 454
머리띠 97	메스껍다 60, 506	명언 169
머리말 169	메아리 267	명예교수 203
머리방 97	메우다 531	명예박사 203
머리카락 28	메주 119	명예퇴직 364
머리핀 97	메추리 420	명왕성 489
머릿글 187	메추리알 119, 421	명절 475
머릿기사 187	멕시코 286	명주 98
머무르다 531	멜로극 248	명찰 203, 331
머뭇거리다 531	멜론 436	명창 248
먹 248	멜빵 98	명치 28
먹거리 119	멜빵바지 98	명쾌하다 84, 506
먹구름 408	멧돼지 421	명태 119, 421
먹다 119, 531	며느리 11	명품 345
먹이 420	며칠 475	명하다 169, 531
먹이다 531	면 98, 296, 448, 489	명함판사진 267
먹이사슬 420	면담하다 169, 531	명화 248
먼저 475	면도기 145	명확하다 506

몇— 475	모잠비크 286	목탄 248
모 98, 436, 463	모조리 463, 506	목표 216
모공 28	모조품 346	목화 436
모과 436	모종 379, 436	몫 463
모교 203	모종삽 379	몰다 531
모국 296	모직바지 98	몰두하다 70, 216
모국어 169	모질다 85	몰몬교 228
모국어화자 169	모친 12	몰상식 70
모금 463	모텔 145, 380	몰상식하다 70
모기 421	모퉁이 489	몰수 310
모기장 145	모관 380	몰지각하다 70
모나다 84, 448	모피 98	몸 28
모나코 286	모피코트 98	몸가짐 85
모내기 379	모형 448	몸매 28
모내다 379	목 28, 489	몸무게 28
모녀 11	목걸이 98	몸살 39
모델 248, 365	목격자 310	몸집 28
모독하다 170, 531	목격하다 60	몸짓언어 170
모두 463, 506	목공소 380	몸통 28, 421
모래 145, 489	목공예 248	몸풀다 20
모래주머니 421	목관악기 248	몹시 506
모레 475	목단 436	못 145, 489, 506
모로코 286	목덜미 28	못난이 3
모르다 70, 506, 531	목도리 98	못되다 85
모방하다 531	목돈 346	못마땅하다 70
모범 506	목동 380	못쓰다 85
모범생 203	목동자리 489	못자리 380
모색하다 531	목련 436	못하다 507, 531
모서리 448, 489	목마르다 60, 119	몽고 286
모성애 11	목발 39	몽고반점 28
모순되다 85	목사 228, 365	몽골학 216
모습 448	목성 489	몽골학자 216
모시 98	목소리 170	몽땅 507
모시다 85, 531	목숨 50	몽유병 39
모양 448	목요일 475	묘 50
모양자 448	목욕탕 145, 380	묘목 380, 436
모욕하다 85	목이버섯 436	묘사하다 170, 531
모유 119	목장 380	묘지 50
모으다 346	목재 145	무 119, 436
모음 170	목적 216	무감각 60
모음곡 248	목적격 170	무겁다 507
모음조화 170	목적어 170	무게 464
모의수업 203	목젖 28	무교 228
모이 379, 421	목차 170	무궁화 436
모이다 531	목초지 380	무기 321
모임 331	목축 380	무기력하다 507
모자 12, 98	목축업 380	무기산업 321
모자라다 506	목탁 228	무기수 310

무기정학 203
무기질 119
무기징역 310
무남독녀 12
무너뜨리다 531
무능하다 507
무늬 98, 448
무당 228, 365
무당벌레 421
무대 187, 248
무대감독 248
무대예술 248
무대의상 98
무대화장 98
무더위 408
무던하다 85
무덤 50
무덥다 408
무도 248
무도복 248
무도회 249
무디다 70, 85
무뚝뚝하다 85
무럭무럭 507
무력하다 507
무렵 476
무례하다 85
무료 346
무르다 60, 507, 531
무릎 28
무리 421
무리수 464
무모하다 85
무법자 3, 310
무색 454
무생물 50
무서움 70
무서워하다 70, 531
무선전화기 145, 194
무선통신 194
무선호출기 194
무섭다 70, 85
무성영화 249
무속 228
무속신앙 228
무승부 278
무시하다 70, 85, 531
무식하다 70

무신론 228
무심결 70
무안하다 70
무언극 249
무역 346
무역센터 346
무역수지 346
무역풍 408
무역학 216
무용 249
무용가 249, 365
무용극 249
무용단 187, 249
무용복 249
무용수 249
무용실 203
무용음악 249
무용학 216
무용화 249
무의미하다 507
무의식 70
무익하다 507
무인도 489
무장하다 321
무장해제 321
무전기 194
무전여행 267
무조건 507
무조건반사 216
무좀 39
무죄 310
무지개 408
무지개떡 119
무지개색 454
무직 365
무질서 331
무채색 454
무척 507
무척추동물 421
무치다 119, 532
무침 119
무통분만 20
무표정 70
무한대 464
무허가주택 145
무협지 187
무형 448
무형문화재 239

무화과 436
무효하다 507
묵 119
묵념하다 70
묵다 145, 507, 532
묵독 170
묵비권 310
묵주 228
묵직하다 507
묶다 98, 99, 532
묶음 464
묶음표 170
문 145
문간방 146
문갑 146
문고리 146
문구 146
문구점 346
문단 249
문둥병 39
문맹 170
문명 239
문명사 239
문명사회 239, 331
문물 239
문물교류 239
문방구 346
문방사우 249
문법 170
문법론 170
문법서 170
문병 39
문서 170
문신 99
문안드리다 532
문안하다 532
문어 119, 170, 421
문예 249
문예반 249
문예부흥 239, 249
문예비평 249
문예사조 249
문예지 249
문예창작 249
문의하다 170, 532
문인 249
문자 170
문자언어 170

문장 ····· 170	문화행사 ····· 240	물컹하다 ····· 60, 507
문장부호 ····· 170	문화혁명 ····· 240	물품 ····· 346
문장성분 ····· 170	문화회관 ····· 240	묽다 ····· 119, 507
문제 ····· 203	묻다 ····· 50, 171, 532	뭉게구름 ····· 408
문제집 ····· 203	물 ····· 119, 392	뭉게뭉게 ····· 408
문제학생 ····· 203	물가 ····· 346	뭉뚝하다 ····· 448, 507
문지르다 ····· 532	물가지수 ····· 346	뭉치다 ····· 507, 532
문지방 ····· 146	물갈퀴 ····· 421	뭍 ····· 490
문책하다 ····· 170, 532	물감 ····· 249	미 ····· 249
문체 ····· 249	물개 ····· 421	미각 ····· 60
문패 ····· 146	물건 ····· 346	미개 ····· 240
문학 ····· 216, 249	물결 ····· 408, 489	미개인 ····· 3, 240
문학도 ····· 249	물결표 ····· 171	미국 ····· 286
문학반 ····· 249	물고기 ····· 267, 380, 421	미국학 ····· 216
문학작품 ····· 249	물고기자리 ····· 489	미군방송 ····· 187
문학평론 ····· 249	물꼬 ····· 380	미꾸라지 ····· 119, 421
문헌정보학 ····· 216	물다 ····· 532	미끄러지다 ····· 532
문헌정보학자 ····· 216	물대기 ····· 380	미끄럼 ····· 273
문형 ····· 448	물대다 ····· 380	미끄럼틀 ····· 273
문호개방 ····· 239	물들이다 ····· 99	미끄럽다 ····· 60, 507
문화 ····· 239	물량전 ····· 321	미끈미끈 ····· 60
문화계 ····· 239	물러가다 ····· 532	미끈하다 ····· 60
문화관광부 ····· 239, 267, 296	물러나다 ····· 532	미끌미끌 ····· 60
문화교류 ····· 239	물러서다 ····· 532	미끼 ····· 267, 380
문화권 ····· 239	물렁물렁 ····· 119, 507	미나리 ····· 120, 436
문화면 ····· 187	물렁물렁하다 ····· 60	미남 ····· 3
문화민족 ····· 239	물렁뼈 ····· 28	미녀 ····· 3
문화방송국 ····· 187	물렁하다 ····· 60	미달 ····· 507
문화부 ····· 239	물레방아 ····· 392	미덕 ····· 85
문화비 ····· 240, 346	물리치료 ····· 39	미덥다 ····· 70
문화사 ····· 240	물리치료사 ····· 39	미래 ····· 171, 476
문화생활 ····· 240	물리학 ····· 216	미래사회 ····· 331
문화수준 ····· 240	물리학자 ····· 216	미래형 ····· 171
문화시설 ····· 240	물망초 ····· 436	미련 ····· 70
문화어 ····· 170	물물교환 ····· 346	미련하다 ····· 85
문화예술 ····· 240	물방개 ····· 421	미루나무 ····· 436
문화원 ····· 296	물병자리 ····· 489	미루다 ····· 532
문화유산 ····· 240	물비누 ····· 146	미리 ····· 476
문화융합 ····· 240	물소 ····· 421	미리내 ····· 490
문화인 ····· 240	물안개 ····· 408	미만 ····· 507
문화인류학 ····· 240	물안경 ····· 278	미망인 ····· 3, 50
문화재 ····· 240	물약 ····· 39	미사 ····· 228
문화재관리국 ····· 240, 296	물엿 ····· 119	미사드리다 ····· 228
문화재보호 ····· 240	물음표 ····· 171	미사일 ····· 321
문화접변 ····· 240	물이끼 ····· 436	미색 ····· 454
문화제 ····· 240	물장구 ····· 273	미생물 ····· 50, 421
문화지체 ····· 240	물집 ····· 39	미성년자 ····· 3
문화창조 ····· 240	물컹물컹 ····· 119	미소 ····· 70

미수 310	민물낚시 267, 380	밀면 448
미숙아 20	민박 146	밀반찬 120
미숙하다 507	민박집 146	밀변 448
미술 249	민방위대 321	밀지다 346
미술관 250	민법 310	밀천 346
미술대학 203	민사소송 310	밀화장 99
미술도구 203	민속 240	—말 472
미술사 250	민속공예 250	
미술실 203	민속놀이 273	
미술연필 250	민속무용 250	
미술작품 250	민속음악 250	**바**
미술품 250	민속촌 490	
미숫가루 120	민심 296	바가지 146
미시경제 346	민어 421	바가지쓰다 346
미식가 60, 120	민영방송 187	바겐세일 346
미식축구 278	민요 250	바구니 146
미신 228	민요가수 250	바구미 421
미안하다 70	민족 3, 296, 331	바깥 490
미얀마 286	민족문학 250	바깥사돈 12
미역 120, 436	민족성 296	바깥양반 12
미용사 365, 380	민족의식 296	바꾸다 532
미용실 99	민족주의 296	바뀌다 476
미용업 380	민주국가 296	바느질 99
미움 70	민주사회 332	바늘 146
미워하다 70, 532	민주정치 297	바늘꽂이 146
미음 120	민주주의 297, 332	바다 490
미인 3	민주주의국가 297	바다가재 421
미장원 99, 380	민주평화통일자문회의 297	바다고기 380
미장이 365	민중 297, 332	바다낚시 267, 380
미지근하다 60, 408	민화 250	바닷물고기 421
미치다 507, 532	믿다 70, 228, 532	바다사자 421
미케네문명 240	믿음 70, 229	바다표범 421
미터 464	밀 120, 437	바닥 146, 490
미풍양속 331	밀가루 120	바닥재 146
미학 216	밀감 437	바닷가 490
미합중국 286	밀고하다 171, 532	바닷가재 120, 421
미혼 20	밀다 120, 532	바닷말 437
미혼모 20	밀도 216	바닷물 490
미화 346	밀리미터 464	바둑 273
미확인비행물체 490	밀림 437, 490	바둥대다 532
믹서기 146	밀물 380, 408, 490	바라다 70, 532
민간신앙 228	밀봉하다 146	바라보다 60, 490, 532
민간인 3	밀월여행 20, 267	바람 392, 408
민담 250	밀집 507	바람개비 273
민들레 437	밀짚모자 99	바람둥이 20
민망하다 70	밀폐용기 146	바람피우다 20
민물 490	밉살맞다 85	바래다 454, 532
민물고기 267, 380, 421	밑 490	바레인 286

바로잡다

바로잡다 532	반명함관사진 267	발등 28
바르다 85, 99, 120, 507, 532	반문하다 171	발라내다 120, 533
바른쪽 490	반바지 99	발랄하다 85
바바리 99	반박하다 171, 533	발레 250
바보 3	반반하다 60	발레리나 250
바보같다 507	반발하다 171, 533	발령하다 171, 408, 533
바삭바삭 120	반사 216, 454	발명가 365
바야흐로 476	반사경 217	발명하다 533
바위 490	반상회 332	발목 28
바이러스 421	반색 71	발바닥 30
바이올린 250	반성문 171, 310	발버둥치다 533
바자회 346	반성하다 71	발사하다 321
바지 99	반신불수 39	발상지 240
바지선 398	반올림 464	발생하다 533
바치다 532	반올림하다 464	발설하다 171
바퀴 398	반음 250	발송 194
바퀴벌레 421	반응 217	발언 171
바탕색 454	반의어 171	발의하다 171, 533
바티칸 286	반장 297, 365	발인 50
박격포 321	반점 28	발작 40
박다 99, 532	반주 120, 250	발전 392
박동 28	반주자 250, 365	발전기 392
박람회 332	반주하다 250	발전하다 240, 533
박사 203	반죽하다 120, 533	발진 40
박수무당 229	반지 99	발톱 30
박식하다 71	반지름 464	발포하다 321
박자 250	반짇고리 146	발표 171, 203
박쥐 421	반짝반짝 454, 490	발표요지 217
박하다 85	반찬 120	발표자 171
밖 490	반창고 40	발표하다 171, 533
반 146, 297	반칙 279	발표회 250
반가움 71	반포하다 171, 533	발해 286
반갑다 71	반품 346	발해문화 240
반기다 71, 532	반하다 71, 533	발행부수 187
반나절 476	반항아 3	발행인 187
반달 490	반항하다 85, 171, 533	발행하다 187
반달곰 422	받다 533	발화 171
반대말 171	받아쓰기 171	발효 120
반대편 490	받아쓰다 171	발효시키다 120, 533
반대하다 532	받침 171	발효식품 120
반도 490	발 28, 146, 464	밝기 454
반도체 380	발가락 28	밝다 60, 85, 454
반드시 507	발가벗다 99, 533	밝히다 171, 533
반들반들하다 60, 507	발간하다 187	밟다 533
반듯하다 448	발굽 422	밤 476
반디 422	발꿈치 28	밤나무 437
반론하다 171, 533	발달하다 240, 533	밤낚시 267
반말 171	발동기 380	밤무대 250

밤색 454	방아쇠 321	배달원 365, 380
밤안개 408	방앗간 346, 380	배당금 346
밤중 476	방어 279, 321	배드민턴 279
밤참 120	방언 171	배반하다 85
밥 120	방언론 171	배배 507
밥맛 60, 120	방영하다 188	배부르다 120, 507
밥상 120, 146	방울 464	배상금 346
밥솥 120	방울뱀 422	배색 454
밥줄 365	방위 321, 490	배선 147
밥통 30, 120	방음 146	배설 30
밥풀 120	방전 392	배설기관 30
밧줄 146	방정맞다 85	배설하다 533
방 146, 194	방정식 464	배수 464
방계가족 12	방정하다 85	배수진 321
방귀 30	방청객 188	배신감 71
방글라데시 286	방청석 188	배신자 3
방금 476	방청하다 188	배신하다 85
방독면 321	방충망 147	배심원 310
방망이 146	방탄조끼 99	배역 250
방면 490	방패 321	배열하다 533
방명록 332	방학 204	배영 279
방목 380	방학식 204	배우 250, 365
방문하다 533	방한복 99	배우다 204
방방곡곡 490	방향 490	배우자 4, 20
방백 171	방향제 60	배웅 398
방법 310, 332	방화 393	배웅하다 533
방법대원 310	방화범 310	배짱 85
방법론 217	방화사 393	배추 121, 437
방사능 217, 392	방화수 393	배치하다 533
방사능물질 217, 392	방화죄 310	배탈 40, 121
방사선 217	밭 380, 437, 490	배탈나다 121
방사선과 40	밭농사 380	배표 398
방사선치료 40	밭다 533	백 464
방석 146	밭두렁 380, 491	백곰 422
방송 187, 194	밭둑 380	백과사전 188
방송국 187	배 30, 398, 437, 464	백금 380
방송대학 203	배고프다 120, 507	백내장 40, 60
방송망 185, 194	배관공 365	백년해로 20
방송매체 187, 194	배구 279	백로 422, 476
방송사고 187	배구공 279	백만장자 4
방송실 204	배꼽 30	백모 12
방송심의위원회 187	배꼽티 99	백반 121
방송인 250, 365	배나무 437	백발 30
방송작가 187, 250, 365	배낭 147	백부 12
방송하다 186, 187, 194	배낭여행 267	백사 422
방수 146	배냇저고리 99	백색 454
방아 380	배다 422, 533	백설기 121
방아깨비 422	배달부 365	백성 297

백수 ... 4, 365	번지 ... 147	법인세 ... 346
백숙 ... 121	번지다 ... 533	법전 ... 311
백악관 ... 297	번지점프 ... 279	법정 ... 311
백야 ... 408	번쩍 ... 408	법제처 ... 297
백열등 ... 147	번쩍번쩍 ... 508	법조계 ... 311
백엽상 ... 408	번호 ... 464	법조인 ... 311
백옥같다 ... 454	벌 ... 99, 310, 422, 464	법치국가 ... 297
백인종 ... 4	벌거숭이 ... 4	법칙 ... 217
백일 ... 476	벌금 ... 310, 346	법학 ... 217
백일기도 ... 229	벌금형 ... 310	벗 ... 4
백일사진 ... 267	벌꿀 ... 121	벗기다 ... 121, 534
백일해 ... 40	벌다 ... 346, 533	벗다 ... 99, 534
백일홍 ... 437	벌레 ... 422	벙어리 ... 4, 171
백제 ... 286	벌름거리다 ... 534	벙어리장갑 ... 99
백조 ... 422	벌리다 ... 534	벚꽃 ... 437
백팔번뇌 ... 229	벌벌떨다 ... 534	벚꽃놀이 ... 267
백합 ... 437	벌써 ... 476	벚나무 ... 437
백혈구 ... 30	벌이 ... 346	베개 ... 147
백혈병 ... 40	벌칙 ... 310	베끼다 ... 171, 534
백화점 ... 147, 346	벌컥벌컥 ... 121	베네수엘라 ... 286
뱀 ... 422	벌판 ... 491	베다 ... 381, 534
뱀장어 ... 422	범 ... 422	베란다 ... 147
뱁새 ... 422	범람하다 ... 408, 491	베레모 ... 99
뱃사공 ... 398	범법 ... 310	베이스 ... 251
뱃사람 ... 380	범법자 ... 310	베짱이 ... 422
뱉다 ... 533	범법행위 ... 310	베트남 ... 286
버너 ... 393	범위 ... 491	베트남어 ... 171
버드나무 ... 437	범인 ... 311	베풀다 ... 534
버릇 ... 85	범죄 ... 311	벨기에 ... 286
버릇없다 ... 85	범죄율 ... 311	벨트 ... 99
버리다 ... 464, 533	범죄자 ... 311	벼 ... 437
버무리다 ... 121, 533	범칙 ... 311	벼농사 ... 381
버선 ... 99	범칙금 ... 311	벼락 ... 408
버섯 ... 121, 437	법 ... 311	벼랑 ... 491
버스 ... 398	법과대학 ... 204	벼루 ... 251
버스카드 ... 346, 398	법관 ... 311, 365	벼룩 ... 422
버짐 ... 40	법규 ... 311	벼룩시장 ... 346
버찌 ... 437	법규정 ... 311	벼르다 ... 534
버터 ... 121	법령 ... 311	벼슬 ... 297
버티다 ... 533	법령집 ... 311	벽 ... 147
번 ... 464	법률 ... 311	벽걸이 ... 147
번개 ... 408	법률위반 ... 311	벽난로 ... 147, 393
번뇌 ... 229	법무부 ... 297	벽돌 ... 147
번데기 ... 422	법사 ... 229	벽돌집 ... 147
번식 ... 381	법석대다 ... 534	벽시계 ... 147
번식하다 ... 381, 422	법안 ... 311	벽장 ... 147
번안소설 ... 250	법원 ... 311	벽지 ... 147
번역 ... 171, 251	법인 ... 332	벽화 ... 251

변 30, 448	병동 40	보료 147
변기 147	병들다 508	보류하다 534
변덕스럽다 85	병따개 121, 147	보름 476, 491
변동 508	병력 321	보름날 476
변두리 491	병렬 217	보름달 491
변론 311	병목현상 399	보리 121, 437
변론하다 172, 534	병무청 297, 321	보리차 121
변리사 365	병문안 40	보릿고개 476
변명하다 172, 534	병사 50, 321	보모 365
변별하다 217	병신 4	보물찾기 274
변비 40	병실 40	보배 347
변사체 50	병아리 422	보병 321
변색되다 454	병아리색 454	보살 229
변성기 50	병약하다 40	보상금 347
변소 147	병어 121, 422	보색 454
변신 99	병역 321	보석 311, 381
변심 71	병영 321	보석금 312
변압기 393	병원 40	보석상 347
변온동물 422	병원균 40	보송보송하다 60, 508
변장 99	병원놀이 273	보수 347
변주곡 251	병장 321	보수공사 147
변증법 217	병정놀이 274	보스니아 286
변태 422	병창 251	보슬보슬 408
변하다 534	병충해 381	보슬비 408
변한 286	병치레 40	보습학원 204
변함없다 85, 508	병풍 147	보신탕 121
변형 508	병합하다 534	보쌈 121
변형시키다 534	볕 491	보안장치 147
변호사 311, 365	보강 204	보약 40
변호인 311	보건복지부 297	보어 172
변호하다 172, 534	보건소 204	보온 147
변화 508	보고서 204	보온병 121
변화시키다 534	보고하다 172, 534	보유하다 534
변화하다 534	보관소 347	보육원 148, 204
별 491	보관하다 534	보이다 534
별거 20	보궐선거 297	보일러 148, 393
별나다 85, 508	보금자리 147	보일러공 365
별똥별 491	보급품 321	보일러실 148
별명 332	보기 204	보자기 148
별세 50	보내다 534	보조가방 148
별세하다 50	보너스 347, 365	보조개 30
별자리 491	보다 60, 534	보조교사 204
별자리점 491	보도 188, 194	보조금 347
별장 147	보도사진 267	보조동사 172
별채 147	보도하다 172, 534	보조사 172
볍씨 381	보들보들하다 60, 508	보조용언 172
병 40, 147, 464	보따리 347	보조형용사 172
병균 40	보라 454	보존하다 534

보좌관 ……………………… 297	복장 ………………………… 100	봉급 …………………… 347, 365
보증 ………………………… 347	복제품 ……………………… 347	봉급쟁이 …………………… 365
보증금 ……………………… 347	복지국가 …………………… 297	봉사 …………………………… 60
보증서다 …………………… 347	복지사회 …………………… 332	봉사료 ………………… 347, 381
보증인 ……………………… 347	복직하다 …………………… 365	봉사활동 ……………… 204, 332
보지 …………………… 20, 30	복창하다 ……………… 172, 535	봉선화 ……………………… 437
보채다 ……………………… 534	복통 …………………………… 40	봉숭아 ……………………… 437
보청기 ………………………… 60	복학 ………………………… 204	봉인 ………………………… 194
보충수업 …………………… 204	복학생 ……………………… 204	봉지 …………………… 148, 464
보태다 ……………………… 534	복합어 ……………………… 172	봉투 ………………………… 148
보통 ………………………… 508	볶다 …………………… 121, 535	봉하다 ……………………… 148
보통명사 …………………… 172	볶음밥 ……………………… 121	봉화 ………………………… 194
보통예금 …………………… 347	본교 ………………………… 204	봉황 ………………………… 422
보통우편 …………………… 194	본국 ………………………… 297	뵈다 ………………………… 535
보트 ………………………… 399	본능 …………………………… 60	부가가치 …………………… 347
보편적 ……………………… 508	본디말 ……………………… 172	부가가치세 ………………… 347
보푸라기 ……………………… 99	본론 …………………… 172, 217	부가세 ……………………… 347
보풀다 ……………………… 534	본명 ………………………… 332	부검 …………………………… 51
보험 ………………………… 347	본문 …………………… 172, 188	부고 …………………………… 51
보험금 ……………………… 347	본봉 ………………………… 365	부고란 ……………………… 188
보험료 ……………………… 347	본사 ………………………… 347	부과하다 …………………… 347
보험회사 …………………… 347	본성 …………………………… 86	부관 ………………………… 321
보호색 ………………… 422, 455	본인 …………………………… 4	부교수 ……………………… 204
보호자 ………………………… 4	본전 ………………………… 347	부군 …………………………… 12
복 …………………………… 229	본점 ………………………… 347	부근 ………………………… 491
복권 ………………………… 312	본채 ………………………… 148	부기장 ……………………… 399
복덕방 ……………………… 148	본처 …………………………… 12	부끄러움 …………………… 71
복도 ………………………… 148	본체 ………………………… 194	부끄럽다 …………………… 71
복무연한 …………………… 321	본토 ………………………… 491	부녀 …………………………… 12
복무하다 …………………… 365	본토박이 ……………………… 4	부녀자 ………………………… 4
복사 ………………………… 229	볼 …………………………… 30	부녀회 ……………………… 332
복사기 ……………………… 204	볼거리 ………………………… 40	부담금 ……………………… 347
복사하다 …………………… 534	볼기 …………………………… 30	부담하다 …………………… 347
복수 ………………………… 464	볼록렌즈 …………………… 217	부당하다 ……………… 86, 508
복수심 ………………………… 71	볼록하다 …………………… 448	부대 …………………… 148, 321
복수전공 …………………… 204	볼리비아 …………………… 286	부대찌개 …………………… 121
복숭아 ……………………… 437	볼링 ………………………… 279	부도 ………………………… 347
복숭아나무 ………………… 437	볼멘소리 …………………… 172	부도덕 ……………………… 312
복습 ………………………… 204	볼연지 ……………………… 100	부도수표 …………………… 347
복습하다 …………………… 204	볼우물 ………………………… 30	부동산 ……………………… 148
복식 ………………………… 100	볼터치 ……………………… 100	부동산중개업소 …………… 347
복어 …………………… 121, 422	볼펜 …………………… 148, 204	부동표 ……………………… 297
복역하다 ……………… 312, 321	볼품없다 …………………… 508	부두 ………………………… 399
복용하다 ……………………… 40	봄 …………………………… 476	부드럽다 …………… 60, 86, 508
복음 ………………………… 229	봄바람 ……………………… 408	부딪히다 …………………… 535
복음서 ……………………… 229	봉 …………………………… 464	부뚜막 ………………… 148, 393
복음성가 …………………… 229	봉건사회 …………………… 332	부랑자 ……………………… 365
복잡하다 …………………… 508	봉건주의 …………………… 297	부러뜨리다 ………………… 535

부럼 121	부자 4, 12, 332	북극 491
부럽다 71	부작용 40	북극곰 423
부레 422	부장검사 312	북극성 491
부록 172	부장판사 312	북두칠성 491
부르다 172, 251, 347, 535	부재자투표 297	북어 122
부르르 71	부적 229	북쪽 491
부르짖다 172, 535	부전공 204	북풍 408
부리 423	부정선거 297	북한 287
부리다 172, 535	부정적이다 86	북향 148
부모 12	부정하다 172, 535	분 71, 100, 464, 476
부목사 229	부제 188	분가 20
부부 12, 20	부조 20, 251	분간하다 71
부부관계 20	부조금 20	분광기 455
부부생활 20	부조화 508	분교 204
부부싸움 20	부족국가 297	분기 476
부분적 508	부족하다 348, 508	분꽃 437
부분집합 464	부지 148	분노 71
부사 172	부지런하다 86	분노하다 71, 535
부사어 172	부쩍 508	분단 297
부상 40	부채 148, 348	분단국가 298
부상병 321	부채꼴 448	분리하다 535
부서지다 535	부채춤 251	분만 20
부속물 348	부처 229	분만실 20
부속품 348	부처님 229	분만하다 21
부수다 148, 535	부촌 148, 332	분명하다 508
부스러기 448	부총리 297	분명히 508
부스럼 40	부총장 204	분모 464
부식 121	부총재 297	분무기 148
부실공사 148	부추 122, 437	분배하다 535
부아 71	부츠 100	분별력 71, 217
부언하다 172, 535	부치다 122, 381, 535	분별하다 71
부업 365	부친 12	분부하다 172, 535
부엉부엉 423	부침가루 122	분비물 30
부엉이 423	부침개 122	분산 508
부엌 148	부케 20	분석하다 71, 217
부엌가구 121, 148	부탁하다 172, 535	분쇄하다 535
부엌방 148	부탄 286	분수 464
부엌세간 148	부탄가스 393	분식 122
부엌용품 121	부통령 297	분식집 122
부엌칼 121	부패하다 122, 508	분실하다 535
부여 286	부품 348	분야 332
부연하다 172, 535	부피 464	분양 348
부유층 332	부하 321	분양가 348
부유하다 348	부하직원 365	분업 381
부음 51	부화 423	분유 122
부의 51	부활절 229	분자 217, 464
부인 4, 12	부황 40	분장 100, 188, 251
부인하다 172, 535	북 251, 491	분장사 251, 365

분장실 251	불문학 217	불효자 12
분재 437	불문학자 217	붉다 455
분쟁 322	불법 229, 312	붉으락푸르락 455
분점 348	불법주차 399	붐비다 509
분지 491	불법체류자 298	붓 251
분첩 100	불볕 408, 491	붓글씨 251
분필 204	불분명하다 508	붓다 122, 148, 535
분하다 71	불사 229	붕괴하다 535
분해 217	불사조 423	붕대 40
분해하다 217, 535	불상 229	붕어 423
분홍 455	불손하다 86	붕어빵 122
붇다 535	불심검문 312	붕장어 423
불 393	불쌍하다 71	붙다 535
불가능 508	불쏘시개 393	붙들다 535
불가리아 287	불씨 393	붙박이별 491
불가사리 423	불안 71	붙박이장 148
불경 229	불안정 508	붙이다 535
불경기 348	불안하다 71, 508	붙임성 86
불고기 122	불알 30	붙임표 173
불공평하다 86	불어 172	붙잡다 536
불교 229	불어학 217	뷔페 122
불교문화권 240	불어학자 217	뷔페식당 122
불교방송 188	불완전 508	브라질 287
불규칙 508	불운 229	브래지어 100
불규칙동사 172	불일치 508	브로치 100
불규칙형용사 172	불입금 348	블라우스 100
불균형 508	불입액 348	비 149, 408
불그스름하다 455	불입하다 348	비겁하다 86
불기 476	불자동차 399	비계 122
불길 393	불참하다 535	비과세 348
불꽃 393	불청객 4	비관적이다 86
불꽃놀이 274	불치병 40	비관하다 71
불다 408, 535	불친절하다 86	비교급 173
불도 229	불침번 322	비교육적 204
불똥 393	불쾌감 71	비교적 509
불란서 287	불쾌지수 408	비구니 229, 366
불량배 312, 365	불쾌하다 71	비구름 408
불량식품 122	불탑 229	비굴하다 86
불량률 381	불통 194	비극 251
불량품 381	불편하다 509	비기다 279
불량학생 204	불평 71	비꼬다 173, 536
불륜 21	불평하다 172, 535	비난하다 86, 173, 536
불리다 122, 535	불합격 509	비녀 100
불만 71	불행 71	비뇨기 30
불만족 508	불행하다 71	비뇨기과 40
불면증 40	불화 229	비누 100, 149
불명예제대 322	불확실하다 509	비늘 423
불명확하다 508	불황 348	비닐하우스 149, 381, 437

비다 491, 509	비좁다 448	빗방울 409
비단 100	비지 122	빗변 448
비단길 241	비지땀 30	빙벽타기 267
비대하다 448	비참하다 72	빙상경기 279
비둘기 423	비추다 455	빙점 217
비듬 30	비치다 455	빛 348
비디오 149, 204, 251	비키다 536	빛쟁이 348
비디오가게 381	비타민 122	빛지다 348
비디오방 381	비탈 492	빛 455, 492
비로소 509	비탈길 492	빛깔 455
비료 381	비통하다 72	빛나다 455
비름 122, 438	비판력 72, 217	빠듯하다 448
비리다 60, 122	비판적이다 86	빠르기표 251
비린내 60, 122	비판하다 72, 173, 217	빠르다 476
비만 41	비평 217	빠짐표 173
비매품 348	비평가 251	빡빡하다 509
비무장지대 322	비평하다 72, 173, 536	빨간색 455
비문 51	비품 149	빨강 455
비밀 194	비합리 72, 217	빨갛다 455
비바람 408	비행기 399	빨다 101, 122, 536
비방하다 86, 173, 536	비행기표 399	빨대 149
비비다 122, 536	비행사 366, 399	빨래 101
비빔국수 122	비행장 399	빨래건조대 149
비빔밥 122	비행접시 492	빨래방 101, 381
비상 298	비행하다 399, 536	빨래줄 149
비상금 348	비형식 509	빨래집게 101, 149
비상기획위원회 298	빈곤층 332	빨래터 101
비서관 298	빈공간 492	빨래판 101, 149
비서실 298	빈대 423	빨래하다 101
비석 51	빈대떡 122	빨랫감 101
비속어 173	빈말 173	빨랫줄 101
비수기 348	빈민 332	빨리 476
비스듬하다 448	빈민가 149, 332	빳빳하다 509
비슷하다 448, 509	빈민사회 332	빵 122
비슷한말 173	빈민층 332	빵집 122, 348
비싸다 348	빈번하다 509	빻다 123, 536
비아냥거리다 536	빈소 51	빼곡하다 509
비애 72	빈정거리다 536	빼기 464
비열하다 86	빈털터리 4	빼내다 123, 536
비옥하다 491	빈혈 41	빼다 101, 464, 536
비옷 101, 408	빌다 173, 229, 536	빼앗다 536
비용 348	빌딩 149	빽빽하다 509
비우다 149, 536	빌라 149	뺄셈 464
비웃다 72	빌려주다 348	뺑소니 399
비위 60, 122	빌리다 348, 536	뺑소니치다 536
비율 464	빗 101, 149	뺨 30
비자 267, 298	빗금 173	뻐근하다 60
비자금 348	빗다 101, 536	뻐꾸기 423

뻐꾹뻐꾹	423	
뻐드렁니	30	
뻗치다	536	
뻣뻣하다	509	
뻥튀기	123	
뼈	30, 423	
뼈대	30	
뼈마디	30	
뺨	464	
뽐내다	86, 536	
뽑다	123, 298, 381, 536	
뽕	30	
뽕나무	438	
뾰족뾰족	448	
뾰족하다	448	
뿌듯하다	72	
뿌리	438, 464	
뿌리다	101, 381, 536	
뿔	423	
뿜다	536	
삐다	41, 536	
삐뚤삐뚤	509	
삐삐	149, 194	
삐악삐악	423	
삐치다	536	
—번째	460	

사

사	465	
사각모	101	
사각사각	123	
사각형	448	
사거리	492	
사건	312	
사격	279, 322	
사격하다	322	
사계절	476	
사고	72, 217, 399	
사고력	72, 217	
사고하다	72	
사공	399	
사과	438	
사과나무	438	
사과하다	173, 536	
사관	322	
사관생도	322	
사관학교	322	
사교	229	
사교성	86	
사교육	204	
사교육비	204	
사군자	251	
사귀다	332, 536	
사극	251	
사글세	149	
사금	381	
사기꾼	312, 366	
사나이	4	
사납다	86	
사내	4	
사내아이	4	
사냥꾼	366	
사다	348, 536	
사다리	149	
사다리꼴	448	
사당	230	
사도신경	230	
사돈	12	
사돈어른	12	
사돈처녀	12	
사돈총각	12	
사동	173	
사라지다	536	
사람	4, 465	
사랑	21, 72, 230	
사랑니	30	
사랑방	149	
사랑스럽다	72	
사랑채	149	
사랑하다	21, 72, 332, 536	
사려깊다	72	
사령관	322	
사령부	322	
사례금	348	
사로잡다	536	
사료	381	
사리	217, 230	
사리다	536	
사리분별하다	72	
사리판단하다	72	
사립	332	
사립대학	204	
사립학교	204	
사마귀	30, 423	
사막	492	
사망	51	
사망률	51, 332	
사망하다	51	
사면	312	
사모님	4	
사모하다	72, 536	
사무관	298	
사무실	149	
사무장	312	
사무직	366	
사무치다	72, 537	
사물함	205	
사방	492	
사방제기	274	
사방팔방	492	
사범대학	205	
사법	312	
사법고시	312	
사법기관	312	
사법부	312	
사법서사	312	
사병	322	
사부	4	
사비	348	
사산	21	
사상범	298, 312	
사상자	41	
사색하다	72, 217	
사생아	4	
사생화	251	
사생활	51	
사서교사	205	
사서삼경	230	
사선	449	
사설	173, 188	
사수	322	
사수자리	492	
사슴	423	
사시	30, 60	
사시사철	476	
사식	123	
사실주의	252	
사십구재	51	
사양하다	537	
사업	348, 366	
사업가	366	

사업자 348, 366	사철나무 438	사회조직 333
사용료 381	사체 51	사회주의 298, 333
사용하다 537	사촌 12	사회주의국가 298
사우디아라비아 287	사춘기 51	사회질서 333
사원 230, 366	사타구니 30	사회집단 333
사월초파일 230	사탕 123	사회체계 333
사위 12	사태 509	사회체육 279
사육장 381, 423	사투리 173	사회체제 333
사육지 381	사팔뜨기 4	사회통념 333
사육하다 381, 423	사표 366	사회학 217
사은품 348	사학 217	사회학자 218
사은회 205	사학자 217	사회현상 333
사이 476, 492	사형 51, 312	사회협약 333
사이다 123	사형당하다 51	사회화 333
사이비 230	사형수 51, 312	사회활동 333
사이비기자 188	사형시키다 51, 312	사흘 476
사이비언론 188	사형장 51	삭다 509, 537
사이비종교 230	사형하다 312	삭발 30
사이클 279	사회 332	삭히다 123, 537
사자 423	사회공동체 332	삯 349
사자자리 492	사회과학 217	산 218, 492
사장 349, 366	사회교육 205	산골 492
사전 173	사회교육원 205	산골짜기 492
사절하다 173, 537	사회구성원 332	산기슭 492
사정 21, 509	사회구조 332	산꼭대기 492
사정하다 21, 173, 537	사회규범 332	산달 21
사죄하다 173, 537	사회규약 333	산동네 492
사주 51, 230	사회단체 333	산돼지 423
사주팔자 51, 230	사회면 188	산들바람 409
사증 267	사회문제 333	산들산들 409
사지선다형 205	사회발전 333	산등성이 492
사직서 366	사회법 312	산딸기 438
사진 267	사회변동 333	산뜻하다 509
사진관 267	사회보장제도 333	산림 438, 492
사진기 149, 267	사회복지 333	산림청 298
사진기자 188, 267	사회봉사 333	산마루 492
사진사 267, 366	사회부조리 333	산맥 492
사진술 267	사회비리 333	산모롱이 492
사진예술 252, 268	사회사업 333	산모퉁이 492
사진작가 268	사회생활 333	산문 252
사진작품 268	사회성 86, 333	산문시 252
사진첩 268	사회심리 333	산바람 409
사진틀 268	사회악 333	산봉우리 492
사차원 492	사회운동 333	산부인과 41
사찰 230	사회윤리 333	산불 409
사창가 492	사회자 173, 188	산비탈 492
사채 349	사회정의 333	산사태 409
사채업자 349	사회제도 333	산삼 123, 438

산성 218	살림집 149	삽시간 476
산성비 409	살림하다 537	삽화 252
산소 51, 218	살모사 423	삿갓 101
산수 465	살살 509	상 51, 173
산수화 252	살색 455	상가 51, 149, 349
산술 465	살인 51	상강 476
산신 230	살인범 51	상경하다 537
산신령 230	살충제 382	상고 205, 312
산악인 268	살코기 123	상관 322
산악회 268	살쾡이 424	상금 349
산양 423	살펴보다 60, 537	상급생 205
산업 366, 381	살풀이춤 252	상기하다 537
산업고등학교 205	살해되다 51	상냥하다 86
산업구조 381	살해하다 51	상단 492
산업대학 205	삶 51	상담 173
산업미술 252	삶다 123, 537	상담교사 205
산업사회 333	삼 465	상담실 205
산업용 381	삼가다 537	상대 509
산업자원부 298	삼각주 492	상대성이론 218
산업재해 381	삼각형 449	상등병 322
산업전선 381	삼강오륜 230	상록수 438
산업정보 194	삼거리 492	상류사회 333
산업정책 381	삼겹살 123	상류층 333
산업책 381	삼계탕 123	상법 312
산업체 382	삼권분립 298	상복 51, 101
산업혁명 382	삼나무 438	상사 322, 349, 366
산업화 382	삼다 537	상사병 41
산울림 268	삼단논법 218	상상력 72
산장 149	삼모작 382	상상하다 72
산조 252	삼발이 218	상석 51
산지 382, 492	삼베 101	상선 399
산짐승 423	삼복더위 409	상설무대 252
산촌 492	삼선 298	상소 312
산토끼 423	삼우제 51	상소리 173
산허리 492	삼원색 455	상속세 349
산호 423	삼인칭 173	상속재판 312
산호색 455	삼일장 51	상수도 149
산화 218	삼일절 476	상순 476
살 30, 51, 230, 423, 465, 476	삼중창 252	상술 349
살갗 30	삼차산업 382	상승하다 537
살결 30	삼차원 492	상식 72
살구 438	삼촌 12	상실하다 537
살구나무 438	삼치 123, 424	상아색 455
살구빛 455	삼키다 123	상아탑 205
살균 41	삼투압 218	상어 424
살다 51, 149, 537	삼한 287	상업 349, 366
살랑살랑 409	삼한사온 409	상업고등학교 205
살림살이 51, 149	삽 382	상업성 349

상여 52	새우 123, 424	생로병사 52
상여금 349, 366	새참 123	생리 21, 31
상영관 252	새침데기 4, 86	생리대 149
상영하다 252	새침하다 86	생리통 41
상온 409	새콤달콤 123	생맥주 123
상위어 173	새콤달콤하다 61	생머리 31
상응하다 537	새콤하다 61, 123	생명 52
상의 101	새털구름 409	생명력 52
상의하다 173, 537	새해 477	생모 13
상인 349, 366	색 455	생물 52
상자 149, 465	색감 455	생물학 218
상장 52, 205	색깔 455	생물학자 218
상점 149, 349	색다르다 509	생방송 188, 194
상제 52	색도 455	생부 13
상주 52	색동 101, 455	생산 349, 382
상처 41	색동저고리 101	생산구조 349
상추 123, 438	색맹 41, 61, 455	생산자 349
상쾌하다 72	색상 252, 455	생산직 366
상큼하다 123	색상지 252, 456	생산하다 382, 537
상태 509	색소 456	생선 123, 382, 424
상투 30, 101	색시 4	생선묵 123
상표 349	색실 101	생선조림 123
상품 349	색안경 101	생선찌개 124
상품권 349	색연필 252, 456	생선회 124
상하다 123, 509	색인 173	생소하다 510
상현달 493	색조 456	생수 124
상형문자 173	색조화장 101	생식 21, 124
상황 509	색종이 252, 456	생식기 21, 31
샅바 279	색지 252, 456	생신 52
새 424, 476	색채 252, 456	생애 52
새기다 537	색채감각 456	생업 366
새끼 424	색칠 456	생일 52, 477
새끼손가락 31	색칠하다 149, 252, 456	생존 52
새끼치다 424	샘 72, 493	생중계 188, 194
새내기 205	샘내다 72	생쥐 424
새다 537	샘터 493	생질 13
새댁 4	샛길 493	생태계 409, 424
새롭다 509	샛바람 409	생포하다 322
새마을금고 349	샛별 493	생화 438
새마을운동 382	생각 72	생화학전 322
새벽 476	생각하다 72	생활 52
새벽시장 349	생강 123, 438	생활관 205
새벽안개 409	생강차 123	생활기록부 205
새색시 4	생계수단 366	생활면 188
새아버지 12	생기 52	생활비 349
새알 424	생기다 537	생활용품 149
새어머니 12	생김새 449	생활체육 279
새언니 13	생년월일 52	생활필수품 149

생활환경   635

생활환경 52	서예 252	선거하다 299
서 52, 493	서예가 252, 366	선고 312
서거 52	서운하다 72	선고하다 174, 538
서거하다 52	서울방송국 188	선교 230
서구문명 241	서재 150	선교사 230, 366
서구문화 241	서적 174, 188, 218	선구자 4
서글프다 72	서점 188, 349	선남선녀 4
서글픔 72	서점가 188	선대 477
서기 477	서정시 253	선도 313
서기관 298	서쪽 493	선례 313
서낭당 230	서툴다 510	선로 399
서낭신 230	서풍 409	선머슴 4
서녀 465	서향 150	선명하다 456, 510
서늘하다 409	석 465	선물 349
서다 537	석가모니 230	선박 399
서두르다 537	석가탄신일 230	선반 150
서랍 149	석간 188	선발하다 279
서랍장 150	석고상 253	선배 4
서러움 72	석류 438	선분 449
서럽다 72	석방 312	선불 349
서력기원 477	석사 205	선비 4
서론 173, 218	석사장교 322	선사문화 241
서류가방 150	석식 124	선사시대 241
서른 465	석영 382	선사시대 477
서리 298, 409	석유 382, 393	선산 52
서리다 537	석유곤로 393	선생 205
서명 334	석재 150	선생님 5, 205, 366
서민 298, 334	석차 205	선서하다 174, 538
서민층 334	석탄 382, 393	선수 279
서반아어 173	석회석 382	선수교체 279
서방 13	섞다 124, 538	선수권 279
서방님 13	선 21, 449	선수단 279
서방정토 230	선거 298	선수촌 279
서법 173	선거공약 298	선실 399
서비스 382	선거관리위원회 298	선어말어미 174
서비스업 366, 382	선거구 298	선언하다 174, 538
서사시 252	선거권 298	선원 366
서성거리다 537	선거법 298	선율 253
서수 465	선거사범 312	선인장 438
서술어 173	선거소송 312	선임 366
서술하다 173, 537	선거운동원 298	선잠 31
서식지 424	선거유세 298	선장 366, 382, 399
서식하다 424	선거일 298	선전 188, 194
서약하다 173, 537	선거자금 298	선지국 124
서양문화 241	선거재판 298	선진국 299
서양장기 274	선거전 298	선진문명 241
서양화 252	선거전략 299	선진사회 334
서양화가 252	선거철 299	선창 399

선출 299	성결교 231	성적증명서 205
선출하다 299	성경 231	성적표 205
선포하다 174, 538	성공 510	성전 231
선하다 86	성공하다 538	성지 231
선행 86	성공회 231	성지순례 231, 268
선홍색 456	성과급 349	성직자 231
선후배 5	성관계 21	성질 86, 510
선달 477	성교 21	성차별 21
설거지 124	성교육 205	성추행 21
설경 409	성교하다 21	성충 424
설계 150	성균관 231	성취하다 538
설계도 150	성글다 510	성탄절 231
설계사 366	성금 349	성폭력 21
설계하다 150, 538	성기 21, 31	성폭행 21
설교하다 174, 230, 538	성깔 86	성품 86
설날 477	성나다 73	성함 334
설득 174	성냥 150, 393	성형외과 41
설득하다 174, 538	성냥개비 393	성호 231
설렁탕 124	성년 52	성혼선언 21
설레다 72	성년식 52	성화 253
설립하다 538	성당 150, 231	성희롱 21
설명 174	성대 31	세 52, 349, 465
설명하다 174, 538	성령 231	세간 150
설비 382	성명 334	세계 299, 493
설빔 101	성모 231	세계관 73, 86
설사 41	성모님 231	세계대전 322
설움 73	성모마리아 231	세계시장 349
설익다 124, 438, 510	성묘 52	세계인 299
설치다 538	성미 86	세계적 299
설치예술 253	성병 41	세계주의 299
설치하다 538	성부 231	세계지도 493
설탕 124	성생활 21	세계화 299
설형문자 174	성서 231	세균 41, 424
설화 253	성수기 349	세금 350
섬 382, 465, 493	성신 231	세기 477
섬기다 230, 538	성실하다 86	세놓다 350
섬세하다 86, 510	성악 253	세다 465, 510, 538
섬유 101	성악가 253, 366	세단뛰기 279
섬유질 124	성악곡 253	세대 52, 150
섭섭하다 73	성에 409	세대주 150, 334
섭씨 409	성욕 21	세력 334
섭취하다 124	성우 253	세련되다 101
성 21, 334	성의 86	세례 231
성가 231	성인 5, 231	세례명 231
성가대 231	성인병 41	세례식 231
성가시다 73	성인영화 253	세로 465, 493
성계 424	성자 231	세면대 150
성격 86	성적 205	세모 449, 477

세모나다 449
세모지다 449
세무사 350, 366
세무서 350
세미나 218
세밀 477
세발자전거 274
세뱃돈 350
세부공사 150
세상 493
세상살이 52
세숫대야 150
세우다 150, 299, 538
세월 477
세일 350
세입자 150
세정제 150
세제 150
세종문화회관 241
세주다 350
세차다 510
세차장 382
세척제 151
세탁 101
세탁기 102, 151
세탁소 102, 382
세탁업 382
세탁하다 102
세포 218, 324
셈씨 174
셈여림표 253
셈하다 465, 538
셋 465
셋방 151
셋방살이 52
셋째 465
셔츠 102
소 424
소감 73
소개하다 174, 538
소경 61
소고 253
소괄호 174
소극장 253
소극장 382
소극적이다 87
소곤거리다 174, 538
소금 124

소금쟁이 424
소꼬리 124
소꿉놀이 274
소나기 409
소나기구름 409
소나무 438
소녀 5
소년 5
소년기 52
소년원 313
소독 41
소독약 41
소득 350
소득세 350
소라 124, 424
소란스럽다 61
소령 322
소름 31
소름끼치다 73
소리 61, 253
소리꾼 253
소리치다 174, 538
소만 477
소말리아 287
소매 102, 350
소매가 350
소매상 350
소매시장 350
소매치기 313, 366
소멸하다 538
소모품 350
소묘 253
소문 174
소문내다 174, 538
소방서 299
소방차 399
소변 31
소복 52, 102
소복하다 449
소비 350
소비구조 350
소비생활 350
소비자 350
소비자경제 350
소비하다 350
소서 477
소설 253, 477
소설가 253, 366

소송 313
소송비 313
소송인 313
소송장 313
소수 465
소수당 299
소수점 465
소식 124, 174, 188, 194
소식불통 194
소식지 194
소식통 194
소심하다 87
소아 5
소아과 41
소아마비 41
소외계층 334
소위 322
소음 61
소인 194
소작농 382
소작인 382
소장 31, 322
소재 174
소재지 493
소주 124
소주방 124
소지품 151
소질 87
소쩍새 424
소쿠리 151
소탈하다 87
소통 194
소파 151
소포 194
소포우편 194
소품 253
소품실 253
소풍 205, 268
소프라노 253
소프트웨어 194
소한 477
소형 449
소홀하다 87
소화 124, 393
소화기 31, 151, 393
소화불량 41, 124
소화전 393
소화제 41, 124

찾아보기

소화하다 124	손질하다 538	수구 279
소환하다 174, 538	손톱 31	수국 438
속 493	손톱깎이 151	수금 350
속국 299	손해 350	수납장 151
속기 174	솔 151	수녀 231, 366
속눈썹 31	솔개 424	수녀원 231
속다 73, 538	솔기 102	수놈 424
속담 174	솔깃하다 61	수놓다 102
속도 218, 399	솔솔 409, 510	수능시험 205
속도측정기 399	솔직하다 87	수다 174
속독 174	솜 102	수다떨다 174, 539
속력 399	솜바지 102	수다스럽다 174
속바지 102	솜사탕 124	수다쟁이 174
속보 188, 194	솜씨 87	수단 287, 334
속삭이다 174, 538	솜털 31	수달 424
속상하다 73, 538	솟다 539	수당 350, 366
속성 510	송곳 151	수도 151, 299
속셈 73	송곳니 31	수도꼭지 151
속안 493	송구스럽다 73	수도사 231
속어 174	송금 195	수도요금 350
속옷 102	송년회 334	수도원 231
속이다 87	송별회 334	수도하다 231
속저고리 102	송사리 424	수동태 174
속치마 102	송아지 424	수두 41
솎다 382, 438, 538	송어 424	수두룩하다 465
솎아내다 382	송이 438, 465	수락하다 174, 539
손 31, 61, 465	송이버섯 124, 438	수량 465
손가락 31	송장 52, 313	수령 493
손가방 151	송충이 424	수레 399
손거울 151	송편 124	수력 218, 393
손금 31	솥 124	수로 399
손녀 13	쇠고기 124	수료증 205
손님 350	쇠다 539	수류탄 322
손등 31	쇠사슬 151	수리공 382
손목 31	쇠하다 539	수리하다 539
손목시계 151	쇼 188, 253	수매하다 382
손바닥 31	숄 102	수면 31
손부 13	수 465	수면제 41
손수건 151	수간호사 41	수목원 438
손쉽다 510	수감 313	수묵화 253
손아래사람 5	수감자 313	수박 438
손위사람 5	수갑 313	수배 313
손익계산서 350	수건 151	수배자 313
손자 13	수건돌리기 274	수배하다 313
손자병법 322	수고비 382	수북하다 449
손주 13	수공업 366, 382	수비 279, 322
손지갑 151	수공예 253	수비군 322
손질 102	수교하다 299	수비대 322

수비망 322	수예 253	수학여행 206, 268
수비수 279	수온 383, 409	수학자 218
수비하다 322	수요 350	수해 409
수사 174, 313	수요일 477	수행하다 539
수사관 313	수요자 350	수험생 206
수사기관 313	수위 367	수험표 206
수사대 313	수육 124	수혈 41
수사본부 313	수은주 409	수협 383
수사하다 313	수의 52	수형도 449
수산물 382	수의사 367	수호하다 299
수산시장 350, 383	수의학 218	수화 175
수산업 367, 383	수익 350	수화기 151, 195
수산업협동조합 383	수익금 350	수확 383
수상 299, 367	수익률 350	수확량 383
수상스키 279	수임료 313	수확하다 383, 439
수색 313	수입 350	숙녀 5
수색영장 313	수입품 351	숙녀복 102
수색하다 539	수재 5	숙녀화 102
수석 205	수저 124	숙련공 383
수선 102	수저통 125	숙면 31
수선하다 539	수정 21, 383	숙모 13
수선화 438	수정과 125	숙박 151
수성 493	수정하다 539	숙박료 268
수세미 151, 438	수제비 125	숙박시설 151
수세식 151	수제자 206	숙박업 383
수소 218	수족관 383	숙변 31
수송기 399	수줍다 73	숙부 13
수수 124, 438	수중발레 280	숙성 125
수수께끼 274	수직 449, 510	숙이다 539
수수료 350	수직선 449	숙제 206
수수하다 102	수질 383, 409	숙주나물 125, 439
수술 41, 439	수질오염 409	숙직 367
수술실 41	수채화 253	숙환 41
수술하다 41	수출 351	순간 477
수습 367	수출품 351	순결 21
수식어 175	수치 465	순결하다 510
수신 350	수치스럽다 73	순경 313
수신료 188	수컷 424	순교자 231
수심 383, 409	수평 449, 510	순교하다 52
수양딸 13	수평선 449, 493	순국하다 52
수양아들 13	수포 41	순대 125
수업 206	수표 351	순대국 125
수업료 206, 350	수풀 439	순두부 125
수업시간 206	수필 253	순록 425
수염 31	수필가 253, 367	순박하다 87
수영 279	수학 218	순방하다 539
수영모자 279	수학능력 206	순산 21
수영복 102, 279	수학능력시험 206	순수음악 254

순수하다 87, 510	스님 231, 367	승리하다 280
순수학문 218	스리랑카 287	승마 280
순시하다 539	스무고개 274	승마복 102
순식간 477	스물 466	승무 254
순악질 5	스미다 539	승무원 367, 400
순조롭다 510	스승 5, 206	승부 280
순종 383, 425	스승의 날 206, 477	승선하다 400
순직하다 53	스웨덴 287	승소 313
순진하다 87	스웨터 102	승인하다 175, 539
순찰대 313	스위스 287	승전 323
순찰차 313	스치다 539	승전국 323
순찰하다 313, 539	스카프 102	승조원 400
순하다 87	스커트 102	승진 367
순환계 31	스케이트 280	승차 400
숟가락 125	스케치하다 254	승차권 400
술 125, 465	스키 280	승패 280
술고래 5	스키장갑 102	승하차 400
술떡 125	스타킹 102	승화 510
술래잡기 274	스튜어드 399	시 152, 254, 299, 477
술주정뱅이 5	스튜어디스 367, 399	시가 351
술집 125, 351	스트레스 41	시각 61, 477
숨 31	스패너 151	시각예술 254
숨구멍 31	스페인 287	시각장애자 5
숨기다 539	스펙트럼 493	시간 477
숨다 539	스포츠 188, 280	시간강사 206
숨바꼭질 274	스포츠면 188	시간표 206
숨은그림찾기 274	슬기 73, 87	시건방지다 87
숨지다 53	슬기롭다 73, 87, 510	시계 152
숫구멍 31	슬라이드 206	시골 152, 383, 493
숫자 465	슬로바키아 287	시골뜨기 5
숫처녀 21	슬리퍼 102	시골집 152
숫총각 21	슬퍼하다 73	시공 152, 493
숭늉 125	슬프다 73	시공간 493
숭배 231	슬픔 73	시금치 125, 439
숭배하다 231	습격 322	시금털털하다 61
숭상 231	습관 87	시기 73, 477
숭숭 510	습기 409	시기하다 73
숭어 425	습도 409	시끄럽다 61
숯 393	습도계 409, 466	시나리오 254
술 32	습득하다 73, 218	시나브로 477
숲 439, 493	습지 493	시내 493
쉬다 539	습진 41	시내관광 268
쉰 465	습하다 409, 510	시내버스 400
쉰내 61	승강기 151	시내전화 195
쉼표 175, 254	승객 400	시냇가 493
쉽다 510	승낙하다 175	시냇물 493
슈퍼마켓 151, 351	승려 232, 367	시누이 13
스냅사진 268	승리 323	시다 61, 125, 539

시대 … 477	시작하다 … 539	식기건조대 … 125
시댁 … 13, 21	시장 … 125, 299, 351, 367	식기세척기 … 125
시도하다 … 539	시장가격 … 351	식단 … 125
시동생 … 13	시장가방 … 152	식당 … 125, 152, 383
시들다 … 439, 510, 539	시장경제 … 351	식도 … 32
시력 … 32, 61	시장기 … 125	식도락 … 126
시루 … 125	시장성 … 351	식도락가 … 126
시루떡 … 125	시장점유율 … 351	식량 … 126
시름 … 73	시장조사 … 351	식료품 … 126
시리다 … 409	시장하다 … 125	식목일 … 439, 478
시리아 … 287	시절 … 478	식물 … 439
시립대학 … 206	시점 … 478	식물원 … 439
시말서 … 175, 367	시제 … 175	식물인간 … 5
시멘트 … 152	시조 … 254	식민지 … 299
시무룩하다 … 87	시주 … 232	식별하다 … 218
시민 … 299, 334	시집 … 13, 21	식비 … 351
시민권 … 299	시집가다 … 21	식빵 … 126
시민단체 … 334	시집살이 … 21, 53	식사 … 126
시부모 … 13	시찰하다 … 539	식사량 … 126
시비하다 … 175	시청 … 299	식사하다 … 126
시사 … 188	시청각교육 … 206	식생활 … 53, 126
시사지 … 188	시청각교재 … 206	식성 … 126
시사회 … 254	시청각수업 … 206	식수 … 126
시샘 … 73	시청각실 … 206	식염수 … 41
시선 … 61	시청료 … 189	식욕 … 126
시설 … 152	시청률 … 189	식욕부진 … 126
시설물 … 152	시청자 … 189	식용식물 … 439
시세 … 351	시청하다 … 61, 189	식용유 … 126
시식하다 … 125, 539	시체 … 53	식은땀 … 32
시신경 … 32, 61	시초 … 478	식이요법 … 126
시아버지 … 13	시치다 … 103, 539	식중독 … 41, 126
시아주버니 … 13	시큰둥하다 … 73	식초 … 126
시야 … 61	시큼하다 … 61, 125	식칼 … 126, 152
시약 … 218	시키다 … 175, 539	식탁 … 126, 152
시어 … 175	시한폭탄 … 323	식탁보 … 152
시어머니 … 13	시합 … 280	식탁예절 … 126
시외버스 … 400	시합하다 … 280	식탐 … 126
시외전화 … 195	시행하다 … 539	식품 … 126
시원섭섭하다 … 73	시험 … 206	식품의약품안전청 … 299
시원하다 … 61, 409, 510	시험감독 … 206	식혜 … 126
시위 … 299, 334	시험감독관 … 206	신 … 73, 103, 232
시음하다 … 539	시험관 … 152, 218	신경 … 32
시의원 … 299	시험지 … 206	신경계 … 32
시의회 … 299	시화전 … 254	신경쇠약 … 41
시이소오 … 274	식곤증 … 41	신경쓰다 … 73
시인 … 254, 367	식구 … 13	신경질 … 73
시인하다 … 175, 539	식기 … 125	신경질적이다 … 87
시일 … 477	식기건조기 … 125, 152	신경통 … 42

신고하다 175, 539	신앙인 232	실 103, 152
신교 232	신약 232	실감나다 73
신교도 232	신약성서 232	실내 152
신나다 73	신용금고 351	실내복 103
신년 478	신용보증기금 351	실내악단 254
신년하례식 334	신용장 351	실내음악 254
신년회 334	신용카드 351	실내장식가 152
신다 103, 539	신음하다 175, 540	실내체육관 280
신당 232	신인 254	실내화 103
신도 232	신인가수 254	실룩거리다 540
신동 5	신인배우 254	실망하다 73
신들리다 232	신임하다 540	실명 334
신라 287	신입사원 367	실명제 351
신랑 5, 21	신입생 206	실물경제 351
신령 232	신자 232	실물자산 351
신령님 232	신작로 400, 493	실물화상기 206
신문 189, 195	신장 32, 449	실바람 410
신문방송학 218	신장개업 351	실밥 103
신문배달 189	신장염 42	실뱀 425
신문배달원 367	신장이식 42	실상 510
신문사 189	신접살림 22	실선 449
신문판매원 367	신정 478	실수 466, 510
신문학 218	신주 53, 232	실습 206
신바람 73	신중하다 87	실습실 206, 218
신발 103	신진대사 32	실신 42
신발장 152	신참 367	실신하다 510
신발주머니 152	신청하다 175, 540	실어증 175
신방 21, 152	신체 32	실언하다 175, 540
신부 5, 22, 232, 367	신체장애자 5	실업 351, 367
신분 334	신축 152	실업가 351, 367
신분증 334	신축성 103	실업자 351, 367
신사 5	신춘문예 254	실업학교 206
신사복 103	신출내기 5	실온 410
신사화 103	신탁 351	실외 152
신상품 351	신토불이 383	실용음악 254
신생아 5, 22	신파극 254	실용품 351
신생아기 53	신학 218	실용학문 218
신생아실 22	신학기 206	실제 510
신석기시대 241	신학대학 206	실존 510
신선하다 126, 510	신학자 218	실직 367
신성하다 232	신호등 400	실직자 367
신세대 5	신혼 22	실직하다 367
신소설 254	신혼가구 152	실천하다 540
신식 510	신혼부부 22	실크 103
신앙 232	신혼여행 22, 268	실크로드 241
신앙고백 232	신화 254	실토하다 175, 540
신앙생활 232	신흥종교 232	실패 510
신앙심 232	싣다 189, 540	실패자 5

실패하다 643

실패하다 540	십자매 425	쏘아보다 61
실행하다 540	십장생 254	쏙 511
실향민 5	십중팔구 510	쏜살같다 478
실험 206, 218	십진법 466	쏟다 540
실험극 254	싱가포르 287	쏠다 540
실험보고서 218	싱겁다 61, 87, 126, 510	쏠리다 511
실험실 206, 218	싱싱하다 126, 510	쐐기문자 175
실험하다 218	싶다 540	쐬다 540
싫다 73	싶어하다 540	쑤다 127, 540
싫어하다 73, 540	싸구려 352	쑤시다 42
싫증나다 73	싸늘하다 61, 410, 511	쑥 127, 439
심근경색 42	싸다 32, 352, 540	쑥갓 127, 439
심다 383, 439, 540	싸락눈 410	쑥덕공론 175
심란하다 74	싸리버섯 439	쑥스럽다 74
심령술 232	싸우다 323, 540	쓰기 175
심령술사 232	싸움 323	쓰다 61, 103, 127, 175, 352,
심리 74, 219, 313	싸움터 323	.... 511, 540
심리학 219	싹 439	쓰다듬다 61, 540
심리학자 219	싹트다 439	쓰러지다 511
심문 314	쌀 126	쓰레기통 152
심문하다 175, 540	쌀가루 126	쓰레받기 152
심방하다 232	쌀벌레 425	쓰르라미 425
심보 87	쌀쌀맞다 87	쓰리다 42, 511
심사 314	쌀쌀하다 61, 511	쓸개 32
심사숙고하다 74, 219	쌀집 352	쓸데없다 511
심사하다 540	쌀통 126	쓸모없다 511
심술 74, 87	쌈 127	쓸모있다 511
심술부리다 87, 540	쌈밥 127	쓸쓸하다 74
심술쟁이 5	쌈지 152	씋다 540
심심하다 61, 74, 126	쌈지돈 352	씀바귀 127, 439
심의기관 299	쌉쌀하다 61, 127	씁쓸하다 61
심의하다 175, 540	쌍 466	씨 5, 383, 439
심장 32	쌍곡선 449	씨름 280
심장마비 42	쌍꺼풀 32	씨방 439
심장병 42	쌍둥이 449	씨앗 383, 439
심장이식 42	쌍둥이자리 493	씩씩하다 87
심전도 32	쌍반점 175	씹다 127
심정 74	쌍점 175	씻다 540
심통 74	쌓다 540	
심판 280	쌓이다 410	
심판보다 280	쌩쌩 410	**아**
심포지엄 219	써다 540	
십 466	썩다 127, 511, 540	아가 5
십이면체 449	썰다 127, 540	아가미 425
십이지궤양 42	썰렁하다 410	아가씨 5, 22
십이지장 32	썰매타기 274	아군 323
십일조 232	썰물 383, 410, 493	아궁이 152, 393
십자가 232	쏘다 323, 540	

아기 5	아역 189, 254	악어 425
아까 478	아연 219	악역 189, 255
아끼다 74, 352, 540	아열대림 439	악질 6
아나운서 189, 367	아우 14	악천후 410
아내 13	아욱 127, 439	악취 61
아니꼽다 74	아이 6	악하다 87
아닌밤중 478	아이스크림 127	안 494
아담 6	아이스하키 280	안감 103
아담하다 449	아이슬란드 287	안개 410
아동 6	아일랜드 287	안개경보 410
아동교육 206	아쟁 254	안개구름 410
아동극 254	아저씨 6, 14	안개꽃 439
아동문제 334	아주 511	안개비 410
아동문학 254	아주머니 6, 14	안개주의보 410
아동문학가 254	아주버니 14	안경 61, 103
아동미술 254	아주버님 14	안과 61
아동복 103	아줌마 6	안구 32, 61
아드님 13	아지랑이 410	안내 195, 334
아들 13	아직 478	안내문 334
아랍어 175	아찔하다 74	안내인 195
아래 494	아침 127, 478	안내장 195
아래옷 103	아카시아 439	안내하다 175, 195, 541
아래쪽 494	아카시아나무 439	안다 541
아랫도리 103	아파트 153	안데스문명 241
아랫목 153	아편 42	안락사 53
아랫배 32	아편쟁이 6	안락의자 153
아랫사람 6	아프가니스탄 287	안마 280
아랫입술 32	아프다 42, 511	안무 189, 255
아령 280	아프리카 287	안무가 255, 367
아롱다롱 511	아픔 42	안무하다 255
아르헨티나 287	아홉 466	안방 153
아른아른 511	아홉째 466	안부묻다 541
아름 466	아흐레 478	안사돈 14
아름답다 511	아흔 466	안사람 14
아메리카 287	악감정 74	안색 32
아멘 232	악곡 254	안식교 232
아물다 42, 511	악기 254	안식일교 232
아버님 13	악단 189, 254	안심 127
아버지 13	악담 175	안심하다 74, 87
아범 14	악담하다 175, 541	안압 61
아부하다 87	악당 6	안약 42, 61
아비 14	악독하다 87	안전 400
아빠 14	악동 6	안전띠 400
아사 53	악마 232	안전모 103
아쉽다 74	악몽 32	안전하다 511
아시아 287	악보 255	안정 511
아시안게임 280	악수하다 334	안주 127
아씨 6	악습 334	안주인 6

안질 … 62	압박하다 … 541	액면가 … 352
안채 … 153	압사 … 53	액상 … 511
안타깝다 … 74	압수 … 314	액수 … 352
안테나 … 195	압정 … 153	액자 … 153
안팎 … 494	앗다 … 541	액정프로젝터 … 207
앉다 … 541	앙코르 … 255	액체 … 219, 511
앉은뱅이 … 6	앙큼하다 … 87	액화 … 219, 511
앉은키 … 449	앙탈부리다 … 87	앵두 … 439
알 … 425, 466	앞 … 478, 494	앵두나무 … 439
알곡 … 383	앞날 … 478	앵두빛 … 456
알다 … 74, 511	앞니 … 32	앵무새 … 425
알뜰살뜰 … 352	앞당기다 … 541	야간 … 478
알뜰하다 … 87, 352	앞뒤 … 494	야간대학 … 207
알라 … 232	앞서 … 478	야광 … 456
알레르기 … 42	앞치마 … 103, 127	야구 … 280
알록달록 … 456	애걸하다 … 175, 541	야구공 … 280
알리다 … 175, 195, 541	애국 … 299	야구방망이 … 280
알맞다 … 511	애국가 … 299	야구장갑 … 280
알바니아 … 287	애국심 … 299	야근 … 367, 383
알부자 … 6	애꾸눈 … 32	야단치다 … 176, 541
알사탕 … 127	애늙은이 … 6	야당 … 299
알약 … 42	애달프다 … 74	야들야들 … 62
알제리 … 287	애도하다 … 541	야만 … 241
알칼리성 … 219	애독자 … 189	야만인 … 6, 241
알코올 … 393	애무 … 22	야맹증 … 42, 62
알코올램프 … 393	애무하다 … 22	야무지다 … 87
알콜 … 219	애벌레 … 425	야생동물 … 425
알콜램프 … 219	애석하다 … 74	야생화 … 439
알타이어족 … 175	애송이 … 6	야수 … 425
알토 … 255	애쓰다 … 541	야시장 … 352
알통 … 32	애완동물 … 425	야옹 … 425
앓다 … 42	애원하다 … 175, 541	야외극 … 255
암 … 42	애인 … 6	야외극장 … 255
암갈색 … 456	애절하다 … 74	야외무대 … 255
암기하다 … 74	애정 … 22, 74	야외수업 … 207
암놈 … 425	애제자 … 207	야외음악 … 255
암매장 … 53	애주가 … 6	야외음악당 … 255
암매장하다 … 53	애증 … 74	야유하다 … 176, 541
암벽타기 … 268	애지중지하다 … 74	야유회 … 268
암산 … 466	애처가 … 6	야자 … 439
암살 … 53	애처롭다 … 74	야자수 … 439
암송하다 … 175, 541	애청자 … 189	야채 … 127, 439
암술 … 439	애초 … 478	야채쥬스 … 127
암실 … 268	애타다 … 74	야하다 … 511
암컷 … 425	애통하다 … 74	야학 … 207
압력 … 219	애호박 … 127	약 … 42
압력단체 … 299	액 … 232	약과 … 127
압력솥 … 127	액땜 … 232	약국 … 42, 352

약도 494	양념장 127	양파 128, 440
약물중독 42	양념통 127	양품점 103
약방 42	양념하다 128, 541	양호 511
약분 466	양달 494	양호교사 207
약사 42, 367	양담배 128	양호실 207
약세 511	양도세 153	양화 268
약소국 300	양돈업 383	얕다 449
약속 334	양동이 153	얕보다 88
약속어음 352	양떼구름 410	얘깃거리 176
약속하다 176, 541	양력 478, 494	어간 176
약손가락 32	양로원 153	어귀 494
약수 127, 466	양말 103	어근 176
약시 42, 62	양반 334	어금니 32
약식 127	양배추 128, 440	어기다 541
약오르다 74	양복 103	어깨 32
약용식물 439	양복점 103	어느덧 478
약육강식 425	양봉 383	어느새 478
약재 42	양봉업 367, 383	어는점 219
약점 511	양부모 14	어둡다 62, 456
약주 127	양산 153, 494	어려움 511
약지 32	양상추 128, 440	어렵다 511
약체 32	양서류 425	어루만지다 62
약초 42, 439	양송이 128, 440	어류 384, 425
약하다 32, 511	양수 22, 466	어르다 176, 541
약학 219	양수기 383	어르신 6
약학대학 207	양순하다 88	어른 6
약혼 22	양식 128, 383	어리다 541
약혼녀 22	양식당 128	어리둥절하다 74
약혼반지 22	양식업 367, 383	어리석다 88
약혼식 22	양식장 384	어린이 6
약화 511	양식하다 384	어린이날 478
약효 43	양심 74, 314	어린이방 153
얄밉다 88	양아들 14	어린이집 207
얄팍하다 449	양아버지 14	어림잡다 466, 541
얇다 449	양약 43	어림짐작하다 74
얌전하다 88	양어머니 14	어말어미 176
얌체 88	양어장 384	어망 384
양 6, 425, 466	양옥 153	어머니 14
양각 255	양자 14	어머님 14
양계업 383	양자리 494	어멈 14
양계장 383	양잠업 367, 384	어묵 128
양고기 127	양장 103	어미 14, 176, 425
양곡 383	양장점 103	어민 334, 384
양궁 280	양조장 128	어버이날 478
양귀비 439	양주 128	어법 176
양극 219	양지 494	어부 367, 384
양녀 14	양치기 384	어색하다 75
양념 127	양탄자 153	어선 384, 400

어수선하다 ... 511	언론의 ... 189	엄살 ... 43
어스름 ... 494	언론인 ... 189	엄살부리다 ... 88
어슷어슷 ... 511	언론중재위원회 ... 189	엄지 ... 32
어시장 ... 384	언약하다 ... 176	엄지발가락 ... 32
어업 ... 367, 384	언어 ... 176	엄지손가락 ... 32
어우르다 ... 541	언어교육 ... 176	엄청나다 ... 512
어울리다 ... 103	언어능력 ... 176	엄하다 ... 88
어원 ... 176	언어사용 ... 176	업 ... 232
어음 ... 352	언어사용자 ... 176	업다 ... 542
어장 ... 384	언어생활 ... 176	업무 ... 368
어저께 ... 478	언어수행 ... 176	업보 ... 232
어절 ... 176	언어순화 ... 176	업신여기다 ... 75, 88
어제 ... 478	언어습득 ... 176	없다 ... 352
어족 ... 176	언어예술 ... 176, 255	없애다 ... 352, 542
어지럼증 ... 43	언어장벽 ... 176	없어지다 ... 542
어지럽다 ... 512	언어장애 ... 176	엉거주춤하다 ... 88
어질다 ... 88	언어정책 ... 176	엉겅퀴 ... 440
어찌씨 ... 176	언어학 ... 219	엉기다 ... 512, 542
어촌 ... 384, 494	언어학자 ... 219	엉덩이 ... 32
어패류 ... 128, 384	언쟁하다 ... 176, 541	엉성하다 ... 512
어학 ... 219	언저리 ... 494	엉큼하다 ... 88
어학실습실 ... 207	언제 ... 478	엉키다 ... 512
어학연수 ... 207	언제나 ... 478	엎다 ... 542
어항 ... 384	언제든지 ... 478	엎드리다 ... 542
어획 ... 384	언중 ... 176	엎어지다 ... 542
어획고 ... 384	언짢다 ... 75	에게문명 ... 241
어획량 ... 384	얹다 ... 128, 541	에너지 ... 219, 393
어획물 ... 384	얻다 ... 541	에누리 ... 352
어휘 ... 176	얼 ... 75	에다 ... 542
어휘론 ... 176	얼굴 ... 32, 425	에스컬레이터 ... 153
어휘집 ... 176	얼기설기 ... 512	에스파냐 ... 287
어흥 ... 425	얼다 ... 410, 512, 541	에어로빅 ... 280
억 ... 466	얼떨결 ... 75	에이즈 ... 43
억누르다 ... 541	얼떨떨하다 ... 75	에콰도르 ... 287
억만장자 ... 6	얼레 ... 384	에티오피아 ... 287
억새 ... 440	얼룩 ... 104	엔 ... 352
억세다 ... 88, 512	얼룩말 ... 425	엔화 ... 352
억울하다 ... 75	얼른 ... 478	엘리베이터 ... 153
억지부리다 ... 88	얼리다 ... 128, 542	엘살바도르 ... 287
언급하다 ... 176, 541	얼버무리다 ... 177, 542	엘피지 ... 393
언니 ... 14	얼빠지다 ... 88	엥겔계수 ... 352
언덕 ... 494	얼음 ... 410	여가선용 ... 268
언덕길 ... 494	얼음낚시 ... 268	여객 ... 268, 400
언도하다 ... 176, 541	얼큰하다 ... 62	여객기 ... 400
언론 ... 189, 195	얽다 ... 542	여객선 ... 400
언론기관 ... 189	엄격하다 ... 88	여걸 ... 6
언론매체 ... 189, 195	엄동설한 ... 410	여고생 ... 207
언론사 ... 189	엄마 ... 14	여공 ... 384

여관 153, 384
여군 323
여권 268, 300
여권사진 268
여기 494
여기다 75
여기저기 494
여남은 466
여당 300
여대생 207
여덟 466
여덟째 466
여동생 14
여드레 478
여드름 33, 43
여든 466
여러 467
여러해살이 440
여론 300
여류작가 6
여름 478
여름내 478
여물 384
여물다 440, 542
여미다 542
여배우 255
여백 494
여비 268, 352
여사 6
여섯 467
여섯째 467
여성 6
여성복 104
여성지 189
여성특별위원회 300
여신 352
여염집 153
여왕 300
여왕벌 426
여우 426
여우비 410
여울 494
여울목 494
여유있다 352
여의다 542
여인 6
여인숙 153, 384
여자 6

여자답다 88
여자친구 6
여장부 6
여쭈다 542
여치 426
여태 478
여편네 14
여학생 7, 207
여행가 268
여행객 268
여행계획 268
여행기 268
여행담 268
여행비 268
여행사 268, 384
여행업 384
여행자보험 268
여행자수표 268, 352
여행지 269
여행하다 269
여호와 233
여호와의 증인 233
역 153, 400
역광 269
역기 280
역대 478
역도 281
역사학 219
역사학자 219
역설하다 177, 542
역술가 233
역정 75
엮다 542
연— 456
연간 478
연고 43
연구 219
연구계획서 219
연구발표 219
연구비 219
연구생 207
연구소 207, 219
연구수업 207
연구실 207, 219
연구원 219, 368
연구하다 219
연구회 219
연극 255

연극론 255
연극배우 255
연극비평 255
연극인 255, 368
연극제 255
연극평론 255
연근 128, 440
연금 352, 368
연기자 189, 255, 368
연기하다 189, 255, 542
연꽃 440
연날리기 274
연대 478
연도 479
연두색 456
연등행사 233
연락 195
연락두절 195
연락망 195
연락선 400
연령 53, 467
연례행사 479
연료 394
연립주택 153
연말 479
연말연시 479
연말정산 352
연못 494
연미복 104
연방국 300
연배 467
연봉 352, 368
연분 22
연사 177
연상 75, 219, 467
연상하다 75
연설 177
연세 53, 467
연소 394
연속극 189, 255
연수 207
연수원 207, 334
연승 281
연싸움 274
연애결혼 22
연애하다 22
연약하다 512
연어 128, 426

연역법 ………………………… 219	열반 …………………………… 233	영리하다 …………………… 512
연예 …………………………… 255	열받다 ………………………… 75	영문학 ………………………… 220
연예가 ………………………… 255	열세 …………………………… 512	영문학자 ……………………… 220
연예계 …………………… 189, 256	열쇠 …………………………… 153	영부인 …………………………… 7
연예면 ………………………… 189	열정 …………………………… 75	영사 …………………………… 300
연예인 ………………… 189, 256, 368	열째 …………………………… 467	영사관 ………………………… 300
연예지 ………………………… 256	열차 …………………………… 400	영사기 ………………………… 256
연옥 …………………………… 53	열효율 ………………………… 394	영사실 ………………………… 256
연인 …………………………… 7	열흘 …………………………… 479	영산홍 ………………………… 440
연장 …………………………… 153	염 …………………………… 53	영상 …………………… 256, 410
연주 …………………………… 256	염기성 ………………………… 219	영성체 ………………………… 233
연주가 ………………………… 368	염라대왕 ……………………… 233	영세 …………………………… 233
연주자 ………………………… 256	염려하다 ……………………… 75	영세명 ………………………… 233
연주장 ………………………… 256	염료 …………………………… 256	영세민 …………………… 153, 334
연주하다 ……………………… 256	염불 …………………………… 233	영수증 ………………………… 352
연주회 ………………………… 256	염산 …………………………… 219	영아 …………………………… 7
연중 …………………………… 479	염색 …………………… 104, 457	영아원 ………………………… 207
연지 …………………………… 104	염색공예 ……………………… 256	영안실 ………………………… 53
연착하다 ……………………… 542	염색약 ………………………… 104	영양 …………………………… 128
연체료 ………………………… 352	염색하다 ……………… 104, 457	영양가 ………………………… 128
연초 …………………………… 479	염소 …………………… 219, 426	영양사 …………………… 128, 368
연출 …………………………… 189	염소자리 ……………………… 494	영양소 ………………………… 128
연출가 ………………………… 368	염전 …………………………… 384	영양실조 ……………………… 43
연출자 …………………… 185, 256	염주 …………………………… 233	영양제 ………………………… 43
연출하다 ……………………… 189	염증 …………………………… 43	영양크림 ……………………… 104
연탄 …………………………… 394	염치 …………………… 75, 88	영어 …………………………… 177
연필 …………………… 153, 207	염치없다 ……………………… 88	영어사전 ……………………… 189
연필꽂이 ……………………… 153	염통 …………………………… 33	영어학 ………………………… 220
연하 …………………………… 467	엽록소 ………………………… 440	영어학자 ……………………… 220
연하다 …………………… 456, 512	엽서 …………………… 153, 195	영업 …………………… 352, 368
연하장 …………………… 153, 195, 334	엽전 …………………………… 352	영업사원 ………………… 352, 368
연합국 ………………………… 300	엿 …………………………… 128	영업용 ………………………… 400
연합하다 ……………………… 300	엿듣다 ………………………… 542	영업직 ………………………… 368
열 …………………… 394, 410, 467	엿보다 ………………………… 542	영업하다 ……………………… 368
열기 …………………………… 410	엿새 …………………………… 479	영역 …………………………… 494
열다 …………………………… 542	엿치기 ………………………… 274	영원 …………………………… 479
열대림 ………………………… 440	영 …………………………… 467	영원하다 ……………………… 512
열대야 ………………………… 410	영감 …………………………… 7	영원히 ………………………… 479
열대어 …………………… 384, 426	영결식 ………………………… 53	영장 …………………………… 314
열댓 …………………………… 467	영공 …………………………… 300	영재 …………………………… 7
열도 …………………………… 494	영관 …………………………… 323	영재교육 ……………………… 207
열등감 ………………………… 75	영구차 ………………………… 53	영정 …………………………… 269
열등생 ………………………… 207	영구치 ………………………… 33	영주권 ………………………… 300
열량 …………………… 219, 394	영국 …………………………… 287	영지버섯 ……………… 128, 440
열리다 …………………… 410, 440	영농 …………………………… 384	영치금 ………………………… 352
열매 …………………… 384, 340	영농법 ………………………… 384	영토 …………………………… 300
열무 …………………… 128, 440	영농인 ………………………… 384	영하 …………………………… 410
열무김치 ……………………… 128	영농후계자 …………………… 384	영해 …………………………… 300

영혼 53, 233	예순 467	오락시간 274
영화 190, 256	예술 257	오락실 274
영화감독 256, 368	예술가 257, 368	오래되다 512
영화계 256	예술계 257	오렌지 440
영화관 256	예술고등학교 207	오로라 410
영화배우 256	예술공연 257	오로지 512
영화상 257	예술단체 257	오르가즘 22
영화음악 257	예술사 257	오르내리다 542
영화인 257, 368	예술사진 269	오르다 269, 353, 400, 542
영화제 257	예술성 257	오르막 494
영화평론가 257	예술원 257	오른손잡이 7
옅다 457	예술의 전당 257	오른쪽 494
옆 494	예술작품 257	오름세 353
옆구리 33	예술지상주의 257	오리 426
옆방 154	예술품 257	오리고기 128
옆줄 426	예술혼 257	오리다 542
예견하다 75, 220	예습 207	오리알 129, 426
예고 207	예습하다 207	오만하다 75, 88
예고편 257	예식 335	오목렌즈 220
예고하다 177, 542	예식장 22	오목하다 449
예금 352	예언가 368	오물오물 129
예금주 352	예언하다 177, 542	오미자 440
예금하다 353	예의 88	오밀조밀 449, 512
예능교육 207	예의범절 88	오븐 129
예닐곱 467	예전 479	오빠 14
예단 22	예절 88	오색 457
예매하다 257, 400	예찬하다 177, 542	오색찬란하다 457
예명 334	예측하다 75, 220	오선지 257
예물 22	예치 353	오세아니아 287
예민하다 88	옛날 479	오솔길 494
예방주사 43	옛날옛적 479	오스트레일리아 287
예방하다 43, 542	오 467	오스트리아 287
예배 233	오감 62	오이 129, 440
예배당 233	오곡밥 128	오이소박이 129
예배드리다 233	오글오글 512	오일장 53
예배보다 233	오금 33	오전 479
예보하다 177, 542	오기 75	오점 512
예복 104	오누이 14	오존주의보 410
예불하다 233	오늘 479	오줌 33
예비군 323	오다 410, 542	오줌싸개 7
예비비 353	오동나무 440	오직 512
예비역 323	오두막 154	오징어 129, 426
예쁘다 512	오들오들 410	오찬 129
예산 353	오디 440	오토바이 400
예산청 300	오똑하다 449	오관하다 75, 220
예삿말 177	오라버니 14	오페라 257
예수교 233	오락 274	오페라가수 257
예수님 233	오락가락하다 542	오피스텔 154

오해하다 75	옳다 512	왕진 43
오후 479	옷 104	왕창 512
옥 385	옷가게 104	왕후 300
옥니 33	옷감 104	외가 14
옥상 154	옷걸이 104, 154	외가집 14
옥색 457	옷고름 104	외계 495
옥수수 129, 440	옷매무새 104	외계인 495
옥수수차 129	옷솔 104, 154	외고 207
옥저 288	옷장 104, 154	외과 43
옥토 385, 494	옷차림 104	외교 300
옥편 190	옷핀 154	외교관 300, 368
옥황상제 233	옹기종기 512	외교통상부 300
온기 410	옹달샘 494	외국 300
온난전선 410	옹알이 177	외국어 177
온누리 494	옻나무 440	외국어고등학교 207
온대림 440	와르르 512	외국인 300
온도 220, 410	와이셔츠 104	외근 368
온도계 410, 467	와인색 457	외동딸 14
온돌 154, 394	완강하다 88	외래어 177
온돌방 154	완고하다 88	외롭다 75
온두라스 288	완공 154	외부 495
온수 154	완구 154, 274	외사촌 14
온순하다 88	완구점 353	외삼촌 14
온실 440	완두콩 129, 440	외상 353
온유하다 88	완료하다 543	외숙모 14
온음 257	완만하다 450, 494	외숙부 14
온종일 479	완벽하다 512	외식 129
온천 494	완성품 353	외식산업 385
온풍기 154	완성하다 543	외아들 14
온화하다 88	완전 512	외양간 385
올 467	완전범죄 314	외우다 75, 177
올— 440	완전하다 512	외유내강 88
올라가다 410, 542	완제품 353	외장 154
올라오다 542	완치 43	외장재 154
올록볼록 62, 450	왕 300	외채 353
올리다 104, 154, 543	왕관 104	외출복 104
올림표 257	왕국 300	외치다 177, 543
올림픽 281	왕녀 7	외톨이 7
올망졸망 450	왕년 479	외투 104
올바르다 88	왕래 400	외판원 353, 368
올빼미 426	왕래하다 543	외할머니 15
올챙이 426	왕비 7, 300	외할아버지 15
올케 14	왕세자 300	외향적이다 88
올해 479	왕손 300	외화 353
옭다 543	왕왕 479	외환 353
옭매다 543	왕자 7, 300	외환보유고 353
옮기다 543	왕조 300	외환시장 353
옮다 543	왕족 300	왼손잡이 7

왼쪽 495	우기다 89, 177, 543	우주비행사 495
요 154	우동 129	우주선 400, 495
요구르트 129	우두머리 335	우주여행 495
요구하다 177, 543	우등고속버스 400	우주인 495
요금 353	우등상 207	우주정거장 495
요도 33	우등생 208	우주탐사 495
요도염 43	우랄어족 177	우쭐대다 89
요란하다 62	우람하다 450	우체국 195, 300
요르단 288	우량계 411, 467	우체부 368
요리 129	우러러보다 543	우체통 195
요리사 129, 368	우러르다 75, 543	우측 495
요리하다 129, 543	우렁쉥이 426	우크라이나 288
요사스럽다 88	우렁이 426	우편물 195
요새 323, 479	우렁차다 62	우편배달부 368
요술 274	우레 411	우편번호 154, 195
요식업 385	우려하다 75	우편엽서 195
요양원 43	우롱하다 177, 543	우편집배원 368
요양하다 43	우루과이 288	우편함 154, 195
요일 479	우르르쾅쾅 411	우표 154, 195
요절 53	우리 154, 385, 426	우회전 400
요즘 479	우리나라 288, 300	운동 281
요청하다 177, 543	우리다 129, 543	운동감각 281
요통 43	우물 495	운동경기 281
요트 281, 400	우물우물 129	운동기구 281
욕 177	우박 411	운동량 281
욕구 75	우방 300	운동모자 281
욕설 177, 154	우방국 300	운동복 105, 281
욕심 75	우비 105, 411	운동부 281
욕심쟁이 7	우산 154, 411	운동선수 281, 368
욕쟁이 7	우산꽂이 154	운동신경 281
욕조 154	우상숭배 233	운동장 208, 281
욕하다 89, 177, 543	우세 512	운동정신 281
용 426	우수 480, 512	운동종목 282
용감무쌍하다 323	우수하다 512	운동하다 282, 543
용감하다 89	우스갯소리 177	운동화 105, 282
용기 89, 154	우승 281	운동회 282
용돈 353	우시장 385	운량 411
용맹하다 323	우엉 129, 440	운명 53
용사 323	우울증 43, 75	운명하시다 53
용서하다 75	우울하다 75	운문 257
용액 512	우월감 75	운반 401
용언 177	우유 129	운반비 401
용역 368, 385	우유부단하다 89	운반선 401
용의자 314	우유빛 457	운석 495
용해 512	우족탕 129	운소 177
용해도 220	우주 495	운송 401
우간다 288	우주개발 495	운송비 401
우글우글 512	우주복 495	운송수단 401

운송업 385	원급 177	원화 353
운송하다 543	원내총무 300	월 177, 480
운수 233	원동력 394	월간지 190
운수업 385, 401	원두막 154	월경 22, 33
운영하다 368	원두커피 129	월계관 105, 282
운율 257	원로가수 257	월계수 440
운임 401	원로배우 257	월급 353, 368
운전 401	원료 385	월급쟁이 368
운전기사 368	원료시장 353	월드컵 282
운전면허시험 401	원리 220	월부 353
운전면허증 401	원만하다 89	월부금 353
운전병 323	원망 76	월세 154
운전사 401	원망하다 76	월식 411, 495
운전석 401	원반 282	월요일 480
운전하다 401, 543	원불교 233	월척 269, 385
운하 495	원뿔형 450	웨딩드레스 22, 105
운항하다 401	원산지 495	위 33, 495
운행 401	원삼 105	위경련 43
울긋불긋 457	원색 457	위관 323
울다 75, 426, 543	원생 208	위궤양 43
울먹이다 543	원소 220, 467	위도 495
울보 7	원소기호 220	위령제 53
울부짖다 177, 543	원수 7	위문품 353
울음 75	원숙하다 512	위반 314
울타리 154	원숭이 426	위법 314
울퉁불퉁 62, 450	원시 33, 43, 62, 480	위산 33
울화통 76	원시사회 335	위생병 323
움막 154	원시인 7, 241	위성 495
움직씨 177	원앙 426	위성방송 190, 195
움직이다 543	원양어선 385, 401	위성중계 190, 195
움큼 467	원양어업 385	위성통신 195
움트다 440	원어민 177	위암 43
움푹하다 450	원예업 368	위약금 353
웃다 76, 543	원예학 220	위염 43
웃어른 7	원예학자 220	위인 7
웃옷 105	원유 385, 394	위자료 353
웃음 76	원자 220	위장 33
웅대하다 450	원자력 220, 394	위조지폐 353
웅덩이 495	원자로 220, 394	위조하다 544
웅변가 177	원자재 385	위쪽 495
웅성거리다 544	원장 208	위치 495
웅크리다 544	원정경기 282	위치하다 495
원 353, 450, 467	원주민 7	위탁금 353
원가 353	원통하다 76	위탁판매 353
원고 185, 314	원통형 450	위통 43
원고료 190	원피스 105	위패 53
원근법 257	원하다 76	위헌 314
원금 353	원형 450, 512	위험하다 513

윗도리 105
윗목 154
윗몸일으키기 282
윗배 33
윗사람 7
윗옷 105
윗입술 33
유가공 385
유가족 53
유가증권 353
유격대 323
유고 288
유고슬라비아 288
유골 53
유교 233
유권자 301
유급 208
유기농업 385
유기정학 208
유난히 513
유년기 53
유능하다 513
유달리 513
유도 282
유도분만 22
유도심문 314
유라시아 288
유람선 401
유람하다 269
유럽 288
유력하다 513
유령 233
유로화 353
유료 354
유리 154
유리수 467
유림 233
유망주 7
유명인 7
유명인사 7, 335
유목민 7
유물 53
유미주의 257
유발하다 544
유방 33
유방암 43
유별나다 513
유보하다 544

유복자 7
유부남 22
유부녀 22
유사품 354
유사하다 450
유산 53
유산균 129, 426
유생 233
유서 53
유선방송 190, 195
유성 495, 496
유세 301
유세장 301
유수같다 480
유식하다 76
유신론 233
유실하다 544
유아 7
유아교육 208
유아기 53
유아복 105
유아어 177
유아원 208
유언 53
유언비어 177
유연화장수 105
유원지 274
유의어 177
유의하다 544, 513
유인원 426
유일신 234
유일하다 513
유자 440
유자차 129
유전 385, 426
유전병 43
유전자 33, 426
유제품 129
유조선 401
유죄 314
유지하다 544
유채꽃 441
유채색 457
유추 76
유추하다 76, 220
유충 426
유치 33
유치원 208

유치원생 208
유치장 314
유쾌하다 76
유태교 234
유통 354
유통경로 354
유통구조 354
유통마진 354
유통망 354
유품 54
유학 208, 220, 234
유학생 208
유학자 220
유해 54
유행가 257
유행병 43
유행성출혈열 43
유행어 178
유화 257
유효하다 513
유흥가 385
유흥비 269
유흥업 385
유흥업소 385
육 467
육가공 385
육각형 450
육감 62
육개장 129
육교 401
육군 323
육군사관학교 208, 323
육류 129
육면체 450
육상경기 282
육수 129
육식동물 426
육중하다 513
육지 496
육체 33
육탄전 323
육포 129
육풍 411
육회 129
윤년 480
윤달 480
윤리 314, 335
윤일 480

윤회 …………………… 54, 234	음색 …………………… 258	응답 …………………… 496
율무 …………………… 130	음성 …………………… 178	응답하다 …………… 178, 544
율무차 ………………… 130	음성언어 ……………… 178	응시자 ………………… 208
융자 …………………… 354	음성학 ………………… 178	응시하다 …………… 62, 544
융통성 ………………… 89	음소 …………………… 178	응용력 …………… 89, 220
융해 …………………… 220	음수 …………………… 467	응용미술 ……………… 258
융해열 ………………… 220	음식 …………………… 130	응용하다 ……………… 220
윷 ……………………… 274	음식문화 ……………… 241	응원가 ………………… 282
윷놀이 ………………… 274	음식점 ………………… 130	응원단 ………………… 282
으깨다 ……………… 130, 544	음식점 …………… 354, 385	응원하다 ……………… 282
으뜸음 ………………… 258	음악 …………… 190, 258	응접세트 ……………… 155
으르다 ………………… 544	음악가 ………… 258, 368	응접실 ………………… 155
으름장 ………………… 178	음악감상실 …………… 258	응하다 …………… 178, 544
으리으리 ……………… 154	음악계 ………………… 258	의결기관 ……………… 301
으스러지다 …………… 544	음악관 ………………… 258	의과대학 ……………… 208
윽박지르다 …………… 544	음악당 ………………… 258	의구심 ………………… 76
은 ……………………… 385	음악대학 ……………… 208	의기양양하다 ………… 89
은광 …………………… 385	음악성 ………………… 258	의논하다 …………… 178, 544
은발 …………………… 33	음악실 …………… 208, 258	의뢰인 ………………… 7
은방울꽃 ……………… 441	음악예술 ……………… 258	의료보험 ……………… 43
은빛 …………………… 457	음악인 ………………… 258	의료보험증 …………… 43
은사 …………………… 208	음악제 ………………… 258	의료원 ………………… 44
은색 …………………… 457	음악학 ………………… 220	의료진 ………………… 44
은어 …………………… 178, 426	음악회 ………………… 258	의류 …………………… 105
은은하다 ……………… 457	음영 …………………… 457	의무 …………………… 335
은총 …………………… 234	음운 …………………… 178	의무경찰 ……………… 314
은하계 ………………… 496	음운론 ………………… 178	의무병 ………………… 323
은하수 ………………… 496	음자리표 ……………… 258	의문 …………………… 76
은행 …………… 154, 354, 385	음절 …………………… 178	의문대명사 …………… 178
은행가 ………………… 354	음정 …………………… 258	의문문 ………………… 178
은행나무 ……………… 441	음주 …………………… 130	의문사 ………………… 54
은행대출 ……………… 354	음주운전 ……………… 401	의미론 ………………… 178
은행원 …………… 354, 368	음주측정기 …………… 401	의복 …………………… 105
은행장 …………… 354, 368	음지 …………………… 496	의부증 ………………… 44
은혼식 ………………… 22	음탕하다 ……………… 89	의붓아버지 …………… 15
은화 …………………… 354	음표 …………………… 258	의붓어머니 …………… 15
읊다 ………………… 178, 544	음향 …………… 62, 258	의붓자식 ……………… 15
음각 …………………… 258	음향기기 ……………… 62	의붓형제 ……………… 15
음경 ……………… 22, 33	음화 …………………… 269	의사 …………… 44, 369
음계 …………………… 258	음흉하다 ……………… 89	의사소통 ……………… 178
음극 …………………… 220	읍 ……………… 154, 301	의상 …………… 105, 258
음독 …………………… 178	읍내 …………………… 155	의생활 …………… 54, 105
음란하다 ……………… 89	읍사무소 ……………… 301	의석 …………………… 301
음력 …………… 480, 496	읍장 …………… 301, 368	의석수 ………………… 301
음료 …………………… 130	응고 …………………… 513	의성어 ………………… 178
음료수 ………………… 130	응고점 ………………… 220	의심 …………………… 76
음매 …………………… 426	응급실 ………………… 43	의심하다 ……………… 76
음반 …………………… 258	응급환자 ……………… 43	의약품 ………………… 44

의욕 76	이름표 335	이양법 386
의용군 323	이리 427	이야기 178
의원 44, 301	이리저리 496	이야기하다 178, 544
의원내각제 301	이마 33	이용료 386
의자 155, 208	이메일 195	이용업 386
의젓하다 89	이명증 44	이용하다 544
의존하다 544	이모 15	이웃 7, 155, 335, 496
의지력 89	이모부 15	이웃사촌 7
의지하다 544	이모작 385	이웃집 155
의처증 44	이무기 427	이월 354
의태어 178	이미 480	이월금 354
의학 220	이민 155, 301	이유식 130
의형제 15	이민족 301	이윤 354
의회정치 301	이발사 369, 385	이의신청 314
이 33, 426, 467	이발소 105, 385	이익 354
이곳 496	이발하다 105	이익금 354
이곳저곳 496	이방인 7	이인칭 178
이글이글 411, 496, 513	이번 480	이자 354
이기다 282, 323, 544	이번달 480	이자율 354
이끌다 544	이별하다 544	이장 301
이끼 441	이복형제 15	이재민 7
이날이때 480	이부자리 155	이전 480
이내 480	이불 155	이제 480
이년생 441	이브 7	이제저제 480
이농현상 385	이비인후과 44, 62	이종사촌 15
이다 544	이빨 33	이주 155
이단 234	이사 155, 369	이중국적 301
이동 401	이사가다 544	이중언어화자 178
이동통신 195	이사오다 544	이중창 258
이동하다 544	이사장 208	이진법 467
이듬해 480	이삭 385	이집트 288
이등변삼각형 450	이산가족 15	이집트문명 241
이등병 323	이삿짐센터 385	이쪽 496
이따 480	이상 513	이쪽저쪽 496
이따가 480	이상하다 513	이차산업 386
이따금 480, 513	이성 22, 76, 220	이차원 496
이때 480	이성관 22	이체 354
이라크 288	이성교제 22	이층집 155
이란 288	이스라엘 288	이탈리아 288
이랑 385	이스트 130	이태리 288
이레 480	이슬 411	이틀 480
이력서 178, 369	이슬람교 234	이하 513
이론 220	이슬비 411	이해력 89
이루다 544	이승 54, 234	이해하다 76, 220, 544
이륙하다 401, 544	이식수술 44	이혼 22
이르다 178, 480, 544	이십사절기 480	이혼소송 314
이름 335	이쑤시개 155	익다 441, 513, 544
이름씨 178	이앙기 386	익사 54

익숙하다	513	
익히다	130, 544	
인간	8	
인간미	89	
인간성	89	
인간적이다	89	
인감도장	155	
인건비	354, 386	
인격	89	
인공	513	
인공감미료	130	
인공분만	22	
인공수정	23	
인공심장	44	
인공위성	195, 496	
인공호흡	33	
인구	335	
인구동향	335	
인구문제	335	
인구밀도	335	
인구분포	335	
인구이동	335	
인구정책	335	
인구조사	335	
인구폭발	335	
인권	335	
인권변호사	314	
인권선언	335	
인권유린	335	
인근	496	
인기	258	
인기가수	258	
인기배우	258	
인내	89	
인내력	89	
인내심	89	
인대	33	
인도	288, 401, 496	
인도네시아	288	
인도문명	241	
인도유럽어족	178	
인력	220, 386	
인력시장	354	
인류	8	
인류문명	241	
인류문화	241	
인류학	220	
인류학자	220	
인류	314
인맥	335
인문과학	220
인문대학	208
인물사진	269
인물화	258
인민	301
인민배우	301
인분	467
인사	335
인사발령	369
인사성	89
인사이동	369
인사하다	8, 178, 335, 544
인삼	130, 441
인삼차	130
인상	33, 354
인상깊다	76
인상적이다	76
인색하다	89
인생	54
인생관	89
인생살이	54
인성	89
인솔	335
인솔교사	208
인솔하다	545
인쇄	190
인쇄물	190
인쇄소	190
인쇄업	369
인쇄하다	190
인스턴트식품	130
인습	335
인식하다	76, 221
인심	89
인어	427
인연	234
인용	178
인용하다	179
인재	8
인절미	130
인접하다	496
인정	89
인제	480
인조	513
인조인간	8
인종	8
인주	155
인지하다	76, 221
인척	15
인칭	179
인칭대명사	179
인터넷	195
인턴사원	369
인품	89
인하	354
인해전술	323
인형	275
인형극	258
인형놀이	275
인화	269
인화지	269
인화하다	269
일	369, 467, 481
일간	481
일간지	190, 195
일거리	369
일곱	467
일곱째	467
일광욕	411, 496
일광절약시간	481
일교차	411
일구다	386
일기	411
일기예보	411
일기장	179
일깨우다	545
일꾼	369
일년생	441
일다	411, 496, 545
일당	314, 354, 369
일등병	323
일몰	411, 496
일문학	221
일문학자	221
일반적	513
일방통행로	401, 496
일벌	427
일본	288
일본어	179
일부다처제	23
일부일처제	23
일사병	44, 411, 496
일상어	179
일선	323

일시불 354	임시직 369	입찰 355
일식 130, 411, 496	임시직원 369	입천장 34
일식집 131	임신 23	입추 481
일신교 234	임신하다 23	입춘 481
일어나다 545	임업 369	입하 481
일어서다 545	임원 369	입학 208
일어학 221	임자씨 179	입학금 208
일어학자 221	임종하다 54	입학생 208
일요일 481	임질 44	입학시험 208
일으키다 545	임차료 355	입학식 208
일인극 258	임학 221	입헌군주국 301
일인칭 179	입 33, 427	입헌주의 301
일자리 369	입관 54	입후보 301
일전 481	입교 234	입후보자 301
일직 369	입구 496	잇다 545
일찌감치 481	입국사증 301	잇단음표 258
일쯕 481	입금 355	잇몸 34
일찍이 481	입다 105, 545	있다 355
일차산업 386	입대 324	잉꼬 427
일차원 496	입대하다 324	잉꼬부부 23
일처다부제 23	입덧 23	잉어 131, 427
일출 411, 496	입동 481	잉카문명 241
일치 513	입력 196	잉태 23
일컫다 179, 545	입력하다 179	잊다 76, 545
일터 369	입맛 62, 131	잎 441
일편단심 76, 89	입맛다시다 131	잎사귀 441
일품요리 131	입법기관 301	잎새 441
일하다 369	입법부 301, 314	
일흔 467	입병 44	
읽기 179	입사하다 369	**자**
읽다 179, 545	입술 33	
잃다 354, 545	입술연지 105	
잃어버리다 545	입시 208	자 155, 208, 450, 467
임 8	입시생 208	자가용 401
임금 301, 354, 369	입심 179	자갈 155, 496
임기응변 89	입씨름 179	자격정지 314
임대 155, 354	입양아 15	자격증 335
임대가 354	입양하다 15	자격지심 76, 89
임대가격 355	입원 44	자궁 23, 34
임대료 155, 355	입원실 44	자궁암 44
임대주택 155	입원하다 44	자그마치 513
임대하다 355	입자 513	자극 221
임박하다 481	입장 513	자금 355
임부복 105	입장하다 545	자긍심 76, 89
임산부 23	입정 314	자기력 394
임시교사 208	입증하다 221	자기앞수표 355
임시국회 301	입질 269	자기장 221
임시열차 401	입질하다 269	자꾸 481

자녀 ……………………………… 15	자식 ……………………………… 15	자치령 ……………………………… 301
자다 ……………………………… 545	자신감 ……………………… 76, 90	자치활동 ……………………… 335
자당 ……………………………… 15	자연 ……………………… 411, 513	자치회 ……………………………… 335
자동사 ……………………………… 179	자연과학 ……………… 221, 411	자칭하다 ……………… 179, 545
자동차 ……………………………… 401	자연대학 ……………………… 208	자켓 ……………………………… 105
자동차등록증 ………………… 402	자연법칙 ……………… 411, 427	자퇴 ……………………………… 209
자동차세 ……………………… 355	자연보호 ……………………… 411	자판 ……………………………… 196
자동판매기 …………………… 131	자연분만 ……………………… 23	자판기 ……………………………… 131
자동화 ……………………………… 386	자연색 ……………………………… 457	자폐증 ……………………………… 44
자두 ……………………………… 441	자연수 ……………………………… 467	자형 ……………………………… 15
자라 ……………………………… 427	자연숭배 ……………… 234, 411	자화자찬하다 ………… 179, 545
자라다 ……………………… 441, 545	자연식품 ……………………… 411	작가 ……………… 179, 190, 258, 369
자랑하다 ……………… 76, 90, 545	자연신앙 ……………………… 234	작곡 ……………………………… 258
자력 ……………………………… 394	자연재해 ……………………… 411	작곡가 ……………………… 259, 369
자루 ……………………… 155, 467	자연주의 ……………………… 411	작곡하다 ……………………… 259
자르다 ……………………………… 545	자연파괴 ……………………… 411	작년 ……………………………… 481
자리 ……………………………… 496	자연현상 ……………………… 412	작다 ……………… 450, 467, 496
자막 ……………………………… 258	자연환경 ……………………… 412	작다리 ……………………………… 450
자만심 ……………………………… 76	자영농 ……………………………… 386	작동하다 ……………………… 545
자매 ……………………………… 15	자영업 ……………………… 355, 369	작두 ……………………………… 386
자매품 ……………………………… 355	자외선 ……………………… 412, 496	작명하다 ……………………… 335
자메이카 ……………………… 288	자욱하다 ……………… 412, 513	작문 ……………………………… 179
자명종시계 …………………… 155	자유기고가 ……………… 190, 369	작물 ……………………………… 386
자문기관 ……………………… 301	자유주의 ……………………… 301	작사 ……………………………… 259
자문하다 ……………… 179, 545	자유주의국가 ……………… 301	작사가 ……………………………… 369
자물쇠 ……………………………… 155	자유형 ……………………………… 282	작사하다 ……………………… 259
자반 ……………………………… 131	자율학습 ……………………… 209	작살 ……………………………… 386
자백 ……………………………… 314	자음 ……………………………… 179	작성하다 ……………………… 545
자백하다 ……………… 179, 545	자음동화 ……………………… 179	작약 ……………………………… 441
자본 ……………………………… 355	자작농 ……………………………… 386	작업대 ……………………………… 386
자본가 ……………………………… 355	자잘하다 ……………………… 450	작업반장 ……………………… 386
자본금 ……………………………… 355	자장가 ……………………………… 258	작업복 ……………………… 105, 386
자본주의 ……………… 301, 335	자장면 ……………………………… 131	작업시간 ……………………… 386
자본주의국가 ……………… 301	자재 ……………………………… 386	작업실 ……………………………… 386
자부심 ………………………… 76, 90	자전 ……………………………… 496	작업장 ……………………………… 386
자비 ……………………… 234, 355	자전거 ……………… 275, 282, 402	작용반작용법칙 ………… 221
자빠지다 ……………………… 545	자정 ……………………………… 481	작용하다 ……………… 221, 545
자살 ……………………………… 54	자존심 ……………………… 76, 90	작은곰자리 ……………………… 496
자살하다 ……………………… 54	자주 ……………… 457, 481, 513	작은달 ……………………………… 481
자서전 ……………………………… 190	자주색 ……………………………… 457	작은따옴표 …………………… 179
자석 ……………………………… 221	자지 ……………………………… 34	작은방 ……………………………… 155
자선공연 ……………………… 258	자지러지다 …………………… 545	작은아버지 …………………… 15
자선바자회 …………………… 355	자질 ……………………………… 513	작은어머니 …………………… 15
자세 ……………………………… 90	자청하다 ……………… 179, 545	작은집 ……………………… 16, 156
자손 ……………………………… 15	자취방 ……………………………… 155	작은창자 ……………………… 34
자수 ……………………………… 105	자취하다 ……………………… 155	작전 ……………………………… 324
자수정 ……………………………… 386	자치기 ……………………………… 275	작정하다 ……………… 76, 545
자습서 ……………………………… 208	자치단체 ……………………… 335	작품사진 ……………………… 269

작황 386	잡화상 355	장본인 8, 335
잔고 355	잡화점 355	장부 355
잔금 355	잣 131	장사 54, 355
잔돈 355	잣나무 441	장사꾼 355, 369
잔디 441	잣다 546	장사하다 355
잔뜩 513	잣죽 131	장성 324
잔말 179	장 156, 355, 468	장소 497
잔병치레 44	장가가다 23	장송곡 54
잔소리하다 179, 545	장갑 105	장수하늘소 427
잔액 355	장갑차 324, 402	장식장 156
잔잔하다 496	장거리전화 196	장식품 156
잔챙이 269	장관 302, 324, 369	장식하다 156, 546
잔치 335	장교 324	장신구 106
잘 513	장구 259	장아찌 131
잘다 450	장구벌레 427	장애인 8
잘록하다 450	장국 131	장어 131, 427
잘못 513	장국밥 131	장염 44
잘못하다 546	장군 324	장음계 259
잘하다 513	장기 34, 44, 275	장의사 54, 369
잠 34	장기자랑 275	장의차 54, 402
잠그다 546	장끼 427	장인 16, 259
잠깐 481	장난 275	장인정신 259
잠꾸러기 8	장난감 156, 275	장작 394
잠들다 546	장난꾸러기 8	장작개비 394
잠비아 288	장난치다 275	장점 513
잠수정 324	장남 16	장정 8
잠수함 324, 402	장녀 16	장조 259
잠시 481	장년 8	장조림 131
잠업 386	장년기 54	장지 34, 54
잠옷 105	장남 8, 62	장차 481
잠자리 156, 427	장단 259, 450	장치 386
잠자리채 275	장담하다 179, 546	장터 355
잡곡 386	장대높이뛰기 282	장티푸스 44
잡곡밥 131	장도리 156	장판 156
잡귀 234	장려금 355	장편소설 259
잡다 314, 386, 546	장례 54	장학관 209
잡담하다 179, 546	장례식 54	장학금 209, 355
잡비 355	장로 234	장학사 209
잡수시다 131	장로교 234	장학생 209
잡식동물 427	장롱 156	장화 106, 412
잡아내다 546	장마 412	잦다 546
잡아매다 546	장마전선 412	재개발 156
잡역부 369	장모 16	재건축 156
잡종 427	장물아비 314, 369	재고 355
잡지 190, 196	장미 441	재고정리 356
잡지사 190	장방형 450	재고품 356
잡채 131	장보기 355	재교육 209
잡초 441	장보다 355	재귀대명사 179

재다 106, 386, 468, 546
재단 106
재단사 369
재단하다 106
재두루미 427
재떨이 156
재래시장 356
재무 356
재물 356
재미 76
재미교포 302
재미없다 76
재미있다 76
재방송 190
재배하다 386
재벌 356
재범 314
재봉 106
재봉사 369
재봉틀 106, 156
재산세 156, 356
재색 457
재선 302
재선거 302
재수생 209
재일교포 302
재일동포 302
재작년 481
재잘거리다 179, 546
재적 209
재적생 209
재정 356
재정경제부 302
재주 90
재주넘기 275
재주부리다 546
재즈 259
재채기 34
재촉하다 179, 546
재치 90
재판 314
재판소 314
재판정 314
재학 209
재학생 209
재혼 23
재화 356
재활교육 209

재활용품 356
재활학교 209
잼 131
잼잼 275
잿빛 457
쟁기 386
쟁반 131
쟁의 335
저가 356
저고리 106
저곳 497
저금 356
저금하다 356
저기 497
저기압 412
저녁 131, 481
저능아 8
저당 356
저렴하다 356
저리다 44
저명인사 335
저물다 412, 546
저미다 131, 546
저번 481
저서 221
저소득층 336
저술하다 179
저승 54, 234
저승사자 54, 234
저울 156, 468
저울자리 497
저자 180
저주하다 180, 546
저지대 497
저축 356
저축하다 356
저택 156
저항 324
저혈압 44
적 324
적국 302
적군 324
적극적이다 90
적금 356
적금하다 356
적다 180, 356, 468, 514, 546
적당하다 514
적도 497

적령기 54
적립금 356
적립하다 356
적막하다 62, 514
적발하다 546
적법 314
적삼 106
적설량 412
적성 90
적십자사 336
적외선 412, 497
적용하다 221
적자 356
적자생존 427
적혈구 34
전 131, 481, 497
전갈자리 497
전골 131
전공 209
전공하다 221
전과 209
전과자 314
전광판 156
전구 156
전국구 302
전국체전 282
전극 221
전기 221, 394
전기기사 370
전기요금 356
전기장판 156
전나무 441
전단 196
전달하다 546
전담교사 209
전당대회 302
전당포 356
전도 234
전도사 234, 370
전도하다 234
전동기 386, 394
전등 156
전등갓 156
전람회 259
전래동화 259
전래문화 241
전략 324
전략가 324

전력 221, 394	전임강사 209	전학 209
전류 221, 394	전자계산학 221	전학생 209
전망 156	전자관 221	전해질 221
전면 497	전자렌지 132	전화 196
전문가 370	전자석 221	전화걸다 180, 546
전문대학 209	전자오락 275	전화국 196, 302
전문용어 180	전자우편 196	전화기 156, 196
전문직 370	전자파 221	전화번호 156, 196
전반적 514	전자회로 221	전화번호부 196
전방 324, 497	전장 324	전화선 156, 196
전범 324	전쟁 324	전화요금 356
전병 131	전쟁고아 324	전화카드 196, 356
전보 156, 196	전쟁놀이 275	전화하다 196
전복 131, 427	전쟁터 324	절 156, 180, 234
전부 514	전적으로 514	절구 132
전분 131	전제 221	절기 481
전사 54, 324	전주 259	절다 44, 546
전사하다 324	전지 221, 394	절단하다 546
전생 54	전지전능하다 514	절대 514
전선 156, 324	전지훈련 282	절대값 468
전설 259	전진 402	절대자 234
전세 156	전진하다 546	절뚝거리다 546
전속가수 259	전차 324, 402	절름발이 8
전송 196	전채요리 132	절망 77
전술 324	전처 16	절망감 77
전술가 324	전철 402	절벽 497
전승 324	전철표 402	절약하다 90, 356
전승문화 241	전체적 514	절이다 132, 546
전승하다 241	전체주의 302	절친하다 336
전시예술 259	전축 156, 259	절편 132
전시장 259	전치 44	절하다 336
전시하다 546	전통 336	젊다 514
전시회 259	전통가요 259	젊은이 8
전압 221	전통문화 241	점 34, 234, 450, 468
전업 370	전통사회 336	점괘 234
전역 324	전통혼례 23	점보다 234
전열기 394	전투 324	점선 450
전염 44	전투경찰 314	점성술 234
전염병 44	전투기 324, 402	점수 209
전용강의실 209	전투력 324	점심 132, 481
전용도로 402	전투복 324	점원 356, 370
전용차로 402, 497	전투부대 324	점자 62, 180
전용차선 402	전투적이다 325	점잖다 90
전우 324	전투하다 325	점쟁이 370
전우애 324	전투함 325	점집 234
전원주택 156	전파 196	점치다 234
전위예술 259	전파하다 241	점퍼 106
전인교육 209	전하다 196, 546	점포 156, 356

접화 394	정독 180	정식 132
접 468	정들다 77	정신 77, 221
접대부 370, 386	정떨어지다 77, 547	정신과 44
접대하다 90	정량 468	정신력 77, 222
접두사 180	정류장 402	정신박약아 44
접미사 180	정맥 34	정신병 44
접붙이다 386, 441	정면 497	정신병자 8, 44
접사 180	정문 156	정실 16
접선 196	정물 259	정액권 356, 402
접속 196	정물화 259	정어리 132, 427
접속사 180	정미소 356, 387	정열적이다 90
접속하다 546	정미하다 387	정오 481
접시 132, 468	정밀묘사 260	정원 157, 441
접시꽃 441	정밀화 260	정원사 370
접시돌리기 275	정박아 8, 44	정월 481
접영 282	정보 196	정월대보름 481, 497
접착제 156	정보검색 196	정육점 132, 387
접촉사고 402	정보과학 196, 221	정의감 77, 90
접촉하다 546	정보교환 196	정의롭다 90
접합하다 545, 546	정보기관 196	정의사회 336
젓가락 132	정보망 196	정자 23
젓갈 132	정보비 196	정장 106
젓다 132, 546	정보사회 197, 336	정전기 222
정 77, 90, 259, 386	정보산업 197	정정하다 547
정― 450	정보산업고등학교 209	정족수 302
정가 356	정보수집 197	정지하다 547
정각 481	정보원 197	정직하다 90
정감 77	정보처리 197	정진하다 222
정강이 34	정보처리사 197	정찰 325
정거장 402	정보통 197	정찰가 356
정견 302	정보통신부 197, 302	정찰제 357
정겹다 77, 90	정보화 197	정책 302
정경 302	정복하다 547	정초 481
정계 302	정부 8, 302	정치 302
정구 282	정부간행물 190	정치가 302
정권 302	정부종합청사 302	정치개혁 302
정권교체 302	정비병 325	정치계 302
정규군 325	정비사 402	정치관 302
정근상 209	정사각형 451	정치구조 302
정기간행물 190	정삼각형 451	정치권 302
정기구독 190	정상인 8	정치기구 302
정기국회 302	정서법 180	정치노선 302
정기예금 356	정설 221	정치단체 302
정기적금 356	정성 90	정치도덕 303
정년퇴임 370	정세 302, 514	정치면 190
정답다 90	정수 468	정치범 303, 314
정당 302	정수기 132	정치비리 303
정당하다 514	정수리 34	정치사상 303

정치유세 ... 303	제습기 ... 157	조끼 ... 106
정치윤리 ... 303	제안하다 ... 180, 547	조난사고 ... 269
정치의식 ... 303	제약회사 ... 44	조달청 ... 303
정치이념 ... 303	제왕절개수술 ... 23	조달하다 ... 357
정치인 ... 303	제육볶음 ... 132	조도 ... 222
정치일정 ... 303	제의하다 ... 180, 547	조동사 ... 180
정치자금 ... 303, 357	제자 ... 8, 209	조랑말 ... 427
정치체제 ... 303	제자리표 ... 260	조례 ... 315
정치하다 ... 303	제작 ... 387	조롱하다 ... 180
정치학 ... 222	제작사 ... 260	조류 ... 412, 427, 497
정치학자 ... 222	제작자 ... 260	조르다 ... 180, 547
정치협상 ... 303	제작하다 ... 190, 387, 547	조리 ... 132
정통 ... 234	제재 ... 315	조리기구 ... 132
정하다 ... 547	제재소 ... 357	조리대 ... 133, 157
정학 ... 209	제적 ... 209	조리사 ... 370
정형 ... 451	제조업 ... 370	조리하다 ... 133, 547
정형외과 ... 44	제조하다 ... 357, 547	조립 ... 387
정화조 ... 157	제주 ... 54, 234, 235	조립주택 ... 157
정확성 ... 90	제트기 ... 402	조립하다 ... 157, 387
정황 ... 514	제품 ... 357	조명 ... 157, 190, 260, 457
젖 ... 34	제품시장 ... 357	조명기구 ... 157
젖가슴 ... 34	제헌절 ... 303, 481	조명발 ... 457
젖니 ... 34	조 ... 132, 441, 468	조명실 ... 260
젖다 ... 412, 514, 547	조각 ... 260, 514	조문객 ... 54
젖소 ... 427	조각가 ... 260, 370	조물주 ... 54
제 ... 468	조각도 ... 260	조미료 ... 133
제― ... 468	조각칼 ... 260	조밀하다 ... 514
제곱 ... 468	조각품 ... 260	조바심 ... 77
제과점 ... 132, 357	조각하다 ... 260, 547	조부모 ... 16
제국 ... 303	조간 ... 190	조사 ... 180
제국주의 ... 303	조감도 ... 157	조사하다 ... 547
제기 ... 132	조감독 ... 190, 260	조상 ... 16, 54, 235
제기차기 ... 275	조강지처 ... 16	조상신 ... 235
제대 ... 325	조개 ... 132, 427	조선 ... 288
제대하다 ... 325	조개탄 ... 394	조선소 ... 357
제도 ... 336	조건반사 ... 222	조선족 ... 303
제독 ... 325	조경학 ... 222	조세 ... 357
제방 ... 497	조계종 ... 235	조소 ... 260
제부 ... 16	조교 ... 209	조소하다 ... 77
제비 ... 427	조교수 ... 209	조식 ... 133
제비꽃 ... 441	조국 ... 303	조심성 ... 90
제사 ... 54, 234	조그맣다 ... 451	조약 ... 303
제사상 ... 234	조금 ... 482, 514	조언하다 ... 180, 547
제사지내다 ... 234	조금뒤 ... 482	조업 ... 387
제삿날 ... 234, 481	조급하다 ... 90	조역 ... 260
제설기 ... 412	조기 ... 132, 427	조연 ... 190, 260
제설작업 ... 412	조기교육 ... 209	조연출 ... 190
제수 ... 16	조기졸업 ... 209	조용하다 ... 62, 514

조위금 ······ 54	종교계 ······ 235	주 ······ 482
조율 ······ 260	종교관 ······ 235	주가 ······ 357
조의금 ······ 54	종교단체 ······ 235	주가지수 ······ 357
조이다 ······ 547	종교서적 ······ 235	주간 ······ 482
조작하다 ······ 547	종교음악 ······ 235, 260	주간지 ······ 190, 197
조절하다 ······ 547	종교의식 ······ 235	주거 ······ 157
조정하다 ······ 547	종교인 ······ 235	주거비 ······ 357
조제실 ······ 45	종교전쟁 ······ 235	주거지 ······ 157
조제하다 ······ 45	종교철학 ······ 235	주거환경 ······ 157
조종사 ······ 370	종교탄압 ······ 235	주걱 ······ 133
조직 ······ 336	종교학 ······ 222	주걱턱 ······ 34
조직사회 ······ 336	종기 ······ 45	주검 ······ 54
조카 ······ 16	종달새 ······ 428	주격 ······ 180
조퇴 ······ 210, 370	종례 ······ 210	주관성 ······ 77
조관하다 ······ 190	종묘 ······ 387, 441	주관식 ······ 210
조폐공사 ······ 357	종사하다 ······ 370	주교 ······ 235
조합 ······ 357	종성 ······ 180	주권 ······ 303
조합원 ······ 357	종신형 ······ 315	주권국가 ······ 303
조형예술 ······ 260	종아리 ······ 34	주근깨 ······ 34
조화 ······ 441, 514	종업식 ······ 210	주급 ······ 357, 370
조회 ······ 210	종업원 ······ 370	주기도문 ······ 235
족두리 ······ 106	종이 ······ 157	주눅들다 ······ 90
족벌체제 ······ 303	종일 ······ 482	주님 ······ 235
족보 ······ 16	종자 ······ 387, 441	주다 ······ 547
족제비 ······ 427	종족 ······ 303	주동자 ······ 8
족집게 ······ 157	종종 ······ 482, 514	주둔지 ······ 325
존경하다 ······ 90, 547	종지 ······ 133	주둥이 ······ 428
존대말 ······ 180	종친회 ······ 16	주례 ······ 23
존중하다 ······ 90	종파 ······ 235	주례사 ······ 23
졸다 ······ 547	종합금융사 ······ 357	주루룩 ······ 514
졸도 ······ 45	종합대학 ······ 210	주룩주룩 ······ 412
졸병 ······ 325	종합병원 ······ 45	주름 ······ 106
졸업 ······ 210	종합예술 ······ 260	주름가다 ······ 106
졸업생 ······ 210	좇다 ······ 547	주름살 ······ 34
졸업식 ······ 210	좋다 ······ 77, 90, 412	주름치마 ······ 106
졸업여행 ······ 269	좋아하다 ······ 77, 547	주말 ······ 482
졸업장 ······ 210	좌석버스 ······ 402	주머니 ······ 106, 157
졸업증명서 ······ 210	좌천 ······ 370	주머니돈 ······ 357
졸이다 ······ 133, 547	좌천되다 ······ 370	주먹 ······ 34
좀도둑 ······ 315, 370	좌측 ······ 497	주먹구구 ······ 468
좀벌레 ······ 428	좌회전 ······ 402	주먹밥 ······ 133
좁다 ······ 451, 497	죄 ······ 315	주먹질하다 ······ 547
좁쌀만하다 ······ 451	죄송하다 ······ 77	주먹코 ······ 34
좁히다 ······ 547	죄수 ······ 315	주목하다 ······ 62
종가집 ······ 16	죄수복 ······ 315	주무르다 ······ 547
종강 ······ 210	죄악 ······ 315	주문 ······ 235, 357
종교 ······ 235	죄인 ······ 315	주문생산 ······ 357
종교개혁 ······ 235	죄책감 ······ 77	주문서 ······ 357

주문하다 180, 357, 547	주차관리인 370, 402	중개무역 357
주민 157, 336	주차권 402	중개업자 358
주민등록 157	주차기 402	중개인 358
주민등록증 157	주차단속원 315	중계방송 191, 197
주민세 357	주차장 157, 402	중계하다 191, 197
주발 133	주책맞다 90	중고가구 157
주방 133, 157	주초 482	중고품 358
주방기구 133	주춤하다 548	중괄호 180
주방용품 133, 157	주춧돌 157	중국 288
주방장 370	주택 157	중국문명 241
주변 497	주택가 157	중국문학 222
주변국 303	주택문제 336	중국어 180
주부 8, 370	주택조합 157	중국집 133
주사기 45	주파수 191, 222	중년 8
주사놓다 45	주관 468	중년기 55
주사맞다 45	주홍 457	중단하다 548
주사약 45	주화 357	중독 45
주사위 275	주황 457	중력 222, 497
주산 468	죽 133	중령 325
주생활 54	죽다 55, 428, 548	중류사회 336
주석 180	죽마고우 8	중류층 336
주소 157	죽순 133, 441	중립국가 303
주술 235	죽음 55, 428	중매 23
주시하다 62, 547	죽이다 55	중매결혼 23
주식 133, 357	준공 157	중매쟁이 23
주식시장 357	준공검사 157	중복 482
주어 180	준말 180	중사 325
주연 190, 260	준비운동 282	중산층 336
주요리 133	준비하다 548	중상 45
주위 497	준위 325	중상모략하다 180, 548
주유소 357, 394	준장 325	중생 235
주의주다 547	줄 282, 468	중성 23, 181, 222
주의하다 547	줄곧 482	중성자 222
주인공 260	줄기 441	중세 482
주일 482	줄넘기 275, 282	중소기업 358, 370
주임교사 210	줄다 548	중소기업청 303
주장하다 180, 547	줄다리기 275	중소기업특별위원회 303
주저앉다 547	줄이다 106, 548	중순 482
주전선수 282	줄임말 180	중식 133
주전자 133	줄자 157, 468	중앙난방 157
주점 133	줄줄 514	중앙방송 191
주제 180	줄타기 275	중앙시장 358
주제가 260	줄표 180	중앙은행 358
주조 357	줌 468	중앙집권제 303
주주 357	줍다 548	중어학 222
주중 482	중 235	중얼거리다 181, 548
주지스님 235	중간 497, 514	중위 325
주차 402	중간상인 357	중이염 45

중장 325	증상 45	지도교수 210
중장비 387	증세 45	지도력 90
중장비기사 370	증손녀 16	지도자 336
중저가 358	증손자 16	지도층 336
중절모 106	증언 181	지도층인사 336
중죄 315	증언하다 181, 315, 548	지독하다 90
중지 34	증여세 358	지동설 497
중진국 303	증오 77	지략 325
중창 260	증오하다 77, 548	지렁이 428
중창단 260	증인 315	지령 315
중탕하다 133, 548	증조할머니 16	지령하다 181, 548
중태 45	증조할아버지 16	지뢰 325
중턱 497	증편 133	지루하다 77
중퇴 210	지각 210	지르다 106, 548
중편소설 260	지각하다 77, 222	지름 468
중학교 210	지갑 106, 157	지름길 497
중학생 210	지게 387	지리 497
중형 451	지게차 402	지리다 34, 548
중환자 45	지겹다 77	지리학 222
중환자실 45	지관 370	지리학자 222
쥐 428	지구 497	지린내 62
쥐다 548	지구당 304	지면 191
쥐불놀이 275	지구력 90	지명 304
쥐색 457	지구본 497	지명하다 304
쥐치 133, 428	지구의 497	지문 34
쥐치포 133	지구촌 304	지물포 358
쥬스 133	지금 482	지방 55, 133, 157, 236, 497
즈음 482	지급 358	지방방송 191
즉사 55	지급하다 358	지방법원 315
즉석사진 269	지긋지긋하다 77	지방세 358
즉시 482	지껄이다 181, 548	지방자치단체 336
즉흥곡 260	지나가다 548	지방자치제 304
즐거움 77	지나다 482, 548	지방행정 304
즐겁다 77	지나오다 548	지배인 370
즐기다 77, 548	지나치다 514, 548	지배자 336
즐비하다 514	지난날 482	지배하다 304
즙 133	지난달 482	지병 45
증거 315	지난번 482	지불 358
증권 358	지난해 482	지불하다 358
증권거래소 358	지내다 157	지붕 157
증권시장 358	지네 428	지사제 45
증권회사 358	지느러미 428	지서 304, 315
증명사진 269	지능 77, 222	지석묘 55
증명서 336	지능지수 77, 222	지수 468
증명하다 222	지다 282, 325, 412, 442, 497, 548	지시대명사 181
증발 514	지대 358, 497	지역 497
증발하다 222	지도 402, 497	지역감정 336
증산교 235		지역구 304

지역사회 ······································ 336
지역시장 ······································ 358
지역전 ·· 325
지열 ·· 412
지옥 ···································· 55, 236
지우개 ································ 157, 210
지원군 ·· 325
지원병 ·· 325
지원부대 ···································· 325
지원유세 ···································· 304
지저귀다 ···································· 428
지저분하다 ································ 514
지적하다 ···································· 548
지점 ·· 358
지주 ·· 387
지지다 ································ 133, 548
지지하다 ···································· 548
지진 ·· 412
지진계 ·· 468
지진대 ································ 412, 498
지진아 ·· 210
지질 ···································· 412, 498
지질학 ·· 222
지질학자 ···································· 222
지체부자유자 ································ 8
지축 ·· 498
지출 ·· 358
지출하다 ···································· 358
지치다 ································ 514, 548
지침서 ·· 210
지켜보다 ······························ 62, 548
지키다 ································ 304, 325
지팡이 ·· 158
지퍼 ·· 106
지평선 ·· 498
지폐 ·· 358
지푸라기 ···································· 442
지피다 ·· 394
지하도 ································ 402, 498
지하실 ·· 158
지하자원 ···································· 387
지하철 ·· 402
지형 ·· 498
지형도 ·· 498
지혜 ························ 77, 90, 222
지혜롭다 ················ 77, 90, 514
지휘 ·· 260
지휘관 ································ 325, 370

지휘자 ································ 260, 370
직— ·· 451
직각 ·· 451
직감 ·· 62
직거래 ·· 358
직계가족 ······································ 16
직공 ·· 387
직관 ·· 62
직급 ·· 370
직렬 ·· 222
직물 ·· 106
직불카드 ···································· 358
직사각형 ···································· 451
직사광선 ······················ 412, 498
직선 ·· 451
직업 ·· 370
직업관 ·· 370
직업교육 ···································· 210
직업병 ·· 370
직업윤리 ···································· 370
직업의식 ···································· 371
직원 ································ 358, 371
직장 ································ 358, 371
직장동료 ······························ 8, 371
직장상사 ······························ 8, 371
직장생활 ···································· 371
직장인 ·· 371
직접세 ·· 358
직접인용 ···································· 181
직접화법 ···································· 181
직종 ·· 371
직진 ·· 402
직행버스 ···································· 402
진— ·· 457
진갑 ·· 55
진격 ·· 325
진격하다 ···································· 325
진공관 ·· 222
진급 ·· 325
진급하다 ···································· 325
진눈깨비 ···································· 413
진단서 ·· 45
진달래 ·· 442
진달래색 ···································· 457
진답 ·· 181
진도표 ·· 210
진돗개 ·· 428
진동 ·· 222

진동하다 ···································· 548
진드기 ·· 428
진딧물 ·· 428
진땀 ·· 34
진땀나다 ···························· 77, 548
진료하다 ···································· 45
진리 ·· 222
진물 ·· 45
진범 ·· 315
진보하다 ···································· 548
진솔하다 ···································· 90
진술 ··································· 181, 315
진술서 ·· 315
진술하다 ················ 181, 315, 548
진실 ·· 514
진실성 ·· 90
진실하다 ···························· 90, 514
진심 ·· 77
진열대 ·· 358
진열장 ·· 358
진열하다 ····························· 358, 548
진자운동 ···································· 222
진작 ·· 482
진절머리나다 ···························· 77
진정 ·· 315
진정서 ·· 315
진정제 ·· 45
진정하다 ···································· 78
진주 ·· 428
진지 ·· 325
진지하다 ···································· 91
진짜 ·· 514
진찰실 ·· 45
진찰하다 ···································· 45
진통 ·· 45
진통제 ·· 45
진폐증 ·· 45
진품 ·· 358
진하다 ································ 457, 514
진학 ·· 210
진한 ·· 288
진행자 ·· 191
진행하다 ···································· 548
진행형 ·· 181
진혼곡 ·· 55
진화 ·· 394
진화론 ································ 55, 428
진화하다 ···································· 549

진흙	498	
질	23, 468	
질겁	78	
질경이	442	
질그릇	158	
질기다	514	
질녀	16	
질다	134, 514	
질량	222, 468	
질량불변법칙	222	
질리다	78	
질문하다	181, 549	
질병	45	
질부	16	
질산	222	
질서	315, 336, 402	
질소	222	
질식사	55	
질의하다	181, 549	
질책하다	181, 549	
질투	78	
질투하다	78	
질화로	394	
질환	45	
짐승	428	
짐작하다	78, 223	
집	158	
집게	158	
집게벌레	428	
집게손가락	34	
집권당	304	
집권하다	304	
집기	158	
집다	549	
집단	336	
집단생활	336	
집단의식	336	
집단이기주의	336	
집단행동	336	
집무실	158	
집문서	158	
집배원	372	
집사	236	
집사람	16	
집세	158, 358	
집안	16	
집어넣다	158	
집주인	158	
집중력	78, 91, 223	
집중하다	78	
집짐승	428	
집짓기	275	
집필하다	181	
집합	468	
집행유예	315	
집회	336	
짓다	134, 158, 549	
짓밟다	549	
짓이기다	549	
징	260	
징검다리	402, 498	
징계	315	
징계하다	315	
징그다	549	
징병	325	
징수하다	359	
징역	315	
징역살이	315	
징집	325	
징집되다	325	
짖다	428	
짙다	457	
짚	442	
짚다	549	
짚신	106	
짜깁기	106	
짜다	62, 106, 134, 514, 549	
짜리몽땅하다	515	
짜증나다	78	
짝	468	
짝사랑	23, 78	
짝수	468	
짝자꿍	276	
짤막하다	451	
짧다	451, 482	
짬	482	
짬뽕	134	
짭짤하다	62, 134	
짱구	34	
째다	549	
째려보다	62, 549	
짹짹	428	
쨍쨍	413, 498	
쩔쩔매다	91	
쩝쩝	134	
쩨쩨하다	91	
쪼개다	549	
쪼글쪼글	515	
쪼다	387, 428, 549	
쪼들리다	359, 515	
쪽	468, 498	
쪽빛	457	
쪽파	134	
쫀득쫀득	134	
쫄깃쫄깃	134	
쫄깃쫄깃하다	62	
쫄바지	106	
쬐그맣다	451	
쬐다	549	
쭈글쭈글	34	
쭉정이	387	
찌	269, 387	
찌개	134	
찌그러지다	549	
찌꺼기	515	
찌다	134, 549	
찌르다	549	
찌르레기	428	
찌푸리다	549	
찍다	191, 269, 304, 359, 549	
찍찍	428	
찐빵	134	
찔레꽃	442	
찜	134	
찜질	45	
찡긋하다	549	
찢다	549	
찧다	134, 387, 549	
—쯤	472	
—째	460	
—쪽	485	
—쯤	472	

차

차	134, 402, 468	
차갑다	62, 91, 413	
차고	158	
차관	304	
차다	106, 515, 549	
차단하다	549	
차도	403, 498	

차량 403	참 515	창피하다 78
차례 55, 181, 236	참가하다 550	찾아가다 550
차례상 236	참견하다 181, 550	찾아보기 181
차례지내다 236	참고문헌 181, 223	찾아오다 550
차로 403	참고서 210	채 158, 283, 387, 468
차리다 549	참고인 315	채광 159
차림 106	참기름 134	채굴하다 387
차림새 107	참깨 134	채권 359
차림표 134	참나무 442	채권자 359
차분하다 91	참되다 515	채널 191, 197
차비하다 549	참말 181	채다 550
차석 210	참모총장 325	채도 261, 457
차선 403	참새 428	채무 359
차용 359	참신하다 515	채무자 359
차용어 181	참외 442	채색 457
차용증서 359	참을성 91	채소 135, 387, 442
차용하다 359	참전 325	채송화 442
차원 498	참전용사 326	채식주의자 135
차일피일 482	참치 134, 428	채용하다 372
차주전자 134	참하다 91	채우다 107, 159, 498, 550
차지다 134	참호 326	채점 210
차표 403	참회하다 78	채집 223
착각하다 62, 78	찹쌀 134	채취하다 223, 387
착공 158	찹쌀떡 134	채칼 135
착륙하다 403, 549	찻길 403	책 181, 191, 210, 223
착복하다 107, 549	찻잔 135	책가방 159, 210
착색 457	찻집 359	책꽂이 159, 210
착수하다 549	창 158, 260, 283, 326	책망하다 181, 550
착시 62	창고 158	책받침 210
착실하다 91	창공 498	책방 191, 359
착용하다 107, 549	창구 359	책벌레 8, 181
착하다 91	창녀 23, 372	책상 159, 210
찬거리 134	창던지기 283	책임 336
찬미 236	창문 158	책임감 78, 91
찬밥 134	창업 372	책임자 336, 372
찬불가 236	창의력 78, 91, 223	책장 159, 210
찬송 236	창자 34	처가 16
찬송가 236	창작곡 260	처가살이 23, 55
찬송하다 236	창작무용 260	처남 16
찬양하다 181, 236, 549	창작예술 261	처녀 8, 24
찬장 158	창작품 261	처녀자리 498
찬조금 359	창작하다 261	처량하다 78
찬합 134	창조론 55, 428	처리하다 550
찰과상 45	창조자 236	처마 159
찰나 482	창조주 55	처방 45
찰떡 134	창조하다 261, 550	처방전 45
찰밥 134	창틀 158	처방하다 45
찰흙 498	창포 442	처벌 315

처벌하다 315	천하무적 326	청둥오리 429
처서 482	천하장사 283	청량음료 135
처신 91	철 387, 483	청력 34, 63
처음 482	철거하다 159	청렴결백하다 91
처절하다 78	철광 387	청록 457
처제 16	철근 159	청명 483
처조카 16	철기시대 241	청명하다 413
처지 515	철길 403	청문회 304
처형 17, 55, 315	철도 403, 498	청바지 107
처형하다 315	철도청 304	청소기 159
척 468	철들다 78	청소년 9
척추 34, 428	철모 326	청소년기 55
척추동물 428	철봉 276, 283	청소년문제 337
천 107, 468	철사 159	청소년범죄 316
천사 236	철새 429	청소도구 159, 210
천국 236	철야농성 337	청소부 372, 388
천당 55, 236	철야작업 387	청소업 388
천도교 236	철없다 91	청순하다 515
천동설 498	철인 8, 9	청승떨다 91
천둥 413	철자 181	청승맞다 91
천리교 236	철저하다 91	청신경 63
천리안 63	철쭉 442	청심환 46
천막 159	철철 515	청어 429
천문가 498	철학 223	청와대 304
천문대 223, 498	철학자 223	청원경찰 316
천문학 223	첩 17, 468	청음 63, 261
천문학자 223	첩보 197, 304, 326	청자 181
천민 336	첩보망 197	청정해역 388, 498
천벌 315	첩보원 197	청주 135
천사 236	첩자 304	청중 181
천성 91	첫— 468	청진기 46
천식 45	첫날밤 24	청첩장 24
천연 515	첫눈 413	청초하다 515
천연가스 387, 394	첫사랑 24	청춘 55
천연기념물 429, 442	첫째 468	청취 63
천연두 46	청각 63	청취율 191
천연색 457	청각예술 261	청취자 191
천연수지 387	청각장애인 63	청취하다 63, 191
천왕성 498	청각장애자 181	청하다 181, 550
천장 159	청개구리 429	청혼하다 24
천재 8	청과시장 359	체 135, 388
천재지변 413	청구 359	체감온도 413
천적 429	청구서 359	체납하다 359
천주교 236	청구하다 181, 359, 550	체념하다 78
천주님 236	청국장 135	체력 283
천지 498	청년 9	체력단련 283
천천히 482	청년회 337	체류하다 159
천체 498	청동기시대 241	체면 91
천체망원경 498		

체벌 211	초순 483	최상품 359
체신 91	초승달 499	최소공배수 469
체언 181	초식동물 429	최소공약수 469
체온 34	초인종 159	최초 483
체위 24	초저녁 483	추곡 388
체육 283	초조하다 78	추곡수매 388
체육관 159, 211, 283	초청장 337	추궁하다 182, 550
체육대학 211	초하루 483	추기경 236
체육복 107, 283	초혼 24	추남 9
체육부 283	촉각 63	추녀 9
체육학 223	촉감 63	추다 261, 550
체육회 283	촉매 223	추도식 55
체조 283	촉매제 223	추락하다 550
체중 34	촉박하다 483	추론 78, 223
체중계 34	촉진제 46	추론하다 78
체중기 159	촉촉하다 63, 413, 515	추리 78, 223
체증 46, 135	촌 499	추리하다 78
체질 35	촌놈 9	추분 483
체취 35, 63	촌뜨기 9	추상화 261
체코 288	촌수 17	추석 483, 499
체포 316	촌스럽다 107	추석빔 107
체포하다 316	촐랑거리다 550	추세 515
체하다 46, 135, 515	촘촘하다 515	추수 388
체형 35	총 283, 326	추수감사절 236
첼로 261	총각 9, 24	추수하다 388
쳐다보다 63	총각김치 135	추어탕 135
쳐들어가다 326	총각무 135, 442	추억 78
쳐부수다 550	총검 326	추위 413
초 159, 483	총계 469	추정 78, 223
초— 483	총리 304, 372	추진력 91
초가집 159	총사령관 326	추진하다 550
초과 515	총살 55	추측 78, 223
초대장 337	총선거 304	추측하다 78
초대형 451	총알 326	추하다 515
초등학교 211	총알받이 326	축가 261, 337
초등학생 211	총장 211	축구 283
초록 457	총재 304, 372	축구공 283
초롱꽃 442	총채 159	축농증 46
초범 316	총천연색 458	축배 337
초보운전 403	총체적 515	축복 236
초보자 9	총총 499	축사 388
초복 483	촬영 191, 269	축산업 372, 388
초상 55	촬영기사 372	축산업자 388
초상집 55	촬영하다 261, 269	축산업협동조합 388
초상화 261	최루탄 326	축산폐수 388
초선 304	최면 236	축산학 223
초성 181	최면술 236	축소하다 451, 550
초소병 326	최상급 182	축음기 261

축의금 337	출판하다 191	치아 35
축전 197	출항하다 550	치안 316
축제 337	출현하다 550	치약 159
축축하다 63, 515	춤 261	치어 388
축하하다 182, 550	춤곡 261	치우다 551
축협 388	춤꾼 261	치자나무 442
춘곤증 46	춤동작 261	치장하다 107
춘부장 17	춤사위 261	치즈 135
춘분 483	춥다 63, 413, 515	치질 46
춘추 55	충고하다 182, 550	치통 46
춘하추동 483	충돌하다 550	치하하다 182, 551
출가하다 236	충만하다 515	친교 337
출간하다 191	충실하다 91	친구 9
출감 316	충전기 395	친목회 337
출구 499	충전하다 395	친숙하다 515
출근 372	충치 46	친인척 17
출금 359	취 135, 442	친자 17
출납 359	취급하다 550	친절하다 91
출력 197	취미 269	친정 17
출마 304	취미생활 269	친정아버지 17
출마자 304	취미활동 269	친정어머니 17
출마하다 304	취사병 326	친족 17
출발하다 550	취재기자 191	친족관계 17
출산 24, 55	취재하다 191, 550	친지 17
출산하다 24	취직 372	친척 17
출생 55	취직하다 372	친하다 337, 515
출생률 337	취하다 515	친할머니 17
출생율 55	측량 469	친할아버지 17
출석 211	측량하다 469, 550	칠 159, 469
출석부 211	측면 499	칠레 288
출석하다 550	측정 469	칠면조 135, 429
출세하다 550	측정하다 469, 550	칠부바지 107
출소 316	층 159, 469	칠순 56
출연료 191, 261	층계 159	칠판 211
출연자 191	치 469	칠하다 159, 261
출연하다 191, 261	치과 46	취 442
출옥 316	치다 261, 359, 388, 413, 429, 550	침 35, 46
출입구 499	치렁치렁 107, 515	침공 326
출입하다 550	치료제 46	침구 160
출자 359	치료하다 46	침대 160
출장 372	치루 46	침대보 160
출전선수 283	치르다 359, 550	침략 326
출전하다 283	치마 107	침략하다 304
출제 211	치마바지 107	침례교 237
출출하다 63	치맛바람 211	침몰하다 551
출관 191	치매 46	침범하다 305
출관사 191	치밀하다 91	침샘 35
출판인 372		침실 160

침울하다 … 78	컴컴하다 … 458	쿠데타 … 305
침전물 … 223	컴퓨터 … 160, 197, 211	쿠바 … 288
침착성 … 91	컴퓨터공학 … 223	쿠웨이트 … 288
침착하다 … 91	컴퓨터공학자 … 223	쿵푸 … 283
침침하다 … 63, 515	컴퓨터오락실 … 276	크기 … 451, 469
침투 … 326	컴퓨터통신 … 197	크낙새 … 429
침팬지 … 429	컵 … 136	크다 … 451, 469, 499
칫솔 … 160	컵받침 … 136	크레타문명 … 241
칭송하다 … 182, 551	케냐 … 288	크레파스 … 262
칭찬하다 … 91, 182, 551	켜다 … 261, 395, 551	크로아티아 … 289
	켤레 … 107, 469	크리스마스 … 237
	코 … 35, 63, 429	큰곰자리 … 499
카	코끼리 … 429	큰달 … 483
	코딱지 … 35	큰따옴표 … 182
	코딱지만하다 … 451	큰방 … 160
카나리아 … 429	코란 … 237	큰아버지 … 17
카네이션 … 442	코미디언 … 372	큰어머니 … 17
카누 … 283	코바늘 … 160	큰집 … 17, 160
카드 … 359	코뿔소 … 429	큰창자 … 35
카드놀이 … 276	코스모스 … 442	큼직하다 … 451
카드빚 … 359	코스타리카 … 288	킁킁거리다 … 551
카메라맨 … 372	코치 … 283	키 … 35, 388, 451
카메룬 … 288	코털 … 35	키다리 … 9, 451
카톨릭 … 237	코트 … 107	키스 … 24
카투사 … 326	콘크리트 … 160	키스하다 … 24
카페 … 135	콜라 … 136	키우다 … 388, 429
칵테일 … 135	콜레라 … 46	킬로그램 … 469
칸 … 469	콜록콜록 … 46	킬로미터 … 469
칼 … 135, 160, 326	콜롬비아 … 288	
칼국수 … 135	콤바인 … 388	
칼라사진 … 269	콧구멍 … 35	**타**
칼륨 … 223	콧날 … 35	
칼슘 … 135, 223	콧노래 … 261	
칼질하다 … 135, 551	콧대높다 … 91	타계 … 56
칼집내다 … 135, 551	콧등 … 35	타계하다 … 56
칼춤 … 261	콧물 … 35	타국 … 305
칼칼하다 … 63	콧수염 … 35	타다 … 136, 269, 403, 551
캄보디아 … 288	콩 … 136, 442	타동사 … 182
캐나다 … 288	콩가루 … 136	타령 … 262
캐내다 … 551	콩고 … 288	타박상 … 46
캐다 … 388, 551	콩고물 … 136	타살 … 56
캐묻다 … 182, 551	콩기름 … 136	타악기 … 262
커다랗다 … 451	콩나물 … 136, 442	타원 … 451
커튼 … 160	콩알만하다 … 451	타원형 … 451
커피 … 135	콩자반 … 136	타이르다 … 182, 551
커피메이커 … 135	콩팥 … 35	타자 … 283
커피전문점 … 135	쾌감 … 78	타자기 … 160
커피포트 … 135	쾌활하다 … 91	타자치다 … 182

타작 675

타작 388	탐구하다 551	터뜨리다 551
타작하다 388	탐내다 78	터미널 403
타조 429	탐독 182	터울 483
타조알 136, 429	탐미주의 262	터전 160, 499
타향살이 56	탐사하다 551	터지다 551
탁구 283	탐색하다 551	터키 289
탁구공 283	탑 160	턱 35
탁아문제 337	탑승 403	턱걸이 284
탁아소 211	탑승구 403	턱수염 35
탁자 160, 211	탑승수속 403	털 35, 429
탁주 136	탑승하다 551	털다 551
탁하다 515	탓하다 182, 551	털모자 107
탄광촌 389	탕 136	털보 9
탄내 63	탕수육 136	털신 107
탄산음료 136	태국 289	털실 107, 160
탄생 56, 429	태권도 283	털옷 107
탄소 223	태극기 305	털장갑 107
탄수화물 136	태기 24	텃밭 389
탄원 316	태도 91	텃새 429
탄원서 316	태만하다 91	테너 262
탄원하다 182, 551	태몽 35	테니스 284
탄자니아 289	태생 56, 429	테두리 499
탄전 389	태아 9, 24	텔레비전 160, 191, 197, 211, 262
탄탄하다 515	태양 499	토끼 429
탄핵 316	태양계 499	토끼풀 442
탄환 326	태양광선 413, 499	토란 136, 442
탈곡 389	태양력 483, 499	토론 211
탈곡기 389	태양에너지 395, 499	토론하다 182, 551
탈곡하다 389	태양열 223, 395, 413, 499	토마토 136
탈골 46	태양열발전 395, 499	토마토케첩 136
탈모증 46	태양열주택 395, 499	토막 515
탈바꿈 515	태어나다 429	토막내다 136, 551
탈상 56	태업 372, 389	토목공사 160
탈색 107, 458	태음력 483	토박이말 182
탈수기 107, 160	태초 483	토산품 359
탈수하다 107	태평성대 483	토성 499
탈영 326	태평소 262	토실토실 35, 451
탈영하다 326	태풍 413	토씨 182
탈옥 316	택견 283	토양 499
탈옥수 316	택시 403	토요일 483
탈의실 107	탤런트 262, 372	토의하다 182, 551
탈진 46	탯줄 24	토정비결 56, 237
탈출하다 551	탱크 326	토종 389, 429
탈춤 262	탱탱하다 515	토지 499
탈취제 63	탱화 237, 262	토지세 359
탈환 326	터 160, 499	토질 499
탈환하다 551	터널 403, 499	토착민 9
탐구 223	터득하다 223	토하다 46, 551

톤	통통배	투표하다 305
톨 469	통통하다 516	투표함 305
톱 160	통풍 413	투피스 107
톱밥 395	통학 211	투항 326
톳 469	통학버스 403	투항하다 326
통 136, 160, 305, 469	통학생 211	퉁명스럽다 91
통계 469	통합하다 552	튀기다 136, 552
통계청 305	통행료 403	튀김 136
통계학 223	통화 197, 359	튀김가루 136
통계학자 223	통화료 197	튀김옷 136
통고하다 182, 197, 551	통화팽창 359	튕기다 552
통과의례 237	통화하다 197	튤립 443
통과하다 499, 551	퇴각 326	트다 552
통근버스 403	퇴근 372	트랙터 389
통꽃 442	퇴비 389, 442	트러 403
통나무집 160	퇴원하다 46	트로이문명 241
통닭 136	퇴장하다 552	트림 35
통독 182	퇴정 316	트집잡다 92
통로 499	퇴직 372	특강 211
통보하다 182, 551	퇴직금 372	특공대 327
통분 469	퇴직하다 372	특권층 337
통사론 182	퇴짜놓다 182, 552	특별사면 316
통상 359	퇴출 372	특별소비세 360
통솔 337	퇴학 211	특별수사대 316
통솔하다 552	투고하다 191	특별시 160, 305
통신 197	투기 359	특별활동 211
통신병 326	투기꾼 360, 372	특보 191, 197
통신사 191, 197, 372	투덜대다 182, 552	특산물 360
통신시설 197	투명하다 458, 516	특성 516
통신원 197	투박하다 516	특송 389
통신위성 197	투병 46	특수교육 211
통신판매 197, 359	투수 284	특수부대 327
통역사 182	투약하다 46	특수하다 516
통역하다 182	투원반 284	특수학교 211
통일 305	투자 360	특용작물 389
통일교 237	투자가 360	특이하다 516
통일국가 305	투자신탁 360	특종 197
통일부 305	투자자 360	특종기사 191
통일신라 289	투쟁 326	특질 516
통장 305, 359, 372	투전 276	특집 185
통조림 136	투정하다 182	특징 516
통증 46	투포환 284	특파원 191
통지하다 182, 552	투표 305	특허청 305
통찰력 91, 223	투표권 305	튼튼하다 35, 516
통찰하다 63, 552	투표소 305	틀 451
통치국 305	투표용지 305	틀니 35
통치자 305	투표율 305	틀리다 92, 516
통치하다 305	투표자 305	틀림없이 516

틈 483, 499
티끌 516
티내다 92
티눈 35
티셔츠 107
TV편성표 185

파

파 136, 443
파계승 237
파괴하다 552
파김치 137
파나마 289
파다 389, 552
파도 413, 499
파라과이 289
파란색 458
파랑 458
파랗다 458
파래 137, 443
파렴치하다 92
파릇파릇 458
파리 429
파리채 160
파마머리 35, 108
파마하다 108
파멸하다 552
파벌 305
파산하다 552
파상풍 46
파생 182
파생어 182
파손하다 552
파업 372, 389
파열하다 552
파자마 107
파출부 372, 389
파출소 305, 316
파충류 429
파키스탄 289
파푸아뉴기니 289
판 262, 469
판결 316
판결문 316
판결하다 182

판단 78, 223
판단력 78, 92, 224
판단하다 78, 552
판돈 360
판례 316
판매 360
판매고 360
판매액 360
판매업자 360
판매원 360
판매직 372
판매하다 360
판별 224
판별하다 79
판사 316, 372
판소리 262
판소리문학 262
판자집 160
판자촌 161
판정승 284
판정하다 284
판판하다 451
판화 262
판화가 262
팔 35, 469
팔각형 451
팔굽혀펴기 284
팔꿈치 36
팔다 360, 552
팔등신 36
팔뚝 36
팔면체 451
팔목 36
팔방미인 9
팔순 56
팔씨름 276
팔찌 107
팥 137, 443
팥죽 137
패다 443, 552
패랭이꽃 443
패류 389
패류아 316
패배 327
패션 107
패소 316
패전 327
패전국 327

패전하다 327
패하다 284
패혈증 46
팩스 198
팩시밀리 198
팬티 107
팽개치다 552
팽이버섯 137, 443
팽이치기 276
팽창 224
팽팽하다 516
퍼붓다 552
퍼지다 552
퍽 516
펄펄 413
펑퍼짐하다 451, 516
펑펑 413
페루 289
페인트 161
펜싱 284
펜치 161
펭귄 429
펴다 108, 552
편 469, 499
편견 79
편곡 262
편곡하다 262
편도선염 46
편동풍 413
편두통 46
편리하다 516
편서풍 413
편식 137
편안하다 79
편애하다 79, 92
편육 137
편의점 360
편입 211
편입생 211
편지 198
편지봉투 198
편지지 198
편집기자 192
편집인 192, 372
편집장 192
편집하다 192
편파보도 192
편하다 79, 516

편협하다 92	폐활량 36, 284	폭포 499
평 161, 389, 451, 469	폐회식 337	폭풍 413
평가 211, 224	포 137	폭풍경보 413
평가절상 360	포개다 552	폭풍우 413
평가절하 360	포경선 389	폭풍주의보 413
평가하다 79	포고하다 182, 552	폴란드 289
평각 451	포교 237	표 182
평균 516	포기 443, 469	표고버섯 137, 443
평균대 284	포도 443	표구 262
평균치 469	포도주 137	표기법 183
평년 483	포동포동 36, 452	표기하다 183
평년작 389	포로 327	표면 500
평론 262	포로수용소 327	표명하다 183, 552
평론가 262	포루투갈 289	표밭 305
평면도 161	포만감 137	표백제 161
평민 305	포물선 452	표백하다 458
평범하다 516	포병 327	표범 430
평상복 108	포상금 360	표본 224, 516
평생 56	포수 284	표어 337
평생교육 211	포식 137	표음문자 183
평생교육원 211	포악하다 92	표의문자 183
평수 161	포옹하다 24	표절 192, 262
평야 499	포용력 92	표제 192
평영 284	포유류 429	표준어 183
평온하다 79	포장마차 137	표창장 337
평원 499	포진 47	푸다 137, 552
평일 483	포크 137	푸닥거리 237
평점 211	포화 516	푸대접하다 92
평평하다 452, 499	포환 284	푸르다 458
평하다 182	포환던지기 284	푸르스름하다 458
평행봉 284	폭 452, 469	푸석푸석 63
평행사변형 452	폭격 327	푸성귀 443
평행선 452	폭격하다 327	푹 452
평형 161, 516	폭군 9	푹신푹신 63
평화방송 192	폭동 305, 337	푹신하다 63, 516
폐 36	폭력배 316, 372	푼 469
폐가 161	폭로하다 182, 552	푼돈 360
폐결핵 46	폭리 360	풀 161, 443
폐광 389	폭발 327	풀다 108, 552
폐교 211	폭발물 395	풀밭 443
폐렴 46	폭발하다 395, 552	풀빵 137
폐백 24	폭설 413	풀이씨 183
폐쇄하다 552	폭식 137	품 108
폐수 413	폭약 327	품다 552
폐암 46	폭우 413	품목 360
폐업 372, 389	폭죽놀이 276	품사 183
폐점 360	폭탄 327	품삯 360
폐품 360	폭파하다 552	품성 92

품앗이 389	피다 443, 553	하관 56
품위 92	피동문 183	하구 500
품종 389	피라미 430	하급생 211
품종개량 389	피로 47	하나 469
품질 360	피로연 24	하나님 237
품질검사 389	피뢰침 161	하느님 237
품질관리 360	피리 262	하늘 500
품팔이 360	피부 36	하늘나라 56
풋— 443	피부과 47	하늘색 458
풋고추 137	피부관리 108	하늘하늘 516
풍경 262	피부관리사 372	하늬바람 413
풍경화 262	피부미용 108	하다 108, 553
풍금 262	피부병 47	하단 500
풍년 389, 483	피부암 47	하드웨어 198
풍뎅이 430	피부염 47	하락하다 553
풍랑 500	피살 56	하루 483
풍력 395	피살되다 56	하루살이 56, 430
풍로 395	피시통신 198	하루종일 483
풍부하다 360, 516	피아노 262	하류사회 337
풍산개 430	피우다 137, 395	하마 430
풍선 276	피의자 316	하사 327
풍성하다 516	피임 24	하사관 327
풍속 337, 413	피임약 24	하사관학교 327
풍속계 413, 469	피자 137	하산 269
풍습 337	피하다 553	하선하다 403
풍요롭다 516	피해자 316	하소연 183
풍작 389	핀란드 289	하소연하다 183
풍조 516	핀잔주다 183, 553	하수구 161
풍족하다 360, 516	필 469	하수도 161
풍진 47	필기 183	하숙집 161
풍차 395	필기구 161	하숙하다 161
풍토병 47	필기도구 161, 211	하순 483
풍향 413	필기하다 183, 553	하얀색 458
풍향계 413, 469	필독도서 183	하양 458
프라이팬 137	필름 269	하얗다 458
프랑스 289	필리핀 289	하오 483
프로그램 185	필사본 183	하위어 183
프로듀서 192, 372	필통 211	하의 108
프린터 198	핏줄 17, 36	하지 483
플라타너스 443	핑계대다 183, 553	하찮다 516
플랑크톤 430	—편 485	하천 500
피 36		하청업자 373
피고 316		하키 284
피고인 316		하품 36
피곤 47	**하**	하품하다 553
피구 284		하현달 500
피난민 327	하강하다 553	학 430
피난살이 56	하객 24	학계 224

학과 … 211	학습하다 … 79, 224	한반도 … 289
학과사무실 … 211	학업 … 212	한밤중 … 484
학과장 … 212	학연 … 337	한방 … 47
학교 … 161, 212	학예회 … 212	한복 … 108
학교교육 … 212	학용품 … 212, 360	한복판 … 500
학구적 … 224	학원 … 212	한식 … 137
학구파 … 224	학원생 … 213	한식집 … 137, 360
학군단 … 327	학원폭력 … 213	한약 … 47
학급 … 212	학위 … 213	한약방 … 47
학급문고 … 212	학위논문 … 213	한옥 … 161
학급회의 … 212	학위수여식 … 213	한의사 … 47, 373
학기 … 212	학자 … 373	한의원 … 47
학년 … 212	학장 … 213	한의학 … 224
학대하다 … 92	학적 … 213	한자 … 183
학도병 … 327	학적부 … 213	한자문화권 … 241
학력 … 212	학점 … 213	한자어 … 183
학력고사 … 212	학질 … 47	한정식 … 137
학령기 … 212	학파 … 224	한참 … 484
학문 … 224	학풍 … 224	한창 … 484
학문적 … 224	학회 … 224, 337	한파 … 414
학번 … 212	한 … 79	한파주의보 … 414
학벌 … 212	한— … 483	한학 … 224
학보 … 212	한가운데 … 500	한학자 … 224
학보사 … 212	한가위 … 500	한해살이 … 443
학부 … 212	한결같다 … 92, 516	할 … 470
학부형 … 212	한과 … 137	할머니 … 17
학비 … 212, 360	한국 … 289	할미꽃 … 443
학사 … 212	한국무용 … 263	할부 … 361
학사경고 … 212	한국방송공사 … 192	할부금 … 361
학사일정 … 212	한국어 … 183	할아버지 … 17
학사장교 … 327	한국은행 … 360	할인 … 361
학생 … 212, 373	한국학 … 224	할인가 … 361
학생식당 … 212	한글 … 183	할인매장 … 361
학생증 … 212	한글날 … 183, 483	할인품목 … 361
학생회 … 212, 337	한글문화 … 241	할증료 … 361, 403
학생회관 … 212	한기 … 413	할퀴다 … 553
학생회비 … 212	한나절 … 483	핥다 … 137, 553
학생회장 … 212	한눈팔다 … 553	함 … 161
학설 … 224	한더위 … 413	함락 … 327
학수고대하다 … 79	한동안 … 483	함박눈 … 414
학술 … 224	한두 … 470	함정 … 403
학술답사 … 212	한들한들 … 413	합 … 470
학술대회 … 224	한랭전선 … 414	합격 … 516
학술용어 … 183	한로 … 484	합격하다 … 213
학술원 … 224	한류 … 389, 414, 500	합계 … 361, 470
학술정보 … 198	한문학 … 224, 263	합기도 … 284
학습 … 212, 237	한문학자 … 224	합동 … 452
학습서 … 212	한민족 … 305	합리적 … 79

합리주의 ····· 224	해고하다 ····· 373	해탈 ····· 238
합법 ····· 316	해골 ····· 36	해파리 ····· 138, 430
합병하다 ····· 553	해군 ····· 327	해풍 ····· 414
합산 ····· 470	해군사관학교 ····· 213, 327	해협 ····· 500
합산하다 ····· 470	해녀 ····· 391	핵 ····· 224, 395, 430
합선 ····· 395	해달 ····· 430	핵가족 ····· 17
합성수지 ····· 391	해당화 ····· 443	핵무기 ····· 327
합성어 ····· 183	해독제 ····· 47	핵전쟁 ····· 327
합성하다 ····· 553	해돋이 ····· 414, 500	핵폭탄 ····· 327
합숙 ····· 161	해동하다 ····· 137, 553	핸드백 ····· 108, 161
합의하다 ····· 183, 553	해로 ····· 404	핸드볼 ····· 284
합장 ····· 56	해류 ····· 391, 414	햅쌀 ····· 138
합장하다 ····· 237	해마 ····· 430	햇— ····· 443
합주 ····· 263	해맞이 ····· 500	햇과일 ····· 138
합주단 ····· 263	해명하다 ····· 183, 553	햇볕 ····· 414, 500
합중국 ····· 306	해몽 ····· 36, 238	햇빛 ····· 414, 500
합집합 ····· 470	해바라기 ····· 443	햇살 ····· 414, 500
합창 ····· 263	해박하다 ····· 79	행군 ····· 327
합창단 ····· 192, 263	해발 ····· 452	행군하다 ····· 327
합치다 ····· 553	해변 ····· 500	행동거지 ····· 92
합하다 ····· 553	해병대 ····· 327	행동양식 ····· 92
합헌 ····· 316	해산 ····· 24	행복 ····· 79
항공권 ····· 403	해산물 ····· 137, 391	행복하다 ····· 79
항공기 ····· 403	해산하다 ····· 24	행사란 ····· 192
항공모함 ····· 403	해삼 ····· 137, 430	행성 ····· 501
항공사 ····· 403	해상교통 ····· 404	행운 ····· 238
항공우편 ····· 198	해설 ····· 183	행운목 ····· 443
항공운항 ····· 403	해설하다 ····· 183, 553	행운아 ····· 9
항구 ····· 404	해수욕장 ····· 500	행위예술 ····· 263
항렬 ····· 17	해안 ····· 500	행정 ····· 306
항로 ····· 404	해양경찰청 ····· 306	행정가 ····· 306
항만 ····· 404, 500	해양수산부 ····· 306	행정고시 ····· 306
항문 ····· 36	해역 ····· 391	행정구역 ····· 161
항변하다 ····· 183, 553	해열제 ····· 47	행정기관 ····· 306
항복 ····· 327	해오라기 ····· 430	행정법 ····· 316
항복하다 ····· 327	해오름 ····· 414, 500	행정병 ····· 327
항상 ····· 484	해왕성 ····· 500	행정부 ····· 306
항생제 ····· 47	해외 ····· 306	행정부서 ····· 306
항성 ····· 500	해외관광 ····· 270	행정소송 ····· 306, 316
항소 ····· 316	해외여행 ····· 270	행정요원 ····· 306
항아리 ····· 137, 161	해이하다 ····· 92	행정자치부 ····· 306
항암제 ····· 47	해일 ····· 414, 500	행정직 ····· 373
항온동물 ····· 430	해저 ····· 500	행정학 ····· 224
항의하다 ····· 183, 553	해제하다 ····· 414	행주 ····· 161
항해사 ····· 373, 404	해조류 ····· 391	행주치마 ····· 108
항해지도 ····· 404	해초 ····· 391	행진곡 ····· 263
항해하다 ····· 404, 553	해충 ····· 430	행진하다 ····· 553
해 ····· 470, 484, 500	해치다 ····· 553	향가 ····· 263

향교 238	헌병대 328	현충일 484
향긋하다 63	헐겁다 517	현행범 316
향기 63	헐다 161, 553	혈관 36
향기롭다 63	헐뜯다 92, 184, 553	혈기 36
향나무 443	헐렁하다 517	혈색 36
향내 63	험담하다 184	혈압 36, 47
향년 56	헛간 161	혈압계 47
향수 63, 108	헛소리 184	혈액 36
향수병 47	헝가리 289	혈액순환 36
향신료 138	헝겊 108	혈액형 36
향어 138, 430	헤아리다 79, 470, 554	혈연 17
향유하다 241	헤엄 284	혈연관계 17
허가하다 183, 553	헤프다 92, 517	혐오감 79
허공 501	헬기 328	혐오하다 79
허구 516	헬륨 225	혐의 317
허기 138	헬리콥터 404	혐의자 317
허기지다 138, 516	헹구다 138, 554	협곡 501
허덕이다 553	혀 36, 63, 430	협박하다 184, 554
허둥대다 553	혀끝 63	협상하다 184, 554
허락하다 183, 553	혀뿌리 63	협소하다 452
허름하다 516	혁명 306	협심증 47
허리 36	현관 161	협심하다 554
허리띠 108	현금 361	협약 306, 337
허무하다 79	현금지급기 361	협의하다 184, 554
허물 516	현금카드 361	협정 306, 337
허물다 553	현기증 47	협주곡 263
허벅다리 36	현대 484	혓바늘 47
허벅지 36	현대무용 263	혓바닥 63
허비하다 361	현대문명 242	형 17, 452
허상 517	현대문학 263	형광 458
허수 470	현대미술 263	형광등 161
허수아비 391	현대사회 337	형광색 458
허술하다 517	현대음악 263	형구 317
허약하다 517	현대인 9	형기 317
허여멀겋다 458	현명하다 517	형님 17
허영심 79	현모양처 17	형무소 317
허용하다 183, 553	현미 138	형벌 317
허우대 36	현미경 225	형법 317
허우적대다 553	현상 270	형부 17
허전하다 79	현상하다 270	형사 317
허점 517	현실 517	형사소송 317
허탈하다 79	현악기 263	형상 452
허파 36	현역 328	형수 17
허풍쟁이 9	현장학습 213	형식 517
허허벌판 501	현재 184, 484	형용사 184
헌금 238	현재완료 184	형제 17
헌법 316	현재형 184	형태 452
헌병 328	현찰 361	형태론 184

형태소 184	혼자 9	화백 263
형편 517	혼잡통행료 404	화법 184, 263
형평 517	혼잡하다 404, 517	화병 47
형형색색 452, 458	혼잣말 184	화분 444
혜성 501	혼합하다 554	화사하다 458
호감 79	혼혈 306	화산 414, 501
호기심 79	혼혈아 306	화산대 414, 501
호다 554	홀가분하다 79	화살 284
호두나무 443	홀몸 9	화상 47
호떡 138	홑소리 184	화생방전 328
호랑이 430	홑수 470	화선지 263
호루라기 161	홀아비 9, 24	화성 263, 501
호미 391	홀어머니 17	화술 184
호박 138, 443	홀짝거리다 554	화실 263
호박꽃 443	홀쭉이 9	화씨 414
호상 56	홀쭉하다 517	화약 328
호소하다 184, 554	홉드레스 108	화염방사기 328
호수 501	홉 470	화요일 484
호신술 284	홍당무 138, 443	화용론 184
호언장담하다 184, 554	홍수 414	화음 263
호외 185	홍어 138, 430	화자 184
호우 414	홍역 47	화장 56, 108
호우경보 414	홍차 138	화장대 108, 162
호우주의보 414	홍학 430	화장솔 108
호주 162, 289, 337	홍합 138	화장솜 108
호주머니 108	홍합 430	화장수 108
호출기 162, 198	화 79	화장술 108
호출하다 184, 554	화가 263, 373	화장실 162
호텔 162, 391	화교 306	화장지 108
호통치다 184, 554	화끈하다 92	화장터 56
호프집 138	화나다 79, 554	화장품 108
호화롭다 162	화내다 79, 554	화장하다 56, 108
호황 361	화농 47	화재 395
호흡 36	화단 443	화재경보기 162
호흡기관 36	화덕 395	화제 184
혹 36, 47	화란 289	화창하다 414
혹평하다 184	화랑 263	화채 138
혼 56, 238	화려하다 108	화초 444
혼담 24	화력 225, 395	화투 276
혼동하다 79	화로 395	화관 263
혼령 238	화면 192, 263	화폐 361
혼백 56, 238	화목하다 79	화폐가치 361
혼삿날 484	화문석 162	화포 328
혼수 24	화물 404	화학 225
혼수상태 47, 517	화물선 404	화학반응 225
혼영 284	화물열차 404	화학약품 225
혼인 17, 24	화물차 404	화학조미료 138
혼인신고 24	화방 263	화학처리 391

화학치료 47	활짝 444	회전하다 554
화혼 24	활화산 414, 501	회진 48
화환 444	황 225	회화 184, 264
화혜 444	황금분할 263	횡단보도 404
화혜시장 361	황금어장 391	효과 192, 264
확고하다 92, 517	황당 79	효녀 17
확대사진 270	황당하다 79	효도 18
확대하다 452	황무지 501	효도관광 270
확률 470	황사현상 414	효모 138, 444
확성기 63, 198	황산 225	효부 18
확실하다 517	황새 430	효율 373
확실히 517	황소 430	효율적이다 361
확언하다 184, 554	황소개구리 430	효자 18
확연하다 517	황소바람 414	후 484, 501
확장하다 554	황소자리 501	후각 64
환각 64	황야 501	후계자 9
환각제 47, 138	황인종 9	후광 458
환갑 56	황제 306	후년 484
환경문제 337	황태자 306	후대 484
환경미화원 373, 391	황토색 458	후덕하다 92
환경부 306	황폐하다 501	후련하다 80
환경오염 337	황하문명 242	후루룩 138
환기 162, 414	황혼 414, 501	후면 501
환답하다 184, 554	황혼기 56	후미지다 501
환등기 213	황후 306	후방 328, 501
환불 361	회 138	후배 9
환상 79	회갑 56	후보선수 284
환송하다 554	회계사 373	후보자 9
환영하다 554	회고록 192	후불 361
환율 361	회교도 238	후비다 554
환자 47	회답 184, 306, 337	후손 18
환전 361	회답하다 184, 554	후식 138
환절기 414, 484	회복실 47	후실 18
환조 263	회복하다 47	후유증 48
환청 64	회비 361	후임 373
환풍 162	회사 162, 361, 373	후진 404
환풍기 162	회사원 373	후진국 306
환하다 458	회상하다 79	후진사회 337
환호하다 79, 554	회색 458	후진하다 554
활 284	회수권 404	후처 18
활달하다 92	회수금 361	후천성면역결핍증 48
활동사진 270	회양목 444	후추 138, 444
활동하다 554	회오리바람 414	후퇴 328
활발하다 92	회원 337	후퇴하다 328, 554
활옷 109	회의 306, 337	후회 80
활용 184	회장 361, 373	후회하다 80, 554
활용하다 554	회전 404	훈계하다 184, 554
활주로 404	회전의자 162	훈련 328

훈련병 ⋯⋯⋯⋯⋯⋯⋯ 328	흉부외과 ⋯⋯⋯⋯⋯⋯⋯ 48	희극 ⋯⋯⋯⋯⋯⋯⋯ 264
훈련생 ⋯⋯⋯⋯⋯⋯⋯ 328	흉악범 ⋯⋯⋯⋯⋯⋯⋯ 317	희극인 ⋯⋯⋯⋯⋯ 192, 264
훈련소 ⋯⋯⋯⋯⋯⋯⋯ 328	흉작 ⋯⋯⋯⋯⋯⋯⋯ 391	희끗희끗 ⋯⋯⋯⋯⋯⋯⋯ 459
훈련조교 ⋯⋯⋯⋯⋯⋯⋯ 328	흉터 ⋯⋯⋯⋯⋯⋯ 36, 48	희노애락 ⋯⋯⋯⋯⋯⋯⋯ 80
훈련하다 ⋯⋯⋯⋯⋯⋯⋯ 284	흐느끼다 ⋯⋯⋯⋯⋯⋯⋯ 555	희다 ⋯⋯⋯⋯⋯⋯⋯ 459
훈민정음 ⋯⋯⋯⋯⋯⋯⋯ 184	흐르다 ⋯⋯⋯⋯⋯ 414, 484	희롱하다 ⋯⋯⋯⋯⋯⋯⋯ 92
훈시하다 ⋯⋯⋯⋯⋯⋯⋯ 184	흐리다 ⋯⋯⋯⋯⋯ 414, 517	희망 ⋯⋯⋯⋯⋯⋯⋯ 80
훈장 ⋯⋯⋯⋯⋯⋯⋯ 328	흐물흐물 ⋯⋯⋯⋯⋯⋯⋯ 64	희망하다 ⋯⋯⋯⋯⋯⋯⋯ 80
훌라후프 ⋯⋯⋯⋯⋯⋯⋯ 284	흐뭇하다 ⋯⋯⋯⋯⋯⋯⋯ 80	희박하다 ⋯⋯⋯⋯⋯⋯⋯ 517
훌륭하다 ⋯⋯⋯⋯⋯⋯⋯ 517	흑백 ⋯⋯⋯⋯⋯⋯⋯ 458	흰머리 ⋯⋯⋯⋯⋯⋯⋯ 36
훑다 ⋯⋯⋯⋯⋯ 391, 554	흑백사진 ⋯⋯⋯⋯⋯⋯⋯ 270	흰색 ⋯⋯⋯⋯⋯⋯⋯ 459
훑어보다 ⋯⋯⋯⋯⋯ 64, 554	흑사병 ⋯⋯⋯⋯⋯⋯⋯ 48	히잉 ⋯⋯⋯⋯⋯⋯⋯ 430
훔치다 ⋯⋯⋯⋯⋯⋯⋯ 554	흑색 ⋯⋯⋯⋯⋯⋯⋯ 459	힌두교 ⋯⋯⋯⋯⋯⋯⋯ 238
훗날 ⋯⋯⋯⋯⋯⋯⋯ 484	흑색선전 ⋯⋯⋯⋯⋯⋯⋯ 306	힘 ⋯⋯⋯⋯⋯⋯ 225, 395
훤하다 ⋯⋯⋯⋯⋯⋯⋯ 458	흑연 ⋯⋯⋯⋯⋯⋯⋯ 391	힘들다 ⋯⋯⋯⋯⋯⋯⋯ 517
훨씬 ⋯⋯⋯⋯⋯⋯⋯ 517	흑염소 ⋯⋯⋯⋯⋯⋯⋯ 430	힘쓰다 ⋯⋯⋯⋯⋯⋯⋯ 555
훨훨 ⋯⋯⋯⋯⋯⋯⋯ 430	흑인종 ⋯⋯⋯⋯⋯⋯⋯ 9	힘없다 ⋯⋯⋯⋯⋯⋯⋯ 517
휑하다 ⋯⋯⋯⋯⋯⋯⋯ 517	흑자 ⋯⋯⋯⋯⋯⋯⋯ 361	힘있다 ⋯⋯⋯⋯⋯⋯⋯ 517
휘감다 ⋯⋯⋯⋯⋯⋯⋯ 554	흑점 ⋯⋯⋯⋯⋯⋯⋯ 501	힘줄 ⋯⋯⋯⋯⋯⋯⋯ 36
휘날리다 ⋯⋯⋯⋯⋯⋯⋯ 555	흔들다 ⋯⋯⋯⋯⋯⋯⋯ 555	
휘다 ⋯⋯⋯⋯ 452, 554, 555	흔들의자 ⋯⋯⋯⋯⋯⋯⋯ 162	
휘발유 ⋯⋯⋯⋯⋯⋯⋯ 395	흔치않다 ⋯⋯⋯⋯⋯⋯⋯ 517	
휘어잡다 ⋯⋯⋯⋯⋯⋯⋯ 555	흔하다 ⋯⋯⋯⋯⋯⋯⋯ 517	
휘황찬란 ⋯⋯⋯⋯⋯⋯⋯ 162	흘겨보다 ⋯⋯⋯⋯⋯⋯⋯ 64	
휘황찬란하다 ⋯⋯⋯⋯⋯⋯⋯ 458	흘기다 ⋯⋯⋯⋯⋯⋯⋯ 555	
휴가 ⋯⋯⋯⋯⋯⋯⋯ 373	흘리다 ⋯⋯⋯⋯⋯⋯⋯ 555	
휴강 ⋯⋯⋯⋯⋯⋯⋯ 213	흙 ⋯⋯⋯⋯⋯⋯ 162, 501	
휴게실 ⋯⋯⋯⋯⋯⋯⋯ 213	흠 ⋯⋯⋯⋯⋯⋯⋯ 361	
휴교 ⋯⋯⋯⋯⋯⋯⋯ 213	흠뻑 ⋯⋯⋯⋯⋯⋯⋯ 517	
휴대전화 ⋯⋯⋯⋯⋯⋯⋯ 198	흠잡다 ⋯⋯⋯⋯⋯⋯⋯ 92	
휴대폰 ⋯⋯⋯⋯⋯ 162, 198	흠집 ⋯⋯⋯⋯⋯⋯⋯ 361	
휴양지 ⋯⋯⋯⋯⋯⋯⋯ 270	흡사하다 ⋯⋯⋯⋯⋯⋯⋯ 452	
휴업 ⋯⋯⋯⋯⋯ 373, 391	흡연 ⋯⋯⋯⋯⋯⋯⋯ 138	
휴일 ⋯⋯⋯⋯⋯⋯⋯ 484	흡족하다 ⋯⋯⋯⋯⋯⋯⋯ 80	
휴전 ⋯⋯⋯⋯⋯⋯⋯ 328	흥 ⋯⋯⋯⋯⋯⋯⋯ 80	
휴전선 ⋯⋯⋯⋯⋯ 306, 328	흥건하다 ⋯⋯⋯⋯⋯⋯⋯ 517	
휴정 ⋯⋯⋯⋯⋯⋯⋯ 317	흥겹다 ⋯⋯⋯⋯⋯⋯⋯ 80	
휴지통 ⋯⋯⋯⋯⋯⋯⋯ 162	흥미 ⋯⋯⋯⋯⋯⋯⋯ 80	
휴직 ⋯⋯⋯⋯⋯⋯⋯ 373	흥미롭다 ⋯⋯⋯⋯⋯⋯⋯ 80	
휴학 ⋯⋯⋯⋯⋯⋯⋯ 213	흥분하다 ⋯⋯⋯⋯⋯⋯⋯ 80	
휴학생 ⋯⋯⋯⋯⋯⋯⋯ 213	흥정 ⋯⋯⋯⋯⋯⋯⋯ 361	
휴화산 ⋯⋯⋯⋯⋯ 414, 501	흥정하다 ⋯⋯⋯⋯⋯⋯⋯ 361	
흉가 ⋯⋯⋯⋯⋯⋯⋯ 162	흥행사 ⋯⋯⋯⋯⋯⋯⋯ 264	
흉기 ⋯⋯⋯⋯⋯⋯⋯ 328	흥행하다 ⋯⋯⋯⋯⋯⋯⋯ 264	
흉내내다 ⋯⋯⋯⋯⋯⋯⋯ 555	흩다 ⋯⋯⋯⋯⋯⋯⋯ 555	
흉년 ⋯⋯⋯⋯⋯ 391, 484	흩어지다 ⋯⋯⋯⋯⋯⋯⋯ 555	
흉몽 ⋯⋯⋯⋯⋯⋯⋯ 36	희곡 ⋯⋯⋯⋯⋯⋯⋯ 264	
흉보다 ⋯⋯⋯⋯⋯⋯⋯ 92	희귀하다 ⋯⋯⋯⋯⋯⋯⋯ 517	